Steuergesetze

211. Ergänzungslieferung Dezember 2022

(Anschluss an die Ergänzungslieferung August 2022)

Verlag C. H. BECK München

Anweisung zum Einordnen der Ergänzungslieferung Dezember 2022

Herauszunehmen:	Zahl der Blätter	Einzufügen:	Zahl der Blätter
Titelblatt, Geleitwort	2	Titelblatt, Geleitwort	2
Inhalt 3–12	5	**Inhalt** 3–12	5
1 3/3a	1	**1** 3/3a	1
21/22	1	21/22	1
100 35/35a	1	**100** 35/35a	1
200 197/198	1	**200** 197–198a	2
500 1/1a	1	**500** 1/1a	1
35/35a	1	35/35a	1
57–62	3	57–62	3
123/124	1	123/124	1
145/146	1	145/146	1
725a 1–6	3	**725a** 1–4	2
800 189/190	1	**800** 189/190	1
193/193a	1	193/193a	1
800a 25/25a	1	**800a** 25/25a	1
*ersatzlos entnehmen:**			
840a 33/34	1		
		Nach **840a** 32 *einzufügen:*	
		841 1–10	5
849 1–12	6	**849** 1–**849a** 10	13
vor T1–T3 1–**aT3** 258	274	**vor T1–T3** 1–**aT3**258	272**
		Zur maschinellen Berechnung nutzen Sie bitte das unter dem Link https://ch.beck.de/lohnsteuerrechner für Sie verfügbare online-Berechnungsprogramm.	
Insgesamt herauszunehmen:	305	Insgesamt einzufügen:	314

---

* Sollte die Seite **840a** 33/34 in Ihrem Grundwerk enthalten sein, ist diese ersatzlos zu entnehmen und gemäß der obigen Anweisung weiter zu verfahren.

** Für Teilnehmer an der Steuerberaterprüfung: Ggf. sollten die entnommenen Tabellen 2022 gesondert verwahrt werden.

STEUERGESETZE

Einkommen- und Lohnsteuer, Körperschaftsteuer,
Umwandlungssteuer, Bewertung, Erbschaftsteuer, Realsteuern,
Umsatzsteuer, sonstige Verkehrsteuern, Förderungsgesetze,
Abgabenordnung, Finanzverwaltungsvorschriften

Textsammlung
mit Verweisungen und Sachverzeichnis

Stand: 1. Januar 2023 (Tabellen)
1. Dezember 2022 (Texte)
(211. Ergänzungslieferung)

C.H.BECK

Dieses Titelblatt stammt aus der 211. Ergänzungslieferung Dezember 2022.

Die Ergänzungslieferung Dezember 2022 schließt an die Ergänzungslieferung August 2022 an.

Redaktioneller Hinweis

Paragraphenüberschriften in eckigen Klammern sind nicht amtlich. Sie sind ebenso wie die Fußnoten urheber- und wettbewerbsrechtlich geschützt.

Die Angaben zum Stand der Sammlung auf dem Titelblatt beziehen sich auf das Verkündungsdatum der maßgeblichen Gesetz-, Verordnungs- und Amtsblätter.

Verbesserungsvorschläge und mögliche Fehlerhinweise sind jederzeit willkommen.

Verlag C. H. Beck oHG
Wilhelmstraße 9, 80801 München
Fax: (0 89) 3 81 89-3 98 · Internet: www.beck.de
E-Mail: bestellung@beck.de

www.beck.de

Grundwerk (zur Fortsetzung) 978 3 406 78712 6
Grundwerk (ohne Fortsetzung) 978 3 406 66000 9
ergänzt bis 978 3 406 78712 6

Wilhelmstraße 9, 80801 München
Druck: Druckerei C. H. Beck, Nördlingen
(Adresse wie Verlag)

Gedruckt auf säurefreiem, alterungsbeständigem Papier
(hergestellt aus chlorfrei gebleichtem Zellstoff)

Geleitwort

Mit der 211. Ergänzungslieferung wird das Loseblattwerk „Steuergesetze" auf den Rechtsstand Dezember 2022 gebracht. Insbesondere werden die neuen, durch das Inflationsausgleichsgesetz vom 8.12.2022 geänderten *Lohnsteuertabellen 2023* (Allgemeine: Jahr/Monat/Woche/Tag, Besondere: Jahr/Monat) in die Sammlung eingestellt.

Lohnsteuertabellen 2023: Die zur *manuellen* Berechnung der Lohnsteuer erstellten Lohnsteuertabellen wurden auf der Basis des gem. § 51 Abs. 4 Nr. 1a EStG vom BMF veröffentlichten Programmablaufplans vom 18.11.2022 für die Erstellung der Lohnsteuertabellen 2023 berechnet. Unabhängig von der maschinellen Berechnung der Lohnsteuer nach dem sog. Formeltarif ist die manuelle Berechnung der Lohnsteuer nach dem sog. **Stufentarif** zulässig; es kommt allerdings zu geringfügigen Abweichungen gegenüber der Berechnung nach dem sog. Formeltarif, also der elektronischen Berechnung. Beide Berechnungsarten werden von der Finanzverwaltung ausdrücklich gebilligt. Durch das Bürgerentlastungsgesetz Krankenversicherung wurde ab 1.1.2010 eine verbesserte steuerliche Berücksichtigung von Vorsorgeaufwendungen (Kranken- und Pflegeversicherungsbeiträge) eingeführt. Diese Entlastung ist in den Lohnsteuertabellen enthalten. Beachten Sie bitte die Berechnungsbeispiele unter *Vorbemerkungen T 2* S. 4f.

Zur genauen Berechnung der **Einkommen-** und **Lohnsteuer 2023** nach dem Formeltarif benutzen Sie bitte das über den link https://ch.beck.de/lohnsteuerrechner aufrufbare online-Berechnungsprogramm. Eine Programmanleitung finden Sie als pdf-Datei im Berechnungsprogramm hinterlegt.

Einkommensteuertabellen 2023: Die Berechnung der Einkommensteuer wird exakt für den sich bei der Steuerveranlagung jeweils ergebenden Einzelwert berechnet. Eine jeden Einzelwert berücksichtigende Einkommensteuertabelle ist somit aus Umfangsgründen nicht mehr abdruckbar. Die unter **T 1a** und **T 1b** abgedruckten Einkommensteuer-Grund- und Splittingtabellen gelten weiterhin; sie geben Ihnen jedoch für die zwischen den ausgewiesenen Einkommensbeträgen liegenden Werte nur Annäherungswerte.

Soweit Sie *keine elektronische Berechnung* vornehmen, können Sie den Wert Ihrer Einkommensteuer innerhalb der ausgewiesenen Einkommensbeträge zumindest annäherungsweise schätzen.

Die *genaue Berechnung* der Einkommensteuer kann nur mit Hilfe des online-Berechnungsprogramms vorgenommen werden.

Geleitwort

Steuerliche Änderungsgesetze:

Ebenfalls enthalten sind in der Ergänzungslieferung u. a. folgende steuerlichen Änderungsgesetze:

– Achtes Gesetz zur Änderung von Verbrauchsteuergesetzen;
– Gesetz zur temporären Senkung des Umsatzsteuersatzes auf Gaslieferungen über das Erdgasnetz;
– Steuerfachangestellten-Ausbildungsverordnung.

Die Änderungen der materiellen Steuergesetze durch das Inflationsausgleichsgesetz folgen mit der 212. Ergänzungslieferung, da dieses zum Redaktionsschluss noch nicht im BGBl. verkündet war.

Anregungen, Kritik und Hinweise sind willkommen unter steuerrecht@beck.de.

München, im Dezember 2022 Verlag C. H. BECK

Systematisches Inhaltsverzeichnis[1]

Einkommensteuer, Lohnsteuer

Körperschaftsteuer

---

[1] Ein nach Stichworten alphabetisch geordnetes Inhaltsverzeichnis siehe S. 9 ff.

Bewertung, Vermögen- und Erbschaftsteuer

Realsteuergesetze

Abgabenordnung, Finanzverwaltungsvorschriften

[1] Mit EL 207.

Steuerberatungsgesetz, Wirtschaftsprüferordnung

Inhalt systematisch

Tabellenanhang

Sachverzeichnis

Alphabetisches Inhaltsverzeichnis

Inhalt alphabetisch

---

[1] Mit EL 207.

8.8.2020 (BGBl. I S. 1818), Gesetz zur Einführung der Grundrente für langjährige Versicherung in der gesetzlichen Rentenversicherung mit unterdurchschnittlichem Einkommen und für weitere Maßnahmen zur Erhöhung der Alterseinkommen (Grundrentengesetz) vom 12.8.2020 (BGBl. I S. 1879), Zweites Gesetz zur steuerlichen Entlastung von Familien sowie zur Anpassung weiterer steuerlicher Regelungen (Zweites Familienentlastungsgesetz – 2. FamEntlastG) vom 1.12.2020 (BGBl. I S. 2616), Gesetz zur Digitalisierung von Verwaltungsverfahren bei der Gewährung von Familienleistungen vom 3.12.2020 (BGBl. I S. 2668), Gesetz zur Erhöhung der Behinderten-Pauschbeträge und zur Anpassung weiterer steuerlicher Regelungen vom 9.12. 2020 (BGBl. I S. 2770), Jahressteuergesetz 2020 (JStG 2020) vom 21.12.2020 (BGBl. I S. 3096; geänd. BGBl. I 2021 S. 3932, 4034), Gesetz zur Verbesserung der Transparenz in der Alterssicherung und der Rehabilitation sowie zur Modernisierung der Sozialversicherungswahlen und zur Änderung anderer Gesetze (Gesetz Digitale Rentenübersicht) vom 11.2.2021 (BGBl. I S. 154), Drittes Gesetz zur Umsetzung steuerlicher Hilfsmaßnahmen zur Bewältigung der Corona-Krise (Drittes Corona-Steuerhilfegesetz) vom 10.3.2021 (BGBl. I S. 330), Gesetz zur Reform des Vormundschafts- und Betreuungsrechts vom 4.5.2021 (BGBl. I S. 882), Gesetz zur Verlängerung des erhöhten Lohnsteuereinbehalts in der Seeschifffahrt vom 12.5.2021 (BGBl. I S. 989), Gesetz zur Umsetzung der Richtlinie (EU) 2019/2034 über die Beaufsichtigung von Wertpapierinstituten vom 12.5.2021 (BGBl. I S. 990), Gesetz zur Modernisierung der Entlastung von Abzugsteuern und der Bescheinigung der Kapitalertragsteuer (Abzugsteuerentlastungsmodernisierungsgesetz – AbzStEntModG) vom 2.6.2021 (BGBl. I S. 1259), Gesetz zur Stärkung des Fondsstandorts Deutschland und zur Umsetzung der Richtlinie (EU) 2019/1160 zur Änderung der Richtlinien 2009/65/EG und 2011/61/EU im Hinblick auf den grenzüberschreitenden Vertrieb von Organismen für gemeinsame Anlagen (Fondsstandortgesetz – FoStoG) vom 3.6. 2021 (BGBl. I S. 1498), Gesetz zur Umsetzung der Anti-Steuervermeidungsrichtlinie (ATAD-Umsetzungsgesetz – ATADUmsG) vom 25.6.2021 (BGBl. I S. 2035), Gesetz zur Modernisierung des Körperschaftsteuerrechts vom 25.6.2021 (BGBl. I S. 2050), Gesetz zur Abwehr von Steuervermeidung und unfairem Steuerwettbewerb und zur Änderung weiterer Gesetze vom 25.6.2021 (BGBl. I S. 2056), Gesetz zur Rehabilitierung der wegen einvernehmlicher homosexueller Handlungen, wegen ihrer homosexuellen Orientierung oder wegen ihrer geschlechtlichen Identität dienstrechtlich benachteiligten Soldatinnen und Soldaten vom 16.7.2021 (BGBl. I S. 2993), Gesetz über die Entschädigung der Soldatinnen und Soldaten und zur Neuordnung des Soldatenversorgungsrechts vom 20.8.2021 (BGBl. I S. 3932), Steuerentlastungsgesetz 2022 vom 23.5.2022 (BGBl. I S. 749), Gesetz zur Regelung eines Sofortzuschlages und einer Einmalzahlung in den sozialen Mindestsicherungssystemen sowie zur Änderung des Finanzausgleichsgesetzes und weiterer Gesetze vom 23.5.2022 (BGBl. I S. 760), Viertes Corona-Steuerhilfegesetz vom 19.6.2022 (BGBl. I S. 911) und Gesetz zur temporären Senkung des Umsatzsteuersatzes auf Gaslieferungen über das Erdgasnetz vom 19.10.2022 (BGBl. I S. 1743)

BGBl. III/FNA 611-1

Inhaltsübersicht[1)]

---

1) Zum Teil nicht amtlich.

richtungen im Sinne des § 23 Absatz 3 Satz 1 Nummer 1 bis 4, 8, 11 oder Nummer 12 des Infektionsschutzgesetzes oder § 36 Absatz 1 Nummer 2 oder Nummer 7 des Infektionsschutzgesetzes tätig sind. [3]Die Steuerbefreiung gilt entsprechend für Personen, die in den in Satz 2 genannten Einrichtungen im Rahmen einer Arbeitnehmerüberlassung oder im Rahmen eines Werk- oder Dienstleistungsvertrags eingesetzt werden. [4]Nummer 11a findet auf die Leistungen im Sinne der Sätze 1 bis 3 keine Anwendung;]

11c.[1)] zusätzlich zum ohnehin geschuldeten Arbeitslohn vom Arbeitgeber in der Zeit vom 26. Oktober 2022 bis zum 31. Dezember 2024 in Form von Zuschüssen und Sachbezügen gewährte Leistungen zur Abmilderung der gestiegenen Verbraucherpreise bis zu einem Betrag von 3000 Euro;

12.[2)] aus einer Bundeskasse oder Landeskasse gezahlte Bezüge, die zum einen
a) in einem Bundesgesetz oder Landesgesetz,
b) auf Grundlage einer bundesgesetzlichen oder landesgesetzlichen Ermächtigung beruhenden Bestimmung oder
c) von der Bundesregierung oder einer Landesregierung

als Aufwandsentschädigung festgesetzt sind und die zum anderen jeweils auch als Aufwandsentschädigung im Haushaltsplan ausgewiesen werden. [2]Das Gleiche gilt für andere Bezüge, die als Aufwandsentschädigung aus öffentlichen Kassen an öffentliche Dienste leistende Personen gezahlt werden, soweit nicht festgestellt wird, dass sie für Verdienstausfall oder Zeitverlust gewährt werden oder den Aufwand, der dem Empfänger erwächst, offenbar übersteigen;

13.[3)] die aus öffentlichen Kassen gezahlten Reisekostenvergütungen, Umzugskostenvergütungen und Trennungsgelder. [2]Die als Reisekostenvergütungen gezahlten Vergütungen für Verpflegung sind nur insoweit steuerfrei, als sie die Pauschbeträge nach § 9 Absatz 4a nicht übersteigen; Trennungsgelder sind nur insoweit steuerfrei, als sie die nach § 9 Absatz 1 Satz 3 Nummer 5 und Absatz 4a abziehbaren Aufwendungen nicht übersteigen;

14. Zuschüsse eines Trägers der gesetzlichen Rentenversicherung zu den Aufwendungen eines Rentners für seine Krankenversicherung und von dem gesetzlichen Rentenversicherungsträger getragene Anteile (§ 249a des Fünften Buches Sozialgesetzbuch) an den Beiträgen für die gesetzliche Krankenversicherung;

15.[4)] Zuschüsse des Arbeitgebers, die zusätzlich zum ohnehin geschuldeten Arbeitslohn zu den Aufwendungen des Arbeitnehmers für Fahrten mit öffentlichen Verkehrsmitteln im Linienverkehr (ohne Luftverkehr) zwischen Wohnung und erster Tätigkeitsstätte und nach § 9 Absatz 1 Satz 3 Nummer 4a Satz 3 sowie für Fahrten im öffentlichen Personennahverkehr gezahlt werden. [2]Das Gleiche gilt für die unentgeltliche oder verbilligte Nutzung öffentlicher Verkehrsmittel im Linienverkehr (ohne Luftverkehr) für Fahrten zwischen Wohnung und erster Tätigkeitsstätte und nach § 9 Ab-

---

[1)] § 3 Nr. 11c eingef. mWv 1.10.2022 durch G v. 19.10.2022 (BGBl. I S. 1743).
[2)] § 3 Nr. 12 Satz 1 neu gef. mWv VZ 2014 durch G v. 25.7.2014 (BGBl. I S. 1266).
[3)] § 3 Nr. 13 geänd. mWv VZ 2014 durch G v. 20.2.2013 (BGBl. I S. 285).
[4)] § 3 Nr. 15 eingef. mWv VZ 2019 durch G v. 11.12.2018 (BGBl. I S. 2338).

satz 1 Satz 3 Nummer 4a Satz 3 sowie für Fahrten im öffentlichen Personennahverkehr, die der Arbeitnehmer auf Grund seines Dienstverhältnisses zusätzlich zum ohnehin geschuldeten Arbeitslohn in Anspruch nehmen kann. [3]Die nach den Sätzen 1 und 2 steuerfreien Leistungen mindern den nach § 9 Absatz 1 Satz 3 Nummer 4 Satz 2 abziehbaren Betrag;

16.[1)] die Vergütungen, die Arbeitnehmer außerhalb des öffentlichen Dienstes von ihrem Arbeitgeber zur Erstattung von Reisekosten, Umzugskosten oder Mehraufwendungen bei doppelter Haushaltsführung erhalten, soweit sie die nach § 9 als Werbungskosten abziehbaren Aufwendungen nicht übersteigen;

17. Zuschüsse zum Beitrag nach § 32 des Gesetzes über die Alterssicherung der Landwirte;

18. das Aufgeld für ein an die Bank für Vertriebene und Geschädigte (Lastenausgleichsbank) zugunsten des Ausgleichsfonds (§ 5 des Lastenausgleichsgesetzes) gegebenes Darlehen, wenn das Darlehen nach § 7f des Gesetzes in der Fassung der Bekanntmachung vom 15. September 1953 (BGBl. I S. 1355) im Jahr der Hingabe als Betriebsausgabe abzugsfähig war;

19.[2)] Weiterbildungsleistungen des Arbeitgebers oder auf dessen Veranlassung von einem Dritten
   a) für Maßnahmen nach § 82 Absatz 1 und 2 des Dritten Buches Sozialgesetzbuch oder
   b) die der Verbesserung der Beschäftigungsfähigkeit des Arbeitnehmers dienen.

   [2]Steuerfrei sind auch Beratungsleistungen des Arbeitgebers oder auf dessen Veranlassung von einem Dritten zur beruflichen Neuorientierung bei Beendigung des Dienstverhältnisses. [3]Die Leistungen im Sinne der Sätze 1 und 2 dürfen keinen überwiegenden Belohnungscharakter haben;

20. die aus öffentlichen Mitteln des Bundespräsidenten aus sittlichen oder sozialen Gründen gewährten Zuwendungen an besonders verdiente Personen oder ihre Hinterbliebenen;

21., 22.[3)] *(aufgehoben)*

23.[4)] Leistungen nach
   a) dem Häftlingshilfegesetz,
   b) dem Strafrechtlichen Rehabilitierungsgesetz,
   c) dem Verwaltungsrechtlichen Rehabilitierungsgesetz,
   d) dem Beruflichen Rehabilitierungsgesetz,
   e) dem Gesetz zur strafrechtlichen Rehabilitierung der nach dem 8. Mai 1945 wegen einvernehmlicher homosexueller Handlungen verurteilten Personen und
   f) dem Gesetz zur Rehabilitierung der wegen einvernehmlicher homosexueller Handlungen, wegen ihrer homosexuellen Orientierung oder

---

[1)] § 3 Nr. 16 geänd. mWv VZ 2014 durch G v. 20.2.2013 (BGBl. I S. 285).
[2)] § 3 Nr. 19 neu gef. mWv VZ 2020 durch G v. 21.12.2020 (BGBl. I S. 3096).
[3)] § 3 Nrn. 21 und 22 aufgeh. durch G v. 1.11.2011 (BGBl. I S. 2131).
[4)] § 3 Nr. 23 neu gef. mWv VZ 2021 durch G v. 16.7.2021 (BGBl. I S. 2993).

[Fassung bis 12.12.2019:]

2.[1] [1] § 8b Abs. 1 bis 6 dieses Gesetzes sowie § 4 Abs. 6 des Umwandlungssteuergesetzes sind bei der Organgesellschaft nicht anzuwenden. [2] Sind in dem dem Organträger zugerechneten Einkommen Bezüge, Gewinne oder Gewinnminderungen im Sinne des § 8b Abs. 1 bis 3 dieses Gesetzes oder mit solchen Beträgen zusammenhängende Ausgaben im Sinne des § 3c Abs. 2 des Einkommensteuergesetzes oder ein Übernahmeverlust im Sinne des § 4 Abs. 6 des Umwandlungssteuergesetzes enthalten, sind § 8b dieses Gesetzes, § 4 Abs. 6 des Umwandlungssteuergesetzes sowie § 3 Nr. 40 und § 3c Abs. 2 des Einkommensteuergesetzes bei der Ermittlung des Einkommens des Organträgers anzuwenden.

[Fassung ab 13.12.2019:]

2.[2] [1] § 8b Absatz 1 bis 6 dieses Gesetzes sowie § 4 Absatz 6 und § 12 Absatz 2 Satz 1 des Umwandlungssteuergesetzes sind bei der Organgesellschaft nicht anzuwenden. [2] Sind in dem dem Organträger zugerechneten Einkommen Bezüge, Gewinne oder Gewinnminderungen im Sinne des § 8b Absatz 1 bis 3 dieses Gesetzes oder mit solchen Beträgen zusammenhängende Ausgaben im Sinne des § 3c Absatz 2 des Einkommensteuergesetzes, ein Übernahmeverlust im Sinne des § 4 Absatz 6 des Umwandlungssteuergesetzes oder ein Gewinn oder Verlust im Sinne des § 12 Absatz 2 Satz 1 des Umwandlungssteuergesetzes enthalten, sind § 8b dieses Gesetzes, § 4 Absatz 6 und § 12 Absatz 2 des Umwandlungssteuergesetzes sowie § 3 Nummer 40 und § 3c Absatz 2 des Einkommensteuergesetzes bei der Ermittlung des Einkommens des Organträgers anzuwenden; in den Fällen des § 12 Absatz 2 Satz 2 des Umwandlungssteuergesetzes sind neben § 8b dieses Gesetzes auch § 3 Nummer 40 und § 3c Absatz 2 des Einkommensteuergesetzes entsprechend anzuwenden.

[3] Satz 2 gilt nicht, soweit bei der Organgesellschaft § 8b Abs. 7, 8 oder 10 anzuwenden ist. [4] Für die Anwendung der Beteiligungsgrenze im Sinne des § 8b Absatz 4 in der Fassung des Artikels 1 des Gesetzes vom 21. März 2013 (BGBl. I S. 561) werden Beteiligungen der Organgesellschaft und Beteiligungen des Organträgers getrennt betrachtet.

2a.[3] [1] § 20 Absatz 1 Satz 1 bis 3 und Absatz 2 bis 4, die §§ 21, 30 Absatz 2, die §§ 42 und 43 Absatz 3, § 44 sowie § 49 Absatz 1 des Investmentsteuer-

---

[1] § 15 Satz 1 Nr. 2 neu gef. mWv VZ 2006 durch G v. 7.12.2006 (BGBl. I S. 2782); Satz 3 angef. durch G v. 19.12.2008 (BGBl. I S. 2794); Satz 4 angef. durch G v. 21.3.2013 (BGBl. I S. 561).

[2] § 15 Satz 1 Nr. 2 Satz 1 und 2 neu gef. durch G v. 12.12.2019 (BGBl. I S. 2451); zur Anwendung siehe § 34 Abs. 6g.

[3] § 15 Satz 1 Nr. 2a eingef. mWv VZ 2018 durch G v. 11.12.2018 (BGBl. I S. 2338); zur Anwendung siehe § 34 Abs. 6f.

gesetzes sind bei der Organgesellschaft nicht anzuwenden. [2]Sind im dem dem Organträger zugerechneten Einkommen Erträge im Sinne des § 16 oder § 34 des Investmentsteuergesetzes oder mit solchen Erträgen zusammenhängende Betriebsvermögensminderungen, Betriebsausgaben oder Veräußerungskosten im Sinne des § 21 oder § 44 des Investmentsteuergesetzes enthalten, sind die §§ 20, 21, 30 Absatz 2, die §§ 42, 43 Absatz 3, § 44 sowie § 49 Absatz 1 des Investmentsteuergesetzes bei der Ermittlung des Einkommens des Organträgers anzuwenden. [3]Für Zwecke des Satzes 2 gilt der Organträger als Anleger im Sinne des § 2 Absatz 10 des Investmentsteuergesetzes. [4]Die bloße Begründung oder Beendigung einer Organschaft nach § 14 Absatz 1 Satz 1 führt nicht zu einer Veräußerung nach § 22 Absatz 1 des Investmentsteuergesetzes. [5]Die Sätze 1 bis 4 gelten nicht, soweit die Organgesellschaft die Voraussetzungen des § 20 Absatz 1 Satz 4 oder des § 30 Absatz 3 des Investmentsteuergesetzes erfüllt. [6]Für die Anwendung der Beteiligungsgrenze im Sinne des § 30 Absatz 2 Nummer 2 des Investmentsteuergesetzes werden Beteiligungen der Organgesellschaft und Beteiligungen des Organträgers getrennt betrachtet.

3.[1)] [1]§ 4h des Einkommensteuergesetzes ist bei der Organgesellschaft nicht anzuwenden. [2]Organträger und Organgesellschaften gelten als ein Betrieb im Sinne des § 4h des Einkommensteuergesetzes. [3]Sind in dem dem Organträger zugerechneten Einkommen der Organgesellschaften Zinsaufwendungen und Zinserträge im Sinne des § 4h Abs. 3 des Einkommensteuergesetzes enthalten, sind diese bei Anwendung des § 4h Abs. 1 des Einkommensteuergesetzes beim Organträger einzubeziehen.

4.[2)] [1]§ 8 Abs. 3 Satz 2 und Abs. 7 ist bei der Organgesellschaft auf Dauerverlustgeschäfte im Sinne des § 8 Abs. 7 Satz 2 nicht anzuwenden. [2]Sind in dem dem Organträger zugerechneten Einkommen Verluste aus Dauerverlustgeschäften im Sinne des § 8 Abs. 7 Satz 2 enthalten, ist § 8 Abs. 3 Satz 2 und Abs. 7 bei der Ermittlung des Einkommens des Organträgers anzuwenden.

5.[2)] [1]§ 8 Abs. 9 ist bei der Organgesellschaft nicht anzuwenden. [2]Sind in dem dem Organträger zugerechneten Einkommen Einkommen einer Kapitalgesellschaft enthalten, auf die § 8 Abs. 7 Satz 1 Nr. 2 anzuwenden ist, ist § 8 Abs. 9 bei der Ermittlung des Einkommens des Organträgers anzuwenden.

[2]Nummer 2 gilt entsprechend für Gewinnanteile aus der Beteiligung an einer ausländischen Gesellschaft, die nach den Vorschriften eines Abkommens zur Vermeidung der Doppelbesteuerung von der Besteuerung auszunehmen sind. [3]Bei Anwendung des Satzes 2 finden § 16 Absatz 4 sowie § 43 Absatz 1 Satz 3 des Investmentsteuergesetzes beim Organträger Anwendung. [4]Für Zwecke des Satzes 3 gilt der Organträger als Anleger im Sinne des § 2 Absatz 10 des Investmentsteuergesetzes.[3)]

[1)] § 15 Satz 1 Nr. 3 angef. durch G v. 14.8.2007 (BGBl. I S. 1912).

[2)] § 15 Satz 1 Nrn. 4 und 5 angef. durch G v. 19.12.2008 (BGBl. I S. 2794).

[3)] § 15 Satz 2 angef. mWv VZ 2003 durch G v. 16.5.2003 (BGBl. I S. 660); Sätze 3 und 4 angef. mWv VZ 2018 durch G v. 11.12.2018 (BGBl. I S. 2338); zur Anwendung siehe § 34 Abs. 6 f.

Anlage 38[1)]
(zu § 253 Absatz 2 und § 259 Absatz 4)

Wirtschaftliche Gesamtnutzungsdauer

Ein- und Zweifamilienhäuser	80 Jahre
Mietwohngrundstücke, Mehrfamilienhäuser	80 Jahre
Wohnungseigentum	80 Jahre
Geschäftsgrundstücke, gemischt genutzte Grundstücke und sonstige bebaute Grundstücke:	
Gemischt genutzte Grundstücke (Wohnhäuser mit Mischnutzung)	80 Jahre
Museen, Theater, Sakralbauten	70 Jahre
Bürogebäude, Verwaltungsgebäude	60 Jahre
Banken und ähnliche Geschäftshäuser	60 Jahre
Einzelgaragen und Mehrfachgaragen	60 Jahre
Kindergärten (Kindertagesstätten), allgemeinbildende Schulen und berufsbildende Schulen, Hochschulen, Sonderschulen	50 Jahre
Wohnheime, Internate, Alten- und Pflegeheime	50 Jahre
Kauf-/Warenhäuser	50 Jahre
Krankenhäuser, Kliniken, Tageskliniken, Ärztehäuser	40 Jahre
Gemeindezentren, Saalbauten, Veranstaltungsgebäude, Vereinsheime	40 Jahre
Beherbergungsstätten, Hotels, Verpflegungseinrichtungen	40 Jahre
Sport- und Tennishallen, Freizeitbäder, Kur- und Heilbäder	40 Jahre
Tief-, Hoch- und Nutzfahrzeuggaragen als Einzelbauwerke, Carports	40 Jahre
Betriebs- und Werkstätten, Industrie- und Produktionsgebäude	40 Jahre
Lager- und Versandgebäude	40 Jahre
Verbrauchermärkte, Autohäuser	30 Jahre
Reithallen, ehemalige landwirtschaftliche Mehrzweckhallen, Scheunen und Ähnliches	30 Jahre

Teileigentum ist in Abhängigkeit von der baulichen Gestaltung den vorstehenden Gebäudearten zuzuordnen.

Auffangklausel
Für nicht aufgeführte Gebäudearten ist die wirtschaftliche Gesamtnutzungsdauer aus der wirtschaftlichen Gesamtnutzungsdauer vergleichbarer Gebäudearten abzuleiten.

---

1) Anlage 38 eingef. durch G v. 26.11.2019 (BGBl. I S. 1794); zur Anwendung siehe § 266.

Anlage 39[1)]
(zu § 254)

Ermittlung des Rohertrags

I. Monatliche Nettokaltmieten in EUR/Quadratmeter Wohnfläche (Wertverhältnisse/Stand: 1. Januar 2022)**

Land	Gebäudeart*	Wohnfläche**	Baujahr des Gebäudes				
			bis 1948	1949 bis 1978	1979 bis 1990	1991 bis 2000	ab 2001
Baden-Württemberg	Einfamilienhaus	unter 60 m^2	7,13	6,88	7,01	8,73	9,40
		von 60 m^2 bis unter 100 m^2	6,24	6,41	6,62	7,58	7,51
		100 m^2 und mehr	5,53	6,10	6,37	6,61	7,78
	Zweifamilienhaus	unter 60 m^2	7,63	8,16	8,15	8,56	8,89
		von 60 m^2 bis unter 100 m^2	5,60	6,06	6,11	6,55	7,60
		100 m^2 und mehr	5,10	5,38	5,45	6,20	7,31
	Mietwohngrundstück	unter 60 m^2	8,60	9,17	9,11	10,10	12,44
		von 60 m^2 bis unter 100 m^2	6,78	7,09	7,33	7,82	8,97
		100 m^2 und mehr	6,84	6,42	6,82	7,27	8,97
Bayern	Einfamilienhaus	unter 60 m^2	7,86	7,54	7,76	9,28	10,64
		von 60 m^2 bis unter 100 m^2	6,89	7,04	7,34	8,07	8,50
		100 m^2 und mehr	6,09	6,69	7,06	7,03	8,80
	Zweifamilienhaus	unter 60 m^2	6,91	7,35	7,41	7,48	8,25
		von 60 m^2 bis unter 100 m^2	5,06	5,45	5,57	5,72	7,07
		100 m^2 und mehr	4,61	4,85	4,96	5,42	6,79
	Mietwohngrundstück	unter 60 m^2	9,82	10,41	10,44	11,12	14,56
		von 60 m^2 bis unter 100 m^2	7,74	8,04	8,40	8,61	10,50
		100 m^2 und mehr	7,80	7,29	7,81	8,00	10,50

1) Anlage 39 neu gef. mWv 23.7.2021 durch G v. 16.7.2021 (BGBl. I S. 2931).

*) **[Amtl. Anm.:]** Für Wohnungseigentum gelten die Nettokaltmieten für Mietwohngrundstücke. *[Red. Anm.: Fußnote derzeit ohne Bezug.]*

) **[Amtl. Anm.:] Flächen, die zu anderen Wohnzwecken genutzt werden, gelten als Wohnfläche. Für diese Flächen ist bei Mietwohngrundstücken die für Wohnungen mit einer Fläche unter 60 m^2 geltende monatliche Nettokaltmiete in Euro je Quadratmeter Nutzfläche (ohne Zubehörräume) anzusetzen. Bei Ein- und Zweifamilienhäusern sind diese Flächen zu der jeweiligen Wohnfläche zu addieren.

Nettokaltmiete – Festwert – für einen Garagenstellplatz (Einzelgarage/Tiefgarage)	35 EUR/Monat

Land	Gebäudeart*	Wohnfläche**	Baujahr des Gebäudes				
			bis 1948	1949 bis 1978	1979 bis 1990	1991 bis 2000	ab 2001
Berlin	Einfamilienhaus	unter 60 m²	9,04	7,79	7,28	10,70	14,45
		von 60 m² bis unter 100 m²	7,92	7,25	6,89	9,28	11,56
		100 m² und mehr	7,01	6,91	6,63	8,09	11,96
	Zweifamilienhaus	unter 60 m²	8,95	8,55	7,83	9,70	12,62
		von 60 m² bis unter 100 m²	6,56	6,33	5,87	7,43	10,79
		100 m² und mehr	5,97	5,64	5,23	7,02	10,37

(Fortsetzung nächstes Blatt)

*) **[Amtl. Anm.:]** Für Wohnungseigentum gelten die Nettokaltmieten für Mietwohngrundstücke. *[Red. Anm.: Fußnote derzeit ohne Bezug.]*

) **[Amtl. Anm.:] Flächen, die zu anderen Wohnzwecken genutzt werden, gelten als Wohnfläche. Für diese Flächen ist bei Mietwohngrundstücken die für Wohnungen mit einer Fläche unter 60 m² geltende monatliche Nettokaltmiete in Euro je Quadratmeter Nutzfläche (ohne Zubehörräume) anzusetzen. Bei Ein- und Zweifamilienhäusern sind diese Flächen zu der jeweiligen Wohnfläche zu addieren.

Nettokaltmiete – Festwert – für einen Garagenstellplatz (Einzelgarage/Tiefgarage)	35 EUR/Monat

500. Umsatzsteuergesetz (UStG)

In der Fassung der Bekanntmachung vom 21. Februar 2005
(BGBl. I S. 386)[1)]

Geändert durch Gesetz zur Neuorganisation der Bundesfinanzverwaltung und zur Schaffung eines Refinanzierungsregisters vom 22.9.2005 (BGBl. I S. 2809), Gesetz zur steuerlichen Förderung von Wachstum und Beschäftigung vom 26.4.2006 (BGBl. I S. 1091), Gesetz zur Eindämmung missbräuchlicher Steuergestaltungen vom 28.4.2006 (BGBl. I S. 1095), Haushaltsbegleitgesetz 2006 vom 29.6.2006 (BGBl. I S. 1402), Erstes Gesetz zum Abbau bürokratischer Hemmnisse insbesondere in der mittelständischen Wirtschaft vom 22.8.2006 (BGBl. I S. 1970), Jahressteuergesetz 2007 vom 13.12.2006 (BGBl. I S. 2878), Zweites Gesetz zum Abbau bürokratischer Hemmnisse insbesondere in der mittelständischen Wirtschaft vom 7.9.2007 (BGBl. I S. 2246), Gesetz zur weiteren Stärkung des bürgerschaftlichen Engagements vom 10.10.2007 (BGBl. I S. 2332), Jahressteuergesetz 2008 vom 20.12.2007 (BGBl. I S. 3150), Jahressteuergesetz 2009 vom 19.12.2008 (BGBl. I S. 2794), Steuerbürokratieabbaugesetz vom 20.12.2008 (BGBl. I S. 2850), Bürgerentlastungsgesetz Krankenversicherung vom 16.7.2009 (BGBl. I S. 1959), Wachstumsbeschleunigungsgesetz vom 22.12.2009 (BGBl. I S. 3950), Gesetz zur Umsetzung steuerlicher EU-Vorgaben sowie zur Änderung steuerlicher Vorschriften vom 8.4.2010 (BGBl. I S. 386), Gesetz zur Weiterentwicklung der Organisation der Grundsicherung für Arbeitsuchende vom 3.8.2010 (BGBl. I S. 1112), Jahressteuergesetz 2010 (JStG 2010) vom 8.12.2010 (BGBl. I S. 1768), Gesetz zur Ermittlung von Regelbedarfen und zur Änderung des Zweiten und Zwölften Buches Sozialgesetzbuch vom 24.3.2011 (BGBl. I S. 453), Gesetz zur bestätigenden Regelung verschiedener steuerlicher und verkehrsrechtlicher Vorschriften des Haushaltsbegleitgesetzes 2004 vom 5.4.2011 (BGBl. I S. 554), Sechstes Gesetz zur Änderung von Verbrauchsteuergesetzen vom 16.6.2011 (BGBl. I S. 1090), Gesetz zur Anpassung der Rechtsgrundlagen für die Fortentwicklung des Emissionshandels vom 21.7.2011 (BGBl. I S. 1475), Steuervereinfachungsgesetz 2011 vom 1.11.2011 (BGBl. I S. 2131), Drittes Gesetz zur Änderung des Umsatzsteuergesetzes vom 6.12.2011 (BGBl. I S. 2562), Beitreibungsrichtlinie-Umsetzungsgesetz (BeitrRLUmsG) vom 7.12.2011 (BGBl. I S. 2592), Gesetz zur Änderung des Gemeindefinanzreformgesetzes und von steuerlichen Vorschriften vom 8.5.2012 (BGBl. I S. 1030), Amtshilferichtlinie-Umsetzungsgesetz (AmtshilfeRLUmsG) vom 26.6.2013 (BGBl. I S. 1809), Gesetz zur Anpassung des Investmentsteuergesetzes und anderer Gesetze an das AIFM-Umsetzungsgesetz (AIFM-Steuer-Anpassungsgesetz – AIFM-StAnpG) vom 18.12.2013 (BGBl. I S. 4318), Gesetz zur Anpassung des nationalen Steuerrechts an den Beitritt Kroatiens zur EU und zur Änderung weiterer steuerlicher Vorschriften vom 25.7.2014 (BGBl. I S. 1266), Gesetz zur Anpassung der Abgabenordnung an den Zollkodex der Union und zur Änderung weiterer steuerlicher Vorschriften vom 22.12.2014 (BGBl. I S. 2417), Steueränderungsgesetz 2015 vom 2.11.2015 (BGBl. I S. 1834), Gesetz zur Modernisierung des Besteuerungsverfahrens vom 18.7.2016 (BGBl. I S. 1679), Gesetz zur Reform der Investmentbesteuerung (Investmentsteuerreformgesetz – InvStRefG) vom 19.7.2016 (BGBl. I S. 1730), Drittes Gesetz zur Stärkung der pflegerischen Versorgung und zur Änderung weiterer Vorschriften (Drittes Pflegestärkungsgesetz – PSG III) vom 23.12.2016 (BGBl. I S. 3191), Gesetz zur Stärkung der Teilhabe und Selbstbestimmung von Menschen mit Behinderungen (Bundesteilhabegesetz – BTHG) vom 23.12.2016 (BGBl. I S. 3234), Branntweinmonopolverwaltung-Auflösungsgesetz (BfBAG) vom 10.3.2017 (BGBl. I S. 420), Gesetz zur Umsetzung der Vierten EU-Geldwäscherichtlinie, zur Ausführung der EU-Geldtransferverordnung und zur Neuorganisation der Zentralstelle für Finanztransaktionsuntersuchungen vom 23.6.2017 (BGBl. I S. 1822), Zweites Gesetz zur Entlastung insbesondere der mittelständischen Wirtschaft von Bürokratie (Zweites Bürokratieentlastungsgesetz) vom 30.6.2017 (BGBl. I S. 2143), Gesetz zum Ausschluss verfassungsfeindlicher Parteien von der Parteienfinanzierung vom 18.7.2017 (BGBl. I S. 2730), Gesetz zur Durchführung der Verordnung (EU) Nr. 910/2014 des Europäischen Parlaments und des Rates vom

---

[1)] Neubekanntmachung des UStG idF der Bek. v. 9.6.1999 (BGBl. I S. 1270) auf Grund des § 26 Abs. 6 UStG in der ab 1.1.2005 geltenden Fassung.

23. Juli 2014 über elektronische Identifizierung und Vertrauensdienste für elektronische Transaktionen im Binnenmarkt, zur Aufhebung der Richtlinie 1999/93/EG (eIDAS-Durchführungsgesetz) vom 18.7.2017 (BGBl. I S. 2745), Gesetz zur Vermeidung von Umsatzsteuerausfällen beim Handel mit Waren im Internet und zur Änderung weiterer steuerlicher Vorschriften vom 11.12.2018 (BGBl. I S. 2338), Zweites Gesetz zur Anpassung des Datenschutzrechts an die Verordnung (EU) 2016/679 und zur Umsetzung der Richtlinie (EU) 2016/680 (Zweites Datenschutz-Anpassungs- und Umsetzungsgesetz EU – 2. DSAnpUG-EU) vom 20.11.2019 (BGBl. I S. 1626), Drittes Gesetz zur Entlastung insbesondere der mittelständischen Wirtschaft von Bürokratie (Drittes Bürokratieentlastungsgesetz) vom 22.11.2019 (BGBl. I S. 1746), Gesetz zur Reform des Grundsteuer- und Bewertungsrechts (Grundsteuer-Reformgesetz – GrStRefG) vom 26.11.2019 (BGBl. I S. 1794), Gesetz zur weiteren steuerlichen Förderung der Elektromobilität und zur Änderung weiterer steuerlicher Vorschriften vom 12.12.2019 (BGBl. I S. 2451), Gesetz zur Regelung des Sozialen Entschädigungsrechts vom 12.12.2019 (BGBl. I S. 2652; geänd. durch G v. 21.12.2020, BGBl. I S. 3096 und durch G v. 20.8.2021, BGBl. I S. 3932), Gesetz zur Einführung einer Pflicht zur Mitteilung grenzüberschreitender Steuergestaltungen vom 21.12.2019 (BGBl. I S. 2875), Gesetz zur Umsetzung des Klimaschutzprogramms 2030 im Steuerrecht vom 21.12.2019 (BGBl. I S. 2886), Gesetz zur Umsetzung steuerlicher Hilfsmaßnahmen zur Bewältigung der Corona-Krise (Corona-Steuerhilfegesetz) vom 19.6.2020 (BGBl. I S. 1385), Zweites Gesetz zur Umsetzung steuerlicher Hilfsmaßnahmen zur Bewältigung der Corona-Krise (Zweites Corona-Steuerhilfegesetz) vom 29.6.2020 (BGBl. I S. 1512), Jahressteuergesetz 2020 (JStG 2020) vom 21.12.2020 (BGBl. I S. 3096; geänd. durch G v. 20.8.2021, BGBl. I S. 3932), Drittes Gesetz zur Umsetzung steuerlicher Hilfsmaßnahmen zur Bewältigung der Corona-Krise (Drittes Corona-Steuerhilfegesetz) vom 10.3.2021 (BGBl. I S. 330), Gesetz zur Reform des Vormundschafts- und Betreuungsrechts vom 4.5.2021 (BGBl. I S. 882), Gesetz zur Modernisierung der Entlastung von Abzugsteuern und der Bescheinigung der Kapitalertragsteuer (Abzugsteuerentlastungsmodernisierungsgesetz – AbzStEntModG) vom 2.6.2021 (BGBl. I S. 1259), Gesetz zur digitalen Modernisierung von Versorgung und Pflege (Digitale-Versorgung-und-Pflege-Modernisierungs-Gesetz – DVPMG) vom 3.6.2021 (BGBl. I S. 1309), Fondsstandortgesetz (FoStoG) vom 3.6.2021 (BGBl. I S. 1498), Gesetz über die Entschädigung der Soldatinnen und Soldaten und zur Neuordnung des Soldatenversorgungsrechts vom 20.8.2021 (BGBl. I S. 3932), Gesetz zur Umsetzung unionsrechtlicher Vorgaben im Umsatzsteuerrecht vom 21.12.2021 (BGBl. I S. 5250), Gesetz zur temporären Senkung des Umsatzsteuersatzes auf Gaslieferungen über das Erdgasnetz vom 19.10.2022 (BGBl. I S. 1743) und Achtes Gesetz zur Änderung von Verbrauchsteuergesetzen vom 24.10.2022 (BGBl. I S. 1838)

BGBl. III/FNA 611-10-14

Inhaltsübersicht

I. Steuergegenstand und Geltungsbereich

15c.[1] Leistungen zur Teilhabe am Arbeitsleben nach § 49 des Neunten Buches Sozialgesetzbuch, die von Einrichtungen des öffentlichen Rechts oder anderen Einrichtungen mit sozialem Charakter erbracht werden. [2]Andere Einrichtungen mit sozialem Charakter im Sinne dieser Vorschrift sind Rehabilitationsdienste und -einrichtungen nach den §§ 36 und 51 des Neunten Buches Sozialgesetzbuch, mit denen Verträge nach § 38 des Neunten Buches Sozialgesetzbuch abgeschlossen worden sind;

16.[2] die *mit dem Betrieb von Einrichtungen zur Betreuung oder Pflege körperlich, geistig oder seelisch hilfsbedürftiger Personen eng verbundenen Leistungen, die von* [***ab 1.1.2021:*** eng mit der Betreuung oder Pflege körperlich, kognitiv oder psychisch hilfsbedürftiger Personen verbundenen Leistungen, die erbracht werden von]

a) juristischen Personen des öffentlichen Rechts,

b) Einrichtungen, mit denen ein Vertrag nach § 132 des Fünften Buches Sozialgesetzbuch besteht,

c) Einrichtungen, mit denen ein Vertrag nach § 132a des Fünften Buches Sozialgesetzbuch, § 72 oder § 77 des Elften Buches Sozialgesetzbuch besteht oder die Leistungen zur häuslichen Pflege oder zur Heimpflege erbringen und die hierzu nach § 26 Abs. 5 in Verbindung mit § 44 des Siebten Buches Sozialgesetzbuch bestimmt sind,

d) Einrichtungen, die Leistungen der häuslichen Krankenpflege oder Haushaltshilfe erbringen und die hierzu nach § 26 Abs. 5 in Verbindung mit den §§ 32 und 42 des Siebten Buches Sozialgesetzbuch bestimmt sind,

e) Einrichtungen, mit denen eine Vereinbarung nach § 194[3] des Neunten Buches Sozialgesetzbuch besteht,

f) Einrichtungen, die nach § 225[3] des Neunten Buches Sozialgesetzbuch anerkannt sind,

g)[4] Einrichtungen, soweit sie Leistungen erbringen, die landesrechtlich als Angebote zur Unterstützung im Alltag nach § 45a des Elften Buches Sozialgesetzbuch anerkannt sind,

h)[5] Einrichtungen, mit denen eine Vereinbarung nach § 123 des Neunten Buches Sozialgesetzbuch oder nach § 76 des Zwölften Buches Sozialgesetzbuch besteht,

i)[6] Einrichtungen, mit denen ein Vertrag nach § 8 Absatz 3 des Gesetzes zur Errichtung der Sozialversicherung für Landwirtschaft, Forsten und Gartenbau über die Gewährung von häuslicher Krankenpflege oder Haushaltshilfe nach den §§ 10 und 11 des Zweiten Gesetzes über die

---

[1] § 4 Nr. 15c eingef. mWv 1.1.2017 und geänd. mWv 1.1.2018 durch G v. 23.12.2016 (BGBl. I S. 3234).

[2] § 4 Nr. 16 neu gef. mWv 1.1.2009 durch G v. 19.12.2008 (BGBl. I S. 2794); Sätze 1 und 2 geänd. mWv 1.1.2021 durch G v. 21.12.2020 (BGBl. I S. 3096).

[3] Verweis geänd. mWv 1.1.2018 durch G v. 23.12.2016 (BGBl. I S. 3234).

[4] § 4 Nr. 16 Satz 1 Buchst. g geänd. mWv 1.1.2016 durch G v. 2.11.2015 (BGBl. I S. 1834); geänd mWv 1.1.2017 durch G v. 23.12.2016 (BGBl. I S. 3191).

[5] § 4 Nr. 16 Satz 1 Buchst. h geänd. mWv 1.1.2018 durch G v. 23.12.2016 (BGBl. I S. 3234).

[6] § 4 Nr. 16 Satz 1 Buchst. i neu gef. mWv 30.6.2013 durch G v. 26.6.2013 (BGBl. I S. 1809).

Krankenversicherung der Landwirte, § 10 des Gesetzes über die Alterssicherung der Landwirte oder nach § 54 Absatz 2 des Siebten Buches Sozialgesetzbuch besteht,

j) Einrichtungen, die aufgrund einer Landesrahmenempfehlung nach § 2 der Frühforderungsverordnung als fachlich geeignete interdisziplinäre Frühförderstellen anerkannt sind,

k)[1] Einrichtungen, die als Betreuer nach *§ 1896* [***ab 1.1.2023:*** § 1814] Absatz 1 des Bürgerlichen Gesetzbuchs bestellt worden sind, sofern es sich nicht um Leistungen handelt, die nach *§ 1908i Absatz 1 in Verbindung mit § 1835* [***ab 1.1.2023:*** § 1877] Absatz 3 des Bürgerlichen Gesetzbuchs vergütet werden,

[***ab 1.1.2021:***

l)[2] Einrichtungen, mit denen eine Vereinbarung zur Pflegeberatung nach § 7a des Elften Buches Sozialgesetzbuch besteht, oder]

[Fassung bis 31.12.2020:]

l)[3] Einrichtungen, bei denen im vorangegangenen Kalenderjahr die Betreuungs- oder Pflegekosten in mindestens 25 Prozent der Fälle von den gesetzlichen Trägern der Sozialversicherung *oder der Sozialhilfe* [***ab 1.1.2020:*** , den Trägern der Sozialhilfe, den Trägern der Eingliederungshilfe nach § 94 des Neunten Buches Sozialgesetzbuch] oder der für die Durchführung der Kriegsopferversorgung zuständigen Versorgungsverwaltung einschließlich der Träger der Kriegsopferfürsorge ganz oder zum überwiegenden Teil vergütet worden sind,

erbracht werden.

[Fassung ab 1.1.2021:]

m)[4] Einrichtungen, bei denen die Betreuungs- oder Pflegekosten oder die Kosten für eng mit der Betreuung oder Pflege verbundene Leistungen in mindestens 25 Prozent der Fälle von den gesetzlichen Trägern der Sozialversicherung, den Trägern der Sozialhilfe, den Trägern der Eingliederungshilfe nach § 94 des Neunten Buches Sozialgesetzbuch [***ab 1.1.2025:*** , dem Träger der Soldatenentschädigung] oder *der für die Durchführung der Kriegsopferversorgung zuständigen Versorgungsverwaltung einschließlich der Träger der Kriegsopferfürsorge* [***ab 1.1.2024:*** den für die Durchführung des Vierzehnten Buches Sozialgesetzbuch zuständigen Stellen] ganz oder zum überwiegenden Teil vergütet werden.

---

[1] § 4 Nr. 16 Satz 1 Buchst. k eingef., bish. Buchst. k wird Buchst. l; geändert mWv 1.7. 2013 durch G v. 26.6.2013 (BGBl. I S. 1809); geänd. mWv 1.1.2023 durch G v. 4.5.2021 (BGBl. I S. 882).

[2] § 4 Nr. 16 Satz 1 Buchst. l eingef. mWv 1.1.2021 durch G v. 21.12.2020 (BGBl. I S. 3096).

[3] § 4 Nr. 16 Satz 1 Buchst. k eingef., bish. Buchst. k wird Buchst. l mWv 1.7.2013 durch G v. 26.6.2013 (BGBl. I S. 1809); geänd. mWv 1.1.2020 durch G v. 23.12.2016 (BGBl. I S. 3234).

[4] § 4 Nr. 16 Satz 1 Buchst. l wird Buchst. m und neu gef. mWv 1.1.2021 durch G v. 21.12.2020 (BGBl. I S. 3096); geänd. mWv 1.1.2024 durch G v. 12.12.2019 (BGBl. I S. 2652); zur weiteren Anwendung der alten Fassung siehe § 27 Abs. 26; Buchst. m geänd. mWv 1.1.2024 bzw. 1.1.2025 durch G v. 20.8.2021 (BGBl. I S. 3932).

(5) Für die Umrechnung von Werten in fremder Währung gelten die entsprechenden Vorschriften über den Zollwert der Waren, die in Rechtsakten des Rates der Europäischen Union oder der Europäischen Kommission[1] festgelegt sind.

Vierter Abschnitt. Steuer und Vorsteuer

§ 12 Steuersätze. (1)[2] Die Steuer beträgt für jeden steuerpflichtigen Umsatz 19 Prozent[3] der Bemessungsgrundlage (§§ 10, 11, 25 Abs. 3 und § 25a Abs. 3 und 4).

(2)[4] Die Steuer ermäßigt sich auf 7 Prozent für die folgenden Umsätze:

1.[5] die Lieferungen, die Einfuhr und der innergemeinschaftliche Erwerb der in Anlage 2 bezeichneten Gegenstände mit Ausnahme der in der Nummer 49 Buchstabe f, den Nummern 53 und 54 bezeichneten Gegenstände;

2.[5] die Vermietung der in Anlage 2 bezeichneten Gegenstände mit Ausnahme der in der Nummer 49 Buchstabe f, den Nummern 53 und 54 bezeichneten Gegenstände;

3. die Aufzucht und das Halten von Vieh, die Anzucht von Pflanzen und die Teilnahme an Leistungsprüfungen für Tiere;

4. die Leistungen, die unmittelbar der Vatertierhaltung, der Förderung der Tierzucht, der künstlichen Tierbesamung oder der Leistungs- und Qualitätsprüfung in der Tierzucht und in der Milchwirtschaft dienen;

5. (weggefallen)

6.[6] die Leistungen aus der Tätigkeit als Zahntechniker sowie die in § 4 Nr. 14 Buchstabe a Satz 2 bezeichneten Leistungen der Zahnärzte;

7. a) die Eintrittsberechtigung für Theater, Konzerte und Museen sowie die den Theatervorführungen und Konzerten vergleichbaren Darbietungen ausübender Künstler,

   b) die Überlassung von Filmen zur Auswertung und Vorführung sowie die Filmvorführungen, soweit die Filme nach § 6 Abs. 3 Nr. 1 bis 5 des Gesetzes zum Schutze der Jugend in der Öffentlichkeit oder nach § 14 Abs. 2 Nr. 1 bis 5 des Jugendschutzgesetzes vom 23. Juli 2002 (BGBl. I S. 2730, 2003 I S. 476) in der jeweils geltenden Fassung gekennzeichnet sind oder vor dem 1. Januar 1970 erstaufgeführt wurden,

   c) die Einräumung, Übertragung und Wahrnehmung von Rechten, die sich aus dem Urheberrechtsgesetz ergeben,

   d) die Zirkusvorführungen, die Leistungen aus der Tätigkeit als Schausteller sowie die unmittelbar mit dem Betrieb der zoologischen Gärten verbundenen Umsätze;

---

[1] Bezeichnungen geänd. durch G v. 26.6.2013 (BGBl. I S. 1809).

[2] Zur geänderten befristeten Anwendung siehe § 28 Abs. 1.

[3] Steuersatz geänd. mWv 1.1.2007 durch G v. 29.6.2006 (BGBl. I S. 1402).

[4] Zur geänderten befristeten Anwendung siehe § 28 Abs. 2; zur Anwendung auf **Gas und Wärme** siehe § 28 Abs. 5 und 6.

[5] § 12 Abs. 2 Nrn. 1 und 2 geänd. mWv 1.1.2014 durch G v. 26.6.2013 (BGBl. I S. 1809).

[6] § 12 Abs. 2 Nr. 6 geänd. mWv 1.1.2009 durch G v. 19.12.2008 (BGBl. I S. 2794).

8. a)[1] die Leistungen der Körperschaften, die ausschließlich und unmittelbar gemeinnützige, mildtätige oder kirchliche Zwecke verfolgen (§§ 51 bis 68 der Abgabenordnung). [2]Das gilt nicht für Leistungen, die im Rahmen eines wirtschaftlichen Geschäftsbetriebs ausgeführt werden. [3]Für Leistungen, die im Rahmen eines Zweckbetriebs ausgeführt werden, gilt Satz 1 nur, wenn der Zweckbetrieb nicht in erster Linie der Erzielung zusätzlicher Einnahmen durch die Ausführung von Umsätzen dient, die in unmittelbarem Wettbewerb mit dem allgemeinen Steuersatz unterliegenden Leistungen anderer Unternehmer ausgeführt werden, oder wenn die Körperschaft mit diesen Leistungen ihrer in den §§ 66 bis 68 der Abgabenordnung bezeichneten Zweckbetriebe ihre steuerbegünstigten satzungsgemäßen Zwecke selbst verwirklicht,

   b) die Leistungen der nichtrechtsfähigen Personenvereinigungen und Gemeinschaften der in Buchstabe a Satz 1 bezeichneten Körperschaften, wenn diese Leistungen, falls die Körperschaften sie anteilig selbst ausführten, insgesamt nach Buchstabe a ermäßigt besteuert würden;

9. die unmittelbar mit dem Betrieb der Schwimmbäder verbundenen Umsätze sowie die Verabreichung von Heilbädern. [2]Das Gleiche gilt für die Bereitstellung von Kureinrichtungen, soweit als Entgelt eine Kurtaxe zu entrichten ist;

10.[2] die Beförderungen von Personen

   a) im Schienenbahnverkehr,

   b) im Verkehr mit Oberleitungsomnibussen, im genehmigten Linienverkehr mit Kraftfahrzeugen, im Verkehr mit Taxen, mit Drahtseilbahnen und sonstigen mechanischen Aufstiegshilfen aller Art und im genehmigten Linienverkehr mit Schiffen sowie die Beförderungen im Fährverkehr

      aa) innerhalb einer Gemeinde oder

      bb) wenn die Beförderungsstrecke nicht mehr als 50 Kilometer beträgt;

11.[3] die Vermietung von Wohn- und Schlafräumen, die ein Unternehmer zur kurzfristigen Beherbergung von Fremden bereithält, sowie die kurzfristige Vermietung von Campingflächen. [2]Satz 1 gilt nicht für Leistungen, die nicht unmittelbar der Vermietung dienen, auch wenn diese Leistungen mit dem Entgelt für die Vermietung abgegolten sind;

12.[4] die Einfuhr der in Nummer 49 Buchstabe f, den Nummern 53 und 54 der Anlage 2 bezeichneten Gegenstände;

13.[4] die Lieferungen und der innergemeinschaftliche Erwerb der in Nummer 53 der Anlage 2 bezeichneten Gegenstände, wenn die Lieferungen

---

[1] § 12 Abs. 2 Nr. 8 Buchst. a Satz 3 angef. mWv 19.12.2006 durch G v. 13.12.2006 (BGBl. I S. 2878).

[2] § 12 Abs. 2 Nr. 10 neu gef. mWv 1.1.2020 durch G v. 21.12.2019 (BGBl. I S. 2886).

[3] § 12 Abs. 2 Nr. 11 angef. mWv 1.1.2010 durch G v. 22.12 2009 (BGBl. I S. 3950).

[4] § 12 Abs. 2 Nrn. 12 und 13 angef. mWv 1.1.2014 durch G v. 26.6.2013 (BGBl. I S. 1809).

a) vom Urheber der Gegenstände oder dessen Rechtsnachfolger bewirkt werden oder

b) von einem Unternehmer bewirkt werden, der kein Wiederverkäufer (§ 25a Absatz 1 Nummer 1 Satz 2) ist, und die Gegenstände

aa) vom Unternehmer in das Gemeinschaftsgebiet eingeführt wurden,

bb) von ihrem Urheber oder dessen Rechtsnachfolger an den Unternehmer geliefert wurden oder

cc) den Unternehmer zum vollen Vorsteuerabzug berechtigt haben;

[***ab 18.12.2019:***

14.[1] die Überlassung der in Nummer 49 Buchstabe a bis e und Nummer 50 der Anlage 2 bezeichneten Erzeugnisse in elektronischer Form, unabhängig davon, ob das Erzeugnis auch auf einem physischen Träger angeboten wird, mit Ausnahme der Veröffentlichungen, die vollständig oder im Wesentlichen aus Videoinhalten oder hörbarer Musik bestehen. [2]Ebenfalls ausgenommen sind Erzeugnisse, für die Beschränkungen als jugendgefährdende Trägermedien oder Hinweispflichten nach § 15 Absatz 1 bis 3 und 6 des Jugendschutzgesetzes in der jeweils geltenden Fassung bestehen, sowie Veröffentlichungen, die vollständig oder im Wesentlichen Werbezwecken, einschließlich Reisewerbung, dienen. [3]Begünstigt ist auch die Bereitstellung eines Zugangs zu Datenbanken, die eine Vielzahl von elektronischen Büchern, Zeitungen oder Zeitschriften oder Teile von diesen enthalten;]

15.[2] die nach dem 30. Juni 2020 und vor dem 1. Januar 2024 erbrachten Restaurant- und Verpflegungsdienstleistungen, mit Ausnahme der Abgabe von Getränken.

§ 13 Entstehung der Steuer. (1) Die Steuer entsteht

1. für Lieferungen und sonstige Leistungen

a) bei der Berechnung der Steuer nach vereinbarten Entgelten (§ 16 Abs. 1 Satz 1) mit Ablauf des Voranmeldungszeitraums, in dem die Leistungen ausgeführt worden sind. [2]Das gilt auch für Teilleistungen. [3]Sie liegen vor, wenn für bestimmte Teile einer wirtschaftlich teilbaren Leistung das Entgelt gesondert vereinbart wird. [4]Wird das Entgelt oder ein Teil des Entgelts vereinnahmt, bevor die Leistung oder die Teilleistung ausgeführt worden ist, so entsteht insoweit die Steuer mit Ablauf des Voranmeldungszeitraums, in dem das Entgelt oder das Teilentgelt vereinnahmt worden ist,

b) bei der Berechnung der Steuer nach vereinnahmten Entgelten (§ 20) mit Ablauf des Voranmeldungszeitraums, in dem die Entgelte vereinnahmt worden sind,

c) in den Fällen der Beförderungseinzelbesteuerung nach § 16 Abs. 5 in dem Zeitpunkt, in dem der Kraftomnibus in das Inland gelangt,

---

[1] § 12 Abs. 2 Nr. 14 angef. mWv 18.12.2019 durch G v. 12.12.2019 (BGBl. I S. 2451).

[2] § 12 Abs. 2 Nr. 15 angef. durch G v. 19.6.2020 (BGBl. I S. 1385); geänd. durch G v. 10.3.2021 (BGBl. I S. 330); geänd. durch G v. 24.10.2022 (BGBl. I S. 1838).

d)[1] in den Fällen des § 18 Abs. 4c mit Ablauf des Besteuerungszeitraums nach § 16 Abs. 1a Satz 1, in dem die Leistungen ausgeführt worden sind,

e)[2] in den Fällen des § 18 Absatz 4e mit Ablauf des Besteuerungszeitraums nach § 16 Absatz 1b Satz 1, in dem die Leistungen ausgeführt worden sind,

[*ab 1.7.2021:*[3]

f) in den Fällen des § 18i mit Ablauf des Besteuerungszeitraums nach § 16 Absatz 1c Satz 1, in dem die Leistungen ausgeführt worden sind,

g) in den Fällen des § 18j vorbehaltlich des Buchstabens i mit Ablauf des Besteuerungszeitraums nach § 16 Absatz 1d Satz 1, in dem die Leistungen ausgeführt worden sind,

h) in den Fällen des § 18k mit Ablauf des Besteuerungszeitraums nach § 16 Absatz 1e Satz 1, in dem die Lieferungen ausgeführt worden sind; die Gegenstände gelten als zu dem Zeitpunkt geliefert, zu dem die Zahlung angenommen wurde,

i) in den Fällen des § 3 Absatz 3a zu dem Zeitpunkt, zu dem die Zahlung angenommen wurde;]

2. für Leistungen im Sinne des § 3 Abs. 1b und 9a mit Ablauf des Voranmeldungszeitraums, in dem diese Leistungen ausgeführt worden sind;

3.[4] in den Fällen des § 14c im Zeitpunkt der Ausgabe der Rechnung;

4.[4] *(aufgehoben)*

5. im Fall des § 17 Abs. 1 Satz 6 mit Ablauf des Voranmeldungszeitraums, in dem die Änderung der Bemessungsgrundlage eingetreten ist;

6. für den innergemeinschaftlichen Erwerb im Sinne des § 1a mit Ausstellung der Rechnung, spätestens jedoch mit Ablauf des dem Erwerb folgenden Kalendermonats;

7. für den innergemeinschaftlichen Erwerb von neuen Fahrzeugen im Sinne des § 1b am Tag des Erwerbs;

8. im Fall des § 6a Abs. 4 Satz 2 in dem Zeitpunkt, in dem die Lieferung ausgeführt wird;

9. im Fall des § 4 Nr. 4a Satz 1 Buchstabe a Satz 2 mit Ablauf des Voranmeldungszeitraums, in dem der Gegenstand aus einem Umsatzsteuerlager ausgelagert wird.

(2) Für die Einfuhrumsatzsteuer gilt § 21 Abs. 2.

(3) (weggefallen)

---

[1] Zur letztmaligen Anwendung siehe § 27 Abs. 34 Satz 2.

[2] § 13 Abs. 1 Nr. 1 Buchst. e angef. mWv 1.1.2015 durch G v. 25.7.2014 (BGBl. I S. 1266); zur letztmaligen Anwendung siehe § 27 Abs. 34 Satz 2.

[3] § 13 Abs. 1 Nr. 1 Buchst. f bis i eingef. durch G v. 21.12.2020 (BGBl. I S. 3096); zur Anwendung siehe § 27 Abs. 34 Satz 1.

[4] § 13 Abs. 1 Nr. 3 neu gef., Nr. 4 aufgeh. mWv 6.11.2015 durch G v. 2.11.2015 (BGBl. I S. 1834).

§ 13a Steuerschuldner. (1) Steuerschuldner ist in den Fällen
1. des § 1 Abs. 1 Nr. 1 und des § 14c Abs. 1 der Unternehmer;
2. des § 1 Abs. 1 Nr. 5 der Erwerber;
3. des § 6a Abs. 4 der Abnehmer;
4. des § 14c Abs. 2 der Aussteller der Rechnung;
5. des § 25b Abs. 2 der letzte Abnehmer;
6. des § 4 Nr. 4a Satz 1 Buchstabe a Satz 2 der Unternehmer, dem die Auslagerung zuzurechnen ist (Auslagerer); daneben auch der Lagerhalter als Gesamtschuldner, wenn er entgegen § 22 Abs. 4c Satz 2 die inländische Umsatzsteuer-Identifikationsnummer des Auslagerers oder dessen Fiskalvertreters nicht oder nicht zutreffend aufzeichnet;

[***ab 1.7.2021:***
7.[1] des § 18k neben dem Unternehmer der im Gemeinschaftsgebiet ansässige Vertreter, sofern ein solcher vom Unternehmer vertraglich bestellt und dies der Finanzbehörde nach § 18k Absatz 1 Satz 2 angezeigt wurde. [2]Der Vertreter ist gleichzeitig Empfangsbevollmächtigter für den Unternehmer und dadurch ermächtigt, alle Verwaltungsakte und Mitteilungen der Finanzbehörde in Empfang zu nehmen, die mit dem Besteuerungsverfahren nach § 18k und einem außergerichtlichen Rechtsbehelfsverfahren nach dem Siebenten Teil der Abgabenordnung zusammenhängen. [3]Bei der Bekanntgabe an den Vertreter ist darauf hinzuweisen, dass sie auch mit Wirkung für und gegen den Unternehmer erfolgt. [4]Die Empfangsbevollmächtigung des Vertreters kann nur nach Beendigung des Vertragsverhältnisses und mit Wirkung für die Zukunft widerrufen werden. [5]Der Widerruf wird gegenüber der Finanzbehörde erst wirksam, wenn er ihr zugegangen ist.]

(2) Für die Einfuhrumsatzsteuer gilt § 21 Abs. 2.

§ 13b[2] Leistungsempfänger als Steuerschuldner. (1) Für nach § 3a Absatz 2 im Inland steuerpflichtige sonstige Leistungen eines im übrigen Gemeinschaftsgebiet ansässigen Unternehmers entsteht die Steuer mit Ablauf des Voranmeldungszeitraums, in dem die Leistungen ausgeführt worden sind.

(2) Für folgende steuerpflichtige Umsätze entsteht die Steuer mit Ausstellung der Rechnung, spätestens jedoch mit Ablauf des der Ausführung der Leistung folgenden Kalendermonats:
1. Werklieferungen und nicht unter Absatz 1 fallende sonstige Leistungen eines im Ausland ansässigen Unternehmers;
2. Lieferungen sicherungsübereigneter Gegenstände durch den Sicherungsgeber an den Sicherungsnehmer außerhalb des Insolvenzverfahrens;
3. Umsätze, die unter das Grunderwerbsteuergesetz fallen;
4.[3] Bauleistungen, einschließlich Werklieferungen und sonstigen Leistungen im Zusammenhang mit Grundstücken, die der Herstellung, Instandsetzung, Instandhaltung, Änderung oder Beseitigung von Bauwerken dienen,

---

[1] § 13a Abs. 1 Nr. 7 angef. mWv 1.7.2021 durch G v. 21.12.2020 (BGBl. I S. 3096).
[2] § 13b neu gef. mWv 1.7.2010 durch G v. 8.4.2010 (BGBl. I S. 386); siehe auch **§ 27 Abs. 19**.
[3] § 13b Abs. 2 Nr. 4 neu gef. mWv 6.11.2015 durch G v. 2.11.2015 (BGBl. I S. 1834).

mit Ausnahme von Planungs- und Überwachungsleistungen. [2]Als Grundstücke gelten insbesondere auch Sachen, Ausstattungsgegenstände und Maschinen, die auf Dauer in einem Gebäude oder Bauwerk installiert sind und die nicht bewegt werden können, ohne das Gebäude oder Bauwerk zu zerstören oder zu verändern. [3]Nummer 1 bleibt unberührt;

5.[1)] Lieferungen

a) der in § 3g Absatz 1 Satz 1 genannten Gegenstände eines im Ausland ansässigen Unternehmers unter den Bedingungen des § 3g und

b) von Gas über das Erdgasnetz und von Elektrizität, die nicht unter Buchstabe a fallen;

[Fassung ab 1.1.2020:]

6.[2)] Übertragung von Berechtigungen nach § 3 Nummer 3 des Treibhausgas-Emissionshandelsgesetzes, Emissionsreduktionseinheiten nach § 2 Nummer 20 des Projekt-Mechanismen-Gesetzes, zertifizierten Emissionsreduktionen nach § 2 Nummer 21 des Projekt-Mechanismen-Gesetzes sowie Gas- und Elektrizitätszertifikaten;

[Fassung ab 1.1.2023:]

6.[3)] Übertragung von Berechtigungen nach § 3 Nummer 3 des Treibhausgas-Emissionshandelsgesetzes, Emissionsreduktionseinheiten nach § 2 Nummer 20 des Projekt-Mechanismen-Gesetzes, zertifizierten Emissionsreduktionen nach § 2 Nummer 21 des Projekt-Mechanismen-Gesetzes, Emissionszertifikaten nach § 3 Nummer 2 des Brennstoffemissionshandelsgesetzes sowie von Gas- und Elektrizitätszertifikaten;

7.[4)] Lieferungen der in der Anlage 3[5)] bezeichneten Gegenstände;

8.[4)] Reinigen von Gebäuden und Gebäudeteilen. [2]Nummer 1 bleibt unberührt;

9.[6)] Lieferungen von Gold mit einem Feingehalt von mindestens 325 Tausendstel, in Rohform oder als Halbzeug (aus Position 7108 des Zolltarifs) und von Goldplattierungen mit einem Goldfeingehalt von mindestens 325 Tausendstel (aus Position 7109);

10.[7)] Lieferungen von Mobilfunkgeräten, Tablet-Computern und Spielekonsolen sowie von integrierten Schaltkreisen vor Einbau in einen zur Lieferung auf der Einzelhandelsstufe geeigneten Gegenstand, wenn die Summe der für sie in Rechnung zu stellenden Entgelte im Rahmen eines wirtschaftlichen Vorgangs mindestens 5000 Euro beträgt; nachträgliche Minderungen des Entgelts bleiben dabei unberücksichtigt;

[1)] § 13b Abs. 2 Nr. 5 wird neu gef. durch G v. 26.6.2013 (BGBl. I S. 1809); zur Anwendung siehe Art. 31 Abs. 5 des G v. 26.6.2013 iVm der Bekanntmachung vom 26.7.2013 (BGBl. II S. 1120).

[2)] § 13b Abs. 2 Nr. 6 neu gef. mWv 1.1.2020 durch G v. 12.12.2019 (BGBl. I S. 2451).

[3)] § 13b Abs. 2 Nr. 6 neu gef. mWv 1.1.2023 durch G v. 24.10.2022 (BGBl. I S. 1838).

[4)] § 13b Abs. 2 Nr. 7 und 8 angef. mWv 1.1.2011 durch G v. 8.12.2010 (BGBl. I S. 1768).

[5)] Abgedruckt im Anschluss des Gesetzes.

[6)] § 13b Abs. 2 Nr. 9 angef. mWv 1.1.2011 durch G v. 8.12.2010 (BGBl. I S. 1768).

[7)] § 13b Abs. 2 Nr. 10 angef. mWv 1.7.2011 durch G v. 16.6.2011 (BGBl. I S. 1090); geänd. mWv 1.10.2014 durch G v. 25.7.2014 (BGBl. I S. 1266).

nicht verpflichtet sind, Bücher zu führen und auf Grund jährlicher Bestandsaufnahmen regelmäßig Abschlüsse zu machen, ein Durchschnittssatz von 7 Prozent des steuerpflichtigen Umsatzes, mit Ausnahme der Einfuhr und des innergemeinschaftlichen Erwerbs, festgesetzt. [2]Ein weiterer Vorsteuerabzug ist ausgeschlossen.

(2) Der Unternehmer, dessen steuerpflichtiger Umsatz, mit Ausnahme der Einfuhr und des innergemeinschaftlichen Erwerbs, im vorangegangenen Kalenderjahr 35 000 Euro[1)] überstiegen hat, kann den Durchschnittssatz nicht in Anspruch nehmen.

(3) [1]Der Unternehmer, bei dem die Voraussetzungen für die Anwendung des Durchschnittssatzes gegeben sind, kann dem Finanzamt spätestens bis zum 10. Tag nach Ablauf des ersten Voranmeldungszeitraums eines Kalenderjahres erklären, dass er den Durchschnittssatz in Anspruch nehmen will. [2]Die Erklärung bindet den Unternehmer mindestens für fünf Kalenderjahre. [3]Sie kann nur mit Wirkung vom Beginn eines Kalenderjahres an widerrufen werden. [4]Der Widerruf ist spätestens bis zum 10. Tag nach Ablauf des ersten Voranmeldungszeitraums dieses Kalenderjahres zu erklären. [5]Eine erneute Anwendung des Durchschnittssatzes ist frühestens nach Ablauf von fünf Kalenderjahren zulässig.

§ 24 Durchschnittssätze für land- und forstwirtschaftliche Betriebe.

[*Fassung bis 31.12.2021:*]

(1) [1]Für die im Rahmen eines land- und forstwirtschaftlichen Betriebs ausgeführten Umsätze wird die Steuer vorbehaltlich der Sätze 2 bis 4 wie folgt festgesetzt:

1. für die Lieferungen von forstwirtschaftlichen Erzeugnissen, ausgenommen Sägewerkserzeugnisse, auf 5,5 Prozent[3)],

2.[4)] für die Lieferungen der in der Anlage 2 nicht aufgeführten Sägewerkserzeugnisse und Getränke sowie von alkoholischen Flüssigkeiten, ausgenommen die Lieferungen in das Ausland und die im Ausland bewirkten Umsätze, und für sonstige Leistungen, soweit in der Anlage 2 nicht aufgeführte Getränke abgegeben werden, auf 19 Prozent,

[*Fassung ab 1.1.2022:*]

(1)[2)] [1]Hat der Gesamtumsatz des Unternehmers (§ 19 Absatz 3) im vorangegangenen Kalenderjahr nicht mehr als 600 000 Euro betragen, wird die Steuer für die im Rahmen eines land- und forstwirtschaftlichen Betriebs ausgeführten Umsätze vorbehaltlich der Sätze 2 bis 4 wie folgt festgesetzt:

1. für die Lieferungen von forstwirtschaftlichen Erzeugnissen, ausgenommen Sägewerkserzeugnisse, auf 5,5 Prozent,

2. für die Lieferungen der in der Anlage 2 nicht aufgeführten Sägewerkserzeugnisse und Getränke sowie von alkoholischen Flüssigkeiten, ausgenommen die Lieferungen in das Ausland und die im Ausland bewirkten Umsätze, und

---

[1)] § 23a Abs. 2 Betrag geänd. mWv 1.1.2008 durch G v. 10.10.2007 (BGBl. I S. 2332).

[2)] § 24 Abs. 1 Satz 1 neu gef. durch G v. 21.12.2020 (BGBl. I S. 3096); zur Anwendung siehe § 27 Abs. 32.

[3)] Beträge geänd. mWv 1.1.2007 durch G v. 29.6.2006 (BGBl. I S. 1402).

[4)] § 24 Abs. 1 Satz 1 Nr. 2 geänd. durch G v. 20.12.2007 (BGBl. I S. 3150). Zur geänderten befristeten Anwendung siehe § 28 Abs. 3.

[*Fassung bis 31.12.2021:*]	[*Fassung ab 1.1.2022:*]
3. für die übrigen Umsätze im Sinne des § 1 Absatz 1 Nummer 1 auf 10,7 Prozent	für sonstige Leistungen, soweit in der Anlage 2 nicht aufgeführte Getränke abgegeben werden, auf 19 Prozent,
der Bemessungsgrundlage.	3. für die übrigen Umsätze im Sinne des § 1 Absatz 1 Nummer 1 auf *10,7* [***ab 1.1.2022:*** 9,5; ***ab 1.1.2023:*** 9,0] Prozent[1)]
	der Bemessungsgrundlage.

[2]Die Befreiungen nach § 4 mit Ausnahme der Nummern 1 bis 7 bleiben unberührt; § 9 findet keine Anwendung. [3]Die Vorsteuerbeträge werden, soweit sie den in Satz 1 Nr. 1 bezeichneten Umsätzen zuzurechnen sind, auf 5,5 Prozent, in den übrigen Fällen des Satzes 1 auf *10,7* [***ab 1.1.2022:*** 9,5; ***ab 1.1.2023:*** 9,0] Prozent[1)] der Bemessungsgrundlage für diese Umsätze festgesetzt. [4]Ein weiterer Vorsteuerabzug entfällt. [5]§ 14 ist mit der Maßgabe anzuwenden, dass der für den Umsatz maßgebliche Durchschnittssatz in der Rechnung zusätzlich anzugeben ist.

(2) [1]Als land- und forstwirtschaftlicher Betrieb gelten

1. die Landwirtschaft, die Forstwirtschaft, der Wein-, Garten-, Obst- und Gemüsebau, die Baumschulen, alle Betriebe, die Pflanzen und Pflanzenteile mit Hilfe der Naturkräfte gewinnen, die Binnenfischerei, die Teichwirtschaft, die Fischzucht für die Binnenfischerei und Teichwirtschaft, die Imkerei, die Wanderschäferei sowie die Saatzucht;
2. Tierzucht- und Tierhaltungsbetriebe, soweit ihre Tierbestände nach *den §§ 51 und 51a* [***ab 1.1.2025:*** § 241][2)] des Bewertungsgesetzes[3)] zur landwirtschaftlichen Nutzung gehören [***ab 1.1.2025:*** oder diese die Voraussetzungen des § 13 Absatz 1 Nummer 1 Satz 2 des Einkommensteuergesetzes in Verbindung mit § 13b des Einkommensteuergesetzes erfüllen.][4)]

[2]Zum land- und forstwirtschaftlichen Betrieb gehören auch die Nebenbetriebe, die dem land- und forstwirtschaftlichen Betrieb zu dienen bestimmt sind.[5)]

(3) Führt der Unternehmer neben den in Absatz 1 bezeichneten Umsätzen auch andere Umsätze aus, so ist der land- und forstwirtschaftliche Betrieb als ein in der Gliederung des Unternehmens gesondert geführter Betrieb zu behandeln.

(4) [1]Der Unternehmer kann spätestens bis zum 10. Tag eines Kalenderjahres gegenüber dem Finanzamt erklären, dass seine Umsätze vom Beginn des vorangegangenen Kalenderjahres an nicht nach den Absätzen 1 bis 3, sondern nach den allgemeinen Vorschriften dieses Gesetzes besteuert werden sollen. [2]Die Erklärung bindet den Unternehmer mindestens für fünf Kalenderjahre; im Fall der Geschäftsveräußerung ist der Erwerber an diese Frist gebunden. [3]Sie kann mit Wirkung vom Beginn eines Kalenderjahres an widerrufen werden. [4]Der Widerruf ist spätestens bis zum 10. Tag nach Beginn dieses Kalen-

---

1) § 24 Abs. 1 Satz 1 Nr. 3 und Satz 3 geänd. mWv 1.1.2022 durch G v. 21.12.2021 (BGBl. I S. 5250); geänd. mWv 1.1.2023 durch G v. 24.10.2022 (BGBl. I S. 1838).

2) Verweis geänd. mWv 1.1.2025 durch G v. 26.11.2019 (BGBl. I S. 1794).

3) Nr. **200**.

4) Klammerzusatz angef. mWv 1.1.2025 durch G v. 12.12.2019 (BGBl. I S. 2451).

5) § 24 Abs. 2 Satz 3 aufgeh. mWv 29.12.2020 durch G v. 21.12.2020 (BGBl. I S. 3096).

§ 27b Umsatzsteuer-Nachschau. (1) [1] Zur Sicherstellung einer gleichmäßigen Festsetzung und Erhebung der Umsatzsteuer können die damit betrauten Amtsträger der Finanzbehörde ohne vorherige Ankündigung und außerhalb einer Außenprüfung Grundstücke und Räume von Personen, die eine gewerbliche oder berufliche Tätigkeit selbständig ausüben, während der Geschäfts- und Arbeitszeiten betreten, um Sachverhalte festzustellen, die für die Besteuerung erheblich sein können (Umsatzsteuer-Nachschau). [2] Wohnräume dürfen gegen den Willen des Inhabers nur zur Verhütung dringender Gefahren für die öffentliche Sicherheit und Ordnung betreten werden.

(2)[1)] [1] Soweit dies zur Feststellung einer steuerlichen Erheblichkeit zweckdienlich ist, haben die von der Umsatzsteuer-Nachschau betroffenen Personen den damit betrauten Amtsträgern auf Verlangen Aufzeichnungen, Bücher, Geschäftspapiere und andere Urkunden über die der Umsatzsteuer-Nachschau unterliegenden Sachverhalte vorzulegen und Auskünfte zu erteilen. [2] Wurden die in Satz 1 genannten Unterlagen mit Hilfe eines Datenverarbeitungssystems erstellt, können die mit der Umsatzsteuer-Nachschau betrauten Amtsträger auf Verlangen die gespeicherten Daten über die der Umsatzsteuer-Nachschau unterliegenden Sachverhalte einsehen und soweit erforderlich hierfür das Datenverarbeitungssystem nutzen. [3] Dies gilt auch für elektronische Rechnungen nach § 14 Absatz 1 Satz 8.

(3) [1] Wenn die bei der Umsatzsteuer-Nachschau getroffenen Feststellungen hierzu Anlass geben, kann ohne vorherige Prüfungsanordnung (§ 196 der Abgabenordnung) zu einer Außenprüfung nach § 193 der Abgabenordnung übergegangen werden. [2] Auf den Übergang zur Außenprüfung wird schriftlich hingewiesen.

(4) Werden anlässlich der Umsatzsteuer-Nachschau Verhältnisse festgestellt, die für die Festsetzung und Erhebung anderer Steuern als der Umsatzsteuer erheblich sein können, so ist die Auswertung der Feststellungen insoweit zulässig, als ihre Kenntnis für die Besteuerung der in Absatz 1 genannten Personen oder anderer Personen von Bedeutung sein kann.

§ 28[2)] Zeitlich begrenzte Fassungen einzelner Gesetzesvorschriften.
(1) § 12 Absatz 1 ist vom 1. Juli 2020 bis 31. Dezember 2020 mit der Maßgabe anzuwenden, dass die Steuer für jeden steuerpflichtigen Umsatz 16 Prozent der Bemessungsgrundlage (§§ 10, 11, 25 Absatz 3 und § 25a Absatz 3 und 4) beträgt.

(2) § 12 Absatz 2 ist vom 1. Juli 2020 bis 31. Dezember 2020 mit der Maßgabe anzuwenden, dass sich die Steuer für die in den Nummern 1 bis 15 genannten Umsätze auf 5 Prozent ermäßigt.

(3) § 24 Absatz 1 Satz 1 Nummer 2 ist vom 1. Juli 2020 bis 31. Dezember 2020 mit der Maßgabe anzuwenden, dass die Steuer für die Lieferungen der in der Anlage 2 nicht aufgeführten Sägewerkserzeugnisse und Getränke sowie von alkoholischen Flüssigkeiten, ausgenommen die Lieferungen in das Ausland und die im Ausland bewirkten Umsätze, und für sonstige Leistungen, soweit in der Anlage 2 nicht aufgeführte Getränke abgegeben werden, 16 Prozent beträgt.

---

1) § 27b Abs. 2 Sätze 2 und 3 angef. mWv 1.7.2011 durch G v. 1.11.2011 (BGBl. I S. 2131).
2) § 28 Abs. 1 bis 3 eingef. durch G v. 29.6.2020 (BGBl. I S. 1512).

(4) § 12 Abs. 2 Nr. 10 gilt bis zum 31. Dezember 2011[1] in folgender Fassung:

10. a) die Beförderungen von Personen mit Schiffen,

b) die Beförderungen von Personen im Schienenbahnverkehr, im Verkehr mit Oberleitungsomnibussen, im genehmigten Linienverkehr mit Kraftfahrzeugen, im Verkehr mit Taxen, mit Drahtseilbahnen und sonstigen mechanischen Aufstiegshilfen aller Art und die Beförderungen im Fährverkehr

aa) innerhalb einer Gemeinde oder

bb) wenn die Beförderungsstrecke nicht mehr als 50 Kilometer beträgt.

(5)[2] § 12 Absatz 2 ist vom 1. Oktober 2022 bis 31. März 2024 mit der Maßgabe anzuwenden, dass der dort genannte Steuersatz auch für die Lieferung von Gas über das Erdgasnetz gilt.

(6)[2] § 12 Absatz 2 ist vom 1. Oktober 2022 bis 31. März 2024 mit der Maßgabe anzuwenden, dass der dort genannte Steuersatz auch für die Lieferung von Wärme über ein Wärmenetz gilt.

§ 29 Umstellung langfristiger Verträge. (1) [1]Beruht die Leistung auf einem Vertrag, der nicht später als vier Kalendermonate vor dem Inkrafttreten dieses Gesetzes[3] abgeschlossen worden ist, so kann, falls nach diesem Gesetz ein anderer Steuersatz anzuwenden ist, der Umsatz steuerpflichtig, steuerfrei oder nicht steuerbar wird, der eine Vertragsteil von dem anderen einen angemessenen Ausgleich der umsatzsteuerlichen Mehr- oder Minderbelastung verlangen. [2]Satz 1 gilt nicht, soweit die Parteien etwas anderes vereinbart haben. [3]Ist die Höhe der Mehr- oder Minderbelastung streitig, so ist § 287 Abs. 1 der Zivilprozessordnung[4] entsprechend anzuwenden.

(2) Absatz 1 gilt sinngemäß bei einer Änderung dieses Gesetzes.

Anlage 1 (zu § 4 Nr. 4a)[5]

Liste der Gegenstände, die der Umsatzsteuerlagerregelung unterliegen können

Lfd. Nr.	Warenbezeichnung	Zolltarif (Kapitel, Position, Unterposition)
1	Kartoffeln, frisch oder gekühlt	Position 0701
2	Oliven, vorläufig haltbar gemacht (z. B. durch Schwefeldioxid oder in Wasser, dem Salz, Schwefeldioxid oder andere vorläufig konservierend wirkende Stoffe zugesetzt sind), zum unmittelbaren Genuss nicht geeignet	Unterposition 0711 20
3	Schalenfrüchte, frisch oder getrocknet, auch ohne Schalen oder enthäutet	Positionen 0801 und 0802
4	Kaffee, nicht geröstet, nicht entkoffeiniert, entkoffeiniert	Unterpositionen 0901 11 00 und 0901 12 00

[1] Frist verlängert durch G v. 20.12.2007 (BGBl. I S. 3150).
[2] § 28 Abs. 5 und 6 angef. durch G v. 19.10.2022 (BGBl. I S. 1743).
[3] D. h. „4 Monate vor einer Gesetzesänderung".
[4] **Schönfelder Nr. 100.**
[5] Anlage 1 neu gef. mWv 19.12.2006 durch G v. 13.12.2006 (BGBl. I S. 2878).

725 a. Verordnung zur Anwendung des Fremdvergleichsgrundsatzes nach § 1 Absatz 1 des Außensteuergesetzes in Fällen grenzüberschreitender Funktionsverlagerungen (Funktionsverlagerungsverordnung – FVerlV)

Vom 18. Oktober 2022 (BGBl. I S. 1803)

BGBl. III/FNA 610-6-8-1

Auf Grund des § 1 Absatz 6 des Außensteuergesetzes vom 8. September 1972 (BGBl. I S. 1713), der durch Artikel 5 Nummer 1 Buchstabe c des Gesetzes vom 2. Juni 2021 (BGBl. I S. 1259) neu gefasst worden ist, verordnet das Bundesministerium der Finanzen:

Abschnitt 1. Allgemeine Vorschriften

§ 1 Begriffsbestimmungen. (1) [1] Eine Funktion ist eine Geschäftstätigkeit, die aus einer Zusammenfassung gleichartiger betrieblicher Aufgaben besteht, die von bestimmten Stellen oder Abteilungen eines Unternehmens erledigt werden. [2] Sie ist ein organischer Teil eines Unternehmens, ohne dass ein Teilbetrieb im steuerlichen Sinn vorliegen muss.

(2) [1] Eine Funktionsverlagerung im Sinne des § 1 Absatz 3b des Gesetzes liegt vor, wenn eine Funktion einschließlich der dazugehörigen Chancen und Risiken sowie der mitübertragenen oder mitüberlassenen Wirtschaftsgüter oder sonstigen Vorteile ganz oder teilweise übertragen oder überlassen wird, so dass das übernehmende Unternehmen diese Funktion ausüben oder eine bestehende Funktion ausweiten kann. [2] Die nach Satz 1 verlagerte Funktion als Ganzes bildet das Transferpaket. [3] Geschäftsvorfälle, die innerhalb von fünf Wirtschaftsjahren verwirklicht werden, sind zu dem Zeitpunkt, zu dem die Voraussetzungen des Satzes 1 durch ihre gemeinsame Verwirklichung wirtschaftlich erfüllt sind, als einheitliche Funktionsverlagerung zusammenzufassen.

(3) Immaterielle Wirtschaftsgüter sind in Fällen von Funktionsverlagerungen wesentlich im Sinne des § 1 Absatz 3b Satz 2 des Gesetzes, wenn sie für die verlagerte Funktion erforderlich sind und ihr Fremdvergleichspreis insgesamt mehr als 25 Prozent der Summe der Einzelpreise aller Wirtschaftsgüter und sonstigen Vorteile des Transferpakets beträgt und dies unter Berücksichtigung der Auswirkungen der Funktionsverlagerung, die aus den Aufzeichnungen im Sinne des § 2 Satz 2 hervorgehen, glaubhaft ist.

(4) Erbringt ein übernehmendes Unternehmen die bisher ausschließlich gegenüber dem verlagernden Unternehmen erbrachten Leistungen eigenständig, ganz oder teilweise, gegenüber anderen Unternehmen zu Preisen, die höher sind als das Entgelt nach der Kostenaufschlagsmethode oder die entspre-

chend dem Fremdvergleichsgrundsatz höher anzusetzen sind, ist zum Zeitpunkt der erstmaligen Erbringung gegenüber den anderen Unternehmen für bisher unentgeltlich vom verlagernden Unternehmen für die Leistungserbringung zur Verfügung gestellte Wirtschaftsgüter und sonstige Vorteile ein Entgelt entsprechend § 2 zu verrechnen; die betreffenden Wirtschaftsgüter oder sonstigen Vorteile gelten als ein Transferpaket, soweit hierfür die sonstigen Voraussetzungen gegeben sind.

(5) [1]Eine Funktionsverlagerung im Sinne des Absatzes 2 liegt nicht vor, wenn es innerhalb von fünf Jahren nach Aufnahme der Funktion durch das übernehmende Unternehmen zu keiner Einschränkung der Ausübung der betreffenden Funktion beim verlagernden Unternehmen kommt, obwohl die übrigen Voraussetzungen des Absatzes 2 Satz 1 erfüllt sind (Funktionsverdoppelung). [2]Kommt es innerhalb dieses Zeitraums zu einer solchen Einschränkung, liegt zum Zeitpunkt, in dem die Einschränkung eintritt, insgesamt eine Funktionsverlagerung vor, es sei denn, der Steuerpflichtige macht glaubhaft, dass diese Einschränkung nicht in unmittelbarem wirtschaftlichen Zusammenhang mit der Funktionsverdoppelung steht.

Abschnitt 2. Transferpaketberechnung

§ 2 Wert des Transferpakets. [1]Der Einigungsbereich (§ 6) ist unter Berücksichtigung aller Umstände des Einzelfalls auf der Grundlage einer Funktions- und Risikoanalyse vor und nach der Funktionsverlagerung zu ermitteln, wobei neben tatsächlich bestehenden Handlungsalternativen auch Standortvorteile oder -nachteile, Synergieeffekte sowie Steuereffekte zu berücksichtigen sind. [2]Ausgangspunkt für die Berechnungen sind die Unterlagen, die Grundlage für die Unternehmensentscheidung waren, eine Funktionsverlagerung durchzuführen. [3]Für die Berechnung des Einigungsbereichs ist eine kapitalwertorientierte Bewertungsmethode zu verwenden. [4]Hierfür sind die dem Maßstab des § 1 Absatz 1 Satz 3 des Gesetzes entsprechenden Erwartungen der finanziellen Überschüsse der beteiligten Unternehmen, angemessene Kapitalisierungszinssätze (§ 4) und ein von den Umständen der Funktionsausübung abhängiger Kapitalisierungszeitraum (§ 5) zu Grunde zu legen.

§ 3 Bestandteile des Transferpakets. (1) Werden für einzelne Teile des Transferpakets unterschiedliche Vereinbarungen getroffen oder sind solche Vereinbarungen dem Fremdvergleichsgrundsatz entsprechend anzunehmen, sind für alle Teile des Transferpakets Fremdvergleichspreise anzusetzen, die insgesamt dem nach § 2 bestimmten Wert des Transferpakets als Ganzem entsprechen.

(2) In den Fällen des § 1 Absatz 2 Satz 3, des § 1 Absatz 4 oder des § 1 Absatz 5 Satz 2, sind die Verrechnungspreise für die Geschäftsvorfälle, die dazu geführt haben, dass eine Funktionsverlagerung vorliegt, dem Fremdvergleichsgrundsatz entsprechend so anzusetzen, dass sie zusammen mit den ursprünglich bestimmten Verrechnungspreisen dem nach § 2 bestimmten Wert des Transferpakets als Ganzem entsprechen.

§ 4 Kapitalisierungszinssatz. [1] Zur Bestimmung des jeweils angemessenen Kapitalisierungszinssatzes ist, unter Berücksichtigung der Äquivalenzprinzipien, vom Zins für eine risikolose Investition auszugehen, auf den ein vom Kapitalmarkt abgeleiteter risikoadäquater Zuschlag vorzunehmen ist. [2] Die Laufzeit der vergleichbaren risikolosen Investition richtet sich danach, wie lange die übernommene Funktion voraussichtlich ausgeübt wird. [3] Der Zuschlag ist so zu bemessen, dass er sowohl für das übernehmende als auch für das verlagernde Unternehmen die in vergleichbaren Fällen zwischen fremden Dritten jeweils zur Risikobeurteilung relevanten Umstände berücksichtigt.

§ 5 Kapitalisierungszeitraum. Werden keine Gründe für einen bestimmten, von den Umständen der Funktionsausübung abhängigen Kapitalisierungszeitraum nachgewiesen, ist ein unbegrenzter Kapitalisierungszeitraum zu Grunde zu legen.

§ 6 Bestimmung des Einigungsbereichs. (1) [1] Für ein verlagerndes Unternehmen, das aus der Funktion finanzielle Überschüsse zu erwarten hat, ergibt sich die Untergrenze des Einigungsbereichs (Mindestpreis) im Sinne des § 1 Absatz 3a Satz 5 des Gesetzes aus dem Ausgleich für den Wegfall oder die Minderung der finanziellen Überschüsse zuzüglich der gegebenenfalls anfallenden Schließungskosten. [2] Maßgebend ist der Barwert. [3] Tatsächlich bestehende Handlungsalternativen, die das verlagernde Unternehmen als vom übernehmenden Unternehmen unabhängiges Unternehmen hätte, sind zu berücksichtigen, ohne die unternehmerische Dispositionsbefugnis des verlagernden Unternehmens in Frage zu stellen.

(2) In Fällen, in denen das verlagernde Unternehmen aus rechtlichen, tatsächlichen oder wirtschaftlichen Gründen nicht mehr dazu in der Lage ist, die Funktion mit eigenen Mitteln selbst auszuüben, entspricht der Mindestpreis dem Liquidationswert.

(3) Verlagert ein Unternehmen eine Funktion, aus der es dauerhaft keine finanziellen Überschüsse zu erwarten hat, kann es dem Verhalten eines ordentlichen und gewissenhaften Geschäftsleiters des verlagernden Unternehmens entsprechen, zur Begrenzung von Verlusten als Mindestpreis ein Entgelt für die Funktionsverlagerung zu akzeptieren, das die anfallenden Schließungskosten nur teilweise deckt, oder eine Ausgleichszahlung an das übernehmende Unternehmen für die Übernahme der Verlustquelle zu leisten.

(4) [1] Der Barwert der zu erwartenden finanziellen Überschüsse des übernehmenden Unternehmens aus der übernommenen Funktion ist regelmäßig die Obergrenze des Einigungsbereichs (Höchstpreis) im Sinne des § 1 Absatz 3a Satz 5 des Gesetzes. [2] Tatsächlich bestehende Handlungsalternativen, die das übernehmende Unternehmen als vom verlagernden Unternehmen unabhängiges Unternehmen hätte, sind zu berücksichtigen, ohne die unternehmerische Dispositionsbefugnis des übernehmenden Unternehmens in Frage zu stellen.

(5) Auch in den Fällen der Absätze 2 und 3, in denen der Mindestpreis des verlagernden Unternehmens bei Null oder darunter liegt, ist nach dem Fremdvergleichsgrundsatz zu prüfen, welchen Preis ein unabhängiger Dritter bereit wäre, für die Übernahme der Funktion zu bezahlen.

§ 7 Schadensersatz-, Entschädigungs- und Ausgleichsansprüche. [1]Gesetzliche oder vertragliche Schadensersatz-, Entschädigungs- und Ausgleichsansprüche sowie Ansprüche, die voneinander unabhängigen Dritten zustünden, wenn ihre Handlungsalternativen vertraglich oder tatsächlich ausgeschlossen würden, können der Besteuerung einer Funktionsverlagerung zu Grunde gelegt werden, wenn der Steuerpflichtige glaubhaft macht, dass solche Dritte unter ähnlichen Umständen in vergleichbarer Art und Weise verfahren wären. [2]Der Steuerpflichtige muss zusätzlich nachweisen, dass keine wesentlichen immateriellen Wirtschaftsgüter oder sonstigen Vorteile übertragen oder zur Nutzung überlassen worden sind, es sei denn, die Übertragung oder Überlassung ist zwingende Folge von Ansprüchen im Sinne des Satzes 1.

Abschnitt 3. Schlussvorschriften

§ 8 Anwendung auf Betriebsstättenfälle. Die Vorschriften dieser Verordnung sind entsprechend anzuwenden, soweit nach § 1 Absatz 5 des Gesetzes § 1 Absatz 3b des Gesetzes auf eine Geschäftsbeziehung im Sinne des § 1 Absatz 4 Satz 1 Nummer 2 des Gesetzes anzuwenden ist.

§ 9 Anwendungsvorschrift. Diese Verordnung ist erstmals für Veranlagungszeiträume anzuwenden, die nach dem 31. Dezember 2021 beginnen.

§ 10 Inkrafttreten, Außerkrafttreten. [1]Diese Verordnung tritt am Tag nach der Verkündung in Kraft. [2]Gleichzeitig tritt die Funktionsverlagerungsverordnung vom 12. August 2008 (BGBl. I S. 1680), die durch Artikel 24 des Gesetzes vom 26. Juni 2013 (BGBl. I S. 1809) geändert worden ist, außer Kraft.

6. Aufnahme in einen Insolvenzplan oder einen gerichtlichen Schuldenbereinigungsplan,
7. Ermittlungen der Finanzbehörde nach dem Wohnsitz oder dem Aufenthaltsort des Zahlungspflichtigen und
8. schriftliche Geltendmachung des Anspruchs.

[2] § 169 Abs. 1 Satz 3 gilt sinngemäß.

(2)[1)] [1] Die Unterbrechung der Verjährung dauert fort

1. in den Fällen des Absatzes 1 Satz 1 Nummer 1 bis zum Ablauf der Maßnahme,
2. im Fall des Absatzes 1 Satz 1 Nummer 2 bis zum Erlöschen der Sicherheit,
3. im Fall des Absatzes 1 Satz 1 Nummer 3 bis zum Erlöschen des Pfändungspfandrechts, der Zwangshypothek oder des sonstigen Vorzugsrechts auf Befriedigung,
4. im Fall des Absatzes 1 Satz 1 Nummer 4 bis zur Beendigung des Insolvenzverfahrens,
5. im Fall des Absatzes 1 Satz 1 Nummer 5 bis zum Wegfall des Vollstreckungsverbots nach § 210 oder § 294 Absatz 1 der Insolvenzordnung,
6. in den Fällen des Absatzes 1 Satz 1 Nummer 6, bis der Insolvenzplan oder der gerichtliche Schuldenbereinigungsplan erfüllt oder hinfällig wird.

[2] Wird gegen die Finanzbehörde ein Anspruch geltend gemacht, so endet die hierdurch eingetretene Unterbrechung der Verjährung nicht, bevor über den Anspruch rechtskräftig entschieden worden ist.

(3) Mit Ablauf des Kalenderjahrs, in dem die Unterbrechung geendet hat, beginnt eine neue Verjährungsfrist.

(4) Die Verjährung wird nur in Höhe des Betrags unterbrochen, auf den sich die Unterbrechungshandlung bezieht.

§ 232 Wirkung der Verjährung. Durch die Verjährung erlöschen der Anspruch aus dem Steuerschuldverhältnis und die von ihm abhängenden Zinsen.

Zweiter Abschnitt: Verzinsung, Säumniszuschläge

1. Unterabschnitt: Verzinsung

§ 233[2)] Grundsatz. [1] Ansprüche aus dem Steuerschuldverhältnis (§ 37) werden nur verzinst, soweit dies *gesetzlich* [***ab 22.7.2022:*** durch Bundesrecht oder

---

[1)] § 231 Abs. 2 Satz 1 neu gef. mWv 20.12.2003 durch G v. 15.12.2003 (BGBl. I S. 2645); Satz 1 neu gef. durch G v. 23.6.2017 (BGBl. I S. 1682); zur Anwendung siehe Art. 97 § 14 Abs. 5 EGAO (Nr. **800a**); Abs. 2 Satz 1 Nr. 5 geänd. mWv 29.12.2020 durch G v. 21.12.2020 (BGBl. I S. 3096).

[2)] § 233 Satz 1 geänd. durch G v. 12.7.2022 (BGBl. I S. 1142); zur Anwendung siehe Art. 97 § 15 Abs. 13 EGAO (Nr. **800a**).

Recht der Europäischen Union] vorgeschrieben ist. 2 Ansprüche auf steuerliche Nebenleistungen (§ 3 Abs. 4) und die entsprechenden Erstattungsansprüche werden nicht verzinst.

§ 233a[1)] Verzinsung von Steuernachforderungen und Steuererstattungen. (1) 1 Führt die Festsetzung der Einkommen-, Körperschaft-, Vermögen-, Umsatz- oder Gewerbesteuer zu einem Unterschiedsbetrag im Sinne des Absatzes 3, ist dieser zu verzinsen. 2 Dies gilt nicht für die Festsetzung von Vorauszahlungen und Steuerabzugsbeträgen.

(2)[2)] 1 Der Zinslauf beginnt 15 Monate[3)] nach Ablauf des Kalenderjahrs, in dem die Steuer entstanden ist. 2 Er beginnt für die Einkommen- und Körperschaftsteuer 23 Monate[3)] nach diesem Zeitpunkt, wenn die Einkünfte aus Land- und Forstwirtschaft bei der erstmaligen Steuerfestsetzung die anderen Einkünfte überwiegen; [***ab 22.7.2022:*** hierbei sind Kapitalerträge nach § 32d Absatz 1 und § 43 Absatz 5 des Einkommensteuergesetzes nicht zu berücksichtigen].[4)] 3 Er endet mit Ablauf des Tages, an dem die Steuerfestsetzung wirksam wird.

(2a)[5)] Soweit die Steuerfestsetzung auf der Berücksichtigung eines rückwirkenden Ereignisses (§ 175 Abs. 1 Satz 1 Nr. 2 und Abs. 2) oder auf einem Verlustabzug nach § 10d Abs. 1 des Einkommensteuergesetzes beruht, beginnt der Zinslauf abweichend von Absatz 2 Satz 1 und 2 15 Monate nach Ablauf des Kalenderjahres, in dem das rückwirkende Ereignis eingetreten oder der Verlust entstanden ist.

(3)[6)] 1 Maßgebend für die Zinsberechnung ist die festgesetzte Steuer, vermindert um die anzurechnenden Steuerabzugsbeträge, um die anzurechnende Körperschaftsteuer und um die bis zum Beginn des Zinslaufs festgesetzten Vorauszahlungen (Unterschiedsbetrag). 2 Bei der Vermögensteuer ist als Unterschiedsbetrag für die Zinsberechnung die festgesetzte Steuer, vermindert um die festgesetzten Vorauszahlungen oder die bisher festgesetzte Jahressteuer, maßgebend. 3 Ein Unterschiedsbetrag zugunsten des Steuerpflichtigen ist nur bis zur Höhe des zu erstattenden Betrags zu verzinsen; die Verzinsung beginnt frühestens mit dem Tag der Zahlung. [***ab 22.7.2022:*** 4 Besteht der Erstattungs-

---

1) Siehe hierzu BVerfG v. 8.7.2021 (BGBl. I 2021 S. 4303) iVm Allgemeinverfügung der obersten Finanzbehörden der Länder v. 29.11.2021 (www.bundesfinanzministerium.de).

2) Zur **Anwendung aufgrund der Corona-Pandemie** siehe **Sonderregelung** in Art. 97 § 36 EGAO (Nr. **800a**). Zur Anwendung in den neuen Bundesländern siehe Art. 97a § 2 Nr. 10 EGAO (Nr. **800a**).

3) Zeitpunkt geänd. durch G v. 1.11.2011 (BGBl. I S. 2131); zur Anwendung siehe Art. 97 § 15 Abs. 11 und § 36 Abs. 3 Nrn. 7 und 8 EGAO (Nr. **800a**).

4) § 233a Abs. 2 Satz 2 2. Hs. angef. durch G v. 12.7.2022 (BGBl. I S. 1142); zur Anwendung siehe Art. 97 § 15 Abs. 13 EGAO (Nr. **800a**).

5) In § 233a Abs. 2a s. auch Art. 97 § 9 Abs. 5 EGAO (Nr. **800a**).

6) § 233a Abs. 3 Satz 4 angef. durch G v. 12.7.2022 (BGBl. I S. 1142); zur Anwendung siehe Art. 97 § 15 Abs. 13 EGAO (Nr. **800a**).

b) zur Herabsetzung der Gewerbesteuer nach Änderung des Gewerbesteuermessbetrags

führt.

(3) Ein zu erstattender oder zu vergütender Betrag wird nicht verzinst, soweit dem Beteiligten die Kosten des Rechtsbehelfs nach § 137 Satz 1 der Finanzgerichtsordnung auferlegt worden sind.

(4) Zinsen nach § 233a, die für denselben Zeitraum festgesetzt wurden, sind anzurechnen.

(5) Ein Zinsbescheid ist nicht aufzuheben oder zu ändern, wenn der Steuerbescheid nach Abschluss des Rechtsbehelfsverfahrens aufgehoben, geändert oder nach § 129 berichtigt wird.

§ 237 Zinsen bei Aussetzung der Vollziehung. (1) [1]Soweit ein Einspruch oder eine Anfechtungsklage gegen einen Steuerbescheid, eine Steueranmeldung oder einen Verwaltungsakt, der einen Steuervergütungsbescheid aufhebt oder ändert, oder gegen eine Einspruchsentscheidung über einen dieser Verwaltungsakte endgültig keinen Erfolg gehabt hat, ist der geschuldete Betrag, hinsichtlich dessen die Vollziehung des angefochtenen Verwaltungsakts ausgesetzt wurde, zu verzinsen. [2]Satz 1 gilt entsprechend, wenn nach Einlegung eines förmlichen außergerichtlichen oder gerichtlichen Rechtsbehelfs gegen einen Grundlagenbescheid (§ 171 Abs. 10) oder eine Rechtsbehelfsentscheidung über einen Grundlagenbescheid die Vollziehung eines Folgebescheids ausgesetzt wurde.

(2) [1]Zinsen werden erhoben vom Tag des Eingangs des außergerichtlichen Rechtsbehelfs bei der Behörde, deren Verwaltungsakt angefochten wird, oder vom Tag der Rechtshängigkeit beim Gericht an bis zum Tag, an dem die Aussetzung der Vollziehung endet. [2]Ist die Vollziehung erst nach dem Eingang des außergerichtlichen Rechtsbehelfs oder erst nach der Rechtshängigkeit ausgesetzt worden, so beginnt die Verzinsung mit dem Tag, an dem die Wirkung der Aussetzung der Vollziehung beginnt.

(3) Absätze 1 und 2 sind entsprechend anzuwenden, wenn nach Aussetzung der Vollziehung des Einkommensteuerbescheids, des Körperschaftsteuerbescheids oder eines Feststellungsbescheids die Vollziehung eines Gewerbesteuermessbescheids oder Gewerbesteuerbescheids ausgesetzt wird.

(4) § 234 Abs. 2 und 3 gelten entsprechend.

(5) Ein Zinsbescheid ist nicht aufzuheben oder zu ändern, wenn der Steuerbescheid nach Abschluss des Rechtsbehelfsverfahrens aufgehoben, geändert oder nach § 129 berichtigt wird.

§ 238 Höhe und Berechnung der Zinsen. (1) [1]Die Zinsen betragen für jeden Monat einhalb Prozent. [2]Sie sind von dem Tag an, an dem der Zinslauf beginnt, nur für volle Monate zu zahlen; angefangene Monate bleiben außer Ansatz. [3]Erlischt der zu verzinsende Anspruch durch Aufrechnung, gilt der Tag, an dem die Schuld des Aufrechnenden fällig wird, als Tag der Zahlung.

(1a)[1] In den Fällen des § 233a betragen die Zinsen abweichend von Absatz 1 Satz 1 ab dem 1. Januar 2019 0,15 Prozent für jeden Monat, das heißt 1,8 Prozent für jedes Jahr.

(1b)[1] [1]Sind für einen Zinslauf unterschiedliche Zinssätze maßgeblich, ist der Zinslauf in Teilverzinsungszeiträume aufzuteilen. [2]Die Zinsen für die Teilverzinsungszeiträume sind jeweils tageweise zu berechnen. [3]Hierbei wird jeder Kalendermonat unabhängig von der tatsächlichen Anzahl der Kalendertage mit 30 Zinstagen und jedes Kalenderjahr mit 360 Tagen gerechnet.

(1c)[1] [1]Die Angemessenheit des Zinssatzes nach Absatz 1a ist unter Berücksichtigung der Entwicklung des Basiszinssatzes nach § 247 des Bürgerlichen Gesetzbuchs wenigstens alle zwei Jahre zu evaluieren. [2]Die erste Evaluierung erfolgt spätestens zum 1. Januar 2024.

(2)[2] Für die Berechnung der Zinsen wird der zu verzinsende Betrag jeder Steuerart auf den nächsten durch 50 Euro teilbaren Betrag abgerundet.

§ 239 Festsetzung der Zinsen. (1)[3] [1]Auf die Zinsen sind die für die Steuern geltenden Vorschriften entsprechend anzuwenden, jedoch beträgt die Festsetzungsfrist *ein Jahr* [***n. F.:*** zwei Jahre]. [2]Die Festsetzungsfrist beginnt:

1. in den Fällen des § 233a mit Ablauf des Kalenderjahrs, in dem die Steuer festgesetzt, aufgehoben, geändert oder nach § 129 berichtigt worden ist,
2. in den Fällen des § 234 mit Ablauf des Kalenderjahrs, in dem die Stundung geendet hat,
3. in den Fällen des § 235 mit Ablauf des Kalenderjahrs, in dem die Festsetzung der hinterzogenen Steuern unanfechtbar geworden ist, jedoch nicht vor Ablauf des Kalenderjahrs, in dem ein eingeleitetes Strafverfahren rechtskräftig abgeschlossen worden ist,
4. in den Fällen des § 236 mit Ablauf des Kalenderjahrs, in dem die Steuer erstattet oder die Steuervergütung ausgezahlt worden ist,
5. in den Fällen des § 237 mit Ablauf des Kalenderjahrs, in dem ein Einspruch oder eine Anfechtungsklage endgültig erfolglos geblieben ist und
6. in allen anderen Fällen mit Ablauf des Kalenderjahres, in dem der Zinslauf endet.

[3]Die Festsetzungsfrist läuft in den Fällen des § 233a nicht ab, solange die Steuerfestsetzung, ihre Aufhebung, ihre Änderung oder ihre Berichtigung nach § 129 noch zulässig ist.

---

[1] § 238 Abs. 1a, 1b, 1c eingef. durch G v. 12.7.2022 (BGBl. I S. 1142); zur Anwendung siehe Art. 97 § 15 Abs. 14 EGAO (Nr. **800a**).

[2] Zur erstmaligen Anwendung von § 238 Abs. 2 siehe Art. 97 § 15 Abs. 10 EGAO (Nr. **800a**).

[3] § 239 Abs. 1 Satz 1 geänd., Satz 2 Nr. 6 angef. durch G v. 12.7.2022 (BGBl. I S. 1142); zur Anwendung siehe Art. 97 § 15 Abs. 15 EGAO (Nr. **800a**).

schäftlichen Angelegenheiten einer Drittstaat-Gesellschaft im Sinne des § 138 Absatz 3 der Abgabenordnung in der am 25. Juni 2017 geltenden Fassung ausüben konnten, haben dies dem für sie nach den §§ 18 bis 20 der Abgabenordnung zuständigen Finanzamt mitzuteilen, wenn dieser Einfluss auch noch am 1. Januar 2018 fortbesteht. [2] § 138 Absatz 5 der Abgabenordnung in der am 25. Juni 2017 geltenden Fassung gilt in diesem Fall entsprechend.

(3) § 138 Absatz 2 und 5 der Abgabenordnung in der am 29. Dezember 2020 geltenden Fassung ist auf alle offenen Fälle anzuwenden.

§ 33[1)] Mitteilungspflicht bei Steuergestaltungen. (1) § 102 Absatz 4 Satz 3 und die §§ 138d bis 138k der Abgabenordnung in der am 1. Januar 2020 geltenden Fassung sind ab dem 1. Juli 2020 in allen Fällen anzuwenden, in denen das nach § 138f Absatz 2 der Abgabenordnung in der am 1. Januar 2020 sgeltenden Fassung maßgebliche Ereignis nach dem 30. Juni 2020 eingetreten ist.

(2) Wurde der erste Schritt einer mitteilungspflichtigen grenzüberschreitenden Steuergestaltung nach dem 24. Juni 2018 und vor dem 1. Juli 2020 umgesetzt, sind § 102 Absatz 4 Satz 3 und die §§ 138d bis 138k der Abgabenordnung in der am 1. Januar 2020 geltenden Fassung ab dem 1. Juli 2020 mit der Maßgabe anzuwenden, dass die Mitteilung abweichend von § 138f Absatz 2 der Abgabenordnung in der am 1. Januar 2020 geltenden Fassung innerhalb von zwei Monaten nach dem 30. Juni 2020 zu erstatten ist.

(3) § 379 Absatz 2 Nummer 1e bis 1g sowie Absatz 7 der Abgabenordnung in der am 1. Januar 2020 geltenden Fassung ist ab dem 1. Juli 2020 in allen Fällen anzuwenden, in denen das nach § 138f Absatz 2 der Abgabenordnung in der am 1. Januar 2020 geltenden Fassung maßgebliche Ereignis nach dem 30. Juni 2020 eingetreten ist.

(4) [1] Das Bundesministerium der Finanzen erstattet dem Finanzausschuss des Deutschen Bundestages jährlich zum 1. Juni, erstmals zum 1. Juni 2021, Bericht über

1. die Anzahl der im vorangegangen Kalenderjahr beim Bundeszentralamt für Steuern eingegangenen Mitteilungen über grenzüberschreitende Steuergestaltungen,
2. die Fallgestaltungen, deren Prüfung Anlass dafür war,
   a) dem Bundeskabinett im vorangegangenen Kalenderjahr eine Gesetzesinitiative vorzuschlagen,
   b) ein im Bundessteuerblatt zu veröffentlichendes Schreiben des Bundesministeriums der Finanzen oder einen im Bundessteuerblatt zu veröffentlichenden gleichlautenden Erlass der obersten Finanzbehörden der Länder im vorangegangenen Kalenderjahr zu erlassen oder zu ändern.

[2] In den Fällen von Satz 1 Nummer 2 ist die Fallgestaltung im Bericht abstrakt zu beschreiben.

---

1) Art. 97 § 33 angef. durch G v. 21.12.2019 (BGBl. I S. 2875); § 33 Abs. 5 angef. durch G v. 19.6.2020 (BGBl. I S. 1385); Abs. 6 angef. durch G v. 12.7.2022 (BGBl. I S. 1142).

(5) Das Bundesministerium der Finanzen wird ermächtigt, zur zeitnahen Umsetzung unionsrechtlicher Bestimmungen hinsichtlich der Fristen zur Mitteilung grenzüberschreitender Steuergestaltungen durch ein im Bundessteuerblatt zu veröffentlichendes Schreiben von den Absätzen 1 und 2 abweichende Bestimmungen zu treffen.

(6) § 138e Absatz 3 Satz 6 bis 8 und § 138h Absatz 2 Satz 1 der Abgabenordnung in der Fassung des Artikels 1 des Gesetzes vom 12. Juli 2022 (BGBl. I S. 1142) sind in allen bei Inkrafttreten dieser Vorschriften anhängigen Verfahren anzuwenden.

§ 34[1] Vorabverständigungsverfahren. [1] § 89a der Abgabenordnung in der am 9. Juni 2021 geltenden Fassung ist erstmals auf Anträge anzuwenden, die nach dem 8. Juni 2021 bei der zuständigen Behörde eingegangen sind. [2] § 178a der Abgabenordnung in der Fassung des Gesetzes vom 13. Dezember 2006 (BGBl. I S. 2878) ist letztmals auf Anträge anzuwenden, die am 8. Juni 2021 bei der zuständigen Behörde eingegangen sind.

§ 35[2] Abrufverfahren von Steuermessbeträgen. § 184 Absatz 3 Satz 2 der Abgabenordnung findet erstmals für Steuermessbeträge Anwendung, die für Realsteuern des Jahres 2025 maßgeblich sind.

§ 36[3] Sonderregelungen auf Grund der Corona-Pandemie. (1) § 149 Absatz 3 der Abgabenordnung in der am 19. Februar 2021 geltenden Fassung ist für den Besteuerungszeitraum 2019 mit der Maßgabe anzuwenden, dass an die Stelle des letzten Tages des Monats Februar 2021 der 31. August 2021 und an die Stelle des 31. Juli 2021 der 31. Dezember 2021 tritt; § 149 Absatz 4 der Abgabenordnung bleibt unberührt.

(2) [1] Abweichend von § 233a Absatz 2 Satz 1 der Abgabenordnung in der am 19. Februar 2021 geltenden Fassung beginnt der Zinslauf für den Besteuerungszeitrum 2019 am 1. Oktober 2021. [2] In den Fällen des § 233a Absatz 2 Satz 2 der Abgabenordnung in der am 19. Februar 2021 geltenden Fassung beginnt der Zinslauf für den Besteuerungszeitrum 2019 am 1. Mai 2022.

(3)[4] Für die Besteuerungszeiträume 2020 bis 2024 sind die §§ 109, 149, 152 und 233a der Abgabenordnung in der am 23. Juni 2022 geltenden Fassung mit folgenden Maßgaben anzuwenden:

1. In § 109 Absatz 2 Satz 1 Nummer 1 und § 149 Absatz 3 und 4 Satz 1 und 3 der Abgabenordnung tritt jeweils an die Stelle des letzten Tags des Monats Februar des zweiten auf den Besteuerungszeitraum folgenden Kalenderjahres
   a) für den Besteuerungszeitraum 2020 der 31. August 2022,
   b) für den Besteuerungszeitraum 2021 der 31. August 2023,

---

[1] Art. 97 § 34 neu gef. durch G v. 2.6.2021 (BGBl. I S. 1259).

[2] Art. 97 § 35 angef. durch G v. 21.12.2020 (BGBl. I S. 3096).

[3] Art. 97 § 36 angef. durch G v. 15.2.2021 (BGBl. I S. 237).

[4] Art. 97 § 36 Abs. 3 angef. duch G v. 25.6.2021 (BGBl. I S. 2035); neu gef. mWv 31.5.2022 durch G v. 19.6.2022 (BGBl. I S. 911).

841. Verordnung über die Steuerberaterplattform und die besonderen elektronischen Steuerberaterpostfächer (Steuerberaterplattform- und -postfachverordnung – StBPPV)

Vom 25. November 2022 (BGBl. I S. 2105)

Auf Grund des § 86f des Steuerberatungsgesetzes, der durch Artikel 4 Nummer 35 des Gesetzes vom 7. Juli 2021 (BGBl. I S. 2363) eingefügt worden ist, verordnet das Bundesministerium der Finanzen nach Anhörung der Bundessteuerberaterkammer:

Inhaltsübersicht

Abschnitt 1. Steuerberaterplattform

§ 1 Führung der Steuerberaterplattform. (1) Die Bundessteuerberaterkammer hat die Steuerberaterplattform auf der Grundlage des Protokollstandards „Online Services Computer Interface – OSCI" oder eines künftig nach dem Stand der Technik an dessen Stelle tretenden Standards sowie der IT-Sicherheitsverordnung Portalverbund vom 6. Januar 2022 (BGBl. I S. 18) in der jeweils geltenden Fassung zu betreiben.

(2) [1]Die Steuerberaterplattform ist in ein Informationssicherheitsmanagementsystem einzubinden, das den Standards des Bundesamts für Sicherheit in der Informationstechnik entspricht. [2]Dabei hat die Bundessteuerberaterkammer insbesondere sicherzustellen, dass die aktuellen Standards der Informationssicherheit, der Betriebssicherheit, der Kryptographie einschließlich des Schlüsselmanagements sowie der Vorfalls- und Management-Anforderungen eingehalten werden. [3]Zudem hat sie die Vorgaben der Technischen Richtlinie BSI TR-03116-4 des Bundesamts für Sicherheit in der Informationstechnik in der jeweils geltenden Fassung zu beachten.

(3) [1]Die für die genutzten IT-Komponenten verantwortlichen Stellen haben ein IT-Sicherheitskonzept zu erstellen und umzusetzen, das den Standards 200-1, 200-2 und 200-3 des Bundesamtes für Sicherheit in der Informationstechnik oder den Vorgaben der ISO/IEC 27001 in der jeweils geltenden Fassung entspricht. [2]Als Mindestanforderung ist die Standard-Absicherung nach dem Standard 200-2 des Bundesamts für Sicherheit in der Informationstechnik umzusetzen. [3]Vor der erstmaligen Inbetriebnahme der Steuerberaterplattform ist die Umsetzung des IT-Sicherheitskonzepts durch eine Zertifizierung nach dem Standard „ISO 27001 auf der Basis von IT-Grundschutz" des Bundesamts für Sicherheit in der Informationstechnik nachzuweisen. [4]Die Zertifizierung ist über die gesamte Betriebsdauer der Steuerberaterplattform aufrecht zu erhalten. [5]Das Zertifikat ist zu veröffentlichen.

§ 2 Einrichtung der Nutzerkonten. (1) Die Bundessteuerberaterkammer richtet den Steuerberatern, den Steuerbevollmächtigten und den Berufsausübungsgesellschaften im Sinne der §§ 49 und 50 des Steuerberatungsgesetzes sowie den Steuerberaterkammern und sich selbst Nutzerkonten auf der Steuerberaterplattform ein.

(2) [1]Die Steuerberaterkammern unterrichten die Bundessteuerberaterkammer über die Eintragung einer Person oder einer Berufsausübungsgesellschaft in das Berufsregister. [2]Die Bundessteuerberaterkammer richtet unverzüglich nach der Unterrichtung über die Eintragung einer Person oder einer Berufsausübungsgesellschaft in das Berufsregister für diese ein Nutzerkonto auf der Steuerberaterplattform ein.

(3) Absatz 2 gilt nicht, wenn die betreffende Person oder Berufsausübungsgesellschaft von einer Steuerberaterkammer in eine andere wechselt.

(4) Die Bundessteuerberaterkammer informiert die Steuerberater, Steuerbevollmächtigten und Berufsausübungsgesellschaften im Sinne der §§ 49 und 50

des Steuerberatungsgesetzes darüber, dass sie nach § 86c Absatz 1 des Steuerberatungsgesetzes verpflichtet sind, sich bei der Steuerberaterplattform mit dem für sie eingerichteten Nutzerkonto zu registrieren

§ 3 Registrierung bei der Steuerberaterplattform und Erstanmeldung am besonderen elektronischen Steuerberaterpostfach. (1) Die Registrierung bei der Steuerberaterplattform und die Erstanmeldung am besonderen elektronischen Steuerberaterpostfach nach § 15 erfolgen in einem einheitlichen Vorgang.

(2) Für die Registrierung bei der Steuerberaterplattform ist eine Identifizierung und Authentisierung erforderlich.

§ 4 Identifizierung und Authentisierung bei der Registrierung. (1) Die Identifizierung und Authentisierung des Steuerberaters, des Steuerbevollmächtigten oder der Leitungspersonen einer Berufsausübungsgesellschaft im Sinne des § 89a Nummer 1 oder 2 des Steuerberatungsgesetzes erfolgt durch

1. eine der folgenden Identifizierungsmittel:
   a) einen elektronischen Identitätsnachweis nach § 18 des Personalausweisgesetzes, nach § 12 des eID-Karte-Gesetzes oder nach § 78 Absatz 5 des Aufenthaltsgesetzes oder
   b) ein anderes elektronisches Identifizierungsmittel, das nach Artikel 6 der Verordnung (EU) Nr. 910/2014 des Europäischen Parlaments und des Rates vom 23. Juli 2014 über elektronische Identifizierung und Vertrauensdienste für elektronische Transaktionen im Binnenmarkt und zur Aufhebung der Richtlinie 1999/93/EG (ABl. L 257 vom 28.8.2014, S. 73; L 23 vom 29.1.2015, S. 19; L 155 vom 14.6.2016, S. 44) mit dem Sicherheitsniveau „hoch" im Sinne des Artikels 8 Absatz 2 Buchstabe c der Verordnung notifiziert worden ist, sowie
2. einen Abgleich mit den im Berufsregister enthaltenen Daten.

(2) Steht aus Rechtsgründen keines der in Absatz 1 genannten Identifizierungsmittel zur Verfügung, so kann der im Rahmen der Registrierung gegenüber der Bundessteuerberaterkammer zu erbringende Identitätsnachweis auch durch eine in öffentlich beglaubigter Form abgegebene Erklärung über den Namen und die Anschrift des Inhabers des Nutzerkontos und des besonderen elektronischen Steuerberaterpostfachs erbracht werden, die die eindeutige Bezeichnung des besonderen elektronischen Steuerberaterpostfachs enthält.

(3) Für die Registrierung der Steuerberaterkammern und der Bundessteuerberaterkammer bei der Steuerberaterplattform gelten Absatz 1 Nummer 1 und Absatz 2 mit der Maßgabe entsprechend, dass eine vertretungsberechtigte Person zu identifizieren und zu authentisieren ist.

§ 5 Digitale Steuerberateridentität. (1) Steuerberater, Steuerbevollmächtigte und Berufsausübungsgesellschaften erhalten auf der Steuerberaterplattform ein Nutzerkonto, über das ihre Identität und ihre Berufsträgereigenschaft bereitgestellt wird (digitale Steuerberateridentität).

(2) Die digitale Steuerberateridentität wird für die besonderen elektronischen Steuerberaterpostfächer und die weiteren an die Steuerberaterplattform angeschlossenen Dienste bereitgestellt.

§ 6 Nutzung für hoheitliche elektronische Verwaltungsleistungen. [1]Die Bundessteuerberaterkammer und die Steuerberaterkammern können die Steuerberaterplattform für die Erfüllung ihrer Aufgaben nach dem Onlinezugangsgesetz nutzen. [2]Zu diesem Zweck können sie auch auf die digitale Steuerberateridentität zurückgreifen.

§ 7 Weitere Zugangsberechtigungen für das Nutzerkonto. (1) Wird für einen Steuerberater, einen Steuerbevollmächtigten oder eine Berufsausübungsgesellschaft ein Praxisabwickler, Praxistreuhänder oder Vertreter bestellt oder ein Zustellungsbevollmächtigter benannt, so räumt die Bundessteuerberaterkammer dieser Person für die Dauer ihrer Bestellung oder Benennung auf der Steuerberaterplattform einen Zugang zum Nutzerkonto der Person oder der Berufsausübungsgesellschaft ein, für die sie bestellt oder durch die sie benannt wurde.

(2) Zur Gewährung des Zugangs zum Nutzerkonto übermittelt die Steuerberaterkammer den Familiennamen und den oder die Vornamen sowie eine zustellungsfähige Anschrift des Praxisabwicklers, Praxistreuhänders, Vertreters oder Zustellungsbevollmächtigten an die Bundessteuerberaterkammer.

§ 8 Datensicherheit; unbefugter Zugriff. (1) Der Inhaber eines Nutzerkontos darf dieses keiner weiteren Person überlassen und hat die für ihn erstellten Zugangsdaten geheim zu halten.

(2) Der Inhaber eines Nutzerkontos hat unverzüglich alle erforderlichen Maßnahmen zu ergreifen, um einen unbefugten Zugriff auf sein Nutzerkonto zu verhindern, sofern Anhaltspunkte dafür bestehen, dass

1. Authentisierungsmittel in den Besitz einer unbefugten Person gelangt sind oder
2. einer unbefugten Person Zugangsdaten bekannt geworden sind.

(3) Die Bundessteuerberaterkammer hat einen Handlungsleitfaden für Fälle des unbefugten Zugriffs auf das Nutzerkonto zu erstellen und dauerhaft auf ihrer Internetseite zu veröffentlichen.

§ 9 Sperrung eines Nutzerkontos. (1) Sobald der Eintrag zu einer Person oder einer Berufsausübungsgesellschaft aus dem Berufsregister gelöscht wurde, übermittelt die Steuerberaterkammer der Bundessteuerberaterkammer unverzüglich

1. den Familiennamen und den oder die Vornamen sowie eine zustellungsfähige Anschrift dieser Person oder
2. den Namen oder die Firma sowie die Rechtsform und eine zustellungsfähige Anschrift dieser Berufsausübungsgesellschaft.

(2) [1]Die Bundessteuerberaterkammer sperrt in den Fällen des Absatzes 1 das Nutzerkonto der betreffenden Person oder Berufsausübungsgesellschaft auf der

Steuerberaterplattform. [2]Nach der Sperrung des Nutzerkontos besteht zu diesem kein Zugang mehr. [3]Die Zugangsberechtigung für Praxisabwickler und Praxistreuhänder nach § 7 bleibt unberührt.

(3) Die Absätze 1 und 2 gelten nicht, wenn der Inhaber eines Nutzerkontos von einer Steuerberaterkammer in eine andere wechselt.

§ 10 Löschung eines Nutzerkontos. (1) Gesperrte Nutzerkonten auf der Steuerberaterplattform werden nach Ablauf von sechs Monaten nach der Sperrung gelöscht.

(2) Ist für einen Steuerberater, einen Steuerbevollmächtigten oder eine Berufsausübungsgesellschaft ein Praxisabwickler oder Praxistreuhänder bestellt worden, so darf das gesperrte Nutzerkonto dieses Steuerberaters, dieses Steuerbevollmächtigten oder dieser Berufsausübungsgesellschaft nicht vor der Beendigung der Abwicklung oder des Treuhandverhältnisses gelöscht werden.

Abschnitt 2. Besonderes elektronisches Steuerberaterpostfach

§ 11 Zweck. (1) [1]Das besondere elektronische Steuerberaterpostfach dient der elektronischen Kommunikation der in das Steuerberaterverzeichnis eingetragenen Mitglieder der Steuerberaterkammern, der Steuerberaterkammern und der Bundessteuerberaterkammer mit den Gerichten auf einem sicheren Übermittlungsweg. [2]Ebenso dient es der elektronischen Kommunikation der Mitglieder der Steuerberaterkammern, der Steuerberaterkammern und der Bundessteuerberaterkammer untereinander.

(2) [1]Das besondere elektronische Steuerberaterpostfach kann auch zur elektronischen Kommunikation mit anderen Personen oder Stellen verwendet werden, soweit diese anderen Personen oder Stellen hierfür einen Zugang eröffnet haben. [2]Dies gilt nicht für die Kommunikation mit der Finanzverwaltung, soweit diese ein anderes sicheres elektronisches Verfahren für die Übermittlung von Nachrichten und Dokumenten zur Verfügung stellt.

(3) Die nach § 76a Absatz 2 des Steuerberatungsgesetzes in das Berufsregister eingetragenen Berufsausübungsgesellschaften stehen den Mitgliedern der Steuerberaterkammern gleich.

§ 12 Elektronische Adressatensuche. (1) Die Bundessteuerberaterkammer hat den Mitgliedern der Steuerberaterkammern, den nach § 76a Absatz 2 des Steuerberatungsgesetzes in das Berufsregister eingetragenen Berufsausübungsgesellschaften, den Steuerberaterkammern und sich selbst zum Zweck des Versendens von Nachrichten über das besondere elektronische Steuerberaterpostfach die elektronische Suche nach allen Personen und Stellen zu ermöglichen, die über das besondere elektronische Steuerberaterpostfach erreichbar sind.

(2) Die Bundessteuerberaterkammer hat zudem die Daten, die eine Suche im Sinne des Absatzes 1 ermöglichen, auch den Gerichten zugänglich zu machen.

(3) Die Bundessteuerberaterkammer kann die Daten auch anderen Personen und Stellen zugänglich machen, mit denen nach § 11 Absatz 2 eine Kommunikation ermöglicht wird.

§ 13 Führung der besonderen elektronischen Steuerberaterpostfächer. (1) [1]Die Bundessteuerberaterkammer hat die besonderen elektronischen Steuerberaterpostfächer auf der Grundlage des Protokollstandards „Online Services Computer Interface – OSCI" oder eines künftig nach dem Stand der Technik an dessen Stelle tretenden Standards zu betreiben. [2]Die Bundessteuerberaterkammer hat fortlaufend zu gewährleisten, dass die in § 11 Absatz 1 und 3 genannten Personen und Stellen miteinander sicher elektronisch kommunizieren können.

(2) Der Zugang zum besonderen elektronischen Steuerberaterpostfach soll barrierefrei im Sinne der Barrierefreie-Informationstechnik-Verordnung sein.

(3) Die Bundessteuerberaterkammer hat zu gewährleisten, dass

1. bei der Übermittlung eines Dokuments mit einer nicht-qualifizierten elektronischen Signatur auf einem sicheren Übermittlungsweg durch einen Steuerberater oder Steuerbevollmächtigten für den Empfänger feststellbar ist, dass die Nachricht von dem Steuerberater oder Steuerbevollmächtigten selbst versandt worden ist,
2. bei der Übermittlung eines Dokuments mit einer nicht-qualifizierten elektronischen Signatur auf einem sicheren Übermittlungsweg durch eine Berufsausübungsgesellschaft für den Empfänger feststellbar ist, dass die Nachricht durch einen Steuerberater, Steuerbevollmächtigten, Rechtsanwalt, Patentanwalt, Wirtschaftsprüfer oder vereidigten Buchprüfer versandt worden ist, der zur Vertretung der Berufsausübungsgesellschaft berechtigt ist, und
3. die besonderen elektronischen Steuerberaterpostfächer in ein Informationssicherheitsmanagementsystem eingebunden sind, das den Standards des Bundesamts für Sicherheit in der Informationstechnik entspricht, wobei sie insbesondere die aktuellen Standards der Informationssicherheit, der Betriebssicherheit, der Kryptographie einschließlich des Schlüsselmanagements sowie der Vorfalls- und Management-Anforderungen einzuhalten und die Vorgaben der Technischen Richtlinie BSI TR-03116-4 des Bundesamts für Sicherheit in der Informationstechnik in der jeweils geltenden Fassung zu beachten hat.

(4) § 1 Absatz 3 gilt entsprechend.

§ 14 Einrichtung eines besonderen elektronischen Steuerberaterpostfachs. (1) [1]Die Bundessteuerberaterkammer richtet unverzüglich nach der Unterrichtung über die Eintragung einer Person oder einer Berufsausübungsgesellschaft in das Berufsregister für diese ein besonderes elektronisches Steuerberaterpostfach ein. [2]Sie informiert die Steuerberater, Steuerbevollmächtigen und Berufsausübungsgesellschaften über die Einrichtung des besonderen elektronischen Steuerberaterpostfachs.

(2) Absatz 1 gilt nicht, wenn die eingetragene Person oder Berufsausübungsgesellschaft von einer Steuerberaterkammer in eine andere wechselt.

(3) [1]Wird ein besonderes elektronisches Steuerberaterpostfach für eine Berufsausübungsgesellschaft eingerichtet, so hat die Berufsausübungsgesellschaft der Steuerberaterkammer die Familiennamen und Vornamen der vertretungsberechtigten Steuerberater, Steuerbevollmächtigten, Rechtsanwälte, Patentanwälte, Wirtschaftsprüfer und vereidigten Buchprüfer mitzuteilen, die befugt sein sollen, für die Berufsausübungsgesellschaft Dokumente mit einer nicht-qualifizierten elektronischen Signatur auf einem sicheren Übermittlungsweg zu versenden. [2]Die Berufsausübungsgesellschaft hat der Steuerberaterkammer unverzüglich jede Änderung der Vertretungsberechtigungen sowie der Namen der Vertretungsberechtigten mitzuteilen.

(4) Die Bundessteuerberaterkammer richtet für die Steuerberaterkammern und für sich besondere elektronische Steuerberaterpostfachfächer ein.

§ 15 Erstanmeldung am besonderen elektronischen Steuerberaterpostfach. (1) Die Erstanmeldung am besonderen elektronischen Steuerberaterpostfach erfolgt mittels

1. einer Identifizierung und Authentisierung im Sinne des § 4 Absatz 1 sowie
2. eines Registrierungstokens, den der Postfachinhaber von der Bundessteuerberaterkammer oder einer von ihr bestimmten Stelle erhält.

(2) [1]Der Postfachinhaber erzeugt bei der Erstanmeldung einen öffentlichen und einen privaten Schlüssel. [2]Der öffentliche Schlüssel wird in einem Verzeichnis der Bundessteuerberaterkammer abgelegt. [3]Der private Schlüssel ist vom Postfachinhaber eigenständig abzulegen. [4]Der private Schlüssel ist vom Postfachinhaber mit einem Passwort vor einer unbefugten Verwendung zu schützen (Zertifikats-Passwort).

(3) § 4 Absatz 2 gilt entsprechend.

§ 16 Weitere Zugangsberechtigungen für das besondere elektronische Steuerberaterpostfach. (1) [1]Der Postfachinhaber kann Dritten Zugang zu seinem besonderen elektronischen Steuerberaterpostfach gewähren, indem er ihnen den privaten Schlüssel und das Zertifikats-Passwort zur Verfügung stellt. [2]Das Zertifikats-Passwort darf nicht im Klartext überlassen werden.

(2) [1]Das Recht, Dokumente mit einer nicht-qualifizierten elektronischen Signatur auf einem sicheren Übermittlungsweg zu versenden, kann nicht auf andere Personen übertragen werden. [2]Dies gilt nicht für die Befugnis von Vertretern und Zustellungsbevollmächtigten, elektronische Empfangsbekenntnisse abzugeben. [3]Handelt es sich bei dem Postfachinhaber um eine Berufsausübungsgesellschaft, steht das Recht, Dokumente mit einer nicht-qualifizierten elektronischen Signatur für die Berufsausübungsgesellschaft auf einem sicheren Übermittlungsweg zu versenden, nur den vertretungsberechtigten Steuerberatern, Steuerbevollmächtigten, Rechtsanwälten, Patentanwälten, Wirtschaftsprüfern und vereidigten Buchprüfern zu und kann nicht auf andere Personen übertragen werden.

(3) Der Postfachinhaber kann die Zugangsberechtigungen für das besondere elektronische Steuerberaterpostfach jederzeit aufheben oder einschränken.

(4) Der Postfachinhaber hat durch geeignete technisch-organisatorische Maßnahmen sicherzustellen, dass der Zugang zu seinem besonderen elektronischen Steuerberaterpostfach nur den von ihm bestimmten Zugangsberechtigten in dem von ihm bestimmten Umfang möglich ist.

(5) [1]Der Postfachinhaber hat zu dokumentieren, welchen Personen er zu welchen Zeitpunkten Zugangsberechtigungen erteilt und entzogen hat. [2]Diese Dokumentation kann auch in einer sicheren, computergenerierten und zeitgestempelten elektronischen Aufzeichnung (Audit-Trail) eines Berechtigungsmanagementsystems einer Fachsoftware erfolgen, in die der private Schlüssel importiert wurde.

§ 17 Zugangsberechtigung für die besonderen elektronischen Steuerberaterpostfächer der Steuerberaterkammern und der Bundessteuerberaterkammer. (1) Die Steuerberaterkammern und die Bundessteuerberaterkammer bestimmen die natürlichen Personen, die Zugang zu ihrem besonderen elektronischen Steuerberaterpostfach erhalten sollen, und stellen diesen Personen den privaten Schlüssel und das Zertifikats-Passwort zur Verfügung.

(2) [1]Der Zugang zu den besonderen elektronischen Steuerberaterpostfächern der Steuerberaterkammern und der Bundessteuerberaterkammer erfolgt ausschließlich mithilfe des privaten Schlüssels und des Zertifikats-Passworts des Postfachinhabers. [2]§ 16 Absatz 1 Satz 2 und Absatz 3 bis 5 gilt entsprechend.

§ 18 Anmeldung am besonderen elektronischen Steuerberaterpostfach; Übermittlung von Dokumenten mit nicht-qualifizierter Signatur. (1) Die Anmeldung des Postfachinhabers an seinem besonderen elektronischen Steuerberaterpostfach erfolgt mit dem privaten Schlüssel, der seinem besonderen elektronischen Steuerberaterpostfach zugeordnet ist, und dem zugehörigen Zertifikats-Passwort.

(2) [1]Personen, die zur Übermittlung von Dokumenten mit einer nicht-qualifizierten elektronischen Signatur auf sicheren Übermittlungsweg berechtigt sind, müssen sich beim Übermittlungsvorgang mittels des bei der Erstanmeldung nach § 15 Absatz 1 Nummer 1 genutzten Identifizierungsverfahrens authentisieren. [2]Bis zum 31. Dezember 2024 kann zur Authentisierung auch der Mitgliedsausweis der zuständigen Steuerberaterkammer genutzt werden.

§ 19 Praxisabwickler, Praxistreuhänder, Vertreter und Zustellungsbevollmächtigte. (1) [1]Wird für einen Steuerberater, einen Steuerbevollmächtigten oder eine Berufsausübungsgesellschaft ein Praxisabwickler oder Praxistreuhänder bestellt, übermittelt die Steuerberaterkammer der Bundessteuerberaterkammer unverzüglich dessen Familiennamen und den oder die Vornamen sowie seine zustellungsfähige Anschrift. [2]Die Bundessteuerberaterkammer räumt dieser Person für die Dauer ihrer Bestellung einen auf die Übersicht der eingegangenen Nachrichten beschränkten Zugang zum besonderen elektronischen Steuerberaterpostfach der Person oder der Berufsausübungsgesellschaft ein, für die sie bestellt wurde. [3]Dabei müssen für den Praxisabwickler oder Praxistreuhänder der Absender und der Eingangszeitpunkt der Nachricht einsehbar sein; der Betreff, der Text und die Anhänge der Nachricht dürfen nicht einsehbar sein. [4]Die Steuerberaterkammer unterrichtet die Bundessteuerberaterkammer unverzüglich über die Beendigung der Bestellung eines Praxisabwicklers oder Praxistreuhänders.

(2) [1]Hat es ein Steuerberater oder Steuerbevollmächtigter unterlassen, einem von ihm bestellten Vertreter oder einem von ihm benannten Zustellungsbevollmächtigten einen Zugang zu seinem besonderen elektronischen Steuerberaterpostfach einzuräumen, so hat die Bundessteuerberaterkammer dieser Person, wenn sie in das Berufsregister eingetragen ist, für die Dauer ihrer Bestellung oder Benennung auf Antrag einen auf die Übersicht der eingegangenen Nachrichten beschränkten Zugang zum besonderen elektronischen Steuerberaterpostfach des Steuerberaters oder Steuerbevollmächtigten einzuräumen, für den sie bestellt oder benannt wurde. [2]Wurde einer Person ein Zugang nach Satz 1 eingeräumt, so hat die Steuerberaterkammer die Bundessteuerberaterkammer unverzüglich über die Löschung der Eintragung der Person im Berufsregister zu informieren.

(3) Hat es eine Berufsausübungsgesellschaft unterlassen, einem von ihr benannten Zustellungsbevollmächtigten oder einem von ihr bestellten Vertreter einen Zugang zu ihrem besonderen elektronischen Steuerberaterpostfach einzuräumen, so gilt Absatz 2 entsprechend.

§ 20 Datensicherheit; unbefugter Zugriff. (1) Der Postfachinhaber darf den von ihm erzeugten privaten Schlüssel keiner unbefugten Person weitergeben und hat das dem privaten Schlüssel zugehörige Zertifikats-Passwort geheim zu halten.

(2) [1]Zugangsberechtigte, an die der private Schlüssel weitergegeben wird, dürfen diesen ihrerseits nicht weitergeben. [2]Der Postfachinhaber hat diejenigen Personen, denen er seinen privaten Schlüssel überlässt, hierüber zu belehren.

(3) [1]Der Postfachinhaber hat unverzüglich alle erforderlichen Maßnahmen zu ergreifen, um einen unbefugten Zugriff auf sein Postfach zu verhindern, sofern Anhaltspunkte dafür bestehen, dass

1. der von ihm erzeugte private Schlüssel in den Besitz einer unbefugten Person gelangt ist,
2. das dem privaten Schlüssel zugehörige Zertifikats-Passwort einer unbefugten Person bekannt geworden ist oder
3. sonst von einer Person auf das besondere elektronische Steuerberaterpostfach unbefugt zugegriffen werden könnte.

[2]Eine Maßnahme nach Satz 1 kann insbesondere die Beantragung der Sperrung des Postfachs bei der Bundessteuerberaterkammer sein.

(4) § 8 Absatz 3 gilt entsprechend.

§ 21 Automatisches Löschen von Nachrichten. (1) [1]Noch nicht abgerufene Nachrichten dürfen frühestens 90 Tage nach ihrem Eingang automatisch in den Papierkorb des besonderen elektronischen Steuerberaterpostfachs verschoben werden. [2]Abgerufene Nachrichten dürfen frühestens sieben Tage nach ihrem Abruf automatisch in den Papierkorb des besonderen elektronischen Steuerberaterpostfachs verschoben werden.

(2) Im Papierkorb des besonderen elektronischen Steuerberaterpostfachs befindliche Nachrichten dürfen frühestens nach 30 Tagen automatisch gelöscht werden.

§ 22 Sperrung des besonderen elektronischen Steuerberaterpostfachs. (1) [1]Die Bundessteuerberaterkammer sperrt ein besonderes elektronisches Steuerberaterpostfach, sobald

1. der Eintrag zum Postfachinhaber im Berufsregister gelöscht wurde oder
2. der Postfachinhaber die Sperrung beantragt hat.

[2]Die Steuerberaterkammer unterrichtet die Bundessteuerberaterkammer unverzüglich über die Löschung des Postfachinhabers aus dem Berufsregister. [3]Satz 1 Nummer 1 und Satz 2 gilt nicht, wenn der Postfachinhaber von einer Steuerberaterkammer in eine andere wechselt.

(2) [1]Nach der Sperrung des besonderen elektronischen Steuerberaterpostfachs besteht zu diesem kein Zugang mehr. [2]Die Zugangsberechtigung für Praxisabwickler und Praxistreuhänder nach § 19 Absatz 1 bleibt unberührt.

(3) Gesperrte besondere elektronische Steuerberaterpostfächer dürfen nicht adressierbar sein.

(4) Sofern die Sperrung aufgrund eines Antrags des Postfachinhabers erfolgt ist, ist sie auf dessen Antrag wieder aufzuheben.

§ 23 Löschung des besonderen elektronischen Steuerberaterpostfachs. (1) Gesperrte besondere elektronische Steuerberaterpostfächer werden einschließlich der darin gespeicherten Nachrichten nach Ablauf von sechs Monaten nach der Sperrung gelöscht.

(2) Ist für einen Steuerberater, einen Steuerbevollmächtigten oder eine Berufsausübungsgesellschaft ein Praxisabwickler oder Praxistreuhänder bestellt worden, so darf das gesperrte besondere elektronische Steuerberaterpostfach dieses Steuerberaters, dieses Steuerbevollmächtigten oder dieser Berufsausübungsgesellschaft nicht vor der Beendigung der Abwicklung oder des Treuhandverhältnisses gelöscht werden.

Abschnitt 3. Inkrafttreten

§ 24 Inkrafttreten. Diese Verordnung tritt am 1. Januar 2023 in Kraft.

849. Verordnung über die Berufsausbildung zum Steuerfachangestellten und zur Steuerfachangestellten (StFachAngAusbV)[1) . 2)]

Vom 3. August 2022

(BGBl. I S. 1390)

FNA 806-22-1-144

Auf Grund des § 4 Absatz 1 des Berufsbildungsgesetzes in der Fassung der Bekanntmachung vom 4. Mai 2020 (BGBl. I S. 920) verordnet das Bundesministerium der Finanzen im Einvernehmen mit dem Bundesministerium für Bildung und Forschung:

Inhaltsübersicht

---

[1] **Amtl. Anm.:** Diese Rechtsverordnung ist eine Ausbildungsordnung im Sinne des § 4 des Berufsbildungsgesetzes. Die Ausbildungsordnung und der damit abgestimmte, von der Ständigen Konferenz der Kultusminister der Länder in der Bundesrepublik Deutschland beschlossene Rahmenlehrplan für die Berufsschule werden demnächst im amtlichen Teil des Bundesanzeigers veröffentlicht.

[2] **Anm. d. Red.: In Kraft mWv 1.8.2023. Zur bis 31.7.2023 geltenden Fassung siehe Nr. 849a** (im Anschluss abgedruckt).

Abschnitt 1. Gegenstand, Dauer und Gliederung der Berufsausbildung

§ 1 Staatliche Anerkennung des Ausbildungsberufes. Der Ausbildungsberuf mit der Berufsbezeichnung des Steuerfachangestellten und der Steuerfachangestellten wird nach § 4 Absatz 1 des Berufsbildungsgesetzes staatlich anerkannt.

§ 2 Dauer der Berufsausbildung. Die Berufsausbildung dauert drei Jahre.

§ 3 Gegenstand der Berufsausbildung und Ausbildungsrahmenplan.

(1) Gegenstand der Berufsausbildung sind mindestens die im Ausbildungsrahmenplan (Anlage) genannten Fertigkeiten, Kenntnisse und Fähigkeiten.

(2) Von der Organisation der Berufsausbildung, wie sie im Ausbildungsrahmenplan vorgegeben ist, darf von den Ausbildenden abgewichen werden, wenn und soweit betriebspraktische Besonderheiten oder Gründe, die in der Person des oder der Auszubildenden liegen, die Abweichung erfordern.

(3) [1]Die im Ausbildungsrahmenplan genannten Fertigkeiten, Kenntnisse und Fähigkeiten sollen von den Ausbildenden so vermittelt werden, dass die Auszubildenden die berufliche Handlungsfähigkeit nach § 1 Absatz 3 des Berufsbildungsgesetzes erlangen. [2]Die berufliche Handlungsfähigkeit schließt insbesondere selbständiges Planen, Durchführen und Kontrollieren bei der Ausübung der beruflichen Aufgaben ein.

§ 4 Struktur der Berufsausbildung und Ausbildungsberufsbild.

(1) [1]Die Berufsausbildung gliedert sich in:

1. berufsprofilgebende Fertigkeiten, Kenntnisse und Fähigkeiten sowie
2. integrativ zu vermittelnde Fertigkeiten, Kenntnisse und Fähigkeiten.

[2]Die Fertigkeiten, Kenntnisse und Fähigkeiten sind in Berufsbildpositionen gebündelt.

(2) Die Berufsbildpositionen der berufsprofilgebenden Fertigkeiten, Kenntnisse und Fähigkeiten sind:

1. Arbeitsprozesse organisieren,
2. Buchführungen und Aufzeichnungen erstellen und auswerten,
3. Entgeltabrechnungen durchführen,
4. Jahresabschlüsse vorbereiten und erstellen sowie Einnahmenüberschussrechnungen erstellen,
5. die Beratung von Mandantinnen und Mandaten in betriebswirtschaftlichen Angelegenheiten vorbereiten und unterstützen,
6. Verwaltungsakte prüfen und Rechtsbehelfe vorbereiten,
7. Steuererklärungen erstellen sowie steuerliche Anträge vorbereiten und übermitteln und
8. mit internen und externen Ansprechpartnerinnen und Ansprechpartnern kommunizieren und kooperieren.

(3) Die Berufsbildpositionen der integrativ zu vermittelnden Fertigkeiten, Kenntnisse und Fähigkeiten sind:

1. Organisation des Ausbildungsbetriebes, Berufsbildung sowie Arbeits- und Tarifrecht,
2. Sicherheit und Gesundheit bei der Arbeit,
3. Umweltschutz und Nachhaltigkeit,
4. digitalisierte Arbeitswelt,
5. digitale Geschäftsprozesse umsetzen und
6. Verschwiegenheitspflichten und berufsrechtliche Vorgaben erkennen und einhalten.

§ 5 Ausbildungsplan. Die Ausbildenden haben spätestens zu Beginn der Ausbildung auf der Grundlage des Ausbildungsrahmenplans für jeden Auszubildenden und für jede Auszubildende einen Ausbildungsplan zu erstellen.

Abschnitt 2. Zwischenprüfung

§ 6 Zeitpunkt. (1) Die Zwischenprüfung soll im vierten Ausbildungshalbjahr stattfinden.

(2) Den jeweiligen Zeitpunkt legt die zuständige Stelle fest.

§ 7 Inhalt. Die Zwischenprüfung erstreckt sich auf

1. die im Ausbildungsrahmenplan für die ersten 15 Monate genannten Fertigkeiten, Kenntnisse und Fähigkeiten sowie
2. den im Berufsschulunterricht zu vermittelnden Lehrstoff, soweit er den im Ausbildungsrahmenplan genannten Fertigkeiten, Kenntnissen und Fähigkeiten entspricht.

§ 8 Prüfungsbereiche. Die Zwischenprüfung findet in den folgenden Prüfungsbereichen statt:

1. „Arbeitsabläufe organisieren" und
2. „Steuererklärungen vorbereiten und Buchhaltungen bearbeiten".

§ 9 Prüfungsbereich „Arbeitsabläufe organisieren". (1) Im Prüfungsbereich „Arbeitsabläufe organisieren" hat der Prüfling nachzuweisen, dass er in der Lage ist,

1. Arbeitsaufgaben zu planen, durchzuführen und zu kontrollieren,
2. rechtliche Regelungen zur Verschwiegenheit, zum Datenschutz und zur Datensicherheit einzuhalten,
3. Wege der Informationsbeschaffung und den Umgang mit Informationen darzustellen,
4. Vorgänge unter Berücksichtigung von Zeichnungs- und Weisungsbefugnissen zu bearbeiten,

5. Fristen zu überwachen und
6. Arbeitsprozesse zu reflektieren und Maßnahmen zu deren Verbesserung unter Berücksichtigung digitaler Möglichkeiten vorzuschlagen.

(2) [1]Die Prüfungsaufgaben müssen praxisbezogen sein. [2]Der Prüfling hat die Aufgaben schriftlich zu bearbeiten.

(3) Die Prüfungszeit beträgt 45 Minuten.

§ 10 Prüfungsbereich „Steuererklärungen vorbereiten und Buchhaltungen bearbeiten“. (1) Im Prüfungsbereich „Steuererklärungen vorbereiten und Buchhaltungen bearbeiten“ hat der Prüfling nachzuweisen, dass er in der Lage ist,

1. Belege, auch digital, zu beschaffen, zu sichten und zu beurteilen,
2. Einkünfte aus nichtselbständiger Tätigkeit zur Abgabe von Steuererklärungen an das Finanzamt zu ermitteln,
3. laufende monatliche Buchhaltungen zu bearbeiten und
4. betriebliche Kennzahlen für die betriebswirtschaftliche Beratung von Mandantinnen und Mandanten zu ermitteln und auszuwerten.

(2) [1]Die Prüfungsaufgaben müssen praxisbezogen sein. [2]Der Prüfling hat die Aufgaben schriftlich zu bearbeiten.

(3) Die Prüfungszeit beträgt 75 Minuten.

Abschnitt 3. Abschlussprüfung

§ 11 Zeitpunkt. (1) Die Abschlussprüfung findet am Ende der Berufsausbildung statt.

(2) Den Zeitpunkt legt die zuständige Stelle fest.

§ 12 Inhalt. Die Abschlussprüfung erstreckt sich auf

1. die im Ausbildungsrahmenplan genannten Fertigkeiten, Kenntnisse und Fähigkeiten sowie
2. den im Berufsschulunterricht zu vermittelnden Lehrstoff, soweit er den im Ausbildungsrahmenplan genannten Fertigkeiten, Kenntnissen und Fähigkeiten entspricht.

§ 13 Prüfungsbereich. Die Abschlussprüfung findet in den folgenden Prüfungsbereichen statt:

1. „Sachverhalte steuerrechtlich beurteilen und in Steuererklärungen bearbeiten“,
2. „Sachverhalte im Zusammenhang mit Finanzbuchhaltungen, Entgeltabrechnungen und Jahresabschlüssen bearbeiten“,
3. „Mandantinnen- und Mandantenberatung mitgestalten“ sowie
4. „Wirtschafts- und Sozialkunde“.

§ 14 Prüfungsbereich „Sachverhalte steuerrechtlich beurteilen und in Steuererklärungen bearbeiten". (1) Im Prüfungsbereich „Sachverhalte steuerrechtlich beurteilen und in Steuererklärungen bearbeiten" hat der Prüfling nachzuweisen, dass er in der Lage ist,

1. Anliegen von Mandantinnen und Mandanten aufzunehmen,
2. Sachverhalte unter Berücksichtigung steuerrechtlicher und handelsrechtlicher Regelungen einzuordnen,
3. steuerliche Grunddaten von Mandantinnen und Mandanten zu erfassen und zu verarbeiten,
4. die eingereichten Unterlagen den Steuerarten zuzuordnen,
5. den Gewinn einer Einkunftsart durch eine Einnahmenüberschussrechnung zu ermitteln,
6. Bemessungsgrundlagen zu ermitteln und Steuern einschließlich der steuerlichen Nebenleistungen zu berechnen,
7. Steuererklärungen vorzubereiten und
8. steuer- und verfahrensrechtliche Regelungen unter Berücksichtigung von Fristen einzuhalten.

(2) [1]Die Prüfungsaufgaben müssen praxisbezogen sein. [2]Der Prüfling hat die Aufgaben schriftlich zu bearbeiten.

(3) Die Prüfungszeit beträgt 130 Minuten.

§ 15 Prüfungsbereich „Sachverhalte im Zusammenhang mit Finanzbuchhaltungen, Entgeltabrechnungen und Jahresabschlüssen bearbeiten". (1) Im Prüfungsbereich „Sachverhalte im Zusammenhang mit Finanzbuchhaltungen, Entgeltabrechnungen und Jahresabschlüssen bearbeiten" hat der Prüfling nachzuweisen, dass er in der Lage ist,

1. die für die Finanzbuchhaltung und Jahresabschlusserstellung erforderlichen Stammdaten von Mandantinnen und Mandanten zu erheben, einzuordnen und zu erfassen,
2. Entgeltabrechnungen durchzuführen und die Ergebnisse in die Finanzbuchhaltung zu integrieren,
3. laufende Geschäftsvorfälle handels- und steuerrechtlich zu beurteilen und zu buchen,
4. das Anlage- und Umlaufvermögen abzugrenzen und zu bewerten,
5. Berechnungen und Jahresabschlussbuchungen durchzuführen und handels- und steuerrechtliche Jahresabschlüsse zu erstellen und
6. Auswertungen zu erstellen und mandats- und anlassbezogen betriebswirtschaftlich zu analysieren.

(2) [1]Die Prüfungsaufgaben müssen praxisbezogen sein. [2]Der Prüfling hat die Aufgaben schriftlich zu bearbeiten.

(3) Die Prüfungszeit beträgt 110 Minuten.

§ 16 Prüfungsbereich „Mandantinnen- und Mandantenberatung mitgestalten". (1) Im Prüfungsbereich „Mandantinnen- und Mandantenberatung mitgestalten" hat der Prüfling nachzuweisen, dass er in der Lage ist,

1. Beratungsgespräche systematisch, situationsgerecht und zielorientiert zu unterstützen,
2. sich mandantinnen- und mandantenorientiert zu verhalten,
3. fachliche Hintergründe sowie Zusammenhänge zu berücksichtigen,
4. Probleme und Vorgehensweisen zu erörtern,
5. Mandantinnen und Mandanten über steuerrechtliche Regelungen zu informieren sowie rechtliche Regelungen einzuhalten,
6. einen Lösungsweg auch unter Berücksichtigung von digitalen Geschäftsprozessen zu entwickeln,
7. auf Mandantinnen- und Mandantenfragen und -einwände fachgerecht einzugehen,
8. analoge oder digitale beratungsunterstützende Hilfsmittel einzusetzen und
9. über den Gesprächsanlass hinausgehende Mandantinnen- und Mandantenbedarfe zu erkennen und anzusprechen.

(2) Für den Nachweis nach Absatz 1 sind folgende Tätigkeiten zugrunde zu legen:

1. Buchführungen anfertigen,
2. Entgeltabrechnungen durchführen,
3. Jahresabschlusserstellung vorbereiten,
4. betriebswirtschaftliche und wirtschaftsrechtliche Angelegenheiten unterstützen und
5. Steuererklärungen erstellen.

(3) Mit dem Prüfling wird eine Gesprächssimulation durchgeführt.

(4) [1] Für die Gesprächssimulation stellt der Prüfungsausschuss dem Prüfling zwei praxisbezogene Aufgaben aus unterschiedlichen Tätigkeiten nach Absatz 2 zur Auswahl. [2] Der Prüfling hat eine der Aufgaben auszuwählen. [3] Für die Auswahl der Aufgabe und die Vorbereitung auf die Gesprächssimulation stehen ihm insgesamt 15 Minuten zur Verfügung.

(5) Die Gesprächssimulation dauert höchstens 30 Minuten.

§ 17 Prüfungsbereich „Wirtschafts- und Sozialkunde". (1) Im Prüfungsbereich „Wirtschafts- und Sozialkunde" hat der Prüfling nachzuweisen, dass er in der Lage ist, allgemeine wirtschaftliche und gesellschaftliche Zusammenhänge der Berufs- und Arbeitswelt darzustellen und zu beurteilen.

(2) [1] Die Aufgaben müssen praxisbezogen sein. [2] Der Prüfling hat die Aufgaben schriftlich zu bearbeiten.

(3) Die Prüfungszeit beträgt 60 Minuten.

§ 18 Gewichtung der Prüfungsbereiche und Anforderungen für das Bestehen der Abschlussprüfung. (1) Die Bewertungen der einzelnen Prüfungsbereiche sind wie folgt zu gewichten:

1. „Sachverhalte steuerrechtlich beurteilen und in Steuererklärungen bearbeiten" mit 35 Prozent,
2. „Sachverhalte im Zusammenhang mit Finanzbuchhaltungen, Entgeltabrechnungen und Jahresabschlüssen" bearbeiten mit 30 Prozent,
3. „Mandantinnen- und Mandantenberatung mitgestalten" mit 25 Prozent sowie
4. „Wirtschafts- und Sozialkunde" mit 10 Prozent.

(2) [1] Die Abschlussprüfung ist bestanden, wenn die Prüfungsleistungen – auch unter Berücksichtigung einer mündlichen Ergänzungsprüfung nach § 19 – wie folgt bewertet worden sind:

1. im Gesamtergebnis mit mindestens „ausreichend",
2. im Prüfungsbereich „Sachverhalte steuerrechtlich beurteilen und in Steuererklärungen bearbeiten" mit mindestens „ausreichend",
3. in mindestens zwei weiteren Prüfungsbereichen mit mindestens „ausreichend" und
4. in keinem Prüfungsbereich mit „ungenügend".

[2] Über das Bestehen ist ein Beschluss nach § 42 Absatz 1 Nummer 3 des Berufsbildungsgesetzes zu fassen.

§ 19 Mündliche Ergänzungsprüfung. (1) Der Prüfling kann in einem Prüfungsbereich eine mündliche Ergänzungsprüfung beantragen.

(2) [1] Dem Antrag ist stattzugeben,

1. wenn er für einen der folgenden Prüfungsbereiche gestellt worden ist:
   a) „Sachverhalte steuerrechtlich beurteilen und in Steuererklärungen bearbeiten",
   b) „Sachverhalte im Zusammenhang mit Finanzbuchhaltungen, Entgeltabrechnungen und Jahresabschlüssen bearbeiten" oder
   c) „Wirtschafts- und Sozialkunde",
2. wenn der benannte Prüfungsbereich schlechter als mit „ausreichend" bewertet worden ist und
3. wenn die mündliche Ergänzungsprüfung für das Bestehen der Abschlussprüfung den Ausschlag geben kann.

[2] Die mündliche Ergänzungsprüfung darf nur in einem einzigen Prüfungsbereich durchgeführt werden.

(3) Die mündliche Ergänzungsprüfung soll 15 Minuten dauern.

(4) Bei der Ermittlung des Ergebnisses für den Prüfungsbereich sind das bisherige Ergebnis und das Ergebnis der mündlichen Ergänzungsprüfung im Verhältnis 2:1 zu gewichten.

Abschnitt 4. Schlussvorschrift

§ 20 Inkrafttreten, Außerkrafttreten. [1] Diese Verordnung tritt am 1. August 2023 in Kraft. [2] Gleichzeitig tritt die Verordnung über die Berufsausbildung zum Steuerfachangestellten/zur Steuerfachangestellten vom 9. Mai 1996 (BGBl. I S. 672) außer Kraft.

Anlage 1
(zu § 3 Absatz 1)

Ausbildungsrahmenplan für die Berufsausbildung zum Steuerfachangestellten und zur Steuerfachangestellten

Abschnitt A: berufsprofilgebende Fertigkeiten, Kenntnisse und Fähigkeiten

Lfd. Nr.	Berufsbildpositionen	Fertigkeiten, Kenntnisse und Fähigkeiten	Zeitliche Richtwerte in Wochen im	
			1. bis 15. Monat	16. bis 36. Monat
1	2	3	4	
1	Arbeitsprozesse organisieren (§ 4 Absatz 2 Nummer 1)	a) Aufgaben im eigenen Arbeitsbereich selbstverantwortlich und ergebnisorientiert planen, steuern und durchführen b) Zuständigkeiten, insbesondere Zeichnungs- und Vertretungsregelungen, sowie Weisungsbefugnisse beachten c) Posteingang und -ausgang bearbeiten d) Vorgänge bearbeiten und dokumentieren, insbesondere betriebliches Dokumentenmanagementsystem nutzen e) Fristen nach ihrer Rechtsnatur unterscheiden, berechnen, erfassen und überwachen f) Korrespondenz selbstständig erfassen g) berufsspezifische Informationen aufgabenbezogen in Fachdatenbanken recherchieren, aufbereiten und nutzen, Fachbegriffe, auch in einer Fremdsprache, anwenden h) Arbeits- und Verfahrensanweisungen nach betrieblichen Vorgaben zur Einhaltung qualitätssichernder Maßnahmen einhalten i) Arbeitsprozesse bewerten und reflektieren sowie Maßnahmen zur Verbesserung vorschlagen j) Informations- und Kommunikationstechniken nutzen k) Präsentationstechniken, insbesondere durch den Einsatz digitaler Medien, mandantinnen- und mandantenorientiert einsetzen	9	

Lfd. Nr.	Berufsbild-positionen	Fertigkeiten, Kenntnisse und Fähigkeiten	Zeitliche Richtwerte in Wochen im	
			1. bis 15. Monat	16. bis 36. Monat
1	2	3	4	
		l) die Gegenstandswerte für die laufende monatliche Buchhaltung und für Lohnabrechnungen sowie für die jährlichen Abschlussarbeiten und Steuererklärungen ermitteln m) Honorarrechnungen für Mandantinnen und Mandanten vorbereiten n) Honorarrechnungen gegenüber Mandantinnen und Mandanten erläutern		2
2	Buchführungen und Aufzeichnungen erstellen und auswerten (§ 4 Absatz 2 Nummer 2)	a) Buchführungspflichten nach Handels- und Steuerrecht sowie die Grundsätze ordnungsmäßiger Buchführung einhalten b) Aufzeichnungspflichten nach Steuerrecht einhalten und von den Buchführungspflichten unterscheiden c) unter Beachtung von Kontenrahmen und Steuertaxonomien Konten eröffnen, Geschäftsvorfälle wirtschaftlich und rechtlich beurteilen und buchen sowie Konten abstimmen und abschließen d) Nebenbücher, insbesondere Anlagenverzeichnisse, erstellen und pflegen	10	
		e) Übernahme digitaler Daten prüfen, Schnittstellen nutzen sowie Belege digital oder analog verarbeiten f) Daten und Konten auf Plausibilität und Konsistenz prüfen, bei Abweichungen Maßnahmen ergreifen g) Nachweise, Anträge und Meldungen im Zusammenhang mit der Buchführung erstellen und übermitteln h) Auswertungen situations- und mandatsbezogen erstellen		15
3	Entgeltabrechnungen durchführen (§ 4 Absatz 2 Nummer 3)	a) Daten für die Erstellung von Entgeltabrechnungen beschaffen, rechtlich und sachlich prüfen sowie pflegen b) bei der Entgeltabrechnung steuer- und sozialversicherungsrechtliche Vorschriften einhalten c) bei der Entgeltabrechnung lohnsteuer- und sozialversicherungsrechtliche Aspekte beurteilen sowie Möglichkeiten zur Lohnsteuerermäßigung aufzeigen d) Entgeltabrechnungen erstellen und prüfen	8	

Lfd. Nr.	Berufsbildpositionen	Fertigkeiten, Kenntnisse und Fähigkeiten	Zeitliche Richtwerte in Wochen im 1. bis 15. Monat	Zeitliche Richtwerte in Wochen im 16. bis 36. Monat
1	2	3	4	
		e) Entgeltabrechnungen in die Buchführung übertragen und verarbeiten f) Nachweise, Anträge und Meldungen im Zusammenhang mit der Entgeltabrechnung digital erstellen und übermitteln g) Auswertungen aus dem Entgeltabrechnungssystem situations- und mandatsbezogen erstellen h) an der mandatsbezogenen Beratung mitwirken		11
4	Jahresabschlüsse vorbereiten und erstellen sowie Einnahmenüberschussrechnungen erstellen (§ 4 Absatz 2 Nummer 4)	a) rechtliche Vorschriften, insbesondere handels- und steuerrechtliche Vorschriften, einhalten b) Eröffnungsbilanz erstellen, Bilanz sowie Gewinn- und Verlustrechnung für den Jahresabschluss aus der Buchführung entwickeln c) die Auswirkungen unterschiedlicher Wertansätze in der Handels- und Steuerbilanz bei der Erstellung der Jahresabschlüsse berücksichtigen d) Unterschiede und Auswirkungen der Gesellschaftsformen bei der Erstellung von Jahresabschlüssen berücksichtigen e) Jahresabschlüsse mit ihren jeweiligen Bestandteilen erstellen und digital übermitteln f) Voraussetzungen der Einnahmenüberschussrechnung prüfen, Gewinn ermitteln und Einnahmenüberschussrechnung erstellen g) Unterschiede und Gemeinsamkeiten zwischen Jahresabschluss sowie Einnahmenüberschussrechnung der Mandantin oder dem Mandanten gegenüber erläutern		25
5	Die Beratung von Mandantinnen und Mandanten in betriebswirtschaftlichen Angelegenheiten vorbereiten und unterstützen (§ 4 Absatz 2 Nummer 5)	a) betriebswirtschaftliche Auswertungen mandatsbezogen auswählen, auf Plausibilität prüfen und Positionen gegenüber den Mandantinnen und Mandanten erläutern b) betriebliche Kennzahlen ermitteln und im Rahmen innerer und äußerer Betriebsvergleiche auswerten, Mandantinnen und Mandanten informieren	5	
		c) Vermögens- und Kapitalstrukturen ermitteln, Mandantinnen und Mandanten informieren		

Lfd. Nr.	Berufsbild-positionen	Fertigkeiten, Kenntnisse und Fähigkeiten	Zeitliche Richtwerte in Wochen im 1. bis 15. Monat	Zeitliche Richtwerte in Wochen im 16. bis 36. Monat
1	2	3	4	
		d) Möglichkeiten der Finanzierung, insbesondere der Eigen- und Fremdfinanzierung sowie der Außen- und Innenfinanzierung, gegenüber den Mandantinnen und Mandanten erläutern e) Kennzahlen mandatsbezogen überwachen und bei Veränderungen Mandantinnen und Mandanten informieren		10
6	Verwaltungsakte prüfen und Rechtsbehelfe vorbereiten (§ 4 Absatz 2 Nummer 6)	a) steuer- und verfahrensrechtliche Vorschriften einhalten, insbesondere Rechte und Pflichten der Beteiligten, ihrer gesetzlichen Vertreterinnen und Vertreter sowie der Finanzbehörden im Besteuerungsverfahren einordnen b) Mandantinnen und Mandanten über Vorschriften der Entstehung und der Festsetzung der Steuer sowie deren Fälligkeit informieren und auf Gesetzesverstöße hinweisen c) Einspruchsfrist und Festsetzungsverjährungsfrist berechnen und beachten d) Anträge auf Fristverlängerung entwerfen e) Anspruchsvoraussetzungen auf Stundung prüfen und Anträge vorbereiten f) Verwaltungsakte prüfen, insbesondere Steuerbescheid mit Steuererklärung abgleichen g) Zulässigkeit und Einleitung des außergerichtlichen Rechtsbehelfsverfahrens prüfen, Mandantinnen und Mandanten über Instanzen der Finanzgerichtsbarkeit informieren h) Einsprüche und Anträge bezüglich Aufhebung oder Änderung von Steuerbescheiden entwerfen i) Anträge auf Aussetzung der Vollziehung und Erlass entwerfen		13
7	Steuererklärungen erstellen sowie steuerliche Anträge vorbereiten und übermitteln (§ 4 Absatz 2 Nummer 7)	a) steuerrechtliche Vorschriften einhalten b) steuerrechtliche Sachverhalte und Bemessungsgrundlagen ermitteln, digitale Daten bei Finanzbehörden abrufen und überprüfen c) Steuerpflicht prüfen d) Einkommensteuererklärungen erstellen,	10	

Lfd. Nr.	Berufsbildpositionen	Fertigkeiten, Kenntnisse und Fähigkeiten	Zeitliche Richtwerte in Wochen im 1. bis 15. Monat	Zeitliche Richtwerte in Wochen im 16. bis 36. Monat
1	2	3	4	
		dabei das zu versteuernde Einkommen ermitteln e) Erklärungen zur gesonderten Feststellung von Besteuerungsgrundlagen erstellen f) Umsatzsteuererklärungen erstellen und Umsatzsteuerverprobungen durchführen g) Gewerbesteuererklärungen, einschließlich Zerlegungserklärungen, erstellen h) Körperschaftsteuererklärungen erstellen, dabei das zu versteuernde Einkommen ermitteln, Körperschaftsteuertarife anwenden i) Anträge, insbesondere auf Lohnsteuerermäßigung, vorbereiten j) digitale Übertragung an die Finanzbehörden veranlassen		15
8	Mit internen und externen Ansprechpartnerinnen und Ansprechpartnern kommunizieren und kooperieren (§ 4 Absatz 2 Nummer 8)	a) situations- und adressatengerecht sowie zielorientiert kommunizieren, Wertschätzung, Respekt und Vertrauen, auch im Hinblick auf soziokulturelle Unterschiede, als Grundlage erfolgreichen Handelns berücksichtigen b) Ursachen von Konflikten und Kommunikationsstörungen erkennen und zu deren Lösung beitragen c) betriebliche Kommunikationsregeln, insbesondere im Umgang mit Mandantinnen und Mandanten und Finanzbehörden beachten, Kommunikationskanäle auswählen und verwenden d) Informationen einholen und Anliegen aufnehmen, auch in einer Fremdsprache e) Aufgaben im Team planen und bearbeiten sowie Ergebnisse abstimmen, dokumentieren und auswerten	8	

Abschnitt B: integrativ zu vermittelnde Fertigkeiten, Kenntnisse und Fähigkeiten

Lfd. Nr.	Berufsbildpositionen	Fertigkeiten, Kenntnisse und Fähigkeiten	Zeitliche Richtwerte in Wochen im	
			1. bis 15. Monat	16. bis 36. Monat
1	2	3	4	
1	Organisation des Ausbildungsbetriebes, Berufsbildung sowie Arbeits- und Tarifrecht (§ 4 Absatz 3 Nummer 1)	a) den Aufbau und die grundlegenden Arbeits- und Geschäftsprozesse des Ausbildungsbetriebes erläutern b) Rechte und Pflichten aus dem Ausbildungsvertrag sowie Dauer und Beendigung des Ausbildungsverhältnisses erläutern und Aufgaben der im System der dualen Berufsausbildung Beteiligten beschreiben c) die Bedeutung, die Funktion und die Inhalte der Ausbildungsordnung und des betrieblichen Ausbildungsplans erläutern sowie zu deren Umsetzung beitragen d) die für den Ausbildungsbetrieb geltenden arbeits-, sozial-, tarif- und mitbestimmungsrechtlichen Vorschriften erläutern e) Grundlagen, Aufgaben und Arbeitsweise der betriebsverfassungs- oder personalvertretungsrechtlichen Organe des Ausbildungsbetriebes erläutern f) Beziehungen des Ausbildungsbetriebes und seiner Beschäftigten zu Wirtschaftsorganisationen und Gewerkschaften erläutern g) Positionen der eigenen Entgeltabrechnung erläutern h) wesentliche Inhalte von Arbeitsverträgen erläutern i) Möglichkeiten des beruflichen Aufstiegs und der beruflichen Weiterentwicklung erläutern	Während der gesamten Ausbildung	
2	Sicherheit und Gesundheit bei der Arbeit (§ 4 Absatz 3 Nummer 2)	a) Rechte und Pflichten aus den berufsbezogenen Arbeitsschutz- und Unfallverhütungsvorschriften kennen und diese Vorschriften anwenden b) Gefährdungen von Sicherheit und Gesundheit am Arbeitsplatz und auf dem Arbeitsweg prüfen und beurteilen c) sicheres und gesundheitsgerechtes Arbeiten erläutern d) technische und organisatorische Maßnahmen zur Vermeidung von Gefährdungen sowie von psychischen und physischen Be-		

Lfd. Nr.	Berufsbildpositionen	Fertigkeiten, Kenntnisse und Fähigkeiten	Zeitliche Richtwerte in Wochen im	
			1. bis 15. Monat	16. bis 36. Monat
1	2	3	4	
		lastungen für sich und andere, auch präventiv, ergreifen e) ergonomische Arbeitsweisen beachten und anwenden f) Verhaltensweisen bei Unfällen beschreiben und erste Maßnahmen bei Unfällen einleiten g) betriebsbezogene Vorschriften des vorbeugenden Brandschutzes anwenden, Verhaltensweisen bei Bränden beschreiben und erste Maßnahmen zur Brandbekämpfung ergreifen		
3	Umweltschutz und Nachhaltigkeit (§ 4 Absatz 3 Nummer 3)	a) Möglichkeiten zur Vermeidung betriebsbedingter Belastungen für Umwelt und Gesellschaft im eigenen Aufgabenbereich erkennen und zu deren Weiterentwicklung beitragen b) bei Arbeitsprozessen und im Hinblick auf Produkte, Waren oder Dienstleistungen Materialien und Energie unter wirtschaftlichen, umweltverträglichen und sozialen Gesichtspunkten der Nachhaltigkeit nutzen c) für den Ausbildungsbetrieb geltende Regelungen des Umweltschutzes einhalten d) Abfälle vermeiden sowie Stoffe und Materialien einer umweltschonenden Wiederverwertung oder Entsorgung zuführen e) Vorschläge für nachhaltiges Handeln für den eigenen Arbeitsbereich entwickeln f) unter Einhaltung betrieblicher Regelungen im Sinne einer ökonomischen, ökologischen und sozial nachhaltigen Entwicklung zusammenarbeiten und adressatengerecht kommunizieren	Während der gesamten Ausbildung	
4	Digitalisierte Arbeitswelt (§ 4 Absatz 3 Nummer 4)	a) mit eigenen und betriebsbezogenen Daten sowie mit Daten Dritter umgehen und dabei die Vorschriften zum Datenschutz und zur Datensicherheit einhalten b) Risiken bei der Nutzung von digitalen Medien und informationstechnischen Systemen einschätzen und bei deren Nutzung betriebliche Regelungen einhalten		

Lfd. Nr.	Berufsbildpositionen	Fertigkeiten, Kenntnisse und Fähigkeiten	Zeitliche Richtwerte in Wochen im 1. bis 15. Monat	Zeitliche Richtwerte in Wochen im 16. bis 36. Monat
1	2	3	4	
		c) ressourcenschonend, adressatengerecht und effizient kommunizieren sowie Kommunikationsergebnisse dokumentieren d) Störungen in Kommunikationsprozessen erkennen und zu ihrer Lösung beitragen e) Informationen in digitalen Netzen recherchieren und aus digitalen Netzen beschaffen sowie Informationen, auch fremde, prüfen, bewerten und auswählen f) Lern- und Arbeitstechniken sowie Methoden des selbstgesteuerten Lernens anwenden, digitale Lernmedien nutzen und Erfordernisse des lebensbegleitenden Lernens erkennen und ableiten g) Aufgaben zusammen mit Beteiligten, einschließlich der Beteiligten anderer Arbeits- und Geschäftsbereiche, auch unter Nutzung digitaler Medien, planen, bearbeiten und gestalten h) Wertschätzung anderer unter Berücksichtigung gesellschaftlicher Vielfalt praktizieren	Während der gesamten Ausbildung	
5	Digitale Geschäftsprozesse umsetzen (§ 4 Absatz 3 Nummer 5)	a) technische Entwicklungen verfolgen und Auswirkungen auf die steuerliche und wirtschaftliche Beratung sowie die digitalen Arbeitsabläufe ableiten, die damit verbundenen Datenflüsse und Schnittstellen beachten und dabei die Ordnungsmäßigkeit einhalten b) Störungen im Prozess der Leistungserstellung, insbesondere im Hinblick auf wirtschaftliche und organisatorische Auswirkungen erkennen und Maßnahmen zu ihrer Behebung einleiten c) an der Optimierung von digitalen Geschäftsabläufen mitwirken, Maßnahmen zur Verbesserung vorschlagen	8	
6	Verschwiegenheitspflichten und berufsrechtliche Vorgaben erkennen und einhalten (§ 4 Absatz 3 Nummer 6)	a) die Stellung des Berufsträgers und der Berufsträgerin als unabhängiges Organ der Steuerrechtspflege bei Arbeitsprozessen beachten b) Vorschriften des Berufsrechts, insbesondere zu Verschwiegenheitspflichten und Zeugnisverweigerungsrechten einhalten	7	

Lfd. Nr.	Berufsbildpositionen	Fertigkeiten, Kenntnisse und Fähigkeiten	Zeitliche Richtwerte in Wochen im	
			1. bis 15. Monat	16. bis 36. Monat
1	2	3	4	
		c) den Berufsträger und die Berufsträgerin bei der Erfüllung der Pflichten zur Geldwäscheprävention unterstützen		

[Fassung bis 31.7.2023:]
849a. Verordnung über die Berufsausbildung zum Steuerfachangestellten/zur Steuerfachangestellten[1)]

Vom 9. Mai 1996
(BGBl. I S. 672)
BGBl. III/FNA 806–21–1–204

Auf Grund des § 25 des Berufsbildungsgesetzes vom 14. August 1969 (BGBl. I S. 1112), der zuletzt durch § 24 Nr. 1 des Gesetzes vom 24. August 1976 (BGBl. I S. 2525) geändert worden ist, in Verbindung mit Artikel 56 des Zuständigkeitsanpassungs-Gesetzes vom 18. März 1975 (BGBl. I S. 705) und dem Organisationserlaß vom 17. November 1994 (BGBl. I S. 3667) verordnen das Bundesministerium der Finanzen und das Bundesministerium für Wirtschaft im Einvernehmen mit dem Bundesministerium für Bildung, Wissenschaft, Forschung und Technologie:

§ 1 ***Staatliche Anerkennung des Ausbildungsberufes.*** *Der Ausbildungsberuf Steuerfachangestellter/Steuerfachangestellte wird staatlich anerkannt.*

§ 2 ***Ausbildungsdauer.*** *Die Ausbildung dauert drei Jahre.*

§ 3 ***Ausbildungsberufsbild.*** *Gegenstand der Berufsausbildung sind mindestens die folgenden Fertigkeiten und Kenntnisse:*

1. Ausbildungspraxis:
1.1 Bedeutung, Stellung und gesetzliche Grundlagen der steuerberatenden und wirtschaftsprüfenden Berufe,
1.2 Personalwesen, arbeits- und sozialrechtliche Grundlagen,
1.3 Berufsbildung,
1.4 Arbeitssicherheit, Umweltschutz und rationelle Energieverwendung;
2. Praxis- und Arbeitsorganisation:
2.1 Inhalt und Organisation der Arbeitsabläufe,
2.2 Kooperation und Kommunikation;
3. Anwenden von Informations- und Kommunikationstechniken;
4. Rechnungswesen:
4.1 Buchführungs- und Bilanzierungsvorschriften,
4.2 Buchführungs- und Abschlußtechnik,
4.3 Lohn- und Gehaltsabrechnung,
4.4 Erstellen von Abschlüssen;
5. betriebswirtschaftliche Facharbeit:
5.1 Auswerten der Rechnungslegung,
5.2 Finanzierung;

---

1) **Verordnung aufgeh. mWv 1.8.2023 durch VO v. 3.8.2022 (BGBl. I S. 1390).**

6. steuerliche Facharbeit:

6.1 Abgabenordnung,

6.2 Umsatzsteuer,

6.3 Einkommensteuer,

6.4 Körperschaftsteuer,

6.5 Gewerbesteuer,

6.6 Bewertungsgesetz,

6.7 Vermögensteuer.

§ 4 *Ausbildungsrahmenplan.* *(1) [1] Die Fertigkeiten und Kenntnisse nach § 3 sollen nach den in den Anlagen I und II enthaltenen Anleitungen zur sachlichen und zeitlichen Gliederung der Berufsausbildung (Ausbildungsrahmenplan) vermittelt werden. [2] Eine von dem Ausbildungsrahmenplan abweichende sachliche und zeitliche Gliederung des Ausbildungsinhaltes ist insbesondere zulässig, soweit betriebspraktische Besonderheiten die Abweichung erfordern.*

(2) [1] Die in dieser Verordnung genannten Fertigkeiten und Kenntnisse sollen so vermittelt werden, daß der Auszubildende zur Ausübung einer qualifizierten beruflichen Tätigkeit im Sinne des § 1 Abs. 2 des Berufsbildungsgesetzes befähigt wird, die insbesondere selbständiges Planen, Durchführen und Kontrollieren einschließt. [2] Diese Befähigung ist auch in den Prüfungen nach den §§ 7 und 8 nachzuweisen.

§ 5 *Ausbildungsplan.* *Der Ausbildende hat unter Zugrundelegung des Ausbildungsrahmenplanes für den Auszubildenden einen Ausbildungsplan zu erstellen.*

§ 6 *Berichtsheft.* *[1] Der Auszubildende hat ein Berichtsheft in Form eines Ausbildungsnachweises zu führen. [2] Ihm ist Gelegenheit zu geben, das Berichtsheft während der Ausbildungszeit zu führen. [3] Der Ausbildende hat das Berichtsheft regelmäßig durchzusehen.*

§ 7 *Zwischenprüfung.* *(1) [1] Zur Ermittlung des Ausbildungsstandes ist eine Zwischenprüfung durchzuführen. [2] Sie soll vor dem Ende des zweiten Ausbildungsjahres stattfinden.*

(2) Die Zwischenprüfung erstreckt sich auf die in den Anlagen I und II für das erste Ausbildungsjahr und die für das zweite Ausbildungsjahr unter laufender Nummer 4.2 Buchstabe d und laufender Nummer 4.3 aufgeführten Fertigkeiten und Kenntnisse sowie auf den im Berufsschulunter-richt entsprechend dem Rahmenlehrplan zu vermittelnden Lehrstoff, soweit er für die Berufsausbildung wesentlich ist.

(3) Die Zwischenprüfung ist schriftlich anhand praxisbezogener Fälle oder Aufgaben in insgesamt höchstens 180 Minuten in folgenden Prüfungsfächern durchzuführen:

1. Steuerwesen,

2. Rechnungswesen,

3. Wirtschafts- und Sozialkunde.

(4) Die in Absatz 3 genannte Prüfungsdauer kann insbesondere unterschritten werden, soweit die Prüfung in programmierter Form durchgeführt wird.

§ 8 Abschlußprüfung. *(1) Die Abschlußprüfung erstreckt sich auf die in der Anlage I aufgeführten Fertigkeiten und Kenntnisse sowie auf den im Berufsschulunterricht vermittelten Lehrstoff, soweit er für die Berufsausbildung wesentlich ist.*

(2) Die Prüfung ist schriftlich in den Prüfungsfächern Steuerwesen, Rechnungswesen, Wirtschafts- und Sozialkunde und mündlich im Prüfungsfach Mandantenorientierte Sachbearbeitung durchzuführen.

(3) In der schriftlichen Prüfung soll der Prüfling in den nachstehend genannten Prüfungsfächern je eine Arbeit anfertigen:

1. Prüfungsfach Steuerwesen:
[1] In 150 Minuten soll der Prüfling praxisbezogene Fälle oder Aufgaben bearbeiten und dabei zeigen, daß er Fertigkeiten und Kenntnisse steuerlicher Facharbeit erworben hat und wirtschafts- und steuerrechtliche Zusammenhänge versteht. [2] Hierfür kommen insbesondere folgende Gebiete in Betracht:
a) Steuern vom Einkommen und Ertrag,
b) Steuern vom Vermögen,
c) Steuern vom Umsatz,
d) Abgabenordnung;

2. Prüfungsfach Rechnungswesen:
In 120 Minuten soll der Prüfling praxisbezogene Aufgaben oder Fälle insbesondere aus den folgenden Gebieten bearbeiten und dabei zeigen, daß er Fertigkeiten und Kenntnisse dieser Gebiete erworben hat und Zusammenhänge versteht:
a) Buchführung,
b) Jahresabschluß;

3. Prüfungsfach Wirtschafts- und Sozialkunde:
[1] In 90 Minuten soll der Prüfling praxisbezogene Aufgaben oder Fälle bearbeiten und dabei zeigen, daß er wirtschaftliche, rechtliche und gesellschaftliche Zusammenhänge der Berufs- und Arbeitswelt darstellen und beurteilen kann. [2] Hierfür kommen insbesondere folgende Gebiete in Betracht:
a) Arbeitsrecht und soziale Sicherung,
b) Schuld- und Sachenrecht,
c) Handels- und Gesellschaftsrecht,
d) Finanzierung.

(4) Die in Absatz 3 genannte Prüfungsdauer kann insbesondere unterschritten werden, soweit die Prüfung in programmierter Form durchgeführt wird.

(5) [1] Das Prüfungsfach Mandantenoriertierte Sachbearbeitung besteht aus einem Prüfungsgespräch. [2] Der Prüfling soll ausgehend von einer von zwei ihm mit einer Vorbereitungszeit von höchstens zehn Minuten zur Wahl gestellten Aufgaben zeigen, daß er berufspraktische Vorgänge und Problemstellungen bearbeiten und Lösungen darstellen kann. [3] Für das Prüfungsgespräch kommen insbesondere folgende Gebiete in Betracht:
a) allgemeines Steuer- und Wirtschaftsrecht,
b) Einzelsteuerrecht,
c) Buchführungs- und Bilanzierungsgrundsätze,
d) Rechnungslegung.

[4] Das Prüfungsgespräch soll für den einzelnen Prüfling nicht länger als 30 Minuten dauern.

(6) [1] Sind in der schriftlichen Prüfung die Prüfungsleistungen in bis zu zwei Prüfungsfächern mit „mangelhaft" und in dem weiteren Prüfungsfach mit mindestens „ausreichend" bewertet worden, so ist auf Antrag des Prüflings oder nach Ermessen des Prüfungsausschusses in einem der mit „mangelhaft" bewerteten Prüfungsfächer die schriftliche Prüfung durch eine mündliche Prüfung von etwa 15 Minuten zu ergänzen, wenn diese für das Bestehen der Prüfung den Ausschlag geben kann. [2] Das Prüfungsfach ist vom Prüfling zu bestimmen. [3] Bei der Ermittlung des Ergebnisses für dieses Prüfungsfach sind die Ergebnisse der schriftlichen Arbeit und der mündlichen Ergänzungsprüfung im Verhältnis 2 : 1 zu gewichten.

(7) Bei der Ermittlung des Gesamtergebnisses haben die Prüfungsfächer das gleiche Gewicht.

(8) [1] Zum Bestehen der Abschlußprüfung müssen im Gesamtergebnis, im Prüfungsfach Steuerwesen und in mindestens zwei weiteren der vier in Absatz 2 genannten Prüfungsfächer mindestens ausreichende Leistungen erbracht werden. [2] Werden die Prüfungsleistungen in einem Prüfungsfach mit „ungenügend" bewertet, ist die Prüfung nicht bestanden.

§ 9 ***Übergangsregelung.*** *Auf Berufsausbildungsverhältnisse, die bei Inkrafttreten dieser Verordnung bestehen, sind die bisherigen Vorschriften weiter anzuwenden, es sei denn, die Vertragsparteien vereinbaren die Anwendung der Vorschriften dieser Verordnung.*

§ 10 ***Inkrafttreten, Außerkrafttreten.*** *[1] Diese Verordnung tritt am 1. August 1996 in Kraft. [2] Gleichzeitig tritt die Verordnung über die Berufsausbildung zum Fachgehilfen in steuer- und wirtschaftsberatenden Berufen vom 15. Februar 1978 (BGBl. I S. 269) außer Kraft.*

Anlage I
(zu § 4)

Ausbildungsrahmenplan für die Berufsausbildung zum Steuerfachangestellten/zur Steuerfachangestellten

– Sachliche Gliederung –

Lfd. Nr.	*Teil des Ausbildungsberufsbildes*	*Zu vermittelnde Fertigkeiten und Kenntnisse*
1	*2*	*3*
1.	*Ausbildungspraxis (§ 3 Nr. 1)*	
1.1	*Bedeutung, Stellung und gesetzliche Grundlagen der steuerberatenden und wirtschaftsprüfenden Berufe (§ 3 Nr. 1.1)*	*a) die Ausbildungspraxis und ihre Aufgaben in den gesamtwirtschaftlichen Zusammenhang einordnen* *b) Aufgaben der für die Ausbildungspraxis wichtigen Organisationen der Arbeitgeber und der Arbeitnehmer sowie der Finanzbehörden darstellen* *c) Aufgaben der steuerberatenden und wirtschaftsprüfenden Berufe erklären* *d) wesentliche Vorschriften des Berufsrechts der Steuerberater und Steuerbevollmächtigten sowie der Wirtschaftsprüfer und vereidigten Buchprüfer erläutern* *e) Vorschriften über Verschwiegenheitspflichten und Auskunftsverweigerungsrechte beachten sowie die Folgen ihrer Verletzung beschreiben*
1.2	*Personalwesen, arbeits- und sozialrechtliche Grundlagen (§ 3 Nr. 1.2)*	*a) für das Ausbildungs- und Arbeitsverhältnis in Betracht kommende Vorschriften des Arbeits- und Sozialrechts erläutern* *b) die für das Ausbildungs- und Arbeitsverhältnis wichtigen Nachweise erklären* *c) Personaleinsatzplanung an praktischen Beispielen erläutern* *d) Anforderungen an handlungskompetente Mitarbeiter in der Ausbildungspraxis beschreiben* *e) die durch das Berufsrecht gesetzten Grenzen des selbständigen Handelns bei der eigenen Arbeit beachten*
1.3	*Berufsbildung (§ 3 Nr. 1.3)*	*a) rechtliche Vorschriften der Berufsbildung erklä-ren* *b) Inhalte des Berufsausbildungsvertrages, insbesondere die Rechte und Pflichten des Auszubildenden und des Ausbildenden, erläutern* *c) den betrieblichen Ausbildungsplan mit der Ausbildungsordnung vergleichen und zu seiner Umsetzung beitragen* *d) berufliche Fortbildungsmöglichkeiten und ihren Nutzen darstellen*
1.4	*Arbeitssicherheit, Umweltschutz und rationelle Energieverwendung (§ 3 Nr. 1.4)*	*a) berufsbezogene Arbeitsschutz- und Unfallverhütungsvorschriften einhalten und sich bei Unfällen situationsgerecht verhalten* *b) zur Vermeidung betriebsbedingter Umweltbelastungen im beruflichen Einwirkungsbereich beitragen* *c) zu sparsamen Material- und Energieverwendung im beruflichen Einwirkungsbereich beitragen*

Lfd. Nr.	*Teil des Ausbildungsberufsbildes*	*Zu vermittelnde Fertigkeiten und Kenntnisse*
1	*2*	*3*
2.	*Praxis- und Arbeitsorganisation (§ 3 Nr. 2)*	
2.1	*Inhalt und Organisation der Arbeitsabläufe (§ 3 Nr. 2.1)*	*a) Organisation der Ausbildungspraxis in Aufbau und Ablauf dastellen* *b) Zeichnungs- und Vertretungsregelung sowie Weisungsbefugnisse beachten* *c) Posteingang und Postausgang bearbeiten* *d) Termine planen und bei Fristenkontrolle mitwirken* *e) Aktenvermerke verfassen, Schriftstücke entwerfen und gestalten* *f) Registratur- und Fachbibliotheksarbeiten durchführen* *g) Vorgänge des Zahlungsverkehrs bearbeiten* *h) Möglichkeiten humaner Arbeitsgestaltung an Beispielen der Ausbildungspraxis erläutern* *i) Vorschriften für Büroarbeitsplätze beachten und den eigenen Arbeitsplatz sachgerecht gestalten* *k) den eigenen Aufgabenbereich selbstverantwortlich und zeitökonomisch gestalten*
2.2	*Kooperation und Kommunikation (§ 3 Nr. 2.2)*	*a) Möglichkeiten der gegenseitigen Information und der Kooperation innerhalb der Ausbildungspraxis nutzen* *b) Gespräche und Korrespondenz mandantenorientiert führen*
3.	*Anwenden von Informations- und Kommunikationstechniken (§ 3 Nr. 3)*	*a) die in der Ausbildungspraxis für unterschiedliche Arbeitsaufgaben, insbesondere für die Finanzbuchhaltung, eingesetzten Datenverarbeitungsanwendungen nutzen* *b) Handbücher, Dokumentationen und andere Hilfsmittel nutzen* *c) Schutzvorschriften und Regelungen für Bildschirmarbeitsplätze beachten* *d) die in der Ausbildungspraxis eingesetzten Informations- und Kommunikationstechniken nutzen* *e) Vorschriften des Datenschutzes beachten* *f) betriebliche Regelungen zur Datensicherheit anwenden*
4.	*Rechnungswesen (§ 3 Nr. 4)*	
4.1	*Buchführungs- und Bilanzierungsvorschriften (§ 3 Nr. 4.1)*	*a) Buchführungspflichten nach Handels- und Steuerrecht sowie Grundsätze ordnungsmäßiger Buchführung beachten* *b) Aufzeichnungspflichten nach Steuerrecht beachten und von den Buchführungspflichten unterscheiden* *c) Vorschriften über die Eröffnungsbilanz und den Jahresabschluß anwenden* *d) Vorschriften über die Aufbewahrungsfristen beachten*
4.2	*Buchführungs- und Abschlußtechnik (§ 3 Nr. 4.2)*	*a) die verschiedenen Buchungstechniken nach ihren Einsatzmöglichkeiten unterscheiden* *b) Kontenrahmen auswählen und Kontenpläne aufstellen* *c) Konten eröffnen, Geschäftsvorfälle kontieren und buchen sowie Konten abschließen* *d) Nebenbücher führen und abschließen* *e) Anlagenverzeichnisse führen*

Lfd. Nr.	*Teil des Ausbildungsberufsbildes*	*Zu vermittelnde Fertigkeiten und Kenntnisse*
1	*2*	*3*
4.3	*Lohn- und Gehaltsabrechnung (§ 3 Nr. 4.3)*	*a) steuer- und sozialversicherungsrechtliche Vorschriften für die Lohn- und Gehaltsabrechnung anwenden* *b) Lohn- und Gehaltsabrechnungen erstellen* *c) Lohn- und Gehaltskonten führen* *d) die im Rahmen der Lohn- und Gehaltsbuchführung notwendigen Nachweise und Anmeldungen erstellen* *e) die Ergebnisse der Lohn- und Gehaltsabrechnung in die Finanzbuchhaltung übernehmen*
4.4	*Erstellen von Abschlüssen (§ 3 Nr. 4.4)*	*a) Einnahme-Überschußrechnung erstellen* *b) Bilanz sowie Gewinn- und Verlustrechnung aus der Buchführung entwickeln*
5.	*Betriebswirtschaftliche Facharbeit (§ 3 Nr. 5)*	
5.1	*Auswerten der Rechnungslegung (§ 3 Nr. 5.1)*	*a) Zielsetzung innerer und äußerer Betriebsvergleiche darstellen* *b) betriebliche Kennziffern ermitteln und auswerten* *c) Vermögens- und Kapitalstrukturen ermitteln* *d) Kosten und Erlöse im Mehrjahresvergleich gegenüberstellen* *e) Richtsatzvergleiche durchführen*
5.2	*Finanzierung (§ 3 Nr. 5.2)*	*a) Finanzierungsregeln unterscheiden* *b) Eigen- und Fremdfinanzierung; Außen- und Innenfinanzierung an Beispielen erläutern*
6.	*Steuerliche Facharbeit (§ 3 Nr. 6)*	
6.1	*Abgabenordnung (§ 3 Nr. 6.1)*	*a) mit steuerlichen Vorschriften, Richtlinien, Rechtsprechung und Fachliteratur umgehen* *b) Rechte und Pflichten der Beteiligten, ihrer gesetzlichen Vertreter sowie der Finanzbehörden im Besteuerungsverfahren unterscheiden* *c) Vorschriften über die Entstehung und Festsetzung der Steuer sowie über die Fälligkeit beachten* *d) Anträge auf Stundung, Aussetzung der Vollziehung und Erlaß sowie Aufrechnungserklärungen entwerfen* *e) Fristen und Termine berechnen, Verjährungsfristen beachten und Anträge auf Fristverlängerung entwerfen* *f) über die Zulässigkeit und Durchführung des außergerichtlichen Rechtsbehelfsverfahrens sowie über die Aufhebung und Änderung von Steuerbescheiden Auskunft geben* *g) Einsprüche und Anträge auf Aufhebung und Änderung von Steuerbescheiden entwerfen* *h) Tatbestände der Steuerhinterziehung, der leichtfertigen Steuerverkürzung und der Steuergefährdung unterscheiden* *i) über den Ablauf des finanzgerichtlichen Verfahrens Auskunft geben*

Lfd. Nr.	*Teil des Ausbildungsberufsbildes*	*Zu vermittelnde Fertigkeiten und Kenntnisse*
1	*2*	*3*
6.2	*Umsatzsteuer (§ 3 Nr. 6.2)*	*a) Umsatzsteuer-Voranmeldungen und Zusammenfassende Meldungen erstellen* *b) Umsatzsteuererklärungen erstellen und Umsatzverprobungen durchführen* *c) Umsatzsteuerbescheide prüfen*
6.3	*Einkommensteuer (§ 3 Nr. 6.3)*	*a) Besteuerungsgrundlagen ermitteln* *b) Einkommensteuererklärungen erstellen* *c) Erklärungen zur gesonderten Feststellung der Einkünfte erstellen* *d) das zu versteuernde Einkommen ermitteln* *e) tarifliche und festzusetzende Einkommensteuer berechnen* *f) Einkommensteuer- und Feststellungsbescheide prüfen* *g) Anträge auf Lohnsteuerermäßigung stellen und Eintragungen auf der Lohnsteuerkarte prüfen*
6.4	*Körperschaftsteuer (§ 3 Nr. 6.4)*	*a) Körperschaftsteuerpflicht prüfen* *b) steuerpflichtiges Einkommen nach dem Einkommensteuergesetz und nach dem Körperschaftsteuergesetz unterscheiden* *c) Körperschaftsteuertarife, Ausschüttungsbelastung und Anrechnungsverfahren erklären*
6.5	*Gewerbesteuer (§ 3 Nr. 6.5)*	*a) Gewerbesteuerrückstellungen berechnen* *b) Gewerbesteuererklärungen einschließlich Zerlegungserklärungen erstellen* *c) Gewerbesteuermeßbescheide, Zerlegungsbescheide und Gewerbesteuerbescheide prüfen*
6.6	*Bewertungsgesetz (§ 3 Nr. 6.6)*	*a) Vermögensarten und die Bewertung der zu ihnen gehörenden Wirtschaftsgüter sowie der Schulden und Abzüge erläutern* *b) Vermögensaufstellungen erstellen* *c) Wertfortschreibungsgrenzen prüfen* *d) Einheitswertbescheide für Betriebsvermögen und das einem freien Beruf dienende Vermögen prüfen*
6.7	*Vermögensteuer (§ 3 Nr. 6.7)*	*a) Vermögensteuererklärungen erstellen* *b) Vermögensteuerbelastung errechnen* *c) Neuveranlagungsgrenzen prüfen* *d) Vermögensteuerbescheide prüfen*

Anlage II
(zu § 4)

Ausbildungsrahmenplan für die Berufsausbildung zum Steuerfachangestellten/zur Steuerfachangestellten

– Zeitliche Gliederung –

A.

Die Fertigkeiten und Kenntnisse zu den Berufsbildpositionen 1.4, 2.1, Lernziele h, i, k, und 2.2 sind während der gesamten Ausbildungsdauer zu vermitteln. Ihre Vermittlung soll insbesondere in Zusammenhang mit den Berufsbildpositionen 4 und 6 erfolgen.

B.

1. Ausbildungsjahr

(1) In einem Zeitraum von insgesamt vier bis sechs Monaten sind schwerpunktmäßig die Fertigkeiten und Kenntnisse der Berufsbildpositionen
4.2 Buchführungs- und Abschlußtechnik, Lernziele a bis c,
6.1 Abgabenordnung, Lernziele a und e,
6.2 Umsatzsteuer, Lernziel a,
zu vermitteln.

(2) In einem Zeitraum von insgesamt drei bis fünf Monaten sind schwerpunktmäßig die Fertigkeiten und Kenntnisse der Berufsbildpositionen
2.1 Inhalt und Organisation der Arbeitsabläufe, Lernziele a, b, c, d, f und g,
4.1 Buchführungs- und Bilanzierungsvorschriften, Lernziele a, b und d,
zu vermitteln.

(3) In einem Zeitraum von insgesamt zwei bis vier Monaten sind schwerpunktmäßig die Fertigkeiten und Kenntnisse der Berufsbildpositionen
1.1 Bedeutung, Stellung und gesetzliche Grundlagen der steuerberatenden und wirtschaftsprüfenden Berufe,
1.2 Personalwesen, arbeits- und sozialrechtliche Grundlagen, Lernziele a, b und e,
1.3 Berufsbildung, Lernziele a bis c,
3. Anwenden von Informations- und Kommunikationstechniken, Lernziele d und e,
6.3 Einkommensteuer, Lernziele a und b,
zu vermitteln.

2. Ausbildungsjahr

(1) In einem Zeitraum von insgesamt vier bis sechs Monaten sind schwerpunktmäßig die Fertigkeiten und Kenntnisse der Berufsbildpositionen
6.1 Abgabenordnung, Lernziele c und g,
6.2 Umsatzsteuer, Lernziele b und c,
6.3 Einkommensteuer, Lernziele c bis g,
6.5 Gewerbesteuer
zu vermitteln sowie in Verbindung damit die Fertigkeiten und Kenntnisse der Berufsbildpositionen
6.1 Abgabenordnung, Lernziele a und e,
6.2 Umsatzsteuer, Lernziel a,
6.3 Einkommensteuer, Lernziele a und b,
zu vertiefen.

(2) In einem Zeitraum von insgesamt drei bis fünf Monaten sind schwerpunktmäßig die Fertigkeiten und Kenntnisse der Berufsbildpositionen
4.2 Buchführungs- und Abschlußtechnik, Lernziele d und e,
4.4 Erstellen von Abschlüssen, Lernziel a,
und in Verbindung damit die Fertigkeiten und Kenntnisse der Berufsbildposition

3. Anwenden von Informations- und Kommunikationstechniken, Lernziele a, b, c und f,
zu vermitteln sowie die Fertigkeiten und Kenntnisse der Berufsbildpositionen
4.1 Buchführungs- und Bilanzierungsvorschriften, Lernziele a, b und d,
4.2 Buchführungs- und Abschlußtechnik, Lernziele a bis c,
3. Anwenden von Informations- und Kommunikationstechniken, Lernziele d und e,
zu vertiefen.

(3) In einem Zeitraum von insgesamt zwei bis vier Monaten sind schwerpunktmäßig die Fertigkeiten und Kenntnisse der Berufsbildpositionen
1.2 Personalwesen, arbeits- und sozialrechtliche Grundlagen, Lernziele c und d,
2.1 Inhalt und Organisation der Arbeitsabläufe, Lernziel e,
4.3 Lohn- und Gehaltsabrechnung
zu vermitteln.

3. Ausbildungsjahr

(1) In einem Zeitraum von insgesamt vier bis sechs Monaten sind schwerpunktmäßig die Fertigkeiten und Kenntnisse der Berufsbildpositionen
6.1 Abgabenordnung, Lernziele b, d, f, h und i,
6.4 Körperschaftsteuer,
6.6 Bewertungsgesetz,
6.7 Vermögensteuer
zu vermitteln sowie die Fertigkeiten und Kenntnisse der Berufsbildpositionen
6.1 Abgabenordnung, Lernziele a, c und g,
6.2 Umsatzsteuer,
6.3 Einkommensteuer,
6.5 Gewerbesteuer
zu vertiefen.

(2) In einem Zeitraum von insgesamt drei bis fünf Monaten sind schwerpunktmäßig die Fertigkeiten und Kenntnisse der Berufsbildpositionen
4.1 Buchführungs- und Bilanzierungsvorschriften, Lernziel c,
4.4 Erstellen von Abschlüssen, Lernziel b,
zu vermitteln sowie in Verbindung damit die Fertigkeiten und Kenntnisse der Berufsbildpositionen
3. Anwenden von Informations- und Kommunikationstechniken,
4.2 Buchführungs- und Abschlußtechnik, Lernziele c und e,
4.3 Lohn- und Gehaltsabrechnung,
4.4 Erstellen von Abschlüssen, Lernziel a,
zu vertiefen.

(3) In einem Zeitraum von insgesamt zwei bis vier Monaten sind schwerpunktmäßig die Fertigkeiten und Kenntnisse der Berufsbildpositionen
1.3 Berufsbildung, Lernziel d,
5. Betriebswirtschaftliche Facharbeit
zu vermitteln sowie die Fertigkeiten und Kenntnisse der Berufsbildposition
2.1 Inhalt und Organisation der Arbeitsabläufe, Lernziel e,
zu vertiefen.

vor T 1–T 3
Einkommensteuertabellen 2023
Lohnsteuertabellen Dezember 2023
Übergangstabellen Solidaritätszuschlag 2023

Die in dieser Sammlung enthaltenen Einkommensteuertabellen wurden nach den in § 32a EStG i. d. F. des Inflationsausgleichgesetzes 2022 vorgegebenen Berechnungsgrundlagen ermittelt. Für die Berechnung der Einkommensteuer kommt der stufenlose Steuertarif zur Anwendung. Zur Anwendung der Tabellen siehe die Vorbemerkungen zu T 1.

Die in dieser Sammlung enthaltenen Lohnsteuertabellen beruhen auf den in § 39b EStG vorgeschriebenen Berechnungsgrundlagen und sind auf Basis des vom BMF am 18.11.2022 bekannt gemachten geänderten Programmablaufplans für die Erstellung von **Lohnsteuertabellen 2023** erstellt worden.

Zur Anwendung der Tabellen siehe die Vorbemerkungen zu T 2.

Hinweis: *Die Zahlen der Tabellen sind nach amtlichen Unterlagen ermittelt. Ihre Wiedergabe erfolgt ohne Gewähr.*

Vorbemerkung

Die Berechnung der Einkommensteuer erfolgt nach einem stufenlosen Steuertarif. Dies bedeutet, dass die Einkommensteuer exakt für den sich bei der Steuerveranlagung jeweils ergebenden Einzelwert berechnet wird.

Eine jeden Einzelwert berücksichtigende Einkommensteuertabelle ist somit aus Umfangsgründen nicht mehr möglich, so dass die nach der Einkommensteuertabelle manuell abgelesene Einkommensteuer mit Ausnahme des ausgewiesenen zu versteuernden Einkommens grundsätzlich höher ist als die aufgrund eines Tabellenberechnungsprogramms nach den Formeltarifen elektronisch errechnete Einkommensteuer. Die genaue Berechnung der Einkommensteuer kann deshalb nur mit Hilfe des online zur Verfügung stehenden Berechnungsprogramms vorgenommen werden. Die nachstehenden Einkommensteuer-, Grund- und Splittingtabellen geben Ihnen für die zwischen den ausgewiesenen zu versteuernden Einkommen liegenden Werte nur Annäherungswerte. Den Wert Ihrer Einkommensteuer können Sie aber, soweit Sie keine elektronische Berechnung vornehmen, innerhalb der ausgewiesenen zu versteuernden Einkommen zumindest annäherungsweise schätzen.

Die Höhe der **Einkommensteuer** bestimmt sich für 2023 allgemein nach dem **Einkommensteuertarif,** der in § 32a EStG i. d. F. des Inflationsausgleichgesetzes 2022 vorgeschrieben ist.

Dieser Einkommensteuertarif hat folgenden **Aufbau:**

a) Null-Zone (Grundfreibetrag) für zu versteuernde Einkommen von 0 bis 10 908 Euro,

b) Untere Zone mit einem ansteigenden Steuersatz von 14 v. H. bis 23,97 v. H. für zu versteuernde Einkommen von 10 909 bis 15 999 Euro,

c) Progressionszone mit einem ansteigenden Steuersatz von 23,97 v. H. bis 42 v. H. für zu versteuernde Einkommen von 16 000 bis 62 809 Euro,

d) Proportionalzone mit einem Steuersatz von 42 v. H. für zu versteuernde Einkommen von 62 810 bis 277 825 Euro und einem Steuersatz von 45 v. H. für zu versteuernde Einkommen von 277 826 Euro an.

Dieser Einkommensteuertarif gilt für alle Personen, für die nicht das Splitting-Verfahren anzuwenden ist, d. h. grundsätzlich für alle nicht verheirateten Personen, für die getrennt lebenden und für die getrennt zu veranlagenden Ehegatten.

Ehegatten können zwischen der Einzelveranlagung (§ 26a EStG) und der Zusammenveranlagung (§ 26b EStG) wählen, wenn beide unbeschränkt einkommensteuerpflichtig sind und nicht dauernd getrennt leben, diese Voraussetzungen zu Beginn des Veranlagungszeitraums vorgelegen haben oder im Laufe des Veranlagungszeitraums eingetreten sind und keiner der Ehegatten die Einzelveranlagung wählt. Ehegatten werden zusammen veranlagt, wenn beide Ehegatten die Zusammenveranlagung wählen. Die Wahl wird für den betreffenden Veranlagungszeitraum durch Angabe in der Steuererklärung getroffen.

Bei der Zusammenveranlagung wird das Splitting-Verfahren angewendet. Die Einkünfte der Ehegatten werden zusammengerechnet, den Ehegatten gemeinsam zugerechnet und die Ehegatten sodann gemeinsam als Steuerpflichtige behandelt.

Bei dem Splitting-Verfahren wird die Einkommensteuer für die Hälfte des gemeinsam zu versteuernden Einkommens beider Ehegatten nach dem Einkommensteuertarif gem. § 32a EStG berechnet und der ermittelte Steuerbetrag sodann verdoppelt.

Das **Splitting-Verfahren** ist auch anzuwenden

a) bei einem verwitweten Steuerpflichtigen für den Veranlagungszeitraum, der dem Kalenderjahr folgt, in dem sein Ehegatte verstorben ist, wenn der Steuerpflichtige und sein verstorbener Ehegatte im Zeitpunkt seines Todes die Voraussetzungen des § 26 Absatz 1Satz 1 erfüllt haben.

b) bei einem Steuerpflichtigen, dessen Ehe in dem Kalenderjahr, in dem er sein Einkommen bezogen hat, aufgelöst worden ist, wenn in diesem Kalenderjahr
   - der Steuerpflichtige und sein bisheriger Ehegatte die Voraussetzungen des § 26 Absatz 1 Satz 1 erfüllt haben,
   - der bisherige Ehegatte wieder geheiratet hat und er sowie sein neuer Ehegatte ebenfalls die Voraussetzungen des § 26 Absatz 1 Satz 1 erfüllen.

In den Fällen zu b) ist das Splitting-Verfahren allerdings dann nicht anzuwenden, wenn der Steuerpflichtige selber wieder geheiratet hat und getrennt oder wie ein Unverheirateter zur Einkommensteuer veranlagt wird.

Bemessungsgrundlage für die tarifliche Einkommensteuer ist das zu versteuernde Einkommen. Das zu versteuernde Einkommen ist wie folgt zu ermitteln:

Summe der Einkünfte aus den Einkunftsarten (§ 2 Abs. 1 EStG)

= Summe der Einkünfte (§ 2 Abs. 1 EStG)

./. Entlastungsbetrag für Alleinerziehende (§ 24b EStG)
./. Altersentlastungsbetrag (§ 24a EStG)
./. Freibetrag für Land- und Forstwirte (§ 13 Abs. 3 EStG)
\+ Hinzurechnungsbetrag (*§ 52 Abs. 3 Satz 5 EStG*[1] sowie § 8 Abs. 5 Satz 2 AIG)

= Gesamtbetrag der Einkünfte (§ 2 Abs. 3 EStG)

./. Verlustabzug nach § 10d EStG
./. Sonderausgaben (§§ 10, 10a, 10b, 10c EStG)
./. außergewöhnliche Belastungen (§§ 33 bis 33b EStG)
./. Steuerbegünstigung der zu Wohnzwecken genutzten Wohnungen, Gebäude und Baudenkmale sowie der schutzwürdigen Kulturgüter (§§ 10e bis 10i und § 52 Abs. 21 Satz 6 EStG i. d. F. vom 16.4.1997, BGBl. I S. 821 und § 7 FördG)
\+ Erstattungsüberhänge (§ 10 Abs. 4b Satz 3 EStG)
\+ zuzurechnendes *Einkommen* gemäß § 15 Abs. 1 AStG[2]

= Einkommen (§ 2 Abs. 4 EStG)

./. Freibeträge für Kinder (§§ 31 und 32 Abs. 6 EStG)
./. Härteausgleich nach § 46 Abs. 3 EStG, § 70 EStDV

= zu versteuerndes Einkommen (§ 2 Abs. 5 EStG)

---

[1] Jetzt § 52 Abs. 2 Satz 3 EStG.
[2] Eine Hinzurechnung entfällt ab VZ 2013.

Einkommensteuertarif nach § 32a EStG:

(1) Die tarifliche Einkommensteuer bemisst sich nach dem zu versteuernden Einkommen. Sie beträgt ab dem Veranlagungszeitraum 2023 vorbehaltlich der §§ 32b, 32d, 34, 34a, 34b und 34c jeweils in Euro für zu versteuernde Einkommen

1. bis 10 908 Euro (Grundfreibetrag):
   0;
2. von 10 909 Euro bis 15 999 Euro:
   $(979{,}18 \cdot y + 1\,400) \cdot y$;
3. von 16 000 Euro bis 62 809 Euro:
   $(192{,}59 \cdot z + 2\,397) \cdot z + 966{,}53$;
4. von 62 810 Euro bis 277 825 Euro:
   $0{,}42 \cdot x - 9972{,}98$;
5. von 277 826 Euro an:
   $0{,}45 \cdot x - 18\,307{,}73$.

Die Größe „y" ist ein Zehntausendstel des den Grundfreibetrag übersteigenden Teils des auf einen vollen Euro-Betrag abgerundeten zu versteuernden Einkommens. Die Größe „z" ist ein Zehntausendstel des 15 999 Euro übersteigenden Teils des auf einen vollen Euro-Betrag abgerundeten zu versteuernden Einkommens. Die Größe „x" ist das auf einen vollen Euro-Betrag abgerundete zu versteuernde Einkommen. Der sich ergebende Steuerbetrag ist auf den nächsten vollen Euro-Betrag abzurunden.

(2) bis (4) (weggefallen)

(5) Bei Ehegatten, die nach den §§ 26, 26b zusammen zur Einkommensteuer veranlagt werden, beträgt die tarifliche Einkommensteuer vorbehaltlich der §§ 32b, 32d, 34, 34a, 34b und 34c das Zweifache des Steuerbetrags, der sich für die Hälfte ihres gemeinsam zu versteuernden Einkommens nach Absatz 1 ergibt (Splitting-Verfahren).

(6) Das Verfahren nach Absatz 5 ist auch anzuwenden zur Berechnung der tariflichen Einkommensteuer für das zu versteuernde Einkommen

1. bei einem verwitweten Steuerpflichtigen für den Veranlagungszeitraum, der dem Kalenderjahr folgt, in dem der Ehegatte verstorben ist, wenn der Steuerpflichtige und sein verstorbener Ehegatte im Zeitpunkt seines Todes die Voraussetzungen des § 26 Absatz 1 Satz 1 erfüllt haben,
2. bei einem Steuerpflichtigen, dessen Ehe in dem Kalenderjahr, in dem er sein Einkommen bezogen hat, aufgelöst worden ist, wenn in diesem Kalenderjahr
   a) der Steuerpflichtige und sein bisheriger Ehegatte die Voraussetzungen des § 26 Absatz 1 Satz 1 erfüllt haben,
   b) der bisherige Ehegatte wieder geheiratet hat und

c) der bisherige Ehegatte und dessen neuer Ehegatte ebenfalls die Voraussetzungen des § 26 Absatz 1 Satz 1 erfüllen.

Voraussetzung für die Anwendung des Satzes 1 ist, dass der Steuerpflichtige nicht nach den §§ 26, 26a einzeln zur Einkommensteuer veranlagt wird.

laufende Nummer	zu versteuerndes Einkommen* in €	tarifliche Einkommensteuer* in €
1	10908	
2	10944	5
3	10980	10
4	11016	15
5	11052	20
6	11088	25
7	11124	30
8	11160	35
9	11196	41
10	11232	46
11	11268	51
12	11304	56
13	11340	62
14	11376	67
15	11412	73
16	11448	78
17	11484	83
18	11520	89
19	11556	94
20	11592	100
21	11628	105
22	11664	111
23	11700	117
24	11736	122
25	11772	128
26	11808	133
27	11844	139
28	11880	145
29	11916	151
30	11952	156
31	11988	162
32	12024	168
33	12060	174
34	12096	180
35	12132	186
36	12168	191
37	12204	197
38	12240	203
39	12276	209
40	12312	215
41	12348	221
42	12384	227
43	12420	234
44	12456	240
45	12492	246
46	12528	252
47	12564	258
48	12600	264
49	12636	271
50	12672	277
51	12708	283
52	12744	290
53	12780	296
54	12816	302
55	12852	309
56	12888	315
57	12924	322
58	12960	328
59	12996	335
60	13032	341
61	13068	348
62	13104	354
63	13140	361
64	13176	367
65	13212	374
66	13248	381
67	13284	387
68	13320	394
69	13356	401
70	13392	408
71	13428	414
72	13464	421
73	13500	428
74	13536	435
75	13572	442
76	13608	449
77	13644	456
78	13680	463
79	13716	470
80	13752	477
81	13788	484
82	13824	491
83	13860	498
84	13896	505
85	13932	512
86	13968	520
87	14004	527
88	14040	534
89	14076	541
90	14112	549
91	14148	556
92	14184	563
93	14220	571
94	14256	578
95	14292	585
96	14328	593
97	14364	600
98	14400	608
99	14436	615
100	14472	623
101	14508	630
102	14544	638
103	14580	646
104	14616	653
105	14652	661
106	14688	669
107	14724	676
108	14760	684
109	14796	692
110	14832	700
111	14868	707
112	14904	715
113	14940	723
114	14976	731
115	15012	739
116	15048	747
117	15084	755
118	15120	763
119	15156	771
120	15192	779

* Die Einkommensteuer gilt nur für den ausgewiesenen Wert, Zwischenwerte sind zu schätzen – s. Vorbemerkungen

laufende Nummer	zu versteuerndes Einkommen* in €	tarifliche Einkommen-steuer* in €
121	15 228	787
122	15 264	795
123	15 300	803
124	15 336	811
125	15 372	820
126	15 408	828
127	15 444	836
128	15 480	844
129	15 516	853
130	15 552	861
131	15 588	869
132	15 624	878
133	15 660	886
134	15 696	894
135	15 732	903
136	15 768	911
137	15 804	920
138	15 840	928
139	15 876	937
140	15 912	945
141	15 948	954
142	15 984	962
143	16 020	971
144	16 056	980
145	16 092	988
146	16 128	997
147	16 164	1 006
148	16 200	1 014
149	16 236	1 023
150	16 272	1 032
151	16 308	1 040
152	16 344	1 049
153	16 380	1 058
154	16 416	1 066
155	16 452	1 075
156	16 488	1 084
157	16 524	1 092
158	16 560	1 101
159	16 596	1 110
160	16 632	1 119
161	16 668	1 127
162	16 704	1 136
163	16 740	1 145
164	16 776	1 153
165	16 812	1 162
166	16 848	1 171
167	16 884	1 180
168	16 920	1 188
169	16 956	1 197
170	16 992	1 206
171	17 028	1 215
172	17 064	1 223
173	17 100	1 232
174	17 136	1 241
175	17 172	1 250
176	17 208	1 259
177	17 244	1 267
178	17 280	1 276
179	17 316	1 285
180	17 352	1 294
181	17 388	1 303
182	17 424	1 312
183	17 460	1 320
184	17 496	1 329
185	17 532	1 338
186	17 568	1 347
187	17 604	1 356
188	17 640	1 365
189	17 676	1 373
190	17 712	1 382
191	17 748	1 391
192	17 784	1 400
193	17 820	1 409
194	17 856	1 418
195	17 892	1 427
196	17 928	1 436
197	17 964	1 444
198	18 000	1 453
199	18 036	1 462
200	18 072	1 471
201	18 108	1 480
202	18 144	1 489
203	18 180	1 498
204	18 216	1 507
205	18 252	1 516
206	18 288	1 525
207	18 324	1 534
208	18 360	1 543
209	18 396	1 552
210	18 432	1 561
211	18 468	1 570
212	18 504	1 579
213	18 540	1 588
214	18 576	1 597
215	18 612	1 606
216	18 648	1 615
217	18 684	1 624
218	18 720	1 633
219	18 756	1 642
220	18 792	1 651
221	18 828	1 660
222	18 864	1 669
223	18 900	1 678
224	18 936	1 687
225	18 972	1 696
226	19 008	1 705
227	19 044	1 714
228	19 080	1 723
229	19 116	1 732
230	19 152	1 741
231	19 188	1 750
232	19 224	1 759
233	19 260	1 768
234	19 296	1 777
235	19 332	1 786
236	19 368	1 795
237	19 404	1 805
238	19 440	1 814
239	19 476	1 823
240	19 512	1 832

* Die Einkommensteuer gilt nur für den ausgewiesenen Wert, Zwischenwerte sind zu schätzen – s. Vorbemerkungen

laufende Nummer	zu versteuerndes Einkommen* in €	tarifliche Einkommen-steuer* in €
241	19 548	1 841
242	19 584	1 850
243	19 620	1 859
244	19 656	1 868
245	19 692	1 878
246	19 728	1 887
247	19 764	1 896
248	19 800	1 905
249	19 836	1 914
250	19 872	1 923
251	19 908	1 932
252	19 944	1 942
253	19 980	1 951
254	20 016	1 960
255	20 052	1 969
256	20 088	1 978
257	20 124	1 988
258	20 160	1 997
259	20 196	2 006
260	20 232	2 015
261	20 268	2 024
262	20 304	2 034
263	20 340	2 043
264	20 376	2 052
265	20 412	2 061
266	20 448	2 071
267	20 484	2 080
268	20 520	2 089
269	20 556	2 098
270	20 592	2 108
271	20 628	2 117
272	20 664	2 126
273	20 700	2 135
274	20 736	2 145
275	20 772	2 154
276	20 808	2 163
277	20 844	2 173
278	20 880	2 182
279	20 916	2 191
280	20 952	2 201
281	20 988	2 210
282	21 024	2 219
283	21 060	2 228
284	21 096	2 238
285	21 132	2 247
286	21 168	2 256
287	21 204	2 266
288	21 240	2 275
289	21 276	2 285
290	21 312	2 294
291	21 348	2 303
292	21 384	2 313
293	21 420	2 322
294	21 456	2 331
295	21 492	2 341
296	21 528	2 350
297	21 564	2 360
298	21 600	2 369
299	21 636	2 378
300	21 672	2 388

laufende Nummer	zu versteuerndes Einkommen* in €	tarifliche Einkommen-steuer* in €
301	21 708	2 397
302	21 744	2 407
303	21 780	2 416
304	21 816	2 426
305	21 852	2 435
306	21 888	2 444
307	21 924	2 454
308	21 960	2 463
309	21 996	2 473
310	22 032	2 482
311	22 068	2 492
312	22 104	2 501
313	22 140	2 511
314	22 176	2 520
315	22 212	2 530
316	22 248	2 539
317	22 284	2 549
318	22 320	2 558
319	22 356	2 568
320	22 392	2 577
321	22 428	2 587
322	22 464	2 596
323	22 500	2 606
324	22 536	2 615
325	22 572	2 625
326	22 608	2 634
327	22 644	2 644
328	22 680	2 653
329	22 716	2 663
330	22 752	2 673
331	22 788	2 682
332	22 824	2 692
333	22 860	2 701
334	22 896	2 711
335	22 932	2 720
336	22 968	2 730
337	23 004	2 740
338	23 040	2 749
339	23 076	2 759
340	23 112	2 768
341	23 148	2 778
342	23 184	2 788
343	23 220	2 797
344	23 256	2 807
345	23 292	2 817
346	23 328	2 826
347	23 364	2 836
348	23 400	2 846
349	23 436	2 855
350	23 472	2 865
351	23 508	2 875
352	23 544	2 884
353	23 580	2 894
354	23 616	2 904
355	23 652	2 913
356	23 688	2 923
357	23 724	2 933
358	23 760	2 942
359	23 796	2 952
360	23 832	2 962

* Die Einkommensteuer gilt nur für den ausgewiesenen Wert, Zwischenwerte sind zu schätzen — s. Vorbemerkungen

laufende Nummer	zu versteuerndes Einkommen* in €	tarifliche Einkommensteuer* in €
361	23 868	2 971
362	23 904	2 981
363	23 940	2 991
364	23 976	3 001
365	24 012	3 010
366	24 048	3 020
367	24 084	3 030
368	24 120	3 040
369	24 156	3 049
370	24 192	3 059
371	24 228	3 069
372	24 264	3 079
373	24 300	3 088
374	24 336	3 098
375	24 372	3 108
376	24 408	3 118
377	24 444	3 128
378	24 480	3 137
379	24 516	3 147
380	24 552	3 157
381	24 588	3 167
382	24 624	3 177
383	24 660	3 187
384	24 696	3 196
385	24 732	3 206
386	24 768	3 216
387	24 804	3 226
388	24 840	3 236
389	24 876	3 246
390	24 912	3 255
391	24 948	3 265
392	24 984	3 275
393	25 020	3 285
394	25 056	3 295
395	25 092	3 305
396	25 128	3 315
397	25 164	3 325
398	25 200	3 335
399	25 236	3 344
400	25 272	3 354
401	25 308	3 364
402	25 344	3 374
403	25 380	3 384
404	25 416	3 394
405	25 452	3 404
406	25 488	3 414
407	25 524	3 424
408	25 560	3 434
409	25 596	3 444
410	25 632	3 454
411	25 668	3 464
412	25 704	3 474
413	25 740	3 484
414	25 776	3 494
415	25 812	3 504
416	25 848	3 514
417	25 884	3 524
418	25 920	3 534
419	25 956	3 544
420	25 992	3 554
421	26 028	3 564
422	26 064	3 574
423	26 100	3 584
424	26 136	3 594
425	26 172	3 604
426	26 208	3 614
427	26 244	3 624
428	26 280	3 634
429	26 316	3 644
430	26 352	3 654
431	26 388	3 664
432	26 424	3 674
433	26 460	3 684
434	26 496	3 694
435	26 532	3 704
436	26 568	3 715
437	26 604	3 725
438	26 640	3 735
439	26 676	3 745
440	26 712	3 755
441	26 748	3 765
442	26 784	3 775
443	26 820	3 785
444	26 856	3 795
445	26 892	3 806
446	26 928	3 816
447	26 964	3 826
448	27 000	3 836
449	27 036	3 846
450	27 072	3 856
451	27 108	3 867
452	27 144	3 877
453	27 180	3 887
454	27 216	3 897
455	27 252	3 907
456	27 288	3 917
457	27 324	3 928
458	27 360	3 938
459	27 396	3 948
460	27 432	3 958
461	27 468	3 968
462	27 504	3 979
463	27 540	3 989
464	27 576	3 999
465	27 612	4 009
466	27 648	4 020
467	27 684	4 030
468	27 720	4 040
469	27 756	4 050
470	27 792	4 061
471	27 828	4 071
472	27 864	4 081
473	27 900	4 091
474	27 936	4 102
475	27 972	4 112
476	28 008	4 122
477	28 044	4 133
478	28 080	4 143
479	28 116	4 153
480	28 152	4 164

* Die Einkommensteuer gilt nur für den ausgewiesenen Wert, Zwischenwerte sind zu schätzen — s. Vorbemerkungen

ESt-Grundtabelle T 1a

laufende Nummer	zu versteuerndes Einkommen* in €	tarifliche Einkommensteuer* in €	laufende Nummer	zu versteuerndes Einkommen* in €	tarifliche Einkommensteuer* in €
481	28 188	4 174	541	30 348	4 802
482	28 224	4 184	542	30 384	4 813
483	28 260	4 195	543	30 420	4 823
484	28 296	4 205	544	30 456	4 834
485	28 332	4 215	545	30 492	4 845
486	28 368	4 226	546	30 528	4 855
487	28 404	4 236	547	30 564	4 866
488	28 440	4 246	548	30 600	4 876
489	28 476	4 257	549	30 636	4 887
490	28 512	4 267	550	30 672	4 898
491	28 548	4 277	551	30 708	4 908
492	28 584	4 288	552	30 744	4 919
493	28 620	4 298	553	30 780	4 930
494	28 656	4 308	554	30 816	4 940
495	28 692	4 319	555	30 852	4 951
496	28 728	4 329	556	30 888	4 962
497	28 764	4 340	557	30 924	4 973
498	28 800	4 350	558	30 960	4 983
499	28 836	4 360	559	30 996	4 994
500	28 872	4 371	560	31 032	5 005
501	28 908	4 381	561	31 068	5 015
502	28 944	4 392	562	31 104	5 026
503	28 980	4 402	563	31 140	5 037
504	29 016	4 413	564	31 176	5 048
505	29 052	4 423	565	31 212	5 058
506	29 088	4 433	566	31 248	5 069
507	29 124	4 444	567	31 284	5 080
508	29 160	4 454	568	31 320	5 091
509	29 196	4 465	569	31 356	5 101
510	29 232	4 475	570	31 392	5 112
511	29 268	4 486	571	31 428	5 123
512	29 304	4 496	572	31 464	5 134
513	29 340	4 507	573	31 500	5 144
514	29 376	4 517	574	31 536	5 155
515	29 412	4 528	575	31 572	5 166
516	29 448	4 538	576	31 608	5 177
517	29 484	4 549	577	31 644	5 188
518	29 520	4 559	578	31 680	5 198
519	29 556	4 570	579	31 716	5 209
520	29 592	4 580	580	31 752	5 220
521	29 628	4 591	581	31 788	5 231
522	29 664	4 601	582	31 824	5 242
523	29 700	4 612	583	31 860	5 252
524	29 736	4 622	584	31 896	5 263
525	29 772	4 633	585	31 932	5 274
526	29 808	4 643	586	31 968	5 285
527	29 844	4 654	587	32 004	5 296
528	29 880	4 664	588	32 040	5 307
529	29 916	4 675	589	32 076	5 317
530	29 952	4 686	590	32 112	5 328
531	29 988	4 696	591	32 148	5 339
532	30 024	4 707	592	32 184	5 350
533	30 060	4 717	593	32 220	5 361
534	30 096	4 728	594	32 256	5 372
535	30 132	4 738	595	32 292	5 383
536	30 168	4 749	596	32 328	5 394
537	30 204	4 760	597	32 364	5 405
538	30 240	4 770	598	32 400	5 415
539	30 276	4 781	599	32 436	5 426
540	30 312	4 791	600	32 472	5 437

* Die Einkommensteuer gilt nur für den ausgewiesenen Wert, Zwischenwerte sind zu schätzen — s. Vorbemerkungen

laufende Nummer	zu versteuerndes Einkommen* in €	tarifliche Einkommensteuer* in €
601	32 508	5 448
602	32 544	5 459
603	32 580	5 470
604	32 616	5 481
605	32 652	5 492
606	32 688	5 503
607	32 724	5 514
608	32 760	5 525
609	32 796	5 536
610	32 832	5 547
611	32 868	5 558
612	32 904	5 569
613	32 940	5 580
614	32 976	5 590
615	33 012	5 601
616	33 048	5 612
617	33 084	5 623
618	33 120	5 634
619	33 156	5 645
620	33 192	5 656
621	33 228	5 668
622	33 264	5 679
623	33 300	5 690
624	33 336	5 701
625	33 372	5 712
626	33 408	5 723
627	33 444	5 734
628	33 480	5 745
629	33 516	5 756
630	33 552	5 767
631	33 588	5 778
632	33 624	5 789
633	33 660	5 800
634	33 696	5 811
635	33 732	5 822
636	33 768	5 833
637	33 804	5 844
638	33 840	5 856
639	33 876	5 867
640	33 912	5 878
641	33 948	5 889
642	33 984	5 900
643	34 020	5 911
644	34 056	5 922
645	34 092	5 933
646	34 128	5 945
647	34 164	5 956
648	34 200	5 967
649	34 236	5 978
650	34 272	5 989
651	34 308	6 000
652	34 344	6 011
653	34 380	6 023
654	34 416	6 034
655	34 452	6 045
656	34 488	6 056
657	34 524	6 067
658	34 560	6 079
659	34 596	6 090
660	34 632	6 101
661	34 668	6 112
662	34 704	6 123
663	34 740	6 135
664	34 776	6 146
665	34 812	6 157
666	34 848	6 168
667	34 884	6 180
668	34 920	6 191
669	34 956	6 202
670	34 992	6 213
671	35 028	6 225
672	35 064	6 236
673	35 100	6 247
674	35 136	6 258
675	35 172	6 270
676	35 208	6 281
677	35 244	6 292
678	35 280	6 304
679	35 316	6 315
680	35 352	6 326
681	35 388	6 338
682	35 424	6 349
683	35 460	6 360
684	35 496	6 372
685	35 532	6 383
686	35 568	6 394
687	35 604	6 406
688	35 640	6 417
689	35 676	6 428
690	35 712	6 440
691	35 748	6 451
692	35 784	6 462
693	35 820	6 474
694	35 856	6 485
695	35 892	6 497
696	35 928	6 508
697	35 964	6 519
698	36 000	6 531
699	36 036	6 542
700	36 072	6 554
701	36 108	6 565
702	36 144	6 576
703	36 180	6 588
704	36 216	6 599
705	36 252	6 611
706	36 288	6 622
707	36 324	6 634
708	36 360	6 645
709	36 396	6 656
710	36 432	6 668
711	36 468	6 679
712	36 504	6 691
713	36 540	6 702
714	36 576	6 714
715	36 612	6 725
716	36 648	6 737
717	36 684	6 748
718	36 720	6 760
719	36 756	6 771
720	36 792	6 783

* Die Einkommensteuer gilt nur für den ausgewiesenen Wert, Zwischenwerte sind zu schätzen — s. Vorbemerkungen

laufende Nummer	zu versteuerndes Einkommen* in €	tarifliche Einkommensteuer* in €	laufende Nummer	zu versteuerndes Einkommen* in €	tarifliche Einkommensteuer* in €
721	36 828	6 794	781	38 988	7 494
722	36 864	6 806	782	39 024	7 506
723	36 900	6 817	783	39 060	7 518
724	36 936	6 829	784	39 096	7 530
725	36 972	6 840	785	39 132	7 542
726	37 008	6 852	786	39 168	7 553
727	37 044	6 863	787	39 204	7 565
728	37 080	6 875	788	39 240	7 577
729	37 116	6 887	789	39 276	7 589
730	37 152	6 898	790	39 312	7 601
731	37 188	6 910	791	39 348	7 613
732	37 224	6 921	792	39 384	7 625
733	37 260	6 933	793	39 420	7 636
734	37 296	6 944	794	39 456	7 648
735	37 332	6 956	795	39 492	7 660
736	37 368	6 968	796	39 528	7 672
737	37 404	6 979	797	39 564	7 684
738	37 440	6 991	798	39 600	7 696
739	37 476	7 002	799	39 636	7 708
740	37 512	7 014	800	39 672	7 720
741	37 548	7 026	801	39 708	7 732
742	37 584	7 037	802	39 744	7 744
743	37 620	7 049	803	39 780	7 756
744	37 656	7 061	804	39 816	7 767
745	37 692	7 072	805	39 852	7 779
746	37 728	7 084	806	39 888	7 791
747	37 764	7 095	807	39 924	7 803
748	37 800	7 107	808	39 960	7 815
749	37 836	7 119	809	39 996	7 827
750	37 872	7 130	810	40 032	7 839
751	37 908	7 142	811	40 068	7 851
752	37 944	7 154	812	40 104	7 863
753	37 980	7 165	813	40 140	7 875
754	38 016	7 177	814	40 176	7 887
755	38 052	7 189	815	40 212	7 899
756	38 088	7 200	816	40 248	7 911
757	38 124	7 212	817	40 284	7 923
758	38 160	7 224	818	40 320	7 935
759	38 196	7 236	819	40 356	7 947
760	38 232	7 247	820	40 392	7 959
761	38 268	7 259	821	40 428	7 971
762	38 304	7 271	822	40 464	7 983
763	38 340	7 282	823	40 500	7 995
764	38 376	7 294	824	40 536	8 007
765	38 412	7 306	825	40 572	8 019
766	38 448	7 318	826	40 608	8 031
767	38 484	7 329	827	40 644	8 043
768	38 520	7 341	828	40 680	8 055
769	38 556	7 353	829	40 716	8 067
770	38 592	7 365	830	40 752	8 079
771	38 628	7 376	831	40 788	8 091
772	38 664	7 388	832	40 824	8 103
773	38 700	7 400	833	40 860	8 116
774	38 736	7 412	834	40 896	8 128
775	38 772	7 424	835	40 932	8 140
776	38 808	7 435	836	40 968	8 152
777	38 844	7 447	837	41 004	8 164
778	38 880	7 459	838	41 040	8 176
779	38 916	7 471	839	41 076	8 188
780	38 952	7 483	840	41 112	8 200

* Die Einkommensteuer gilt nur für den ausgewiesenen Wert, Zwischenwerte sind zu schätzen — s. Vorbemerkungen

laufende Nummer	zu versteuerndes Einkommen* in €	tarifliche Einkommensteuer* in €
841	41 148	8 212
842	41 184	8 224
843	41 220	8 237
844	41 256	8 249
845	41 292	8 261
846	41 328	8 273
847	41 364	8 285
848	41 400	8 297
849	41 436	8 309
850	41 472	8 322
851	41 508	8 334
852	41 544	8 346
853	41 580	8 358
854	41 616	8 370
855	41 652	8 382
856	41 688	8 395
857	41 724	8 407
858	41 760	8 419
859	41 796	8 431
860	41 832	8 443
861	41 868	8 456
862	41 904	8 468
863	41 940	8 480
864	41 976	8 492
865	42 012	8 505
866	42 048	8 517
867	42 084	8 529
868	42 120	8 541
869	42 156	8 554
870	42 192	8 566
871	42 228	8 578
872	42 264	8 590
873	42 300	8 603
874	42 336	8 615
875	42 372	8 627
876	42 408	8 639
877	42 444	8 652
878	42 480	8 664
879	42 516	8 676
880	42 552	8 689
881	42 588	8 701
882	42 624	8 713
883	42 660	8 726
884	42 696	8 738
885	42 732	8 750
886	42 768	8 763
887	42 804	8 775
888	42 840	8 787
889	42 876	8 800
890	42 912	8 812
891	42 948	8 824
892	42 984	8 837
893	43 020	8 849
894	43 056	8 862
895	43 092	8 874
896	43 128	8 886
897	43 164	8 899
898	43 200	8 911
899	43 236	8 923
900	43 272	8 936
901	43 308	8 948
902	43 344	8 961
903	43 380	8 973
904	43 416	8 986
905	43 452	8 998
906	43 488	9 010
907	43 524	9 023
908	43 560	9 035
909	43 596	9 048
910	43 632	9 060
911	43 668	9 073
912	43 704	9 085
913	43 740	9 098
914	43 776	9 110
915	43 812	9 123
916	43 848	9 135
917	43 884	9 148
918	43 920	9 160
919	43 956	9 173
920	43 992	9 185
921	44 028	9 198
922	44 064	9 210
923	44 100	9 223
924	44 136	9 235
925	44 172	9 248
926	44 208	9 260
927	44 244	9 273
928	44 280	9 285
929	44 316	9 298
930	44 352	9 310
931	44 388	9 323
932	44 424	9 336
933	44 460	9 348
934	44 496	9 361
935	44 532	9 373
936	44 568	9 386
937	44 604	9 399
938	44 640	9 411
939	44 676	9 424
940	44 712	9 436
941	44 748	9 449
942	44 784	9 462
943	44 820	9 474
944	44 856	9 487
945	44 892	9 499
946	44 928	9 512
947	44 964	9 525
948	45 000	9 537
949	45 036	9 550
950	45 072	9 563
951	45 108	9 575
952	45 144	9 588
953	45 180	9 601
954	45 216	9 613
955	45 252	9 626
956	45 288	9 639
957	45 324	9 651
958	45 360	9 664
959	45 396	9 677
960	45 432	9 690

* Die Einkommensteuer gilt nur für den ausgewiesenen Wert, Zwischenwerte sind zu schätzen – s. Vorbemerkungen

laufende Nummer	zu versteuerndes Einkommen* in €	tarifliche Einkommen-steuer* in €
961	45 468	9 702
962	45 504	9 715
963	45 540	9 728
964	45 576	9 740
965	45 612	9 753
966	45 648	9 766
967	45 684	9 779
968	45 720	9 791
969	45 756	9 804
970	45 792	9 817
971	45 828	9 830
972	45 864	9 842
973	45 900	9 855
974	45 936	9 868
975	45 972	9 881
976	46 008	9 894
977	46 044	9 906
978	46 080	9 919
979	46 116	9 932
980	46 152	9 945
981	46 188	9 958
982	46 224	9 970
983	46 260	9 983
984	46 296	9 996
985	46 332	10 009
986	46 368	10 022
987	46 404	10 035
988	46 440	10 047
989	46 476	10 060
990	46 512	10 073
991	46 548	10 086
992	46 584	10 099
993	46 620	10 112
994	46 656	10 125
995	46 692	10 137
996	46 728	10 150
997	46 764	10 163
998	46 800	10 176
999	46 836	10 189
1 000	46 872	10 202
1 001	46 908	10 215
1 002	46 944	10 228
1 003	46 980	10 241
1 004	47 016	10 254
1 005	47 052	10 267
1 006	47 088	10 279
1 007	47 124	10 292
1 008	47 160	10 305
1 009	47 196	10 318
1 010	47 232	10 331
1 011	47 268	10 344
1 012	47 304	10 357
1 013	47 340	10 370
1 014	47 376	10 383
1 015	47 412	10 396
1 016	47 448	10 409
1 017	47 484	10 422
1 018	47 520	10 435
1 019	47 556	10 448
1 020	47 592	10 461
1 021	47 628	10 474
1 022	47 664	10 487
1 023	47 700	10 500
1 024	47 736	10 513
1 025	47 772	10 526
1 026	47 808	10 539
1 027	47 844	10 552
1 028	47 880	10 565
1 029	47 916	10 578
1 030	47 952	10 591
1 031	47 988	10 605
1 032	48 024	10 618
1 033	48 060	10 631
1 034	48 096	10 644
1 035	48 132	10 657
1 036	48 168	10 670
1 037	48 204	10 683
1 038	48 240	10 696
1 039	48 276	10 709
1 040	48 312	10 722
1 041	48 348	10 735
1 042	48 384	10 749
1 043	48 420	10 762
1 044	48 456	10 775
1 045	48 492	10 788
1 046	48 528	10 801
1 047	48 564	10 814
1 048	48 600	10 827
1 049	48 636	10 841
1 050	48 672	10 854
1 051	48 708	10 867
1 052	48 744	10 880
1 053	48 780	10 893
1 054	48 816	10 906
1 055	48 852	10 920
1 056	48 888	10 933
1 057	48 924	10 946
1 058	48 960	10 959
1 059	48 996	10 972
1 060	49 032	10 986
1 061	49 068	10 999
1 062	49 104	11 012
1 063	49 140	11 025
1 064	49 176	11 038
1 065	49 212	11 052
1 066	49 248	11 065
1 067	49 284	11 078
1 068	49 320	11 091
1 069	49 356	11 105
1 070	49 392	11 118
1 071	49 428	11 131
1 072	49 464	11 144
1 073	49 500	11 158
1 074	49 536	11 171
1 075	49 572	11 184
1 076	49 608	11 198
1 077	49 644	11 211
1 078	49 680	11 224
1 079	49 716	11 237
1 080	49 752	11 251

* Die Einkommensteuer gilt nur für den ausgewiesenen Wert, Zwischenwerte sind zu schätzen — s. Vorbemerkungen

laufende Nummer	zu versteuerndes Einkommen* in €	tarifliche Einkommensteuer* in €	laufende Nummer	zu versteuerndes Einkommen* in €	tarifliche Einkommensteuer* in €
1 081	49 788	11 264	1 141	51 948	12 072
1 082	49 824	11 277	1 142	51 984	12 086
1 083	49 860	11 291	1 143	52 020	12 099
1 084	49 896	11 304	1 144	52 056	12 113
1 085	49 932	11 317	1 145	52 092	12 126
1 086	49 968	11 331	1 146	52 128	12 140
1 087	50 004	11 344	1 147	52 164	12 154
1 088	50 040	11 357	1 148	52 200	12 167
1 089	50 076	11 371	1 149	52 236	12 181
1 090	50 112	11 384	1 150	52 272	12 195
1 091	50 148	11 397	1 151	52 308	12 208
1 092	50 184	11 411	1 152	52 344	12 222
1 093	50 220	11 424	1 153	52 380	12 236
1 094	50 256	11 438	1 154	52 416	12 249
1 095	50 292	11 451	1 155	52 452	12 263
1 096	50 328	11 464	1 156	52 488	12 277
1 097	50 364	11 478	1 157	52 524	12 290
1 098	50 400	11 491	1 158	52 560	12 304
1 099	50 436	11 505	1 159	52 596	12 318
1 100	50 472	11 518	1 160	52 632	12 331
1 101	50 508	11 531	1 161	52 668	12 345
1 102	50 544	11 545	1 162	52 704	12 359
1 103	50 580	11 558	1 163	52 740	12 373
1 104	50 616	11 572	1 164	52 776	12 386
1 105	50 652	11 585	1 165	52 812	12 400
1 106	50 688	11 598	1 166	52 848	12 414
1 107	50 724	11 612	1 167	52 884	12 428
1 108	50 760	11 625	1 168	52 920	12 441
1 109	50 796	11 639	1 169	52 956	12 455
1 110	50 832	11 652	1 170	52 992	12 469
1 111	50 868	11 666	1 171	53 028	12 483
1 112	50 904	11 679	1 172	53 064	12 496
1 113	50 940	11 693	1 173	53 100	12 510
1 114	50 976	11 706	1 174	53 136	12 524
1 115	51 012	11 720	1 175	53 172	12 538
1 116	51 048	11 733	1 176	53 208	12 551
1 117	51 084	11 747	1 177	53 244	12 565
1 118	51 120	11 760	1 178	53 280	12 579
1 119	51 156	11 774	1 179	53 316	12 593
1 120	51 192	11 787	1 180	53 352	12 607
1 121	51 228	11 801	1 181	53 388	12 620
1 122	51 264	11 814	1 182	53 424	12 634
1 123	51 300	11 828	1 183	53 460	12 648
1 124	51 336	11 841	1 184	53 496	12 662
1 125	51 372	11 855	1 185	53 532	12 676
1 126	51 408	11 868	1 186	53 568	12 690
1 127	51 444	11 882	1 187	53 604	12 703
1 128	51 480	11 895	1 188	53 640	12 717
1 129	51 516	11 909	1 189	53 676	12 731
1 130	51 552	11 922	1 190	53 712	12 745
1 131	51 588	11 936	1 191	53 748	12 759
1 132	51 624	11 950	1 192	53 784	12 773
1 133	51 660	11 963	1 193	53 820	12 787
1 134	51 696	11 977	1 194	53 856	12 800
1 135	51 732	11 990	1 195	53 892	12 814
1 136	51 768	12 004	1 196	53 928	12 828
1 137	51 804	12 017	1 197	53 964	12 842
1 138	51 840	12 031	1 198	54 000	12 856
1 139	51 876	12 045	1 199	54 036	12 870
1 140	51 912	12 058	1 200	54 072	12 884

* Die Einkommensteuer gilt nur für den ausgewiesenen Wert, Zwischenwerte sind zu schätzen — s. Vorbemerkungen

laufende Nummer	zu versteuerndes Einkommen* in €	tarifliche Einkommensteuer* in €	laufende Nummer	zu versteuerndes Einkommen* in €	tarifliche Einkommensteuer* in €
1 201	54 108	12 898	1 261	56 268	13 742
1 202	54 144	12 912	1 262	56 304	13 756
1 203	54 180	12 926	1 263	56 340	13 770
1 204	54 216	12 939	1 264	56 376	13 784
1 205	54 252	12 953	1 265	56 412	13 798
1 206	54 288	12 967	1 266	56 448	13 813
1 207	54 324	12 981	1 267	56 484	13 827
1 208	54 360	12 995	1 268	56 520	13 841
1 209	54 396	13 009	1 269	56 556	13 855
1 210	54 432	13 023	1 270	56 592	13 870
1 211	54 468	13 037	1 271	56 628	13 884
1 212	54 504	13 051	1 272	56 664	13 898
1 213	54 540	13 065	1 273	56 700	13 912
1 214	54 576	13 079	1 274	56 736	13 927
1 215	54 612	13 093	1 275	56 772	13 941
1 216	54 648	13 107	1 276	56 808	13 955
1 217	54 684	13 121	1 277	56 844	13 970
1 218	54 720	13 135	1 278	56 880	13 984
1 219	54 756	13 149	1 279	56 916	13 998
1 220	54 792	13 163	1 280	56 952	14 012
1 221	54 828	13 177	1 281	56 988	14 027
1 222	54 864	13 191	1 282	57 024	14 041
1 223	54 900	13 205	1 283	57 060	14 055
1 224	54 936	13 219	1 284	57 096	14 070
1 225	54 972	13 233	1 285	57 132	14 084
1 226	55 008	13 247	1 286	57 168	14 098
1 227	55 044	13 261	1 287	57 204	14 113
1 228	55 080	13 275	1 288	57 240	14 127
1 229	55 116	13 289	1 289	57 276	14 141
1 230	55 152	13 303	1 290	57 312	14 156
1 231	55 188	13 317	1 291	57 348	14 170
1 232	55 224	13 331	1 292	57 384	14 185
1 233	55 260	13 346	1 293	57 420	14 199
1 234	55 296	13 360	1 294	57 456	14 213
1 235	55 332	13 374	1 295	57 492	14 228
1 236	55 368	13 388	1 296	57 528	14 242
1 237	55 404	13 402	1 297	57 564	14 256
1 238	55 440	13 416	1 298	57 600	14 271
1 239	55 476	13 430	1 299	57 636	14 285
1 240	55 512	13 444	1 300	57 672	14 300
1 241	55 548	13 458	1 301	57 708	14 314
1 242	55 584	13 472	1 302	57 744	14 328
1 243	55 620	13 487	1 303	57 780	14 343
1 244	55 656	13 501	1 304	57 816	14 357
1 245	55 692	13 515	1 305	57 852	14 372
1 246	55 728	13 529	1 306	57 888	14 386
1 247	55 764	13 543	1 307	57 924	14 401
1 248	55 800	13 557	1 308	57 960	14 415
1 249	55 836	13 571	1 309	57 996	14 430
1 250	55 872	13 585	1 310	58 032	14 444
1 251	55 908	13 600	1 311	58 068	14 458
1 252	55 944	13 614	1 312	58 104	14 473
1 253	55 980	13 628	1 313	58 140	14 487
1 254	56 016	13 642	1 314	58 176	14 502
1 255	56 052	13 656	1 315	58 212	14 516
1 256	56 088	13 671	1 316	58 248	14 531
1 257	56 124	13 685	1 317	58 284	14 545
1 258	56 160	13 699	1 318	58 320	14 560
1 259	56 196	13 713	1 319	58 356	14 574
1 260	56 232	13 727	1 320	58 392	14 589

* Die Einkommensteuer gilt nur für den ausgewiesenen Wert, Zwischenwerte sind zu schätzen — s. Vorbemerkungen

laufende Nummer	zu versteuerndes Einkommen* in €	tarifliche Einkommensteuer* in €	laufende Nummer	zu versteuerndes Einkommen* in €	tarifliche Einkommensteuer* in €
1 321	58 428	14 603	1 381	60 588	15 483
1 322	58 464	14 618	1 382	60 624	15 498
1 323	58 500	14 632	1 383	60 660	15 513
1 324	58 536	14 647	1 384	60 696	15 528
1 325	58 572	14 661	1 385	60 732	15 542
1 326	58 608	14 676	1 386	60 768	15 557
1 327	58 644	14 690	1 387	60 804	15 572
1 328	58 680	14 705	1 388	60 840	15 587
1 329	58 716	14 720	1 389	60 876	15 602
1 330	58 752	14 734	1 390	60 912	15 617
1 331	58 788	14 749	1 391	60 948	15 631
1 332	58 824	14 763	1 392	60 984	15 646
1 333	58 860	14 778	1 393	61 020	15 661
1 334	58 896	14 792	1 394	61 056	15 676
1 335	58 932	14 807	1 395	61 092	15 691
1 336	58 968	14 822	1 396	61 128	15 706
1 337	59 004	14 836	1 397	61 164	15 721
1 338	59 040	14 851	1 398	61 200	15 736
1 339	59 076	14 865	1 399	61 236	15 750
1 340	59 112	14 880	1 400	61 272	15 765
1 341	59 148	14 895	1 401	61 308	15 780
1 342	59 184	14 909	1 402	61 344	15 795
1 343	59 220	14 924	1 403	61 380	15 810
1 344	59 256	14 938	1 404	61 416	15 825
1 345	59 292	14 953	1 405	61 452	15 840
1 346	59 328	14 968	1 406	61 488	15 855
1 347	59 364	14 982	1 407	61 524	15 870
1 348	59 400	14 997	1 408	61 560	15 885
1 349	59 436	15 012	1 409	61 596	15 900
1 350	59 472	15 026	1 410	61 632	15 915
1 351	59 508	15 041	1 411	61 668	15 930
1 352	59 544	15 056	1 412	61 704	15 945
1 353	59 580	15 070	1 413	61 740	15 960
1 354	59 616	15 085	1 414	61 776	15 975
1 355	59 652	15 100	1 415	61 812	15 990
1 356	59 688	15 114	1 416	61 848	16 005
1 357	59 724	15 129	1 417	61 884	16 020
1 358	59 760	15 144	1 418	61 920	16 035
1 359	59 796	15 158	1 419	61 956	16 050
1 360	59 832	15 173	1 420	61 992	16 065
1 361	59 868	15 188	1 421	62 028	16 080
1 362	59 904	15 203	1 422	62 064	16 095
1 363	59 940	15 217	1 423	62 100	16 110
1 364	59 976	15 232	1 424	62 136	16 125
1 365	60 012	15 247	1 425	62 172	16 140
1 366	60 048	15 261	1 426	62 208	16 155
1 367	60 084	15 276	1 427	62 244	16 170
1 368	60 120	15 291	1 428	62 280	16 185
1 369	60 156	15 306	1 429	62 316	16 200
1 370	60 192	15 320	1 430	62 352	16 215
1 371	60 228	15 335	1 431	62 388	16 230
1 372	60 264	15 350	1 432	62 424	16 245
1 373	60 300	15 365	1 433	62 460	16 260
1 374	60 336	15 379	1 434	62 496	16 275
1 375	60 372	15 394	1 435	62 532	16 290
1 376	60 408	15 409	1 436	62 568	16 305
1 377	60 444	15 424	1 437	62 604	16 320
1 378	60 480	15 439	1 438	62 640	16 335
1 379	60 516	15 453	1 439	62 676	16 351
1 380	60 552	15 468	1 440	62 712	16 366

* Die Einkommensteuer gilt nur für den ausgewiesenen Wert, Zwischenwerte sind zu schätzen — s. Vorbemerkungen

laufende Nummer	zu versteuerndes Einkommen* in €	tarifliche Einkommensteuer* in €	laufende Nummer	zu versteuerndes Einkommen* in €	tarifliche Einkommensteuer* in €
1441	62748	16381	1501	64908	17288
1442	62784	16396	1502	64944	17303
1443	62820	16411	1503	64980	17318
1444	62856	16426	1504	65016	17333
1445	62892	16441	1505	65052	17348
1446	62928	16456	1506	65088	17363
1447	62964	16471	1507	65124	17379
1448	63000	16487	1508	65160	17394
1449	63036	16502	1509	65196	17409
1450	63072	16517	1510	65232	17424
1451	63108	16532	1511	65268	17439
1452	63144	16547	1512	65304	17454
1453	63180	16562	1513	65340	17469
1454	63216	16577	1514	65376	17484
1455	63252	16592	1515	65412	17500
1456	63288	16607	1516	65448	17515
1457	63324	16623	1517	65484	17530
1458	63360	16638	1518	65520	17545
1459	63396	16653	1519	65556	17560
1460	63432	16668	1520	65592	17575
1461	63468	16683	1521	65628	17590
1462	63504	16698	1522	65664	17605
1463	63540	16713	1523	65700	17621
1464	63576	16728	1524	65736	17636
1465	63612	16744	1525	65772	17651
1466	63648	16759	1526	65808	17666
1467	63684	16774	1527	65844	17681
1468	63720	16789	1528	65880	17696
1469	63756	16804	1529	65916	17711
1470	63792	16819	1530	65952	17726
1471	63828	16834	1531	65988	17741
1472	63864	16849	1532	66024	17757
1473	63900	16865	1533	66060	17772
1474	63936	16880	1534	66096	17787
1475	63972	16895	1535	66132	17802
1476	64008	16910	1536	66168	17817
1477	64044	16925	1537	66204	17832
1478	64080	16940	1538	66240	17847
1479	64116	16955	1539	66276	17862
1480	64152	16970	1540	66312	17878
1481	64188	16985	1541	66348	17893
1482	64224	17001	1542	66384	17908
1483	64260	17016	1543	66420	17923
1484	64296	17031	1544	66456	17938
1485	64332	17046	1545	66492	17953
1486	64368	17061	1546	66528	17968
1487	64404	17076	1547	66564	17983
1488	64440	17091	1548	66600	17999
1489	64476	17106	1549	66636	18014
1490	64512	17122	1550	66672	18029
1491	64548	17137	1551	66708	18044
1492	64584	17152	1552	66744	18059
1493	64620	17167	1553	66780	18074
1494	64656	17182	1554	66816	18089
1495	64692	17197	1555	66852	18104
1496	64728	17212	1556	66888	18119
1497	64764	17227	1557	66924	18135
1498	64800	17243	1558	66960	18150
1499	64836	17258	1559	66996	18165
1500	64872	17273	1560	67032	18180

* Die Einkommensteuer gilt nur für den ausgewiesenen Wert, Zwischenwerte sind zu schätzen — s. Vorbemerkungen

laufende Nummer	zu versteuerndes Einkommen* in €	tarifliche Einkommensteuer* in €	laufende Nummer	zu versteuerndes Einkommen* in €	tarifliche Einkommensteuer* in €
1561	67 068	18 195	1621	69 228	19 102
1562	67 104	18 210	1622	69 264	19 117
1563	67 140	18 225	1623	69 300	19 133
1564	67 176	18 240	1624	69 336	19 148
1565	67 212	18 256	1625	69 372	19 163
1566	67 248	18 271	1626	69 408	19 178
1567	67 284	18 286	1627	69 444	19 193
1568	67 320	18 301	1628	69 480	19 208
1569	67 356	18 316	1629	69 516	19 223
1570	67 392	18 331	1630	69 552	19 238
1571	67 428	18 346	1631	69 588	19 253
1572	67 464	18 361	1632	69 624	19 269
1573	67 500	18 377	1633	69 660	19 284
1574	67 536	18 392	1634	69 696	19 299
1575	67 572	18 407	1635	69 732	19 314
1576	67 608	18 422	1636	69 768	19 329
1577	67 644	18 437	1637	69 804	19 344
1578	67 680	18 452	1638	69 840	19 359
1579	67 716	18 467	1639	69 876	19 374
1580	67 752	18 482	1640	69 912	19 390
1581	67 788	18 497	1641	69 948	19 405
1582	67 824	18 513	1642	69 984	19 420
1583	67 860	18 528	1643	70 020	19 435
1584	67 896	18 543	1644	70 056	19 450
1585	67 932	18 558	1645	70 092	19 465
1586	67 968	18 573	1646	70 128	19 480
1587	68 004	18 588	1647	70 164	19 495
1588	68 040	18 603	1648	70 200	19 511
1589	68 076	18 618	1649	70 236	19 526
1590	68 112	18 634	1650	70 272	19 541
1591	68 148	18 649	1651	70 308	19 556
1592	68 184	18 664	1652	70 344	19 571
1593	68 220	18 679	1653	70 380	19 586
1594	68 256	18 694	1654	70 416	19 601
1595	68 292	18 709	1655	70 452	19 616
1596	68 328	18 724	1656	70 488	19 631
1597	68 364	18 739	1657	70 524	19 647
1598	68 400	18 755	1658	70 560	19 662
1599	68 436	18 770	1659	70 596	19 677
1600	68 472	18 785	1660	70 632	19 692
1601	68 508	18 800	1661	70 668	19 707
1602	68 544	18 815	1662	70 704	19 722
1603	68 580	18 830	1663	70 740	19 737
1604	68 616	18 845	1664	70 776	19 752
1605	68 652	18 860	1665	70 812	19 768
1606	68 688	18 875	1666	70 848	19 783
1607	68 724	18 891	1667	70 884	19 798
1608	68 760	18 906	1668	70 920	19 813
1609	68 796	18 921	1669	70 956	19 828
1610	68 832	18 936	1670	70 992	19 843
1611	68 868	18 951	1671	71 028	19 858
1612	68 904	18 966	1672	71 064	19 873
1613	68 940	18 981	1673	71 100	19 889
1614	68 976	18 996	1674	71 136	19 904
1615	69 012	19 012	1675	71 172	19 919
1616	69 048	19 027	1676	71 208	19 934
1617	69 084	19 042	1677	71 244	19 949
1618	69 120	19 057	1678	71 280	19 964
1619	69 156	19 072	1679	71 316	19 979
1620	69 192	19 087	1680	71 352	19 994

* Die Einkommensteuer gilt nur für den ausgewiesenen Wert, Zwischenwerte sind zu schätzen — s. Vorbemerkungen

laufende Nummer	zu versteuerndes Einkommen* in €	tarifliche Einkommensteuer* in €	laufende Nummer	zu versteuerndes Einkommen* in €	tarifliche Einkommensteuer* in €
1681	71 388	20 009	1741	73 548	20 917
1682	71 424	20 025	1742	73 584	20 932
1683	71 460	20 040	1743	73 620	20 947
1684	71 496	20 055	1744	73 656	20 962
1685	71 532	20 070	1745	73 692	20 977
1686	71 568	20 085	1746	73 728	20 992
1687	71 604	20 100	1747	73 764	21 007
1688	71 640	20 115	1748	73 800	21 023
1689	71 676	20 130	1749	73 836	21 038
1690	71 712	20 146	1750	73 872	21 053
1691	71 748	20 161	1751	73 908	21 068
1692	71 784	20 176	1752	73 944	21 083
1693	71 820	20 191	1753	73 980	21 098
1694	71 856	20 206	1754	74 016	21 113
1695	71 892	20 221	1755	74 052	21 128
1696	71 928	20 236	1756	74 088	21 143
1697	71 964	20 251	1757	74 124	21 159
1698	72 000	20 267	1758	74 160	21 174
1699	72 036	20 282	1759	74 196	21 189
1700	72 072	20 297	1760	74 232	21 204
1701	72 108	20 312	1761	74 268	21 219
1702	72 144	20 327	1762	74 304	21 234
1703	72 180	20 342	1763	74 340	21 249
1704	72 216	20 357	1764	74 376	21 264
1705	72 252	20 372	1765	74 412	21 280
1706	72 288	20 387	1766	74 448	21 295
1707	72 324	20 403	1767	74 484	21 310
1708	72 360	20 418	1768	74 520	21 325
1709	72 396	20 433	1769	74 556	21 340
1710	72 432	20 448	1770	74 592	21 355
1711	72 468	20 463	1771	74 628	21 370
1712	72 504	20 478	1772	74 664	21 385
1713	72 540	20 493	1773	74 700	21 401
1714	72 576	20 508	1774	74 736	21 416
1715	72 612	20 524	1775	74 772	21 431
1716	72 648	20 539	1776	74 808	21 446
1717	72 684	20 554	1777	74 844	21 461
1718	72 720	20 569	1778	74 880	21 476
1719	72 756	20 584	1779	74 916	21 491
1720	72 792	20 599	1780	74 952	21 506
1721	72 828	20 614	1781	74 988	21 521
1722	72 864	20 629	1782	75 024	21 537
1723	72 900	20 645	1783	75 060	21 552
1724	72 936	20 660	1784	75 096	21 567
1725	72 972	20 675	1785	75 132	21 582
1726	73 008	20 690	1786	75 168	21 597
1727	73 044	20 705	1787	75 204	21 612
1728	73 080	20 720	1788	75 240	21 627
1729	73 116	20 735	1789	75 276	21 642
1730	73 152	20 750	1790	75 312	21 658
1731	73 188	20 765	1791	75 348	21 673
1732	73 224	20 781	1792	75 384	21 688
1733	73 260	20 796	1793	75 420	21 703
1734	73 296	20 811	1794	75 456	21 718
1735	73 332	20 826	1795	75 492	21 733
1736	73 368	20 841	1796	75 528	21 748
1737	73 404	20 856	1797	75 564	21 763
1738	73 440	20 871	1798	75 600	21 779
1739	73 476	20 886	1799	75 636	21 794
1740	73 512	20 902	1800	75 672	21 809

* Die Einkommensteuer gilt nur für den ausgewiesenen Wert, Zwischenwerte sind zu schätzen — s. Vorbemerkungen

laufende Nummer	zu versteuerndes Einkommen* in €	tarifliche Einkommensteuer* in €	laufende Nummer	zu versteuerndes Einkommen* in €	tarifliche Einkommensteuer* in €
1801	75708	21824	1861	77868	22731
1802	75744	21839	1862	77904	22746
1803	75780	21854	1863	77940	22761
1804	75816	21869	1864	77976	22776
1805	75852	21884	1865	78012	22792
1806	75888	21899	1866	78048	22807
1807	75924	21915	1867	78084	22822
1808	75960	21930	1868	78120	22837
1809	75996	21945	1869	78156	22852
1810	76032	21960	1870	78192	22867
1811	76068	21975	1871	78228	22882
1812	76104	21990	1872	78264	22897
1813	76140	22005	1873	78300	22913
1814	76176	22020	1874	78336	22928
1815	76212	22036	1875	78372	22943
1816	76248	22051	1876	78408	22958
1817	76284	22066	1877	78444	22973
1818	76320	22081	1878	78480	22988
1819	76356	22096	1879	78516	23003
1820	76392	22111	1880	78552	23018
1821	76428	22126	1881	78588	23033
1822	76464	22141	1882	78624	23049
1823	76500	22157	1883	78660	23064
1824	76536	22172	1884	78696	23079
1825	76572	22187	1885	78732	23094
1826	76608	22202	1886	78768	23109
1827	76644	22217	1887	78804	23124
1828	76680	22232	1888	78840	23139
1829	76716	22247	1889	78876	23154
1830	76752	22262	1890	78912	23170
1831	76788	22277	1891	78948	23185
1832	76824	22293	1892	78984	23200
1833	76860	22308	1893	79020	23215
1834	76896	22323	1894	79056	23230
1835	76932	22338	1895	79092	23245
1836	76968	22353	1896	79128	23260
1837	77004	22368	1897	79164	23275
1838	77040	22383	1898	79200	23291
1839	77076	22398	1899	79236	23306
1840	77112	22414	1900	79272	23321
1841	77148	22429	1901	79308	23336
1842	77184	22444	1902	79344	23351
1843	77220	22459	1903	79380	23366
1844	77256	22474	1904	79416	23381
1845	77292	22489	1905	79452	23396
1846	77328	22504	1906	79488	23411
1847	77364	22519	1907	79524	23427
1848	77400	22535	1908	79560	23442
1849	77436	22550	1909	79596	23457
1850	77472	22565	1910	79632	23472
1851	77508	22580	1911	79668	23487
1852	77544	22595	1912	79704	23502
1853	77580	22610	1913	79740	23517
1854	77616	22625	1914	79776	23532
1855	77652	22640	1915	79812	23548
1856	77688	22655	1916	79848	23563
1857	77724	22671	1917	79884	23578
1858	77760	22686	1918	79920	23593
1859	77796	22701	1919	79956	23608
1860	77832	22716	1920	79992	23623

* Die Einkommensteuer gilt nur für den ausgewiesenen Wert, Zwischenwerte sind zu schätzen – s. Vorbemerkungen

laufende Nummer	zu versteuerndes Einkommen* in €	tarifliche Einkommensteuer* in €	laufende Nummer	zu versteuerndes Einkommen* in €	tarifliche Einkommensteuer* in €
1921	80028	23638	1981	82188	24545
1922	80064	23653	1982	82224	24561
1923	80100	23669	1983	82260	24576
1924	80136	23684	1984	82296	24591
1925	80172	23699	1985	82332	24606
1926	80208	23714	1986	82368	24621
1927	80244	23729	1987	82404	24636
1928	80280	23744	1988	82440	24651
1929	80316	23759	1989	82476	24666
1930	80352	23774	1990	82512	24682
1931	80388	23789	1991	82548	24697
1932	80424	23805	1992	82584	24712
1933	80460	23820	1993	82620	24727
1934	80496	23835	1994	82656	24742
1935	80532	23850	1995	82692	24757
1936	80568	23865	1996	82728	24772
1937	80604	23880	1997	82764	24787
1938	80640	23895	1998	82800	24803
1939	80676	23910	1999	82836	24818
1940	80712	23926	2000	82872	24833
1941	80748	23941	2001	82908	24848
1942	80784	23956	2002	82944	24863
1943	80820	23971	2003	82980	24878
1944	80856	23986	2004	83016	24893
1945	80892	24001	2005	83052	24908
1946	80928	24016	2006	83088	24923
1947	80964	24031	2007	83124	24939
1948	81000	24047	2008	83160	24954
1949	81036	24062	2009	83196	24969
1950	81072	24077	2010	83232	24984
1951	81108	24092	2011	83268	24999
1952	81144	24107	2012	83304	25014
1953	81180	24122	2013	83340	25029
1954	81216	24137	2014	83376	25044
1955	81252	24152	2015	83412	25060
1956	81288	24167	2016	83448	25075
1957	81324	24183	2017	83484	25090
1958	81360	24198	2018	83520	25105
1959	81396	24213	2019	83556	25120
1960	81432	24228	2020	83592	25135
1961	81468	24243	2021	83628	25150
1962	81504	24258	2022	83664	25165
1963	81540	24273	2023	83700	25181
1964	81576	24288	2024	83736	25196
1965	81612	24304	2025	83772	25211
1966	81648	24319	2026	83808	25226
1967	81684	24334	2027	83844	25241
1968	81720	24349	2028	83880	25256
1969	81756	24364	2029	83916	25271
1970	81792	24379	2030	83952	25286
1971	81828	24394	2031	83988	25301
1972	81864	24409	2032	84024	25317
1973	81900	24425	2033	84060	25332
1974	81936	24440	2034	84096	25347
1975	81972	24455	2035	84132	25362
1976	82008	24470	2036	84168	25377
1977	82044	24485	2037	84204	25392
1978	82080	24500	2038	84240	25407
1979	82116	24515	2039	84276	25422
1980	82152	24530	2040	84312	25438

* Die Einkommensteuer gilt nur für den ausgewiesenen Wert, Zwischenwerte sind zu schätzen — s. Vorbemerkungen

laufende Nummer	zu versteuerndes Einkommen* in €	tarifliche Einkommensteuer* in €	laufende Nummer	zu versteuerndes Einkommen* in €	tarifliche Einkommensteuer* in €
2041	84348	25453	2101	86508	26360
2042	84384	25468	2102	86544	26375
2043	84420	25483	2103	86580	26390
2044	84456	25498	2104	86616	26405
2045	84492	25513	2105	86652	26420
2046	84528	25528	2106	86688	26435
2047	84564	25543	2107	86724	26451
2048	84600	25559	2108	86760	26466
2049	84636	25574	2109	86796	26481
2050	84672	25589	2110	86832	26496
2051	84708	25604	2111	86868	26511
2052	84744	25619	2112	86904	26526
2053	84780	25634	2113	86940	26541
2054	84816	25649	2114	86976	26556
2055	84852	25664	2115	87012	26572
2056	84888	25679	2116	87048	26587
2057	84924	25695	2117	87084	26602
2058	84960	25710	2118	87120	26617
2059	84996	25725	2119	87156	26632
2060	85032	25740	2120	87192	26647
2061	85068	25755	2121	87228	26662
2062	85104	25770	2122	87264	26677
2063	85140	25785	2123	87300	26693
2064	85176	25800	2124	87336	26708
2065	85212	25816	2125	87372	26723
2066	85248	25831	2126	87408	26738
2067	85284	25846	2127	87444	26753
2068	85320	25861	2128	87480	26768
2069	85356	25876	2129	87516	26783
2070	85392	25891	2130	87552	26798
2071	85428	25906	2131	87588	26813
2072	85464	25921	2132	87624	26829
2073	85500	25937	2133	87660	26844
2074	85536	25952	2134	87696	26859
2075	85572	25967	2135	87732	26874
2076	85608	25982	2136	87768	26889
2077	85644	25997	2137	87804	26904
2078	85680	26012	2138	87840	26919
2079	85716	26027	2139	87876	26934
2080	85752	26042	2140	87912	26950
2081	85788	26057	2141	87948	26965
2082	85824	26073	2142	87984	26980
2083	85860	26088	2143	88020	26995
2084	85896	26103	2144	88056	27010
2085	85932	26118	2145	88092	27025
2086	85968	26133	2146	88128	27040
2087	86004	26148	2147	88164	27055
2088	86040	26163	2148	88200	27071
2089	86076	26178	2149	88236	27086
2090	86112	26194	2150	88272	27101
2091	86148	26209	2151	88308	27116
2092	86184	26224	2152	88344	27131
2093	86220	26239	2153	88380	27146
2094	86256	26254	2154	88416	27161
2095	86292	26269	2155	88452	27176
2096	86328	26284	2156	88488	27191
2097	86364	26299	2157	88524	27207
2098	86400	26315	2158	88560	27222
2099	86436	26330	2159	88596	27237
2100	86472	26345	2160	88632	27252

* Die Einkommensteuer gilt nur für den ausgewiesenen Wert, Zwischenwerte sind zu schätzen — s. Vorbemerkungen

laufende Nummer	zu versteuerndes Einkommen* in €	tarifliche Einkommensteuer* in €	laufende Nummer	zu versteuerndes Einkommen* in €	tarifliche Einkommensteuer* in €
2 161	88 668	27 267	2 221	90 828	28 174
2 162	88 704	27 282	2 222	90 864	28 189
2 163	88 740	27 297	2 223	90 900	28 205
2 164	88 776	27 312	2 224	90 936	28 220
2 165	88 812	27 328	2 225	90 972	28 235
2 166	88 848	27 343	2 226	91 008	28 250
2 167	88 884	27 358	2 227	91 044	28 265
2 168	88 920	27 373	2 228	91 080	28 280
2 169	88 956	27 388	2 229	91 116	28 295
2 170	88 992	27 403	2 230	91 152	28 310
2 171	89 028	27 418	2 231	91 188	28 325
2 172	89 064	27 433	2 232	91 224	28 341
2 173	89 100	27 449	2 233	91 260	28 356
2 174	89 136	27 464	2 234	91 296	28 371
2 175	89 172	27 479	2 235	91 332	28 386
2 176	89 208	27 494	2 236	91 368	28 401
2 177	89 244	27 509	2 237	91 404	28 416
2 178	89 280	27 524	2 238	91 440	28 431
2 179	89 316	27 539	2 239	91 476	28 446
2 180	89 352	27 554	2 240	91 512	28 462
2 181	89 388	27 569	2 241	91 548	28 477
2 182	89 424	27 585	2 242	91 584	28 492
2 183	89 460	27 600	2 243	91 620	28 507
2 184	89 496	27 615	2 244	91 656	28 522
2 185	89 532	27 630	2 245	91 692	28 537
2 186	89 568	27 645	2 246	91 728	28 552
2 187	89 604	27 660	2 247	91 764	28 567
2 188	89 640	27 675	2 248	91 800	28 583
2 189	89 676	27 690	2 249	91 836	28 598
2 190	89 712	27 706	2 250	91 872	28 613
2 191	89 748	27 721	2 251	91 908	28 628
2 192	89 784	27 736	2 252	91 944	28 643
2 193	89 820	27 751	2 253	91 980	28 658
2 194	89 856	27 766	2 254	92 016	28 673
2 195	89 892	27 781	2 255	92 052	28 688
2 196	89 928	27 796	2 256	92 088	28 703
2 197	89 964	27 811	2 257	92 124	28 719
2 198	90 000	27 827	2 258	92 160	28 734
2 199	90 036	27 842	2 259	92 196	28 749
2 200	90 072	27 857	2 260	92 232	28 764
2 201	90 108	27 872	2 261	92 268	28 779
2 202	90 144	27 887	2 262	92 304	28 794
2 203	90 180	27 902	2 263	92 340	28 809
2 204	90 216	27 917	2 264	92 376	28 824
2 205	90 252	27 932	2 265	92 412	28 840
2 206	90 288	27 947	2 266	92 448	28 855
2 207	90 324	27 963	2 267	92 484	28 870
2 208	90 360	27 978	2 268	92 520	28 885
2 209	90 396	27 993	2 269	92 556	28 900
2 210	90 432	28 008	2 270	92 592	28 915
2 211	90 468	28 023	2 271	92 628	28 930
2 212	90 504	28 038	2 272	92 664	28 945
2 213	90 540	28 053	2 273	92 700	28 961
2 214	90 576	28 068	2 274	92 736	28 976
2 215	90 612	28 084	2 275	92 772	28 991
2 216	90 648	28 099	2 276	92 808	29 006
2 217	90 684	28 114	2 277	92 844	29 021
2 218	90 720	28 129	2 278	92 880	29 036
2 219	90 756	28 144	2 279	92 916	29 051
2 220	90 792	28 159	2 280	92 952	29 066

* Die Einkommensteuer gilt nur für den ausgewiesenen Wert, Zwischenwerte sind zu schätzen — s. Vorbemerkungen

laufende Nummer	zu versteuerndes Einkommen* in €	tarifliche Einkommensteuer* in €
2 281	92 988	29 081
2 282	93 024	29 097
2 283	93 060	29 112
2 284	93 096	29 127
2 285	93 132	29 142
2 286	93 168	29 157
2 287	93 204	29 172
2 288	93 240	29 187
2 289	93 276	29 202
2 290	93 312	29 218
2 291	93 348	29 233
2 292	93 384	29 248
2 293	93 420	29 263
2 294	93 456	29 278
2 295	93 492	29 293
2 296	93 528	29 308
2 297	93 564	29 323
2 298	93 600	29 339
2 299	93 636	29 354
2 300	93 672	29 369
2 301	93 708	29 384
2 302	93 744	29 399
2 303	93 780	29 414
2 304	93 816	29 429
2 305	93 852	29 444
2 306	93 888	29 459
2 307	93 924	29 475
2 308	93 960	29 490
2 309	93 996	29 505
2 310	94 032	29 520
2 311	94 068	29 535
2 312	94 104	29 550
2 313	94 140	29 565
2 314	94 176	29 580
2 315	94 212	29 596
2 316	94 248	29 611
2 317	94 284	29 626
2 318	94 320	29 641
2 319	94 356	29 656
2 320	94 392	29 671
2 321	94 428	29 686
2 322	94 464	29 701
2 323	94 500	29 717
2 324	94 536	29 732
2 325	94 572	29 747
2 326	94 608	29 762
2 327	94 644	29 777
2 328	94 680	29 792
2 329	94 716	29 807
2 330	94 752	29 822
2 331	94 788	29 837
2 332	94 824	29 853
2 333	94 860	29 868
2 334	94 896	29 883
2 335	94 932	29 898
2 336	94 968	29 913
2 337	95 004	29 928
2 338	95 040	29 943
2 339	95 076	29 958
2 340	95 112	29 974
2 341	95 148	29 989
2 342	95 184	30 004
2 343	95 220	30 019
2 344	95 256	30 034
2 345	95 292	30 049
2 346	95 328	30 064
2 347	95 364	30 079
2 348	95 400	30 095
2 349	95 436	30 110
2 350	95 472	30 125
2 351	95 508	30 140
2 352	95 544	30 155
2 353	95 580	30 170
2 354	95 616	30 185
2 355	95 652	30 200
2 356	95 688	30 215
2 357	95 724	30 231
2 358	95 760	30 246
2 359	95 796	30 261
2 360	95 832	30 276
2 361	95 868	30 291
2 362	95 904	30 306
2 363	95 940	30 321
2 364	95 976	30 336
2 365	96 012	30 352
2 366	96 048	30 367
2 367	96 084	30 382
2 368	96 120	30 397
2 369	96 156	30 412
2 370	96 192	30 427
2 371	96 228	30 442
2 372	96 264	30 457
2 373	96 300	30 473
2 374	96 336	30 488
2 375	96 372	30 503
2 376	96 408	30 518
2 377	96 444	30 533
2 378	96 480	30 548
2 379	96 516	30 563
2 380	96 552	30 578
2 381	96 588	30 593
2 382	96 624	30 609
2 383	96 660	30 624
2 384	96 696	30 639
2 385	96 732	30 654
2 386	96 768	30 669
2 387	96 804	30 684
2 388	96 840	30 699
2 389	96 876	30 714
2 390	96 912	30 730
2 391	96 948	30 745
2 392	96 984	30 760
2 393	97 020	30 775
2 394	97 056	30 790
2 395	97 092	30 805
2 396	97 128	30 820
2 397	97 164	30 835
2 398	97 200	30 851
2 399	97 236	30 866
2 400	97 272	30 881

* Die Einkommensteuer gilt nur für den ausgewiesenen Wert, Zwischenwerte sind zu schätzen — s. Vorbemerkungen

ESt-Splittingtabelle T1b

laufende Nummer	zu versteuerndes Einkommen* in €	tarifliche Einkommensteuer* in €	laufende Nummer	zu versteuerndes Einkommen* in €	tarifliche Einkommensteuer* in €
1	21 816		61	26 136	696
2	21 888	10	62	26 208	708
3	21 960	20	63	26 280	722
4	22 032	30	64	26 352	734
5	22 104	40	65	26 424	748
6	22 176	50	66	26 496	762
7	22 248	60	67	26 568	774
8	22 320	70	68	26 640	788
9	22 392	82	69	26 712	802
10	22 464	92	70	26 784	816
11	22 536	102	71	26 856	828
12	22 608	112	72	26 928	842
13	22 680	124	73	27 000	856
14	22 752	134	74	27 072	870
15	22 824	146	75	27 144	884
16	22 896	156	76	27 216	898
17	22 968	166	77	27 288	912
18	23 040	178	78	27 360	926
19	23 112	188	79	27 432	940
20	23 184	200	80	27 504	954
21	23 256	210	81	27 576	968
22	23 328	222	82	27 648	982
23	23 400	234	83	27 720	996
24	23 472	244	84	27 792	1 010
25	23 544	256	85	27 864	1 024
26	23 616	266	86	27 936	1 040
27	23 688	278	87	28 008	1 054
28	23 760	290	88	28 080	1 068
29	23 832	302	89	28 152	1 082
30	23 904	312	90	28 224	1 098
31	23 976	324	91	28 296	1 112
32	24 048	336	92	28 368	1 126
33	24 120	348	93	28 440	1 142
34	24 192	360	94	28 512	1 156
35	24 264	372	95	28 584	1 170
36	24 336	382	96	28 656	1 186
37	24 408	394	97	28 728	1 200
38	24 480	406	98	28 800	1 216
39	24 552	418	99	28 872	1 230
40	24 624	430	100	28 944	1 246
41	24 696	442	101	29 016	1 260
42	24 768	454	102	29 088	1 276
43	24 840	468	103	29 160	1 292
44	24 912	480	104	29 232	1 306
45	24 984	492	105	29 304	1 322
46	25 056	504	106	29 376	1 338
47	25 128	516	107	29 448	1 352
48	25 200	528	108	29 520	1 368
49	25 272	542	109	29 592	1 384
50	25 344	554	110	29 664	1 400
51	25 416	566	111	29 736	1 414
52	25 488	580	112	29 808	1 430
53	25 560	592	113	29 880	1 446
54	25 632	604	114	29 952	1 462
55	25 704	618	115	30 024	1 478
56	25 776	630	116	30 096	1 494
57	25 848	644	117	30 168	1 510
58	25 920	656	118	30 240	1 526
59	25 992	670	119	30 312	1 542
60	26 064	682	120	30 384	1 558

* Die Einkommensteuer gilt nur für den ausgewiesenen Wert, Zwischenwerte sind zu schätzen — s. Vorbemerkungen

T 1b ESt-Splittingtabelle

Gültig ab 1. 1. 2023

laufende Nummer	zu versteuerndes Einkommen* in €	tarifliche Einkommensteuer* in €
121	30 456	1 574
122	30 528	1 590
123	30 600	1 606
124	30 672	1 622
125	30 744	1 640
126	30 816	1 656
127	30 888	1 672
128	30 960	1 688
129	31 032	1 706
130	31 104	1 722
131	31 176	1 738
132	31 248	1 756
133	31 320	1 772
134	31 392	1 788
135	31 464	1 806
136	31 536	1 822
137	31 608	1 840
138	31 680	1 856
139	31 752	1 874
140	31 824	1 890
141	31 896	1 908
142	31 968	1 924
143	32 040	1 942
144	32 112	1 960
145	32 184	1 976
146	32 256	1 994
147	32 328	2 012
148	32 400	2 028
149	32 472	2 046
150	32 544	2 064
151	32 616	2 080
152	32 688	2 098
153	32 760	2 116
154	32 832	2 132
155	32 904	2 150
156	32 976	2 168
157	33 048	2 184
158	33 120	2 202
159	33 192	2 220
160	33 264	2 238
161	33 336	2 254
162	33 408	2 272
163	33 480	2 290
164	33 552	2 306
165	33 624	2 324
166	33 696	2 342
167	33 768	2 360
168	33 840	2 376
169	33 912	2 394
170	33 984	2 412
171	34 056	2 430
172	34 128	2 446
173	34 200	2 464
174	34 272	2 482
175	34 344	2 500
176	34 416	2 518
177	34 488	2 534
178	34 560	2 552
179	34 632	2 570
180	34 704	2 588
181	34 776	2 606
182	34 848	2 624
183	34 920	2 640
184	34 992	2 658
185	35 064	2 676
186	35 136	2 694
187	35 208	2 712
188	35 280	2 730
189	35 352	2 746
190	35 424	2 764
191	35 496	2 782
192	35 568	2 800
193	35 640	2 818
194	35 712	2 836
195	35 784	2 854
196	35 856	2 872
197	35 928	2 888
198	36 000	2 906
199	36 072	2 924
200	36 144	2 942
201	36 216	2 960
202	36 288	2 978
203	36 360	2 996
204	36 432	3 014
205	36 504	3 032
206	36 576	3 050
207	36 648	3 068
208	36 720	3 086
209	36 792	3 104
210	36 864	3 122
211	36 936	3 140
212	37 008	3 158
213	37 080	3 176
214	37 152	3 194
215	37 224	3 212
216	37 296	3 230
217	37 368	3 248
218	37 440	3 266
219	37 512	3 284
220	37 584	3 302
221	37 656	3 320
222	37 728	3 338
223	37 800	3 356
224	37 872	3 374
225	37 944	3 392
226	38 016	3 410
227	38 088	3 428
228	38 160	3 446
229	38 232	3 464
230	38 304	3 482
231	38 376	3 500
232	38 448	3 518
233	38 520	3 536
234	38 592	3 554
235	38 664	3 572
236	38 736	3 590
237	38 808	3 610
238	38 880	3 628
239	38 952	3 646
240	39 024	3 664

* Die Einkommensteuer gilt nur für den ausgewiesenen Wert, Zwischenwerte sind zu schätzen – s. Vorbemerkungen

laufende Nummer	zu versteuerndes Einkommen* in €	tarifliche Einkommensteuer* in €	laufende Nummer	zu versteuerndes Einkommen* in €	tarifliche Einkommensteuer* in €
241	39 096	3 682	301	43 416	4 794
242	39 168	3 700	302	43 488	4 814
243	39 240	3 718	303	43 560	4 832
244	39 312	3 736	304	43 632	4 852
245	39 384	3 756	305	43 704	4 870
246	39 456	3 774	306	43 776	4 888
247	39 528	3 792	307	43 848	4 908
248	39 600	3 810	308	43 920	4 926
249	39 672	3 828	309	43 992	4 946
250	39 744	3 846	310	44 064	4 964
251	39 816	3 864	311	44 136	4 984
252	39 888	3 884	312	44 208	5 002
253	39 960	3 902	313	44 280	5 022
254	40 032	3 920	314	44 352	5 040
255	40 104	3 938	315	44 424	5 060
256	40 176	3 956	316	44 496	5 078
257	40 248	3 976	317	44 568	5 098
258	40 320	3 994	318	44 640	5 116
259	40 392	4 012	319	44 712	5 136
260	40 464	4 030	320	44 784	5 154
261	40 536	4 048	321	44 856	5 174
262	40 608	4 068	322	44 928	5 192
263	40 680	4 086	323	45 000	5 212
264	40 752	4 104	324	45 072	5 230
265	40 824	4 122	325	45 144	5 250
266	40 896	4 142	326	45 216	5 268
267	40 968	4 160	327	45 288	5 288
268	41 040	4 178	328	45 360	5 306
269	41 112	4 196	329	45 432	5 326
270	41 184	4 216	330	45 504	5 346
271	41 256	4 234	331	45 576	5 364
272	41 328	4 252	332	45 648	5 384
273	41 400	4 270	333	45 720	5 402
274	41 472	4 290	334	45 792	5 422
275	41 544	4 308	335	45 864	5 440
276	41 616	4 326	336	45 936	5 460
277	41 688	4 346	337	46 008	5 480
278	41 760	4 364	338	46 080	5 498
279	41 832	4 382	339	46 152	5 518
280	41 904	4 402	340	46 224	5 536
281	41 976	4 420	341	46 296	5 556
282	42 048	4 438	342	46 368	5 576
283	42 120	4 456	343	46 440	5 594
284	42 192	4 476	344	46 512	5 614
285	42 264	4 494	345	46 584	5 634
286	42 336	4 512	346	46 656	5 652
287	42 408	4 532	347	46 728	5 672
288	42 480	4 550	348	46 800	5 692
289	42 552	4 570	349	46 872	5 710
290	42 624	4 588	350	46 944	5 730
291	42 696	4 606	351	47 016	5 750
292	42 768	4 626	352	47 088	5 768
293	42 840	4 644	353	47 160	5 788
294	42 912	4 662	354	47 232	5 808
295	42 984	4 682	355	47 304	5 826
296	43 056	4 700	356	47 376	5 846
297	43 128	4 720	357	47 448	5 866
298	43 200	4 738	358	47 520	5 884
299	43 272	4 756	359	47 592	5 904
300	43 344	4 776	360	47 664	5 924

* Die Einkommensteuer gilt nur für den ausgewiesenen Wert, Zwischenwerte sind zu schätzen — s. Vorbemerkungen

T 1b ESt-Splittingtabelle

Gültig ab 1. 1. 2023

laufende Nummer	zu versteuerndes Einkommen* in €	tarifliche Einkommen-steuer* in €	laufende Nummer	zu versteuerndes Einkommen* in €	tarifliche Einkommen-steuer* in €
361	47 736	5 942	421	52 056	7 128
362	47 808	5 962	422	52 128	7 148
363	47 880	5 982	423	52 200	7 168
364	47 952	6 002	424	52 272	7 188
365	48 024	6 020	425	52 344	7 208
366	48 096	6 040	426	52 416	7 228
367	48 168	6 060	427	52 488	7 248
368	48 240	6 080	428	52 560	7 268
369	48 312	6 098	429	52 632	7 288
370	48 384	6 118	430	52 704	7 308
371	48 456	6 138	431	52 776	7 328
372	48 528	6 158	432	52 848	7 348
373	48 600	6 176	433	52 920	7 368
374	48 672	6 196	434	52 992	7 388
375	48 744	6 216	435	53 064	7 408
376	48 816	6 236	436	53 136	7 430
377	48 888	6 256	437	53 208	7 450
378	48 960	6 274	438	53 280	7 470
379	49 032	6 294	439	53 352	7 490
380	49 104	6 314	440	53 424	7 510
381	49 176	6 334	441	53 496	7 530
382	49 248	6 354	442	53 568	7 550
383	49 320	6 374	443	53 640	7 570
384	49 392	6 392	444	53 712	7 590
385	49 464	6 412	445	53 784	7 612
386	49 536	6 432	446	53 856	7 632
387	49 608	6 452	447	53 928	7 652
388	49 680	6 472	448	54 000	7 672
389	49 752	6 492	449	54 072	7 692
390	49 824	6 510	450	54 144	7 712
391	49 896	6 530	451	54 216	7 734
392	49 968	6 550	452	54 288	7 754
393	50 040	6 570	453	54 360	7 774
394	50 112	6 590	454	54 432	7 794
395	50 184	6 610	455	54 504	7 814
396	50 256	6 630	456	54 576	7 834
397	50 328	6 650	457	54 648	7 856
398	50 400	6 670	458	54 720	7 876
399	50 472	6 688	459	54 792	7 896
400	50 544	6 708	460	54 864	7 916
401	50 616	6 728	461	54 936	7 936
402	50 688	6 748	462	55 008	7 958
403	50 760	6 768	463	55 080	7 978
404	50 832	6 788	464	55 152	7 998
405	50 904	6 808	465	55 224	8 018
406	50 976	6 828	466	55 296	8 040
407	51 048	6 848	467	55 368	8 060
408	51 120	6 868	468	55 440	8 080
409	51 192	6 888	469	55 512	8 100
410	51 264	6 908	470	55 584	8 122
411	51 336	6 928	471	55 656	8 142
412	51 408	6 948	472	55 728	8 162
413	51 480	6 968	473	55 800	8 182
414	51 552	6 988	474	55 872	8 204
415	51 624	7 008	475	55 944	8 224
416	51 696	7 028	476	56 016	8 244
417	51 768	7 048	477	56 088	8 266
418	51 840	7 068	478	56 160	8 286
419	51 912	7 088	479	56 232	8 306
420	51 984	7 108	480	56 304	8 328

* Die Einkommensteuer gilt nur für den ausgewiesenen Wert, Zwischenwerte sind zu schätzen — s. Vorbemerkungen

laufende Nummer	zu versteuerndes Einkommen* in €	tarifliche Einkommensteuer* in €	laufende Nummer	zu versteuerndes Einkommen* in €	tarifliche Einkommensteuer* in €
481	56 376	8 348	541	60 696	9 604
482	56 448	8 368	542	60 768	9 626
483	56 520	8 390	543	60 840	9 646
484	56 592	8 410	544	60 912	9 668
485	56 664	8 430	545	60 984	9 690
486	56 736	8 452	546	61 056	9 710
487	56 808	8 472	547	61 128	9 732
488	56 880	8 492	548	61 200	9 752
489	56 952	8 514	549	61 272	9 774
490	57 024	8 534	550	61 344	9 796
491	57 096	8 554	551	61 416	9 816
492	57 168	8 576	552	61 488	9 838
493	57 240	8 596	553	61 560	9 860
494	57 312	8 616	554	61 632	9 880
495	57 384	8 638	555	61 704	9 902
496	57 456	8 658	556	61 776	9 924
497	57 528	8 680	557	61 848	9 946
498	57 600	8 700	558	61 920	9 966
499	57 672	8 720	559	61 992	9 988
500	57 744	8 742	560	62 064	10 010
501	57 816	8 762	561	62 136	10 030
502	57 888	8 784	562	62 208	10 052
503	57 960	8 804	563	62 280	10 074
504	58 032	8 826	564	62 352	10 096
505	58 104	8 846	565	62 424	10 116
506	58 176	8 866	566	62 496	10 138
507	58 248	8 888	567	62 568	10 160
508	58 320	8 908	568	62 640	10 182
509	58 392	8 930	569	62 712	10 202
510	58 464	8 950	570	62 784	10 224
511	58 536	8 972	571	62 856	10 246
512	58 608	8 992	572	62 928	10 268
513	58 680	9 014	573	63 000	10 288
514	58 752	9 034	574	63 072	10 310
515	58 824	9 056	575	63 144	10 332
516	58 896	9 076	576	63 216	10 354
517	58 968	9 098	577	63 288	10 376
518	59 040	9 118	578	63 360	10 396
519	59 112	9 140	579	63 432	10 418
520	59 184	9 160	580	63 504	10 440
521	59 256	9 182	581	63 576	10 462
522	59 328	9 202	582	63 648	10 484
523	59 400	9 224	583	63 720	10 504
524	59 472	9 244	584	63 792	10 526
525	59 544	9 266	585	63 864	10 548
526	59 616	9 286	586	63 936	10 570
527	59 688	9 308	587	64 008	10 592
528	59 760	9 328	588	64 080	10 614
529	59 832	9 350	589	64 152	10 634
530	59 904	9 372	590	64 224	10 656
531	59 976	9 392	591	64 296	10 678
532	60 048	9 414	592	64 368	10 700
533	60 120	9 434	593	64 440	10 722
534	60 192	9 456	594	64 512	10 744
535	60 264	9 476	595	64 584	10 766
536	60 336	9 498	596	64 656	10 788
537	60 408	9 520	597	64 728	10 810
538	60 480	9 540	598	64 800	10 830
539	60 552	9 562	599	64 872	10 852
540	60 624	9 582	600	64 944	10 874

* Die Einkommensteuer gilt nur für den ausgewiesenen Wert, Zwischenwerte sind zu schätzen — s. Vorbemerkungen

laufende Nummer	zu versteuerndes Einkommen* in €	tarifliche Einkommensteuer* in €	laufende Nummer	zu versteuerndes Einkommen* in €	tarifliche Einkommensteuer* in €
601	65 016	10 896	661	69 336	12 224
602	65 088	10 918	662	69 408	12 246
603	65 160	10 940	663	69 480	12 270
604	65 232	10 962	664	69 552	12 292
605	65 304	10 984	665	69 624	12 314
606	65 376	11 006	666	69 696	12 336
607	65 448	11 028	667	69 768	12 360
608	65 520	11 050	668	69 840	12 382
609	65 592	11 072	669	69 912	12 404
610	65 664	11 094	670	69 984	12 426
611	65 736	11 116	671	70 056	12 450
612	65 808	11 138	672	70 128	12 472
613	65 880	11 160	673	70 200	12 494
614	65 952	11 180	674	70 272	12 516
615	66 024	11 202	675	70 344	12 540
616	66 096	11 224	676	70 416	12 562
617	66 168	11 246	677	70 488	12 584
618	66 240	11 268	678	70 560	12 608
619	66 312	11 290	679	70 632	12 630
620	66 384	11 312	680	70 704	12 652
621	66 456	11 336	681	70 776	12 676
622	66 528	11 358	682	70 848	12 698
623	66 600	11 380	683	70 920	12 720
624	66 672	11 402	684	70 992	12 744
625	66 744	11 424	685	71 064	12 766
626	66 816	11 446	686	71 136	12 788
627	66 888	11 468	687	71 208	12 812
628	66 960	11 490	688	71 280	12 834
629	67 032	11 512	689	71 352	12 856
630	67 104	11 534	690	71 424	12 880
631	67 176	11 556	691	71 496	12 902
632	67 248	11 578	692	71 568	12 924
633	67 320	11 600	693	71 640	12 948
634	67 392	11 622	694	71 712	12 970
635	67 464	11 644	695	71 784	12 994
636	67 536	11 666	696	71 856	13 016
637	67 608	11 688	697	71 928	13 038
638	67 680	11 712	698	72 000	13 062
639	67 752	11 734	699	72 072	13 084
640	67 824	11 756	700	72 144	13 108
641	67 896	11 778	701	72 216	13 130
642	67 968	11 800	702	72 288	13 152
643	68 040	11 822	703	72 360	13 176
644	68 112	11 844	704	72 432	13 198
645	68 184	11 866	705	72 504	13 222
646	68 256	11 890	706	72 576	13 244
647	68 328	11 912	707	72 648	13 268
648	68 400	11 934	708	72 720	13 290
649	68 472	11 956	709	72 792	13 312
650	68 544	11 978	710	72 864	13 336
651	68 616	12 000	711	72 936	13 358
652	68 688	12 022	712	73 008	13 382
653	68 760	12 046	713	73 080	13 404
654	68 832	12 068	714	73 152	13 428
655	68 904	12 090	715	73 224	13 450
656	68 976	12 112	716	73 296	13 474
657	69 048	12 134	717	73 368	13 496
658	69 120	12 158	718	73 440	13 520
659	69 192	12 180	719	73 512	13 542
660	69 264	12 202	720	73 584	13 566

* Die Einkommensteuer gilt nur für den ausgewiesenen Wert, Zwischenwerte sind zu schätzen – s. Vorbemerkungen

laufende Nummer	zu versteuerndes Einkommen* in €	tarifliche Einkommensteuer* in €
721	73 656	13 588
722	73 728	13 612
723	73 800	13 634
724	73 872	13 658
725	73 944	13 680
726	74 016	13 704
727	74 088	13 726
728	74 160	13 750
729	74 232	13 774
730	74 304	13 796
731	74 376	13 820
732	74 448	13 842
733	74 520	13 866
734	74 592	13 888
735	74 664	13 912
736	74 736	13 936
737	74 808	13 958
738	74 880	13 982
739	74 952	14 004
740	75 024	14 028
741	75 096	14 052
742	75 168	14 074
743	75 240	14 098
744	75 312	14 122
745	75 384	14 144
746	75 456	14 168
747	75 528	14 190
748	75 600	14 214
749	75 672	14 238
750	75 744	14 260
751	75 816	14 284
752	75 888	14 308
753	75 960	14 330
754	76 032	14 354
755	76 104	14 378
756	76 176	14 400
757	76 248	14 424
758	76 320	14 448
759	76 392	14 472
760	76 464	14 494
761	76 536	14 518
762	76 608	14 542
763	76 680	14 564
764	76 752	14 588
765	76 824	14 612
766	76 896	14 636
767	76 968	14 658
768	77 040	14 682
769	77 112	14 706
770	77 184	14 730
771	77 256	14 752
772	77 328	14 776
773	77 400	14 800
774	77 472	14 824
775	77 544	14 848
776	77 616	14 870
777	77 688	14 894
778	77 760	14 918
779	77 832	14 942
780	77 904	14 966
781	77 976	14 988
782	78 048	15 012
783	78 120	15 036
784	78 192	15 060
785	78 264	15 084
786	78 336	15 106
787	78 408	15 130
788	78 480	15 154
789	78 552	15 178
790	78 624	15 202
791	78 696	15 226
792	78 768	15 250
793	78 840	15 272
794	78 912	15 296
795	78 984	15 320
796	79 056	15 344
797	79 128	15 368
798	79 200	15 392
799	79 272	15 416
800	79 344	15 440
801	79 416	15 464
802	79 488	15 488
803	79 560	15 512
804	79 632	15 534
805	79 704	15 558
806	79 776	15 582
807	79 848	15 606
808	79 920	15 630
809	79 992	15 654
810	80 064	15 678
811	80 136	15 702
812	80 208	15 726
813	80 280	15 750
814	80 352	15 774
815	80 424	15 798
816	80 496	15 822
817	80 568	15 846
818	80 640	15 870
819	80 712	15 894
820	80 784	15 918
821	80 856	15 942
822	80 928	15 966
823	81 000	15 990
824	81 072	16 014
825	81 144	16 038
826	81 216	16 062
827	81 288	16 086
828	81 360	16 110
829	81 432	16 134
830	81 504	16 158
831	81 576	16 182
832	81 648	16 206
833	81 720	16 232
834	81 792	16 256
835	81 864	16 280
836	81 936	16 304
837	82 008	16 328
838	82 080	16 352
839	82 152	16 376
840	82 224	16 400

* Die Einkommensteuer gilt nur für den ausgewiesenen Wert, Zwischenwerte sind zu schätzen – s. Vorbemerkungen

laufende Nummer	zu versteuerndes Einkommen* in €	tarifliche Einkommensteuer* in €
841	82 296	16 424
842	82 368	16 448
843	82 440	16 474
844	82 512	16 498
845	82 584	16 522
846	82 656	16 546
847	82 728	16 570
848	82 800	16 594
849	82 872	16 618
850	82 944	16 644
851	83 016	16 668
852	83 088	16 692
853	83 160	16 716
854	83 232	16 740
855	83 304	16 764
856	83 376	16 790
857	83 448	16 814
858	83 520	16 838
859	83 592	16 862
860	83 664	16 886
861	83 736	16 912
862	83 808	16 936
863	83 880	16 960
864	83 952	16 984
865	84 024	17 010
866	84 096	17 034
867	84 168	17 058
868	84 240	17 082
869	84 312	17 108
870	84 384	17 132
871	84 456	17 156
872	84 528	17 180
873	84 600	17 206
874	84 672	17 230
875	84 744	17 254
876	84 816	17 278
877	84 888	17 304
878	84 960	17 328
879	85 032	17 352
880	85 104	17 378
881	85 176	17 402
882	85 248	17 426
883	85 320	17 452
884	85 392	17 476
885	85 464	17 500
886	85 536	17 526
887	85 608	17 550
888	85 680	17 574
889	85 752	17 600
890	85 824	17 624
891	85 896	17 648
892	85 968	17 674
893	86 040	17 698
894	86 112	17 724
895	86 184	17 748
896	86 256	17 772
897	86 328	17 798
898	86 400	17 822
899	86 472	17 846
900	86 544	17 872
901	86 616	17 896
902	86 688	17 922
903	86 760	17 946
904	86 832	17 972
905	86 904	17 996
906	86 976	18 020
907	87 048	18 046
908	87 120	18 070
909	87 192	18 096
910	87 264	18 120
911	87 336	18 146
912	87 408	18 170
913	87 480	18 196
914	87 552	18 220
915	87 624	18 246
916	87 696	18 270
917	87 768	18 296
918	87 840	18 320
919	87 912	18 346
920	87 984	18 370
921	88 056	18 396
922	88 128	18 420
923	88 200	18 446
924	88 272	18 470
925	88 344	18 496
926	88 416	18 520
927	88 488	18 546
928	88 560	18 570
929	88 632	18 596
930	88 704	18 620
931	88 776	18 646
932	88 848	18 672
933	88 920	18 696
934	88 992	18 722
935	89 064	18 746
936	89 136	18 772
937	89 208	18 798
938	89 280	18 822
939	89 352	18 848
940	89 424	18 872
941	89 496	18 898
942	89 568	18 924
943	89 640	18 948
944	89 712	18 974
945	89 784	18 998
946	89 856	19 024
947	89 928	19 050
948	90 000	19 074
949	90 072	19 100
950	90 144	19 126
951	90 216	19 150
952	90 288	19 176
953	90 360	19 202
954	90 432	19 226
955	90 504	19 252
956	90 576	19 278
957	90 648	19 302
958	90 720	19 328
959	90 792	19 354
960	90 864	19 380

* Die Einkommensteuer gilt nur für den ausgewiesenen Wert, Zwischenwerte sind zu schätzen — s. Vorbemerkungen

laufende Nummer	zu versteuerndes Einkommen* in €	tarifliche Einkommen-steuer* in €
961	90 936	19 404
962	91 008	19 430
963	91 080	19 456
964	91 152	19 480
965	91 224	19 506
966	91 296	19 532
967	91 368	19 558
968	91 440	19 582
969	91 512	19 608
970	91 584	19 634
971	91 656	19 660
972	91 728	19 684
973	91 800	19 710
974	91 872	19 736
975	91 944	19 762
976	92 016	19 788
977	92 088	19 812
978	92 160	19 838
979	92 232	19 864
980	92 304	19 890
981	92 376	19 916
982	92 448	19 940
983	92 520	19 966
984	92 592	19 992
985	92 664	20 018
986	92 736	20 044
987	92 808	20 070
988	92 880	20 094
989	92 952	20 120
990	93 024	20 146
991	93 096	20 172
992	93 168	20 198
993	93 240	20 224
994	93 312	20 250
995	93 384	20 274
996	93 456	20 300
997	93 528	20 326
998	93 600	20 352
999	93 672	20 378
1 000	93 744	20 404
1 001	93 816	20 430
1 002	93 888	20 456
1 003	93 960	20 482
1 004	94 032	20 508
1 005	94 104	20 534
1 006	94 176	20 558
1 007	94 248	20 584
1 008	94 320	20 610
1 009	94 392	20 636
1 010	94 464	20 662
1 011	94 536	20 688
1 012	94 608	20 714
1 013	94 680	20 740
1 014	94 752	20 766
1 015	94 824	20 792
1 016	94 896	20 818
1 017	94 968	20 844
1 018	95 040	20 870
1 019	95 112	20 896
1 020	95 184	20 922
1 021	95 256	20 948
1 022	95 328	20 974
1 023	95 400	21 000
1 024	95 472	21 026
1 025	95 544	21 052
1 026	95 616	21 078
1 027	95 688	21 104
1 028	95 760	21 130
1 029	95 832	21 156
1 030	95 904	21 182
1 031	95 976	21 210
1 032	96 048	21 236
1 033	96 120	21 262
1 034	96 192	21 288
1 035	96 264	21 314
1 036	96 336	21 340
1 037	96 408	21 366
1 038	96 480	21 392
1 039	96 552	21 418
1 040	96 624	21 444
1 041	96 696	21 470
1 042	96 768	21 498
1 043	96 840	21 524
1 044	96 912	21 550
1 045	96 984	21 576
1 046	97 056	21 602
1 047	97 128	21 628
1 048	97 200	21 654
1 049	97 272	21 682
1 050	97 344	21 708
1 051	97 416	21 734
1 052	97 488	21 760
1 053	97 560	21 786
1 054	97 632	21 812
1 055	97 704	21 840
1 056	97 776	21 866
1 057	97 848	21 892
1 058	97 920	21 918
1 059	97 992	21 944
1 060	98 064	21 972
1 061	98 136	21 998
1 062	98 208	22 024
1 063	98 280	22 050
1 064	98 352	22 076
1 065	98 424	22 104
1 066	98 496	22 130
1 067	98 568	22 156
1 068	98 640	22 182
1 069	98 712	22 210
1 070	98 784	22 236
1 071	98 856	22 262
1 072	98 928	22 288
1 073	99 000	22 316
1 074	99 072	22 342
1 075	99 144	22 368
1 076	99 216	22 396
1 077	99 288	22 422
1 078	99 360	22 448
1 079	99 432	22 474
1 080	99 504	22 502

* Die Einkommensteuer gilt nur für den ausgewiesenen Wert, Zwischenwerte sind zu schätzen — s. Vorbemerkungen

laufende Nummer	zu versteuerndes Einkommen* in €	tarifliche Einkommensteuer* in €	laufende Nummer	zu versteuerndes Einkommen* in €	tarifliche Einkommensteuer* in €
1 081	99 576	22 528	1 141	103 896	24 144
1 082	99 648	22 554	1 142	103 968	24 172
1 083	99 720	22 582	1 143	104 040	24 198
1 084	99 792	22 608	1 144	104 112	24 226
1 085	99 864	22 634	1 145	104 184	24 252
1 086	99 936	22 662	1 146	104 256	24 280
1 087	100 008	22 688	1 147	104 328	24 308
1 088	100 080	22 714	1 148	104 400	24 334
1 089	100 152	22 742	1 149	104 472	24 362
1 090	100 224	22 768	1 150	104 544	24 390
1 091	100 296	22 794	1 151	104 616	24 416
1 092	100 368	22 822	1 152	104 688	24 444
1 093	100 440	22 848	1 153	104 760	24 472
1 094	100 512	22 876	1 154	104 832	24 498
1 095	100 584	22 902	1 155	104 904	24 526
1 096	100 656	22 928	1 156	104 976	24 554
1 097	100 728	22 956	1 157	105 048	24 580
1 098	100 800	22 982	1 158	105 120	24 608
1 099	100 872	23 010	1 159	105 192	24 636
1 100	100 944	23 036	1 160	105 264	24 662
1 101	101 016	23 062	1 161	105 336	24 690
1 102	101 088	23 090	1 162	105 408	24 718
1 103	101 160	23 116	1 163	105 480	24 746
1 104	101 232	23 144	1 164	105 552	24 772
1 105	101 304	23 170	1 165	105 624	24 800
1 106	101 376	23 196	1 166	105 696	24 828
1 107	101 448	23 224	1 167	105 768	24 856
1 108	101 520	23 250	1 168	105 840	24 882
1 109	101 592	23 278	1 169	105 912	24 910
1 110	101 664	23 304	1 170	105 984	24 938
1 111	101 736	23 332	1 171	106 056	24 966
1 112	101 808	23 358	1 172	106 128	24 992
1 113	101 880	23 386	1 173	106 200	25 020
1 114	101 952	23 412	1 174	106 272	25 048
1 115	102 024	23 440	1 175	106 344	25 076
1 116	102 096	23 466	1 176	106 416	25 102
1 117	102 168	23 494	1 177	106 488	25 130
1 118	102 240	23 520	1 178	106 560	25 158
1 119	102 312	23 548	1 179	106 632	25 186
1 120	102 384	23 574	1 180	106 704	25 214
1 121	102 456	23 602	1 181	106 776	25 240
1 122	102 528	23 628	1 182	106 848	25 268
1 123	102 600	23 656	1 183	106 920	25 296
1 124	102 672	23 682	1 184	106 992	25 324
1 125	102 744	23 710	1 185	107 064	25 352
1 126	102 816	23 736	1 186	107 136	25 380
1 127	102 888	23 764	1 187	107 208	25 406
1 128	102 960	23 790	1 188	107 280	25 434
1 129	103 032	23 818	1 189	107 352	25 462
1 130	103 104	23 844	1 190	107 424	25 490
1 131	103 176	23 872	1 191	107 496	25 518
1 132	103 248	23 900	1 192	107 568	25 546
1 133	103 320	23 926	1 193	107 640	25 574
1 134	103 392	23 954	1 194	107 712	25 600
1 135	103 464	23 980	1 195	107 784	25 628
1 136	103 536	24 008	1 196	107 856	25 656
1 137	103 608	24 034	1 197	107 928	25 684
1 138	103 680	24 062	1 198	108 000	25 712
1 139	103 752	24 090	1 199	108 072	25 740
1 140	103 824	24 116	1 200	108 144	25 768

* Die Einkommensteuer gilt nur für den ausgewiesenen Wert, Zwischenwerte sind zu schätzen — s. Vorbemerkungen

laufende Nummer	zu versteuerndes Einkommen* in €	tarifliche Einkommensteuer* in €	laufende Nummer	zu versteuerndes Einkommen* in €	tarifliche Einkommensteuer* in €
1201	108216	25796	1261	112536	27484
1202	108288	25824	1262	112608	27512
1203	108360	25852	1263	112680	27540
1204	108432	25878	1264	112752	27568
1205	108504	25906	1265	112824	27596
1206	108576	25934	1266	112896	27626
1207	108648	25962	1267	112968	27654
1208	108720	25990	1268	113040	27682
1209	108792	26018	1269	113112	27710
1210	108864	26046	1270	113184	27740
1211	108936	26074	1271	113256	27768
1212	109008	26102	1272	113328	27796
1213	109080	26130	1273	113400	27824
1214	109152	26158	1274	113472	27854
1215	109224	26186	1275	113544	27882
1216	109296	26214	1276	113616	27910
1217	109368	26242	1277	113688	27940
1218	109440	26270	1278	113760	27968
1219	109512	26298	1279	113832	27996
1220	109584	26326	1280	113904	28024
1221	109656	26354	1281	113976	28054
1222	109728	26382	1282	114048	28082
1223	109800	26410	1283	114120	28110
1224	109872	26438	1284	114192	28140
1225	109944	26466	1285	114264	28168
1226	110016	26494	1286	114336	28196
1227	110088	26522	1287	114408	28226
1228	110160	26550	1288	114480	28254
1229	110232	26578	1289	114552	28282
1230	110304	26606	1290	114624	28312
1231	110376	26634	1291	114696	28340
1232	110448	26662	1292	114768	28370
1233	110520	26692	1293	114840	28398
1234	110592	26720	1294	114912	28426
1235	110664	26748	1295	114984	28456
1236	110736	26776	1296	115056	28484
1237	110808	26804	1297	115128	28512
1238	110880	26832	1298	115200	28542
1239	110952	26860	1299	115272	28570
1240	111024	26888	1300	115344	28600
1241	111096	26916	1301	115416	28628
1242	111168	26944	1302	115488	28656
1243	111240	26974	1303	115560	28686
1244	111312	27002	1304	115632	28714
1245	111384	27030	1305	115704	28744
1246	111456	27058	1306	115776	28772
1247	111528	27086	1307	115848	28802
1248	111600	27114	1308	115920	28830
1249	111672	27142	1309	115992	28860
1250	111744	27170	1310	116064	28888
1251	111816	27200	1311	116136	28916
1252	111888	27228	1312	116208	28946
1253	111960	27256	1313	116280	28974
1254	112032	27284	1314	116352	29004
1255	112104	27312	1315	116424	29032
1256	112176	27342	1316	116496	29062
1257	112248	27370	1317	116568	29090
1258	112320	27398	1318	116640	29120
1259	112392	27426	1319	116712	29148
1260	112464	27454	1320	116784	29178

* Die Einkommensteuer gilt nur für den ausgewiesenen Wert, Zwischenwerte sind zu schätzen – s. Vorbemerkungen

laufende Nummer	zu versteuerndes Einkommen* in €	tarifliche Einkommensteuer* in €	laufende Nummer	zu versteuerndes Einkommen* in €	tarifliche Einkommensteuer* in €
1 321	116 856	29 206	1 381	121 176	30 966
1 322	116 928	29 236	1 382	121 248	30 996
1 323	117 000	29 264	1 383	121 320	31 026
1 324	117 072	29 294	1 384	121 392	31 056
1 325	117 144	29 322	1 385	121 464	31 084
1 326	117 216	29 352	1 386	121 536	31 114
1 327	117 288	29 380	1 387	121 608	31 144
1 328	117 360	29 410	1 388	121 680	31 174
1 329	117 432	29 440	1 389	121 752	31 204
1 330	117 504	29 468	1 390	121 824	31 234
1 331	117 576	29 498	1 391	121 896	31 262
1 332	117 648	29 526	1 392	121 968	31 292
1 333	117 720	29 556	1 393	122 040	31 322
1 334	117 792	29 584	1 394	122 112	31 352
1 335	117 864	29 614	1 395	122 184	31 382
1 336	117 936	29 644	1 396	122 256	31 412
1 337	118 008	29 672	1 397	122 328	31 442
1 338	118 080	29 702	1 398	122 400	31 472
1 339	118 152	29 730	1 399	122 472	31 500
1 340	118 224	29 760	1 400	122 544	31 530
1 341	118 296	29 790	1 401	122 616	31 560
1 342	118 368	29 818	1 402	122 688	31 590
1 343	118 440	29 848	1 403	122 760	31 620
1 344	118 512	29 876	1 404	122 832	31 650
1 345	118 584	29 906	1 405	122 904	31 680
1 346	118 656	29 936	1 406	122 976	31 710
1 347	118 728	29 964	1 407	123 048	31 740
1 348	118 800	29 994	1 408	123 120	31 770
1 349	118 872	30 024	1 409	123 192	31 800
1 350	118 944	30 052	1 410	123 264	31 830
1 351	119 016	30 082	1 411	123 336	31 860
1 352	119 088	30 112	1 412	123 408	31 890
1 353	119 160	30 140	1 413	123 480	31 920
1 354	119 232	30 170	1 414	123 552	31 950
1 355	119 304	30 200	1 415	123 624	31 980
1 356	119 376	30 228	1 416	123 696	32 010
1 357	119 448	30 258	1 417	123 768	32 040
1 358	119 520	30 288	1 418	123 840	32 070
1 359	119 592	30 316	1 419	123 912	32 100
1 360	119 664	30 346	1 420	123 984	32 130
1 361	119 736	30 376	1 421	124 056	32 160
1 362	119 808	30 406	1 422	124 128	32 190
1 363	119 880	30 434	1 423	124 200	32 220
1 364	119 952	30 464	1 424	124 272	32 250
1 365	120 024	30 494	1 425	124 344	32 280
1 366	120 096	30 522	1 426	124 416	32 310
1 367	120 168	30 552	1 427	124 488	32 340
1 368	120 240	30 582	1 428	124 560	32 370
1 369	120 312	30 612	1 429	124 632	32 400
1 370	120 384	30 640	1 430	124 704	32 430
1 371	120 456	30 670	1 431	124 776	32 460
1 372	120 528	30 700	1 432	124 848	32 490
1 373	120 600	30 730	1 433	124 920	32 520
1 374	120 672	30 758	1 434	124 992	32 550
1 375	120 744	30 788	1 435	125 064	32 580
1 376	120 816	30 818	1 436	125 136	32 610
1 377	120 888	30 848	1 437	125 208	32 640
1 378	120 960	30 878	1 438	125 280	32 670
1 379	121 032	30 906	1 439	125 352	32 702
1 380	121 104	30 936	1 440	125 424	32 732

* Die Einkommensteuer gilt nur für den ausgewiesenen Wert, Zwischenwerte sind zu schätzen — s. Vorbemerkungen

ESt-Splittingtabelle **T 1b**

laufende Nummer	zu versteuerndes Einkommen* in €	tarifliche Einkommen-steuer* in €	laufende Nummer	zu versteuerndes Einkommen* in €	tarifliche Einkommen-steuer* in €
1441	125 496	32 762	1501	129 816	34 576
1442	125 568	32 792	1502	129 888	34 606
1443	125 640	32 822	1503	129 960	34 636
1444	125 712	32 852	1504	130 032	34 666
1445	125 784	32 882	1505	130 104	34 696
1446	125 856	32 912	1506	130 176	34 726
1447	125 928	32 942	1507	130 248	34 758
1448	126 000	32 974	1508	130 320	34 788
1449	126 072	33 004	1509	130 392	34 818
1450	126 144	33 034	1510	130 464	34 848
1451	126 216	33 064	1511	130 536	34 878
1452	126 288	33 094	1512	130 608	34 908
1453	126 360	33 124	1513	130 680	34 938
1454	126 432	33 154	1514	130 752	34 968
1455	126 504	33 184	1515	130 824	35 000
1456	126 576	33 214	1516	130 896	35 030
1457	126 648	33 246	1517	130 968	35 060
1458	126 720	33 276	1518	131 040	35 090
1459	126 792	33 306	1519	131 112	35 120
1460	126 864	33 336	1520	131 184	35 150
1461	126 936	33 366	1521	131 256	35 180
1462	127 008	33 396	1522	131 328	35 210
1463	127 080	33 426	1523	131 400	35 242
1464	127 152	33 456	1524	131 472	35 272
1465	127 224	33 488	1525	131 544	35 302
1466	127 296	33 518	1526	131 616	35 332
1467	127 368	33 548	1527	131 688	35 362
1468	127 440	33 578	1528	131 760	35 392
1469	127 512	33 608	1529	131 832	35 422
1470	127 584	33 638	1530	131 904	35 452
1471	127 656	33 668	1531	131 976	35 482
1472	127 728	33 698	1532	132 048	35 514
1473	127 800	33 730	1533	132 120	35 544
1474	127 872	33 760	1534	132 192	35 574
1475	127 944	33 790	1535	132 264	35 604
1476	128 016	33 820	1536	132 336	35 634
1477	128 088	33 850	1537	132 408	35 664
1478	128 160	33 880	1538	132 480	35 694
1479	128 232	33 910	1539	132 552	35 724
1480	128 304	33 940	1540	132 624	35 756
1481	128 376	33 970	1541	132 696	35 786
1482	128 448	34 002	1542	132 768	35 816
1483	128 520	34 032	1543	132 840	35 846
1484	128 592	34 062	1544	132 912	35 876
1485	128 664	34 092	1545	132 984	35 906
1486	128 736	34 122	1546	133 056	35 936
1487	128 808	34 152	1547	133 128	35 966
1488	128 880	34 182	1548	133 200	35 998
1489	128 952	34 212	1549	133 272	36 028
1490	129 024	34 244	1550	133 344	36 058
1491	129 096	34 274	1551	133 416	36 088
1492	129 168	34 304	1552	133 488	36 118
1493	129 240	34 334	1553	133 560	36 148
1494	129 312	34 364	1554	133 632	36 178
1495	129 384	34 394	1555	133 704	36 208
1496	129 456	34 424	1556	133 776	36 238
1497	129 528	34 454	1557	133 848	36 270
1498	129 600	34 486	1558	133 920	36 300
1499	129 672	34 516	1559	133 992	36 330
1500	129 744	34 546	1560	134 064	36 360

* Die Einkommensteuer gilt nur für den ausgewiesenen Wert, Zwischenwerte sind zu schätzen – s. Vorbemerkungen

laufende Nummer	zu versteuerndes Einkommen* in €	tarifliche Einkommensteuer* in €	laufende Nummer	zu versteuerndes Einkommen* in €	tarifliche Einkommensteuer* in €
1561	134 136	36 390	1621	138 456	38 204
1562	134 208	36 420	1622	138 528	38 234
1563	134 280	36 450	1623	138 600	38 266
1564	134 352	36 480	1624	138 672	38 296
1565	134 424	36 512	1625	138 744	38 326
1566	134 496	36 542	1626	138 816	38 356
1567	134 568	36 572	1627	138 888	38 386
1568	134 640	36 602	1628	138 960	38 416
1569	134 712	36 632	1629	139 032	38 446
1570	134 784	36 662	1630	139 104	38 476
1571	134 856	36 692	1631	139 176	38 506
1572	134 928	36 722	1632	139 248	38 538
1573	135 000	36 754	1633	139 320	38 568
1574	135 072	36 784	1634	139 392	38 598
1575	135 144	36 814	1635	139 464	38 628
1576	135 216	36 844	1636	139 536	38 658
1577	135 288	36 874	1637	139 608	38 688
1578	135 360	36 904	1638	139 680	38 718
1579	135 432	36 934	1639	139 752	38 748
1580	135 504	36 964	1640	139 824	38 780
1581	135 576	36 994	1641	139 896	38 810
1582	135 648	37 026	1642	139 968	38 840
1583	135 720	37 056	1643	140 040	38 870
1584	135 792	37 086	1644	140 112	38 900
1585	135 864	37 116	1645	140 184	38 930
1586	135 936	37 146	1646	140 256	38 960
1587	136 008	37 176	1647	140 328	38 990
1588	136 080	37 206	1648	140 400	39 022
1589	136 152	37 236	1649	140 472	39 052
1590	136 224	37 268	1650	140 544	39 082
1591	136 296	37 298	1651	140 616	39 112
1592	136 368	37 328	1652	140 688	39 142
1593	136 440	37 358	1653	140 760	39 172
1594	136 512	37 388	1654	140 832	39 202
1595	136 584	37 418	1655	140 904	39 232
1596	136 656	37 448	1656	140 976	39 262
1597	136 728	37 478	1657	141 048	39 294
1598	136 800	37 510	1658	141 120	39 324
1599	136 872	37 540	1659	141 192	39 354
1600	136 944	37 570	1660	141 264	39 384
1601	137 016	37 600	1661	141 336	39 414
1602	137 088	37 630	1662	141 408	39 444
1603	137 160	37 660	1663	141 480	39 474
1604	137 232	37 690	1664	141 552	39 504
1605	137 304	37 720	1665	141 624	39 536
1606	137 376	37 750	1666	141 696	39 566
1607	137 448	37 782	1667	141 768	39 596
1608	137 520	37 812	1668	141 840	39 626
1609	137 592	37 842	1669	141 912	39 656
1610	137 664	37 872	1670	141 984	39 686
1611	137 736	37 902	1671	142 056	39 716
1612	137 808	37 932	1672	142 128	39 746
1613	137 880	37 962	1673	142 200	39 778
1614	137 952	37 992	1674	142 272	39 808
1615	138 024	38 024	1675	142 344	39 838
1616	138 096	38 054	1676	142 416	39 868
1617	138 168	38 084	1677	142 488	39 898
1618	138 240	38 114	1678	142 560	39 928
1619	138 312	38 144	1679	142 632	39 958
1620	138 384	38 174	1680	142 704	39 988

* Die Einkommensteuer gilt nur für den ausgewiesenen Wert, Zwischenwerte sind zu schätzen — s. Vorbemerkungen

laufende Nummer	zu versteuerndes Einkommen* in €	tarifliche Einkommen-steuer* in €
1681	142 776	40 018
1682	142 848	40 050
1683	142 920	40 080
1684	142 992	40 110
1685	143 064	40 140
1686	143 136	40 170
1687	143 208	40 200
1688	143 280	40 230
1689	143 352	40 260
1690	143 424	40 292
1691	143 496	40 322
1692	143 568	40 352
1693	143 640	40 382
1694	143 712	40 412
1695	143 784	40 442
1696	143 856	40 472
1697	143 928	40 502
1698	144 000	40 534
1699	144 072	40 564
1700	144 144	40 594
1701	144 216	40 624
1702	144 288	40 654
1703	144 360	40 684
1704	144 432	40 714
1705	144 504	40 744
1706	144 576	40 774
1707	144 648	40 806
1708	144 720	40 836
1709	144 792	40 866
1710	144 864	40 896
1711	144 936	40 926
1712	145 008	40 956
1713	145 080	40 986
1714	145 152	41 016
1715	145 224	41 048
1716	145 296	41 078
1717	145 368	41 108
1718	145 440	41 138
1719	145 512	41 168
1720	145 584	41 198
1721	145 656	41 228
1722	145 728	41 258
1723	145 800	41 290
1724	145 872	41 320
1725	145 944	41 350
1726	146 016	41 380
1727	146 088	41 410
1728	146 160	41 440
1729	146 232	41 470
1730	146 304	41 500
1731	146 376	41 530
1732	146 448	41 562
1733	146 520	41 592
1734	146 592	41 622
1735	146 664	41 652
1736	146 736	41 682
1737	146 808	41 712
1738	146 880	41 742
1739	146 952	41 772
1740	147 024	41 804
1741	147 096	41 834
1742	147 168	41 864
1743	147 240	41 894
1744	147 312	41 924
1745	147 384	41 954
1746	147 456	41 984
1747	147 528	42 014
1748	147 600	42 046
1749	147 672	42 076
1750	147 744	42 106
1751	147 816	42 136
1752	147 888	42 166
1753	147 960	42 196
1754	148 032	42 226
1755	148 104	42 256
1756	148 176	42 286
1757	148 248	42 318
1758	148 320	42 348
1759	148 392	42 378
1760	148 464	42 408
1761	148 536	42 438
1762	148 608	42 468
1763	148 680	42 498
1764	148 752	42 528
1765	148 824	42 560
1766	148 896	42 590
1767	148 968	42 620
1768	149 040	42 650
1769	149 112	42 680
1770	149 184	42 710
1771	149 256	42 740
1772	149 328	42 770
1773	149 400	42 802
1774	149 472	42 832
1775	149 544	42 862
1776	149 616	42 892
1777	149 688	42 922
1778	149 760	42 952
1779	149 832	42 982
1780	149 904	43 012
1781	149 976	43 042
1782	150 048	43 074
1783	150 120	43 104
1784	150 192	43 134
1785	150 264	43 164
1786	150 336	43 194
1787	150 408	43 224
1788	150 480	43 254
1789	150 552	43 284
1790	150 624	43 316
1791	150 696	43 346
1792	150 768	43 376
1793	150 840	43 406
1794	150 912	43 436
1795	150 984	43 466
1796	151 056	43 496
1797	151 128	43 526
1798	151 200	43 558
1799	151 272	43 588
1800	151 344	43 618

* Die Einkommensteuer gilt nur für den ausgewiesenen Wert, Zwischenwerte sind zu schätzen — s. Vorbemerkungen

laufende Nummer	zu versteuerndes Einkommen* in €	tarifliche Einkommen-steuer* in €
1801	151416	43648
1802	151488	43678
1803	151560	43708
1804	151632	43738
1805	151704	43768
1806	151776	43798
1807	151848	43830
1808	151920	43860
1809	151992	43890
1810	152064	43920
1811	152136	43950
1812	152208	43980
1813	152280	44010
1814	152352	44040
1815	152424	44072
1816	152496	44102
1817	152568	44132
1818	152640	44162
1819	152712	44192
1820	152784	44222
1821	152856	44252
1822	152928	44282
1823	153000	44314
1824	153072	44344
1825	153144	44374
1826	153216	44404
1827	153288	44434
1828	153360	44464
1829	153432	44494
1830	153504	44524
1831	153576	44554
1832	153648	44586
1833	153720	44616
1834	153792	44646
1835	153864	44676
1836	153936	44706
1837	154008	44736
1838	154080	44766
1839	154152	44796
1840	154224	44828
1841	154296	44858
1842	154368	44888
1843	154440	44918
1844	154512	44948
1845	154584	44978
1846	154656	45008
1847	154728	45038
1848	154800	45070
1849	154872	45100
1850	154944	45130
1851	155016	45160
1852	155088	45190
1853	155160	45220
1854	155232	45250
1855	155304	45280
1856	155376	45310
1857	155448	45342
1858	155520	45372
1859	155592	45402
1860	155664	45432
1861	155736	45462
1862	155808	45492
1863	155880	45522
1864	155952	45552
1865	156024	45584
1866	156096	45614
1867	156168	45644
1868	156240	45674
1869	156312	45704
1870	156384	45734
1871	156456	45764
1872	156528	45794
1873	156600	45826
1874	156672	45856
1875	156744	45886
1876	156816	45916
1877	156888	45946
1878	156960	45976
1879	157032	46006
1880	157104	46036
1881	157176	46066
1882	157248	46098
1883	157320	46128
1884	157392	46158
1885	157464	46188
1886	157536	46218
1887	157608	46248
1888	157680	46278
1889	157752	46308
1890	157824	46340
1891	157896	46370
1892	157968	46400
1893	158040	46430
1894	158112	46460
1895	158184	46490
1896	158256	46520
1897	158328	46550
1898	158400	46582
1899	158472	46612
1900	158544	46642
1901	158616	46672
1902	158688	46702
1903	158760	46732
1904	158832	46762
1905	158904	46792
1906	158976	46822
1907	159048	46854
1908	159120	46884
1909	159192	46914
1910	159264	46944
1911	159336	46974
1912	159408	47004
1913	159480	47034
1914	159552	47064
1915	159624	47096
1916	159696	47126
1917	159768	47156
1918	159840	47186
1919	159912	47216
1920	159984	47246

* Die Einkommensteuer gilt nur für den ausgewiesenen Wert, Zwischenwerte sind zu schätzen – s. Vorbemerkungen

laufende Nummer	zu versteuerndes Einkommen* in €	tarifliche Einkommensteuer* in €	laufende Nummer	zu versteuerndes Einkommen* in €	tarifliche Einkommensteuer* in €
1921	160056	47276	1981	164376	49090
1922	160128	47306	1982	164448	49122
1923	160200	47338	1983	164520	49152
1924	160272	47368	1984	164592	49182
1925	160344	47398	1985	164664	49212
1926	160416	47428	1986	164736	49242
1927	160488	47458	1987	164808	49272
1928	160560	47488	1988	164880	49302
1929	160632	47518	1989	164952	49332
1930	160704	47548	1990	165024	49364
1931	160776	47578	1991	165096	49394
1932	160848	47610	1992	165168	49424
1933	160920	47640	1993	165240	49454
1934	160992	47670	1994	165312	49484
1935	161064	47700	1995	165384	49514
1936	161136	47730	1996	165456	49544
1937	161208	47760	1997	165528	49574
1938	161280	47790	1998	165600	49606
1939	161352	47820	1999	165672	49636
1940	161424	47852	2000	165744	49666
1941	161496	47882	2001	165816	49696
1942	161568	47912	2002	165888	49726
1943	161640	47942	2003	165960	49756
1944	161712	47972	2004	166032	49786
1945	161784	48002	2005	166104	49816
1946	161856	48032	2006	166176	49846
1947	161928	48062	2007	166248	49878
1948	162000	48094	2008	166320	49908
1949	162072	48124	2009	166392	49938
1950	162144	48154	2010	166464	49968
1951	162216	48184	2011	166536	49998
1952	162288	48214	2012	166608	50028
1953	162360	48244	2013	166680	50058
1954	162432	48274	2014	166752	50088
1955	162504	48304	2015	166824	50120
1956	162576	48334	2016	166896	50150
1957	162648	48366	2017	166968	50180
1958	162720	48396	2018	167040	50210
1959	162792	48426	2019	167112	50240
1960	162864	48456	2020	167184	50270
1961	162936	48486	2021	167256	50300
1962	163008	48516	2022	167328	50330
1963	163080	48546	2023	167400	50362
1964	163152	48576	2024	167472	50392
1965	163224	48608	2025	167544	50422
1966	163296	48638	2026	167616	50452
1967	163368	48668	2027	167688	50482
1968	163440	48698	2028	167760	50512
1969	163512	48728	2029	167832	50542
1970	163584	48758	2030	167904	50572
1971	163656	48788	2031	167976	50602
1972	163728	48818	2032	168048	50634
1973	163800	48850	2033	168120	50664
1974	163872	48880	2034	168192	50694
1975	163944	48910	2035	168264	50724
1976	164016	48940	2036	168336	50754
1977	164088	48970	2037	168408	50784
1978	164160	49000	2038	168480	50814
1979	164232	49030	2039	168552	50844
1980	164304	49060	2040	168624	50876

* Die Einkommensteuer gilt nur für den ausgewiesenen Wert, Zwischenwerte sind zu schätzen – s. Vorbemerkungen

laufende Nummer	zu versteuerndes Einkommen* in €	tarifliche Einkommensteuer* in €	laufende Nummer	zu versteuerndes Einkommen* in €	tarifliche Einkommensteuer* in €
2041	168696	50906	2101	173016	52720
2042	168768	50936	2102	173088	52750
2043	168840	50966	2103	173160	52780
2044	168912	50996	2104	173232	52810
2045	168984	51026	2105	173304	52840
2046	169056	51056	2106	173376	52870
2047	169128	51086	2107	173448	52902
2048	169200	51118	2108	173520	52932
2049	169272	51148	2109	173592	52962
2050	169344	51178	2110	173664	52992
2051	169416	51208	2111	173736	53022
2052	169488	51238	2112	173808	53052
2053	169560	51268	2113	173880	53082
2054	169632	51298	2114	173952	53112
2055	169704	51328	2115	174024	53144
2056	169776	51358	2116	174096	53174
2057	169848	51390	2117	174168	53204
2058	169920	51420	2118	174240	53234
2059	169992	51450	2119	174312	53264
2060	170064	51480	2120	174384	53294
2061	170136	51510	2121	174456	53324
2062	170208	51540	2122	174528	53354
2063	170280	51570	2123	174600	53386
2064	170352	51600	2124	174672	53416
2065	170424	51632	2125	174744	53446
2066	170496	51662	2126	174816	53476
2067	170568	51692	2127	174888	53506
2068	170640	51722	2128	174960	53536
2069	170712	51752	2129	175032	53566
2070	170784	51782	2130	175104	53596
2071	170856	51812	2131	175176	53626
2072	170928	51842	2132	175248	53658
2073	171000	51874	2133	175320	53688
2074	171072	51904	2134	175392	53718
2075	171144	51934	2135	175464	53748
2076	171216	51964	2136	175536	53778
2077	171288	51994	2137	175608	53808
2078	171360	52024	2138	175680	53838
2079	171432	52054	2139	175752	53868
2080	171504	52084	2140	175824	53900
2081	171576	52114	2141	175896	53930
2082	171648	52146	2142	175968	53960
2083	171720	52176	2143	176040	53990
2084	171792	52206	2144	176112	54020
2085	171864	52236	2145	176184	54050
2086	171936	52266	2146	176256	54080
2087	172008	52296	2147	176328	54110
2088	172080	52326	2148	176400	54142
2089	172152	52356	2149	176472	54172
2090	172224	52388	2150	176544	54202
2091	172296	52418	2151	176616	54232
2092	172368	52448	2152	176688	54262
2093	172440	52478	2153	176760	54292
2094	172512	52508	2154	176832	54322
2095	172584	52538	2155	176904	54352
2096	172656	52568	2156	176976	54382
2097	172728	52598	2157	177048	54414
2098	172800	52630	2158	177120	54444
2099	172872	52660	2159	177192	54474
2100	172944	52690	2160	177264	54504

* Die Einkommensteuer gilt nur für den ausgewiesenen Wert, Zwischenwerte sind zu schätzen – s. Vorbemerkungen

laufende Nummer	zu versteuerndes Einkommen* in €	tarifliche Einkommensteuer* in €
2 161	177 336	54 534
2 162	177 408	54 564
2 163	177 480	54 594
2 164	177 552	54 624
2 165	177 624	54 656
2 166	177 696	54 686
2 167	177 768	54 716
2 168	177 840	54 746
2 169	177 912	54 776
2 170	177 984	54 806
2 171	178 056	54 836
2 172	178 128	54 866
2 173	178 200	54 898
2 174	178 272	54 928
2 175	178 344	54 958
2 176	178 416	54 988
2 177	178 488	55 018
2 178	178 560	55 048
2 179	178 632	55 078
2 180	178 704	55 108
2 181	178 776	55 138
2 182	178 848	55 170
2 183	178 920	55 200
2 184	178 992	55 230
2 185	179 064	55 260
2 186	179 136	55 290
2 187	179 208	55 320
2 188	179 280	55 350
2 189	179 352	55 380
2 190	179 424	55 412
2 191	179 496	55 442
2 192	179 568	55 472
2 193	179 640	55 502
2 194	179 712	55 532
2 195	179 784	55 562
2 196	179 856	55 592
2 197	179 928	55 622
2 198	180 000	55 654
2 199	180 072	55 684
2 200	180 144	55 714
2 201	180 216	55 744
2 202	180 288	55 774
2 203	180 360	55 804
2 204	180 432	55 834
2 205	180 504	55 864
2 206	180 576	55 894
2 207	180 648	55 926
2 208	180 720	55 956
2 209	180 792	55 986
2 210	180 864	56 016
2 211	180 936	56 046
2 212	181 008	56 076
2 213	181 080	56 106
2 214	181 152	56 136
2 215	181 224	56 168
2 216	181 296	56 198
2 217	181 368	56 228
2 218	181 440	56 258
2 219	181 512	56 288
2 220	181 584	56 318

laufende Nummer	zu versteuerndes Einkommen* in €	tarifliche Einkommensteuer* in €
2 221	181 656	56 348
2 222	181 728	56 378
2 223	181 800	56 410
2 224	181 872	56 440
2 225	181 944	56 470
2 226	182 016	56 500
2 227	182 088	56 530
2 228	182 160	56 560
2 229	182 232	56 590
2 230	182 304	56 620
2 231	182 376	56 650
2 232	182 448	56 682
2 233	182 520	56 712
2 234	182 592	56 742
2 235	182 664	56 772
2 236	182 736	56 802
2 237	182 808	56 832
2 238	182 880	56 862
2 239	182 952	56 892
2 240	183 024	56 924
2 241	183 096	56 954
2 242	183 168	56 984
2 243	183 240	57 014
2 244	183 312	57 044
2 245	183 384	57 074
2 246	183 456	57 104
2 247	183 528	57 134
2 248	183 600	57 166
2 249	183 672	57 196
2 250	183 744	57 226
2 251	183 816	57 256
2 252	183 888	57 286
2 253	183 960	57 316
2 254	184 032	57 346
2 255	184 104	57 376
2 256	184 176	57 406
2 257	184 248	57 438
2 258	184 320	57 468
2 259	184 392	57 498
2 260	184 464	57 528
2 261	184 536	57 558
2 262	184 608	57 588
2 263	184 680	57 618
2 264	184 752	57 648
2 265	184 824	57 680
2 266	184 896	57 710
2 267	184 968	57 740
2 268	185 040	57 770
2 269	185 112	57 800
2 270	185 184	57 830
2 271	185 256	57 860
2 272	185 328	57 890
2 273	185 400	57 922
2 274	185 472	57 952
2 275	185 544	57 982
2 276	185 616	58 012
2 277	185 688	58 042
2 278	185 760	58 072
2 279	185 832	58 102
2 280	185 904	58 132

* Die Einkommensteuer gilt nur für den ausgewiesenen Wert, Zwischenwerte sind zu schätzen — s. Vorbemerkungen

laufende Nummer	zu versteuerndes Einkommen* in €	tarifliche Einkommensteuer* in €
2 281	185 976	58 162
2 282	186 048	58 194
2 283	186 120	58 224
2 284	186 192	58 254
2 285	186 264	58 284
2 286	186 336	58 314
2 287	186 408	58 344
2 288	186 480	58 374
2 289	186 552	58 404
2 290	186 624	58 436
2 291	186 696	58 466
2 292	186 768	58 496
2 293	186 840	58 526
2 294	186 912	58 556
2 295	186 984	58 586
2 296	187 056	58 616
2 297	187 128	58 646
2 298	187 200	58 678
2 299	187 272	58 708
2 300	187 344	58 738
2 301	187 416	58 768
2 302	187 488	58 798
2 303	187 560	58 828
2 304	187 632	58 858
2 305	187 704	58 888
2 306	187 776	58 918
2 307	187 848	58 950
2 308	187 920	58 980
2 309	187 992	59 010
2 310	188 064	59 040
2 311	188 136	59 070
2 312	188 208	59 100
2 313	188 280	59 130
2 314	188 352	59 160
2 315	188 424	59 192
2 316	188 496	59 222
2 317	188 568	59 252
2 318	188 640	59 282
2 319	188 712	59 312
2 320	188 784	59 342
2 321	188 856	59 372
2 322	188 928	59 402
2 323	189 000	59 434
2 324	189 072	59 464
2 325	189 144	59 494
2 326	189 216	59 524
2 327	189 288	59 554
2 328	189 360	59 584
2 329	189 432	59 614
2 330	189 504	59 644
2 331	189 576	59 674
2 332	189 648	59 706
2 333	189 720	59 736
2 334	189 792	59 766
2 335	189 864	59 796
2 336	189 936	59 826
2 337	190 008	59 856
2 338	190 080	59 886
2 339	190 152	59 916
2 340	190 224	59 948
2 341	190 296	59 978
2 342	190 368	60 008
2 343	190 440	60 038
2 344	190 512	60 068
2 345	190 584	60 098
2 346	190 656	60 128
2 347	190 728	60 158
2 348	190 800	60 190
2 349	190 872	60 220
2 350	190 944	60 250
2 351	191 016	60 280
2 352	191 088	60 310
2 353	191 160	60 340
2 354	191 232	60 370
2 355	191 304	60 400
2 356	191 376	60 430
2 357	191 448	60 462
2 358	191 520	60 492
2 359	191 592	60 522
2 360	191 664	60 552
2 361	191 736	60 582
2 362	191 808	60 612
2 363	191 880	60 642
2 364	191 952	60 672
2 365	192 024	60 704
2 366	192 096	60 734
2 367	192 168	60 764
2 368	192 240	60 794
2 369	192 312	60 824
2 370	192 384	60 854
2 371	192 456	60 884
2 372	192 528	60 914
2 373	192 600	60 946
2 374	192 672	60 976
2 375	192 744	61 006
2 376	192 816	61 036
2 377	192 888	61 066
2 378	192 960	61 096
2 379	193 032	61 126
2 380	193 104	61 156
2 381	193 176	61 186
2 382	193 248	61 218
2 383	193 320	61 248
2 384	193 392	61 278
2 385	193 464	61 308
2 386	193 536	61 338
2 387	193 608	61 368
2 388	193 680	61 398
2 389	193 752	61 428
2 390	193 824	61 460
2 391	193 896	61 490
2 392	193 968	61 520
2 393	194 040	61 550
2 394	194 112	61 580
2 395	194 184	61 610
2 396	194 256	61 640
2 397	194 328	61 670
2 398	194 400	61 702
2 399	194 472	61 732
2 400	194 544	61 762

* Die Einkommensteuer gilt nur für den ausgewiesenen Wert, Zwischenwerte sind zu schätzen — s. Vorbemerkungen

Vorbemerkungen

Die zur manuellen Berechnung der Lohnsteuer erstellten Lohnsteuertabellen wurden auf Basis des gem. § 51 Abs. 4 Nr. 1a EStG vom BMF veröffentlichten geänderten Programmablaufplans für die Erstellung von **Lohnsteuertabellen 2023** vom 18.11.2022 berechnet. Entgegen der maschinellen Berechnung der Lohnsteuer (sogenannter Formeltarif) kommt zur manuellen Berechnung der Lohnsteuer auch weiterhin der sogenannte **Stufentarif** zur Anwendung. Die Berechnung nach diesem Stufentarif ist auch weiterhin zulässig, es kommt allerdings zu geringfügigen Abweichungen gegenüber der Berechnung nach dem sogenannten Formeltarif, also der elektronischen Berechnung. Beide Berechnungsarten werden von der Finanzverwaltung ausdrücklich gebilligt. Zur genauen Berechnung der Lohnsteuer nach dem Formeltarif benutzen Sie bitte das über den link https://ch.beck.de/lohnsteuerrechner für Sie freigeschaltete online-Berechnungsprogramm.

Die Lohnsteuertabellen 2023 sind aus dem Einkommensteuertarif gem. § 32a EStG abgeleitet und zwar die Steuerbeträge der Steuerklassen I, II und IV aus dem Einkommensteuertarif nach § 32a Abs. 1, die Steuerbeträge der Steuerklasse III aus dem in § 32a Abs. 5 festgelegten Splitting-Verfahren. Die Steuerbeträge der Steuerklassen V und VI sind aus dem Einkommensteuertarif in der Weise abgeleitet worden, dass für das zu versteuernde Einkommen jeweils der Betrag als Jahressteuer ermittelt worden ist (§ 39b Abs. 2 EStG), der sich aus dem Zweifachen des Unterschiedsbetrags zwischen dem Steuerbetrag für das Eineinviertelfache und dem Steuerbetrag für das Dreiviertelfache des abgerundeten zu versteuernden Jahresbetrags nach § 32a Abs. 1 EStG ergibt. Hierdurch wird im Ergebnis unterstellt, dass das nach der Steuerklasse V oder VI zu versteuernde Einkommen 40 v. H. des gesamten zu versteuernden Einkommens beträgt, das gesamte zu versteuernde Einkommen nach dem Einkommensteuer-Splittingtarif zu versteuern ist und bereits 60 v. H. des gesamten zu versteuernden Einkommens entsprechend versteuert werden. Im Übrigen ist besonders vorgeschrieben worden, dass die Steuerbeträge in den Steuerklassen V und VI mindestens 14 v. H. und höchstens 42 v. H. sowie für den 277 826 Euro übersteigenden Teil 45 v. H. des maßgebenden zu versteuernden Jahresbetrags betragen.

Die Beträge des zu versteuernden Einkommens sind durch Hinzurechnung verschiedener Beträge unter Bildung von Steuerklassen in Jahresarbeitslöhne umgerechnet worden (§ 39b Abs. 2 bis 3 EStG). Auf diese Weise sind folgende Beträge in die Jahreslohnsteuertabelle eingearbeitet worden:

- der tarifliche Grundfreibetrag (§ 32a Abs. 1 EStG) von 10 908 Euro in den Steuerklassen I, II und IV, von 21 816 Euro in der Steuerklasse III,
- der Arbeitnehmer-Pauschbetrag (§ 9a Satz 1 Nr. 1 Buchstabe a EStG) von 1200 Euro oder bei Versorgungsbezügen der Pauschbetrag (§ 9a Satz 1 Nr. 1 Buchstabe b) von 102 Euro in den Steuerklassen I bis V,
- der Sonderausgaben-Pauschbetrag (§ 10c Satz 1 EStG) von 36 Euro in den Steuerklassen I bis V,
- eine Vorsorgepauschale aus den Teilbeträgen
  a) für die RV bei Arbeitnehmern, die in der gesetzlichen RV pflichtversichert oder von der gesetzlichen RV nach § 6 Absatz 1 Nr. 1 SGB VI befreit sind, in den Steuerklassen I bis VI in Höhe des Betrags, der bezogen auf den Arbeitslohn 50 Prozent des Beitrags in der allgemeinen RV unter Berücksichtigung der jeweiligen Beitragsbemessungsgrenzen entspricht. Im Kalenderjahr 2023 ist der so ermittelte Betrag auf 92 v.H. begrenzt (§ 39b Abs. 4 EStG),
  b) für die KV bei Arbeitnehmern, die in der gesetzlichen KV versichert sind, in den Steuerklassen I bis VI in Höhe des Betrags, der bezogen auf den Arbeitslohn unter Berücksichtigung der Beitragsbemessungsgrenzen und den ermäßigten Beitragssatz (§ 243 SGB V) dem Arbeitnehmeranteil eines pflichtversicherten Arbeitnehmers entspricht,
  c) für die PflegeV bei Arbeitnehmern, die in der sozialen PflegeV versichert sind, in den Steuerklassen I bis VI in Höhe des Betrags, der bezogen auf den Arbeitslohn unter Berücksichtigung der Beitragsbemessungsgrenzen und den bundeseinheitlichen Beitragssatz dem Arbeitnehmeranteil eines pflichtversicherten Arbeitnehmers entspricht, erhöht um den Beitragszuschlag des Arbeitnehmers nach § 55 Absatz 3 SGB XI (Beitragszuschlag für Kinderlose), wenn die Voraussetzungen dafür vorliegen,
  d) für die KV und für die private Pflege-PflichtV bei Arbeitnehmern, die nicht unter Buchstabe b und c fallen, in den Steuerklassen I bis V in Höhe der dem Arbeitgeber mitgeteilten Beiträge im Sinne des § 10 Absatz 1 Nummer 3 EStG, etwaig vervielfältigt unter sinngemäßer Anwendung von Satz 2 auf einen Jahresbetrag, vermindert um den Betrag, der bezogen auf den Arbeitslohn unter Berücksichtigung der Beitragsbemessungsgrenzen und den ermäßigten Beitragssatz in der gesetzlichen KV sowie den bundeseinheitlichen Beitragssatz in der sozialen PflegeV dem Arbeitgeberanteil für einen pflichtversicherten Arbeitnehmer entspricht, wenn der Arbeitgeber gesetzlich verpflichtet ist, Zuschüsse zu den KV- und PflegeV-Beiträgen des Arbeitnehmers zu leisten;

– Entschädigungen im Sinne des § 24 Nummer 1 EStG sind bei Anwendung der Buchstaben a bis c nicht zu berücksichtigen; mindestens ist für die Summe der Teilbeträge nach den Buchstaben b und c oder für den Teilbetrag nach Buchstabe d ein Betrag in Höhe von 12 Prozent des Arbeitslohns, höchstens 1900 Euro in den Steuerklassen I, II, IV, V, VI und höchstens 3000 Euro in der Steuerklasse III anzusetzen,
– der Entlastungsbetrag für Alleinerziehende (§ 24b EStG) von 4008 Euro in der Steuerklasse II, der sich für jedes weitere Kind um 240 Euro erhöht.

Die **Monatslohnsteuertabellen,** die **Wochenlohnsteuertabellen** und die **Tageslohnsteuertabellen** sind nach § 39b Abs. 2 EStG aus den Jahreslohnsteuertabellen abgeleitet worden. Dabei sind die Anfangsbeträge der Arbeitslohnstufen und die Lohnsteuerbeträge für die Monatslohnsteuertabelle mit einem Zwölftel, für die Wochenlohnsteuertabelle mit $^{7}/_{360}$ und für die Tageslohnsteuertabelle mit $^{1}/_{360}$ der Jahresbeträge angesetzt worden. Für Lohnzahlungszeiträume, für die keine Lohnsteuertabellen bestehen, ist die Lohnsteuer aus den mit der Zahl der Kalendertage oder Wochen dieser Zeiträume vervielfachten Beträgen der maßgebenden Tageslohnsteuertabelle oder Wochenlohnsteuertabelle zu ermitteln.

Vor Ermittlung der Lohnsteuer aus der maßgebenden Lohnsteuertabelle hat der Arbeitgeber ggf. den auf den Lohnzahlungszeitraum entfallenden Anteil des **Versorgungs-Freibetrags** und des **Zuschlags zum Versorgungs-Freibetrag** (§ 19 Abs. 2 EStG) oder des **Altersentlastungsbetrags** (§ 24a EStG) und einen etwaigen als Lohnsteuerabzugsmerkmal für den Lohnzahlungszeitraum mitgeteilten Freibetrag (§ 39a Abs. 1 EStG) des Arbeitnehmers **vom Arbeitslohn abzuziehen** oder um einen etwaigen **Hinzurechnungsbetrag** (§ 39a Abs. 1 Nr. 7 EStG) zu erhöhen. Dabei ist der Versorgungs-Freibetrag mit 13,6 v. H. der Versorgungsbezüge, höchstens mit monatlich 85 Euro, wöchentlich 19,83 Euro und täglich 2,83 Euro zu berücksichtigen. Der Zuschlag zum Versorgungs-Freibetrag ist höchstens mit monatlich 25,50 Euro, wöchentlich 5,95 Euro und täglich mit 0,85 Euro anzusetzen. Der Altersentlastungsbetrag ist mit 13,6 v. H. des Arbeitslohns ohne etwaige Versorgungsbezüge, höchstens mit monatlich 53,83 Euro, wöchentlich 12,56 Euro und täglich 1,79 Euro zu berücksichtigen.

Die **besonderen Lohnsteuertabellen** gelten **für Arbeitnehmer, die** in der gesetzlichen Rentenversicherung **nicht versicherungspflichtig** sind, wie Beamte, Richter, Berufssoldaten, Arbeitnehmer der Sozialversicherungsträger und Geistliche der öffentlich-rechtlichen Religionsgemeinschaften, Bezieher von Ruhegehältern u. dgl. Für diesen Personenkreis sowie **Arbeitnehmer,** die **privat kranken- und pflegeversichert** sind (Lohnsteuerberechnung nach der allgemeinen Lohnsteuertabelle), kann die Lohnsteuer nicht mehr direkt aus den Lohnsteuertabellen entnommen werden, sondern es muss zunächst eine Zwischenrechnung vorgenommen werden. Dabei werden die nachgewiesenen Basiskranken- und Pflegeversicherungsbeiträge des Arbeitnehmers um die nach den Lohnsteuertabellen für den tatsächlichen Bruttojahresarbeitslohn berücksichtigte Mindestvorsorgepauschale (BVSP) gemindert. Von dem verbleibenden Betrag ist der typisierte Arbeitgeberzuschuss (TAGZ) zur Kranken- und Pflegeversicherung abzuziehen, wenn der Arbeitgeber verpflichtet ist, einen Zuschuss zur Kranken- und Pflegeversicherung zu zahlen. Der so ermittelte Wert ist von dem maßgeblichen Bruttoarbeitslohn abzuziehen. Die Lohnsteuer ist für den geminderten Bruttoarbeitslohn in der Tabelle abzulesen. Für diese Nebenrechnung weisen die allgemeinen und besonderen Lohnsteuertabellen für privat versicherte Arbeitnehmer den typisierten Arbeitgeberzuschuss (TAGZ) und die Mindestvorsorgepauschale (BVSP) für die Basiskranken- und Pflegepflichtversicherungsbeiträge aus.

Berechnungsbeispiele

Beispiel 1: Allgemeine Lohnsteuertabelle, private KV und PflegeV

Ein Arbeitnehmer in der Steuerklasse III (keine Kinder, Beitragsbemessungsgrenze West) erhält einen Bruttojahresarbeitslohn von 75 000 Euro. Er ist in der gesetzlichen Rentenversicherung pflichtversichert und **privat kranken- und pflegeversichert.** Seine nachgewiesenen Basiskranken- und Pflegepflichtversicherungsbeiträge betragen 12 000 Euro im Jahr. Dazu erhält er einen Zuschuss von seinem Arbeitgeber.

Die Lohnsteuer nach der **allgemeinen Lohnsteuertabelle** beträgt 9762 Euro im Jahr, dabei ist durch die Berücksichtigung der Vorsorgepauschale ein Aufwand für eine Basiskranken- und Pflegepflichtversicherung von 5581 Euro berücksichtigt, der typisierte Arbeitgeberzuschuss beträgt in 2023 ebenfalls 5581 Euro. Um die nachgewiesenen Basiskranken- und Pflegepflichtversicherungsbeiträge zu berücksichtigen, sind in einer Nebenrechnung diese Beiträge um den nach der allgemeinen Lohnsteuertabelle berücksichtigten Aufwand für die gesetzliche Kranken- und soziale Pflegeversicherung und den typisierten Arbeitgeberzuschuss zu mindern. Es verbleiben (12 000 Euro – 5581 Euro – 5581 Euro =) 838 Euro, die den Bruttojahresarbeitslohn mindern. In diesem Fall ist die Lohnsteuer bei einem Bruttojahresarbeitslohn von (75 000 Euro – 838 Euro =) 74 162 Euro abzulesen. Die Lohnsteuer beträgt in der Steuerklasse III 9540 Euro.

Beispiel 2: Besondere Lohnsteuertabelle, rentenversicherungsfrei und private KV und PflegeV

Ein **Beamter** in der Steuerklasse I ohne Kinder erhält einen Jahresarbeitslohn von 15 000 Euro. Seine nachgewiesenen Basiskranken- und

Pflegepflichtversicherungsbeiträge betragen 2400 Euro im Jahr. Er erhält keinen Zuschuss von seinem Arbeitgeber.

Die Lohnsteuer nach der besonderen Lohnsteuertabelle beträgt 160 Euro im Jahr; dabei ist durch die Berücksichtigung der Mindestvorsorgepauschale bereits ein Aufwand von 1801 Euro berücksichtigt. Um die nachgewiesenen Basiskranken- und Pflege-Pflichtversicherungsbeiträge zu berücksichtigen, sind in einer Nebenrechnung diese Beiträge um die nach der besonderen Lohnsteuertabelle berücksichtigte Mindestvorsorgepauschale zu mindern. Es verbleiben (2400 Euro - 1801 Euro =) 599 Euro, die den Jahresarbeitslohn mindern. In diesem Fall ist die Lohnsteuer bei einem Jahresarbeitslohn von (15 000 Euro – 599 Euro =) 14 401 Euro abzulesen. Die Lohnsteuer beträgt in der Steuerklasse I 81 Euro.

Für Fälle, in denen die Lohnsteuertabellen keine Möglichkeit zur Berechnung anbieten, wird auf das über den link https://ch.beck.de/lohnsteuerrechner für Sie freigeschaltete online-Berechnungsprogramm verwiesen.

Für die Ermittlung der Lohnsteuer sind die Lohnsteuerabzugsmerkmale des Arbeitnehmers maßgebend. Nach § 39 Abs. 4 EStG sind dies

1. Steuerklasse (§ 38b Absatz 1) und Faktor (§ 39f EStG),
2. Zahl der Kinderfreibeträge bei den Steuerklassen I bis IV (§ 38b Absatz 2 EStG),
3. Freibetrag und Hinzurechnungsbetrag (§ 39a EStG),
4. Höhe der Beiträge für eine private Krankenversicherung und für eine private Pflege-Pflichtversicherung (§ 39b Absatz 2 Satz 5 Nummer 3 Buchstabe d EStG) für die Dauer von zwölf Monaten, wenn der Arbeitnehmer dies beantragt,
5. Mitteilung, dass der von einem Arbeitgeber gezahlte Arbeitslohn nach einem Abkommen zur Vermeidung der Doppelbesteuerung von der Lohnsteuer freizustellen ist, wenn der Arbeitnehmer oder der Arbeitgeber dies beantragt.

Die Einreihung der Arbeitnehmer in die verschiedenen Steuerklassen ergibt sich aus § 38b EStG. In die Steuerklasse I gehören Arbeitnehmer, die unbeschränkt einkommensteuerpflichtig und ledig sind, verheiratet, verwitwet oder geschieden sind und bei denen die Voraussetzungen für die Steuerklasse III oder IV nicht erfüllt sind oder beschränkt einkommensteuerpflichtig sind. **Ehegatten,** die unbeschränkt steuerpflichtig sind, nicht dauernd getrennt leben und beide Arbeitslohn beziehen, können **wählen,** ob sie beide nach der Steuerklasse IV oder ob einer der Ehegatten nach Steuerklasse III und der andere Ehegatte nach Steuerklasse V besteuert werden sollen. Anstelle der Steuerklassenkombination III/V kann auch das **Faktorverfahren** (§ 39f EStG) bei Ehegatten angewendet werden. Bei Ehegatten, die in die Steuerklasse IV gehören (§ 38b Abs. 1

Satz 2 Nr. 4 EStG), kann auf Antrag beider Ehegatten anstelle der Steuerklassenkombination III/V als Lohnsteuerabzugsmerkmal jeweils die Steuerklasse IV in Verbindung mit einem Faktor zur Ermittlung der Lohnsteuer berücksichtigt werden, wenn der Faktor kleiner als 1 ist. Der Faktor ist Y : X und vom Finanzamt mit drei Nachkommastellen ohne Rundung zu berechnen. „Y" ist die voraussichtliche Einkommensteuer für beide Ehegatten nach dem Splittingverfahren (§ 32a Abs. 5 EStG) unter Berücksichtigung der in § 39b Abs. 2 EStG genannten Abzugsbeträge. „X" ist die Summe der voraussichtlichen Lohnsteuer bei Anwendung der Steuerklasse IV für jeden Ehegatten. In die Bemessungsgrundlage für Y werden jeweils neben den Jahresarbeitslöhnen der ersten Dienstverhältnisse zusätzlich nur Beträge einbezogen, die nach § 39a Abs. 1 Satz 1 Nr. 1 bis 6 EStG als Freibetrag ermittelt und als Lohnsteuerabzugsmerkmal gebildet werden könnten; Freibeträge werden neben dem Faktor nicht als Lohnsteuerabzugsmerkmal gebildet. In den Fällen des § 39a Abs. 1 Satz 1 Nr. 7 EStG sind bei der Ermittlung von Y und X die Hinzurechnungsbeträge zu berücksichtigen; die Hinzurechnungsbeträge sind zusätzlich als Lohnsteuerabzugsmerkmal für das erste Dienstverhältnis zu bilden. Arbeitslöhne aus zweiten und weiteren Dienstverhältnissen (Steuerklasse VI) sind im Faktorverfahren nicht zu berücksichtigen.

Für die Einbehaltung der Lohnsteuer vom Arbeitslohn hat der Arbeitgeber Steuerklasse IV und den Faktor anzuwenden.

Bei Anwendung des Faktorverfahrens ist zwingend eine Veranlagung durchzuführen (§ 46 Abs. 2 Nr. 3a EStG), ebenso bei Vorliegen anderer Einkünfte von mehr als 410 Euro (§ 46 Abs. 2 EStG).

Die für die Ehegatten günstigste Steuerklassenkombination hängt in erster Linie von der Höhe ihrer Arbeitslöhne, vom Verhältnis dieser Arbeitslöhne zueinander und von der Inanspruchnahme eines etwaigen Freibetrags und seiner Verteilung auf die Ehegatten ab. Bei der Steuerklassenkombination III/V kann die einbehaltene Lohnsteuer im Verhältnis zur Jahressteuerschuld zu gering sein, wenn das gemeinsam zu versteuernde Einkommen der Ehegatten der progressiven Besteuerung unterliegt. Daher müssen Ehegatten, die die Steuerklassen III/V gewählt haben, in jedem Fall zur Einkommensteuer veranlagt werden.

Bei **erweiterter unbeschränkter Steuerpflicht** erhalten die Arbeitnehmer auf Antrag vom Betriebsstättenfinanzamt eine Abzugsbescheinigung und einen etwa in Betracht kommenden Freibetrag (§ 39a Abs. 1 EStG). Erweitert unbeschränkt steuerpflichtig sind zum einen deutsche Staatsangehörige, die nicht im Inland wohnen und zu einer inländischen juristischen Person des öffentlichen Rechts in einem Dienstverhältnis stehen und dafür Arbeitslohn aus einer inländischen öffentlichen Kasse beziehen sowie bestimmte zu ihrem Haushalt gehörende Angehörige (§ 1 Abs. 2 EStG). Zum anderen können auf Antrag auch andere Staatsangehörige, die nicht im Inland wohnen, als unbeschränkt steuerpflichtig behandelt werden, soweit sie inländische Einkünfte haben, die mindestens zu 90 v. H. der deutschen Einkommensteuer unterliegen oder wenn die nicht der deutschen Einkommensteuer unterliegenden Einkünfte nicht mehr als 9744 Euro betragen, wobei eine Kürzung dieses Betrages nach den Verhältnissen des Wohnsitzstaates in Betracht kommt (§ 1 Abs. 3 EStG).

Neben der allgemeinen und besonderen Lohnsteuertabelle, die der Ermittlung der vom Arbeitgeber einzubehaltenden und abzuführenden Lohnsteuer dient, ohne dass hierbei Kinderfreibeträge zu berücksichtigen sind, besteht noch eine **Lohnsteuertabelle, in der die Kinderfreibeträge eingearbeitet** sind. Sie dient aber im Rahmen des laufenden Lohnsteuerabzugs nur dazu, die Lohnsteuer zu ermitteln, die die Bemessungsgrundlage für die sog. **Annexsteuern** darstellt (§ 51a Abs. 2a EStG), das sind die Kirchensteuer und der Solidaritätszuschlag. Ist für den Arbeitnehmer die Berücksichtigung von Freibeträgen für Kinder nach § 32 EStG günstiger als das Kindergeld, wird dies bei der Einkommensteuerveranlagung berücksichtigt und entsprechend verrechnet (§ 31 EStG).

Lohnsteuerklassen nach § 38b EStG:

(1) Für die Durchführung des Lohnsteuerabzugs werden Arbeitnehmer in Steuerklassen eingereiht. Dabei gilt Folgendes:

1. In die Steuerklasse I gehören Arbeitnehmer, die
   a) unbeschränkt einkommensteuerpflichtig und
      aa) ledig sind,
      bb) verheiratet, verwitwet oder geschieden sind und bei denen die Voraussetzungen für die Steuerklasse III oder IV nicht erfüllt sind; oder
   b) beschränkt einkommensteuerpflichtig sind;
2. in die Steuerklasse II gehören die unter Nummer 1 Buchstabe a bezeichneten Arbeitnehmer, wenn bei ihnen der Entlastungsbetrag für Alleinerziehende (§ 24b EStG) zu berücksichtigen ist;
3. in die Steuerklasse III gehören Arbeitnehmer,
   a) die verheiratet sind, wenn beide Ehegatten unbeschränkt einkommensteuerpflichtig sind und nicht dauernd getrennt leben und der Ehegatte des Arbeitnehmers auf Antrag beider Ehegatten in die Steuerklasse V eingereiht wird,
   b) die verwitwet sind, wenn sie und ihr verstorbener Ehegatte im Zeitpunkt seines Todes unbeschränkt einkommensteuerpflichtig waren und in diesem Zeitpunkt nicht dauernd getrennt gelebt haben, für das Kalenderjahr, das dem Kalenderjahr folgt, in dem der Ehegatte verstorben ist,

c) deren Ehe aufgelöst worden ist, wenn
   aa) im Kalenderjahr der Auflösung der Ehe beide Ehegatten unbeschränkt einkommensteuerpflichtig waren und nicht dauernd getrennt gelebt haben und
   bb) der andere Ehegatte wieder geheiratet hat, von seinem neuen Ehegatten nicht dauernd getrennt lebt und er und sein neuer Ehegatte unbeschränkt einkommensteuerpflichtig sind,

   für das Kalenderjahr, in dem die Ehe aufgelöst worden ist;

4. in die Steuerklasse IV gehören Arbeitnehmer, die verheiratet sind, wenn beide Ehegatten unbeschränkt einkommensteuerpflichtig sind und nicht dauernd getrennt leben; dies gilt auch, wenn einer der Ehegatten keinen Arbeitslohn bezieht und kein Antrag nach Nummer 3 Buchstabe a gestellt worden ist;
5. in die Steuerklasse V gehören die unter Nummer 4 bezeichneten Arbeitnehmer, wenn der Ehegatte des Arbeitnehmers auf Antrag beider Ehegatten in die Steuerklasse III eingereiht wird;
6. die Steuerklasse VI gilt bei Arbeitnehmern, die nebeneinander von mehreren Arbeitgebern Arbeitslohn beziehen, für die Einbehaltung der Lohnsteuer vom Arbeitslohn aus dem zweiten und einem weiteren Dienstverhältnis sowie in den Fällen des § 39c EStG.

Als unbeschränkt einkommensteuerpflichtig im Sinne der Nummern 3 und 4 gelten nur Personen, die die Voraussetzungen des § 1 Absatz 1 oder 2 oder des § 1a erfüllen.

(2) Für ein minderjähriges und nach § 1 Absatz 1 unbeschränkt einkommensteuerpflichtiges Kind im Sinne des § 32 Absatz 1 Nummer 1 und Absatz 3 werden bei der Anwendung der Steuerklassen I bis IV die Kinderfreibeträge als Lohnsteuerabzugsmerkmal nach § 39 Absatz 1 wie folgt berücksichtigt:

1. mit Zähler 0,5, wenn dem Arbeitnehmer der Kinderfreibetrag nach § 32 Absatz 6 Satz 1 zusteht, oder
2. mit Zähler 1, wenn dem Arbeitnehmer der Kinderfreibetrag zusteht, weil
   a) die Voraussetzungen des § 32 Absatz 6 Satz 2 vorliegen oder
   b) der andere Elternteil vor dem Beginn des Kalenderjahres verstorben ist oder
   c) der Arbeitnehmer allein das Kind angenommen hat.

Soweit dem Arbeitnehmer Kinderfreibeträge nach § 32 Absatz 1 bis 6 zustehen, die nicht nach Satz 1 berücksichtigt werden, ist die Zahl der Kinderfreibeträge auf Antrag vorbehaltlich des § 39a Absatz 1 Nummer 6 zu Grunde zu legen. In den Fällen des Satzes 2 können die Kinderfreibeträge für mehrere Jahre gelten, wenn nach den tatsächlichen Verhältnissen zu erwarten ist, dass die Voraussetzungen bestehen bleiben. Bei Anwendung der Steuerklassen III und IV sind auch Kinder des Ehegatten bei der Zahl der Kinderfreibeträge zu berücksichtigen. Der Antrag kann nur nach amtlich vorgeschriebenem Vordruck gestellt werden.

(3) Auf Antrag des Arbeitnehmers kann abweichend von Absatz 1 oder 2 eine für ihn ungünstigere Steuerklasse oder geringere Zahl der Kinderfreibeträge als Lohnsteuerabzugsmerkmal gebildet werden. Der Wechsel von der Steuerklasse III oder V in die Steuerklasse IV ist auch auf Antrag nur eines Ehegatten möglich mit der Folge, dass beide Ehegatten in die Steuerklasse IV eingereiht werden. Diese Anträge sind nach amtlich vorgeschriebenem Vordruck zu stellen und vom Antragsteller eigenhändig zu unterschreiben.

Eine elektronische **Lohnsteuerbescheinigung** hat der Arbeitgeber bei Abschluss des Lohnkontos, d. h. bei Beendigung des Dienstverhältnisses oder am Ende des Kalenderjahres auszustellen (§ 41b Abs. 1 EStG). Arbeitgeber ohne maschinelle Lohnabrechnung, die ausschließlich Arbeitnehmer im Rahmen einer geringfügigen Beschäftigung in ihrem Privathaushalt beschäftigen und keine elektronische Lohnsteuerbescheinigung erteilen können, haben eine entsprechende Lohnsteuerbescheinigung nach amtlich vorgeschriebenem Muster auszustellen (§ 41b Abs. 3 EStG).

Erhebung des Solidaritätszuschlags

Gem. § 3 Abs. 4 SolZG ist der Solidaritätszuschlag in Höhe von 5,5 % beim Abzug vom **laufenden** Arbeitslohn nur zu erheben, wenn die Bemessungsgrundlage (Lohnsteuer) im jeweiligen Lohnzahlungszeitraum

1. bei monatlicher Lohnzahlung
   a) in der Steuerklasse III mehr als 2923,83 Euro und
   b) in den Steuerklassen I, II, IV bis VI mehr als 1461,92 Euro,
2. bei wöchentlicher Lohnzahlung
   a) in der Steuerklasse III mehr als 682,23 Euro und
   b) in den Steuerklassen I, II, IV bis VI mehr als 341,11 Euro,
3. bei täglicher Lohnzahlung
   a) in der Steuerklasse III mehr als 97,46 Euro und
   b) in den Steuerklassen I, II, IV bis VI mehr als 48,73 Euro beträgt.

Beim Lohnsteuer-Jahresausgleich ist der Solidaritätszuschlag nur zu ermitteln, wenn die Bemessungsgrundlage in Steuerklasse III mehr als 35 086 Euro und in den Steuerklassen I, II oder IV mehr als 17 543 Euro beträgt.

Der Solidaritätszuschlag beträgt darüber hinaus nicht mehr als 11,9 v. H. des Unterschiedsbetrags zwischen der Bemessungsgrundlage und den o. g. Freigrenzen. Dieser „Übergangswert" ist den einzelnen Tabellen jeweils vorangestellten „Übergangstabellen Solidaritätszuschlag" zu entnehmen, wobei diese auf **„Sonstige Bezüge"** nicht anzuwenden sind.

Berechnungsprogramm 2023

Grundlage des vorliegenden Programms ist der vom Bundesministerium der Finanzen bekannt gemachte Euro-Programmablaufplan für die maschinelle Berechnung der vom Arbeitslohn einzubehaltenen Lohnsteuer, des Solidaritätszuschlages und der Maßstabsteuer für die Kirchenlohnsteuer 2023 vom 18.11.2022.

Für die maschinelle Berechnung der Lohn- und Einkommensteuer kommt der *stufenlose* Steuertarif (sog. Formeltarif) zur Anwendung, mit dem die Lohn- und Einkommensteuer exakt für den sich bei der Lohnsteuerberechnung bzw. Steuerveranlagung ergebenden Einzelwert berechnet wird.

Das Berechnungsprogramm (Lohnsteuerrechner 2023) mit ausführlicher Programmanleitung erreichen Sie über den für Sie freigeschalteten link https://ch.beck.de/lohnsteuerrechner

Solidaritätszuschlag beim Lohnsteuer-Jahresausgleich durch den Arbeitgeber*

Steuerklasse III		Steuerklasse III		Steuerklasse III		Steuerklasse III	
Maßstabs-lohnsteuer €	Solidaritäts-zuschlag €	Maßstabs-lohnsteuer €	Solidaritäts-zuschlag €	Maßstabs-lohnsteuer €	Solidaritäts-zuschlag €	Maßstabs-lohnsteuer €	Solidaritäts-zuschlag €
35082,00	0,00	35974,00	105,67	36866,00	211,82	37758,00	317,96
35096,00	1,19	35988,00	107,33	36880,00	213,48	37772,00	319,63
35112,00	3,09	36004,00	109,24	36896,00	215,39	37788,00	321,53
35126,00	4,76	36018,00	110,90	36910,00	217,05	37804,00	323,44
35142,00	6,66	36034,00	112,81	36926,00	218,96	37818,00	325,10
35158,00	8,56	36050,00	114,71	36942,00	220,86	37834,00	327,01
35172,00	10,23	36064,00	116,38	36956,00	222,53	37848,00	328,67
35188,00	12,13	36080,00	118,28	36972,00	224,43	37864,00	330,58
35202,00	13,80	36094,00	119,95	36986,00	226,10	37878,00	332,24
35218,00	15,70	36110,00	121,85	37002,00	228,00	37894,00	334,15
35232,00	17,37	36124,00	123,52	37016,00	229,67	37908,00	335,81
35248,00	19,27	36140,00	125,42	37032,00	231,57	37924,00	337,72
35262,00	20,94	36154,00	127,09	37048,00	233,47	37940,00	339,62
35278,00	22,84	36170,00	128,99	37062,00	235,14	37954,00	341,29
35294,00	24,75	36186,00	130,90	37078,00	237,04	37970,00	343,19
35308,00	26,41	36200,00	132,56	37092,00	238,71	37984,00	344,86
35324,00	28,32	36216,00	134,47	37108,00	240,61	38000,00	346,76
35338,00	29,98	36230,00	136,13	37122,00	242,28	38014,00	348,43
35354,00	31,89	36246,00	138,04	37138,00	244,18	38030,00	350,33
35368,00	33,55	36260,00	139,70	37152,00	245,85	38044,00	352,00
35384,00	35,46	36276,00	141,61	37168,00	247,75	38060,00	353,90
35398,00	37,12	36292,00	143,51	37184,00	249,66	38076,00	355,81
35414,00	39,03	36306,00	145,18	37198,00	251,32	38090,00	357,47
35430,00	40,93	36322,00	147,08	37214,00	253,23	38106,00	359,38
35444,00	42,60	36336,00	148,75	37228,00	254,89	38120,00	361,04
35460,00	44,50	36352,00	150,65	37244,00	256,80	38136,00	362,95
35474,00	46,17	36366,00	152,32	37258,00	258,46	38150,00	364,61
35490,00	48,07	36382,00	154,22	37274,00	260,37	38166,00	366,52
35504,00	49,74	36396,00	155,89	37288,00	262,03	38182,00	368,42
35520,00	51,64	36412,00	157,79	37304,00	263,94	38196,00	370,09
35536,00	53,55	36428,00	159,69	37320,00	265,84	38212,00	371,99
35550,00	55,21	36442,00	161,36	37334,00	267,51	38226,00	373,66
35566,00	57,12	36458,00	163,26	37350,00	269,41	38242,00	375,56
35580,00	58,78	36472,00	164,93	37364,00	271,08	38256,00	377,23
35596,00	60,69	36488,00	166,83	37380,00	272,98	38272,00	379,13
35610,00	62,35	36502,00	168,50	37394,00	274,65	38286,00	380,80
35626,00	64,26	36518,00	170,40	37410,00	276,55	38302,00	382,70
35640,00	65,92	36532,00	172,07	37426,00	278,46	38318,00	384,60
35656,00	67,83	36548,00	173,97	37440,00	280,12	38332,00	386,27
35672,00	69,73	36564,00	175,88	37456,00	282,03	38348,00	388,17
35686,00	71,40	36578,00	177,54	37470,00	283,69	38362,00	389,84
35702,00	73,30	36594,00	179,45	37486,00	285,60	38378,00	391,74
35716,00	74,97	36608,00	181,11	37500,00	287,26	38392,00	393,41
35732,00	76,87	36624,00	183,02	37516,00	289,17	38408,00	395,31
35746,00	78,54	36638,00	184,68	37530,00	290,83	38422,00	396,98
35762,00	80,44	36654,00	186,59	37546,00	292,74	38438,00	398,88
35776,00	82,11	36670,00	188,49	37562,00	294,64	38454,00	400,79
35792,00	84,01	36684,00	190,16	37576,00	296,31	38468,00	402,45
35808,00	85,91	36700,00	192,06	37592,00	298,21	38484,00	404,36
35822,00	87,58	36714,00	193,73	37606,00	299,88	38498,00	406,02
35838,00	89,48	36730,00	195,63	37622,00	301,78	38514,00	407,93
35852,00	91,15	36744,00	197,30	37636,00	303,45	38528,00	409,59
35868,00	93,05	36760,00	199,20	37652,00	305,35	38544,00	411,50
35882,00	94,72	36774,00	200,87	37666,00	307,02	38560,00	413,40
35898,00	96,62	36790,00	202,77	37682,00	308,92	38574,00	415,07
35914,00	98,53	36806,00	204,68	37698,00	310,82	38590,00	416,97
35928,00	100,19	36820,00	206,34	37712,00	312,49	38604,00	418,64
35944,00	102,10	36836,00	208,25	37728,00	314,39	38620,00	420,54
* 35958,00	103,76	36850,00	209,91	37742,00	316,06	38634,00	422,21

* Nur anzuwenden bei Lohnsteuer-Jahresausgleich durch den Arbeitgeber.

Steuerklasse III		Steuerklasse III		Steuerklasse III		Steuerklasse III	
Maßstabs-lohnsteuer €	Solidaritäts-zuschlag €	Maßstabs-lohnsteuer €	Solidaritäts-zuschlag €	Maßstabs-lohnsteuer €	Solidaritäts-zuschlag €	Maßstabs-lohnsteuer €	Solidaritäts-zuschlag €
38650,00	424,11	39678,00	546,44	40706,00	668,78	41734,00	791,11
38664,00	425,78	39694,00	548,35	40722,00	670,68	41750,00	793,01
38680,00	427,68	39708,00	550,01	40736,00	672,35	41764,00	794,68
38696,00	429,59	39724,00	551,92	40752,00	674,25	41780,00	796,58
38710,00	431,25	39738,00	553,58	40766,00	675,92	41794,00	798,25
38726,00	433,16	39754,00	555,49	40782,00	677,82	41810,00	800,15
38740,00	434,82	39768,00	557,15	40796,00	679,49	41824,00	801,82
38756,00	436,73	39784,00	559,06	40812,00	681,39	41840,00	803,72
38770,00	438,39	39798,00	560,72	40828,00	683,29	41856,00	805,63
38786,00	440,30	39814,00	562,63	40842,00	684,96	41870,00	807,29
38800,00	441,96	39830,00	564,53	40858,00	686,86	41886,00	809,20
38816,00	443,87	39844,00	566,20	40872,00	688,53	41900,00	810,86
38832,00	445,77	39860,00	568,10	40888,00	690,43	41916,00	812,77
38846,00	447,44	39874,00	569,77	40902,00	692,10	41930,00	814,43
38862,00	449,34	39890,00	571,67	40918,00	694,00	41946,00	816,34
38876,00	451,01	39904,00	573,34	40932,00	695,67	41962,00	818,24
38892,00	452,91	39920,00	575,24	40948,00	697,57	41976,00	819,91
38906,00	454,58	39934,00	576,91	40964,00	699,48	41992,00	821,81
38922,00	456,48	39950,00	578,81	40978,00	701,14	42006,00	823,48
38938,00	458,38	39966,00	580,72	40994,00	703,05	42022,00	825,38
38952,00	460,05	39980,00	582,38	41008,00	704,71	42036,00	827,05
38968,00	461,95	39996,00	584,29	41024,00	706,62	42052,00	828,95
38982,00	463,62	40010,00	585,95	41038,00	708,28	42066,00	830,62
38998,00	465,52	40026,00	587,86	41054,00	710,19	42082,00	832,52
39012,00	467,19	40040,00	589,52	41068,00	711,85	42098,00	834,42
39028,00	469,09	40056,00	591,43	41084,00	713,76	42112,00	836,09
39042,00	470,76	40072,00	593,33	41100,00	715,66	42128,00	837,99
39058,00	472,66	40086,00	595,00	41114,00	717,33	42142,00	839,66
39074,00	474,57	40102,00	596,90	41130,00	719,23	42158,00	841,56
39088,00	476,23	40116,00	598,57	41144,00	720,90	42172,00	843,23
39104,00	478,14	40132,00	600,47	41160,00	722,80	42188,00	845,13
39118,00	479,80	40146,00	602,14	41174,00	724,47	42202,00	846,80
39134,00	481,71	40162,00	604,04	41190,00	726,37	42218,00	848,70
39148,00	483,37	40176,00	605,71	41206,00	728,28	42234,00	850,61
39164,00	485,28	40192,00	607,61	41220,00	729,94	42248,00	852,27
39178,00	486,94	40208,00	609,51	41236,00	731,85	42264,00	854,18
39194,00	488,85	40222,00	611,18	41250,00	733,51	42278,00	855,84
39210,00	490,75	40238,00	613,08	41266,00	735,42	42294,00	857,75
39224,00	492,42	40252,00	614,75	41280,00	737,08	42308,00	859,41
39240,00	494,32	40268,00	616,65	41296,00	738,99	42324,00	861,32
39254,00	495,99	40282,00	618,32	41310,00	740,65	42340,00	863,22
39270,00	497,89	40298,00	620,22	41326,00	742,56	42354,00	864,89
39284,00	499,56	40312,00	621,89	41342,00	744,46	42370,00	866,79
39300,00	501,46	40328,00	623,79	41356,00	746,13	42384,00	868,46
39316,00	503,37	40344,00	625,70	41372,00	748,03	42400,00	870,36
39330,00	505,03	40358,00	627,36	41386,00	749,70	42414,00	872,03
39346,00	506,94	40374,00	629,27	41402,00	751,60	42430,00	873,93
39360,00	508,60	40388,00	630,93	41416,00	753,27	42444,00	875,60
39376,00	510,51	40404,00	632,84	41432,00	755,17	42460,00	877,50
39390,00	512,17	40418,00	634,50	41446,00	756,84	42476,00	879,41
39406,00	514,08	40434,00	636,41	41462,00	758,74	42490,00	881,07
39420,00	515,74	40450,00	638,31	41478,00	760,64	42506,00	882,98
39436,00	517,65	40464,00	639,98	41492,00	762,31	42520,00	884,64
39452,00	519,55	40480,00	641,88	41508,00	764,21	42536,00	886,55
39466,00	521,22	40494,00	643,55	41522,00	765,88	42550,00	888,21
39482,00	523,12	40510,00	645,45	41538,00	767,78	42566,00	890,12
39496,00	524,79	40524,00	647,12	41552,00	769,45	42580,00	891,78
39512,00	526,69	40540,00	649,02	41568,00	771,35	42596,00	893,69
39526,00	528,36	40554,00	650,69	41584,00	773,26	42612,00	895,59
39542,00	530,26	40570,00	652,59	41598,00	774,92	42626,00	897,26
39556,00	531,93	40586,00	654,50	41614,00	776,83	42642,00	899,16
39572,00	533,83	40600,00	656,16	41628,00	778,49	42656,00	900,83
39588,00	535,73	40616,00	658,07	41644,00	780,40	42672,00	902,73
39602,00	537,40	40630,00	659,73	41658,00	782,06	42686,00	904,40
39618,00	539,30	40646,00	661,64	41674,00	783,97	42702,00	906,30
39632,00	540,97	40660,00	663,30	41688,00	785,63	42718,00	908,20
39648,00	542,87	40676,00	665,21	41704,00	787,54	42732,00	909,87
39662,00	544,54	40690,00	666,87	41720,00	789,44	42748,00	911,77

Übergangstabelle Solidaritätszuschlag Jahr 2023

Steuerklasse III		Steuerklasse III		Steuerklasse III		Steuerklasse III	
Maßstabs-lohnsteuer €	Solidaritäts-zuschlag €	Maßstabs-lohnsteuer €	Solidaritäts-zuschlag €	Maßstabs-lohnsteuer €	Solidaritäts-zuschlag €	Maßstabs-lohnsteuer €	Solidaritäts-zuschlag €
42762,00	913,44	43790,00	1035,77	44818,00	1158,10	45846,00	1280,44
42778,00	915,34	43806,00	1037,68	44834,00	1160,01	45862,00	1282,34
42792,00	917,01	43820,00	1039,34	44848,00	1161,67	45878,00	1284,24
42808,00	918,91	43836,00	1041,25	44864,00	1163,58	45892,00	1285,91
42822,00	920,58	43852,00	1043,15	44880,00	1165,48	45908,00	1287,81
42838,00	922,48	43866,00	1044,82	44894,00	1167,15	45922,00	1289,48
42854,00	924,39	43882,00	1046,72	44910,00	1169,05	45938,00	1291,38
42868,00	926,05	43896,00	1048,39	44924,00	1170,72	45952,00	1293,05
42884,00	927,96	43912,00	1050,29	44940,00	1172,62	45968,00	1294,95
42898,00	929,62	43926,00	1051,96	44954,00	1174,29	45982,00	1296,62
42914,00	931,53	43942,00	1053,86	44970,00	1176,19	45998,00	1298,52
42928,00	933,19	43956,00	1055,53	44986,00	1178,10	46014,00	1300,43
42944,00	935,10	43972,00	1057,43	45000,00	1179,76	46028,00	1302,09
42958,00	936,76	43988,00	1059,33	45016,00	1181,67	46044,00	1304,00
42974,00	938,67	44002,00	1061,00	45030,00	1183,33	46058,00	1305,66
42990,00	940,57	44018,00	1062,90	45046,00	1185,24	46074,00	1307,57
43004,00	942,24	44032,00	1064,57	45060,00	1186,90	46088,00	1309,23
43020,00	944,14	44048,00	1066,47	45076,00	1188,81	46104,00	1311,14
43034,00	945,81	44062,00	1068,14	45090,00	1190,47	46120,00	1313,04
43050,00	947,71	44078,00	1070,04	45106,00	1192,38	46134,00	1314,71
43064,00	949,38	44092,00	1071,71	45122,00	1194,28	46150,00	1316,61
43080,00	951,28	44108,00	1073,61	45136,00	1195,95	46164,00	1318,28
43096,00	953,19	44124,00	1075,52	45152,00	1197,85	46180,00	1320,18
43110,00	954,85	44138,00	1077,18	45166,00	1199,52	46194,00	1321,85
43126,00	956,76	44154,00	1079,09	45182,00	1201,42	46210,00	1323,75
43140,00	958,42	44168,00	1080,75	45196,00	1203,09	46224,00	1325,42
43156,00	960,33	44184,00	1082,66	45212,00	1204,99	46240,00	1327,32
43170,00	961,99	44198,00	1084,32	45226,00	1206,66	46256,00	1329,23
43186,00	963,90	44214,00	1086,23	45242,00	1208,56	46270,00	1330,89
43200,00	965,56	44230,00	1088,13	45258,00	1210,46	46286,00	1332,80
43216,00	967,47	44244,00	1089,80	45272,00	1212,13	46300,00	1334,46
43232,00	969,37	44260,00	1091,70	45288,00	1214,03	46316,00	1336,37
43246,00	971,04	44274,00	1093,37	45302,00	1215,70	46330,00	1338,03
43262,00	972,94	44290,00	1095,27	45318,00	1217,60	46346,00	1339,94
43276,00	974,61	44304,00	1096,94	45332,00	1219,27	46360,00	1341,60
43292,00	976,51	44320,00	1098,84	45348,00	1221,17	46376,00	1343,51
43306,00	978,18	44334,00	1100,51	45364,00	1223,08	46392,00	1345,41
43322,00	980,08	44350,00	1102,41	45378,00	1224,74	46406,00	1347,08
43336,00	981,75	44366,00	1104,32	45394,00	1226,65	46422,00	1348,98
43352,00	983,65	44380,00	1105,98	45408,00	1228,31	46436,00	1350,65
43368,00	985,55	44396,00	1107,89	45424,00	1230,22	46452,00	1352,55
43382,00	987,22	44410,00	1109,55	45438,00	1231,88	46466,00	1354,22
43398,00	989,12	44426,00	1111,46	45454,00	1233,79	46482,00	1356,12
43412,00	990,79	44440,00	1113,12	45468,00	1235,45	46498,00	1358,02
43428,00	992,69	44456,00	1115,03	45484,00	1237,36	46512,00	1359,69
43442,00	994,36	44470,00	1116,69	45500,00	1239,26	46528,00	1361,59
43458,00	996,26	44486,00	1118,60	45514,00	1240,93	46542,00	1363,26
43474,00	998,17	44502,00	1120,50	45530,00	1242,83	46558,00	1365,16
43488,00	999,83	44516,00	1122,17	45544,00	1244,50	46572,00	1366,83
43504,00	1001,74	44532,00	1124,07	45560,00	1246,40	46588,00	1368,73
43518,00	1003,40	44546,00	1125,74	45574,00	1248,07	46602,00	1370,40
43534,00	1005,31	44562,00	1127,64	45590,00	1249,97	46618,00	1372,30
43548,00	1006,97	44576,00	1129,31	45604,00	1251,64	46634,00	1374,21
43564,00	1008,88	44592,00	1131,21	45620,00	1253,54	46648,00	1375,87
43578,00	1010,54	44608,00	1133,11	45636,00	1255,45	46664,00	1377,78
43594,00	1012,45	44622,00	1134,78	45650,00	1257,11	46678,00	1379,44
43610,00	1014,35	44638,00	1136,68	45666,00	1259,02	46694,00	1381,35
43624,00	1016,02	44652,00	1138,35	45680,00	1260,68	46708,00	1383,01
43640,00	1017,92	44668,00	1140,25	45696,00	1262,59	46724,00	1384,92
43654,00	1019,59	44682,00	1141,92	45710,00	1264,25	46738,00	1386,58
43670,00	1021,49	44698,00	1143,82	45726,00	1266,16	46754,00	1388,49
43684,00	1023,16	44712,00	1145,49	45742,00	1268,06	46770,00	1390,39
43700,00	1025,06	44728,00	1147,39	45756,00	1269,73	46784,00	1392,06
43714,00	1026,73	44744,00	1149,30	45772,00	1271,63	46800,00	1393,96
43730,00	1028,63	44758,00	1150,96	45786,00	1273,30	46814,00	1395,63
43746,00	1030,54	44774,00	1152,87	45802,00	1275,20	46830,00	1397,53
43760,00	1032,20	44788,00	1154,53	45816,00	1276,87	46844,00	1399,20
43776,00	1034,11	44804,00	1156,44	45832,00	1278,77	46860,00	1401,10

Steuerklasse III		Steuerklasse III		Steuerklasse III		Steuerklasse III	
Maßstabs-lohnsteuer €	Solidaritäts-zuschlag €	Maßstabs-lohnsteuer €	Solidaritäts-zuschlag €	Maßstabs-lohnsteuer €	Solidaritäts-zuschlag €	Maßstabs-lohnsteuer €	Solidaritäts-zuschlag €
46876,00	1403,01	47904,00	1525,34	48932,00	1647,67	49960,00	1770,00
46890,00	1404,67	47918,00	1527,00	48946,00	1649,34	49974,00	1771,67
46906,00	1406,58	47934,00	1528,91	48962,00	1651,24	49990,00	1773,57
46920,00	1408,24	47948,00	1530,57	48976,00	1652,91	50004,00	1775,24
46936,00	1410,15	47964,00	1532,48	48992,00	1654,81	50020,00	1777,14
46950,00	1411,81	47978,00	1534,14	49006,00	1656,48	50036,00	1779,05
46966,00	1413,72	47994,00	1536,05	49022,00	1658,38	50050,00	1780,71
46980,00	1415,38	48010,00	1537,95	49038,00	1660,28	50066,00	1782,62
46996,00	1417,29	48024,00	1539,62	49052,00	1661,95	50080,00	1784,28
47012,00	1419,19	48040,00	1541,52	49068,00	1663,85	50096,00	1786,19
47026,00	1420,86	48054,00	1543,19	49082,00	1665,52	50110,00	1787,85
47042,00	1422,76	48070,00	1545,09	49098,00	1667,42	50126,00	1789,76
47056,00	1424,43	48084,00	1546,76	49112,00	1669,09	50140,00	1791,42
47072,00	1426,33	48100,00	1548,66	49128,00	1670,99	50156,00	1793,33
47086,00	1428,00	48114,00	1550,33	49144,00	1672,90	50172,00	1795,23
47102,00	1429,90	48130,00	1552,23	49158,00	1674,56	50186,00	1796,90
47116,00	1431,57	48146,00	1554,14	49174,00	1676,47	50202,00	1798,80
47132,00	1433,47	48160,00	1555,80	49188,00	1678,13	50216,00	1800,47
47148,00	1435,37	48176,00	1557,71	49204,00	1680,04	50232,00	1802,37
47162,00	1437,04	48190,00	1559,37	49218,00	1681,70	50246,00	1804,04
47178,00	1438,94	48206,00	1561,28	49234,00	1683,61	50262,00	1805,94
47192,00	1440,61	48220,00	1562,94	49248,00	1685,27	50278,00	1807,84
47208,00	1442,51	48236,00	1564,85	49264,00	1687,18	50292,00	1809,51
47222,00	1444,18	48250,00	1566,51	49280,00	1689,08	50308,00	1811,41
47238,00	1446,08	48266,00	1568,42	49294,00	1690,75	50322,00	1813,08
47254,00	1447,99	48282,00	1570,32	49310,00	1692,65	50338,00	1814,98
47268,00	1449,65	48296,00	1571,99	49324,00	1694,32	50352,00	1816,65
47284,00	1451,56	48312,00	1573,89	49340,00	1696,22	50368,00	1818,55
47298,00	1453,22	48326,00	1575,56	49354,00	1697,89	50382,00	1820,22
47314,00	1455,13	48342,00	1577,46	49370,00	1699,79	50398,00	1822,12
47328,00	1456,79	48356,00	1579,13	49384,00	1701,46	50414,00	1824,03
47344,00	1458,70	48372,00	1581,03	49400,00	1703,36	50428,00	1825,69
47358,00	1460,36	48388,00	1582,93	49416,00	1705,27	50444,00	1827,60
47374,00	1462,27	48402,00	1584,60	49430,00	1706,93	50458,00	1829,26
47390,00	1464,17	48418,00	1586,50	49446,00	1708,84	50474,00	1831,17
47404,00	1465,84	48432,00	1588,17	49460,00	1710,50	50488,00	1832,83
47420,00	1467,74	48448,00	1590,07	49476,00	1712,41	50504,00	1834,74
47434,00	1469,41	48462,00	1591,74	49490,00	1714,07	50518,00	1836,40
47450,00	1471,31	48478,00	1593,64	49506,00	1715,98	50534,00	1838,31
47464,00	1472,98	48492,00	1595,31	49522,00	1717,88	50550,00	1840,21
47480,00	1474,88	48508,00	1597,21	49536,00	1719,55	50564,00	1841,88
47494,00	1476,55	48524,00	1599,12	49552,00	1721,45	50580,00	1843,78
47510,00	1478,45	48538,00	1600,78	49566,00	1723,12	50594,00	1845,45
47526,00	1480,36	48554,00	1602,69	49582,00	1725,02	50610,00	1847,35
47540,00	1482,02	48568,00	1604,35	49596,00	1726,69	50624,00	1849,02
47556,00	1483,93	48584,00	1606,26	49612,00	1728,59	50640,00	1850,92
47570,00	1485,59	48598,00	1607,92	49626,00	1730,26	50656,00	1852,83
47586,00	1487,50	48614,00	1609,83	49642,00	1732,16	50670,00	1854,49
47600,00	1489,16	48628,00	1611,49	49658,00	1734,06	50686,00	1856,40
47616,00	1491,07	48644,00	1613,40	49672,00	1735,73	50700,00	1858,06
47632,00	1492,97	48660,00	1615,30	49688,00	1737,63	50716,00	1859,97
47646,00	1494,64	48674,00	1616,97	49702,00	1739,30	50730,00	1861,63
47662,00	1496,54	48690,00	1618,87	49718,00	1741,20	50746,00	1863,54
47676,00	1498,21	48704,00	1620,54	49732,00	1742,87	50760,00	1865,20
47692,00	1500,11	48720,00	1622,44	49748,00	1744,77	50776,00	1867,11
47706,00	1501,78	48734,00	1624,11	49762,00	1746,44	50792,00	1869,01
47722,00	1503,68	48750,00	1626,01	49778,00	1748,34	50806,00	1870,68
47736,00	1505,35	48766,00	1627,92	49794,00	1750,25	50822,00	1872,58
47752,00	1507,25	48780,00	1629,58	49808,00	1751,91	50836,00	1874,25
47768,00	1509,15	48796,00	1631,49	49824,00	1753,82	50852,00	1876,15
47782,00	1510,82	48810,00	1633,15	49838,00	1755,48	50866,00	1877,82
47798,00	1512,72	48826,00	1635,06	49854,00	1757,39	50882,00	1879,72
47812,00	1514,39	48840,00	1636,72	49868,00	1759,05	50896,00	1881,39
47828,00	1516,29	48856,00	1638,63	49884,00	1760,96	50912,00	1883,29
47842,00	1517,96	48870,00	1640,29	49900,00	1762,86	50928,00	1885,19
47858,00	1519,86	48886,00	1642,20	49914,00	1764,53	50942,00	1886,86
47872,00	1521,53	48902,00	1644,10	49930,00	1766,43	50958,00	1888,76
47888,00	1523,43	48916,00	1645,77	49944,00	1768,10	50972,00	1890,43

Steuerklasse III		Steuerklasse III		Steuerklasse III		Steuerklasse III	
Maßstabs-lohnsteuer €	Solidaritäts-zuschlag €	Maßstabs-lohnsteuer €	Solidaritäts-zuschlag €	Maßstabs-lohnsteuer €	Solidaritäts-zuschlag €	Maßstabs-lohnsteuer €	Solidaritäts-zuschlag €
50988,00	1892,33	52016,00	2014,67	53044,00	2137,00	54072,00	2259,33
51002,00	1894,00	52030,00	2016,33	53060,00	2138,90	54088,00	2261,23
51018,00	1895,90	52046,00	2018,24	53074,00	2140,57	54102,00	2262,90
51034,00	1897,81	52062,00	2020,14	53090,00	2142,47	54118,00	2264,80
51048,00	1899,47	52076,00	2021,81	53104,00	2144,14	54132,00	2266,47
51064,00	1901,38	52092,00	2023,71	53120,00	2146,04	54148,00	2268,37
51078,00	1903,04	52106,00	2025,38	53134,00	2147,71	54162,00	2270,04
51094,00	1904,95	52122,00	2027,28	53150,00	2149,61	54178,00	2271,94
51108,00	1906,61	52136,00	2028,95	53164,00	2151,28	54194,00	2273,85
51124,00	1908,52	52152,00	2030,85	53180,00	2153,18	54208,00	2275,51
51138,00	1910,18	52168,00	2032,75	53196,00	2155,09	54224,00	2277,42
51154,00	1912,09	52182,00	2034,42	53210,00	2156,75	54238,00	2279,08
51170,00	1913,99	52198,00	2036,32	53226,00	2158,66	54254,00	2280,99
51184,00	1915,66	52212,00	2037,99	53240,00	2160,32	54268,00	2282,65
51200,00	1917,56	52228,00	2039,89	53256,00	2162,23	54284,00	2284,56
51214,00	1919,23	52242,00	2041,56	53270,00	2163,89	54298,00	2286,22
51230,00	1921,13	52258,00	2043,46	53286,00	2165,80	54314,00	2288,13
51244,00	1922,80	52272,00	2045,13	53302,00	2167,70	54330,00	2290,03
51260,00	1924,70	52288,00	2047,03	53316,00	2169,37	54344,00	2291,70
51274,00	1926,37	52304,00	2048,94	53332,00	2171,27	54360,00	2293,60
51290,00	1928,27	52318,00	2050,60	53346,00	2172,94	54374,00	2295,27
51306,00	1930,18	52334,00	2052,51	53362,00	2174,84	54390,00	2297,17
51320,00	1931,84	52348,00	2054,17	53376,00	2176,51	54404,00	2298,84
51336,00	1933,75	52364,00	2056,08	53392,00	2178,41	54420,00	2300,74
51350,00	1935,41	52378,00	2057,74	53406,00	2180,08	54436,00	2302,65
51366,00	1937,32	52394,00	2059,65	53422,00	2181,98	54450,00	2304,31
51380,00	1938,98	52408,00	2061,31	53438,00	2183,88	54466,00	2306,22
51396,00	1940,89	52424,00	2063,22	53452,00	2185,55	54480,00	2307,88
51412,00	1942,79	52440,00	2065,12	53468,00	2187,45	54496,00	2309,79
51426,00	1944,46	52454,00	2066,79	53482,00	2189,12	54510,00	2311,45
51442,00	1946,36	52470,00	2068,69	53498,00	2191,02	54526,00	2313,36
51456,00	1948,03	52484,00	2070,36	53512,00	2192,69	54540,00	2315,02
51472,00	1949,93	52500,00	2072,26	53528,00	2194,59	54556,00	2316,93
51486,00	1951,60	52514,00	2073,93	53542,00	2196,26	54572,00	2318,83
51502,00	1953,50	52530,00	2075,83	53558,00	2198,16	54586,00	2320,50
51516,00	1955,17	52546,00	2077,74	53574,00	2200,07	54602,00	2322,40
51532,00	1957,07	52560,00	2079,40	53588,00	2201,73	54616,00	2324,07
51548,00	1958,97	52576,00	2081,31	53604,00	2203,64	54632,00	2325,97
51562,00	1960,64	52590,00	2082,97	53618,00	2205,30	54646,00	2327,64
51578,00	1962,54	52606,00	2084,88	53634,00	2207,21	54662,00	2329,54
51592,00	1964,21	52620,00	2086,54	53648,00	2208,87	54676,00	2331,21
51608,00	1966,11	52636,00	2088,45	53664,00	2210,78	54692,00	2333,11
51622,00	1967,78	52650,00	2090,11	53680,00	2212,68	54708,00	2335,01
51638,00	1969,68	52666,00	2092,02	53694,00	2214,35	54722,00	2336,68
51652,00	1971,35	52682,00	2093,92	53710,00	2216,25	54738,00	2338,58
51668,00	1973,25	52696,00	2095,59	53724,00	2217,92	54752,00	2340,25
51684,00	1975,16	52712,00	2097,49	53740,00	2219,82	54768,00	2342,15
51698,00	1976,82	52726,00	2099,16	53754,00	2221,49	54782,00	2343,82
51714,00	1978,73	52742,00	2101,06	53770,00	2223,39	54798,00	2345,72
51728,00	1980,39	52756,00	2102,73	53784,00	2225,06	54814,00	2347,63
51744,00	1982,30	52772,00	2104,63	53800,00	2226,96	54828,00	2349,29
51758,00	1983,96	52786,00	2106,30	53816,00	2228,87	54844,00	2351,20
51774,00	1985,87	52802,00	2108,20	53830,00	2230,53	54858,00	2352,86
51790,00	1987,77	52818,00	2110,10	53846,00	2232,44	54874,00	2354,77
51804,00	1989,44	52832,00	2111,77	53860,00	2234,10	54888,00	2356,43
51820,00	1991,34	52848,00	2113,67	53876,00	2236,01	54904,00	2358,34
51834,00	1993,01	52862,00	2115,34	53890,00	2237,67	54918,00	2360,00
51850,00	1994,91	52878,00	2117,24	53906,00	2239,58	54934,00	2361,91
51864,00	1996,58	52892,00	2118,91	53920,00	2241,24	54950,00	2363,81
51880,00	1998,48	52908,00	2120,81	53936,00	2243,15	54964,00	2365,48
51894,00	2000,15	52924,00	2122,72	53952,00	2245,05	54980,00	2367,38
51910,00	2002,05	52938,00	2124,38	53966,00	2246,72	54994,00	2369,05
51926,00	2003,96	52954,00	2126,29	53982,00	2248,62	55010,00	2370,95
51940,00	2005,62	52968,00	2127,95	53996,00	2250,29	55024,00	2372,62
51956,00	2007,53	52984,00	2129,86	54012,00	2252,19	55040,00	2374,52
51970,00	2009,19	52998,00	2131,52	54026,00	2253,86	55054,00	2376,19
51986,00	2011,10	53014,00	2133,43	54042,00	2255,76	55070,00	2378,09
52000,00	2012,76	53028,00	2135,09	54058,00	2257,66	55086,00	2380,00

Steuerklasse III		Steuerklasse III		Steuerklasse III		Steuerklasse III	
Maßstabs-lohnsteuer €	Solidaritäts-zuschlag €	Maßstabs-lohnsteuer €	Solidaritäts-zuschlag €	Maßstabs-lohnsteuer €	Solidaritäts-zuschlag €	Maßstabs-lohnsteuer €	Solidaritäts-zuschlag €
55100,00	2381,66	56128,00	2503,99	57156,00	2626,33	58184,00	2748,66
55116,00	2383,57	56144,00	2505,90	57172,00	2628,23	58200,00	2750,56
55130,00	2385,23	56158,00	2507,56	57186,00	2629,90	58216,00	2752,47
55146,00	2387,14	56174,00	2509,47	57202,00	2631,80	58230,00	2754,13
55160,00	2388,80	56188,00	2511,13	57218,00	2633,70	58246,00	2756,04
55176,00	2390,71	56204,00	2513,04	57232,00	2635,37	58260,00	2757,70
55192,00	2392,61	56220,00	2514,94	57248,00	2637,27	58276,00	2759,61
55206,00	2394,28	56234,00	2516,61	57262,00	2638,94	58290,00	2761,27
55222,00	2396,18	56250,00	2518,51	57278,00	2640,84	58306,00	2763,18
55236,00	2397,85	56264,00	2520,18	57292,00	2642,51	58320,00	2764,84
55252,00	2399,75	56280,00	2522,08	57308,00	2644,41	58336,00	2766,75
55266,00	2401,42	56294,00	2523,75	57322,00	2646,08	58352,00	2768,65
55282,00	2403,32	56310,00	2525,65	57338,00	2647,98	58366,00	2770,32
55296,00	2404,99	56326,00	2527,56	57354,00	2649,89	58382,00	2772,22
55312,00	2406,89	56340,00	2529,22	57368,00	2651,55	58396,00	2773,89
55328,00	2408,79	56356,00	2531,13	57384,00	2653,46	58412,00	2775,79
55342,00	2410,46	56370,00	2532,79	57398,00	2655,12	58426,00	2777,46
55358,00	2412,36	56386,00	2534,70	57414,00	2657,03	58442,00	2779,36
55372,00	2414,03	56400,00	2536,36	57428,00	2658,69	58456,00	2781,03
55388,00	2415,93	56416,00	2538,27	57444,00	2660,60	58472,00	2782,93
55402,00	2417,60	56430,00	2539,93	57460,00	2662,50	58488,00	2784,83
55418,00	2419,50	56446,00	2541,84	57474,00	2664,17	58502,00	2786,50
55432,00	2421,17	56462,00	2543,74	57490,00	2666,07	58518,00	2788,40
55448,00	2423,07	56476,00	2545,41	57504,00	2667,74	58532,00	2790,07
55464,00	2424,98	56492,00	2547,31	57520,00	2669,64	58548,00	2791,97
55478,00	2426,64	56506,00	2548,98	57534,00	2671,31	58562,00	2793,64
55494,00	2428,55	56522,00	2550,88	57550,00	2673,21	58578,00	2795,54
55508,00	2430,21	56536,00	2552,55	57564,00	2674,88	58594,00	2797,45
55524,00	2432,12	56552,00	2554,45	57580,00	2676,78	58608,00	2799,11
55538,00	2433,78	56566,00	2556,12	57596,00	2678,69	58624,00	2801,02
55554,00	2435,69	56582,00	2558,02	57610,00	2680,35	58638,00	2802,68
55570,00	2437,59	56598,00	2559,92	57626,00	2682,26	58654,00	2804,59
55584,00	2439,26	56612,00	2561,59	57640,00	2683,92	58668,00	2806,25
55600,00	2441,16	56628,00	2563,49	57656,00	2685,83	58684,00	2808,16
55614,00	2442,83	56642,00	2565,16	57670,00	2687,49	58698,00	2809,82
55630,00	2444,73	56658,00	2567,06	57686,00	2689,40	58714,00	2811,73
55644,00	2446,40	56672,00	2568,73	57700,00	2691,06	58730,00	2813,63
55660,00	2448,30	56688,00	2570,63	57716,00	2692,97	58744,00	2815,30
55674,00	2449,97	56704,00	2572,54	57732,00	2694,87	58760,00	2817,20
55690,00	2451,87	56718,00	2574,20	57746,00	2696,54	58774,00	2818,87
55706,00	2453,78	56734,00	2576,11	57762,00	2698,44	58790,00	2820,77
55720,00	2455,44	56748,00	2577,77	57776,00	2700,11	58804,00	2822,44
55736,00	2457,35	56764,00	2579,68	57792,00	2702,01	58820,00	2824,34
55750,00	2459,01	56778,00	2581,34	57806,00	2703,68	58834,00	2826,01
55766,00	2460,92	56794,00	2583,25	57822,00	2705,58	58850,00	2827,91
55780,00	2462,58	56808,00	2584,91	57838,00	2707,48	58866,00	2829,82
55796,00	2464,49	56824,00	2586,82	57852,00	2709,15	58880,00	2831,48
55810,00	2466,15	56840,00	2588,72	57868,00	2711,05	58896,00	2833,39
55826,00	2468,06	56854,00	2590,39	57882,00	2712,72	58910,00	2835,05
55842,00	2469,96	56870,00	2592,29	57898,00	2714,62	58926,00	2836,96
55856,00	2471,63	56884,00	2593,96	57912,00	2716,29	58940,00	2838,62
55872,00	2473,53	56900,00	2595,86	57928,00	2718,19	58956,00	2840,53
55886,00	2475,20	56914,00	2597,53	57942,00	2719,86	58972,00	2842,43
55902,00	2477,10	56930,00	2599,43	57958,00	2721,76	58986,00	2844,10
55916,00	2478,77	56944,00	2601,10	57974,00	2723,67	59002,00	2846,00
55932,00	2480,67	56960,00	2603,00	57988,00	2725,33	59016,00	2847,67
55948,00	2482,57	56976,00	2604,91	58004,00	2727,24	59032,00	2849,57
55962,00	2484,24	56990,00	2606,57	58018,00	2728,90	59046,00	2851,24
55978,00	2486,14	57006,00	2608,48	58034,00	2730,81	59062,00	2853,14
55992,00	2487,81	57020,00	2610,14	58048,00	2732,47	59076,00	2854,81
56008,00	2489,71	57036,00	2612,05	58064,00	2734,38	59092,00	2856,71
56022,00	2491,38	57050,00	2613,71	58078,00	2736,04	59108,00	2858,61
56038,00	2493,28	57066,00	2615,62	58094,00	2737,95	59122,00	2860,28
56052,00	2494,95	57082,00	2617,52	58110,00	2739,85	59138,00	2862,18
56068,00	2496,85	57096,00	2619,19	58124,00	2741,52	59152,00	2863,85
56084,00	2498,76	57112,00	2621,09	58140,00	2743,42	59168,00	2865,75
56098,00	2.500,42	57126,00	2622,76	58154,00	2745,09	59182,00	2867,42
56114,00	2502,33	57142,00	2624,66	58170,00	2746,99	59198,00	2869,32

Steuerklasse III		Steuerklasse III		Steuerklasse III		Steuerklasse III	
Maßstabs-lohnsteuer €	Solidaritäts-zuschlag €	Maßstabs-lohnsteuer €	Solidaritäts-zuschlag €	Maßstabs-lohnsteuer €	Solidaritäts-zuschlag €	Maßstabs-lohnsteuer €	Solidaritäts-zuschlag €
59212,00	2870,99	60242,00	2993,56	61270,00	3115,89	62298,00	3238,22
59228,00	2872,89	60256,00	2995,23	61284,00	3117,56	62312,00	3239,89
59244,00	2874,80	60272,00	2997,13	61300,00	3119,46	62328,00	3241,79
59258,00	2876,46	60286,00	2998,80	61314,00	3121,13	62342,00	3243,46
59274,00	2878,37	60302,00	3000,70	61330,00	3123,03	62358,00	3245,36
59288,00	2880,03	60316,00	3002,37	61344,00	3124,70	62374,00	3247,27
59304,00	2881,94	60332,00	3004,27	61360,00	3126,60	62388,00	3248,93
59318,00	2883,60	60346,00	3005,94	61376,00	3128,51	62404,00	3250,84
59334,00	2885,51	60362,00	3007,84	61390,00	3130,17	62418,00	3252,50
59350,00	2887,41	60378,00	3009,74	61406,00	3132,08	62434,00	3254,41
59364,00	2889,08	60392,00	3011,41	61420,00	3133,74	62448,00	3256,07
59380,00	2890,98	60408,00	3013,31	61436,00	3135,65	62464,00	3257,98
59394,00	2892,65	60422,00	3014,98	61450,00	3137,31	62478,00	3259,64
59410,00	2894,55	60438,00	3016,88	61466,00	3139,22	62494,00	3261,55
59424,00	2896,22	60452,00	3018,55	61480,00	3140,88	62510,00	3263,45
59440,00	2898,12	60468,00	3020,45	61496,00	3142,79	62524,00	3265,12
59454,00	2899,79	60484,00	3022,36	61512,00	3144,69	62540,00	3267,02
59470,00	2901,69	60498,00	3024,02	61526,00	3146,36	62554,00	3268,69
59486,00	2903,60	60514,00	3025,93	61542,00	3148,26	62570,00	3270,59
59500,00	2905,26	60528,00	3027,59	61556,00	3149,93	62584,00	3272,26
59516,00	2907,17	60544,00	3029,50	61572,00	3151,83	62600,00	3274,16
59530,00	2908,83	60558,00	3031,16	61586,00	3153,50	62614,00	3275,83
59546,00	2910,74	60574,00	3033,07	61602,00	3155,40	62630,00	3277,73
59560,00	2912,40	60588,00	3034,73	61618,00	3157,30	62646,00	3279,64
59576,00	2914,31	60604,00	3036,64	61632,00	3158,97	62660,00	3281,30
59590,00	2915,97	60620,00	3038,54	61648,00	3160,87	62676,00	3283,21
59606,00	2917,88	60634,00	3040,21	61662,00	3162,54	62690,00	3284,87
59622,00	2919,78	60650,00	3042,11	61678,00	3164,44	62706,00	3286,78
59636,00	2921,45	60664,00	3043,78	61692,00	3166,11	62720,00	3288,44
59652,00	2923,35	60680,00	3045,68	61708,00	3168,01	62736,00	3290,35
59666,00	2925,02	60694,00	3047,35	61722,00	3169,68	62752,00	3292,25
59682,00	2926,92	60710,00	3049,25	61738,00	3171,58	62766,00	3293,92
59696,00	2928,59	60724,00	3050,92	61754,00	3173,49	62782,00	3295,82
59712,00	2930,49	60740,00	3052,82	61768,00	3175,15	62796,00	3297,49
59728,00	2932,39	60756,00	3054,73	61784,00	3177,06	62812,00	3299,39
59742,00	2934,06	60770,00	3056,39	61798,00	3178,72	62826,00	3301,06
59758,00	2935,96	60786,00	3058,30	61814,00	3180,63	62842,00	3302,96
59772,00	2937,63	60800,00	3059,96	61828,00	3182,29	62856,00	3304,63
59788,00	2939,53	60816,00	3061,87	61844,00	3184,20	62872,00	3306,53
59802,00	2941,20	60830,00	3063,53	61858,00	3185,86	62888,00	3308,43
59818,00	2943,10	60846,00	3065,44	61874,00	3187,77	62902,00	3310,10
59832,00	2944,77	60862,00	3067,34	61890,00	3189,67	62918,00	3312,00
59848,00	2946,67	60876,00	3069,01	61904,00	3191,34	62932,00	3313,67
59864,00	2948,58	60892,00	3070,91	61920,00	3193,24	62948,00	3315,57
59878,00	2950,24	60906,00	3072,58	61934,00	3194,91	62962,00	3317,24
59894,00	2952,15	60922,00	3074,48	61950,00	3196,81	62978,00	3319,14
59908,00	2953,81	60936,00	3076,15	61964,00	3198,48	62992,00	3320,81
59924,00	2955,72	60952,00	3078,05	61980,00	3200,38	63008,00	3322,71
59938,00	2957,38	60966,00	3079,72	61996,00	3202,29	63024,00	3324,62
59954,00	2959,29	60982,00	3081,62	62010,00	3203,95	63038,00	3326,28
59968,00	2960,95	60998,00	3083,52	62026,00	3205,86	63054,00	3328,19
59984,00	2962,86	61012,00	3085,19	62040,00	3207,52	63068,00	3329,85
60000,00	2964,76	61028,00	3087,09	62056,00	3209,43	63084,00	3331,76
60014,00	2966,43	61042,00	3088,76	62070,00	3211,09	63098,00	3333,42
60030,00	2968,33	61058,00	3090,66	62086,00	3213,00	63114,00	3335,33
60044,00	2970,00	61072,00	3092,33	62100,00	3214,66	63130,00	3337,23
60060,00	2971,90	61088,00	3094,23	62116,00	3216,57	63144,00	3338,90
60074,00	2973,57	61102,00	3095,90	62132,00	3218,47	63160,00	3340,80
60090,00	2975,47	61118,00	3097,80	62146,00	3220,14	63174,00	3342,47
60106,00	2977,38	61134,00	3099,71	62162,00	3222,04	63190,00	3344,37
60120,00	2979,04	61148,00	3101,37	62176,00	3223,71	63204,00	3346,04
60136,00	2980,95	61164,00	3103,28	62192,00	3225,61	63220,00	3347,94
60150,00	2982,61	61178,00	3104,94	62206,00	3227,28	63234,00	3349,61
60166,00	2984,52	61194,00	3106,85	62222,00	3229,18	63250,00	3351,51
60180,00	2986,18	61208,00	3108,51	62236,00	3230,85	63266,00	3353,42
60196,00	2988,09	61224,00	3110,42	62252,00	3232,75	63280,00	3355,08
60210,00	2989,75	61240,00	3112,32	62268,00	3234,65	63296,00	3356,99
60226,00	2991,66	61254,00	3113,99	62282,00	3236,32	63310,00	3358,65

Steuerklasse III		Steuerklasse III		Steuerklasse III		Steuerklasse III	
Maßstabs-lohnsteuer €	Solidaritäts-zuschlag €	Maßstabs-lohnsteuer €	Solidaritäts-zuschlag €	Maßstabs-lohnsteuer €	Solidaritäts-zuschlag €	Maßstabs-lohnsteuer €	Solidaritäts-zuschlag €
63326,00	3360,56	63824,00	3419,82	64324,00	3479,32	64822,00	3538,58
63340,00	3362,22	63840,00	3421,72	64338,00	3480,98	64838,00	3540,48
63356,00	3364,13	63854,00	3423,39	64354,00	3482,89	64852,00	3542,15
63370,00	3365,79	63870,00	3425,29	64368,00	3484,55	64868,00	3544,05
63386,00	3367,70	63886,00	3427,20	64384,00	3486,46	64882,00	3545,72
63402,00	3369,60	63900,00	3428,86	64400,00	3488,36	64898,00	3547,62
63416,00	3371,27	63916,00	3430,77	64414,00	3490,03	64914,00	3549,53
63432,00	3373,17	63930,00	3432,43	64430,00	3491,93	64928,00	3551,19
63446,00	3374,84	63946,00	3434,34	64444,00	3493,60	64944,00	3553,10
63462,00	3376,74	63960,00	3436,00	64460,00	3495,50	64958,00	3554,76
63476,00	3378,41	63976,00	3437,91	64474,00	3497,17	64974,00	3556,67
63492,00	3380,31	63990,00	3439,57	64490,00	3499,07	64988,00	3558,33
63508,00	3382,21	64006,00	3441,48	64504,00	3500,74	65004,00	3560,24
63522,00	3383,88	64022,00	3443,38	64520,00	3502,64	65020,00	3562,14
63538,00	3385,78	64036,00	3445,05	64536,00	3504,55	65034,00	3563,81
63552,00	3387,45	64052,00	3446,95	64550,00	3506,21	65050,00	3565,71
63568,00	3389,35	64066,00	3448,62	64566,00	3508,12	65064,00	3567,38
63582,00	3391,02	64082,00	3450,52	64580,00	3509,78	65080,00	3569,28
63598,00	3392,92	64096,00	3452,19	64596,00	3511,69	65094,00	3570,95
63612,00	3394,59	64112,00	3454,09	64610,00	3513,35	65110,00	3572,85
63628,00	3396,49	64126,00	3455,76	64626,00	3515,26	65124,00	3574,52
63644,00	3398,40	64142,00	3457,66	64642,00	3517,16	65140,00	3576,42
63658,00	3400,06	64158,00	3459,56	64656,00	3518,83	65156,00	3578,33
63674,00	3401,97	64172,00	3461,23	64672,00	3520,73	65170,00	3579,99
63688,00	3403,63	64188,00	3463,13	64686,00	3522,40	65186,00	3581,90
63704,00	3405,54	64202,00	3464,80	64702,00	3524,30	65200,00	3583,56
63718,00	3407,20	64218,00	3466,70	64716,00	3525,97	65216,00	3585,47
63734,00	3409,11	64232,00	3468,37	64732,00	3527,87	65230,00	3587,13
63748,00	3410,77	64248,00	3470,27	64746,00	3529,54	65246,00	3588,53
63764,00	3412,68	64264,00	3472,18	64762,00	3531,44		
63780,00	3414,58	64278,00	3473,84	64778,00	3533,34		
63794,00	3416,25	64294,00	3475,75	64792,00	3535,01		
63810,00	3418,15	64308,00	3477,41	64808,00	3536,91		

Steuerklasse I, II, IV, V, VI		Steuerklasse I, II, IV, V, VI		Steuerklasse I, II, IV, V, VI		Steuerklasse I, II, IV, V, VI	
Maßstabs-lohnsteuer €	Solidaritäts-zuschlag €	Maßstabs-lohnsteuer €	Solidaritäts-zuschlag €	Maßstabs-lohnsteuer €	Solidaritäts-zuschlag €	Maßstabs-lohnsteuer €	Solidaritäts-zuschlag €
17533,00	0,00	17931,00	46,17	18329,00	93,53	18726,00	140,77
17547,00	0,47	17945,00	47,83	18343,00	95,20	18740,00	142,44
17560,00	2,02	17958,00	49,38	18356,00	96,74	18754,00	144,10
17574,00	3,68	17972,00	51,05	18370,00	98,41	18768,00	145,77
17588,00	5,35	17986,00	52,71	18384,00	100,07	18781,00	147,32
17602,00	7,02	17999,00	54,26	18397,00	101,62	18795,00	148,98
17615,00	8,56	18013,00	55,93	18411,00	103,29	18809,00	150,65
17629,00	10,23	18027,00	57,59	18424,00	104,83	18822,00	152,20
17643,00	11,90	18041,00	59,26	18438,00	106,50	18836,00	153,86
17657,00	13,56	18054,00	60,80	18452,00	108,17	18850,00	155,53
17671,00	15,23	18068,00	62,47	18466,00	109,83	18863,00	157,08
17684,00	16,77	18082,00	64,14	18479,00	111,38	18877,00	158,74
17698,00	18,44	18096,00	65,80	18493,00	113,05	18891,00	160,41
17712,00	20,11	18109,00	67,35	18507,00	114,71	18904,00	161,95
17725,00	21,65	18123,00	69,02	18521,00	116,38	18918,00	163,62
17739,00	23,32	18137,00	70,68	18534,00	117,92	18932,00	165,29
17753,00	24,99	18150,00	72,23	18548,00	119,59	18946,00	166,95
17766,00	26,53	18164,00	73,89	18562,00	121,26	18959,00	168,50
17780,00	28,20	18178,00	75,56	18576,00	122,92	18973,00	170,17
17794,00	29,86	18191,00	77,11	18589,00	124,47	18987,00	171,83
17807,00	31,41	18205,00	78,77	18603,00	126,14	19001,00	173,50
17821,00	33,08	18219,00	80,44	18617,00	127,80	19015,00	175,16
17835,00	34,74	18232,00	81,99	18630,00	129,35	19028,00	176,71
17849,00	36,41	18246,00	83,65	18644,00	131,01	19042,00	178,38
17862,00	37,96	18260,00	85,32	18658,00	132,68	19055,00	179,92
17876,00	39,62	18274,00	86,98	18671,00	134,23	19069,00	181,59
17890,00	41,29	18287,00	88,53	18685,00	135,89	19083,00	183,26
17904,00	42,95	18301,00	90,20	18699,00	137,56	19096,00	184,80
17917,00	44,50	18315,00	91,86	18713,00	139,23	19110,00	186,47

Steuerklasse I, II, IV, V, VI		Steuerklasse I, II, IV, V, VI		Steuerklasse I, II, IV, V, VI		Steuerklasse I, II, IV, V, VI	
Maßstabs-lohnsteuer €	Solidaritäts-zuschlag €	Maßstabs-lohnsteuer €	Solidaritäts-zuschlag €	Maßstabs-lohnsteuer €	Solidaritäts-zuschlag €	Maßstabs-lohnsteuer €	Solidaritäts-zuschlag €
19124,00	188,13	20057,00	299,16	21045,00	416,73	22073,00	539,07
19138,00	189,80	20070,00	300,71	21060,00	418,52	22088,00	540,85
19151,00	191,35	20084,00	302,37	21075,00	420,30	22103,00	542,64
19165,00	193,01	20098,00	304,04	21090,00	422,09	22118,00	544,42
19179,00	194,68	20112,00	305,71	21105,00	423,87	22133,00	546,21
19193,00	196,35	20125,00	307,25	21120,00	425,66	22149,00	548,11
19206,00	197,89	20139,00	308,92	21136,00	427,56	22164,00	549,89
19220,00	199,56	20153,00	310,59	21151,00	429,35	22179,00	551,68
19234,00	201,22	20166,00	312,13	21166,00	431,13	22194,00	553,46
19248,00	202,89	20180,00	313,80	21181,00	432,92	22209,00	555,25
19261,00	204,44	20194,00	315,46	21196,00	434,70	22224,00	557,03
19275,00	206,10	20207,00	317,01	21211,00	436,49	22239,00	558,82
19289,00	207,77	20221,00	318,68	21226,00	438,27	22254,00	560,60
19302,00	209,32	20235,00	320,34	21241,00	440,06	22270,00	562,51
19316,00	210,98	20248,00	321,89	21256,00	441,84	22285,00	564,29
19330,00	212,65	20262,00	323,56	21272,00	443,75	22300,00	566,08
19343,00	214,20	20276,00	325,22	21287,00	445,53	22315,00	567,86
19357,00	215,86	20290,00	326,89	21302,00	447,32	22330,00	569,65
19371,00	217,53	20303,00	328,44	21317,00	449,10	22345,00	571,43
19385,00	219,19	20317,00	330,10	21332,00	450,89	22360,00	573,22
19398,00	220,74	20331,00	331,77	21347,00	452,67	22375,00	575,00
19412,00	222,41	20345,00	333,43	21362,00	454,46	22390,00	576,79
19426,00	224,07	20358,00	334,98	21377,00	456,24	22406,00	578,69
19440,00	225,74	20372,00	336,65	21393,00	458,15	22421,00	580,48
19453,00	227,29	20386,00	338,31	21408,00	459,93	22436,00	582,26
19467,00	228,95	20399,00	339,86	21423,00	461,72	22451,00	584,05
19481,00	230,62	20413,00	341,53	21438,00	463,50	22466,00	585,83
19494,00	232,16	20427,00	343,19	21453,00	465,29	22481,00	587,62
19508,00	233,83	20440,00	344,74	21468,00	467,07	22496,00	589,40
19522,00	235,50	20455,00	346,52	21483,00	468,86	22511,00	591,19
19535,00	237,04	20470,00	348,31	21498,00	470,64	22527,00	593,09
19549,00	238,71	20485,00	350,09	21514,00	472,54	22542,00	594,88
19563,00	240,38	20500,00	351,88	21529,00	474,33	22557,00	596,66
19576,00	241,92	20516,00	353,78	21544,00	476,11	22572,00	598,45
19590,00	243,59	20531,00	355,57	21559,00	477,90	22587,00	600,23
19604,00	245,25	20546,00	357,35	21574,00	479,68	22602,00	602,02
19618,00	246,92	20561,00	359,14	21589,00	481,47	22617,00	603,80
19631,00	248,47	20576,00	360,92	21604,00	483,25	22632,00	605,59
19645,00	250,13	20591,00	362,71	21619,00	485,04	22648,00	607,49
19659,00	251,80	20606,00	364,49	21634,00	486,82	22663,00	609,28
19673,00	253,47	20621,00	366,28	21650,00	488,73	22678,00	611,06
19686,00	255,01	20637,00	368,18	21665,00	490,51	22693,00	612,85
19700,00	256,68	20652,00	369,97	21680,00	492,30	22708,00	614,63
19714,00	258,34	20667,00	371,75	21695,00	494,08	22723,00	616,42
19727,00	259,89	20682,00	373,54	21710,00	495,87	22738,00	618,20
19741,00	261,56	20697,00	375,32	21725,00	497,65	22753,00	619,99
19755,00	263,22	20712,00	377,11	21740,00	499,44	22768,00	621,77
19768,00	264,77	20727,00	378,89	21755,00	501,22	22784,00	623,67
19782,00	266,44	20742,00	380,68	21771,00	503,13	22799,00	625,46
19796,00	268,10	20758,00	382,58	21786,00	504,91	22814,00	627,24
19810,00	269,77	20773,00	384,37	21801,00	506,70	22829,00	629,03
19823,00	271,32	20788,00	386,15	21816,00	508,48	22844,00	630,81
19837,00	272,98	20803,00	387,94	21831,00	510,27	22859,00	632,60
19851,00	274,65	20818,00	389,72	21846,00	512,05	22874,00	634,38
19865,00	276,31	20833,00	391,51	21861,00	513,84	22889,00	636,17
19878,00	277,86	20848,00	393,29	21876,00	515,62	22905,00	638,07
19892,00	279,53	20863,00	395,08	21892,00	517,53	22920,00	639,86
19906,00	281,19	20878,00	396,86	21907,00	519,31	22935,00	641,64
19920,00	282,86	20894,00	398,76	21922,00	521,10	22950,00	643,43
19933,00	284,41	20909,00	400,55	21937,00	522,88	22965,00	645,21
19947,00	286,07	20924,00	402,33	21952,00	524,67	22980,00	647,00
19961,00	287,74	20939,00	404,12	21967,00	526,45	22995,00	648,78
19974,00	289,28	20954,00	405,90	21982,00	528,24	23010,00	650,57
19988,00	290,95	20969,00	407,69	21997,00	530,02	23026,00	652,47
20002,00	292,62	20984,00	409,47	22012,00	531,81	23041,00	654,26
20015,00	294,16	20999,00	411,26	22028,00	533,71	23056,00	656,04
20029,00	295,83	21015,00	413,16	22043,00	535,50	23071,00	657,83
20043,00	297,50	21030,00	414,95	22058,00	537,28	23086,00	659,61

Steuerklasse I, II, IV, V, VI		Steuerklasse I, II, IV, V, VI		Steuerklasse I, II, IV, V, VI		Steuerklasse I, II, IV, V, VI	
Maßstabs-lohnsteuer €	Solidaritäts-zuschlag €	Maßstabs-lohnsteuer €	Solidaritäts-zuschlag €	Maßstabs-lohnsteuer €	Solidaritäts-zuschlag €	Maßstabs-lohnsteuer €	Solidaritäts-zuschlag €
23101,00	661,40	24129,00	783,73	25157,00	906,06	26186,00	1028,51
23116,00	663,18	24144,00	785,51	25173,00	907,97	26201,00	1030,30
23131,00	664,97	24160,00	787,42	25188,00	909,75	26216,00	1032,08
23146,00	666,75	24175,00	789,20	25203,00	911,54	26231,00	1033,87
23162,00	668,66	24190,00	790,99	25218,00	913,32	26246,00	1035,65
23177,00	670,44	24205,00	792,77	25233,00	915,11	26261,00	1037,44
23192,00	672,23	24220,00	794,56	25248,00	916,89	26276,00	1039,22
23207,00	674,01	24235,00	796,34	25263,00	918,68	26291,00	1041,01
23222,00	675,80	24250,00	798,13	25278,00	920,46	26307,00	1042,91
23237,00	677,58	24265,00	799,91	25294,00	922,36	26322,00	1044,70
23252,00	679,37	24280,00	801,70	25309,00	924,15	26337,00	1046,48
23267,00	681,15	24296,00	803,60	25324,00	925,93	26352,00	1048,27
23283,00	683,06	24311,00	805,39	25339,00	927,72	26367,00	1050,05
23298,00	684,84	24326,00	807,17	25354,00	929,50	26382,00	1051,84
23313,00	686,63	24341,00	808,96	25369,00	931,29	26397,00	1053,62
23328,00	688,41	24356,00	810,74	25384,00	933,07	26412,00	1055,41
23343,00	690,20	24371,00	812,53	25399,00	934,86	26428,00	1057,31
23358,00	691,98	24386,00	814,31	25414,00	936,64	26443,00	1059,10
23373,00	693,77	24401,00	816,10	25430,00	938,55	26458,00	1060,88
23388,00	695,55	24417,00	818,00	25445,00	940,33	26473,00	1062,67
23404,00	697,45	24432,00	819,79	25460,00	942,12	26488,00	1064,45
23419,00	699,24	24447,00	821,57	25475,00	943,90	26503,00	1066,24
23434,00	701,02	24462,00	823,36	25490,00	945,69	26518,00	1068,02
23449,00	702,81	24477,00	825,14	25505,00	947,47	26533,00	1069,81
23464,00	704,59	24492,00	826,93	25520,00	949,26	26548,00	1071,59
23479,00	706,38	24507,00	828,71	25535,00	951,04	26564,00	1073,49
23494,00	708,16	24522,00	830,50	25551,00	952,95	26579,00	1075,28
23509,00	709,95	24538,00	832,40	25566,00	954,73	26594,00	1077,06
23524,00	711,73	24553,00	834,19	25581,00	956,52	26609,00	1078,85
23540,00	713,64	24568,00	835,97	25596,00	958,30	26624,00	1080,63
23555,00	715,42	24583,00	837,76	25611,00	960,09	26639,00	1082,42
23570,00	717,21	24598,00	839,54	25626,00	961,87	26654,00	1084,20
23585,00	718,99	24613,00	841,33	25641,00	963,66	26669,00	1085,99
23600,00	720,78	24628,00	843,11	25656,00	965,44	26685,00	1087,89
23615,00	722,56	24643,00	844,90	25672,00	967,35	26700,00	1089,68
23630,00	724,35	24658,00	846,68	25687,00	969,13	26715,00	1091,46
23645,00	726,13	24674,00	848,58	25702,00	970,92	26730,00	1093,25
23661,00	728,04	24689,00	850,37	25717,00	972,70	26745,00	1095,03
23676,00	729,82	24704,00	852,15	25732,00	974,49	26760,00	1096,82
23691,00	731,61	24719,00	853,94	25747,00	976,27	26775,00	1098,60
23706,00	733,39	24734,00	855,72	25762,00	978,06	26790,00	1100,39
23721,00	735,18	24749,00	857,51	25777,00	979,84	26806,00	1102,29
23736,00	736,96	24764,00	859,29	25792,00	981,63	26821,00	1104,08
23751,00	738,75	24779,00	861,08	25808,00	983,53	26836,00	1105,86
23766,00	740,53	24795,00	862,98	25823,00	985,32	26851,00	1107,65
23782,00	742,44	24810,00	864,77	25838,00	987,10	26866,00	1109,43
23797,00	744,22	24825,00	866,55	25853,00	988,89	26881,00	1111,22
23812,00	746,01	24840,00	868,34	25868,00	990,67	26896,00	1113,00
23827,00	747,79	24855,00	870,12	25883,00	992,46	26911,00	1114,79
23842,00	749,58	24870,00	871,91	25898,00	994,24	26926,00	1116,57
23857,00	751,36	24885,00	873,69	25913,00	996,03	26942,00	1118,48
23872,00	753,15	24900,00	875,48	25929,00	997,93	26957,00	1120,26
23887,00	754,93	24916,00	877,38	25944,00	999,71	26972,00	1122,05
23902,00	756,72	24931,00	879,17	25959,00	1001,50	26987,00	1123,83
23918,00	758,62	24946,00	880,95	25974,00	1003,28	27002,00	1125,62
23933,00	760,41	24961,00	882,74	25989,00	1005,07	27017,00	1127,40
23948,00	762,19	24976,00	884,52	26004,00	1006,85	27032,00	1129,19
23963,00	763,98	24991,00	886,31	26019,00	1008,64	27047,00	1130,97
23978,00	765,76	25006,00	888,09	26034,00	1010,42	27063,00	1132,88
23993,00	767,55	25021,00	889,88	26050,00	1012,33	27078,00	1134,66
24008,00	769,33	25036,00	891,66	26065,00	1014,11	27093,00	1136,45
24023,00	771,12	25052,00	893,57	26080,00	1015,90	27108,00	1138,23
24039,00	773,02	25067,00	895,35	26095,00	1017,68	27123,00	1140,02
24054,00	774,80	25082,00	897,14	26110,00	1019,47	27138,00	1141,80
24069,00	776,59	25097,00	898,92	26125,00	1021,25	27153,00	1143,59
24084,00	778,37	25112,00	900,71	26140,00	1023,04	27168,00	1145,37
24099,00	780,16	25127,00	902,49	26155,00	1024,82	27184,00	1147,27
24114,00	781,94	25142,00	904,28	26170,00	1026,61	27199,00	1149,06

Steuerklasse I, II, IV, V, VI		Steuerklasse I, II, IV, V, VI		Steuerklasse I, II, IV, V, VI		Steuerklasse I, II, IV, V, VI	
Maßstabs-lohnsteuer €	Solidaritäts-zuschlag €	Maßstabs-lohnsteuer €	Solidaritäts-zuschlag €	Maßstabs-lohnsteuer €	Solidaritäts-zuschlag €	Maßstabs-lohnsteuer €	Solidaritäts-zuschlag €
27214,00	1150,84	28242,00	1273,18	29270,00	1395,51	30298,00	1517,84
27229,00	1152,63	28257,00	1274,96	29285,00	1397,29	30313,00	1519,63
27244,00	1154,41	28272,00	1276,75	29300,00	1399,08	30328,00	1521,41
27259,00	1156,20	28287,00	1278,53	29315,00	1400,86	30344,00	1523,31
27274,00	1157,98	28302,00	1280,32	29331,00	1402,77	30359,00	1525,10
27289,00	1159,77	28318,00	1282,22	29346,00	1404,55	30374,00	1526,88
27304,00	1161,55	28333,00	1284,01	29361,00	1406,34	30389,00	1528,67
27320,00	1163,46	28348,00	1285,79	29376,00	1408,12	30404,00	1530,45
27335,00	1165,24	28363,00	1287,58	29391,00	1409,91	30419,00	1532,24
27350,00	1167,03	28378,00	1289,36	29406,00	1411,69	30434,00	1534,02
27365,00	1168,81	28393,00	1291,15	29421,00	1413,48	30449,00	1535,81
27380,00	1170,60	28408,00	1292,93	29436,00	1415,26	30465,00	1537,71
27395,00	1172,38	28423,00	1294,72	29452,00	1417,17	30480,00	1539,50
27410,00	1174,17	28438,00	1296,50	29467,00	1418,95	30495,00	1541,28
27425,00	1175,95	28454,00	1298,40	29482,00	1420,74	30510,00	1543,07
27441,00	1177,86	28469,00	1300,19	29497,00	1422,52	30525,00	1544,85
27456,00	1179,64	28484,00	1301,97	29512,00	1424,31	30540,00	1546,64
27471,00	1181,43	28499,00	1303,76	29527,00	1426,09	30555,00	1548,42
27486,00	1183,21	28514,00	1305,54	29542,00	1427,88	30570,00	1550,21
27501,00	1185,00	28529,00	1307,33	29557,00	1429,66	30586,00	1552,11
27516,00	1186,78	28544,00	1309,11	29572,00	1431,45	30601,00	1553,90
27531,00	1188,57	28559,00	1310,90	29588,00	1433,35	30616,00	1555,68
27546,00	1190,35	28575,00	1312,80	29603,00	1435,14	30631,00	1557,47
27562,00	1192,26	28590,00	1314,59	29618,00	1436,92	30646,00	1559,25
27577,00	1194,04	28605,00	1316,37	29633,00	1438,71	30661,00	1561,04
27592,00	1195,83	28620,00	1318,16	29648,00	1440,49	30676,00	1562,82
27607,00	1197,61	28635,00	1319,94	29663,00	1442,28	30691,00	1564,61
27622,00	1199,40	28650,00	1321,73	29678,00	1444,06	30706,00	1566,39
27637,00	1201,18	28665,00	1323,51	29693,00	1445,85	30722,00	1568,30
27652,00	1202,97	28680,00	1325,30	29709,00	1447,75	30737,00	1570,08
27667,00	1204,75	28696,00	1327,20	29724,00	1449,53	30752,00	1571,87
27682,00	1206,54	28711,00	1328,99	29739,00	1451,32	30767,00	1573,65
27698,00	1208,44	28726,00	1330,77	29754,00	1453,10	30782,00	1575,44
27713,00	1210,23	28741,00	1332,56	29769,00	1454,89	30797,00	1577,22
27728,00	1212,01	28756,00	1334,34	29784,00	1456,67	30812,00	1579,01
27743,00	1213,80	28771,00	1336,13	29799,00	1458,46	30827,00	1580,79
27758,00	1215,58	28786,00	1337,91	29814,00	1460,24	30843,00	1582,70
27773,00	1217,37	28801,00	1339,70	29830,00	1462,15	30858,00	1584,48
27788,00	1219,15	28816,00	1341,48	29845,00	1463,93	30873,00	1586,27
27803,00	1220,94	28832,00	1343,39	29860,00	1465,72	30888,00	1588,05
27819,00	1222,84	28847,00	1345,17	29875,00	1467,50	30903,00	1589,84
27834,00	1224,62	28862,00	1346,96	29890,00	1469,29	30918,00	1591,62
27849,00	1226,41	28877,00	1348,74	29905,00	1471,07	30933,00	1593,41
27864,00	1228,19	28892,00	1350,53	29920,00	1472,86	30948,00	1595,19
27879,00	1229,98	28907,00	1352,31	29935,00	1474,64	30964,00	1597,09
27894,00	1231,76	28922,00	1354,10	29950,00	1476,43	30979,00	1598,88
27909,00	1233,55	28937,00	1355,88	29966,00	1478,33	30994,00	1600,66
27924,00	1235,33	28953,00	1357,79	29981,00	1480,12	31009,00	1602,45
27940,00	1237,24	28968,00	1359,57	29996,00	1481,90	31024,00	1604,23
27955,00	1239,02	28983,00	1361,36	30011,00	1483,69	31039,00	1606,02
27970,00	1240,81	28998,00	1363,14	30026,00	1485,47	31054,00	1607,80
27985,00	1242,59	29013,00	1364,93	30041,00	1487,26	31069,00	1609,59
28000,00	1244,38	29028,00	1366,71	30056,00	1489,04	31084,00	1611,37
28015,00	1246,16	29043,00	1368,50	30071,00	1490,83	31100,00	1613,28
28030,00	1247,95	29058,00	1370,28	30087,00	1492,73	31115,00	1615,06
28045,00	1249,73	29074,00	1372,18	30102,00	1494,52	31130,00	1616,85
28060,00	1251,52	29089,00	1373,97	30117,00	1496,30	31145,00	1618,63
28076,00	1253,42	29104,00	1375,75	30132,00	1498,09	31160,00	1620,42
28091,00	1255,21	29119,00	1377,54	30147,00	1499,87	31175,00	1622,20
28106,00	1256,99	29134,00	1379,32	30162,00	1501,66	31190,00	1623,99
28121,00	1258,78	29149,00	1381,11	30177,00	1503,44	31205,00	1625,77
28136,00	1260,56	29164,00	1382,89	30192,00	1505,23	31221,00	1627,68
28151,00	1262,35	29179,00	1384,68	30208,00	1507,13	31236,00	1629,46
28166,00	1264,13	29194,00	1386,46	30223,00	1508,92	31251,00	1631,25
28181,00	1265,92	29210,00	1388,37	30238,00	1510,70	31266,00	1633,03
28197,00	1267,82	29225,00	1390,15	30253,00	1512,49	31281,00	1634,82
28212,00	1269,61	29240,00	1391,94	30268,00	1514,27	31296,00	1636,60
28227,00	1271,39	29255,00	1393,72	30283,00	1516,06	31311,00	1638,39

Steuerklasse I, II, IV, V, VI		Steuerklasse I, II, IV, V, VI		Steuerklasse I, II, IV, V, VI		Steuerklasse I, II, IV, V, VI	
Maßstabs-lohnsteuer €	Solidaritäts-zuschlag €	Maßstabs-lohnsteuer €	Solidaritäts-zuschlag €	Maßstabs-lohnsteuer €	Solidaritäts-zuschlag €	Maßstabs-lohnsteuer €	Solidaritäts-zuschlag €
31326,00	1640,17	31659,00	1679,80	31992,00	1719,43	32324,00	1758,93
31342,00	1642,08	31674,00	1681,58	32007,00	1721,21	32339,00	1760,72
31357,00	1643,86	31689,00	1683,37	32022,00	1723,00	32355,00	1762,62
31372,00	1645,65	31704,00	1685,15	32037,00	1724,78	32370,00	1764,41
31387,00	1647,43	31720,00	1687,06	32052,00	1726,57	32385,00	1766,19
31402,00	1649,22	31735,00	1688,84	32067,00	1728,35	32400,00	1767,98
31417,00	1651,00	31750,00	1690,63	32082,00	1730,14	32415,00	1769,76
31432,00	1652,79	31765,00	1692,41	32098,00	1732,04	32430,00	1771,55
31447,00	1654,57	31780,00	1694,20	32113,00	1733,83	32445,00	1773,33
31462,00	1656,36	31795,00	1695,98	32128,00	1735,61	32460,00	1775,12
31478,00	1658,26	31810,00	1697,77	32143,00	1737,40	32476,00	1777,02
31493,00	1660,05	31825,00	1699,55	32158,00	1739,18	32491,00	1778,81
31508,00	1661,83	31840,00	1701,34	32173,00	1740,97	32506,00	1780,59
31523,00	1663,62	31856,00	1703,24	32188,00	1742,75	32521,00	1782,38
31538,00	1665,40	31871,00	1705,03	32203,00	1744,54	32536,00	1784,16
31553,00	1667,19	31886,00	1706,81	32218,00	1746,32	32551,00	1785,95
31568,00	1668,97	31901,00	1708,60	32234,00	1748,22	32566,00	1787,73
31583,00	1670,76	31916,00	1710,38	32249,00	1750,01	32581,00	1789,52
31599,00	1672,66	31931,00	1712,17	32264,00	1751,79	32596,00	1791,30
31614,00	1674,44	31946,00	1713,95	32279,00	1753,58	32612,00	1793,21
31629,00	1676,23	31961,00	1715,74	32294,00	1755,36	32627,00	1794,48
31644,00	1678,01	31977,00	1717,64	32309,00	1757,15		

Lohn/ Gehalt in € bis	Steuerklasse	Lohn- steuer*	BVSP**	TAGZ***
35,99	I,IV		4	3
	II		4	3
	III		4	3
	V		4	3
	VI	**3**	4	3
71,99	I,IV		8	6
	II		8	6
	III		8	6
	V		8	6
	VI	**7**	8	6
107,99	I,IV		12	10
	II		12	10
	III		12	10
	V		12	10
	VI	**11**	12	10
143,99	I,IV		17	13
	II		17	13
	III		17	13
	V		17	13
	VI	**15**	17	13
179,99	I,IV		21	16
	II		21	16
	III		21	16
	V		21	16
	VI	**19**	21	16
215,99	I,IV		25	20
	II		25	20
	III		25	20
	V		25	20
	VI	**23**	25	20
251,99	I,IV		30	23
	II		30	23
	III		30	23
	V		30	23
	VI	**27**	30	23
287,99	I,IV		34	26
	II		34	26
	III		34	26
	V		34	26
	VI	**31**	34	26
323,99	I,IV		38	30
	II		38	30
	III		38	30
	V		38	30
	VI	**35**	38	30
359,99	I,IV		43	33
	II		43	33
	III		43	33
	V		43	33
	VI	**39**	43	33
395,99	I,IV		47	36
	II		47	36
	III		47	36
	V		47	36
	VI	**43**	47	36
431,99	I,IV		51	40
	II		51	40
	III		51	40
	V		51	40
	VI	**47**	51	40

Lohn/ Gehalt in € bis	Steuerklasse	Lohn- steuer*	BVSP**	TAGZ***
467,99	I,IV		56	43
	II		56	43
	III		56	43
	V		56	43
	VI	**51**	56	43
503,99	I,IV		60	46
	II		60	46
	III		60	46
	V		60	46
	VI	**55**	60	46
539,99	I,IV		64	50
	II		64	50
	III		64	50
	V		64	50
	VI	**59**	64	50
575,99	I,IV		69	53
	II		69	53
	III		69	53
	V		69	53
	VI	**63**	69	53
611,99	I,IV		73	57
	II		73	57
	III		73	57
	V		73	57
	VI	**67**	73	57
647,99	I,IV		77	60
	II		77	60
	III		77	60
	V		77	60
	VI	**71**	77	60
683,99	I,IV		82	63
	II		82	63
	III		82	63
	V		82	63
	VI	**75**	82	63
719,99	I,IV		86	67
	II		86	67
	III		86	67
	V		86	67
	VI	**79**	86	67
755,99	I,IV		90	70
	II		90	70
	III		90	70
	V		90	70
	VI	**83**	90	70
791,99	I,IV		95	73
	II		95	73
	III		95	73
	V		95	73
	VI	**87**	95	73
827,99	I,IV		99	77
	II		99	77
	III		99	77
	V		99	77
	VI	**91**	99	77
863,99	I,IV		103	80
	II		103	80
	III		103	80
	V		103	80
	VI	**94**	103	80

* Zur LSt-Berechnung für privat versicherte Arbeitnehmer s. Beispiele **Vorbemerkung S. 4 f.**
** Basisvorsorgepauschale KV und PV *** Typisierter Arbeitgeberzuschuss

Lohn/ Gehalt in € bis	Steuerklasse	Lohn- steuer*	BVSP**	TAGZ***
899,99	I,IV		107	83
	II		107	83
	III		107	83
	V		107	83
	VI	**98**	107	83
935,99	I,IV		112	87
	II		112	87
	III		112	87
	V		112	87
	VI	**102**	112	87
971,99	I,IV		116	90
	II		116	90
	III		116	90
	V		116	90
	VI	**106**	116	90
1 007,99	I,IV		120	93
	II		120	93
	III		120	93
	V		120	93
	VI	**110**	120	93
1 043,99	I,IV		125	97
	II		125	97
	III		125	97
	V		125	97
	VI	**114**	125	97
1 079,99	I,IV		129	100
	II		129	100
	III		129	100
	V		129	100
	VI	**118**	129	100
1 115,99	I,IV		133	104
	II		133	104
	III		133	104
	V		133	104
	VI	**122**	133	104
1 151,99	I,IV		138	107
	II		138	107
	III		138	107
	V		138	107
	VI	**126**	138	107
1 187,99	I,IV		142	110
	II		142	110
	III		142	110
	V		142	110
	VI	**130**	142	110
1 223,99	I,IV		146	114
	II		146	114
	III		146	114
	V		146	114
	VI	**134**	146	114
1 259,99	I,IV		151	117
	II		151	117
	III		151	117
	V		151	117
	VI	**138**	151	117
1 295,99	I,IV		155	120
	II		155	120
	III		155	120
	V		155	120
	VI	**142**	155	120

Lohn/ Gehalt in € bis	Steuerklasse	Lohn- steuer*	BVSP**	TAGZ***
1 331,99	I,IV		159	124
	II		159	124
	III		159	124
	V		159	124
	VI	**146**	159	124
1 367,99	I,IV		164	127
	II		164	127
	III		164	127
	V		164	127
	VI	**150**	164	127
1 403,99	I,IV		168	130
	II		168	130
	III		168	130
	V		168	130
	VI	**154**	168	130
1 439,99	I,IV		172	134
	II		172	134
	III		172	134
	V		172	134
	VI	**158**	172	134
1 475,99	I,IV		177	137
	II		177	137
	III		177	137
	V		177	137
	VI	**162**	177	137
1 511,99	I,IV		181	140
	II		181	140
	III		181	140
	V		181	140
	VI	**166**	181	140
1 547,99	I,IV		185	144
	II		185	144
	III		185	144
	V		185	144
	VI	**170**	185	144
1 583,99	I,IV		190	147
	II		190	147
	III		190	147
	V	**1**	190	147
	VI	**174**	190	147
1 619,99	I,IV		194	151
	II		194	151
	III		194	151
	V	**5**	194	151
	VI	**178**	194	151
1 655,99	I,IV		198	154
	II		198	154
	III		198	154
	V	**9**	198	154
	VI	**182**	198	154
1 691,99	I,IV		203	157
	II		203	157
	III		203	157
	V	**13**	203	157
	VI	**186**	203	157
1 727,99	I,IV		207	161
	II		207	161
	III		207	161
	V	**17**	207	161
	VI	**190**	207	161

* Zur LSt-Berechnung für privat versicherte Arbeitnehmer s. Beispiele **Vorbemerkung S. 4 f.**
** Basisvorsorgepauschale KV und PV *** Typisierter Arbeitgeberzuschuss

Lohn/ Gehalt in € bis	Steuerklasse	Lohn-steuer*	BVSP**	TAGZ***
1 763,99	I,IV		211	164
	II		211	164
	III		211	164
	V	**21**	211	164
	VI	**194**	211	164
1 799,99	I,IV		215	167
	II		215	167
	III		215	167
	V	**25**	215	167
	VI	**198**	215	167
1 835,99	I,IV		220	171
	II		220	171
	III		220	171
	V	**28**	220	171
	VI	**202**	220	171
1 871,99	I,IV		224	174
	II		224	174
	III		224	174
	V	**33**	224	174
	VI	**206**	224	174
1 907,99	I,IV		228	177
	II		228	177
	III		228	177
	V	**36**	228	177
	VI	**210**	228	177
1 943,99	I,IV		233	181
	II		233	181
	III		233	181
	V	**40**	233	181
	VI	**213**	233	181
1 979,99	I,IV		237	184
	II		237	184
	III		237	184
	V	**44**	237	184
	VI	**217**	237	184
2 015,99	I,IV		241	187
	II		241	187
	III		241	187
	V	**48**	241	187
	VI	**221**	241	187
2 051,99	I,IV		246	191
	II		246	191
	III		246	191
	V	**52**	246	191
	VI	**225**	246	191
2 087,99	I,IV		250	194
	II		250	194
	III		250	194
	V	**56**	250	194
	VI	**229**	250	194
2 123,99	I,IV		254	198
	II		254	198
	III		254	198
	V	**60**	254	198
	VI	**233**	254	198
2 159,99	I,IV		259	201
	II		259	201
	III		259	201
	V	**64**	259	201
	VI	**237**	259	201

Lohn/ Gehalt in € bis	Steuerklasse	Lohn-steuer*	BVSP**	TAGZ***
2 195,99	I,IV		263	204
	II		263	204
	III		263	204
	V	**68**	263	204
	VI	**241**	263	204
2 231,99	I,IV		267	208
	II		267	208
	III		267	208
	V	**72**	267	208
	VI	**245**	267	208
2 267,99	I,IV		272	211
	II		272	211
	III		272	211
	V	**76**	272	211
	VI	**249**	272	211
2 303,99	I,IV		276	214
	II		276	214
	III		276	214
	V	**80**	276	214
	VI	**253**	276	214
2 339,99	I,IV		280	218
	II		280	218
	III		280	218
	V	**84**	280	218
	VI	**257**	280	218
2 375,99	I,IV		285	221
	II		285	221
	III		285	221
	V	**88**	285	221
	VI	**261**	285	221
2 411,99	I,IV		289	224
	II		289	224
	III		289	224
	V	**92**	289	224
	VI	**265**	289	224
2 447,99	I,IV		293	228
	II		293	228
	III		293	228
	V	**96**	293	228
	VI	**269**	293	228
2 483,99	I,IV		298	231
	II		298	231
	III		298	231
	V	**100**	298	231
	VI	**273**	298	231
2 519,99	I,IV		302	234
	II		302	234
	III		302	234
	V	**104**	302	234
	VI	**277**	302	234
2 555,99	I,IV		306	238
	II		306	238
	III		306	238
	V	**108**	306	238
	VI	**281**	306	238
2 591,99	I,IV		311	241
	II		311	241
	III		311	241
	V	**112**	311	241
	VI	**285**	311	241

* Zur LSt-Berechnung für privat versicherte Arbeitnehmer s. Beispiele **Vorbemerkung S. 4 f.**
** Basisvorsorgepauschale KV und PV *** Typisierter Arbeitgeberzuschuss

Lohn/ Gehalt in € bis	Steuerklasse	Lohn- steuer*	BVSP**	TAGZ***
2 627,99	I,IV		315	245
	II		315	245
	III		315	245
	V	**116**	315	245
	VI	**289**	315	245
2 663,99	I,IV		319	248
	II		319	248
	III		319	248
	V	**120**	319	248
	VI	**293**	319	248
2 699,99	I,IV		323	251
	II		323	251
	III		323	251
	V	**124**	323	251
	VI	**297**	323	251
2 735,99	I,IV		328	255
	II		328	255
	III		328	255
	V	**128**	328	255
	VI	**301**	328	255
2 771,99	I,IV		332	258
	II		332	258
	III		332	258
	V	**132**	332	258
	VI	**305**	332	258
2 807,99	I,IV		336	261
	II		336	261
	III		336	261
	V	**136**	336	261
	VI	**309**	336	261
2 843,99	I,IV		341	265
	II		341	265
	III		341	265
	V	**140**	341	265
	VI	**313**	341	265
2 879,99	I,IV		345	268
	II		345	268
	III		345	268
	V	**144**	345	268
	VI	**317**	345	268
2 915,99	I,IV		349	271
	II		349	271
	III		349	271
	V	**147**	349	271
	VI	**321**	349	271
2 951,99	I,IV		354	275
	II		354	275
	III		354	275
	V	**152**	354	275
	VI	**325**	354	275
2 987,99	I,IV		358	278
	II		358	278
	III		358	278
	V	**155**	358	278
	VI	**329**	358	278
3 023,99	I,IV		362	281
	II		362	281
	III		362	281
	V	**159**	362	281
	VI	**332**	362	281

Lohn/ Gehalt in € bis	Steuerklasse	Lohn- steuer*	BVSP**	TAGZ***
3 059,99	I,IV		367	285
	II		367	285
	III		367	285
	V	**163**	367	285
	VI	**336**	367	285
3 095,99	I,IV		371	288
	II		371	288
	III		371	288
	V	**167**	371	288
	VI	**340**	371	288
3 131,99	I,IV		375	292
	II		375	292
	III		375	292
	V	**171**	375	292
	VI	**344**	375	292
3 167,99	I,IV		380	295
	II		380	295
	III		380	295
	V	**175**	380	295
	VI	**348**	380	295
3 203,99	I,IV		384	298
	II		384	298
	III		384	298
	V	**179**	384	298
	VI	**352**	384	298
3 239,99	I,IV		388	302
	II		388	302
	III		388	302
	V	**183**	388	302
	VI	**356**	388	302
3 275,99	I,IV		393	305
	II		393	305
	III		393	305
	V	**187**	393	305
	VI	**360**	393	305
3 311,99	I,IV		397	308
	II		397	308
	III		397	308
	V	**191**	397	308
	VI	**364**	397	308
3 347,99	I,IV		401	312
	II		401	312
	III		401	312
	V	**195**	401	312
	VI	**368**	401	312
3 383,99	I,IV		406	315
	II		406	315
	III		406	315
	V	**199**	406	315
	VI	**372**	406	315
3 419,99	I,IV		410	318
	II		410	318
	III		410	318
	V	**203**	410	318
	VI	**376**	410	318
3 455,99	I,IV		414	322
	II		414	322
	III		414	322
	V	**207**	414	322
	VI	**380**	414	322

* Zur LSt-Berechnung für privat versicherte Arbeitnehmer s. Beispiele **Vorbemerkung S. 4 f.**
** Basisvorsorgepauschale KV und PV *** Typisierter Arbeitgeberzuschuss

Lohn/ Gehalt in € bis	Steuerklasse	Lohnsteuer*	BVSP**	TAGZ***
3491,99	I,IV		419	325
	II		419	325
	III		419	325
	V	**211**	419	325
	VI	**384**	419	325
3527,99	I,IV		423	328
	II		423	328
	III		423	328
	V	**215**	423	328
	VI	**388**	423	328
3563,99	I,IV		427	332
	II		427	332
	III		427	332
	V	**219**	427	332
	VI	**392**	427	332
3599,99	I,IV		431	335
	II		431	335
	III		431	335
	V	**223**	431	335
	VI	**396**	431	335
3635,99	I,IV		436	339
	II		436	339
	III		436	339
	V	**227**	436	339
	VI	**400**	436	339
3671,99	I,IV		440	342
	II		440	342
	III		440	342
	V	**231**	440	342
	VI	**404**	440	342
3707,99	I,IV		444	345
	II		444	345
	III		444	345
	V	**235**	444	345
	VI	**408**	444	345
3743,99	I,IV		449	349
	II		449	349
	III		449	349
	V	**239**	449	349
	VI	**412**	449	349
3779,99	I,IV		453	352
	II		453	352
	III		453	352
	V	**243**	453	352
	VI	**416**	453	352
3815,99	I,IV		457	355
	II		457	355
	III		457	355
	V	**247**	457	355
	VI	**420**	457	355
3851,99	I,IV		462	359
	II		462	359
	III		462	359
	V	**251**	462	359
	VI	**424**	462	359
3887,99	I,IV		466	362
	II		466	362
	III		466	362
	V	**255**	466	362
	VI	**428**	466	362

Lohn/ Gehalt in € bis	Steuerklasse	Lohnsteuer*	BVSP**	TAGZ***
3923,99	I,IV		470	365
	II		470	365
	III		470	365
	V	**259**	470	365
	VI	**432**	470	365
3959,99	I,IV		475	369
	II		475	369
	III		475	369
	V	**263**	475	369
	VI	**436**	475	369
3995,99	I,IV		479	372
	II		479	372
	III		479	372
	V	**266**	479	372
	VI	**440**	479	372
4031,99	I,IV		483	375
	II		483	375
	III		483	375
	V	**271**	483	375
	VI	**444**	483	375
4067,99	I,IV		488	379
	II		488	379
	III		488	379
	V	**274**	488	379
	VI	**448**	488	379
4103,99	I,IV		492	382
	II		492	382
	III		492	382
	V	**278**	492	382
	VI	**451**	492	382
4139,99	I,IV		496	386
	II		496	386
	III		496	386
	V	**282**	496	386
	VI	**455**	496	386
4175,99	I,IV		501	389
	II		501	389
	III		501	389
	V	**286**	501	389
	VI	**459**	501	389
4211,99	I,IV		505	392
	II		505	392
	III		505	392
	V	**290**	505	392
	VI	**463**	505	392
4247,99	I,IV		509	396
	II		509	396
	III		509	396
	V	**294**	509	396
	VI	**467**	509	396
4283,99	I,IV		514	399
	II		514	399
	III		514	399
	V	**298**	514	399
	VI	**471**	514	399
4319,99	I,IV		518	402
	II		518	402
	III		518	402
	V	**302**	518	402
	VI	**475**	518	402

* Zur LSt-Berechnung für privat versicherte Arbeitnehmer s. Beispiele **Vorbemerkung S. 4 f.**
** Basisvorsorgepauschale KV und PV *** Typisierter Arbeitgeberzuschuss

Lohn/ Gehalt in € bis	Steuerklasse	Lohn- steuer*	BVSP**	TAGZ***
4355,99	I,IV		522	406
	II		522	406
	III		522	406
	V	**306**	522	406
	VI	**479**	522	406
4391,99	I,IV		527	409
	II		527	409
	III		527	409
	V	**310**	527	409
	VI	**483**	527	409
4427,99	I,IV		531	412
	II		531	412
	III		531	412
	V	**314**	531	412
	VI	**487**	531	412
4463,99	I,IV		535	416
	II		535	416
	III		535	416
	V	**318**	535	416
	VI	**491**	535	416
4499,99	I,IV		539	419
	II		539	419
	III		539	419
	V	**322**	539	419
	VI	**495**	539	419
4535,99	I,IV		544	422
	II		544	422
	III		544	422
	V	**326**	544	422
	VI	**499**	544	422
4571,99	I,IV		548	426
	II		548	426
	III		548	426
	V	**330**	548	426
	VI	**503**	548	426
4607,99	I,IV		552	429
	II		552	429
	III		552	429
	V	**334**	552	429
	VI	**507**	552	429
4643,99	I,IV		557	433
	II		557	433
	III		557	433
	V	**338**	557	433
	VI	**511**	557	433
4679,99	I,IV		561	436
	II		561	436
	III		561	436
	V	**342**	561	436
	VI	**515**	561	436
4715,99	I,IV		565	439
	II		565	439
	III		565	439
	V	**346**	565	439
	VI	**519**	565	439
4751,99	I,IV		570	443
	II		570	443
	III		570	443
	V	**350**	570	443
	VI	**523**	570	443

Lohn/ Gehalt in € bis	Steuerklasse	Lohn- steuer*	BVSP**	TAGZ***
4787,99	I,IV		574	446
	II		574	446
	III		574	446
	V	**354**	574	446
	VI	**527**	574	446
4823,99	I,IV		578	449
	II		578	449
	III		578	449
	V	**358**	578	449
	VI	**531**	578	449
4859,99	I,IV		583	453
	II		583	453
	III		583	453
	V	**362**	583	453
	VI	**535**	583	453
4895,99	I,IV		587	456
	II		587	456
	III		587	456
	V	**366**	587	456
	VI	**539**	587	456
4931,99	I,IV		591	459
	II		591	459
	III		591	459
	V	**370**	591	459
	VI	**543**	591	459
4967,99	I,IV		596	463
	II		596	463
	III		596	463
	V	**374**	596	463
	VI	**547**	596	463
5003,99	I,IV		600	466
	II		600	466
	III		600	466
	V	**378**	600	466
	VI	**551**	600	466
5039,99	I,IV		604	469
	II		604	469
	III		604	469
	V	**382**	604	469
	VI	**555**	604	469
5075,99	I,IV		609	473
	II		609	473
	III		609	473
	V	**385**	609	473
	VI	**559**	609	473
5111,99	I,IV		613	476
	II		613	476
	III		613	476
	V	**390**	613	476
	VI	**563**	613	476
5147,99	I,IV		617	480
	II		617	480
	III		617	480
	V	**393**	617	480
	VI	**567**	617	480
5183,99	I,IV		622	483
	II		622	483
	III		622	483
	V	**397**	622	483
	VI	**570**	622	483

* Zur LSt-Berechnung für privat versicherte Arbeitnehmer s. Beispiele **Vorbemerkung S. 4 f.**
** Basisvorsorgepauschale KV und PV *** Typisierter Arbeitgeberzuschuss

Lohn/ Gehalt in € bis	Steuerklasse	Lohnsteuer*	BVSP**	TAGZ***
5 219,99	I,IV		626	486
	II		626	486
	III		626	486
	V	**401**	626	486
	VI	**574**	626	486
5 255,99	I,IV		630	490
	II		630	490
	III		630	490
	V	**405**	630	490
	VI	**578**	630	490
5 291,99	I,IV		635	493
	II		635	493
	III		635	493
	V	**409**	635	493
	VI	**582**	635	493
5 327,99	I,IV		639	496
	II		639	496
	III		639	496
	V	**413**	639	496
	VI	**586**	639	496
5 363,99	I,IV		643	500
	II		643	500
	III		643	500
	V	**417**	643	500
	VI	**590**	643	500
5 399,99	I,IV		647	503
	II		647	503
	III		647	503
	V	**421**	647	503
	VI	**594**	647	503
5 435,99	I,IV		652	506
	II		652	506
	III		652	506
	V	**425**	652	506
	VI	**598**	652	506
5 471,99	I,IV		656	510
	II		656	510
	III		656	510
	V	**429**	656	510
	VI	**602**	656	510
5 507,99	I,IV		660	513
	II		660	513
	III		660	513
	V	**433**	660	513
	VI	**606**	660	513
5 543,99	I,IV		665	516
	II		665	516
	III		665	516
	V	**437**	665	516
	VI	**610**	665	516
5 579,99	I,IV		669	520
	II		669	520
	III		669	520
	V	**441**	669	520
	VI	**614**	669	520
5 615,99	I,IV		673	523
	II		673	523
	III		673	523
	V	**445**	673	523
	VI	**618**	673	523
5 651,99	I,IV		678	527
	II		678	527
	III		678	527
	V	**449**	678	527
	VI	**622**	678	527
5 687,99	I,IV		682	530
	II		682	530
	III		682	530
	V	**453**	682	530
	VI	**626**	682	530
5 723,99	I,IV		686	533
	II		686	533
	III		686	533
	V	**457**	686	533
	VI	**630**	686	533
5 759,99	I,IV		691	537
	II		691	537
	III		691	537
	V	**461**	691	537
	VI	**634**	691	537
5 795,99	I,IV		695	540
	II		695	540
	III		695	540
	V	**465**	695	540
	VI	**638**	695	540
5 831,99	I,IV		699	543
	II		699	543
	III		699	543
	V	**469**	699	543
	VI	**642**	699	543
5 867,99	I,IV		704	547
	II		704	547
	III		704	547
	V	**473**	704	547
	VI	**646**	704	547
5 903,99	I,IV		708	550
	II		708	550
	III		708	550
	V	**477**	708	550
	VI	**650**	708	550
5 939,99	I,IV		712	553
	II		712	553
	III		712	553
	V	**481**	712	553
	VI	**654**	712	553
5 975,99	I,IV		717	557
	II		717	557
	III		717	557
	V	**485**	717	557
	VI	**658**	717	557
6 011,99	I,IV		721	560
	II		721	560
	III		721	560
	V	**489**	721	560
	VI	**662**	721	560
6 047,99	I,IV		725	563
	II		725	563
	III		725	563
	V	**493**	725	563
	VI	**666**	725	563

* Zur LSt-Berechnung für privat versicherte Arbeitnehmer s. Beispiele **Vorbemerkung S. 4 f.**
** Basisvorsorgepauschale KV und PV *** Typisierter Arbeitgeberzuschuss

Lohn/ Gehalt in € bis	Steuerklasse	Lohn- steuer*	BVSP**	TAGZ***
6 083,99	I,IV		730	567
	II		730	567
	III		730	567
	V	**497**	730	567
	VI	**670**	730	567
6 119,99	I,IV		734	570
	II		734	570
	III		734	570
	V	**501**	734	570
	VI	**674**	734	570
6 155,99	I,IV		738	574
	II		738	574
	III		738	574
	V	**504**	738	574
	VI	**678**	738	574
6 191,99	I,IV		743	577
	II		743	577
	III		743	577
	V	**509**	743	577
	VI	**682**	743	577
6 227,99	I,IV		747	580
	II		747	580
	III		747	580
	V	**512**	747	580
	VI	**686**	747	580
6 263,99	I,IV		751	584
	II		751	584
	III		751	584
	V	**516**	751	584
	VI	**689**	751	584
6 299,99	I,IV		755	587
	II		755	587
	III		755	587
	V	**520**	755	587
	VI	**693**	755	587
6 335,99	I,IV		760	590
	II		760	590
	III		760	590
	V	**524**	760	590
	VI	**697**	760	590
6 371,99	I,IV		764	594
	II		764	594
	III		764	594
	V	**528**	764	594
	VI	**701**	764	594
6 407,99	I,IV		768	597
	II		768	597
	III		768	597
	V	**532**	768	597
	VI	**705**	768	597
6 443,99	I,IV		773	600
	II		773	600
	III		773	600
	V	**536**	773	600
	VI	**709**	773	600
6 479,99	I,IV		777	604
	II		777	604
	III		777	604
	V	**540**	777	604
	VI	**713**	777	604

Lohn/ Gehalt in € bis	Steuerklasse	Lohn- steuer*	BVSP**	TAGZ***
6 515,99	I,IV		781	607
	II		781	607
	III		781	607
	V	**544**	781	607
	VI	**717**	781	607
6 551,99	I,IV		786	610
	II		786	610
	III		786	610
	V	**548**	786	610
	VI	**721**	786	610
6 587,99	I,IV		790	614
	II		790	614
	III		790	614
	V	**552**	790	614
	VI	**725**	790	614
6 623,99	I,IV		794	617
	II		794	617
	III		794	617
	V	**556**	794	617
	VI	**729**	794	617
6 659,99	I,IV		799	621
	II		799	621
	III		799	621
	V	**560**	799	621
	VI	**733**	799	621
6 695,99	I,IV		803	624
	II		803	624
	III		803	624
	V	**564**	803	624
	VI	**737**	803	624
6 731,99	I,IV		807	627
	II		807	627
	III		807	627
	V	**568**	807	627
	VI	**741**	807	627
6 767,99	I,IV		812	631
	II		812	631
	III		812	631
	V	**572**	812	631
	VI	**745**	812	631
6 803,99	I,IV		816	634
	II		816	634
	III		816	634
	V	**576**	816	634
	VI	**749**	816	634
6 839,99	I,IV		820	637
	II		820	637
	III		820	637
	V	**580**	820	637
	VI	**753**	820	637
6 875,99	I,IV		825	641
	II		825	641
	III		825	641
	V	**584**	825	641
	VI	**757**	825	641
6 911,99	I,IV		829	644
	II		829	644
	III		829	644
	V	**588**	829	644
	VI	**761**	829	644

* Zur LSt-Berechnung für privat versicherte Arbeitnehmer s. Beispiele **Vorbemerkung S. 4 f.**
** Basisvorsorgepauschale KV und PV *** Typisierter Arbeitgeberzuschuss

Lohn/ Gehalt in € bis	Steuerklasse	Lohn-steuer*	BVSP**	TAGZ***
6947,99	I,IV		833	647
	II		833	647
	III		833	647
	V	**592**	833	647
	VI	**765**	833	647
6983,99	I,IV		838	651
	II		838	651
	III		838	651
	V	**596**	838	651
	VI	**769**	838	651
7019,99	I,IV		842	654
	II		842	654
	III		842	654
	V	**600**	842	654
	VI	**773**	842	654
7055,99	I,IV		846	657
	II		846	657
	III		846	657
	V	**604**	846	657
	VI	**777**	846	657
7091,99	I,IV		851	661
	II		851	661
	III		851	661
	V	**608**	851	661
	VI	**781**	851	661
7127,99	I,IV		855	664
	II		855	664
	III		855	664
	V	**612**	855	664
	VI	**785**	855	664
7163,99	I,IV		859	668
	II		859	668
	III		859	668
	V	**616**	859	668
	VI	**789**	859	668
7199,99	I,IV		863	671
	II		863	671
	III		863	671
	V	**620**	863	671
	VI	**793**	863	671
7235,99	I,IV		868	674
	II		868	674
	III		868	674
	V	**623**	868	674
	VI	**797**	868	674
7271,99	I,IV		872	678
	II		872	678
	III		872	678
	V	**628**	872	678
	VI	**801**	872	678
7307,99	I,IV		876	681
	II		876	681
	III		876	681
	V	**631**	876	681
	VI	**805**	876	681
7343,99	I,IV		881	684
	II		881	684
	III		881	684
	V	**635**	881	684
	VI	**808**	881	684

Lohn/ Gehalt in € bis	Steuerklasse	Lohn-steuer*	BVSP**	TAGZ***
7379,99	I,IV		885	688
	II		885	688
	III		885	688
	V	**639**	885	688
	VI	**812**	885	688
7415,99	I,IV		889	691
	II		889	691
	III		889	691
	V	**643**	889	691
	VI	**816**	889	691
7451,99	I,IV		894	694
	II		894	694
	III		894	694
	V	**647**	894	694
	VI	**820**	894	694
7487,99	I,IV		898	698
	II		898	698
	III		898	698
	V	**651**	898	698
	VI	**824**	898	698
7523,99	I,IV		902	701
	II		902	701
	III		902	701
	V	**655**	902	701
	VI	**828**	902	701
7559,99	I,IV		907	704
	II		907	704
	III		907	704
	V	**659**	907	704
	VI	**832**	907	704
7595,99	I,IV		911	708
	II		911	708
	III		911	708
	V	**663**	911	708
	VI	**836**	911	708
7631,99	I,IV		915	711
	II		915	711
	III		915	711
	V	**667**	915	711
	VI	**840**	915	711
7667,99	I,IV		920	715
	II		920	715
	III		920	715
	V	**671**	920	715
	VI	**844**	920	715
7703,99	I,IV		924	718
	II		924	718
	III		924	718
	V	**675**	924	718
	VI	**848**	924	718
7739,99	I,IV		928	721
	II		928	721
	III		928	721
	V	**679**	928	721
	VI	**852**	928	721
7775,99	I,IV		933	725
	II		933	725
	III		933	725
	V	**683**	933	725
	VI	**856**	933	725

* Zur LSt-Berechnung für privat versicherte Arbeitnehmer s. Beispiele **Vorbemerkung S. 4 f.**
** Basisvorsorgepauschale KV und PV *** Typisierter Arbeitgeberzuschuss

Lohn/ Gehalt in € bis	Steuerklasse	Lohn-steuer*	BVSP**	TAGZ***
7811,99	I,IV		937	728
	II		937	728
	III		937	728
	V	**687**	937	728
	VI	**860**	937	728
7847,99	I,IV		941	731
	II		941	731
	III		941	731
	V	**691**	941	731
	VI	**864**	941	731
7883,99	I,IV		946	735
	II		946	735
	III		946	735
	V	**695**	946	735
	VI	**868**	946	735
7919,99	I,IV		950	738
	II		950	738
	III		950	738
	V	**699**	950	738
	VI	**872**	950	738
7955,99	I,IV		954	741
	II		954	741
	III		954	741
	V	**703**	954	741
	VI	**876**	954	741
7991,99	I,IV		959	745
	II		959	745
	III		959	745
	V	**707**	959	745
	VI	**880**	959	745
8027,99	I,IV		963	748
	II		963	748
	III		963	748
	V	**711**	963	748
	VI	**884**	963	748
8063,99	I,IV		967	751
	II		967	751
	III		967	751
	V	**715**	967	751
	VI	**888**	967	751
8099,99	I,IV		971	755
	II		971	755
	III		971	755
	V	**719**	971	755
	VI	**892**	971	755
8135,99	I,IV		976	758
	II		976	758
	III		976	758
	V	**723**	976	758
	VI	**896**	976	758
8171,99	I,IV		980	762
	II		980	762
	III		980	762
	V	**727**	980	762
	VI	**900**	980	762
8207,99	I,IV		984	765
	II		984	765
	III		984	765
	V	**731**	984	765
	VI	**904**	984	765

Lohn/ Gehalt in € bis	Steuerklasse	Lohn-steuer*	BVSP**	TAGZ***
8243,99	I,IV		989	768
	II		989	768
	III		989	768
	V	**735**	989	768
	VI	**908**	989	768
8279,99	I,IV		993	772
	II		993	772
	III		993	772
	V	**739**	993	772
	VI	**912**	993	772
8315,99	I,IV		997	775
	II		997	775
	III		997	775
	V	**742**	997	775
	VI	**916**	997	775
8351,99	I,IV		1002	778
	II		1002	778
	III		1002	778
	V	**747**	1002	778
	VI	**920**	1002	778
8387,99	I,IV		1006	782
	II		1006	782
	III		1006	782
	V	**750**	1006	782
	VI	**924**	1006	782
8423,99	I,IV		1010	785
	II		1010	785
	III		1010	785
	V	**754**	1010	785
	VI	**927**	1010	785
8459,99	I,IV		1015	788
	II		1015	788
	III		1015	788
	V	**758**	1015	788
	VI	**931**	1015	788
8495,99	I,IV		1019	792
	II		1019	792
	III		1019	792
	V	**762**	1019	792
	VI	**935**	1019	792
8531,99	I,IV		1023	795
	II		1023	795
	III		1023	795
	V	**766**	1023	795
	VI	**939**	1023	795
8567,99	I,IV		1028	798
	II		1028	798
	III		1028	798
	V	**770**	1028	798
	VI	**943**	1028	798
8603,99	I,IV		1032	802
	II		1032	802
	III		1032	802
	V	**774**	1032	802
	VI	**947**	1032	802
8639,99	I,IV		1036	805
	II		1036	805
	III		1036	805
	V	**778**	1036	805
	VI	**951**	1036	805

* Zur LSt-Berechnung für privat versicherte Arbeitnehmer s. Beispiele **Vorbemerkung S. 4 f.**
** Basisvorsorgepauschale KV und PV *** Typisierter Arbeitgeberzuschuss

Lohn/ Gehalt in € bis	Steuerklasse	**Lohn-steuer***	BVSP**	TAGZ***
8 675,99	I,IV		1 041	809
	II		1 041	809
	III		1 041	809
	V	**782**	1 041	809
	VI	**955**	1 041	809
8 711,99	I,IV		1 045	812
	II		1 045	812
	III		1 045	812
	V	**786**	1 045	812
	VI	**959**	1 045	812
8 747,99	I,IV		1 049	815
	II		1 049	815
	III		1 049	815
	V	**790**	1 049	815
	VI	**963**	1 049	815
8 783,99	I,IV		1 054	819
	II		1 054	819
	III		1 054	819
	V	**794**	1 054	819
	VI	**967**	1 054	819
8 819,99	I,IV		1 058	822
	II		1 058	822
	III		1 058	822
	V	**798**	1 058	822
	VI	**971**	1 058	822
8 855,99	I,IV		1 062	825
	II		1 062	825
	III		1 062	825
	V	**802**	1 062	825
	VI	**975**	1 062	825
8 891,99	I,IV		1 067	829
	II		1 067	829
	III		1 067	829
	V	**806**	1 067	829
	VI	**979**	1 067	829
8 927,99	I,IV		1 071	832
	II		1 071	832
	III		1 071	832
	V	**810**	1 071	832
	VI	**983**	1 071	832
8 963,99	I,IV		1 075	835
	II		1 075	835
	III		1 075	835
	V	**814**	1 075	835
	VI	**987**	1 075	835
8 999,99	I,IV		1 079	839
	II		1 079	839
	III		1 079	839
	V	**818**	1 079	839
	VI	**991**	1 079	839
9 035,99	I,IV		1 084	842
	II		1 084	842
	III		1 084	842
	V	**822**	1 084	842
	VI	**995**	1 084	842
9 071,99	I,IV		1 088	845
	II		1 088	845
	III		1 088	845
	V	**826**	1 088	845
	VI	**999**	1 088	845

Lohn/ Gehalt in € bis	Steuerklasse	**Lohn-steuer***	BVSP**	TAGZ***
9 107,99	I,IV		1 092	849
	II		1 092	849
	III		1 092	849
	V	**830**	1 092	849
	VI	**1 003**	1 092	849
9 143,99	I,IV		1 097	852
	II		1 097	852
	III		1 097	852
	V	**834**	1 097	852
	VI	**1 007**	1 097	852
9 179,99	I,IV		1 101	856
	II		1 101	856
	III		1 101	856
	V	**838**	1 101	856
	VI	**1 011**	1 101	856
9 215,99	I,IV		1 105	859
	II		1 105	859
	III		1 105	859
	V	**842**	1 105	859
	VI	**1 015**	1 105	859
9 251,99	I,IV		1 110	862
	II		1 110	862
	III		1 110	862
	V	**846**	1 110	862
	VI	**1 019**	1 110	862
9 287,99	I,IV		1 114	866
	II		1 114	866
	III		1 114	866
	V	**850**	1 114	866
	VI	**1 023**	1 114	866
9 323,99	I,IV		1 118	869
	II		1 118	869
	III		1 118	869
	V	**854**	1 118	869
	VI	**1 027**	1 118	869
9 359,99	I,IV		1 123	872
	II		1 123	872
	III		1 123	872
	V	**858**	1 123	872
	VI	**1 031**	1 123	872
9 395,99	I,IV		1 127	876
	II		1 127	876
	III		1 127	876
	V	**861**	1 127	876
	VI	**1 035**	1 127	876
9 431,99	I,IV		1 131	879
	II		1 131	879
	III		1 131	879
	V	**866**	1 131	879
	VI	**1 039**	1 131	879
9 467,99	I,IV		1 136	882
	II		1 136	882
	III		1 136	882
	V	**869**	1 136	882
	VI	**1 043**	1 136	882
9 503,99	I,IV		1 140	886
	II		1 140	886
	III		1 140	886
	V	**873**	1 140	886
	VI	**1 046**	1 140	886

* Zur LSt-Berechnung für privat versicherte Arbeitnehmer s. Beispiele **Vorbemerkung S. 4 f.**
** Basisvorsorgepauschale KV und PV *** Typisierter Arbeitgeberzuschuss

Lohn/ Gehalt in € bis	Steuerklasse	Lohnsteuer*	BVSP**	TAGZ***
9 539,99	I,IV		1 144	889
	II		1 144	889
	III		1 144	889
	V	**877**	1 144	889
	VI	**1 050**	1 144	889
9 575,99	I,IV		1 149	892
	II		1 149	892
	III		1 149	892
	V	**881**	1 149	892
	VI	**1 054**	1 149	892
9 611,99	I,IV		1 153	896
	II		1 153	896
	III		1 153	896
	V	**885**	1 153	896
	VI	**1 058**	1 153	896
9 647,99	I,IV		1 157	899
	II		1 157	899
	III		1 157	899
	V	**889**	1 157	899
	VI	**1 062**	1 157	899
9 683,99	I,IV		1 162	903
	II		1 162	903
	III		1 162	903
	V	**893**	1 162	903
	VI	**1 066**	1 162	903
9 719,99	I,IV		1 166	906
	II		1 166	906
	III		1 166	906
	V	**897**	1 166	906
	VI	**1 070**	1 166	906
9 755,99	I,IV		1 170	909
	II		1 170	909
	III		1 170	909
	V	**901**	1 170	909
	VI	**1 074**	1 170	909
9 791,99	I,IV		1 175	913
	II		1 175	913
	III		1 175	913
	V	**905**	1 175	913
	VI	**1 078**	1 175	913
9 827,99	I,IV		1 179	916
	II		1 179	916
	III		1 179	916
	V	**909**	1 179	916
	VI	**1 082**	1 179	916
9 863,99	I,IV		1 183	919
	II		1 183	919
	III		1 183	919
	V	**913**	1 183	919
	VI	**1 086**	1 183	919
9 899,99	I,IV		1 187	923
	II		1 187	923
	III		1 187	923
	V	**917**	1 187	923
	VI	**1 090**	1 187	923
9 935,99	I,IV		1 192	926
	II		1 192	926
	III		1 192	926
	V	**921**	1 192	926
	VI	**1 094**	1 192	926
9 971,99	I,IV		1 196	929
	II		1 196	929
	III		1 196	929
	V	**925**	1 196	929
	VI	**1 098**	1 196	929
10 007,99	I,IV		1 200	933
	II		1 200	933
	III		1 200	933
	V	**929**	1 200	933
	VI	**1 102**	1 200	933
10 043,99	I,IV		1 205	936
	II		1 205	936
	III		1 205	936
	V	**933**	1 205	936
	VI	**1 106**	1 205	936
10 079,99	I,IV		1 209	939
	II		1 209	939
	III		1 209	939
	V	**937**	1 209	939
	VI	**1 110**	1 209	939
10 115,99	I,IV		1 213	943
	II		1 213	943
	III		1 213	943
	V	**941**	1 213	943
	VI	**1 114**	1 213	943
10 151,99	I,IV		1 218	946
	II		1 218	946
	III		1 218	946
	V	**945**	1 218	946
	VI	**1 118**	1 218	946
10 187,99	I,IV		1 222	950
	II		1 222	950
	III		1 222	950
	V	**949**	1 222	950
	VI	**1 122**	1 222	950
10 223,99	I,IV		1 226	953
	II		1 226	953
	III		1 226	953
	V	**953**	1 226	953
	VI	**1 126**	1 226	953
10 259,99	I,IV		1 231	956
	II		1 231	956
	III		1 231	956
	V	**957**	1 231	956
	VI	**1 130**	1 231	956
10 295,99	I,IV		1 235	960
	II		1 235	960
	III		1 235	960
	V	**961**	1 235	960
	VI	**1 134**	1 235	960
10 331,99	I,IV		1 239	963
	II		1 239	963
	III		1 239	963
	V	**965**	1 239	963
	VI	**1 138**	1 239	963
10 367,99	I,IV		1 244	966
	II		1 244	966
	III		1 244	966
	V	**969**	1 244	966
	VI	**1 142**	1 244	966

* Zur LSt-Berechnung für privat versicherte Arbeitnehmer s. Beispiele **Vorbemerkung S. 4 f.**
** Basisvorsorgepauschale KV und PV *** Typisierter Arbeitgeberzuschuss

Lohn/ Gehalt in € bis	Steuerklasse	Lohn- steuer*	BVSP**	TAGZ***
10 403,99	I,IV		1 248	970
	II		1 248	970
	III		1 248	970
	V	**973**	1 248	970
	VI	**1 146**	1 248	970
10 439,99	I,IV		1 252	973
	II		1 252	973
	III		1 252	973
	V	**977**	1 252	973
	VI	**1 150**	1 252	973
10 475,99	I,IV		1 257	976
	II		1 257	976
	III		1 257	976
	V	**980**	1 257	976
	VI	**1 154**	1 257	976
10 511,99	I,IV		1 261	980
	II		1 261	980
	III		1 261	980
	V	**984**	1 261	980
	VI	**1 157**	1 261	980
10 547,99	I,IV		1 265	983
	II		1 265	983
	III		1 265	983
	V	**988**	1 265	983
	VI	**1 162**	1 265	983
10 583,99	I,IV		1 270	986
	II		1 270	986
	III		1 270	986
	V	**992**	1 270	986
	VI	**1 165**	1 270	986
10 619,99	I,IV		1 274	990
	II		1 274	990
	III		1 274	990
	V	**996**	1 274	990
	VI	**1 169**	1 274	990
10 655,99	I,IV		1 278	993
	II		1 278	993
	III		1 278	993
	V	**1 000**	1 278	993
	VI	**1 173**	1 278	993
10 691,99	I,IV		1 283	997
	II		1 283	997
	III		1 283	997
	V	**1 004**	1 283	997
	VI	**1 177**	1 283	997
10 727,99	I,IV		1 287	1 000
	II		1 287	1 000
	III		1 287	1 000
	V	**1 008**	1 287	1 000
	VI	**1 181**	1 287	1 000
10 763,99	I,IV		1 291	1 003
	II		1 291	1 003
	III		1 291	1 003
	V	**1 012**	1 291	1 003
	VI	**1 185**	1 291	1 003
10 799,99	I,IV		1 295	1 007
	II		1 295	1 007
	III		1 295	1 007
	V	**1 016**	1 295	1 007
	VI	**1 189**	1 295	1 007
10 835,99	I,IV		1 300	1 010
	II		1 300	1 010
	III		1 300	1 010
	V	**1 020**	1 300	1 010
	VI	**1 193**	1 300	1 010
10 871,99	I,IV		1 304	1 013
	II		1 304	1 013
	III		1 304	1 013
	V	**1 024**	1 304	1 013
	VI	**1 197**	1 304	1 013
10 907,99	I,IV		1 308	1 017
	II		1 308	1 017
	III		1 308	1 017
	V	**1 028**	1 308	1 017
	VI	**1 201**	1 308	1 017
10 943,99	I,IV		1 313	1 020
	II		1 313	1 020
	III		1 313	1 020
	V	**1 032**	1 313	1 020
	VI	**1 205**	1 313	1 020
10 979,99	I,IV		1 317	1 023
	II		1 317	1 023
	III		1 317	1 023
	V	**1 036**	1 317	1 023
	VI	**1 209**	1 317	1 023
11 015,99	I,IV		1 321	1 027
	II		1 321	1 027
	III		1 321	1 027
	V	**1 040**	1 321	1 027
	VI	**1 213**	1 321	1 027
11 051,99	I,IV		1 326	1 030
	II		1 326	1 030
	III		1 326	1 030
	V	**1 044**	1 326	1 030
	VI	**1 217**	1 326	1 030
11 087,99	I,IV		1 330	1 033
	II		1 330	1 033
	III		1 330	1 033
	V	**1 048**	1 330	1 033
	VI	**1 221**	1 330	1 033
11 123,99	I,IV		1 334	1 037
	II		1 334	1 037
	III		1 334	1 037
	V	**1 052**	1 334	1 037
	VI	**1 225**	1 334	1 037
11 159,99	I,IV		1 339	1 040
	II		1 339	1 040
	III		1 339	1 040
	V	**1 056**	1 339	1 040
	VI	**1 229**	1 339	1 040
11 195,99	I,IV		1 343	1 044
	II		1 343	1 044
	III		1 343	1 044
	V	**1 060**	1 343	1 044
	VI	**1 233**	1 343	1 044
11 231,99	I,IV		1 347	1 047
	II		1 347	1 047
	III		1 347	1 047
	V	**1 064**	1 347	1 047
	VI	**1 237**	1 347	1 047

* Zur LSt-Berechnung für privat versicherte Arbeitnehmer s. Beispiele **Vorbemerkung S. 4 f.**
** Basisvorsorgepauschale KV und PV *** Typisierter Arbeitgeberzuschuss

Lohn/ Gehalt in € bis	Steuerklasse	Lohn-steuer*	BVSP**	TAGZ***
11 267,99	I,IV		1 352	1 050
	II		1 352	1 050
	III		1 352	1 050
	V	**1 068**	1 352	1 050
	VI	**1 241**	1 352	1 050
11 303,99	I,IV		1 356	1 054
	II		1 356	1 054
	III		1 356	1 054
	V	**1 072**	1 356	1 054
	VI	**1 245**	1 356	1 054
11 339,99	I,IV		1 360	1 057
	II		1 360	1 057
	III		1 360	1 057
	V	**1 076**	1 360	1 057
	VI	**1 249**	1 360	1 057
11 375,99	I,IV		1 365	1 060
	II		1 365	1 060
	III		1 365	1 060
	V	**1 080**	1 365	1 060
	VI	**1 253**	1 365	1 060
11 411,99	I,IV		1 369	1 064
	II		1 369	1 064
	III		1 369	1 064
	V	**1 084**	1 369	1 064
	VI	**1 257**	1 369	1 064
11 447,99	I,IV		1 373	1 067
	II		1 373	1 067
	III		1 373	1 067
	V	**1 088**	1 373	1 067
	VI	**1 261**	1 373	1 067
11 483,99	I,IV		1 378	1 070
	II		1 378	1 070
	III		1 378	1 070
	V	**1 092**	1 378	1 070
	VI	**1 265**	1 378	1 070
11 519,99	I,IV		1 382	1 074
	II		1 382	1 074
	III		1 382	1 074
	V	**1 096**	1 382	1 074
	VI	**1 269**	1 382	1 074
11 555,99	I,IV		1 386	1 077
	II		1 386	1 077
	III		1 386	1 077
	V	**1 099**	1 386	1 077
	VI	**1 273**	1 386	1 077
11 591,99	I,IV		1 391	1 080
	II		1 391	1 080
	III		1 391	1 080
	V	**1 103**	1 391	1 080
	VI	**1 276**	1 391	1 080
11 627,99	I,IV		1 395	1 084
	II		1 395	1 084
	III		1 395	1 084
	V	**1 107**	1 395	1 084
	VI	**1 281**	1 395	1 084
11 663,99	I,IV		1 399	1 087
	II		1 399	1 087
	III		1 399	1 087
	V	**1 111**	1 399	1 087
	VI	**1 284**	1 399	1 087

Lohn/ Gehalt in € bis	Steuerklasse	Lohn-steuer*	BVSP**	TAGZ***
11 699,99	I,IV		1 403	1 091
	II		1 403	1 091
	III		1 403	1 091
	V	**1 115**	1 403	1 091
	VI	**1 288**	1 403	1 091
11 735,99	I,IV		1 408	1 094
	II		1 408	1 094
	III		1 408	1 094
	V	**1 119**	1 408	1 094
	VI	**1 292**	1 408	1 094
11 771,99	I,IV		1 412	1 097
	II		1 412	1 097
	III		1 412	1 097
	V	**1 123**	1 412	1 097
	VI	**1 296**	1 412	1 097
11 807,99	I,IV		1 416	1 101
	II		1 416	1 101
	III		1 416	1 101
	V	**1 127**	1 416	1 101
	VI	**1 300**	1 416	1 101
11 843,99	I,IV		1 421	1 104
	II		1 421	1 104
	III		1 421	1 104
	V	**1 131**	1 421	1 104
	VI	**1 304**	1 421	1 104
11 879,99	I,IV		1 425	1 107
	II		1 425	1 107
	III		1 425	1 107
	V	**1 135**	1 425	1 107
	VI	**1 308**	1 425	1 107
11 915,99	I,IV		1 429	1 111
	II		1 429	1 111
	III		1 429	1 111
	V	**1 139**	1 429	1 111
	VI	**1 312**	1 429	1 111
11 951,99	I,IV		1 434	1 114
	II		1 434	1 114
	III		1 434	1 114
	V	**1 143**	1 434	1 114
	VI	**1 316**	1 434	1 114
11 987,99	I,IV		1 438	1 117
	II		1 438	1 117
	III		1 438	1 117
	V	**1 147**	1 438	1 117
	VI	**1 320**	1 438	1 117
12 023,99	I,IV		1 442	1 121
	II		1 442	1 121
	III		1 442	1 121
	V	**1 151**	1 442	1 121
	VI	**1 324**	1 442	1 121
12 059,99	I,IV		1 447	1 124
	II		1 447	1 124
	III		1 447	1 124
	V	**1 155**	1 447	1 124
	VI	**1 328**	1 447	1 124
12 095,99	I,IV		1 451	1 127
	II		1 451	1 127
	III		1 451	1 127
	V	**1 159**	1 451	1 127
	VI	**1 332**	1 451	1 127

* Zur LSt-Berechnung für privat versicherte Arbeitnehmer s. Beispiele **Vorbemerkung S. 4 f.**
** Basisvorsorgepauschale KV und PV *** Typisierter Arbeitgeberzuschuss

Lohn/ Gehalt in € bis	Steuerklasse	Lohn-steuer*	BVSP**	TAGZ***
12 131,99	I,IV		1 455	1 131
	II		1 455	1 131
	III		1 455	1 131
	V	**1 163**	1 455	1 131
	VI	**1 336**	1 455	1 131
12 167,99	I,IV		1 460	1 134
	II		1 460	1 134
	III		1 460	1 134
	V	**1 167**	1 460	1 134
	VI	**1 340**	1 460	1 134
12 203,99	I,IV		1 464	1 138
	II		1 464	1 138
	III		1 464	1 138
	V	**1 171**	1 464	1 138
	VI	**1 344**	1 464	1 138
12 239,99	I,IV		1 468	1 141
	II		1 468	1 141
	III		1 468	1 141
	V	**1 175**	1 468	1 141
	VI	**1 348**	1 468	1 141
12 275,99	I,IV		1 473	1 144
	II		1 473	1 144
	III		1 473	1 144
	V	**1 179**	1 473	1 144
	VI	**1 352**	1 473	1 144
12 311,99	I,IV		1 477	1 148
	II		1 477	1 148
	III		1 477	1 148
	V	**1 183**	1 477	1 148
	VI	**1 356**	1 477	1 148
12 347,99	I,IV		1 481	1 151
	II		1 481	1 151
	III		1 481	1 151
	V	**1 187**	1 481	1 151
	VI	**1 360**	1 481	1 151
12 383,99	I,IV		1 486	1 154
	II		1 486	1 154
	III		1 486	1 154
	V	**1 191**	1 486	1 154
	VI	**1 364**	1 486	1 154
12 419,99	I,IV		1 490	1 158
	II		1 490	1 158
	III		1 490	1 158
	V	**1 195**	1 490	1 158
	VI	**1 368**	1 490	1 158
12 455,99	I,IV		1 494	1 161
	II		1 494	1 161
	III		1 494	1 161
	V	**1 199**	1 494	1 161
	VI	**1 372**	1 494	1 161
12 491,99	I,IV		1 499	1 164
	II		1 499	1 164
	III		1 499	1 164
	V	**1 203**	1 499	1 164
	VI	**1 376**	1 499	1 164
12 527,99	I,IV		1 503	1 168
	II		1 503	1 168
	III		1 503	1 168
	V	**1 207**	1 503	1 168
	VI	**1 380**	1 503	1 168

Lohn/ Gehalt in € bis	Steuerklasse	Lohn-steuer*	BVSP**	TAGZ***
12 563,99	I,IV		1 507	1 171
	II		1 507	1 171
	III		1 507	1 171
	V	**1 211**	1 507	1 171
	VI	**1 384**	1 507	1 171
12 599,99	I,IV		1 511	1 174
	II		1 511	1 174
	III		1 511	1 174
	V	**1 215**	1 511	1 174
	VI	**1 388**	1 511	1 174
12 635,99	I,IV		1 516	1 178
	II		1 516	1 178
	III		1 516	1 178
	V	**1 218**	1 516	1 178
	VI	**1 392**	1 516	1 178
12 671,99	I,IV		1 520	1 181
	II		1 520	1 181
	III		1 520	1 181
	V	**1 222**	1 520	1 181
	VI	**1 395**	1 520	1 181
12 707,99	I,IV		1 524	1 185
	II		1 524	1 185
	III		1 524	1 185
	V	**1 226**	1 524	1 185
	VI	**1 400**	1 524	1 185
12 743,99	I,IV		1 529	1 188
	II		1 529	1 188
	III		1 529	1 188
	V	**1 230**	1 529	1 188
	VI	**1 403**	1 529	1 188
12 779,99	I,IV		1 533	1 191
	II		1 533	1 191
	III		1 533	1 191
	V	**1 234**	1 533	1 191
	VI	**1 407**	1 533	1 191
12 815,99	I,IV		1 537	1 195
	II		1 537	1 195
	III		1 537	1 195
	V	**1 238**	1 537	1 195
	VI	**1 411**	1 537	1 195
12 851,99	I,IV		1 542	1 198
	II		1 542	1 198
	III		1 542	1 198
	V	**1 242**	1 542	1 198
	VI	**1 415**	1 542	1 198
12 887,99	I,IV		1 546	1 201
	II		1 546	1 201
	III		1 546	1 201
	V	**1 246**	1 546	1 201
	VI	**1 419**	1 546	1 201
12 923,99	I,IV		1 550	1 205
	II		1 550	1 205
	III		1 550	1 205
	V	**1 250**	1 550	1 205
	VI	**1 423**	1 550	1 205
12 959,99	I,IV		1 555	1 208
	II		1 555	1 208
	III		1 555	1 208
	V	**1 254**	1 555	1 208
	VI	**1 427**	1 555	1 208

* Zur LSt-Berechnung für privat versicherte Arbeitnehmer s. Beispiele **Vorbemerkung S. 4 f.**
** Basisvorsorgepauschale KV und PV *** Typisierter Arbeitgeberzuschuss

Lohn/ Gehalt in € bis	Steuerklasse	Lohn- steuer*	BVSP**	TAGZ***
12 995,99	I,IV		1 559	1 211
	II		1 559	1 211
	III		1 559	1 211
	V	**1 258**	1 559	1 211
	VI	**1 431**	1 559	1 211
13 031,99	I,IV		1 563	1 215
	II		1 563	1 215
	III		1 563	1 215
	V	**1 262**	1 563	1 215
	VI	**1 435**	1 563	1 215
13 067,99	I,IV		1 568	1 218
	II		1 568	1 218
	III		1 568	1 218
	V	**1 266**	1 568	1 218
	VI	**1 439**	1 568	1 218
13 103,99	I,IV		1 572	1 221
	II		1 572	1 221
	III		1 572	1 221
	V	**1 270**	1 572	1 221
	VI	**1 443**	1 572	1 221
13 139,99	I,IV		1 576	1 225
	II		1 576	1 225
	III		1 576	1 225
	V	**1 274**	1 576	1 225
	VI	**1 447**	1 576	1 225
13 175,99	I,IV		1 581	1 228
	II		1 581	1 228
	III		1 581	1 228
	V	**1 278**	1 581	1 228
	VI	**1 451**	1 581	1 228
13 211,99	I,IV		1 585	1 232
	II		1 585	1 232
	III		1 585	1 232
	V	**1 282**	1 585	1 232
	VI	**1 455**	1 585	1 232
13 247,99	I,IV		1 589	1 235
	II		1 589	1 235
	III		1 589	1 235
	V	**1 286**	1 589	1 235
	VI	**1 459**	1 589	1 235
13 283,99	I,IV		1 594	1 238
	II		1 594	1 238
	III		1 594	1 238
	V	**1 290**	1 594	1 238
	VI	**1 463**	1 594	1 238
13 319,99	I,IV		1 598	1 242
	II		1 598	1 242
	III		1 598	1 242
	V	**1 294**	1 598	1 242
	VI	**1 467**	1 598	1 242
13 355,99	I,IV		1 602	1 245
	II		1 602	1 245
	III		1 602	1 245
	V	**1 298**	1 602	1 245
	VI	**1 471**	1 602	1 245
13 391,99	I,IV		1 607	1 248
	II		1 607	1 248
	III		1 607	1 248
	V	**1 302**	1 607	1 248
	VI	**1 475**	1 607	1 248
13 427,99	I,IV		1 611	1 252
	II		1 611	1 252
	III		1 611	1 252
	V	**1 306**	1 611	1 252
	VI	**1 479**	1 611	1 252
13 463,99	I,IV		1 615	1 255
	II		1 615	1 255
	III		1 615	1 255
	V	**1 310**	1 615	1 255
	VI	**1 483**	1 615	1 255
13 499,99	I,IV		1 619	1 258
	II		1 619	1 258
	III		1 619	1 258
	V	**1 314**	1 619	1 258
	VI	**1 487**	1 619	1 258
13 535,99	I,IV		1 624	1 262
	II		1 624	1 262
	III		1 624	1 262
	V	**1 318**	1 624	1 262
	VI	**1 491**	1 624	1 262
13 571,99	I,IV		1 628	1 265
	II		1 628	1 265
	III		1 628	1 265
	V	**1 322**	1 628	1 265
	VI	**1 495**	1 628	1 265
13 607,99	I,IV		1 632	1 268
	II		1 632	1 268
	III		1 632	1 268
	V	**1 326**	1 632	1 268
	VI	**1 499**	1 632	1 268
13 643,99	I,IV		1 637	1 272
	II		1 637	1 272
	III		1 637	1 272
	V	**1 330**	1 637	1 272
	VI	**1 503**	1 637	1 272
13 679,99	I,IV		1 641	1 275
	II		1 641	1 275
	III		1 641	1 275
	V	**1 334**	1 641	1 275
	VI	**1 507**	1 641	1 275
13 715,99	I,IV		1 645	1 279
	II		1 645	1 279
	III		1 645	1 279
	V	**1 337**	1 645	1 279
	VI	**1 511**	1 645	1 279
13 751,99	I,IV		1 650	1 282
	II		1 650	1 282
	III		1 650	1 282
	V	**1 341**	1 650	1 282
	VI	**1 514**	1 650	1 282
13 787,99	I,IV		1 654	1 285
	II		1 654	1 285
	III		1 654	1 285
	V	**1 345**	1 654	1 285
	VI	**1 519**	1 654	1 285
13 823,99	I,IV		1 658	1 289
	II		1 658	1 289
	III		1 658	1 289
	V	**1 349**	1 658	1 289
	VI	**1 522**	1 658	1 289

* Zur LSt-Berechnung für privat versicherte Arbeitnehmer s. Beispiele **Vorbemerkung S. 4 f.**
** Basisvorsorgepauschale KV und PV *** Typisierter Arbeitgeberzuschuss

Lohn/ Gehalt in € bis	Steuerklasse	Lohn-steuer*	BVSP**	TAGZ***
13 859,99	I,IV		1 663	1 292
	II		1 663	1 292
	III		1 663	1 292
	V	**1 353**	1 663	1 292
	VI	**1 526**	1 663	1 292
13 895,99	I,IV		1 667	1 295
	II		1 667	1 295
	III		1 667	1 295
	V	**1 357**	1 667	1 295
	VI	**1 530**	1 667	1 295
13 931,99	I,IV		1 671	1 299
	II		1 671	1 299
	III		1 671	1 299
	V	**1 361**	1 671	1 299
	VI	**1 534**	1 671	1 299
13 967,99	I,IV		1 676	1 302
	II		1 676	1 302
	III		1 676	1 302
	V	**1 365**	1 676	1 302
	VI	**1 538**	1 676	1 302
14 003,99	I,IV		1 680	1 305
	II		1 680	1 305
	III		1 680	1 305
	V	**1 369**	1 680	1 305
	VI	**1 542**	1 680	1 305
14 039,99	I,IV		1 684	1 309
	II		1 684	1 309
	III		1 684	1 309
	V	**1 373**	1 684	1 309
	VI	**1 546**	1 684	1 309
14 075,99	I,IV		1 689	1 312
	II		1 689	1 312
	III		1 689	1 312
	V	**1 377**	1 689	1 312
	VI	**1 550**	1 689	1 312
14 111,99	I,IV		1 693	1 315
	II		1 693	1 315
	III		1 693	1 315
	V	**1 381**	1 693	1 315
	VI	**1 554**	1 693	1 315
14 147,99	I,IV		1 697	1 319
	II		1 697	1 319
	III		1 697	1 319
	V	**1 385**	1 697	1 319
	VI	**1 558**	1 697	1 319
14 183,99	I,IV		1 702	1 322
	II		1 702	1 322
	III		1 702	1 322
	V	**1 389**	1 702	1 322
	VI	**1 562**	1 702	1 322
14 219,99	I,IV		1 706	1 326
	II		1 706	1 326
	III		1 706	1 326
	V	**1 393**	1 706	1 326
	VI	**1 566**	1 706	1 326
14 255,99	I,IV		1 710	1 329
	II		1 710	1 329
	III		1 710	1 329
	V	**1 397**	1 710	1 329
	VI	**1 570**	1 710	1 329

Lohn/ Gehalt in € bis	Steuerklasse	Lohn-steuer*	BVSP**	TAGZ***
14 291,99	I,IV		1 715	1 332
	II		1 715	1 332
	III		1 715	1 332
	V	**1 401**	1 715	1 332
	VI	**1 574**	1 715	1 332
14 327,99	I,IV		1 719	1 336
	II		1 719	1 336
	III		1 719	1 336
	V	**1 405**	1 719	1 336
	VI	**1 578**	1 719	1 336
14 363,99	I,IV		1 723	1 339
	II		1 723	1 339
	III		1 723	1 339
	V	**1 409**	1 723	1 339
	VI	**1 582**	1 723	1 339
14 399,99	I,IV		1 727	1 342
	II		1 727	1 342
	III		1 727	1 342
	V	**1 413**	1 727	1 342
	VI	**1 586**	1 727	1 342
14 435,99	I,IV		1 732	1 346
	II		1 732	1 346
	III		1 732	1 346
	V	**1 417**	1 732	1 346
	VI	**1 590**	1 732	1 346
14 471,99	I,IV		1 736	1 349
	II		1 736	1 349
	III		1 736	1 349
	V	**1 421**	1 736	1 349
	VI	**1 594**	1 736	1 349
14 507,99	I,IV		1 740	1 352
	II		1 740	1 352
	III		1 740	1 352
	V	**1 425**	1 740	1 352
	VI	**1 598**	1 740	1 352
14 543,99	I,IV		1 745	1 356
	II		1 745	1 356
	III		1 745	1 356
	V	**1 429**	1 745	1 356
	VI	**1 602**	1 745	1 356
14 579,99	I,IV		1 749	1 359
	II		1 749	1 359
	III		1 749	1 359
	V	**1 433**	1 749	1 359
	VI	**1 606**	1 749	1 359
14 615,99	I,IV		1 753	1 362
	II		1 753	1 362
	III		1 753	1 362
	V	**1 437**	1 753	1 362
	VI	**1 610**	1 753	1 362
14 651,99	I,IV		1 758	1 366
	II		1 758	1 366
	III		1 758	1 366
	V	**1 441**	1 758	1 366
	VI	**1 614**	1 758	1 366
14 687,99	I,IV		1 762	1 369
	II		1 762	1 369
	III		1 762	1 369
	V	**1 445**	1 762	1 369
	VI	**1 618**	1 762	1 369

* Zur LSt-Berechnung für privat versicherte Arbeitnehmer s. Beispiele **Vorbemerkung S. 4 f.**
** Basisvorsorgepauschale KV und PV *** Typisierter Arbeitgeberzuschuss

Lohn/ Gehalt in € bis	Steuerklasse	Lohn- steuer*	BVSP**	TAGZ***
14 723,99	I,IV		1 766	1 373
	II		1 766	1 373
	III		1 766	1 373
	V	**1 449**	1 766	1 373
	VI	**1 622**	1 766	1 373
14 759,99	I,IV		1 771	1 376
	II		1 771	1 376
	III		1 771	1 376
	V	**1 453**	1 771	1 376
	VI	**1 626**	1 771	1 376
14 795,99	I,IV		1 775	1 379
	II		1 775	1 379
	III		1 775	1 379
	V	**1 456**	1 775	1 379
	VI	**1 630**	1 775	1 379
14 831,99	I,IV		1 779	1 383
	II		1 779	1 383
	III		1 779	1 383
	V	**1 460**	1 779	1 383
	VI	**1 633**	1 779	1 383
14 867,99	I,IV		1 784	1 386
	II		1 784	1 386
	III		1 784	1 386
	V	**1 464**	1 784	1 386
	VI	**1 638**	1 784	1 386
14 903,99	I,IV		1 788	1 389
	II		1 788	1 389
	III		1 788	1 389
	V	**1 468**	1 788	1 389
	VI	**1 641**	1 788	1 389
14 939,99	I,IV		1 792	1 393
	II		1 792	1 393
	III		1 792	1 393
	V	**1 472**	1 792	1 393
	VI	**1 645**	1 792	1 393
14 975,99	I,IV		1 797	1 396
	II		1 797	1 396
	III		1 797	1 396
	V	**1 476**	1 797	1 396
	VI	**1 649**	1 797	1 396
15 011,99	I,IV		1 801	1 399
	II		1 801	1 399
	III		1 801	1 399
	V	**1 480**	1 801	1 399
	VI	**1 653**	1 801	1 399
15 047,99	I,IV		1 805	1 403
	II		1 805	1 403
	III		1 805	1 403
	V	**1 484**	1 805	1 403
	VI	**1 657**	1 805	1 403
15 083,99	I,IV		1 810	1 406
	II		1 810	1 406
	III		1 810	1 406
	V	**1 488**	1 810	1 406
	VI	**1 661**	1 810	1 406
15 119,99	I,IV		1 814	1 409
	II		1 814	1 409
	III		1 814	1 409
	V	**1 492**	1 814	1 409
	VI	**1 665**	1 814	1 409

Lohn/ Gehalt in € bis	Steuerklasse	Lohn- steuer*	BVSP**	TAGZ***
15 155,99	I,IV		1 818	1 413
	II		1 818	1 413
	III		1 818	1 413
	V	**1 496**	1 818	1 413
	VI	**1 669**	1 818	1 413
15 191,99	I,IV		1 823	1 416
	II		1 823	1 416
	III		1 823	1 416
	V	**1 500**	1 823	1 416
	VI	**1 673**	1 823	1 416
15 227,99	I,IV		1 827	1 420
	II		1 827	1 420
	III		1 827	1 420
	V	**1 504**	1 827	1 420
	VI	**1 677**	1 827	1 420
15 263,99	I,IV		1 831	1 423
	II		1 831	1 423
	III		1 831	1 423
	V	**1 508**	1 831	1 423
	VI	**1 681**	1 831	1 423
15 299,99	I,IV		1 835	1 426
	II		1 835	1 426
	III		1 835	1 426
	V	**1 512**	1 835	1 426
	VI	**1 685**	1 835	1 426
15 335,99	I,IV		1 840	1 430
	II		1 840	1 430
	III		1 840	1 430
	V	**1 516**	1 840	1 430
	VI	**1 689**	1 840	1 430
15 371,99	I,IV		1 844	1 433
	II		1 844	1 433
	III		1 844	1 433
	V	**1 520**	1 844	1 433
	VI	**1 693**	1 844	1 433
15 407,99	I,IV		1 848	1 436
	II		1 848	1 436
	III		1 848	1 436
	V	**1 524**	1 848	1 436
	VI	**1 697**	1 848	1 436
15 443,99	I,IV	**1**	1 853	1 440
	II		1 853	1 440
	III		1 853	1 440
	V	**1 528**	1 853	1 440
	VI	**1 701**	1 853	1 440
15 479,99	I,IV	**5**	1 857	1 443
	II		1 857	1 443
	III		1 857	1 443
	V	**1 532**	1 857	1 443
	VI	**1 705**	1 857	1 443
15 515,99	I,IV	**9**	1 861	1 446
	II		1 861	1 446
	III		1 861	1 446
	V	**1 536**	1 861	1 446
	VI	**1 709**	1 861	1 446
15 551,99	I,IV	**13**	1 866	1 450
	II		1 866	1 450
	III		1 866	1 450
	V	**1 540**	1 866	1 450
	VI	**1 713**	1 866	1 450

* Zur LSt-Berechnung für privat versicherte Arbeitnehmer s. Beispiele **Vorbemerkung S. 4 f.**
** Basisvorsorgepauschale KV und PV *** Typisierter Arbeitgeberzuschuss

Lohn/ Gehalt in € bis	Steuerklasse	Lohnsteuer*	BVSP**	TAGZ***
15 587,99	I,IV	**17**	1 870	1 453
	II		1 870	1 453
	III		1 870	1 453
	V	**1 544**	1 870	1 453
	VI	**1 717**	1 870	1 453
15 623,99	I,IV	**21**	1 874	1 456
	II		1 874	1 456
	III		1 874	1 456
	V	**1 548**	1 874	1 456
	VI	**1 721**	1 874	1 456
15 659,99	I,IV	**25**	1 879	1 460
	II		1 879	1 460
	III		1 879	1 460
	V	**1 552**	1 879	1 460
	VI	**1 725**	1 879	1 460
15 695,99	I,IV	**29**	1 883	1 463
	II		1 883	1 463
	III		1 883	1 463
	V	**1 556**	1 883	1 463
	VI	**1 729**	1 883	1 463
15 731,99	I,IV	**33**	1 887	1 467
	II		1 887	1 467
	III		1 887	1 467
	V	**1 560**	1 887	1 467
	VI	**1 733**	1 887	1 467
15 767,99	I,IV	**37**	1 892	1 470
	II		1 892	1 470
	III		1 892	1 470
	V	**1 564**	1 892	1 470
	VI	**1 737**	1 892	1 470
15 803,99	I,IV	**41**	1 896	1 473
	II		1 896	1 473
	III		1 896	1 473
	V	**1 568**	1 896	1 473
	VI	**1 741**	1 896	1 473
15 839,99	I,IV	**45**	1 900	1 477
	II		1 900	1 477
	III		1 900	1 477
	V	**1 572**	1 900	1 477
	VI	**1 745**	1 900	1 477
15 875,99	I,IV	**50**	1 900	1 480
	II		1 900	1 480
	III		1 905	1 480
	V	**1 576**	1 900	1 480
	VI	**1 752**	1 900	1 480
15 911,99	I,IV	**55**	1 900	1 483
	II		1 900	1 483
	III		1 909	1 483
	V	**1 581**	1 900	1 483
	VI	**1 766**	1 900	1 483
15 947,99	I,IV	**60**	1 900	1 487
	II		1 900	1 487
	III		1 913	1 487
	V	**1 585**	1 900	1 487
	VI	**1 779**	1 900	1 487
15 983,99	I,IV	**65**	1 900	1 490
	II		1 900	1 490
	III		1 918	1 490
	V	**1 590**	1 900	1 490
	VI	**1 793**	1 900	1 490
16 019,99	I,IV	**70**	1 900	1 493
	II		1 900	1 493
	III		1 922	1 493
	V	**1 595**	1 900	1 493
	VI	**1 807**	1 900	1 493
16 055,99	I,IV	**74**	1 900	1 497
	II		1 900	1 497
	III		1 926	1 497
	V	**1 599**	1 900	1 497
	VI	**1 820**	1 900	1 497
16 091,99	I,IV	**79**	1 900	1 500
	II		1 900	1 500
	III		1 931	1 500
	V	**1 604**	1 900	1 500
	VI	**1 834**	1 900	1 500
16 127,99	I,IV	**84**	1 900	1 503
	II		1 900	1 503
	III		1 935	1 503
	V	**1 608**	1 900	1 503
	VI	**1 848**	1 900	1 503
16 163,99	I,IV	**89**	1 900	1 507
	II		1 900	1 507
	III		1 939	1 507
	V	**1 613**	1 900	1 507
	VI	**1 862**	1 900	1 507
16 199,99	I,IV	**94**	1 900	1 510
	II		1 900	1 510
	III		1 943	1 510
	V	**1 617**	1 900	1 510
	VI	**1 875**	1 900	1 510
16 235,99	I,IV	**99**	1 900	1 514
	II		1 900	1 514
	III		1 948	1 514
	V	**1 622**	1 900	1 514
	VI	**1 889**	1 900	1 514
16 271,99	I,IV	**104**	1 900	1 517
	II		1 900	1 517
	III		1 952	1 517
	V	**1 626**	1 900	1 517
	VI	**1 903**	1 900	1 517
16 307,99	I,IV	**109**	1 900	1 520
	II		1 900	1 520
	III		1 956	1 520
	V	**1 631**	1 900	1 520
	VI	**1 917**	1 900	1 520
16 343,99	I,IV	**115**	1 900	1 524
	II		1 900	1 524
	III		1 961	1 524
	V	**1 636**	1 900	1 524
	VI	**1 930**	1 900	1 524
16 379,99	I,IV	**119**	1 900	1 527
	II		1 900	1 527
	III		1 965	1 527
	V	**1 640**	1 900	1 527
	VI	**1 944**	1 900	1 527
16 415,99	I,IV	**125**	1 900	1 530
	II		1 900	1 530
	III		1 969	1 530
	V	**1 645**	1 900	1 530
	VI	**1 958**	1 900	1 530

* Zur LSt-Berechnung für privat versicherte Arbeitnehmer s. Beispiele **Vorbemerkung S. 4 f.**
** Basisvorsorgepauschale KV und PV *** Typisierter Arbeitgeberzuschuss

Lohn/ Gehalt in € bis	Steuerklasse	Lohn- steuer*	BVSP**	TAGZ***
16451,99	I,IV	**130**	1900	1534
	II		1900	1534
	III		1974	1534
	V	**1649**	1900	1534
	VI	**1971**	1900	1534
16487,99	I,IV	**135**	1900	1537
	II		1900	1537
	III		1978	1537
	V	**1654**	1900	1537
	VI	**1985**	1900	1537
16523,99	I,IV	**140**	1900	1540
	II		1900	1540
	III		1982	1540
	V	**1659**	1900	1540
	VI	**1999**	1900	1540
16559,99	I,IV	**145**	1900	1544
	II		1900	1544
	III		1987	1544
	V	**1663**	1900	1544
	VI	**2012**	1900	1544
16595,99	I,IV	**150**	1900	1547
	II		1900	1547
	III		1991	1547
	V	**1668**	1900	1547
	VI	**2026**	1900	1547
16631,99	I,IV	**156**	1900	1550
	II		1900	1550
	III		1995	1550
	V	**1672**	1900	1550
	VI	**2040**	1900	1550
16667,99	I,IV	**161**	1900	1554
	II		1900	1554
	III		2000	1554
	V	**1677**	1900	1554
	VI	**2054**	1900	1554
16703,99	I,IV	**166**	1900	1557
	II		1900	1557
	III		2004	1557
	V	**1681**	1900	1557
	VI	**2067**	1900	1557
16739,99	I,IV	**172**	1900	1561
	II		1900	1561
	III		2008	1561
	V	**1686**	1900	1561
	VI	**2081**	1900	1561
16775,99	I,IV	**177**	1900	1564
	II		1900	1564
	III		2013	1564
	V	**1690**	1900	1564
	VI	**2095**	1900	1564
16811,99	I,IV	**182**	1900	1567
	II		1900	1567
	III		2017	1567
	V	**1695**	1900	1567
	VI	**2109**	1900	1567
16847,99	I,IV	**187**	1900	1571
	II		1900	1571
	III		2021	1571
	V	**1700**	1900	1571
	VI	**2122**	1900	1571

Lohn/ Gehalt in € bis	Steuerklasse	Lohn- steuer*	BVSP**	TAGZ***
16883,99	I,IV	**193**	1900	1574
	II		1900	1574
	III		2026	1574
	V	**1704**	1900	1574
	VI	**2136**	1900	1574
16919,99	I,IV	**198**	1900	1577
	II		1900	1577
	III		2030	1577
	V	**1709**	1900	1577
	VI	**2150**	1900	1577
16955,99	I,IV	**204**	1900	1581
	II		1900	1581
	III		2034	1581
	V	**1713**	1900	1581
	VI	**2164**	1900	1581
16991,99	I,IV	**209**	1900	1584
	II		1900	1584
	III		2039	1584
	V	**1718**	1900	1584
	VI	**2177**	1900	1584
17027,99	I,IV	**215**	1900	1587
	II		1900	1587
	III		2043	1587
	V	**1722**	1900	1587
	VI	**2191**	1900	1587
17063,99	I,IV	**220**	1900	1591
	II		1900	1591
	III		2047	1591
	V	**1727**	1900	1591
	VI	**2205**	1900	1591
17099,99	I,IV	**225**	1900	1594
	II		1900	1594
	III		2051	1594
	V	**1732**	1900	1594
	VI	**2218**	1900	1594
17135,99	I,IV	**231**	1900	1597
	II		1900	1597
	III		2056	1597
	V	**1736**	1900	1597
	VI	**2232**	1900	1597
17171,99	I,IV	**237**	1900	1601
	II		1900	1601
	III		2060	1601
	V	**1741**	1900	1601
	VI	**2246**	1900	1601
17207,99	I,IV	**242**	1900	1604
	II		1900	1604
	III		2064	1604
	V	**1745**	1900	1604
	VI	**2259**	1900	1604
17243,99	I,IV	**248**	1900	1608
	II		1900	1608
	III		2069	1608
	V	**1754**	1900	1608
	VI	**2273**	1900	1608
17279,99	I,IV	**253**	1900	1611
	II		1900	1611
	III		2073	1611
	V	**1768**	1900	1611
	VI	**2287**	1900	1611

* Zur LSt-Berechnung für privat versicherte Arbeitnehmer s. Beispiele **Vorbemerkung S. 4f.**
** Basisvorsorgepauschale KV und PV *** Typisierter Arbeitgeberzuschuss

Lohn/ Gehalt in € bis	Steuerklasse	Lohnsteuer*	BVSP**	TAGZ***	Steuerklasse	Bemessungsgrundlage für Kirchensteuer und Solidaritätszuschlag – Freibeträge für ... Kinder 0,5	**1,0**	1,5	**2,0**	2,5	**3,0**
17315,99	I,IV	**259**	1900	1614	I						
	II		1900	1614	II						
	III		2077	1614	III						
	V	**1781**	1900	1614	IV						
	VI	**2300**	1900	1614							
17351,99	I,IV	**265**	1900	1618	I						
	II		1900	1618	II						
	III		2082	1618	III						
	V	**1795**	1900	1618	IV						
	VI	**2314**	1900	1618							
17387,99	I,IV	**270**	1900	1621	I						
	II		1900	1621	II						
	III		2086	1621	III						
	V	**1809**	1900	1621	IV						
	VI	**2328**	1900	1621							
17423,99	I,IV	**276**	1900	1624	I						
	II		1900	1624	II						
	III		2090	1624	III						
	V	**1823**	1900	1624	IV						
	VI	**2342**	1900	1624							
17459,99	I,IV	**282**	1900	1628	I						
	II		1900	1628	II						
	III		2095	1628	III						
	V	**1836**	1900	1628	IV						
	VI	**2356**	1900	1628							
17495,99	I,IV	**287**	1900	1631	I						
	II		1900	1631	II						
	III		2099	1631	III						
	V	**1850**	1900	1631	IV						
	VI	**2369**	1900	1631							
17531,99	I,IV	**293**	1900	1634	I						
	II		1900	1634	II						
	III		2103	1634	III						
	V	**1864**	1900	1634	IV						
	VI	**2383**	1900	1634							
17567,99	I,IV	**299**	1900	1638	I						
	II		1900	1638	II						
	III		2108	1638	III						
	V	**1878**	1900	1638	IV						
	VI	**2397**	1900	1638							
17603,99	I,IV	**305**	1900	1641	I						
	II		1900	1641	II						
	III		2112	1641	III						
	V	**1891**	1900	1641	IV						
	VI	**2410**	1900	1641							
17639,99	I,IV	**310**	1900	1644	I						
	II		1900	1644	II						
	III		2116	1644	III						
	V	**1905**	1900	1644	IV						
	VI	**2424**	1900	1644							
17675,99	I,IV	**316**	1900	1648	I						
	II		1900	1648	II						
	III		2121	1648	III						
	V	**1919**	1900	1648	IV						
	VI	**2438**	1900	1648							
17711,99	I,IV	**322**	1900	1651	I						
	II		1900	1651	II						
	III		2125	1651	III						
	V	**1932**	1900	1651	IV						
	VI	**2451**	1900	1651							

* Zur LSt-Berechnung für privat versicherte Arbeitnehmer s. Beispiele **Vorbemerkung S. 4f.**
** Basisvorsorgepauschale KV und PV *** Typisierter Arbeitgeberzuschuss

Lohn/ Gehalt in € bis	Steuerklasse	Lohn-steuer*	BVSP**	TAGZ***	Steuerklasse	Bemessungsgrundlage für Kirchensteuer und Solidaritätszuschlag					
						Freibeträge für ... Kinder					
						0,5	**1,0**	1,5	**2,0**	2,5	**3,0**
17747,99	I,IV	**328**	1900	1655	I						
	II		1900	1655	II						
	III		2129	1655	III						
	V	**1946**	1900	1655	IV						
	VI	**2465**	1900	1655							
17783,99	I,IV	**334**	1900	1658	I						
	II		1900	1658	II						
	III		2134	1658	III						
	V	**1960**	1900	1658	IV						
	VI	**2479**	1900	1658							
17819,99	I,IV	**340**	1900	1661	I						
	II		1900	1661	II						
	III		2138	1661	III						
	V	**1973**	1900	1661	IV						
	VI	**2492**	1900	1661							
17855,99	I,IV	**346**	1900	1665	I						
	II		1900	1665	II						
	III		2142	1665	III						
	V	**1987**	1900	1665	IV						
	VI	**2506**	1900	1665							
17891,99	I,IV	**352**	1900	1668	I						
	II		1900	1668	II						
	III		2147	1668	III						
	V	**2001**	1900	1668	IV						
	VI	**2520**	1900	1668							
17927,99	I,IV	**358**	1900	1671	I						
	II		1900	1671	II						
	III		2151	1671	III						
	V	**2014**	1900	1671	IV						
	VI	**2534**	1900	1671							
17963,99	I,IV	**364**	1900	1675	I						
	II		1900	1675	II						
	III		2155	1675	III						
	V	**2028**	1900	1675	IV	1					
	VI	**2547**	1900	1675							
17999,99	I,IV	**370**	1900	1678	I						
	II		1900	1678	II						
	III		2159	1678	III						
	V	**2042**	1900	1678	IV	6					
	VI	**2561**	1900	1678							
18035,99	I,IV	**376**	1900	1681	I						
	II		1900	1681	II						
	III		2164	1681	III						
	V	**2056**	1900	1681	IV	10					
	VI	**2575**	1900	1681							
18071,99	I,IV	**382**	1900	1685	I						
	II		1900	1685	II						
	III		2168	1685	III						
	V	**2069**	1900	1685	IV	15					
	VI	**2589**	1900	1685							
18107,99	I,IV	**388**	1900	1688	I						
	II		1900	1688	II						
	III		2172	1688	III						
	V	**2083**	1900	1688	IV	19					
	VI	**2602**	1900	1688							
18143,99	I,IV	**394**	1900	1691	I						
	II		1900	1691	II						
	III		2177	1691	III						
	V	**2097**	1900	1691	IV	24					
	VI	**2616**	1900	1691							

* Zur LSt-Berechnung für privat versicherte Arbeitnehmer s. Beispiele **Vorbemerkung S. 4 f.**
** Basisvorsorgepauschale KV und PV *** Typisierter Arbeitgeberzuschuss

Lohn/ Gehalt in € bis	Steuerklasse	Lohn-steuer*	BVSP**	TAGZ***	Steuerklasse	Bemessungsgrundlage für Kirchensteuer und Solidaritätszuschlag – Freibeträge für ... Kinder 0,5	1,0	1,5	2,0	2,5	3,0
18179,99	I,IV	**400**	1900	1695	I						
	II		1900	1695	II						
	III		2181	1695	III						
	V	**2111**	1900	1695	IV	29					
	VI	**2630**	1900	1695							
18215,99	I,IV	**406**	1900	1698	I						
	II		1900	1698	II						
	III		2185	1698	III						
	V	**2124**	1900	1698	IV	33					
	VI	**2643**	1900	1698							
18251,99	I,IV	**412**	1900	1701	I						
	II		1900	1701	II						
	III		2190	1701	III						
	V	**2138**	1900	1701	IV	38					
	VI	**2657**	1900	1701							
18287,99	I,IV	**419**	1900	1705	I						
	II		1900	1705	II						
	III		2194	1705	III						
	V	**2152**	1900	1705	IV	43					
	VI	**2671**	1900	1705							
18323,99	I,IV	**425**	1900	1708	I						
	II		1900	1708	II						
	III		2198	1708	III						
	V	**2165**	1900	1708	IV	48					
	VI	**2684**	1900	1708							
18359,99	I,IV	**431**	1900	1712	I						
	II		1900	1712	II						
	III		2203	1712	III						
	V	**2179**	1900	1712	IV	52					
	VI	**2698**	1900	1712							
18395,99	I,IV	**437**	1900	1715	I						
	II		1900	1715	II						
	III		2207	1715	III						
	V	**2193**	1900	1715	IV	57					
	VI	**2712**	1900	1715							
18431,99	I,IV	**443**	1900	1718	I						
	II		1900	1718	II						
	III		2211	1718	III						
	V	**2206**	1900	1718	IV	62					
	VI	**2726**	1900	1718							
18467,99	I,IV	**450**	1900	1722	I						
	II		1900	1722	II						
	III		2216	1722	III						
	V	**2220**	1900	1722	IV	67					
	VI	**2739**	1900	1722							
18503,99	I,IV	**456**	1900	1725	I						
	II		1900	1725	II						
	III		2220	1725	III						
	V	**2234**	1900	1725	IV	72					
	VI	**2753**	1900	1725							
18539,99	I,IV	**462**	1900	1728	I						
	II		1900	1728	II						
	III		2224	1728	III						
	V	**2248**	1900	1728	IV	77					
	VI	**2767**	1900	1728							
18575,99	I,IV	**469**	1900	1732	I						
	II		1900	1732	II						
	III		2229	1732	III						
	V	**2261**	1900	1732	IV	82					
	VI	**2781**	1900	1732							

* Zur LSt-Berechnung für privat versicherte Arbeitnehmer s. Beispiele **Vorbemerkung S. 4 f.**
** Basisvorsorgepauschale KV und PV *** Typisierter Arbeitgeberzuschuss

Lohn/ Gehalt in € bis	Steuerklasse	Lohn-steuer*	BVSP**	TAGZ***	Steuerklasse	Bemessungsgrundlage für Kirchensteuer und Solidaritätszuschlag – Freibeträge für ... Kinder 0,5	1,0	1,5	2,0	2,5	3,0
18611,99	I,IV	**475**	1900	1735	I						
	II		1900	1735	II						
	III		2233	1735	III						
	V	**2275**	1900	1735	IV	87					
	VI	**2794**	1900	1735							
18647,99	I,IV	**482**	1900	1738	I						
	II		1900	1738	II						
	III		2237	1738	III						
	V	**2289**	1900	1738	IV	92					
	VI	**2808**	1900	1738							
18683,99	I,IV	**488**	1900	1742	I						
	II		1900	1742	II						
	III		2242	1742	III						
	V	**2303**	1900	1742	IV	97					
	VI	**2822**	1900	1742							
18719,99	I,IV	**495**	1900	1745	I						
	II		1900	1745	II						
	III		2246	1745	III						
	V	**2316**	1900	1745	IV	102					
	VI	**2836**	1900	1745							
18755,99	I,IV	**501**	1900	1748	I						
	II		1900	1748	II						
	III		2250	1748	III						
	V	**2330**	1900	1748	IV	107					
	VI	**2849**	1900	1748							
18791,99	I,IV	**507**	1900	1752	I						
	II		1900	1752	II						
	III		2255	1752	III						
	V	**2344**	1900	1752	IV	112					
	VI	**2863**	1900	1752							
18827,99	I,IV	**514**	1900	1755	I						
	II		1900	1755	II						
	III		2259	1755	III						
	V	**2358**	1900	1755	IV	117					
	VI	**2877**	1900	1755							
18863,99	I,IV	**520**	1900	1759	I						
	II		1900	1759	II						
	III		2263	1759	III						
	V	**2371**	1900	1759	IV	122					
	VI	**2890**	1900	1759							
18899,99	I,IV	**527**	1900	1762	I						
	II		1900	1762	II						
	III		2267	1762	III						
	V	**2385**	1900	1762	IV	127					
	VI	**2904**	1900	1762							
18935,99	I,IV	**533**	1900	1765	I						
	II		1900	1765	II						
	III		2272	1765	III						
	V	**2398**	1900	1765	IV	132					
	VI	**2917**	1900	1765							
18971,99	I,IV	**540**	1900	1769	I						
	II		1900	1769	II						
	III		2276	1769	III						
	V	**2412**	1900	1769	IV	137					
	VI	**2931**	1900	1769							
19007,99	I,IV	**547**	1900	1772	I						
	II		1900	1772	II						
	III		2280	1772	III						
	V	**2426**	1900	1772	IV	142					
	VI	**2945**	1900	1772							

* Zur LSt-Berechnung für privat versicherte Arbeitnehmer s. Beispiele **Vorbemerkung S. 4f.**
** Basisvorsorgepauschale KV und PV *** Typisierter Arbeitgeberzuschuss

Lohn/ Gehalt in € bis	Steuerklasse	Lohn-steuer*	BVSP**	TAGZ***	Steuerklasse	Bemessungsgrundlage für Kirchensteuer und Solidaritätszuschlag					
						Freibeträge für ... Kinder					
						0,5	**1,0**	1,5	**2,0**	2,5	**3,0**
19043,99	I,IV	**553**	1900	1775	I						
	II		1900	1775	II						
	III		2285	1775	III						
	V	**2440**	1900	1775	IV	148					
	VI	**2959**	1900	1775							
19079,99	I,IV	**560**	1900	1779	I						
	II		1900	1779	II						
	III		2289	1779	III						
	V	**2453**	1900	1779	IV	153					
	VI	**2972**	1900	1779							
19115,99	I,IV	**567**	1900	1782	I						
	II		1900	1782	II						
	III		2293	1782	III						
	V	**2467**	1900	1782	IV	158					
	VI	**2986**	1900	1782							
19151,99	I,IV	**573**	1900	1785	I						
	II		1900	1785	II						
	III		2298	1785	III						
	V	**2481**	1900	1785	IV	163					
	VI	**3000**	1900	1785							
19187,99	I,IV	**580**	1900	1789	I						
	II		1900	1789	II						
	III		2302	1789	III						
	V	**2495**	1900	1789	IV	169					
	VI	**3014**	1900	1789							
19223,99	I,IV	**587**	1900	1792	I						
	II		1900	1792	II						
	III		2306	1792	III						
	V	**2508**	1900	1792	IV	174					
	VI	**3028**	1900	1792							
19259,99	I,IV	**593**	1900	1795	I						
	II		1900	1795	II						
	III		2311	1795	III						
	V	**2522**	1900	1795	IV	179					
	VI	**3041**	1900	1795							
19295,99	I,IV	**600**	1900	1799	I						
	II		1900	1799	II						
	III		2315	1799	III						
	V	**2536**	1900	1799	IV	185					
	VI	**3055**	1900	1799							
19331,99	I,IV	**607**	1900	1802	I						
	II		1900	1802	II						
	III		2319	1802	III						
	V	**2550**	1900	1802	IV	190					
	VI	**3069**	1900	1802							
19367,99	I,IV	**614**	1900	1806	I						
	II		1900	1806	II						
	III		2324	1806	III						
	V	**2563**	1900	1806	IV	195					
	VI	**3082**	1900	1806							
19403,99	I,IV	**621**	1900	1809	I						
	II		1900	1809	II						
	III		2328	1809	III						
	V	**2577**	1900	1809	IV	201					
	VI	**3096**	1900	1809							
19439,99	I,IV	**628**	1900	1812	I						
	II		1900	1812	II						
	III		2332	1812	III						
	V	**2591**	1900	1812	IV	206					
	VI	**3110**	1900	1812							

* Zur LSt-Berechnung für privat versicherte Arbeitnehmer s. Beispiele **Vorbemerkung S. 4 f.**
** Basisvorsorgepauschale KV und PV *** Typisierter Arbeitgeberzuschuss

Lohn/ Gehalt in € bis	Steuerklasse	Lohn-steuer*	BVSP**	TAGZ***	Steuerklasse	Bemessungsgrundlage für Kirchensteuer und Solidaritätszuschlag — Freibeträge für ... Kinder 0,5	1,0	1,5	2,0	2,5	3,0
19475,99	I,IV	**634**	1900	1816	I						
	II		1900	1816	II						
	III		2337	1816	III						
	V	**2604**	1900	1816	IV	212					
	VI	**3123**	1900	1816							
19511,99	I,IV	**641**	1900	1819	I						
	II		1900	1819	II						
	III		2341	1819	III						
	V	**2618**	1900	1819	IV	217					
	VI	**3137**	1900	1819							
19547,99	I,IV	**648**	1900	1822	I						
	II		1900	1822	II						
	III		2345	1822	III						
	V	**2632**	1900	1822	IV	223					
	VI	**3151**	1900	1822							
19583,99	I,IV	**655**	1900	1826	I						
	II		1900	1826	II						
	III		2350	1826	III						
	V	**2645**	1900	1826	IV	228					
	VI	**3164**	1900	1826							
19619,99	I,IV	**662**	1900	1829	I						
	II		1900	1829	II						
	III		2354	1829	III						
	V	**2659**	1900	1829	IV	234					
	VI	**3178**	1900	1829							
19655,99	I,IV	**669**	1900	1832	I						
	II		1900	1832	II						
	III		2358	1832	III						
	V	**2673**	1900	1832	IV	239					
	VI	**3192**	1900	1832							
19691,99	I,IV	**676**	1900	1836	I						
	II		1900	1836	II						
	III		2363	1836	III						
	V	**2686**	1900	1836	IV	245					
	VI	**3206**	1900	1836							
19727,99	I,IV	**683**	1900	1839	I						
	II		1900	1839	II						
	III		2367	1839	III						
	V	**2700**	1900	1839	IV	250					
	VI	**3219**	1900	1839							
19763,99	I,IV	**690**	1900	1842	I						
	II		1900	1842	II						
	III		2371	1842	III						
	V	**2714**	1900	1842	IV	256					
	VI	**3233**	1900	1842							
19799,99	I,IV	**697**	1900	1846	I						
	II		1900	1846	II						
	III		2375	1846	III						
	V	**2728**	1900	1846	IV	261					
	VI	**3247**	1900	1846							
19835,99	I,IV	**704**	1900	1849	I						
	II		1900	1849	II						
	III		2380	1849	III						
	V	**2741**	1900	1849	IV	267					
	VI	**3261**	1900	1849							
19871,99	I,IV	**711**	1900	1853	I						
	II		1900	1853	II						
	III		2384	1853	III						
	V	**2755**	1900	1853	IV	273					
	VI	**3274**	1900	1853							

* Zur LSt-Berechnung für privat versicherte Arbeitnehmer s. Beispiele **Vorbemerkung S. 4 f.**
** Basisvorsorgepauschale KV und PV *** Typisierter Arbeitgeberzuschuss

Lohn/ Gehalt in € bis	Steuerklasse	Lohn-steuer*	BVSP**	TAGZ***	Steuerklasse	Bemessungsgrundlage für Kirchensteuer und Solidaritätszuschlag – Freibeträge für ... Kinder: 0,5	**1,0**	1,5	**2,0**	2,5	**3,0**
19907,99	I,IV	**719**	1900	1856	I						
	II		1900	1856	II						
	III		2388	1856	III						
	V	**2769**	1900	1856	IV	279					
	VI	**3288**	1900	1856							
19943,99	I,IV	**726**	1900	1859	I						
	II	**5**	1900	1859	II						
	III		2393	1859	III						
	V	**2783**	1900	1859	IV	284					
	VI	**3302**	1900	1859							
19979,99	I,IV	**733**	1900	1863	I						
	II	**9**	1900	1863	II						
	III		2397	1863	III						
	V	**2796**	1900	1863	IV	290					
	VI	**3315**	1900	1863							
20015,99	I,IV	**740**	1900	1866	I						
	II	**14**	1900	1866	II						
	III		2401	1866	III						
	V	**2810**	1900	1866	IV	296					
	VI	**3329**	1900	1866							
20051,99	I,IV	**747**	1900	1869	I						
	II	**18**	1900	1869	II						
	III		2406	1869	III						
	V	**2824**	1900	1869	IV	302					
	VI	**3343**	1900	1869							
20087,99	I,IV	**754**	1900	1873	I						
	II	**23**	1900	1873	II						
	III		2410	1873	III						
	V	**2837**	1900	1873	IV	307					
	VI	**3356**	1900	1873							
20123,99	I,IV	**762**	1900	1876	I						
	II	**28**	1900	1876	II						
	III		2414	1876	III						
	V	**2851**	1900	1876	IV	313					
	VI	**3370**	1900	1876							
20159,99	I,IV	**769**	1900	1879	I						
	II	**33**	1900	1879	II						
	III		2419	1879	III						
	V	**2865**	1900	1879	IV	319					
	VI	**3384**	1900	1879							
20195,99	I,IV	**776**	1900	1883	I						
	II	**37**	1900	1883	II						
	III		2423	1883	III						
	V	**2878**	1900	1883	IV	325					
	VI	**3398**	1900	1883							
20231,99	I,IV	**784**	1900	1886	I						
	II	**42**	1900	1886	II						
	III		2427	1886	III						
	V	**2892**	1900	1886	IV	331					
	VI	**3411**	1900	1886							
20267,99	I,IV	**791**	1900	1889	I						
	II	**47**	1900	1889	II						
	III		2432	1889	III						
	V	**2906**	1900	1889	IV	337					
	VI	**3425**	1900	1889							
20303,99	I,IV	**798**	1900	1893	I						
	II	**51**	1900	1893	II						
	III		2436	1893	III						
	V	**2920**	1900	1893	IV	342					
	VI	**3439**	1900	1893							

* Zur LSt-Berechnung für privat versicherte Arbeitnehmer s. Beispiele **Vorbemerkung S. 4 f.**
** Basisvorsorgepauschale KV und PV *** Typisierter Arbeitgeberzuschuss

Lohn/ Gehalt in € bis	Steuerklasse	Lohn- steuer*	BVSP**	TAGZ***	Steuerklasse	Bemessungsgrundlage für Kirchensteuer und Solidaritätszuschlag					
						Freibeträge für ... Kinder					
						0,5	**1,0**	1,5	**2,0**	2,5	**3,0**
20339,99	I,IV	**806**	1900	1896	I						
	II	**56**	1900	1896	II						
	III		2440	1896	III						
	V	**2933**	1900	1896	IV	348					
	VI	**3453**	1900	1896							
20375,99	I,IV	**813**	1900	1900	I						
	II	**61**	1900	1900	II						
	III		2445	1900	III						
	V	**2947**	1900	1900	IV	354					
	VI	**3466**	1900	1900							
20411,99	I,IV	**820**	1903	1903	I						
	II	**66**	1903	1903	II						
	III		2449	1903	III						
	V	**2959**	1903	1903	IV	360					
	VI	**3479**	1903	1903							
20447,99	I,IV	**826**	1906	1906	I	2					
	II	**70**	1906	1906	II						
	III		2453	1906	III						
	V	**2972**	1906	1906	IV	365	2				
	VI	**3491**	1906	1906							
20483,99	I,IV	**833**	1910	1910	I	6					
	II	**74**	1910	1910	II						
	III		2458	1910	III						
	V	**2984**	1910	1910	IV	371	6				
	VI	**3503**	1910	1910							
20519,99	I,IV	**840**	1913	1913	I	10					
	II	**79**	1913	1913	II						
	III		2462	1913	III						
	V	**2996**	1913	1913	IV	376	10				
	VI	**3516**	1913	1913							
20555,99	I,IV	**847**	1916	1916	I	14					
	II	**83**	1916	1916	II						
	III		2466	1916	III						
	V	**3009**	1916	1916	IV	381	14				
	VI	**3528**	1916	1916							
20591,99	I,IV	**853**	1920	1920	I	19					
	II	**87**	1920	1920	II						
	III		2471	1920	III						
	V	**3021**	1920	1920	IV	387	19				
	VI	**3540**	1920	1920							
20627,99	I,IV	**860**	1923	1923	I	23					
	II	**92**	1923	1923	II						
	III		2475	1923	III						
	V	**3033**	1923	1923	IV	392	23				
	VI	**3553**	1923	1923							
20663,99	I,IV	**867**	1926	1926	I	27					
	II	**96**	1926	1926	II						
	III		2479	1926	III						
	V	**3046**	1926	1926	IV	398	27				
	VI	**3565**	1926	1926							
20699,99	I,IV	**874**	1930	1930	I	31					
	II	**101**	1930	1930	II						
	III		2483	1930	III						
	V	**3058**	1930	1930	IV	403	31				
	VI	**3577**	1930	1930							
20735,99	I,IV	**880**	1933	1933	I	35					
	II	**105**	1933	1933	II						
	III		2488	1933	III						
	V	**3070**	1933	1933	IV	409	35				
	VI	**3589**	1933	1933							

* Zur LSt-Berechnung für privat versicherte Arbeitnehmer s. Beispiele **Vorbemerkung S. 4 f.**
** Basisvorsorgepauschale KV und PV *** Typisierter Arbeitgeberzuschuss

Lohn/ Gehalt in € bis	Steuerklasse	Lohn-steuer*	BVSP**	TAGZ***	Steuerklasse	Bemessungsgrundlage für Kirchensteuer und Solidaritätszuschlag					
						Freibeträge für ... Kinder					
						0,5	**1,0**	1,5	**2,0**	2,5	**3,0**
20 771,99	I,IV	**887**	1 936	1 936	I	40					
	II	**110**	1 936	1 936	II						
	III		2 492	1 936	III						
	V	**3 083**	1 936	1 936	IV	414	40				
	VI	**3 602**	1 936	1 936							
20 807,99	I,IV	**894**	1 940	1 940	I	44					
	II	**115**	1 940	1 940	II						
	III		2 496	1 940	III						
	V	**3 095**	1 940	1 940	IV	420	44				
	VI	**3 614**	1 940	1 940							
20 843,99	I,IV	**901**	1 943	1 943	I	48					
	II	**119**	1 943	1 943	II						
	III		2 501	1 943	III						
	V	**3 107**	1 943	1 943	IV	425	48				
	VI	**3 626**	1 943	1 943							
20 879,99	I,IV	**908**	1 947	1 947	I	53					
	II	**124**	1 947	1 947	II						
	III		2 505	1 947	III						
	V	**3 119**	1 947	1 947	IV	431	53				
	VI	**3 639**	1 947	1 947							
20 915,99	I,IV	**915**	1 950	1 950	I	57					
	II	**128**	1 950	1 950	II						
	III		2 509	1 950	III						
	V	**3 132**	1 950	1 950	IV	437	57				
	VI	**3 651**	1 950	1 950							
20 951,99	I,IV	**922**	1 953	1 953	I	61					
	II	**133**	1 953	1 953	II						
	III		2 514	1 953	III						
	V	**3 144**	1 953	1 953	IV	442	61				
	VI	**3 663**	1 953	1 953							
20 987,99	I,IV	**928**	1 957	1 957	I	66					
	II	**137**	1 957	1 957	II						
	III		2 518	1 957	III						
	V	**3 156**	1 957	1 957	IV	448	66				
	VI	**3 675**	1 957	1 957							
21 023,99	I,IV	**936**	1 960	1 960	I	70					
	II	**142**	1 960	1 960	II						
	III		2 522	1 960	III						
	V	**3 169**	1 960	1 960	IV	454	70				
	VI	**3 688**	1 960	1 960							
21 059,99	I,IV	**942**	1 963	1 963	I	74					
	II	**147**	1 963	1 963	II						
	III		2 527	1 963	III						
	V	**3 181**	1 963	1 963	IV	459	74				
	VI	**3 700**	1 963	1 963							
21 095,99	I,IV	**949**	1 967	1 967	I	79					
	II	**151**	1 967	1 967	II						
	III		2 531	1 967	III						
	V	**3 193**	1 967	1 967	IV	465	79				
	VI	**3 712**	1 967	1 967							
21 131,99	I,IV	**956**	1 970	1 970	I	83					
	II	**156**	1 970	1 970	II						
	III		2 535	1 970	III						
	V	**3 206**	1 970	1 970	IV	471	83				
	VI	**3 725**	1 970	1 970							
21 167,99	I,IV	**963**	1 973	1 973	I	88					
	II	**161**	1 973	1 973	II						
	III		2 540	1 973	III						
	V	**3 218**	1 973	1 973	IV	476	88				
	VI	**3 737**	1 973	1 973							

* Zur LSt-Berechnung für privat versicherte Arbeitnehmer s. Beispiele **Vorbemerkung S. 4 f.**
** Basisvorsorgepauschale KV und PV *** Typisierter Arbeitgeberzuschuss

Lohn/ Gehalt in € bis	Steuerklasse	Lohn-steuer*	BVSP**	TAGZ***	Steuerklasse	Bemessungsgrundlage für Kirchensteuer und Solidaritätszuschlag – Freibeträge für ... Kinder 0,5	1,0	1,5	2,0	2,5	3,0
21 203,99	I,IV	**970**	1977	1977	I	92					
	II	**166**	1977	1977	II						
	III		2544	1977	III						
	V	**3230**	1977	1977	IV	482	92				
	VI	**3749**	1977	1977							
21 239,99	I,IV	**978**	1980	1980	I	97					
	II	**170**	1980	1980	II						
	III		2548	1980	III						
	V	**3243**	1980	1980	IV	488	97				
	VI	**3762**	1980	1980							
21 275,99	I,IV	**984**	1983	1983	I	101					
	II	**175**	1983	1983	II						
	III		2553	1983	III						
	V	**3255**	1983	1983	IV	494	101				
	VI	**3774**	1983	1983							
21 311,99	I,IV	**991**	1987	1987	I	106					
	II	**180**	1987	1987	II						
	III		2557	1987	III						
	V	**3267**	1987	1987	IV	499	106				
	VI	**3786**	1987	1987							
21 347,99	I,IV	**998**	1990	1990	I	110					
	II	**185**	1990	1990	II						
	III		2561	1990	III						
	V	**3279**	1990	1990	IV	505	110				
	VI	**3798**	1990	1990							
21 383,99	I,IV	**1006**	1994	1994	I	115					
	II	**189**	1994	1994	II						
	III		2566	1994	III						
	V	**3292**	1994	1994	IV	511	115				
	VI	**3811**	1994	1994							
21 419,99	I,IV	**1013**	1997	1997	I	119					
	II	**194**	1997	1997	II						
	III		2570	1997	III						
	V	**3304**	1997	1997	IV	517	119				
	VI	**3823**	1997	1997							
21 455,99	I,IV	**1020**	2000	2000	I	124					
	II	**199**	2000	2000	II						
	III		2574	2000	III						
	V	**3316**	2000	2000	IV	523	124				
	VI	**3835**	2000	2000							
21 491,99	I,IV	**1027**	2004	2004	I	128					
	II	**204**	2004	2004	II						
	III		2579	2004	III						
	V	**3329**	2004	2004	IV	529	128				
	VI	**3848**	2004	2004							
21 527,99	I,IV	**1034**	2007	2007	I	133					
	II	**209**	2007	2007	II						
	III		2583	2007	III						
	V	**3341**	2007	2007	IV	535	133				
	VI	**3860**	2007	2007							
21 563,99	I,IV	**1041**	2010	2010	I	138					
	II	**214**	2010	2010	II						
	III		2587	2010	III						
	V	**3353**	2010	2010	IV	540	138				
	VI	**3872**	2010	2010							
21 599,99	I,IV	**1048**	2014	2014	I	142					
	II	**219**	2014	2014	II						
	III		2591	2014	III						
	V	**3366**	2014	2014	IV	547	142				
	VI	**3885**	2014	2014							

* Zur LSt-Berechnung für privat versicherte Arbeitnehmer s. Beispiele **Vorbemerkung S. 4 f.**
** Basisvorsorgepauschale KV und PV *** Typisierter Arbeitgeberzuschuss

Lohn/ Gehalt in € bis	Steuerklasse	Lohn- steuer*	BVSP**	TAGZ***	Steuerklasse	Bemessungsgrundlage für Kirchensteuer und Solidaritätszuschlag – Freibeträge für ... Kinder 0,5	1,0	1,5	2,0	2,5	3,0
21 635,99	I,IV	**1 055**	2017	2017	I	147					
	II	**224**	2017	2017	II						
	III		2596	2017	III						
	V	**3 378**	2017	2017	IV	552	147				
	VI	**3 897**	2017	2017							
21 671,99	I,IV	**1 062**	2020	2020	I	152					
	II	**228**	2020	2020	II						
	III		2600	2020	III						
	V	**3 390**	2020	2020	IV	558	152				
	VI	**3 909**	2020	2020							
21 707,99	I,IV	**1 069**	2024	2024	I	156					
	II	**233**	2024	2024	II						
	III		2604	2024	III						
	V	**3 402**	2024	2024	IV	564	156				
	VI	**3 921**	2024	2024							
21 743,99	I,IV	**1 076**	2027	2027	I	161					
	II	**238**	2027	2027	II						
	III		2609	2027	III						
	V	**3 415**	2027	2027	IV	570	161				
	VI	**3 934**	2027	2027							
21 779,99	I,IV	**1 083**	2030	2030	I	166					
	II	**243**	2030	2030	II						
	III		2613	2030	III						
	V	**3 427**	2030	2030	IV	576	166				
	VI	**3 946**	2030	2030							
21 815,99	I,IV	**1 090**	2034	2034	I	170					
	II	**248**	2034	2034	II						
	III		2617	2034	III						
	V	**3 439**	2034	2034	IV	582	170				
	VI	**3 958**	2034	2034							
21 851,99	I,IV	**1 097**	2037	2037	I	175					
	II	**254**	2037	2037	II						
	III		2622	2037	III						
	V	**3 452**	2037	2037	IV	588	175				
	VI	**3 971**	2037	2037							
21 887,99	I,IV	**1 104**	2041	2041	I	180					
	II	**259**	2041	2041	II						
	III		2626	2041	III						
	V	**3 464**	2041	2041	IV	594	180				
	VI	**3 983**	2041	2041							
21 923,99	I,IV	**1 112**	2044	2044	I	185					
	II	**264**	2044	2044	II						
	III		2630	2044	III						
	V	**3 476**	2044	2044	IV	601	185				
	VI	**3 995**	2044	2044							
21 959,99	I,IV	**1 119**	2047	2047	I	189					
	II	**269**	2047	2047	II						
	III		2635	2047	III						
	V	**3 488**	2047	2047	IV	607	189				
	VI	**4 007**	2047	2047							
21 995,99	I,IV	**1 126**	2051	2051	I	194					
	II	**274**	2051	2051	II						
	III		2639	2051	III						
	V	**3 501**	2051	2051	IV	613	194				
	VI	**4 020**	2051	2051							
22 031,99	I,IV	**1 133**	2054	2054	I	199					
	II	**279**	2054	2054	II						
	III		2643	2054	III						
	V	**3 513**	2054	2054	IV	619	199				
	VI	**4 032**	2054	2054							

* Zur LSt-Berechnung für privat versicherte Arbeitnehmer s. Beispiele **Vorbemerkung S. 4 f.**
** Basisvorsorgepauschale KV und PV *** Typisierter Arbeitgeberzuschuss

Lohn/ Gehalt in € bis	Steuerklasse	Lohn- steuer*	BVSP**	TAGZ***	Steuerklasse	Bemessungsgrundlage für Kirchensteuer und Solidaritätszuschlag					
						Freibeträge für ... Kinder					
						0,5	**1,0**	1,5	**2,0**	2,5	**3,0**
22067,99	I,IV	**1140**	2057	2057	I	204					
	II	**284**	2057	2057	II						
	III		2648	2057	III						
	V	**3525**	2057	2057	IV	625	204				
	VI	**4044**	2057	2057							
22103,99	I,IV	**1147**	2061	2061	I	209					
	II	**289**	2061	2061	II						
	III		2652	2061	III						
	V	**3538**	2061	2061	IV	631	209				
	VI	**4057**	2061	2061							
22139,99	I,IV	**1154**	2064	2064	I	214					
	II	**294**	2064	2064	II						
	III		2656	2064	III						
	V	**3550**	2064	2064	IV	637	214				
	VI	**4069**	2064	2064							
22175,99	I,IV	**1161**	2067	2067	I	219					
	II	**299**	2067	2067	II						
	III		2661	2067	III						
	V	**3562**	2067	2067	IV	643	219				
	VI	**4081**	2067	2067							
22211,99	I,IV	**1168**	2071	2071	I	224					
	II	**305**	2071	2071	II						
	III		2665	2071	III						
	V	**3575**	2071	2071	IV	650	224				
	VI	**4094**	2071	2071							
22247,99	I,IV	**1176**	2074	2074	I	229					
	II	**310**	2074	2074	II						
	III		2669	2074	III						
	V	**3587**	2074	2074	IV	656	229				
	VI	**4106**	2074	2074							
22283,99	I,IV	**1183**	2077	2077	I	234					
	II	**315**	2077	2077	II						
	III		2674	2077	III						
	V	**3599**	2077	2077	IV	662	234				
	VI	**4118**	2077	2077							
22319,99	I,IV	**1190**	2081	2081	I	238					
	II	**320**	2081	2081	II						
	III		2678	2081	III						
	V	**3611**	2081	2081	IV	668	238				
	VI	**4130**	2081	2081							
22355,99	I,IV	**1197**	2084	2084	I	244					
	II	**326**	2084	2084	II						
	III		2682	2084	III						
	V	**3624**	2084	2084	IV	675	244				
	VI	**4143**	2084	2084							
22391,99	I,IV	**1204**	2088	2088	I	249					
	II	**331**	2088	2088	II						
	III		2687	2088	III						
	V	**3636**	2088	2088	IV	681	249				
	VI	**4155**	2088	2088							
22427,99	I,IV	**1211**	2091	2091	I	254					
	II	**336**	2091	2091	II						
	III		2691	2091	III						
	V	**3648**	2091	2091	IV	687	254				
	VI	**4167**	2091	2091							
22463,99	I,IV	**1218**	2094	2094	I	259					
	II	**342**	2094	2094	II						
	III		2695	2094	III						
	V	**3661**	2094	2094	IV	694	259				
	VI	**4180**	2094	2094							

* Zur LSt-Berechnung für privat versicherte Arbeitnehmer s. Beispiele **Vorbemerkung S. 4 f.**
** Basisvorsorgepauschale KV und PV *** Typisierter Arbeitgeberzuschuss

Lohn/ Gehalt in € bis	Steuerklasse	Lohn-steuer*	BVSP**	TAGZ***	Steuerklasse	Bemessungsgrundlage für Kirchensteuer und Solidaritätszuschlag – Freibeträge für ... Kinder 0,5	1,0	1,5	2,0	2,5	3,0
22499,99	I,IV	**1225**	2098	2098	I	264					
	II	**347**	2098	2098	II						
	III		2699	2098	III						
	V	**3673**	2098	2098	IV	700	264				
	VI	**4192**	2098	2098							
22535,99	I,IV	**1233**	2101	2101	I	269					
	II	**352**	2101	2101	II						
	III		2704	2101	III						
	V	**3685**	2101	2101	IV	706	269				
	VI	**4204**	2101	2101							
22571,99	I,IV	**1240**	2104	2104	I	274					
	II	**357**	2104	2104	II						
	III		2708	2104	III						
	V	**3697**	2104	2104	IV	713	274				
	VI	**4217**	2104	2104							
22607,99	I,IV	**1247**	2108	2108	I	279					
	II	**363**	2108	2108	II						
	III		2712	2108	III						
	V	**3710**	2108	2108	IV	719	279				
	VI	**4229**	2108	2108							
22643,99	I,IV	**1254**	2111	2111	I	284					
	II	**368**	2111	2111	II						
	III		2717	2111	III						
	V	**3722**	2111	2111	IV	726	284				
	VI	**4241**	2111	2111							
22679,99	I,IV	**1261**	2114	2114	I	289					
	II	**374**	2114	2114	II						
	III		2721	2114	III						
	V	**3734**	2114	2114	IV	732	289				
	VI	**4253**	2114	2114							
22715,99	I,IV	**1268**	2118	2118	I	294					
	II	**379**	2118	2118	II						
	III		2725	2118	III						
	V	**3747**	2118	2118	IV	739	294				
	VI	**4266**	2118	2118							
22751,99	I,IV	**1276**	2121	2121	I	300					
	II	**385**	2121	2121	II						
	III		2730	2121	III						
	V	**3759**	2121	2121	IV	745	300				
	VI	**4278**	2121	2121							
22787,99	I,IV	**1283**	2124	2124	I	305					
	II	**390**	2124	2124	II						
	III		2734	2124	III						
	V	**3771**	2124	2124	IV	751	305				
	VI	**4290**	2124	2124							
22823,99	I,IV	**1290**	2128	2128	I	310					
	II	**396**	2128	2128	II						
	III		2738	2128	III						
	V	**3784**	2128	2128	IV	758	310				
	VI	**4303**	2128	2128							
22859,99	I,IV	**1297**	2131	2131	I	315					
	II	**401**	2131	2131	II						
	III		2743	2131	III						
	V	**3796**	2131	2131	IV	764	315				
	VI	**4315**	2131	2131							
22895,99	I,IV	**1304**	2135	2135	I	320					
	II	**407**	2135	2135	II						
	III		2747	2135	III						
	V	**3808**	2135	2135	IV	771	320				
	VI	**4327**	2135	2135							

* Zur LSt-Berechnung für privat versicherte Arbeitnehmer s. Beispiele **Vorbemerkung S. 4 f.**
** Basisvorsorgepauschale KV und PV *** Typisierter Arbeitgeberzuschuss

Lohn/ Gehalt in € bis	Steuerklasse	Lohn-steuer*	BVSP**	TAGZ***	Steuerklasse	Bemessungsgrundlage für Kirchensteuer und Solidaritätszuschlag – Freibeträge für ... Kinder 0,5	1,0	1,5	2,0	2,5	3,0
22 931,99	I,IV	**1 311**	2 138	2 138	I	326					
	II	**412**	2 138	2 138	II						
	III		2 751	2 138	III						
	V	**3 820**	2 138	2 138	IV	777	326				
	VI	**4 340**	2 138	2 138							
22 967,99	I,IV	**1 319**	2 141	2 141	I	331					
	II	**418**	2 141	2 141	II						
	III		2 756	2 141	III						
	V	**3 833**	2 141	2 141	IV	784	331				
	VI	**4 352**	2 141	2 141							
23 003,99	I,IV	**1 326**	2 145	2 145	I	336					
	II	**423**	2 145	2 145	II						
	III		2 760	2 145	III						
	V	**3 845**	2 145	2 145	IV	791	336				
	VI	**4 364**	2 145	2 145							
23 039,99	I,IV	**1 333**	2 148	2 148	I	342					
	II	**429**	2 148	2 148	II						
	III		2 764	2 148	III						
	V	**3 857**	2 148	2 148	IV	797	342				
	VI	**4 377**	2 148	2 148							
23 075,99	I,IV	**1 340**	2 151	2 151	I	347					
	II	**434**	2 151	2 151	II						
	III		2 769	2 151	III						
	V	**3 870**	2 151	2 151	IV	804	347				
	VI	**4 389**	2 151	2 151							
23 111,99	I,IV	**1 347**	2 155	2 155	I	352					
	II	**440**	2 155	2 155	II						
	III		2 773	2 155	III						
	V	**3 882**	2 155	2 155	IV	811	352				
	VI	**4 401**	2 155	2 155							
23 147,99	I,IV	**1 354**	2 158	2 158	I	358					
	II	**446**	2 158	2 158	II						
	III		2 777	2 158	III						
	V	**3 894**	2 158	2 158	IV	817	358				
	VI	**4 414**	2 158	2 158							
23 183,99	I,IV	**1 362**	2 161	2 161	I	363					
	II	**451**	2 161	2 161	II						
	III		2 782	2 161	III						
	V	**3 907**	2 161	2 161	IV	824	363				
	VI	**4 426**	2 161	2 161							
23 219,99	I,IV	**1 369**	2 165	2 165	I	368					
	II	**457**	2 165	2 165	II						
	III		2 786	2 165	III						
	V	**3 919**	2 165	2 165	IV	831	368	5			
	VI	**4 438**	2 165	2 165							
23 255,99	I,IV	**1 376**	2 168	2 168	I	374					
	II	**463**	2 168	2 168	II						
	III		2 790	2 168	III						
	V	**3 931**	2 168	2 168	IV	837	374	9			
	VI	**4 450**	2 168	2 168							
23 291,99	I,IV	**1 383**	2 171	2 171	I	379					
	II	**468**	2 171	2 171	II						
	III		2 795	2 171	III						
	V	**3 944**	2 171	2 171	IV	844	379	13			
	VI	**4 463**	2 171	2 171							
23 327,99	I,IV	**1 391**	2 175	2 175	I	385					
	II	**474**	2 175	2 175	II						
	III		2 799	2 175	III						
	V	**3 956**	2 175	2 175	IV	851	385	17			
	VI	**4 475**	2 175	2 175							

* Zur LSt-Berechnung für privat versicherte Arbeitnehmer s. Beispiele **Vorbemerkung S. 4 f.**
** Basisvorsorgepauschale KV und PV *** Typisierter Arbeitgeberzuschuss

Lohn/ Gehalt in € bis	Steuerklasse	Lohn-steuer*	BVSP**	TAGZ***	Steuerklasse	Bemessungsgrundlage für Kirchensteuer und Solidaritätszuschlag					
						Freibeträge für ... Kinder					
						0,5	**1,0**	1,5	**2,0**	2,5	**3,0**
23 363,99	I,IV	**1 398**	2 178	2 178	I	390					
	II	**480**	2 178	2 178	II						
	III		2 803	2 178	III						
	V	**3 968**	2 178	2 178	IV	857	390	21			
	VI	**4 487**	2 178	2 178							
23 399,99	I,IV	**1 405**	2 182	2 182	I	396					
	II	**485**	2 182	2 182	II						
	III		2 807	2 182	III						
	V	**3 980**	2 182	2 182	IV	864	396	25			
	VI	**4 500**	2 182	2 182							
23 435,99	I,IV	**1 412**	2 185	2 185	I	401					
	II	**491**	2 185	2 185	II						
	III		2 812	2 185	III						
	V	**3 993**	2 185	2 185	IV	871	401	30			
	VI	**4 512**	2 185	2 185							
23 471,99	I,IV	**1 420**	2 188	2 188	I	407					
	II	**497**	2 188	2 188	II						
	III		2 816	2 188	III						
	V	**4 005**	2 188	2 188	IV	878	407	34			
	VI	**4 524**	2 188	2 188							
23 507,99	I,IV	**1 427**	2 192	2 192	I	412					
	II	**503**	2 192	2 192	II						
	III		2 820	2 192	III						
	V	**4 017**	2 192	2 192	IV	884	412	38			
	VI	**4 537**	2 192	2 192							
23 543,99	I,IV	**1 434**	2 195	2 195	I	418					
	II	**509**	2 195	2 195	II						
	III		2 825	2 195	III						
	V	**4 030**	2 195	2 195	IV	891	418	42			
	VI	**4 549**	2 195	2 195							
23 579,99	I,IV	**1 441**	2 198	2 198	I	423					
	II	**515**	2 198	2 198	II						
	III		2 829	2 198	III						
	V	**4 042**	2 198	2 198	IV	898	423	47			
	VI	**4 561**	2 198	2 198							
23 615,99	I,IV	**1 448**	2 202	2 202	I	429					
	II	**520**	2 202	2 202	II						
	III		2 833	2 202	III						
	V	**4 054**	2 202	2 202	IV	905	429	51			
	VI	**4 574**	2 202	2 202							
23 651,99	I,IV	**1 456**	2 205	2 205	I	434					
	II	**526**	2 205	2 205	II						
	III		2 838	2 205	III						
	V	**4 067**	2 205	2 205	IV	912	434	55			
	VI	**4 586**	2 205	2 205							
23 687,99	I,IV	**1 463**	2 208	2 208	I	440					
	II	**532**	2 208	2 208	II						
	III		2 842	2 208	III						
	V	**4 079**	2 208	2 208	IV	919	440	60			
	VI	**4 598**	2 208	2 208							
23 723,99	I,IV	**1 470**	2 212	2 212	I	446					
	II	**538**	2 212	2 212	II						
	III		2 846	2 212	III						
	V	**4 091**	2 212	2 212	IV	926	446	64			
	VI	**4 610**	2 212	2 212							
23 759,99	I,IV	**1 477**	2 215	2 215	I	451					
	II	**544**	2 215	2 215	II						
	III		2 851	2 215	III						
	V	**4 104**	2 215	2 215	IV	933	451	68			
	VI	**4 623**	2 215	2 215							

* Zur LSt-Berechnung für privat versicherte Arbeitnehmer s. Beispiele **Vorbemerkung S. 4 f.**
** Basisvorsorgepauschale KV und PV *** Typisierter Arbeitgeberzuschuss

Lohn/ Gehalt in € bis	Steuerklasse	Lohn-steuer*	BVSP**	TAGZ***	Steuerklasse	Bemessungsgrundlage für Kirchensteuer und Solidaritätszuschlag					
						Freibeträge für ... Kinder					
						0,5	**1,0**	1,5	**2,0**	2,5	**3,0**
23795,99	I,IV	**1485**	2218	2218	I	457					
	II	**550**	2218	2218	II						
	III		2855	2218	III						
	V	**4116**	2218	2218	IV	940	457	73			
	VI	**4635**	2218	2218							
23831,99	I,IV	**1492**	2222	2222	I	463					
	II	**556**	2222	2222	II						
	III		2859	2222	III						
	V	**4128**	2222	2222	IV	947	463	77			
	VI	**4647**	2222	2222							
23867,99	I,IV	**1499**	2225	2225	I	468					
	II	**562**	2225	2225	II						
	III		2864	2225	III						
	V	**4141**	2225	2225	IV	954	468	81			
	VI	**4660**	2225	2225							
23903,99	I,IV	**1506**	2229	2229	I	474					
	II	**568**	2229	2229	II						
	III		2868	2229	III						
	V	**4153**	2229	2229	IV	961	474	86			
	VI	**4672**	2229	2229							
23939,99	I,IV	**1514**	2232	2232	I	480					
	II	**574**	2232	2232	II						
	III		2872	2232	III						
	V	**4165**	2232	2232	IV	968	480	90			
	VI	**4684**	2232	2232							
23975,99	I,IV	**1521**	2235	2235	I	486					
	II	**580**	2235	2235	II						
	III		2877	2235	III						
	V	**4177**	2235	2235	IV	975	486	95			
	VI	**4697**	2235	2235							
24011,99	I,IV	**1528**	2239	2239	I	491					
	II	**586**	2239	2239	II						
	III		2881	2239	III						
	V	**4190**	2239	2239	IV	982	491	99			
	VI	**4709**	2239	2239							
24047,99	I,IV	**1536**	2242	2242	I	497					
	II	**592**	2242	2242	II						
	III		2885	2242	III						
	V	**4202**	2242	2242	IV	989	497	104			
	VI	**4721**	2242	2242							
24083,99	I,IV	**1543**	2245	2245	I	503					
	II	**598**	2245	2245	II						
	III		2890	2245	III						
	V	**4214**	2245	2245	IV	996	503	108			
	VI	**4734**	2245	2245							
24119,99	I,IV	**1550**	2249	2249	I	509					
	II	**604**	2249	2249	II						
	III		2894	2249	III						
	V	**4227**	2249	2249	IV	1003	509	113			
	VI	**4746**	2249	2249							
24155,99	I,IV	**1557**	2252	2252	I	515					
	II	**610**	2252	2252	II						
	III		2898	2252	III						
	V	**4239**	2252	2252	IV	1010	515	117			
	VI	**4758**	2252	2252							
24191,99	I,IV	**1565**	2255	2255	I	521					
	II	**616**	2255	2255	II						
	III		2903	2255	III						
	V	**4251**	2255	2255	IV	1017	521	122			
	VI	**4771**	2255	2255							

* Zur LSt-Berechnung für privat versicherte Arbeitnehmer s. Beispiele **Vorbemerkung S. 4 f.**
** Basisvorsorgepauschale KV und PV *** Typisierter Arbeitgeberzuschuss

Lohn/ Gehalt in € bis	Steuerklasse	Lohn-steuer*	BVSP**	TAGZ***	Steuerklasse	Bemessungsgrundlage für Kirchensteuer und Solidaritätszuschlag – Freibeträge für ... Kinder 0,5	**1,0**	1,5	**2,0**	2,5	**3,0**
24227,99	I,IV	**1572**	2259	2259	I	526					
	II	**622**	2259	2259	II						
	III		2907	2259	III						
	V	**4264**	2259	2259	IV	1024	526	127			
	VI	**4783**	2259	2259							
24263,99	I,IV	**1579**	2262	2262	I	532					
	II	**629**	2262	2262	II						
	III		2911	2262	III						
	V	**4276**	2262	2262	IV	1031	532	131			
	VI	**4795**	2262	2262							
24299,99	I,IV	**1587**	2265	2265	I	538					
	II	**635**	2265	2265	II						
	III		2915	2265	III						
	V	**4288**	2265	2265	IV	1038	538	136			
	VI	**4807**	2265	2265							
24335,99	I,IV	**1594**	2269	2269	I	544					
	II	**641**	2269	2269	II						
	III		2920	2269	III						
	V	**4301**	2269	2269	IV	1045	544	140			
	VI	**4820**	2269	2269							
24371,99	I,IV	**1601**	2272	2272	I	550					
	II	**647**	2272	2272	II						
	III		2924	2272	III						
	V	**4313**	2272	2272	IV	1052	550	145			
	VI	**4832**	2272	2272							
24407,99	I,IV	**1609**	2276	2276	I	556					
	II	**653**	2276	2276	II						
	III		2928	2276	III						
	V	**4325**	2276	2276	IV	1059	556	150			
	VI	**4844**	2276	2276							
24443,99	I,IV	**1616**	2279	2279	I	562					
	II	**660**	2279	2279	II						
	III		2933	2279	III						
	V	**4337**	2279	2279	IV	1066	562	154			
	VI	**4857**	2279	2279							
24479,99	I,IV	**1623**	2282	2282	I	568					
	II	**666**	2282	2282	II						
	III		2937	2282	III						
	V	**4350**	2282	2282	IV	1073	568	159			
	VI	**4869**	2282	2282							
24515,99	I,IV	**1631**	2286	2286	I	574					
	II	**672**	2286	2286	II						
	III		2941	2286	III						
	V	**4362**	2286	2286	IV	1080	574	164			
	VI	**4881**	2286	2286							
24551,99	I,IV	**1638**	2289	2289	I	580					
	II	**678**	2289	2289	II						
	III		2946	2289	III						
	V	**4374**	2289	2289	IV	1088	580	169			
	VI	**4894**	2289	2289							
24587,99	I,IV	**1645**	2292	2292	I	586					
	II	**685**	2292	2292	II						
	III		2950	2292	III						
	V	**4387**	2292	2292	IV	1095	586	173			
	VI	**4906**	2292	2292							
24623,99	I,IV	**1653**	2296	2296	I	592					
	II	**691**	2296	2296	II						
	III		2954	2296	III						
	V	**4399**	2296	2296	IV	1102	592	178			
	VI	**4918**	2296	2296							

* Zur LSt-Berechnung für privat versicherte Arbeitnehmer s. Beispiele **Vorbemerkung S. 4f.**
** Basisvorsorgepauschale KV und PV *** Typisierter Arbeitgeberzuschuss

Lohn/ Gehalt in € bis	Steuerklasse	Lohn-steuer*	BVSP**	TAGZ***	Steuerklasse	0,5	1,0	1,5	2,0	2,5	3,0
						Bemessungsgrundlage für Kirchensteuer und Solidaritätszuschlag — Freibeträge für ... Kinder					
24659,99	I,IV	**1660**	2299	2299	I	598					
	II	**697**	2299	2299	II						
	III		2959	2299	III						
	V	**4411**	2299	2299	IV	1109	598	183			
	VI	**4931**	2299	2299							
24695,99	I,IV	**1667**	2302	2302	I	604					
	II	**704**	2302	2302	II						
	III		2963	2302	III						
	V	**4424**	2302	2302	IV	1116	604	188			
	VI	**4943**	2302	2302							
24731,99	I,IV	**1675**	2306	2306	I	610					
	II	**710**	2306	2306	II						
	III		2967	2306	III						
	V	**4436**	2306	2306	IV	1123	610	192			
	VI	**4955**	2306	2306							
24767,99	I,IV	**1682**	2309	2309	I	616					
	II	**716**	2309	2309	II						
	III		2972	2309	III						
	V	**4448**	2309	2309	IV	1130	616	197			
	VI	**4967**	2309	2309							
24803,99	I,IV	**1689**	2312	2312	I	623					
	II	**723**	2312	2312	II						
	III		2976	2312	III						
	V	**4461**	2312	2312	IV	1137	623	202			
	VI	**4980**	2312	2312							
24839,99	I,IV	**1697**	2316	2316	I	629					
	II	**729**	2316	2316	II						
	III		2980	2316	III						
	V	**4473**	2316	2316	IV	1144	629	207			
	VI	**4992**	2316	2316							
24875,99	I,IV	**1704**	2319	2319	I	635					
	II	**736**	2319	2319	II						
	III		2985	2319	III						
	V	**4485**	2319	2319	IV	1151	635	212			
	VI	**5004**	2319	2319							
24911,99	I,IV	**1712**	2323	2323	I	641					
	II	**742**	2323	2323	II						
	III		2989	2323	III						
	V	**4498**	2323	2323	IV	1159	641	217			
	VI	**5017**	2323	2323							
24947,99	I,IV	**1719**	2326	2326	I	647					
	II	**749**	2326	2326	II						
	III		2993	2326	III						
	V	**4510**	2326	2326	IV	1166	647	222			
	VI	**5029**	2326	2326							
24983,99	I,IV	**1726**	2329	2329	I	653					
	II	**755**	2329	2329	II						
	III		2998	2329	III						
	V	**4522**	2329	2329	IV	1173	653	227			
	VI	**5041**	2329	2329							
25019,99	I,IV	**1734**	2333	2333	I	660					
	II	**762**	2333	2333	II						
	III		3000	2333	III						
	V	**4534**	2333	2333	IV	1180	660	232			
	VI	**5054**	2333	2333							
25055,99	I,IV	**1741**	2336	2336	I	666					
	II	**768**	2336	2336	II						
	III		3000	2336	III						
	V	**4547**	2336	2336	IV	1187	666	237			
	VI	**5066**	2336	2336							

* Zur LSt-Berechnung für privat versicherte Arbeitnehmer s. Beispiele **Vorbemerkung S. 4 f.**
** Basisvorsorgepauschale KV und PV *** Typisierter Arbeitgeberzuschuss

Lohn/ Gehalt in € bis	Steuerklasse	Lohn-steuer*	BVSP**	TAGZ***	Steuerklasse	Bemessungsgrundlage für Kirchensteuer und Solidaritätszuschlag					
						Freibeträge für ... Kinder					
						0,5	**1,0**	1,5	**2,0**	2,5	**3,0**
25 091,99	I,IV	**1 748**	2 339	2 339	I	672					
	II	**775**	2 339	2 339	II						
	III		3 000	2 339	III						
	V	**4 559**	2 339	2 339	IV	1 194	672	242			
	VI	**5 078**	2 339	2 339							
25 127,99	I,IV	**1 756**	2 343	2 343	I	678					
	II	**781**	2 343	2 343	II						
	III		3 000	2 343	III						
	V	**4 571**	2 343	2 343	IV	1 201	678	247			
	VI	**5 090**	2 343	2 343							
25 163,99	I,IV	**1 763**	2 346	2 346	I	685					
	II	**788**	2 346	2 346	II						
	III		3 000	2 346	III						
	V	**4 584**	2 346	2 346	IV	1 208	685	252			
	VI	**5 103**	2 346	2 346							
25 199,99	I,IV	**1 770**	2 349	2 349	I	691					
	II	**794**	2 349	2 349	II						
	III		3 000	2 349	III						
	V	**4 596**	2 349	2 349	IV	1 215	691	257			
	VI	**5 115**	2 349	2 349							
25 235,99	I,IV	**1 778**	2 353	2 353	I	697					
	II	**801**	2 353	2 353	II						
	III		3 000	2 353	III						
	V	**4 608**	2 353	2 353	IV	1 223	697	262			
	VI	**5 127**	2 353	2 353							
25 271,99	I,IV	**1 785**	2 356	2 356	I	704					
	II	**808**	2 356	2 356	II						
	III		3 000	2 356	III						
	V	**4 621**	2 356	2 356	IV	1 230	704	267			
	VI	**5 140**	2 356	2 356							
25 307,99	I,IV	**1 793**	2 359	2 359	I	710					
	II	**814**	2 359	2 359	II						
	III		3 000	2 359	III						
	V	**4 633**	2 359	2 359	IV	1 237	710	272			
	VI	**5 152**	2 359	2 359							
25 343,99	I,IV	**1 800**	2 363	2 363	I	717					
	II	**821**	2 363	2 363	II						
	III		3 000	2 363	III						
	V	**4 645**	2 363	2 363	IV	1 244	717	277			
	VI	**5 164**	2 363	2 363							
25 379,99	I,IV	**1 807**	2 366	2 366	I	723					
	II	**828**	2 366	2 366	II	3					
	III		3 000	2 366	III						
	V	**4 657**	2 366	2 366	IV	1 251	723	282			
	VI	**5 176**	2 366	2 366							
25 415,99	I,IV	**1 815**	2 370	2 370	I	730					
	II	**834**	2 370	2 370	II	7					
	III		3 000	2 370	III						
	V	**4 670**	2 370	2 370	IV	1 258	730	287			
	VI	**5 189**	2 370	2 370							
25 451,99	I,IV	**1 822**	2 373	2 373	I	736					
	II	**841**	2 373	2 373	II	11					
	III		3 000	2 373	III						
	V	**4 682**	2 373	2 373	IV	1 265	736	292			
	VI	**5 201**	2 373	2 373							
25 487,99	I,IV	**1 830**	2 376	2 376	I	742					
	II	**848**	2 376	2 376	II	15					
	III		3 000	2 376	III						
	V	**4 694**	2 376	2 376	IV	1 273	742	297			
	VI	**5 213**	2 376	2 376							

* Zur LSt-Berechnung für privat versicherte Arbeitnehmer s. Beispiele **Vorbemerkung S. 4 f.**
** Basisvorsorgepauschale KV und PV *** Typisierter Arbeitgeberzuschuss

Lohn/ Gehalt in € bis	Steuerklasse	Lohn- steuer*	BVSP**	TAGZ***	Steuerklasse	Bemessungsgrundlage für Kirchensteuer und Solidaritätszuschlag					
						Freibeträge für ... Kinder					
						0,5	**1,0**	1,5	**2,0**	2,5	**3,0**
25 523,99	I,IV	**1 837**	2 380	2 380	I	749					
	II	**855**	2 380	2 380	II	19					
	III		3 000	2 380	III						
	V	**4 707**	2 380	2 380	IV	1 280	749	303			
	VI	**5 226**	2 380	2 380							
25 559,99	I,IV	**1 845**	2 383	2 383	I	755					
	II	**861**	2 383	2 383	II	24					
	III		3 000	2 383	III						
	V	**4 719**	2 383	2 383	IV	1 287	755	308			
	VI	**5 238**	2 383	2 383							
25 595,99	I,IV	**1 852**	2 386	2 386	I	762					
	II	**868**	2 386	2 386	II	28					
	III		3 000	2 386	III						
	V	**4 731**	2 386	2 386	IV	1 294	762	313			
	VI	**5 250**	2 386	2 386							
25 631,99	I,IV	**1 859**	2 390	2 390	I	768					
	II	**875**	2 390	2 390	II	32					
	III		3 000	2 390	III						
	V	**4 744**	2 390	2 390	IV	1 301	768	318			
	VI	**5 263**	2 390	2 390							
25 667,99	I,IV	**1 867**	2 393	2 393	I	775					
	II	**882**	2 393	2 393	II	36					
	III		3 000	2 393	III						
	V	**4 756**	2 393	2 393	IV	1 309	775	324			
	VI	**5 275**	2 393	2 393							
25 703,99	I,IV	**1 874**	2 396	2 396	I	781					
	II	**888**	2 396	2 396	II	40					
	III		3 000	2 396	III						
	V	**4 768**	2 396	2 396	IV	1 316	781	329			
	VI	**5 287**	2 396	2 396							
25 739,99	I,IV	**1 882**	2 400	2 400	I	788					
	II	**895**	2 400	2 400	II	45					
	III		3 000	2 400	III						
	V	**4 780**	2 400	2 400	IV	1 323	788	334			
	VI	**5 299**	2 400	2 400							
25 775,99	I,IV	**1 889**	2 403	2 403	I	795					
	II	**902**	2 403	2 403	II	49					
	III		3 000	2 403	III						
	V	**4 793**	2 403	2 403	IV	1 330	795	340			
	VI	**5 312**	2 403	2 403							
25 811,99	I,IV	**1 897**	2 406	2 406	I	801					
	II	**909**	2 406	2 406	II	53					
	III		3 000	2 406	III						
	V	**4 805**	2 406	2 406	IV	1 337	801	345			
	VI	**5 324**	2 406	2 406							
25 847,99	I,IV	**1 904**	2 410	2 410	I	808					
	II	**916**	2 410	2 410	II	58					
	III		3 000	2 410	III						
	V	**4 817**	2 410	2 410	IV	1 344	808	350			
	VI	**5 336**	2 410	2 410							
25 883,99	I,IV	**1 912**	2 413	2 413	I	815					
	II	**923**	2 413	2 413	II	62					
	III		3 000	2 413	III						
	V	**4 830**	2 413	2 413	IV	1 352	815	356			
	VI	**5 349**	2 413	2 413							
25 919,99	I,IV	**1 919**	2 417	2 417	I	821					
	II	**930**	2 417	2 417	II	66					
	III		3 000	2 417	III						
	V	**4 842**	2 417	2 417	IV	1 359	821	361			
	VI	**5 361**	2 417	2 417							

* Zur LSt-Berechnung für privat versicherte Arbeitnehmer s. Beispiele **Vorbemerkung S. 4 f.**
** Basisvorsorgepauschale KV und PV *** Typisierter Arbeitgeberzuschuss

Lohn/ Gehalt in € bis	Steuerklasse	Lohnsteuer*	BVSP**	TAGZ***	Steuerklasse	Bemessungsgrundlage für Kirchensteuer und Solidaritätszuschlag – Freibeträge für ... Kinder 0,5	1,0	1,5	2,0	2,5	3,0
25955,99	I,IV	**1926**	2420	2420	I	828	3				
	II	**937**	2420	2420	II	71					
	III		3000	2420	III						
	V	**4854**	2420	2420	IV	1366	828	366	3		
	VI	**5373**	2420	2420							
25991,99	I,IV	**1934**	2423	2423	I	835	7				
	II	**944**	2423	2423	II	75					
	III		3000	2423	III						
	V	**4867**	2423	2423	IV	1373	835	372	7		
	VI	**5386**	2423	2423							
26027,99	I,IV	**1941**	2427	2427	I	841	11				
	II	**951**	2427	2427	II	80					
	III		3000	2427	III						
	V	**4879**	2427	2427	IV	1381	841	377	11		
	VI	**5398**	2427	2427							
26063,99	I,IV	**1949**	2430	2430	I	848	15				
	II	**958**	2430	2430	II	84					
	III		3000	2430	III						
	V	**4891**	2430	2430	IV	1388	848	383	15		
	VI	**5410**	2430	2430							
26099,99	I,IV	**1956**	2433	2433	I	855	19				
	II	**965**	2433	2433	II	88					
	III		3000	2433	III						
	V	**4903**	2433	2433	IV	1395	855	388	19		
	VI	**5422**	2433	2433							
26135,99	I,IV	**1964**	2437	2437	I	862	24				
	II	**972**	2437	2437	II	93					
	III		3000	2437	III						
	V	**4916**	2437	2437	IV	1402	862	394	24		
	VI	**5435**	2437	2437							
26171,99	I,IV	**1971**	2440	2440	I	868	28				
	II	**979**	2440	2440	II	97					
	III		3000	2440	III						
	V	**4928**	2440	2440	IV	1409	868	399	28		
	VI	**5447**	2440	2440							
26207,99	I,IV	**1979**	2443	2443	I	875	32				
	II	**986**	2443	2443	II	102					
	III		3000	2443	III						
	V	**4940**	2443	2443	IV	1417	875	404	32		
	VI	**5459**	2443	2443							
26243,99	I,IV	**1986**	2447	2447	I	882	36				
	II	**993**	2447	2447	II	106					
	III		3000	2447	III						
	V	**4953**	2447	2447	IV	1424	882	410	36		
	VI	**5472**	2447	2447							
26279,99	I,IV	**1994**	2450	2450	I	889	41				
	II	**1000**	2450	2450	II	111					
	III		3000	2450	III						
	V	**4965**	2450	2450	IV	1431	889	416	41		
	VI	**5484**	2450	2450							
26315,99	I,IV	**2001**	2453	2453	I	895	45				
	II	**1007**	2453	2453	II	115					
	III		3000	2453	III						
	V	**4977**	2453	2453	IV	1438	895	421	45		
	VI	**5496**	2453	2453							
26351,99	I,IV	**2009**	2457	2457	I	902	49				
	II	**1014**	2457	2457	II	120					
	III		3000	2457	III						
	V	**4989**	2457	2457	IV	1445	902	427	49		
	VI	**5508**	2457	2457							

* Zur LSt-Berechnung für privat versicherte Arbeitnehmer s. Beispiele **Vorbemerkung S. 4 f.**
** Basisvorsorgepauschale KV und PV *** Typisierter Arbeitgeberzuschuss

Lohn/ Gehalt in € bis	Steuerklasse	Lohn-steuer*	BVSP**	TAGZ***	Steuerklasse	Bemessungsgrundlage für Kirchensteuer und Solidaritätszuschlag					
						Freibeträge für ... Kinder					
						0,5	**1,0**	1,5	**2,0**	2,5	**3,0**
26387,99	I,IV	**2016**	2460	2460	I	909	54				
	II	**1021**	2460	2460	II	125					
	III		3000	2460	III						
	V	**5002**	2460	2460	IV	1453	909	432	54		
	VI	**5521**	2460	2460							
26423,99	I,IV	**2024**	2464	2464	I	916	58				
	II	**1028**	2464	2464	II	129					
	III		3000	2464	III						
	V	**5014**	2464	2464	IV	1460	916	438	58		
	VI	**5533**	2464	2464							
26459,99	I,IV	**2031**	2467	2467	I	923	62				
	II	**1035**	2467	2467	II	134					
	III		3000	2467	III						
	V	**5026**	2467	2467	IV	1467	923	443	62		
	VI	**5545**	2467	2467							
26495,99	I,IV	**2039**	2470	2470	I	930	67				
	II	**1042**	2470	2470	II	138					
	III		3000	2470	III						
	V	**5039**	2470	2470	IV	1475	930	449	67		
	VI	**5558**	2470	2470							
26531,99	I,IV	**2046**	2474	2474	I	937	71				
	II	**1049**	2474	2474	II	143					
	III		3000	2474	III						
	V	**5051**	2474	2474	IV	1482	937	455	71		
	VI	**5570**	2474	2474							
26567,99	I,IV	**2054**	2477	2477	I	944	75				
	II	**1056**	2477	2477	II	148					
	III		3000	2477	III						
	V	**5063**	2477	2477	IV	1489	944	460	75		
	VI	**5582**	2477	2477							
26603,99	I,IV	**2061**	2480	2480	I	951	80				
	II	**1063**	2480	2480	II	152					
	III		3000	2480	III						
	V	**5076**	2480	2480	IV	1496	951	466	80		
	VI	**5595**	2480	2480							
26639,99	I,IV	**2069**	2484	2484	I	958	84				
	II	**1070**	2484	2484	II	157					
	III		3000	2484	III						
	V	**5088**	2484	2484	IV	1504	958	472	84		
	VI	**5607**	2484	2484							
26675,99	I,IV	**2076**	2487	2487	I	965	89				
	II	**1077**	2487	2487	II	162					
	III		3000	2487	III						
	V	**5100**	2487	2487	IV	1511	965	478	89		
	VI	**5619**	2487	2487							
26711,99	I,IV	**2084**	2490	2490	I	972	93				
	II	**1084**	2490	2490	II	166					
	III		3000	2490	III						
	V	**5112**	2490	2490	IV	1518	972	483	93		
	VI	**5632**	2490	2490							
26747,99	I,IV	**2091**	2494	2494	I	979	98				
	II	**1092**	2494	2494	II	171					
	III		3000	2494	III						
	V	**5125**	2494	2494	IV	1526	979	489	98		
	VI	**5644**	2494	2494							
26783,99	I,IV	**2099**	2497	2497	I	986	102				
	II	**1099**	2497	2497	II	176					
	III		3000	2497	III						
	V	**5137**	2497	2497	IV	1533	986	495	102		
	VI	**5656**	2497	2497							

* Zur LSt-Berechnung für privat versicherte Arbeitnehmer s. Beispiele **Vorbemerkung S. 4f.**
** Basisvorsorgepauschale KV und PV *** Typisierter Arbeitgeberzuschuss

Lohn/ Gehalt in € bis	Steuerklasse	Lohn-steuer*	BVSP**	TAGZ***	Steuerklasse	Bemessungsgrundlage für Kirchensteuer und Solidaritätszuschlag					
						Freibeträge für ... Kinder					
						0,5	**1,0**	1,5	**2,0**	2,5	**3,0**
26819,99	I,IV	**2106**	2500	2500	I	993	106				
	II	**1106**	2500	2500	II	181					
	III		3000	2500	III						
	V	**5149**	2500	2500	IV	1540	993	501	106		
	VI	**5668**	2500	2500							
26855,99	I,IV	**2114**	2504	2504	I	1000	111				
	II	**1113**	2504	2504	II	186					
	III		3000	2504	III						
	V	**5162**	2504	2504	IV	1547	1000	507	111		
	VI	**5681**	2504	2504							
26891,99	I,IV	**2122**	2507	2507	I	1007	116				
	II	**1120**	2507	2507	II	190					
	III		3000	2507	III						
	V	**5174**	2507	2507	IV	1555	1007	512	116		
	VI	**5693**	2507	2507							
26927,99	I,IV	**2129**	2511	2511	I	1014	120				
	II	**1127**	2511	2511	II	195					
	III		3000	2511	III						
	V	**5186**	2511	2511	IV	1562	1014	518	120		
	VI	**5705**	2511	2511							
26963,99	I,IV	**2136**	2514	2514	I	1021	125				
	II	**1134**	2514	2514	II	200					
	III		3000	2514	III						
	V	**5198**	2514	2514	IV	1569	1021	524	125		
	VI	**5718**	2514	2514							
26999,99	I,IV	**2144**	2517	2517	I	1028	129				
	II	**1141**	2517	2517	II	205					
	III		3000	2517	III						
	V	**5211**	2517	2517	IV	1577	1028	530	129		
	VI	**5730**	2517	2517							
27035,99	I,IV	**2152**	2521	2521	I	1035	134				
	II	**1148**	2521	2521	II	210					
	III		3000	2521	III						
	V	**5223**	2521	2521	IV	1584	1035	536	134		
	VI	**5742**	2521	2521							
27071,99	I,IV	**2159**	2524	2524	I	1042	138				
	II	**1155**	2524	2524	II	215					
	III		3000	2524	III						
	V	**5235**	2524	2524	IV	1591	1042	542	138		
	VI	**5755**	2524	2524							
27107,99	I,IV	**2167**	2527	2527	I	1049	143				
	II	**1163**	2527	2527	II	220					
	III		3000	2527	III						
	V	**5248**	2527	2527	IV	1599	1049	548	143		
	VI	**5767**	2527	2527							
27143,99	I,IV	**2174**	2531	2531	I	1056	148				
	II	**1170**	2531	2531	II	225					
	III		3000	2531	III						
	V	**5260**	2531	2531	IV	1606	1056	554	148		
	VI	**5779**	2531	2531							
27179,99	I,IV	**2182**	2534	2534	I	1063	152				
	II	**1177**	2534	2534	II	230					
	III		3000	2534	III						
	V	**5272**	2534	2534	IV	1613	1063	560	152		
	VI	**5792**	2534	2534							
27215,99	I,IV	**2190**	2537	2537	I	1071	157				
	II	**1184**	2537	2537	II	235					
	III		3000	2537	III						
	V	**5285**	2537	2537	IV	1621	1071	566	157		
	VI	**5804**	2537	2537							

* Zur LSt-Berechnung für privat versicherte Arbeitnehmer s. Beispiele **Vorbemerkung S. 4f.**
** Basisvorsorgepauschale KV und PV *** Typisierter Arbeitgeberzuschuss

Lohn/ Gehalt in € bis	Steuerklasse	Lohn-steuer*	BVSP**	TAGZ***	Steuerklasse	Bemessungsgrundlage für Kirchensteuer und Solidaritätszuschlag – Freibeträge für ... Kinder 0,5	1,0	1,5	2,0	2,5	3,0
27 251,99	I,IV	**2 197**	2 541	2 541	I	1 078	162				
	II	**1 191**	2 541	2 541	II	240					
	III		3 000	2 541	III						
	V	**5 297**	2 541	2 541	IV	1 628	1 078	572	162		
	VI	**5 816**	2 541	2 541							
27 287,99	I,IV	**2 205**	2 544	2 544	I	1 085	167				
	II	**1 198**	2 544	2 544	II	244					
	III		3 000	2 544	III						
	V	**5 309**	2 544	2 544	IV	1 635	1 085	578	167		
	VI	**5 828**	2 544	2 544							
27 323,99	I,IV	**2 212**	2 547	2 547	I	1 092	171				
	II	**1 205**	2 547	2 547	II	249					
	III		3 000	2 547	III						
	V	**5 322**	2 547	2 547	IV	1 642	1 092	584	171		
	VI	**5 841**	2 547	2 547							
27 359,99	I,IV	**2 220**	2 551	2 551	I	1 099	176				
	II	**1 213**	2 551	2 551	II	255					
	III		3 000	2 551	III						
	V	**5 334**	2 551	2 551	IV	1 650	1 099	590	176		
	VI	**5 853**	2 551	2 551							
27 395,99	I,IV	**2 227**	2 554	2 554	I	1 106	181				
	II	**1 220**	2 554	2 554	II	260					
	III		3 000	2 554	III						
	V	**5 346**	2 554	2 554	IV	1 657	1 106	596	181		
	VI	**5 865**	2 554	2 554							
27 431,99	I,IV	**2 235**	2 558	2 558	I	1 113	186				
	II	**1 227**	2 558	2 558	II	265					
	III		3 000	2 558	III						
	V	**5 359**	2 558	2 558	IV	1 664	1 113	602	186		
	VI	**5 878**	2 558	2 558							
27 467,99	I,IV	**2 243**	2 561	2 561	I	1 120	191				
	II	**1 234**	2 561	2 561	II	270					
	III		3 000	2 561	III						
	V	**5 371**	2 561	2 561	IV	1 672	1 120	608	191		
	VI	**5 890**	2 561	2 561							
27 503,99	I,IV	**2 250**	2 564	2 564	I	1 127	195				
	II	**1 241**	2 564	2 564	II	275					
	III		3 000	2 564	III						
	V	**5 383**	2 564	2 564	IV	1 679	1 127	614	195		
	VI	**5 902**	2 564	2 564							
27 539,99	I,IV	**2 258**	2 568	2 568	I	1 134	200				
	II	**1 248**	2 568	2 568	II	280					
	III		3 000	2 568	III						
	V	**5 395**	2 568	2 568	IV	1 686	1 134	620	200		
	VI	**5 915**	2 568	2 568							
27 575,99	I,IV	**2 265**	2 571	2 571	I	1 141	205				
	II	**1 255**	2 571	2 571	II	285					
	III		3 000	2 571	III						
	V	**5 408**	2 571	2 571	IV	1 694	1 141	626	205		
	VI	**5 927**	2 571	2 571							
27 611,99	I,IV	**2 273**	2 574	2 574	I	1 149	210				
	II	**1 263**	2 574	2 574	II	290					
	III		3 000	2 574	III						
	V	**5 420**	2 574	2 574	IV	1 701	1 149	633	210		
	VI	**5 939**	2 574	2 574							
27 647,99	I,IV	**2 281**	2 578	2 578	I	1 156	215				
	II	**1 270**	2 578	2 578	II	295					
	III		3 000	2 578	III						
	V	**5 432**	2 578	2 578	IV	1 708	1 156	639	215		
	VI	**5 952**	2 578	2 578							

* Zur LSt-Berechnung für privat versicherte Arbeitnehmer s. Beispiele **Vorbemerkung S. 4 f.**
** Basisvorsorgepauschale KV und PV *** Typisierter Arbeitgeberzuschuss

Lohn/ Gehalt in € bis	Steuerklasse	Lohn-steuer*	BVSP**	TAGZ***	Steuerklasse	Bemessungsgrundlage für Kirchensteuer und Solidaritätszuschlag					
						Freibeträge für ... Kinder					
						0,5	**1,0**	1,5	**2,0**	2,5	**3,0**
27 683,99	I,IV	**2 288**	2 581	2 581	I	1 163	220				
	II	**1 277**	2 581	2 581	II	300					
	III		3 000	2 581	III						
	V	**5 445**	2 581	2 581	IV	1 716	1 163	645	220		
	VI	**5 964**	2 581	2 581							
27 719,99	I,IV	**2 296**	2 584	2 584	I	1 170	225				
	II	**1 284**	2 584	2 584	II	306					
	III		3 000	2 584	III						
	V	**5 457**	2 584	2 584	IV	1 723	1 170	651	225		
	VI	**5 976**	2 584	2 584							
27 755,99	I,IV	**2 304**	2 588	2 588	I	1 177	230				
	II	**1 291**	2 588	2 588	II	311					
	III		3 000	2 588	III						
	V	**5 469**	2 588	2 588	IV	1 731	1 177	657	230		
	VI	**5 986**	2 588	2 588							
27 791,99	I,IV	**2 311**	2 591	2 591	I	1 184	235				
	II	**1 298**	2 591	2 591	II	316					
	III		3 000	2 591	III						
	V	**5 482**	2 591	2 591	IV	1 738	1 184	663	235		
	VI	**5 998**	2 591	2 591							
27 827,99	I,IV	**2 319**	2 594	2 594	I	1 191	240				
	II	**1 306**	2 594	2 594	II	322					
	III		3 000	2 594	III						
	V	**5 494**	2 594	2 594	IV	1 745	1 191	670	240		
	VI	**6 006**	2 594	2 594							
27 863,99	I,IV	**2 326**	2 598	2 598	I	1 198	245				
	II	**1 313**	2 598	2 598	II	327					
	III		3 000	2 598	III						
	V	**5 506**	2 598	2 598	IV	1 753	1 198	676	245		
	VI	**6 018**	2 598	2 598							
27 899,99	I,IV	**2 334**	2 601	2 601	I	1 205	250				
	II	**1 320**	2 601	2 601	II	332					
	III		3 000	2 601	III						
	V	**5 519**	2 601	2 601	IV	1 760	1 205	682	250		
	VI	**6 028**	2 601	2 601							
27 935,99	I,IV	**2 342**	2 605	2 605	I	1 213	255				
	II	**1 327**	2 605	2 605	II	337					
	III		3 000	2 605	III						
	V	**5 531**	2 605	2 605	IV	1 767	1 213	689	255		
	VI	**6 038**	2 605	2 605							
27 971,99	I,IV	**2 349**	2 608	2 608	I	1 220	260				
	II	**1 334**	2 608	2 608	II	343					
	III		3 000	2 608	III						
	V	**5 543**	2 608	2 608	IV	1 775	1 220	695	260		
	VI	**6 048**	2 608	2 608							
28 007,99	I,IV	**2 357**	2 611	2 611	I	1 227	265				
	II	**1 341**	2 611	2 611	II	348					
	III		3 000	2 611	III						
	V	**5 555**	2 611	2 611	IV	1 782	1 227	701	265		
	VI	**6 060**	2 611	2 611							
28 043,99	I,IV	**2 365**	2 615	2 615	I	1 234	270				
	II	**1 349**	2 615	2 615	II	353					
	III		3 000	2 615	III						
	V	**5 568**	2 615	2 615	IV	1 790	1 234	708	270		
	VI	**6 068**	2 615	2 615							
28 079,99	I,IV	**2 372**	2 618	2 618	I	1 241	275				
	II	**1 356**	2 618	2 618	II	359					
	III		3 000	2 618	III						
	V	**5 580**	2 618	2 618	IV	1 797	1 241	714	275		
	VI	**6 080**	2 618	2 618							

* Zur LSt-Berechnung für privat versicherte Arbeitnehmer s. Beispiele **Vorbemerkung S. 4 f.**
** Basisvorsorgepauschale KV und PV *** Typisierter Arbeitgeberzuschuss

Lohn/ Gehalt in € bis	Steuerklasse	Lohn-steuer*	BVSP**	TAGZ***	Steuerklasse	Bemessungsgrundlage für Kirchensteuer und Solidaritätszuschlag – Freibeträge für ... Kinder 0,5	1,0	1,5	2,0	2,5	3,0
28115,99	I,IV	**2380**	2621	2621	I	1248	280				
	II	**1363**	2621	2621	II	364					
	III		3000	2621	III						
	V	**5592**	2621	2621	IV	1805	1248	721	280		
	VI	**6090**	2621	2621							
28151,99	I,IV	**2388**	2625	2625	I	1255	285				
	II	**1370**	2625	2625	II	369					
	III		3000	2625	III						
	V	**5605**	2625	2625	IV	1812	1255	727	285		
	VI	**6100**	2625	2625							
28187,99	I,IV	**2395**	2628	2628	I	1263	290				
	II	**1377**	2628	2628	II	375					
	III		3000	2628	III						
	V	**5617**	2628	2628	IV	1819	1263	733	290		
	VI	**6110**	2628	2628							
28223,99	I,IV	**2403**	2631	2631	I	1270	296				
	II	**1385**	2631	2631	II	380					
	III		3000	2631	III						
	V	**5629**	2631	2631	IV	1827	1270	740	296		
	VI	**6120**	2631	2631							
28259,99	I,IV	**2411**	2635	2635	I	1277	301				
	II	**1392**	2635	2635	II	386					
	III		3000	2635	III						
	V	**5642**	2635	2635	IV	1834	1277	746	301		
	VI	**6132**	2635	2635							
28295,99	I,IV	**2418**	2638	2638	I	1284	306				
	II	**1399**	2638	2638	II	391					
	III		3000	2638	III						
	V	**5654**	2638	2638	IV	1841	1284	753	306		
	VI	**6142**	2638	2638							
28331,99	I,IV	**2426**	2641	2641	I	1291	311				
	II	**1406**	2641	2641	II	397					
	III		3000	2641	III						
	V	**5666**	2641	2641	IV	1849	1291	759	311		
	VI	**6152**	2641	2641							
28367,99	I,IV	**2434**	2645	2645	I	1299	316				
	II	**1414**	2645	2645	II	402					
	III		3000	2645	III						
	V	**5679**	2645	2645	IV	1856	1299	766	316		
	VI	**6164**	2645	2645							
28403,99	I,IV	**2441**	2648	2648	I	1306	322				
	II	**1421**	2648	2648	II	408					
	III		3000	2648	III						
	V	**5691**	2648	2648	IV	1864	1306	772	322		
	VI	**6174**	2648	2648							
28439,99	I,IV	**2449**	2652	2652	I	1313	327				
	II	**1428**	2652	2652	II	413					
	III		3000	2652	III						
	V	**5703**	2652	2652	IV	1871	1313	779	327		
	VI	**6184**	2652	2652							
28475,99	I,IV	**2457**	2655	2655	I	1320	332				
	II	**1435**	2655	2655	II	419					
	III		3000	2655	III						
	V	**5716**	2655	2655	IV	1879	1320	785	332		
	VI	**6194**	2655	2655							
28511,99	I,IV	**2464**	2658	2658	I	1327	337				
	II	**1442**	2658	2658	II	424					
	III		3000	2658	III						
	V	**5728**	2658	2658	IV	1886	1327	792	337		
	VI	**6204**	2658	2658							

* Zur LSt-Berechnung für privat versicherte Arbeitnehmer s. Beispiele **Vorbemerkung S. 4 f.**
** Basisvorsorgepauschale KV und PV *** Typisierter Arbeitgeberzuschuss

Lohn/ Gehalt in € bis	Steuerklasse	Lohn-steuer*	BVSP**	TAGZ***	Steuerklasse	Bemessungsgrundlage für Kirchensteuer und Solidaritätszuschlag					
						Freibeträge für ... Kinder					
						0,5	**1,0**	1,5	**2,0**	2,5	**3,0**
28 547,99	I,IV	**2 472**	2 662	2 662	I	1 334	343				
	II	**1 450**	2 662	2 662	II	430					
	III		3 000	2 662	III						
	V	**5 740**	2 662	2 662	IV	1 894	1 334	799	343		
	VI	**6 214**	2 662	2 662							
28 583,99	I,IV	**2 480**	2 665	2 665	I	1 342	348				
	II	**1 457**	2 665	2 665	II	436					
	III		3 000	2 665	III						
	V	**5 752**	2 665	2 665	IV	1 901	1 342	805	348		
	VI	**6 226**	2 665	2 665							
28 619,99	I,IV	**2 487**	2 668	2 668	I	1 349	353				
	II	**1 464**	2 668	2 668	II	441					
	III		3 000	2 668	III						
	V	**5 765**	2 668	2 668	IV	1 909	1 349	812	353		
	VI	**6 236**	2 668	2 668							
28 655,99	I,IV	**2 495**	2 672	2 672	I	1 356	359				
	II	**1 471**	2 672	2 672	II	447					
	III		3 000	2 672	III						
	V	**5 777**	2 672	2 672	IV	1 916	1 356	818	359		
	VI	**6 246**	2 672	2 672							
28 691,99	I,IV	**2 503**	2 675	2 675	I	1 363	364				
	II	**1 479**	2 675	2 675	II	453					
	III		3 000	2 675	III						
	V	**5 789**	2 675	2 675	IV	1 924	1 363	825	364	1	
	VI	**6 256**	2 675	2 675							
28 727,99	I,IV	**2 511**	2 678	2 678	I	1 370	370				
	II	**1 486**	2 678	2 678	II	458					
	III		3 000	2 678	III						
	V	**5 802**	2 678	2 678	IV	1 931	1 370	832	370	5	
	VI	**6 268**	2 678	2 678							
28 763,99	I,IV	**2 518**	2 682	2 682	I	1 378	375				
	II	**1 493**	2 682	2 682	II	464					
	III	**4**	3 000	2 682	III						
	V	**5 814**	2 682	2 682	IV	1 938	1 378	839	375	9	
	VI	**6 278**	2 682	2 682							
28 799,99	I,IV	**2 526**	2 685	2 685	I	1 385	381				
	II	**1 501**	2 685	2 685	II	470					
	III	**8**	3 000	2 685	III						
	V	**5 826**	2 685	2 685	IV	1 946	1 385	845	381	14	
	VI	**6 288**	2 685	2 685							
28 835,99	I,IV	**2 534**	2 688	2 688	I	1 392	386				
	II	**1 508**	2 688	2 688	II	475					
	III	**14**	3 000	2 688	III						
	V	**5 839**	2 688	2 688	IV	1 953	1 392	852	386	18	
	VI	**6 300**	2 688	2 688							
28 871,99	I,IV	**2 541**	2 692	2 692	I	1 399	391				
	II	**1 515**	2 692	2 692	II	481					
	III	**18**	3 000	2 692	III						
	V	**5 851**	2 692	2 692	IV	1 961	1 399	859	391	22	
	VI	**6 308**	2 692	2 692							
28 907,99	I,IV	**2 549**	2 695	2 695	I	1 406	397				
	II	**1 522**	2 695	2 695	II	487					
	III	**22**	3 000	2 695	III						
	V	**5 863**	2 695	2 695	IV	1 968	1 406	865	397	26	
	VI	**6 320**	2 695	2 695							
28 943,99	I,IV	**2 557**	2 699	2 699	I	1 414	402				
	II	**1 530**	2 699	2 699	II	493					
	III	**26**	3 000	2 699	III						
	V	**5 876**	2 699	2 699	IV	1 976	1 414	872	402	30	
	VI	**6 332**	2 699	2 699							

* Zur LSt-Berechnung für privat versicherte Arbeitnehmer s. Beispiele **Vorbemerkung S. 4 f.**
** Basisvorsorgepauschale KV und PV *** Typisierter Arbeitgeberzuschuss

Lohn/ Gehalt in € bis	Steuerklasse	Lohn- steuer*	BVSP**	TAGZ***	Steuerklasse	Bemessungsgrundlage für Kirchensteuer und Solidaritätszuschlag					
						Freibeträge für ... Kinder					
						0,5	**1,0**	1,5	**2,0**	2,5	**3,0**
28979,99	I,IV	**2565**	2702	2702	I	1421	408				
	II	**1537**	2702	2702	II	498					
	III	**32**	3000	2702	III						
	V	**5888**	2702	2702	IV	1983	1421	879	408	35	
	VI	**6340**	2702	2702							
29015,99	I,IV	**2572**	2705	2705	I	1428	413				
	II	**1544**	2705	2705	II	504					
	III	**36**	3000	2705	III						
	V	**5900**	2705	2705	IV	1991	1428	886	413	39	
	VI	**6352**	2705	2705							
29051,99	I,IV	**2580**	2709	2709	I	1436	419				
	II	**1552**	2709	2709	II	510					
	III	**40**	3000	2709	III						
	V	**5912**	2709	2709	IV	1998	1436	893	419	43	
	VI	**6362**	2709	2709							
29087,99	I,IV	**2588**	2712	2712	I	1443	425				
	II	**1559**	2712	2712	II	516					
	III	**46**	3000	2712	III						
	V	**5925**	2712	2712	IV	2006	1443	900	425	47	
	VI	**6372**	2712	2712							
29123,99	I,IV	**2596**	2715	2715	I	1450	430				
	II	**1566**	2715	2715	II	522					
	III	**50**	3000	2715	III						
	V	**5937**	2715	2715	IV	2013	1450	906	430	52	
	VI	**6384**	2715	2715							
29159,99	I,IV	**2603**	2719	2719	I	1457	436				
	II	**1573**	2719	2719	II	527					
	III	**54**	3000	2719	III						
	V	**5949**	2719	2719	IV	2021	1457	913	436	56	
	VI	**6394**	2719	2719							
29195,99	I,IV	**2611**	2722	2722	I	1465	441				
	II	**1581**	2722	2722	II	533					
	III	**60**	3000	2722	III						
	V	**5962**	2722	2722	IV	2028	1465	920	441	60	
	VI	**6406**	2722	2722							
29231,99	I,IV	**2619**	2725	2725	I	1472	447				
	II	**1588**	2725	2725	II	539					
	III	**64**	3000	2725	III						
	V	**5974**	2725	2725	IV	2036	1472	927	447	65	
	VI	**6414**	2725	2725							
29267,99	I,IV	**2627**	2729	2729	I	1479	453				
	II	**1595**	2729	2729	II	545					
	III	**70**	3000	2729	III						
	V	**5984**	2729	2729	IV	2043	1479	934	453	69	
	VI	**6426**	2729	2729							
29303,99	I,IV	**2635**	2732	2732	I	1486	458				
	II	**1603**	2732	2732	II	551					
	III	**74**	3000	2732	III						
	V	**5996**	2732	2732	IV	2051	1486	941	458	74	
	VI	**6436**	2732	2732							
29339,99	I,IV	**2642**	2735	2735	I	1494	464				
	II	**1610**	2735	2735	II	557					
	III	**78**	3000	2735	III						
	V	**6004**	2735	2735	IV	2058	1494	948	464	78	
	VI	**6446**	2735	2735							
29375,99	I,IV	**2650**	2739	2739	I	1501	470				
	II	**1617**	2739	2739	II	563					
	III	**84**	3000	2739	III						
	V	**6016**	2739	2739	IV	2066	1501	955	470	82	
	VI	**6458**	2739	2739							

* Zur LSt-Berechnung für privat versicherte Arbeitnehmer s. Beispiele **Vorbemerkung S. 4 f.**
** Basisvorsorgepauschale KV und PV *** Typisierter Arbeitgeberzuschuss

Lohn/ Gehalt in € bis	Steuerklasse	Lohn-steuer*	BVSP**	TAGZ***	Steuerklasse	Bemessungsgrundlage für Kirchensteuer und Solidaritätszuschlag – Freibeträge für ... Kinder 0,5	**1,0**	1,5	**2,0**	2,5	**3,0**
29411,99	I,IV	**2658**	2742	2742	I	1508	475				
	II	**1625**	2742	2742	II	569					
	III	**88**	3000	2742	III						
	V	**6026**	2742	2742	IV	2073	1508	962	475	87	
	VI	**6468**	2742	2742							
29447,99	I,IV	**2666**	2746	2746	I	1515	481				
	II	**1632**	2746	2746	II	575					
	III	**92**	3000	2746	III						
	V	**6036**	2746	2746	IV	2081	1515	969	481	91	
	VI	**6480**	2746	2746							
29483,99	I,IV	**2673**	2749	2749	I	1523	487				
	II	**1639**	2749	2749	II	581					
	III	**98**	3000	2749	III						
	V	**6046**	2749	2749	IV	2088	1523	976	487	96	
	VI	**6488**	2749	2749							
29519,99	I,IV	**2681**	2752	2752	I	1530	493				
	II	**1647**	2752	2752	II	587					
	III	**102**	3000	2752	III						
	V	**6058**	2752	2752	IV	2096	1530	983	493	100	
	VI	**6500**	2752	2752							
29555,99	I,IV	**2689**	2756	2756	I	1537	499				
	II	**1654**	2756	2756	II	593					
	III	**108**	3000	2756	III						
	V	**6068**	2756	2756	IV	2103	1537	990	499	105	
	VI	**6510**	2756	2756							
29591,99	I,IV	**2697**	2759	2759	I	1544	504				
	II	**1661**	2759	2759	II	599					
	III	**112**	3000	2759	III						
	V	**6078**	2759	2759	IV	2111	1544	997	504	109	
	VI	**6522**	2759	2759							
29627,99	I,IV	**2704**	2762	2762	I	1552	510				
	II	**1669**	2762	2762	II	605					
	III	**116**	3000	2762	III						
	V	**6088**	2762	2762	IV	2118	1552	1004	510	114	
	VI	**6532**	2762	2762							
29663,99	I,IV	**2712**	2766	2766	I	1559	516				
	II	**1676**	2766	2766	II	612					
	III	**122**	3000	2766	III						
	V	**6098**	2766	2766	IV	2126	1559	1011	516	118	
	VI	**6542**	2766	2766							
29699,99	I,IV	**2720**	2769	2769	I	1566	522				
	II	**1683**	2769	2769	II	618					
	III	**126**	3000	2769	III						
	V	**6110**	2769	2769	IV	2134	1566	1018	522	123	
	VI	**6554**	2769	2769							
29735,99	I,IV	**2728**	2772	2772	I	1574	528				
	II	**1691**	2772	2772	II	624					
	III	**132**	3000	2772	III						
	V	**6118**	2772	2772	IV	2141	1574	1025	528	127	
	VI	**6564**	2772	2772							
29771,99	I,IV	**2736**	2776	2776	I	1581	533				
	II	**1698**	2776	2776	II	630					
	III	**136**	3000	2776	III						
	V	**6130**	2776	2776	IV	2149	1581	1032	533	132	
	VI	**6574**	2776	2776							
29807,99	I,IV	**2744**	2779	2779	I	1588	539				
	II	**1705**	2779	2779	II	636					
	III	**142**	3000	2779	III						
	V	**6140**	2779	2779	IV	2156	1588	1040	539	137	
	VI	**6584**	2779	2779							

* Zur LSt-Berechnung für privat versicherte Arbeitnehmer s. Beispiele **Vorbemerkung S. 4f.**
** Basisvorsorgepauschale KV und PV *** Typisierter Arbeitgeberzuschuss

Lohn/ Gehalt in € bis	Steuerklasse	Lohnsteuer*	BVSP**	TAGZ***	Steuerklasse	Bemessungsgrundlage für Kirchensteuer und Solidaritätszuschlag – Freibeträge für ... Kinder 0,5	1,0	1,5	2,0	2,5	3,0
29843,99	I,IV	**2751**	2782	2782	I	1596	545				
	II	**1713**	2782	2782	II	642					
	III	**146**	3000	2782	III						
	V	**6150**	2782	2782	IV	2164	1596	1047	545	141	
	VI	**6596**	2782	2782							
29879,99	I,IV	**2759**	2786	2786	I	1603	551				
	II	**1720**	2786	2786	II	648					
	III	**152**	3000	2786	III						
	V	**6160**	2786	2786	IV	2171	1603	1054	551	146	
	VI	**6606**	2786	2786							
29915,99	I,IV	**2767**	2789	2789	I	1610	557				
	II	**1728**	2789	2789	II	655					
	III	**156**	3000	2789	III						
	V	**6170**	2789	2789	IV	2179	1610	1061	557	151	
	VI	**6618**	2789	2789							
29951,99	I,IV	**2775**	2793	2793	I	1618	563				
	II	**1735**	2793	2793	II	661					
	III	**160**	3000	2793	III						
	V	**6182**	2793	2793	IV	2187	1618	1068	563	155	
	VI	**6628**	2793	2793							
29987,99	I,IV	**2783**	2796	2796	I	1625	569				
	II	**1742**	2796	2796	II	667					
	III	**166**	3000	2796	III						
	V	**6192**	2796	2796	IV	2194	1625	1075	569	160	
	VI	**6638**	2796	2796							
30023,99	I,IV	**2791**	2799	2799	I	1632	575				
	II	**1750**	2799	2799	II	674					
	III	**170**	3000	2799	III						
	V	**6202**	2799	2799	IV	2202	1632	1082	575	165	
	VI	**6648**	2799	2799							
30059,99	I,IV	**2798**	2803	2803	I	1640	581				
	II	**1757**	2803	2803	II	680					
	III	**176**	3000	2803	III						
	V	**6214**	2803	2803	IV	2209	1640	1089	581	170	
	VI	**6660**	2803	2803							
30095,99	I,IV	**2806**	2806	2806	I	1647	587				
	II	**1764**	2806	2806	II	686					
	III	**180**	3000	2806	III						
	V	**6224**	2806	2806	IV	2217	1647	1096	587	174	
	VI	**6672**	2806	2806							
30131,99	I,IV	**2814**	2809	2809	I	1654	593				
	II	**1772**	2809	2809	II	692					
	III	**186**	3000	2809	III						
	V	**6234**	2809	2809	IV	2224	1654	1103	593	179	
	VI	**6682**	2809	2809							
30167,99	I,IV	**2822**	2813	2813	I	1662	599				
	II	**1779**	2813	2813	II	699					
	III	**190**	3000	2813	III						
	V	**6246**	2813	2813	IV	2232	1662	1110	599	184	
	VI	**6694**	2813	2813							
30203,99	I,IV	**2830**	2816	2816	I	1669	605				
	II	**1787**	2816	2816	II	705					
	III	**196**	3000	2816	III						
	V	**6254**	2816	2816	IV	2240	1669	1117	605	189	
	VI	**6702**	2816	2816							
30239,99	I,IV	**2837**	2819	2819	I	1676	612				
	II	**1794**	2819	2819	II	711					
	III	**200**	3000	2819	III						
	V	**6266**	2819	2819	IV	2247	1676	1124	612	193	
	VI	**6714**	2819	2819							

* Zur LSt-Berechnung für privat versicherte Arbeitnehmer s. Beispiele **Vorbemerkung S. 4 f.**
** Basisvorsorgepauschale KV und PV *** Typisierter Arbeitgeberzuschuss

Lohn/ Gehalt in € bis	Steuerklasse	Lohn-steuer*	BVSP**	TAGZ***	Steuerklasse	Bemessungsgrundlage für Kirchensteuer und Solidaritätszuschlag					
						Freibeträge für ... Kinder					
						0,5	**1,0**	1,5	**2,0**	2,5	**3,0**
30 275,99	I,IV	**2 846**	2 823	2 823	I	1 684	618				
	II	**1 802**	2 823	2 823	II	718					
	III	**206**	3 000	2 823	III						
	V	**6 276**	2 823	2 823	IV	2 255	1 684	1 132	618	198	
	VI	**6 724**	2 823	2 823							
30 311,99	I,IV	**2 853**	2 826	2 826	I	1 691	624				
	II	**1 809**	2 826	2 826	II	724					
	III	**210**	3 000	2 826	III						
	V	**6 286**	2 826	2 826	IV	2 262	1 691	1 139	624	203	
	VI	**6 736**	2 826	2 826							
30 347,99	I,IV	**2 861**	2 829	2 829	I	1 698	630				
	II	**1 816**	2 829	2 829	II	731					
	III	**216**	3 000	2 829	III						
	V	**6 298**	2 829	2 829	IV	2 270	1 698	1 146	630	208	
	VI	**6 746**	2 829	2 829							
30 383,99	I,IV	**2 869**	2 833	2 833	I	1 705	636				
	II	**1 824**	2 833	2 833	II	737					
	III	**220**	3 000	2 833	III						
	V	**6 308**	2 833	2 833	IV	2 278	1 705	1 153	636	213	
	VI	**6 758**	2 833	2 833							
30 419,99	I,IV	**2 877**	2 836	2 836	I	1 713	642				
	II	**1 831**	2 836	2 836	II	744					
	III	**226**	3 000	2 836	III						
	V	**6 318**	2 836	2 836	IV	2 285	1 713	1 160	642	218	
	VI	**6 768**	2 836	2 836							
30 455,99	I,IV	**2 885**	2 840	2 840	I	1 720	649				
	II	**1 838**	2 840	2 840	II	750					
	III	**230**	3 000	2 840	III						
	V	**6 330**	2 840	2 840	IV	2 293	1 720	1 167	649	223	
	VI	**6 778**	2 840	2 840							
30 491,99	I,IV	**2 893**	2 843	2 843	I	1 728	655				
	II	**1 846**	2 843	2 843	II	756					
	III	**236**	3 000	2 843	III						
	V	**6 338**	2 843	2 843	IV	2 300	1 728	1 174	655	228	
	VI	**6 788**	2 843	2 843							
30 527,99	I,IV	**2 901**	2 846	2 846	I	1 735	661				
	II	**1 853**	2 846	2 846	II	763					
	III	**240**	3 000	2 846	III						
	V	**6 350**	2 846	2 846	IV	2 308	1 735	1 181	661	233	
	VI	**6 800**	2 846	2 846							
30 563,99	I,IV	**2 908**	2 850	2 850	I	1 742	667				
	II	**1 861**	2 850	2 850	II	770					
	III	**246**	3 000	2 850	III						
	V	**6 360**	2 850	2 850	IV	2 316	1 742	1 188	667	238	
	VI	**6 810**	2 850	2 850							
30 599,99	I,IV	**2 916**	2 853	2 853	I	1 750	674				
	II	**1 868**	2 853	2 853	II	776					
	III	**252**	3 000	2 853	III						
	V	**6 370**	2 853	2 853	IV	2 323	1 750	1 195	674	243	
	VI	**6 822**	2 853	2 853							
30 635,99	I,IV	**2 924**	2 856	2 856	I	1 757	680				
	II	**1 876**	2 856	2 856	II	783					
	III	**256**	3 000	2 856	III						
	V	**6 380**	2 856	2 856	IV	2 331	1 757	1 203	680	248	
	VI	**6 832**	2 856	2 856							
30 671,99	I,IV	**2 932**	2 860	2 860	I	1 765	686				
	II	**1 883**	2 860	2 860	II	789					
	III	**262**	3 000	2 860	III						
	V	**6 392**	2 860	2 860	IV	2 339	1 765	1 210	686	253	
	VI	**6 844**	2 860	2 860							

* Zur LSt-Berechnung für privat versicherte Arbeitnehmer s. Beispiele **Vorbemerkung S. 4 f.**
** Basisvorsorgepauschale KV und PV *** Typisierter Arbeitgeberzuschuss

Lohn/ Gehalt in € bis	Steuerklasse	Lohn-steuer*	BVSP**	TAGZ***	Steuerklasse	Bemessungsgrundlage für Kirchensteuer und Solidaritätszuschlag					
						Freibeträge für ... Kinder					
						0,5	**1,0**	1,5	**2,0**	2,5	**3,0**
30 707,99	I,IV	**2 940**	2 863	2 863	I	1 772	692				
	II	**1 890**	2 863	2 863	II	796					
	III	**266**	3 000	2 863	III						
	V	**6 402**	2 863	2 863	IV	2 346	1 772	1 217	692	258	
	VI	**6 854**	2 863	2 863							
30 743,99	I,IV	**2 948**	2 866	2 866	I	1 779	699				
	II	**1 898**	2 866	2 866	II	802					
	III	**272**	3 000	2 866	III						
	V	**6 412**	2 866	2 866	IV	2 354	1 779	1 224	699	263	
	VI	**6 866**	2 866	2 866							
30 779,99	I,IV	**2 956**	2 870	2 870	I	1 787	705				
	II	**1 905**	2 870	2 870	II	809					
	III	**276**	3 000	2 870	III						
	V	**6 424**	2 870	2 870	IV	2 362	1 787	1 231	705	268	
	VI	**6 876**	2 870	2 870							
30 815,99	I,IV	**2 964**	2 873	2 873	I	1 794	712				
	II	**1 913**	2 873	2 873	II	816					
	III	**282**	3 000	2 873	III						
	V	**6 434**	2 873	2 873	IV	2 369	1 794	1 238	712	273	
	VI	**6 888**	2 873	2 873							
30 851,99	I,IV	**2 971**	2 876	2 876	I	1 802	718				
	II	**1 920**	2 876	2 876	II	822					
	III	**288**	3 000	2 876	III						
	V	**6 444**	2 876	2 876	IV	2 377	1 802	1 245	718	278	
	VI	**6 896**	2 876	2 876							
30 887,99	I,IV	**2 980**	2 880	2 880	I	1 809	724				
	II	**1 928**	2 880	2 880	II	829	4				
	III	**292**	3 000	2 880	III						
	V	**6 456**	2 880	2 880	IV	2 385	1 809	1 253	724	283	
	VI	**6 910**	2 880	2 880							
30 923,99	I,IV	**2 987**	2 883	2 883	I	1 816	731				
	II	**1 935**	2 883	2 883	II	836	8				
	III	**298**	3 000	2 883	III						
	V	**6 466**	2 883	2 883	IV	2 392	1 816	1 260	731	288	
	VI	**6 920**	2 883	2 883							
30 959,99	I,IV	**2 995**	2 887	2 887	I	1 824	737				
	II	**1 943**	2 887	2 887	II	842	12				
	III	**302**	3 000	2 887	III						
	V	**6 476**	2 887	2 887	IV	2 400	1 824	1 267	737	293	
	VI	**6 930**	2 887	2 887							
30 995,99	I,IV	**3 003**	2 890	2 890	I	1 831	744				
	II	**1 950**	2 890	2 890	II	849	16				
	III	**308**	3 000	2 890	III						
	V	**6 486**	2 890	2 890	IV	2 408	1 831	1 274	744	299	
	VI	**6 942**	2 890	2 890							
31 031,99	I,IV	**3 011**	2 893	2 893	I	1 839	750				
	II	**1 958**	2 893	2 893	II	856	20				
	III	**314**	3 000	2 893	III						
	V	**6 498**	2 893	2 893	IV	2 415	1 839	1 281	750	304	
	VI	**6 952**	2 893	2 893							
31 067,99	I,IV	**3 019**	2 897	2 897	I	1 846	757				
	II	**1 965**	2 897	2 897	II	863	24				
	III	**318**	3 000	2 897	III						
	V	**6 508**	2 897	2 897	IV	2 423	1 846	1 288	757	309	
	VI	**6 962**	2 897	2 897							
31 103,99	I,IV	**3 027**	2 900	2 900	I	1 853	763				
	II	**1 972**	2 900	2 900	II	869	29				
	III	**324**	3 000	2 900	III						
	V	**6 518**	2 900	2 900	IV	2 431	1 853	1 296	763	314	
	VI	**6 974**	2 900	2 900							

* Zur LSt-Berechnung für privat versicherte Arbeitnehmer s. Beispiele **Vorbemerkung S. 4 f.**
** Basisvorsorgepauschale KV und PV *** Typisierter Arbeitgeberzuschuss

Lohn/ Gehalt in € bis	Steuerklasse	Lohn-steuer*	BVSP**	TAGZ***	Steuerklasse	Bemessungsgrundlage für Kirchensteuer und Solidaritätszuschlag – Freibeträge für ... Kinder 0,5	**1,0**	1,5	**2,0**	2,5	**3,0**
31 139,99	I,IV	**3035**	2903	2903	I	1861	770				
	II	**1980**	2903	2903	II	876	33				
	III	**330**	3000	2903	III						
	V	**6528**	2903	2903	IV	2438	1861	1303	770	320	
	VI	**6984**	2903	2903							
31 175,99	I,IV	**3043**	2907	2907	I	1868	776				
	II	**1988**	2907	2907	II	883	37				
	III	**334**	3000	2907	III						
	V	**6540**	2907	2907	IV	2446	1868	1310	776	325	
	VI	**6996**	2907	2907							
31 211,99	I,IV	**3051**	2910	2910	I	1876	783				
	II	**1995**	2910	2910	II	890	41				
	III	**340**	3000	2910	III						
	V	**6552**	2910	2910	IV	2454	1876	1317	783	330	
	VI	**7006**	2910	2910							
31 247,99	I,IV	**3059**	2913	2913	I	1883	790				
	II	**2003**	2913	2913	II	897	46				
	III	**344**	3000	2913	III						
	V	**6562**	2913	2913	IV	2461	1883	1325	790	335	
	VI	**7018**	2913	2913							
31 283,99	I,IV	**3067**	2917	2917	I	1891	796				
	II	**2010**	2917	2917	II	904	50				
	III	**350**	3000	2917	III						
	V	**6572**	2917	2917	IV	2469	1891	1332	796	341	
	VI	**7028**	2917	2917							
31 319,99	I,IV	**3075**	2920	2920	I	1898	803				
	II	**2017**	2920	2920	II	910	54				
	III	**356**	3000	2920	III						
	V	**6582**	2920	2920	IV	2477	1898	1339	803	346	
	VI	**7040**	2920	2920							
31 355,99	I,IV	**3083**	2923	2923	I	1905	809				
	II	**2025**	2923	2923	II	917	59				
	III	**360**	3000	2923	III						
	V	**6594**	2923	2923	IV	2484	1905	1346	809	351	
	VI	**7050**	2923	2923							
31 391,99	I,IV	**3091**	2927	2927	I	1913	816				
	II	**2033**	2927	2927	II	924	63				
	III	**366**	3000	2927	III						
	V	**6604**	2927	2927	IV	2492	1913	1353	816	357	
	VI	**7062**	2927	2927							
31 427,99	I,IV	**3099**	2930	2930	I	1920	823				
	II	**2040**	2930	2930	II	931	67				
	III	**372**	3000	2930	III						
	V	**6616**	2930	2930	IV	2500	1920	1360	823	362	
	VI	**7072**	2930	2930							
31 463,99	I,IV	**3106**	2934	2934	I	1928	829	4			
	II	**2047**	2934	2934	II	938	72				
	III	**376**	3000	2934	III						
	V	**6626**	2934	2934	IV	2507	1928	1368	829	367	4
	VI	**7084**	2934	2934							
31 499,99	I,IV	**3115**	2937	2937	I	1936	836	8			
	II	**2055**	2937	2937	II	945	76				
	III	**382**	3000	2937	III						
	V	**6636**	2937	2937	IV	2515	1936	1375	836	373	8
	VI	**7096**	2937	2937							
31 535,99	I,IV	**3122**	2940	2940	I	1943	843	12			
	II	**2063**	2940	2940	II	952	81				
	III	**388**	3000	2940	III						
	V	**6648**	2940	2940	IV	2523	1943	1382	843	378	12
	VI	**7106**	2940	2940							

* Zur LSt-Berechnung für privat versicherte Arbeitnehmer s. Beispiele **Vorbemerkung S. 4 f.**
** Basisvorsorgepauschale KV und PV *** Typisierter Arbeitgeberzuschuss

Lohn/ Gehalt in € bis	Steuerklasse	Lohn-steuer*	BVSP**	TAGZ***	Steuerklasse	Bemessungsgrundlage für Kirchensteuer und Solidaritätszuschlag – Freibeträge für ... Kinder 0,5	1,0	1,5	2,0	2,5	3,0
31 571,99	I,IV	**3130**	2944	2944	I	1950	849	16			
	II	**2070**	2944	2944	II	959	85				
	III	**394**	3000	2944	III						
	V	**6658**	2944	2944	IV	2531	1950	1389	849	384	16
	VI	**7116**	2944	2944							
31 607,99	I,IV	**3139**	2947	2947	I	1958	856	20			
	II	**2078**	2947	2947	II	966	89				
	III	**398**	3000	2947	III						
	V	**6670**	2947	2947	IV	2539	1958	1397	856	389	20
	VI	**7128**	2947	2947							
31 643,99	I,IV	**3146**	2950	2950	I	1965	863	25			
	II	**2085**	2950	2950	II	973	94				
	III	**404**	3000	2950	III						
	V	**6680**	2950	2950	IV	2546	1965	1404	863	395	25
	VI	**7140**	2950	2950							
31 679,99	I,IV	**3154**	2954	2954	I	1973	870	29			
	II	**2093**	2954	2954	II	980	98				
	III	**410**	3000	2954	III						
	V	**6690**	2954	2954	IV	2554	1973	1411	870	400	29
	VI	**7150**	2954	2954							
31 715,99	I,IV	**3162**	2957	2957	I	1980	876	33			
	II	**2100**	2957	2957	II	987	103				
	III	**414**	3000	2957	III						
	V	**6700**	2957	2957	IV	2562	1980	1418	876	406	33
	VI	**7162**	2957	2957							
31 751,99	I,IV	**3170**	2960	2960	I	1988	883	37			
	II	**2108**	2960	2960	II	994	107				
	III	**420**	3000	2960	III						
	V	**6712**	2960	2960	IV	2569	1988	1425	883	411	37
	VI	**7172**	2960	2960							
31 787,99	I,IV	**3178**	2964	2964	I	1995	890	42			
	II	**2115**	2964	2964	II	1001	112				
	III	**426**	3000	2964	III						
	V	**6722**	2964	2964	IV	2577	1995	1433	890	417	42
	VI	**7184**	2964	2964							
31 823,99	I,IV	**3186**	2967	2967	I	2003	897	46			
	II	**2123**	2967	2967	II	1008	116				
	III	**432**	3000	2967	III						
	V	**6734**	2967	2967	IV	2585	2003	1440	897	422	46
	VI	**7194**	2967	2967							
31 859,99	I,IV	**3194**	2970	2970	I	2010	904	50			
	II	**2131**	2970	2970	II	1015	121				
	III	**436**	3000	2970	III						
	V	**6744**	2970	2970	IV	2593	2010	1447	904	428	50
	VI	**7204**	2970	2970							
31 895,99	I,IV	**3202**	2974	2974	I	2018	911	54			
	II	**2138**	2974	2974	II	1022	126				
	III	**442**	3000	2974	III						
	V	**6756**	2974	2974	IV	2600	2018	1454	911	434	54
	VI	**7216**	2974	2974							
31 931,99	I,IV	**3210**	2977	2977	I	2025	918	59			
	II	**2145**	2977	2977	II	1029	130				
	III	**448**	3000	2977	III						
	V	**6764**	2977	2977	IV	2608	2025	1462	918	439	59
	VI	**7226**	2977	2977							
31 967,99	I,IV	**3218**	2981	2981	I	2033	924	63			
	II	**2153**	2981	2981	II	1036	135				
	III	**452**	3000	2981	III						
	V	**6776**	2981	2981	IV	2616	2033	1469	924	445	63
	VI	**7238**	2981	2981							

* Zur LSt-Berechnung für privat versicherte Arbeitnehmer s. Beispiele **Vorbemerkung S. 4 f.**
** Basisvorsorgepauschale KV und PV *** Typisierter Arbeitgeberzuschuss

Lohn/ Gehalt in € bis	Steuerklasse	Lohn-steuer*	BVSP**	TAGZ***	Steuerklasse	Bemessungsgrundlage für Kirchensteuer und Solidaritätszuschlag – Freibeträge für ... Kinder 0,5	**1,0**	1,5	**2,0**	2,5	**3,0**
32 003,99	I,IV	**3 226**	2 984	2 984	I	2 040	931	67			
	II	**2 161**	2 984	2 984	II	1 044	139				
	III	**458**	3 000	2 984	III						
	V	**6 786**	2 984	2 984	IV	2 624	2 040	1 476	931	450	67
	VI	**7 250**	2 984	2 984							
32 039,99	I,IV	**3 234**	2 987	2 987	I	2 048	938	72			
	II	**2 168**	2 987	2 987	II	1 051	144				
	III	**464**	3 000	2 987	III						
	V	**6 798**	2 987	2 987	IV	2 631	2 048	1 483	938	456	72
	VI	**7 262**	2 987	2 987							
32 075,99	I,IV	**3 242**	2 991	2 991	I	2 055	945	76			
	II	**2 176**	2 991	2 991	II	1 058	149				
	III	**470**	3 000	2 991	III						
	V	**6 808**	2 991	2 991	IV	2 639	2 055	1 491	945	462	76
	VI	**7 272**	2 991	2 991							
32 111,99	I,IV	**3 251**	2 994	2 994	I	2 063	952	81			
	II	**2 183**	2 994	2 994	II	1 065	153				
	III	**476**	3 000	2 994	III						
	V	**6 820**	2 994	2 994	IV	2 647	2 063	1 498	952	467	81
	VI	**7 282**	2 994	2 994							
32 147,99	I,IV	**3 258**	2 997	2 997	I	2 070	959	85			
	II	**2 191**	2 997	2 997	II	1 072	158				
	III	**480**	3 000	2 997	III						
	V	**6 830**	2 997	2 997	IV	2 655	2 070	1 505	959	473	85
	VI	**7 294**	2 997	2 997							
32 183,99	I,IV	**3 266**	3 001	3 001	I	2 078	966	89			
	II	**2 198**	3 001	3 001	II	1 079	163				
	III	**486**	3 001	3 001	III						
	V	**6 842**	3 001	3 001	IV	2 662	2 078	1 512	966	479	89
	VI	**7 304**	3 001	3 001							
32 219,99	I,IV	**3 275**	3 004	3 004	I	2 085	973	94			
	II	**2 206**	3 004	3 004	II	1 086	168				
	III	**492**	3 004	3 004	III						
	V	**6 852**	3 004	3 004	IV	2 670	2 085	1 520	973	485	94
	VI	**7 316**	3 004	3 004							
32 255,99	I,IV	**3 283**	3 007	3 007	I	2 093	980	98			
	II	**2 214**	3 007	3 007	II	1 093	172				
	III	**496**	3 007	3 007	III						
	V	**6 864**	3 007	3 007	IV	2 678	2 093	1 527	980	490	98
	VI	**7 328**	3 007	3 007							
32 291,99	I,IV	**3 291**	3 011	3 011	I	2 100	987	103			
	II	**2 221**	3 011	3 011	II	1 100	177				
	III	**502**	3 011	3 011	III						
	V	**6 874**	3 011	3 011	IV	2 686	2 100	1 534	987	496	103
	VI	**7 340**	3 011	3 011							
32 327,99	I,IV	**3 299**	3 014	3 014	I	2 108	994	107			
	II	**2 229**	3 014	3 014	II	1 107	182				
	III	**506**	3 014	3 014	III						
	V	**6 884**	3 014	3 014	IV	2 694	2 108	1 541	994	502	107
	VI	**7 350**	3 014	3 014							
32 363,99	I,IV	**3 307**	3 017	3 017	I	2 116	1 002	112			
	II	**2 237**	3 017	3 017	II	1 114	187				
	III	**512**	3 017	3 017	III						
	V	**6 896**	3 017	3 017	IV	2 702	2 116	1 549	1 002	508	112
	VI	**7 360**	3 017	3 017							
32 399,99	I,IV	**3 315**	3 021	3 021	I	2 123	1 009	117			
	II	**2 244**	3 021	3 021	II	1 121	191				
	III	**516**	3 021	3 021	III						
	V	**6 906**	3 021	3 021	IV	2 709	2 123	1 556	1 009	514	117
	VI	**7 372**	3 021	3 021							

* Zur LSt-Berechnung für private versicherte Arbeitnehmer s. Beispiele **Vorbemerkung S. 4 f.**
** Basisvorsorgepauschale KV und PV *** Typisierter Arbeitgeberzuschuss

Lohn/ Gehalt in € bis	Steuerklasse	Lohn-steuer*	BVSP**	TAGZ***	Steuerklasse	Bemessungsgrundlage für Kirchensteuer und Solidaritätszuschlag – Freibeträge für ... Kinder 0,5	1,0	1,5	2,0	2,5	3,0
32435,99	I,IV	**3323**	3024	3024	I	2131	1015	121			
	II	**2252**	3024	3024	II	1128	196				
	III	**522**	3024	3024	III						
	V	**6916**	3024	3024	IV	2717	2131	1563	1015	519	121
	VI	**7382**	3024	3024							
32471,99	I,IV	**3331**	3028	3028	I	2138	1023	126			
	II	**2259**	3028	3028	II	1136	201				
	III	**526**	3028	3028	III						
	V	**6930**	3028	3028	IV	2725	2138	1571	1023	525	126
	VI	**7396**	3028	3028							
32507,99	I,IV	**3339**	3031	3031	I	2146	1030	130			
	II	**2267**	3031	3031	II	1143	206				
	III	**532**	3031	3031	III						
	V	**6938**	3031	3031	IV	2733	2146	1578	1030	531	130
	VI	**7406**	3031	3031							
32543,99	I,IV	**3347**	3034	3034	I	2153	1037	135			
	II	**2274**	3034	3034	II	1150	211				
	III	**536**	3034	3034	III						
	V	**6950**	3034	3034	IV	2740	2153	1585	1037	537	135
	VI	**7418**	3034	3034							
32579,99	I,IV	**3355**	3038	3038	I	2161	1044	139			
	II	**2282**	3038	3038	II	1157	216				
	III	**542**	3038	3038	III						
	V	**6960**	3038	3038	IV	2748	2161	1593	1044	543	139
	VI	**7428**	3038	3038							
32615,99	I,IV	**3363**	3041	3041	I	2168	1051	144			
	II	**2290**	3041	3041	II	1164	221				
	III	**546**	3041	3041	III						
	V	**6972**	3041	3041	IV	2756	2168	1600	1051	549	144
	VI	**7438**	3041	3041							
32651,99	I,IV	**3371**	3044	3044	I	2176	1058	149			
	II	**2297**	3044	3044	II	1171	226				
	III	**552**	3044	3044	III						
	V	**6982**	3044	3044	IV	2764	2176	1607	1058	555	149
	VI	**7450**	3044	3044							
32687,99	I,IV	**3379**	3048	3048	I	2183	1065	153			
	II	**2305**	3048	3048	II	1178	231				
	III	**558**	3048	3048	III						
	V	**6994**	3048	3048	IV	2772	2183	1615	1065	561	153
	VI	**7460**	3048	3048							
32723,99	I,IV	**3387**	3051	3051	I	2191	1072	158			
	II	**2313**	3051	3051	II	1186	236				
	III	**562**	3051	3051	III						
	V	**7004**	3051	3051	IV	2780	2191	1622	1072	567	158
	VI	**7472**	3051	3051							
32759,99	I,IV	**3395**	3054	3054	I	2199	1079	163			
	II	**2320**	3054	3054	II	1193	241				
	III	**568**	3054	3054	III						
	V	**7016**	3054	3054	IV	2787	2199	1629	1079	573	163
	VI	**7484**	3054	3054							
32795,99	I,IV	**3403**	3058	3058	I	2206	1086	168			
	II	**2328**	3058	3058	II	1200	245				
	III	**572**	3058	3058	III						
	V	**7026**	3058	3058	IV	2795	2206	1637	1086	579	168
	VI	**7494**	3058	3058							
32831,99	I,IV	**3412**	3061	3061	I	2214	1093	172			
	II	**2336**	3061	3061	II	1207	251				
	III	**578**	3061	3061	III						
	V	**7038**	3061	3061	IV	2803	2214	1644	1093	585	172
	VI	**7508**	3061	3061							

* Zur LSt-Berechnung für privat versicherte Arbeitnehmer s. Beispiele **Vorbemerkung S. 4 f.**
** Basisvorsorgepauschale KV und PV *** Typisierter Arbeitgeberzuschuss

Lohn/ Gehalt in € bis	Steuerklasse	Lohn- steuer*	BVSP**	TAGZ***	Steuerklasse	Bemessungsgrundlage für Kirchensteuer und Solidaritätszuschlag					
						Freibeträge für ... Kinder					
						0,5	**1,0**	1,5	**2,0**	2,5	**3,0**
32 867,99	I,IV	**3 420**	3 064	3 064	I	2 221	1 100	177			
	II	**2 343**	3 064	3 064	II	1 214	256				
	III	**582**	3 064	3 064	III						
	V	**7 048**	3 064	3 064	IV	2 811	2 221	1 651	1 100	591	177
	VI	**7 518**	3 064	3 064							
32 903,99	I,IV	**3 428**	3 068	3 068	I	2 229	1 107	182			
	II	**2 351**	3 068	3 068	II	1 221	261				
	III	**588**	3 068	3 068	III						
	V	**7 060**	3 068	3 068	IV	2 819	2 229	1 659	1 107	597	182
	VI	**7 530**	3 068	3 068							
32 939,99	I,IV	**3 436**	3 071	3 071	I	2 237	1 114	187			
	II	**2 358**	3 071	3 071	II	1 228	266				
	III	**592**	3 071	3 071	III						
	V	**7 070**	3 071	3 071	IV	2 827	2 237	1 666	1 114	603	187
	VI	**7 540**	3 071	3 071							
32 975,99	I,IV	**3 444**	3 075	3 075	I	2 244	1 122	192			
	II	**2 366**	3 075	3 075	II	1 235	271				
	III	**598**	3 075	3 075	III						
	V	**7 082**	3 075	3 075	IV	2 835	2 244	1 673	1 122	609	192
	VI	**7 552**	3 075	3 075							
33 011,99	I,IV	**3 452**	3 078	3 078	I	2 252	1 129	196			
	II	**2 374**	3 078	3 078	II	1 243	276				
	III	**604**	3 078	3 078	III						
	V	**7 092**	3 078	3 078	IV	2 842	2 252	1 681	1 129	615	196
	VI	**7 564**	3 078	3 078							
33 047,99	I,IV	**3 460**	3 081	3 081	I	2 259	1 136	201			
	II	**2 381**	3 081	3 081	II	1 250	281				
	III	**608**	3 081	3 081	III						
	V	**7 104**	3 081	3 081	IV	2 850	2 259	1 688	1 136	621	201
	VI	**7 574**	3 081	3 081							
33 083,99	I,IV	**3 468**	3 085	3 085	I	2 267	1 143	206			
	II	**2 389**	3 085	3 085	II	1 257	286				
	III	**614**	3 085	3 085	III						
	V	**7 116**	3 085	3 085	IV	2 858	2 267	1 695	1 143	628	206
	VI	**7 584**	3 085	3 085							
33 119,99	I,IV	**3 476**	3 088	3 088	I	2 275	1 150	211			
	II	**2 397**	3 088	3 088	II	1 264	291				
	III	**620**	3 088	3 088	III						
	V	**7 126**	3 088	3 088	IV	2 866	2 275	1 703	1 150	634	211
	VI	**7 598**	3 088	3 088							
33 155,99	I,IV	**3 485**	3 091	3 091	I	2 282	1 157	216			
	II	**2 404**	3 091	3 091	II	1 271	296				
	III	**624**	3 091	3 091	III						
	V	**7 136**	3 091	3 091	IV	2 874	2 282	1 710	1 157	640	216
	VI	**7 608**	3 091	3 091							
33 191,99	I,IV	**3 493**	3 095	3 095	I	2 290	1 164	221			
	II	**2 412**	3 095	3 095	II	1 278	302				
	III	**630**	3 095	3 095	III						
	V	**7 148**	3 095	3 095	IV	2 882	2 290	1 718	1 164	646	221
	VI	**7 618**	3 095	3 095							
33 227,99	I,IV	**3 501**	3 098	3 098	I	2 298	1 171	226			
	II	**2 420**	3 098	3 098	II	1 286	307				
	III	**634**	3 098	3 098	III						
	V	**7 160**	3 098	3 098	IV	2 890	2 298	1 725	1 171	652	226
	VI	**7 630**	3 098	3 098							
33 263,99	I,IV	**3 509**	3 101	3 101	I	2 305	1 178	231			
	II	**2 427**	3 101	3 101	II	1 293	312				
	III	**640**	3 101	3 101	III						
	V	**7 170**	3 101	3 101	IV	2 897	2 305	1 732	1 178	659	231
	VI	**7 642**	3 101	3 101							

* Zur LSt-Berechnung für privat versicherte Arbeitnehmer s. Beispiele **Vorbemerkung S. 4 f.**
** Basisvorsorgepauschale KV und PV *** Typisierter Arbeitgeberzuschuss

Lohn/ Gehalt in € bis	Steuerklasse	Lohn- steuer*	BVSP**	TAGZ***	Steuerklasse	Bemessungsgrundlage für Kirchensteuer und Solidaritätszuschlag					
						Freibeträge für ... Kinder					
						0,5	**1,0**	1,5	**2,0**	2,5	**3,0**
33 299,99	I,IV	**3 517**	3 105	3 105	I	2 313	1 186	236			
	II	**2 435**	3 105	3 105	II	1 300	317				
	III	**646**	3 105	3 105	III						
	V	**7 182**	3 105	3 105	IV	2 905	2 313	1 739	1 186	665	236
	VI	**7 654**	3 105	3 105							
33 335,99	I,IV	**3 525**	3 108	3 108	I	2 320	1 193	241			
	II	**2 443**	3 108	3 108	II	1 307	323				
	III	**650**	3 108	3 108	III						
	V	**7 192**	3 108	3 108	IV	2 913	2 320	1 747	1 193	671	241
	VI	**7 664**	3 108	3 108							
33 371,99	I,IV	**3 533**	3 111	3 111	I	2 328	1 200	246			
	II	**2 450**	3 111	3 111	II	1 314	328				
	III	**656**	3 111	3 111	III						
	V	**7 204**	3 111	3 111	IV	2 921	2 328	1 754	1 200	677	246
	VI	**7 676**	3 111	3 111							
33 407,99	I,IV	**3 541**	3 115	3 115	I	2 336	1 207	251			
	II	**2 458**	3 115	3 115	II	1 321	333				
	III	**662**	3 115	3 115	III						
	V	**7 214**	3 115	3 115	IV	2 929	2 336	1 762	1 207	684	251
	VI	**7 688**	3 115	3 115							
33 443,99	I,IV	**3 550**	3 118	3 118	I	2 343	1 214	256			
	II	**2 466**	3 118	3 118	II	1 329	338				
	III	**666**	3 118	3 118	III						
	V	**7 224**	3 118	3 118	IV	2 937	2 343	1 769	1 214	690	256
	VI	**7 698**	3 118	3 118							
33 479,99	I,IV	**3 558**	3 122	3 122	I	2 351	1 221	261			
	II	**2 474**	3 122	3 122	II	1 336	344				
	III	**672**	3 122	3 122	III						
	V	**7 236**	3 122	3 122	IV	2 945	2 351	1 776	1 221	696	261
	VI	**7 710**	3 122	3 122							
33 515,99	I,IV	**3 566**	3 125	3 125	I	2 359	1 228	266			
	II	**2 481**	3 125	3 125	II	1 343	349				
	III	**676**	3 125	3 125	III						
	V	**7 246**	3 125	3 125	IV	2 953	2 359	1 784	1 228	703	266
	VI	**7 722**	3 125	3 125							
33 551,99	I,IV	**3 574**	3 128	3 128	I	2 366	1 235	271			
	II	**2 489**	3 128	3 128	II	1 350	354				
	III	**682**	3 128	3 128	III						
	V	**7 258**	3 128	3 128	IV	2 960	2 366	1 791	1 235	709	271
	VI	**7 732**	3 128	3 128							
33 587,99	I,IV	**3 582**	3 132	3 132	I	2 374	1 243	276			
	II	**2 497**	3 132	3 132	II	1 357	360				
	III	**688**	3 132	3 132	III						
	V	**7 270**	3 132	3 132	IV	2 969	2 374	1 799	1 243	716	276
	VI	**7 746**	3 132	3 132							
33 623,99	I,IV	**3 590**	3 135	3 135	I	2 382	1 250	281			
	II	**2 504**	3 135	3 135	II	1 365	365				
	III	**692**	3 135	3 135	III						
	V	**7 282**	3 135	3 135	IV	2 976	2 382	1 806	1 250	722	281
	VI	**7 756**	3 135	3 135							
33 659,99	I,IV	**3 599**	3 138	3 138	I	2 389	1 257	286			
	II	**2 512**	3 138	3 138	II	1 372	371				
	III	**698**	3 138	3 138	III						
	V	**7 292**	3 138	3 138	IV	2 984	2 389	1 813	1 257	728	286
	VI	**7 766**	3 138	3 138							
33 695,99	I,IV	**3 607**	3 142	3 142	I	2 397	1 264	291			
	II	**2 520**	3 142	3 142	II	1 379	376				
	III	**704**	3 142	3 142	III						
	V	**7 302**	3 142	3 142	IV	2 992	2 397	1 821	1 264	735	291
	VI	**7 780**	3 142	3 142							

* Zur LSt-Berechnung für privat versicherte Arbeitnehmer s. Beispiele **Vorbemerkung S. 4 f.**
** Basisvorsorgepauschale KV und PV *** Typisierter Arbeitgeberzuschuss

Lohn/ Gehalt in € bis	Steuerklasse	Lohn-steuer*	BVSP**	TAGZ***	Steuerklasse	Bemessungsgrundlage für Kirchensteuer und Solidaritätszuschlag					
						Freibeträge für ... Kinder					
						0,5	**1,0**	1,5	**2,0**	2,5	**3,0**
33 731,99	I,IV	**3615**	3 145	3 145	I	2405	1271	297			
	II	**2528**	3 145	3 145	II	1386	381				
	III	**710**	3 145	3 145	III						
	V	**7314**	3 145	3 145	IV	3000	2405	1828	1271	741	297
	VI	**7790**	3 145	3 145							
33 767,99	I,IV	**3623**	3 148	3 148	I	2412	1278	302			
	II	**2535**	3 148	3 148	II	1393	387				
	III	**714**	3 148	3 148	III						
	V	**7324**	3 148	3 148	IV	3008	2412	1836	1278	748	302
	VI	**7800**	3 148	3 148							
33 803,99	I,IV	**3631**	3 152	3 152	I	2420	1286	307			
	II	**2543**	3 152	3 152	II	1401	392				
	III	**720**	3 152	3 152	III						
	V	**7338**	3 152	3 152	IV	3016	2420	1843	1286	754	307
	VI	**7814**	3 152	3 152							
33 839,99	I,IV	**3640**	3 155	3 155	I	2428	1293	312			
	II	**2551**	3 155	3 155	II	1408	398				
	III	**726**	3 155	3 155	III						
	V	**7348**	3 155	3 155	IV	3024	2428	1851	1293	761	312
	VI	**7824**	3 155	3 155							
33 875,99	I,IV	**3648**	3 158	3 158	I	2435	1300	317			
	II	**2558**	3 158	3 158	II	1415	403				
	III	**730**	3 158	3 158	III	4					
	V	**7360**	3 158	3 158	IV	3032	2435	1858	1300	767	317
	VI	**7834**	3 158	3 158							
33 911,99	I,IV	**3656**	3 162	3 162	I	2443	1307	323			
	II	**2566**	3 162	3 162	II	1422	409				
	III	**736**	3 162	3 162	III	8					
	V	**7370**	3 162	3 162	IV	3040	2443	1865	1307	774	323
	VI	**7848**	3 162	3 162							
33 947,99	I,IV	**3664**	3 165	3 165	I	2451	1314	328			
	II	**2574**	3 165	3 165	II	1430	414				
	III	**742**	3 165	3 165	III	12					
	V	**7380**	3 165	3 165	IV	3048	2451	1873	1314	780	328
	VI	**7858**	3 165	3 165							
33 983,99	I,IV	**3672**	3 169	3 169	I	2458	1322	333			
	II	**2582**	3 169	3 169	II	1437	420				
	III	**746**	3 169	3 169	III	16					
	V	**7392**	3 169	3 169	IV	3056	2458	1880	1322	787	333
	VI	**7870**	3 169	3 169							
34 019,99	I,IV	**3680**	3 172	3 172	I	2466	1329	338			
	II	**2589**	3 172	3 172	II	1444	425				
	III	**752**	3 172	3 172	III	20					
	V	**7402**	3 172	3 172	IV	3064	2466	1888	1329	793	338
	VI	**7882**	3 172	3 172							
34 055,99	I,IV	**3689**	3 175	3 175	I	2474	1336	344			
	II	**2597**	3 175	3 175	II	1451	431				
	III	**758**	3 175	3 175	III	24					
	V	**7416**	3 175	3 175	IV	3072	2474	1895	1336	800	344
	VI	**7894**	3 175	3 175							
34 091,99	I,IV	**3697**	3 179	3 179	I	2481	1343	349			
	II	**2605**	3 179	3 179	II	1459	437				
	III	**762**	3 179	3 179	III	28					
	V	**7426**	3 179	3 179	IV	3080	2481	1903	1343	807	349
	VI	**7904**	3 179	3 179							
34 127,99	I,IV	**3705**	3 182	3 182	I	2489	1350	355			
	II	**2613**	3 182	3 182	II	1466	442				
	III	**768**	3 182	3 182	III	34					
	V	**7436**	3 182	3 182	IV	3087	2489	1910	1350	813	355
	VI	**7916**	3 182	3 182							

* Zur LSt-Berechnung für privat versicherte Arbeitnehmer s. Beispiele **Vorbemerkung S. 4 f.**
** Basisvorsorgepauschale KV und PV *** Typisierter Arbeitgeberzuschuss

Lohn/ Gehalt in € bis	Steuerklasse	Lohn- steuer*	BVSP**	TAGZ***	Steuerklasse	Bemessungsgrundlage für Kirchensteuer und Solidaritätszuschlag					
						Freibeträge für ... Kinder					
						0,5	**1,0**	1,5	**2,0**	2,5	**3,0**
34 163,99	I,IV	**3 713**	3 185	3 185	I	2 497	1 357	360			
	II	**2 620**	3 185	3 185	II	1 473	448				
	III	**774**	3 185	3 185	III	38					
	V	**7 448**	3 185	3 185	IV	3 095	2 497	1 917	1 357	820	360
	VI	**7 926**	3 185	3 185							
34 199,99	I,IV	**3 722**	3 189	3 189	I	2 505	1 365	365			
	II	**2 628**	3 189	3 189	II	1 480	454				
	III	**780**	3 189	3 189	III	42					
	V	**7 460**	3 189	3 189	IV	3 103	2 505	1 925	1 365	827	365
	VI	**7 938**	3 189	3 189							
34 235,99	I,IV	**3 730**	3 192	3 192	I	2 512	1 372	371			
	II	**2 636**	3 192	3 192	II	1 488	459				
	III	**784**	3 192	3 192	III	46					
	V	**7 472**	3 192	3 192	IV	3 111	2 512	1 932	1 372	833	371
	VI	**7 950**	3 192	3 192							
34 271,99	I,IV	**3 738**	3 195	3 195	I	2 520	1 379	376			
	II	**2 644**	3 195	3 195	II	1 495	465				
	III	**790**	3 195	3 195	III	50					
	V	**7 482**	3 195	3 195	IV	3 119	2 520	1 940	1 379	840	376
	VI	**7 962**	3 195	3 195							
34 307,99	I,IV	**3 746**	3 199	3 199	I	2 528	1 386	382			
	II	**2 652**	3 199	3 199	II	1 502	471				
	III	**796**	3 199	3 199	III	54					
	V	**7 492**	3 199	3 199	IV	3 127	2 528	1 947	1 386	847	382
	VI	**7 972**	3 199	3 199							
34 343,99	I,IV	**3 754**	3 202	3 202	I	2 535	1 394	387			
	II	**2 659**	3 202	3 202	II	1 509	476				
	III	**802**	3 202	3 202	III	58					
	V	**7 504**	3 202	3 202	IV	3 135	2 535	1 955	1 394	853	387
	VI	**7 986**	3 202	3 202							
34 379,99	I,IV	**3 763**	3 205	3 205	I	2 543	1 401	392			
	II	**2 667**	3 205	3 205	II	1 517	482				
	III	**806**	3 205	3 205	III	62					
	V	**7 514**	3 205	3 205	IV	3 143	2 543	1 962	1 401	860	392
	VI	**7 996**	3 205	3 205							
34 415,99	I,IV	**3 771**	3 209	3 209	I	2 551	1 408	398			
	II	**2 675**	3 209	3 209	II	1 524	488				
	III	**812**	3 209	3 209	III	66					
	V	**7 528**	3 209	3 209	IV	3 151	2 551	1 970	1 408	867	398
	VI	**8 008**	3 209	3 209							
34 451,99	I,IV	**3 779**	3 212	3 212	I	2 559	1 415	404			
	II	**2 683**	3 212	3 212	II	1 531	494				
	III	**818**	3 212	3 212	III	72					
	V	**7 538**	3 212	3 212	IV	3 159	2 559	1 977	1 415	874	404
	VI	**8 018**	3 212	3 212							
34 487,99	I,IV	**3 787**	3 216	3 216	I	2 566	1 422	409			
	II	**2 690**	3 216	3 216	II	1 538	499				
	III	**824**	3 216	3 216	III	76					
	V	**7 548**	3 216	3 216	IV	3 167	2 566	1 985	1 422	881	409
	VI	**8 032**	3 216	3 216							
34 523,99	I,IV	**3 795**	3 219	3 219	I	2 574	1 430	414			
	II	**2 698**	3 219	3 219	II	1 546	505				
	III	**828**	3 219	3 219	III	80					
	V	**7 560**	3 219	3 219	IV	3 175	2 574	1 992	1 430	887	414
	VI	**8 042**	3 219	3 219							
34 559,99	I,IV	**3 804**	3 222	3 222	I	2 582	1 437	420			
	II	**2 706**	3 222	3 222	II	1 553	511				
	III	**834**	3 222	3 222	III	84					
	V	**7 572**	3 222	3 222	IV	3 183	2 582	2 000	1 437	894	420
	VI	**8 054**	3 222	3 222							

* Zur LSt-Berechnung für privat versicherte Arbeitnehmer s. Beispiele **Vorbemerkung S. 4 f.**
** Basisvorsorgepauschale KV und PV *** Typisierter Arbeitgeberzuschuss

Lohn/ Gehalt in € bis	Steuerklasse	Lohn- steuer*	BVSP**	TAGZ***	Steuerklasse	Bemessungsgrundlage für Kirchensteuer und Solidaritätszuschlag					
						Freibeträge für ... Kinder					
						0,5	**1,0**	1,5	**2,0**	2,5	**3,0**
34 595,99	I,IV	**3 812**	3 226	3 226	I	2 590	1 444	426			
	II	**2 714**	3 226	3 226	II	1 560	517				
	III	**840**	3 226	3 226	III	88					
	V	**7 584**	3 226	3 226	IV	3 191	2 590	2 007	1 444	901	426
	VI	**8 066**	3 226	3 226							
34 631,99	I,IV	**3 820**	3 229	3 229	I	2 597	1 451	431			
	II	**2 722**	3 229	3 229	II	1 568	523				
	III	**846**	3 229	3 229	III	92					
	V	**7 594**	3 229	3 229	IV	3 199	2 597	2 015	1 451	908	431
	VI	**8 076**	3 229	3 229							
34 667,99	I,IV	**3 829**	3 232	3 232	I	2 605	1 459	437			
	II	**2 730**	3 232	3 232	II	1 575	529				
	III	**852**	3 232	3 232	III	96					
	V	**7 606**	3 232	3 232	IV	3 207	2 605	2 022	1 459	915	437
	VI	**8 088**	3 232	3 232							
34 703,99	I,IV	**3 837**	3 236	3 236	I	2 613	1 466	443			
	II	**2 737**	3 236	3 236	II	1 582	535				
	III	**856**	3 236	3 236	III	100					
	V	**7 618**	3 236	3 236	IV	3 215	2 613	2 030	1 466	922	443
	VI	**8 102**	3 236	3 236							
34 739,99	I,IV	**3 845**	3 239	3 239	I	2 621	1 473	448			
	II	**2 745**	3 239	3 239	II	1 590	540				
	III	**862**	3 239	3 239	III	106					
	V	**7 628**	3 239	3 239	IV	3 223	2 621	2 037	1 473	929	448
	VI	**8 112**	3 239	3 239							
34 775,99	I,IV	**3 853**	3 242	3 242	I	2 628	1 480	454			
	II	**2 753**	3 242	3 242	II	1 597	546				
	III	**868**	3 242	3 242	III	110					
	V	**7 638**	3 242	3 242	IV	3 231	2 628	2 045	1 480	936	454
	VI	**8 122**	3 242	3 242							
34 811,99	I,IV	**3 862**	3 246	3 246	I	2 636	1 488	460			
	II	**2 761**	3 246	3 246	II	1 604	552				
	III	**874**	3 246	3 246	III	114					
	V	**7 652**	3 246	3 246	IV	3 239	2 636	2 052	1 488	943	460
	VI	**8 134**	3 246	3 246							
34 847,99	I,IV	**3 870**	3 249	3 249	I	2 644	1 495	465			
	II	**2 768**	3 249	3 249	II	1 612	558				
	III	**880**	3 249	3 249	III	118					
	V	**7 662**	3 249	3 249	IV	3 247	2 644	2 060	1 495	950	465
	VI	**8 148**	3 249	3 249							
34 883,99	I,IV	**3 878**	3 252	3 252	I	2 652	1 502	471			
	II	**2 776**	3 252	3 252	II	1 619	564				
	III	**884**	3 252	3 252	III	122					
	V	**7 674**	3 252	3 252	IV	3 255	2 652	2 067	1 502	956	471
	VI	**8 158**	3 252	3 252							
34 919,99	I,IV	**3 887**	3 256	3 256	I	2 660	1 510	477			
	II	**2 784**	3 256	3 256	II	1 626	570				
	III	**890**	3 256	3 256	III	126					
	V	**7 686**	3 256	3 256	IV	3 263	2 660	2 075	1 510	964	477
	VI	**8 170**	3 256	3 256							
34 955,99	I,IV	**3 895**	3 259	3 259	I	2 667	1 517	482			
	II	**2 792**	3 259	3 259	II	1 634	576				
	III	**896**	3 259	3 259	III	132					
	V	**7 696**	3 259	3 259	IV	3 271	2 667	2 082	1 517	971	482
	VI	**8 182**	3 259	3 259							
34 991,99	I,IV	**3 903**	3 263	3 263	I	2 675	1 524	488			
	II	**2 800**	3 263	3 263	II	1 641	582				
	III	**902**	3 263	3 263	III	136					
	V	**7 708**	3 263	3 263	IV	3 279	2 675	2 090	1 524	978	488
	VI	**8 194**	3 263	3 263							

* Zur LSt-Berechnung für privat versicherte Arbeitnehmer s. Beispiele **Vorbemerkung S. 4 f.**
** Basisvorsorgepauschale KV und PV *** Typisierter Arbeitgeberzuschuss

Lohn/ Gehalt in € bis	Steuerklasse	Lohn- steuer*	BVSP**	TAGZ***	Steuerklasse	Bemessungsgrundlage für Kirchensteuer und Solidaritätszuschlag					
						Freibeträge für ... Kinder					
						0,5	**1,0**	1,5	**2,0**	2,5	**3,0**
35 027,99	I,IV	**3 911**	3 266	3 266	I	2 683	1 532	494			
	II	**2 808**	3 266	3 266	II	1 648	588				
	III	**908**	3 266	3 266	III	140					
	V	**7 720**	3 266	3 266	IV	3 288	2 683	2 098	1 532	985	494
	VI	**8 204**	3 266	3 266							
35 063,99	I,IV	**3 920**	3 269	3 269	I	2 691	1 539	500			
	II	**2 816**	3 269	3 269	II	1 656	594				
	III	**914**	3 269	3 269	III	144					
	V	**7 730**	3 269	3 269	IV	3 296	2 691	2 105	1 539	992	500
	VI	**8 216**	3 269	3 269							
35 099,99	I,IV	**3 928**	3 273	3 273	I	2 698	1 546	505			
	II	**2 823**	3 273	3 273	II	1 663	601				
	III	**918**	3 273	3 273	III	148					
	V	**7 742**	3 273	3 273	IV	3 303	2 698	2 112	1 546	999	505
	VI	**8 228**	3 273	3 273							
35 135,99	I,IV	**3 936**	3 276	3 276	I	2 706	1 553	511			
	II	**2 831**	3 276	3 276	II	1 670	607				
	III	**924**	3 276	3 276	III	154					
	V	**7 752**	3 276	3 276	IV	3 311	2 706	2 120	1 553	1 006	511
	VI	**8 240**	3 276	3 276							
35 171,99	I,IV	**3 945**	3 279	3 279	I	2 714	1 561	517			
	II	**2 839**	3 279	3 279	II	1 678	613				
	III	**930**	3 279	3 279	III	158					
	V	**7 764**	3 279	3 279	IV	3 320	2 714	2 128	1 561	1 013	517
	VI	**8 252**	3 279	3 279							
35 207,99	I,IV	**3 953**	3 283	3 283	I	2 722	1 568	523			
	II	**2 847**	3 283	3 283	II	1 685	619				
	III	**936**	3 283	3 283	III	162					
	V	**7 776**	3 283	3 283	IV	3 328	2 722	2 135	1 568	1 020	523
	VI	**8 264**	3 283	3 283							
35 243,99	I,IV	**3 961**	3 286	3 286	I	2 730	1 575	529			
	II	**2 855**	3 286	3 286	II	1 692	625				
	III	**942**	3 286	3 286	III	166					
	V	**7 788**	3 286	3 286	IV	3 336	2 730	2 143	1 575	1 027	529
	VI	**8 274**	3 286	3 286							
35 279,99	I,IV	**3 970**	3 289	3 289	I	2 737	1 583	535			
	II	**2 863**	3 289	3 289	II	1 700	631				
	III	**948**	3 289	3 289	III	172					
	V	**7 798**	3 289	3 289	IV	3 344	2 737	2 150	1 583	1 034	535
	VI	**8 286**	3 289	3 289							
35 315,99	I,IV	**3 978**	3 293	3 293	I	2 745	1 590	541			
	II	**2 871**	3 293	3 293	II	1 707	637				
	III	**952**	3 293	3 293	III	176					
	V	**7 810**	3 293	3 293	IV	3 352	2 745	2 158	1 590	1 041	541
	VI	**8 298**	3 293	3 293							
35 351,99	I,IV	**3 986**	3 296	3 296	I	2 753	1 597	547			
	II	**2 878**	3 296	3 296	II	1 714	643				
	III	**958**	3 296	3 296	III	180					
	V	**7 822**	3 296	3 296	IV	3 360	2 753	2 165	1 597	1 048	547
	VI	**8 310**	3 296	3 296							
35 387,99	I,IV	**3 994**	3 299	3 299	I	2 761	1 604	552			
	II	**2 886**	3 299	3 299	II	1 722	650				
	III	**964**	3 299	3 299	III	184					
	V	**7 834**	3 299	3 299	IV	3 368	2 761	2 173	1 604	1 055	552
	VI	**8 322**	3 299	3 299							
35 423,99	I,IV	**4 003**	3 303	3 303	I	2 769	1 612	559			
	II	**2 894**	3 303	3 303	II	1 729	656				
	III	**970**	3 303	3 303	III	188					
	V	**7 846**	3 303	3 303	IV	3 376	2 769	2 181	1 612	1 062	559
	VI	**8 334**	3 303	3 303							

* Zur LSt-Berechnung für privat versicherte Arbeitnehmer s. Beispiele **Vorbemerkung S. 4 f.**
** Basisvorsorgepauschale KV und PV *** Typisierter Arbeitgeberzuschuss

Lohn/ Gehalt in € bis	Steuerklasse	Lohn- steuer*	BVSP**	TAGZ***	Steuerklasse	Bemessungsgrundlage für Kirchensteuer und Solidaritätszuschlag – Freibeträge für ... Kinder 0,5	1,0	1,5	2,0	2,5	3,0
35 459,99	I,IV	**4011**	3306	3306	I	2776	1619	564			
	II	**2902**	3306	3306	II	1736	662				
	III	**976**	3306	3306	III	194					
	V	**7856**	3306	3306	IV	3384	2776	2188	1619	1069	564
	VI	**8344**	3306	3306							
35 495,99	I,IV	**4019**	3310	3310	I	2784	1626	570			
	II	**2910**	3310	3310	II	1744	668				
	III	**982**	3310	3310	III	198					
	V	**7866**	3310	3310	IV	3392	2784	2196	1626	1076	570
	VI	**8358**	3310	3310							
35 531,99	I,IV	**4028**	3313	3313	I	2792	1634	577			
	II	**2918**	3313	3313	II	1751	675				
	III	**988**	3313	3313	III	202					
	V	**7880**	3313	3313	IV	3400	2792	2203	1634	1083	577
	VI	**8368**	3313	3313							
35 567,99	I,IV	**4036**	3316	3316	I	2800	1641	583			
	II	**2926**	3316	3316	II	1759	681				
	III	**994**	3316	3316	III	206					
	V	**7890**	3316	3316	IV	3408	2800	2211	1641	1090	583
	VI	**8380**	3316	3316							
35 603,99	I,IV	**4044**	3320	3320	I	2808	1648	588			
	II	**2933**	3320	3320	II	1766	687				
	III	**998**	3320	3320	III	212					
	V	**7900**	3320	3320	IV	3416	2808	2218	1648	1097	588
	VI	**8390**	3320	3320							
35 639,99	I,IV	**4053**	3323	3323	I	2816	1656	595			
	II	**2942**	3323	3323	II	1773	694				
	III	**1004**	3323	3323	III	216					
	V	**7914**	3323	3323	IV	3425	2816	2226	1656	1105	595
	VI	**8404**	3323	3323							
35 675,99	I,IV	**4061**	3326	3326	I	2824	1663	601			
	II	**2949**	3326	3326	II	1781	700				
	III	**1010**	3326	3326	III	220					
	V	**7924**	3326	3326	IV	3433	2824	2234	1663	1112	601
	VI	**8416**	3326	3326							
35 711,99	I,IV	**4069**	3330	3330	I	2831	1670	607			
	II	**2957**	3330	3330	II	1788	706				
	III	**1016**	3330	3330	III	224					
	V	**7936**	3330	3330	IV	3441	2831	2241	1670	1119	607
	VI	**8426**	3330	3330							
35 747,99	I,IV	**4078**	3333	3333	I	2839	1678	613			
	II	**2965**	3333	3333	II	1795	713				
	III	**1022**	3333	3333	III	230					
	V	**7948**	3333	3333	IV	3449	2839	2249	1678	1126	613
	VI	**8438**	3333	3333							
35 783,99	I,IV	**4086**	3336	3336	I	2847	1685	619			
	II	**2973**	3336	3336	II	1803	719				
	III	**1028**	3336	3336	III	234					
	V	**7960**	3336	3336	IV	3457	2847	2256	1685	1133	619
	VI	**8452**	3336	3336							
35 819,99	I,IV	**4095**	3340	3340	I	2855	1692	625			
	II	**2981**	3340	3340	II	1810	726				
	III	**1034**	3340	3340	III	238					
	V	**7970**	3340	3340	IV	3465	2855	2264	1692	1140	625
	VI	**8462**	3340	3340							
35 855,99	I,IV	**4103**	3343	3343	I	2863	1700	631			
	II	**2989**	3343	3343	II	1818	732				
	III	**1040**	3343	3343	III	244					
	V	**7982**	3343	3343	IV	3473	2863	2272	1700	1147	631
	VI	**8474**	3343	3343							

* Zur LSt-Berechnung für privat versicherte Arbeitnehmer s. Beispiele **Vorbemerkung S. 4 f.**
** Basisvorsorgepauschale KV und PV *** Typisierter Arbeitgeberzuschuss

Lohn/ Gehalt in € bis	Steuerklasse	Lohn-steuer*	BVSP**	TAGZ***	Steuerklasse	Bemessungsgrundlage für Kirchensteuer und Solidaritätszuschlag – Freibeträge für ... Kinder 0,5	1,0	1,5	2,0	2,5	3,0
35 891,99	I,IV	**4 111**	3 346	3 346	I	2 871	1 707	638			
	II	**2 997**	3 346	3 346	II	1 825	739				
	III	**1 046**	3 346	3 346	III	248					
	V	**7 994**	3 346	3 346	IV	3 481	2 871	2 279	1 707	1 154	638
	VI	**8 486**	3 346	3 346							
35 927,99	I,IV	**4 120**	3 350	3 350	I	2 879	1 715	644			
	II	**3 005**	3 350	3 350	II	1 833	745				
	III	**1 052**	3 350	3 350	III	252					
	V	**8 006**	3 350	3 350	IV	3 490	2 879	2 287	1 715	1 161	644
	VI	**8 500**	3 350	3 350							
35 963,99	I,IV	**4 128**	3 353	3 353	I	2 886	1 722	650			
	II	**3 013**	3 353	3 353	II	1 840	751				
	III	**1 058**	3 353	3 353	III	256					
	V	**8 018**	3 353	3 353	IV	3 498	2 886	2 294	1 722	1 168	650
	VI	**8 510**	3 353	3 353							
35 999,99	I,IV	**4 137**	3 356	3 356	I	2 894	1 729	656			
	II	**3 021**	3 356	3 356	II	1 848	758				
	III	**1 064**	3 356	3 356	III	262					
	V	**8 030**	3 356	3 356	IV	3 506	2 894	2 302	1 729	1 176	656
	VI	**8 522**	3 356	3 356							
36 035,99	I,IV	**4 145**	3 360	3 360	I	2 902	1 737	662			
	II	**3 029**	3 360	3 360	II	1 855	764				
	III	**1 070**	3 360	3 360	III	266					
	V	**8 040**	3 360	3 360	IV	3 514	2 902	2 310	1 737	1 183	662
	VI	**8 534**	3 360	3 360							
36 071,99	I,IV	**4 153**	3 363	3 363	I	2 910	1 744	669			
	II	**3 036**	3 363	3 363	II	1 862	771				
	III	**1 076**	3 363	3 363	III	270					
	V	**8 052**	3 363	3 363	IV	3 522	2 910	2 317	1 744	1 190	669
	VI	**8 544**	3 363	3 363							
36 107,99	I,IV	**4 162**	3 367	3 367	I	2 918	1 751	675			
	II	**3 044**	3 367	3 367	II	1 870	777				
	III	**1 080**	3 367	3 367	III	276					
	V	**8 064**	3 367	3 367	IV	3 530	2 918	2 325	1 751	1 197	675
	VI	**8 558**	3 367	3 367							
36 143,99	I,IV	**4 170**	3 370	3 370	I	2 926	1 759	681			
	II	**3 052**	3 370	3 370	II	1 877	784				
	III	**1 088**	3 370	3 370	III	280					
	V	**8 074**	3 370	3 370	IV	3 538	2 926	2 333	1 759	1 204	681
	VI	**8 570**	3 370	3 370							
36 179,99	I,IV	**4 178**	3 373	3 373	I	2 934	1 766	688			
	II	**3 060**	3 373	3 373	II	1 885	791				
	III	**1 094**	3 373	3 373	III	284					
	V	**8 086**	3 373	3 373	IV	3 546	2 934	2 340	1 766	1 211	688
	VI	**8 580**	3 373	3 373							
36 215,99	I,IV	**4 187**	3 377	3 377	I	2 942	1 773	694			
	II	**3 068**	3 377	3 377	II	1 892	797				
	III	**1 098**	3 377	3 377	III	290					
	V	**8 098**	3 377	3 377	IV	3 555	2 942	2 348	1 773	1 218	694
	VI	**8 592**	3 377	3 377							
36 251,99	I,IV	**4 195**	3 380	3 380	I	2 950	1 781	700			
	II	**3 076**	3 380	3 380	II	1 900	804				
	III	**1 104**	3 380	3 380	III	294					
	V	**8 110**	3 380	3 380	IV	3 563	2 950	2 356	1 781	1 226	700
	VI	**8 604**	3 380	3 380							
36 287,99	I,IV	**4 204**	3 383	3 383	I	2 957	1 788	707			
	II	**3 084**	3 383	3 383	II	1 907	811				
	III	**1 110**	3 383	3 383	III	298					
	V	**8 120**	3 383	3 383	IV	3 571	2 957	2 363	1 788	1 233	707
	VI	**8 618**	3 383	3 383							

* Zur LSt-Berechnung für privat versicherte Arbeitnehmer s. Beispiele **Vorbemerkung S. 4 f.**
** Basisvorsorgepauschale KV und PV *** Typisierter Arbeitgeberzuschuss

Lohn/ Gehalt in € bis	Steuerklasse	**Lohn-steuer***	BVSP**	TAGZ***	Steuerklasse	Bemessungsgrundlage für Kirchensteuer und Solidaritätszuschlag – Freibeträge für ... Kinder 0,5	**1,0**	1,5	**2,0**	2,5	**3,0**
36 323,99	I,IV	**4 212**	3 387	3 387	I	2 965	1 796	713			
	II	**3 092**	3 387	3 387	II	1 914	817				
	III	**1 116**	3 387	3 387	III	304					
	V	**8 134**	3 387	3 387	IV	3 579	2 965	2 371	1 796	1 240	713
	VI	**8 628**	3 387	3 387							
36 359,99	I,IV	**4 220**	3 390	3 390	I	2 973	1 803	719			
	II	**3 100**	3 390	3 390	II	1 922	824				
	III	**1 122**	3 390	3 390	III	308					
	V	**8 144**	3 390	3 390	IV	3 587	2 973	2 378	1 803	1 247	719
	VI	**8 640**	3 390	3 390							
36 395,99	I,IV	**4 229**	3 393	3 393	I	2 981	1 811	726			
	II	**3 108**	3 393	3 393	II	1 929	831	5			
	III	**1 128**	3 393	3 393	III	312					
	V	**8 156**	3 393	3 393	IV	3 595	2 981	2 386	1 811	1 254	726
	VI	**8 652**	3 393	3 393							
36 431,99	I,IV	**4 237**	3 397	3 397	I	2 989	1 818	732			
	II	**3 116**	3 397	3 397	II	1 937	837	9			
	III	**1 134**	3 397	3 397	III	318					
	V	**8 166**	3 397	3 397	IV	3 604	2 989	2 394	1 818	1 261	732
	VI	**8 664**	3 397	3 397							
36 467,99	I,IV	**4 246**	3 400	3 400	I	2 997	1 825	739			
	II	**3 124**	3 400	3 400	II	1 944	844	13			
	III	**1 140**	3 400	3 400	III	322					
	V	**8 180**	3 400	3 400	IV	3 612	2 997	2 401	1 825	1 268	739
	VI	**8 676**	3 400	3 400							
36 503,99	I,IV	**4 254**	3 403	3 403	I	3 005	1 833	745			
	II	**3 132**	3 403	3 403	II	1 952	851	17			
	III	**1 146**	3 403	3 403	III	326					
	V	**8 192**	3 403	3 403	IV	3 620	3 005	2 409	1 833	1 276	745
	VI	**8 688**	3 403	3 403							
36 539,99	I,IV	**4 263**	3 407	3 407	I	3 013	1 840	752			
	II	**3 140**	3 407	3 407	II	1 959	857	21			
	III	**1 152**	3 407	3 407	III	332					
	V	**8 202**	3 407	3 407	IV	3 628	3 013	2 417	1 840	1 283	752
	VI	**8 700**	3 407	3 407							
36 575,99	I,IV	**4 271**	3 410	3 410	I	3 021	1 848	758			
	II	**3 148**	3 410	3 410	II	1 967	864	25			
	III	**1 158**	3 410	3 410	III	336					
	V	**8 214**	3 410	3 410	IV	3 636	3 021	2 424	1 848	1 290	758
	VI	**8 710**	3 410	3 410							
36 611,99	I,IV	**4 280**	3 414	3 414	I	3 029	1 855	765			
	II	**3 156**	3 414	3 414	II	1 974	871	30			
	III	**1 166**	3 414	3 414	III	342					
	V	**8 226**	3 414	3 414	IV	3 645	3 029	2 432	1 855	1 297	765
	VI	**8 724**	3 414	3 414							
36 647,99	I,IV	**4 288**	3 417	3 417	I	3 037	1 863	771			
	II	**3 164**	3 417	3 417	II	1 982	878	34			
	III	**1 170**	3 417	3 417	III	346					
	V	**8 238**	3 417	3 417	IV	3 653	3 037	2 440	1 863	1 304	771
	VI	**8 736**	3 417	3 417							
36 683,99	I,IV	**4 296**	3 420	3 420	I	3 045	1 870	778			
	II	**3 172**	3 420	3 420	II	1 989	884	38			
	III	**1 176**	3 420	3 420	III	350					
	V	**8 248**	3 420	3 420	IV	3 661	3 045	2 448	1 870	1 312	778
	VI	**8 748**	3 420	3 420							
36 719,99	I,IV	**4 305**	3 424	3 424	I	3 052	1 877	784			
	II	**3 180**	3 424	3 424	II	1 997	891	42			
	III	**1 182**	3 424	3 424	III	356					
	V	**8 262**	3 424	3 424	IV	3 669	3 052	2 455	1 877	1 319	784
	VI	**8 758**	3 424	3 424							

* Zur LSt-Berechnung für privat versicherte Arbeitnehmer s. Beispiele **Vorbemerkung S. 4f.**
** Basisvorsorgepauschale KV und PV *** Typisierter Arbeitgeberzuschuss

Lohn/ Gehalt in € bis	Steuerklasse	Lohn- steuer*	BVSP**	TAGZ***	Steuerklasse	Bemessungsgrundlage für Kirchensteuer und Solidaritätszuschlag					
						Freibeträge für ... Kinder					
						0,5	**1,0**	1,5	**2,0**	2,5	**3,0**
36755,99	I,IV	**4313**	3427	3427	I	3061	1885	791			
	II	**3188**	3427	3427	II	2004	898	47			
	III	**1188**	3427	3427	III	360					
	V	**8272**	3427	3427	IV	3677	3061	2463	1885	1326	791
	VI	**8770**	3427	3427							
36791,99	I,IV	**4322**	3430	3430	I	3068	1892	797			
	II	**3196**	3430	3430	II	2012	905	51			
	III	**1196**	3430	3430	III	364					
	V	**8284**	3430	3430	IV	3685	3068	2471	1892	1333	797
	VI	**8784**	3430	3430							
36827,99	I,IV	**4330**	3434	3434	I	3076	1900	804			
	II	**3204**	3434	3434	II	2019	912	55			
	III	**1202**	3434	3434	III	370					
	V	**8296**	3434	3434	IV	3694	3076	2478	1900	1340	804
	VI	**8796**	3434	3434							
36863,99	I,IV	**4339**	3437	3437	I	3084	1907	811			
	II	**3212**	3437	3437	II	2027	919	60			
	III	**1208**	3437	3437	III	374					
	V	**8308**	3437	3437	IV	3702	3084	2486	1907	1348	811
	VI	**8808**	3437	3437							
36899,99	I,IV	**4347**	3440	3440	I	3092	1915	817			
	II	**3220**	3440	3440	II	2034	926	64			
	III	**1214**	3440	3440	III	380					
	V	**8320**	3440	3440	IV	3710	3092	2494	1915	1355	817
	VI	**8820**	3440	3440							
36935,99	I,IV	**4356**	3444	3444	I	3100	1922	824			
	II	**3228**	3444	3444	II	2042	933	68			
	III	**1220**	3444	3444	III	384					
	V	**8330**	3444	3444	IV	3718	3100	2501	1922	1362	824
	VI	**8830**	3444	3444							
36971,99	I,IV	**4364**	3447	3447	I	3108	1929	831	5		
	II	**3236**	3447	3447	II	2049	940	73			
	III	**1226**	3447	3447	III	388					
	V	**8344**	3447	3447	IV	3726	3108	2509	1929	1369	831
	VI	**8844**	3447	3447							
37007,99	I,IV	**4373**	3450	3450	I	3116	1937	837	9		
	II	**3244**	3450	3450	II	2057	947	77			
	III	**1232**	3450	3450	III	394					
	V	**8356**	3450	3450	IV	3735	3116	2517	1937	1376	837
	VI	**8856**	3450	3450							
37043,99	I,IV	**4381**	3454	3454	I	3124	1944	844	13		
	II	**3252**	3454	3454	II	2064	954	81			
	III	**1238**	3454	3454	III	398					
	V	**8366**	3454	3454	IV	3743	3124	2525	1944	1384	844
	VI	**8868**	3454	3454							
37079,99	I,IV	**4389**	3457	3457	I	3132	1952	851	17		
	II	**3260**	3457	3457	II	2072	961	86			
	III	**1244**	3457	3457	III	404					
	V	**8378**	3457	3457	IV	3751	3132	2532	1952	1391	851
	VI	**8880**	3457	3457							
37115,99	I,IV	**4398**	3461	3461	I	3140	1959	858	21		
	II	**3268**	3461	3461	II	2079	968	90			
	III	**1250**	3461	3461	III	408					
	V	**8390**	3461	3461	IV	3759	3140	2540	1959	1398	858
	VI	**8892**	3461	3461							
37151,99	I,IV	**4406**	3464	3464	I	3148	1967	864	25		
	II	**3276**	3464	3464	II	2087	975	95			
	III	**1256**	3464	3464	III	414					
	V	**8402**	3464	3464	IV	3768	3148	2548	1967	1405	864
	VI	**8902**	3464	3464							

* Zur LSt-Berechnung für privat versicherte Arbeitnehmer s. Beispiele **Vorbemerkung S. 4 f.**
** Basisvorsorgepauschale KV und PV *** Typisierter Arbeitgeberzuschuss

Lohn/ Gehalt in € bis	Steuerklasse	Lohn- steuer*	BVSP**	TAGZ***	Steuerklasse	Bemessungsgrundlage für Kirchensteuer und Solidaritätszuschlag – Freibeträge für ... Kinder 0,5	1,0	1,5	2,0	2,5	3,0
37 187,99	I,IV	**4415**	3467	3467	I	3156	1974	871	30		
	II	**3284**	3467	3467	II	2094	982	99			
	III	**1262**	3467	3467	III	418					
	V	**8414**	3467	3467	IV	3776	3156	2555	1974	1412	871
	VI	**8916**	3467	3467							
37 223,99	I,IV	**4424**	3471	3471	I	3164	1982	878	34		
	II	**3292**	3471	3471	II	2102	989	104			
	III	**1268**	3471	3471	III	424					
	V	**8424**	3471	3471	IV	3784	3164	2563	1982	1420	878
	VI	**8928**	3471	3471							
37 259,99	I,IV	**4432**	3474	3474	I	3172	1989	885	38		
	II	**3300**	3474	3474	II	2109	996	108			
	III	**1274**	3474	3474	III	428					
	V	**8436**	3474	3474	IV	3792	3172	2571	1989	1427	885
	VI	**8940**	3474	3474							
37 295,99	I,IV	**4440**	3477	3477	I	3180	1997	891	42		
	II	**3308**	3477	3477	II	2117	1003	113			
	III	**1282**	3477	3477	III	432					
	V	**8450**	3477	3477	IV	3801	3180	2579	1997	1434	891
	VI	**8952**	3477	3477							
37 331,99	I,IV	**4449**	3481	3481	I	3188	2004	898	47		
	II	**3316**	3481	3481	II	2124	1010	117			
	III	**1286**	3481	3481	III	438					
	V	**8460**	3481	3481	IV	3809	3188	2586	2004	1441	898
	VI	**8964**	3481	3481							
37 367,99	I,IV	**4458**	3484	3484	I	3196	2012	905	51		
	II	**3324**	3484	3484	II	2132	1017	122			
	III	**1294**	3484	3484	III	442					
	V	**8472**	3484	3484	IV	3817	3196	2594	2012	1449	905
	VI	**8976**	3484	3484							
37 403,99	I,IV	**4466**	3487	3487	I	3204	2019	912	55		
	II	**3332**	3487	3487	II	2140	1024	127			
	III	**1300**	3487	3487	III	448					
	V	**8484**	3487	3487	IV	3825	3204	2602	2019	1456	912
	VI	**8988**	3487	3487							
37 439,99	I,IV	**4474**	3491	3491	I	3212	2027	919	60		
	II	**3340**	3491	3491	II	2147	1031	131			
	III	**1306**	3491	3491	III	452					
	V	**8496**	3491	3491	IV	3834	3212	2610	2027	1463	919
	VI	**9000**	3491	3491							
37 475,99	I,IV	**4483**	3494	3494	I	3220	2034	926	64		
	II	**3349**	3494	3494	II	2155	1038	136			
	III	**1312**	3494	3494	III	458					
	V	**8508**	3494	3494	IV	3842	3220	2618	2034	1470	926
	VI	**9012**	3494	3494							
37 511,99	I,IV	**4492**	3497	3497	I	3228	2042	933	68		
	II	**3357**	3497	3497	II	2162	1045	140			
	III	**1318**	3497	3497	III	462					
	V	**8520**	3497	3497	IV	3850	3228	2625	2042	1478	933
	VI	**9024**	3497	3497							
37 547,99	I,IV	**4500**	3501	3501	I	3236	2049	940	73		
	II	**3365**	3501	3501	II	2170	1052	145			
	III	**1324**	3501	3501	III	468					
	V	**8530**	3501	3501	IV	3858	3236	2633	2049	1485	940
	VI	**9036**	3501	3501							
37 583,99	I,IV	**4508**	3504	3504	I	3244	2057	947	77		
	II	**3373**	3504	3504	II	2177	1059	150			
	III	**1330**	3504	3504	III	472					
	V	**8544**	3504	3504	IV	3867	3244	2641	2057	1492	947
	VI	**9048**	3504	3504							

* Zur LSt-Berechnung für privat versicherte Arbeitnehmer s. Beispiele **Vorbemerkung S. 4f.**
** Basisvorsorgepauschale KV und PV *** Typisierter Arbeitgeberzuschuss

Lohn/ Gehalt in € bis	Steuerklasse	Lohn-steuer*	BVSP**	TAGZ***	Steuerklasse	Bemessungsgrundlage für Kirchensteuer und Solidaritätszuschlag — Freibeträge für ... Kinder 0,5	1,0	1,5	2,0	2,5	3,0
37619,99	I,IV	**4517**	3508	3508	I	3252	2064	954	82		
	II	**3381**	3508	3508	II	2185	1066	154			
	III	**1338**	3508	3508	III	478					
	V	**8556**	3508	3508	IV	3875	3252	2649	2064	1499	954
	VI	**9060**	3508	3508							
37655,99	I,IV	**4526**	3511	3511	I	3260	2072	961	86		
	II	**3389**	3511	3511	II	2192	1073	159			
	III	**1344**	3511	3511	III	482					
	V	**8566**	3511	3511	IV	3883	3260	2656	2072	1507	961
	VI	**9074**	3511	3511							
37691,99	I,IV	**4534**	3514	3514	I	3268	2079	968	90		
	II	**3397**	3514	3514	II	2200	1080	164			
	III	**1350**	3514	3514	III	488					
	V	**8578**	3514	3514	IV	3891	3268	2664	2079	1514	968
	VI	**9086**	3514	3514							
37727,99	I,IV	**4543**	3518	3518	I	3276	2087	975	95		
	II	**3405**	3518	3518	II	2208	1088	169			
	III	**1356**	3518	3518	III	492					
	V	**8590**	3518	3518	IV	3900	3276	2672	2087	1521	975
	VI	**9098**	3518	3518							
37763,99	I,IV	**4551**	3521	3521	I	3284	2094	982	99		
	II	**3413**	3521	3521	II	2215	1095	173			
	III	**1362**	3521	3521	III	498					
	V	**8604**	3521	3521	IV	3908	3284	2680	2094	1529	982
	VI	**9110**	3521	3521							
37799,99	I,IV	**4560**	3524	3524	I	3292	2102	989	104		
	II	**3421**	3524	3524	II	2223	1102	178			
	III	**1368**	3524	3524	III	502					
	V	**8614**	3524	3524	IV	3916	3292	2687	2102	1536	989
	VI	**9120**	3524	3524							
37835,99	I,IV	**4568**	3528	3528	I	3300	2110	996	108		
	II	**3429**	3528	3528	II	2231	1109	183			
	III	**1376**	3528	3528	III	508					
	V	**8626**	3528	3528	IV	3925	3300	2695	2110	1543	996
	VI	**9134**	3528	3528							
37871,99	I,IV	**4577**	3531	3531	I	3308	2117	1003	113		
	II	**3437**	3531	3531	II	2238	1116	188			
	III	**1382**	3531	3531	III	512					
	V	**8638**	3531	3531	IV	3933	3308	2703	2117	1550	1003
	VI	**9146**	3531	3531							
37907,99	I,IV	**4585**	3534	3534	I	3316	2125	1010	117		
	II	**3445**	3534	3534	II	2246	1123	192			
	III	**1388**	3534	3534	III	518					
	V	**8650**	3534	3534	IV	3941	3316	2711	2125	1558	1010
	VI	**9158**	3534	3534							
37943,99	I,IV	**4594**	3538	3538	I	3324	2132	1017	122		
	II	**3453**	3538	3538	II	2253	1130	197			
	III	**1394**	3538	3538	III	522					
	V	**8662**	3538	3538	IV	3949	3324	2719	2132	1565	1017
	VI	**9170**	3538	3538							
37979,99	I,IV	**4603**	3541	3541	I	3333	2140	1024	127		
	II	**3462**	3541	3541	II	2261	1137	202			
	III	**1400**	3541	3541	III	528					
	V	**8674**	3541	3541	IV	3958	3333	2727	2140	1572	1024
	VI	**9182**	3541	3541							
38015,99	I,IV	**4611**	3544	3544	I	3341	2147	1031	131		
	II	**3470**	3544	3544	II	2268	1144	207			
	III	**1406**	3544	3544	III	532					
	V	**8686**	3544	3544	IV	3966	3341	2734	2147	1580	1031
	VI	**9194**	3544	3544							

* Zur LSt-Berechnung für privat versicherte Arbeitnehmer s. Beispiele **Vorbemerkung S. 4 f.**
** Basisvorsorgepauschale KV und PV *** Typisierter Arbeitgeberzuschuss

Lohn/ Gehalt in € bis	Steuerklasse	Lohn-steuer*	BVSP**	TAGZ***	Steuerklasse	Bemessungsgrundlage für Kirchensteuer und Solidaritätszuschlag					
						Freibeträge für ... Kinder					
						0,5	**1,0**	1,5	**2,0**	2,5	**3,0**
38051,99	I,IV	**4620**	3548	3548	I	3349	2155	1038	136		
	II	**3478**	3548	3548	II	2276	1151	212			
	III	**1412**	3548	3548	III	538					
	V	**8696**	3548	3548	IV	3974	3349	2742	2155	1587	1038
	VI	**9206**	3548	3548							
38087,99	I,IV	**4628**	3551	3551	I	3357	2163	1045	141		
	II	**3486**	3551	3551	II	2284	1159	217			
	III	**1420**	3551	3551	III	542					
	V	**8708**	3551	3551	IV	3983	3357	2750	2163	1594	1045
	VI	**9218**	3551	3551							
38123,99	I,IV	**4637**	3555	3555	I	3365	2170	1052	145		
	II	**3494**	3555	3555	II	2291	1166	222			
	III	**1426**	3555	3555	III	548					
	V	**8722**	3555	3555	IV	3991	3365	2758	2170	1602	1052
	VI	**9230**	3555	3555							
38159,99	I,IV	**4645**	3558	3558	I	3373	2177	1059	150		
	II	**3502**	3558	3558	II	2299	1173	227			
	III	**1432**	3558	3558	III	552					
	V	**8734**	3558	3558	IV	3999	3373	2766	2177	1609	1059
	VI	**9242**	3558	3558							
38195,99	I,IV	**4654**	3561	3561	I	3381	2185	1067	155		
	II	**3511**	3561	3561	II	2307	1180	232			
	III	**1438**	3561	3561	III	558					
	V	**8746**	3561	3561	IV	4008	3381	2774	2185	1616	1067
	VI	**9254**	3561	3561							
38231,99	I,IV	**4663**	3565	3565	I	3389	2193	1074	159		
	II	**3519**	3565	3565	II	2314	1187	237			
	III	**1446**	3565	3565	III	564					
	V	**8756**	3565	3565	IV	4016	3389	2781	2193	1624	1074
	VI	**9268**	3565	3565							
38267,99	I,IV	**4671**	3568	3568	I	3397	2200	1081	164		
	II	**3527**	3568	3568	II	2322	1194	242			
	III	**1452**	3568	3568	III	568					
	V	**8770**	3568	3568	IV	4024	3397	2789	2200	1631	1081
	VI	**9280**	3568	3568							
38303,99	I,IV	**4680**	3571	3571	I	3405	2208	1088	169		
	II	**3535**	3571	3571	II	2329	1201	247			
	III	**1458**	3571	3571	III	574					
	V	**8782**	3571	3571	IV	4033	3405	2797	2208	1638	1088
	VI	**9292**	3571	3571							
38339,99	I,IV	**4688**	3575	3575	I	3413	2216	1095	173		
	II	**3543**	3575	3575	II	2337	1208	252			
	III	**1464**	3575	3575	III	578					
	V	**8794**	3575	3575	IV	4041	3413	2805	2216	1646	1095
	VI	**9304**	3575	3575							
38375,99	I,IV	**4697**	3578	3578	I	3421	2223	1102	178		
	II	**3551**	3578	3578	II	2345	1215	257			
	III	**1470**	3578	3578	III	584					
	V	**8806**	3578	3578	IV	4050	3421	2813	2223	1653	1102
	VI	**9316**	3578	3578							
38411,99	I,IV	**4705**	3581	3581	I	3429	2231	1109	183		
	II	**3559**	3581	3581	II	2352	1223	262			
	III	**1478**	3581	3581	III	588					
	V	**8816**	3581	3581	IV	4058	3429	2820	2231	1660	1109
	VI	**9328**	3581	3581							
38447,99	I,IV	**4714**	3585	3585	I	3438	2238	1116	188		
	II	**3568**	3585	3585	II	2360	1230	267			
	III	**1484**	3585	3585	III	594					
	V	**8828**	3585	3585	IV	4066	3438	2828	2238	1668	1116
	VI	**9342**	3585	3585							

* Zur LSt-Berechnung für privat versicherte Arbeitnehmer s. Beispiele **Vorbemerkung S. 4 f.**

** Basisvorsorgepauschale KV und PV *** Typisierter Arbeitgeberzuschuss

Lohn/ Gehalt in € bis	Steuerklasse	Lohn-steuer*	BVSP**	TAGZ***	Steuerklasse	Bemessungsgrundlage für Kirchensteuer und Solidaritätszuschlag – Freibeträge für ... Kinder 0,5	1,0	1,5	2,0	2,5	3,0
38 483,99	I,IV	**4 723**	3 588	3 588	I	3 446	2 246	1 123	193		
	II	**3 576**	3 588	3 588	II	2 368	1 237	272			
	III	**1 490**	3 588	3 588	III	600					
	V	**8 842**	3 588	3 588	IV	4 075	3 446	2 836	2 246	1 675	1 123
	VI	**9 352**	3 588	3 588							
38 519,99	I,IV	**4 731**	3 591	3 591	I	3 454	2 253	1 130	197		
	II	**3 584**	3 591	3 591	II	2 375	1 244	277			
	III	**1 496**	3 591	3 591	III	604					
	V	**8 854**	3 591	3 591	IV	4 083	3 454	2 844	2 253	1 682	1 130
	VI	**9 364**	3 591	3 591							
38 555,99	I,IV	**4 740**	3 595	3 595	I	3 462	2 261	1 137	202		
	II	**3 592**	3 595	3 595	II	2 383	1 251	282			
	III	**1 502**	3 595	3 595	III	610					
	V	**8 864**	3 595	3 595	IV	4 091	3 462	2 852	2 261	1 689	1 137
	VI	**9 378**	3 595	3 595							
38 591,99	I,IV	**4 749**	3 598	3 598	I	3 470	2 269	1 144	207		
	II	**3 600**	3 598	3 598	II	2 391	1 258	287			
	III	**1 510**	3 598	3 598	III	614					
	V	**8 878**	3 598	3 598	IV	4 100	3 470	2 860	2 269	1 697	1 144
	VI	**9 392**	3 598	3 598							
38 627,99	I,IV	**4 757**	3 602	3 602	I	3 478	2 276	1 151	212		
	II	**3 608**	3 602	3 602	II	2 398	1 265	292			
	III	**1 516**	3 602	3 602	III	620					
	V	**8 888**	3 602	3 602	IV	4 108	3 478	2 868	2 276	1 704	1 151
	VI	**9 401**	3 602	3 602							
38 663,99	I,IV	**4 766**	3 605	3 605	I	3 486	2 284	1 159	217		
	II	**3 616**	3 605	3 605	II	2 406	1 273	297			
	III	**1 522**	3 605	3 605	III	626					
	V	**8 902**	3 605	3 605	IV	4 116	3 486	2 875	2 284	1 712	1 159
	VI	**9 413**	3 605	3 605							
38 699,99	I,IV	**4 775**	3 608	3 608	I	3 495	2 292	1 166	222		
	II	**3 625**	3 608	3 608	II	2 414	1 280	303			
	III	**1 528**	3 608	3 608	III	630					
	V	**8 914**	3 608	3 608	IV	4 125	3 495	2 883	2 292	1 719	1 166
	VI	**9 426**	3 608	3 608							
38 735,99	I,IV	**4 783**	3 612	3 612	I	3 503	2 299	1 173	227		
	II	**3 633**	3 612	3 612	II	2 421	1 287	308			
	III	**1 536**	3 612	3 612	III	636					
	V	**8 926**	3 612	3 612	IV	4 133	3 503	2 891	2 299	1 726	1 173
	VI	**9 438**	3 612	3 612							
38 771,99	I,IV	**4 792**	3 615	3 615	I	3 511	2 307	1 180	232		
	II	**3 641**	3 615	3 615	II	2 429	1 294	313			
	III	**1 542**	3 615	3 615	III	640					
	V	**8 938**	3 615	3 615	IV	4 142	3 511	2 899	2 307	1 734	1 180
	VI	**9 450**	3 615	3 615							
38 807,99	I,IV	**4 801**	3 618	3 618	I	3 519	2 314	1 187	237		
	II	**3 649**	3 618	3 618	II	2 437	1 301	318			
	III	**1 548**	3 618	3 618	III	646					
	V	**8 950**	3 618	3 618	IV	4 150	3 519	2 907	2 314	1 741	1 187
	VI	**9 463**	3 618	3 618							
38 843,99	I,IV	**4 809**	3 622	3 622	I	3 527	2 322	1 194	242		
	II	**3 657**	3 622	3 622	II	2 444	1 309	324			
	III	**1 556**	3 622	3 622	III	652					
	V	**8 962**	3 622	3 622	IV	4 158	3 527	2 915	2 322	1 749	1 194
	VI	**9 475**	3 622	3 622							
38 879,99	I,IV	**4 818**	3 625	3 625	I	3 535	2 330	1 201	247		
	II	**3 666**	3 625	3 625	II	2 452	1 316	329			
	III	**1 562**	3 625	3 625	III	656					
	V	**8 972**	3 625	3 625	IV	4 167	3 535	2 923	2 330	1 756	1 201
	VI	**9 487**	3 625	3 625							

* Zur LSt-Berechnung für privat versicherte Arbeitnehmer s. Beispiele **Vorbemerkung S. 4 f.**
** Basisvorsorgepauschale KV und PV *** Typisierter Arbeitgeberzuschuss

Lohn/ Gehalt in € bis	Steuerklasse	Lohn-steuer*	BVSP**	TAGZ***	Steuerklasse	Bemessungsgrundlage für Kirchensteuer und Solidaritätszuschlag					
						Freibeträge für ... Kinder					
						0,5	**1,0**	1,5	**2,0**	2,5	**3,0**
38 915,99	I,IV	**4 826**	3 628	3 628	I	3 543	2 337	1 208	252		
	II	**3 674**	3 628	3 628	II	2 460	1 323	334			
	III	**1 568**	3 628	3 628	III	662					
	V	**8 986**	3 628	3 628	IV	4 175	3 543	2 930	2 337	1 763	1 208
	VI	**9 500**	3 628	3 628							
38 951,99	I,IV	**4 835**	3 632	3 632	I	3 551	2 345	1 216	257		
	II	**3 682**	3 632	3 632	II	2 468	1 330	340			
	III	**1 574**	3 632	3 632	III	668					
	V	**8 998**	3 632	3 632	IV	4 184	3 551	2 939	2 345	1 771	1 216
	VI	**9 512**	3 632	3 632							
38 987,99	I,IV	**4 844**	3 635	3 635	I	3 560	2 353	1 223	262		
	II	**3 690**	3 635	3 635	II	2 475	1 337	345			
	III	**1 582**	3 635	3 635	III	672					
	V	**9 010**	3 635	3 635	IV	4 192	3 560	2 946	2 353	1 778	1 223
	VI	**9 524**	3 635	3 635							
39 023,99	I,IV	**4 852**	3 638	3 638	I	3 568	2 360	1 230	267		
	II	**3 698**	3 638	3 638	II	2 483	1 344	350			
	III	**1 588**	3 638	3 638	III	678					
	V	**9 022**	3 638	3 638	IV	4 200	3 568	2 954	2 360	1 785	1 230
	VI	**9 537**	3 638	3 638							
39 059,99	I,IV	**4 861**	3 642	3 642	I	3 576	2 368	1 237	272		
	II	**3 707**	3 642	3 642	II	2 491	1 352	356			
	III	**1 594**	3 642	3 642	III	684					
	V	**9 034**	3 642	3 642	IV	4 209	3 576	2 962	2 368	1 793	1 237
	VI	**9 549**	3 642	3 642							
39 095,99	I,IV	**4 870**	3 645	3 645	I	3 584	2 376	1 244	277		
	II	**3 715**	3 645	3 645	II	2 498	1 359	361			
	III	**1 602**	3 645	3 645	III	688					
	V	**9 046**	3 645	3 645	IV	4 217	3 584	2 970	2 376	1 800	1 244
	VI	**9 561**	3 645	3 645							
39 131,99	I,IV	**4 878**	3 649	3 649	I	3 592	2 383	1 251	282		
	II	**3 723**	3 649	3 649	II	2 506	1 366	366			
	III	**1 608**	3 649	3 649	III	694					
	V	**9 060**	3 649	3 649	IV	4 226	3 592	2 978	2 383	1 808	1 251
	VI	**9 573**	3 649	3 649							
39 167,99	I,IV	**4 887**	3 652	3 652	I	3 600	2 391	1 258	287		
	II	**3 731**	3 652	3 652	II	2 514	1 373	372			
	III	**1 614**	3 652	3 652	III	700					
	V	**9 070**	3 652	3 652	IV	4 234	3 600	2 986	2 391	1 815	1 258
	VI	**9 586**	3 652	3 652							
39 203,99	I,IV	**4 896**	3 655	3 655	I	3 609	2 399	1 266	293		
	II	**3 740**	3 655	3 655	II	2 521	1 381	377			
	III	**1 622**	3 655	3 655	III	704					
	V	**9 084**	3 655	3 655	IV	4 242	3 609	2 994	2 399	1 822	1 266
	VI	**9 598**	3 655	3 655							
39 239,99	I,IV	**4 904**	3 659	3 659	I	3 617	2 406	1 273	298		
	II	**3 748**	3 659	3 659	II	2 529	1 388	383			
	III	**1 628**	3 659	3 659	III	710					
	V	**9 094**	3 659	3 659	IV	4 251	3 617	3 002	2 406	1 830	1 273
	VI	**9 610**	3 659	3 659							
39 275,99	I,IV	**4 913**	3 662	3 662	I	3 625	2 414	1 280	303		
	II	**3 756**	3 662	3 662	II	2 537	1 395	388			
	III	**1 634**	3 662	3 662	III	716					
	V	**9 106**	3 662	3 662	IV	4 259	3 625	3 010	2 414	1 837	1 280
	VI	**9 623**	3 662	3 662							
39 311,99	I,IV	**4 922**	3 665	3 665	I	3 633	2 422	1 287	308		
	II	**3 764**	3 665	3 665	II	2 545	1 402	394			
	III	**1 640**	3 665	3 665	III	720					
	V	**9 118**	3 665	3 665	IV	4 268	3 633	3 018	2 422	1 845	1 287
	VI	**9 635**	3 665	3 665							

* Zur LSt-Berechnung für privat versicherte Arbeitnehmer s. Beispiele **Vorbemerkung S. 4f.**
** Basisvorsorgepauschale KV und PV *** Typisierter Arbeitgeberzuschuss

Lohn/ Gehalt in € bis	Steuerklasse	Lohn- steuer*	BVSP**	TAGZ***	Steuerklasse	Bemessungsgrundlage für Kirchensteuer und Solidaritätszuschlag – Freibeträge für ... Kinder 0,5	1,0	1,5	2,0	2,5	3,0
39 347,99	I,IV	**4 930**	3 669	3 669	I	3 641	2 429	1 294	313		
	II	**3 772**	3 669	3 669	II	2 552	1 409	399			
	III	**1 648**	3 669	3 669	III	726					
	V	**9 130**	3 669	3 669	IV	4 276	3 641	3 026	2 429	1 852	1 294
	VI	**9 647**	3 669	3 669							
39 383,99	I,IV	**4 939**	3 672	3 672	I	3 649	2 437	1 301	318		
	II	**3 781**	3 672	3 672	II	2 560	1 417	404			
	III	**1 654**	3 672	3 672	III	732	4				
	V	**9 144**	3 672	3 672	IV	4 285	3 649	3 033	2 437	1 859	1 301
	VI	**9 660**	3 672	3 672							
39 419,99	I,IV	**4 948**	3 675	3 675	I	3 658	2 445	1 309	324		
	II	**3 789**	3 675	3 675	II	2 568	1 424	410			
	III	**1 662**	3 675	3 675	III	736	10				
	V	**9 156**	3 675	3 675	IV	4 293	3 658	3 042	2 445	1 867	1 309
	VI	**9 672**	3 675	3 675							
39 455,99	I,IV	**4 957**	3 679	3 679	I	3 666	2 452	1 316	329		
	II	**3 797**	3 679	3 679	II	2 576	1 431	416			
	III	**1 668**	3 679	3 679	III	742	14				
	V	**9 168**	3 679	3 679	IV	4 302	3 666	3 049	2 452	1 874	1 316
	VI	**9 684**	3 679	3 679							
39 491,99	I,IV	**4 965**	3 682	3 682	I	3 674	2 460	1 323	334		
	II	**3 805**	3 682	3 682	II	2 583	1 438	421			
	III	**1 674**	3 682	3 682	III	748	18				
	V	**9 180**	3 682	3 682	IV	4 310	3 674	3 057	2 460	1 882	1 323
	VI	**9 697**	3 682	3 682							
39 527,99	I,IV	**4 974**	3 685	3 685	I	3 682	2 468	1 330	340		
	II	**3 813**	3 685	3 685	II	2 591	1 445	427			
	III	**1 682**	3 685	3 685	III	754	22				
	V	**9 192**	3 685	3 685	IV	4 318	3 682	3 065	2 468	1 889	1 330
	VI	**9 709**	3 685	3 685							
39 563,99	I,IV	**4 983**	3 689	3 689	I	3 690	2 475	1 338	345		
	II	**3 822**	3 689	3 689	II	2 599	1 453	432			
	III	**1 688**	3 689	3 689	III	758	26				
	V	**9 204**	3 689	3 689	IV	4 327	3 690	3 073	2 475	1 897	1 338
	VI	**9 721**	3 689	3 689							
39 599,99	I,IV	**4 991**	3 692	3 692	I	3 699	2 483	1 345	350		
	II	**3 830**	3 692	3 692	II	2 607	1 460	438			
	III	**1 694**	3 692	3 692	III	764	30				
	V	**9 216**	3 692	3 692	IV	4 335	3 699	3 081	2 483	1 904	1 345
	VI	**9 733**	3 692	3 692							
39 635,99	I,IV	**5 000**	3 696	3 696	I	3 707	2 491	1 352	356		
	II	**3 838**	3 696	3 696	II	2 614	1 467	443			
	III	**1 702**	3 696	3 696	III	770	34				
	V	**9 228**	3 696	3 696	IV	4 344	3 707	3 089	2 491	1 912	1 352
	VI	**9 746**	3 696	3 696							
39 671,99	I,IV	**5 009**	3 699	3 699	I	3 715	2 499	1 359	361		
	II	**3 847**	3 699	3 699	II	2 622	1 475	449			
	III	**1 708**	3 699	3 699	III	776	38				
	V	**9 240**	3 699	3 699	IV	4 352	3 715	3 097	2 499	1 919	1 359
	VI	**9 758**	3 699	3 699							
39 707,99	I,IV	**5 017**	3 702	3 702	I	3 723	2 506	1 366	366		
	II	**3 855**	3 702	3 702	II	2 630	1 482	455			
	III	**1 714**	3 702	3 702	III	780	42				
	V	**9 254**	3 702	3 702	IV	4 361	3 723	3 105	2 506	1 927	1 366
	VI	**9 770**	3 702	3 702							
39 743,99	I,IV	**5 026**	3 706	3 706	I	3 731	2 514	1 373	372		
	II	**3 863**	3 706	3 706	II	2 638	1 489	460			
	III	**1 722**	3 706	3 706	III	786	46				
	V	**9 266**	3 706	3 706	IV	4 369	3 731	3 113	2 514	1 934	1 373
	VI	**9 783**	3 706	3 706							

* Zur LSt-Berechnung für privat versicherte Arbeitnehmer s. Beispiele **Vorbemerkung S. 4 f.**
** Basisvorsorgepauschale KV und PV *** Typisierter Arbeitgeberzuschuss

Lohn/ Gehalt in € bis	Steuerklasse	Lohn-steuer*	BVSP**	TAGZ***	Steuerklasse	Bemessungsgrundlage für Kirchensteuer und Solidaritätszuschlag					
						Freibeträge für ... Kinder					
						0,5	**1,0**	1,5	**2,0**	2,5	**3,0**
39779,99	I,IV	**5035**	3709	3709	I	3740	2521	1381	377		
	II	**3871**	3709	3709	II	2645	1496	466			
	III	**1728**	3709	3709	III	792	50				
	V	**9278**	3709	3709	IV	4377	3740	3121	2521	1941	1381
	VI	**9795**	3709	3709							
39815,99	I,IV	**5044**	3712	3712	I	3748	2529	1388	383		
	II	**3880**	3712	3712	II	2653	1504	472			
	III	**1736**	3712	3712	III	796	54				
	V	**9290**	3712	3712	IV	4386	3748	3129	2529	1949	1388
	VI	**9807**	3712	3712							
39851,99	I,IV	**5052**	3716	3716	I	3756	2537	1395	388		
	II	**3888**	3716	3716	II	2661	1511	478			
	III	**1742**	3716	3716	III	802	60				
	V	**9302**	3716	3716	IV	4395	3756	3137	2537	1956	1395
	VI	**9820**	3716	3716							
39887,99	I,IV	**5061**	3719	3719	I	3764	2545	1402	394		
	II	**3896**	3719	3719	II	2669	1518	483			
	III	**1748**	3719	3719	III	808	64				
	V	**9314**	3719	3719	IV	4403	3764	3145	2545	1964	1402
	VI	**9832**	3719	3719							
39923,99	I,IV	**5070**	3722	3722	I	3773	2553	1410	399		
	II	**3905**	3722	3722	II	2677	1526	489			
	III	**1756**	3722	3722	III	814	68				
	V	**9326**	3722	3722	IV	4412	3773	3153	2553	1971	1410
	VI	**9844**	3722	3722							
39959,99	I,IV	**5079**	3726	3726	I	3781	2560	1417	405		
	II	**3913**	3726	3726	II	2684	1533	495			
	III	**1762**	3726	3726	III	820	72				
	V	**9338**	3726	3726	IV	4420	3781	3161	2560	1979	1417
	VI	**9857**	3726	3726							
39995,99	I,IV	**5087**	3729	3729	I	3789	2568	1424	410		
	II	**3921**	3729	3729	II	2692	1540	501			
	III	**1768**	3729	3729	III	824	76				
	V	**9352**	3729	3729	IV	4428	3789	3169	2568	1986	1424
	VI	**9869**	3729	3729							
40031,99	I,IV	**5096**	3732	3732	I	3797	2576	1431	416		
	II	**3930**	3732	3732	II	2700	1547	507			
	III	**1776**	3732	3732	III	830	80				
	V	**9362**	3732	3732	IV	4437	3797	3177	2576	1994	1431
	VI	**9881**	3732	3732							
40067,99	I,IV	**5105**	3736	3736	I	3806	2583	1439	421		
	II	**3938**	3736	3736	II	2708	1555	512			
	III	**1782**	3736	3736	III	836	84				
	V	**9376**	3736	3736	IV	4446	3806	3185	2583	2001	1439
	VI	**9894**	3736	3736							
40103,99	I,IV	**5114**	3739	3739	I	3814	2591	1446	427		
	II	**3946**	3739	3739	II	2715	1562	518			
	III	**1790**	3739	3739	III	842	88				
	V	**9388**	3739	3739	IV	4454	3814	3193	2591	2009	1446
	VI	**9906**	3739	3739							
40139,99	I,IV	**5122**	3743	3743	I	3822	2599	1453	432		
	II	**3954**	3743	3743	II	2723	1569	524			
	III	**1796**	3743	3743	III	846	94				
	V	**9399**	3743	3743	IV	4462	3822	3201	2599	2016	1453
	VI	**9918**	3743	3743							
40175,99	I,IV	**5131**	3746	3746	I	3830	2607	1460	438		
	II	**3963**	3746	3746	II	2731	1577	530			
	III	**1804**	3746	3746	III	852	98				
	V	**9411**	3746	3746	IV	4471	3830	3209	2607	2024	1460
	VI	**9930**	3746	3746							

* Zur LSt-Berechnung für privat versicherte Arbeitnehmer s. Beispiele **Vorbemerkung S. 4 f.**
** Basisvorsorgepauschale KV und PV *** Typisierter Arbeitgeberzuschuss

Lohn/ Gehalt in € bis	Steuerklasse	Lohn-steuer*	BVSP**	TAGZ***	Steuerklasse	Bemessungsgrundlage für Kirchensteuer und Solidaritätszuschlag – Freibeträge für ... Kinder 0,5	1,0	1,5	2,0	2,5	3,0
40211,99	I,IV	**5140**	3749	3749	I	3839	2614	1467	444		
	II	**3971**	3749	3749	II	2739	1584	536			
	III	**1810**	3749	3749	III	858	102				
	V	**9424**	3749	3749	IV	4480	3839	3217	2614	2031	1467
	VI	**9943**	3749	3749							
40247,99	I,IV	**5149**	3753	3753	I	3847	2622	1475	449		
	II	**3979**	3753	3753	II	2747	1591	542			
	III	**1818**	3753	3753	III	864	106				
	V	**9436**	3753	3753	IV	4488	3847	3225	2622	2039	1475
	VI	**9955**	3753	3753							
40283,99	I,IV	**5158**	3756	3756	I	3855	2630	1482	455		
	II	**3988**	3756	3756	II	2755	1599	548			
	III	**1824**	3756	3756	III	870	110				
	V	**9448**	3756	3756	IV	4497	3855	3233	2630	2046	1482
	VI	**9967**	3756	3756							
40319,99	I,IV	**5166**	3759	3759	I	3863	2638	1489	461		
	II	**3996**	3759	3759	II	2762	1606	554			
	III	**1830**	3759	3759	III	874	114				
	V	**9460**	3759	3759	IV	4505	3863	3241	2638	2054	1489
	VI	**9980**	3759	3759							
40355,99	I,IV	**5175**	3763	3763	I	3872	2645	1496	466		
	II	**4004**	3763	3763	II	2770	1613	560			
	III	**1838**	3763	3763	III	880	120				
	V	**9473**	3763	3763	IV	4514	3872	3249	2645	2061	1496
	VI	**9992**	3763	3763							
40391,99	I,IV	**5184**	3766	3766	I	3880	2653	1504	472		
	II	**4013**	3766	3766	II	2778	1621	566			
	III	**1844**	3766	3766	III	886	124				
	V	**9485**	3766	3766	IV	4522	3880	3257	2653	2069	1504
	VI	**10004**	3766	3766							
40427,99	I,IV	**5193**	3769	3769	I	3888	2661	1511	478		
	II	**4021**	3769	3769	II	2786	1628	572			
	III	**1852**	3769	3769	III	892	128				
	V	**9497**	3769	3769	IV	4531	3888	3265	2661	2076	1511
	VI	**10017**	3769	3769							
40463,99	I,IV	**5201**	3773	3773	I	3896	2669	1518	484		
	II	**4029**	3773	3773	II	2794	1635	578			
	III	**1858**	3773	3773	III	898	132				
	V	**9510**	3773	3773	IV	4539	3896	3273	2669	2084	1518
	VI	**10029**	3773	3773							
40499,99	I,IV	**5210**	3776	3776	I	3905	2677	1526	489		
	II	**4038**	3776	3776	II	2801	1642	584			
	III	**1866**	3776	3776	III	902	136				
	V	**9522**	3776	3776	IV	4548	3905	3281	2677	2091	1526
	VI	**10041**	3776	3776							
40535,99	I,IV	**5219**	3779	3779	I	3913	2685	1533	495		
	II	**4046**	3779	3779	II	2809	1650	590			
	III	**1872**	3779	3779	III	908	140				
	V	**9534**	3779	3779	IV	4556	3913	3289	2685	2099	1533
	VI	**10054**	3779	3779							
40571,99	I,IV	**5228**	3783	3783	I	3921	2692	1540	501		
	II	**4054**	3783	3783	II	2817	1657	596			
	III	**1880**	3783	3783	III	914	146				
	V	**9547**	3783	3783	IV	4565	3921	3297	2692	2107	1540
	VI	**10066**	3783	3783							
40607,99	I,IV	**5236**	3786	3786	I	3930	2700	1547	507		
	II	**4063**	3786	3786	II	2825	1664	602			
	III	**1886**	3786	3786	III	920	150				
	V	**9559**	3786	3786	IV	4573	3930	3305	2700	2114	1547
	VI	**10078**	3786	3786							

* Zur LSt-Berechnung für privat versicherte Arbeitnehmer s. Beispiele **Vorbemerkung S. 4 f.**
** Basisvorsorgepauschale KV und PV *** Typisierter Arbeitgeberzuschuss

Lohn/ Gehalt in € bis	Steuerklasse	Lohn- steuer*	BVSP**	TAGZ***	Steuerklasse	Bemessungsgrundlage für Kirchensteuer und Solidaritätszuschlag					
						Freibeträge für ... Kinder					
						0,5	**1,0**	1,5	**2,0**	2,5	**3,0**
40 643,99	I,IV	**5 245**	3 790	3 790	I	3 938	2 708	1 555	513		
	II	**4 071**	3 790	3 790	II	2 833	1 672	608			
	III	**1 894**	3 790	3 790	III	926	154				
	V	**9 571**	3 790	3 790	IV	4 582	3 938	3 313	2 708	2 122	1 555
	VI	**10 090**	3 790	3 790							
40 679,99	I,IV	**5 254**	3 793	3 793	I	3 946	2 716	1 562	518		
	II	**4 079**	3 793	3 793	II	2 841	1 679	614			
	III	**1 900**	3 793	3 793	III	932	158				
	V	**9 584**	3 793	3 793	IV	4 591	3 946	3 321	2 716	2 129	1 562
	VI	**10 103**	3 793	3 793							
40 715,99	I,IV	**5 263**	3 796	3 796	I	3 955	2 723	1 569	524		
	II	**4 088**	3 796	3 796	II	2 848	1 686	620			
	III	**1 908**	3 796	3 796	III	936	162				
	V	**9 596**	3 796	3 796	IV	4 599	3 955	3 329	2 723	2 137	1 569
	VI	**10 115**	3 796	3 796							
40 751,99	I,IV	**5 272**	3 800	3 800	I	3 963	2 731	1 577	530		
	II	**4 096**	3 800	3 800	II	2 856	1 694	626			
	III	**1 914**	3 800	3 800	III	942	168				
	V	**9 608**	3 800	3 800	IV	4 608	3 963	3 337	2 731	2 144	1 577
	VI	**10 127**	3 800	3 800							
40 787,99	I,IV	**5 281**	3 803	3 803	I	3 971	2 739	1 584	536		
	II	**4 105**	3 803	3 803	II	2 864	1 701	633			
	III	**1 922**	3 803	3 803	III	948	172				
	V	**9 621**	3 803	3 803	IV	4 616	3 971	3 346	2 739	2 152	1 584
	VI	**10 140**	3 803	3 803							
40 823,99	I,IV	**5 289**	3 806	3 806	I	3 980	2 747	1 591	542		
	II	**4 113**	3 806	3 806	II	2 872	1 708	639			
	III	**1 928**	3 806	3 806	III	954	176				
	V	**9 633**	3 806	3 806	IV	4 625	3 980	3 354	2 747	2 159	1 591
	VI	**10 152**	3 806	3 806							
40 859,99	I,IV	**5 298**	3 810	3 810	I	3 988	2 755	1 599	548		
	II	**4 121**	3 810	3 810	II	2 880	1 716	645			
	III	**1 936**	3 810	3 810	III	960	180				
	V	**9 645**	3 810	3 810	IV	4 633	3 988	3 362	2 755	2 167	1 599
	VI	**10 164**	3 810	3 810							
40 895,99	I,IV	**5 307**	3 813	3 813	I	3 996	2 763	1 606	554		
	II	**4 130**	3 813	3 813	II	2 888	1 723	651			
	III	**1 942**	3 813	3 813	III	966	186				
	V	**9 657**	3 813	3 813	IV	4 642	3 996	3 370	2 763	2 175	1 606
	VI	**10 177**	3 813	3 813							
40 931,99	I,IV	**5 316**	3 816	3 816	I	4 005	2 770	1 613	560		
	II	**4 138**	3 816	3 816	II	2 896	1 731	657			
	III	**1 950**	3 816	3 816	III	972	190				
	V	**9 670**	3 816	3 816	IV	4 651	4 005	3 378	2 770	2 182	1 613
	VI	**10 189**	3 816	3 816							
40 967,99	I,IV	**5 325**	3 820	3 820	I	4 013	2 778	1 621	566		
	II	**4 146**	3 820	3 820	II	2 904	1 738	663			
	III	**1 956**	3 820	3 820	III	978	194				
	V	**9 682**	3 820	3 820	IV	4 659	4 013	3 386	2 778	2 190	1 621
	VI	**10 201**	3 820	3 820							
41 003,99	I,IV	**5 334**	3 823	3 823	I	4 021	2 786	1 628	572		
	II	**4 155**	3 823	3 823	II	2 912	1 745	670			
	III	**1 964**	3 823	3 823	III	984	198				
	V	**9 694**	3 823	3 823	IV	4 668	4 021	3 394	2 786	2 197	1 628
	VI	**10 214**	3 823	3 823							
41 039,99	I,IV	**5 343**	3 826	3 826	I	4 030	2 794	1 635	578		
	II	**4 163**	3 826	3 826	II	2 919	1 753	676			
	III	**1 970**	3 826	3 826	III	988	204				
	V	**9 707**	3 826	3 826	IV	4 676	4 030	3 402	2 794	2 205	1 635
	VI	**10 226**	3 826	3 826							

* Zur LSt-Berechnung für privat versicherte Arbeitnehmer s. Beispiele **Vorbemerkung S. 4 f.**
** Basisvorsorgepauschale KV und PV *** Typisierter Arbeitgeberzuschuss

Lohn/ Gehalt in € bis	Steuerklasse	Lohn- steuer*	BVSP**	TAGZ***	Steuerklasse	Bemessungsgrundlage für Kirchensteuer und Solidaritätszuschlag					
						Freibeträge für ... Kinder					
						0,5	**1,0**	1,5	**2,0**	2,5	**3,0**
41075,99	I,IV	**5351**	3830	3830	I	4038	2802	1643	584		
	II	**4172**	3830	3830	II	2927	1760	682			
	III	**1978**	3830	3830	III	994	208				
	V	**9719**	3830	3830	IV	4685	4038	3410	2802	2212	1643
	VI	**10238**	3830	3830							
41111,99	I,IV	**5360**	3833	3833	I	4046	2809	1650	590		
	II	**4180**	3833	3833	II	2935	1767	689			
	III	**1984**	3833	3833	III	1000	212				
	V	**9731**	3833	3833	IV	4693	4046	3418	2809	2220	1650
	VI	**10250**	3833	3833							
41147,99	I,IV	**5369**	3837	3837	I	4055	2817	1657	596		
	II	**4188**	3837	3837	II	2943	1775	695			
	III	**1992**	3837	3837	III	1006	216				
	V	**9744**	3837	3837	IV	4702	4055	3426	2817	2228	1657
	VI	**10263**	3837	3837							
41183,99	I,IV	**5378**	3840	3840	I	4063	2825	1665	602		
	II	**4197**	3840	3840	II	2951	1782	701			
	III	**1998**	3840	3840	III	1012	222				
	V	**9756**	3840	3840	IV	4711	4063	3434	2825	2235	1665
	VI	**10275**	3840	3840							
41219,99	I,IV	**5387**	3843	3843	I	4071	2833	1672	608		
	II	**4205**	3843	3843	II	2959	1790	708			
	III	**2006**	3843	3843	III	1018	226				
	V	**9768**	3843	3843	IV	4719	4071	3442	2833	2243	1672
	VI	**10287**	3843	3843							
41255,99	I,IV	**5396**	3847	3847	I	4080	2841	1679	614		
	II	**4214**	3847	3847	II	2967	1797	714			
	III	**2012**	3847	3847	III	1024	230				
	V	**9781**	3847	3847	IV	4728	4080	3451	2841	2251	1679
	VI	**10300**	3847	3847							
41291,99	I,IV	**5405**	3850	3850	I	4088	2849	1687	620		
	II	**4222**	3850	3850	II	2975	1805	721			
	III	**2020**	3850	3850	III	1030	234				
	V	**9793**	3850	3850	IV	4737	4088	3459	2849	2258	1687
	VI	**10312**	3850	3850							
41327,99	I,IV	**5413**	3853	3853	I	4096	2857	1694	626		
	II	**4230**	3853	3853	II	2983	1812	727			
	III	**2026**	3853	3853	III	1036	240				
	V	**9805**	3853	3853	IV	4745	4096	3467	2857	2266	1694
	VI	**10324**	3853	3853							
41363,99	I,IV	**5422**	3857	3857	I	4105	2864	1701	633		
	II	**4239**	3857	3857	II	2990	1819	733			
	III	**2034**	3857	3857	III	1042	244				
	V	**9817**	3857	3857	IV	4754	4105	3475	2864	2273	1701
	VI	**10336**	3857	3857							
41399,99	I,IV	**5431**	3860	3860	I	4113	2872	1709	639		
	II	**4247**	3860	3860	II	2999	1827	740			
	III	**2042**	3860	3860	III	1048	248				
	V	**9830**	3860	3860	IV	4763	4113	3483	2872	2281	1709
	VI	**10349**	3860	3860							
41435,99	I,IV	**5440**	3863	3863	I	4121	2880	1716	645		
	II	**4256**	3863	3863	II	3006	1834	746			
	III	**2048**	3863	3863	III	1052	254				
	V	**9842**	3863	3863	IV	4771	4121	3491	2880	2288	1716
	VI	**10361**	3863	3863							
41471,99	I,IV	**5449**	3867	3867	I	4130	2888	1723	651		
	II	**4264**	3867	3867	II	3014	1841	753			
	III	**2056**	3867	3867	III	1058	258				
	V	**9854**	3867	3867	IV	4780	4130	3499	2888	2296	1723
	VI	**10373**	3867	3867							

* Zur LSt-Berechnung für privat versicherte Arbeitnehmer s. Beispiele **Vorbemerkung S. 4f.**
** Basisvorsorgepauschale KV und PV *** Typisierter Arbeitgeberzuschuss

Lohn/ Gehalt in € bis	Steuerklasse	Lohn-steuer*	BVSP**	TAGZ***	Steuerklasse	Bemessungsgrundlage für Kirchensteuer und Solidaritätszuschlag – Freibeträge für ... Kinder 0,5	**1,0**	1,5	**2,0**	2,5	**3,0**
41 507,99	I,IV	**5458**	3870	3870	I	4138	2896	1731	658		
	II	**4273**	3870	3870	II	3022	1849	759			
	III	**2062**	3870	3870	III	1064	262				
	V	**9867**	3870	3870	IV	4788	4138	3508	2896	2304	1731
	VI	**10386**	3870	3870							
41 543,99	I,IV	**5467**	3873	3873	I	4147	2904	1738	664		
	II	**4281**	3873	3873	II	3030	1856	766			
	III	**2070**	3873	3873	III	1070	266				
	V	**9879**	3873	3873	IV	4797	4147	3516	2904	2311	1738
	VI	**10398**	3873	3873							
41 579,99	I,IV	**5475**	3877	3877	I	4155	2912	1745	670		
	II	**4289**	3877	3877	II	3038	1864	772			
	III	**2076**	3877	3877	III	1076	272				
	V	**9891**	3877	3877	IV	4806	4155	3524	2912	2319	1745
	VI	**10410**	3877	3877							
41 615,99	I,IV	**5485**	3880	3880	I	4164	2920	1753	676		
	II	**4298**	3880	3880	II	3046	1871	779			
	III	**2084**	3880	3880	III	1082	276				
	V	**9904**	3880	3880	IV	4814	4164	3532	2920	2327	1753
	VI	**10423**	3880	3880							
41 651,99	I,IV	**5493**	3884	3884	I	4172	2928	1760	683		
	II	**4306**	3884	3884	II	3054	1879	785			
	III	**2090**	3884	3884	III	1088	280				
	V	**9916**	3884	3884	IV	4823	4172	3540	2928	2334	1760
	VI	**10435**	3884	3884							
41 687,99	I,IV	**5502**	3887	3887	I	4180	2935	1768	689		
	II	**4315**	3887	3887	II	3062	1886	792			
	III	**2098**	3887	3887	III	1094	286				
	V	**9928**	3887	3887	IV	4832	4180	3548	2935	2342	1768
	VI	**10447**	3887	3887							
41 723,99	I,IV	**5511**	3890	3890	I	4188	2943	1775	695		
	II	**4323**	3890	3890	II	3070	1894	799			
	III	**2104**	3890	3890	III	1100	290				
	V	**9940**	3890	3890	IV	4840	4188	3556	2943	2349	1775
	VI	**10459**	3890	3890							
41 759,99	I,IV	**5520**	3894	3894	I	4197	2951	1783	702		
	II	**4332**	3894	3894	II	3078	1901	805			
	III	**2112**	3894	3894	III	1106	294				
	V	**9953**	3894	3894	IV	4849	4197	3565	2951	2357	1783
	VI	**10472**	3894	3894							
41 795,99	I,IV	**5529**	3897	3897	I	4205	2959	1790	708		
	II	**4340**	3897	3897	II	3086	1909	812			
	III	**2118**	3897	3897	III	1112	300				
	V	**9965**	3897	3897	IV	4858	4205	3573	2959	2365	1790
	VI	**10484**	3897	3897							
41 831,99	I,IV	**5538**	3900	3900	I	4214	2967	1797	714		
	II	**4349**	3900	3900	II	3094	1916	818			
	III	**2126**	3900	3900	III	1118	304				
	V	**9977**	3900	3900	IV	4866	4214	3581	2967	2372	1797
	VI	**10496**	3900	3900							
41 867,99	I,IV	**5547**	3904	3904	I	4222	2975	1805	721		
	II	**4357**	3904	3904	II	3102	1924	825	1		
	III	**2132**	3904	3904	III	1124	308				
	V	**9990**	3904	3904	IV	4875	4222	3589	2975	2380	1805
	VI	**10509**	3904	3904							
41 903,99	I,IV	**5556**	3907	3907	I	4231	2983	1812	727		
	II	**4366**	3907	3907	II	3110	1931	832	5		
	III	**2140**	3907	3907	III	1130	314				
	V	**10002**	3907	3907	IV	4884	4231	3597	2983	2388	1812
	VI	**10521**	3907	3907							

* Zur LSt-Berechnung für privat versicherte Arbeitnehmer s. Beispiele **Vorbemerkung S. 4f.**
** Basisvorsorgepauschale KV und PV *** Typisierter Arbeitgeberzuschuss

Lohn/ Gehalt in € bis	Steuerklasse	Lohn-steuer*	BVSP**	TAGZ***	Steuerklasse	Bemessungsgrundlage für Kirchensteuer und Solidaritätszuschlag					
						Freibeträge für ... Kinder					
						0,5	**1,0**	1,5	**2,0**	2,5	**3,0**
41 939,99	I,IV	**5565**	3910	3910	I	4239	2991	1819	733		
	II	**4374**	3910	3910	II	3118	1938	839	9		
	III	**2146**	3910	3910	III	1136	318				
	V	**10014**	3910	3910	IV	4892	4239	3605	2991	2395	1819
	VI	**10533**	3910	3910							
41 975,99	I,IV	**5573**	3914	3914	I	4247	2999	1827	740		
	II	**4382**	3914	3914	II	3125	1946	845	14		
	III	**2154**	3914	3914	III	1142	322				
	V	**10026**	3914	3914	IV	4901	4247	3613	2999	2403	1827
	VI	**10545**	3914	3914							
42 011,99	I,IV	**5583**	3917	3917	I	4256	3007	1834	746		
	II	**4391**	3917	3917	II	3134	1953	852	18		
	III	**2162**	3917	3917	III	1148	328				
	V	**10039**	3917	3917	IV	4910	4256	3622	3007	2411	1834
	VI	**10558**	3917	3917							
42 047,99	I,IV	**5591**	3920	3920	I	4264	3014	1842	753		
	II	**4399**	3920	3920	II	3142	1961	859	22		
	III	**2168**	3920	3920	III	1154	332				
	V	**10051**	3920	3920	IV	4918	4264	3630	3014	2418	1842
	VI	**10570**	3920	3920							
42 083,99	I,IV	**5600**	3924	3924	I	4273	3022	1849	759		
	II	**4408**	3924	3924	II	3149	1968	865	26		
	III	**2176**	3924	3924	III	1160	338				
	V	**10063**	3924	3924	IV	4927	4273	3638	3022	2426	1849
	VI	**10582**	3924	3924							
42 119,99	I,IV	**5609**	3927	3927	I	4281	3030	1857	766		
	II	**4417**	3927	3927	II	3158	1976	872	30		
	III	**2182**	3927	3927	III	1166	342				
	V	**10076**	3927	3927	IV	4936	4281	3646	3030	2434	1857
	VI	**10595**	3927	3927							
42 155,99	I,IV	**5618**	3931	3931	I	4290	3038	1864	772		
	II	**4425**	3931	3931	II	3166	1983	879	35		
	III	**2190**	3931	3931	III	1172	346				
	V	**10088**	3931	3931	IV	4944	4290	3654	3038	2442	1864
	VI	**10607**	3931	3931							
42 191,99	I,IV	**5627**	3934	3934	I	4298	3046	1871	779		
	II	**4433**	3934	3934	II	3173	1991	886	39		
	III	**2196**	3934	3934	III	1178	352				
	V	**10100**	3934	3934	IV	4953	4298	3662	3046	2449	1871
	VI	**10619**	3934	3934							
42 227,99	I,IV	**5636**	3937	3937	I	4307	3054	1879	786		
	II	**4442**	3937	3937	II	3182	1998	893	43		
	III	**2204**	3937	3937	III	1184	356				
	V	**10113**	3937	3937	IV	4962	4307	3671	3054	2457	1879
	VI	**10632**	3937	3937							
42 263,99	I,IV	**5645**	3941	3941	I	4315	3062	1886	792		
	II	**4451**	3941	3941	II	3190	2006	900	47		
	III	**2210**	3941	3941	III	1190	360				
	V	**10125**	3941	3941	IV	4970	4315	3679	3062	2465	1886
	VI	**10644**	3941	3941							
42 299,99	I,IV	**5654**	3944	3944	I	4323	3070	1894	799		
	II	**4459**	3944	3944	II	3197	2013	906	52		
	III	**2218**	3944	3944	III	1196	366				
	V	**10137**	3944	3944	IV	4979	4323	3687	3070	2472	1894
	VI	**10656**	3944	3944							
42 335,99	I,IV	**5663**	3947	3947	I	4332	3078	1901	805		
	II	**4467**	3947	3947	II	3205	2021	913	56		
	III	**2224**	3947	3947	III	1202	370				
	V	**10149**	3947	3947	IV	4988	4332	3695	3078	2480	1901
	VI	**10668**	3947	3947							

* Zur LSt-Berechnung für privat versicherte Arbeitnehmer s. Beispiele **Vorbemerkung S. 4 f.**
** Basisvorsorgepauschale KV und PV *** Typisierter Arbeitgeberzuschuss

Lohn/ Gehalt in € bis	Steuerklasse	**Lohn-steuer***	BVSP**	TAGZ***	Steuerklasse	Bemessungsgrundlage für Kirchensteuer und Solidaritätszuschlag – Freibeträge für ... Kinder 0,5	**1,0**	1,5	**2,0**	2,5	**3,0**
42 371,99	I,IV	**5 672**	3 951	3 951	I	4 340	3 086	1 909	812		
	II	**4 476**	3 951	3 951	II	3 214	2 028	920	60		
	III	**2 232**	3 951	3 951	III	1 208	376				
	V	**10 162**	3 951	3 951	IV	4 997	4 340	3 704	3 086	2 488	1 909
	VI	**10 681**	3 951	3 951							
42 407,99	I,IV	**5 681**	3 954	3 954	I	4 349	3 094	1 916	819		
	II	**4 485**	3 954	3 954	II	3 222	2 036	927	65		
	III	**2 240**	3 954	3 954	III	1 214	380				
	V	**10 174**	3 954	3 954	IV	5 005	4 349	3 712	3 094	2 495	1 916
	VI	**10 693**	3 954	3 954							
42 443,99	I,IV	**5 690**	3 957	3 957	I	4 357	3 102	1 924	825	1	
	II	**4 493**	3 957	3 957	II	3 229	2 043	934	69		
	III	**2 246**	3 957	3 957	III	1 220	384				
	V	**10 186**	3 957	3 957	IV	5 014	4 357	3 720	3 102	2 503	1 924
	VI	**10 705**	3 957	3 957							
42 479,99	I,IV	**5 699**	3 961	3 961	I	4 366	3 110	1 931	832	6	
	II	**4 502**	3 961	3 961	II	3 238	2 051	941	74		
	III	**2 254**	3 961	3 961	III	1 226	390				
	V	**10 199**	3 961	3 961	IV	5 023	4 366	3 728	3 110	2 511	1 931
	VI	**10 718**	3 961	3 961							
42 515,99	I,IV	**5 708**	3 964	3 964	I	4 374	3 118	1 939	839	10	
	II	**4 510**	3 964	3 964	II	3 246	2 058	948	78		
	III	**2 260**	3 964	3 964	III	1 234	394				
	V	**10 211**	3 964	3 964	IV	5 031	4 374	3 736	3 118	2 519	1 939
	VI	**10 730**	3 964	3 964							
42 551,99	I,IV	**5 717**	3 967	3 967	I	4 383	3 126	1 946	845	14	
	II	**4 519**	3 967	3 967	II	3 254	2 066	955	82		
	III	**2 268**	3 967	3 967	III	1 238	400				
	V	**10 223**	3 967	3 967	IV	5 040	4 383	3 745	3 126	2 526	1 946
	VI	**10 742**	3 967	3 967							
42 587,99	I,IV	**5 726**	3 971	3 971	I	4 391	3 134	1 953	852	18	
	II	**4 527**	3 971	3 971	II	3 262	2 073	962	87		
	III	**2 274**	3 971	3 971	III	1 246	404				
	V	**10 235**	3 971	3 971	IV	5 049	4 391	3 753	3 134	2 534	1 953
	VI	**10 755**	3 971	3 971							
42 623,99	I,IV	**5 735**	3 974	3 974	I	4 400	3 142	1 961	859	22	
	II	**4 536**	3 974	3 974	II	3 270	2 081	969	91		
	III	**2 282**	3 974	3 974	III	1 252	410				
	V	**10 248**	3 974	3 974	IV	5 058	4 400	3 761	3 142	2 542	1 961
	VI	**10 767**	3 974	3 974							
42 659,99	I,IV	**5 744**	3 978	3 978	I	4 408	3 150	1 968	866	26	
	II	**4 544**	3 978	3 978	II	3 278	2 088	976	96		
	III	**2 288**	3 978	3 978	III	1 258	414				
	V	**10 260**	3 978	3 978	IV	5 066	4 408	3 769	3 150	2 549	1 968
	VI	**10 779**	3 978	3 978							
42 695,99	I,IV	**5 753**	3 981	3 981	I	4 417	3 158	1 976	872	30	
	II	**4 553**	3 981	3 981	II	3 286	2 096	983	100		
	III	**2 296**	3 981	3 981	III	1 264	420				
	V	**10 272**	3 981	3 981	IV	5 075	4 417	3 777	3 158	2 557	1 976
	VI	**10 791**	3 981	3 981							
42 731,99	I,IV	**5 762**	3 984	3 984	I	4 425	3 166	1 983	879	35	
	II	**4 561**	3 984	3 984	II	3 294	2 103	990	105		
	III	**2 302**	3 984	3 984	III	1 270	424				
	V	**10 285**	3 984	3 984	IV	5 084	4 425	3 786	3 166	2 565	1 983
	VI	**10 804**	3 984	3 984							
42 767,99	I,IV	**5 771**	3 988	3 988	I	4 434	3 174	1 991	886	39	
	II	**4 570**	3 988	3 988	II	3 302	2 111	997	109		
	III	**2 310**	3 988	3 988	III	1 276	428				
	V	**10 297**	3 988	3 988	IV	5 093	4 434	3 794	3 174	2 573	1 991
	VI	**10 816**	3 988	3 988							

* Zur LSt-Berechnung für privat versicherte Arbeitnehmer s. Beispiele **Vorbemerkung S. 4f.**
** Basisvorsorgepauschale KV und PV *** Typisierter Arbeitgeberzuschuss

Lohn/ Gehalt in € bis	Steuerklasse	Lohn-steuer*	BVSP**	TAGZ***	Steuerklasse	Bemessungsgrundlage für Kirchensteuer und Solidaritätszuschlag – Freibeträge für ... Kinder 0,5	1,0	1,5	2,0	2,5	3,0
42803,99	I,IV	**5780**	3991	3991	I	4442	3182	1998	893	43	
	II	**4578**	3991	3991	II	3310	2118	1004	114		
	III	**2318**	3991	3991	III	1282	434				
	V	**10309**	3991	3991	IV	5101	4442	3802	3182	2580	1998
	VI	**10828**	3991	3991							
42839,99	I,IV	**5789**	3994	3994	I	4451	3190	2006	900	48	
	II	**4587**	3994	3994	II	3318	2126	1011	118		
	III	**2324**	3994	3994	III	1288	438				
	V	**10322**	3994	3994	IV	5110	4451	3811	3190	2588	2006
	VI	**10841**	3994	3994							
42875,99	I,IV	**5798**	3998	3998	I	4459	3198	2013	907	52	
	II	**4596**	3998	3998	II	3326	2134	1018	123		
	III	**2332**	3998	3998	III	1294	444				
	V	**10334**	3998	3998	IV	5119	4459	3819	3198	2596	2013
	VI	**10853**	3998	3998							
42911,99	I,IV	**5807**	4001	4001	I	4468	3206	2021	914	56	
	II	**4604**	4001	4001	II	3334	2141	1025	127		
	III	**2338**	4001	4001	III	1300	448				
	V	**10346**	4001	4001	IV	5128	4468	3827	3206	2604	2021
	VI	**10865**	4001	4001							
42947,99	I,IV	**5816**	4004	4004	I	4476	3214	2028	920	60	
	II	**4613**	4004	4004	II	3342	2149	1032	132		
	III	**2346**	4004	4004	III	1306	454				
	V	**10358**	4004	4004	IV	5136	4476	3835	3214	2611	2028
	VI	**10878**	4004	4004							
42983,99	I,IV	**5825**	4008	4008	I	4485	3222	2036	927	65	
	II	**4621**	4008	4008	II	3350	2156	1040	137		
	III	**2352**	4008	4008	III	1314	458				
	V	**10371**	4008	4008	IV	5145	4485	3844	3222	2619	2036
	VI	**10890**	4008	4008							
43019,99	I,IV	**5834**	4011	4011	I	4493	3230	2043	934	69	
	II	**4630**	4011	4011	II	3358	2164	1047	141		
	III	**2360**	4011	4011	III	1320	464				
	V	**10383**	4011	4011	IV	5154	4493	3852	3230	2627	2043
	VI	**10902**	4011	4011							
43055,99	I,IV	**5843**	4014	4014	I	4502	3238	2051	941	74	
	II	**4638**	4014	4014	II	3366	2171	1054	146		
	III	**2366**	4014	4014	III	1326	468				
	V	**10395**	4014	4014	IV	5163	4502	3860	3238	2635	2051
	VI	**10915**	4014	4014							
43091,99	I,IV	**5852**	4018	4018	I	4510	3246	2059	948	78	
	II	**4647**	4018	4018	II	3374	2179	1061	151		
	III	**2374**	4018	4018	III	1332	474				
	V	**10408**	4018	4018	IV	5172	4510	3869	3246	2643	2059
	VI	**10927**	4018	4018							
43127,99	I,IV	**5861**	4021	4021	I	4519	3254	2066	955	82	
	II	**4656**	4021	4021	II	3382	2187	1068	155		
	III	**2382**	4021	4021	III	1338	478				
	V	**10420**	4021	4021	IV	5180	4519	3877	3254	2650	2066
	VI	**10939**	4021	4021							
43163,99	I,IV	**5870**	4025	4025	I	4527	3262	2073	962	87	
	II	**4664**	4025	4025	II	3390	2194	1075	160		
	III	**2388**	4025	4025	III	1344	484				
	V	**10432**	4025	4025	IV	5189	4527	3885	3262	2658	2073
	VI	**10951**	4025	4025							
43199,99	I,IV	**5879**	4028	4028	I	4536	3270	2081	969	91	
	II	**4673**	4028	4028	II	3399	2202	1082	165		
	III	**2396**	4028	4028	III	1350	488				
	V	**10445**	4028	4028	IV	5198	4536	3893	3270	2666	2081
	VI	**10964**	4028	4028							

* Zur LSt-Berechnung für privat versicherte Arbeitnehmer s. Beispiele **Vorbemerkung S. 4f.**
** Basisvorsorgepauschale KV und PV *** Typisierter Arbeitgeberzuschuss

Lohn/ Gehalt in € bis	Steuerklasse	Lohn-steuer*	BVSP**	TAGZ***	Steuerklasse	Bemessungsgrundlage für Kirchensteuer und Solidaritätszuschlag – Freibeträge für ... Kinder 0,5	**1,0**	1,5	**2,0**	2,5	**3,0**
43235,99	I,IV	**5888**	4031	4031	I	4545	3278	2089	976	96	
	II	**4681**	4031	4031	II	3407	2209	1089	170		
	III	**2402**	4031	4031	III	1358	494				
	V	**10457**	4031	4031	IV	5207	4545	3902	3278	2674	2089
	VI	**10976**	4031	4031							
43271,99	I,IV	**5897**	4035	4035	I	4553	3286	2096	983	100	
	II	**4690**	4035	4035	II	3415	2217	1096	174		
	III	**2410**	4035	4035	III	1364	498				
	V	**10469**	4035	4035	IV	5215	4553	3910	3286	2681	2096
	VI	**10988**	4035	4035							
43307,99	I,IV	**5906**	4038	4038	I	4561	3294	2103	990	105	
	II	**4698**	4038	4038	II	3423	2224	1103	179		
	III	**2416**	4038	4038	III	1370	504				
	V	**10482**	4038	4038	IV	5224	4561	3918	3294	2689	2103
	VI	**11001**	4038	4038							
43343,99	I,IV	**5915**	4041	4041	I	4570	3302	2111	997	109	
	II	**4707**	4041	4041	II	3431	2232	1110	184		
	III	**2424**	4041	4041	III	1376	508				
	V	**10494**	4041	4041	IV	5233	4570	3927	3302	2697	2111
	VI	**11013**	4041	4041							
43379,99	I,IV	**5924**	4045	4045	I	4579	3310	2119	1004	114	
	II	**4716**	4045	4045	II	3439	2240	1117	189		
	III	**2430**	4045	4045	III	1382	514				
	V	**10506**	4045	4045	IV	5242	4579	3935	3310	2705	2119
	VI	**11025**	4045	4045							
43415,99	I,IV	**5933**	4048	4048	I	4587	3318	2126	1011	118	
	II	**4724**	4048	4048	II	3447	2247	1124	193		
	III	**2438**	4048	4048	III	1388	518				
	V	**10518**	4048	4048	IV	5251	4587	3943	3318	2712	2126
	VI	**11038**	4048	4048							
43451,99	I,IV	**5943**	4051	4051	I	4596	3326	2134	1019	123	
	II	**4733**	4051	4051	II	3455	2255	1132	198		
	III	**2446**	4051	4051	III	1396	524				
	V	**10531**	4051	4051	IV	5260	4596	3951	3326	2720	2134
	VI	**11050**	4051	4051							
43487,99	I,IV	**5952**	4055	4055	I	4604	3334	2141	1026	128	
	II	**4742**	4055	4055	II	3463	2262	1139	203		
	III	**2452**	4055	4055	III	1402	528				
	V	**10543**	4055	4055	IV	5268	4604	3960	3334	2728	2141
	VI	**11062**	4055	4055							
43523,99	I,IV	**5961**	4058	4058	I	4613	3342	2149	1033	132	
	II	**4750**	4058	4058	II	3471	2270	1146	208		
	III	**2460**	4058	4058	III	1408	534				
	V	**10555**	4058	4058	IV	5277	4613	3968	3342	2736	2149
	VI	**11075**	4058	4058							
43559,99	I,IV	**5970**	4061	4061	I	4621	3350	2156	1040	137	
	II	**4759**	4061	4061	II	3480	2278	1153	213		
	III	**2466**	4061	4061	III	1414	538				
	V	**10568**	4061	4061	IV	5286	4621	3976	3350	2744	2156
	VI	**11087**	4061	4061							
43595,99	I,IV	**5979**	4065	4065	I	4630	3359	2164	1047	141	
	II	**4768**	4065	4065	II	3488	2285	1160	218		
	III	**2474**	4065	4065	III	1420	544				
	V	**10580**	4065	4065	IV	5295	4630	3985	3359	2752	2164
	VI	**11099**	4065	4065							
43631,99	I,IV	**5988**	4068	4068	I	4639	3366	2172	1054	146	
	II	**4776**	4068	4068	II	3496	2293	1167	223		
	III	**2482**	4068	4068	III	1428	548				
	V	**10592**	4068	4068	IV	5304	4639	3993	3366	2759	2172
	VI	**11112**	4068	4068							

* Zur LSt-Berechnung für privat versicherte Arbeitnehmer s. Beispiele **Vorbemerkung S. 4 f.**
** Basisvorsorgepauschale KV und PV *** Typisierter Arbeitgeberzuschuss

Lohn/ Gehalt in € bis	Steuerklasse	Lohn- steuer*	BVSP**	TAGZ***	Steuerklasse	Bemessungsgrundlage für Kirchensteuer und Solidaritätszuschlag – Freibeträge für ... Kinder 0,5	**1,0**	1,5	**2,0**	2,5	**3,0**
43 667,99	I,IV	**5 997**	4 072	4 072	I	4 647	3 374	2 179	1 061	151	
	II	**4 785**	4 072	4 072	II	3 504	2 300	1 174	228		
	III	**2 488**	4 072	4 072	III	1 434	554				
	V	**10 605**	4 072	4 072	IV	5 312	4 647	4 001	3 374	2 767	2 179
	VI	**11 124**	4 072	4 072							
43 703,99	I,IV	**6 006**	4 075	4 075	I	4 656	3 383	2 187	1 068	156	
	II	**4 793**	4 075	4 075	II	3 512	2 308	1 181	233		
	III	**2 496**	4 075	4 075	III	1 440	560				
	V	**10 617**	4 075	4 075	IV	5 321	4 656	4 010	3 383	2 775	2 187
	VI	**11 136**	4 075	4 075							
43 739,99	I,IV	**6 015**	4 078	4 078	I	4 664	3 391	2 194	1 075	160	
	II	**4 802**	4 078	4 078	II	3 520	2 316	1 188	238		
	III	**2 502**	4 078	4 078	III	1 446	564				
	V	**10 629**	4 078	4 078	IV	5 330	4 664	4 018	3 391	2 783	2 194
	VI	**11 148**	4 078	4 078							
43 775,99	I,IV	**6 024**	4 082	4 082	I	4 673	3 399	2 202	1 082	165	
	II	**4 811**	4 082	4 082	II	3 528	2 323	1 195	243		
	III	**2 510**	4 082	4 082	III	1 452	570				
	V	**10 642**	4 082	4 082	IV	5 339	4 673	4 026	3 399	2 791	2 202
	VI	**11 161**	4 082	4 082							
43 811,99	I,IV	**6 034**	4 085	4 085	I	4 682	3 407	2 210	1 089	170	
	II	**4 819**	4 085	4 085	II	3 537	2 331	1 203	248		
	III	**2 516**	4 085	4 085	III	1 460	574				
	V	**10 654**	4 085	4 085	IV	5 348	4 682	4 035	3 407	2 799	2 210
	VI	**11 173**	4 085	4 085							
43 847,99	I,IV	**6 043**	4 088	4 088	I	4 690	3 415	2 217	1 096	174	
	II	**4 828**	4 088	4 088	II	3 545	2 339	1 210	253		
	III	**2 524**	4 088	4 088	III	1 466	580				
	V	**10 666**	4 088	4 088	IV	5 357	4 690	4 043	3 415	2 806	2 217
	VI	**11 185**	4 088	4 088							
43 883,99	I,IV	**6 052**	4 092	4 092	I	4 699	3 423	2 225	1 103	179	
	II	**4 837**	4 092	4 092	II	3 553	2 346	1 217	258		
	III	**2 530**	4 092	4 092	III	1 472	584				
	V	**10 678**	4 092	4 092	IV	5 365	4 699	4 051	3 423	2 814	2 225
	VI	**11 198**	4 092	4 092							
43 919,99	I,IV	**6 061**	4 095	4 095	I	4 707	3 431	2 232	1 110	184	
	II	**4 845**	4 095	4 095	II	3 561	2 354	1 224	263		
	III	**2 538**	4 095	4 095	III	1 478	590				
	V	**10 691**	4 095	4 095	IV	5 374	4 707	4 060	3 431	2 822	2 232
	VI	**11 210**	4 095	4 095							
43 955,99	I,IV	**6 070**	4 098	4 098	I	4 716	3 439	2 240	1 118	189	
	II	**4 854**	4 098	4 098	II	3 569	2 362	1 231	268		
	III	**2 546**	4 098	4 098	III	1 486	596				
	V	**10 703**	4 098	4 098	IV	5 383	4 716	4 068	3 439	2 830	2 240
	VI	**11 222**	4 098	4 098							
43 991,99	I,IV	**6 079**	4 102	4 102	I	4 725	3 447	2 247	1 125	194	
	II	**4 863**	4 102	4 102	II	3 577	2 369	1 238	273		
	III	**2 552**	4 102	4 102	III	1 492	600				
	V	**10 715**	4 102	4 102	IV	5 392	4 725	4 076	3 447	2 838	2 247
	VI	**11 235**	4 102	4 102							
44 027,99	I,IV	**6 088**	4 105	4 105	I	4 733	3 455	2 255	1 132	198	
	II	**4 871**	4 105	4 105	II	3 585	2 377	1 245	278		
	III	**2 560**	4 105	4 105	III	1 498	606				
	V	**10 728**	4 105	4 105	IV	5 401	4 733	4 085	3 455	2 846	2 255
	VI	**11 247**	4 105	4 105							
44 063,99	I,IV	**6 097**	4 108	4 108	I	4 742	3 464	2 263	1 139	203	
	II	**4 880**	4 108	4 108	II	3 594	2 385	1 253	283		
	III	**2 568**	4 108	4 108	III	1 504	610				
	V	**10 740**	4 108	4 108	IV	5 410	4 742	4 093	3 464	2 854	2 263
	VI	**11 259**	4 108	4 108							

* Zur LSt-Berechnung für privat versicherte Arbeitnehmer s. Beispiele **Vorbemerkung S. 4 f.**
** Basisvorsorgepauschale KV und PV *** Typisierter Arbeitgeberzuschuss

Lohn/ Gehalt in € bis	Steuerklasse	Lohn-steuer*	BVSP**	TAGZ***	Steuerklasse	Bemessungsgrundlage für Kirchensteuer und Solidaritätszuschlag – Freibeträge für ... Kinder 0,5	1,0	1,5	2,0	2,5	3,0
44 099,99	I,IV	**6 106**	4 112	4 112	I	4 750	3 472	2 270	1 146	208	
	II	**4 889**	4 112	4 112	II	3 602	2 392	1 260	288		
	III	**2 574**	4 112	4 112	III	1 510	616				
	V	**10 752**	4 112	4 112	IV	5 419	4 750	4 101	3 472	2 861	2 270
	VI	**11 272**	4 112	4 112							
44 135,99	I,IV	**6 115**	4 115	4 115	I	4 759	3 480	2 278	1 153	213	
	II	**4 897**	4 115	4 115	II	3 610	2 400	1 267	293		
	III	**2 582**	4 115	4 115	III	1 518	622				
	V	**10 765**	4 115	4 115	IV	5 428	4 759	4 110	3 480	2 869	2 278
	VI	**11 284**	4 115	4 115							
44 171,99	I,IV	**6 124**	4 119	4 119	I	4 768	3 488	2 285	1 160	218	
	II	**4 906**	4 119	4 119	II	3 618	2 407	1 274	299		
	III	**2 588**	4 119	4 119	III	1 524	626				
	V	**10 777**	4 119	4 119	IV	5 436	4 768	4 118	3 488	2 877	2 285
	VI	**11 296**	4 119	4 119							
44 207,99	I,IV	**6 134**	4 122	4 122	I	4 776	3 496	2 293	1 167	223	
	II	**4 915**	4 122	4 122	II	3 626	2 415	1 281	304		
	III	**2 596**	4 122	4 122	III	1 530	632				
	V	**10 789**	4 122	4 122	IV	5 445	4 776	4 127	3 496	2 885	2 293
	VI	**11 308**	4 122	4 122							
44 243,99	I,IV	**6 143**	4 125	4 125	I	4 785	3 504	2 301	1 174	228	
	II	**4 923**	4 125	4 125	II	3 635	2 423	1 288	309		
	III	**2 602**	4 125	4 125	III	1 536	636				
	V	**10 802**	4 125	4 125	IV	5 454	4 785	4 135	3 504	2 893	2 301
	VI	**11 321**	4 125	4 125							
44 279,99	I,IV	**6 152**	4 129	4 129	I	4 793	3 512	2 308	1 181	233	
	II	**4 932**	4 129	4 129	II	3 643	2 431	1 296	314		
	III	**2 610**	4 129	4 129	III	1 544	642				
	V	**10 814**	4 129	4 129	IV	5 463	4 793	4 143	3 512	2 901	2 308
	VI	**11 333**	4 129	4 129							
44 315,99	I,IV	**6 161**	4 132	4 132	I	4 802	3 521	2 316	1 189	238	
	II	**4 941**	4 132	4 132	II	3 651	2 438	1 303	320		
	III	**2 618**	4 132	4 132	III	1 550	648				
	V	**10 826**	4 132	4 132	IV	5 472	4 802	4 152	3 521	2 909	2 316
	VI	**11 345**	4 132	4 132							
44 351,99	I,IV	**6 170**	4 135	4 135	I	4 811	3 529	2 324	1 196	243	
	II	**4 949**	4 135	4 135	II	3 659	2 446	1 310	325		
	III	**2 624**	4 135	4 135	III	1 556	652				
	V	**10 839**	4 135	4 135	IV	5 481	4 811	4 160	3 529	2 916	2 324
	VI	**11 358**	4 135	4 135							
44 387,99	I,IV	**6 179**	4 139	4 139	I	4 819	3 537	2 331	1 203	248	
	II	**4 958**	4 139	4 139	II	3 667	2 454	1 317	330		
	III	**2 632**	4 139	4 139	III	1 562	658				
	V	**10 851**	4 139	4 139	IV	5 490	4 819	4 168	3 537	2 924	2 331
	VI	**11 370**	4 139	4 139							
44 423,99	I,IV	**6 189**	4 142	4 142	I	4 828	3 545	2 339	1 210	253	
	II	**4 967**	4 142	4 142	II	3 676	2 461	1 325	335		
	III	**2 638**	4 142	4 142	III	1 570	664				
	V	**10 863**	4 142	4 142	IV	5 499	4 828	4 177	3 545	2 932	2 339
	VI	**11 382**	4 142	4 142							
44 459,99	I,IV	**6 198**	4 145	4 145	I	4 837	3 553	2 347	1 217	258	
	II	**4 976**	4 145	4 145	II	3 684	2 469	1 332	341		
	III	**2 646**	4 145	4 145	III	1 576	668				
	V	**10 875**	4 145	4 145	IV	5 508	4 837	4 185	3 553	2 940	2 347
	VI	**11 395**	4 145	4 145							
44 495,99	I,IV	**6 207**	4 149	4 149	I	4 845	3 561	2 354	1 224	263	
	II	**4 984**	4 149	4 149	II	3 692	2 477	1 339	346		
	III	**2 652**	4 149	4 149	III	1 582	674				
	V	**10 888**	4 149	4 149	IV	5 516	4 845	4 194	3 561	2 948	2 354
	VI	**11 407**	4 149	4 149							

* Zur LSt-Berechnung für privat versicherte Arbeitnehmer s. Beispiele **Vorbemerkung S. 4 f.**
** Basisvorsorgepauschale KV und PV *** Typisierter Arbeitgeberzuschuss

Lohn/ Gehalt in € bis	Steuerklasse	Lohnsteuer*	BVSP**	TAGZ***	Steuerklasse	Bemessungsgrundlage für Kirchensteuer und Solidaritätszuschlag – Freibeträge für ... Kinder 0,5	1,0	1,5	2,0	2,5	3,0
44531,99	I,IV	**6216**	4152	4152	I	4854	3569	2362	1231	268	
	II	**4993**	4152	4152	II	3700	2484	1346	351		
	III	**2660**	4152	4152	III	1590	680				
	V	**10900**	4152	4152	IV	5525	4854	4202	3569	2956	2362
	VI	**11419**	4152	4152							
44567,99	I,IV	**6225**	4155	4155	I	4863	3578	2370	1239	273	
	II	**5002**	4155	4155	II	3708	2492	1353	357		
	III	**2668**	4155	4155	III	1596	684				
	V	**10912**	4155	4155	IV	5534	4863	4211	3578	2964	2370
	VI	**11432**	4155	4155							
44603,99	I,IV	**6234**	4159	4159	I	4871	3586	2377	1246	278	
	II	**5010**	4159	4159	II	3717	2500	1360	362		
	III	**2674**	4159	4159	III	1602	690				
	V	**10925**	4159	4159	IV	5543	4871	4219	3586	2972	2377
	VI	**11444**	4159	4159							
44639,99	I,IV	**6243**	4162	4162	I	4880	3594	2385	1253	283	
	II	**5019**	4162	4162	II	3725	2507	1368	367		
	III	**2682**	4162	4162	III	1610	696				
	V	**10937**	4162	4162	IV	5552	4880	4227	3594	2980	2385
	VI	**11456**	4162	4162							
44675,99	I,IV	**6253**	4166	4166	I	4889	3602	2393	1260	288	
	II	**5028**	4166	4166	II	3733	2515	1375	373		
	III	**2690**	4166	4166	III	1616	700				
	V	**10949**	4166	4166	IV	5561	4889	4236	3602	2988	2393
	VI	**11469**	4166	4166							
44711,99	I,IV	**6262**	4169	4169	I	4897	3610	2400	1267	294	
	II	**5037**	4169	4169	II	3741	2523	1382	378		
	III	**2696**	4169	4169	III	1622	706				
	V	**10962**	4169	4169	IV	5570	4897	4244	3610	2996	2400
	VI	**11481**	4169	4169							
44747,99	I,IV	**6271**	4172	4172	I	4906	3618	2408	1274	299	
	II	**5045**	4172	4172	II	3749	2531	1389	384		
	III	**2704**	4172	4172	III	1630	712				
	V	**10974**	4172	4172	IV	5579	4906	4253	3618	3003	2408
	VI	**11493**	4172	4172							
44783,99	I,IV	**6280**	4176	4176	I	4915	3626	2415	1281	304	
	II	**5054**	4176	4176	II	3757	2538	1396	389		
	III	**2710**	4176	4176	III	1636	716				
	V	**10986**	4176	4176	IV	5588	4915	4261	3626	3011	2415
	VI	**11505**	4176	4176							
44819,99	I,IV	**6290**	4179	4179	I	4924	3635	2423	1289	309	
	II	**5063**	4179	4179	II	3766	2546	1404	395		
	III	**2718**	4179	4179	III	1642	722				
	V	**10999**	4179	4179	IV	5597	4924	4270	3635	3019	2423
	VI	**11518**	4179	4179							
44855,99	I,IV	**6299**	4182	4182	I	4932	3643	2431	1296	314	
	II	**5071**	4182	4182	II	3774	2554	1411	400		
	III	**2726**	4182	4182	III	1650	728	2			
	V	**11011**	4182	4182	IV	5606	4932	4278	3643	3027	2431
	VI	**11530**	4182	4182							
44891,99	I,IV	**6308**	4186	4186	I	4941	3651	2438	1303	320	
	II	**5080**	4186	4186	II	3782	2562	1418	406		
	III	**2732**	4186	4186	III	1656	732	6			
	V	**11023**	4186	4186	IV	5615	4941	4286	3651	3035	2438
	VI	**11542**	4186	4186							
44927,99	I,IV	**6317**	4189	4189	I	4950	3659	2446	1310	325	
	II	**5089**	4189	4189	II	3791	2569	1425	411		
	III	**2740**	4189	4189	III	1662	738	10			
	V	**11035**	4189	4189	IV	5624	4950	4295	3659	3043	2446
	VI	**11555**	4189	4189							

* Zur LSt-Berechnung für privat versicherte Arbeitnehmer s. Beispiele **Vorbemerkung S. 4 f.**
** Basisvorsorgepauschale KV und PV *** Typisierter Arbeitgeberzuschuss

Lohn/ Gehalt in € bis	Steuerklasse	**Lohn-steuer***	BVSP**	TAGZ***	Steuerklasse	Bemessungsgrundlage für Kirchensteuer und Solidaritätszuschlag					
						Freibeträge für ... Kinder					
						0,5	**1,0**	1,5	**2,0**	2,5	**3,0**
44963,99	I,IV	**6326**	4192	4192	I	4958	3667	2454	1317	330	
	II	**5098**	4192	4192	II	3799	2577	1433	417		
	III	**2746**	4192	4192	III	1670	744	14			
	V	**11048**	4192	4192	IV	5633	4958	4303	3667	3051	2454
	VI	**11567**	4192	4192							
44999,99	I,IV	**6335**	4196	4196	I	4967	3676	2461	1325	335	
	II	**5106**	4196	4196	II	3807	2585	1440	422		
	III	**2754**	4196	4196	III	1676	748	18			
	V	**11060**	4196	4196	IV	5642	4967	4312	3676	3059	2461
	VI	**11579**	4196	4196							
45035,99	I,IV	**6345**	4199	4199	I	4976	3684	2469	1332	341	
	II	**5115**	4199	4199	II	3815	2593	1447	428		
	III	**2762**	4199	4199	III	1682	754	22			
	V	**11072**	4199	4199	IV	5651	4976	4320	3684	3067	2469
	VI	**11592**	4199	4199							
45071,99	I,IV	**6354**	4202	4202	I	4984	3692	2477	1339	346	
	II	**5124**	4202	4202	II	3824	2600	1454	434		
	III	**2768**	4202	4202	III	1690	760	26			
	V	**11085**	4202	4202	IV	5660	4984	4329	3692	3075	2477
	VI	**11604**	4202	4202							
45107,99	I,IV	**6363**	4206	4206	I	4993	3700	2485	1346	351	
	II	**5133**	4206	4206	II	3832	2608	1462	439		
	III	**2776**	4206	4206	III	1696	766	30			
	V	**11097**	4206	4206	IV	5668	4993	4337	3700	3083	2485
	VI	**11616**	4206	4206							
45143,99	I,IV	**6372**	4209	4209	I	5002	3708	2492	1353	357	
	II	**5141**	4209	4209	II	3840	2616	1469	445		
	III	**2782**	4209	4209	III	1702	770	34			
	V	**11109**	4209	4209	IV	5677	5002	4345	3708	3091	2492
	VI	**11628**	4209	4209							
45179,99	I,IV	**6382**	4213	4213	I	5011	3717	2500	1361	362	
	II	**5150**	4213	4213	II	3848	2624	1476	450		
	III	**2790**	4213	4213	III	1710	776	40			
	V	**11122**	4213	4213	IV	5686	5011	4354	3717	3099	2500
	VI	**11641**	4213	4213							
45215,99	I,IV	**6391**	4216	4216	I	5019	3725	2508	1368	368	
	II	**5159**	4216	4216	II	3857	2631	1483	456		
	III	**2798**	4216	4216	III	1716	782	44			
	V	**11134**	4216	4216	IV	5695	5019	4362	3725	3107	2508
	VI	**11653**	4216	4216							
45251,99	I,IV	**6400**	4219	4219	I	5028	3733	2515	1375	373	
	II	**5168**	4219	4219	II	3865	2639	1491	462		
	III	**2804**	4219	4219	III	1724	788	48			
	V	**11146**	4219	4219	IV	5704	5028	4371	3733	3115	2515
	VI	**11665**	4219	4219							
45287,99	I,IV	**6409**	4223	4223	I	5037	3741	2523	1382	378	
	II	**5177**	4223	4223	II	3873	2647	1498	467		
	III	**2812**	4223	4223	III	1730	792	52			
	V	**11159**	4223	4223	IV	5713	5037	4380	3741	3123	2523
	VI	**11678**	4223	4223							
45323,99	I,IV	**6419**	4226	4226	I	5045	3750	2531	1389	384	
	II	**5185**	4226	4226	II	3882	2655	1505	473		
	III	**2818**	4226	4226	III	1736	798	56			
	V	**11171**	4226	4226	IV	5722	5045	4388	3750	3131	2531
	VI	**11690**	4226	4226							
45359,99	I,IV	**6428**	4229	4229	I	5054	3758	2539	1397	389	
	II	**5194**	4229	4229	II	3890	2662	1512	479		
	III	**2826**	4229	4229	III	1744	804	60			
	V	**11183**	4229	4229	IV	5731	5054	4396	3758	3139	2539
	VI	**11702**	4229	4229							

* Zur LSt-Berechnung für privat versicherte Arbeitnehmer s. Beispiele **Vorbemerkung S. 4 f.**
** Basisvorsorgepauschale KV und PV *** Typisierter Arbeitgeberzuschuss

Lohn/ Gehalt in € bis	Steuerklasse	Lohnsteuer*	BVSP**	TAGZ***	Steuerklasse	Bemessungsgrundlage für Kirchensteuer und Solidaritätszuschlag – Freibeträge für ... Kinder 0,5	1,0	1,5	2,0	2,5	3,0
45 395,99	I,IV	**6 437**	4 233	4 233	I	5 063	3 766	2 547	1 404	395	
	II	**5 203**	4 233	4 233	II	3 898	2 670	1 520	485		
	III	**2 834**	4 233	4 233	III	1 750	810	64			
	V	**11 196**	4 233	4 233	IV	5 740	5 063	4 405	3 766	3 147	2 547
	VI	**11 715**	4 233	4 233							
45 431,99	I,IV	**6 446**	4 236	4 236	I	5 072	3 774	2 554	1 411	400	
	II	**5 212**	4 236	4 236	II	3 906	2 678	1 527	490		
	III	**2 840**	4 236	4 236	III	1 756	814	68			
	V	**11 208**	4 236	4 236	IV	5 749	5 072	4 413	3 774	3 155	2 554
	VI	**11 727**	4 236	4 236							
45 467,99	I,IV	**6 455**	4 239	4 239	I	5 080	3 783	2 562	1 418	406	
	II	**5 221**	4 239	4 239	II	3 915	2 686	1 534	496		
	III	**2 848**	4 239	4 239	III	1 764	820	72			
	V	**11 220**	4 239	4 239	IV	5 758	5 080	4 422	3 783	3 163	2 562
	VI	**11 739**	4 239	4 239							
45 503,99	I,IV	**6 465**	4 243	4 243	I	5 089	3 791	2 569	1 425	411	
	II	**5 229**	4 243	4 243	II	3 923	2 694	1 541	502		
	III	**2 854**	4 243	4 243	III	1 770	826	76			
	V	**11 232**	4 243	4 243	IV	5 767	5 089	4 430	3 791	3 170	2 569
	VI	**11 751**	4 243	4 243							
45 539,99	I,IV	**6 474**	4 246	4 246	I	5 098	3 799	2 577	1 433	417	
	II	**5 238**	4 246	4 246	II	3 931	2 702	1 549	508		
	III	**2 862**	4 246	4 246	III	1 778	832	82			
	V	**11 245**	4 246	4 246	IV	5 776	5 098	4 439	3 799	3 179	2 577
	VI	**11 764**	4 246	4 246							
45 575,99	I,IV	**6 483**	4 249	4 249	I	5 107	3 807	2 585	1 440	422	
	II	**5 247**	4 249	4 249	II	3 940	2 709	1 556	514		
	III	**2 870**	4 249	4 249	III	1 784	836	86			
	V	**11 257**	4 249	4 249	IV	5 785	5 107	4 447	3 807	3 187	2 585
	VI	**11 776**	4 249	4 249							
45 611,99	I,IV	**6 492**	4 253	4 253	I	5 115	3 815	2 593	1 447	428	
	II	**5 256**	4 253	4 253	II	3 948	2 717	1 563	519		
	III	**2 876**	4 253	4 253	III	1 790	842	90			
	V	**11 269**	4 253	4 253	IV	5 794	5 115	4 456	3 815	3 194	2 593
	VI	**11 788**	4 253	4 253							
45 647,99	I,IV	**6 502**	4 256	4 256	I	5 124	3 824	2 601	1 455	434	
	II	**5 265**	4 256	4 256	II	3 956	2 725	1 571	525		
	III	**2 884**	4 256	4 256	III	1 798	848	94			
	V	**11 282**	4 256	4 256	IV	5 803	5 124	4 464	3 824	3 203	2 601
	VI	**11 801**	4 256	4 256							
45 683,99	I,IV	**6 511**	4 260	4 260	I	5 133	3 832	2 608	1 462	439	
	II	**5 273**	4 260	4 260	II	3 965	2 733	1 578	531		
	III	**2 892**	4 260	4 260	III	1 804	854	98			
	V	**11 294**	4 260	4 260	IV	5 812	5 133	4 473	3 832	3 211	2 608
	VI	**11 813**	4 260	4 260							
45 719,99	I,IV	**6 520**	4 263	4 263	I	5 142	3 840	2 616	1 469	445	
	II	**5 282**	4 263	4 263	II	3 973	2 740	1 585	537		
	III	**2 898**	4 263	4 263	III	1 812	860	102			
	V	**11 306**	4 263	4 263	IV	5 821	5 142	4 481	3 840	3 219	2 616
	VI	**11 825**	4 263	4 263							
45 755,99	I,IV	**6 529**	4 266	4 266	I	5 150	3 848	2 624	1 476	450	
	II	**5 291**	4 266	4 266	II	3 981	2 748	1 593	543		
	III	**2 906**	4 266	4 266	III	1 818	864	108			
	V	**11 318**	4 266	4 266	IV	5 830	5 150	4 490	3 848	3 226	2 624
	VI	**11 837**	4 266	4 266							
45 791,99	I,IV	**6 539**	4 270	4 270	I	5 159	3 857	2 632	1 484	456	
	II	**5 300**	4 270	4 270	II	3 989	2 756	1 600	549		
	III	**2 914**	4 270	4 270	III	1 826	870	112			
	V	**11 331**	4 270	4 270	IV	5 840	5 159	4 498	3 857	3 235	2 632
	VI	**11 850**	4 270	4 270							

* Zur LSt-Berechnung für privat versicherte Arbeitnehmer s. Beispiele **Vorbemerkung S. 4 f.**
** Basisvorsorgepauschale KV und PV *** Typisierter Arbeitgeberzuschuss

Lohn/ Gehalt in € bis	Steuerklasse	**Lohn-steuer***	BVSP**	TAGZ***	Steuerklasse	Bemessungsgrundlage für Kirchensteuer und Solidaritätszuschlag					
						Freibeträge für ... Kinder					
						0,5	**1,0**	1,5	**2,0**	2,5	**3,0**
45 827,99	I,IV	**6 548**	4 273	4 273	I	5 168	3 865	2 639	1 491	462	
	II	**5 309**	4 273	4 273	II	3 998	2 764	1 607	555		
	III	**2 920**	4 273	4 273	III	1 832	876	116			
	V	**11 343**	4 273	4 273	IV	5 848	5 168	4 507	3 865	3 243	2 639
	VI	**11 862**	4 273	4 273							
45 863,99	I,IV	**6 557**	4 276	4 276	I	5 177	3 873	2 647	1 498	467	
	II	**5 317**	4 276	4 276	II	4 006	2 772	1 615	561		
	III	**2 928**	4 276	4 276	III	1 840	882	120			
	V	**11 355**	4 276	4 276	IV	5 857	5 177	4 515	3 873	3 251	2 647
	VI	**11 874**	4 276	4 276							
45 899,99	I,IV	**6 567**	4 280	4 280	I	5 186	3 882	2 655	1 505	473	
	II	**5 327**	4 280	4 280	II	4 015	2 780	1 622	567		
	III	**2 934**	4 280	4 280	III	1 846	888	124			
	V	**11 368**	4 280	4 280	IV	5 867	5 186	4 524	3 882	3 259	2 655
	VI	**11 887**	4 280	4 280							
45 935,99	I,IV	**6 576**	4 283	4 283	I	5 194	3 890	2 663	1 513	479	
	II	**5 335**	4 283	4 283	II	4 023	2 787	1 629	573		
	III	**2 942**	4 283	4 283	III	1 854	892	128			
	V	**11 380**	4 283	4 283	IV	5 876	5 194	4 533	3 890	3 267	2 663
	VI	**11 899**	4 283	4 283							
45 971,99	I,IV	**6 585**	4 286	4 286	I	5 203	3 898	2 670	1 520	485	
	II	**5 344**	4 286	4 286	II	4 031	2 795	1 637	579		
	III	**2 950**	4 286	4 286	III	1 860	898	134			
	V	**11 392**	4 286	4 286	IV	5 885	5 203	4 541	3 898	3 275	2 670
	VI	**11 911**	4 286	4 286							
46 007,99	I,IV	**6 595**	4 290	4 290	I	5 212	3 907	2 678	1 527	491	
	II	**5 353**	4 290	4 290	II	4 040	2 803	1 644	585		
	III	**2 956**	4 290	4 290	III	1 868	904	138			
	V	**11 405**	4 290	4 290	IV	5 894	5 212	4 550	3 907	3 283	2 678
	VI	**11 924**	4 290	4 290							
46 043,99	I,IV	**6 604**	4 293	4 293	I	5 221	3 915	2 686	1 534	496	
	II	**5 362**	4 293	4 293	II	4 048	2 811	1 651	591		
	III	**2 964**	4 293	4 293	III	1 874	910	142			
	V	**11 417**	4 293	4 293	IV	5 903	5 221	4 558	3 915	3 291	2 686
	VI	**11 936**	4 293	4 293							
46 079,99	I,IV	**6 613**	4 296	4 296	I	5 230	3 923	2 694	1 542	502	
	II	**5 371**	4 296	4 296	II	4 056	2 819	1 659	597		
	III	**2 972**	4 296	4 296	III	1 880	916	146			
	V	**11 429**	4 296	4 296	IV	5 912	5 230	4 567	3 923	3 299	2 694
	VI	**11 948**	4 296	4 296							
46 115,99	I,IV	**6 622**	4 300	4 300	I	5 238	3 931	2 702	1 549	508	
	II	**5 379**	4 300	4 300	II	4 064	2 827	1 666	603		
	III	**2 978**	4 300	4 300	III	1 888	920	150			
	V	**11 441**	4 300	4 300	IV	5 921	5 238	4 575	3 931	3 307	2 702
	VI	**11 960**	4 300	4 300							
46 151,99	I,IV	**6 632**	4 303	4 303	I	5 247	3 940	2 710	1 556	514	
	II	**5 388**	4 303	4 303	II	4 073	2 835	1 673	609		
	III	**2 986**	4 303	4 303	III	1 894	926	156			
	V	**11 454**	4 303	4 303	IV	5 930	5 247	4 584	3 940	3 315	2 710
	VI	**11 973**	4 303	4 303							
46 187,99	I,IV	**6 641**	4 307	4 307	I	5 256	3 948	2 717	1 564	520	
	II	**5 397**	4 307	4 307	II	4 081	2 842	1 681	615		
	III	**2 992**	4 307	4 307	III	1 902	932	160			
	V	**11 466**	4 307	4 307	IV	5 939	5 256	4 592	3 948	3 323	2 717
	VI	**11 985**	4 307	4 307							
46 223,99	I,IV	**6 650**	4 310	4 310	I	5 265	3 956	2 725	1 571	525	
	II	**5 406**	4 310	4 310	II	4 089	2 850	1 688	621		
	III	**3 000**	4 310	4 310	III	1 908	938	164			
	V	**11 478**	4 310	4 310	IV	5 948	5 265	4 601	3 956	3 331	2 725
	VI	**11 997**	4 310	4 310							

* Zur LSt-Berechnung für privat versicherte Arbeitnehmer s. Beispiele **Vorbemerkung S. 4 f.**
** Basisvorsorgepauschale KV und PV *** Typisierter Arbeitgeberzuschuss

Lohn/ Gehalt in € bis	Steuerklasse	Lohn-steuer*	BVSP**	TAGZ***	Steuerklasse	Bemessungsgrundlage für Kirchensteuer und Solidaritätszuschlag – Freibeträge für ... Kinder 0,5	**1,0**	1,5	**2,0**	2,5	**3,0**
46 259,99	I,IV	**6 660**	4 313	4 313	I	5 274	3 965	2 733	1 578	531	
	II	**5 415**	4 313	4 313	II	4 098	2 858	1 695	628		
	III	**3 008**	4 313	4 313	III	1 916	944	168			
	V	**11 491**	4 313	4 313	IV	5 957	5 274	4 610	3 965	3 339	2 733
	VI	**12 010**	4 313	4 313							
46 295,99	I,IV	**6 669**	4 317	4 317	I	5 283	3 973	2 741	1 586	537	
	II	**5 424**	4 317	4 317	II	4 106	2 866	1 703	634		
	III	**3 014**	4 317	4 317	III	1 922	950	172			
	V	**11 503**	4 317	4 317	IV	5 966	5 283	4 618	3 973	3 347	2 741
	VI	**12 022**	4 317	4 317							
46 331,99	I,IV	**6 678**	4 320	4 320	I	5 291	3 981	2 748	1 593	543	
	II	**5 433**	4 320	4 320	II	4 115	2 874	1 710	640		
	III	**3 022**	4 320	4 320	III	1 930	956	178			
	V	**11 515**	4 320	4 320	IV	5 975	5 291	4 627	3 981	3 355	2 748
	VI	**12 034**	4 320	4 320							
46 367,99	I,IV	**6 688**	4 323	4 323	I	5 300	3 989	2 756	1 600	549	
	II	**5 441**	4 323	4 323	II	4 123	2 882	1 717	646		
	III	**3 030**	4 323	4 323	III	1 936	962	182			
	V	**11 527**	4 323	4 323	IV	5 984	5 300	4 635	3 989	3 363	2 756
	VI	**12 046**	4 323	4 323							
46 403,99	I,IV	**6 697**	4 327	4 327	I	5 309	3 998	2 764	1 608	555	
	II	**5 451**	4 327	4 327	II	4 131	2 890	1 725	652		
	III	**3 036**	4 327	4 327	III	1 944	968	186			
	V	**11 540**	4 327	4 327	IV	5 993	5 309	4 644	3 998	3 371	2 764
	VI	**12 059**	4 327	4 327							
46 439,99	I,IV	**6 706**	4 330	4 330	I	5 318	4 006	2 772	1 615	561	
	II	**5 459**	4 330	4 330	II	4 140	2 897	1 732	659		
	III	**3 044**	4 330	4 330	III	1 950	972	190			
	V	**11 552**	4 330	4 330	IV	6 002	5 318	4 652	4 006	3 379	2 772
	VI	**12 071**	4 330	4 330							
46 475,99	I,IV	**6 716**	4 333	4 333	I	5 327	4 015	2 780	1 622	567	
	II	**5 468**	4 333	4 333	II	4 148	2 905	1 739	665		
	III	**3 052**	4 333	4 333	III	1 958	978	196			
	V	**11 564**	4 333	4 333	IV	6 011	5 327	4 661	4 015	3 387	2 780
	VI	**12 083**	4 333	4 333							
46 511,99	I,IV	**6 725**	4 337	4 337	I	5 336	4 023	2 788	1 630	573	
	II	**5 477**	4 337	4 337	II	4 157	2 913	1 747	671		
	III	**3 058**	4 337	4 337	III	1 966	984	200			
	V	**11 577**	4 337	4 337	IV	6 021	5 336	4 670	4 023	3 396	2 788
	VI	**12 096**	4 337	4 337							
46 547,99	I,IV	**6 735**	4 340	4 340	I	5 344	4 031	2 795	1 637	579	
	II	**5 486**	4 340	4 340	II	4 165	2 921	1 754	677		
	III	**3 066**	4 340	4 340	III	1 972	990	204			
	V	**11 589**	4 340	4 340	IV	6 030	5 344	4 678	4 031	3 404	2 795
	VI	**12 108**	4 340	4 340							
46 583,99	I,IV	**6 744**	4 343	4 343	I	5 353	4 040	2 803	1 644	585	
	II	**5 495**	4 343	4 343	II	4 173	2 929	1 762	684		
	III	**3 072**	4 343	4 343	III	1 980	996	208			
	V	**11 601**	4 343	4 343	IV	6 039	5 353	4 687	4 040	3 412	2 803
	VI	**12 120**	4 343	4 343							
46 619,99	I,IV	**6 753**	4 347	4 347	I	5 362	4 048	2 811	1 652	591	
	II	**5 504**	4 347	4 347	II	4 182	2 937	1 769	690		
	III	**3 080**	4 347	4 347	III	1 986	1 002	214			
	V	**11 614**	4 347	4 347	IV	6 048	5 362	4 695	4 048	3 420	2 811
	VI	**12 133**	4 347	4 347							
46 655,99	I,IV	**6 763**	4 350	4 350	I	5 371	4 056	2 819	1 659	597	
	II	**5 513**	4 350	4 350	II	4 190	2 945	1 776	696		
	III	**3 088**	4 350	4 350	III	1 994	1 008	218			
	V	**11 626**	4 350	4 350	IV	6 057	5 371	4 704	4 056	3 428	2 819
	VI	**12 145**	4 350	4 350							

* Zur LSt-Berechnung für privat versicherte Arbeitnehmer s. Beispiele **Vorbemerkung S. 4 f.**
** Basisvorsorgepauschale KV und PV *** Typisierter Arbeitgeberzuschuss

Lohn/ Gehalt in € bis	Steuerklasse	**Lohn-steuer***	BVSP**	TAGZ***	Steuerklasse	Bemessungsgrundlage für Kirchensteuer und Solidaritätszuschlag					
						Freibeträge für ... Kinder					
						0,5	**1,0**	1,5	**2,0**	2,5	**3,0**
46 691,99	I,IV	**6 772**	4 354	4 354	I	5 380	4 065	2 827	1 666	603	
	II	**5 522**	4 354	4 354	II	4 199	2 953	1 784	703		
	III	**3 094**	4 354	4 354	III	2 000	1 014	222			
	V	**11 638**	4 354	4 354	IV	6 066	5 380	4 713	4 065	3 436	2 827
	VI	**12 157**	4 354	4 354							
46 727,99	I,IV	**6 781**	4 357	4 357	I	5 388	4 073	2 835	1 673	609	
	II	**5 530**	4 357	4 357	II	4 207	2 960	1 791	709		
	III	**3 102**	4 357	4 357	III	2 006	1 018	226			
	V	**11 650**	4 357	4 357	IV	6 075	5 388	4 721	4 073	3 444	2 835
	VI	**12 169**	4 357	4 357							
46 763,99	I,IV	**6 791**	4 360	4 360	I	5 398	4 081	2 843	1 681	616	
	II	**5 540**	4 360	4 360	II	4 215	2 969	1 799	716		
	III	**3 110**	4 360	4 360	III	2 014	1 024	232			
	V	**11 663**	4 360	4 360	IV	6 085	5 398	4 730	4 081	3 452	2 843
	VI	**12 182**	4 360	4 360							
46 799,99	I,IV	**6 800**	4 364	4 364	I	5 406	4 090	2 850	1 688	622	
	II	**5 548**	4 364	4 364	II	4 224	2 976	1 806	722		
	III	**3 116**	4 364	4 364	III	2 022	1 030	236			
	V	**11 675**	4 364	4 364	IV	6 094	5 406	4 738	4 090	3 460	2 850
	VI	**12 194**	4 364	4 364							
46 835,99	I,IV	**6 809**	4 367	4 367	I	5 415	4 098	2 858	1 695	628	
	II	**5 557**	4 367	4 367	II	4 232	2 984	1 813	728		
	III	**3 124**	4 367	4 367	III	2 028	1 036	240			
	V	**11 687**	4 367	4 367	IV	6 103	5 415	4 747	4 098	3 468	2 858
	VI	**12 206**	4 367	4 367							
46 871,99	I,IV	**6 819**	4 370	4 370	I	5 424	4 107	2 866	1 703	634	
	II	**5 566**	4 370	4 370	II	4 241	2 992	1 821	735		
	III	**3 132**	4 370	4 370	III	2 036	1 042	244			
	V	**11 700**	4 370	4 370	IV	6 112	5 424	4 756	4 107	3 477	2 866
	VI	**12 219**	4 370	4 370							
46 907,99	I,IV	**6 828**	4 374	4 374	I	5 433	4 115	2 874	1 710	640	
	II	**5 575**	4 374	4 374	II	4 249	3 000	1 828	741		
	III	**3 138**	4 374	4 374	III	2 042	1 048	250			
	V	**11 712**	4 374	4 374	IV	6 121	5 433	4 764	4 115	3 485	2 874
	VI	**12 231**	4 374	4 374							
46 943,99	I,IV	**6 838**	4 377	4 377	I	5 442	4 123	2 882	1 718	646	
	II	**5 584**	4 377	4 377	II	4 257	3 008	1 836	748		
	III	**3 146**	4 377	4 377	III	2 050	1 054	254			
	V	**11 724**	4 377	4 377	IV	6 130	5 442	4 773	4 123	3 493	2 882
	VI	**12 243**	4 377	4 377							
46 979,99	I,IV	**6 847**	4 380	4 380	I	5 451	4 131	2 890	1 725	652	
	II	**5 593**	4 380	4 380	II	4 266	3 016	1 843	754		
	III	**3 154**	4 380	4 380	III	2 056	1 060	258			
	V	**11 736**	4 380	4 380	IV	6 139	5 451	4 781	4 131	3 501	2 890
	VI	**12 256**	4 380	4 380							
47 015,99	I,IV	**6 856**	4 384	4 384	I	5 460	4 140	2 898	1 732	659	
	II	**5 602**	4 384	4 384	II	4 274	3 024	1 851	761		
	III	**3 160**	4 384	4 384	III	2 064	1 066	264			
	V	**11 749**	4 384	4 384	IV	6 148	5 460	4 790	4 140	3 509	2 898
	VI	**12 268**	4 384	4 384							
47 051,99	I,IV	**6 866**	4 387	4 387	I	5 468	4 148	2 905	1 740	665	
	II	**5 611**	4 387	4 387	II	4 283	3 032	1 858	767		
	III	**3 168**	4 387	4 387	III	2 070	1 072	268			
	V	**11 761**	4 387	4 387	IV	6 157	5 468	4 799	4 148	3 517	2 905
	VI	**12 280**	4 387	4 387							
47 087,99	I,IV	**6 875**	4 390	4 390	I	5 477	4 157	2 913	1 747	671	
	II	**5 620**	4 390	4 390	II	4 291	3 040	1 865	774		
	III	**3 176**	4 390	4 390	III	2 078	1 078	272			
	V	**11 773**	4 390	4 390	IV	6 167	5 477	4 807	4 157	3 525	2 913
	VI	**12 293**	4 390	4 390							

* Zur LSt-Berechnung für privat versicherte Arbeitnehmer s. Beispiele **Vorbemerkung S. 4 f.**
** Basisvorsorgepauschale KV und PV *** Typisierter Arbeitgeberzuschuss

Lohn/ Gehalt in € bis	Steuerklasse	Lohn- steuer*	BVSP**	TAGZ***	Steuerklasse	Bemessungsgrundlage für Kirchensteuer und Solidaritätszuschlag					
						Freibeträge für ... Kinder					
						0,5	**1,0**	1,5	**2,0**	2,5	**3,0**
47 123,99	I,IV	**6 885**	4 394	4 394	I	5 486	4 165	2 921	1 755	678	
	II	**5 629**	4 394	4 394	II	4 300	3 048	1 873	780		
	III	**3 182**	4 394	4 394	III	2 084	1 084	278			
	V	**11 786**	4 394	4 394	IV	6 176	5 486	4 816	4 165	3 534	2 921
	VI	**12 305**	4 394	4 394							
47 159,99	I,IV	**6 894**	4 397	4 397	I	5 495	4 174	2 929	1 762	684	
	II	**5 638**	4 397	4 397	II	4 308	3 056	1 880	787		
	III	**3 190**	4 397	4 397	III	2 092	1 090	282			
	V	**11 798**	4 397	4 397	IV	6 185	5 495	4 825	4 174	3 542	2 929
	VI	**12 317**	4 397	4 397							
47 195,99	I,IV	**6 903**	4 401	4 401	I	5 504	4 182	2 937	1 769	690	
	II	**5 647**	4 401	4 401	II	4 317	3 064	1 888	793		
	III	**3 198**	4 401	4 401	III	2 098	1 096	286			
	V	**11 810**	4 401	4 401	IV	6 194	5 504	4 833	4 182	3 550	2 937
	VI	**12 330**	4 401	4 401							
47 231,99	I,IV	**6 913**	4 404	4 404	I	5 513	4 190	2 945	1 777	697	
	II	**5 656**	4 404	4 404	II	4 325	3 072	1 895	800		
	III	**3 204**	4 404	4 404	III	2 106	1 102	292			
	V	**11 823**	4 404	4 404	IV	6 203	5 513	4 842	4 190	3 558	2 945
	VI	**12 342**	4 404	4 404							
47 267,99	I,IV	**6 922**	4 407	4 407	I	5 522	4 199	2 953	1 784	703	
	II	**5 665**	4 407	4 407	II	4 334	3 080	1 903	807		
	III	**3 212**	4 407	4 407	III	2 112	1 108	296			
	V	**11 835**	4 407	4 407	IV	6 212	5 522	4 851	4 199	3 566	2 953
	VI	**12 354**	4 407	4 407							
47 303,99	I,IV	**6 932**	4 411	4 411	I	5 531	4 207	2 961	1 791	709	
	II	**5 674**	4 411	4 411	II	4 342	3 087	1 910	813		
	III	**3 220**	4 411	4 411	III	2 120	1 114	300			
	V	**11 847**	4 411	4 411	IV	6 222	5 531	4 859	4 207	3 574	2 961
	VI	**12 366**	4 411	4 411							
47 339,99	I,IV	**6 941**	4 414	4 414	I	5 540	4 215	2 969	1 799	716	
	II	**5 683**	4 414	4 414	II	4 350	3 095	1 917	820		
	III	**3 226**	4 414	4 414	III	2 126	1 120	304			
	V	**11 860**	4 414	4 414	IV	6 231	5 540	4 868	4 215	3 582	2 969
	VI	**12 379**	4 414	4 414							
47 375,99	I,IV	**6 951**	4 417	4 417	I	5 549	4 224	2 977	1 806	722	
	II	**5 692**	4 417	4 417	II	4 359	3 103	1 925	827	2	
	III	**3 234**	4 417	4 417	III	2 134	1 126	310			
	V	**11 872**	4 417	4 417	IV	6 240	5 549	4 877	4 224	3 591	2 977
	VI	**12 391**	4 417	4 417							
47 411,99	I,IV	**6 960**	4 421	4 421	I	5 558	4 232	2 984	1 814	728	
	II	**5 701**	4 421	4 421	II	4 367	3 111	1 932	833	6	
	III	**3 242**	4 421	4 421	III	2 142	1 132	314			
	V	**11 884**	4 421	4 421	IV	6 249	5 558	4 885	4 232	3 599	2 984
	VI	**12 403**	4 421	4 421							
47 447,99	I,IV	**6 969**	4 424	4 424	I	5 566	4 241	2 992	1 821	735	
	II	**5 709**	4 424	4 424	II	4 376	3 119	1 940	840	10	
	III	**3 248**	4 424	4 424	III	2 148	1 138	320			
	V	**11 896**	4 424	4 424	IV	6 258	5 566	4 894	4 241	3 607	2 992
	VI	**12 416**	4 424	4 424							
47 483,99	I,IV	**6 979**	4 427	4 427	I	5 576	4 249	3 000	1 829	741	
	II	**5 719**	4 427	4 427	II	4 384	3 127	1 947	847	15	
	III	**3 256**	4 427	4 427	III	2 156	1 144	324			
	V	**11 909**	4 427	4 427	IV	6 268	5 576	4 903	4 249	3 615	3 000
	VI	**12 428**	4 427	4 427							
47 519,99	I,IV	**6 988**	4 431	4 431	I	5 584	4 258	3 008	1 836	748	
	II	**5 728**	4 431	4 431	II	4 393	3 135	1 955	853	19	
	III	**3 264**	4 431	4 431	III	2 162	1 150	328			
	V	**11 921**	4 431	4 431	IV	6 277	5 584	4 911	4 258	3 623	3 008
	VI	**12 440**	4 431	4 431							

* Zur LSt-Berechnung für privat versicherte Arbeitnehmer s. Beispiele **Vorbemerkung S. 4 f.**
** Basisvorsorgepauschale KV und PV *** Typisierter Arbeitgeberzuschuss

Lohn/ Gehalt in € bis	Steuerklasse	**Lohn-steuer***	BVSP**	TAGZ***	Steuerklasse	Bemessungsgrundlage für Kirchensteuer und Solidaritätszuschlag					
						Freibeträge für ... Kinder					
						0,5	**1,0**	1,5	**2,0**	2,5	**3,0**
47 555,99	I,IV	**6 998**	4 434	4 434	I	5 593	4 266	3 016	1 843	754	
	II	**5 736**	4 434	4 434	II	4 401	3 143	1 962	860	23	
	III	**3 270**	4 434	4 434	III	2 170	1 156	334			
	V	**11 933**	4 434	4 434	IV	6 286	5 593	4 920	4 266	3 631	3 016
	VI	**12 453**	4 434	4 434							
47 591,99	I,IV	**7 007**	4 437	4 437	I	5 602	4 275	3 024	1 851	761	
	II	**5 746**	4 437	4 437	II	4 410	3 151	1 970	867	27	
	III	**3 278**	4 437	4 437	III	2 176	1 162	338			
	V	**11 946**	4 437	4 437	IV	6 295	5 602	4 929	4 275	3 640	3 024
	VI	**12 465**	4 437	4 437							
47 627,99	I,IV	**7 017**	4 441	4 441	I	5 611	4 283	3 032	1 858	767	
	II	**5 755**	4 441	4 441	II	4 418	3 159	1 977	874	31	
	III	**3 286**	4 441	4 441	III	2 184	1 168	344			
	V	**11 958**	4 441	4 441	IV	6 304	5 611	4 938	4 283	3 648	3 032
	VI	**12 477**	4 441	4 441							
47 663,99	I,IV	**7 026**	4 444	4 444	I	5 620	4 291	3 040	1 866	774	
	II	**5 763**	4 444	4 444	II	4 427	3 167	1 985	881	36	
	III	**3 292**	4 444	4 444	III	2 190	1 174	348			
	V	**11 970**	4 444	4 444	IV	6 313	5 620	4 946	4 291	3 656	3 040
	VI	**12 490**	4 444	4 444							
47 699,99	I,IV	**7 035**	4 448	4 448	I	5 629	4 300	3 048	1 873	780	
	II	**5 772**	4 448	4 448	II	4 435	3 175	1 992	887	40	
	III	**3 300**	4 448	4 448	III	2 198	1 180	352			
	V	**11 983**	4 448	4 448	IV	6 322	5 629	4 955	4 300	3 664	3 048
	VI	**12 502**	4 448	4 448							
47 735,99	I,IV	**7 045**	4 451	4 451	I	5 638	4 308	3 056	1 881	787	
	II	**5 782**	4 451	4 451	II	4 444	3 183	2 000	894	44	
	III	**3 308**	4 451	4 451	III	2 206	1 186	358			
	V	**11 995**	4 451	4 451	IV	6 332	5 638	4 964	4 308	3 673	3 056
	VI	**12 514**	4 451	4 451							
47 771,99	I,IV	**7 054**	4 454	4 454	I	5 647	4 317	3 064	1 888	794	
	II	**5 791**	4 454	4 454	II	4 452	3 191	2 007	901	48	
	III	**3 314**	4 454	4 454	III	2 212	1 192	362			
	V	**12 007**	4 454	4 454	IV	6 341	5 647	4 972	4 317	3 681	3 064
	VI	**12 526**	4 454	4 454							
47 807,99	I,IV	**7 064**	4 458	4 458	I	5 656	4 325	3 072	1 895	800	
	II	**5 799**	4 458	4 458	II	4 461	3 199	2 015	908	53	
	III	**3 322**	4 458	4 458	III	2 220	1 198	366			
	V	**12 020**	4 458	4 458	IV	6 350	5 656	4 981	4 325	3 689	3 072
	VI	**12 539**	4 458	4 458							
47 843,99	I,IV	**7 073**	4 461	4 461	I	5 665	4 334	3 080	1 903	807	
	II	**5 809**	4 461	4 461	II	4 469	3 207	2 022	915	57	
	III	**3 330**	4 461	4 461	III	2 226	1 204	372			
	V	**12 032**	4 461	4 461	IV	6 360	5 665	4 990	4 334	3 697	3 080
	VI	**12 551**	4 461	4 461							
47 879,99	I,IV	**7 083**	4 464	4 464	I	5 674	4 342	3 088	1 910	813	
	II	**5 818**	4 464	4 464	II	4 478	3 215	2 030	922	61	
	III	**3 336**	4 464	4 464	III	2 234	1 210	376			
	V	**12 044**	4 464	4 464	IV	6 369	5 674	4 998	4 342	3 705	3 088
	VI	**12 563**	4 464	4 464							
47 915,99	I,IV	**7 092**	4 468	4 468	I	5 683	4 351	3 096	1 918	820	
	II	**5 827**	4 468	4 468	II	4 486	3 223	2 037	929	66	
	III	**3 344**	4 468	4 468	III	2 240	1 216	382			
	V	**12 057**	4 468	4 468	IV	6 378	5 683	5 007	4 351	3 713	3 096
	VI	**12 576**	4 468	4 468							
47 951,99	I,IV	**7 102**	4 471	4 471	I	5 692	4 359	3 103	1 925	827	2
	II	**5 835**	4 471	4 471	II	4 495	3 231	2 045	936	70	
	III	**3 350**	4 471	4 471	III	2 248	1 222	386			
	V	**12 069**	4 471	4 471	IV	6 387	5 692	5 016	4 359	3 722	3 103
	VI	**12 588**	4 471	4 471							

* Zur LSt-Berechnung für privat versicherte Arbeitnehmer s. Beispiele **Vorbemerkung S. 4 f.**
** Basisvorsorgepauschale KV und PV *** Typisierter Arbeitgeberzuschuss

Lohn/ Gehalt in € bis	Steuerklasse	Lohn-steuer*	BVSP**	TAGZ***	Steuerklasse	Bemessungsgrundlage für Kirchensteuer und Solidaritätszuschlag – Freibeträge für ... Kinder 0,5	1,0	1,5	2,0	2,5	3,0
47 987,99	I,IV	**7 111**	4 474	4 474	I	5 701	4 368	3 112	1 933	833	6
	II	**5 845**	4 474	4 474	II	4 503	3 239	2 052	943	74	
	III	**3 358**	4 474	4 474	III	2 254	1 228	390			
	V	**12 081**	4 474	4 474	IV	6 396	5 701	5 025	4 368	3 730	3 112
	VI	**12 600**	4 474	4 474							
48 023,99	I,IV	**7 121**	4 478	4 478	I	5 710	4 376	3 119	1 940	840	10
	II	**5 854**	4 478	4 478	II	4 512	3 247	2 060	950	79	
	III	**3 366**	4 478	4 478	III	2 262	1 234	396			
	V	**12 093**	4 478	4 478	IV	6 406	5 710	5 033	4 376	3 738	3 119
	VI	**12 613**	4 478	4 478							
48 059,99	I,IV	**7 130**	4 481	4 481	I	5 719	4 384	3 127	1 947	847	15
	II	**5 863**	4 481	4 481	II	4 520	3 255	2 067	956	83	
	III	**3 372**	4 481	4 481	III	2 268	1 240	400			
	V	**12 106**	4 481	4 481	IV	6 415	5 719	5 042	4 384	3 746	3 127
	VI	**12 625**	4 481	4 481							
48 095,99	I,IV	**7 140**	4 484	4 484	I	5 728	4 393	3 136	1 955	854	19
	II	**5 872**	4 484	4 484	II	4 529	3 263	2 075	964	88	
	III	**3 380**	4 484	4 484	III	2 276	1 246	406			
	V	**12 118**	4 484	4 484	IV	6 424	5 728	5 051	4 393	3 755	3 136
	VI	**12 637**	4 484	4 484							
48 131,99	I,IV	**7 149**	4 488	4 488	I	5 737	4 402	3 143	1 963	860	23
	II	**5 881**	4 488	4 488	II	4 538	3 271	2 082	971	92	
	III	**3 388**	4 488	4 488	III	2 284	1 252	410			
	V	**12 130**	4 488	4 488	IV	6 433	5 737	5 060	4 402	3 763	3 143
	VI	**12 650**	4 488	4 488							
48 167,99	I,IV	**7 159**	4 491	4 491	I	5 746	4 410	3 151	1 970	867	27
	II	**5 890**	4 491	4 491	II	4 546	3 279	2 090	978	97	
	III	**3 394**	4 491	4 491	III	2 290	1 258	416			
	V	**12 143**	4 491	4 491	IV	6 442	5 746	5 068	4 410	3 771	3 151
	VI	**12 662**	4 491	4 491							
48 203,99	I,IV	**7 168**	4 495	4 495	I	5 755	4 419	3 160	1 978	874	31
	II	**5 899**	4 495	4 495	II	4 555	3 288	2 098	985	101	
	III	**3 402**	4 495	4 495	III	2 298	1 266	420			
	V	**12 155**	4 495	4 495	IV	6 452	5 755	5 077	4 419	3 779	3 160
	VI	**12 674**	4 495	4 495							
48 239,99	I,IV	**7 178**	4 498	4 498	I	5 764	4 427	3 167	1 985	881	36
	II	**5 908**	4 498	4 498	II	4 563	3 296	2 105	992	106	
	III	**3 410**	4 498	4 498	III	2 304	1 272	426			
	V	**12 167**	4 498	4 498	IV	6 461	5 764	5 086	4 427	3 788	3 167
	VI	**12 687**	4 498	4 498							
48 275,99	I,IV	**7 187**	4 501	4 501	I	5 773	4 435	3 175	1 992	888	40
	II	**5 917**	4 501	4 501	II	4 572	3 303	2 112	999	110	
	III	**3 416**	4 501	4 501	III	2 312	1 278	430			
	V	**12 180**	4 501	4 501	IV	6 470	5 773	5 094	4 435	3 796	3 175
	VI	**12 699**	4 501	4 501							
48 311,99	I,IV	**7 197**	4 505	4 505	I	5 782	4 444	3 183	2 000	894	44
	II	**5 926**	4 505	4 505	II	4 580	3 311	2 120	1 006	115	
	III	**3 424**	4 505	4 505	III	2 318	1 284	434			
	V	**12 192**	4 505	4 505	IV	6 479	5 782	5 103	4 444	3 804	3 183
	VI	**12 711**	4 505	4 505							
48 347,99	I,IV	**7 206**	4 508	4 508	I	5 791	4 453	3 191	2 008	901	49
	II	**5 935**	4 508	4 508	II	4 589	3 320	2 128	1 013	119	
	III	**3 432**	4 508	4 508	III	2 326	1 290	440			
	V	**12 204**	4 508	4 508	IV	6 489	5 791	5 112	4 453	3 812	3 191
	VI	**12 723**	4 508	4 508							
48 383,99	I,IV	**7 216**	4 511	4 511	I	5 800	4 461	3 199	2 015	908	53
	II	**5 944**	4 511	4 511	II	4 597	3 328	2 135	1 020	124	
	III	**3 440**	4 511	4 511	III	2 332	1 296	444			
	V	**12 217**	4 511	4 511	IV	6 498	5 800	5 121	4 461	3 821	3 199
	VI	**12 736**	4 511	4 511							

* Zur LSt-Berechnung für privat versicherte Arbeitnehmer s. Beispiele **Vorbemerkung S. 4 f.**
** Basisvorsorgepauschale KV und PV *** Typisierter Arbeitgeberzuschuss

Lohn/ Gehalt in € bis	Steuerklasse	**Lohn-steuer***	BVSP**	TAGZ***	Steuerklasse	Bemessungsgrundlage für Kirchensteuer und Solidaritätszuschlag – Freibeträge für ... Kinder 0,5	**1,0**	1,5	**2,0**	2,5	**3,0**
48 419,99	I,IV	**7 225**	4 515	4 515	I	5 809	4 469	3 207	2 022	915	57
	II	**5 953**	4 515	4 515	II	4 606	3 336	2 143	1 027	128	
	III	**3 446**	4 515	4 515	III	2 340	1 302	450			
	V	**12 229**	4 515	4 515	IV	6 507	5 809	5 129	4 469	3 829	3 207
	VI	**12 748**	4 515	4 515							
48 455,99	I,IV	**7 235**	4 518	4 518	I	5 818	4 478	3 216	2 030	922	62
	II	**5 962**	4 518	4 518	II	4 615	3 344	2 150	1 034	133	
	III	**3 454**	4 518	4 518	III	2 348	1 308	454			
	V	**12 241**	4 518	4 518	IV	6 517	5 818	5 138	4 478	3 837	3 216
	VI	**12 760**	4 518	4 518							
48 491,99	I,IV	**7 244**	4 521	4 521	I	5 827	4 487	3 223	2 037	929	66
	II	**5 971**	4 521	4 521	II	4 623	3 352	2 158	1 041	138	
	III	**3 462**	4 521	4 521	III	2 354	1 314	460			
	V	**12 253**	4 521	4 521	IV	6 526	5 827	5 147	4 487	3 845	3 223
	VI	**12 773**	4 521	4 521							
48 527,99	I,IV	**7 254**	4 525	4 525	I	5 836	4 495	3 231	2 045	936	70
	II	**5 980**	4 525	4 525	II	4 632	3 360	2 165	1 048	142	
	III	**3 468**	4 525	4 525	III	2 362	1 320	464			
	V	**12 266**	4 525	4 525	IV	6 535	5 836	5 156	4 495	3 854	3 231
	VI	**12 785**	4 525	4 525							
48 563,99	I,IV	**7 263**	4 528	4 528	I	5 845	4 503	3 239	2 052	943	74
	II	**5 989**	4 528	4 528	II	4 640	3 368	2 173	1 055	147	
	III	**3 476**	4 528	4 528	III	2 368	1 326	470			
	V	**12 278**	4 528	4 528	IV	6 544	5 845	5 164	4 503	3 862	3 239
	VI	**12 797**	4 528	4 528							
48 599,99	I,IV	**7 273**	4 531	4 531	I	5 854	4 512	3 248	2 060	950	79
	II	**5 999**	4 531	4 531	II	4 649	3 376	2 181	1 062	152	
	III	**3 484**	4 531	4 531	III	2 376	1 334	474			
	V	**12 290**	4 531	4 531	IV	6 554	5 854	5 173	4 512	3 870	3 248
	VI	**12 810**	4 531	4 531							
48 635,99	I,IV	**7 282**	4 535	4 535	I	5 863	4 521	3 255	2 067	957	83
	II	**6 008**	4 535	4 535	II	4 657	3 384	2 188	1 069	156	
	III	**3 490**	4 535	4 535	III	2 382	1 340	480			
	V	**12 303**	4 535	4 535	IV	6 563	5 863	5 182	4 521	3 878	3 255
	VI	**12 822**	4 535	4 535							
48 671,99	I,IV	**7 292**	4 538	4 538	I	5 872	4 529	3 263	2 075	964	88
	II	**6 017**	4 538	4 538	II	4 666	3 392	2 196	1 076	161	
	III	**3 498**	4 538	4 538	III	2 390	1 346	484			
	V	**12 315**	4 538	4 538	IV	6 572	5 872	5 191	4 529	3 887	3 263
	VI	**12 834**	4 538	4 538							
48 707,99	I,IV	**7 302**	4 542	4 542	I	5 881	4 538	3 272	2 083	971	92
	II	**6 026**	4 542	4 542	II	4 675	3 400	2 203	1 083	166	
	III	**3 506**	4 542	4 542	III	2 396	1 352	490			
	V	**12 327**	4 542	4 542	IV	6 582	5 881	5 200	4 538	3 895	3 272
	VI	**12 847**	4 542	4 542							
48 743,99	I,IV	**7 311**	4 545	4 545	I	5 890	4 546	3 280	2 090	978	97
	II	**6 035**	4 545	4 545	II	4 683	3 408	2 211	1 090	171	
	III	**3 514**	4 545	4 545	III	2 404	1 358	494			
	V	**12 340**	4 545	4 545	IV	6 591	5 890	5 209	4 546	3 903	3 280
	VI	**12 859**	4 545	4 545							
48 779,99	I,IV	**7 321**	4 548	4 548	I	5 899	4 555	3 288	2 098	985	101
	II	**6 044**	4 548	4 548	II	4 692	3 416	2 218	1 097	175	
	III	**3 520**	4 548	4 548	III	2 410	1 364	500			
	V	**12 352**	4 548	4 548	IV	6 600	5 899	5 217	4 555	3 911	3 288
	VI	**12 871**	4 548	4 548							
48 815,99	I,IV	**7 330**	4 552	4 552	I	5 908	4 563	3 296	2 105	992	106
	II	**6 053**	4 552	4 552	II	4 700	3 425	2 226	1 105	180	
	III	**3 528**	4 552	4 552	III	2 418	1 372	504			
	V	**12 364**	4 552	4 552	IV	6 610	5 908	5 226	4 563	3 920	3 296
	VI	**12 883**	4 552	4 552							

* Zur LSt-Berechnung für privat versicherte Arbeitnehmer s. Beispiele **Vorbemerkung S. 4 f.**
** Basisvorsorgepauschale KV und PV *** Typisierter Arbeitgeberzuschuss

Lohn/ Gehalt in € bis	Steuerklasse	**Lohn-steuer***	BVSP**	TAGZ***	Steuerklasse	Bemessungsgrundlage für Kirchensteuer und Solidaritätszuschlag – Freibeträge für ... Kinder: 0,5	**1,0**	1,5	**2,0**	2,5	**3,0**
48 851,99	I,IV	**7 340**	4 555	4 555	I	5 917	4 572	3 304	2 113	999	110
	II	**6 062**	4 555	4 555	II	4 709	3 433	2 234	1 112	185	
	III	**3 536**	4 555	4 555	III	2 426	1 378	510			
	V	**12 377**	4 555	4 555	IV	6 619	5 917	5 235	4 572	3 928	3 304
	VI	**12 896**	4 555	4 555							
48 887,99	I,IV	**7 349**	4 558	4 558	I	5 926	4 580	3 312	2 120	1 006	115
	II	**6 071**	4 558	4 558	II	4 718	3 441	2 241	1 119	190	
	III	**3 542**	4 558	4 558	III	2 432	1 384	514			
	V	**12 389**	4 558	4 558	IV	6 628	5 926	5 244	4 580	3 936	3 312
	VI	**12 908**	4 558	4 558							
48 923,99	I,IV	**7 359**	4 562	4 562	I	5 935	4 589	3 320	2 128	1 013	119
	II	**6 080**	4 562	4 562	II	4 726	3 449	2 249	1 126	194	
	III	**3 550**	4 562	4 562	III	2 440	1 390	520			
	V	**12 401**	4 562	4 562	IV	6 637	5 935	5 252	4 589	3 945	3 320
	VI	**12 920**	4 562	4 562							
48 959,99	I,IV	**7 369**	4 565	4 565	I	5 945	4 598	3 328	2 135	1 020	124
	II	**6 090**	4 565	4 565	II	4 735	3 457	2 256	1 133	199	
	III	**3 558**	4 565	4 565	III	2 446	1 396	524			
	V	**12 414**	4 565	4 565	IV	6 647	5 945	5 261	4 598	3 953	3 328
	VI	**12 933**	4 565	4 565							
48 995,99	I,IV	**7 378**	4 568	4 568	I	5 953	4 606	3 336	2 143	1 027	129
	II	**6 099**	4 568	4 568	II	4 743	3 465	2 264	1 140	204	
	III	**3 564**	4 568	4 568	III	2 454	1 402	530			
	V	**12 426**	4 568	4 568	IV	6 656	5 953	5 270	4 606	3 961	3 336
	VI	**12 945**	4 568	4 568							
49 031,99	I,IV	**7 388**	4 572	4 572	I	5 962	4 615	3 344	2 150	1 034	133
	II	**6 108**	4 572	4 572	II	4 752	3 473	2 272	1 147	209	
	III	**3 572**	4 572	4 572	III	2 462	1 410	534			
	V	**12 438**	4 572	4 572	IV	6 665	5 962	5 279	4 615	3 970	3 344
	VI	**12 957**	4 572	4 572							
49 067,99	I,IV	**7 397**	4 575	4 575	I	5 972	4 623	3 352	2 158	1 041	138
	II	**6 117**	4 575	4 575	II	4 761	3 481	2 279	1 154	214	
	III	**3 580**	4 575	4 575	III	2 468	1 416	540			
	V	**12 450**	4 575	4 575	IV	6 675	5 972	5 288	4 623	3 978	3 352
	VI	**12 970**	4 575	4 575							
49 103,99	I,IV	**7 407**	4 578	4 578	I	5 981	4 632	3 360	2 166	1 048	142
	II	**6 126**	4 578	4 578	II	4 769	3 490	2 287	1 161	219	
	III	**3 586**	4 578	4 578	III	2 476	1 422	544			
	V	**12 463**	4 578	4 578	IV	6 684	5 981	5 297	4 632	3 986	3 360
	VI	**12 982**	4 578	4 578							
49 139,99	I,IV	**7 416**	4 582	4 582	I	5 990	4 640	3 368	2 173	1 055	147
	II	**6 135**	4 582	4 582	II	4 778	3 498	2 294	1 168	224	
	III	**3 594**	4 582	4 582	III	2 482	1 428	550			
	V	**12 475**	4 582	4 582	IV	6 693	5 990	5 305	4 640	3 995	3 368
	VI	**12 994**	4 582	4 582							
49 175,99	I,IV	**7 426**	4 585	4 585	I	5 999	4 649	3 376	2 181	1 062	152
	II	**6 144**	4 585	4 585	II	4 786	3 506	2 302	1 176	229	
	III	**3 602**	4 585	4 585	III	2 490	1 434	554			
	V	**12 487**	4 585	4 585	IV	6 703	5 999	5 314	4 649	4 003	3 376
	VI	**13 006**	4 585	4 585							
49 211,99	I,IV	**7 436**	4 589	4 589	I	6 008	4 658	3 384	2 188	1 069	156
	II	**6 154**	4 589	4 589	II	4 795	3 514	2 310	1 183	234	
	III	**3 610**	4 589	4 589	III	2 496	1 442	560			
	V	**12 500**	4 589	4 589	IV	6 712	6 008	5 323	4 658	4 011	3 384
	VI	**13 019**	4 589	4 589							
49 247,99	I,IV	**7 445**	4 592	4 592	I	6 017	4 666	3 392	2 196	1 076	161
	II	**6 163**	4 592	4 592	II	4 804	3 522	2 317	1 190	239	
	III	**3 616**	4 592	4 592	III	2 504	1 448	566			
	V	**12 512**	4 592	4 592	IV	6 721	6 017	5 332	4 666	4 020	3 392
	VI	**13 031**	4 592	4 592							

* Zur LSt-Berechnung für privat versicherte Arbeitnehmer s. Beispiele **Vorbemerkung S. 4 f.**
** Basisvorsorgepauschale KV und PV *** Typisierter Arbeitgeberzuschuss

Lohn/ Gehalt in € bis	Steuerklasse	Lohn-steuer*	BVSP**	TAGZ***	Steuerklasse	Bemessungsgrundlage für Kirchensteuer und Solidaritätszuschlag					
						Freibeträge für ... Kinder					
						0,5	**1,0**	1,5	**2,0**	2,5	**3,0**
49 283,99	I,IV	**7 455**	4 595	4 595	I	6 026	4 675	3 400	2 203	1 083	166
	II	**6 172**	4 595	4 595	II	4 812	3 530	2 325	1 197	244	
	III	**3 624**	4 595	4 595	III	2 510	1 454	570			
	V	**12 524**	4 595	4 595	IV	6 731	6 026	5 341	4 675	4 028	3 400
	VI	**13 043**	4 595	4 595							
49 319,99	I,IV	**7 464**	4 599	4 599	I	6 035	4 683	3 409	2 211	1 091	171
	II	**6 181**	4 599	4 599	II	4 821	3 538	2 333	1 204	249	
	III	**3 632**	4 599	4 599	III	2 518	1 460	576			
	V	**12 537**	4 599	4 599	IV	6 740	6 035	5 350	4 683	4 036	3 409
	VI	**13 056**	4 599	4 599							
49 355,99	I,IV	**7 474**	4 602	4 602	I	6 044	4 692	3 417	2 219	1 098	175
	II	**6 190**	4 602	4 602	II	4 830	3 546	2 340	1 211	254	
	III	**3 638**	4 602	4 602	III	2 526	1 466	580			
	V	**12 549**	4 602	4 602	IV	6 750	6 044	5 359	4 692	4 045	3 417
	VI	**13 068**	4 602	4 602							
49 391,99	I,IV	**7 483**	4 605	4 605	I	6 053	4 700	3 425	2 226	1 105	180
	II	**6 199**	4 605	4 605	II	4 838	3 555	2 348	1 218	259	
	III	**3 646**	4 605	4 605	III	2 532	1 474	586			
	V	**12 561**	4 605	4 605	IV	6 759	6 053	5 367	4 700	4 053	3 425
	VI	**13 080**	4 605	4 605							
49 427,99	I,IV	**7 493**	4 609	4 609	I	6 063	4 709	3 433	2 234	1 112	185
	II	**6 209**	4 609	4 609	II	4 847	3 563	2 356	1 226	264	
	III	**3 654**	4 609	4 609	III	2 540	1 480	592			
	V	**12 574**	4 609	4 609	IV	6 768	6 063	5 376	4 709	4 062	3 433
	VI	**13 093**	4 609	4 609							
49 463,99	I,IV	**7 503**	4 612	4 612	I	6 072	4 718	3 441	2 241	1 119	190
	II	**6 218**	4 612	4 612	II	4 856	3 571	2 363	1 233	269	
	III	**3 662**	4 612	4 612	III	2 548	1 486	596			
	V	**12 586**	4 612	4 612	IV	6 778	6 072	5 385	4 718	4 070	3 441
	VI	**13 105**	4 612	4 612							
49 499,99	I,IV	**7 512**	4 615	4 615	I	6 081	4 726	3 449	2 249	1 126	195
	II	**6 227**	4 615	4 615	II	4 864	3 579	2 371	1 240	274	
	III	**3 668**	4 615	4 615	III	2 554	1 492	602			
	V	**12 598**	4 615	4 615	IV	6 787	6 081	5 394	4 726	4 078	3 449
	VI	**13 117**	4 615	4 615							
49 535,99	I,IV	**7 522**	4 619	4 619	I	6 090	4 735	3 457	2 256	1 133	199
	II	**6 236**	4 619	4 619	II	4 873	3 587	2 378	1 247	279	
	III	**3 676**	4 619	4 619	III	2 562	1 500	606			
	V	**12 610**	4 619	4 619	IV	6 796	6 090	5 403	4 735	4 086	3 457
	VI	**13 129**	4 619	4 619							
49 571,99	I,IV	**7 532**	4 622	4 622	I	6 099	4 744	3 465	2 264	1 140	204
	II	**6 245**	4 622	4 622	II	4 882	3 595	2 386	1 254	284	
	III	**3 684**	4 622	4 622	III	2 568	1 506	612			
	V	**12 623**	4 622	4 622	IV	6 806	6 099	5 412	4 744	4 095	3 465
	VI	**13 142**	4 622	4 622							
49 607,99	I,IV	**7 541**	4 625	4 625	I	6 108	4 752	3 473	2 272	1 147	209
	II	**6 254**	4 625	4 625	II	4 890	3 604	2 394	1 261	289	
	III	**3 690**	4 625	4 625	III	2 576	1 512	616			
	V	**12 635**	4 625	4 625	IV	6 815	6 108	5 421	4 752	4 103	3 473
	VI	**13 154**	4 625	4 625							
49 643,99	I,IV	**7 551**	4 629	4 629	I	6 117	4 761	3 481	2 279	1 154	214
	II	**6 263**	4 629	4 629	II	4 899	3 612	2 401	1 268	294	
	III	**3 698**	4 629	4 629	III	2 582	1 518	622			
	V	**12 647**	4 629	4 629	IV	6 824	6 117	5 429	4 761	4 111	3 481
	VI	**13 166**	4 629	4 629							
49 679,99	I,IV	**7 561**	4 632	4 632	I	6 127	4 770	3 490	2 287	1 162	219
	II	**6 273**	4 632	4 632	II	4 908	3 620	2 409	1 276	300	
	III	**3 706**	4 632	4 632	III	2 590	1 526	628			
	V	**12 660**	4 632	4 632	IV	6 834	6 127	5 438	4 770	4 120	3 490
	VI	**13 179**	4 632	4 632							

* Zur LSt-Berechnung für privat versicherte Arbeitnehmer s. Beispiele **Vorbemerkung S. 4 f.**
** Basisvorsorgepauschale KV und PV *** Typisierter Arbeitgeberzuschuss

Lohn/ Gehalt in € bis	Steuerklasse	Lohn-steuer*	BVSP**	TAGZ***	Steuerklasse	Bemessungsgrundlage für Kirchensteuer und Solidaritätszuschlag					
						Freibeträge für ... Kinder					
						0,5	**1,0**	1,5	**2,0**	2,5	**3,0**
49715,99	I,IV	**7570**	4636	4636	I	6136	4778	3498	2295	1169	224
	II	**6282**	4636	4636	II	4916	3628	2417	1283	305	
	III	**3712**	4636	4636	III	2598	1532	632			
	V	**12672**	4636	4636	IV	6843	6136	5447	4778	4128	3498
	VI	**13191**	4636	4636							
49751,99	I,IV	**7580**	4639	4639	I	6145	4787	3506	2302	1176	229
	II	**6291**	4639	4639	II	4925	3636	2424	1290	310	
	III	**3720**	4639	4639	III	2604	1538	638			
	V	**12684**	4639	4639	IV	6853	6145	5456	4787	4137	3506
	VI	**13203**	4639	4639							
49787,99	I,IV	**7589**	4642	4642	I	6154	4795	3514	2310	1183	234
	II	**6300**	4642	4642	II	4934	3644	2432	1297	315	
	III	**3728**	4642	4642	III	2612	1544	644			
	V	**12696**	4642	4642	IV	6862	6154	5465	4795	4145	3514
	VI	**13215**	4642	4642							
49823,99	I,IV	**7599**	4646	4646	I	6163	4804	3522	2318	1190	239
	II	**6310**	4646	4646	II	4943	3653	2440	1304	321	
	III	**3736**	4646	4646	III	2618	1552	648			
	V	**12709**	4646	4646	IV	6872	6163	5474	4804	4154	3522
	VI	**13228**	4646	4646							
49859,99	I,IV	**7609**	4649	4649	I	6172	4813	3530	2325	1197	244
	II	**6319**	4649	4649	II	4951	3661	2448	1312	326	
	III	**3742**	4649	4649	III	2626	1558	654			
	V	**12721**	4649	4649	IV	6881	6172	5483	4813	4162	3530
	VI	**13240**	4649	4649							
49895,99	I,IV	**7618**	4652	4652	I	6181	4821	3538	2333	1204	249
	II	**6328**	4652	4652	II	4960	3669	2455	1319	331	
	III	**3750**	4652	4652	III	2632	1564	658			
	V	**12733**	4652	4652	IV	6890	6181	5492	4821	4170	3538
	VI	**13252**	4652	4652							
49931,99	I,IV	**7628**	4656	4656	I	6191	4830	3547	2341	1212	254
	II	**6337**	4656	4656	II	4969	3677	2463	1326	337	
	III	**3758**	4656	4656	III	2640	1570	664			
	V	**12746**	4656	4656	IV	6900	6191	5501	4830	4179	3547
	VI	**13265**	4656	4656							
49967,99	I,IV	**7638**	4659	4659	I	6200	4839	3555	2348	1219	259
	II	**6346**	4659	4659	II	4977	3685	2471	1333	342	
	III	**3766**	4659	4659	III	2648	1578	670			
	V	**12758**	4659	4659	IV	6909	6200	5509	4839	4187	3555
	VI	**13277**	4659	4659							
50003,99	I,IV	**7647**	4662	4662	I	6209	4847	3563	2356	1226	264
	II	**6356**	4662	4662	II	4986	3694	2478	1340	347	
	III	**3772**	4662	4662	III	2654	1584	674			
	V	**12770**	4662	4662	IV	6918	6209	5518	4847	4195	3563
	VI	**13289**	4662	4662							
50039,99	I,IV	**7657**	4666	4666	I	6218	4856	3571	2364	1233	269
	II	**6365**	4666	4666	II	4995	3702	2486	1348	353	
	III	**3780**	4666	4666	III	2662	1590	680			
	V	**12783**	4666	4666	IV	6928	6218	5527	4856	4204	3571
	VI	**13302**	4666	4666							
50075,99	I,IV	**7667**	4669	4669	I	6227	4865	3579	2371	1240	274
	II	**6374**	4669	4669	II	5003	3710	2494	1355	358	
	III	**3788**	4669	4669	III	2670	1598	686			
	V	**12795**	4669	4669	IV	6937	6227	5536	4865	4212	3579
	VI	**13314**	4669	4669							
50111,99	I,IV	**7676**	4672	4672	I	6236	4873	3587	2379	1247	279
	II	**6383**	4672	4672	II	5012	3718	2501	1362	363	
	III	**3794**	4672	4672	III	2676	1604	690			
	V	**12807**	4672	4672	IV	6947	6236	5545	4873	4221	3587
	VI	**13326**	4672	4672							

* Zur LSt-Berechnung für privat versicherte Arbeitnehmer s. Beispiele **Vorbemerkung S. 4 f.**
** Basisvorsorgepauschale KV und PV *** Typisierter Arbeitgeberzuschuss

Lohn/ Gehalt in € bis	Steuerklasse	Lohn-steuer*	BVSP**	TAGZ***	Steuerklasse	Bemessungsgrundlage für Kirchensteuer und Solidaritätszuschlag					
						Freibeträge für ... Kinder					
						0,5	**1,0**	1,5	**2,0**	2,5	**3,0**
50 147,99	I,IV	**7 686**	4 676	4 676	I	6 245	4 882	3 595	2 386	1 254	284
	II	**6 392**	4 676	4 676	II	5 021	3 726	2 509	1 369	368	
	III	**3 802**	4 676	4 676	III	2 684	1 610	696			
	V	**12 819**	4 676	4 676	IV	6 956	6 245	5 554	4 882	4 229	3 595
	VI	**13 338**	4 676	4 676							
50 183,99	I,IV	**7 696**	4 679	4 679	I	6 255	4 891	3 604	2 394	1 262	290
	II	**6 402**	4 679	4 679	II	5 030	3 735	2 517	1 376	374	
	III	**3 810**	4 679	4 679	III	2 690	1 618	702			
	V	**12 832**	4 679	4 679	IV	6 966	6 255	5 563	4 891	4 238	3 604
	VI	**13 351**	4 679	4 679							
50 219,99	I,IV	**7 706**	4 683	4 683	I	6 264	4 899	3 612	2 402	1 269	295
	II	**6 411**	4 683	4 683	II	5 038	3 743	2 525	1 384	379	
	III	**3 818**	4 683	4 683	III	2 698	1 624	706			
	V	**12 844**	4 683	4 683	IV	6 975	6 264	5 572	4 899	4 246	3 612
	VI	**13 363**	4 683	4 683							
50 255,99	I,IV	**7 715**	4 686	4 686	I	6 273	4 908	3 620	2 409	1 276	300
	II	**6 420**	4 686	4 686	II	5 047	3 751	2 532	1 391	385	
	III	**3 824**	4 686	4 686	III	2 706	1 630	712			
	V	**12 856**	4 686	4 686	IV	6 984	6 273	5 581	4 908	4 254	3 620
	VI	**13 375**	4 686	4 686							
50 291,99	I,IV	**7 725**	4 689	4 689	I	6 282	4 917	3 628	2 417	1 283	305
	II	**6 430**	4 689	4 689	II	5 056	3 759	2 540	1 398	390	
	III	**3 832**	4 689	4 689	III	2 712	1 638	718			
	V	**12 869**	4 689	4 689	IV	6 994	6 282	5 590	4 917	4 263	3 628
	VI	**13 388**	4 689	4 689							
50 327,99	I,IV	**7 735**	4 693	4 693	I	6 291	4 925	3 636	2 425	1 290	310
	II	**6 439**	4 693	4 693	II	5 065	3 768	2 548	1 405	396	
	III	**3 840**	4 693	4 693	III	2 720	1 644	722			
	V	**12 881**	4 693	4 693	IV	7 003	6 291	5 599	4 925	4 271	3 636
	VI	**13 400**	4 693	4 693							
50 363,99	I,IV	**7 744**	4 696	4 696	I	6 301	4 934	3 645	2 432	1 297	315
	II	**6 448**	4 696	4 696	II	5 073	3 776	2 555	1 412	401	
	III	**3 848**	4 696	4 696	III	2 726	1 650	728	2		
	V	**12 893**	4 696	4 696	IV	7 013	6 301	5 608	4 934	4 280	3 645
	VI	**13 412**	4 696	4 696							
50 399,99	I,IV	**7 754**	4 699	4 699	I	6 310	4 943	3 653	2 440	1 305	321
	II	**6 457**	4 699	4 699	II	5 082	3 784	2 563	1 420	407	
	III	**3 854**	4 699	4 699	III	2 734	1 658	734	6		
	V	**12 906**	4 699	4 699	IV	7 022	6 310	5 617	4 943	4 288	3 653
	VI	**13 425**	4 699	4 699							
50 435,99	I,IV	**7 764**	4 703	4 703	I	6 319	4 951	3 661	2 448	1 312	326
	II	**6 466**	4 703	4 703	II	5 091	3 792	2 571	1 427	412	
	III	**3 862**	4 703	4 703	III	2 740	1 664	740	10		
	V	**12 918**	4 703	4 703	IV	7 032	6 319	5 626	4 951	4 297	3 661
	VI	**13 437**	4 703	4 703							
50 471,99	I,IV	**7 773**	4 706	4 706	I	6 328	4 960	3 669	2 455	1 319	331
	II	**6 476**	4 706	4 706	II	5 100	3 801	2 579	1 434	418	
	III	**3 870**	4 706	4 706	III	2 748	1 670	744	16		
	V	**12 930**	4 706	4 706	IV	7 041	6 328	5 634	4 960	4 305	3 669
	VI	**13 449**	4 706	4 706							
50 507,99	I,IV	**7 783**	4 709	4 709	I	6 337	4 969	3 677	2 463	1 326	337
	II	**6 485**	4 709	4 709	II	5 108	3 809	2 586	1 441	423	
	III	**3 876**	4 709	4 709	III	2 756	1 678	750	18		
	V	**12 942**	4 709	4 709	IV	7 050	6 337	5 643	4 969	4 313	3 677
	VI	**13 461**	4 709	4 709							
50 543,99	I,IV	**7 793**	4 713	4 713	I	6 347	4 978	3 686	2 471	1 333	342
	II	**6 494**	4 713	4 713	II	5 117	3 817	2 594	1 449	429	
	III	**3 884**	4 713	4 713	III	2 762	1 684	756	24		
	V	**12 955**	4 713	4 713	IV	7 060	6 347	5 653	4 978	4 322	3 686
	VI	**13 474**	4 713	4 713							

* Zur LSt-Berechnung für privat versicherte Arbeitnehmer s. Beispiele **Vorbemerkung S. 4 f.**
** Basisvorsorgepauschale KV und PV *** Typisierter Arbeitgeberzuschuss

Lohn/ Gehalt in € bis	Steuerklasse	**Lohn-steuer***	BVSP**	TAGZ***	Steuerklasse	Bemessungsgrundlage für Kirchensteuer und Solidaritätszuschlag — Freibeträge für ... Kinder 0,5	**1,0**	1,5	**2,0**	2,5	**3,0**
50579,99	I,IV	**7803**	4716	4716	I	6356	4986	3694	2479	1340	347
	II	**6503**	4716	4716	II	5126	3825	2602	1456	435	
	III	**3892**	4716	4716	III	2770	1690	762	28		
	V	**12967**	4716	4716	IV	7070	6356	5661	4986	4330	3694
	VI	**13486**	4716	4716							
50615,99	I,IV	**7812**	4719	4719	I	6365	4995	3702	2486	1348	353
	II	**6513**	4719	4719	II	5134	3834	2610	1463	440	
	III	**3900**	4719	4719	III	2776	1698	766	32		
	V	**12979**	4719	4719	IV	7079	6365	5670	4995	4339	3702
	VI	**13498**	4719	4719							
50651,99	I,IV	**7822**	4723	4723	I	6374	5004	3710	2494	1355	358
	II	**6522**	4723	4723	II	5143	3842	2618	1470	446	
	III	**3906**	4723	4723	III	2784	1704	772	36		
	V	**12992**	4723	4723	IV	7089	6374	5679	5004	4347	3710
	VI	**13511**	4723	4723							
50687,99	I,IV	**7832**	4726	4726	I	6384	5012	3718	2502	1362	363
	II	**6531**	4726	4726	II	5152	3850	2625	1478	452	
	III	**3914**	4726	4726	III	2792	1712	778	40		
	V	**13004**	4726	4726	IV	7098	6384	5688	5012	4356	3718
	VI	**13523**	4726	4726							
50723,99	I,IV	**7841**	4730	4730	I	6393	5021	3727	2509	1369	369
	II	**6541**	4730	4730	II	5161	3858	2633	1485	457	
	III	**3922**	4730	4730	III	2798	1718	782	44		
	V	**13016**	4730	4730	IV	7107	6393	5697	5021	4364	3727
	VI	**13535**	4730	4730							
50759,99	I,IV	**7851**	4733	4733	I	6402	5030	3735	2517	1376	374
	II	**6550**	4733	4733	II	5170	3867	2641	1492	463	
	III	**3930**	4733	4733	III	2806	1724	788	48		
	V	**13028**	4733	4733	IV	7117	6402	5706	5030	4373	3735
	VI	**13548**	4733	4733							
50795,99	I,IV	**7861**	4736	4736	I	6411	5039	3743	2525	1384	380
	II	**6559**	4736	4736	II	5179	3875	2649	1499	469	
	III	**3936**	4736	4736	III	2814	1732	794	52		
	V	**13041**	4736	4736	IV	7127	6411	5715	5039	4381	3743
	VI	**13560**	4736	4736							
50831,99	I,IV	**7871**	4740	4740	I	6420	5047	3751	2533	1391	385
	II	**6568**	4740	4740	II	5187	3883	2656	1507	474	
	III	**3944**	4740	4740	III	2820	1738	800	56		
	V	**13053**	4740	4740	IV	7136	6420	5724	5047	4390	3751
	VI	**13572**	4740	4740							
50867,99	I,IV	**7880**	4743	4743	I	6430	5056	3759	2540	1398	390
	II	**6578**	4743	4743	II	5196	3891	2664	1514	480	
	III	**3952**	4743	4743	III	2828	1744	804	60		
	V	**13065**	4743	4743	IV	7145	6430	5733	5056	4398	3759
	VI	**13584**	4743	4743							
50903,99	I,IV	**7890**	4746	4746	I	6439	5065	3768	2548	1405	396
	II	**6587**	4746	4746	II	5205	3900	2672	1521	486	
	III	**3960**	4746	4746	III	2836	1752	810	66		
	V	**13078**	4746	4746	IV	7155	6439	5742	5065	4407	3768
	VI	**13597**	4746	4746							
50939,99	I,IV	**7900**	4750	4750	I	6448	5074	3776	2556	1413	401
	II	**6596**	4750	4750	II	5214	3908	2680	1529	492	
	III	**3966**	4750	4750	III	2842	1758	816	70		
	V	**13090**	4750	4750	IV	7164	6448	5751	5074	4415	3776
	VI	**13609**	4750	4750							
50975,99	I,IV	**7910**	4753	4753	I	6457	5082	3784	2563	1420	407
	II	**6606**	4753	4753	II	5222	3916	2687	1536	497	
	III	**3974**	4753	4753	III	2850	1766	822	74		
	V	**13102**	4753	4753	IV	7174	6457	5760	5082	4424	3784
	VI	**13621**	4753	4753							

* Zur LSt-Berechnung für privat versicherte Arbeitnehmer s. Beispiele **Vorbemerkung S. 4f.**
** Basisvorsorgepauschale KV und PV *** Typisierter Arbeitgeberzuschuss

Lohn/ Gehalt in € bis	Steuerklasse	Lohn-steuer*	BVSP**	TAGZ***	Steuerklasse	Bemessungsgrundlage für Kirchensteuer und Solidaritätszuschlag – Freibeträge für ... Kinder 0,5	1,0	1,5	2,0	2,5	3,0
51 011,99	I,IV	**7 920**	4 756	4 756	I	6 467	5 091	3 793	2 571	1 427	413
	II	**6 615**	4 756	4 756	II	5 231	3 925	2 695	1 543	503	
	III	**3 982**	4 756	4 756	III	2 856	1 772	828	78		
	V	**13 115**	4 756	4 756	IV	7 184	6 467	5 769	5 091	4 432	3 793
	VI	**13 634**	4 756	4 756							
51 047,99	I,IV	**7 929**	4 760	4 760	I	6 476	5 100	3 801	2 579	1 434	418
	II	**6 624**	4 760	4 760	II	5 240	3 933	2 703	1 550	509	
	III	**3 988**	4 760	4 760	III	2 864	1 778	832	82		
	V	**13 127**	4 760	4 760	IV	7 193	6 476	5 778	5 100	4 441	3 801
	VI	**13 646**	4 760	4 760							
51 083,99	I,IV	**7 939**	4 763	4 763	I	6 485	5 108	3 809	2 587	1 442	424
	II	**6 634**	4 763	4 763	II	5 249	3 941	2 711	1 558	515	
	III	**3 996**	4 763	4 763	III	2 872	1 786	838	86		
	V	**13 139**	4 763	4 763	IV	7 202	6 485	5 787	5 108	4 449	3 809
	VI	**13 658**	4 763	4 763							
51 119,99	I,IV	**7 949**	4 766	4 766	I	6 494	5 117	3 817	2 594	1 449	429
	II	**6 643**	4 766	4 766	II	5 258	3 949	2 719	1 565	521	
	III	**4 004**	4 766	4 766	III	2 878	1 792	844	90		
	V	**13 151**	4 766	4 766	IV	7 212	6 494	5 796	5 117	4 458	3 817
	VI	**13 671**	4 766	4 766							
51 155,99	I,IV	**7 959**	4 770	4 770	I	6 504	5 126	3 826	2 602	1 456	435
	II	**6 652**	4 770	4 770	II	5 267	3 958	2 727	1 572	527	
	III	**4 012**	4 770	4 770	III	2 886	1 800	850	94		
	V	**13 164**	4 770	4 770	IV	7 222	6 504	5 805	5 126	4 466	3 826
	VI	**13 683**	4 770	4 770							
51 191,99	I,IV	**7 968**	4 773	4 773	I	6 513	5 135	3 834	2 610	1 463	440
	II	**6 662**	4 773	4 773	II	5 275	3 966	2 734	1 580	532	
	III	**4 020**	4 773	4 773	III	2 892	1 806	854	100		
	V	**13 176**	4 773	4 773	IV	7 231	6 513	5 814	5 135	4 475	3 834
	VI	**13 695**	4 773	4 773							
51 227,99	I,IV	**7 978**	4 777	4 777	I	6 522	5 143	3 842	2 618	1 470	446
	II	**6 671**	4 777	4 777	II	5 284	3 974	2 742	1 587	538	
	III	**4 026**	4 777	4 777	III	2 900	1 812	860	104		
	V	**13 188**	4 777	4 777	IV	7 240	6 522	5 823	5 143	4 483	3 842
	VI	**13 708**	4 777	4 777							
51 263,99	I,IV	**7 988**	4 780	4 780	I	6 532	5 152	3 850	2 626	1 478	452
	II	**6 680**	4 780	4 780	II	5 293	3 983	2 750	1 594	544	
	III	**4 034**	4 780	4 780	III	2 908	1 820	866	108		
	V	**13 201**	4 780	4 780	IV	7 250	6 532	5 832	5 152	4 492	3 850
	VI	**13 720**	4 780	4 780							
51 299,99	I,IV	**7 998**	4 783	4 783	I	6 541	5 161	3 859	2 633	1 485	457
	II	**6 690**	4 783	4 783	II	5 302	3 991	2 758	1 602	550	
	III	**4 042**	4 783	4 783	III	2 914	1 828	872	112		
	V	**13 213**	4 783	4 783	IV	7 260	6 541	5 841	5 161	4 500	3 859
	VI	**13 732**	4 783	4 783							
51 335,99	I,IV	**8 007**	4 787	4 787	I	6 550	5 170	3 867	2 641	1 492	463
	II	**6 699**	4 787	4 787	II	5 311	3 999	2 766	1 609	556	
	III	**4 048**	4 787	4 787	III	2 922	1 834	876	116		
	V	**13 225**	4 787	4 787	IV	7 269	6 550	5 850	5 170	4 509	3 867
	VI	**13 744**	4 787	4 787							
51 371,99	I,IV	**8 017**	4 790	4 790	I	6 559	5 179	3 875	2 649	1 499	469
	II	**6 708**	4 790	4 790	II	5 319	4 008	2 773	1 616	562	
	III	**4 056**	4 790	4 790	III	2 930	1 840	882	120		
	V	**13 238**	4 790	4 790	IV	7 279	6 559	5 859	5 179	4 517	3 875
	VI	**13 757**	4 790	4 790							
51 407,99	I,IV	**8 027**	4 793	4 793	I	6 569	5 188	3 883	2 657	1 507	475
	II	**6 718**	4 793	4 793	II	5 328	4 016	2 781	1 624	568	
	III	**4 064**	4 793	4 793	III	2 936	1 848	888	126		
	V	**13 250**	4 793	4 793	IV	7 288	6 569	5 868	5 188	4 526	3 883
	VI	**13 769**	4 793	4 793							

* Zur LSt-Berechnung für privat versicherte Arbeitnehmer s. Beispiele **Vorbemerkung S. 4f.**
** Basisvorsorgepauschale KV und PV *** Typisierter Arbeitgeberzuschuss

Lohn/ Gehalt in € bis	Steuerklasse	Lohn-steuer*	BVSP**	TAGZ***	Steuerklasse	Bemessungsgrundlage für Kirchensteuer und Solidaritätszuschlag					
						Freibeträge für ... Kinder					
						0,5	**1,0**	1,5	**2,0**	2,5	**3,0**
51 443,99	I,IV	**8 037**	4 797	4 797	I	6 578	5 196	3 892	2 664	1 514	480
	II	**6 727**	4 797	4 797	II	5 337	4 024	2 789	1 631	574	
	III	**4 072**	4 797	4 797	III	2 944	1 854	894	130		
	V	**13 262**	4 797	4 797	IV	7 298	6 578	5 877	5 196	4 534	3 892
	VI	**13 781**	4 797	4 797							
51 479,99	I,IV	**8 047**	4 800	4 800	I	6 587	5 205	3 900	2 672	1 521	486
	II	**6 736**	4 800	4 800	II	5 346	4 033	2 797	1 638	580	
	III	**4 080**	4 800	4 800	III	2 950	1 862	900	134		
	V	**13 275**	4 800	4 800	IV	7 307	6 587	5 886	5 205	4 543	3 900
	VI	**13 794**	4 800	4 800							
51 515,99	I,IV	**8 057**	4 803	4 803	I	6 597	5 214	3 908	2 680	1 529	492
	II	**6 746**	4 803	4 803	II	5 355	4 041	2 805	1 646	586	
	III	**4 086**	4 803	4 803	III	2 958	1 868	906	138		
	V	**13 287**	4 803	4 803	IV	7 317	6 597	5 896	5 214	4 552	3 908
	VI	**13 806**	4 803	4 803							
51 551,99	I,IV	**8 066**	4 807	4 807	I	6 606	5 223	3 917	2 688	1 536	498
	II	**6 755**	4 807	4 807	II	5 364	4 050	2 813	1 653	592	
	III	**4 094**	4 807	4 807	III	2 966	1 876	910	142		
	V	**13 299**	4 807	4 807	IV	7 326	6 606	5 905	5 223	4 560	3 917
	VI	**13 818**	4 807	4 807							
51 587,99	I,IV	**8 076**	4 810	4 810	I	6 615	5 231	3 925	2 695	1 543	503
	II	**6 764**	4 810	4 810	II	5 372	4 058	2 820	1 660	598	
	III	**4 102**	4 810	4 810	III	2 972	1 882	916	148		
	V	**13 311**	4 810	4 810	IV	7 336	6 615	5 914	5 231	4 568	3 925
	VI	**13 831**	4 810	4 810							
51 623,99	I,IV	**8 086**	4 813	4 813	I	6 625	5 240	3 933	2 703	1 551	509
	II	**6 774**	4 813	4 813	II	5 382	4 066	2 828	1 668	604	
	III	**4 110**	4 813	4 813	III	2 980	1 890	922	152		
	V	**13 324**	4 813	4 813	IV	7 346	6 625	5 923	5 240	4 577	3 933
	VI	**13 843**	4 813	4 813							
51 659,99	I,IV	**8 096**	4 817	4 817	I	6 634	5 249	3 942	2 711	1 558	515
	II	**6 783**	4 817	4 817	II	5 390	4 075	2 836	1 675	610	
	III	**4 116**	4 817	4 817	III	2 988	1 896	928	156		
	V	**13 336**	4 817	4 817	IV	7 355	6 634	5 932	5 249	4 586	3 942
	VI	**13 855**	4 817	4 817							
51 695,99	I,IV	**8 105**	4 820	4 820	I	6 643	5 258	3 950	2 719	1 565	521
	II	**6 792**	4 820	4 820	II	5 399	4 083	2 844	1 682	617	
	III	**4 124**	4 820	4 820	III	2 994	1 904	934	160		
	V	**13 348**	4 820	4 820	IV	7 365	6 643	5 941	5 258	4 594	3 950
	VI	**13 868**	4 820	4 820							
51 731,99	I,IV	**8 115**	4 824	4 824	I	6 652	5 267	3 958	2 727	1 572	527
	II	**6 802**	4 824	4 824	II	5 408	4 091	2 852	1 689	623	
	III	**4 132**	4 824	4 824	III	3 002	1 910	940	164		
	V	**13 361**	4 824	4 824	IV	7 374	6 652	5 950	5 267	4 603	3 958
	VI	**13 880**	4 824	4 824							
51 767,99	I,IV	**8 125**	4 827	4 827	I	6 662	5 276	3 966	2 735	1 580	533
	II	**6 811**	4 827	4 827	II	5 417	4 100	2 860	1 697	629	
	III	**4 140**	4 827	4 827	III	3 008	1 918	946	170		
	V	**13 373**	4 827	4 827	IV	7 384	6 662	5 959	5 276	4 611	3 966
	VI	**13 892**	4 827	4 827							
51 803,99	I,IV	**8 135**	4 830	4 830	I	6 671	5 284	3 975	2 742	1 587	538
	II	**6 821**	4 830	4 830	II	5 426	4 108	2 868	1 704	635	
	III	**4 146**	4 830	4 830	III	3 016	1 924	950	174		
	V	**13 385**	4 830	4 830	IV	7 393	6 671	5 968	5 284	4 620	3 975
	VI	**13 905**	4 830	4 830							
51 839,99	I,IV	**8 145**	4 834	4 834	I	6 680	5 293	3 983	2 750	1 594	544
	II	**6 830**	4 834	4 834	II	5 434	4 116	2 875	1 712	641	
	III	**4 154**	4 834	4 834	III	3 024	1 932	956	178		
	V	**13 398**	4 834	4 834	IV	7 403	6 680	5 977	5 293	4 628	3 983
	VI	**13 917**	4 834	4 834							

* Zur LSt-Berechnung für privat versicherte Arbeitnehmer s. Beispiele **Vorbemerkung S. 4 f.**
** Basisvorsorgepauschale KV und PV *** Typisierter Arbeitgeberzuschuss

Lohn/ Gehalt in € bis	Steuerklasse	Lohn-steuer*	BVSP**	TAGZ***	Steuerklasse	Bemessungsgrundlage für Kirchensteuer und Solidaritätszuschlag					
						Freibeträge für ... Kinder					
						0,5	**1,0**	1,5	**2,0**	2,5	**3,0**
51 875,99	I,IV	**8 155**	4 837	4 837	I	6 690	5 302	3 991	2 758	1 602	550
	II	**6 839**	4 837	4 837	II	5 444	4 125	2 883	1 719	648	
	III	**4 162**	4 837	4 837	III	3 030	1 938	962	182		
	V	**13 410**	4 837	4 837	IV	7 413	6 690	5 986	5 302	4 637	3 991
	VI	**13 929**	4 837	4 837							
51 911,99	I,IV	**8 165**	4 840	4 840	I	6 699	5 311	4 000	2 766	1 609	556
	II	**6 849**	4 840	4 840	II	5 452	4 133	2 891	1 726	654	
	III	**4 170**	4 840	4 840	III	3 038	1 946	968	188		
	V	**13 422**	4 840	4 840	IV	7 422	6 699	5 995	5 311	4 646	4 000
	VI	**13 941**	4 840	4 840							
51 947,99	I,IV	**8 174**	4 844	4 844	I	6 708	5 320	4 008	2 774	1 616	562
	II	**6 858**	4 844	4 844	II	5 461	4 142	2 899	1 734	660	
	III	**4 176**	4 844	4 844	III	3 046	1 952	974	192		
	V	**13 435**	4 844	4 844	IV	7 432	6 708	6 004	5 320	4 654	4 008
	VI	**13 954**	4 844	4 844							
51 983,99	I,IV	**8 184**	4 847	4 847	I	6 718	5 328	4 016	2 781	1 624	568
	II	**6 867**	4 847	4 847	II	5 470	4 150	2 907	1 741	666	
	III	**4 184**	4 847	4 847	III	3 052	1 960	980	196		
	V	**13 447**	4 847	4 847	IV	7 441	6 718	6 013	5 328	4 663	4 016
	VI	**13 966**	4 847	4 847							
52 019,99	I,IV	**8 194**	4 850	4 850	I	6 727	5 337	4 025	2 789	1 631	574
	II	**6 877**	4 850	4 850	II	5 479	4 158	2 915	1 749	672	
	III	**4 192**	4 850	4 850	III	3 060	1 966	986	200		
	V	**13 459**	4 850	4 850	IV	7 451	6 727	6 023	5 337	4 671	4 025
	VI	**13 978**	4 850	4 850							
52 055,99	I,IV	**8 204**	4 854	4 854	I	6 736	5 346	4 033	2 797	1 638	580
	II	**6 886**	4 854	4 854	II	5 488	4 167	2 923	1 756	679	
	III	**4 200**	4 854	4 854	III	3 066	1 974	992	204		
	V	**13 471**	4 854	4 854	IV	7 461	6 736	6 032	5 346	4 680	4 033
	VI	**13 991**	4 854	4 854							
52 091,99	I,IV	**8 214**	4 857	4 857	I	6 746	5 355	4 041	2 805	1 646	586
	II	**6 896**	4 857	4 857	II	5 497	4 175	2 930	1 763	685	
	III	**4 206**	4 857	4 857	III	3 074	1 980	998	210		
	V	**13 484**	4 857	4 857	IV	7 470	6 746	6 041	5 355	4 688	4 041
	VI	**14 003**	4 857	4 857							
52 127,99	I,IV	**8 224**	4 860	4 860	I	6 755	5 364	4 050	2 813	1 653	592
	II	**6 905**	4 860	4 860	II	5 506	4 184	2 939	1 771	691	
	III	**4 214**	4 860	4 860	III	3 082	1 988	1 002	214		
	V	**13 496**	4 860	4 860	IV	7 480	6 755	6 050	5 364	4 697	4 050
	VI	**14 015**	4 860	4 860							
52 163,99	I,IV	**8 234**	4 864	4 864	I	6 765	5 373	4 058	2 821	1 660	598
	II	**6 915**	4 864	4 864	II	5 515	4 192	2 946	1 778	698	
	III	**4 222**	4 864	4 864	III	3 088	1 994	1 008	218		
	V	**13 508**	4 864	4 864	IV	7 489	6 765	6 059	5 373	4 706	4 058
	VI	**14 028**	4 864	4 864							
52 199,99	I,IV	**8 243**	4 867	4 867	I	6 774	5 382	4 066	2 828	1 668	604
	II	**6 924**	4 867	4 867	II	5 523	4 200	2 954	1 785	704	
	III	**4 230**	4 867	4 867	III	3 096	2 002	1 014	224		
	V	**13 521**	4 867	4 867	IV	7 499	6 774	6 068	5 382	4 714	4 066
	VI	**14 040**	4 867	4 867							
52 235,99	I,IV	**8 253**	4 871	4 871	I	6 783	5 391	4 075	2 836	1 675	611
	II	**6 933**	4 871	4 871	II	5 533	4 209	2 962	1 793	710	
	III	**4 238**	4 871	4 871	III	3 104	2 008	1 020	228		
	V	**13 533**	4 871	4 871	IV	7 509	6 783	6 077	5 391	4 723	4 075
	VI	**14 052**	4 871	4 871							
52 271,99	I,IV	**8 263**	4 874	4 874	I	6 793	5 399	4 083	2 844	1 682	617
	II	**6 943**	4 874	4 874	II	5 541	4 217	2 970	1 800	717	
	III	**4 244**	4 874	4 874	III	3 110	2 016	1 026	232		
	V	**13 545**	4 874	4 874	IV	7 518	6 793	6 086	5 399	4 732	4 083
	VI	**14 065**	4 874	4 874							

* Zur LSt-Berechnung für privat versicherte Arbeitnehmer s. Beispiele **Vorbemerkung S. 4 f.**
** Basisvorsorgepauschale KV und PV *** Typisierter Arbeitgeberzuschuss

Lohn/ Gehalt in € bis	Steuerklasse	Lohn-steuer*	BVSP**	TAGZ***	Steuerklasse	Bemessungsgrundlage für Kirchensteuer und Solidaritätszuschlag – Freibeträge für ... Kinder 0,5	**1,0**	1,5	**2,0**	2,5	**3,0**
52 307,99	I,IV	**8 273**	4 877	4 877	I	6 802	5 408	4 091	2 852	1 690	623
	II	**6 952**	4 877	4 877	II	5 550	4 226	2 978	1 808	723	
	III	**4 252**	4 877	4 877	III	3 118	2 022	1 032	236		
	V	**13 558**	4 877	4 877	IV	7 528	6 802	6 095	5 408	4 740	4 091
	VI	**14 077**	4 877	4 877							
52 343,99	I,IV	**8 283**	4 881	4 881	I	6 811	5 417	4 100	2 860	1 697	629
	II	**6 961**	4 881	4 881	II	5 559	4 234	2 986	1 815	730	
	III	**4 260**	4 881	4 881	III	3 126	2 030	1 038	242		
	V	**13 570**	4 881	4 881	IV	7 537	6 811	6 104	5 417	4 749	4 100
	VI	**14 089**	4 881	4 881							
52 379,99	I,IV	**8 293**	4 884	4 884	I	6 821	5 426	4 108	2 868	1 704	635
	II	**6 971**	4 884	4 884	II	5 568	4 242	2 994	1 822	736	
	III	**4 268**	4 884	4 884	III	3 132	2 036	1 044	246		
	V	**13 582**	4 884	4 884	IV	7 547	6 821	6 114	5 426	4 758	4 108
	VI	**14 101**	4 884	4 884							
52 415,99	I,IV	**8 303**	4 887	4 887	I	6 830	5 435	4 117	2 876	1 712	641
	II	**6 980**	4 887	4 887	II	5 577	4 251	3 002	1 830	743	
	III	**4 274**	4 887	4 887	III	3 140	2 044	1 050	250		
	V	**13 595**	4 887	4 887	IV	7 557	6 830	6 123	5 435	4 766	4 117
	VI	**14 114**	4 887	4 887							
52 451,99	I,IV	**8 312**	4 891	4 891	I	6 839	5 444	4 125	2 883	1 719	648
	II	**6 990**	4 891	4 891	II	5 586	4 259	3 010	1 837	749	
	III	**4 282**	4 891	4 891	III	3 148	2 050	1 056	254		
	V	**13 607**	4 891	4 891	IV	7 566	6 839	6 132	5 444	4 775	4 125
	VI	**14 126**	4 891	4 891							
52 487,99	I,IV	**8 323**	4 894	4 894	I	6 849	5 453	4 133	2 891	1 727	654
	II	**7 000**	4 894	4 894	II	5 595	4 268	3 018	1 845	756	
	III	**4 290**	4 894	4 894	III	3 154	2 058	1 062	260		
	V	**13 619**	4 894	4 894	IV	7 576	6 849	6 141	5 453	4 783	4 133
	VI	**14 138**	4 894	4 894							
52 523,99	I,IV	**8 332**	4 897	4 897	I	6 858	5 461	4 142	2 899	1 734	660
	II	**7 009**	4 897	4 897	II	5 604	4 276	3 026	1 852	762	
	III	**4 298**	4 897	4 897	III	3 162	2 066	1 068	264		
	V	**13 632**	4 897	4 897	IV	7 586	6 858	6 150	5 461	4 792	4 142
	VI	**14 151**	4 897	4 897							
52 559,99	I,IV	**8 342**	4 901	4 901	I	6 868	5 470	4 150	2 907	1 741	666
	II	**7 018**	4 901	4 901	II	5 613	4 285	3 033	1 859	768	
	III	**4 304**	4 901	4 901	III	3 170	2 072	1 072	268		
	V	**13 644**	4 901	4 901	IV	7 595	6 868	6 159	5 470	4 801	4 150
	VI	**14 163**	4 901	4 901							
52 595,99	I,IV	**8 352**	4 904	4 904	I	6 877	5 479	4 159	2 915	1 749	673
	II	**7 028**	4 904	4 904	II	5 622	4 293	3 042	1 867	775	
	III	**4 312**	4 904	4 904	III	3 176	2 080	1 078	274		
	V	**13 656**	4 904	4 904	IV	7 605	6 877	6 169	5 479	4 809	4 159
	VI	**14 175**	4 904	4 904							
52 631,99	I,IV	**8 362**	4 907	4 907	I	6 887	5 488	4 167	2 923	1 756	679
	II	**7 037**	4 907	4 907	II	5 631	4 302	3 049	1 874	782	
	III	**4 320**	4 907	4 907	III	3 184	2 086	1 086	278		
	V	**13 668**	4 907	4 907	IV	7 615	6 887	6 178	5 488	4 818	4 167
	VI	**14 188**	4 907	4 907							
52 667,99	I,IV	**8 372**	4 911	4 911	I	6 896	5 497	4 175	2 931	1 763	685
	II	**7 047**	4 911	4 911	II	5 640	4 310	3 057	1 882	788	
	III	**4 328**	4 911	4 911	III	3 192	2 094	1 090	282		
	V	**13 681**	4 911	4 911	IV	7 624	6 896	6 187	5 497	4 827	4 175
	VI	**14 200**	4 911	4 911							
52 703,99	I,IV	**8 382**	4 914	4 914	I	6 905	5 506	4 184	2 939	1 771	691
	II	**7 056**	4 914	4 914	II	5 649	4 318	3 065	1 889	795	
	III	**4 336**	4 914	4 914	III	3 198	2 100	1 096	288		
	V	**13 693**	4 914	4 914	IV	7 634	6 905	6 196	5 506	4 835	4 184
	VI	**14 212**	4 914	4 914							

* Zur LSt-Berechnung für privat versicherte Arbeitnehmer s. Beispiele **Vorbemerkung S. 4 f.**
** Basisvorsorgepauschale KV und PV *** Typisierter Arbeitgeberzuschuss

Lohn/ Gehalt in € bis	Steuerklasse	Lohn-steuer*	BVSP**	TAGZ***	Steuerklasse	Bemessungsgrundlage für Kirchensteuer und Solidaritätszuschlag – Freibeträge für ... Kinder 0,5	**1,0**	1,5	**2,0**	2,5	**3,0**
52739,99	I,IV	**8392**	4918	4918	I	6915	5515	4192	2947	1778	698
	II	**7066**	4918	4918	II	5658	4327	3073	1897	801	
	III	**4344**	4918	4918	III	3206	2108	1102	292		
	V	**13705**	4918	4918	IV	7644	6915	6205	5515	4844	4192
	VI	**14225**	4918	4918							
52775,99	I,IV	**8402**	4921	4921	I	6924	5524	4201	2954	1786	704
	II	**7075**	4921	4921	II	5667	4335	3081	1904	808	
	III	**4350**	4921	4921	III	3214	2114	1108	296		
	V	**13718**	4921	4921	IV	7653	6924	6214	5524	4853	4201
	VI	**14237**	4921	4921							
52811,99	I,IV	**8412**	4924	4924	I	6933	5533	4209	2962	1793	710
	II	**7084**	4924	4924	II	5675	4344	3089	1912	815	
	III	**4358**	4924	4924	III	3220	2122	1114	302		
	V	**13730**	4924	4924	IV	7663	6933	6223	5533	4861	4209
	VI	**14249**	4924	4924							
52847,99	I,IV	**8422**	4928	4928	I	6943	5542	4217	2970	1800	717
	II	**7094**	4928	4928	II	5685	4352	3097	1919	821	
	III	**4366**	4928	4928	III	3228	2128	1120	306		
	V	**13742**	4928	4928	IV	7673	6943	6233	5542	4870	4217
	VI	**14262**	4928	4928							
52883,99	I,IV	**8432**	4931	4931	I	6952	5551	4226	2978	1808	723
	II	**7104**	4931	4931	II	5694	4361	3105	1927	828	3
	III	**4374**	4931	4931	III	3236	2136	1126	310		
	V	**13755**	4931	4931	IV	7682	6952	6242	5551	4879	4226
	VI	**14274**	4931	4931							
52919,99	I,IV	**8441**	4934	4934	I	6962	5559	4234	2986	1815	730
	II	**7113**	4934	4934	II	5702	4369	3113	1934	835	7
	III	**4380**	4934	4934	III	3242	2142	1132	316		
	V	**13767**	4934	4934	IV	7692	6962	6251	5559	4887	4234
	VI	**14286**	4934	4934							
52955,99	I,IV	**8451**	4938	4938	I	6971	5568	4242	2994	1822	736
	II	**7122**	4938	4938	II	5711	4377	3121	1941	841	11
	III	**4388**	4938	4938	III	3250	2150	1138	320		
	V	**13779**	4938	4938	IV	7702	6971	6260	5568	4896	4242
	VI	**14298**	4938	4938							
52991,99	I,IV	**8461**	4941	4941	I	6981	5577	4251	3002	1830	743
	II	**7132**	4941	4941	II	5721	4386	3129	1949	848	15
	III	**4396**	4941	4941	III	3258	2156	1144	324		
	V	**13792**	4941	4941	IV	7711	6981	6269	5577	4905	4251
	VI	**14311**	4941	4941							
53027,99	I,IV	**8471**	4944	4944	I	6990	5586	4259	3010	1837	749
	II	**7141**	4944	4944	II	5729	4395	3137	1956	855	20
	III	**4404**	4944	4944	III	3264	2164	1150	330		
	V	**13804**	4944	4944	IV	7721	6990	6279	5586	4913	4259
	VI	**14323**	4944	4944							
53063,99	I,IV	**8481**	4948	4948	I	7000	5595	4268	3018	1845	756
	II	**7151**	4948	4948	II	5738	4403	3145	1964	862	24
	III	**4410**	4948	4948	III	3272	2170	1156	334		
	V	**13816**	4948	4948	IV	7731	7000	6288	5595	4922	4268
	VI	**14335**	4948	4948							
53099,99	I,IV	**8491**	4951	4951	I	7009	5604	4276	3026	1852	762
	II	**7161**	4951	4951	II	5748	4412	3153	1971	868	28
	III	**4418**	4951	4951	III	3280	2178	1162	340		
	V	**13828**	4951	4951	IV	7741	7009	6297	5604	4931	4276
	VI	**14348**	4951	4951							
53135,99	I,IV	**8501**	4954	4954	I	7019	5613	4285	3034	1860	769
	II	**7170**	4954	4954	II	5756	4420	3161	1979	875	32
	III	**4426**	4954	4954	III	3286	2186	1168	344		
	V	**13841**	4954	4954	IV	7750	7019	6306	5613	4939	4285
	VI	**14360**	4954	4954							

* Zur LSt-Berechnung für privat versicherte Arbeitnehmer s. Beispiele **Vorbemerkung S. 4f.**
** Basisvorsorgepauschale KV und PV *** Typisierter Arbeitgeberzuschuss

Lohn/ Gehalt in € bis	Steuerklasse	Lohn-steuer*	BVSP**	TAGZ***	Steuerklasse	Bemessungsgrundlage für Kirchensteuer und Solidaritätszuschlag					
						Freibeträge für ... Kinder					
						0,5	**1,0**	1,5	**2,0**	2,5	**3,0**
53171,99	I,IV	**8511**	4958	4958	I	7028	5622	4293	3042	1867	775
	II	**7179**	4958	4958	II	5765	4428	3169	1986	882	36
	III	**4434**	4958	4958	III	3294	2192	1174	348		
	V	**13853**	4958	4958	IV	7760	7028	6315	5622	4948	4293
	VI	**14372**	4958	4958							
53207,99	I,IV	**8521**	4961	4961	I	7038	5631	4302	3050	1875	782
	II	**7189**	4961	4961	II	5775	4437	3177	1994	889	41
	III	**4442**	4961	4961	III	3302	2200	1180	354		
	V	**13865**	4961	4961	IV	7770	7038	6325	5631	4957	4302
	VI	**14385**	4961	4961							
53243,99	I,IV	**8531**	4965	4965	I	7047	5640	4310	3058	1882	788
	II	**7199**	4965	4965	II	5783	4446	3185	2001	896	45
	III	**4450**	4965	4965	III	3308	2206	1186	358		
	V	**13878**	4965	4965	IV	7779	7047	6334	5640	4965	4310
	VI	**14397**	4965	4965							
53279,99	I,IV	**8541**	4968	4968	I	7056	5649	4319	3065	1889	795
	II	**7208**	4968	4968	II	5792	4454	3193	2009	902	49
	III	**4456**	4968	4968	III	3316	2214	1192	362		
	V	**13890**	4968	4968	IV	7789	7056	6343	5649	4974	4319
	VI	**14409**	4968	4968							
53315,99	I,IV	**8551**	4971	4971	I	7066	5658	4327	3073	1897	801
	II	**7217**	4971	4971	II	5801	4462	3201	2016	909	54
	III	**4464**	4971	4971	III	3324	2220	1198	368		
	V	**13902**	4971	4971	IV	7799	7066	6352	5658	4983	4327
	VI	**14421**	4971	4971							
53351,99	I,IV	**8561**	4975	4975	I	7075	5667	4336	3081	1904	808
	II	**7227**	4975	4975	II	5811	4471	3209	2024	916	58
	III	**4472**	4975	4975	III	3330	2228	1206	372		
	V	**13915**	4975	4975	IV	7809	7075	6361	5667	4992	4336
	VI	**14434**	4975	4975							
53387,99	I,IV	**8571**	4978	4978	I	7085	5676	4344	3089	1912	815
	II	**7237**	4978	4978	II	5819	4480	3217	2031	923	62
	III	**4480**	4978	4978	III	3338	2234	1210	378		
	V	**13927**	4978	4978	IV	7818	7085	6371	5676	5000	4344
	VI	**14446**	4978	4978							
53423,99	I,IV	**8581**	4981	4981	I	7094	5685	4352	3097	1919	821
	II	**7246**	4981	4981	II	5828	4488	3225	2039	930	67
	III	**4488**	4981	4981	III	3346	2242	1218	382		
	V	**13939**	4981	4981	IV	7828	7094	6380	5685	5009	4352
	VI	**14458**	4981	4981							
53459,99	I,IV	**8591**	4985	4985	I	7104	5694	4361	3105	1927	828
	II	**7256**	4985	4985	II	5838	4497	3233	2046	937	71
	III	**4494**	4985	4985	III	3352	2250	1224	388		
	V	**13952**	4985	4985	IV	7838	7104	6389	5694	5018	4361
	VI	**14471**	4985	4985							
53495,99	I,IV	**8601**	4988	4988	I	7113	5703	4369	3113	1934	835
	II	**7265**	4988	4988	II	5847	4505	3241	2054	944	75
	III	**4502**	4988	4988	III	3360	2256	1230	392		
	V	**13964**	4988	4988	IV	7847	7113	6398	5703	5026	4369
	VI	**14483**	4988	4988							
53531,99	I,IV	**8611**	4991	4991	I	7123	5712	4378	3121	1942	842
	II	**7275**	4991	4991	II	5856	4514	3249	2061	951	80
	III	**4510**	4991	4991	III	3368	2264	1236	396		
	V	**13976**	4991	4991	IV	7857	7123	6407	5712	5035	4378
	VI	**14495**	4991	4991							
53567,99	I,IV	**8621**	4995	4995	I	7132	5721	4386	3129	1949	848
	II	**7284**	4995	4995	II	5864	4522	3257	2069	958	84
	III	**4518**	4995	4995	III	3374	2270	1242	402		
	V	**13988**	4995	4995	IV	7867	7132	6417	5721	5044	4386
	VI	**14507**	4995	4995							

* Zur LSt-Berechnung für privat versicherte Arbeitnehmer s. Beispiele **Vorbemerkung S. 4 f.**
** Basisvorsorgepauschale KV und PV *** Typisierter Arbeitgeberzuschuss

Lohn/ Gehalt in € bis	Steuerklasse	**Lohn-steuer***	BVSP**	TAGZ***	Steuerklasse	Bemessungsgrundlage für Kirchensteuer und Solidaritätszuschlag					
						Freibeträge für ... Kinder					
						0,5	**1,0**	1,5	**2,0**	2,5	**3,0**
53 603,99	I,IV	**8 631**	4 998	4 998	I	7 142	5 730	4 395	3 137	1 957	855
	II	**7 294**	4 998	4 998	II	5 874	4 531	3 265	2 076	965	89
	III	**4 524**	4 998	4 998	III	3 382	2 278	1 248	406		
	V	**14 001**	4 998	4 998	IV	7 877	7 142	6 426	5 730	5 053	4 395
	VI	**14 520**	4 998	4 998							
53 639,99	I,IV	**8 641**	5 001	5 001	I	7 151	5 739	4 403	3 145	1 964	862
	II	**7 303**	5 001	5 001	II	5 883	4 539	3 273	2 084	972	93
	III	**4 532**	5 001	5 001	III	3 390	2 284	1 254	412		
	V	**14 013**	5 001	5 001	IV	7 886	7 151	6 435	5 739	5 061	4 403
	VI	**14 532**	5 001	5 001							
53 675,99	I,IV	**8 651**	5 005	5 005	I	7 161	5 748	4 412	3 153	1 971	868
	II	**7 313**	5 005	5 005	II	5 892	4 548	3 281	2 091	979	98
	III	**4 540**	5 005	5 005	III	3 396	2 292	1 260	416		
	V	**14 025**	5 005	5 005	IV	7 896	7 161	6 444	5 748	5 070	4 412
	VI	**14 544**	5 005	5 005							
53 711,99	I,IV	**8 661**	5 008	5 008	I	7 170	5 757	4 420	3 161	1 979	875
	II	**7 323**	5 008	5 008	II	5 901	4 556	3 289	2 099	986	102
	III	**4 548**	5 008	5 008	III	3 404	2 298	1 266	422		
	V	**14 038**	5 008	5 008	IV	7 906	7 170	6 454	5 757	5 079	4 420
	VI	**14 557**	5 008	5 008							
53 747,99	I,IV	**8 671**	5 012	5 012	I	7 180	5 766	4 429	3 169	1 987	882
	II	**7 332**	5 012	5 012	II	5 910	4 565	3 297	2 107	993	107
	III	**4 556**	5 012	5 012	III	3 412	2 306	1 272	426		
	V	**14 050**	5 012	5 012	IV	7 916	7 180	6 463	5 766	5 088	4 429
	VI	**14 569**	5 012	5 012							
53 783,99	I,IV	**8 681**	5 015	5 015	I	7 189	5 775	4 437	3 177	1 994	889
	II	**7 341**	5 015	5 015	II	5 919	4 573	3 305	2 114	1 000	111
	III	**4 562**	5 015	5 015	III	3 418	2 312	1 278	430		
	V	**14 062**	5 015	5 015	IV	7 925	7 189	6 472	5 775	5 096	4 437
	VI	**14 581**	5 015	5 015							
53 819,99	I,IV	**8 691**	5 018	5 018	I	7 199	5 784	4 446	3 185	2 002	896
	II	**7 351**	5 018	5 018	II	5 928	4 582	3 313	2 122	1 007	116
	III	**4 570**	5 018	5 018	III	3 426	2 320	1 284	436		
	V	**14 075**	5 018	5 018	IV	7 935	7 199	6 482	5 784	5 105	4 446
	VI	**14 594**	5 018	5 018							
53 855,99	I,IV	**8 701**	5 022	5 022	I	7 208	5 793	4 454	3 193	2 009	903
	II	**7 361**	5 022	5 022	II	5 937	4 591	3 321	2 129	1 014	120
	III	**4 578**	5 022	5 022	III	3 434	2 328	1 292	440		
	V	**14 087**	5 022	5 022	IV	7 945	7 208	6 491	5 793	5 114	4 454
	VI	**14 606**	5 022	5 022							
53 891,99	I,IV	**8 711**	5 025	5 025	I	7 218	5 802	4 463	3 201	2 016	910
	II	**7 370**	5 025	5 025	II	5 946	4 599	3 329	2 137	1 021	125
	III	**4 586**	5 025	5 025	III	3 440	2 334	1 298	446		
	V	**14 099**	5 025	5 025	IV	7 955	7 218	6 500	5 802	5 123	4 463
	VI	**14 618**	5 025	5 025							
53 927,99	I,IV	**8 721**	5 028	5 028	I	7 227	5 811	4 471	3 209	2 024	916
	II	**7 380**	5 028	5 028	II	5 955	4 608	3 337	2 144	1 028	129
	III	**4 594**	5 028	5 028	III	3 448	2 342	1 304	450		
	V	**14 111**	5 028	5 028	IV	7 964	7 227	6 509	5 811	5 131	4 471
	VI	**14 630**	5 028	5 028							
53 963,99	I,IV	**8 731**	5 032	5 032	I	7 237	5 820	4 480	3 217	2 032	923
	II	**7 389**	5 032	5 032	II	5 964	4 616	3 346	2 152	1 035	134
	III	**4 602**	5 032	5 032	III	3 456	2 348	1 310	456		
	V	**14 124**	5 032	5 032	IV	7 974	7 237	6 519	5 820	5 140	4 480
	VI	**14 643**	5 032	5 032							
53 999,99	I,IV	**8 741**	5 035	5 035	I	7 246	5 829	4 488	3 225	2 039	930
	II	**7 399**	5 035	5 035	II	5 973	4 625	3 354	2 159	1 042	139
	III	**4 608**	5 035	5 035	III	3 462	2 356	1 316	460		
	V	**14 136**	5 035	5 035	IV	7 984	7 246	6 528	5 829	5 149	4 488
	VI	**14 655**	5 035	5 035							

* Zur LSt-Berechnung für privat versicherte Arbeitnehmer s. Beispiele **Vorbemerkung S. 4 f.**
** Basisvorsorgepauschale KV und PV *** Typisierter Arbeitgeberzuschuss

Lohn/ Gehalt in € bis	Steuerklasse	Lohn-steuer*	BVSP**	TAGZ***	Steuerklasse	Bemessungsgrundlage für Kirchensteuer und Solidaritätszuschlag – Freibeträge für ... Kinder 0,5	**1,0**	1,5	**2,0**	2,5	**3,0**
54035,99	I,IV	**8751**	5038	5038	I	7256	5838	4497	3233	2046	937
	II	**7408**	5038	5038	II	5982	4633	3362	2167	1049	143
	III	**4616**	5038	5038	III	3470	2362	1322	466		
	V	**14148**	5038	5038	IV	7994	7256	6537	5838	5158	4497
	VI	**14667**	5038	5038							
54071,99	I,IV	**8761**	5042	5042	I	7265	5847	4505	3241	2054	944
	II	**7418**	5042	5042	II	5992	4642	3370	2175	1057	148
	III	**4624**	5042	5042	III	3478	2370	1328	470		
	V	**14161**	5042	5042	IV	8004	7265	6547	5847	5167	4505
	VI	**14680**	5042	5042							
54107,99	I,IV	**8771**	5045	5045	I	7275	5856	4514	3249	2062	951
	II	**7428**	5045	5045	II	6001	4651	3378	2182	1064	153
	III	**4632**	5045	5045	III	3484	2376	1334	476		
	V	**14173**	5045	5045	IV	8013	7275	6556	5856	5175	4514
	VI	**14692**	5045	5045							
54143,99	I,IV	**8781**	5048	5048	I	7284	5865	4522	3257	2069	958
	II	**7437**	5048	5048	II	6010	4659	3386	2190	1071	157
	III	**4640**	5048	5048	III	3492	2384	1342	480		
	V	**14185**	5048	5048	IV	8023	7284	6565	5865	5184	4522
	VI	**14704**	5048	5048							
54179,99	I,IV	**8791**	5052	5052	I	7294	5874	4531	3265	2076	965
	II	**7447**	5052	5052	II	6019	4668	3394	2197	1078	162
	III	**4646**	5052	5052	III	3500	2390	1348	486		
	V	**14197**	5052	5052	IV	8033	7294	6574	5874	5193	4531
	VI	**14716**	5052	5052							
54215,99	I,IV	**8801**	5055	5055	I	7304	5883	4540	3273	2084	972
	II	**7457**	5055	5055	II	6028	4676	3402	2205	1085	167
	III	**4654**	5055	5055	III	3508	2398	1354	490		
	V	**14210**	5055	5055	IV	8043	7304	6584	5883	5202	4540
	VI	**14729**	5055	5055							
54251,99	I,IV	**8811**	5058	5058	I	7313	5892	4548	3281	2092	979
	II	**7466**	5058	5058	II	6037	4685	3410	2212	1092	172
	III	**4662**	5058	5058	III	3514	2406	1360	496		
	V	**14222**	5058	5058	IV	8053	7313	6593	5892	5210	4548
	VI	**14741**	5058	5058							
54287,99	I,IV	**8821**	5062	5062	I	7323	5901	4556	3289	2099	986
	II	**7476**	5062	5062	II	6046	4693	3418	2220	1099	176
	III	**4670**	5062	5062	III	3522	2412	1366	500		
	V	**14234**	5062	5062	IV	8062	7323	6602	5901	5219	4556
	VI	**14753**	5062	5062							
54323,99	I,IV	**8832**	5065	5065	I	7332	5910	4565	3297	2107	993
	II	**7485**	5065	5065	II	6055	4702	3426	2228	1106	181
	III	**4678**	5065	5065	III	3530	2420	1372	506		
	V	**14247**	5065	5065	IV	8072	7332	6612	5910	5228	4565
	VI	**14766**	5065	5065							
54359,99	I,IV	**8842**	5069	5069	I	7342	5919	4574	3305	2114	1000
	II	**7495**	5069	5069	II	6064	4711	3434	2235	1113	186
	III	**4686**	5069	5069	III	3536	2428	1378	510		
	V	**14259**	5069	5069	IV	8082	7342	6621	5919	5237	4574
	VI	**14778**	5069	5069							
54395,99	I,IV	**8852**	5072	5072	I	7351	5928	4582	3313	2122	1007
	II	**7504**	5072	5072	II	6073	4719	3442	2243	1120	191
	III	**4692**	5072	5072	III	3544	2434	1384	516		
	V	**14271**	5072	5072	IV	8092	7351	6630	5928	5245	4582
	VI	**14790**	5072	5072							
54431,99	I,IV	**8862**	5075	5075	I	7361	5937	4591	3322	2129	1015
	II	**7514**	5075	5075	II	6083	4728	3451	2251	1127	196
	III	**4700**	5075	5075	III	3552	2442	1392	520		
	V	**14284**	5075	5075	IV	8102	7361	6640	5937	5255	4591
	VI	**14803**	5075	5075							

* Zur LSt-Berechnung für privat versicherte Arbeitnehmer s. Beispiele **Vorbemerkung S. 4f.**
** Basisvorsorgepauschale KV und PV *** Typisierter Arbeitgeberzuschuss

Lohn/ Gehalt in € bis	Steuerklasse	Lohn- steuer*	BVSP**	TAGZ***	Steuerklasse	Bemessungsgrundlage für Kirchensteuer und Solidaritätszuschlag – Freibeträge für ... Kinder 0,5	1,0	1,5	2,0	2,5	3,0
54467,99	I,IV	**8872**	5079	5079	I	7371	5946	4599	3330	2137	1022
	II	**7524**	5079	5079	II	6092	4737	3459	2258	1135	200
	III	**4708**	5079	5079	III	3560	2448	1398	526		
	V	**14296**	5079	5079	IV	8112	7371	6649	5946	5263	4599
	VI	**14815**	5079	5079							
54503,99	I,IV	**8882**	5082	5082	I	7380	5955	4608	3338	2144	1028
	II	**7533**	5082	5082	II	6101	4745	3467	2266	1142	205
	III	**4716**	5082	5082	III	3566	2456	1404	530		
	V	**14308**	5082	5082	IV	8121	7380	6658	5955	5272	4608
	VI	**14827**	5082	5082							
54539,99	I,IV	**8892**	5085	5085	I	7389	5964	4616	3346	2152	1035
	II	**7543**	5085	5085	II	6110	4754	3475	2273	1149	210
	III	**4724**	5085	5085	III	3574	2462	1410	536		
	V	**14320**	5085	5085	IV	8131	7389	6667	5964	5281	4616
	VI	**14839**	5085	5085							
54575,99	I,IV	**8902**	5089	5089	I	7399	5974	4625	3354	2160	1043
	II	**7553**	5089	5089	II	6119	4763	3483	2281	1156	215
	III	**4732**	5089	5089	III	3582	2470	1418	540		
	V	**14333**	5089	5089	IV	8141	7399	6677	5974	5290	4625
	VI	**14852**	5089	5089							
54611,99	I,IV	**8912**	5092	5092	I	7409	5983	4634	3362	2167	1050
	II	**7562**	5092	5092	II	6128	4771	3491	2288	1163	220
	III	**4738**	5092	5092	III	3588	2476	1424	546		
	V	**14345**	5092	5092	IV	8151	7409	6686	5983	5298	4634
	VI	**14864**	5092	5092							
54647,99	I,IV	**8922**	5095	5095	I	7418	5992	4642	3370	2175	1057
	II	**7572**	5095	5095	II	6137	4780	3499	2296	1170	225
	III	**4746**	5095	5095	III	3596	2484	1430	552		
	V	**14357**	5095	5095	IV	8161	7418	6695	5992	5307	4642
	VI	**14876**	5095	5095							
54683,99	I,IV	**8932**	5099	5099	I	7428	6001	4651	3378	2182	1064
	II	**7582**	5099	5099	II	6147	4788	3508	2304	1177	230
	III	**4754**	5099	5099	III	3604	2492	1436	556		
	V	**14370**	5099	5099	IV	8171	7428	6705	6001	5316	4651
	VI	**14889**	5099	5099							
54719,99	I,IV	**8942**	5102	5102	I	7438	6010	4659	3386	2190	1071
	II	**7591**	5102	5102	II	6156	4797	3516	2311	1184	235
	III	**4762**	5102	5102	III	3610	2498	1442	562		
	V	**14382**	5102	5102	IV	8180	7438	6714	6010	5325	4659
	VI	**14901**	5102	5102							
54755,99	I,IV	**8952**	5105	5105	I	7447	6019	4668	3394	2197	1078
	II	**7601**	5105	5105	II	6165	4806	3524	2319	1191	240
	III	**4770**	5105	5105	III	3618	2506	1448	566		
	V	**14394**	5105	5105	IV	8190	7447	6723	6019	5334	4668
	VI	**14913**	5105	5105							
54791,99	I,IV	**8963**	5109	5109	I	7457	6028	4677	3402	2205	1085
	II	**7611**	5109	5109	II	6174	4814	3532	2327	1199	245
	III	**4778**	5109	5109	III	3626	2512	1456	572		
	V	**14407**	5109	5109	IV	8200	7457	6733	6028	5343	4677
	VI	**14926**	5109	5109							
54827,99	I,IV	**8973**	5112	5112	I	7466	6037	4685	3410	2213	1092
	II	**7620**	5112	5112	II	6183	4823	3540	2334	1206	250
	III	**4784**	5112	5112	III	3632	2520	1462	576		
	V	**14419**	5112	5112	IV	8210	7466	6742	6037	5352	4685
	VI	**14938**	5112	5112							
54863,99	I,IV	**8983**	5116	5116	I	7476	6046	4694	3418	2220	1099
	II	**7630**	5116	5116	II	6192	4832	3548	2342	1213	255
	III	**4792**	5116	5116	III	3640	2528	1468	582		
	V	**14431**	5116	5116	IV	8220	7476	6751	6046	5360	4694
	VI	**14950**	5116	5116							

* Zur LSt-Berechnung für privat versicherte Arbeitnehmer s. Beispiele **Vorbemerkung S. 4f.**
** Basisvorsorgepauschale KV und PV *** Typisierter Arbeitgeberzuschuss

Lohn/ Gehalt in € bis	Steuerklasse	Lohn- steuer*	BVSP**	TAGZ***	Steuerklasse	Bemessungsgrundlage für Kirchensteuer und Solidaritätszuschlag – Freibeträge für ... Kinder 0,5	**1,0**	1,5	**2,0**	2,5	**3,0**
54 899,99	I,IV	**8 993**	5 119	5 119	I	7 485	6 055	4 702	3 426	2 228	1 106
	II	**7 639**	5 119	5 119	II	6 201	4 840	3 556	2 349	1 220	260
	III	**4 800**	5 119	5 119	III	3 648	2 534	1 474	586		
	V	**14 443**	5 119	5 119	IV	8 229	7 485	6 761	6 055	5 369	4 702
	VI	**14 962**	5 119	5 119							
54 935,99	I,IV	**9 003**	5 122	5 122	I	7 495	6 065	4 711	3 435	2 235	1 113
	II	**7 649**	5 122	5 122	II	6 211	4 849	3 565	2 357	1 227	265
	III	**4 808**	5 122	5 122	III	3 656	2 542	1 482	592		
	V	**14 456**	5 122	5 122	IV	8 240	7 495	6 770	6 065	5 378	4 711
	VI	**14 975**	5 122	5 122							
54 971,99	I,IV	**9 013**	5 126	5 126	I	7 505	6 074	4 720	3 443	2 243	1 120
	II	**7 659**	5 126	5 126	II	6 220	4 858	3 573	2 365	1 234	270
	III	**4 816**	5 126	5 126	III	3 662	2 548	1 488	598		
	V	**14 468**	5 126	5 126	IV	8 249	7 505	6 780	6 074	5 387	4 720
	VI	**14 987**	5 126	5 126							
55 007,99	I,IV	**9 023**	5 129	5 129	I	7 514	6 083	4 728	3 451	2 251	1 127
	II	**7 669**	5 129	5 129	II	6 229	4 866	3 581	2 372	1 241	275
	III	**4 822**	5 129	5 129	III	3 670	2 556	1 494	602		
	V	**14 480**	5 129	5 129	IV	8 259	7 514	6 789	6 083	5 396	4 728
	VI	**14 999**	5 129	5 129							
55 043,99	I,IV	**9 034**	5 132	5 132	I	7 524	6 092	4 737	3 459	2 258	1 135
	II	**7 678**	5 132	5 132	II	6 238	4 875	3 589	2 380	1 249	280
	III	**4 830**	5 132	5 132	III	3 678	2 562	1 500	608		
	V	**14 493**	5 132	5 132	IV	8 269	7 524	6 798	6 092	5 405	4 737
	VI	**15 012**	5 132	5 132							
55 079,99	I,IV	**9 044**	5 136	5 136	I	7 534	6 101	4 745	3 467	2 266	1 142
	II	**7 688**	5 136	5 136	II	6 247	4 884	3 597	2 388	1 256	285
	III	**4 838**	5 136	5 136	III	3 686	2 570	1 508	614		
	V	**14 505**	5 136	5 136	IV	8 279	7 534	6 808	6 101	5 414	4 745
	VI	**15 024**	5 136	5 136							
55 115,99	I,IV	**9 054**	5 139	5 139	I	7 543	6 110	4 754	3 475	2 273	1 149
	II	**7 698**	5 139	5 139	II	6 256	4 892	3 605	2 395	1 263	290
	III	**4 846**	5 139	5 139	III	3 692	2 576	1 514	618		
	V	**14 517**	5 139	5 139	IV	8 289	7 543	6 817	6 110	5 422	4 754
	VI	**15 036**	5 139	5 139							
55 151,99	I,IV	**9 064**	5 142	5 142	I	7 553	6 119	4 763	3 483	2 281	1 156
	II	**7 707**	5 142	5 142	II	6 265	4 901	3 613	2 403	1 270	296
	III	**4 854**	5 142	5 142	III	3 700	2 584	1 520	624		
	V	**14 529**	5 142	5 142	IV	8 299	7 553	6 826	6 119	5 431	4 763
	VI	**15 049**	5 142	5 142							
55 187,99	I,IV	**9 074**	5 146	5 146	I	7 563	6 128	4 771	3 491	2 289	1 163
	II	**7 717**	5 146	5 146	II	6 275	4 910	3 622	2 411	1 277	301
	III	**4 862**	5 146	5 146	III	3 708	2 592	1 526	628		
	V	**14 542**	5 146	5 146	IV	8 309	7 563	6 836	6 128	5 440	4 771
	VI	**15 061**	5 146	5 146							
55 223,99	I,IV	**9 084**	5 149	5 149	I	7 572	6 137	4 780	3 499	2 296	1 170
	II	**7 727**	5 149	5 149	II	6 284	4 918	3 630	2 418	1 284	306
	III	**4 868**	5 149	5 149	III	3 714	2 598	1 532	634		
	V	**14 554**	5 149	5 149	IV	8 319	7 572	6 845	6 137	5 449	4 780
	VI	**15 073**	5 149	5 149							
55 259,99	I,IV	**9 094**	5 152	5 152	I	7 582	6 147	4 788	3 508	2 304	1 177
	II	**7 736**	5 152	5 152	II	6 293	4 927	3 638	2 426	1 291	311
	III	**4 876**	5 152	5 152	III	3 722	2 606	1 540	640		
	V	**14 566**	5 152	5 152	IV	8 328	7 582	6 855	6 147	5 458	4 788
	VI	**15 086**	5 152	5 152							
55 295,99	I,IV	**9 105**	5 156	5 156	I	7 592	6 156	4 797	3 516	2 312	1 185
	II	**7 746**	5 156	5 156	II	6 302	4 936	3 646	2 434	1 299	317
	III	**4 884**	5 156	5 156	III	3 730	2 614	1 546	644		
	V	**14 579**	5 156	5 156	IV	8 338	7 592	6 864	6 156	5 467	4 797
	VI	**15 098**	5 156	5 156							

* Zur LSt-Berechnung für privat versicherte Arbeitnehmer s. Beispiele **Vorbemerkung S. 4 f.**
** Basisvorsorgepauschale KV und PV *** Typisierter Arbeitgeberzuschuss

Lohn/ Gehalt in € bis	Steuerklasse	Lohn-steuer*	BVSP**	TAGZ***	Steuerklasse	Bemessungsgrundlage für Kirchensteuer und Solidaritätszuschlag					
						Freibeträge für ... Kinder					
						0,5	**1,0**	1,5	**2,0**	2,5	**3,0**
55 331,99	I,IV	**9 115**	5 159	5 159	I	7 601	6 165	4 806	3 524	2 319	1 192
	II	**7 756**	5 159	5 159	II	6 312	4 944	3 654	2 442	1 306	322
	III	**4 892**	5 159	5 159	III	3 736	2 620	1 552	650		
	V	**14 591**	5 159	5 159	IV	8 348	7 601	6 873	6 165	5 476	4 806
	VI	**15 110**	5 159	5 159							
55 367,99	I,IV	**9 125**	5 163	5 163	I	7 611	6 174	4 814	3 532	2 327	1 199
	II	**7 765**	5 163	5 163	II	6 321	4 953	3 662	2 449	1 313	327
	III	**4 900**	5 163	5 163	III	3 744	2 628	1 560	654		
	V	**14 603**	5 163	5 163	IV	8 358	7 611	6 883	6 174	5 485	4 814
	VI	**15 123**	5 163	5 163							
55 403,99	I,IV	**9 135**	5 166	5 166	I	7 621	6 183	4 823	3 540	2 335	1 206
	II	**7 775**	5 166	5 166	II	6 330	4 962	3 671	2 457	1 320	332
	III	**4 908**	5 166	5 166	III	3 752	2 634	1 566	660		
	V	**14 616**	5 166	5 166	IV	8 368	7 621	6 892	6 183	5 494	4 823
	VI	**15 135**	5 166	5 166							
55 439,99	I,IV	**9 145**	5 169	5 169	I	7 630	6 192	4 832	3 548	2 342	1 213
	II	**7 785**	5 169	5 169	II	6 339	4 970	3 679	2 465	1 327	338
	III	**4 916**	5 169	5 169	III	3 760	2 642	1 572	666		
	V	**14 628**	5 169	5 169	IV	8 378	7 630	6 902	6 192	5 502	4 832
	VI	**15 147**	5 169	5 169							
55 475,99	I,IV	**9 155**	5 173	5 173	I	7 640	6 202	4 840	3 556	2 350	1 220
	II	**7 795**	5 173	5 173	II	6 348	4 979	3 687	2 472	1 335	343
	III	**4 922**	5 173	5 173	III	3 766	2 650	1 580	670		
	V	**14 640**	5 173	5 173	IV	8 388	7 640	6 911	6 202	5 511	4 840
	VI	**15 159**	5 173	5 173							
55 511,99	I,IV	**9 165**	5 176	5 176	I	7 649	6 211	4 849	3 565	2 357	1 227
	II	**7 804**	5 176	5 176	II	6 357	4 988	3 695	2 480	1 342	348
	III	**4 930**	5 176	5 176	III	3 774	2 656	1 586	676		
	V	**14 653**	5 176	5 176	IV	8 398	7 649	6 920	6 211	5 520	4 849
	VI	**15 172**	5 176	5 176							
55 547,99	I,IV	**9 176**	5 179	5 179	I	7 659	6 220	4 858	3 573	2 365	1 234
	II	**7 814**	5 179	5 179	II	6 367	4 997	3 704	2 488	1 349	354
	III	**4 938**	5 179	5 179	III	3 782	2 664	1 592	682		
	V	**14 665**	5 179	5 179	IV	8 408	7 659	6 930	6 220	5 529	4 858
	VI	**15 184**	5 179	5 179							
55 583,99	I,IV	**9 186**	5 183	5 183	I	7 669	6 229	4 866	3 581	2 373	1 242
	II	**7 824**	5 183	5 183	II	6 376	5 005	3 712	2 495	1 356	359
	III	**4 946**	5 183	5 183	III	3 790	2 670	1 598	686		
	V	**14 677**	5 183	5 183	IV	8 418	7 669	6 939	6 229	5 538	4 866
	VI	**15 196**	5 183	5 183							
55 619,99	I,IV	**9 196**	5 186	5 186	I	7 678	6 238	4 875	3 589	2 380	1 249
	II	**7 833**	5 186	5 186	II	6 385	5 014	3 720	2 503	1 363	364
	III	**4 954**	5 186	5 186	III	3 796	2 678	1 606	692		
	V	**14 689**	5 186	5 186	IV	8 427	7 678	6 949	6 238	5 547	4 875
	VI	**15 209**	5 186	5 186							
55 655,99	I,IV	**9 206**	5 189	5 189	I	7 688	6 248	4 884	3 597	2 388	1 256
	II	**7 843**	5 189	5 189	II	6 395	5 023	3 728	2 511	1 371	370
	III	**4 962**	5 189	5 189	III	3 804	2 684	1 612	698		
	V	**14 702**	5 189	5 189	IV	8 438	7 688	6 958	6 248	5 556	4 884
	VI	**15 221**	5 189	5 189							
55 691,99	I,IV	**9 216**	5 193	5 193	I	7 698	6 257	4 892	3 605	2 396	1 263
	II	**7 853**	5 193	5 193	II	6 404	5 031	3 736	2 519	1 378	375
	III	**4 970**	5 193	5 193	III	3 812	2 692	1 618	702		
	V	**14 714**	5 193	5 193	IV	8 448	7 698	6 968	6 257	5 565	4 892
	VI	**15 233**	5 193	5 193							
55 727,99	I,IV	**9 226**	5 196	5 196	I	7 708	6 266	4 901	3 614	2 403	1 270
	II	**7 863**	5 196	5 196	II	6 413	5 040	3 745	2 526	1 385	381
	III	**4 976**	5 196	5 196	III	3 818	2 700	1 626	708		
	V	**14 726**	5 196	5 196	IV	8 457	7 708	6 977	6 266	5 574	4 901
	VI	**15 246**	5 196	5 196							

* Zur LSt-Berechnung für privat versicherte Arbeitnehmer s. Beispiele **Vorbemerkung S. 4 f.**
** Basisvorsorgepauschale KV und PV *** Typisierter Arbeitgeberzuschuss

Lohn/ Gehalt in € bis	Steuerklasse	Lohn-steuer*	BVSP**	TAGZ***	Steuerklasse	Bemessungsgrundlage für Kirchensteuer und Solidaritätszuschlag – Freibeträge für ... Kinder 0,5	1,0	1,5	2,0	2,5	3,0
55 763,99	I,IV	**9 237**	5 199	5 199	I	7 717	6 275	4 910	3 622	2 411	1 277
	II	**7 872**	5 199	5 199	II	6 422	5 049	3 753	2 534	1 392	386
	III	**4 984**	5 199	5 199	III	3 826	2 706	1 632	714		
	V	**14 739**	5 199	5 199	IV	8 467	7 717	6 986	6 275	5 583	4 910
	VI	**15 258**	5 199	5 199							
55 799,99	I,IV	**9 247**	5 203	5 203	I	7 727	6 284	4 919	3 630	2 419	1 285
	II	**7 882**	5 203	5 203	II	6 431	5 058	3 761	2 542	1 400	392
	III	**4 992**	5 203	5 203	III	3 834	2 714	1 638	718		
	V	**14 751**	5 203	5 203	IV	8 477	7 727	6 996	6 284	5 592	4 919
	VI	**15 270**	5 203	5 203							
55 835,99	I,IV	**9 257**	5 206	5 206	I	7 737	6 293	4 927	3 638	2 426	1 292
	II	**7 892**	5 206	5 206	II	6 441	5 066	3 769	2 549	1 407	397
	III	**5 000**	5 206	5 206	III	3 840	2 720	1 646	724		
	V	**14 763**	5 206	5 206	IV	8 487	7 737	7 005	6 293	5 601	4 927
	VI	**15 283**	5 206	5 206							
55 871,99	I,IV	**9 267**	5 210	5 210	I	7 746	6 302	4 936	3 646	2 434	1 299
	II	**7 902**	5 210	5 210	II	6 450	5 075	3 777	2 557	1 414	402
	III	**5 008**	5 210	5 210	III	3 848	2 728	1 652	730	4	
	V	**14 776**	5 210	5 210	IV	8 497	7 746	7 015	6 302	5 609	4 936
	VI	**15 295**	5 210	5 210							
55 907,99	I,IV	**9 278**	5 213	5 213	I	7 756	6 312	4 945	3 655	2 442	1 306
	II	**7 912**	5 213	5 213	II	6 459	5 084	3 786	2 565	1 421	408
	III	**5 016**	5 213	5 213	III	3 856	2 736	1 658	736	8	
	V	**14 788**	5 213	5 213	IV	8 507	7 756	7 024	6 312	5 619	4 945
	VI	**15 307**	5 213	5 213							
55 943,99	I,IV	**9 288**	5 216	5 216	I	7 766	6 321	4 953	3 663	2 449	1 313
	II	**7 921**	5 216	5 216	II	6 468	5 093	3 794	2 573	1 428	414
	III	**5 022**	5 216	5 216	III	3 864	2 742	1 666	740	12	
	V	**14 800**	5 216	5 216	IV	8 517	7 766	7 034	6 321	5 627	4 953
	VI	**15 319**	5 216	5 216							
55 979,99	I,IV	**9 298**	5 220	5 220	I	7 775	6 330	4 962	3 671	2 457	1 320
	II	**7 931**	5 220	5 220	II	6 478	5 101	3 802	2 580	1 436	419
	III	**5 030**	5 220	5 220	III	3 872	2 750	1 672	746	16	
	V	**14 813**	5 220	5 220	IV	8 527	7 775	7 043	6 330	5 636	4 962
	VI	**15 332**	5 220	5 220							
56 015,99	I,IV	**9 308**	5 223	5 223	I	7 785	6 339	4 971	3 679	2 465	1 328
	II	**7 941**	5 223	5 223	II	6 487	5 110	3 811	2 588	1 443	425
	III	**5 038**	5 223	5 223	III	3 878	2 758	1 678	752	20	
	V	**14 825**	5 223	5 223	IV	8 537	7 785	7 053	6 339	5 645	4 971
	VI	**15 344**	5 223	5 223							
56 051,99	I,IV	**9 318**	5 226	5 226	I	7 795	6 349	4 979	3 687	2 473	1 335
	II	**7 951**	5 226	5 226	II	6 496	5 119	3 819	2 596	1 450	430
	III	**5 046**	5 226	5 226	III	3 886	2 764	1 686	756	24	
	V	**14 837**	5 226	5 226	IV	8 547	7 795	7 062	6 349	5 654	4 979
	VI	**15 356**	5 226	5 226							
56 087,99	I,IV	**9 329**	5 230	5 230	I	7 805	6 358	4 988	3 695	2 480	1 342
	II	**7 960**	5 230	5 230	II	6 505	5 128	3 827	2 604	1 457	436
	III	**5 054**	5 230	5 230	III	3 894	2 772	1 692	762	28	
	V	**14 850**	5 230	5 230	IV	8 557	7 805	7 071	6 358	5 663	4 988
	VI	**15 369**	5 230	5 230							
56 123,99	I,IV	**9 339**	5 233	5 233	I	7 814	6 367	4 997	3 704	2 488	1 349
	II	**7 970**	5 233	5 233	II	6 515	5 136	3 835	2 611	1 465	441
	III	**5 062**	5 233	5 233	III	3 900	2 778	1 698	768	32	
	V	**14 862**	5 233	5 233	IV	8 567	7 814	7 081	6 367	5 672	4 997
	VI	**15 381**	5 233	5 233							
56 159,99	I,IV	**9 349**	5 236	5 236	I	7 824	6 376	5 006	3 712	2 496	1 356
	II	**7 980**	5 236	5 236	II	6 524	5 145	3 844	2 619	1 472	447
	III	**5 070**	5 236	5 236	III	3 908	2 786	1 706	772	36	
	V	**14 874**	5 236	5 236	IV	8 577	7 824	7 091	6 376	5 681	5 006
	VI	**15 393**	5 236	5 236							

* Zur LSt-Berechnung für privat versicherte Arbeitnehmer s. Beispiele **Vorbemerkung S. 4 f.**
** Basisvorsorgepauschale KV und PV *** Typisierter Arbeitgeberzuschuss

Lohn/ Gehalt in € bis	Steuerklasse	Lohn- steuer*	BVSP**	TAGZ***	Steuerklasse	Bemessungsgrundlage für Kirchensteuer und Solidaritätszuschlag					
						Freibeträge für ... Kinder					
						0,5	**1,0**	1,5	**2,0**	2,5	**3,0**
56 195,99	I,IV	**9 359**	5 240	5 240	I	7 834	6 385	5 014	3 720	2 503	1 364
	II	**7 990**	5 240	5 240	II	6 533	5 154	3 852	2 627	1 479	453
	III	**5 078**	5 240	5 240	III	3 916	2 794	1 712	778	40	
	V	**14 886**	5 240	5 240	IV	8 587	7 834	7 100	6 385	5 690	5 014
	VI	**15 406**	5 240	5 240							
56 231,99	I,IV	**9 369**	5 243	5 243	I	7 843	6 395	5 023	3 728	2 511	1 371
	II	**7 999**	5 243	5 243	II	6 542	5 163	3 860	2 635	1 486	458
	III	**5 084**	5 243	5 243	III	3 924	2 800	1 718	784	44	
	V	**14 899**	5 243	5 243	IV	8 597	7 843	7 109	6 395	5 699	5 023
	VI	**15 418**	5 243	5 243							
56 267,99	I,IV	**9 380**	5 246	5 246	I	7 853	6 404	5 032	3 737	2 519	1 378
	II	**8 009**	5 246	5 246	II	6 552	5 172	3 869	2 643	1 494	464
	III	**5 092**	5 246	5 246	III	3 930	2 808	1 726	790	50	
	V	**14 911**	5 246	5 246	IV	8 607	7 853	7 119	6 404	5 708	5 032
	VI	**15 430**	5 246	5 246							
56 303,99	I,IV	**9 390**	5 250	5 250	I	7 863	6 413	5 040	3 745	2 526	1 385
	II	**8 019**	5 250	5 250	II	6 561	5 180	3 877	2 650	1 501	470
	III	**5 100**	5 250	5 250	III	3 938	2 814	1 732	796	54	
	V	**14 923**	5 250	5 250	IV	8 617	7 863	7 128	6 413	5 717	5 040
	VI	**15 443**	5 250	5 250							
56 339,99	I,IV	**9 400**	5 253	5 253	I	7 873	6 422	5 049	3 753	2 534	1 392
	II	**8 029**	5 253	5 253	II	6 570	5 189	3 885	2 658	1 508	475
	III	**5 108**	5 253	5 253	III	3 946	2 822	1 740	800	58	
	V	**14 936**	5 253	5 253	IV	8 627	7 873	7 138	6 422	5 726	5 049
	VI	**15 455**	5 253	5 253							
56 375,99	I,IV	**9 410**	5 257	5 257	I	7 882	6 431	5 058	3 761	2 542	1 400
	II	**8 038**	5 257	5 257	II	6 580	5 198	3 893	2 666	1 515	481
	III	**5 116**	5 257	5 257	III	3 954	2 830	1 746	806	62	
	V	**14 948**	5 257	5 257	IV	8 637	7 882	7 147	6 431	5 735	5 058
	VI	**15 467**	5 257	5 257							
56 411,99	I,IV	**9 421**	5 260	5 260	I	7 892	6 441	5 067	3 770	2 550	1 407
	II	**8 049**	5 260	5 260	II	6 589	5 207	3 902	2 674	1 523	487
	III	**5 124**	5 260	5 260	III	3 960	2 836	1 754	812	66	
	V	**14 960**	5 260	5 260	IV	8 647	7 892	7 157	6 441	5 744	5 067
	VI	**15 480**	5 260	5 260							
56 447,99	I,IV	**9 431**	5 263	5 263	I	7 902	6 450	5 075	3 778	2 557	1 414
	II	**8 058**	5 263	5 263	II	6 598	5 215	3 910	2 681	1 530	493
	III	**5 132**	5 263	5 263	III	3 968	2 844	1 760	816	70	
	V	**14 973**	5 263	5 263	IV	8 657	7 902	7 166	6 450	5 753	5 075
	VI	**15 492**	5 263	5 263							
56 483,99	I,IV	**9 441**	5 267	5 267	I	7 912	6 459	5 084	3 786	2 565	1 421
	II	**8 068**	5 267	5 267	II	6 607	5 224	3 918	2 689	1 537	499
	III	**5 138**	5 267	5 267	III	3 976	2 850	1 766	822	74	
	V	**14 985**	5 267	5 267	IV	8 667	7 912	7 176	6 459	5 762	5 084
	VI	**15 504**	5 267	5 267							
56 519,99	I,IV	**9 452**	5 270	5 270	I	7 922	6 469	5 093	3 794	2 573	1 429
	II	**8 078**	5 270	5 270	II	6 617	5 233	3 927	2 697	1 545	504
	III	**5 146**	5 270	5 270	III	3 984	2 858	1 774	828	78	
	V	**14 997**	5 270	5 270	IV	8 677	7 922	7 186	6 469	5 771	5 093
	VI	**15 516**	5 270	5 270							
56 555,99	I,IV	**9 462**	5 273	5 273	I	7 931	6 478	5 102	3 803	2 581	1 436
	II	**8 088**	5 273	5 273	II	6 626	5 242	3 935	2 705	1 552	510
	III	**5 154**	5 273	5 273	III	3 990	2 866	1 780	834	84	
	V	**15 010**	5 273	5 273	IV	8 687	7 931	7 195	6 478	5 780	5 102
	VI	**15 529**	5 273	5 273							
56 591,99	I,IV	**9 472**	5 277	5 277	I	7 941	6 487	5 110	3 811	2 588	1 443
	II	**8 097**	5 277	5 277	II	6 635	5 251	3 943	2 712	1 559	516
	III	**5 162**	5 277	5 277	III	3 998	2 872	1 788	840	88	
	V	**15 022**	5 277	5 277	IV	8 697	7 941	7 204	6 487	5 789	5 110
	VI	**15 541**	5 277	5 277							

* Zur LSt-Berechnung für privat versicherte Arbeitnehmer s. Beispiele **Vorbemerkung S. 4 f.**
** Basisvorsorgepauschale KV und PV *** Typisierter Arbeitgeberzuschuss

Lohn/ Gehalt in € bis	Steuerklasse	Lohn-steuer*	BVSP**	TAGZ***	Steuerklasse	Bemessungsgrundlage für Kirchensteuer und Solidaritätszuschlag					
						Freibeträge für ... Kinder					
						0,5	**1,0**	1,5	**2,0**	2,5	**3,0**
56 627,99	I,IV	**9 483**	5 280	5 280	I	7 951	6 497	5 119	3 819	2 596	1 450
	II	**8 108**	5 280	5 280	II	6 645	5 260	3 951	2 720	1 567	522
	III	**5 170**	5 280	5 280	III	4 006	2 880	1 794	844	92	
	V	**15 034**	5 280	5 280	IV	8 707	7 951	7 214	6 497	5 798	5 119
	VI	**15 553**	5 280	5 280							
56 663,99	I,IV	**9 493**	5 283	5 283	I	7 961	6 506	5 128	3 827	2 604	1 458
	II	**8 117**	5 283	5 283	II	6 654	5 268	3 960	2 728	1 574	528
	III	**5 178**	5 283	5 283	III	4 012	2 886	1 800	850	96	
	V	**15 046**	5 283	5 283	IV	8 717	7 961	7 224	6 506	5 807	5 128
	VI	**15 566**	5 283	5 283							
56 699,99	I,IV	**9 503**	5 287	5 287	I	7 970	6 515	5 137	3 835	2 612	1 465
	II	**8 127**	5 287	5 287	II	6 663	5 277	3 968	2 736	1 581	534
	III	**5 186**	5 287	5 287	III	4 020	2 894	1 808	856	100	
	V	**15 059**	5 287	5 287	IV	8 727	7 970	7 233	6 515	5 816	5 137
	VI	**15 578**	5 287	5 287							
56 735,99	I,IV	**9 513**	5 290	5 290	I	7 980	6 524	5 145	3 844	2 619	1 472
	II	**8 137**	5 290	5 290	II	6 673	5 286	3 976	2 744	1 588	539
	III	**5 192**	5 290	5 290	III	4 028	2 902	1 814	862	104	
	V	**15 071**	5 290	5 290	IV	8 737	7 980	7 242	6 524	5 825	5 145
	VI	**15 590**	5 290	5 290							
56 771,99	I,IV	**9 524**	5 293	5 293	I	7 990	6 534	5 154	3 852	2 627	1 479
	II	**8 147**	5 293	5 293	II	6 682	5 295	3 985	2 752	1 596	546
	III	**5 200**	5 293	5 293	III	4 036	2 908	1 822	868	108	
	V	**15 083**	5 293	5 293	IV	8 747	7 990	7 252	6 534	5 834	5 154
	VI	**15 603**	5 293	5 293							
56 807,99	I,IV	**9 534**	5 297	5 297	I	8 000	6 543	5 163	3 860	2 635	1 487
	II	**8 157**	5 297	5 297	II	6 691	5 304	3 993	2 759	1 603	551
	III	**5 208**	5 297	5 297	III	4 044	2 916	1 828	872	114	
	V	**15 096**	5 297	5 297	IV	8 757	8 000	7 262	6 543	5 843	5 163
	VI	**15 615**	5 297	5 297							
56 843,99	I,IV	**9 544**	5 300	5 300	I	8 009	6 552	5 172	3 869	2 643	1 494
	II	**8 166**	5 300	5 300	II	6 701	5 312	4 001	2 767	1 610	557
	III	**5 216**	5 300	5 300	III	4 050	2 924	1 836	878	118	
	V	**15 108**	5 300	5 300	IV	8 767	8 009	7 271	6 552	5 852	5 172
	VI	**15 627**	5 300	5 300							
56 879,99	I,IV	**9 555**	5 304	5 304	I	8 019	6 561	5 181	3 877	2 651	1 501
	II	**8 176**	5 304	5 304	II	6 710	5 321	4 010	2 775	1 618	563
	III	**5 224**	5 304	5 304	III	4 058	2 930	1 842	884	122	
	V	**15 120**	5 304	5 304	IV	8 777	8 019	7 281	6 561	5 861	5 181
	VI	**15 640**	5 304	5 304							
56 915,99	I,IV	**9 565**	5 307	5 307	I	8 029	6 571	5 189	3 885	2 658	1 508
	II	**8 186**	5 307	5 307	II	6 720	5 330	4 018	2 783	1 625	569
	III	**5 232**	5 307	5 307	III	4 066	2 938	1 850	890	126	
	V	**15 133**	5 307	5 307	IV	8 787	8 029	7 290	6 571	5 870	5 189
	VI	**15 652**	5 307	5 307							
56 951,99	I,IV	**9 575**	5 310	5 310	I	8 039	6 580	5 198	3 893	2 666	1 516
	II	**8 196**	5 310	5 310	II	6 729	5 339	4 026	2 791	1 632	575
	III	**5 240**	5 310	5 310	III	4 072	2 944	1 856	896	130	
	V	**15 145**	5 310	5 310	IV	8 797	8 039	7 300	6 580	5 879	5 198
	VI	**15 664**	5 310	5 310							
56 987,99	I,IV	**9 585**	5 314	5 314	I	8 049	6 589	5 207	3 902	2 674	1 523
	II	**8 206**	5 314	5 314	II	6 738	5 348	4 034	2 798	1 640	581
	III	**5 248**	5 314	5 314	III	4 080	2 952	1 862	900	134	
	V	**15 157**	5 314	5 314	IV	8 807	8 049	7 309	6 589	5 888	5 207
	VI	**15 676**	5 314	5 314							
57 023,99	I,IV	**9 596**	5 317	5 317	I	8 059	6 599	5 216	3 910	2 682	1 530
	II	**8 216**	5 317	5 317	II	6 748	5 357	4 043	2 806	1 647	587
	III	**5 256**	5 317	5 317	III	4 088	2 960	1 870	906	140	
	V	**15 170**	5 317	5 317	IV	8 818	8 059	7 319	6 599	5 898	5 216
	VI	**15 689**	5 317	5 317							

* Zur LSt-Berechnung für privat versicherte Arbeitnehmer s. Beispiele **Vorbemerkung S. 4 f.**
** Basisvorsorgepauschale KV und PV *** Typisierter Arbeitgeberzuschuss

Lohn/ Gehalt in € bis	Steuerklasse	Lohn- steuer*	BVSP**	TAGZ***	Steuerklasse	Bemessungsgrundlage für Kirchensteuer und Solidaritätszuschlag					
						Freibeträge für ... Kinder					
						0,5	**1,0**	1,5	**2,0**	2,5	**3,0**
57 059,99	I,IV	**9 606**	5 320	5 320	I	8 068	6 608	5 224	3 918	2 689	1 537
	II	**8 225**	5 320	5 320	II	6 757	5 365	4 051	2 814	1 654	593
	III	**5 262**	5 320	5 320	III	4 096	2 966	1 876	912	144	
	V	**15 182**	5 320	5 320	IV	8 827	8 068	7 328	6 608	5 906	5 224
	VI	**15 701**	5 320	5 320							
57 095,99	I,IV	**9 616**	5 324	5 324	I	8 078	6 617	5 233	3 927	2 697	1 545
	II	**8 235**	5 324	5 324	II	6 766	5 374	4 060	2 822	1 662	599
	III	**5 270**	5 324	5 324	III	4 104	2 974	1 884	918	148	
	V	**15 194**	5 324	5 324	IV	8 837	8 078	7 338	6 617	5 915	5 233
	VI	**15 713**	5 324	5 324							
57 131,99	I,IV	**9 627**	5 327	5 327	I	8 088	6 627	5 242	3 935	2 705	1 552
	II	**8 245**	5 327	5 327	II	6 776	5 383	4 068	2 830	1 669	606
	III	**5 278**	5 327	5 327	III	4 110	2 982	1 890	924	152	
	V	**15 207**	5 327	5 327	IV	8 848	8 088	7 348	6 627	5 925	5 242
	VI	**15 726**	5 327	5 327							
57 167,99	I,IV	**9 637**	5 330	5 330	I	8 098	6 636	5 251	3 943	2 713	1 559
	II	**8 255**	5 330	5 330	II	6 785	5 392	4 076	2 838	1 676	612
	III	**5 286**	5 330	5 330	III	4 118	2 988	1 898	930	156	
	V	**15 219**	5 330	5 330	IV	8 858	8 098	7 357	6 636	5 934	5 251
	VI	**15 738**	5 330	5 330							
57 203,99	I,IV	**9 647**	5 334	5 334	I	8 108	6 645	5 260	3 951	2 720	1 567
	II	**8 265**	5 334	5 334	II	6 794	5 401	4 085	2 846	1 684	618
	III	**5 294**	5 334	5 334	III	4 126	2 996	1 904	934	162	
	V	**15 231**	5 334	5 334	IV	8 868	8 108	7 367	6 645	5 943	5 260
	VI	**15 750**	5 334	5 334							
57 239,99	I,IV	**9 658**	5 337	5 337	I	8 118	6 655	5 269	3 960	2 728	1 574
	II	**8 275**	5 337	5 337	II	6 804	5 410	4 093	2 854	1 691	624
	III	**5 302**	5 337	5 337	III	4 134	3 004	1 912	940	166	
	V	**15 243**	5 337	5 337	IV	8 878	8 118	7 376	6 655	5 952	5 269
	VI	**15 763**	5 337	5 337							
57 275,99	I,IV	**9 668**	5 340	5 340	I	8 127	6 664	5 277	3 968	2 736	1 581
	II	**8 285**	5 340	5 340	II	6 813	5 419	4 101	2 861	1 698	630
	III	**5 310**	5 340	5 340	III	4 140	3 010	1 918	946	170	
	V	**15 256**	5 340	5 340	IV	8 888	8 127	7 386	6 664	5 961	5 277
	VI	**15 775**	5 340	5 340							
57 311,99	I,IV	**9 678**	5 344	5 344	I	8 137	6 673	5 286	3 976	2 744	1 589
	II	**8 295**	5 344	5 344	II	6 822	5 428	4 110	2 869	1 706	636
	III	**5 318**	5 344	5 344	III	4 148	3 018	1 926	952	174	
	V	**15 268**	5 344	5 344	IV	8 898	8 137	7 395	6 673	5 970	5 286
	VI	**15 787**	5 344	5 344							
57 347,99	I,IV	**9 688**	5 347	5 347	I	8 147	6 682	5 295	3 985	2 752	1 596
	II	**8 304**	5 347	5 347	II	6 832	5 436	4 118	2 877	1 713	642
	III	**5 324**	5 347	5 347	III	4 156	3 024	1 932	958	178	
	V	**15 280**	5 347	5 347	IV	8 908	8 147	7 405	6 682	5 979	5 295
	VI	**15 799**	5 347	5 347							
57 383,99	I,IV	**9 699**	5 351	5 351	I	8 157	6 692	5 304	3 993	2 760	1 603
	II	**8 314**	5 351	5 351	II	6 841	5 445	4 127	2 885	1 721	649
	III	**5 332**	5 351	5 351	III	4 164	3 032	1 940	964	184	
	V	**15 293**	5 351	5 351	IV	8 918	8 157	7 415	6 692	5 988	5 304
	VI	**15 812**	5 351	5 351							
57 419,99	I,IV	**9 709**	5 354	5 354	I	8 167	6 701	5 313	4 001	2 767	1 611
	II	**8 324**	5 354	5 354	II	6 851	5 454	4 135	2 893	1 728	655
	III	**5 340**	5 354	5 354	III	4 170	3 040	1 946	970	188	
	V	**15 305**	5 354	5 354	IV	8 928	8 167	7 424	6 701	5 997	5 313
	VI	**15 824**	5 354	5 354							
57 455,99	I,IV	**9 720**	5 357	5 357	I	8 176	6 710	5 321	4 010	2 775	1 618
	II	**8 334**	5 357	5 357	II	6 860	5 463	4 143	2 901	1 735	661
	III	**5 348**	5 357	5 357	III	4 178	3 046	1 954	974	192	
	V	**15 317**	5 357	5 357	IV	8 938	8 176	7 434	6 710	6 006	5 321
	VI	**15 836**	5 357	5 357							

* Zur LSt-Berechnung für privat versicherte Arbeitnehmer s. Beispiele **Vorbemerkung S. 4 f.**
** Basisvorsorgepauschale KV und PV *** Typisierter Arbeitgeberzuschuss

Lohn/ Gehalt in € bis	Steuerklasse	Lohn-steuer*	BVSP**	TAGZ***	Steuerklasse	Bemessungsgrundlage für Kirchensteuer und Solidaritätszuschlag – Freibeträge für ... Kinder 0,5	1,0	1,5	2,0	2,5	3,0
57491,99	I,IV	**9730**	5361	5361	I	8186	6720	5330	4018	2783	1625
	II	**8344**	5361	5361	II	6870	5472	4152	2909	1743	668
	III	**5356**	5361	5361	III	4186	3054	1960	980	196	
	V	**15330**	5361	5361	IV	8949	8186	7443	6720	6016	5330
	VI	**15849**	5361	5361							
57527,99	I,IV	**9740**	5364	5364	I	8196	6729	5339	4026	2791	1633
	II	**8354**	5364	5364	II	6879	5481	4160	2916	1750	674
	III	**5364**	5364	5364	III	4194	3062	1968	986	202	
	V	**15342**	5364	5364	IV	8959	8196	7453	6729	6025	5339
	VI	**15861**	5364	5364							
57563,99	I,IV	**9751**	5367	5367	I	8206	6738	5348	4035	2799	1640
	II	**8364**	5367	5367	II	6888	5490	4168	2924	1757	680
	III	**5372**	5367	5367	III	4200	3068	1974	992	206	
	V	**15354**	5367	5367	IV	8969	8206	7462	6738	6034	5348
	VI	**15873**	5367	5367							
57599,99	I,IV	**9761**	5371	5371	I	8216	6748	5357	4043	2807	1647
	II	**8374**	5371	5371	II	6898	5499	4177	2932	1765	686
	III	**5380**	5371	5371	III	4208	3076	1982	998	210	
	V	**15367**	5371	5371	IV	8979	8216	7472	6748	6043	5357
	VI	**15886**	5371	5371							
57635,99	I,IV	**9772**	5374	5374	I	8226	6757	5366	4052	2814	1655
	II	**8384**	5374	5374	II	6907	5508	4185	2940	1772	693
	III	**5388**	5374	5374	III	4216	3084	1990	1004	216	
	V	**15379**	5374	5374	IV	8989	8226	7482	6757	6052	5366
	VI	**15898**	5374	5374							
57671,99	I,IV	**9782**	5377	5377	I	8236	6766	5375	4060	2822	1662
	II	**8394**	5377	5377	II	6916	5516	4194	2948	1780	699
	III	**5396**	5377	5377	III	4224	3090	1996	1010	220	
	V	**15391**	5377	5377	IV	8999	8236	7491	6766	6061	5375
	VI	**15910**	5377	5377							
57707,99	I,IV	**9792**	5381	5381	I	8245	6776	5383	4068	2830	1669
	II	**8403**	5381	5381	II	6926	5525	4202	2956	1787	705
	III	**5404**	5381	5381	III	4232	3098	2004	1016	224	
	V	**15403**	5381	5381	IV	9009	8245	7501	6776	6070	5383
	VI	**15922**	5381	5381							
57743,99	I,IV	**9803**	5384	5384	I	8255	6785	5392	4077	2838	1677
	II	**8414**	5384	5384	II	6935	5534	4211	2964	1794	712
	III	**5412**	5384	5384	III	4238	3106	2010	1022	228	
	V	**15416**	5384	5384	IV	9019	8255	7511	6785	6079	5392
	VI	**15935**	5384	5384							
57779,99	I,IV	**9813**	5387	5387	I	8265	6795	5401	4085	2846	1684
	II	**8423**	5387	5387	II	6945	5543	4219	2972	1802	718
	III	**5418**	5387	5387	III	4246	3112	2018	1028	234	
	V	**15428**	5387	5387	IV	9029	8265	7520	6795	6088	5401
	VI	**15947**	5387	5387							
57815,99	I,IV	**9823**	5391	5391	I	8275	6804	5410	4093	2854	1691
	II	**8433**	5391	5391	II	6954	5552	4227	2980	1809	724
	III	**5426**	5391	5391	III	4254	3120	2024	1034	238	
	V	**15440**	5391	5391	IV	9039	8275	7530	6804	6097	5410
	VI	**15959**	5391	5391							
57851,99	I,IV	**9834**	5394	5394	I	8285	6813	5419	4102	2862	1699
	II	**8443**	5394	5394	II	6964	5561	4236	2988	1817	731
	III	**5434**	5394	5394	III	4262	3128	2032	1040	242	
	V	**15453**	5394	5394	IV	9050	8285	7540	6813	6107	5419
	VI	**15972**	5394	5394							
57887,99	I,IV	**9844**	5398	5398	I	8295	6823	5428	4110	2869	1706
	II	**8453**	5398	5398	II	6973	5570	4244	2996	1824	737
	III	**5442**	5398	5398	III	4268	3134	2038	1044	246	
	V	**15465**	5398	5398	IV	9060	8295	7549	6823	6116	5428
	VI	**15984**	5398	5398							

* Zur LSt-Berechnung für privat versicherte Arbeitnehmer s. Beispiele **Vorbemerkung S. 4f.**
** Basisvorsorgepauschale KV und PV *** Typisierter Arbeitgeberzuschuss

Lohn/ Gehalt in € bis	Steuerklasse	Lohn- steuer*	BVSP**	TAGZ***	Steuerklasse	Bemessungsgrundlage für Kirchensteuer und Solidaritätszuschlag					
						Freibeträge für ... Kinder					
						0,5	**1,0**	1,5	**2,0**	2,5	**3,0**
57 923,99	I,IV	**9854**	5401	5401	I	8305	6832	5437	4118	2877	1713
	II	**8463**	5401	5401	II	6982	5579	4253	3003	1831	744
	III	**5450**	5401	5401	III	4276	3142	2046	1050	252	
	V	**15477**	5401	5401	IV	9070	8305	7559	6832	6125	5437
	VI	**15996**	5401	5401							
57 959,99	I,IV	**9865**	5404	5404	I	8314	6841	5445	4127	2885	1721
	II	**8473**	5404	5404	II	6992	5588	4261	3011	1839	750
	III	**5458**	5404	5404	III	4284	3148	2052	1056	256	
	V	**15489**	5404	5404	IV	9080	8314	7568	6841	6134	5445
	VI	**16008**	5404	5404							
57 995,99	I,IV	**9875**	5408	5408	I	8325	6851	5455	4135	2893	1728
	II	**8483**	5408	5408	II	7001	5597	4270	3019	1846	757
	III	**5466**	5408	5408	III	4292	3156	2060	1062	260	
	V	**15502**	5408	5408	IV	9090	8325	7578	6851	6143	5455
	VI	**16021**	5408	5408							
58 031,99	I,IV	**9886**	5411	5411	I	8334	6860	5463	4144	2901	1735
	II	**8493**	5411	5411	II	7011	5606	4278	3027	1854	763
	III	**5474**	5411	5411	III	4300	3164	2066	1068	266	
	V	**15514**	5411	5411	IV	9100	8334	7588	6860	6152	5463
	VI	**16033**	5411	5411							
58 067,99	I,IV	**9896**	5414	5414	I	8344	6870	5472	4152	2909	1743
	II	**8503**	5414	5414	II	7020	5615	4286	3035	1861	770
	III	**5480**	5414	5414	III	4306	3170	2074	1074	270	
	V	**15526**	5414	5414	IV	9110	8344	7597	6870	6161	5472
	VI	**16045**	5414	5414							
58 103,99	I,IV	**9907**	5418	5418	I	8354	6879	5481	4160	2917	1750
	II	**8513**	5418	5418	II	7030	5624	4295	3043	1869	777
	III	**5488**	5418	5418	III	4314	3178	2080	1080	274	
	V	**15539**	5418	5418	IV	9121	8354	7607	6879	6171	5481
	VI	**16058**	5418	5418							
58 139,99	I,IV	**9917**	5421	5421	I	8364	6889	5490	4169	2925	1758
	II	**8523**	5421	5421	II	7039	5633	4303	3051	1876	783
	III	**5496**	5421	5421	III	4322	3186	2088	1086	280	
	V	**15551**	5421	5421	IV	9131	8364	7617	6889	6180	5490
	VI	**16070**	5421	5421							
58 175,99	I,IV	**9927**	5424	5424	I	8374	6898	5499	4177	2932	1765
	II	**8533**	5424	5424	II	7049	5642	4312	3059	1883	790
	III	**5504**	5424	5424	III	4330	3192	2094	1092	284	
	V	**15563**	5424	5424	IV	9141	8374	7626	6898	6189	5499
	VI	**16082**	5424	5424							
58 211,99	I,IV	**9938**	5428	5428	I	8384	6907	5508	4186	2940	1772
	II	**8543**	5428	5428	II	7058	5651	4320	3067	1891	796
	III	**5512**	5428	5428	III	4336	3200	2102	1098	288	
	V	**15576**	5428	5428	IV	9151	8384	7636	6907	6198	5508
	VI	**16095**	5428	5428							
58 247,99	I,IV	**9948**	5431	5431	I	8394	6917	5517	4194	2948	1780
	II	**8553**	5431	5431	II	7068	5660	4329	3075	1898	803
	III	**5520**	5431	5431	III	4344	3208	2110	1104	294	
	V	**15588**	5431	5431	IV	9161	8394	7646	6917	6207	5517
	VI	**16107**	5431	5431							
58 283,99	I,IV	**9959**	5434	5434	I	8404	6926	5526	4202	2956	1787
	II	**8563**	5434	5434	II	7077	5668	4337	3083	1906	809
	III	**5528**	5434	5434	III	4352	3214	2116	1110	298	
	V	**15600**	5434	5434	IV	9172	8404	7655	6926	6216	5526
	VI	**16119**	5434	5434							
58 319,99	I,IV	**9969**	5438	5438	I	8414	6935	5534	4211	2964	1794
	II	**8573**	5438	5438	II	7086	5677	4345	3091	1913	816
	III	**5536**	5438	5438	III	4360	3222	2122	1116	302	
	V	**15612**	5438	5438	IV	9182	8414	7665	6935	6225	5534
	VI	**16131**	5438	5438							

* Zur LSt-Berechnung für privat versicherte Arbeitnehmer s. Beispiele **Vorbemerkung S. 4 f.**
** Basisvorsorgepauschale KV und PV *** Typisierter Arbeitgeberzuschuss

Lohn/ Gehalt in € bis	Steuerklasse	Lohn-steuer*	BVSP**	TAGZ***	Steuerklasse	Bemessungsgrundlage für Kirchensteuer und Solidaritätszuschlag					
						Freibeträge für ... Kinder					
						0,5	**1,0**	1,5	**2,0**	2,5	**3,0**
58355,99	I,IV	**9980**	5441	5441	I	8424	6945	5544	4219	2972	1802
	II	**8583**	5441	5441	II	7096	5686	4354	3099	1921	823
	III	**5544**	5441	5441	III	4368	3230	2130	1122	308	
	V	**15625**	5441	5441	IV	9192	8424	7675	6945	6235	5544
	VI	**16144**	5441	5441							
58391,99	I,IV	**9990**	5445	5445	I	8434	6954	5552	4228	2980	1809
	II	**8593**	5445	5445	II	7105	5695	4362	3107	1928	829
	III	**5552**	5445	5445	III	4374	3236	2136	1128	312	
	V	**15637**	5445	5445	IV	9202	8434	7684	6954	6244	5552
	VI	**16156**	5445	5445							
58427,99	I,IV	**10000**	5448	5448	I	8443	6964	5561	4236	2988	1817
	II	**8603**	5448	5448	II	7115	5704	4371	3115	1936	836
	III	**5560**	5448	5448	III	4382	3244	2144	1134	316	
	V	**15649**	5448	5448	IV	9212	8443	7694	6964	6253	5561
	VI	**16168**	5448	5448							
58463,99	I,IV	**10011**	5451	5451	I	8454	6973	5570	4244	2996	1824
	II	**8613**	5451	5451	II	7125	5713	4380	3123	1943	843
	III	**5568**	5451	5451	III	4390	3252	2152	1140	322	
	V	**15662**	5451	5451	IV	9223	8454	7704	6973	6262	5570
	VI	**16181**	5451	5451							
58499,99	I,IV	**10021**	5455	5455	I	8463	6983	5579	4253	3004	1832
	II	**8623**	5455	5455	II	7134	5722	4388	3131	1951	850
	III	**5574**	5455	5455	III	4398	3258	2158	1146	326	
	V	**15674**	5455	5455	IV	9233	8463	7713	6983	6271	5579
	VI	**16193**	5455	5455							
58535,99	I,IV	**10032**	5458	5458	I	8473	6992	5588	4261	3011	1839
	II	**8633**	5458	5458	II	7143	5731	4396	3139	1958	856
	III	**5582**	5458	5458	III	4406	3266	2166	1152	330	
	V	**15686**	5458	5458	IV	9243	8473	7723	6992	6280	5588
	VI	**16205**	5458	5458							
58571,99	I,IV	**10042**	5461	5461	I	8483	7001	5597	4270	3019	1846
	II	**8643**	5461	5461	II	7153	5740	4405	3146	1965	863
	III	**5590**	5461	5461	III	4412	3274	2172	1158	336	
	V	**15698**	5461	5461	IV	9253	8483	7733	7001	6290	5597
	VI	**16217**	5461	5461							
58607,99	I,IV	**10053**	5465	5465	I	8493	7011	5606	4278	3027	1854
	II	**8653**	5465	5465	II	7162	5749	4413	3155	1973	870
	III	**5598**	5465	5465	III	4420	3280	2180	1164	340	
	V	**15711**	5465	5465	IV	9263	8493	7743	7011	6299	5606
	VI	**16230**	5465	5465							
58643,99	I,IV	**10063**	5468	5468	I	8503	7020	5615	4287	3035	1861
	II	**8663**	5468	5468	II	7172	5758	4422	3163	1980	877
	III	**5606**	5468	5468	III	4428	3288	2186	1170	344	
	V	**15723**	5468	5468	IV	9273	8503	7752	7020	6308	5615
	VI	**16242**	5468	5468							
58679,99	I,IV	**10073**	5471	5471	I	8513	7030	5624	4295	3043	1869
	II	**8673**	5471	5471	II	7181	5767	4430	3170	1988	883
	III	**5614**	5471	5471	III	4436	3296	2194	1176	350	
	V	**15735**	5471	5471	IV	9284	8513	7762	7030	6317	5624
	VI	**16254**	5471	5471							
58715,99	I,IV	**10084**	5475	5475	I	8523	7040	5633	4304	3051	1876
	II	**8683**	5475	5475	II	7191	5776	4439	3179	1995	890
	III	**5622**	5475	5475	III	4442	3302	2200	1182	354	
	V	**15748**	5475	5475	IV	9294	8523	7772	7040	6327	5633
	VI	**16267**	5475	5475							
58751,99	I,IV	**10095**	5478	5478	I	8533	7049	5642	4312	3059	1884
	II	**8693**	5478	5478	II	7200	5785	4447	3187	2003	897
	III	**5630**	5478	5478	III	4450	3310	2208	1188	360	
	V	**15760**	5478	5478	IV	9304	8533	7781	7049	6336	5642
	VI	**16279**	5478	5478							

* Zur LSt-Berechnung für privat versicherte Arbeitnehmer s. Beispiele **Vorbemerkung S. 4f.**
** Basisvorsorgepauschale KV und PV *** Typisierter Arbeitgeberzuschuss

Lohn/ Gehalt in € bis	Steuerklasse	Lohn-steuer*	BVSP**	TAGZ***	Steuerklasse	Bemessungsgrundlage für Kirchensteuer und Solidaritätszuschlag					
						Freibeträge für ... Kinder					
						0,5	**1,0**	1,5	**2,0**	2,5	**3,0**
58787,99	I,IV	**10105**	5481	5481	I	8543	7058	5651	4320	3067	1891
	II	**8703**	5481	5481	II	7210	5794	4456	3194	2010	904
	III	**5638**	5481	5481	III	4458	3318	2214	1194	364	
	V	**15772**	5481	5481	IV	9314	8543	7791	7058	6345	5651
	VI	**16291**	5481	5481							
58823,99	I,IV	**10116**	5485	5485	I	8553	7068	5660	4329	3075	1899
	II	**8713**	5485	5485	II	7220	5803	4464	3203	2018	911
	III	**5646**	5485	5485	III	4466	3324	2222	1200	368	
	V	**15785**	5485	5485	IV	9325	8553	7801	7068	6354	5660
	VI	**16304**	5485	5485							
58859,99	I,IV	**10126**	5488	5488	I	8563	7077	5669	4337	3083	1906
	II	**8723**	5488	5488	II	7229	5812	4473	3211	2025	918
	III	**5654**	5488	5488	III	4474	3332	2230	1206	374	
	V	**15797**	5488	5488	IV	9335	8563	7811	7077	6363	5669
	VI	**16316**	5488	5488							
58895,99	I,IV	**10136**	5492	5492	I	8573	7087	5678	4346	3091	1913
	II	**8733**	5492	5492	II	7238	5821	4481	3219	2033	925
	III	**5662**	5492	5492	III	4480	3340	2236	1212	378	
	V	**15809**	5492	5492	IV	9345	8573	7820	7087	6373	5678
	VI	**16328**	5492	5492							
58931,99	I,IV	**10147**	5495	5495	I	8583	7096	5686	4354	3099	1921
	II	**8743**	5495	5495	II	7248	5830	4490	3226	2040	931
	III	**5670**	5495	5495	III	4488	3346	2244	1218	384	
	V	**15821**	5495	5495	IV	9355	8583	7830	7096	6382	5686
	VI	**16341**	5495	5495							
58967,99	I,IV	**10158**	5498	5498	I	8593	7106	5696	4363	3107	1928
	II	**8753**	5498	5498	II	7258	5840	4498	3235	2048	939
	III	**5678**	5498	5498	III	4496	3354	2250	1224	388	
	V	**15834**	5498	5498	IV	9366	8593	7840	7106	6391	5696
	VI	**16353**	5498	5498							
59003,99	I,IV	**10168**	5502	5502	I	8603	7115	5705	4371	3115	1936
	II	**8763**	5502	5502	II	7267	5848	4507	3243	2055	945
	III	**5684**	5502	5502	III	4504	3362	2258	1230	392	
	V	**15846**	5502	5502	IV	9376	8603	7849	7115	6400	5705
	VI	**16365**	5502	5502							
59039,99	I,IV	**10178**	5505	5505	I	8613	7125	5713	4380	3123	1943
	II	**8773**	5505	5505	II	7277	5857	4515	3251	2063	952
	III	**5692**	5505	5505	III	4512	3368	2264	1236	398	
	V	**15858**	5505	5505	IV	9386	8613	7859	7125	6409	5713
	VI	**16377**	5505	5505							
59075,99	I,IV	**10189**	5508	5508	I	8623	7134	5723	4388	3131	1951
	II	**8783**	5508	5508	II	7286	5867	4524	3259	2071	960
	III	**5700**	5508	5508	III	4520	3376	2272	1244	402	
	V	**15871**	5508	5508	IV	9396	8623	7869	7134	6419	5723
	VI	**16390**	5508	5508							
59111,99	I,IV	**10199**	5512	5512	I	8633	7144	5732	4397	3139	1958
	II	**8793**	5512	5512	II	7296	5876	4533	3267	2078	967
	III	**5708**	5512	5512	III	4526	3384	2278	1250	408	
	V	**15883**	5512	5512	IV	9407	8633	7879	7144	6428	5732
	VI	**16402**	5512	5512							
59147,99	I,IV	**10210**	5515	5515	I	8643	7153	5740	4405	3147	1966
	II	**8803**	5515	5515	II	7305	5885	4541	3275	2085	973
	III	**5716**	5515	5515	III	4534	3390	2286	1256	412	
	V	**15895**	5515	5515	IV	9417	8643	7888	7153	6437	5740
	VI	**16414**	5515	5515							
59183,99	I,IV	**10220**	5518	5518	I	8653	7162	5749	4413	3155	1973
	II	**8813**	5518	5518	II	7315	5893	4549	3283	2093	980
	III	**5724**	5518	5518	III	4542	3398	2292	1262	418	
	V	**15907**	5518	5518	IV	9427	8653	7898	7162	6446	5749
	VI	**16427**	5518	5518							

* Zur LSt-Berechnung für privat versicherte Arbeitnehmer s. Beispiele **Vorbemerkung S. 4 f.**
** Basisvorsorgepauschale KV und PV *** Typisierter Arbeitgeberzuschuss

Lohn/ Gehalt in € bis	Steuerklasse	Lohn-steuer*	BVSP**	TAGZ***	Steuerklasse	Bemessungsgrundlage für Kirchensteuer und Solidaritätszuschlag – Freibeträge für ... Kinder 0,5	1,0	1,5	2,0	2,5	3,0
59 219,99	I,IV	**10 231**	5 522	5 522	I	8 663	7 172	5 759	4 422	3 163	1 981
	II	**8 823**	5 522	5 522	II	7 324	5 903	4 558	3 291	2 101	988
	III	**5 732**	5 522	5 522	III	4 550	3 406	2 300	1 268	422	
	V	**15 920**	5 522	5 522	IV	9 437	8 663	7 908	7 172	6 456	5 759
	VI	**16 439**	5 522	5 522							
59 255,99	I,IV	**10 241**	5 525	5 525	I	8 673	7 182	5 767	4 431	3 171	1 988
	II	**8 833**	5 525	5 525	II	7 334	5 912	4 567	3 299	2 108	995
	III	**5 740**	5 525	5 525	III	4 558	3 412	2 308	1 274	428	
	V	**15 932**	5 525	5 525	IV	9 448	8 673	7 918	7 182	6 465	5 767
	VI	**16 451**	5 525	5 525							
59 291,99	I,IV	**10 252**	5 528	5 528	I	8 683	7 191	5 776	4 439	3 179	1 995
	II	**8 843**	5 528	5 528	II	7 343	5 921	4 575	3 307	2 116	1 002
	III	**5 748**	5 528	5 528	III	4 564	3 420	2 314	1 280	432	
	V	**15 944**	5 528	5 528	IV	9 458	8 683	7 927	7 191	6 474	5 776
	VI	**16 464**	5 528	5 528							
59 327,99	I,IV	**10 263**	5 532	5 532	I	8 693	7 201	5 786	4 448	3 187	2 003
	II	**8 854**	5 532	5 532	II	7 353	5 930	4 584	3 315	2 123	1 009
	III	**5 756**	5 532	5 532	III	4 572	3 428	2 322	1 286	436	
	V	**15 957**	5 532	5 532	IV	9 468	8 693	7 937	7 201	6 484	5 786
	VI	**16 476**	5 532	5 532							
59 363,99	I,IV	**10 273**	5 535	5 535	I	8 703	7 210	5 795	4 456	3 195	2 011
	II	**8 864**	5 535	5 535	II	7 363	5 939	4 592	3 323	2 131	1 016
	III	**5 764**	5 535	5 535	III	4 580	3 436	2 328	1 292	442	
	V	**15 969**	5 535	5 535	IV	9 478	8 703	7 947	7 210	6 493	5 795
	VI	**16 488**	5 535	5 535							
59 399,99	I,IV	**10 283**	5 539	5 539	I	8 713	7 220	5 803	4 464	3 203	2 018
	II	**8 874**	5 539	5 539	II	7 372	5 948	4 601	3 331	2 138	1 023
	III	**5 772**	5 539	5 539	III	4 588	3 442	2 336	1 298	446	
	V	**15 981**	5 539	5 539	IV	9 489	8 713	7 957	7 220	6 502	5 803
	VI	**16 501**	5 539	5 539							
59 435,99	I,IV	**10 294**	5 542	5 542	I	8 723	7 229	5 813	4 473	3 211	2 026
	II	**8 884**	5 542	5 542	II	7 382	5 957	4 610	3 339	2 146	1 030
	III	**5 780**	5 542	5 542	III	4 596	3 450	2 342	1 304	452	
	V	**15 994**	5 542	5 542	IV	9 499	8 723	7 967	7 229	6 511	5 813
	VI	**16 513**	5 542	5 542							
59 471,99	I,IV	**10 305**	5 545	5 545	I	8 733	7 239	5 822	4 482	3 219	2 033
	II	**8 894**	5 545	5 545	II	7 391	5 966	4 618	3 347	2 153	1 037
	III	**5 788**	5 545	5 545	III	4 602	3 458	2 350	1 312	456	
	V	**16 006**	5 545	5 545	IV	9 509	8 733	7 976	7 239	6 521	5 822
	VI	**16 525**	5 545	5 545							
59 507,99	I,IV	**10 315**	5 549	5 549	I	8 743	7 248	5 831	4 490	3 227	2 041
	II	**8 904**	5 549	5 549	II	7 401	5 975	4 627	3 355	2 161	1 044
	III	**5 794**	5 549	5 549	III	4 610	3 464	2 356	1 318	462	
	V	**16 018**	5 549	5 549	IV	9 519	8 743	7 986	7 248	6 530	5 831
	VI	**16 537**	5 549	5 549							
59 543,99	I,IV	**10 326**	5 552	5 552	I	8 753	7 258	5 840	4 498	3 235	2 048
	II	**8 914**	5 552	5 552	II	7 410	5 984	4 635	3 363	2 168	1 051
	III	**5 802**	5 552	5 552	III	4 618	3 472	2 364	1 324	466	
	V	**16 031**	5 552	5 552	IV	9 530	8 753	7 996	7 258	6 539	5 840
	VI	**16 550**	5 552	5 552							
59 579,99	I,IV	**10 336**	5 555	5 555	I	8 763	7 267	5 849	4 507	3 243	2 056
	II	**8 924**	5 555	5 555	II	7 420	5 993	4 644	3 371	2 176	1 058
	III	**5 810**	5 555	5 555	III	4 626	3 480	2 372	1 330	472	
	V	**16 043**	5 555	5 555	IV	9 540	8 763	8 006	7 267	6 548	5 849
	VI	**16 562**	5 555	5 555							
59 615,99	I,IV	**10 347**	5 559	5 559	I	8 773	7 277	5 858	4 516	3 251	2 063
	II	**8 934**	5 559	5 559	II	7 430	6 002	4 652	3 379	2 184	1 065
	III	**5 818**	5 559	5 559	III	4 634	3 486	2 378	1 336	476	
	V	**16 055**	5 559	5 559	IV	9 550	8 773	8 015	7 277	6 558	5 858
	VI	**16 574**	5 559	5 559							

* Zur LSt-Berechnung für privat versicherte Arbeitnehmer s. Beispiele **Vorbemerkung S. 4 f.**
** Basisvorsorgepauschale KV und PV *** Typisierter Arbeitgeberzuschuss

Lohn/ Gehalt in € bis	Steuerklasse	**Lohn-steuer***	BVSP**	TAGZ***	Steuerklasse	Bemessungsgrundlage für Kirchensteuer und Solidaritätszuschlag					
						Freibeträge für ... Kinder					
						0,5	**1,0**	1,5	**2,0**	2,5	**3,0**
59651,99	I,IV	**10357**	5562	5562	I	8783	7286	5867	4524	3259	2071
	II	**8944**	5562	5562	II	7439	6011	4661	3387	2191	1072
	III	**5826**	5562	5562	III	4640	3494	2386	1342	482	
	V	**16068**	5562	5562	IV	9561	8783	8025	7286	6567	5867
	VI	**16587**	5562	5562							
59687,99	I,IV	**10368**	5565	5565	I	8793	7296	5876	4533	3267	2078
	II	**8955**	5565	5565	II	7449	6021	4670	3396	2199	1079
	III	**5834**	5565	5565	III	4648	3502	2392	1348	486	
	V	**16080**	5565	5565	IV	9571	8793	8035	7296	6576	5876
	VI	**16599**	5565	5565							
59723,99	I,IV	**10378**	5569	5569	I	8803	7306	5885	4541	3275	2086
	II	**8965**	5569	5569	II	7459	6030	4678	3404	2206	1086
	III	**5842**	5569	5569	III	4656	3508	2400	1354	492	
	V	**16092**	5569	5569	IV	9581	8803	8045	7306	6586	5885
	VI	**16611**	5569	5569							
59759,99	I,IV	**10389**	5572	5572	I	8813	7315	5894	4550	3283	2093
	II	**8975**	5572	5572	II	7468	6039	4687	3412	2214	1093
	III	**5850**	5572	5572	III	4664	3516	2408	1362	496	
	V	**16104**	5572	5572	IV	9592	8813	8055	7315	6595	5894
	VI	**16624**	5572	5572							
59795,99	I,IV	**10400**	5575	5575	I	8824	7325	5903	4559	3291	2101
	II	**8985**	5575	5575	II	7478	6048	4695	3420	2222	1101
	III	**5858**	5575	5575	III	4672	3524	2414	1368	502	
	V	**16117**	5575	5575	IV	9602	8824	8065	7325	6604	5903
	VI	**16636**	5575	5575							
59831,99	I,IV	**10410**	5579	5579	I	8834	7334	5912	4567	3299	2108
	II	**8995**	5579	5579	II	7487	6057	4704	3428	2229	1108
	III	**5866**	5579	5579	III	4680	3530	2422	1374	506	
	V	**16129**	5579	5579	IV	9612	8834	8074	7334	6614	5912
	VI	**16648**	5579	5579							
59867,99	I,IV	**10421**	5581	5581	I	8844	7344	5922	4576	3308	2116
	II	**9006**	5581	5581	II	7498	6067	4713	3437	2237	1115
	III	**5874**	5581	5581	III	4688	3538	2428	1380	512	
	V	**16142**	5581	5581	IV	9623	8844	8085	7344	6623	5922
	VI	**16661**	5581	5581							
59903,99	I,IV	**10433**	5581	5581	I	8855	7355	5932	4585	3316	2125
	II	**9017**	5581	5581	II	7508	6077	4723	3445	2246	1123
	III	**5884**	5581	5581	III	4696	3546	2436	1388	518	
	V	**16156**	5581	5581	IV	9634	8855	8095	7355	6634	5932
	VI	**16675**	5581	5581							
59939,99	I,IV	**10445**	5581	5581	I	8867	7366	5942	4595	3325	2133
	II	**9028**	5581	5581	II	7519	6087	4732	3455	2254	1131
	III	**5892**	5581	5581	III	4704	3556	2444	1394	522	
	V	**16170**	5581	5581	IV	9646	8867	8106	7366	6644	5942
	VI	**16689**	5581	5581							
59975,99	I,IV	**10457**	5581	5581	I	8878	7376	5952	4605	3335	2142
	II	**9039**	5581	5581	II	7530	6097	4742	3464	2263	1139
	III	**5900**	5581	5581	III	4712	3564	2452	1402	528	
	V	**16183**	5581	5581	IV	9658	8878	8118	7376	6655	5952
	VI	**16703**	5581	5581							
60011,99	I,IV	**10468**	5581	5581	I	8889	7387	5962	4614	3343	2150
	II	**9051**	5581	5581	II	7540	6107	4751	3473	2271	1147
	III	**5910**	5581	5581	III	4722	3572	2460	1408	534	
	V	**16197**	5581	5581	IV	9669	8889	8128	7387	6665	5962
	VI	**16716**	5581	5581							
60047,99	I,IV	**10480**	5581	5581	I	8900	7398	5972	4624	3352	2158
	II	**9062**	5581	5581	II	7551	6118	4761	3482	2280	1155
	III	**5918**	5581	5581	III	4730	3580	2468	1416	540	
	V	**16211**	5581	5581	IV	9681	8900	8139	7398	6675	5972
	VI	**16730**	5581	5581							

* Zur LSt-Berechnung für privat versicherte Arbeitnehmer s. Beispiele **Vorbemerkung S. 4f.**
** Basisvorsorgepauschale KV und PV *** Typisierter Arbeitgeberzuschuss

Lohn/ Gehalt in € bis	Steuerklasse	Lohn- steuer*	BVSP**	TAGZ***	Steuerklasse	Bemessungsgrundlage für Kirchensteuer und Solidaritätszuschlag – Freibeträge für ... Kinder 0,5	**1,0**	1,5	**2,0**	2,5	**3,0**
60083,99	I,IV	**10492**	5581	5581	I	8912	7408	5982	4633	3362	2167
	II	**9073**	5581	5581	II	7562	6128	4771	3491	2288	1163
	III	**5928**	5581	5581	III	4738	3588	2476	1424	546	
	V	**16225**	5581	5581	IV	9692	8912	8150	7408	6686	5982
	VI	**16744**	5581	5581							
60119,99	I,IV	**10504**	5581	5581	I	8923	7419	5992	4643	3370	2175
	II	**9084**	5581	5581	II	7573	6138	4780	3500	2297	1170
	III	**5936**	5581	5581	III	4746	3596	2484	1430	552	
	V	**16238**	5581	5581	IV	9704	8923	8161	7419	6696	5992
	VI	**16757**	5581	5581							
60155,99	I,IV	**10516**	5581	5581	I	8934	7430	6002	4652	3379	2184
	II	**9096**	5581	5581	II	7583	6148	4790	3509	2305	1178
	III	**5944**	5581	5581	III	4756	3604	2492	1438	558	
	V	**16252**	5581	5581	IV	9715	8934	8172	7430	6706	6002
	VI	**16771**	5581	5581							
60191,99	I,IV	**10528**	5581	5581	I	8946	7441	6013	4662	3389	2192
	II	**9107**	5581	5581	II	7594	6158	4800	3518	2314	1186
	III	**5954**	5581	5581	III	4764	3614	2500	1444	562	
	V	**16266**	5581	5581	IV	9727	8946	8183	7441	6717	6013
	VI	**16785**	5581	5581							
60227,99	I,IV	**10539**	5581	5581	I	8957	7451	6023	4671	3397	2201
	II	**9118**	5581	5581	II	7605	6168	4809	3527	2322	1194
	III	**5962**	5581	5581	III	4772	3622	2508	1452	568	
	V	**16279**	5581	5581	IV	9738	8957	8194	7451	6727	6023
	VI	**16798**	5581	5581							
60263,99	I,IV	**10551**	5581	5581	I	8968	7462	6033	4681	3406	2209
	II	**9130**	5581	5581	II	7616	6179	4819	3536	2331	1202
	III	**5972**	5581	5581	III	4780	3630	2516	1458	574	
	V	**16293**	5581	5581	IV	9750	8968	8205	7462	6738	6033
	VI	**16812**	5581	5581							
60299,99	I,IV	**10563**	5581	5581	I	8979	7473	6043	4691	3416	2218
	II	**9141**	5581	5581	II	7627	6189	4829	3545	2339	1210
	III	**5980**	5581	5581	III	4790	3638	2524	1466	580	
	V	**16307**	5581	5581	IV	9762	8979	8216	7473	6748	6043
	VI	**16826**	5581	5581							
60335,99	I,IV	**10575**	5581	5581	I	8990	7483	6053	4700	3424	2226
	II	**9152**	5581	5581	II	7637	6199	4838	3554	2348	1218
	III	**5988**	5581	5581	III	4798	3646	2532	1474	586	
	V	**16320**	5581	5581	IV	9773	8990	8227	7483	6758	6053
	VI	**16839**	5581	5581							
60371,99	I,IV	**10587**	5581	5581	I	9002	7494	6063	4710	3434	2234
	II	**9164**	5581	5581	II	7648	6209	4848	3563	2356	1226
	III	**5998**	5581	5581	III	4806	3654	2540	1480	592	
	V	**16334**	5581	5581	IV	9785	9002	8238	7494	6769	6063
	VI	**16853**	5581	5581							
60407,99	I,IV	**10599**	5581	5581	I	9013	7505	6074	4720	3443	2243
	II	**9175**	5581	5581	II	7659	6220	4858	3573	2365	1234
	III	**6006**	5581	5581	III	4816	3662	2548	1488	598	
	V	**16348**	5581	5581	IV	9796	9013	8249	7505	6780	6074
	VI	**16867**	5581	5581							
60443,99	I,IV	**10610**	5581	5581	I	9024	7515	6084	4729	3452	2251
	II	**9186**	5581	5581	II	7669	6230	4867	3582	2373	1242
	III	**6016**	5581	5581	III	4824	3670	2556	1494	604	
	V	**16362**	5581	5581	IV	9808	9024	8260	7515	6790	6084
	VI	**16881**	5581	5581							
60479,99	I,IV	**10622**	5581	5581	I	9036	7526	6094	4739	3461	2260
	II	**9198**	5581	5581	II	7680	6240	4877	3591	2382	1250
	III	**6024**	5581	5581	III	4832	3678	2564	1502	608	
	V	**16375**	5581	5581	IV	9819	9036	8271	7526	6800	6094
	VI	**16894**	5581	5581							

* Zur LSt-Berechnung für privat versicherte Arbeitnehmer s. Beispiele **Vorbemerkung S. 4f.**
** Basisvorsorgepauschale KV und PV *** Typisierter Arbeitgeberzuschuss

Lohn/ Gehalt in € bis	Steuerklasse	Lohnsteuer*	BVSP**	TAGZ***	Steuerklasse	Bemessungsgrundlage für Kirchensteuer und Solidaritätszuschlag – Freibeträge für ... Kinder 0,5	**1,0**	1,5	**2,0**	2,5	**3,0**
60515,99	I,IV	**10634**	5581	5581	I	9047	7537	6104	4748	3470	2268
	II	**9209**	5581	5581	II	7691	6250	4887	3600	2390	1258
	III	**6034**	5581	5581	III	4842	3688	2572	1510	614	
	V	**16389**	5581	5581	IV	9831	9047	8282	7537	6811	6104
	VI	**16908**	5581	5581							
60551,99	I,IV	**10646**	5581	5581	I	9058	7548	6114	4758	3479	2277
	II	**9221**	5581	5581	II	7702	6260	4896	3609	2399	1266
	III	**6042**	5581	5581	III	4850	3696	2580	1516	620	
	V	**16403**	5581	5581	IV	9842	9058	8293	7548	6821	6114
	VI	**16922**	5581	5581							
60587,99	I,IV	**10658**	5581	5581	I	9070	7558	6124	4768	3488	2285
	II	**9232**	5581	5581	II	7713	6271	4906	3618	2407	1274
	III	**6050**	5581	5581	III	4858	3704	2588	1524	626	
	V	**16417**	5581	5581	IV	9854	9070	8304	7558	6832	6124
	VI	**16936**	5581	5581							
60623,99	I,IV	**10670**	5581	5581	I	9081	7569	6134	4777	3497	2294
	II	**9243**	5581	5581	II	7723	6281	4915	3627	2416	1282
	III	**6060**	5581	5581	III	4866	3712	2596	1530	632	
	V	**16430**	5581	5581	IV	9865	9081	8315	7569	6842	6134
	VI	**16949**	5581	5581							
60659,99	I,IV	**10682**	5581	5581	I	9092	7580	6145	4787	3506	2302
	II	**9255**	5581	5581	II	7734	6291	4925	3636	2424	1290
	III	**6068**	5581	5581	III	4876	3720	2604	1538	638	
	V	**16444**	5581	5581	IV	9877	9092	8326	7580	6853	6145
	VI	**16963**	5581	5581							
60695,99	I,IV	**10694**	5581	5581	I	9104	7591	6155	4796	3515	2311
	II	**9266**	5581	5581	II	7745	6301	4935	3645	2433	1298
	III	**6078**	5581	5581	III	4884	3728	2612	1546	644	
	V	**16458**	5581	5581	IV	9889	9104	8337	7591	6863	6155
	VI	**16977**	5581	5581							
60731,99	I,IV	**10705**	5581	5581	I	9115	7601	6165	4806	3524	2319
	II	**9277**	5581	5581	II	7756	6312	4944	3654	2442	1306
	III	**6086**	5581	5581	III	4892	3736	2620	1552	650	
	V	**16471**	5581	5581	IV	9900	9115	8348	7601	6873	6165
	VI	**16990**	5581	5581							
60767,99	I,IV	**10717**	5581	5581	I	9126	7612	6175	4816	3533	2328
	II	**9289**	5581	5581	II	7767	6322	4954	3664	2450	1314
	III	**6096**	5581	5581	III	4900	3746	2628	1560	656	
	V	**16485**	5581	5581	IV	9912	9126	8359	7612	6884	6175
	VI	**17004**	5581	5581							
60803,99	I,IV	**10729**	5581	5581	I	9138	7623	6186	4825	3542	2336
	II	**9300**	5581	5581	II	7778	6332	4964	3673	2459	1322
	III	**6104**	5581	5581	III	4910	3754	2636	1568	662	
	V	**16499**	5581	5581	IV	9924	9138	8371	7623	6895	6186
	VI	**17018**	5581	5581							
60839,99	I,IV	**10741**	5581	5581	I	9149	7634	6196	4835	3551	2345
	II	**9312**	5581	5581	II	7788	6342	4973	3682	2467	1330
	III	**6112**	5581	5581	III	4918	3762	2644	1574	668	
	V	**16512**	5581	5581	IV	9935	9149	8381	7634	6905	6196
	VI	**17031**	5581	5581							
60875,99	I,IV	**10753**	5581	5581	I	9160	7644	6206	4845	3560	2353
	II	**9323**	5581	5581	II	7799	6353	4983	3691	2476	1338
	III	**6122**	5581	5581	III	4926	3770	2652	1582	674	
	V	**16526**	5581	5581	IV	9947	9160	8393	7644	6915	6206
	VI	**17045**	5581	5581							
60911,99	I,IV	**10765**	5581	5581	I	9172	7655	6216	4854	3570	2362
	II	**9335**	5581	5581	II	7810	6363	4993	3700	2485	1346
	III	**6130**	5581	5581	III	4936	3778	2660	1590	680	
	V	**16540**	5581	5581	IV	9959	9172	8404	7655	6926	6216
	VI	**17059**	5581	5581							

* Zur LSt-Berechnung für privat versicherte Arbeitnehmer s. Beispiele **Vorbemerkung S. 4 f.**
** Basisvorsorgepauschale KV und PV *** Typisierter Arbeitgeberzuschuss

Lohn/ Gehalt in € bis	Steuerklasse	Lohn-steuer*	BVSP**	TAGZ***	Steuerklasse	Bemessungsgrundlage für Kirchensteuer und Solidaritätszuschlag – Freibeträge für ... Kinder 0,5	1,0	1,5	2,0	2,5	3,0
60 947,99	I,IV	**10 777**	5 581	5 581	I	9 183	7 666	6 226	4 864	3 578	2 370
	II	**9 346**	5 581	5 581	II	7 821	6 373	5 003	3 709	2 493	1 354
	III	**6 138**	5 581	5 581	III	4 944	3 786	2 668	1 596	684	
	V	**16 553**	5 581	5 581	IV	9 970	9 183	8 415	7 666	6 936	6 226
	VI	**17 073**	5 581	5 581							
60 983,99	I,IV	**10 789**	5 581	5 581	I	9 194	7 677	6 237	4 874	3 588	2 379
	II	**9 357**	5 581	5 581	II	7 832	6 384	5 012	3 718	2 502	1 362
	III	**6 148**	5 581	5 581	III	4 952	3 796	2 676	1 604	692	
	V	**16 567**	5 581	5 581	IV	9 982	9 194	8 426	7 677	6 947	6 237
	VI	**17 086**	5 581	5 581							
61 019,99	I,IV	**10 801**	5 581	5 581	I	9 206	7 688	6 247	4 883	3 597	2 388
	II	**9 369**	5 581	5 581	II	7 843	6 394	5 022	3 728	2 510	1 370
	III	**6 156**	5 581	5 581	III	4 960	3 804	2 684	1 612	696	
	V	**16 581**	5 581	5 581	IV	9 994	9 206	8 437	7 688	6 958	6 247
	VI	**17 100**	5 581	5 581							
61 055,99	I,IV	**10 812**	5 581	5 581	I	9 217	7 698	6 257	4 893	3 606	2 396
	II	**9 380**	5 581	5 581	II	7 853	6 404	5 032	3 737	2 519	1 378
	III	**6 166**	5 581	5 581	III	4 970	3 812	2 692	1 618	702	
	V	**16 595**	5 581	5 581	IV	10 005	9 217	8 448	7 698	6 968	6 257
	VI	**17 114**	5 581	5 581							
61 091,99	I,IV	**10 824**	5 581	5 581	I	9 228	7 709	6 267	4 903	3 615	2 405
	II	**9 392**	5 581	5 581	II	7 864	6 414	5 042	3 746	2 528	1 386
	III	**6 174**	5 581	5 581	III	4 978	3 820	2 700	1 626	710	
	V	**16 608**	5 581	5 581	IV	10 017	9 228	8 459	7 709	6 979	6 267
	VI	**17 128**	5 581	5 581							
61 127,99	I,IV	**10 837**	5 581	5 581	I	9 240	7 720	6 278	4 912	3 624	2 413
	II	**9 403**	5 581	5 581	II	7 875	6 425	5 051	3 755	2 536	1 394
	III	**6 184**	5 581	5 581	III	4 986	3 828	2 708	1 634	714	
	V	**16 622**	5 581	5 581	IV	10 028	9 240	8 470	7 720	6 989	6 278
	VI	**17 141**	5 581	5 581							
61 163,99	I,IV	**10 848**	5 581	5 581	I	9 251	7 731	6 288	4 922	3 633	2 422
	II	**9 414**	5 581	5 581	II	7 886	6 435	5 061	3 764	2 545	1 402
	III	**6 192**	5 581	5 581	III	4 994	3 836	2 716	1 640	720	
	V	**16 636**	5 581	5 581	IV	10 040	9 251	8 481	7 731	7 000	6 288
	VI	**17 155**	5 581	5 581							
61 199,99	I,IV	**10 860**	5 581	5 581	I	9 262	7 742	6 298	4 932	3 642	2 430
	II	**9 426**	5 581	5 581	II	7 897	6 445	5 071	3 774	2 553	1 410
	III	**6 202**	5 581	5 581	III	5 004	3 846	2 724	1 648	728	2
	V	**16 650**	5 581	5 581	IV	10 052	9 262	8 492	7 742	7 010	6 298
	VI	**17 169**	5 581	5 581							
61 235,99	I,IV	**10 872**	5 581	5 581	I	9 274	7 753	6 308	4 941	3 652	2 439
	II	**9 437**	5 581	5 581	II	7 908	6 456	5 081	3 783	2 562	1 419
	III	**6 210**	5 581	5 581	III	5 012	3 854	2 732	1 656	732	6
	V	**16 663**	5 581	5 581	IV	10 063	9 274	8 504	7 753	7 021	6 308
	VI	**17 183**	5 581	5 581							
61 271,99	I,IV	**10 884**	5 581	5 581	I	9 285	7 763	6 318	4 951	3 661	2 447
	II	**9 449**	5 581	5 581	II	7 919	6 466	5 090	3 792	2 571	1 426
	III	**6 218**	5 581	5 581	III	5 020	3 862	2 740	1 664	738	10
	V	**16 677**	5 581	5 581	IV	10 075	9 285	8 514	7 763	7 031	6 318
	VI	**17 196**	5 581	5 581							
61 307,99	I,IV	**10 896**	5 581	5 581	I	9 297	7 774	6 329	4 961	3 670	2 456
	II	**9 460**	5 581	5 581	II	7 930	6 476	5 100	3 801	2 579	1 435
	III	**6 228**	5 581	5 581	III	5 030	3 870	2 748	1 672	746	16
	V	**16 691**	5 581	5 581	IV	10 087	9 297	8 526	7 774	7 042	6 329
	VI	**17 210**	5 581	5 581							
61 343,99	I,IV	**10 908**	5 581	5 581	I	9 308	7 785	6 339	4 970	3 679	2 465
	II	**9 472**	5 581	5 581	II	7 941	6 487	5 110	3 810	2 588	1 443
	III	**6 236**	5 581	5 581	III	5 038	3 878	2 756	1 678	752	20
	V	**16 705**	5 581	5 581	IV	10 098	9 308	8 537	7 785	7 052	6 339
	VI	**17 224**	5 581	5 581							

* Zur LSt-Berechnung für privat versicherte Arbeitnehmer s. Beispiele **Vorbemerkung S. 4 f.**
** Basisvorsorgepauschale KV und PV *** Typisierter Arbeitgeberzuschuss

Lohn/ Gehalt in € bis	Steuerklasse	Lohn-steuer*	BVSP**	TAGZ***	Steuerklasse	Bemessungsgrundlage für Kirchensteuer und Solidaritätszuschlag – Freibeträge für ... Kinder 0,5	1,0	1,5	2,0	2,5	3,0
61 379,99	I,IV	**10 920**	5 581	5 581	I	9 319	7 796	6 349	4 980	3 688	2 473
	II	**9 483**	5 581	5 581	II	7 951	6 497	5 120	3 819	2 596	1 451
	III	**6 246**	5 581	5 581	III	5 046	3 886	2 764	1 686	756	24
	V	**16 718**	5 581	5 581	IV	10 110	9 319	8 548	7 796	7 063	6 349
	VI	**17 237**	5 581	5 581							
61 415,99	I,IV	**10 932**	5 581	5 581	I	9 331	7 807	6 360	4 990	3 697	2 482
	II	**9 495**	5 581	5 581	II	7 962	6 507	5 129	3 829	2 605	1 459
	III	**6 254**	5 581	5 581	III	5 056	3 894	2 772	1 694	764	30
	V	**16 732**	5 581	5 581	IV	10 122	9 331	8 559	7 807	7 073	6 360
	VI	**17 251**	5 581	5 581							
61 451,99	I,IV	**10 944**	5 581	5 581	I	9 342	7 817	6 370	4 999	3 706	2 490
	II	**9 506**	5 581	5 581	II	7 973	6 517	5 139	3 838	2 614	1 467
	III	**6 264**	5 581	5 581	III	5 064	3 904	2 780	1 700	770	34
	V	**16 745**	5 581	5 581	IV	10 133	9 342	8 570	7 817	7 084	6 370
	VI	**17 265**	5 581	5 581							
61 487,99	I,IV	**10 956**	5 581	5 581	I	9 353	7 828	6 380	5 009	3 715	2 499
	II	**9 517**	5 581	5 581	II	7 984	6 528	5 149	3 847	2 622	1 475
	III	**6 272**	5 581	5 581	III	5 072	3 912	2 788	1 708	776	38
	V	**16 759**	5 581	5 581	IV	10 145	9 353	8 581	7 828	7 094	6 380
	VI	**17 278**	5 581	5 581							
61 523,99	I,IV	**10 968**	5 581	5 581	I	9 365	7 839	6 390	5 019	3 725	2 507
	II	**9 529**	5 581	5 581	II	7 995	6 538	5 159	3 856	2 631	1 483
	III	**6 282**	5 581	5 581	III	5 082	3 920	2 798	1 716	782	44
	V	**16 773**	5 581	5 581	IV	10 157	9 365	8 592	7 839	7 105	6 390
	VI	**17 292**	5 581	5 581							
61 559,99	I,IV	**10 980**	5 581	5 581	I	9 376	7 850	6 401	5 028	3 734	2 516
	II	**9 540**	5 581	5 581	II	8 006	6 548	5 168	3 865	2 640	1 491
	III	**6 290**	5 581	5 581	III	5 090	3 928	2 804	1 724	788	48
	V	**16 787**	5 581	5 581	IV	10 168	9 376	8 603	7 850	7 115	6 401
	VI	**17 306**	5 581	5 581							
61 595,99	I,IV	**10 992**	5 581	5 581	I	9 388	7 861	6 411	5 038	3 743	2 525
	II	**9 552**	5 581	5 581	II	8 017	6 559	5 178	3 875	2 648	1 499
	III	**6 298**	5 581	5 581	III	5 098	3 936	2 812	1 730	794	52
	V	**16 800**	5 581	5 581	IV	10 180	9 388	8 615	7 861	7 126	6 411
	VI	**17 320**	5 581	5 581							
61 631,99	I,IV	**11 004**	5 581	5 581	I	9 399	7 872	6 421	5 048	3 752	2 533
	II	**9 563**	5 581	5 581	II	8 028	6 569	5 188	3 884	2 657	1 507
	III	**6 308**	5 581	5 581	III	5 108	3 944	2 822	1 738	800	58
	V	**16 814**	5 581	5 581	IV	10 192	9 399	8 626	7 872	7 137	6 421
	VI	**17 333**	5 581	5 581							
61 667,99	I,IV	**11 016**	5 581	5 581	I	9 410	7 882	6 431	5 058	3 761	2 542
	II	**9 575**	5 581	5 581	II	8 038	6 580	5 198	3 893	2 666	1 515
	III	**6 316**	5 581	5 581	III	5 116	3 954	2 830	1 746	806	62
	V	**16 828**	5 581	5 581	IV	10 203	9 410	8 637	7 882	7 147	6 431
	VI	**17 347**	5 581	5 581							
61 703,99	I,IV	**11 028**	5 581	5 581	I	9 422	7 893	6 442	5 068	3 770	2 550
	II	**9 586**	5 581	5 581	II	8 050	6 590	5 208	3 902	2 674	1 524
	III	**6 326**	5 581	5 581	III	5 124	3 962	2 838	1 754	812	66
	V	**16 842**	5 581	5 581	IV	10 215	9 422	8 648	7 893	7 158	6 442
	VI	**17 361**	5 581	5 581							
61 739,99	I,IV	**11 040**	5 581	5 581	I	9 434	7 904	6 452	5 077	3 780	2 559
	II	**9 598**	5 581	5 581	II	8 061	6 600	5 218	3 912	2 683	1 532
	III	**6 334**	5 581	5 581	III	5 134	3 970	2 846	1 762	818	72
	V	**16 855**	5 581	5 581	IV	10 227	9 434	8 659	7 904	7 169	6 452
	VI	**17 375**	5 581	5 581							
61 775,99	I,IV	**11 052**	5 581	5 581	I	9 445	7 915	6 462	5 087	3 789	2 568
	II	**9 609**	5 581	5 581	II	8 071	6 611	5 227	3 921	2 692	1 540
	III	**6 344**	5 581	5 581	III	5 142	3 978	2 854	1 768	824	76
	V	**16 869**	5 581	5 581	IV	10 239	9 445	8 670	7 915	7 179	6 462
	VI	**17 388**	5 581	5 581							

* Zur LSt-Berechnung für privat versicherte Arbeitnehmer s. Beispiele **Vorbemerkung S. 4 f.**
** Basisvorsorgepauschale KV und PV *** Typisierter Arbeitgeberzuschuss

Lohn/ Gehalt in € bis	Steuerklasse	Lohnsteuer*	BVSP**	TAGZ***	Steuerklasse	Bemessungsgrundlage für Kirchensteuer und Solidaritätszuschlag – Freibeträge für ... Kinder 0,5	1,0	1,5	2,0	2,5	3,0
61 811,99	I,IV	**11 064**	5 581	5 581	I	9 456	7 926	6 473	5 097	3 798	2 576
	II	**9 621**	5 581	5 581	II	8 082	6 621	5 237	3 930	2 700	1 548
	III	**6 352**	5 581	5 581	III	5 150	3 986	2 862	1 776	830	80
	V	**16 883**	5 581	5 581	IV	10 250	9 456	8 681	7 926	7 190	6 473
	VI	**17 402**	5 581	5 581							
61 847,99	I,IV	**11 076**	5 581	5 581	I	9 468	7 937	6 483	5 107	3 807	2 585
	II	**9 632**	5 581	5 581	II	8 093	6 632	5 247	3 940	2 709	1 556
	III	**6 362**	5 581	5 581	III	5 160	3 996	2 870	1 784	836	86
	V	**16 897**	5 581	5 581	IV	10 262	9 468	8 693	7 937	7 200	6 483
	VI	**17 416**	5 581	5 581							
61 883,99	I,IV	**11 088**	5 581	5 581	I	9 479	7 948	6 493	5 116	3 816	2 594
	II	**9 644**	5 581	5 581	II	8 104	6 642	5 257	3 949	2 718	1 564
	III	**6 370**	5 581	5 581	III	5 168	4 004	2 878	1 792	844	90
	V	**16 910**	5 581	5 581	IV	10 274	9 479	8 704	7 948	7 211	6 493
	VI	**17 429**	5 581	5 581							
61 919,99	I,IV	**11 100**	5 581	5 581	I	9 491	7 959	6 504	5 126	3 826	2 602
	II	**9 655**	5 581	5 581	II	8 115	6 652	5 267	3 958	2 727	1 572
	III	**6 380**	5 581	5 581	III	5 176	4 012	2 886	1 800	850	94
	V	**16 924**	5 581	5 581	IV	10 286	9 491	8 715	7 959	7 222	6 504
	VI	**17 443**	5 581	5 581							
61 955,99	I,IV	**11 112**	5 581	5 581	I	9 502	7 970	6 514	5 136	3 835	2 611
	II	**9 667**	5 581	5 581	II	8 126	6 663	5 276	3 967	2 735	1 581
	III	**6 388**	5 581	5 581	III	5 184	4 020	2 894	1 808	856	100
	V	**16 938**	5 581	5 581	IV	10 297	9 502	8 726	7 970	7 232	6 514
	VI	**17 457**	5 581	5 581							
61 991,99	I,IV	**11 124**	5 581	5 581	I	9 513	7 980	6 524	5 146	3 844	2 619
	II	**9 678**	5 581	5 581	II	8 137	6 673	5 286	3 976	2 744	1 589
	III	**6 398**	5 581	5 581	III	5 194	4 028	2 902	1 814	862	104
	V	**16 951**	5 581	5 581	IV	10 309	9 513	8 737	7 980	7 243	6 524
	VI	**17 470**	5 581	5 581							
62 027,99	I,IV	**11 136**	5 581	5 581	I	9 525	7 991	6 535	5 155	3 853	2 628
	II	**9 690**	5 581	5 581	II	8 148	6 684	5 296	3 986	2 753	1 597
	III	**6 406**	5 581	5 581	III	5 202	4 036	2 910	1 822	868	110
	V	**16 965**	5 581	5 581	IV	10 321	9 525	8 749	7 991	7 253	6 535
	VI	**17 484**	5 581	5 581							
62 063,99	I,IV	**11 148**	5 581	5 581	I	9 537	8 002	6 545	5 165	3 863	2 637
	II	**9 702**	5 581	5 581	II	8 159	6 694	5 306	3 995	2 762	1 605
	III	**6 416**	5 581	5 581	III	5 210	4 046	2 918	1 830	874	114
	V	**16 979**	5 581	5 581	IV	10 333	9 537	8 760	8 002	7 264	6 545
	VI	**17 498**	5 581	5 581							
62 099,99	I,IV	**11 160**	5 581	5 581	I	9 548	8 013	6 555	5 175	3 872	2 645
	II	**9 713**	5 581	5 581	II	8 170	6 704	5 316	4 004	2 770	1 613
	III	**6 424**	5 581	5 581	III	5 220	4 054	2 926	1 838	880	120
	V	**16 992**	5 581	5 581	IV	10 344	9 548	8 771	8 013	7 275	6 555
	VI	**17 511**	5 581	5 581							
62 135,99	I,IV	**11 172**	5 581	5 581	I	9 560	8 024	6 566	5 185	3 881	2 654
	II	**9 725**	5 581	5 581	II	8 181	6 715	5 326	4 014	2 779	1 621
	III	**6 432**	5 581	5 581	III	5 228	4 062	2 934	1 846	886	124
	V	**17 006**	5 581	5 581	IV	10 356	9 560	8 782	8 024	7 285	6 566
	VI	**17 525**	5 581	5 581							
62 171,99	I,IV	**11 184**	5 581	5 581	I	9 571	8 035	6 576	5 195	3 890	2 663
	II	**9 736**	5 581	5 581	II	8 192	6 725	5 336	4 023	2 788	1 630
	III	**6 442**	5 581	5 581	III	5 236	4 070	2 942	1 854	894	128
	V	**17 020**	5 581	5 581	IV	10 368	9 571	8 793	8 035	7 296	6 576
	VI	**17 539**	5 581	5 581							
62 207,99	I,IV	**11 196**	5 581	5 581	I	9 582	8 046	6 587	5 204	3 899	2 671
	II	**9 747**	5 581	5 581	II	8 203	6 735	5 345	4 032	2 796	1 638
	III	**6 450**	5 581	5 581	III	5 246	4 078	2 950	1 862	900	134
	V	**17 034**	5 581	5 581	IV	10 380	9 582	8 804	8 046	7 307	6 587
	VI	**17 553**	5 581	5 581							

* Zur LSt-Berechnung für privat versicherte Arbeitnehmer s. Beispiele **Vorbemerkung S. 4 f.**
** Basisvorsorgepauschale KV und PV *** Typisierter Arbeitgeberzuschuss

Lohn/ Gehalt in € bis	Steuerklasse	Lohn- steuer*	BVSP**	TAGZ***	Steuerklasse	Bemessungsgrundlage für Kirchensteuer und Solidaritätszuschlag					
						Freibeträge für ... Kinder					
						0,5	**1,0**	1,5	**2,0**	2,5	**3,0**
62 243,99	I,IV	**11 208**	5 581	5 581	I	9 594	8 057	6 597	5 214	3 909	2 680
	II	**9 759**	5 581	5 581	II	8 214	6 746	5 355	4 042	2 805	1 646
	III	**6 460**	5 581	5 581	III	5 254	4 086	2 958	1 868	906	138
	V	**17 047**	5 581	5 581	IV	10 391	9 594	8 816	8 057	7 317	6 597
	VI	**17 566**	5 581	5 581							
62 279,99	I,IV	**11 220**	5 581	5 581	I	9 605	8 068	6 607	5 224	3 918	2 689
	II	**9 770**	5 581	5 581	II	8 225	6 756	5 365	4 051	2 814	1 654
	III	**6 468**	5 581	5 581	III	5 262	4 094	2 966	1 876	912	144
	V	**17 061**	5 581	5 581	IV	10 403	9 605	8 827	8 068	7 328	6 607
	VI	**17 580**	5 581	5 581							
62 315,99	I,IV	**11 232**	5 581	5 581	I	9 617	8 079	6 618	5 234	3 927	2 698
	II	**9 782**	5 581	5 581	II	8 236	6 767	5 375	4 060	2 822	1 662
	III	**6 478**	5 581	5 581	III	5 272	4 104	2 974	1 884	918	148
	V	**17 075**	5 581	5 581	IV	10 415	9 617	8 838	8 079	7 339	6 618
	VI	**17 594**	5 581	5 581							
62 351,99	I,IV	**11 244**	5 581	5 581	I	9 629	8 090	6 628	5 244	3 936	2 706
	II	**9 794**	5 581	5 581	II	8 247	6 777	5 385	4 069	2 831	1 670
	III	**6 486**	5 581	5 581	III	5 280	4 112	2 982	1 892	924	154
	V	**17 089**	5 581	5 581	IV	10 427	9 629	8 849	8 090	7 349	6 628
	VI	**17 608**	5 581	5 581							
62 387,99	I,IV	**11 256**	5 581	5 581	I	9 640	8 100	6 638	5 253	3 945	2 715
	II	**9 805**	5 581	5 581	II	8 258	6 788	5 395	4 079	2 840	1 678
	III	**6 496**	5 581	5 581	III	5 288	4 120	2 990	1 900	930	158
	V	**17 102**	5 581	5 581	IV	10 438	9 640	8 860	8 100	7 360	6 638
	VI	**17 621**	5 581	5 581							
62 423,99	I,IV	**11 268**	5 581	5 581	I	9 651	8 112	6 649	5 263	3 955	2 724
	II	**9 817**	5 581	5 581	II	8 269	6 798	5 405	4 088	2 849	1 687
	III	**6 504**	5 581	5 581	III	5 298	4 128	2 998	1 908	938	164
	V	**17 116**	5 581	5 581	IV	10 450	9 651	8 872	8 112	7 371	6 649
	VI	**17 635**	5 581	5 581							
62 459,99	I,IV	**11 281**	5 581	5 581	I	9 663	8 123	6 659	5 273	3 964	2 732
	II	**9 829**	5 581	5 581	II	8 280	6 809	5 414	4 097	2 858	1 695
	III	**6 514**	5 581	5 581	III	5 306	4 138	3 006	1 916	944	168
	V	**17 130**	5 581	5 581	IV	10 462	9 663	8 883	8 123	7 381	6 659
	VI	**17 649**	5 581	5 581							
62 495,99	I,IV	**11 293**	5 581	5 581	I	9 674	8 133	6 669	5 283	3 973	2 741
	II	**9 840**	5 581	5 581	II	8 291	6 819	5 424	4 107	2 866	1 703
	III	**6 522**	5 581	5 581	III	5 314	4 146	3 014	1 922	950	172
	V	**17 143**	5 581	5 581	IV	10 474	9 674	8 894	8 133	7 392	6 669
	VI	**17 662**	5 581	5 581							
62 531,99	I,IV	**11 305**	5 581	5 581	I	9 686	8 144	6 680	5 293	3 983	2 750
	II	**9 852**	5 581	5 581	II	8 302	6 830	5 434	4 116	2 875	1 711
	III	**6 532**	5 581	5 581	III	5 324	4 154	3 024	1 932	956	178
	V	**17 157**	5 581	5 581	IV	10 486	9 686	8 906	8 144	7 403	6 680
	VI	**17 676**	5 581	5 581							
62 567,99	I,IV	**11 317**	5 581	5 581	I	9 698	8 155	6 691	5 303	3 992	2 759
	II	**9 863**	5 581	5 581	II	8 313	6 840	5 444	4 125	2 884	1 720
	III	**6 540**	5 581	5 581	III	5 332	4 162	3 032	1 938	962	182
	V	**17 171**	5 581	5 581	IV	10 498	9 698	8 917	8 155	7 413	6 691
	VI	**17 690**	5 581	5 581							
62 603,99	I,IV	**11 329**	5 581	5 581	I	9 709	8 166	6 701	5 312	4 001	2 767
	II	**9 875**	5 581	5 581	II	8 324	6 850	5 454	4 135	2 893	1 728
	III	**6 548**	5 581	5 581	III	5 340	4 170	3 040	1 946	970	188
	V	**17 184**	5 581	5 581	IV	10 509	9 709	8 928	8 166	7 424	6 701
	VI	**17 703**	5 581	5 581							
62 639,99	I,IV	**11 341**	5 581	5 581	I	9 721	8 177	6 711	5 322	4 011	2 776
	II	**9 886**	5 581	5 581	II	8 335	6 861	5 464	4 144	2 901	1 736
	III	**6 558**	5 581	5 581	III	5 350	4 180	3 048	1 954	976	192
	V	**17 198**	5 581	5 581	IV	10 521	9 721	8 939	8 177	7 435	6 711
	VI	**17 717**	5 581	5 581							

* Zur LSt-Berechnung für privat versicherte Arbeitnehmer s. Beispiele **Vorbemerkung S. 4 f.**
** Basisvorsorgepauschale KV und PV *** Typisierter Arbeitgeberzuschuss

Lohn/ Gehalt in € bis	Steuerklasse	Lohn- steuer*	BVSP**	TAGZ***	Steuerklasse	Bemessungsgrundlage für Kirchensteuer und Solidaritätszuschlag – Freibeträge für ... Kinder 0,5	1,0	1,5	2,0	2,5	3,0
62675,99	I,IV	**11353**	5581	5581	I	9732	8188	6722	5332	4020	2785
	II	**9898**	5581	5581	II	8346	6872	5474	4154	2910	1744
	III	**6566**	5581	5581	III	5358	4188	3056	1962	982	198
	V	**17212**	5581	5581	IV	10533	9732	8951	8188	7445	6722
	VI	**17731**	5581	5581							
62711,99	I,IV	**11365**	5581	5581	I	9744	8199	6732	5342	4029	2793
	II	**9910**	5581	5581	II	8357	6882	5484	4163	2919	1752
	III	**6576**	5581	5581	III	5366	4196	3064	1970	988	202
	V	**17225**	5581	5581	IV	10545	9744	8962	8199	7456	6732
	VI	**17745**	5581	5581							
62747,99	I,IV	**11377**	5581	5581	I	9755	8210	6743	5352	4038	2802
	II	**9921**	5581	5581	II	8368	6892	5494	4172	2928	1761
	III	**6586**	5581	5581	III	5376	4204	3072	1978	996	208
	V	**17239**	5581	5581	IV	10557	9755	8973	8210	7467	6743
	VI	**17758**	5581	5581							
62783,99	I,IV	**11390**	5581	5581	I	9767	8221	6753	5362	4048	2811
	II	**9933**	5581	5581	II	8379	6903	5504	4182	2937	1769
	III	**6594**	5581	5581	III	5384	4212	3080	1986	1002	212
	V	**17253**	5581	5581	IV	10569	9767	8985	8221	7478	6753
	VI	**17772**	5581	5581							
62819,99	I,IV	**11402**	5581	5581	I	9778	8232	6763	5372	4057	2820
	II	**9944**	5581	5581	II	8390	6913	5513	4191	2945	1777
	III	**6602**	5581	5581	III	5392	4220	3088	1994	1008	218
	V	**17267**	5581	5581	IV	10580	9778	8996	8232	7488	6763
	VI	**17786**	5581	5581							
62855,99	I,IV	**11414**	5581	5581	I	9790	8243	6774	5382	4066	2828
	II	**9956**	5581	5581	II	8401	6924	5523	4200	2954	1785
	III	**6612**	5581	5581	III	5402	4230	3096	2002	1014	224
	V	**17280**	5581	5581	IV	10592	9790	9007	8243	7499	6774
	VI	**17800**	5581	5581							
62891,99	I,IV	**11426**	5581	5581	I	9802	8254	6784	5391	4076	2837
	II	**9968**	5581	5581	II	8413	6934	5534	4210	2963	1794
	III	**6620**	5581	5581	III	5410	4238	3104	2010	1020	228
	V	**17294**	5581	5581	IV	10604	9802	9018	8254	7510	6784
	VI	**17813**	5581	5581							
62927,99	I,IV	**11438**	5581	5581	I	9813	8265	6795	5401	4085	2846
	II	**9979**	5581	5581	II	8423	6945	5543	4219	2972	1802
	III	**6630**	5581	5581	III	5418	4246	3112	2018	1028	234
	V	**17308**	5581	5581	IV	10616	9813	9029	8265	7520	6795
	VI	**17827**	5581	5581							
62963,99	I,IV	**11450**	5581	5581	I	9825	8276	6805	5411	4094	2855
	II	**9991**	5581	5581	II	8435	6955	5553	4228	2981	1810
	III	**6638**	5581	5581	III	5428	4254	3120	2026	1034	238
	V	**17322**	5581	5581	IV	10628	9825	9041	8276	7531	6805
	VI	**17841**	5581	5581							
62999,99	I,IV	**11462**	5581	5581	I	9836	8287	6816	5421	4104	2864
	II	**10003**	5581	5581	II	8446	6966	5563	4238	2990	1818
	III	**6648**	5581	5581	III	5436	4264	3128	2032	1040	244
	V	**17335**	5581	5581	IV	10640	9836	9052	8287	7542	6816
	VI	**17855**	5581	5581							
63035,99	I,IV	**11474**	5581	5581	I	9848	8298	6826	5431	4113	2872
	II	**10014**	5581	5581	II	8457	6976	5573	4247	2998	1827
	III	**6656**	5581	5581	III	5444	4272	3136	2040	1046	248
	V	**17349**	5581	5581	IV	10651	9848	9063	8298	7552	6826
	VI	**17868**	5581	5581							
63071,99	I,IV	**11487**	5581	5581	I	9859	8309	6837	5441	4122	2881
	II	**10026**	5581	5581	II	8468	6987	5583	4257	3007	1835
	III	**6666**	5581	5581	III	5454	4280	3146	2048	1054	254
	V	**17363**	5581	5581	IV	10663	9859	9075	8309	7563	6837
	VI	**17882**	5581	5581							

* Zur LSt-Berechnung für privat versicherte Arbeitnehmer s. Beispiele **Vorbemerkung S. 4 f.**
** Basisvorsorgepauschale KV und PV *** Typisierter Arbeitgeberzuschuss

Lohn/ Gehalt in € bis	Steuerklasse	Lohn-steuer*	BVSP**	TAGZ***	Steuerklasse	Bemessungsgrundlage für Kirchensteuer und Solidaritätszuschlag – Freibeträge für ... Kinder 0,5	**1,0**	1,5	**2,0**	2,5	**3,0**
63 107,99	I,IV	**11 499**	5 581	5 581	I	9 871	8 320	6 847	5 451	4 131	2 890
	II	**10 037**	5 581	5 581	II	8 479	6 997	5 593	4 266	3 016	1 843
	III	**6 674**	5 581	5 581	III	5 462	4 288	3 154	2 056	1 060	258
	V	**17 376**	5 581	5 581	IV	10 675	9 871	9 086	8 320	7 574	6 847
	VI	**17 895**	5 581	5 581							
63 143,99	I,IV	**11 511**	5 581	5 581	I	9 883	8 331	6 857	5 461	4 141	2 898
	II	**10 049**	5 581	5 581	II	8 490	7 008	5 603	4 275	3 025	1 851
	III	**6 684**	5 581	5 581	III	5 470	4 296	3 162	2 064	1 066	264
	V	**17 390**	5 581	5 581	IV	10 687	9 883	9 097	8 331	7 585	6 857
	VI	**17 909**	5 581	5 581							
63 179,99	I,IV	**11 523**	5 581	5 581	I	9 894	8 343	6 868	5 471	4 150	2 907
	II	**10 061**	5 581	5 581	II	8 501	7 019	5 613	4 285	3 034	1 860
	III	**6 692**	5 581	5 581	III	5 480	4 306	3 170	2 072	1 074	270
	V	**17 404**	5 581	5 581	IV	10 699	9 894	9 109	8 343	7 596	6 868
	VI	**17 923**	5 581	5 581							
63 215,99	I,IV	**11 535**	5 581	5 581	I	9 906	8 353	6 878	5 480	4 160	2 916
	II	**10 072**	5 581	5 581	II	8 512	7 029	5 623	4 294	3 042	1 868
	III	**6 702**	5 581	5 581	III	5 488	4 314	3 178	2 080	1 080	274
	V	**17 417**	5 581	5 581	IV	10 711	9 906	9 120	8 353	7 606	6 878
	VI	**17 937**	5 581	5 581							
63 251,99	I,IV	**11 547**	5 581	5 581	I	9 917	8 365	6 889	5 490	4 169	2 925
	II	**10 084**	5 581	5 581	II	8 523	7 040	5 633	4 304	3 051	1 876
	III	**6 710**	5 581	5 581	III	5 496	4 322	3 186	2 088	1 086	280
	V	**17 431**	5 581	5 581	IV	10 723	9 917	9 131	8 365	7 617	6 889
	VI	**17 950**	5 581	5 581							
63 287,99	I,IV	**11 560**	5 581	5 581	I	9 929	8 376	6 899	5 500	4 178	2 934
	II	**10 096**	5 581	5 581	II	8 534	7 050	5 643	4 313	3 060	1 885
	III	**6 720**	5 581	5 581	III	5 506	4 330	3 194	2 096	1 094	284
	V	**17 445**	5 581	5 581	IV	10 735	9 929	9 143	8 376	7 628	6 899
	VI	**17 964**	5 581	5 581							
63 323,99	I,IV	**11 572**	5 581	5 581	I	9 940	8 387	6 910	5 510	4 188	2 942
	II	**10 107**	5 581	5 581	II	8 545	7 061	5 653	4 322	3 069	1 893
	III	**6 728**	5 581	5 581	III	5 514	4 338	3 202	2 104	1 100	290
	V	**17 459**	5 581	5 581	IV	10 746	9 940	9 154	8 387	7 638	6 910
	VI	**17 978**	5 581	5 581							
63 359,99	I,IV	**11 584**	5 581	5 581	I	9 952	8 398	6 920	5 520	4 197	2 951
	II	**10 119**	5 581	5 581	II	8 557	7 071	5 663	4 332	3 078	1 901
	III	**6 738**	5 581	5 581	III	5 524	4 348	3 210	2 112	1 106	294
	V	**17 472**	5 581	5 581	IV	10 758	9 952	9 165	8 398	7 649	6 920
	VI	**17 992**	5 581	5 581							
63 395,99	I,IV	**11 596**	5 581	5 581	I	9 964	8 409	6 931	5 530	4 207	2 960
	II	**10 131**	5 581	5 581	II	8 568	7 082	5 673	4 341	3 087	1 910
	III	**6 746**	5 581	5 581	III	5 532	4 356	3 218	2 120	1 114	300
	V	**17 486**	5 581	5 581	IV	10 770	9 964	9 177	8 409	7 660	6 931
	VI	**18 005**	5 581	5 581							
63 431,99	I,IV	**11 608**	5 581	5 581	I	9 975	8 420	6 941	5 540	4 216	2 969
	II	**10 142**	5 581	5 581	II	8 579	7 092	5 683	4 351	3 096	1 918
	III	**6 756**	5 581	5 581	III	5 540	4 364	3 226	2 128	1 120	306
	V	**17 500**	5 581	5 581	IV	10 782	9 975	9 188	8 420	7 671	6 941
	VI	**18 019**	5 581	5 581							
63 467,99	I,IV	**11 621**	5 581	5 581	I	9 987	8 431	6 952	5 550	4 225	2 978
	II	**10 154**	5 581	5 581	II	8 590	7 103	5 693	4 360	3 105	1 926
	III	**6 764**	5 581	5 581	III	5 550	4 372	3 234	2 136	1 126	310
	V	**17 514**	5 581	5 581	IV	10 794	9 987	9 199	8 431	7 682	6 952
	VI	**18 033**	5 581	5 581							
63 503,99	I,IV	**11 633**	5 581	5 581	I	9 999	8 442	6 962	5 560	4 235	2 987
	II	**10 166**	5 581	5 581	II	8 601	7 114	5 703	4 370	3 113	1 934
	III	**6 774**	5 581	5 581	III	5 558	4 382	3 244	2 144	1 132	316
	V	**17 527**	5 581	5 581	IV	10 806	9 999	9 211	8 442	7 693	6 962
	VI	**18 047**	5 581	5 581							

* Zur LSt-Berechnung für privat versicherte Arbeitnehmer s. Beispiele **Vorbemerkung S. 4 f.**
** Basisvorsorgepauschale KV und PV *** Typisierter Arbeitgeberzuschuss

Lohn/ Gehalt in € bis	Steuerklasse	Lohn- steuer*	BVSP**	TAGZ***	Steuerklasse	Bemessungsgrundlage für Kirchensteuer und Solidaritätszuschlag – Freibeträge für ... Kinder 0,5	1,0	1,5	2,0	2,5	3,0
63 539,99	I,IV	**11 645**	5 581	5 581	I	10 010	8 453	6 973	5 570	4 244	2 995
	II	**10 178**	5 581	5 581	II	8 612	7 124	5 713	4 379	3 122	1 943
	III	**6 782**	5 581	5 581	III	5 566	4 390	3 252	2 150	1 140	322
	V	**17 541**	5 581	5 581	IV	10 818	10 010	9 222	8 453	7 703	6 973
	VI	**18 060**	5 581	5 581							
63 575,99	I,IV	**11 657**	5 581	5 581	I	10 022	8 464	6 983	5 580	4 253	3 004
	II	**10 189**	5 581	5 581	II	8 623	7 135	5 723	4 388	3 131	1 951
	III	**6 792**	5 581	5 581	III	5 576	4 398	3 260	2 158	1 146	326
	V	**17 555**	5 581	5 581	IV	10 830	10 022	9 233	8 464	7 714	6 983
	VI	**18 074**	5 581	5 581							
63 611,99	I,IV	**11 669**	5 581	5 581	I	10 034	8 475	6 994	5 590	4 263	3 013
	II	**10 201**	5 581	5 581	II	8 635	7 145	5 733	4 398	3 140	1 959
	III	**6 800**	5 581	5 581	III	5 584	4 406	3 268	2 166	1 154	332
	V	**17 569**	5 581	5 581	IV	10 842	10 034	9 245	8 475	7 725	6 994
	VI	**18 088**	5 581	5 581							
63 647,99	I,IV	**11 681**	5 581	5 581	I	10 045	8 486	7 004	5 600	4 272	3 022
	II	**10 213**	5 581	5 581	II	8 646	7 156	5 743	4 407	3 149	1 968
	III	**6 810**	5 581	5 581	III	5 594	4 414	3 276	2 174	1 160	336
	V	**17 582**	5 581	5 581	IV	10 854	10 045	9 256	8 486	7 736	7 004
	VI	**18 101**	5 581	5 581							
63 683,99	I,IV	**11 694**	5 581	5 581	I	10 057	8 497	7 015	5 610	4 282	3 031
	II	**10 225**	5 581	5 581	II	8 657	7 166	5 753	4 417	3 158	1 976
	III	**6 818**	5 581	5 581	III	5 602	4 424	3 284	2 182	1 166	342
	V	**17 596**	5 581	5 581	IV	10 866	10 057	9 268	8 497	7 747	7 015
	VI	**18 115**	5 581	5 581							
63 719,99	I,IV	**11 706**	5 581	5 581	I	10 069	8 509	7 026	5 620	4 291	3 040
	II	**10 236**	5 581	5 581	II	8 668	7 177	5 763	4 426	3 167	1 984
	III	**6 828**	5 581	5 581	III	5 610	4 432	3 292	2 190	1 174	348
	V	**17 610**	5 581	5 581	IV	10 878	10 069	9 279	8 509	7 757	7 026
	VI	**18 129**	5 581	5 581							
63 755,99	I,IV	**11 718**	5 581	5 581	I	10 080	8 520	7 036	5 630	4 300	3 048
	II	**10 248**	5 581	5 581	II	8 679	7 187	5 773	4 436	3 176	1 993
	III	**6 836**	5 581	5 581	III	5 620	4 440	3 300	2 198	1 180	352
	V	**17 623**	5 581	5 581	IV	10 890	10 080	9 290	8 520	7 768	7 036
	VI	**18 142**	5 581	5 581							
63 791,99	I,IV	**11 730**	5 581	5 581	I	10 092	8 531	7 047	5 640	4 310	3 057
	II	**10 260**	5 581	5 581	II	8 690	7 198	5 783	4 445	3 185	2 001
	III	**6 846**	5 581	5 581	III	5 628	4 448	3 308	2 206	1 186	358
	V	**17 637**	5 581	5 581	IV	10 902	10 092	9 302	8 531	7 779	7 047
	VI	**18 156**	5 581	5 581							
63 827,99	I,IV	**11 742**	5 581	5 581	I	10 103	8 542	7 057	5 649	4 319	3 066
	II	**10 271**	5 581	5 581	II	8 701	7 209	5 793	4 455	3 193	2 009
	III	**6 854**	5 581	5 581	III	5 636	4 456	3 316	2 214	1 194	364
	V	**17 650**	5 581	5 581	IV	10 913	10 103	9 313	8 542	7 790	7 057
	VI	**18 170**	5 581	5 581							
63 863,99	I,IV	**11 755**	5 581	5 581	I	10 115	8 553	7 068	5 660	4 329	3 075
	II	**10 283**	5 581	5 581	II	8 713	7 219	5 803	4 464	3 202	2 018
	III	**6 864**	5 581	5 581	III	5 646	4 466	3 324	2 222	1 200	368
	V	**17 664**	5 581	5 581	IV	10 925	10 115	9 324	8 553	7 801	7 068
	VI	**18 183**	5 581	5 581							
63 899,99	I,IV	**11 767**	5 581	5 581	I	10 127	8 564	7 078	5 670	4 338	3 084
	II	**10 295**	5 581	5 581	II	8 724	7 230	5 813	4 474	3 211	2 026
	III	**6 872**	5 581	5 581	III	5 654	4 474	3 332	2 230	1 206	374
	V	**17 678**	5 581	5 581	IV	10 938	10 127	9 336	8 564	7 812	7 078
	VI	**18 197**	5 581	5 581							
63 935,99	I,IV	**11 779**	5 581	5 581	I	10 139	8 575	7 089	5 679	4 347	3 093
	II	**10 306**	5 581	5 581	II	8 735	7 240	5 823	4 483	3 220	2 034
	III	**6 882**	5 581	5 581	III	5 662	4 482	3 340	2 238	1 214	380
	V	**17 692**	5 581	5 581	IV	10 949	10 139	9 347	8 575	7 822	7 089
	VI	**18 211**	5 581	5 581							

* Zur LSt-Berechnung für privat versicherte Arbeitnehmer s. Beispiele **Vorbemerkung S. 4 f.**
** Basisvorsorgepauschale KV und PV *** Typisierter Arbeitgeberzuschuss

Lohn/ Gehalt in € bis	Steuerklasse	**Lohn-steuer***	BVSP**	TAGZ***	Steuerklasse	Bemessungsgrundlage für Kirchensteuer und Solidaritätszuschlag – Freibeträge für ... Kinder 0,5	**1,0**	1,5	**2,0**	2,5	**3,0**
63 971,99	I,IV	**11 792**	5 581	5 581	I	10 150	8 586	7 099	5 690	4 357	3 102
	II	**10 318**	5 581	5 581	II	8 746	7 251	5 833	4 493	3 229	2 043
	III	**6 890**	5 581	5 581	III	5 672	4 492	3 350	2 246	1 220	384
	V	**17 706**	5 581	5 581	IV	10 961	10 150	9 359	8 586	7 833	7 099
	VI	**18 225**	5 581	5 581							
64 007,99	I,IV	**11 804**	5 581	5 581	I	10 162	8 597	7 110	5 700	4 366	3 111
	II	**10 330**	5 581	5 581	II	8 757	7 262	5 844	4 502	3 238	2 051
	III	**6 900**	5 581	5 581	III	5 680	4 500	3 358	2 254	1 228	390
	V	**17 719**	5 581	5 581	IV	10 973	10 162	9 370	8 597	7 844	7 110
	VI	**18 238**	5 581	5 581							
64 043,99	I,IV	**11 816**	5 581	5 581	I	10 174	8 608	7 120	5 709	4 376	3 119
	II	**10 342**	5 581	5 581	II	8 768	7 272	5 853	4 512	3 247	2 060
	III	**6 908**	5 581	5 581	III	5 688	4 508	3 366	2 262	1 234	396
	V	**17 733**	5 581	5 581	IV	10 985	10 174	9 381	8 608	7 855	7 120
	VI	**18 252**	5 581	5 581							
64 079,99	I,IV	**11 828**	5 581	5 581	I	10 185	8 620	7 131	5 720	4 385	3 128
	II	**10 354**	5 581	5 581	II	8 780	7 283	5 864	4 521	3 256	2 068
	III	**6 918**	5 581	5 581	III	5 698	4 516	3 374	2 270	1 242	402
	V	**17 747**	5 581	5 581	IV	10 997	10 185	9 393	8 620	7 866	7 131
	VI	**18 266**	5 581	5 581							
64 115,99	I,IV	**11 841**	5 581	5 581	I	10 197	8 631	7 142	5 730	4 395	3 137
	II	**10 366**	5 581	5 581	II	8 791	7 294	5 874	4 531	3 265	2 076
	III	**6 926**	5 581	5 581	III	5 706	4 524	3 382	2 278	1 248	406
	V	**17 761**	5 581	5 581	IV	11 009	10 197	9 404	8 631	7 877	7 142
	VI	**18 280**	5 581	5 581							
64 151,99	I,IV	**11 853**	5 581	5 581	I	10 209	8 642	7 152	5 740	4 404	3 146
	II	**10 377**	5 581	5 581	II	8 802	7 304	5 884	4 540	3 274	2 085
	III	**6 936**	5 581	5 581	III	5 716	4 534	3 390	2 286	1 254	412
	V	**17 774**	5 581	5 581	IV	11 021	10 209	9 416	8 642	7 887	7 152
	VI	**18 293**	5 581	5 581							
64 187,99	I,IV	**11 865**	5 581	5 581	I	10 221	8 653	7 163	5 750	4 414	3 155
	II	**10 389**	5 581	5 581	II	8 813	7 315	5 894	4 550	3 283	2 093
	III	**6 946**	5 581	5 581	III	5 724	4 542	3 398	2 294	1 262	418
	V	**17 788**	5 581	5 581	IV	11 033	10 221	9 427	8 653	7 898	7 163
	VI	**18 307**	5 581	5 581							
64 223,99	I,IV	**11 878**	5 581	5 581	I	10 232	8 664	7 174	5 760	4 423	3 164
	II	**10 401**	5 581	5 581	II	8 825	7 326	5 904	4 559	3 292	2 102
	III	**6 954**	5 581	5 581	III	5 732	4 550	3 406	2 302	1 268	422
	V	**17 802**	5 581	5 581	IV	11 045	10 232	9 439	8 664	7 909	7 174
	VI	**18 321**	5 581	5 581							
64 259,99	I,IV	**11 890**	5 581	5 581	I	10 244	8 675	7 184	5 770	4 433	3 173
	II	**10 412**	5 581	5 581	II	8 836	7 336	5 914	4 569	3 301	2 110
	III	**6 962**	5 581	5 581	III	5 742	4 558	3 414	2 308	1 276	428
	V	**17 815**	5 581	5 581	IV	11 057	10 244	9 450	8 675	7 920	7 184
	VI	**18 334**	5 581	5 581							
64 295,99	I,IV	**11 902**	5 581	5 581	I	10 256	8 687	7 195	5 780	4 442	3 182
	II	**10 424**	5 581	5 581	II	8 847	7 347	5 924	4 578	3 310	2 118
	III	**6 972**	5 581	5 581	III	5 750	4 568	3 424	2 318	1 282	434
	V	**17 829**	5 581	5 581	IV	11 069	10 256	9 462	8 687	7 931	7 195
	VI	**18 348**	5 581	5 581							
64 331,99	I,IV	**11 915**	5 581	5 581	I	10 268	8 698	7 205	5 790	4 452	3 191
	II	**10 436**	5 581	5 581	II	8 858	7 358	5 934	4 588	3 319	2 127
	III	**6 982**	5 581	5 581	III	5 760	4 576	3 432	2 324	1 290	440
	V	**17 843**	5 581	5 581	IV	11 081	10 268	9 473	8 698	7 942	7 205
	VI	**18 362**	5 581	5 581							
64 367,99	I,IV	**11 927**	5 581	5 581	I	10 279	8 709	7 216	5 800	4 461	3 199
	II	**10 448**	5 581	5 581	II	8 869	7 368	5 944	4 597	3 328	2 135
	III	**6 990**	5 581	5 581	III	5 768	4 584	3 440	2 332	1 296	444
	V	**17 856**	5 581	5 581	IV	11 093	10 279	9 484	8 709	7 953	7 216
	VI	**18 375**	5 581	5 581							

* Zur LSt-Berechnung für privat versicherte Arbeitnehmer s. Beispiele **Vorbemerkung S. 4f.**
** Basisvorsorgepauschale KV und PV *** Typisierter Arbeitgeberzuschuss

Lohn/ Gehalt in € bis	Steuerklasse	Lohnsteuer*	BVSP**	TAGZ***	Steuerklasse	Bemessungsgrundlage für Kirchensteuer und Solidaritätszuschlag					
						Freibeträge für ... Kinder					
						0,5	**1,0**	1,5	**2,0**	2,5	**3,0**
64403,99	I,IV	**11939**	5581	5581	I	10291	8720	7226	5810	4471	3208
	II	**10460**	5581	5581	II	8881	7379	5954	4607	3337	2144
	III	**7000**	5581	5581	III	5778	4594	3448	2340	1304	450
	V	**17870**	5581	5581	IV	11105	10291	9496	8720	7964	7226
	VI	**18389**	5581	5581							
64439,99	I,IV	**11951**	5581	5581	I	10303	8731	7237	5820	4480	3217
	II	**10472**	5581	5581	II	8892	7390	5965	4617	3346	2152
	III	**7008**	5581	5581	III	5786	4602	3456	2348	1310	456
	V	**17884**	5581	5581	IV	11118	10303	9508	8731	7975	7237
	VI	**18403**	5581	5581							
64475,99	I,IV	**11964**	5581	5581	I	10314	8742	7248	5830	4489	3226
	II	**10483**	5581	5581	II	8903	7400	5975	4626	3355	2160
	III	**7018**	5581	5581	III	5794	4610	3464	2356	1316	462
	V	**17897**	5581	5581	IV	11129	10314	9519	8742	7985	7248
	VI	**18417**	5581	5581							
64511,99	I,IV	**11976**	5581	5581	I	10326	8754	7258	5840	4499	3235
	II	**10495**	5581	5581	II	8915	7411	5985	4636	3364	2169
	III	**7026**	5581	5581	III	5804	4618	3472	2364	1324	466
	V	**17911**	5581	5581	IV	11141	10326	9530	8754	7996	7258
	VI	**18430**	5581	5581							
64547,99	I,IV	**11988**	5581	5581	I	10338	8765	7269	5850	4509	3244
	II	**10507**	5581	5581	II	8926	7422	5995	4645	3373	2177
	III	**7036**	5581	5581	III	5812	4626	3480	2372	1330	472
	V	**17925**	5581	5581	IV	11154	10338	9542	8765	8007	7269
	VI	**18444**	5581	5581							
64583,99	I,IV	**12000**	5581	5581	I	10350	8776	7279	5860	4518	3253
	II	**10519**	5581	5581	II	8937	7432	6005	4655	3382	2186
	III	**7044**	5581	5581	III	5820	4636	3488	2380	1338	478
	V	**17939**	5581	5581	IV	11165	10350	9553	8776	8018	7279
	VI	**18458**	5581	5581							
64619,99	I,IV	**12013**	5581	5581	I	10362	8787	7290	5870	4528	3262
	II	**10531**	5581	5581	II	8948	7443	6015	4664	3391	2194
	III	**7054**	5581	5581	III	5830	4644	3498	2388	1344	484
	V	**17952**	5581	5581	IV	11178	10362	9565	8787	8029	7290
	VI	**18472**	5581	5581							
64655,99	I,IV	**12025**	5581	5581	I	10373	8798	7301	5880	4537	3271
	II	**10542**	5581	5581	II	8959	7454	6025	4674	3400	2203
	III	**7062**	5581	5581	III	5838	4652	3506	2396	1352	488
	V	**17966**	5581	5581	IV	11189	10373	9576	8798	8040	7301
	VI	**18485**	5581	5581							
64691,99	I,IV	**12038**	5581	5581	I	10385	8810	7311	5890	4547	3280
	II	**10554**	5581	5581	II	8971	7464	6035	4683	3409	2211
	III	**7072**	5581	5581	III	5846	4660	3514	2404	1358	494
	V	**17980**	5581	5581	IV	11202	10385	9588	8810	8051	7311
	VI	**18499**	5581	5581							
64727,99	I,IV	**12050**	5581	5581	I	10397	8821	7322	5901	4556	3289
	II	**10566**	5581	5581	II	8982	7475	6046	4693	3418	2220
	III	**7082**	5581	5581	III	5856	4670	3522	2412	1366	500
	V	**17994**	5581	5581	IV	11214	10397	9599	8821	8062	7322
	VI	**18513**	5581	5581							
64763,99	I,IV	**12062**	5581	5581	I	10408	8832	7333	5910	4566	3298
	II	**10578**	5581	5581	II	8993	7486	6056	4703	3427	2228
	III	**7090**	5581	5581	III	5864	4678	3530	2420	1372	506
	V	**18007**	5581	5581	IV	11226	10408	9611	8832	8073	7333
	VI	**18526**	5581	5581							
64799,99	I,IV	**12075**	5581	5581	I	10420	8843	7343	5921	4575	3307
	II	**10590**	5581	5581	II	9005	7497	6066	4712	3436	2237
	III	**7100**	5581	5581	III	5874	4686	3538	2428	1380	512
	V	**18021**	5581	5581	IV	11238	10420	9622	8843	8084	7343
	VI	**18540**	5581	5581							

* Zur LSt-Berechnung für privat versicherte Arbeitnehmer s. Beispiele **Vorbemerkung S. 4f.**
** Basisvorsorgepauschale KV und PV *** Typisierter Arbeitgeberzuschuss

Lohn/ Gehalt in € bis	Steuerklasse	Lohn-steuer*	BVSP**	TAGZ***	Steuerklasse	Bemessungsgrundlage für Kirchensteuer und Solidaritätszuschlag					
						Freibeträge für ... Kinder					
						0,5	**1,0**	1,5	**2,0**	2,5	**3,0**
64835,99	I,IV	**12087**	5581	5581	I	10432	8855	7354	5931	4585	3316
	II	**10602**	5581	5581	II	9016	7507	6076	4722	3445	2245
	III	**7108**	5581	5581	III	5882	4696	3546	2436	1388	518
	V	**18035**	5581	5581	IV	11250	10432	9634	8855	8095	7354
	VI	**18554**	5581	5581							
64871,99	I,IV	**12099**	5581	5581	I	10444	8866	7365	5941	4594	3325
	II	**10613**	5581	5581	II	9027	7518	6086	4731	3454	2253
	III	**7118**	5581	5581	III	5892	4704	3554	2444	1394	522
	V	**18048**	5581	5581	IV	11262	10444	9645	8866	8105	7365
	VI	**18567**	5581	5581							
64907,99	I,IV	**12112**	5581	5581	I	10456	8877	7375	5951	4604	3334
	II	**10625**	5581	5581	II	9038	7529	6096	4741	3463	2262
	III	**7126**	5581	5581	III	5900	4712	3562	2452	1400	528
	V	**18062**	5581	5581	IV	11274	10456	9657	8877	8117	7375
	VI	**18581**	5581	5581							
64943,99	I,IV	**12124**	5581	5581	I	10468	8888	7386	5961	4613	3343
	II	**10637**	5581	5581	II	9050	7540	6107	4751	3472	2271
	III	**7136**	5581	5581	III	5908	4720	3572	2460	1408	534
	V	**18076**	5581	5581	IV	11286	10468	9668	8888	8128	7386
	VI	**18595**	5581	5581							
64979,99	I,IV	**12136**	5581	5581	I	10479	8899	7397	5971	4623	3352
	II	**10649**	5581	5581	II	9061	7550	6117	4760	3481	2279
	III	**7144**	5581	5581	III	5918	4730	3580	2468	1416	540
	V	**18089**	5581	5581	IV	11298	10479	9680	8899	8138	7397
	VI	**18609**	5581	5581							
65015,99	I,IV	**12149**	5581	5581	I	10491	8911	7407	5981	4632	3361
	II	**10661**	5581	5581	II	9072	7561	6127	4770	3490	2287
	III	**7154**	5581	5581	III	5926	4738	3588	2476	1422	546
	V	**18103**	5581	5581	IV	11310	10491	9691	8911	8149	7407
	VI	**18622**	5581	5581							
65051,99	I,IV	**12161**	5581	5581	I	10503	8922	7418	5992	4642	3370
	II	**10673**	5581	5581	II	9084	7572	6137	4780	3499	2296
	III	**7164**	5581	5581	III	5936	4746	3596	2484	1430	552
	V	**18117**	5581	5581	IV	11323	10503	9703	8922	8161	7418
	VI	**18636**	5581	5581							
65087,99	I,IV	**12173**	5581	5581	I	10515	8933	7429	6002	4651	3379
	II	**10684**	5581	5581	II	9095	7582	6147	4789	3508	2304
	III	**7172**	5581	5581	III	5944	4754	3604	2492	1436	556
	V	**18131**	5581	5581	IV	11334	10515	9714	8933	8171	7429
	VI	**18650**	5581	5581							
65123,99	I,IV	**12186**	5581	5581	I	10527	8945	7440	6012	4661	3388
	II	**10697**	5581	5581	II	9106	7593	6157	4799	3517	2313
	III	**7180**	5581	5581	III	5952	4764	3612	2500	1444	562
	V	**18144**	5581	5581	IV	11347	10527	9726	8945	8182	7440
	VI	**18664**	5581	5581							
65159,99	I,IV	**12198**	5581	5581	I	10539	8956	7450	6022	4671	3397
	II	**10709**	5581	5581	II	9118	7604	6168	4809	3526	2322
	III	**7190**	5581	5581	III	5962	4772	3620	2508	1452	568
	V	**18158**	5581	5581	IV	11359	10539	9738	8956	8193	7450
	VI	**18677**	5581	5581							
65195,99	I,IV	**12211**	5581	5581	I	10550	8967	7461	6032	4680	3406
	II	**10720**	5581	5581	II	9129	7615	6178	4818	3535	2330
	III	**7200**	5581	5581	III	5970	4780	3628	2516	1458	574
	V	**18172**	5581	5581	IV	11371	10550	9749	8967	8204	7461
	VI	**18691**	5581	5581							
65231,99	I,IV	**12223**	5581	5581	I	10562	8978	7472	6042	4690	3415
	II	**10732**	5581	5581	II	9140	7626	6188	4828	3544	2338
	III	**7208**	5581	5581	III	5980	4788	3636	2524	1466	580
	V	**18186**	5581	5581	IV	11383	10562	9761	8978	8215	7472
	VI	**18705**	5581	5581							

* Zur LSt-Berechnung für privat versicherte Arbeitnehmer s. Beispiele **Vorbemerkung S. 4f.**
** Basisvorsorgepauschale KV und PV *** Typisierter Arbeitgeberzuschuss

Lohn/ Gehalt in € bis	Steuerklasse	Lohn-steuer*	BVSP**	TAGZ***	Steuerklasse	Bemessungsgrundlage für Kirchensteuer und Solidaritätszuschlag					
						Freibeträge für ... Kinder					
						0,5	**1,0**	1,5	**2,0**	2,5	**3,0**
65 267,99	I,IV	**12 236**	5 581	5 581	I	10 574	8 990	7 483	6 052	4 700	3 424
	II	**10 744**	5 581	5 581	II	9 152	7 636	6 198	4 837	3 554	2 347
	III	**7 218**	5 581	5 581	III	5 988	4 798	3 646	2 532	1 472	586
	V	**18 199**	5 581	5 581	IV	11 395	10 574	9 772	8 990	8 226	7 483
	VI	**18 719**	5 581	5 581							
65 303,99	I,IV	**12 248**	5 581	5 581	I	10 586	9 001	7 493	6 062	4 709	3 433
	II	**10 756**	5 581	5 581	II	9 163	7 647	6 208	4 847	3 563	2 355
	III	**7 226**	5 581	5 581	III	5 998	4 806	3 654	2 540	1 480	592
	V	**18 213**	5 581	5 581	IV	11 407	10 586	9 784	9 001	8 237	7 493
	VI	**18 732**	5 581	5 581							
65 339,99	I,IV	**12 260**	5 581	5 581	I	10 598	9 012	7 504	6 073	4 719	3 442
	II	**10 768**	5 581	5 581	II	9 174	7 658	6 219	4 857	3 572	2 364
	III	**7 236**	5 581	5 581	III	6 006	4 814	3 662	2 548	1 486	596
	V	**18 227**	5 581	5 581	IV	11 419	10 598	9 795	9 012	8 248	7 504
	VI	**18 746**	5 581	5 581							
65 375,99	I,IV	**12 273**	5 581	5 581	I	10 610	9 024	7 515	6 083	4 728	3 451
	II	**10 780**	5 581	5 581	II	9 186	7 669	6 229	4 866	3 581	2 373
	III	**7 246**	5 581	5 581	III	6 014	4 824	3 670	2 556	1 494	602
	V	**18 241**	5 581	5 581	IV	11 432	10 610	9 807	9 024	8 259	7 515
	VI	**18 760**	5 581	5 581							
65 411,99	I,IV	**12 285**	5 581	5 581	I	10 621	9 035	7 525	6 093	4 738	3 460
	II	**10 792**	5 581	5 581	II	9 197	7 679	6 239	4 876	3 590	2 381
	III	**7 254**	5 581	5 581	III	6 024	4 832	3 678	2 564	1 502	608
	V	**18 254**	5 581	5 581	IV	11 444	10 621	9 818	9 035	8 270	7 525
	VI	**18 773**	5 581	5 581							
65 447,99	I,IV	**12 298**	5 581	5 581	I	10 633	9 046	7 536	6 103	4 748	3 469
	II	**10 804**	5 581	5 581	II	9 208	7 690	6 249	4 886	3 599	2 390
	III	**7 262**	5 581	5 581	III	6 032	4 840	3 686	2 572	1 508	614
	V	**18 268**	5 581	5 581	IV	11 456	10 633	9 830	9 046	8 281	7 536
	VI	**18 787**	5 581	5 581							
65 483,99	I,IV	**12 310**	5 581	5 581	I	10 645	9 057	7 547	6 113	4 757	3 478
	II	**10 815**	5 581	5 581	II	9 220	7 701	6 259	4 895	3 608	2 398
	III	**7 272**	5 581	5 581	III	6 040	4 848	3 694	2 580	1 516	620
	V	**18 281**	5 581	5 581	IV	11 468	10 645	9 841	9 057	8 292	7 547
	VI	**18 800**	5 581	5 581							
65 519,99	I,IV	**12 322**	5 581	5 581	I	10 657	9 069	7 557	6 123	4 767	3 487
	II	**10 827**	5 581	5 581	II	9 231	7 712	6 270	4 905	3 617	2 407
	III	**7 282**	5 581	5 581	III	6 050	4 858	3 704	2 588	1 524	626
	V	**18 295**	5 581	5 581	IV	11 480	10 657	9 853	9 069	8 303	7 557
	VI	**18 814**	5 581	5 581							
65 555,99	I,IV	**12 335**	5 581	5 581	I	10 669	9 080	7 568	6 134	4 776	3 496
	II	**10 839**	5 581	5 581	II	9 242	7 723	6 280	4 915	3 626	2 415
	III	**7 290**	5 581	5 581	III	6 058	4 866	3 712	2 596	1 530	632
	V	**18 309**	5 581	5 581	IV	11 492	10 669	9 865	9 080	8 314	7 568
	VI	**18 828**	5 581	5 581							
65 591,99	I,IV	**12 347**	5 581	5 581	I	10 680	9 091	7 579	6 144	4 786	3 505
	II	**10 851**	5 581	5 581	II	9 254	7 733	6 290	4 924	3 635	2 424
	III	**7 300**	5 581	5 581	III	6 068	4 874	3 720	2 604	1 538	638
	V	**18 322**	5 581	5 581	IV	11 504	10 680	9 876	9 091	8 325	7 579
	VI	**18 842**	5 581	5 581							
65 627,99	I,IV	**12 360**	5 581	5 581	I	10 692	9 103	7 590	6 154	4 796	3 514
	II	**10 863**	5 581	5 581	II	9 265	7 744	6 301	4 934	3 645	2 432
	III	**7 308**	5 581	5 581	III	6 076	4 884	3 728	2 612	1 544	644
	V	**18 336**	5 581	5 581	IV	11 516	10 692	9 888	9 103	8 336	7 590
	VI	**18 855**	5 581	5 581							
65 663,99	I,IV	**12 372**	5 581	5 581	I	10 705	9 114	7 601	6 164	4 805	3 523
	II	**10 875**	5 581	5 581	II	9 277	7 755	6 311	4 944	3 654	2 441
	III	**7 318**	5 581	5 581	III	6 086	4 892	3 736	2 620	1 552	650
	V	**18 350**	5 581	5 581	IV	11 529	10 705	9 900	9 114	8 348	7 601
	VI	**18 869**	5 581	5 581							

* Zur LSt-Berechnung für privat versicherte Arbeitnehmer s. Beispiele **Vorbemerkung S. 4 f.**
** Basisvorsorgepauschale KV und PV *** Typisierter Arbeitgeberzuschuss

Lohn/ Gehalt in € bis	Steuerklasse	Lohn- steuer*	BVSP**	TAGZ***	Steuerklasse	Bemessungsgrundlage für Kirchensteuer und Solidaritätszuschlag					
						Freibeträge für ... Kinder					
						0,5	**1,0**	1,5	**2,0**	2,5	**3,0**
65 699,99	I,IV	**12 384**	5 581	5 581	I	10 716	9 125	7 611	6 174	4 815	3 532
	II	**10 887**	5 581	5 581	II	9 288	7 766	6 321	4 953	3 663	2 449
	III	**7 326**	5 581	5 581	III	6 094	4 900	3 744	2 628	1 560	654
	V	**18 364**	5 581	5 581	IV	11 541	10 716	9 911	9 125	8 358	7 611
	VI	**18 883**	5 581	5 581							
65 735,99	I,IV	**12 397**	5 581	5 581	I	10 728	9 136	7 622	6 185	4 824	3 541
	II	**10 899**	5 581	5 581	II	9 299	7 777	6 331	4 963	3 672	2 458
	III	**7 336**	5 581	5 581	III	6 104	4 908	3 752	2 636	1 566	662
	V	**18 378**	5 581	5 581	IV	11 553	10 728	9 923	9 136	8 370	7 622
	VI	**18 897**	5 581	5 581							
65 771,99	I,IV	**12 410**	5 581	5 581	I	10 740	9 148	7 633	6 195	4 834	3 551
	II	**10 911**	5 581	5 581	II	9 311	7 788	6 342	4 973	3 681	2 467
	III	**7 346**	5 581	5 581	III	6 112	4 918	3 762	2 644	1 574	666
	V	**18 391**	5 581	5 581	IV	11 565	10 740	9 934	9 148	8 381	7 633
	VI	**18 910**	5 581	5 581							
65 807,99	I,IV	**12 422**	5 581	5 581	I	10 752	9 159	7 643	6 205	4 844	3 560
	II	**10 923**	5 581	5 581	II	9 322	7 798	6 352	4 982	3 690	2 475
	III	**7 354**	5 581	5 581	III	6 120	4 926	3 770	2 652	1 582	672
	V	**18 405**	5 581	5 581	IV	11 577	10 752	9 946	9 159	8 392	7 643
	VI	**18 924**	5 581	5 581							
65 843,99	I,IV	**12 434**	5 581	5 581	I	10 764	9 171	7 654	6 215	4 853	3 569
	II	**10 935**	5 581	5 581	II	9 333	7 809	6 362	4 992	3 699	2 484
	III	**7 364**	5 581	5 581	III	6 130	4 934	3 778	2 660	1 588	678
	V	**18 419**	5 581	5 581	IV	11 590	10 764	9 958	9 171	8 403	7 654
	VI	**18 938**	5 581	5 581							
65 879,99	I,IV	**12 447**	5 581	5 581	I	10 776	9 182	7 665	6 226	4 863	3 578
	II	**10 947**	5 581	5 581	II	9 345	7 820	6 373	5 002	3 709	2 492
	III	**7 372**	5 581	5 581	III	6 138	4 942	3 786	2 668	1 596	684
	V	**18 433**	5 581	5 581	IV	11 602	10 776	9 969	9 182	8 414	7 665
	VI	**18 952**	5 581	5 581							
65 915,99	I,IV	**12 459**	5 581	5 581	I	10 788	9 193	7 676	6 236	4 873	3 587
	II	**10 959**	5 581	5 581	II	9 356	7 831	6 383	5 012	3 718	2 501
	III	**7 382**	5 581	5 581	III	6 148	4 952	3 794	2 676	1 604	690
	V	**18 446**	5 581	5 581	IV	11 614	10 788	9 981	9 193	8 425	7 676
	VI	**18 965**	5 581	5 581							
65 951,99	I,IV	**12 472**	5 581	5 581	I	10 800	9 205	7 687	6 246	4 882	3 596
	II	**10 971**	5 581	5 581	II	9 368	7 842	6 393	5 021	3 727	2 510
	III	**7 390**	5 581	5 581	III	6 156	4 960	3 802	2 684	1 612	696
	V	**18 460**	5 581	5 581	IV	11 626	10 800	9 992	9 205	8 436	7 687
	VI	**18 979**	5 581	5 581							
65 987,99	I,IV	**12 484**	5 581	5 581	I	10 812	9 216	7 698	6 256	4 892	3 605
	II	**10 983**	5 581	5 581	II	9 379	7 853	6 403	5 031	3 736	2 518
	III	**7 400**	5 581	5 581	III	6 166	4 968	3 810	2 692	1 618	702
	V	**18 474**	5 581	5 581	IV	11 638	10 812	10 004	9 216	8 447	7 698
	VI	**18 993**	5 581	5 581							
66 023,99	I,IV	**12 497**	5 581	5 581	I	10 823	9 227	7 708	6 266	4 902	3 614
	II	**10 995**	5 581	5 581	II	9 390	7 863	6 413	5 041	3 745	2 527
	III	**7 408**	5 581	5 581	III	6 174	4 978	3 820	2 700	1 626	708
	V	**18 487**	5 581	5 581	IV	11 650	10 823	10 016	9 227	8 458	7 708
	VI	**19 006**	5 581	5 581							
66 059,99	I,IV	**12 509**	5 581	5 581	I	10 835	9 239	7 719	6 277	4 911	3 623
	II	**11 007**	5 581	5 581	II	9 402	7 874	6 424	5 051	3 754	2 535
	III	**7 418**	5 581	5 581	III	6 182	4 986	3 828	2 708	1 634	714
	V	**18 501**	5 581	5 581	IV	11 663	10 835	10 027	9 239	8 469	7 719
	VI	**19 020**	5 581	5 581							
66 095,99	I,IV	**12 522**	5 581	5 581	I	10 847	9 250	7 730	6 287	4 921	3 633
	II	**11 019**	5 581	5 581	II	9 414	7 885	6 434	5 060	3 764	2 544
	III	**7 428**	5 581	5 581	III	6 192	4 994	3 836	2 716	1 640	720
	V	**18 515**	5 581	5 581	IV	11 675	10 847	10 039	9 250	8 480	7 730
	VI	**19 034**	5 581	5 581							

* Zur LSt-Berechnung für privat versicherte Arbeitnehmer s. Beispiele **Vorbemerkung S. 4 f.**
** Basisvorsorgepauschale KV und PV *** Typisierter Arbeitgeberzuschuss

Lohn/ Gehalt in € bis	Steuerklasse	Lohn- steuer*	BVSP**	TAGZ***	Steuerklasse	Bemessungsgrundlage für Kirchensteuer und Solidaritätszuschlag – Freibeträge für ... Kinder 0,5	1,0	1,5	2,0	2,5	3,0
66131,99	I,IV	**12534**	5581	5581	I	10859	9261	7741	6297	4931	3641
	II	**11031**	5581	5581	II	9425	7896	6444	5070	3773	2553
	III	**7436**	5581	5581	III	6200	5002	3844	2724	1648	726
	V	**18528**	5581	5581	IV	11687	10859	10051	9261	8491	7741
	VI	**19047**	5581	5581							
66167,99	I,IV	**12547**	5581	5581	I	10871	9273	7752	6307	4940	3651
	II	**11043**	5581	5581	II	9436	7907	6455	5080	3782	2561
	III	**7446**	5581	5581	III	6210	5012	3852	2732	1656	732
	V	**18542**	5581	5581	IV	11699	10871	10062	9273	8503	7752
	VI	**19061**	5581	5581							
66203,99	I,IV	**12559**	5581	5581	I	10883	9284	7762	6318	4950	3660
	II	**11055**	5581	5581	II	9448	7918	6465	5090	3791	2570
	III	**7454**	5581	5581	III	6218	5020	3860	2740	1662	738
	V	**18556**	5581	5581	IV	11712	10883	10074	9284	8514	7762
	VI	**19075**	5581	5581							
66239,99	I,IV	**12572**	5581	5581	I	10895	9295	7773	6328	4960	3669
	II	**11067**	5581	5581	II	9459	7929	6475	5099	3800	2578
	III	**7464**	5581	5581	III	6226	5028	3868	2748	1670	744
	V	**18569**	5581	5581	IV	11724	10895	10086	9295	8525	7773
	VI	**19089**	5581	5581							
66275,99	I,IV	**12584**	5581	5581	I	10907	9307	7784	6338	4970	3678
	II	**11079**	5581	5581	II	9471	7940	6486	5109	3810	2587
	III	**7474**	5581	5581	III	6236	5038	3878	2756	1678	750
	V	**18583**	5581	5581	IV	11736	10907	10097	9307	8536	7784
	VI	**19102**	5581	5581							
66311,99	I,IV	**12597**	5581	5581	I	10919	9318	7795	6348	4979	3687
	II	**11091**	5581	5581	II	9482	7950	6496	5119	3819	2596
	III	**7482**	5581	5581	III	6244	5046	3886	2764	1686	756
	V	**18597**	5581	5581	IV	11748	10919	10109	9318	8547	7795
	VI	**19116**	5581	5581							
66347,99	I,IV	**12609**	5581	5581	I	10931	9330	7806	6359	4989	3696
	II	**11103**	5581	5581	II	9493	7961	6506	5129	3828	2604
	III	**7492**	5581	5581	III	6254	5054	3894	2772	1692	762
	V	**18611**	5581	5581	IV	11760	10931	10121	9330	8558	7806
	VI	**19130**	5581	5581							
66383,99	I,IV	**12622**	5581	5581	I	10943	9341	7817	6369	4999	3706
	II	**11115**	5581	5581	II	9505	7972	6517	5138	3837	2613
	III	**7500**	5581	5581	III	6262	5064	3902	2780	1700	768
	V	**18624**	5581	5581	IV	11773	10943	10132	9341	8569	7817
	VI	**19144**	5581	5581							
66419,99	I,IV	**12634**	5581	5581	I	10955	9352	7827	6379	5008	3715
	II	**11127**	5581	5581	II	9516	7983	6527	5148	3846	2622
	III	**7510**	5581	5581	III	6272	5072	3910	2788	1708	774
	V	**18638**	5581	5581	IV	11785	10955	10144	9352	8580	7827
	VI	**19157**	5581	5581							
66455,99	I,IV	**12647**	5581	5581	I	10967	9364	7838	6390	5018	3724
	II	**11139**	5581	5581	II	9528	7994	6537	5158	3856	2630
	III	**7518**	5581	5581	III	6280	5080	3918	2796	1716	780
	V	**18652**	5581	5581	IV	11797	10967	10156	9364	8591	7838
	VI	**19171**	5581	5581							
66491,99	I,IV	**12660**	5581	5581	I	10979	9375	7849	6400	5028	3733
	II	**11151**	5581	5581	II	9539	8005	6548	5168	3865	2639
	III	**7528**	5581	5581	III	6290	5090	3928	2804	1724	788
	V	**18666**	5581	5581	IV	11810	10979	10168	9375	8603	7849
	VI	**19185**	5581	5581							
66527,99	I,IV	**12672**	5581	5581	I	10991	9387	7860	6410	5037	3742
	II	**11163**	5581	5581	II	9551	8016	6558	5177	3874	2648
	III	**7538**	5581	5581	III	6298	5098	3936	2812	1730	794
	V	**18679**	5581	5581	IV	11822	10991	10179	9387	8614	7860
	VI	**19198**	5581	5581							

* Zur LSt-Berechnung für privat versicherte Arbeitnehmer s. Beispiele **Vorbemerkung S. 4 f.**
** Basisvorsorgepauschale KV und PV *** Typisierter Arbeitgeberzuschuss

Lohn/ Gehalt in € bis	Steuerklasse	Lohn-steuer*	BVSP**	TAGZ***	Steuerklasse	Bemessungsgrundlage für Kirchensteuer und Solidaritätszuschlag					
						Freibeträge für ... Kinder					
						0,5	**1,0**	1,5	**2,0**	2,5	**3,0**
66563,99	I,IV	**12685**	5581	5581	I	11003	9398	7871	6420	5047	3751
	II	**11175**	5581	5581	II	9562	8027	6568	5187	3883	2656
	III	**7546**	5581	5581	III	6308	5106	3944	2820	1738	800
	V	**18693**	5581	5581	IV	11834	11003	10191	9398	8625	7871
	VI	**19212**	5581	5581							
66599,99	I,IV	**12697**	5581	5581	I	11015	9410	7882	6431	5057	3761
	II	**11187**	5581	5581	II	9574	8038	6579	5197	3893	2665
	III	**7556**	5581	5581	III	6316	5116	3952	2828	1746	806
	V	**18707**	5581	5581	IV	11846	11015	10203	9410	8636	7882
	VI	**19226**	5581	5581							
66635,99	I,IV	**12710**	5581	5581	I	11027	9421	7892	6441	5067	3770
	II	**11199**	5581	5581	II	9585	8049	6589	5207	3902	2674
	III	**7566**	5581	5581	III	6326	5124	3960	2836	1754	812
	V	**18720**	5581	5581	IV	11858	11027	10214	9421	8647	7892
	VI	**19239**	5581	5581							
66671,99	I,IV	**12722**	5581	5581	I	11039	9432	7903	6451	5077	3779
	II	**11211**	5581	5581	II	9597	8060	6600	5217	3911	2682
	III	**7574**	5581	5581	III	6334	5132	3968	2844	1760	818
	V	**18734**	5581	5581	IV	11871	11039	10226	9432	8658	7903
	VI	**19253**	5581	5581							
66707,99	I,IV	**12735**	5581	5581	I	11051	9444	7914	6462	5086	3788
	II	**11223**	5581	5581	II	9608	8071	6610	5227	3920	2691
	III	**7584**	5581	5581	III	6344	5142	3978	2852	1768	824
	V	**18748**	5581	5581	IV	11883	11051	10238	9444	8670	7914
	VI	**19267**	5581	5581							
66743,99	I,IV	**12747**	5581	5581	I	11063	9455	7925	6472	5096	3797
	II	**11235**	5581	5581	II	9620	8081	6620	5236	3929	2700
	III	**7592**	5581	5581	III	6352	5150	3986	2860	1776	830
	V	**18761**	5581	5581	IV	11895	11063	10249	9455	8680	7925
	VI	**19281**	5581	5581							
66779,99	I,IV	**12760**	5581	5581	I	11075	9467	7936	6482	5106	3806
	II	**11247**	5581	5581	II	9631	8092	6631	5246	3939	2708
	III	**7602**	5581	5581	III	6360	5158	3994	2868	1784	836
	V	**18775**	5581	5581	IV	11908	11075	10261	9467	8692	7936
	VI	**19294**	5581	5581							
66815,99	I,IV	**12773**	5581	5581	I	11087	9478	7947	6493	5116	3816
	II	**11260**	5581	5581	II	9643	8103	6641	5256	3948	2717
	III	**7612**	5581	5581	III	6370	5166	4002	2878	1792	842
	V	**18789**	5581	5581	IV	11920	11087	10273	9478	8703	7947
	VI	**19308**	5581	5581							
66851,99	I,IV	**12785**	5581	5581	I	11099	9490	7958	6503	5125	3825
	II	**11271**	5581	5581	II	9654	8114	6651	5266	3957	2726
	III	**7620**	5581	5581	III	6378	5176	4010	2884	1798	848
	V	**18803**	5581	5581	IV	11932	11099	10285	9490	8714	7958
	VI	**19322**	5581	5581							
66887,99	I,IV	**12798**	5581	5581	I	11111	9501	7969	6513	5135	3834
	II	**11284**	5581	5581	II	9666	8125	6662	5276	3966	2735
	III	**7630**	5581	5581	III	6388	5184	4020	2892	1806	854
	V	**18816**	5581	5581	IV	11945	11111	10296	9501	8725	7969
	VI	**19336**	5581	5581							
66923,99	I,IV	**12810**	5581	5581	I	11123	9513	7980	6524	5145	3843
	II	**11296**	5581	5581	II	9678	8136	6672	5286	3976	2743
	III	**7638**	5581	5581	III	6396	5192	4028	2902	1814	862
	V	**18830**	5581	5581	IV	11957	11123	10308	9513	8737	7980
	VI	**19349**	5581	5581							
66959,99	I,IV	**12823**	5581	5581	I	11135	9524	7990	6534	5155	3852
	II	**11308**	5581	5581	II	9689	8147	6683	5295	3985	2752
	III	**7648**	5581	5581	III	6406	5202	4036	2910	1822	868
	V	**18844**	5581	5581	IV	11969	11135	10320	9524	8748	7990
	VI	**19363**	5581	5581							

* Zur LSt-Berechnung für privat versicherte Arbeitnehmer s. Beispiele **Vorbemerkung S. 4f.**
** Basisvorsorgepauschale KV und PV *** Typisierter Arbeitgeberzuschuss

Lohn/ Gehalt in € bis	Steuerklasse	Lohn-steuer*	BVSP**	TAGZ***	Steuerklasse	Bemessungsgrundlage für Kirchensteuer und Solidaritätszuschlag – Freibeträge für ... Kinder 0,5	1,0	1,5	2,0	2,5	3,0
66 995,99	I,IV	**12 836**	5 581	5 581	I	11 147	9 536	8 001	6 544	5 164	3 862
	II	**11 320**	5 581	5 581	II	9 700	8 158	6 693	5 305	3 994	2 761
	III	**7 656**	5 581	5 581	III	6 414	5 210	4 044	2 918	1 830	874
	V	**18 858**	5 581	5 581	IV	11 982	11 147	10 332	9 536	8 759	8 001
	VI	**19 377**	5 581	5 581							
67 031,99	I,IV	**12 848**	5 581	5 581	I	11 159	9 547	8 012	6 555	5 174	3 871
	II	**11 332**	5 581	5 581	II	9 712	8 169	6 704	5 315	4 004	2 770
	III	**7 666**	5 581	5 581	III	6 424	5 218	4 052	2 926	1 838	880
	V	**18 871**	5 581	5 581	IV	11 994	11 159	10 344	9 547	8 770	8 012
	VI	**19 391**	5 581	5 581							
67 067,99	I,IV	**12 861**	5 581	5 581	I	11 171	9 558	8 023	6 565	5 184	3 880
	II	**11 344**	5 581	5 581	II	9 723	8 180	6 714	5 325	4 013	2 778
	III	**7 676**	5 581	5 581	III	6 432	5 228	4 062	2 934	1 844	886
	V	**18 885**	5 581	5 581	IV	12 006	11 171	10 355	9 558	8 781	8 023
	VI	**19 404**	5 581	5 581							
67 103,99	I,IV	**12 873**	5 581	5 581	I	11 183	9 570	8 034	6 575	5 194	3 889
	II	**11 356**	5 581	5 581	II	9 735	8 191	6 724	5 335	4 022	2 787
	III	**7 684**	5 581	5 581	III	6 440	5 236	4 070	2 942	1 852	892
	V	**18 899**	5 581	5 581	IV	12 019	11 183	10 367	9 570	8 792	8 034
	VI	**19 418**	5 581	5 581							
67 139,99	I,IV	**12 886**	5 581	5 581	I	11 195	9 581	8 045	6 586	5 203	3 898
	II	**11 368**	5 581	5 581	II	9 746	8 202	6 735	5 344	4 031	2 795
	III	**7 694**	5 581	5 581	III	6 450	5 244	4 078	2 950	1 860	898
	V	**18 912**	5 581	5 581	IV	12 031	11 195	10 378	9 581	8 803	8 045
	VI	**19 431**	5 581	5 581							
67 175,99	I,IV	**12 899**	5 581	5 581	I	11 207	9 593	8 056	6 596	5 213	3 908
	II	**11 380**	5 581	5 581	II	9 758	8 213	6 745	5 354	4 041	2 804
	III	**7 704**	5 581	5 581	III	6 458	5 254	4 086	2 958	1 868	906
	V	**18 926**	5 581	5 581	IV	12 043	11 207	10 390	9 593	8 815	8 056
	VI	**19 445**	5 581	5 581							
67 211,99	I,IV	**12 911**	5 581	5 581	I	11 219	9 605	8 067	6 607	5 223	3 917
	II	**11 393**	5 581	5 581	II	9 770	8 224	6 756	5 364	4 050	2 813
	III	**7 712**	5 581	5 581	III	6 468	5 262	4 094	2 966	1 876	912
	V	**18 940**	5 581	5 581	IV	12 056	11 219	10 402	9 605	8 826	8 067
	VI	**19 459**	5 581	5 581							
67 247,99	I,IV	**12 924**	5 581	5 581	I	11 231	9 616	8 078	6 617	5 233	3 926
	II	**11 404**	5 581	5 581	II	9 781	8 235	6 766	5 374	4 059	2 822
	III	**7 722**	5 581	5 581	III	6 476	5 270	4 102	2 974	1 884	918
	V	**18 953**	5 581	5 581	IV	12 068	11 231	10 414	9 616	8 837	8 078
	VI	**19 472**	5 581	5 581							
67 283,99	I,IV	**12 936**	5 581	5 581	I	11 243	9 627	8 089	6 627	5 243	3 936
	II	**11 417**	5 581	5 581	II	9 793	8 246	6 776	5 384	4 069	2 831
	III	**7 730**	5 581	5 581	III	6 486	5 280	4 112	2 982	1 892	924
	V	**18 967**	5 581	5 581	IV	12 080	11 243	10 426	9 627	8 848	8 089
	VI	**19 486**	5 581	5 581							
67 319,99	I,IV	**12 949**	5 581	5 581	I	11 256	9 639	8 100	6 638	5 253	3 945
	II	**11 429**	5 581	5 581	II	9 804	8 257	6 787	5 394	4 078	2 839
	III	**7 740**	5 581	5 581	III	6 494	5 288	4 120	2 990	1 900	930
	V	**18 981**	5 581	5 581	IV	12 093	11 256	10 438	9 639	8 860	8 100
	VI	**19 500**	5 581	5 581							
67 355,99	I,IV	**12 962**	5 581	5 581	I	11 267	9 650	8 111	6 648	5 262	3 954
	II	**11 441**	5 581	5 581	II	9 816	8 268	6 797	5 404	4 087	2 848
	III	**7 748**	5 581	5 581	III	6 504	5 296	4 128	2 998	1 906	936
	V	**18 994**	5 581	5 581	IV	12 105	11 267	10 449	9 650	8 871	8 111
	VI	**19 514**	5 581	5 581							
67 391,99	I,IV	**12 974**	5 581	5 581	I	11 280	9 662	8 122	6 658	5 272	3 963
	II	**11 453**	5 581	5 581	II	9 828	8 279	6 808	5 414	4 097	2 857
	III	**7 758**	5 581	5 581	III	6 512	5 306	4 136	3 006	1 914	944
	V	**19 008**	5 581	5 581	IV	12 117	11 280	10 461	9 662	8 882	8 122
	VI	**19 527**	5 581	5 581							

* Zur LSt-Berechnung für privat versicherte Arbeitnehmer s. Beispiele **Vorbemerkung S. 4 f.**
** Basisvorsorgepauschale KV und PV *** Typisierter Arbeitgeberzuschuss

Lohn/ Gehalt in € bis	Steuerklasse	Lohn- steuer*	BVSP**	TAGZ***	Steuerklasse	Bemessungsgrundlage für Kirchensteuer und Solidaritätszuschlag					
						Freibeträge für ... Kinder					
						0,5	**1,0**	1,5	**2,0**	2,5	**3,0**
67 427,99	I,IV	**12 987**	5 581	5 581	I	11 292	9 674	8 133	6 669	5 282	3 973
	II	**11 465**	5 581	5 581	II	9 839	8 290	6 818	5 424	4 106	2 866
	III	**7 768**	5 581	5 581	III	6 522	5 314	4 144	3 014	1 922	950
	V	**19 022**	5 581	5 581	IV	12 130	11 292	10 473	9 674	8 894	8 133
	VI	**19 541**	5 581	5 581							
67 463,99	I,IV	**13 000**	5 581	5 581	I	11 304	9 685	8 143	6 679	5 292	3 982
	II	**11 477**	5 581	5 581	II	9 851	8 301	6 829	5 433	4 115	2 874
	III	**7 776**	5 581	5 581	III	6 530	5 322	4 152	3 022	1 930	956
	V	**19 036**	5 581	5 581	IV	12 142	11 304	10 485	9 685	8 905	8 143
	VI	**19 555**	5 581	5 581							
67 499,99	I,IV	**13 012**	5 581	5 581	I	11 316	9 697	8 154	6 690	5 302	3 991
	II	**11 490**	5 581	5 581	II	9 862	8 312	6 839	5 443	4 125	2 883
	III	**7 786**	5 581	5 581	III	6 540	5 332	4 162	3 030	1 938	962
	V	**19 050**	5 581	5 581	IV	12 154	11 316	10 497	9 697	8 916	8 154
	VI	**19 569**	5 581	5 581							
67 535,99	I,IV	**13 025**	5 581	5 581	I	11 328	9 708	8 166	6 700	5 312	4 001
	II	**11 502**	5 581	5 581	II	9 874	8 323	6 850	5 453	4 134	2 892
	III	**7 796**	5 581	5 581	III	6 548	5 340	4 170	3 038	1 946	968
	V	**19 063**	5 581	5 581	IV	12 167	11 328	10 509	9 708	8 927	8 166
	VI	**19 582**	5 581	5 581							
67 571,99	I,IV	**13 038**	5 581	5 581	I	11 340	9 720	8 176	6 710	5 321	4 010
	II	**11 514**	5 581	5 581	II	9 885	8 334	6 860	5 463	4 143	2 901
	III	**7 804**	5 581	5 581	III	6 558	5 348	4 178	3 046	1 954	974
	V	**19 077**	5 581	5 581	IV	12 179	11 340	10 520	9 720	8 938	8 176
	VI	**19 596**	5 581	5 581							
67 607,99	I,IV	**13 050**	5 581	5 581	I	11 352	9 731	8 187	6 721	5 331	4 019
	II	**11 526**	5 581	5 581	II	9 897	8 345	6 871	5 473	4 153	2 909
	III	**7 814**	5 581	5 581	III	6 566	5 358	4 186	3 056	1 962	982
	V	**19 091**	5 581	5 581	IV	12 192	11 352	10 532	9 731	8 950	8 187
	VI	**19 610**	5 581	5 581							
67 643,99	I,IV	**13 063**	5 581	5 581	I	11 364	9 743	8 199	6 731	5 341	4 028
	II	**11 538**	5 581	5 581	II	9 909	8 356	6 881	5 483	4 162	2 918
	III	**7 822**	5 581	5 581	III	6 576	5 366	4 196	3 064	1 970	988
	V	**19 105**	5 581	5 581	IV	12 204	11 364	10 544	9 743	8 961	8 199
	VI	**19 624**	5 581	5 581							
67 679,99	I,IV	**13 076**	5 581	5 581	I	11 376	9 754	8 209	6 742	5 351	4 038
	II	**11 550**	5 581	5 581	II	9 920	8 367	6 891	5 493	4 171	2 927
	III	**7 832**	5 581	5 581	III	6 584	5 374	4 204	3 070	1 978	994
	V	**19 118**	5 581	5 581	IV	12 216	11 376	10 556	9 754	8 972	8 209
	VI	**19 637**	5 581	5 581							
67 715,99	I,IV	**13 088**	5 581	5 581	I	11 389	9 766	8 220	6 752	5 361	4 047
	II	**11 563**	5 581	5 581	II	9 932	8 378	6 902	5 503	4 181	2 936
	III	**7 842**	5 581	5 581	III	6 594	5 384	4 212	3 080	1 986	1 000
	V	**19 132**	5 581	5 581	IV	12 229	11 389	10 568	9 766	8 983	8 220
	VI	**19 651**	5 581	5 581							
67 751,99	I,IV	**13 101**	5 581	5 581	I	11 401	9 778	8 232	6 763	5 371	4 056
	II	**11 575**	5 581	5 581	II	9 944	8 390	6 913	5 513	4 190	2 945
	III	**7 850**	5 581	5 581	III	6 602	5 392	4 220	3 088	1 994	1 008
	V	**19 146**	5 581	5 581	IV	12 241	11 401	10 580	9 778	8 995	8 232
	VI	**19 665**	5 581	5 581							
67 787,99	I,IV	**13 114**	5 581	5 581	I	11 413	9 789	8 242	6 773	5 381	4 066
	II	**11 587**	5 581	5 581	II	9 955	8 400	6 923	5 523	4 199	2 953
	III	**7 860**	5 581	5 581	III	6 610	5 400	4 228	3 096	2 000	1 014
	V	**19 159**	5 581	5 581	IV	12 253	11 413	10 591	9 789	9 006	8 242
	VI	**19 678**	5 581	5 581							
67 823,99	I,IV	**13 126**	5 581	5 581	I	11 425	9 801	8 253	6 783	5 391	4 075
	II	**11 599**	5 581	5 581	II	9 967	8 412	6 933	5 533	4 209	2 962
	III	**7 870**	5 581	5 581	III	6 620	5 410	4 238	3 104	2 008	1 020
	V	**19 173**	5 581	5 581	IV	12 266	11 425	10 603	9 801	9 017	8 253
	VI	**19 692**	5 581	5 581							

* Zur LSt-Berechnung für privat versicherte Arbeitnehmer s. Beispiele **Vorbemerkung S. 4 f.**
** Basisvorsorgepauschale KV und PV *** Typisierter Arbeitgeberzuschuss

Lohn/ Gehalt in € bis	Steuerklasse	Lohn-steuer*	BVSP**	TAGZ***	Steuerklasse	Bemessungsgrundlage für Kirchensteuer und Solidaritätszuschlag – Freibeträge für ... Kinder 0,5	1,0	1,5	2,0	2,5	3,0
67 859,99	I,IV	**13 139**	5 581	5 581	I	11 437	9 812	8 265	6 794	5 401	4 084
	II	**11 612**	5 581	5 581	II	9 979	8 423	6 944	5 543	4 218	2 971
	III	**7 878**	5 581	5 581	III	6 628	5 418	4 246	3 112	2 016	1 026
	V	**19 187**	5 581	5 581	IV	12 279	11 437	10 615	9 812	9 029	8 265
	VI	**19 706**	5 581	5 581							
67 895,99	I,IV	**13 152**	5 581	5 581	I	11 449	9 824	8 275	6 804	5 410	4 093
	II	**11 623**	5 581	5 581	II	9 990	8 434	6 954	5 552	4 228	2 980
	III	**7 888**	5 581	5 581	III	6 638	5 426	4 254	3 120	2 024	1 034
	V	**19 200**	5 581	5 581	IV	12 291	11 449	10 627	9 824	9 040	8 275
	VI	**19 719**	5 581	5 581							
67 931,99	I,IV	**13 165**	5 581	5 581	I	11 461	9 835	8 286	6 815	5 420	4 103
	II	**11 636**	5 581	5 581	II	10 002	8 445	6 965	5 562	4 237	2 989
	III	**7 898**	5 581	5 581	III	6 648	5 436	4 262	3 128	2 032	1 040
	V	**19 214**	5 581	5 581	IV	12 303	11 461	10 639	9 835	9 051	8 286
	VI	**19 733**	5 581	5 581							
67 967,99	I,IV	**13 177**	5 581	5 581	I	11 473	9 847	8 297	6 825	5 430	4 112
	II	**11 648**	5 581	5 581	II	10 013	8 456	6 975	5 572	4 246	2 997
	III	**7 906**	5 581	5 581	III	6 656	5 444	4 270	3 136	2 040	1 046
	V	**19 228**	5 581	5 581	IV	12 315	11 473	10 650	9 847	9 062	8 297
	VI	**19 747**	5 581	5 581							
68 003,99	I,IV	**13 190**	5 581	5 581	I	11 486	9 858	8 308	6 836	5 440	4 121
	II	**11 660**	5 581	5 581	II	10 025	8 467	6 986	5 582	4 256	3 006
	III	**7 916**	5 581	5 581	III	6 664	5 452	4 280	3 144	2 048	1 052
	V	**19 241**	5 581	5 581	IV	12 328	11 486	10 662	9 858	9 074	8 308
	VI	**19 761**	5 581	5 581							
68 039,99	I,IV	**13 203**	5 581	5 581	I	11 498	9 870	8 320	6 846	5 450	4 131
	II	**11 672**	5 581	5 581	II	10 037	8 478	6 997	5 592	4 265	3 015
	III	**7 926**	5 581	5 581	III	6 674	5 462	4 288	3 152	2 056	1 060
	V	**19 255**	5 581	5 581	IV	12 341	11 498	10 674	9 870	9 085	8 320
	VI	**19 774**	5 581	5 581							
68 075,99	I,IV	**13 215**	5 581	5 581	I	11 510	9 881	8 330	6 856	5 460	4 140
	II	**11 684**	5 581	5 581	II	10 048	8 489	7 007	5 602	4 274	3 024
	III	**7 934**	5 581	5 581	III	6 682	5 470	4 296	3 160	2 064	1 066
	V	**19 269**	5 581	5 581	IV	12 353	11 510	10 686	9 881	9 096	8 330
	VI	**19 788**	5 581	5 581							
68 111,99	I,IV	**13 228**	5 581	5 581	I	11 522	9 893	8 342	6 867	5 470	4 150
	II	**11 697**	5 581	5 581	II	10 060	8 500	7 018	5 612	4 284	3 033
	III	**7 944**	5 581	5 581	III	6 692	5 478	4 304	3 168	2 072	1 072
	V	**19 283**	5 581	5 581	IV	12 365	11 522	10 698	9 893	9 108	8 342
	VI	**19 802**	5 581	5 581							
68 147,99	I,IV	**13 241**	5 581	5 581	I	11 534	9 905	8 353	6 878	5 480	4 159
	II	**11 709**	5 581	5 581	II	10 072	8 511	7 028	5 622	4 293	3 042
	III	**7 952**	5 581	5 581	III	6 702	5 488	4 314	3 178	2 080	1 080
	V	**19 296**	5 581	5 581	IV	12 378	11 534	10 710	9 905	9 119	8 353
	VI	**19 816**	5 581	5 581							
68 183,99	I,IV	**13 253**	5 581	5 581	I	11 546	9 916	8 363	6 888	5 489	4 168
	II	**11 721**	5 581	5 581	II	10 083	8 522	7 039	5 632	4 303	3 050
	III	**7 962**	5 581	5 581	III	6 710	5 496	4 322	3 186	2 088	1 086
	V	**19 310**	5 581	5 581	IV	12 390	11 546	10 722	9 916	9 130	8 363
	VI	**19 829**	5 581	5 581							
68 219,99	I,IV	**13 266**	5 581	5 581	I	11 559	9 928	8 375	6 898	5 499	4 178
	II	**11 733**	5 581	5 581	II	10 095	8 533	7 049	5 642	4 312	3 059
	III	**7 972**	5 581	5 581	III	6 718	5 504	4 330	3 194	2 096	1 092
	V	**19 324**	5 581	5 581	IV	12 403	11 559	10 734	9 928	9 142	8 375
	VI	**19 843**	5 581	5 581							
68 255,99	I,IV	**13 279**	5 581	5 581	I	11 571	9 940	8 386	6 909	5 509	4 187
	II	**11 746**	5 581	5 581	II	10 107	8 545	7 060	5 652	4 322	3 068
	III	**7 980**	5 581	5 581	III	6 728	5 514	4 338	3 202	2 104	1 100
	V	**19 338**	5 581	5 581	IV	12 415	11 571	10 746	9 940	9 153	8 386
	VI	**19 857**	5 581	5 581							

* Zur LSt-Berechnung für privat versicherte Arbeitnehmer s. Beispiele **Vorbemerkung S. 4 f.**
** Basisvorsorgepauschale KV und PV *** Typisierter Arbeitgeberzuschuss

Lohn/ Gehalt in € bis	Steuerklasse	Lohn- steuer*	BVSP**	TAGZ***	Steuerklasse	Bemessungsgrundlage für Kirchensteuer und Solidaritätszuschlag					
						Freibeträge für ... Kinder					
						0,5	**1,0**	1,5	**2,0**	2,5	**3,0**
68 291,99	I,IV	**13 292**	5 581	5 581	I	11 583	9 951	8 397	6 919	5 519	4 196
	II	**11 758**	5 581	5 581	II	10 118	8 556	7 070	5 662	4 331	3 077
	III	**7 990**	5 581	5 581	III	6 736	5 522	4 346	3 210	2 110	1 106
	V	**19 351**	5 581	5 581	IV	12 428	11 583	10 757	9 951	9 164	8 397
	VI	**19 870**	5 581	5 581							
68 327,99	I,IV	**13 304**	5 581	5 581	I	11 595	9 963	8 408	6 930	5 529	4 206
	II	**11 770**	5 581	5 581	II	10 130	8 567	7 081	5 672	4 340	3 086
	III	**7 998**	5 581	5 581	III	6 746	5 532	4 354	3 218	2 118	1 112
	V	**19 365**	5 581	5 581	IV	12 440	11 595	10 769	9 963	9 176	8 408
	VI	**19 884**	5 581	5 581							
68 363,99	I,IV	**13 317**	5 581	5 581	I	11 607	9 975	8 419	6 941	5 539	4 215
	II	**11 783**	5 581	5 581	II	10 142	8 578	7 092	5 682	4 350	3 095
	III	**8 008**	5 581	5 581	III	6 756	5 540	4 364	3 226	2 126	1 120
	V	**19 379**	5 581	5 581	IV	12 453	11 607	10 781	9 975	9 187	8 419
	VI	**19 898**	5 581	5 581							
68 399,99	I,IV	**13 330**	5 581	5 581	I	11 619	9 986	8 430	6 951	5 549	4 224
	II	**11 795**	5 581	5 581	II	10 153	8 589	7 102	5 692	4 359	3 104
	III	**8 018**	5 581	5 581	III	6 764	5 548	4 372	3 234	2 134	1 126
	V	**19 392**	5 581	5 581	IV	12 465	11 619	10 793	9 986	9 198	8 430
	VI	**19 911**	5 581	5 581							
68 435,99	I,IV	**13 343**	5 581	5 581	I	11 632	9 998	8 441	6 961	5 559	4 234
	II	**11 807**	5 581	5 581	II	10 165	8 600	7 113	5 702	4 369	3 113
	III	**8 026**	5 581	5 581	III	6 772	5 558	4 380	3 242	2 142	1 132
	V	**19 406**	5 581	5 581	IV	12 478	11 632	10 805	9 998	9 210	8 441
	VI	**19 925**	5 581	5 581							
68 471,99	I,IV	**13 356**	5 581	5 581	I	11 644	10 010	8 452	6 972	5 569	4 243
	II	**11 819**	5 581	5 581	II	10 177	8 611	7 123	5 712	4 378	3 122
	III	**8 036**	5 581	5 581	III	6 782	5 566	4 390	3 250	2 150	1 140
	V	**19 420**	5 581	5 581	IV	12 490	11 644	10 817	10 010	9 221	8 452
	VI	**19 939**	5 581	5 581							
68 507,99	I,IV	**13 368**	5 581	5 581	I	11 656	10 021	8 463	6 982	5 579	4 253
	II	**11 831**	5 581	5 581	II	10 188	8 622	7 134	5 722	4 388	3 130
	III	**8 046**	5 581	5 581	III	6 790	5 574	4 398	3 258	2 158	1 146
	V	**19 433**	5 581	5 581	IV	12 502	11 656	10 829	10 021	9 232	8 463
	VI	**19 953**	5 581	5 581							
68 543,99	I,IV	**13 381**	5 581	5 581	I	11 668	10 033	8 474	6 993	5 589	4 262
	II	**11 844**	5 581	5 581	II	10 200	8 634	7 144	5 732	4 397	3 139
	III	**8 054**	5 581	5 581	III	6 800	5 584	4 406	3 266	2 166	1 152
	V	**19 447**	5 581	5 581	IV	12 515	11 668	10 841	10 033	9 244	8 474
	VI	**19 966**	5 581	5 581							
68 579,99	I,IV	**13 394**	5 581	5 581	I	11 681	10 045	8 486	7 004	5 599	4 272
	II	**11 856**	5 581	5 581	II	10 212	8 645	7 155	5 742	4 407	3 148
	III	**8 064**	5 581	5 581	III	6 810	5 592	4 414	3 276	2 174	1 160
	V	**19 461**	5 581	5 581	IV	12 528	11 681	10 853	10 045	9 255	8 486
	VI	**19 980**	5 581	5 581							
68 615,99	I,IV	**13 407**	5 581	5 581	I	11 693	10 056	8 496	7 014	5 609	4 281
	II	**11 868**	5 581	5 581	II	10 223	8 656	7 165	5 752	4 416	3 157
	III	**8 074**	5 581	5 581	III	6 818	5 602	4 422	3 284	2 182	1 166
	V	**19 475**	5 581	5 581	IV	12 540	11 693	10 865	10 056	9 267	8 496
	VI	**19 994**	5 581	5 581							
68 651,99	I,IV	**13 419**	5 581	5 581	I	11 705	10 068	8 508	7 025	5 619	4 290
	II	**11 881**	5 581	5 581	II	10 235	8 667	7 176	5 762	4 426	3 166
	III	**8 082**	5 581	5 581	III	6 826	5 610	4 432	3 292	2 190	1 172
	V	**19 488**	5 581	5 581	IV	12 553	11 705	10 877	10 068	9 278	8 508
	VI	**20 008**	5 581	5 581							
68 687,99	I,IV	**13 432**	5 581	5 581	I	11 717	10 080	8 519	7 035	5 629	4 300
	II	**11 893**	5 581	5 581	II	10 247	8 678	7 187	5 772	4 435	3 175
	III	**8 092**	5 581	5 581	III	6 836	5 618	4 440	3 300	2 198	1 180
	V	**19 502**	5 581	5 581	IV	12 565	11 717	10 889	10 080	9 290	8 519
	VI	**20 021**	5 581	5 581							

* Zur LSt-Berechnung für privat versicherte Arbeitnehmer s. Beispiele **Vorbemerkung S. 4 f.**
** Basisvorsorgepauschale KV und PV *** Typisierter Arbeitgeberzuschuss

Lohn/ Gehalt in € bis	Steuerklasse	Lohn- steuer*	BVSP**	TAGZ***	Steuerklasse	Bemessungsgrundlage für Kirchensteuer und Solidaritätszuschlag Freibeträge für ... Kinder 0,5	1,0	1,5	2,0	2,5	3,0
68723,99	I,IV	**13445**	5581	5581	I	11729	10091	8530	7046	5639	4309
	II	**11905**	5581	5581	II	10259	8689	7197	5782	4444	3184
	III	**8102**	5581	5581	III	6846	5628	4448	3308	2206	1186
	V	**19516**	5581	5581	IV	12578	11729	10901	10091	9301	8530
	VI	**20035**	5581	5581							
68759,99	I,IV	**13458**	5581	5581	I	11742	10103	8541	7056	5649	4319
	II	**11918**	5581	5581	II	10271	8701	7208	5792	4454	3193
	III	**8110**	5581	5581	III	6854	5636	4456	3316	2214	1192
	V	**19530**	5581	5581	IV	12590	11742	10913	10103	9312	8541
	VI	**20049**	5581	5581							
68795,99	I,IV	**13470**	5581	5581	I	11754	10114	8552	7067	5659	4328
	II	**11930**	5581	5581	II	10282	8712	7218	5802	4463	3202
	III	**8120**	5581	5581	III	6862	5644	4464	3324	2222	1200
	V	**19543**	5581	5581	IV	12602	11754	10924	10114	9323	8552
	VI	**20062**	5581	5581							
68831,99	I,IV	**13483**	5581	5581	I	11766	10126	8563	7077	5669	4337
	II	**11942**	5581	5581	II	10294	8723	7229	5812	4473	3211
	III	**8130**	5581	5581	III	6872	5654	4474	3332	2230	1206
	V	**19557**	5581	5581	IV	12615	11766	10936	10126	9335	8563
	VI	**20076**	5581	5581							
68867,99	I,IV	**13496**	5581	5581	I	11778	10138	8574	7088	5679	4347
	II	**11954**	5581	5581	II	10306	8734	7240	5823	4482	3220
	III	**8138**	5581	5581	III	6880	5662	4482	3340	2238	1214
	V	**19571**	5581	5581	IV	12628	11778	10949	10138	9346	8574
	VI	**20090**	5581	5581							
68903,99	I,IV	**13509**	5581	5581	I	11790	10149	8585	7098	5689	4356
	II	**11967**	5581	5581	II	10317	8745	7250	5832	4492	3228
	III	**8148**	5581	5581	III	6890	5670	4490	3348	2244	1220
	V	**19584**	5581	5581	IV	12640	11790	10960	10149	9358	8585
	VI	**20103**	5581	5581							
68939,99	I,IV	**13522**	5581	5581	I	11803	10161	8596	7109	5699	4366
	II	**11979**	5581	5581	II	10329	8756	7261	5843	4501	3237
	III	**8158**	5581	5581	III	6900	5680	4498	3356	2254	1226
	V	**19598**	5581	5581	IV	12653	11803	10972	10161	9369	8596
	VI	**20117**	5581	5581							
68975,99	I,IV	**13535**	5581	5581	I	11815	10173	8608	7120	5709	4375
	II	**11991**	5581	5581	II	10341	8768	7272	5853	4511	3246
	III	**8166**	5581	5581	III	6908	5688	4508	3364	2260	1234
	V	**19612**	5581	5581	IV	12665	11815	10984	10173	9381	8608
	VI	**20131**	5581	5581							
69011,99	I,IV	**13547**	5581	5581	I	11827	10184	8619	7130	5719	4384
	II	**12004**	5581	5581	II	10353	8779	7282	5863	4520	3255
	III	**8176**	5581	5581	III	6916	5696	4516	3372	2268	1240
	V	**19625**	5581	5581	IV	12678	11827	10996	10184	9392	8619
	VI	**20144**	5581	5581							
69047,99	I,IV	**13560**	5581	5581	I	11840	10196	8630	7141	5729	4394
	II	**12016**	5581	5581	II	10364	8790	7293	5873	4530	3264
	III	**8186**	5581	5581	III	6926	5706	4524	3382	2276	1248
	V	**19639**	5581	5581	IV	12690	11840	11008	10196	9403	8630
	VI	**20158**	5581	5581							
69083,99	I,IV	**13573**	5581	5581	I	11852	10208	8641	7151	5739	4404
	II	**12028**	5581	5581	II	10376	8801	7304	5883	4540	3273
	III	**8194**	5581	5581	III	6936	5714	4532	3390	2284	1254
	V	**19653**	5581	5581	IV	12703	11852	11020	10208	9415	8641
	VI	**20172**	5581	5581							
69119,99	I,IV	**13586**	5581	5581	I	11864	10220	8652	7162	5749	4413
	II	**12041**	5581	5581	II	10388	8812	7314	5893	4549	3282
	III	**8204**	5581	5581	III	6944	5724	4542	3398	2292	1260
	V	**19666**	5581	5581	IV	12715	11864	11032	10220	9426	8652
	VI	**20186**	5581	5581							

* Zur LSt-Berechnung für privat versicherte Arbeitnehmer s. Beispiele **Vorbemerkung S. 4f.**
** Basisvorsorgepauschale KV und PV *** Typisierter Arbeitgeberzuschuss

Lohn/ Gehalt in € bis	Steuerklasse	Lohn-steuer*	BVSP**	TAGZ***	Steuerklasse	Bemessungsgrundlage für Kirchensteuer und Solidaritätszuschlag – Freibeträge für ... Kinder 0,5	**1,0**	1,5	**2,0**	2,5	**3,0**
69155,99	I,IV	**13599**	5581	5581	I	11877	10231	8663	7173	5759	4422
	II	**12053**	5581	5581	II	10400	8824	7325	5903	4559	3291
	III	**8214**	5581	5581	III	6954	5732	4550	3406	2300	1268
	V	**19680**	5581	5581	IV	12728	11877	11044	10231	9438	8663
	VI	**20199**	5581	5581							
69191,99	I,IV	**13612**	5581	5581	I	11889	10243	8675	7183	5769	4432
	II	**12065**	5581	5581	II	10412	8835	7336	5913	4568	3300
	III	**8222**	5581	5581	III	6962	5742	4558	3414	2308	1274
	V	**19694**	5581	5581	IV	12741	11889	11056	10243	9449	8675
	VI	**20213**	5581	5581							
69227,99	I,IV	**13624**	5581	5581	I	11901	10255	8686	7194	5779	4441
	II	**12078**	5581	5581	II	10423	8846	7346	5923	4577	3309
	III	**8232**	5581	5581	III	6972	5750	4566	3422	2316	1282
	V	**19708**	5581	5581	IV	12753	11901	11068	10255	9460	8686
	VI	**20227**	5581	5581							
69263,99	I,IV	**13637**	5581	5581	I	11913	10267	8697	7204	5789	4451
	II	**12090**	5581	5581	II	10435	8857	7357	5933	4587	3318
	III	**8242**	5581	5581	III	6980	5758	4576	3430	2324	1288
	V	**19722**	5581	5581	IV	12766	11913	11080	10267	9472	8697
	VI	**20241**	5581	5581							
69299,99	I,IV	**13650**	5581	5581	I	11926	10278	8708	7215	5799	4460
	II	**12103**	5581	5581	II	10447	8869	7368	5944	4597	3327
	III	**8250**	5581	5581	III	6990	5768	4584	3438	2332	1296
	V	**19735**	5581	5581	IV	12778	11926	11092	10278	9484	8708
	VI	**20254**	5581	5581							
69335,99	I,IV	**13663**	5581	5581	I	11938	10290	8719	7225	5809	4470
	II	**12115**	5581	5581	II	10459	8880	7378	5953	4606	3336
	III	**8260**	5581	5581	III	6998	5776	4592	3446	2340	1302
	V	**19749**	5581	5581	IV	12791	11938	11104	10290	9495	8719
	VI	**20268**	5581	5581							
69371,99	I,IV	**13676**	5581	5581	I	11950	10302	8730	7236	5819	4479
	II	**12127**	5581	5581	II	10471	8891	7389	5964	4616	3345
	III	**8270**	5581	5581	III	7008	5786	4600	3456	2348	1310
	V	**19763**	5581	5581	IV	12804	11950	11116	10302	9506	8730
	VI	**20282**	5581	5581							
69407,99	I,IV	**13689**	5581	5581	I	11963	10314	8742	7247	5829	4489
	II	**12140**	5581	5581	II	10482	8902	7400	5974	4625	3354
	III	**8278**	5581	5581	III	7016	5794	4610	3464	2356	1316
	V	**19777**	5581	5581	IV	12816	11963	11129	10314	9518	8742
	VI	**20296**	5581	5581							
69443,99	I,IV	**13702**	5581	5581	I	11975	10325	8753	7257	5839	4498
	II	**12152**	5581	5581	II	10494	8913	7410	5984	4635	3363
	III	**8288**	5581	5581	III	7026	5802	4618	3472	2364	1324
	V	**19790**	5581	5581	IV	12829	11975	11140	10325	9529	8753
	VI	**20309**	5581	5581							
69479,99	I,IV	**13715**	5581	5581	I	11987	10337	8764	7268	5849	4508
	II	**12164**	5581	5581	II	10506	8925	7421	5994	4644	3372
	III	**8298**	5581	5581	III	7036	5812	4626	3480	2372	1330
	V	**19804**	5581	5581	IV	12841	11987	11153	10337	9541	8764
	VI	**20323**	5581	5581							
69515,99	I,IV	**13728**	5581	5581	I	12000	10349	8775	7279	5860	4517
	II	**12177**	5581	5581	II	10518	8936	7432	6004	4654	3381
	III	**8306**	5581	5581	III	7044	5820	4634	3488	2380	1338
	V	**19818**	5581	5581	IV	12854	12000	11165	10349	9552	8775
	VI	**20337**	5581	5581							
69551,99	I,IV	**13740**	5581	5581	I	12012	10360	8786	7289	5869	4527
	II	**12189**	5581	5581	II	10530	8947	7442	6014	4664	3390
	III	**8316**	5581	5581	III	7052	5828	4644	3496	2388	1344
	V	**19831**	5581	5581	IV	12866	12012	11177	10360	9564	8786
	VI	**20350**	5581	5581							

* Zur LSt-Berechnung für privat versicherte Arbeitnehmer s. Beispiele **Vorbemerkung S. 4 f.**
** Basisvorsorgepauschale KV und PV *** Typisierter Arbeitgeberzuschuss

Lohn/ Gehalt in € bis	Steuerklasse	Lohn-steuer*	BVSP**	TAGZ***	Steuerklasse	Bemessungsgrundlage für Kirchensteuer und Solidaritätszuschlag – Freibeträge für ... Kinder 0,5	1,0	1,5	2,0	2,5	3,0
69 587,99	I,IV	**13 753**	5 581	5 581	I	12 024	10 372	8 798	7 300	5 880	4 536
	II	**12 201**	5 581	5 581	II	10 541	8 959	7 453	6 025	4 673	3 399
	III	**8 326**	5 581	5 581	III	7 062	5 838	4 652	3 504	2 396	1 352
	V	**19 845**	5 581	5 581	IV	12 879	12 024	11 189	10 372	9 575	8 798
	VI	**20 364**	5 581	5 581							
69 623,99	I,IV	**13 766**	5 581	5 581	I	12 036	10 384	8 809	7 310	5 889	4 546
	II	**12 214**	5 581	5 581	II	10 553	8 970	7 463	6 034	4 683	3 408
	III	**8 334**	5 581	5 581	III	7 072	5 846	4 660	3 512	2 404	1 358
	V	**19 858**	5 581	5 581	IV	12 892	12 036	11 200	10 384	9 587	8 809
	VI	**20 378**	5 581	5 581							
69 659,99	I,IV	**13 779**	5 581	5 581	I	12 049	10 396	8 820	7 321	5 900	4 555
	II	**12 226**	5 581	5 581	II	10 565	8 981	7 474	6 045	4 692	3 417
	III	**8 344**	5 581	5 581	III	7 080	5 856	4 668	3 520	2 412	1 366
	V	**19 872**	5 581	5 581	IV	12 904	12 049	11 213	10 396	9 598	8 820
	VI	**20 391**	5 581	5 581							
69 695,99	I,IV	**13 792**	5 581	5 581	I	12 061	10 408	8 831	7 332	5 910	4 565
	II	**12 239**	5 581	5 581	II	10 577	8 992	7 485	6 055	4 702	3 426
	III	**8 354**	5 581	5 581	III	7 090	5 864	4 678	3 530	2 420	1 372
	V	**19 886**	5 581	5 581	IV	12 917	12 061	11 225	10 408	9 610	8 831
	VI	**20 405**	5 581	5 581							
69 731,99	I,IV	**13 805**	5 581	5 581	I	12 073	10 419	8 842	7 342	5 920	4 574
	II	**12 251**	5 581	5 581	II	10 589	9 004	7 496	6 065	4 711	3 435
	III	**8 362**	5 581	5 581	III	7 098	5 872	4 686	3 538	2 428	1 380
	V	**19 900**	5 581	5 581	IV	12 929	12 073	11 237	10 419	9 621	8 842
	VI	**20 419**	5 581	5 581							
69 767,99	I,IV	**13 818**	5 581	5 581	I	12 086	10 431	8 854	7 353	5 930	4 584
	II	**12 263**	5 581	5 581	II	10 601	9 015	7 506	6 075	4 721	3 444
	III	**8 372**	5 581	5 581	III	7 108	5 882	4 694	3 546	2 436	1 386
	V	**19 913**	5 581	5 581	IV	12 942	12 086	11 249	10 431	9 633	8 854
	VI	**20 433**	5 581	5 581							
69 803,99	I,IV	**13 831**	5 581	5 581	I	12 098	10 443	8 865	7 364	5 940	4 594
	II	**12 276**	5 581	5 581	II	10 613	9 026	7 517	6 085	4 731	3 453
	III	**8 382**	5 581	5 581	III	7 116	5 890	4 704	3 554	2 444	1 394
	V	**19 927**	5 581	5 581	IV	12 955	12 098	11 261	10 443	9 644	8 865
	VI	**20 446**	5 581	5 581							
69 839,99	I,IV	**13 844**	5 581	5 581	I	12 110	10 455	8 876	7 374	5 950	4 603
	II	**12 288**	5 581	5 581	II	10 624	9 037	7 528	6 095	4 740	3 462
	III	**8 390**	5 581	5 581	III	7 126	5 900	4 712	3 562	2 452	1 400
	V	**19 941**	5 581	5 581	IV	12 967	12 110	11 273	10 455	9 656	8 876
	VI	**20 460**	5 581	5 581							
69 875,99	I,IV	**13 857**	5 581	5 581	I	12 123	10 467	8 887	7 385	5 960	4 613
	II	**12 301**	5 581	5 581	II	10 636	9 049	7 539	6 106	4 750	3 471
	III	**8 400**	5 581	5 581	III	7 134	5 908	4 720	3 570	2 460	1 408
	V	**19 955**	5 581	5 581	IV	12 980	12 123	11 285	10 467	9 667	8 887
	VI	**20 474**	5 581	5 581							
69 911,99	I,IV	**13 870**	5 581	5 581	I	12 135	10 478	8 899	7 396	5 971	4 622
	II	**12 313**	5 581	5 581	II	10 648	9 060	7 550	6 116	4 760	3 480
	III	**8 410**	5 581	5 581	III	7 144	5 918	4 728	3 578	2 468	1 414
	V	**19 968**	5 581	5 581	IV	12 993	12 135	11 297	10 478	9 679	8 899
	VI	**20 488**	5 581	5 581							
69 947,99	I,IV	**13 882**	5 581	5 581	I	12 148	10 490	8 910	7 406	5 980	4 632
	II	**12 325**	5 581	5 581	II	10 660	9 071	7 560	6 126	4 769	3 489
	III	**8 418**	5 581	5 581	III	7 152	5 926	4 736	3 586	2 476	1 422
	V	**19 982**	5 581	5 581	IV	13 005	12 148	11 309	10 490	9 690	8 910
	VI	**20 501**	5 581	5 581							
69 983,99	I,IV	**13 895**	5 581	5 581	I	12 160	10 502	8 921	7 417	5 991	4 641
	II	**12 338**	5 581	5 581	II	10 672	9 083	7 571	6 136	4 779	3 498
	III	**8 428**	5 581	5 581	III	7 162	5 934	4 746	3 594	2 484	1 428
	V	**19 996**	5 581	5 581	IV	13 018	12 160	11 321	10 502	9 702	8 921
	VI	**20 515**	5 581	5 581							

* Zur LSt-Berechnung für privat versicherte Arbeitnehmer s. Beispiele **Vorbemerkung S. 4 f.**
** Basisvorsorgepauschale KV und PV *** Typisierter Arbeitgeberzuschuss

Lohn/ Gehalt in € bis	Steuerklasse	**Lohn-steuer***	BVSP**	TAGZ***	Steuerklasse	Bemessungsgrundlage für Kirchensteuer und Solidaritätszuschlag					
						Freibeträge für ... Kinder					
						0,5	**1,0**	1,5	**2,0**	2,5	**3,0**
70 019,99	I,IV	**13 908**	5 581	5 581	I	12 173	10 514	8 932	7 428	6 001	4 651
	II	**12 351**	5 581	5 581	II	10 684	9 094	7 582	6 147	4 788	3 508
	III	**8 438**	5 581	5 581	III	7 172	5 944	4 754	3 604	2 492	1 436
	V	**20 010**	5 581	5 581	IV	13 031	12 173	11 334	10 514	9 714	8 932
	VI	**20 529**	5 581	5 581							
70 055,99	I,IV	**13 921**	5 581	5 581	I	12 185	10 526	8 943	7 439	6 011	4 660
	II	**12 363**	5 581	5 581	II	10 695	9 105	7 592	6 157	4 798	3 516
	III	**8 448**	5 581	5 581	III	7 180	5 952	4 762	3 612	2 500	1 444
	V	**20 023**	5 581	5 581	IV	13 043	12 185	11 346	10 526	9 725	8 943
	VI	**20 542**	5 581	5 581							
70 091,99	I,IV	**13 934**	5 581	5 581	I	12 197	10 537	8 955	7 449	6 021	4 670
	II	**12 375**	5 581	5 581	II	10 707	9 117	7 603	6 167	4 808	3 526
	III	**8 456**	5 581	5 581	III	7 190	5 960	4 770	3 620	2 508	1 450
	V	**20 037**	5 581	5 581	IV	13 056	12 197	11 358	10 537	9 737	8 955
	VI	**20 556**	5 581	5 581							
70 127,99	I,IV	**13 947**	5 581	5 581	I	12 210	10 549	8 966	7 460	6 031	4 680
	II	**12 388**	5 581	5 581	II	10 719	9 128	7 614	6 177	4 817	3 535
	III	**8 466**	5 581	5 581	III	7 198	5 970	4 780	3 628	2 516	1 458
	V	**20 051**	5 581	5 581	IV	13 069	12 210	11 370	10 549	9 748	8 966
	VI	**20 570**	5 581	5 581							
70 163,99	I,IV	**13 960**	5 581	5 581	I	12 222	10 561	8 977	7 471	6 041	4 689
	II	**12 400**	5 581	5 581	II	10 731	9 139	7 625	6 187	4 827	3 544
	III	**8 476**	5 581	5 581	III	7 208	5 978	4 788	3 636	2 524	1 464
	V	**20 064**	5 581	5 581	IV	13 081	12 222	11 382	10 561	9 760	8 977
	VI	**20 583**	5 581	5 581							
70 199,99	I,IV	**13 973**	5 581	5 581	I	12 234	10 573	8 989	7 482	6 052	4 699
	II	**12 413**	5 581	5 581	II	10 743	9 151	7 635	6 197	4 837	3 553
	III	**8 484**	5 581	5 581	III	7 216	5 988	4 796	3 644	2 530	1 472
	V	**20 078**	5 581	5 581	IV	13 094	12 234	11 394	10 573	9 771	8 989
	VI	**20 597**	5 581	5 581							
70 235,99	I,IV	**13 986**	5 581	5 581	I	12 247	10 585	9 000	7 492	6 062	4 708
	II	**12 425**	5 581	5 581	II	10 755	9 162	7 646	6 208	4 846	3 562
	III	**8 494**	5 581	5 581	III	7 226	5 996	4 806	3 654	2 540	1 480
	V	**20 092**	5 581	5 581	IV	13 107	12 247	11 406	10 585	9 783	9 000
	VI	**20 611**	5 581	5 581							
70 271,99	I,IV	**13 999**	5 581	5 581	I	12 259	10 597	9 011	7 503	6 072	4 718
	II	**12 437**	5 581	5 581	II	10 767	9 173	7 657	6 218	4 856	3 571
	III	**8 504**	5 581	5 581	III	7 234	6 006	4 814	3 662	2 548	1 486
	V	**20 105**	5 581	5 581	IV	13 119	12 259	11 418	10 597	9 794	9 011
	VI	**20 625**	5 581	5 581							
70 307,99	I,IV	**14 012**	5 581	5 581	I	12 272	10 609	9 023	7 514	6 082	4 728
	II	**12 450**	5 581	5 581	II	10 779	9 185	7 668	6 228	4 866	3 580
	III	**8 512**	5 581	5 581	III	7 244	6 014	4 822	3 670	2 554	1 494
	V	**20 119**	5 581	5 581	IV	13 132	12 272	11 430	10 609	9 806	9 023
	VI	**20 638**	5 581	5 581							
70 343,99	I,IV	**14 025**	5 581	5 581	I	12 284	10 621	9 034	7 525	6 092	4 737
	II	**12 463**	5 581	5 581	II	10 791	9 196	7 679	6 238	4 875	3 589
	III	**8 522**	5 581	5 581	III	7 254	6 022	4 832	3 678	2 564	1 500
	V	**20 133**	5 581	5 581	IV	13 145	12 284	11 443	10 621	9 818	9 034
	VI	**20 652**	5 581	5 581							
70 379,99	I,IV	**14 038**	5 581	5 581	I	12 296	10 632	9 045	7 535	6 102	4 747
	II	**12 475**	5 581	5 581	II	10 803	9 207	7 689	6 248	4 885	3 598
	III	**8 532**	5 581	5 581	III	7 262	6 032	4 840	3 686	2 572	1 508
	V	**20 147**	5 581	5 581	IV	13 158	12 296	11 455	10 632	9 829	9 045
	VI	**20 666**	5 581	5 581							
70 415,99	I,IV	**14 051**	5 581	5 581	I	12 309	10 644	9 056	7 546	6 113	4 756
	II	**12 488**	5 581	5 581	II	10 815	9 219	7 700	6 259	4 895	3 607
	III	**8 540**	5 581	5 581	III	7 272	6 040	4 848	3 694	2 578	1 516
	V	**20 160**	5 581	5 581	IV	13 170	12 309	11 467	10 644	9 841	9 056
	VI	**20 680**	5 581	5 581							

* Zur LSt-Berechnung für privat versicherte Arbeitnehmer s. Beispiele **Vorbemerkung S. 4 f.**
** Basisvorsorgepauschale KV und PV *** Typisierter Arbeitgeberzuschuss

Lohn/ Gehalt in € bis	Steuerklasse	Lohn-steuer*	BVSP**	TAGZ***	Steuerklasse	Bemessungsgrundlage für Kirchensteuer und Solidaritätszuschlag – Freibeträge für ... Kinder 0,5	1,0	1,5	2,0	2,5	3,0
70 451,99	I,IV	**14 064**	5 581	5 581	I	12 321	10 656	9 068	7 556	6 123	4 766
	II	**12 500**	5 581	5 581	II	10 826	9 230	7 711	6 269	4 904	3 616
	III	**8 550**	5 581	5 581	III	7 280	6 048	4 856	3 702	2 586	1 522
	V	**20 174**	5 581	5 581	IV	13 183	12 321	11 479	10 656	9 852	9 068
	VI	**20 693**	5 581	5 581							
70 487,99	I,IV	**14 077**	5 581	5 581	I	12 334	10 668	9 079	7 567	6 133	4 775
	II	**12 512**	5 581	5 581	II	10 838	9 241	7 722	6 279	4 914	3 626
	III	**8 560**	5 581	5 581	III	7 290	6 058	4 866	3 710	2 596	1 530
	V	**20 188**	5 581	5 581	IV	13 196	12 334	11 491	10 668	9 864	9 079
	VI	**20 707**	5 581	5 581							
70 523,99	I,IV	**14 090**	5 581	5 581	I	12 346	10 680	9 090	7 578	6 143	4 785
	II	**12 525**	5 581	5 581	II	10 850	9 253	7 733	6 290	4 924	3 635
	III	**8 570**	5 581	5 581	III	7 298	6 066	4 874	3 718	2 602	1 536
	V	**20 202**	5 581	5 581	IV	13 209	12 346	11 503	10 680	9 875	9 090
	VI	**20 721**	5 581	5 581							
70 559,99	I,IV	**14 103**	5 581	5 581	I	12 359	10 691	9 101	7 589	6 153	4 795
	II	**12 537**	5 581	5 581	II	10 862	9 264	7 743	6 300	4 933	3 644
	III	**8 578**	5 581	5 581	III	7 308	6 076	4 882	3 728	2 610	1 544
	V	**20 215**	5 581	5 581	IV	13 221	12 359	11 515	10 691	9 887	9 101
	VI	**20 734**	5 581	5 581							
70 595,99	I,IV	**14 116**	5 581	5 581	I	12 371	10 703	9 113	7 600	6 163	4 804
	II	**12 550**	5 581	5 581	II	10 874	9 276	7 754	6 310	4 943	3 653
	III	**8 588**	5 581	5 581	III	7 318	6 084	4 890	3 736	2 620	1 552
	V	**20 229**	5 581	5 581	IV	13 234	12 371	11 528	10 703	9 899	9 113
	VI	**20 748**	5 581	5 581							
70 631,99	I,IV	**14 129**	5 581	5 581	I	12 384	10 715	9 124	7 610	6 174	4 814
	II	**12 563**	5 581	5 581	II	10 886	9 287	7 765	6 320	4 953	3 662
	III	**8 598**	5 581	5 581	III	7 326	6 094	4 900	3 744	2 626	1 558
	V	**20 243**	5 581	5 581	IV	13 247	12 384	11 540	10 715	9 910	9 124
	VI	**20 762**	5 581	5 581							
70 667,99	I,IV	**14 142**	5 581	5 581	I	12 396	10 727	9 135	7 621	6 184	4 824
	II	**12 575**	5 581	5 581	II	10 898	9 298	7 776	6 330	4 962	3 671
	III	**8 606**	5 581	5 581	III	7 334	6 102	4 908	3 752	2 634	1 566
	V	**20 256**	5 581	5 581	IV	13 259	12 396	11 552	10 727	9 922	9 135
	VI	**20 775**	5 581	5 581							
70 703,99	I,IV	**14 155**	5 581	5 581	I	12 408	10 739	9 147	7 632	6 194	4 833
	II	**12 587**	5 581	5 581	II	10 910	9 310	7 787	6 341	4 972	3 680
	III	**8 616**	5 581	5 581	III	7 344	6 112	4 916	3 760	2 644	1 574
	V	**20 270**	5 581	5 581	IV	13 272	12 408	11 564	10 739	9 933	9 147
	VI	**20 789**	5 581	5 581							
70 739,99	I,IV	**14 168**	5 581	5 581	I	12 421	10 751	9 158	7 643	6 204	4 843
	II	**12 600**	5 581	5 581	II	10 922	9 321	7 798	6 351	4 982	3 690
	III	**8 626**	5 581	5 581	III	7 354	6 120	4 926	3 768	2 650	1 580
	V	**20 284**	5 581	5 581	IV	13 285	12 421	11 576	10 751	9 945	9 158
	VI	**20 803**	5 581	5 581							
70 775,99	I,IV	**14 181**	5 581	5 581	I	12 433	10 763	9 169	7 653	6 214	4 853
	II	**12 612**	5 581	5 581	II	10 934	9 332	7 808	6 361	4 991	3 699
	III	**8 634**	5 581	5 581	III	7 362	6 128	4 934	3 776	2 658	1 588
	V	**20 297**	5 581	5 581	IV	13 297	12 433	11 588	10 763	9 956	9 169
	VI	**20 816**	5 581	5 581							
70 811,99	I,IV	**14 194**	5 581	5 581	I	12 446	10 775	9 181	7 664	6 225	4 862
	II	**12 625**	5 581	5 581	II	10 946	9 344	7 819	6 372	5 001	3 708
	III	**8 644**	5 581	5 581	III	7 372	6 138	4 942	3 786	2 668	1 596
	V	**20 311**	5 581	5 581	IV	13 310	12 446	11 601	10 775	9 968	9 181
	VI	**20 830**	5 581	5 581							
70 847,99	I,IV	**14 207**	5 581	5 581	I	12 458	10 787	9 192	7 675	6 235	4 872
	II	**12 638**	5 581	5 581	II	10 958	9 356	7 830	6 382	5 011	3 717
	III	**8 654**	5 581	5 581	III	7 380	6 146	4 950	3 794	2 676	1 602
	V	**20 325**	5 581	5 581	IV	13 323	12 458	11 613	10 787	9 980	9 192
	VI	**20 844**	5 581	5 581							

* Zur LSt-Berechnung für privat versicherte Arbeitnehmer s. Beispiele **Vorbemerkung S. 4 f.**
** Basisvorsorgepauschale KV und PV   *** Typisierter Arbeitgeberzuschuss

Lohn/ Gehalt in € bis	Steuerklasse	**Lohn-steuer***	BVSP**	TAGZ***	Steuerklasse	Bemessungsgrundlage für Kirchensteuer und Solidaritätszuschlag					
						Freibeträge für ... Kinder					
						0,5	**1,0**	1,5	**2,0**	2,5	**3,0**
70 883,99	I,IV	**14 220**	5 581	5 581	I	12 471	10 799	9 204	7 686	6 245	4 882
	II	**12 650**	5 581	5 581	II	10 970	9 367	7 841	6 392	5 020	3 726
	III	**8 664**	5 581	5 581	III	7 390	6 156	4 960	3 802	2 682	1 610
	V	**20 338**	5 581	5 581	IV	13 336	12 471	11 625	10 799	9 991	9 204
	VI	**20 858**	5 581	5 581							
70 919,99	I,IV	**14 233**	5 581	5 581	I	12 483	10 811	9 215	7 697	6 255	4 891
	II	**12 663**	5 581	5 581	II	10 982	9 378	7 852	6 402	5 030	3 735
	III	**8 672**	5 581	5 581	III	7 400	6 164	4 968	3 810	2 692	1 618
	V	**20 352**	5 581	5 581	IV	13 349	12 483	11 637	10 811	10 003	9 215
	VI	**20 871**	5 581	5 581							
70 955,99	I,IV	**14 246**	5 581	5 581	I	12 496	10 823	9 226	7 708	6 266	4 901
	II	**12 675**	5 581	5 581	II	10 994	9 390	7 863	6 413	5 040	3 745
	III	**8 682**	5 581	5 581	III	7 408	6 174	4 976	3 818	2 700	1 626
	V	**20 366**	5 581	5 581	IV	13 362	12 496	11 650	10 823	10 015	9 226
	VI	**20 885**	5 581	5 581							
70 991,99	I,IV	**14 259**	5 581	5 581	I	12 508	10 834	9 238	7 718	6 276	4 911
	II	**12 688**	5 581	5 581	II	11 006	9 401	7 873	6 423	5 050	3 754
	III	**8 692**	5 581	5 581	III	7 418	6 182	4 984	3 826	2 706	1 632
	V	**20 380**	5 581	5 581	IV	13 374	12 508	11 662	10 834	10 026	9 238
	VI	**20 899**	5 581	5 581							
71 027,99	I,IV	**14 272**	5 581	5 581	I	12 521	10 846	9 249	7 729	6 286	4 920
	II	**12 700**	5 581	5 581	II	11 018	9 413	7 884	6 433	5 060	3 763
	III	**8 702**	5 581	5 581	III	7 426	6 192	4 994	3 836	2 716	1 640
	V	**20 394**	5 581	5 581	IV	13 387	12 521	11 674	10 846	10 038	9 249
	VI	**20 913**	5 581	5 581							
71 063,99	I,IV	**14 286**	5 581	5 581	I	12 533	10 858	9 261	7 740	6 296	4 930
	II	**12 713**	5 581	5 581	II	11 030	9 424	7 895	6 444	5 069	3 772
	III	**8 710**	5 581	5 581	III	7 436	6 200	5 002	3 844	2 724	1 648
	V	**20 407**	5 581	5 581	IV	13 400	12 533	11 686	10 858	10 050	9 261
	VI	**20 926**	5 581	5 581							
71 099,99	I,IV	**14 298**	5 581	5 581	I	12 546	10 870	9 272	7 751	6 306	4 940
	II	**12 725**	5 581	5 581	II	11 042	9 435	7 906	6 454	5 079	3 781
	III	**8 720**	5 581	5 581	III	7 444	6 208	5 010	3 852	2 732	1 654
	V	**20 421**	5 581	5 581	IV	13 412	12 546	11 698	10 870	10 061	9 272
	VI	**20 940**	5 581	5 581							
71 135,99	I,IV	**14 312**	5 581	5 581	I	12 558	10 882	9 283	7 761	6 317	4 949
	II	**12 738**	5 581	5 581	II	11 054	9 447	7 917	6 464	5 089	3 790
	III	**8 730**	5 581	5 581	III	7 454	6 218	5 020	3 860	2 740	1 662
	V	**20 435**	5 581	5 581	IV	13 425	12 558	11 711	10 882	10 073	9 283
	VI	**20 954**	5 581	5 581							
71 171,99	I,IV	**14 325**	5 581	5 581	I	12 571	10 894	9 295	7 772	6 327	4 959
	II	**12 751**	5 581	5 581	II	11 066	9 458	7 928	6 475	5 099	3 800
	III	**8 738**	5 581	5 581	III	7 464	6 226	5 028	3 868	2 748	1 670
	V	**20 449**	5 581	5 581	IV	13 438	12 571	11 723	10 894	10 085	9 295
	VI	**20 968**	5 581	5 581							
71 207,99	I,IV	**14 338**	5 581	5 581	I	12 583	10 906	9 306	7 783	6 337	4 969
	II	**12 763**	5 581	5 581	II	11 078	9 470	7 939	6 485	5 108	3 809
	III	**8 748**	5 581	5 581	III	7 472	6 236	5 036	3 876	2 756	1 678
	V	**20 462**	5 581	5 581	IV	13 451	12 583	11 735	10 906	10 096	9 306
	VI	**20 981**	5 581	5 581							
71 243,99	I,IV	**14 351**	5 581	5 581	I	12 596	10 918	9 317	7 794	6 348	4 979
	II	**12 776**	5 581	5 581	II	11 090	9 481	7 950	6 495	5 118	3 818
	III	**8 758**	5 581	5 581	III	7 482	6 244	5 046	3 886	2 764	1 684
	V	**20 476**	5 581	5 581	IV	13 464	12 596	11 747	10 918	10 108	9 317
	VI	**20 995**	5 581	5 581							
71 279,99	I,IV	**14 364**	5 581	5 581	I	12 608	10 930	9 329	7 805	6 358	4 988
	II	**12 788**	5 581	5 581	II	11 102	9 492	7 960	6 505	5 128	3 827
	III	**8 768**	5 581	5 581	III	7 490	6 254	5 054	3 894	2 772	1 692
	V	**20 489**	5 581	5 581	IV	13 476	12 608	11 759	10 930	10 120	9 329
	VI	**21 008**	5 581	5 581							

* Zur LSt-Berechnung für privat versicherte Arbeitnehmer s. Beispiele **Vorbemerkung S. 4 f.**
** Basisvorsorgepauschale KV und PV *** Typisierter Arbeitgeberzuschuss

Lohn/ Gehalt in € bis	Steuerklasse	Lohn-steuer*	BVSP**	TAGZ***	Steuerklasse	Bemessungsgrundlage für Kirchensteuer und Solidaritätszuschlag					
						Freibeträge für ... Kinder					
						0,5	**1,0**	1,5	**2,0**	2,5	**3,0**
71 315,99	I,IV	**14 377**	5 581	5 581	I	12 621	10 942	9 340	7 816	6 368	4 998
	II	**12 801**	5 581	5 581	II	11 114	9 504	7 971	6 516	5 137	3 836
	III	**8 776**	5 581	5 581	III	7 500	6 262	5 062	3 902	2 780	1 700
	V	**20 503**	5 581	5 581	IV	13 489	12 621	11 772	10 942	10 131	9 340
	VI	**21 022**	5 581	5 581							
71 351,99	I,IV	**14 390**	5 581	5 581	I	12 634	10 954	9 352	7 826	6 378	5 008
	II	**12 814**	5 581	5 581	II	11 126	9 516	7 982	6 526	5 147	3 846
	III	**8 786**	5 581	5 581	III	7 510	6 272	5 072	3 910	2 788	1 708
	V	**20 517**	5 581	5 581	IV	13 502	12 634	11 784	10 954	10 143	9 352
	VI	**21 036**	5 581	5 581							
71 387,99	I,IV	**14 403**	5 581	5 581	I	12 646	10 966	9 363	7 837	6 389	5 017
	II	**12 826**	5 581	5 581	II	11 138	9 527	7 993	6 536	5 157	3 855
	III	**8 796**	5 581	5 581	III	7 518	6 280	5 080	3 918	2 796	1 714
	V	**20 530**	5 581	5 581	IV	13 515	12 646	11 796	10 966	10 155	9 363
	VI	**21 050**	5 581	5 581							
71 423,99	I,IV	**14 416**	5 581	5 581	I	12 658	10 978	9 374	7 848	6 399	5 027
	II	**12 839**	5 581	5 581	II	11 150	9 538	8 004	6 547	5 167	3 864
	III	**8 804**	5 581	5 581	III	7 528	6 288	5 088	3 926	2 804	1 722
	V	**20 544**	5 581	5 581	IV	13 528	12 658	11 809	10 978	10 166	9 374
	VI	**21 063**	5 581	5 581							
71 459,99	I,IV	**14 430**	5 581	5 581	I	12 671	10 990	9 386	7 859	6 409	5 037
	II	**12 851**	5 581	5 581	II	11 162	9 550	8 015	6 557	5 177	3 873
	III	**8 814**	5 581	5 581	III	7 536	6 298	5 098	3 936	2 812	1 730
	V	**20 558**	5 581	5 581	IV	13 541	12 671	11 821	10 990	10 178	9 386
	VI	**21 077**	5 581	5 581							
71 495,99	I,IV	**14 442**	5 581	5 581	I	12 683	11 002	9 397	7 870	6 419	5 046
	II	**12 864**	5 581	5 581	II	11 174	9 561	8 026	6 567	5 186	3 882
	III	**8 824**	5 581	5 581	III	7 546	6 306	5 106	3 944	2 820	1 738
	V	**20 572**	5 581	5 581	IV	13 553	12 683	11 833	11 002	10 190	9 397
	VI	**21 091**	5 581	5 581							
71 531,99	I,IV	**14 456**	5 581	5 581	I	12 696	11 014	9 409	7 881	6 430	5 056
	II	**12 876**	5 581	5 581	II	11 186	9 573	8 037	6 578	5 196	3 892
	III	**8 834**	5 581	5 581	III	7 554	6 316	5 114	3 952	2 828	1 744
	V	**20 585**	5 581	5 581	IV	13 566	12 696	11 845	11 014	10 202	9 409
	VI	**21 105**	5 581	5 581							
71 567,99	I,IV	**14 469**	5 581	5 581	I	12 709	11 026	9 420	7 892	6 440	5 066
	II	**12 889**	5 581	5 581	II	11 198	9 584	8 048	6 588	5 206	3 901
	III	**8 844**	5 581	5 581	III	7 564	6 324	5 124	3 960	2 836	1 752
	V	**20 599**	5 581	5 581	IV	13 579	12 709	11 858	11 026	10 213	9 420
	VI	**21 118**	5 581	5 581							
71 603,99	I,IV	**14 482**	5 581	5 581	I	12 721	11 038	9 431	7 902	6 450	5 076
	II	**12 902**	5 581	5 581	II	11 210	9 596	8 059	6 599	5 216	3 910
	III	**8 852**	5 581	5 581	III	7 574	6 334	5 132	3 968	2 844	1 760
	V	**20 613**	5 581	5 581	IV	13 592	12 721	11 870	11 038	10 225	9 431
	VI	**21 132**	5 581	5 581							
71 639,99	I,IV	**14 495**	5 581	5 581	I	12 734	11 050	9 443	7 913	6 461	5 085
	II	**12 914**	5 581	5 581	II	11 222	9 607	8 070	6 609	5 226	3 919
	III	**8 862**	5 581	5 581	III	7 582	6 342	5 140	3 976	2 852	1 768
	V	**20 627**	5 581	5 581	IV	13 605	12 734	11 882	11 050	10 237	9 443
	VI	**21 146**	5 581	5 581							
71 675,99	I,IV	**14 508**	5 581	5 581	I	12 747	11 062	9 455	7 924	6 471	5 095
	II	**12 927**	5 581	5 581	II	11 234	9 619	8 081	6 620	5 236	3 929
	III	**8 872**	5 581	5 581	III	7 592	6 352	5 150	3 986	2 860	1 776
	V	**20 640**	5 581	5 581	IV	13 618	12 747	11 895	11 062	10 249	9 455
	VI	**21 160**	5 581	5 581							
71 711,99	I,IV	**14 521**	5 581	5 581	I	12 759	11 074	9 466	7 935	6 481	5 105
	II	**12 939**	5 581	5 581	II	11 246	9 630	8 091	6 630	5 245	3 938
	III	**8 880**	5 581	5 581	III	7 602	6 360	5 158	3 994	2 868	1 782
	V	**20 654**	5 581	5 581	IV	13 630	12 759	11 907	11 074	10 260	9 466
	VI	**21 173**	5 581	5 581							

* Zur LSt-Berechnung für privat versicherte Arbeitnehmer s. Beispiele **Vorbemerkung S. 4 f.**
** Basisvorsorgepauschale KV und PV *** Typisierter Arbeitgeberzuschuss

Lohn/ Gehalt in € bis	Steuerklasse	Lohn-steuer*	BVSP**	TAGZ***	Steuerklasse	Bemessungsgrundlage für Kirchensteuer und Solidaritätszuschlag					
						Freibeträge für ... Kinder					
						0,5	**1,0**	1,5	**2,0**	2,5	**3,0**
71 747,99	I,IV	**14 534**	5 581	5 581	I	12 772	11 086	9 477	7 946	6 492	5 115
	II	**12 952**	5 581	5 581	II	11 258	9 642	8 102	6 640	5 255	3 947
	III	**8 890**	5 581	5 581	III	7 610	6 368	5 166	4 002	2 876	1 790
	V	**20 668**	5 581	5 581	IV	13 643	12 772	11 919	11 086	10 272	9 477
	VI	**21 187**	5 581	5 581							
71 783,99	I,IV	**14 548**	5 581	5 581	I	12 784	11 098	9 489	7 957	6 502	5 125
	II	**12 965**	5 581	5 581	II	11 271	9 654	8 114	6 651	5 265	3 957
	III	**8 900**	5 581	5 581	III	7 620	6 378	5 174	4 010	2 884	1 798
	V	**20 682**	5 581	5 581	IV	13 656	12 784	11 931	11 098	10 284	9 489
	VI	**21 201**	5 581	5 581							
71 819,99	I,IV	**14 561**	5 581	5 581	I	12 797	11 110	9 500	7 968	6 512	5 134
	II	**12 977**	5 581	5 581	II	11 283	9 665	8 124	6 661	5 275	3 966
	III	**8 910**	5 581	5 581	III	7 628	6 386	5 184	4 018	2 892	1 806
	V	**20 695**	5 581	5 581	IV	13 669	12 797	11 944	11 110	10 295	9 500
	VI	**21 214**	5 581	5 581							
71 855,99	I,IV	**14 574**	5 581	5 581	I	12 809	11 122	9 512	7 979	6 523	5 144
	II	**12 990**	5 581	5 581	II	11 295	9 676	8 135	6 671	5 285	3 975
	III	**8 918**	5 581	5 581	III	7 638	6 396	5 192	4 026	2 900	1 814
	V	**20 709**	5 581	5 581	IV	13 682	12 809	11 956	11 122	10 307	9 512
	VI	**21 228**	5 581	5 581							
71 891,99	I,IV	**14 587**	5 581	5 581	I	12 822	11 134	9 523	7 990	6 533	5 154
	II	**13 003**	5 581	5 581	II	11 307	9 688	8 146	6 682	5 295	3 984
	III	**8 928**	5 581	5 581	III	7 648	6 404	5 200	4 036	2 908	1 822
	V	**20 723**	5 581	5 581	IV	13 695	12 822	11 968	11 134	10 319	9 523
	VI	**21 242**	5 581	5 581							
71 927,99	I,IV	**14 600**	5 581	5 581	I	12 834	11 146	9 535	8 000	6 543	5 164
	II	**13 015**	5 581	5 581	II	11 319	9 699	8 157	6 692	5 304	3 993
	III	**8 938**	5 581	5 581	III	7 656	6 414	5 210	4 044	2 916	1 828
	V	**20 736**	5 581	5 581	IV	13 708	12 834	11 981	11 146	10 331	9 535
	VI	**21 255**	5 581	5 581							
71 963,99	I,IV	**14 613**	5 581	5 581	I	12 847	11 158	9 546	8 011	6 554	5 173
	II	**13 028**	5 581	5 581	II	11 331	9 711	8 168	6 703	5 314	4 003
	III	**8 946**	5 581	5 581	III	7 666	6 422	5 218	4 052	2 924	1 836
	V	**20 750**	5 581	5 581	IV	13 721	12 847	11 993	11 158	10 342	9 546
	VI	**21 269**	5 581	5 581							
71 999,99	I,IV	**14 627**	5 581	5 581	I	12 860	11 170	9 558	8 022	6 564	5 183
	II	**13 041**	5 581	5 581	II	11 343	9 723	8 179	6 713	5 324	4 012
	III	**8 956**	5 581	5 581	III	7 674	6 432	5 226	4 060	2 932	1 844
	V	**20 764**	5 581	5 581	IV	13 734	12 860	12 005	11 170	10 354	9 558
	VI	**21 283**	5 581	5 581							
72 035,99	I,IV	**14 640**	5 581	5 581	I	12 872	11 182	9 569	8 033	6 574	5 193
	II	**13 053**	5 581	5 581	II	11 355	9 734	8 190	6 723	5 334	4 021
	III	**8 966**	5 581	5 581	III	7 684	6 440	5 236	4 068	2 940	1 852
	V	**20 777**	5 581	5 581	IV	13 746	12 872	12 017	11 182	10 366	9 569
	VI	**21 297**	5 581	5 581							
72 071,99	I,IV	**14 653**	5 581	5 581	I	12 885	11 194	9 581	8 044	6 585	5 203
	II	**13 066**	5 581	5 581	II	11 367	9 746	8 201	6 734	5 344	4 031
	III	**8 976**	5 581	5 581	III	7 692	6 450	5 244	4 078	2 948	1 860
	V	**20 791**	5 581	5 581	IV	13 759	12 885	12 030	11 194	10 378	9 581
	VI	**21 310**	5 581	5 581							
72 107,99	I,IV	**14 666**	5 581	5 581	I	12 897	11 206	9 592	8 055	6 595	5 212
	II	**13 079**	5 581	5 581	II	11 379	9 757	8 212	6 744	5 353	4 040
	III	**8 984**	5 581	5 581	III	7 702	6 458	5 252	4 086	2 956	1 868
	V	**20 805**	5 581	5 581	IV	13 772	12 897	12 042	11 206	10 389	9 592
	VI	**21 324**	5 581	5 581							
72 143,99	I,IV	**14 679**	5 581	5 581	I	12 910	11 218	9 603	8 066	6 606	5 222
	II	**13 091**	5 581	5 581	II	11 392	9 769	8 223	6 755	5 363	4 049
	III	**8 994**	5 581	5 581	III	7 712	6 468	5 262	4 094	2 966	1 876
	V	**20 819**	5 581	5 581	IV	13 785	12 910	12 055	11 218	10 401	9 603
	VI	**21 338**	5 581	5 581							

* Zur LSt-Berechnung für privat versicherte Arbeitnehmer s. Beispiele **Vorbemerkung S. 4 f.**
** Basisvorsorgepauschale KV und PV *** Typisierter Arbeitgeberzuschuss

Lohn/ Gehalt in € bis	Steuerklasse	Lohn- steuer*	BVSP**	TAGZ***	Steuerklasse	Bemessungsgrundlage für Kirchensteuer und Solidaritätszuschlag – Freibeträge für ... Kinder 0,5	**1,0**	1,5	**2,0**	2,5	**3,0**
72179,99	I,IV	**14692**	5581	5581	I	12923	11230	9615	8077	6616	5232
	II	**13104**	5581	5581	II	11404	9780	8234	6765	5373	4059
	III	**9004**	5581	5581	III	7720	6476	5270	4102	2974	1882
	V	**20832**	5581	5581	IV	13798	12923	12067	11230	10413	9615
	VI	**21352**	5581	5581							
72215,99	I,IV	**14705**	5581	5581	I	12935	11242	9626	8088	6626	5242
	II	**13117**	5581	5581	II	11416	9792	8245	6775	5383	4068
	III	**9014**	5581	5581	III	7730	6484	5278	4110	2982	1890
	V	**20846**	5581	5581	IV	13811	12935	12079	11242	10425	9626
	VI	**21365**	5581	5581							
72251,99	I,IV	**14719**	5581	5581	I	12948	11254	9638	8099	6637	5252
	II	**13130**	5581	5581	II	11428	9803	8256	6786	5393	4077
	III	**9024**	5581	5581	III	7740	6494	5288	4120	2990	1898
	V	**20860**	5581	5581	IV	13824	12948	12092	11254	10437	9638
	VI	**21379**	5581	5581							
72287,99	I,IV	**14732**	5581	5581	I	12961	11267	9650	8110	6647	5262
	II	**13142**	5581	5581	II	11440	9815	8267	6797	5403	4087
	III	**9032**	5581	5581	III	7748	6502	5296	4128	2998	1906
	V	**20874**	5581	5581	IV	13837	12961	12104	11267	10449	9650
	VI	**21393**	5581	5581							
72323,99	I,IV	**14745**	5581	5581	I	12973	11278	9661	8121	6657	5271
	II	**13155**	5581	5581	II	11452	9826	8278	6807	5413	4096
	III	**9042**	5581	5581	III	7758	6512	5304	4136	3006	1914
	V	**20887**	5581	5581	IV	13849	12973	12116	11278	10460	9661
	VI	**21406**	5581	5581							
72359,99	I,IV	**14758**	5581	5581	I	12986	11291	9673	8132	6668	5281
	II	**13168**	5581	5581	II	11464	9838	8289	6817	5423	4105
	III	**9052**	5581	5581	III	7766	6520	5314	4144	3014	1922
	V	**20901**	5581	5581	IV	13863	12986	12129	11291	10472	9673
	VI	**21420**	5581	5581							
72395,99	I,IV	**14772**	5581	5581	I	12999	11303	9684	8143	6678	5291
	II	**13181**	5581	5581	II	11477	9850	8300	6828	5433	4115
	III	**9062**	5581	5581	III	7776	6530	5322	4152	3022	1930
	V	**20915**	5581	5581	IV	13876	12999	12141	11303	10484	9684
	VI	**21434**	5581	5581							
72431,99	I,IV	**14785**	5581	5581	I	13011	11315	9696	8153	6689	5301
	II	**13193**	5581	5581	II	11489	9861	8311	6838	5442	4124
	III	**9070**	5581	5581	III	7786	6538	5330	4160	3030	1938
	V	**20928**	5581	5581	IV	13888	13011	12153	11315	10495	9696
	VI	**21447**	5581	5581							
72467,99	I,IV	**14798**	5581	5581	I	13024	11327	9707	8165	6699	5311
	II	**13206**	5581	5581	II	11501	9873	8322	6849	5452	4133
	III	**9080**	5581	5581	III	7794	6548	5340	4170	3038	1946
	V	**20942**	5581	5581	IV	13901	13024	12166	11327	10507	9707
	VI	**21461**	5581	5581							
72503,99	I,IV	**14811**	5581	5581	I	13037	11339	9719	8176	6710	5321
	II	**13219**	5581	5581	II	11513	9885	8333	6859	5462	4143
	III	**9090**	5581	5581	III	7804	6556	5348	4178	3046	1954
	V	**20956**	5581	5581	IV	13914	13037	12178	11339	10519	9719
	VI	**21475**	5581	5581							
72539,99	I,IV	**14824**	5581	5581	I	13049	11351	9730	8186	6720	5330
	II	**13231**	5581	5581	II	11525	9896	8344	6870	5472	4152
	III	**9098**	5581	5581	III	7812	6566	5356	4186	3054	1960
	V	**20969**	5581	5581	IV	13927	13049	12190	11351	10531	9730
	VI	**21488**	5581	5581							
72575,99	I,IV	**14838**	5581	5581	I	13062	11363	9742	8198	6730	5340
	II	**13244**	5581	5581	II	11537	9908	8355	6880	5482	4161
	III	**9108**	5581	5581	III	7822	6574	5366	4194	3062	1968
	V	**20983**	5581	5581	IV	13940	13062	12203	11363	10543	9742
	VI	**21502**	5581	5581							

* Zur LSt-Berechnung für privat versicherte Arbeitnehmer s. Beispiele **Vorbemerkung S. 4 f.**
** Basisvorsorgepauschale KV und PV *** Typisierter Arbeitgeberzuschuss

Lohn/ Gehalt in € bis	Steuerklasse	**Lohn-steuer***	BVSP**	TAGZ***	Steuerklasse	Bemessungsgrundlage für Kirchensteuer und Solidaritätszuschlag – Freibeträge für ... Kinder 0,5	**1,0**	1,5	**2,0**	2,5	**3,0**
72 611,99	I,IV	**14 851**	5 581	5 581	I	13 075	11 376	9 753	8 209	6 741	5 350
	II	**13 257**	5 581	5 581	II	11 550	9 919	8 367	6 891	5 492	4 171
	III	**9 118**	5 581	5 581	III	7 832	6 584	5 374	4 202	3 070	1 976
	V	**20 997**	5 581	5 581	IV	13 953	13 075	12 216	11 376	10 555	9 753
	VI	**21 516**	5 581	5 581							
72 647,99	I,IV	**14 864**	5 581	5 581	I	13 087	11 387	9 765	8 219	6 751	5 360
	II	**13 269**	5 581	5 581	II	11 562	9 931	8 377	6 901	5 502	4 180
	III	**9 128**	5 581	5 581	III	7 840	6 592	5 382	4 212	3 078	1 984
	V	**21 010**	5 581	5 581	IV	13 966	13 087	12 228	11 387	10 566	9 765
	VI	**21 530**	5 581	5 581							
72 683,99	I,IV	**14 878**	5 581	5 581	I	13 100	11 400	9 777	8 231	6 762	5 370
	II	**13 282**	5 581	5 581	II	11 574	9 943	8 389	6 912	5 512	4 189
	III	**9 138**	5 581	5 581	III	7 850	6 602	5 392	4 220	3 086	1 992
	V	**21 024**	5 581	5 581	IV	13 979	13 100	12 240	11 400	10 578	9 777
	VI	**21 543**	5 581	5 581							
72 719,99	I,IV	**14 891**	5 581	5 581	I	13 113	11 412	9 788	8 242	6 772	5 380
	II	**13 295**	5 581	5 581	II	11 586	9 954	8 400	6 922	5 522	4 199
	III	**9 146**	5 581	5 581	III	7 860	6 610	5 400	4 228	3 094	2 000
	V	**21 038**	5 581	5 581	IV	13 992	13 113	12 253	11 412	10 590	9 788
	VI	**21 557**	5 581	5 581							
72 755,99	I,IV	**14 904**	5 581	5 581	I	13 125	11 424	9 800	8 252	6 782	5 390
	II	**13 308**	5 581	5 581	II	11 598	9 966	8 411	6 933	5 532	4 208
	III	**9 156**	5 581	5 581	III	7 868	6 620	5 408	4 236	3 102	2 008
	V	**21 052**	5 581	5 581	IV	14 005	13 125	12 265	11 424	10 602	9 800
	VI	**21 571**	5 581	5 581							
72 791,99	I,IV	**14 917**	5 581	5 581	I	13 138	11 436	9 811	8 264	6 793	5 400
	II	**13 321**	5 581	5 581	II	11 610	9 977	8 422	6 943	5 542	4 217
	III	**9 166**	5 581	5 581	III	7 878	6 628	5 418	4 246	3 112	2 016
	V	**21 066**	5 581	5 581	IV	14 018	13 138	12 277	11 436	10 614	9 811
	VI	**21 585**	5 581	5 581							
72 827,99	I,IV	**14 930**	5 581	5 581	I	13 151	11 448	9 823	8 274	6 803	5 409
	II	**13 333**	5 581	5 581	II	11 622	9 989	8 433	6 953	5 551	4 227
	III	**9 176**	5 581	5 581	III	7 888	6 638	5 426	4 254	3 120	2 024
	V	**21 079**	5 581	5 581	IV	14 031	13 151	12 290	11 448	10 626	9 823
	VI	**21 598**	5 581	5 581							
72 863,99	I,IV	**14 944**	5 581	5 581	I	13 163	11 460	9 834	8 285	6 814	5 419
	II	**13 346**	5 581	5 581	II	11 635	10 001	8 444	6 964	5 562	4 236
	III	**9 184**	5 581	5 581	III	7 896	6 646	5 434	4 262	3 128	2 032
	V	**21 093**	5 581	5 581	IV	14 044	13 163	12 302	11 460	10 638	9 834
	VI	**21 612**	5 581	5 581							
72 899,99	I,IV	**14 957**	5 581	5 581	I	13 176	11 473	9 846	8 297	6 824	5 429
	II	**13 359**	5 581	5 581	II	11 647	10 012	8 455	6 975	5 572	4 246
	III	**9 194**	5 581	5 581	III	7 906	6 656	5 444	4 270	3 136	2 040
	V	**21 107**	5 581	5 581	IV	14 057	13 176	12 315	11 473	10 650	9 846
	VI	**21 626**	5 581	5 581							
72 935,99	I,IV	**14 970**	5 581	5 581	I	13 189	11 484	9 857	8 307	6 835	5 439
	II	**13 371**	5 581	5 581	II	11 659	10 024	8 466	6 985	5 581	4 255
	III	**9 204**	5 581	5 581	III	7 914	6 664	5 452	4 278	3 144	2 048
	V	**21 120**	5 581	5 581	IV	14 070	13 189	12 327	11 484	10 661	9 857
	VI	**21 639**	5 581	5 581							
72 971,99	I,IV	**14 984**	5 581	5 581	I	13 202	11 497	9 869	8 319	6 845	5 449
	II	**13 384**	5 581	5 581	II	11 671	10 036	8 477	6 996	5 591	4 264
	III	**9 214**	5 581	5 581	III	7 924	6 672	5 460	4 286	3 152	2 056
	V	**21 134**	5 581	5 581	IV	14 083	13 202	12 339	11 497	10 673	9 869
	VI	**21 653**	5 581	5 581							
73 007,99	I,IV	**14 997**	5 581	5 581	I	13 214	11 509	9 881	8 330	6 856	5 459
	II	**13 397**	5 581	5 581	II	11 684	10 047	8 488	7 006	5 601	4 274
	III	**9 224**	5 581	5 581	III	7 934	6 682	5 470	4 296	3 160	2 064
	V	**21 148**	5 581	5 581	IV	14 096	13 214	12 352	11 509	10 685	9 881
	VI	**21 667**	5 581	5 581							

* Zur LSt-Berechnung für privat versicherte Arbeitnehmer s. Beispiele **Vorbemerkung S. 4 f.**
** Basisvorsorgepauschale KV und PV *** Typisierter Arbeitgeberzuschuss

Lohn/ Gehalt in € bis	Steuerklasse	Lohn-steuer*	BVSP**	TAGZ***	Steuerklasse	Bemessungsgrundlage für Kirchensteuer und Solidaritätszuschlag: Freibeträge für ... Kinder 0,5	1,0	1,5	2,0	2,5	3,0
73 043,99	I,IV	**15 010**	5 581	5 581	I	13 227	11 521	9 892	8 340	6 866	5 469
	II	**13 410**	5 581	5 581	II	11 696	10 059	8 499	7 017	5 611	4 283
	III	**9 232**	5 581	5 581	III	7 942	6 692	5 478	4 304	3 168	2 070
	V	**21 161**	5 581	5 581	IV	14 109	13 227	12 364	11 521	10 697	9 892
	VI	**21 680**	5 581	5 581							
73 079,99	I,IV	**15 023**	5 581	5 581	I	13 240	11 533	9 904	8 352	6 877	5 479
	II	**13 423**	5 581	5 581	II	11 708	10 071	8 510	7 027	5 621	4 293
	III	**9 242**	5 581	5 581	III	7 952	6 700	5 486	4 312	3 176	2 078
	V	**21 175**	5 581	5 581	IV	14 122	13 240	12 377	11 533	10 709	9 904
	VI	**21 694**	5 581	5 581							
73 115,99	I,IV	**15 037**	5 581	5 581	I	13 253	11 545	9 916	8 363	6 887	5 489
	II	**13 436**	5 581	5 581	II	11 720	10 082	8 522	7 038	5 631	4 302
	III	**9 252**	5 581	5 581	III	7 962	6 710	5 496	4 320	3 184	2 086
	V	**21 189**	5 581	5 581	IV	14 135	13 253	12 389	11 545	10 721	9 916
	VI	**21 708**	5 581	5 581							
73 151,99	I,IV	**15 050**	5 581	5 581	I	13 265	11 557	9 927	8 374	6 898	5 499
	II	**13 448**	5 581	5 581	II	11 732	10 094	8 532	7 048	5 641	4 311
	III	**9 262**	5 581	5 581	III	7 970	6 718	5 504	4 330	3 192	2 094
	V	**21 202**	5 581	5 581	IV	14 148	13 265	12 402	11 557	10 733	9 927
	VI	**21 722**	5 581	5 581							
73 187,99	I,IV	**15 063**	5 581	5 581	I	13 278	11 570	9 939	8 385	6 908	5 509
	II	**13 461**	5 581	5 581	II	11 745	10 106	8 544	7 059	5 651	4 321
	III	**9 270**	5 581	5 581	III	7 980	6 726	5 512	4 338	3 200	2 102
	V	**21 216**	5 581	5 581	IV	14 161	13 278	12 414	11 570	10 745	9 939
	VI	**21 735**	5 581	5 581							
73 223,99	I,IV	**15 077**	5 581	5 581	I	13 291	11 582	9 950	8 396	6 919	5 519
	II	**13 474**	5 581	5 581	II	11 757	10 117	8 555	7 070	5 661	4 330
	III	**9 280**	5 581	5 581	III	7 990	6 736	5 522	4 346	3 210	2 110
	V	**21 230**	5 581	5 581	IV	14 174	13 291	12 427	11 582	10 757	9 950
	VI	**21 749**	5 581	5 581							
73 259,99	I,IV	**15 090**	5 581	5 581	I	13 303	11 594	9 962	8 407	6 929	5 528
	II	**13 487**	5 581	5 581	II	11 769	10 129	8 566	7 080	5 671	4 340
	III	**9 290**	5 581	5 581	III	7 998	6 746	5 530	4 354	3 218	2 118
	V	**21 244**	5 581	5 581	IV	14 187	13 303	12 439	11 594	10 768	9 962
	VI	**21 763**	5 581	5 581							
73 295,99	I,IV	**15 103**	5 581	5 581	I	13 316	11 606	9 974	8 418	6 940	5 538
	II	**13 499**	5 581	5 581	II	11 781	10 141	8 577	7 091	5 681	4 349
	III	**9 300**	5 581	5 581	III	8 008	6 754	5 540	4 362	3 226	2 126
	V	**21 257**	5 581	5 581	IV	14 200	13 316	12 452	11 606	10 780	9 974
	VI	**21 777**	5 581	5 581							
73 331,99	I,IV	**15 117**	5 581	5 581	I	13 329	11 619	9 985	8 429	6 950	5 548
	II	**13 512**	5 581	5 581	II	11 794	10 152	8 588	7 101	5 691	4 359
	III	**9 310**	5 581	5 581	III	8 018	6 764	5 548	4 372	3 234	2 134
	V	**21 271**	5 581	5 581	IV	14 213	13 329	12 464	11 619	10 792	9 985
	VI	**21 790**	5 581	5 581							
73 367,99	I,IV	**15 130**	5 581	5 581	I	13 342	11 631	9 997	8 440	6 961	5 558
	II	**13 525**	5 581	5 581	II	11 806	10 164	8 599	7 112	5 701	4 368
	III	**9 318**	5 581	5 581	III	8 026	6 772	5 556	4 380	3 242	2 142
	V	**21 285**	5 581	5 581	IV	14 226	13 342	12 476	11 631	10 804	9 997
	VI	**21 804**	5 581	5 581							
73 403,99	I,IV	**15 143**	5 581	5 581	I	13 355	11 643	10 008	8 451	6 971	5 568
	II	**13 538**	5 581	5 581	II	11 818	10 176	8 610	7 122	5 711	4 377
	III	**9 328**	5 581	5 581	III	8 036	6 780	5 566	4 388	3 250	2 150
	V	**21 299**	5 581	5 581	IV	14 239	13 355	12 489	11 643	10 816	10 008
	VI	**21 818**	5 581	5 581							
73 439,99	I,IV	**15 157**	5 581	5 581	I	13 367	11 655	10 020	8 462	6 982	5 578
	II	**13 551**	5 581	5 581	II	11 831	10 188	8 622	7 133	5 721	4 387
	III	**9 338**	5 581	5 581	III	8 044	6 790	5 574	4 396	3 258	2 158
	V	**21 312**	5 581	5 581	IV	14 252	13 367	12 502	11 655	10 828	10 020
	VI	**21 832**	5 581	5 581							

* Zur LSt-Berechnung für privat versicherte Arbeitnehmer s. Beispiele **Vorbemerkung S. 4f.**
** Basisvorsorgepauschale KV und PV *** Typisierter Arbeitgeberzuschuss

Lohn/ Gehalt in € bis	Steuerklasse	**Lohn-steuer***	BVSP**	TAGZ***	Steuerklasse	Bemessungsgrundlage für Kirchensteuer und Solidaritätszuschlag – Freibeträge für ... Kinder 0,5	**1,0**	1,5	**2,0**	2,5	**3,0**
73475,99	I,IV	**15170**	5581	5581	I	13380	11667	10032	8473	6992	5588
	II	**13563**	5581	5581	II	11843	10199	8633	7143	5731	4396
	III	**9348**	5581	5581	III	8054	6800	5582	4406	3266	2166
	V	**21326**	5581	5581	IV	14265	13380	12514	11667	10840	10032
	VI	**21845**	5581	5581							
73511,99	I,IV	**15183**	5581	5581	I	13393	11680	10043	8485	7003	5598
	II	**13576**	5581	5581	II	11855	10211	8644	7154	5741	4406
	III	**9356**	5581	5581	III	8064	6808	5592	4414	3274	2174
	V	**21340**	5581	5581	IV	14278	13393	12527	11680	10852	10043
	VI	**21859**	5581	5581							
73547,99	I,IV	**15197**	5581	5581	I	13406	11692	10055	8496	7013	5608
	II	**13589**	5581	5581	II	11868	10223	8655	7165	5752	4415
	III	**9366**	5581	5581	III	8072	6818	5600	4422	3282	2182
	V	**21354**	5581	5581	IV	14292	13406	12539	11692	10864	10055
	VI	**21873**	5581	5581							
73583,99	I,IV	**15210**	5581	5581	I	13418	11704	10067	8507	7024	5618
	II	**13602**	5581	5581	II	11880	10234	8666	7175	5761	4425
	III	**9376**	5581	5581	III	8082	6826	5610	4430	3290	2190
	V	**21367**	5581	5581	IV	14304	13418	12551	11704	10876	10067
	VI	**21886**	5581	5581							
73619,99	I,IV	**15223**	5581	5581	I	13431	11716	10078	8518	7034	5628
	II	**13615**	5581	5581	II	11892	10246	8677	7186	5771	4434
	III	**9386**	5581	5581	III	8092	6836	5618	4438	3298	2196
	V	**21381**	5581	5581	IV	14318	13431	12564	11716	10888	10078
	VI	**21900**	5581	5581							
73655,99	I,IV	**15236**	5581	5581	I	13444	11728	10090	8529	7045	5638
	II	**13628**	5581	5581	II	11904	10258	8688	7196	5781	4444
	III	**9396**	5581	5581	III	8100	6844	5626	4448	3306	2204
	V	**21394**	5581	5581	IV	14330	13444	12576	11728	10899	10090
	VI	**21913**	5581	5581							
73691,99	I,IV	**15250**	5581	5581	I	13457	11741	10102	8540	7055	5648
	II	**13641**	5581	5581	II	11916	10269	8700	7207	5791	4453
	III	**9406**	5581	5581	III	8110	6854	5636	4456	3316	2212
	V	**21408**	5581	5581	IV	14344	13457	12589	11741	10911	10102
	VI	**21927**	5581	5581							
73727,99	I,IV	**15263**	5581	5581	I	13470	11753	10113	8551	7066	5658
	II	**13654**	5581	5581	II	11929	10281	8711	7218	5802	4463
	III	**9414**	5581	5581	III	8120	6862	5644	4464	3324	2220
	V	**21422**	5581	5581	IV	14357	13470	12602	11753	10924	10113
	VI	**21941**	5581	5581							
73763,99	I,IV	**15277**	5581	5581	I	13482	11765	10125	8562	7076	5668
	II	**13666**	5581	5581	II	11941	10293	8722	7228	5811	4472
	III	**9424**	5581	5581	III	8128	6872	5652	4472	3332	2228
	V	**21436**	5581	5581	IV	14370	13482	12614	11765	10935	10125
	VI	**21955**	5581	5581							
73799,99	I,IV	**15290**	5581	5581	I	13495	11777	10137	8573	7087	5678
	II	**13679**	5581	5581	II	11953	10305	8733	7239	5822	4482
	III	**9434**	5581	5581	III	8138	6880	5662	4482	3340	2236
	V	**21449**	5581	5581	IV	14383	13495	12627	11777	10947	10137
	VI	**21969**	5581	5581							
73835,99	I,IV	**15304**	5581	5581	I	13508	11790	10149	8585	7098	5688
	II	**13692**	5581	5581	II	11966	10317	8744	7250	5832	4491
	III	**9444**	5581	5581	III	8146	6890	5670	4490	3348	2244
	V	**21463**	5581	5581	IV	14396	13508	12639	11790	10959	10149
	VI	**21982**	5581	5581							
73871,99	I,IV	**15317**	5581	5581	I	13521	11802	10160	8595	7108	5698
	II	**13705**	5581	5581	II	11978	10328	8755	7260	5842	4501
	III	**9452**	5581	5581	III	8156	6898	5678	4498	3356	2252
	V	**21477**	5581	5581	IV	14409	13521	12652	11802	10971	10160
	VI	**21996**	5581	5581							

* Zur LSt-Berechnung für privat versicherte Arbeitnehmer s. Beispiele **Vorbemerkung S. 4f.**
** Basisvorsorgepauschale KV und PV *** Typisierter Arbeitgeberzuschuss

Lohn/ Gehalt in € bis	Steuerklasse	Lohn-steuer*	BVSP**	TAGZ***	Steuerklasse	Bemessungsgrundlage für Kirchensteuer und Solidaritätszuschlag – Freibeträge für ... Kinder 0,5	**1,0**	1,5	**2,0**	2,5	**3,0**
73907,99	I,IV	**15330**	5581	5581	I	13534	11814	10172	8607	7119	5708
	II	**13718**	5581	5581	II	11990	10340	8767	7271	5852	4510
	III	**9462**	5581	5581	III	8166	6908	5688	4506	3364	2260
	V	**21491**	5581	5581	IV	14422	13534	12664	11814	10983	10172
	VI	**22010**	5581	5581							
73943,99	I,IV	**15344**	5581	5581	I	13547	11827	10184	8618	7129	5718
	II	**13731**	5581	5581	II	12003	10352	8778	7281	5862	4520
	III	**9472**	5581	5581	III	8174	6916	5696	4516	3372	2268
	V	**21504**	5581	5581	IV	14436	13547	12677	11827	10995	10184
	VI	**22024**	5581	5581							
73979,99	I,IV	**15357**	5581	5581	I	13559	11839	10195	8629	7140	5728
	II	**13744**	5581	5581	II	12015	10363	8789	7292	5872	4529
	III	**9482**	5581	5581	III	8184	6926	5706	4524	3380	2276
	V	**21518**	5581	5581	IV	14448	13559	12689	11839	11007	10195
	VI	**22037**	5581	5581							
74015,99	I,IV	**15370**	5581	5581	I	13572	11851	10207	8640	7150	5738
	II	**13757**	5581	5581	II	12027	10375	8800	7303	5882	4539
	III	**9492**	5581	5581	III	8194	6934	5714	4532	3388	2284
	V	**21532**	5581	5581	IV	14462	13572	12702	11851	11019	10207
	VI	**22051**	5581	5581							
74051,99	I,IV	**15384**	5581	5581	I	13585	11863	10219	8651	7161	5748
	II	**13770**	5581	5581	II	12040	10387	8812	7313	5892	4548
	III	**9500**	5581	5581	III	8202	6944	5722	4540	3396	2292
	V	**21546**	5581	5581	IV	14475	13585	12715	11863	11031	10219
	VI	**22065**	5581	5581							
74087,99	I,IV	**15397**	5581	5581	I	13598	11875	10230	8662	7172	5758
	II	**13782**	5581	5581	II	12052	10399	8823	7324	5902	4558
	III	**9510**	5581	5581	III	8212	6952	5732	4548	3404	2300
	V	**21559**	5581	5581	IV	14488	13598	12727	11875	11043	10230
	VI	**22078**	5581	5581							
74123,99	I,IV	**15411**	5581	5581	I	13611	11888	10242	8674	7182	5768
	II	**13795**	5581	5581	II	12064	10411	8834	7335	5912	4567
	III	**9520**	5581	5581	III	8222	6962	5740	4558	3414	2308
	V	**21573**	5581	5581	IV	14501	13611	12740	11888	11055	10242
	VI	**22092**	5581	5581							
74159,99	I,IV	**15424**	5581	5581	I	13624	11900	10254	8685	7193	5778
	II	**13808**	5581	5581	II	12077	10423	8845	7345	5923	4577
	III	**9530**	5581	5581	III	8230	6970	5750	4566	3422	2316
	V	**21587**	5581	5581	IV	14514	13624	12752	11900	11067	10254
	VI	**22106**	5581	5581							
74195,99	I,IV	**15437**	5581	5581	I	13636	11912	10265	8696	7203	5788
	II	**13821**	5581	5581	II	12089	10434	8856	7356	5932	4586
	III	**9540**	5581	5581	III	8240	6980	5758	4574	3430	2324
	V	**21600**	5581	5581	IV	14527	13636	12765	11912	11079	10265
	VI	**22119**	5581	5581							
74231,99	I,IV	**15451**	5581	5581	I	13649	11925	10277	8707	7214	5798
	II	**13834**	5581	5581	II	12101	10446	8868	7367	5943	4596
	III	**9550**	5581	5581	III	8250	6990	5766	4584	3438	2332
	V	**21614**	5581	5581	IV	14540	13649	12777	11925	11091	10277
	VI	**22133**	5581	5581							
74267,99	I,IV	**15465**	5581	5581	I	13662	11937	10289	8718	7225	5808
	II	**13847**	5581	5581	II	12114	10458	8879	7377	5953	4606
	III	**9558**	5581	5581	III	8258	6998	5776	4592	3446	2340
	V	**21628**	5581	5581	IV	14554	13662	12790	11937	11104	10289
	VI	**22147**	5581	5581							
74303,99	I,IV	**15478**	5581	5581	I	13675	11949	10301	8729	7235	5818
	II	**13860**	5581	5581	II	12126	10469	8890	7388	5963	4615
	III	**9568**	5581	5581	III	8268	7006	5784	4600	3454	2348
	V	**21641**	5581	5581	IV	14567	13675	12802	11949	11115	10301
	VI	**22160**	5581	5581							

* Zur LSt-Berechnung für privat versicherte Arbeitnehmer s. Beispiele **Vorbemerkung S. 4f.**
** Basisvorsorgepauschale KV und PV *** Typisierter Arbeitgeberzuschuss

Lohn/ Gehalt in € bis	Steuerklasse	Lohn-steuer*	BVSP**	TAGZ***	Steuerklasse	Bemessungsgrundlage für Kirchensteuer und Solidaritätszuschlag					
						Freibeträge für ... Kinder					
						0,5	**1,0**	1,5	**2,0**	2,5	**3,0**
74339,99	I,IV	**15491**	5581	5581	I	13688	11962	10313	8741	7246	5828
	II	**13873**	5581	5581	II	12139	10481	8901	7399	5973	4625
	III	**9578**	5581	5581	III	8278	7016	5794	4608	3462	2356
	V	**21655**	5581	5581	IV	14580	13688	12815	11962	11127	10313
	VI	**22174**	5581	5581							
74375,99	I,IV	**15505**	5581	5581	I	13701	11974	10324	8752	7257	5839
	II	**13886**	5581	5581	II	12151	10493	8913	7409	5983	4634
	III	**9588**	5581	5581	III	8288	7026	5802	4616	3470	2364
	V	**21669**	5581	5581	IV	14593	13701	12828	11974	11140	10324
	VI	**22188**	5581	5581							
74411,99	I,IV	**15518**	5581	5581	I	13714	11986	10336	8763	7267	5848
	II	**13899**	5581	5581	II	12163	10505	8924	7420	5993	4644
	III	**9596**	5581	5581	III	8296	7034	5810	4626	3478	2372
	V	**21682**	5581	5581	IV	14606	13714	12840	11986	11151	10336
	VI	**22202**	5581	5581							
74447,99	I,IV	**15532**	5581	5581	I	13727	11999	10348	8774	7278	5859
	II	**13912**	5581	5581	II	12176	10517	8935	7431	6003	4653
	III	**9606**	5581	5581	III	8306	7044	5820	4634	3488	2380
	V	**21696**	5581	5581	IV	14619	13727	12853	11999	11164	10348
	VI	**22215**	5581	5581							
74483,99	I,IV	**15545**	5581	5581	I	13739	12011	10359	8785	7288	5868
	II	**13924**	5581	5581	II	12188	10528	8946	7441	6013	4663
	III	**9616**	5581	5581	III	8316	7052	5828	4642	3496	2388
	V	**21710**	5581	5581	IV	14632	13739	12865	12011	11175	10359
	VI	**22229**	5581	5581							
74519,99	I,IV	**15558**	5581	5581	I	13752	12023	10371	8797	7299	5879
	II	**13937**	5581	5581	II	12200	10540	8958	7452	6024	4672
	III	**9626**	5581	5581	III	8324	7062	5836	4650	3504	2394
	V	**21724**	5581	5581	IV	14646	13752	12878	12023	11188	10371
	VI	**22243**	5581	5581							
74555,99	I,IV	**15572**	5581	5581	I	13765	12036	10383	8808	7310	5889
	II	**13951**	5581	5581	II	12213	10552	8969	7463	6034	4682
	III	**9636**	5581	5581	III	8334	7070	5846	4660	3512	2404
	V	**21738**	5581	5581	IV	14659	13765	12891	12036	11200	10383
	VI	**22257**	5581	5581							
74591,99	I,IV	**15585**	5581	5581	I	13778	12048	10395	8819	7320	5899
	II	**13963**	5581	5581	II	12225	10564	8980	7473	6044	4691
	III	**9646**	5581	5581	III	8344	7080	5854	4668	3520	2410
	V	**21751**	5581	5581	IV	14672	13778	12903	12048	11212	10395
	VI	**22270**	5581	5581							
74627,99	I,IV	**15599**	5581	5581	I	13791	12060	10407	8830	7331	5909
	II	**13976**	5581	5581	II	12238	10576	8991	7484	6054	4701
	III	**9654**	5581	5581	III	8352	7088	5864	4676	3528	2418
	V	**21765**	5581	5581	IV	14685	13791	12916	12060	11224	10407
	VI	**22284**	5581	5581							
74663,99	I,IV	**15612**	5581	5581	I	13804	12073	10419	8842	7342	5919
	II	**13989**	5581	5581	II	12250	10588	9003	7495	6064	4711
	III	**9664**	5581	5581	III	8362	7098	5872	4686	3536	2428
	V	**21779**	5581	5581	IV	14699	13804	12929	12073	11236	10419
	VI	**22298**	5581	5581							
74699,99	I,IV	**15626**	5581	5581	I	13817	12085	10430	8853	7352	5929
	II	**14002**	5581	5581	II	12262	10599	9014	7505	6074	4720
	III	**9674**	5581	5581	III	8372	7106	5880	4694	3544	2434
	V	**21792**	5581	5581	IV	14711	13817	12941	12085	11248	10430
	VI	**22311**	5581	5581							
74735,99	I,IV	**15639**	5581	5581	I	13830	12097	10442	8864	7363	5939
	II	**14015**	5581	5581	II	12275	10611	9025	7516	6085	4730
	III	**9684**	5581	5581	III	8380	7116	5890	4702	3552	2442
	V	**21806**	5581	5581	IV	14725	13830	12954	12097	11260	10442
	VI	**22325**	5581	5581							

* Zur LSt-Berechnung für privat versicherte Arbeitnehmer s. Beispiele **Vorbemerkung S. 4 f.**
** Basisvorsorgepauschale KV und PV *** Typisierter Arbeitgeberzuschuss

Lohn/ Gehalt in € bis	Steuerklasse	Lohn- steuer*	BVSP**	TAGZ***	Steuerklasse	Bemessungsgrundlage für Kirchensteuer und Solidaritätszuschlag – Freibeträge für ... Kinder 0,5	1,0	1,5	2,0	2,5	3,0
74 771,99	I,IV	**15 653**	5 581	5 581	I	13 843	12 110	10 454	8 875	7 374	5 949
	II	**14 028**	5 581	5 581	II	12 287	10 623	9 037	7 527	6 095	4 740
	III	**9 694**	5 581	5 581	III	8 390	7 126	5 898	4 710	3 562	2 450
	V	**21 820**	5 581	5 581	IV	14 738	13 843	12 967	12 110	11 272	10 454
	VI	**22 339**	5 581	5 581							
74 807,99	I,IV	**15 666**	5 581	5 581	I	13 855	12 122	10 465	8 886	7 384	5 959
	II	**14 041**	5 581	5 581	II	12 299	10 635	9 048	7 538	6 105	4 749
	III	**9 704**	5 581	5 581	III	8 400	7 134	5 908	4 720	3 570	2 458
	V	**21 833**	5 581	5 581	IV	14 751	13 855	12 979	12 122	11 284	10 465
	VI	**22 352**	5 581	5 581							
74 843,99	I,IV	**15 680**	5 581	5 581	I	13 868	12 134	10 477	8 898	7 395	5 970
	II	**14 054**	5 581	5 581	II	12 312	10 647	9 059	7 549	6 115	4 759
	III	**9 712**	5 581	5 581	III	8 408	7 142	5 916	4 728	3 578	2 466
	V	**21 847**	5 581	5 581	IV	14 764	13 868	12 992	12 134	11 296	10 477
	VI	**22 366**	5 581	5 581							
74 879,99	I,IV	**15 693**	5 581	5 581	I	13 882	12 147	10 489	8 909	7 406	5 980
	II	**14 067**	5 581	5 581	II	12 325	10 659	9 071	7 559	6 125	4 768
	III	**9 722**	5 581	5 581	III	8 418	7 152	5 926	4 736	3 586	2 474
	V	**21 861**	5 581	5 581	IV	14 778	13 882	13 005	12 147	11 308	10 489
	VI	**22 380**	5 581	5 581							
74 915,99	I,IV	**15 707**	5 581	5 581	I	13 894	12 159	10 501	8 920	7 416	5 990
	II	**14 080**	5 581	5 581	II	12 337	10 671	9 082	7 570	6 135	4 778
	III	**9 732**	5 581	5 581	III	8 428	7 162	5 934	4 744	3 594	2 482
	V	**21 874**	5 581	5 581	IV	14 791	13 894	13 017	12 159	11 320	10 501
	VI	**22 394**	5 581	5 581							
74 951,99	I,IV	**15 720**	5 581	5 581	I	13 907	12 171	10 513	8 931	7 427	6 000
	II	**14 093**	5 581	5 581	II	12 349	10 683	9 093	7 581	6 146	4 788
	III	**9 742**	5 581	5 581	III	8 436	7 170	5 942	4 754	3 602	2 490
	V	**21 888**	5 581	5 581	IV	14 804	13 907	13 030	12 171	11 333	10 513
	VI	**22 407**	5 581	5 581							
74 987,99	I,IV	**15 734**	5 581	5 581	I	13 920	12 184	10 525	8 943	7 438	6 010
	II	**14 106**	5 581	5 581	II	12 362	10 695	9 105	7 592	6 156	4 797
	III	**9 752**	5 581	5 581	III	8 446	7 180	5 952	4 762	3 612	2 498
	V	**21 902**	5 581	5 581	IV	14 818	13 920	13 043	12 184	11 345	10 525
	VI	**22 421**	5 581	5 581							
75 023,99	I,IV	**15 747**	5 581	5 581	I	13 933	12 196	10 536	8 954	7 448	6 020
	II	**14 119**	5 581	5 581	II	12 374	10 706	9 116	7 602	6 166	4 807
	III	**9 762**	5 581	5 581	III	8 456	7 188	5 960	4 770	3 620	2 506
	V	**21 916**	5 581	5 581	IV	14 830	13 933	13 055	12 196	11 357	10 536
	VI	**22 435**	5 581	5 581							
75 059,99	I,IV	**15 761**	5 581	5 581	I	13 946	12 209	10 548	8 965	7 459	6 030
	II	**14 132**	5 581	5 581	II	12 387	10 718	9 127	7 613	6 176	4 816
	III	**9 770**	5 581	5 581	III	8 464	7 198	5 968	4 778	3 628	2 514
	V	**21 929**	5 581	5 581	IV	14 844	13 946	13 068	12 209	11 369	10 548
	VI	**22 449**	5 581	5 581							
75 095,99	I,IV	**15 774**	5 581	5 581	I	13 959	12 221	10 560	8 977	7 470	6 041
	II	**14 145**	5 581	5 581	II	12 399	10 730	9 139	7 624	6 186	4 826
	III	**9 780**	5 581	5 581	III	8 474	7 208	5 978	4 788	3 636	2 522
	V	**21 943**	5 581	5 581	IV	14 857	13 959	13 081	12 221	11 381	10 560
	VI	**22 462**	5 581	5 581							
75 131,99	I,IV	**15 788**	5 581	5 581	I	13 972	12 233	10 572	8 988	7 481	6 051
	II	**14 158**	5 581	5 581	II	12 412	10 742	9 150	7 635	6 197	4 836
	III	**9 790**	5 581	5 581	III	8 484	7 216	5 986	4 796	3 644	2 530
	V	**21 957**	5 581	5 581	IV	14 870	13 972	13 093	12 233	11 393	10 572
	VI	**22 476**	5 581	5 581							
75 167,99	I,IV	**15 801**	5 581	5 581	I	13 985	12 246	10 584	8 999	7 491	6 061
	II	**14 171**	5 581	5 581	II	12 424	10 754	9 161	7 645	6 207	4 845
	III	**9 800**	5 581	5 581	III	8 494	7 224	5 996	4 804	3 652	2 538
	V	**21 971**	5 581	5 581	IV	14 884	13 985	13 106	12 246	11 405	10 584
	VI	**22 490**	5 581	5 581							

* Zur LSt-Berechnung für privat versicherte Arbeitnehmer s. Beispiele **Vorbemerkung S. 4 f.**
** Basisvorsorgepauschale KV und PV *** Typisierter Arbeitgeberzuschuss

Lohn/ Gehalt in € bis	Steuerklasse	Lohn- steuer*	BVSP**	TAGZ***	Steuerklasse	Bemessungsgrundlage für Kirchensteuer und Solidaritätszuschlag					
						Freibeträge für ... Kinder					
						0,5	**1,0**	1,5	**2,0**	2,5	**3,0**
75 203,99	I,IV	**15 815**	5 581	5 581	I	13 998	12 258	10 596	9 010	7 502	6 071
	II	**14 185**	5 581	5 581	II	12 437	10 766	9 173	7 656	6 217	4 855
	III	**9 810**	5 581	5 581	III	8 502	7 234	6 004	4 814	3 660	2 546
	V	**21 984**	5 581	5 581	IV	14 897	13 998	13 119	12 258	11 417	10 596
	VI	**22 504**	5 581	5 581							
75 239,99	I,IV	**15 828**	5 581	5 581	I	14 011	12 271	10 607	9 022	7 513	6 081
	II	**14 197**	5 581	5 581	II	12 449	10 778	9 184	7 667	6 227	4 865
	III	**9 820**	5 581	5 581	III	8 512	7 244	6 014	4 822	3 668	2 554
	V	**21 998**	5 581	5 581	IV	14 910	14 011	13 131	12 271	11 429	10 607
	VI	**22 517**	5 581	5 581							
75 275,99	I,IV	**15 842**	5 581	5 581	I	14 024	12 283	10 619	9 033	7 524	6 091
	II	**14 210**	5 581	5 581	II	12 462	10 790	9 195	7 678	6 237	4 874
	III	**9 828**	5 581	5 581	III	8 522	7 252	6 022	4 830	3 676	2 562
	V	**22 012**	5 581	5 581	IV	14 923	14 024	13 144	12 283	11 442	10 619
	VI	**22 531**	5 581	5 581							
75 311,99	I,IV	**15 855**	5 581	5 581	I	14 037	12 295	10 631	9 044	7 534	6 101
	II	**14 223**	5 581	5 581	II	12 474	10 801	9 206	7 688	6 248	4 884
	III	**9 838**	5 581	5 581	III	8 530	7 262	6 030	4 838	3 686	2 570
	V	**22 025**	5 581	5 581	IV	14 936	14 037	13 156	12 295	11 454	10 631
	VI	**22 544**	5 581	5 581							
75 347,99	I,IV	**15 869**	5 581	5 581	I	14 050	12 308	10 643	9 055	7 545	6 112
	II	**14 236**	5 581	5 581	II	12 486	10 814	9 218	7 699	6 258	4 894
	III	**9 848**	5 581	5 581	III	8 540	7 270	6 040	4 848	3 694	2 578
	V	**22 039**	5 581	5 581	IV	14 950	14 050	13 169	12 308	11 466	10 643
	VI	**22 558**	5 581	5 581							
75 383,99	I,IV	**15 883**	5 581	5 581	I	14 063	12 320	10 655	9 067	7 556	6 122
	II	**14 250**	5 581	5 581	II	12 499	10 826	9 229	7 710	6 268	4 903
	III	**9 858**	5 581	5 581	III	8 550	7 280	6 048	4 856	3 702	2 586
	V	**22 053**	5 581	5 581	IV	14 963	14 063	13 182	12 320	11 478	10 655
	VI	**22 572**	5 581	5 581							
75 419,99	I,IV	**15 896**	5 581	5 581	I	14 076	12 333	10 667	9 078	7 566	6 132
	II	**14 262**	5 581	5 581	II	12 511	10 837	9 240	7 721	6 278	4 913
	III	**9 868**	5 581	5 581	III	8 558	7 288	6 058	4 864	3 710	2 594
	V	**22 066**	5 581	5 581	IV	14 976	14 076	13 195	12 333	11 490	10 667
	VI	**22 585**	5 581	5 581							
75 455,99	I,IV	**15 910**	5 581	5 581	I	14 089	12 345	10 679	9 089	7 577	6 142
	II	**14 276**	5 581	5 581	II	12 524	10 849	9 252	7 732	6 289	4 923
	III	**9 878**	5 581	5 581	III	8 568	7 298	6 066	4 874	3 718	2 602
	V	**22 080**	5 581	5 581	IV	14 990	14 089	13 207	12 345	11 502	10 679
	VI	**22 599**	5 581	5 581							
75 491,99	I,IV	**15 923**	5 581	5 581	I	14 102	12 358	10 691	9 101	7 588	6 152
	II	**14 289**	5 581	5 581	II	12 537	10 861	9 263	7 743	6 299	4 932
	III	**9 886**	5 581	5 581	III	8 578	7 308	6 074	4 882	3 726	2 610
	V	**22 094**	5 581	5 581	IV	15 003	14 102	13 220	12 358	11 515	10 691
	VI	**22 613**	5 581	5 581							
75 527,99	I,IV	**15 937**	5 581	5 581	I	14 115	12 370	10 702	9 112	7 599	6 162
	II	**14 302**	5 581	5 581	II	12 549	10 873	9 275	7 753	6 309	4 942
	III	**9 896**	5 581	5 581	III	8 586	7 316	6 084	4 890	3 734	2 618
	V	**22 108**	5 581	5 581	IV	15 016	14 115	13 233	12 370	11 526	10 702
	VI	**22 627**	5 581	5 581							
75 563,99	I,IV	**15 950**	5 581	5 581	I	14 128	12 383	10 714	9 123	7 609	6 173
	II	**14 315**	5 581	5 581	II	12 561	10 885	9 286	7 764	6 319	4 952
	III	**9 906**	5 581	5 581	III	8 596	7 326	6 092	4 898	3 744	2 626
	V	**22 121**	5 581	5 581	IV	15 030	14 128	13 246	12 383	11 539	10 714
	VI	**22 641**	5 581	5 581							
75 599,99	I,IV	**15 964**	5 581	5 581	I	14 141	12 395	10 726	9 135	7 620	6 183
	II	**14 328**	5 581	5 581	II	12 574	10 897	9 298	7 775	6 330	4 962
	III	**9 916**	5 581	5 581	III	8 606	7 334	6 102	4 908	3 752	2 634
	V	**22 135**	5 581	5 581	IV	15 043	14 141	13 258	12 395	11 551	10 726
	VI	**22 654**	5 581	5 581							

* Zur LSt-Berechnung für privat versicherte Arbeitnehmer s. Beispiele **Vorbemerkung S. 4 f.**
** Basisvorsorgepauschale KV und PV *** Typisierter Arbeitgeberzuschuss

Lohn/ Gehalt in € bis	Steuerklasse	Lohn- steuer*	BVSP**	TAGZ***	Steuerklasse	Bemessungsgrundlage für Kirchensteuer und Solidaritätszuschlag					
						Freibeträge für ... Kinder					
						0,5	**1,0**	1,5	**2,0**	2,5	**3,0**
75635,99	I,IV	**15977**	5581	5581	I	14154	12407	10738	9146	7631	6193
	II	**14341**	5581	5581	II	12586	10909	9309	7786	6340	4971
	III	**9926**	5581	5581	III	8616	7344	6110	4916	3760	2642
	V	**22149**	5581	5581	IV	15056	14154	13271	12407	11563	10738
	VI	**22668**	5581	5581							
75671,99	I,IV	**15991**	5581	5581	I	14167	12420	10750	9157	7642	6203
	II	**14354**	5581	5581	II	12599	10921	9320	7797	6350	4981
	III	**9936**	5581	5581	III	8624	7352	6120	4924	3768	2650
	V	**22163**	5581	5581	IV	15069	14167	13284	12420	11575	10750
	VI	**22682**	5581	5581							
75707,99	I,IV	**16005**	5581	5581	I	14180	12433	10762	9169	7653	6214
	II	**14367**	5581	5581	II	12612	10933	9332	7808	6361	4991
	III	**9946**	5581	5581	III	8634	7362	6128	4932	3776	2658
	V	**22176**	5581	5581	IV	15083	14180	13297	12433	11588	10762
	VI	**22696**	5581	5581							
75743,99	I,IV	**16018**	5581	5581	I	14193	12445	10774	9180	7663	6224
	II	**14380**	5581	5581	II	12624	10945	9343	7818	6371	5000
	III	**9954**	5581	5581	III	8644	7370	6136	4942	3784	2666
	V	**22190**	5581	5581	IV	15096	14193	13309	12445	11600	10774
	VI	**22709**	5581	5581							
75779,99	I,IV	**16032**	5581	5581	I	14206	12457	10786	9191	7674	6234
	II	**14393**	5581	5581	II	12637	10957	9354	7829	6381	5010
	III	**9964**	5581	5581	III	8654	7380	6146	4950	3794	2674
	V	**22204**	5581	5581	IV	15109	14206	13322	12457	11612	10786
	VI	**22723**	5581	5581							
75815,99	I,IV	**16046**	5581	5581	I	14219	12470	10798	9203	7685	6244
	II	**14407**	5581	5581	II	12649	10969	9366	7840	6391	5020
	III	**9974**	5581	5581	III	8662	7390	6154	4958	3802	2682
	V	**22218**	5581	5581	IV	15123	14219	13335	12470	11624	10798
	VI	**22737**	5581	5581							
75851,99	I,IV	**16059**	5581	5581	I	14232	12482	10809	9214	7696	6254
	II	**14419**	5581	5581	II	12662	10981	9377	7851	6401	5029
	III	**9984**	5581	5581	III	8672	7398	6164	4968	3810	2690
	V	**22231**	5581	5581	IV	15136	14232	13347	12482	11636	10809
	VI	**22750**	5581	5581							
75887,99	I,IV	**16073**	5581	5581	I	14245	12495	10822	9225	7707	6265
	II	**14433**	5581	5581	II	12674	10993	9389	7862	6412	5039
	III	**9994**	5581	5581	III	8682	7408	6172	4976	3818	2698
	V	**22245**	5581	5581	IV	15149	14245	13360	12495	11649	10822
	VI	**22764**	5581	5581							
75923,99	I,IV	**16087**	5581	5581	I	14258	12507	10834	9237	7717	6275
	II	**14446**	5581	5581	II	12687	11005	9400	7873	6422	5049
	III	**10004**	5581	5581	III	8690	7416	6182	4984	3826	2706
	V	**22259**	5581	5581	IV	15163	14258	13373	12507	11661	10834
	VI	**22778**	5581	5581							
75959,99	I,IV	**16100**	5581	5581	I	14271	12520	10845	9248	7728	6285
	II	**14459**	5581	5581	II	12699	11017	9411	7883	6432	5059
	III	**10012**	5581	5581	III	8700	7426	6190	4992	3834	2714
	V	**22272**	5581	5581	IV	15176	14271	13386	12520	11673	10845
	VI	**22791**	5581	5581							
75995,99	I,IV	**16114**	5581	5581	I	14284	12532	10857	9260	7739	6295
	II	**14472**	5581	5581	II	12712	11029	9423	7894	6443	5068
	III	**10024**	5581	5581	III	8710	7436	6200	5002	3842	2722
	V	**22286**	5581	5581	IV	15189	14284	13399	12532	11685	10857
	VI	**22805**	5581	5581							
76031,99	I,IV	**16128**	5581	5581	I	14298	12545	10869	9271	7750	6306
	II	**14485**	5581	5581	II	12725	11041	9435	7905	6453	5078
	III	**10032**	5581	5581	III	8720	7444	6208	5010	3852	2730
	V	**22300**	5581	5581	IV	15203	14298	13412	12545	11698	10869
	VI	**22819**	5581	5581							

* Zur LSt-Berechnung für privat versicherte Arbeitnehmer s. Beispiele **Vorbemerkung S. 4f.**
** Basisvorsorgepauschale KV und PV *** Typisierter Arbeitgeberzuschuss

Lohn/ Gehalt in € bis	Steuerklasse	**Lohn-steuer***	BVSP**	TAGZ***	Steuerklasse	Bemessungsgrundlage für Kirchensteuer und Solidaritätszuschlag – Freibeträge für ... Kinder 0,5	**1,0**	1,5	**2,0**	2,5	**3,0**
76 067,99	I,IV	**16 141**	5 581	5 581	I	14 310	12 557	10 881	9 282	7 760	6 316
	II	**14 498**	5 581	5 581	II	12 737	11 053	9 446	7 916	6 463	5 088
	III	**10 042**	5 581	5 581	III	8 728	7 454	6 216	5 018	3 860	2 738
	V	**22 313**	5 581	5 581	IV	15 216	14 310	13 424	12 557	11 710	10 881
	VI	**22 832**	5 581	5 581							
76 103,99	I,IV	**16 155**	5 581	5 581	I	14 324	12 570	10 893	9 294	7 771	6 326
	II	**14 511**	5 581	5 581	II	12 750	11 065	9 457	7 927	6 474	5 098
	III	**10 052**	5 581	5 581	III	8 738	7 462	6 226	5 028	3 868	2 746
	V	**22 327**	5 581	5 581	IV	15 230	14 324	13 437	12 570	11 722	10 893
	VI	**22 846**	5 581	5 581							
76 139,99	I,IV	**16 168**	5 581	5 581	I	14 336	12 582	10 905	9 305	7 782	6 336
	II	**14 524**	5 581	5 581	II	12 762	11 077	9 469	7 938	6 484	5 107
	III	**10 062**	5 581	5 581	III	8 748	7 472	6 234	5 036	3 876	2 754
	V	**22 341**	5 581	5 581	IV	15 243	14 336	13 450	12 582	11 734	10 905
	VI	**22 860**	5 581	5 581							
76 175,99	I,IV	**16 182**	5 581	5 581	I	14 350	12 595	10 917	9 316	7 793	6 347
	II	**14 538**	5 581	5 581	II	12 775	11 089	9 480	7 949	6 494	5 117
	III	**10 072**	5 581	5 581	III	8 756	7 480	6 244	5 044	3 884	2 762
	V	**22 354**	5 581	5 581	IV	15 256	14 350	13 463	12 595	11 746	10 917
	VI	**22 874**	5 581	5 581							
76 211,99	I,IV	**16 196**	5 581	5 581	I	14 363	12 607	10 929	9 328	7 804	6 357
	II	**14 551**	5 581	5 581	II	12 787	11 101	9 492	7 960	6 505	5 127
	III	**10 082**	5 581	5 581	III	8 766	7 490	6 252	5 054	3 892	2 770
	V	**22 368**	5 581	5 581	IV	15 270	14 363	13 476	12 607	11 759	10 929
	VI	**22 887**	5 581	5 581							
76 247,99	I,IV	**16 209**	5 581	5 581	I	14 376	12 620	10 941	9 339	7 815	6 367
	II	**14 564**	5 581	5 581	II	12 800	11 113	9 503	7 970	6 515	5 137
	III	**10 090**	5 581	5 581	III	8 776	7 500	6 262	5 062	3 902	2 778
	V	**22 382**	5 581	5 581	IV	15 283	14 376	13 488	12 620	11 771	10 941
	VI	**22 901**	5 581	5 581							
76 283,99	I,IV	**16 223**	5 581	5 581	I	14 389	12 632	10 953	9 351	7 825	6 378
	II	**14 577**	5 581	5 581	II	12 812	11 125	9 515	7 981	6 525	5 146
	III	**10 100**	5 581	5 581	III	8 786	7 508	6 270	5 070	3 910	2 786
	V	**22 396**	5 581	5 581	IV	15 296	14 389	13 501	12 632	11 783	10 953
	VI	**22 915**	5 581	5 581							
76 319,99	I,IV	**16 237**	5 581	5 581	I	14 402	12 645	10 965	9 362	7 836	6 388
	II	**14 590**	5 581	5 581	II	12 825	11 137	9 526	7 992	6 536	5 156
	III	**10 110**	5 581	5 581	III	8 794	7 518	6 280	5 080	3 918	2 796
	V	**22 410**	5 581	5 581	IV	15 310	14 402	13 514	12 645	11 795	10 965
	VI	**22 929**	5 581	5 581							
76 355,99	I,IV	**16 250**	5 581	5 581	I	14 415	12 657	10 977	9 373	7 847	6 398
	II	**14 603**	5 581	5 581	II	12 837	11 149	9 537	8 003	6 546	5 166
	III	**10 120**	5 581	5 581	III	8 804	7 526	6 288	5 088	3 926	2 804
	V	**22 423**	5 581	5 581	IV	15 323	14 415	13 527	12 657	11 807	10 977
	VI	**22 942**	5 581	5 581							
76 391,99	I,IV	**16 264**	5 581	5 581	I	14 428	12 670	10 989	9 385	7 858	6 408
	II	**14 617**	5 581	5 581	II	12 850	11 161	9 549	8 014	6 556	5 176
	III	**10 130**	5 581	5 581	III	8 814	7 536	6 296	5 096	3 934	2 810
	V	**22 437**	5 581	5 581	IV	15 336	14 428	13 540	12 670	11 820	10 989
	VI	**22 956**	5 581	5 581							
76 427,99	I,IV	**16 278**	5 581	5 581	I	14 442	12 683	11 001	9 396	7 869	6 419
	II	**14 630**	5 581	5 581	II	12 863	11 173	9 561	8 025	6 567	5 186
	III	**10 140**	5 581	5 581	III	8 824	7 546	6 306	5 106	3 942	2 820
	V	**22 451**	5 581	5 581	IV	15 350	14 442	13 552	12 683	11 832	11 001
	VI	**22 970**	5 581	5 581							
76 463,99	I,IV	**16 291**	5 581	5 581	I	14 454	12 695	11 013	9 408	7 880	6 429
	II	**14 643**	5 581	5 581	II	12 875	11 185	9 572	8 036	6 577	5 195
	III	**10 150**	5 581	5 581	III	8 832	7 554	6 314	5 114	3 952	2 828
	V	**22 464**	5 581	5 581	IV	15 363	14 454	13 565	12 695	11 844	11 013
	VI	**22 983**	5 581	5 581							

* Zur LSt-Berechnung für privat versicherte Arbeitnehmer s. Beispiele **Vorbemerkung S. 4 f.**
** Basisvorsorgepauschale KV und PV *** Typisierter Arbeitgeberzuschuss

Lohn/ Gehalt in € bis	Steuerklasse	Lohn- steuer*	BVSP**	TAGZ***	Steuerklasse	Bemessungsgrundlage für Kirchensteuer und Solidaritätszuschlag – Freibeträge für ... Kinder 0,5	**1,0**	1,5	**2,0**	2,5	**3,0**
76499,99	I,IV	**16305**	5581	5581	I	14468	12708	11025	9419	7891	6439
	II	**14656**	5581	5581	II	12888	11197	9583	8047	6587	5205
	III	**10158**	5581	5581	III	8842	7564	6324	5122	3960	2836
	V	**22478**	5581	5581	IV	15377	14468	13578	12708	11857	11025
	VI	**22997**	5581	5581							
76535,99	I,IV	**16319**	5581	5581	I	14481	12720	11037	9431	7902	6450
	II	**14669**	5581	5581	II	12901	11209	9595	8058	6598	5215
	III	**10170**	5581	5581	III	8852	7572	6332	5132	3968	2844
	V	**22492**	5581	5581	IV	15390	14481	13591	12720	11869	11037
	VI	**23011**	5581	5581							
76571,99	I,IV	**16332**	5581	5581	I	14494	12733	11049	9442	7912	6460
	II	**14682**	5581	5581	II	12913	11221	9606	8069	6608	5225
	III	**10178**	5581	5581	III	8862	7582	6342	5140	3976	2852
	V	**22505**	5581	5581	IV	15403	14494	13604	12733	11881	11049
	VI	**23024**	5581	5581							
76607,99	I,IV	**16346**	5581	5581	I	14507	12745	11061	9453	7923	6470
	II	**14696**	5581	5581	II	12926	11233	9618	8080	6619	5235
	III	**10188**	5581	5581	III	8870	7590	6350	5148	3984	2860
	V	**22519**	5581	5581	IV	15417	14507	13617	12745	11893	11061
	VI	**23038**	5581	5581							
76643,99	I,IV	**16360**	5581	5581	I	14520	12758	11073	9465	7934	6481
	II	**14709**	5581	5581	II	12939	11246	9630	8091	6629	5245
	III	**10198**	5581	5581	III	8880	7600	6360	5156	3994	2868
	V	**22533**	5581	5581	IV	15430	14520	13630	12758	11906	11073
	VI	**23052**	5581	5581							
76679,99	I,IV	**16373**	5581	5581	I	14533	12770	11085	9476	7945	6491
	II	**14722**	5581	5581	II	12951	11257	9641	8101	6639	5254
	III	**10208**	5581	5581	III	8890	7610	6368	5166	4002	2876
	V	**22546**	5581	5581	IV	15444	14533	13642	12770	11918	11085
	VI	**23066**	5581	5581							
76715,99	I,IV	**16387**	5581	5581	I	14547	12783	11097	9488	7956	6501
	II	**14735**	5581	5581	II	12964	11270	9652	8113	6650	5264
	III	**10218**	5581	5581	III	8898	7618	6376	5174	4010	2884
	V	**22560**	5581	5581	IV	15457	14547	13655	12783	11930	11097
	VI	**23079**	5581	5581							
76751,99	I,IV	**16401**	5581	5581	I	14560	12796	11109	9499	7967	6512
	II	**14749**	5581	5581	II	12977	11282	9664	8124	6660	5274
	III	**10228**	5581	5581	III	8908	7628	6386	5182	4018	2892
	V	**22574**	5581	5581	IV	15471	14560	13668	12796	11943	11109
	VI	**23093**	5581	5581							
76787,99	I,IV	**16414**	5581	5581	I	14573	12808	11121	9511	7978	6522
	II	**14762**	5581	5581	II	12989	11294	9675	8134	6670	5284
	III	**10238**	5581	5581	III	8918	7638	6394	5192	4026	2900
	V	**22588**	5581	5581	IV	15484	14573	13681	12808	11955	11121
	VI	**23107**	5581	5581							
76823,99	I,IV	**16428**	5581	5581	I	14586	12821	11133	9522	7989	6532
	II	**14775**	5581	5581	II	13002	11306	9687	8145	6681	5294
	III	**10246**	5581	5581	III	8928	7646	6404	5200	4034	2908
	V	**22601**	5581	5581	IV	15497	14586	13694	12821	11967	11133
	VI	**23121**	5581	5581							
76859,99	I,IV	**16442**	5581	5581	I	14599	12834	11145	9534	8000	6543
	II	**14788**	5581	5581	II	13015	11318	9699	8157	6691	5304
	III	**10258**	5581	5581	III	8938	7656	6412	5208	4044	2916
	V	**22615**	5581	5581	IV	15511	14599	13707	12834	11980	11145
	VI	**23134**	5581	5581							
76895,99	I,IV	**16455**	5581	5581	I	14612	12846	11157	9545	8010	6553
	II	**14801**	5581	5581	II	13027	11330	9710	8167	6702	5313
	III	**10266**	5581	5581	III	8946	7664	6422	5218	4052	2924
	V	**22629**	5581	5581	IV	15524	14612	13719	12846	11992	11157
	VI	**23148**	5581	5581							

* Zur LSt-Berechnung für privat versicherte Arbeitnehmer s. Beispiele **Vorbemerkung S. 4 f.**
** Basisvorsorgepauschale KV und PV *** Typisierter Arbeitgeberzuschuss

Lohn/ Gehalt in € bis	Steuerklasse	**Lohn-steuer***	BVSP**	TAGZ***	Steuerklasse	Bemessungsgrundlage für Kirchensteuer und Solidaritätszuschlag – Freibeträge für ... Kinder 0,5	**1,0**	1,5	**2,0**	2,5	**3,0**
76 931,99	I,IV	**16 469**	5 581	5 581	I	14 625	12 859	11 169	9 557	8 021	6 563
	II	**14 815**	5 581	5 581	II	13 040	11 342	9 722	8 178	6 712	5 323
	III	**10 276**	5 581	5 581	III	8 956	7 674	6 430	5 226	4 060	2 932
	V	**22 643**	5 581	5 581	IV	15 538	14 625	13 732	12 859	12 004	11 169
	VI	**23 162**	5 581	5 581							
76 967,99	I,IV	**16 483**	5 581	5 581	I	14 638	12 871	11 181	9 568	8 032	6 574
	II	**14 828**	5 581	5 581	II	13 052	11 354	9 733	8 189	6 722	5 333
	III	**10 286**	5 581	5 581	III	8 964	7 682	6 440	5 234	4 068	2 940
	V	**22 656**	5 581	5 581	IV	15 551	14 638	13 745	12 871	12 016	11 181
	VI	**23 175**	5 581	5 581							
77 003,99	I,IV	**16 497**	5 581	5 581	I	14 652	12 884	11 193	9 580	8 043	6 584
	II	**14 841**	5 581	5 581	II	13 065	11 366	9 745	8 200	6 733	5 343
	III	**10 296**	5 581	5 581	III	8 974	7 692	6 448	5 244	4 076	2 948
	V	**22 670**	5 581	5 581	IV	15 565	14 652	13 758	12 884	12 029	11 193
	VI	**23 189**	5 581	5 581							
77 039,99	I,IV	**16 510**	5 581	5 581	I	14 665	12 897	11 205	9 591	8 054	6 594
	II	**14 854**	5 581	5 581	II	13 078	11 379	9 756	8 211	6 743	5 353
	III	**10 306**	5 581	5 581	III	8 984	7 702	6 458	5 252	4 084	2 956
	V	**22 684**	5 581	5 581	IV	15 578	14 665	13 771	12 897	12 041	11 205
	VI	**23 203**	5 581	5 581							
77 075,99	I,IV	**16 524**	5 581	5 581	I	14 678	12 909	11 217	9 602	8 065	6 605
	II	**14 867**	5 581	5 581	II	13 090	11 390	9 768	8 222	6 754	5 362
	III	**10 316**	5 581	5 581	III	8 994	7 710	6 466	5 260	4 092	2 964
	V	**22 697**	5 581	5 581	IV	15 591	14 678	13 784	12 909	12 053	11 217
	VI	**23 216**	5 581	5 581							
77 111,99	I,IV	**16 538**	5 581	5 581	I	14 691	12 922	11 229	9 614	8 076	6 615
	II	**14 881**	5 581	5 581	II	13 103	11 403	9 779	8 233	6 764	5 372
	III	**10 326**	5 581	5 581	III	9 004	7 720	6 476	5 270	4 102	2 972
	V	**22 711**	5 581	5 581	IV	15 605	14 691	13 797	12 922	12 066	11 229
	VI	**23 230**	5 581	5 581							
77 147,99	I,IV	**16 552**	5 581	5 581	I	14 705	12 934	11 241	9 626	8 087	6 626
	II	**14 894**	5 581	5 581	II	13 116	11 415	9 791	8 244	6 775	5 382
	III	**10 334**	5 581	5 581	III	9 012	7 730	6 484	5 278	4 110	2 980
	V	**22 725**	5 581	5 581	IV	15 619	14 705	13 810	12 934	12 078	11 241
	VI	**23 244**	5 581	5 581							
77 183,99	I,IV	**16 565**	5 581	5 581	I	14 718	12 947	11 253	9 637	8 098	6 636
	II	**14 907**	5 581	5 581	II	13 128	11 427	9 802	8 255	6 785	5 392
	III	**10 344**	5 581	5 581	III	9 022	7 738	6 492	5 286	4 118	2 988
	V	**22 738**	5 581	5 581	IV	15 632	14 718	13 823	12 947	12 090	11 253
	VI	**23 257**	5 581	5 581							
77 219,99	I,IV	**16 579**	5 581	5 581	I	14 731	12 960	11 266	9 649	8 109	6 646
	II	**14 921**	5 581	5 581	II	13 141	11 439	9 814	8 266	6 796	5 402
	III	**10 354**	5 581	5 581	III	9 032	7 748	6 502	5 296	4 126	2 996
	V	**22 752**	5 581	5 581	IV	15 645	14 731	13 836	12 960	12 103	11 266
	VI	**23 271**	5 581	5 581							
77 255,99	I,IV	**16 593**	5 581	5 581	I	14 744	12 972	11 278	9 660	8 120	6 657
	II	**14 934**	5 581	5 581	II	13 154	11 451	9 826	8 277	6 806	5 412
	III	**10 364**	5 581	5 581	III	9 042	7 756	6 510	5 304	4 134	3 004
	V	**22 766**	5 581	5 581	IV	15 659	14 744	13 849	12 972	12 115	11 278
	VI	**23 285**	5 581	5 581							
77 291,99	I,IV	**16 606**	5 581	5 581	I	14 757	12 985	11 290	9 672	8 131	6 667
	II	**14 947**	5 581	5 581	II	13 166	11 463	9 837	8 288	6 816	5 422
	III	**10 374**	5 581	5 581	III	9 050	7 766	6 520	5 312	4 144	3 012
	V	**22 780**	5 581	5 581	IV	15 672	14 757	13 861	12 985	12 128	11 290
	VI	**23 299**	5 581	5 581							
77 327,99	I,IV	**16 620**	5 581	5 581	I	14 771	12 998	11 302	9 683	8 142	6 677
	II	**14 960**	5 581	5 581	II	13 179	11 475	9 849	8 299	6 827	5 432
	III	**10 384**	5 581	5 581	III	9 060	7 776	6 530	5 322	4 152	3 022
	V	**22 793**	5 581	5 581	IV	15 686	14 771	13 874	12 998	12 140	11 302
	VI	**23 313**	5 581	5 581							

* Zur LSt-Berechnung für privat versicherte Arbeitnehmer s. Beispiele **Vorbemerkung S. 4 f.**
** Basisvorsorgepauschale KV und PV *** Typisierter Arbeitgeberzuschuss

Lohn/ Gehalt in € bis	Steuerklasse	Lohn-steuer*	BVSP**	TAGZ***	Steuerklasse	Bemessungsgrundlage für Kirchensteuer und Solidaritätszuschlag – Freibeträge für ... Kinder 0,5	**1,0**	1,5	**2,0**	2,5	**3,0**
77363,99	I,IV	**16634**	5581	5581	I	14784	13010	11314	9695	8153	6688
	II	**14974**	5581	5581	II	13192	11488	9861	8310	6838	5442
	III	**10394**	5581	5581	III	9070	7784	6538	5330	4160	3030
	V	**22807**	5581	5581	IV	15700	14784	13887	13010	12153	11314
	VI	**23326**	5581	5581							
77399,99	I,IV	**16647**	5581	5581	I	14797	13023	11326	9706	8164	6698
	II	**14987**	5581	5581	II	13205	11500	9872	8321	6848	5451
	III	**10404**	5581	5581	III	9080	7794	6546	5338	4168	3038
	V	**22821**	5581	5581	IV	15713	14797	13900	13023	12165	11326
	VI	**23340**	5581	5581							
77435,99	I,IV	**16661**	5581	5581	I	14810	13036	11338	9718	8175	6709
	II	**15000**	5581	5581	II	13218	11512	9884	8332	6858	5461
	III	**10414**	5581	5581	III	9090	7804	6556	5348	4178	3046
	V	**22835**	5581	5581	IV	15726	14810	13913	13036	12177	11338
	VI	**23354**	5581	5581							
77471,99	I,IV	**16675**	5581	5581	I	14824	13048	11350	9729	8186	6719
	II	**15014**	5581	5581	II	13230	11524	9895	8344	6869	5472
	III	**10424**	5581	5581	III	9098	7812	6564	5356	4186	3054
	V	**22848**	5581	5581	IV	15740	14824	13926	13048	12190	11350
	VI	**23368**	5581	5581							
77507,99	I,IV	**16689**	5581	5581	I	14837	13061	11362	9741	8197	6729
	II	**15027**	5581	5581	II	13243	11536	9907	8354	6879	5481
	III	**10432**	5581	5581	III	9108	7822	6574	5364	4194	3062
	V	**22862**	5581	5581	IV	15753	14837	13939	13061	12202	11362
	VI	**23381**	5581	5581							
77543,99	I,IV	**16702**	5581	5581	I	14850	13074	11374	9752	8208	6740
	II	**15040**	5581	5581	II	13256	11548	9918	8366	6890	5491
	III	**10442**	5581	5581	III	9118	7830	6582	5374	4202	3070
	V	**22876**	5581	5581	IV	15767	14850	13952	13074	12214	11374
	VI	**23395**	5581	5581							
77579,99	I,IV	**16716**	5581	5581	I	14863	13086	11387	9764	8219	6750
	II	**15054**	5581	5581	II	13269	11561	9930	8377	6900	5501
	III	**10452**	5581	5581	III	9126	7840	6592	5382	4210	3078
	V	**22890**	5581	5581	IV	15781	14863	13965	13086	12227	11387
	VI	**23409**	5581	5581							
77615,99	I,IV	**16730**	5581	5581	I	14876	13099	11399	9775	8229	6761
	II	**15067**	5581	5581	II	13281	11573	9942	8388	6911	5511
	III	**10462**	5581	5581	III	9136	7850	6600	5390	4218	3086
	V	**22903**	5581	5581	IV	15794	14876	13978	13099	12239	11399
	VI	**23422**	5581	5581							
77651,99	I,IV	**16744**	5581	5581	I	14890	13112	11411	9787	8241	6771
	II	**15080**	5581	5581	II	13294	11585	9953	8399	6921	5521
	III	**10472**	5581	5581	III	9146	7858	6610	5400	4228	3094
	V	**22917**	5581	5581	IV	15808	14890	13991	13112	12252	11411
	VI	**23436**	5581	5581							
77687,99	I,IV	**16757**	5581	5581	I	14903	13124	11423	9799	8252	6782
	II	**15094**	5581	5581	II	13307	11597	9965	8410	6932	5531
	III	**10482**	5581	5581	III	9156	7868	6618	5408	4236	3102
	V	**22931**	5581	5581	IV	15821	14903	14004	13124	12264	11423
	VI	**23450**	5581	5581							
77723,99	I,IV	**16771**	5581	5581	I	14916	13137	11435	9810	8263	6792
	II	**15107**	5581	5581	II	13319	11609	9976	8421	6942	5541
	III	**10492**	5581	5581	III	9164	7876	6628	5416	4244	3110
	V	**22944**	5581	5581	IV	15835	14916	14017	13137	12276	11435
	VI	**23463**	5581	5581							
77759,99	I,IV	**16785**	5581	5581	I	14929	13150	11447	9822	8274	6803
	II	**15120**	5581	5581	II	13332	11622	9988	8432	6953	5551
	III	**10502**	5581	5581	III	9174	7886	6636	5426	4252	3118
	V	**22958**	5581	5581	IV	15848	14929	14030	13150	12289	11447
	VI	**23477**	5581	5581							

* Zur LSt-Berechnung für privat versicherte Arbeitnehmer s. Beispiele **Vorbemerkung S. 4 f.**
** Basisvorsorgepauschale KV und PV *** Typisierter Arbeitgeberzuschuss

Lohn/ Gehalt in € bis	Steuerklasse	Lohn-steuer*	BVSP**	TAGZ***	Steuerklasse	Bemessungsgrundlage für Kirchensteuer und Solidaritätszuschlag – Freibeträge für ... Kinder 0,5	**1,0**	1,5	**2,0**	2,5	**3,0**
77 795,99	I,IV	**16 798**	5 581	5 581	I	14 942	13 162	11 459	9 833	8 284	6 813
	II	**15 133**	5 581	5 581	II	13 345	11 634	10 000	8 443	6 963	5 561
	III	**10 512**	5 581	5 581	III	9 184	7 896	6 646	5 434	4 262	3 126
	V	**22 971**	5 581	5 581	IV	15 862	14 942	14 043	13 162	12 301	11 459
	VI	**23 491**	5 581	5 581							
77 831,99	I,IV	**16 812**	5 581	5 581	I	14 956	13 175	11 471	9 845	8 296	6 823
	II	**15 147**	5 581	5 581	II	13 358	11 646	10 011	8 454	6 974	5 571
	III	**10 522**	5 581	5 581	III	9 194	7 904	6 654	5 442	4 270	3 134
	V	**22 985**	5 581	5 581	IV	15 875	14 956	14 056	13 175	12 314	11 471
	VI	**23 504**	5 581	5 581							
77 867,99	I,IV	**16 826**	5 581	5 581	I	14 969	13 188	11 484	9 857	8 307	6 834
	II	**15 160**	5 581	5 581	II	13 371	11 658	10 023	8 465	6 984	5 581
	III	**10 532**	5 581	5 581	III	9 204	7 914	6 664	5 452	4 278	3 144
	V	**22 999**	5 581	5 581	IV	15 889	14 969	14 069	13 188	12 326	11 484
	VI	**23 518**	5 581	5 581							
77 903,99	I,IV	**16 839**	5 581	5 581	I	14 982	13 200	11 496	9 868	8 318	6 844
	II	**15 173**	5 581	5 581	II	13 383	11 670	10 035	8 476	6 995	5 590
	III	**10 540**	5 581	5 581	III	9 212	7 924	6 672	5 460	4 286	3 152
	V	**23 013**	5 581	5 581	IV	15 902	14 982	14 082	13 200	12 338	11 496
	VI	**23 532**	5 581	5 581							
77 939,99	I,IV	**16 853**	5 581	5 581	I	14 996	13 213	11 508	9 880	8 329	6 855
	II	**15 187**	5 581	5 581	II	13 396	11 683	10 046	8 487	7 005	5 601
	III	**10 550**	5 581	5 581	III	9 222	7 932	6 682	5 468	4 294	3 160
	V	**23 026**	5 581	5 581	IV	15 916	14 996	14 095	13 213	12 351	11 508
	VI	**23 546**	5 581	5 581							
77 975,99	I,IV	**16 867**	5 581	5 581	I	15 009	13 226	11 520	9 891	8 340	6 865
	II	**15 200**	5 581	5 581	II	13 409	11 695	10 058	8 498	7 016	5 611
	III	**10 560**	5 581	5 581	III	9 232	7 942	6 690	5 478	4 304	3 168
	V	**23 040**	5 581	5 581	IV	15 930	15 009	14 108	13 226	12 363	11 520
	VI	**23 559**	5 581	5 581							
78 011,99	I,IV	**16 880**	5 581	5 581	I	15 022	13 239	11 532	9 903	8 351	6 876
	II	**15 213**	5 581	5 581	II	13 421	11 707	10 070	8 509	7 026	5 620
	III	**10 570**	5 581	5 581	III	9 242	7 952	6 700	5 486	4 312	3 176
	V	**23 054**	5 581	5 581	IV	15 943	15 022	14 121	13 239	12 376	11 532
	VI	**23 573**	5 581	5 581							
78 047,99	I,IV	**16 894**	5 581	5 581	I	15 036	13 251	11 544	9 915	8 362	6 886
	II	**15 227**	5 581	5 581	II	13 434	11 719	10 081	8 521	7 037	5 630
	III	**10 580**	5 581	5 581	III	9 250	7 960	6 708	5 494	4 320	3 184
	V	**23 068**	5 581	5 581	IV	15 957	15 036	14 134	13 251	12 388	11 544
	VI	**23 587**	5 581	5 581							
78 083,99	I,IV	**16 908**	5 581	5 581	I	15 049	13 264	11 557	9 926	8 373	6 897
	II	**15 240**	5 581	5 581	II	13 447	11 732	10 093	8 532	7 048	5 641
	III	**10 590**	5 581	5 581	III	9 260	7 970	6 718	5 504	4 328	3 192
	V	**23 082**	5 581	5 581	IV	15 970	15 049	14 147	13 264	12 401	11 557
	VI	**23 601**	5 581	5 581							
78 119,99	I,IV	**16 922**	5 581	5 581	I	15 062	13 277	11 569	9 938	8 384	6 907
	II	**15 253**	5 581	5 581	II	13 460	11 744	10 105	8 543	7 058	5 650
	III	**10 600**	5 581	5 581	III	9 270	7 978	6 726	5 512	4 336	3 200
	V	**23 095**	5 581	5 581	IV	15 984	15 062	14 160	13 277	12 413	11 569
	VI	**23 614**	5 581	5 581							
78 155,99	I,IV	**16 936**	5 581	5 581	I	15 076	13 290	11 581	9 949	8 395	6 918
	II	**15 267**	5 581	5 581	II	13 473	11 756	10 116	8 554	7 069	5 660
	III	**10 610**	5 581	5 581	III	9 280	7 988	6 736	5 520	4 346	3 208
	V	**23 109**	5 581	5 581	IV	15 997	15 076	14 173	13 290	12 426	11 581
	VI	**23 628**	5 581	5 581							
78 191,99	I,IV	**16 949**	5 581	5 581	I	15 089	13 303	11 593	9 961	8 406	6 928
	II	**15 280**	5 581	5 581	II	13 486	11 768	10 128	8 565	7 079	5 671
	III	**10 620**	5 581	5 581	III	9 290	7 998	6 744	5 530	4 354	3 216
	V	**23 123**	5 581	5 581	IV	16 011	15 089	14 186	13 303	12 438	11 593
	VI	**23 642**	5 581	5 581							

* Zur LSt-Berechnung für privat versicherte Arbeitnehmer s. Beispiele **Vorbemerkung S. 4 f.**
** Basisvorsorgepauschale KV und PV *** Typisierter Arbeitgeberzuschuss

Lohn/ Gehalt in € bis	Steuerklasse	Lohn- steuer*	BVSP**	TAGZ***	Steuerklasse	Bemessungsgrundlage für Kirchensteuer und Solidaritätszuschlag – Freibeträge für ... Kinder 0,5	1,0	1,5	2,0	2,5	3,0
78 227,99	I,IV	**16 963**	5 581	5 581	I	15 102	13 315	11 605	9 973	8 417	6 939
	II	**15 293**	5 581	5 581	II	13 498	11 780	10 140	8 576	7 090	5 680
	III	**10 630**	5 581	5 581	III	9 298	8 006	6 754	5 538	4 362	3 224
	V	**23 136**	5 581	5 581	IV	16 025	15 102	14 199	13 315	12 450	11 605
	VI	**23 655**	5 581	5 581							
78 263,99	I,IV	**16 977**	5 581	5 581	I	15 116	13 328	11 618	9 984	8 428	6 949
	II	**15 307**	5 581	5 581	II	13 511	11 793	10 151	8 587	7 100	5 690
	III	**10 640**	5 581	5 581	III	9 308	8 016	6 762	5 548	4 370	3 232
	V	**23 150**	5 581	5 581	IV	16 038	15 116	14 212	13 328	12 463	11 618
	VI	**23 669**	5 581	5 581							
78 299,99	I,IV	**16 991**	5 581	5 581	I	15 129	13 341	11 630	9 996	8 439	6 960
	II	**15 320**	5 581	5 581	II	13 524	11 805	10 163	8 599	7 111	5 701
	III	**10 650**	5 581	5 581	III	9 318	8 026	6 772	5 556	4 380	3 242
	V	**23 164**	5 581	5 581	IV	16 052	15 129	14 225	13 341	12 476	11 630
	VI	**23 683**	5 581	5 581							
78 335,99	I,IV	**17 004**	5 581	5 581	I	15 142	13 353	11 642	10 007	8 450	6 970
	II	**15 334**	5 581	5 581	II	13 537	11 817	10 175	8 609	7 121	5 710
	III	**10 660**	5 581	5 581	III	9 328	8 034	6 780	5 564	4 388	3 250
	V	**23 177**	5 581	5 581	IV	16 065	15 142	14 238	13 353	12 488	11 642
	VI	**23 696**	5 581	5 581							
78 371,99	I,IV	**17 018**	5 581	5 581	I	15 156	13 366	11 654	10 019	8 461	6 981
	II	**15 347**	5 581	5 581	II	13 550	11 830	10 187	8 621	7 132	5 721
	III	**10 668**	5 581	5 581	III	9 336	8 044	6 790	5 574	4 396	3 258
	V	**23 191**	5 581	5 581	IV	16 079	15 156	14 251	13 366	12 501	11 654
	VI	**23 710**	5 581	5 581							
78 407,99	I,IV	**17 032**	5 581	5 581	I	15 169	13 379	11 666	10 031	8 473	6 991
	II	**15 361**	5 581	5 581	II	13 563	11 842	10 198	8 632	7 143	5 731
	III	**10 680**	5 581	5 581	III	9 346	8 054	6 798	5 582	4 404	3 266
	V	**23 205**	5 581	5 581	IV	16 093	15 169	14 264	13 379	12 513	11 666
	VI	**23 724**	5 581	5 581							
78 443,99	I,IV	**17 045**	5 581	5 581	I	15 182	13 392	11 678	10 042	8 483	7 002
	II	**15 374**	5 581	5 581	II	13 575	11 854	10 210	8 643	7 153	5 740
	III	**10 688**	5 581	5 581	III	9 356	8 062	6 808	5 590	4 412	3 274
	V	**23 218**	5 581	5 581	IV	16 106	15 182	14 277	13 392	12 525	11 678
	VI	**23 738**	5 581	5 581							
78 479,99	I,IV	**17 059**	5 581	5 581	I	15 196	13 405	11 691	10 054	8 495	7 012
	II	**15 387**	5 581	5 581	II	13 588	11 866	10 222	8 654	7 164	5 751
	III	**10 698**	5 581	5 581	III	9 366	8 072	6 816	5 600	4 422	3 282
	V	**23 232**	5 581	5 581	IV	16 120	15 196	14 290	13 405	12 538	11 691
	VI	**23 751**	5 581	5 581							
78 515,99	I,IV	**17 073**	5 581	5 581	I	15 209	13 418	11 703	10 066	8 506	7 023
	II	**15 401**	5 581	5 581	II	13 601	11 879	10 234	8 665	7 174	5 761
	III	**10 708**	5 581	5 581	III	9 376	8 082	6 826	5 608	4 430	3 290
	V	**23 246**	5 581	5 581	IV	16 134	15 209	14 304	13 418	12 551	11 703
	VI	**23 765**	5 581	5 581							
78 551,99	I,IV	**17 086**	5 581	5 581	I	15 222	13 430	11 715	10 077	8 517	7 033
	II	**15 414**	5 581	5 581	II	13 614	11 891	10 245	8 676	7 185	5 771
	III	**10 718**	5 581	5 581	III	9 386	8 090	6 834	5 618	4 438	3 298
	V	**23 260**	5 581	5 581	IV	16 147	15 222	14 316	13 430	12 563	11 715
	VI	**23 779**	5 581	5 581							
78 587,99	I,IV	**17 100**	5 581	5 581	I	15 236	13 443	11 727	10 089	8 528	7 044
	II	**15 428**	5 581	5 581	II	13 627	11 903	10 257	8 688	7 196	5 781
	III	**10 728**	5 581	5 581	III	9 394	8 100	6 844	5 626	4 446	3 306
	V	**23 273**	5 581	5 581	IV	16 161	15 236	14 330	13 443	12 576	11 727
	VI	**23 793**	5 581	5 581							
78 623,99	I,IV	**17 114**	5 581	5 581	I	15 249	13 456	11 739	10 101	8 539	7 054
	II	**15 441**	5 581	5 581	II	13 639	11 915	10 268	8 699	7 206	5 791
	III	**10 738**	5 581	5 581	III	9 404	8 108	6 852	5 634	4 454	3 314
	V	**23 287**	5 581	5 581	IV	16 174	15 249	14 342	13 456	12 588	11 739
	VI	**23 806**	5 581	5 581							

* Zur LSt-Berechnung für privat versicherte Arbeitnehmer s. Beispiele **Vorbemerkung S. 4 f.**
** Basisvorsorgepauschale KV und PV *** Typisierter Arbeitgeberzuschuss

Lohn/ Gehalt in € bis	Steuerklasse	**Lohn-steuer***	BVSP**	TAGZ***	Steuerklasse	Bemessungsgrundlage für Kirchensteuer und Solidaritätszuschlag – Freibeträge für ... Kinder 0,5	**1,0**	1,5	**2,0**	2,5	**3,0**
78 659,99	I,IV	**17 127**	5 581	5 581	I	15 262	13 468	11 752	10 112	8 550	7 065
	II	**15 454**	5 581	5 581	II	13 652	11 928	10 280	8 710	7 217	5 801
	III	**10 748**	5 581	5 581	III	9 414	8 118	6 862	5 644	4 464	3 322
	V	**23 301**	5 581	5 581	IV	16 188	15 262	14 356	13 468	12 601	11 752
	VI	**23 820**	5 581	5 581							
78 695,99	I,IV	**17 141**	5 581	5 581	I	15 276	13 481	11 764	10 124	8 561	7 076
	II	**15 468**	5 581	5 581	II	13 665	11 940	10 292	8 721	7 227	5 811
	III	**10 758**	5 581	5 581	III	9 424	8 128	6 870	5 652	4 472	3 330
	V	**23 315**	5 581	5 581	IV	16 202	15 276	14 369	13 481	12 613	11 764
	VI	**23 834**	5 581	5 581							
78 731,99	I,IV	**17 155**	5 581	5 581	I	15 289	13 494	11 776	10 136	8 572	7 086
	II	**15 481**	5 581	5 581	II	13 678	11 952	10 304	8 732	7 238	5 821
	III	**10 768**	5 581	5 581	III	9 432	8 136	6 880	5 660	4 480	3 338
	V	**23 328**	5 581	5 581	IV	16 215	15 289	14 382	13 494	12 625	11 776
	VI	**23 847**	5 581	5 581							
78 767,99	I,IV	**17 169**	5 581	5 581	I	15 302	13 507	11 789	10 147	8 584	7 097
	II	**15 495**	5 581	5 581	II	13 691	11 965	10 315	8 743	7 249	5 831
	III	**10 778**	5 581	5 581	III	9 442	8 146	6 888	5 670	4 490	3 348
	V	**23 342**	5 581	5 581	IV	16 229	15 302	14 395	13 507	12 638	11 789
	VI	**23 861**	5 581	5 581							
78 803,99	I,IV	**17 182**	5 581	5 581	I	15 316	13 520	11 801	10 159	8 595	7 107
	II	**15 508**	5 581	5 581	II	13 704	11 977	10 327	8 755	7 259	5 841
	III	**10 788**	5 581	5 581	III	9 452	8 156	6 898	5 678	4 498	3 356
	V	**23 356**	5 581	5 581	IV	16 243	15 316	14 408	13 520	12 651	11 801
	VI	**23 875**	5 581	5 581							
78 839,99	I,IV	**17 196**	5 581	5 581	I	15 329	13 532	11 813	10 171	8 606	7 118
	II	**15 521**	5 581	5 581	II	13 717	11 989	10 339	8 766	7 270	5 851
	III	**10 796**	5 581	5 581	III	9 462	8 164	6 906	5 686	4 506	3 364
	V	**23 369**	5 581	5 581	IV	16 256	15 329	14 421	13 532	12 663	11 813
	VI	**23 888**	5 581	5 581							
78 875,99	I,IV	**17 210**	5 581	5 581	I	15 343	13 545	11 825	10 183	8 617	7 128
	II	**15 535**	5 581	5 581	II	13 730	12 002	10 351	8 777	7 280	5 861
	III	**10 808**	5 581	5 581	III	9 472	8 174	6 916	5 696	4 514	3 372
	V	**23 383**	5 581	5 581	IV	16 270	15 343	14 434	13 545	12 676	11 825
	VI	**23 902**	5 581	5 581							
78 911,99	I,IV	**17 224**	5 581	5 581	I	15 356	13 558	11 838	10 194	8 628	7 139
	II	**15 549**	5 581	5 581	II	13 743	12 014	10 363	8 788	7 291	5 871
	III	**10 816**	5 581	5 581	III	9 480	8 184	6 924	5 704	4 522	3 380
	V	**23 397**	5 581	5 581	IV	16 284	15 356	14 448	13 558	12 688	11 838
	VI	**23 916**	5 581	5 581							
78 947,99	I,IV	**17 237**	5 581	5 581	I	15 369	13 571	11 850	10 206	8 639	7 150
	II	**15 562**	5 581	5 581	II	13 755	12 026	10 374	8 799	7 302	5 881
	III	**10 826**	5 581	5 581	III	9 490	8 192	6 934	5 714	4 532	3 388
	V	**23 410**	5 581	5 581	IV	16 297	15 369	14 460	13 571	12 701	11 850
	VI	**23 929**	5 581	5 581							
78 983,99	I,IV	**17 251**	5 581	5 581	I	15 383	13 584	11 862	10 218	8 650	7 160
	II	**15 575**	5 581	5 581	II	13 768	12 039	10 386	8 811	7 312	5 891
	III	**10 836**	5 581	5 581	III	9 500	8 202	6 942	5 722	4 540	3 396
	V	**23 424**	5 581	5 581	IV	16 311	15 383	14 474	13 584	12 713	11 862
	VI	**23 943**	5 581	5 581							
79 019,99	I,IV	**17 265**	5 581	5 581	I	15 396	13 597	11 875	10 230	8 662	7 171
	II	**15 589**	5 581	5 581	II	13 781	12 051	10 398	8 822	7 323	5 902
	III	**10 846**	5 581	5 581	III	9 510	8 212	6 952	5 730	4 548	3 404
	V	**23 438**	5 581	5 581	IV	16 325	15 396	14 487	13 597	12 726	11 875
	VI	**23 957**	5 581	5 581							
79 055,99	I,IV	**17 278**	5 581	5 581	I	15 409	13 609	11 887	10 241	8 673	7 181
	II	**15 602**	5 581	5 581	II	13 794	12 063	10 410	8 833	7 334	5 911
	III	**10 856**	5 581	5 581	III	9 520	8 220	6 960	5 740	4 556	3 412
	V	**23 452**	5 581	5 581	IV	16 338	15 409	14 500	13 609	12 738	11 887
	VI	**23 971**	5 581	5 581							

* Zur LSt-Berechnung für privat versicherte Arbeitnehmer s. Beispiele **Vorbemerkung S. 4 f.**
** Basisvorsorgepauschale KV und PV *** Typisierter Arbeitgeberzuschuss

Lohn/ Gehalt in € bis	Steuerklasse	Lohn- steuer*	BVSP**	TAGZ***	Steuerklasse	Bemessungsgrundlage für Kirchensteuer und Solidaritätszuschlag – Freibeträge für ... Kinder 0,5	1,0	1,5	2,0	2,5	3,0
79091,99	I,IV	**17292**	5581	5581	I	15423	13622	11899	10253	8684	7192
	II	**15616**	5581	5581	II	13807	12076	10421	8844	7344	5922
	III	**10866**	5581	5581	III	9530	8230	6970	5748	4566	3422
	V	**23465**	5581	5581	IV	16352	15423	14513	13622	12751	11899
	VI	**23985**	5581	5581							
79127,99	I,IV	**17306**	5581	5581	I	15437	13635	11912	10265	8695	7203
	II	**15629**	5581	5581	II	13820	12088	10433	8856	7355	5932
	III	**10876**	5581	5581	III	9538	8240	6980	5758	4574	3430
	V	**23479**	5581	5581	IV	16366	15437	14526	13635	12764	11912
	VI	**23998**	5581	5581							
79163,99	I,IV	**17319**	5581	5581	I	15450	13648	11924	10276	8706	7213
	II	**15643**	5581	5581	II	13833	12100	10445	8867	7366	5942
	III	**10886**	5581	5581	III	9548	8248	6988	5766	4582	3438
	V	**23493**	5581	5581	IV	16380	15450	14539	13648	12776	11924
	VI	**24012**	5581	5581							
79199,99	I,IV	**17333**	5581	5581	I	15463	13661	11936	10288	8717	7224
	II	**15656**	5581	5581	II	13846	12113	10457	8878	7376	5952
	III	**10896**	5581	5581	III	9558	8258	6998	5774	4590	3446
	V	**23507**	5581	5581	IV	16393	15463	14553	13661	12789	11936
	VI	**24026**	5581	5581							
79235,99	I,IV	**17347**	5581	5581	I	15477	13674	11948	10300	8729	7235
	II	**15670**	5581	5581	II	13859	12125	10469	8889	7387	5962
	III	**10906**	5581	5581	III	9568	8268	7006	5784	4600	3454
	V	**23520**	5581	5581	IV	16407	15477	14566	13674	12802	11948
	VI	**24040**	5581	5581							
79271,99	I,IV	**17361**	5581	5581	I	15490	13687	11961	10312	8740	7245
	II	**15683**	5581	5581	II	13872	12137	10480	8900	7398	5972
	III	**10916**	5581	5581	III	9576	8276	7016	5792	4608	3462
	V	**23534**	5581	5581	IV	16421	15490	14579	13687	12814	11961
	VI	**24053**	5581	5581							
79307,99	I,IV	**17374**	5581	5581	I	15504	13700	11973	10323	8751	7256
	II	**15697**	5581	5581	II	13885	12150	10492	8912	7408	5982
	III	**10926**	5581	5581	III	9586	8286	7024	5802	4616	3470
	V	**23548**	5581	5581	IV	16434	15504	14592	13700	12827	11973
	VI	**24067**	5581	5581							
79343,99	I,IV	**17388**	5581	5581	I	15517	13713	11985	10335	8762	7266
	II	**15710**	5581	5581	II	13898	12162	10504	8923	7419	5993
	III	**10936**	5581	5581	III	9596	8296	7034	5810	4624	3478
	V	**23562**	5581	5581	IV	16448	15517	14605	13713	12839	11985
	VI	**24081**	5581	5581							
79379,99	I,IV	**17402**	5581	5581	I	15530	13725	11997	10347	8773	7277
	II	**15724**	5581	5581	II	13910	12175	10516	8934	7430	6002
	III	**10946**	5581	5581	III	9606	8304	7042	5818	4634	3486
	V	**23575**	5581	5581	IV	16462	15530	14618	13725	12852	11997
	VI	**24094**	5581	5581							
79415,99	I,IV	**17416**	5581	5581	I	15544	13738	12010	10359	8785	7288
	II	**15737**	5581	5581	II	13924	12187	10528	8946	7441	6013
	III	**10956**	5581	5581	III	9616	8314	7052	5828	4642	3494
	V	**23589**	5581	5581	IV	16476	15544	14632	13738	12865	12010
	VI	**24108**	5581	5581							
79451,99	I,IV	**17429**	5581	5581	I	15557	13751	12022	10370	8796	7298
	II	**15750**	5581	5581	II	13936	12199	10539	8957	7451	6023
	III	**10966**	5581	5581	III	9626	8324	7060	5836	4650	3504
	V	**23602**	5581	5581	IV	16489	15557	14644	13751	12877	12022
	VI	**24121**	5581	5581							
79487,99	I,IV	**17443**	5581	5581	I	15571	13764	12034	10382	8807	7309
	II	**15764**	5581	5581	II	13949	12212	10551	8968	7462	6033
	III	**10976**	5581	5581	III	9634	8332	7070	5844	4658	3512
	V	**23616**	5581	5581	IV	16503	15571	14658	13764	12890	12034
	VI	**24135**	5581	5581							

* Zur LSt-Berechnung für privat versicherte Arbeitnehmer s. Beispiele **Vorbemerkung S. 4f.**
** Basisvorsorgepauschale KV und PV *** Typisierter Arbeitgeberzuschuss

Lohn/ Gehalt in € bis	Steuerklasse	Lohn-steuer*	BVSP**	TAGZ***	Steuerklasse	Bemessungsgrundlage für Kirchensteuer und Solidaritätszuschlag – Freibeträge für ... Kinder 0,5	**1,0**	1,5	**2,0**	2,5	**3,0**
79 523,99	I,IV	**17 457**	5 581	5 581	I	15 584	13 777	12 047	10 394	8 818	7 320
	II	**15 778**	5 581	5 581	II	13 962	12 224	10 563	8 979	7 473	6 043
	III	**10 986**	5 581	5 581	III	9 644	8 342	7 078	5 854	4 668	3 520
	V	**23 630**	5 581	5 581	IV	16 517	15 584	14 671	13 777	12 902	12 047
	VI	**24 149**	5 581	5 581							
79 559,99	I,IV	**17 470**	5 581	5 581	I	15 598	13 790	12 059	10 406	8 829	7 330
	II	**15 791**	5 581	5 581	II	13 975	12 236	10 575	8 990	7 483	6 053
	III	**10 996**	5 581	5 581	III	9 654	8 352	7 088	5 862	4 676	3 528
	V	**23 643**	5 581	5 581	IV	16 530	15 598	14 684	13 790	12 915	12 059
	VI	**24 163**	5 581	5 581							
79 595,99	I,IV	**17 484**	5 581	5 581	I	15 611	13 803	12 072	10 417	8 841	7 341
	II	**15 805**	5 581	5 581	II	13 988	12 249	10 587	9 002	7 494	6 063
	III	**11 004**	5 581	5 581	III	9 664	8 360	7 096	5 872	4 684	3 536
	V	**23 657**	5 581	5 581	IV	16 544	15 611	14 697	13 803	12 928	12 072
	VI	**24 176**	5 581	5 581							
79 631,99	I,IV	**17 498**	5 581	5 581	I	15 625	13 816	12 084	10 429	8 852	7 352
	II	**15 818**	5 581	5 581	II	14 001	12 261	10 599	9 013	7 505	6 074
	III	**11 016**	5 581	5 581	III	9 674	8 370	7 106	5 880	4 694	3 544
	V	**23 671**	5 581	5 581	IV	16 558	15 625	14 711	13 816	12 940	12 084
	VI	**24 190**	5 581	5 581							
79 667,99	I,IV	**17 511**	5 581	5 581	I	15 638	13 828	12 096	10 441	8 863	7 362
	II	**15 832**	5 581	5 581	II	14 014	12 274	10 610	9 024	7 515	6 084
	III	**11 026**	5 581	5 581	III	9 684	8 380	7 116	5 890	4 702	3 552
	V	**23 685**	5 581	5 581	IV	16 571	15 638	14 724	13 828	12 953	12 096
	VI	**24 204**	5 581	5 581							
79 703,99	I,IV	**17 525**	5 581	5 581	I	15 652	13 842	12 109	10 453	8 874	7 373
	II	**15 845**	5 581	5 581	II	14 027	12 286	10 622	9 036	7 526	6 094
	III	**11 034**	5 581	5 581	III	9 692	8 390	7 124	5 898	4 710	3 560
	V	**23 698**	5 581	5 581	IV	16 585	15 652	14 737	13 842	12 965	12 109
	VI	**24 218**	5 581	5 581							
79 739,99	I,IV	**17 539**	5 581	5 581	I	15 665	13 855	12 121	10 465	8 886	7 384
	II	**15 859**	5 581	5 581	II	14 040	12 299	10 634	9 047	7 537	6 104
	III	**11 046**	5 581	5 581	III	9 702	8 398	7 134	5 906	4 718	3 570
	V	**23 712**	5 581	5 581	IV	16 599	15 665	14 750	13 855	12 978	12 121
	VI	**24 231**	5 581	5 581							
79 775,99	I,IV	**17 552**	5 581	5 581	I	15 679	13 867	12 133	10 476	8 897	7 394
	II	**15 872**	5 581	5 581	II	14 053	12 311	10 646	9 058	7 548	6 114
	III	**11 054**	5 581	5 581	III	9 712	8 408	7 142	5 916	4 728	3 578
	V	**23 726**	5 581	5 581	IV	16 613	15 679	14 763	13 867	12 991	12 133
	VI	**24 245**	5 581	5 581							
79 811,99	I,IV	**17 566**	5 581	5 581	I	15 692	13 880	12 146	10 488	8 908	7 405
	II	**15 886**	5 581	5 581	II	14 066	12 323	10 658	9 070	7 558	6 124
	III	**11 064**	5 581	5 581	III	9 722	8 418	7 152	5 924	4 736	3 586
	V	**23 740**	5 581	5 581	IV	16 626	15 692	14 777	13 880	13 003	12 146
	VI	**24 259**	5 581	5 581							
79 847,99	I,IV	**17 580**	5 581	5 581	I	15 706	13 893	12 158	10 500	8 919	7 416
	II	**15 900**	5 581	5 581	II	14 079	12 336	10 670	9 081	7 569	6 135
	III	**11 074**	5 581	5 581	III	9 732	8 426	7 160	5 934	4 744	3 594
	V	**23 754**	5 581	5 581	IV	16 640	15 706	14 790	13 893	13 016	12 158
	VI	**24 273**	5 581	5 581							
79 883,99	I,IV	**17 594**	5 581	5 581	I	15 719	13 906	12 170	10 512	8 930	7 426
	II	**15 913**	5 581	5 581	II	14 092	12 348	10 682	9 092	7 580	6 145
	III	**11 084**	5 581	5 581	III	9 742	8 436	7 170	5 942	4 752	3 602
	V	**23 767**	5 581	5 581	IV	16 654	15 719	14 803	13 906	13 029	12 170
	VI	**24 286**	5 581	5 581							
79 919,99	I,IV	**17 608**	5 581	5 581	I	15 733	13 919	12 183	10 524	8 942	7 437
	II	**15 927**	5 581	5 581	II	14 105	12 361	10 694	9 104	7 591	6 155
	III	**11 094**	5 581	5 581	III	9 750	8 446	7 178	5 950	4 762	3 610
	V	**23 781**	5 581	5 581	IV	16 668	15 733	14 816	13 919	13 041	12 183
	VI	**24 300**	5 581	5 581							

* Zur LSt-Berechnung für privat versicherte Arbeitnehmer s. Beispiele **Vorbemerkung S. 4 f.**
** Basisvorsorgepauschale KV und PV *** Typisierter Arbeitgeberzuschuss

Lohn/ Gehalt in € bis	Steuerklasse	Lohn- steuer*	BVSP**	TAGZ***	Steuerklasse	Bemessungsgrundlage für Kirchensteuer und Solidaritätszuschlag – Freibeträge für ... Kinder 0,5	**1,0**	1,5	**2,0**	2,5	**3,0**
79 955,99	I,IV	**17 621**	5 581	5 581	I	15 746	13 932	12 195	10 536	8 953	7 448
	II	**15 940**	5 581	5 581	II	14 118	12 373	10 706	9 115	7 602	6 165
	III	**11 104**	5 581	5 581	III	9 760	8 456	7 188	5 960	4 770	3 618
	V	**23 795**	5 581	5 581	IV	16 681	15 746	14 830	13 932	13 054	12 195
	VI	**24 314**	5 581	5 581							
79 991,99	I,IV	**17 635**	5 581	5 581	I	15 760	13 945	12 208	10 547	8 964	7 458
	II	**15 954**	5 581	5 581	II	14 131	12 386	10 717	9 126	7 612	6 175
	III	**11 114**	5 581	5 581	III	9 770	8 464	7 198	5 968	4 778	3 626
	V	**23 808**	5 581	5 581	IV	16 695	15 760	14 843	13 945	13 067	12 208
	VI	**24 327**	5 581	5 581							
80 027,99	I,IV	**17 649**	5 581	5 581	I	15 773	13 958	12 220	10 559	8 976	7 469
	II	**15 967**	5 581	5 581	II	14 144	12 398	10 729	9 138	7 623	6 186
	III	**11 124**	5 581	5 581	III	9 780	8 474	7 206	5 978	4 786	3 634
	V	**23 822**	5 581	5 581	IV	16 709	15 773	14 856	13 958	13 079	12 220
	VI	**24 341**	5 581	5 581							
80 063,99	I,IV	**17 663**	5 581	5 581	I	15 787	13 971	12 233	10 571	8 987	7 480
	II	**15 981**	5 581	5 581	II	14 157	12 411	10 741	9 149	7 634	6 196
	III	**11 134**	5 581	5 581	III	9 790	8 484	7 216	5 986	4 796	3 644
	V	**23 836**	5 581	5 581	IV	16 723	15 787	14 869	13 971	13 092	12 233
	VI	**24 355**	5 581	5 581							
80 099,99	I,IV	**17 676**	5 581	5 581	I	15 800	13 984	12 245	10 583	8 998	7 490
	II	**15 995**	5 581	5 581	II	14 170	12 423	10 753	9 160	7 644	6 206
	III	**11 144**	5 581	5 581	III	9 800	8 492	7 224	5 994	4 804	3 652
	V	**23 849**	5 581	5 581	IV	16 736	15 800	14 882	13 984	13 105	12 245
	VI	**24 368**	5 581	5 581							
80 135,99	I,IV	**17 690**	5 581	5 581	I	15 814	13 997	12 257	10 595	9 009	7 501
	II	**16 008**	5 581	5 581	II	14 183	12 436	10 765	9 172	7 655	6 216
	III	**11 154**	5 581	5 581	III	9 808	8 502	7 234	6 004	4 812	3 660
	V	**23 863**	5 581	5 581	IV	16 750	15 814	14 896	13 997	13 117	12 257
	VI	**24 382**	5 581	5 581							
80 171,99	I,IV	**17 704**	5 581	5 581	I	15 828	14 010	12 270	10 607	9 021	7 512
	II	**16 022**	5 581	5 581	II	14 197	12 448	10 777	9 183	7 666	6 227
	III	**11 164**	5 581	5 581	III	9 818	8 512	7 242	6 012	4 822	3 668
	V	**23 877**	5 581	5 581	IV	16 764	15 828	14 909	14 010	13 130	12 270
	VI	**24 396**	5 581	5 581							
80 207,99	I,IV	**17 717**	5 581	5 581	I	15 841	14 023	12 282	10 618	9 032	7 523
	II	**16 035**	5 581	5 581	II	14 209	12 460	10 789	9 194	7 677	6 237
	III	**11 174**	5 581	5 581	III	9 828	8 520	7 252	6 022	4 830	3 676
	V	**23 890**	5 581	5 581	IV	16 777	15 841	14 922	14 023	13 143	12 282
	VI	**24 410**	5 581	5 581							
80 243,99	I,IV	**17 731**	5 581	5 581	I	15 854	14 036	12 295	10 630	9 043	7 533
	II	**16 049**	5 581	5 581	II	14 222	12 473	10 801	9 206	7 688	6 247
	III	**11 184**	5 581	5 581	III	9 838	8 530	7 260	6 030	4 838	3 684
	V	**23 904**	5 581	5 581	IV	16 791	15 854	14 936	14 036	13 156	12 295
	VI	**24 423**	5 581	5 581							
80 279,99	I,IV	**17 744**	5 581	5 581	I	15 868	14 049	12 307	10 642	9 054	7 544
	II	**16 062**	5 581	5 581	II	14 235	12 485	10 812	9 217	7 698	6 257
	III	**11 194**	5 581	5 581	III	9 848	8 540	7 270	6 038	4 846	3 692
	V	**23 918**	5 581	5 581	IV	16 804	15 868	14 949	14 049	13 168	12 307
	VI	**24 437**	5 581	5 581							
80 315,99	I,IV	**17 758**	5 581	5 581	I	15 881	14 062	12 319	10 654	9 066	7 555
	II	**16 076**	5 581	5 581	II	14 248	12 498	10 824	9 228	7 709	6 267
	III	**11 204**	5 581	5 581	III	9 858	8 548	7 280	6 048	4 856	3 702
	V	**23 932**	5 581	5 581	IV	16 818	15 881	14 962	14 062	13 181	12 319
	VI	**24 451**	5 581	5 581							
80 351,99	I,IV	**17 772**	5 581	5 581	I	15 895	14 075	12 332	10 666	9 077	7 566
	II	**16 090**	5 581	5 581	II	14 262	12 510	10 837	9 240	7 720	6 278
	III	**11 214**	5 581	5 581	III	9 866	8 558	7 288	6 056	4 864	3 710
	V	**23 945**	5 581	5 581	IV	16 832	15 895	14 975	14 075	13 194	12 332
	VI	**24 465**	5 581	5 581							

* Zur LSt-Berechnung für privat versicherte Arbeitnehmer s. Beispiele **Vorbemerkung S. 4 f.**
** Basisvorsorgepauschale KV und PV *** Typisierter Arbeitgeberzuschuss

Lohn/ Gehalt in € bis	Steuerklasse	**Lohn-steuer***	BVSP**	TAGZ***	Steuerklasse	Bemessungsgrundlage für Kirchensteuer und Solidaritätszuschlag – Freibeträge für ... Kinder 0,5	**1,0**	1,5	**2,0**	2,5	**3,0**
80 387,99	I,IV	**17 786**	5 581	5 581	I	15 908	14 088	12 344	10 678	9 088	7 576
	II	**16 103**	5 581	5 581	II	14 274	12 523	10 848	9 251	7 731	6 288
	III	**11 224**	5 581	5 581	III	9 876	8 568	7 296	6 066	4 872	3 718
	V	**23 959**	5 581	5 581	IV	16 846	15 908	14 988	14 088	13 206	12 344
	VI	**24 478**	5 581	5 581							
80 423,99	I,IV	**17 799**	5 581	5 581	I	15 922	14 101	12 357	10 690	9 100	7 587
	II	**16 117**	5 581	5 581	II	14 288	12 535	10 860	9 262	7 742	6 298
	III	**11 234**	5 581	5 581	III	9 886	8 578	7 306	6 074	4 880	3 726
	V	**23 973**	5 581	5 581	IV	16 859	15 922	15 002	14 101	13 219	12 357
	VI	**24 492**	5 581	5 581							
80 459,99	I,IV	**17 813**	5 581	5 581	I	15 936	14 114	12 369	10 702	9 111	7 598
	II	**16 131**	5 581	5 581	II	14 301	12 548	10 872	9 274	7 753	6 308
	III	**11 244**	5 581	5 581	III	9 896	8 586	7 316	6 084	4 890	3 734
	V	**23 987**	5 581	5 581	IV	16 873	15 936	15 015	14 114	13 232	12 369
	VI	**24 506**	5 581	5 581							
80 495,99	I,IV	**17 827**	5 581	5 581	I	15 949	14 127	12 381	10 713	9 122	7 608
	II	**16 144**	5 581	5 581	II	14 314	12 560	10 884	9 285	7 763	6 318
	III	**11 254**	5 581	5 581	III	9 906	8 596	7 324	6 092	4 898	3 742
	V	**24 000**	5 581	5 581	IV	16 887	15 949	15 028	14 127	13 244	12 381
	VI	**24 519**	5 581	5 581							
80 531,99	I,IV	**17 841**	5 581	5 581	I	15 963	14 140	12 394	10 725	9 134	7 619
	II	**16 158**	5 581	5 581	II	14 327	12 573	10 896	9 297	7 774	6 329
	III	**11 264**	5 581	5 581	III	9 916	8 606	7 334	6 100	4 906	3 750
	V	**24 014**	5 581	5 581	IV	16 901	15 963	15 042	14 140	13 257	12 394
	VI	**24 533**	5 581	5 581							
80 567,99	I,IV	**17 854**	5 581	5 581	I	15 977	14 153	12 407	10 737	9 145	7 630
	II	**16 172**	5 581	5 581	II	14 340	12 586	10 908	9 308	7 785	6 339
	III	**11 274**	5 581	5 581	III	9 924	8 614	7 342	6 110	4 916	3 760
	V	**24 028**	5 581	5 581	IV	16 915	15 977	15 055	14 153	13 270	12 407
	VI	**24 547**	5 581	5 581							
80 603,99	I,IV	**17 868**	5 581	5 581	I	15 990	14 166	12 419	10 749	9 156	7 641
	II	**16 185**	5 581	5 581	II	14 353	12 598	10 920	9 319	7 796	6 349
	III	**11 284**	5 581	5 581	III	9 934	8 624	7 352	6 118	4 924	3 768
	V	**24 041**	5 581	5 581	IV	16 928	15 990	15 068	14 166	13 283	12 419
	VI	**24 560**	5 581	5 581							
80 639,99	I,IV	**17 882**	5 581	5 581	I	16 004	14 179	12 431	10 761	9 168	7 652
	II	**16 199**	5 581	5 581	II	14 366	12 610	10 932	9 331	7 807	6 360
	III	**11 294**	5 581	5 581	III	9 944	8 634	7 362	6 128	4 932	3 776
	V	**24 055**	5 581	5 581	IV	16 942	16 004	15 082	14 179	13 296	12 431
	VI	**24 574**	5 581	5 581							
80 675,99	I,IV	**17 896**	5 581	5 581	I	16 017	14 192	12 444	10 773	9 179	7 663
	II	**16 213**	5 581	5 581	II	14 379	12 623	10 944	9 342	7 818	6 370
	III	**11 304**	5 581	5 581	III	9 954	8 642	7 370	6 136	4 940	3 784
	V	**24 069**	5 581	5 581	IV	16 956	16 017	15 095	14 192	13 308	12 444
	VI	**24 588**	5 581	5 581							
80 711,99	I,IV	**17 909**	5 581	5 581	I	16 031	14 205	12 456	10 785	9 190	7 673
	II	**16 226**	5 581	5 581	II	14 392	12 635	10 956	9 353	7 828	6 380
	III	**11 314**	5 581	5 581	III	9 964	8 652	7 380	6 144	4 950	3 792
	V	**24 082**	5 581	5 581	IV	16 969	16 031	15 108	14 205	13 321	12 456
	VI	**24 601**	5 581	5 581							
80 747,99	I,IV	**17 923**	5 581	5 581	I	16 045	14 218	12 469	10 797	9 202	7 684
	II	**16 240**	5 581	5 581	II	14 405	12 648	10 968	9 365	7 839	6 390
	III	**11 324**	5 581	5 581	III	9 974	8 662	7 388	6 154	4 958	3 800
	V	**24 096**	5 581	5 581	IV	16 983	16 045	15 122	14 218	13 334	12 469
	VI	**24 615**	5 581	5 581							
80 783,99	I,IV	**17 937**	5 581	5 581	I	16 058	14 231	12 481	10 809	9 213	7 695
	II	**16 254**	5 581	5 581	II	14 419	12 661	10 980	9 376	7 850	6 401
	III	**11 334**	5 581	5 581	III	9 984	8 672	7 398	6 162	4 966	3 808
	V	**24 110**	5 581	5 581	IV	16 997	16 058	15 135	14 231	13 347	12 481
	VI	**24 629**	5 581	5 581							

* Zur LSt-Berechnung für privat versicherte Arbeitnehmer s. Beispiele **Vorbemerkung S. 4 f.**
** Basisvorsorgepauschale KV und PV *** Typisierter Arbeitgeberzuschuss

Lohn/ Gehalt in € bis	Steuerklasse	Lohn- steuer*	BVSP**	TAGZ***	Steuerklasse	Bemessungsgrundlage für Kirchensteuer und Solidaritätszuschlag – Freibeträge für ... Kinder 0,5	1,0	1,5	2,0	2,5	3,0
80 819,99	I,IV	**17 950**	5 581	5 581	I	16 072	14 244	12 494	10 820	9 224	7 706
	II	**16 267**	5 581	5 581	II	14 432	12 673	10 992	9 388	7 861	6 411
	III	**11 344**	5 581	5 581	III	9 992	8 680	7 406	6 172	4 974	3 818
	V	**24 124**	5 581	5 581	IV	17 010	16 072	15 148	14 244	13 359	12 494
	VI	**24 643**	5 581	5 581							
80 855,99	I,IV	**17 964**	5 581	5 581	I	16 085	14 257	12 506	10 832	9 236	7 716
	II	**16 281**	5 581	5 581	II	14 445	12 686	11 004	9 399	7 872	6 421
	III	**11 354**	5 581	5 581	III	10 002	8 690	7 416	6 180	4 984	3 826
	V	**24 137**	5 581	5 581	IV	17 024	16 085	15 162	14 257	13 372	12 506
	VI	**24 657**	5 581	5 581							
80 891,99	I,IV	**17 978**	5 581	5 581	I	16 099	14 270	12 519	10 845	9 247	7 727
	II	**16 295**	5 581	5 581	II	14 458	12 698	11 016	9 411	7 883	6 432
	III	**11 364**	5 581	5 581	III	10 012	8 700	7 426	6 190	4 992	3 834
	V	**24 151**	5 581	5 581	IV	17 038	16 099	15 175	14 270	13 385	12 519
	VI	**24 670**	5 581	5 581							
80 927,99	I,IV	**17 991**	5 581	5 581	I	16 112	14 283	12 531	10 856	9 259	7 738
	II	**16 308**	5 581	5 581	II	14 471	12 711	11 028	9 422	7 893	6 442
	III	**11 374**	5 581	5 581	III	10 022	8 708	7 434	6 198	5 000	3 842
	V	**24 165**	5 581	5 581	IV	17 051	16 112	15 188	14 283	13 398	12 531
	VI	**24 684**	5 581	5 581							
80 963,99	I,IV	**18 005**	5 581	5 581	I	16 126	14 296	12 544	10 868	9 270	7 749
	II	**16 322**	5 581	5 581	II	14 484	12 723	11 040	9 434	7 904	6 452
	III	**11 384**	5 581	5 581	III	10 032	8 718	7 444	6 208	5 010	3 850
	V	**24 179**	5 581	5 581	IV	17 065	16 126	15 202	14 296	13 410	12 544
	VI	**24 698**	5 581	5 581							
80 999,99	I,IV	**18 019**	5 581	5 581	I	16 140	14 310	12 556	10 880	9 282	7 760
	II	**16 336**	5 581	5 581	II	14 497	12 736	11 052	9 445	7 915	6 463
	III	**11 394**	5 581	5 581	III	10 042	8 728	7 452	6 216	5 018	3 858
	V	**24 192**	5 581	5 581	IV	17 079	16 140	15 215	14 310	13 423	12 556
	VI	**24 712**	5 581	5 581							
81 035,99	I,IV	**18 033**	5 581	5 581	I	16 153	14 322	12 569	10 892	9 293	7 770
	II	**16 349**	5 581	5 581	II	14 510	12 748	11 064	9 456	7 926	6 473
	III	**11 404**	5 581	5 581	III	10 052	8 738	7 462	6 224	5 026	3 866
	V	**24 206**	5 581	5 581	IV	17 093	16 153	15 228	14 322	13 436	12 569
	VI	**24 725**	5 581	5 581							
81 071,99	I,IV	**18 046**	5 581	5 581	I	16 167	14 336	12 581	10 904	9 304	7 781
	II	**16 363**	5 581	5 581	II	14 524	12 761	11 076	9 468	7 937	6 483
	III	**11 414**	5 581	5 581	III	10 062	8 746	7 472	6 234	5 036	3 876
	V	**24 220**	5 581	5 581	IV	17 106	16 167	15 242	14 336	13 449	12 581
	VI	**24 739**	5 581	5 581							
81 107,99	I,IV	**18 060**	5 581	5 581	I	16 181	14 348	12 594	10 916	9 315	7 792
	II	**16 377**	5 581	5 581	II	14 536	12 773	11 088	9 479	7 948	6 493
	III	**11 424**	5 581	5 581	III	10 070	8 756	7 480	6 242	5 044	3 884
	V	**24 233**	5 581	5 581	IV	17 120	16 181	15 255	14 348	13 461	12 594
	VI	**24 752**	5 581	5 581							
81 143,99	I,IV	**18 074**	5 581	5 581	I	16 194	14 362	12 606	10 928	9 327	7 803
	II	**16 390**	5 581	5 581	II	14 550	12 786	11 100	9 491	7 959	6 504
	III	**11 434**	5 581	5 581	III	10 080	8 766	7 490	6 252	5 052	3 892
	V	**24 247**	5 581	5 581	IV	17 134	16 194	15 268	14 362	13 474	12 606
	VI	**24 766**	5 581	5 581							
81 179,99	I,IV	**18 088**	5 581	5 581	I	16 208	14 375	12 619	10 940	9 338	7 814
	II	**16 404**	5 581	5 581	II	14 563	12 799	11 112	9 502	7 970	6 514
	III	**11 444**	5 581	5 581	III	10 090	8 776	7 498	6 260	5 062	3 900
	V	**24 261**	5 581	5 581	IV	17 148	16 208	15 282	14 375	13 487	12 619
	VI	**24 780**	5 581	5 581							
81 215,99	I,IV	**18 101**	5 581	5 581	I	16 222	14 388	12 631	10 952	9 350	7 824
	II	**16 418**	5 581	5 581	II	14 576	12 811	11 124	9 513	7 980	6 524
	III	**11 454**	5 581	5 581	III	10 100	8 784	7 508	6 270	5 070	3 908
	V	**24 274**	5 581	5 581	IV	17 161	16 222	15 295	14 388	13 500	12 631
	VI	**24 793**	5 581	5 581							

* Zur LSt-Berechnung für privat versicherte Arbeitnehmer s. Beispiele **Vorbemerkung S. 4 f.**
** Basisvorsorgepauschale KV und PV *** Typisierter Arbeitgeberzuschuss

Lohn/ Gehalt in € bis	Steuerklasse	Lohn-steuer*	BVSP**	TAGZ***	Steuerklasse	Bemessungsgrundlage für Kirchensteuer und Solidaritätszuschlag					
						Freibeträge für ... Kinder					
						0,5	**1,0**	1,5	**2,0**	2,5	**3,0**
81 251,99	I,IV	**18 115**	5 581	5 581	I	16 235	14 401	12 644	10 964	9 361	7 835
	II	**16 432**	5 581	5 581	II	14 589	12 824	11 136	9 525	7 991	6 535
	III	**11 464**	5 581	5 581	III	10 110	8 794	7 516	6 278	5 078	3 916
	V	**24 288**	5 581	5 581	IV	17 175	16 235	15 309	14 401	13 513	12 644
	VI	**24 807**	5 581	5 581							
81 287,99	I,IV	**18 129**	5 581	5 581	I	16 249	14 414	12 657	10 976	9 373	7 846
	II	**16 445**	5 581	5 581	II	14 602	12 837	11 148	9 537	8 002	6 545
	III	**11 474**	5 581	5 581	III	10 120	8 804	7 526	6 288	5 088	3 926
	V	**24 302**	5 581	5 581	IV	17 189	16 249	15 322	14 414	13 526	12 657
	VI	**24 821**	5 581	5 581							
81 323,99	I,IV	**18 142**	5 581	5 581	I	16 263	14 427	12 669	10 988	9 384	7 857
	II	**16 459**	5 581	5 581	II	14 615	12 849	11 160	9 548	8 013	6 555
	III	**11 484**	5 581	5 581	III	10 130	8 812	7 536	6 296	5 096	3 934
	V	**24 315**	5 581	5 581	IV	17 202	16 263	15 335	14 427	13 538	12 669
	VI	**24 835**	5 581	5 581							
81 359,99	I,IV	**18 156**	5 581	5 581	I	16 276	14 440	12 682	11 000	9 395	7 868
	II	**16 473**	5 581	5 581	II	14 629	12 862	11 172	9 560	8 024	6 566
	III	**11 494**	5 581	5 581	III	10 138	8 822	7 544	6 304	5 104	3 942
	V	**24 329**	5 581	5 581	IV	17 216	16 276	15 349	14 440	13 551	12 682
	VI	**24 848**	5 581	5 581							
81 395,99	I,IV	**18 170**	5 581	5 581	I	16 290	14 454	12 694	11 012	9 407	7 879
	II	**16 487**	5 581	5 581	II	14 642	12 875	11 184	9 571	8 035	6 576
	III	**11 504**	5 581	5 581	III	10 148	8 832	7 554	6 314	5 114	3 950
	V	**24 343**	5 581	5 581	IV	17 230	16 290	15 362	14 454	13 564	12 694
	VI	**24 862**	5 581	5 581							
81 431,99	I,IV	**18 183**	5 581	5 581	I	16 304	14 466	12 707	11 024	9 418	7 890
	II	**16 500**	5 581	5 581	II	14 655	12 887	11 196	9 582	8 046	6 587
	III	**11 514**	5 581	5 581	III	10 158	8 842	7 562	6 322	5 122	3 958
	V	**24 357**	5 581	5 581	IV	17 243	16 304	15 375	14 466	13 577	12 707
	VI	**24 876**	5 581	5 581							
81 467,99	I,IV	**18 197**	5 581	5 581	I	16 317	14 480	12 719	11 036	9 430	7 901
	II	**16 514**	5 581	5 581	II	14 668	12 900	11 208	9 594	8 057	6 597
	III	**11 524**	5 581	5 581	III	10 168	8 850	7 572	6 332	5 130	3 966
	V	**24 370**	5 581	5 581	IV	17 257	16 317	15 389	14 480	13 590	12 719
	VI	**24 890**	5 581	5 581							
81 503,99	I,IV	**18 211**	5 581	5 581	I	16 331	14 493	12 732	11 048	9 441	7 912
	II	**16 528**	5 581	5 581	II	14 682	12 912	11 220	9 606	8 068	6 607
	III	**11 534**	5 581	5 581	III	10 178	8 860	7 582	6 340	5 138	3 976
	V	**24 384**	5 581	5 581	IV	17 271	16 331	15 402	14 493	13 603	12 732
	VI	**24 903**	5 581	5 581							
81 539,99	I,IV	**18 224**	5 581	5 581	I	16 345	14 506	12 744	11 060	9 452	7 922
	II	**16 541**	5 581	5 581	II	14 695	12 925	11 232	9 617	8 079	6 618
	III	**11 544**	5 581	5 581	III	10 188	8 870	7 590	6 350	5 148	3 984
	V	**24 398**	5 581	5 581	IV	17 285	16 345	15 416	14 506	13 615	12 744
	VI	**24 917**	5 581	5 581							
81 575,99	I,IV	**18 238**	5 581	5 581	I	16 359	14 519	12 757	11 072	9 464	7 933
	II	**16 555**	5 581	5 581	II	14 708	12 938	11 244	9 629	8 090	6 628
	III	**11 554**	5 581	5 581	III	10 198	8 880	7 600	6 358	5 156	3 992
	V	**24 412**	5 581	5 581	IV	17 298	16 359	15 429	14 519	13 628	12 757
	VI	**24 931**	5 581	5 581							
81 611,99	I,IV	**18 252**	5 581	5 581	I	16 372	14 532	12 770	11 084	9 476	7 944
	II	**16 569**	5 581	5 581	II	14 721	12 950	11 257	9 640	8 101	6 639
	III	**11 564**	5 581	5 581	III	10 208	8 888	7 608	6 368	5 164	4 000
	V	**24 426**	5 581	5 581	IV	17 312	16 372	15 443	14 532	13 641	12 770
	VI	**24 945**	5 581	5 581							
81 647,99	I,IV	**18 266**	5 581	5 581	I	16 386	14 545	12 782	11 096	9 487	7 955
	II	**16 582**	5 581	5 581	II	14 734	12 963	11 268	9 651	8 112	6 649
	III	**11 574**	5 581	5 581	III	10 216	8 898	7 618	6 376	5 174	4 008
	V	**24 439**	5 581	5 581	IV	17 326	16 386	15 456	14 545	13 654	12 782
	VI	**24 958**	5 581	5 581							

* Zur LSt-Berechnung für privat versicherte Arbeitnehmer s. Beispiele **Vorbemerkung S. 4 f.**
** Basisvorsorgepauschale KV und PV *** Typisierter Arbeitgeberzuschuss

Lohn/ Gehalt in € bis	Steuerklasse	Lohn- steuer*	BVSP**	TAGZ***	Steuerklasse	Bemessungsgrundlage für Kirchensteuer und Solidaritätszuschlag					
						Freibeträge für ... Kinder					
						0,5	**1,0**	1,5	**2,0**	2,5	**3,0**
81683,99	I,IV	**18280**	5581	5581	I	16400	14559	12795	11108	9498	7966
	II	**16596**	5581	5581	II	14747	12975	11281	9663	8123	6659
	III	**11584**	5581	5581	III	10226	8908	7626	6386	5182	4018
	V	**24453**	5581	5581	IV	17340	16400	15469	14559	13667	12795
	VI	**24972**	5581	5581							
81719,99	I,IV	**18293**	5581	5581	I	16413	14572	12807	11120	9510	7977
	II	**16610**	5581	5581	II	14761	12988	11293	9675	8134	6670
	III	**11594**	5581	5581	III	10236	8918	7636	6394	5190	4026
	V	**24467**	5581	5581	IV	17353	16413	15483	14572	13680	12807
	VI	**24986**	5581	5581							
81755,99	I,IV	**18307**	5581	5581	I	16427	14585	12820	11132	9521	7988
	II	**16623**	5581	5581	II	14774	13001	11305	9686	8144	6680
	III	**11604**	5581	5581	III	10246	8926	7646	6404	5200	4034
	V	**24480**	5581	5581	IV	17367	16427	15496	14585	13693	12820
	VI	**24999**	5581	5581							
81791,99	I,IV	**18321**	5581	5581	I	16441	14598	12832	11144	9533	7999
	II	**16637**	5581	5581	II	14787	13013	11317	9698	8155	6691
	III	**11614**	5581	5581	III	10256	8936	7654	6412	5208	4042
	V	**24494**	5581	5581	IV	17381	16441	15510	14598	13706	12832
	VI	**25013**	5581	5581							
81827,99	I,IV	**18334**	5581	5581	I	16454	14611	12845	11156	9544	8009
	II	**16651**	5581	5581	II	14800	13026	11329	9709	8166	6701
	III	**11624**	5581	5581	III	10266	8946	7664	6420	5216	4050
	V	**24507**	5581	5581	IV	17394	16454	15523	14611	13718	12845
	VI	**25027**	5581	5581							
81863,99	I,IV	**18348**	5581	5581	I	16468	14624	12858	11168	9556	8020
	II	**16665**	5581	5581	II	14813	13039	11341	9721	8177	6711
	III	**11634**	5581	5581	III	10276	8956	7674	6430	5226	4060
	V	**24521**	5581	5581	IV	17408	16468	15537	14624	13731	12858
	VI	**25040**	5581	5581							
81899,99	I,IV	**18362**	5581	5581	I	16482	14638	12870	11180	9567	8031
	II	**16678**	5581	5581	II	14827	13051	11353	9732	8188	6722
	III	**11644**	5581	5581	III	10286	8964	7682	6438	5234	4068
	V	**24535**	5581	5581	IV	17422	16482	15550	14638	13744	12870
	VI	**25054**	5581	5581							
81935,99	I,IV	**18375**	5581	5581	I	16495	14650	12883	11192	9579	8042
	II	**16692**	5581	5581	II	14840	13064	11365	9744	8199	6732
	III	**11654**	5581	5581	III	10294	8974	7692	6448	5242	4076
	V	**24549**	5581	5581	IV	17435	16495	15563	14650	13757	12883
	VI	**25068**	5581	5581							
81971,99	I,IV	**18389**	5581	5581	I	16509	14664	12895	11204	9590	8053
	II	**16706**	5581	5581	II	14853	13077	11377	9755	8210	6743
	III	**11664**	5581	5581	III	10304	8984	7700	6456	5252	4084
	V	**24562**	5581	5581	IV	17449	16509	15577	14664	13770	12895
	VI	**25082**	5581	5581							
82007,99	I,IV	**18403**	5581	5581	I	16523	14677	12908	11216	9602	8064
	II	**16720**	5581	5581	II	14867	13090	11390	9767	8221	6753
	III	**11674**	5581	5581	III	10314	8992	7710	6466	5260	4092
	V	**24576**	5581	5581	IV	17463	16523	15591	14677	13783	12908
	VI	**25095**	5581	5581							
82043,99	I,IV	**18416**	5581	5581	I	16537	14690	12921	11228	9613	8075
	II	**16733**	5581	5581	II	14880	13102	11402	9778	8232	6763
	III	**11684**	5581	5581	III	10324	9002	7718	6474	5268	4100
	V	**24590**	5581	5581	IV	17476	16537	15604	14690	13796	12921
	VI	**25109**	5581	5581							
82079,99	I,IV	**18430**	5581	5581	I	16550	14703	12933	11240	9625	8086
	II	**16747**	5581	5581	II	14893	13115	11414	9790	8243	6774
	III	**11696**	5581	5581	III	10334	9012	7728	6484	5278	4110
	V	**24604**	5581	5581	IV	17490	16550	15617	14703	13809	12933
	VI	**25123**	5581	5581							

* Zur LSt-Berechnung für privat versicherte Arbeitnehmer s. Beispiele **Vorbemerkung S. 4f.**
** Basisvorsorgepauschale KV und PV *** Typisierter Arbeitgeberzuschuss

Lohn/ Gehalt in € bis	Steuerklasse	**Lohn-steuer***	BVSP**	TAGZ***	Steuerklasse	Bemessungsgrundlage für Kirchensteuer und Solidaritätszuschlag – Freibeträge für ... Kinder 0,5	**1,0**	1,5	**2,0**	2,5	**3,0**
82 115,99	I,IV	**18 444**	5 581	5 581	I	16 564	14 717	12 946	11 253	9 636	8 097
	II	**16 761**	5 581	5 581	II	14 906	13 128	11 426	9 802	8 254	6 784
	III	**11 704**	5 581	5 581	III	10 344	9 022	7 738	6 492	5 286	4 118
	V	**24 617**	5 581	5 581	IV	17 504	16 564	15 631	14 717	13 822	12 946
	VI	**25 137**	5 581	5 581							
82 151,99	I,IV	**18 458**	5 581	5 581	I	16 578	14 730	12 958	11 264	9 648	8 108
	II	**16 774**	5 581	5 581	II	14 919	13 140	11 438	9 813	8 265	6 795
	III	**11 714**	5 581	5 581	III	10 354	9 030	7 746	6 502	5 294	4 126
	V	**24 631**	5 581	5 581	IV	17 518	16 578	15 644	14 730	13 834	12 958
	VI	**25 150**	5 581	5 581							
82 187,99	I,IV	**18 471**	5 581	5 581	I	16 592	14 743	12 971	11 277	9 659	8 119
	II	**16 788**	5 581	5 581	II	14 933	13 153	11 450	9 825	8 276	6 805
	III	**11 726**	5 581	5 581	III	10 364	9 040	7 756	6 510	5 304	4 134
	V	**24 645**	5 581	5 581	IV	17 531	16 592	15 658	14 743	13 847	12 971
	VI	**25 164**	5 581	5 581							
82 223,99	I,IV	**18 485**	5 581	5 581	I	16 605	14 756	12 984	11 289	9 671	8 130
	II	**16 802**	5 581	5 581	II	14 946	13 166	11 462	9 836	8 287	6 816
	III	**11 736**	5 581	5 581	III	10 374	9 050	7 766	6 520	5 312	4 142
	V	**24 659**	5 581	5 581	IV	17 545	16 605	15 671	14 756	13 861	12 984
	VI	**25 178**	5 581	5 581							
82 259,99	I,IV	**18 499**	5 581	5 581	I	16 619	14 769	12 996	11 301	9 682	8 141
	II	**16 815**	5 581	5 581	II	14 959	13 178	11 474	9 848	8 298	6 826
	III	**11 746**	5 581	5 581	III	10 382	9 060	7 774	6 528	5 320	4 150
	V	**24 672**	5 581	5 581	IV	17 559	16 619	15 685	14 769	13 873	12 996
	VI	**25 191**	5 581	5 581							
82 295,99	I,IV	**18 513**	5 581	5 581	I	16 633	14 783	13 009	11 313	9 694	8 152
	II	**16 829**	5 581	5 581	II	14 973	13 191	11 487	9 859	8 309	6 837
	III	**11 756**	5 581	5 581	III	10 394	9 070	7 784	6 538	5 330	4 160
	V	**24 686**	5 581	5 581	IV	17 573	16 633	15 698	14 783	13 886	13 009
	VI	**25 205**	5 581	5 581							
82 331,99	I,IV	**18 526**	5 581	5 581	I	16 647	14 796	13 022	11 325	9 705	8 163
	II	**16 843**	5 581	5 581	II	14 986	13 204	11 499	9 871	8 321	6 847
	III	**11 766**	5 581	5 581	III	10 402	9 078	7 792	6 546	5 338	4 168
	V	**24 700**	5 581	5 581	IV	17 587	16 647	15 712	14 796	13 899	13 022
	VI	**25 219**	5 581	5 581							
82 367,99	I,IV	**18 540**	5 581	5 581	I	16 660	14 809	13 034	11 337	9 717	8 174
	II	**16 857**	5 581	5 581	II	14 999	13 216	11 511	9 883	8 331	6 857
	III	**11 776**	5 581	5 581	III	10 412	9 088	7 802	6 554	5 346	4 176
	V	**24 713**	5 581	5 581	IV	17 600	16 660	15 725	14 809	13 912	13 034
	VI	**25 232**	5 581	5 581							
82 403,99	I,IV	**18 554**	5 581	5 581	I	16 674	14 822	13 047	11 349	9 728	8 185
	II	**16 870**	5 581	5 581	II	15 012	13 229	11 523	9 894	8 343	6 868
	III	**11 786**	5 581	5 581	III	10 422	9 098	7 812	6 564	5 356	4 184
	V	**24 727**	5 581	5 581	IV	17 614	16 674	15 739	14 822	13 925	13 047
	VI	**25 246**	5 581	5 581							
82 439,99	I,IV	**18 568**	5 581	5 581	I	16 688	14 836	13 060	11 361	9 740	8 196
	II	**16 884**	5 581	5 581	II	15 026	13 242	11 535	9 906	8 354	6 879
	III	**11 796**	5 581	5 581	III	10 432	9 108	7 820	6 572	5 364	4 194
	V	**24 741**	5 581	5 581	IV	17 628	16 688	15 753	14 836	13 938	13 060
	VI	**25 260**	5 581	5 581							
82 475,99	I,IV	**18 581**	5 581	5 581	I	16 701	14 849	13 072	11 373	9 751	8 207
	II	**16 898**	5 581	5 581	II	15 039	13 255	11 547	9 917	8 365	6 889
	III	**11 806**	5 581	5 581	III	10 442	9 116	7 830	6 582	5 372	4 202
	V	**24 754**	5 581	5 581	IV	17 641	16 701	15 766	14 849	13 951	13 072
	VI	**25 273**	5 581	5 581							
82 511,99	I,IV	**18 595**	5 581	5 581	I	16 715	14 862	13 085	11 386	9 763	8 218
	II	**16 912**	5 581	5 581	II	15 052	13 267	11 560	9 929	8 376	6 899
	III	**11 816**	5 581	5 581	III	10 452	9 126	7 840	6 592	5 382	4 210
	V	**24 768**	5 581	5 581	IV	17 655	16 715	15 779	14 862	13 964	13 085
	VI	**25 287**	5 581	5 581							

* Zur LSt-Berechnung für privat versicherte Arbeitnehmer s. Beispiele **Vorbemerkung S. 4 f.**
** Basisvorsorgepauschale KV und PV *** Typisierter Arbeitgeberzuschuss

Lohn/ Gehalt in € bis	Steuerklasse	Lohn-steuer*	BVSP**	TAGZ***	Steuerklasse	Bemessungsgrundlage für Kirchensteuer und Solidaritätszuschlag – Freibeträge für ... Kinder 0,5	1,0	1,5	2,0	2,5	3,0
82 547,99	I,IV	**18 609**	5 581	5 581	I	16 729	14 875	13 098	11 398	9 775	8 229
	II	**16 925**	5 581	5 581	II	15 066	13 280	11 572	9 941	8 387	6 910
	III	**11 826**	5 581	5 581	III	10 462	9 136	7 848	6 600	5 390	4 218
	V	**24 782**	5 581	5 581	IV	17 669	16 729	15 793	14 875	13 977	13 098
	VI	**25 301**	5 581	5 581							
82 583,99	I,IV	**18 622**	5 581	5 581	I	16 742	14 888	13 110	11 410	9 786	8 240
	II	**16 939**	5 581	5 581	II	15 079	13 293	11 584	9 952	8 398	6 920
	III	**11 836**	5 581	5 581	III	10 472	9 146	7 858	6 608	5 398	4 226
	V	**24 796**	5 581	5 581	IV	17 682	16 742	15 806	14 888	13 990	13 110
	VI	**25 315**	5 581	5 581							
82 619,99	I,IV	**18 636**	5 581	5 581	I	16 756	14 902	13 123	11 422	9 798	8 251
	II	**16 953**	5 581	5 581	II	15 092	13 306	11 596	9 964	8 409	6 931
	III	**11 846**	5 581	5 581	III	10 482	9 154	7 868	6 618	5 408	4 236
	V	**24 809**	5 581	5 581	IV	17 696	16 756	15 820	14 902	14 003	13 123
	VI	**25 329**	5 581	5 581							
82 655,99	I,IV	**18 650**	5 581	5 581	I	16 770	14 915	13 136	11 434	9 809	8 262
	II	**16 966**	5 581	5 581	II	15 105	13 318	11 608	9 975	8 420	6 941
	III	**11 856**	5 581	5 581	III	10 490	9 164	7 876	6 626	5 416	4 244
	V	**24 823**	5 581	5 581	IV	17 710	16 770	15 833	14 915	14 016	13 136
	VI	**25 342**	5 581	5 581							
82 691,99	I,IV	**18 663**	5 581	5 581	I	16 783	14 928	13 149	11 446	9 821	8 273
	II	**16 980**	5 581	5 581	II	15 119	13 331	11 621	9 987	8 431	6 952
	III	**11 866**	5 581	5 581	III	10 500	9 174	7 886	6 636	5 424	4 252
	V	**24 837**	5 581	5 581	IV	17 723	16 783	15 847	14 928	14 029	13 149
	VI	**25 356**	5 581	5 581							
82 727,99	I,IV	**18 677**	5 581	5 581	I	16 797	14 942	13 161	11 458	9 832	8 284
	II	**16 994**	5 581	5 581	II	15 132	13 344	11 633	9 999	8 442	6 962
	III	**11 876**	5 581	5 581	III	10 510	9 184	7 894	6 644	5 434	4 260
	V	**24 851**	5 581	5 581	IV	17 737	16 797	15 861	14 942	14 042	13 161
	VI	**25 370**	5 581	5 581							
82 763,99	I,IV	**18 691**	5 581	5 581	I	16 811	14 955	13 174	11 470	9 844	8 295
	II	**17 007**	5 581	5 581	II	15 145	13 356	11 645	10 010	8 453	6 973
	III	**11 886**	5 581	5 581	III	10 520	9 192	7 904	6 654	5 442	4 268
	V	**24 864**	5 581	5 581	IV	17 751	16 811	15 874	14 955	14 055	13 174
	VI	**25 383**	5 581	5 581							
82 799,99	I,IV	**18 705**	5 581	5 581	I	16 825	14 968	13 187	11 483	9 856	8 306
	II	**17 021**	5 581	5 581	II	15 159	13 369	11 657	10 022	8 464	6 983
	III	**11 896**	5 581	5 581	III	10 530	9 202	7 914	6 662	5 450	4 278
	V	**24 878**	5 581	5 581	IV	17 765	16 825	15 888	14 968	14 068	13 187
	VI	**25 397**	5 581	5 581							
82 835,99	I,IV	**18 718**	5 581	5 581	I	16 838	14 982	13 200	11 495	9 867	8 317
	II	**17 035**	5 581	5 581	II	15 172	13 382	11 669	10 034	8 475	6 994
	III	**11 906**	5 581	5 581	III	10 540	9 212	7 922	6 672	5 460	4 286
	V	**24 892**	5 581	5 581	IV	17 778	16 838	15 901	14 982	14 081	13 200
	VI	**25 411**	5 581	5 581							
82 871,99	I,IV	**18 732**	5 581	5 581	I	16 852	14 995	13 212	11 507	9 879	8 328
	II	**17 048**	5 581	5 581	II	15 185	13 395	11 681	10 045	8 486	7 004
	III	**11 916**	5 581	5 581	III	10 550	9 222	7 932	6 680	5 468	4 294
	V	**24 905**	5 581	5 581	IV	17 792	16 852	15 915	14 995	14 094	13 212
	VI	**25 424**	5 581	5 581							
82 907,99	I,IV	**18 746**	5 581	5 581	I	16 866	15 008	13 225	11 519	9 890	8 339
	II	**17 062**	5 581	5 581	II	15 199	13 408	11 694	10 057	8 497	7 015
	III	**11 926**	5 581	5 581	III	10 560	9 230	7 940	6 690	5 476	4 302
	V	**24 919**	5 581	5 581	IV	17 806	16 866	15 928	15 008	14 107	13 225
	VI	**25 438**	5 581	5 581							
82 943,99	I,IV	**18 760**	5 581	5 581	I	16 880	15 021	13 238	11 531	9 902	8 350
	II	**17 076**	5 581	5 581	II	15 212	13 421	11 706	10 069	8 509	7 026
	III	**11 938**	5 581	5 581	III	10 570	9 240	7 950	6 698	5 486	4 312
	V	**24 933**	5 581	5 581	IV	17 820	16 880	15 942	15 021	14 120	13 238
	VI	**25 452**	5 581	5 581							

* Zur LSt-Berechnung für privat versicherte Arbeitnehmer s. Beispiele **Vorbemerkung S. 4 f.**
** Basisvorsorgepauschale KV und PV *** Typisierter Arbeitgeberzuschuss

Lohn/ Gehalt in € bis	Steuerklasse	**Lohn-steuer***	BVSP**	TAGZ***	Steuerklasse	Bemessungsgrundlage für Kirchensteuer und Solidaritätszuschlag Freibeträge für ... Kinder 0,5	**1,0**	1,5	**2,0**	2,5	**3,0**
82 979,99	I,IV	**18 773**	5 581	5 581	I	16 893	15 034	13 250	11 543	9 913	8 361
	II	**17 090**	5 581	5 581	II	15 225	13 433	11 718	10 080	8 520	7 036
	III	**11 948**	5 581	5 581	III	10 580	9 250	7 960	6 708	5 494	4 320
	V	**24 946**	5 581	5 581	IV	17 833	16 893	15 955	15 034	14 133	13 250
	VI	**25 465**	5 581	5 581							
83 015,99	I,IV	**18 787**	5 581	5 581	I	16 907	15 048	13 263	11 556	9 925	8 372
	II	**17 104**	5 581	5 581	II	15 239	13 446	11 730	10 092	8 531	7 047
	III	**11 958**	5 581	5 581	III	10 590	9 260	7 968	6 716	5 502	4 328
	V	**24 960**	5 581	5 581	IV	17 847	16 907	15 969	15 048	14 146	13 263
	VI	**25 479**	5 581	5 581							
83 051,99	I,IV	**18 801**	5 581	5 581	I	16 921	15 061	13 276	11 568	9 937	8 383
	II	**17 117**	5 581	5 581	II	15 252	13 459	11 743	10 104	8 542	7 057
	III	**11 968**	5 581	5 581	III	10 600	9 270	7 978	6 726	5 512	4 336
	V	**24 974**	5 581	5 581	IV	17 861	16 921	15 983	15 061	14 159	13 276
	VI	**25 493**	5 581	5 581							
83 087,99	I,IV	**18 814**	5 581	5 581	I	16 934	15 074	13 288	11 580	9 948	8 394
	II	**17 131**	5 581	5 581	II	15 266	13 472	11 755	10 115	8 553	7 068
	III	**11 978**	5 581	5 581	III	10 610	9 278	7 988	6 734	5 520	4 344
	V	**24 987**	5 581	5 581	IV	17 874	16 934	15 996	15 074	14 172	13 288
	VI	**25 507**	5 581	5 581							
83 123,99	I,IV	**18 828**	5 581	5 581	I	16 948	15 088	13 301	11 592	9 960	8 405
	II	**17 145**	5 581	5 581	II	15 279	13 485	11 767	10 127	8 564	7 078
	III	**11 988**	5 581	5 581	III	10 618	9 288	7 996	6 744	5 528	4 352
	V	**25 001**	5 581	5 581	IV	17 888	16 948	16 010	15 088	14 185	13 301
	VI	**25 520**	5 581	5 581							
83 159,99	I,IV	**18 842**	5 581	5 581	I	16 962	15 101	13 314	11 604	9 972	8 416
	II	**17 159**	5 581	5 581	II	15 293	13 497	11 780	10 139	8 575	7 089
	III	**11 998**	5 581	5 581	III	10 628	9 298	8 006	6 752	5 538	4 362
	V	**25 015**	5 581	5 581	IV	17 902	16 962	16 024	15 101	14 198	13 314
	VI	**25 534**	5 581	5 581							
83 195,99	I,IV	**18 855**	5 581	5 581	I	16 975	15 114	13 327	11 616	9 983	8 427
	II	**17 172**	5 581	5 581	II	15 306	13 510	11 792	10 150	8 586	7 099
	III	**12 008**	5 581	5 581	III	10 638	9 308	8 016	6 762	5 546	4 370
	V	**25 029**	5 581	5 581	IV	17 915	16 975	16 037	15 114	14 211	13 327
	VI	**25 548**	5 581	5 581							
83 231,99	I,IV	**18 869**	5 581	5 581	I	16 989	15 128	13 340	11 629	9 995	8 438
	II	**17 186**	5 581	5 581	II	15 319	13 523	11 804	10 162	8 597	7 110
	III	**12 018**	5 581	5 581	III	10 648	9 318	8 024	6 770	5 556	4 378
	V	**25 042**	5 581	5 581	IV	17 929	16 989	16 051	15 128	14 224	13 340
	VI	**25 562**	5 581	5 581							
83 267,99	I,IV	**18 883**	5 581	5 581	I	17 003	15 141	13 353	11 641	10 007	8 450
	II	**17 200**	5 581	5 581	II	15 333	13 536	11 816	10 174	8 609	7 121
	III	**12 028**	5 581	5 581	III	10 658	9 328	8 034	6 780	5 564	4 388
	V	**25 056**	5 581	5 581	IV	17 943	17 003	16 065	15 141	14 237	13 353
	VI	**25 575**	5 581	5 581							
83 303,99	I,IV	**18 896**	5 581	5 581	I	17 017	15 154	13 365	11 653	10 018	8 460
	II	**17 213**	5 581	5 581	II	15 346	13 549	11 828	10 185	8 620	7 131
	III	**12 038**	5 581	5 581	III	10 668	9 336	8 044	6 788	5 572	4 396
	V	**25 070**	5 581	5 581	IV	17 957	17 017	16 078	15 154	14 250	13 365
	VI	**25 589**	5 581	5 581							
83 339,99	I,IV	**18 910**	5 581	5 581	I	17 030	15 168	13 378	11 665	10 030	8 472
	II	**17 227**	5 581	5 581	II	15 359	13 562	11 841	10 197	8 631	7 142
	III	**12 048**	5 581	5 581	III	10 678	9 346	8 052	6 798	5 582	4 404
	V	**25 084**	5 581	5 581	IV	17 970	17 030	16 092	15 168	14 263	13 378
	VI	**25 603**	5 581	5 581							
83 375,99	I,IV	**18 924**	5 581	5 581	I	17 044	15 181	13 391	11 678	10 042	8 483
	II	**17 241**	5 581	5 581	II	15 373	13 574	11 853	10 209	8 642	7 152
	III	**12 058**	5 581	5 581	III	10 688	9 356	8 062	6 806	5 590	4 412
	V	**25 098**	5 581	5 581	IV	17 984	17 044	16 105	15 181	14 276	13 391
	VI	**25 617**	5 581	5 581							

* Zur LSt-Berechnung für privat versicherte Arbeitnehmer s. Beispiele **Vorbemerkung S. 4f.**
** Basisvorsorgepauschale KV und PV *** Typisierter Arbeitgeberzuschuss

Lohn/ Gehalt in € bis	Steuerklasse	**Lohnsteuer***	BVSP**	TAGZ***	Steuerklasse	Bemessungsgrundlage für Kirchensteuer und Solidaritätszuschlag – Freibeträge für ... Kinder 0,5	**1,0**	1,5	**2,0**	2,5	**3,0**
83411,99	I,IV	**18938**	5581	5581	I	17058	15194	13403	11690	10053	8494
	II	**17254**	5581	5581	II	15386	13587	11865	10221	8653	7163
	III	**12068**	5581	5581	III	10698	9366	8072	6816	5598	4420
	V	**25111**	5581	5581	IV	17998	17058	16119	15194	14289	13403
	VI	**25630**	5581	5581							
83447,99	I,IV	**18952**	5581	5581	I	17072	15208	13416	11702	10065	8505
	II	**17268**	5581	5581	II	15400	13600	11878	10232	8664	7174
	III	**12078**	5581	5581	III	10708	9374	8080	6824	5608	4428
	V	**25125**	5581	5581	IV	18012	17072	16133	15208	14302	13416
	VI	**25644**	5581	5581							
83483,99	I,IV	**18965**	5581	5581	I	17085	15221	13429	11714	10076	8516
	II	**17282**	5581	5581	II	15413	13613	11890	10244	8675	7184
	III	**12088**	5581	5581	III	10718	9384	8090	6834	5616	4438
	V	**25138**	5581	5581	IV	18025	17085	16146	15221	14315	13429
	VI	**25657**	5581	5581							
83519,99	I,IV	**18979**	5581	5581	I	17099	15234	13442	11726	10088	8527
	II	**17295**	5581	5581	II	15426	13626	11902	10256	8687	7195
	III	**12100**	5581	5581	III	10728	9394	8100	6842	5626	4446
	V	**25152**	5581	5581	IV	18039	17099	16160	15234	14328	13442
	VI	**25671**	5581	5581							
83555,99	I,IV	**18993**	5581	5581	I	17113	15248	13455	11739	10100	8538
	II	**17309**	5581	5581	II	15440	13639	11915	10268	8698	7205
	III	**12110**	5581	5581	III	10738	9404	8108	6852	5634	4454
	V	**25166**	5581	5581	IV	18053	17113	16173	15248	14342	13455
	VI	**25685**	5581	5581							
83591,99	I,IV	**19006**	5581	5581	I	17126	15261	13467	11751	10111	8549
	II	**17323**	5581	5581	II	15453	13651	11927	10279	8709	7216
	III	**12120**	5581	5581	III	10746	9412	8118	6860	5642	4462
	V	**25179**	5581	5581	IV	18066	17126	16187	15261	14355	13467
	VI	**25699**	5581	5581							
83627,99	I,IV	**19020**	5581	5581	I	17140	15275	13480	11763	10123	8560
	II	**17337**	5581	5581	II	15467	13664	11939	10291	8720	7226
	III	**12130**	5581	5581	III	10756	9422	8128	6870	5652	4472
	V	**25193**	5581	5581	IV	18080	17140	16201	15275	14368	13480
	VI	**25712**	5581	5581							
83663,99	I,IV	**19034**	5581	5581	I	17154	15288	13493	11775	10135	8572
	II	**17350**	5581	5581	II	15480	13677	11951	10303	8731	7237
	III	**12140**	5581	5581	III	10766	9432	8136	6878	5660	4480
	V	**25207**	5581	5581	IV	18094	17154	16214	15288	14381	13493
	VI	**25726**	5581	5581							
83699,99	I,IV	**19047**	5581	5581	I	17167	15301	13506	11787	10146	8582
	II	**17364**	5581	5581	II	15493	13690	11964	10314	8742	7248
	III	**12150**	5581	5581	III	10776	9442	8146	6888	5668	4488
	V	**25221**	5581	5581	IV	18107	17167	16228	15301	14394	13506
	VI	**25740**	5581	5581							
83735,99	I,IV	**19061**	5581	5581	I	17181	15315	13519	11800	10158	8594
	II	**17378**	5581	5581	II	15507	13703	11976	10326	8754	7258
	III	**12160**	5581	5581	III	10786	9452	8154	6898	5678	4496
	V	**25234**	5581	5581	IV	18121	17181	16242	15315	14407	13519
	VI	**25754**	5581	5581							
83771,99	I,IV	**19075**	5581	5581	I	17195	15328	13532	11812	10170	8605
	II	**17392**	5581	5581	II	15521	13716	11988	10338	8765	7269
	III	**12170**	5581	5581	III	10796	9460	8164	6906	5686	4506
	V	**25248**	5581	5581	IV	18135	17195	16255	15328	14420	13532
	VI	**25767**	5581	5581							
83807,99	I,IV	**19088**	5581	5581	I	17209	15341	13544	11824	10182	8616
	II	**17405**	5581	5581	II	15534	13729	12000	10350	8776	7279
	III	**12180**	5581	5581	III	10806	9470	8174	6914	5694	4514
	V	**25262**	5581	5581	IV	18148	17209	16269	15341	14433	13544
	VI	**25781**	5581	5581							

* Zur LSt-Berechnung für privat versicherte Arbeitnehmer s. Beispiele **Vorbemerkung S. 4 f.**
** Basisvorsorgepauschale KV und PV *** Typisierter Arbeitgeberzuschuss

Lohn/ Gehalt in € bis	Steuerklasse	**Lohnsteuer***	BVSP**	TAGZ***	Steuerklasse	Bemessungsgrundlage für Kirchensteuer und Solidaritätszuschlag					
						Freibeträge für ... Kinder					
						0,5	**1,0**	1,5	**2,0**	2,5	**3,0**
83 843,99	I,IV	**19 102**	5 581	5 581	I	17 222	15 355	13 557	11 837	10 193	8 627
	II	**17 419**	5 581	5 581	II	15 547	13 742	12 013	10 362	8 787	7 290
	III	**12 190**	5 581	5 581	III	10 816	9 480	8 182	6 924	5 704	4 522
	V	**25 276**	5 581	5 581	IV	18 162	17 222	16 283	15 355	14 446	13 557
	VI	**25 795**	5 581	5 581							
83 879,99	I,IV	**19 116**	5 581	5 581	I	17 236	15 368	13 570	11 849	10 205	8 638
	II	**17 433**	5 581	5 581	II	15 561	13 755	12 025	10 373	8 799	7 301
	III	**12 200**	5 581	5 581	III	10 826	9 490	8 192	6 934	5 712	4 530
	V	**25 289**	5 581	5 581	IV	18 176	17 236	16 296	15 368	14 460	13 570
	VI	**25 809**	5 581	5 581							
83 915,99	I,IV	**19 130**	5 581	5 581	I	17 250	15 382	13 583	11 861	10 217	8 649
	II	**17 446**	5 581	5 581	II	15 574	13 767	12 038	10 385	8 810	7 311
	III	**12 210**	5 581	5 581	III	10 836	9 500	8 202	6 942	5 722	4 538
	V	**25 303**	5 581	5 581	IV	18 190	17 250	16 310	15 382	14 472	13 583
	VI	**25 822**	5 581	5 581							
83 951,99	I,IV	**19 143**	5 581	5 581	I	17 264	15 395	13 596	11 874	10 228	8 661
	II	**17 460**	5 581	5 581	II	15 588	13 780	12 050	10 397	8 821	7 322
	III	**12 222**	5 581	5 581	III	10 846	9 510	8 210	6 952	5 730	4 548
	V	**25 317**	5 581	5 581	IV	18 203	17 264	16 324	15 395	14 486	13 596
	VI	**25 836**	5 581	5 581							
83 987,99	I,IV	**19 157**	5 581	5 581	I	17 277	15 409	13 609	11 886	10 240	8 672
	II	**17 474**	5 581	5 581	II	15 601	13 793	12 062	10 409	8 832	7 333
	III	**12 232**	5 581	5 581	III	10 856	9 518	8 220	6 960	5 738	4 556
	V	**25 331**	5 581	5 581	IV	18 217	17 277	16 338	15 409	14 499	13 609
	VI	**25 850**	5 581	5 581							
84 023,99	I,IV	**19 171**	5 581	5 581	I	17 291	15 422	13 621	11 898	10 252	8 683
	II	**17 487**	5 581	5 581	II	15 614	13 806	12 075	10 420	8 843	7 343
	III	**12 242**	5 581	5 581	III	10 866	9 528	8 230	6 970	5 748	4 564
	V	**25 344**	5 581	5 581	IV	18 231	17 291	16 351	15 422	14 512	13 621
	VI	**25 863**	5 581	5 581							
84 059,99	I,IV	**19 185**	5 581	5 581	I	17 305	15 435	13 634	11 910	10 264	8 694
	II	**17 501**	5 581	5 581	II	15 628	13 819	12 087	10 432	8 855	7 354
	III	**12 252**	5 581	5 581	III	10 876	9 538	8 238	6 978	5 756	4 574
	V	**25 358**	5 581	5 581	IV	18 245	17 305	16 365	15 435	14 525	13 634
	VI	**25 877**	5 581	5 581							
84 095,99	I,IV	**19 198**	5 581	5 581	I	17 319	15 449	13 647	11 923	10 276	8 705
	II	**17 515**	5 581	5 581	II	15 642	13 832	12 100	10 444	8 866	7 365
	III	**12 262**	5 581	5 581	III	10 886	9 548	8 248	6 988	5 766	4 582
	V	**25 372**	5 581	5 581	IV	18 259	17 319	16 379	15 449	14 538	13 647
	VI	**25 891**	5 581	5 581							
84 131,99	I,IV	**19 212**	5 581	5 581	I	17 332	15 462	13 660	11 935	10 287	8 716
	II	**17 529**	5 581	5 581	II	15 655	13 845	12 112	10 456	8 877	7 375
	III	**12 272**	5 581	5 581	III	10 896	9 556	8 258	6 996	5 774	4 590
	V	**25 385**	5 581	5 581	IV	18 272	17 332	16 392	15 462	14 551	13 660
	VI	**25 904**	5 581	5 581							
84 167,99	I,IV	**19 226**	5 581	5 581	I	17 346	15 476	13 673	11 947	10 299	8 728
	II	**17 542**	5 581	5 581	II	15 669	13 858	12 124	10 468	8 888	7 386
	III	**12 282**	5 581	5 581	III	10 906	9 566	8 266	7 006	5 782	4 598
	V	**25 399**	5 581	5 581	IV	18 286	17 346	16 406	15 476	14 565	13 673
	VI	**25 918**	5 581	5 581							
84 203,99	I,IV	**19 240**	5 581	5 581	I	17 360	15 489	13 686	11 960	10 311	8 739
	II	**17 556**	5 581	5 581	II	15 682	13 871	12 137	10 480	8 900	7 397
	III	**12 292**	5 581	5 581	III	10 916	9 576	8 276	7 014	5 792	4 608
	V	**25 413**	5 581	5 581	IV	18 300	17 360	16 420	15 489	14 578	13 686
	VI	**25 932**	5 581	5 581							
84 239,99	I,IV	**19 253**	5 581	5 581	I	17 373	15 502	13 699	11 972	10 322	8 750
	II	**17 570**	5 581	5 581	II	15 695	13 884	12 149	10 491	8 911	7 407
	III	**12 302**	5 581	5 581	III	10 924	9 586	8 286	7 024	5 800	4 616
	V	**25 426**	5 581	5 581	IV	18 313	17 373	16 433	15 502	14 591	13 699
	VI	**25 945**	5 581	5 581							

* Zur LSt-Berechnung für privat versicherte Arbeitnehmer s. Beispiele **Vorbemerkung S. 4f.**
** Basisvorsorgepauschale KV und PV *** Typisierter Arbeitgeberzuschuss

Lohn/ Gehalt in € bis	Steuerklasse	Lohn- steuer*	BVSP**	TAGZ***	Steuerklasse	Bemessungsgrundlage für Kirchensteuer und Solidaritätszuschlag – Freibeträge für ... Kinder 0,5	1,0	1,5	2,0	2,5	3,0
84 275,99	I,IV	**19 267**	5 581	5 581	I	17 387	15 516	13 712	11 984	10 334	8 761
	II	**17 584**	5 581	5 581	II	15 709	13 897	12 161	10 503	8 922	7 418
	III	**12 314**	5 581	5 581	III	10 936	9 596	8 296	7 032	5 810	4 624
	V	**25 440**	5 581	5 581	IV	18 327	17 387	16 447	15 516	14 604	13 712
	VI	**25 959**	5 581	5 581							
84 311,99	I,IV	**19 280**	5 581	5 581	I	17 400	15 529	13 724	11 996	10 346	8 772
	II	**17 597**	5 581	5 581	II	15 722	13 909	12 173	10 515	8 933	7 429
	III	**12 324**	5 581	5 581	III	10 944	9 606	8 304	7 042	5 818	4 632
	V	**25 454**	5 581	5 581	IV	18 340	17 400	16 460	15 529	14 617	13 724
	VI	**25 973**	5 581	5 581							
84 347,99	I,IV	**19 294**	5 581	5 581	I	17 414	15 543	13 737	12 009	10 358	8 784
	II	**17 611**	5 581	5 581	II	15 736	13 922	12 186	10 527	8 945	7 440
	III	**12 334**	5 581	5 581	III	10 954	9 614	8 314	7 050	5 826	4 640
	V	**25 468**	5 581	5 581	IV	18 354	17 414	16 474	15 543	14 630	13 737
	VI	**25 987**	5 581	5 581							
84 383,99	I,IV	**19 308**	5 581	5 581	I	17 428	15 556	13 750	12 021	10 369	8 795
	II	**17 625**	5 581	5 581	II	15 750	13 935	12 198	10 539	8 956	7 450
	III	**12 344**	5 581	5 581	III	10 964	9 624	8 324	7 060	5 836	4 650
	V	**25 481**	5 581	5 581	IV	18 368	17 428	16 488	15 556	14 644	13 750
	VI	**26 001**	5 581	5 581							
84 419,99	I,IV	**19 322**	5 581	5 581	I	17 442	15 570	13 763	12 033	10 381	8 806
	II	**17 638**	5 581	5 581	II	15 763	13 948	12 211	10 550	8 967	7 461
	III	**12 354**	5 581	5 581	III	10 974	9 634	8 332	7 068	5 844	4 658
	V	**25 495**	5 581	5 581	IV	18 382	17 442	16 502	15 570	14 657	13 763
	VI	**26 014**	5 581	5 581							
84 455,99	I,IV	**19 335**	5 581	5 581	I	17 455	15 583	13 776	12 046	10 393	8 817
	II	**17 652**	5 581	5 581	II	15 777	13 961	12 223	10 562	8 978	7 472
	III	**12 364**	5 581	5 581	III	10 984	9 644	8 342	7 078	5 852	4 666
	V	**25 509**	5 581	5 581	IV	18 395	17 455	16 516	15 583	14 670	13 776
	VI	**26 028**	5 581	5 581							
84 491,99	I,IV	**19 349**	5 581	5 581	I	17 469	15 597	13 789	12 058	10 405	8 829
	II	**17 666**	5 581	5 581	II	15 790	13 974	12 236	10 574	8 990	7 483
	III	**12 374**	5 581	5 581	III	10 994	9 654	8 352	7 088	5 862	4 676
	V	**25 523**	5 581	5 581	IV	18 409	17 469	16 529	15 597	14 683	13 789
	VI	**26 042**	5 581	5 581							
84 527,99	I,IV	**19 363**	5 581	5 581	I	17 483	15 610	13 802	12 070	10 416	8 840
	II	**17 679**	5 581	5 581	II	15 803	13 987	12 248	10 586	9 001	7 493
	III	**12 384**	5 581	5 581	III	11 004	9 664	8 360	7 096	5 870	4 684
	V	**25 536**	5 581	5 581	IV	18 423	17 483	16 543	15 610	14 696	13 802
	VI	**26 055**	5 581	5 581							
84 563,99	I,IV	**19 377**	5 581	5 581	I	17 497	15 624	13 815	12 083	10 428	8 851
	II	**17 693**	5 581	5 581	II	15 817	14 000	12 260	10 598	9 012	7 504
	III	**12 394**	5 581	5 581	III	11 014	9 672	8 370	7 106	5 880	4 692
	V	**25 550**	5 581	5 581	IV	18 437	17 497	16 557	15 624	14 709	13 815
	VI	**26 069**	5 581	5 581							
84 599,99	I,IV	**19 390**	5 581	5 581	I	17 510	15 637	13 828	12 095	10 440	8 862
	II	**17 707**	5 581	5 581	II	15 831	14 013	12 273	10 610	9 024	7 515
	III	**12 404**	5 581	5 581	III	11 024	9 682	8 380	7 114	5 888	4 700
	V	**25 564**	5 581	5 581	IV	18 450	17 510	16 571	15 637	14 723	13 828
	VI	**26 083**	5 581	5 581							
84 635,99	I,IV	**19 404**	5 581	5 581	I	17 524	15 650	13 840	12 107	10 452	8 873
	II	**17 720**	5 581	5 581	II	15 844	14 026	12 285	10 621	9 035	7 525
	III	**12 414**	5 581	5 581	III	11 034	9 692	8 388	7 124	5 898	4 710
	V	**25 577**	5 581	5 581	IV	18 464	17 524	16 584	15 650	14 736	13 840
	VI	**26 096**	5 581	5 581							
84 671,99	I,IV	**19 418**	5 581	5 581	I	17 538	15 664	13 853	12 120	10 464	8 885
	II	**17 734**	5 581	5 581	II	15 858	14 039	12 298	10 633	9 046	7 536
	III	**12 424**	5 581	5 581	III	11 044	9 702	8 398	7 132	5 906	4 718
	V	**25 591**	5 581	5 581	IV	18 478	17 538	16 598	15 664	14 749	13 853
	VI	**26 110**	5 581	5 581							

* Zur LSt-Berechnung für privat versicherte Arbeitnehmer s. Beispiele **Vorbemerkung S. 4 f.**
** Basisvorsorgepauschale KV und PV *** Typisierter Arbeitgeberzuschuss

Lohn/ Gehalt in € bis	Steuerklasse	Lohn- steuer*	BVSP**	TAGZ***	Steuerklasse	Bemessungsgrundlage für Kirchensteuer und Solidaritätszuschlag					
						Freibeträge für ... Kinder					
						0,5	**1,0**	1,5	**2,0**	2,5	**3,0**
84 707,99	I,IV	**19 432**	5 581	5 581	I	17 552	15 678	13 866	12 132	10 476	8 896
	II	**17 748**	5 581	5 581	II	15 872	14 052	12 310	10 645	9 057	7 547
	III	**12 436**	5 581	5 581	III	11 054	9 712	8 408	7 142	5 914	4 726
	V	**25 605**	5 581	5 581	IV	18 492	17 552	16 612	15 678	14 762	13 866
	VI	**26 124**	5 581	5 581							
84 743,99	I,IV	**19 445**	5 581	5 581	I	17 565	15 691	13 879	12 145	10 487	8 907
	II	**17 762**	5 581	5 581	II	15 885	14 065	12 322	10 657	9 069	7 557
	III	**12 446**	5 581	5 581	III	11 064	9 720	8 416	7 150	5 924	4 734
	V	**25 618**	5 581	5 581	IV	18 505	17 565	16 625	15 691	14 775	13 879
	VI	**26 137**	5 581	5 581							
84 779,99	I,IV	**19 459**	5 581	5 581	I	17 579	15 705	13 892	12 157	10 499	8 918
	II	**17 776**	5 581	5 581	II	15 898	14 078	12 335	10 669	9 080	7 568
	III	**12 456**	5 581	5 581	III	11 074	9 730	8 426	7 160	5 932	4 744
	V	**25 632**	5 581	5 581	IV	18 519	17 579	16 639	15 705	14 789	13 892
	VI	**26 151**	5 581	5 581							
84 815,99	I,IV	**19 473**	5 581	5 581	I	17 593	15 718	13 905	12 170	10 511	8 930
	II	**17 789**	5 581	5 581	II	15 912	14 091	12 347	10 681	9 091	7 579
	III	**12 466**	5 581	5 581	III	11 084	9 740	8 436	7 170	5 942	4 752
	V	**25 646**	5 581	5 581	IV	18 533	17 593	16 653	15 718	14 802	13 905
	VI	**26 165**	5 581	5 581							
84 851,99	I,IV	**19 486**	5 581	5 581	I	17 606	15 731	13 918	12 182	10 523	8 941
	II	**17 803**	5 581	5 581	II	15 926	14 104	12 360	10 692	9 103	7 590
	III	**12 476**	5 581	5 581	III	11 094	9 750	8 444	7 178	5 950	4 760
	V	**25 659**	5 581	5 581	IV	18 546	17 606	16 666	15 731	14 815	13 918
	VI	**26 179**	5 581	5 581							
84 887,99	I,IV	**19 500**	5 581	5 581	I	17 620	15 745	13 931	12 194	10 535	8 952
	II	**17 817**	5 581	5 581	II	15 939	14 117	12 372	10 705	9 114	7 601
	III	**12 486**	5 581	5 581	III	11 104	9 760	8 454	7 186	5 958	4 768
	V	**25 673**	5 581	5 581	IV	18 560	17 620	16 680	15 745	14 828	13 931
	VI	**26 192**	5 581	5 581							
84 923,99	I,IV	**19 514**	5 581	5 581	I	17 634	15 759	13 944	12 207	10 547	8 963
	II	**17 831**	5 581	5 581	II	15 953	14 130	12 385	10 717	9 125	7 611
	III	**12 496**	5 581	5 581	III	11 114	9 770	8 464	7 196	5 968	4 778
	V	**25 687**	5 581	5 581	IV	18 574	17 634	16 694	15 759	14 842	13 944
	VI	**26 206**	5 581	5 581							
84 959,99	I,IV	**19 527**	5 581	5 581	I	17 647	15 772	13 957	12 219	10 558	8 975
	II	**17 844**	5 581	5 581	II	15 966	14 143	12 397	10 728	9 136	7 622
	III	**12 506**	5 581	5 581	III	11 124	9 778	8 472	7 206	5 976	4 786
	V	**25 701**	5 581	5 581	IV	18 587	17 647	16 707	15 772	14 855	13 957
	VI	**26 220**	5 581	5 581							
84 995,99	I,IV	**19 541**	5 581	5 581	I	17 661	15 786	13 970	12 231	10 570	8 986
	II	**17 858**	5 581	5 581	II	15 980	14 156	12 410	10 740	9 148	7 633
	III	**12 516**	5 581	5 581	III	11 134	9 788	8 482	7 214	5 986	4 794
	V	**25 714**	5 581	5 581	IV	18 601	17 661	16 721	15 786	14 868	13 970
	VI	**26 234**	5 581	5 581							
85 031,99	I,IV	**19 555**	5 581	5 581	I	17 675	15 799	13 983	12 244	10 582	8 997
	II	**17 872**	5 581	5 581	II	15 994	14 169	12 422	10 752	9 159	7 644
	III	**12 528**	5 581	5 581	III	11 144	9 798	8 492	7 224	5 994	4 804
	V	**25 728**	5 581	5 581	IV	18 615	17 675	16 735	15 799	14 882	13 983
	VI	**26 247**	5 581	5 581							
85 067,99	I,IV	**19 568**	5 581	5 581	I	17 689	15 813	13 996	12 256	10 594	9 008
	II	**17 885**	5 581	5 581	II	16 007	14 182	12 434	10 764	9 171	7 654
	III	**12 538**	5 581	5 581	III	11 154	9 808	8 502	7 232	6 002	4 812
	V	**25 742**	5 581	5 581	IV	18 629	17 689	16 749	15 813	14 895	13 996
	VI	**26 261**	5 581	5 581							
85 103,99	I,IV	**19 582**	5 581	5 581	I	17 702	15 826	14 009	12 269	10 606	9 020
	II	**17 899**	5 581	5 581	II	16 021	14 195	12 447	10 776	9 182	7 665
	III	**12 548**	5 581	5 581	III	11 164	9 818	8 510	7 242	6 012	4 820
	V	**25 756**	5 581	5 581	IV	18 642	17 702	16 762	15 826	14 908	14 009
	VI	**26 275**	5 581	5 581							

* Zur LSt-Berechnung für privat versicherte Arbeitnehmer s. Beispiele **Vorbemerkung S. 4f.**
** Basisvorsorgepauschale KV und PV *** Typisierter Arbeitgeberzuschuss

Lohn/ Gehalt in € bis	Steuerklasse	Lohn- steuer*	BVSP**	TAGZ***	Steuerklasse	Bemessungsgrundlage für Kirchensteuer und Solidaritätszuschlag – Freibeträge für ... Kinder 0,5	1,0	1,5	2,0	2,5	3,0
85 139,99 West	I,IV	**19 596**	5 581	5 581	I	17 716	15 840	14 022	12 281	10 617	9 031
	II	**17 912**	5 581	5 581	II	16 034	14 208	12 459	10 788	9 193	7 676
	III	**12 558**	5 581	5 581	III	11 174	9 826	8 520	7 250	6 020	4 828
	V	**25 769**	5 581	5 581	IV	18 656	17 716	16 776	15 840	14 921	14 022
	VI	**26 288**	5 581	5 581							
85 139,99 Ost	I,IV	**19 596**	5 581	5 581	I	17 716	15 840	14 022	12 281	10 617	9 031
	II	**17 912**	5 581	5 581	II	16 034	14 208	12 459	10 788	9 193	7 676
	III	**12 558**	5 581	5 581	III	11 174	9 826	8 520	7 250	6 020	4 828
	V	**25 769**	5 581	5 581	IV	18 656	17 716	16 776	15 840	14 921	14 022
	VI	**26 288**	5 581	5 581							
85 175,99 West	I,IV	**19 610**	5 581	5 581	I	17 730	15 853	14 035	12 293	10 629	9 042
	II	**17 926**	5 581	5 581	II	16 048	14 221	12 472	10 800	9 205	7 687
	III	**12 568**	5 581	5 581	III	11 184	9 838	8 530	7 260	6 030	4 838
	V	**25 783**	5 581	5 581	IV	18 670	17 730	16 790	15 853	14 934	14 035
	VI	**26 302**	5 581	5 581							
85 175,99 Ost	I,IV	**19 610**	5 581	5 581	I	17 730	15 853	14 035	12 293	10 629	9 042
	II	**17 926**	5 581	5 581	II	16 048	14 221	12 472	10 800	9 205	7 687
	III	**12 568**	5 581	5 581	III	11 184	9 838	8 530	7 260	6 030	4 838
	V	**25 783**	5 581	5 581	IV	18 670	17 730	16 790	15 853	14 934	14 035
	VI	**26 302**	5 581	5 581							
85 211,99 West	I,IV	**19 624**	5 581	5 581	I	17 744	15 867	14 048	12 306	10 641	9 054
	II	**17 940**	5 581	5 581	II	16 062	14 234	12 484	10 812	9 216	7 698
	III	**12 578**	5 581	5 581	III	11 194	9 846	8 538	7 270	6 038	4 846
	V	**25 797**	5 581	5 581	IV	18 684	17 744	16 804	15 867	14 948	14 048
	VI	**26 316**	5 581	5 581							
85 211,99 Ost	I,IV	**19 624**	5 581	5 581	I	17 744	15 867	14 048	12 306	10 642	9 054
	II	**17 941**	5 581	5 581	II	16 062	14 235	12 485	10 812	9 216	7 698
	III	**12 580**	5 581	5 581	III	11 194	9 848	8 540	7 270	6 038	4 846
	V	**25 797**	5 581	5 581	IV	18 684	17 744	16 804	15 867	14 948	14 048
	VI	**26 316**	5 581	5 581							
85 247,99 West	I,IV	**19 637**	5 581	5 581	I	17 757	15 880	14 061	12 318	10 653	9 065
	II	**17 954**	5 581	5 581	II	16 075	14 247	12 497	10 823	9 227	7 708
	III	**12 588**	5 581	5 581	III	11 202	9 856	8 548	7 278	6 046	4 854
	V	**25 810**	5 581	5 581	IV	18 697	17 757	16 817	15 880	14 961	14 061
	VI	**26 329**	5 581	5 581							
85 247,99 Ost	I,IV	**19 639**	5 581	5 581	I	17 759	15 882	14 063	12 320	10 655	9 066
	II	**17 956**	5 581	5 581	II	16 077	14 249	12 499	10 825	9 229	7 710
	III	**12 590**	5 581	5 581	III	11 204	9 858	8 550	7 280	6 048	4 856
	V	**25 812**	5 581	5 581	IV	18 699	17 759	16 819	15 882	14 963	14 063
	VI	**26 331**	5 581	5 581							
85 283,99 West	I,IV	**19 651**	5 581	5 581	I	17 771	15 894	14 074	12 331	10 665	9 076
	II	**17 967**	5 581	5 581	II	16 089	14 260	12 509	10 835	9 239	7 719
	III	**12 600**	5 581	5 581	III	11 214	9 866	8 558	7 288	6 056	4 864
	V	**25 824**	5 581	5 581	IV	18 711	17 771	16 831	15 894	14 974	14 074
	VI	**26 343**	5 581	5 581							
85 283,99 Ost	I,IV	**19 654**	5 581	5 581	I	17 774	15 897	14 077	12 334	10 668	9 079
	II	**17 971**	5 581	5 581	II	16 092	14 264	12 512	10 838	9 241	7 722
	III	**12 602**	5 581	5 581	III	11 216	9 868	8 560	7 290	6 058	4 866
	V	**25 827**	5 581	5 581	IV	18 714	17 774	16 834	15 897	14 977	14 077
	VI	**26 347**	5 581	5 581							
85 319,99 West	I,IV	**19 665**	5 581	5 581	I	17 785	15 908	14 087	12 343	10 677	9 088
	II	**17 981**	5 581	5 581	II	16 102	14 274	12 522	10 847	9 250	7 730
	III	**12 610**	5 581	5 581	III	11 224	9 876	8 566	7 296	6 064	4 872
	V	**25 838**	5 581	5 581	IV	18 725	17 785	16 845	15 908	14 988	14 087
	VI	**26 357**	5 581	5 581							
85 319,99 Ost	I,IV	**19 669**	5 581	5 581	I	17 789	15 912	14 091	12 347	10 681	9 091
	II	**17 986**	5 581	5 581	II	16 107	14 278	12 526	10 852	9 254	7 734
	III	**12 612**	5 581	5 581	III	11 226	9 880	8 570	7 300	6 068	4 874
	V	**25 843**	5 581	5 581	IV	18 729	17 789	16 849	15 912	14 992	14 091
	VI	**26 362**	5 581	5 581							

* Zur LSt-Berechnung für privat versicherte Arbeitnehmer s. Beispiele **Vorbemerkung S. 4 f.**
** Basisvorsorgepauschale KV und PV *** Typisierter Arbeitgeberzuschuss

Lohn/ Gehalt in € bis	Steuerklasse	Lohn-steuer*	BVSP**	TAGZ***	Steuerklasse	Bemessungsgrundlage für Kirchensteuer und Solidaritätszuschlag – Freibeträge für ... Kinder 0,5	**1,0**	1,5	**2,0**	2,5	**3,0**
85 355,99 West	I,IV	**19678**	5581	5581	I	17798	15921	14100	12355	10688	9099
	II	**17995**	5581	5581	II	16116	14286	12534	10859	9261	7741
	III	**12620**	5581	5581	III	11232	9886	8576	7306	6074	4880
	V	**25851**	5581	5581	IV	18738	17798	16858	15921	15001	14100
	VI	**26371**	5581	5581							
85 355,99 Ost	I,IV	**19684**	5581	5581	I	17804	15927	14106	12361	10694	9104
	II	**18001**	5581	5581	II	16122	14292	12540	10865	9267	7746
	III	**12624**	5581	5581	III	11238	9890	8580	7310	6078	4884
	V	**25858**	5581	5581	IV	18744	17804	16865	15927	15007	14106
	VI	**26377**	5581	5581							
85 391,99 West	I,IV	**19692**	5581	5581	I	17812	15935	14113	12368	10701	9110
	II	**18009**	5581	5581	II	16130	14300	12547	10871	9273	7752
	III	**12630**	5581	5581	III	11244	9896	8586	7314	6082	4888
	V	**25865**	5581	5581	IV	18752	17812	16872	15935	15014	14113
	VI	**26384**	5581	5581							
85 391,99 Ost	I,IV	**19700**	5581	5581	I	17820	15942	14120	12375	10707	9116
	II	**18016**	5581	5581	II	16137	14307	12554	10878	9279	7757
	III	**12636**	5581	5581	III	11248	9900	8590	7320	6088	4894
	V	**25873**	5581	5581	IV	18760	17820	16880	15942	15021	14120
	VI	**26392**	5581	5581							
85 427,99 West	I,IV	**19706**	5581	5581	I	17826	15948	14126	12381	10713	9122
	II	**18022**	5581	5581	II	16143	14313	12559	10883	9284	7762
	III	**12640**	5581	5581	III	11254	9904	8594	7324	6092	4898
	V	**25879**	5581	5581	IV	18766	17826	16886	15948	15027	14126
	VI	**26398**	5581	5581							
85 427,99 Ost	I,IV	**19715**	5581	5581	I	17835	15957	14134	12389	10720	9129
	II	**18031**	5581	5581	II	16152	14321	12568	10891	9292	7769
	III	**12646**	5581	5581	III	11260	9912	8602	7330	6098	4902
	V	**25888**	5581	5581	IV	18775	17835	16895	15957	15036	14134
	VI	**26407**	5581	5581							
85 463,99 West	I,IV	**19719**	5581	5581	I	17839	15962	14139	12393	10724	9133
	II	**18036**	5581	5581	II	16157	14326	12572	10895	9295	7773
	III	**12650**	5581	5581	III	11262	9914	8604	7332	6100	4906
	V	**25893**	5581	5581	IV	18779	17839	16899	15962	15041	14139
	VI	**26412**	5581	5581							
85 463,99 Ost	I,IV	**19730**	5581	5581	I	17850	15972	14149	12402	10733	9141
	II	**18046**	5581	5581	II	16167	14336	12581	10904	9304	7781
	III	**12658**	5581	5581	III	11270	9922	8612	7340	6106	4912
	V	**25903**	5581	5581	IV	18790	17850	16910	15972	15051	14149
	VI	**26422**	5581	5581							
85 499,99 West	I,IV	**19733**	5581	5581	I	17853	15975	14152	12405	10736	9144
	II	**18050**	5581	5581	II	16171	14339	12584	10907	9307	7784
	III	**12660**	5581	5581	III	11274	9924	8614	7342	6110	4914
	V	**25906**	5581	5581	IV	18793	17853	16913	15975	15054	14152
	VI	**26426**	5581	5581							
85 499,99 Ost	I,IV	**19745**	5581	5581	I	17865	15987	14163	12416	10746	9154
	II	**18062**	5581	5581	II	16182	14350	12595	10917	9317	7793
	III	**12670**	5581	5581	III	11282	9932	8622	7350	6116	4922
	V	**25918**	5581	5581	IV	18805	17865	16925	15987	15065	14163
	VI	**26437**	5581	5581							
85 535,99 West	I,IV	**19747**	5581	5581	I	17867	15989	14165	12418	10748	9156
	II	**18064**	5581	5581	II	16184	14352	12597	10919	9318	7795
	III	**12670**	5581	5581	III	11284	9934	8624	7352	6118	4922
	V	**25920**	5581	5581	IV	18807	17867	16927	15989	15067	14165
	VI	**26439**	5581	5581							
85 535,99 Ost	I,IV	**19760**	5581	5581	I	17880	16002	14177	12430	10760	9166
	II	**18077**	5581	5581	II	16197	14365	12609	10931	9329	7805
	III	**12680**	5581	5581	III	11292	9944	8632	7360	6126	4932
	V	**25933**	5581	5581	IV	18820	17880	16940	16002	15080	14177
	VI	**26452**	5581	5581							

* Zur LSt-Berechnung für privat versicherte Arbeitnehmer s. Beispiele **Vorbemerkung S. 4f.**
** Basisvorsorgepauschale KV und PV *** Typisierter Arbeitgeberzuschuss

Lohn/ Gehalt in € bis	Steuerklasse	Lohn-steuer*	BVSP**	TAGZ***	Steuerklasse	Bemessungsgrundlage für Kirchensteuer und Solidaritätszuschlag – Freibeträge für ... Kinder 0,5	1,0	1,5	2,0	2,5	3,0
85 571,99	I,IV	**19 760**	5 581	5 581	I	17 881	16 002	14 178	12 430	10 760	9 167
West	II	**18 077**	5 581	5 581	II	16 198	14 365	12 609	10 931	9 330	7 806
	III	**12 680**	5 581	5 581	III	11 292	9 944	8 632	7 360	6 126	4 932
	V	**25 934**	5 581	5 581	IV	18 820	17 881	16 941	16 002	15 080	14 178
	VI	**26 453**	5 581	5 581							
85 571,99	I,IV	**19 775**	5 581	5 581	I	17 895	16 017	14 192	12 444	10 773	9 179
Ost	II	**18 092**	5 581	5 581	II	16 212	14 379	12 623	10 944	9 342	7 817
	III	**12 692**	5 581	5 581	III	11 304	9 954	8 642	7 370	6 136	4 940
	V	**25 948**	5 581	5 581	IV	18 835	17 895	16 955	16 017	15 095	14 192
	VI	**26 468**	5 581	5 581							
85 607,99	I,IV	**19 774**	5 581	5 581	I	17 894	16 016	14 191	12 443	10 772	9 178
West	II	**18 091**	5 581	5 581	II	16 211	14 378	12 622	10 943	9 341	7 817
	III	**12 692**	5 581	5 581	III	11 304	9 954	8 642	7 370	6 136	4 940
	V	**25 948**	5 581	5 581	IV	18 834	17 894	16 954	16 016	15 094	14 191
	VI	**26 467**	5 581	5 581							
85 607,99	I,IV	**19 790**	5 581	5 581	I	17 910	16 032	14 206	12 457	10 786	9 191
Ost	II	**18 107**	5 581	5 581	II	16 227	14 393	12 637	10 957	9 354	7 829
	III	**12 704**	5 581	5 581	III	11 314	9 964	8 654	7 380	6 146	4 950
	V	**25 964**	5 581	5 581	IV	18 850	17 910	16 970	16 032	15 109	14 206
	VI	**26 483**	5 581	5 581							
85 643,99	I,IV	**19 788**	5 581	5 581	I	17 908	16 030	14 204	12 455	10 784	9 190
West	II	**18 105**	5 581	5 581	II	16 225	14 391	12 635	10 955	9 353	7 827
	III	**12 702**	5 581	5 581	III	11 312	9 962	8 652	7 378	6 144	4 948
	V	**25 961**	5 581	5 581	IV	18 848	17 908	16 968	16 030	15 107	14 204
	VI	**26 481**	5 581	5 581							
85 643,99	I,IV	**19 805**	5 581	5 581	I	17 925	16 047	14 220	12 471	10 799	9 204
Ost	II	**18 122**	5 581	5 581	II	16 242	14 408	12 650	10 970	9 367	7 841
	III	**12 714**	5 581	5 581	III	11 326	9 976	8 664	7 390	6 156	4 960
	V	**25 979**	5 581	5 581	IV	18 865	17 925	16 985	16 047	15 124	14 220
	VI	**26 498**	5 581	5 581							
85 679,99	I,IV	**19 802**	5 581	5 581	I	17 922	16 043	14 217	12 468	10 796	9 201
West	II	**18 118**	5 581	5 581	II	16 239	14 404	12 647	10 967	9 364	7 838
	III	**12 712**	5 581	5 581	III	11 322	9 972	8 660	7 388	6 154	4 958
	V	**25 975**	5 581	5 581	IV	18 862	17 922	16 982	16 043	15 120	14 217
	VI	**26 494**	5 581	5 581							
85 679,99	I,IV	**19 820**	5 581	5 581	I	17 941	16 062	14 235	12 485	10 812	9 216
Ost	II	**18 137**	5 581	5 581	II	16 258	14 422	12 664	10 983	9 380	7 853
	III	**12 726**	5 581	5 581	III	11 336	9 986	8 674	7 400	6 166	4 970
	V	**25 994**	5 581	5 581	IV	18 881	17 941	17 001	16 062	15 139	14 235
	VI	**26 513**	5 581	5 581							
85 715,99	I,IV	**19 815**	5 581	5 581	I	17 936	16 057	14 230	12 480	10 808	9 212
West	II	**18 132**	5 581	5 581	II	16 252	14 417	12 660	10 979	9 375	7 849
	III	**12 722**	5 581	5 581	III	11 334	9 982	8 670	7 398	6 162	4 966
	V	**25 989**	5 581	5 581	IV	18 875	17 936	16 996	16 057	15 134	14 230
	VI	**26 508**	5 581	5 581							
85 715,99	I,IV	**19 836**	5 581	5 581	I	17 956	16 077	14 249	12 499	10 825	9 229
Ost	II	**18 152**	5 581	5 581	II	16 273	14 437	12 678	10 997	9 392	7 865
	III	**12 738**	5 581	5 581	III	11 348	9 996	8 684	7 410	6 176	4 978
	V	**26 009**	5 581	5 581	IV	18 896	17 956	17 016	16 077	15 153	14 249
	VI	**26 528**	5 581	5 581							
85 751,99	I,IV	**19 829**	5 581	5 581	I	17 949	16 071	14 243	12 493	10 820	9 224
West	II	**18 146**	5 581	5 581	II	16 266	14 431	12 672	10 991	9 387	7 860
	III	**12 732**	5 581	5 581	III	11 342	9 992	8 680	7 406	6 170	4 974
	V	**26 003**	5 581	5 581	IV	18 889	17 949	17 009	16 071	15 147	14 243
	VI	**26 522**	5 581	5 581							
85 751,99	I,IV	**19 851**	5 581	5 581	I	17 971	16 092	14 264	12 512	10 838	9 241
Ost	II	**18 167**	5 581	5 581	II	16 288	14 451	12 692	11 010	9 405	7 877
	III	**12 748**	5 581	5 581	III	11 358	10 008	8 694	7 420	6 186	4 988
	V	**26 024**	5 581	5 581	IV	18 911	17 971	17 031	16 092	15 168	14 264
	VI	**26 543**	5 581	5 581							

* Zur LSt-Berechnung für privat versicherte Arbeitnehmer s. Beispiele **Vorbemerkung S. 4 f.**
** Basisvorsorgepauschale KV und PV *** Typisierter Arbeitgeberzuschuss

Lohn/ Gehalt in € bis	Steuerklasse	Lohn-steuer*	BVSP**	TAGZ***	Steuerklasse	Bemessungsgrundlage für Kirchensteuer und Solidaritätszuschlag – Freibeträge für ... Kinder 0,5	1,0	1,5	2,0	2,5	3,0
85 787,99 West	I,IV	**19 843**	5 581	5 581	I	17 963	16 084	14 256	12 505	10 831	9 235
	II	**18 159**	5 581	5 581	II	16 280	14 444	12 685	11 003	9 398	7 871
	III	**12 742**	5 581	5 581	III	11 352	10 002	8 690	7 416	6 180	4 982
	V	**26 016**	5 581	5 581	IV	18 903	17 963	17 023	16 084	15 160	14 256
	VI	**26 535**	5 581	5 581							
85 787,99 Ost	I,IV	**19 866**	5 581	5 581	I	17 986	16 107	14 278	12 526	10 852	9 254
	II	**18 182**	5 581	5 581	II	16 303	14 466	12 706	11 023	9 417	7 889
	III	**12 760**	5 581	5 581	III	11 370	10 018	8 706	7 430	6 194	4 998
	V	**26 039**	5 581	5 581	IV	18 926	17 986	17 046	16 107	15 183	14 278
	VI	**26 558**	5 581	5 581							
85 823,99 West	I,IV	**19 857**	5 581	5 581	I	17 977	16 098	14 269	12 518	10 843	9 246
	II	**18 173**	5 581	5 581	II	16 294	14 457	12 697	11 015	9 410	7 882
	III	**12 754**	5 581	5 581	III	11 364	10 012	8 698	7 424	6 188	4 992
	V	**26 030**	5 581	5 581	IV	18 917	17 977	17 037	16 098	15 174	14 269
	VI	**26 549**	5 581	5 581							
85 823,99 Ost	I,IV	**19 881**	5 581	5 581	I	18 001	16 122	14 292	12 540	10 865	9 267
	II	**18 198**	5 581	5 581	II	16 318	14 480	12 720	11 036	9 430	7 901
	III	**12 772**	5 581	5 581	III	11 380	10 028	8 716	7 440	6 204	5 008
	V	**26 054**	5 581	5 581	IV	18 941	18 001	17 061	16 122	15 198	14 292
	VI	**26 573**	5 581	5 581							
85 859,99 West	I,IV	**19 870**	5 581	5 581	I	17 991	16 112	14 282	12 530	10 856	9 258
	II	**18 187**	5 581	5 581	II	16 307	14 470	12 710	11 027	9 421	7 893
	III	**12 764**	5 581	5 581	III	11 372	10 022	8 708	7 434	6 198	5 000
	V	**26 044**	5 581	5 581	IV	18 931	17 991	17 051	16 112	15 187	14 282
	VI	**26 563**	5 581	5 581							
85 859,99 Ost	I,IV	**19 896**	5 581	5 581	I	18 016	16 137	14 307	12 554	10 878	9 279
	II	**18 213**	5 581	5 581	II	16 333	14 495	12 733	11 049	9 443	7 913
	III	**12 782**	5 581	5 581	III	11 392	10 040	8 726	7 450	6 214	5 016
	V	**26 069**	5 581	5 581	IV	18 956	18 016	17 076	16 137	15 212	14 307
	VI	**26 589**	5 581	5 581							
85 895,99 West	I,IV	**19 884**	5 581	5 581	I	18 004	16 125	14 295	12 543	10 867	9 269
	II	**18 201**	5 581	5 581	II	16 321	14 483	12 722	11 039	9 432	7 903
	III	**12 774**	5 581	5 581	III	11 382	10 030	8 718	7 442	6 206	5 008
	V	**26 057**	5 581	5 581	IV	18 944	18 004	17 064	16 125	15 200	14 295
	VI	**26 576**	5 581	5 581							
85 895,99 Ost	I,IV	**19 911**	5 581	5 581	I	18 031	16 152	14 321	12 568	10 891	9 292
	II	**18 228**	5 581	5 581	II	16 348	14 509	12 747	11 063	9 455	7 925
	III	**12 794**	5 581	5 581	III	11 402	10 050	8 736	7 462	6 224	5 026
	V	**26 085**	5 581	5 581	IV	18 971	18 031	17 091	16 152	15 227	14 321
	VI	**26 604**	5 581	5 581							
85 931,99 West	I,IV	**19 898**	5 581	5 581	I	18 018	16 139	14 308	12 555	10 879	9 280
	II	**18 214**	5 581	5 581	II	16 335	14 496	12 735	11 051	9 444	7 914
	III	**12 784**	5 581	5 581	III	11 394	10 040	8 728	7 452	6 216	5 018
	V	**26 071**	5 581	5 581	IV	18 958	18 018	17 078	16 139	15 214	14 308
	VI	**26 590**	5 581	5 581							
85 931,99 Ost	I,IV	**19 926**	5 581	5 581	I	18 046	16 167	14 336	12 581	10 904	9 304
	II	**18 243**	5 581	5 581	II	16 363	14 524	12 761	11 076	9 468	7 937
	III	**12 806**	5 581	5 581	III	11 414	10 062	8 746	7 472	6 234	5 036
	V	**26 100**	5 581	5 581	IV	18 986	18 046	17 106	16 167	15 242	14 336
	VI	**26 619**	5 581	5 581							
85 967,99 West	I,IV	**19 911**	5 581	5 581	I	18 031	16 152	14 321	12 568	10 891	9 292
	II	**18 228**	5 581	5 581	II	16 348	14 509	12 747	11 063	9 455	7 925
	III	**12 794**	5 581	5 581	III	11 402	10 050	8 736	7 462	6 224	5 026
	V	**26 085**	5 581	5 581	IV	18 971	18 031	17 091	16 152	15 227	14 321
	VI	**26 604**	5 581	5 581							
85 967,99 Ost	I,IV	**19 941**	5 581	5 581	I	18 062	16 182	14 350	12 595	10 917	9 317
	II	**18 258**	5 581	5 581	II	16 378	14 538	12 775	11 089	9 480	7 949
	III	**12 816**	5 581	5 581	III	11 426	10 072	8 758	7 482	6 244	5 046
	V	**26 115**	5 581	5 581	IV	19 001	18 062	17 122	16 182	15 257	14 350
	VI	**26 634**	5 581	5 581							

* Zur LSt-Berechnung für privat versicherte Arbeitnehmer s. Beispiele **Vorbemerkung S. 4 f.**
** Basisvorsorgepauschale KV und PV *** Typisierter Arbeitgeberzuschuss

Lohn/ Gehalt in € bis	Steuerklasse	Lohn-steuer*	BVSP**	TAGZ***	Steuerklasse	Bemessungsgrundlage für Kirchensteuer und Solidaritätszuschlag – Freibeträge für ... Kinder 0,5	**1,0**	1,5	**2,0**	2,5	**3,0**
86 003,99	I,IV	**19 925**	5 581	5 581	I	18 045	16 166	14 334	12 580	10 903	9 303
West	II	**18 242**	5 581	5 581	II	16 362	14 522	12 760	11 075	9 467	7 936
	III	**12 804**	5 581	5 581	III	11 412	10 060	8 746	7 470	6 232	5 034
	V	**26 098**	5 581	5 581	IV	18 985	18 045	17 105	16 166	15 241	14 334
	VI	**26 617**	5 581	5 581							
86 003,99	I,IV	**19 957**	5 581	5 581	I	18 077	16 197	14 365	12 609	10 931	9 329
Ost	II	**18 273**	5 581	5 581	II	16 393	14 553	12 789	11 102	9 493	7 961
	III	**12 828**	5 581	5 581	III	11 436	10 082	8 768	7 492	6 254	5 054
	V	**26 130**	5 581	5 581	IV	19 017	18 077	17 137	16 197	15 271	14 365
	VI	**26 649**	5 581	5 581							
86 039,99	I,IV	**19 939**	5 581	5 581	I	18 059	16 180	14 348	12 593	10 915	9 315
West	II	**18 256**	5 581	5 581	II	16 376	14 536	12 773	11 087	9 478	7 947
	III	**12 814**	5 581	5 581	III	11 424	10 070	8 756	7 480	6 242	5 044
	V	**26 112**	5 581	5 581	IV	18 999	18 059	17 119	16 180	15 254	14 348
	VI	**26 631**	5 581	5 581							
86 039,99	I,IV	**19 972**	5 581	5 581	I	18 092	16 212	14 379	12 623	10 944	9 342
Ost	II	**18 288**	5 581	5 581	II	16 408	14 567	12 803	11 116	9 506	7 973
	III	**12 840**	5 581	5 581	III	11 448	10 094	8 778	7 502	6 264	5 064
	V	**26 145**	5 581	5 581	IV	19 032	18 092	17 152	16 212	15 286	14 379
	VI	**26 664**	5 581	5 581							
86 075,99	I,IV	**19 952**	5 581	5 581	I	18 072	16 193	14 361	12 605	10 927	9 326
West	II	**18 269**	5 581	5 581	II	16 389	14 549	12 785	11 099	9 490	7 958
	III	**12 826**	5 581	5 581	III	11 434	10 080	8 764	7 488	6 250	5 052
	V	**26 126**	5 581	5 581	IV	19 012	18 072	17 132	16 193	15 267	14 361
	VI	**26 645**	5 581	5 581							
86 075,99	I,IV	**19 987**	5 581	5 581	I	18 107	16 227	14 393	12 637	10 957	9 354
Ost	II	**18 303**	5 581	5 581	II	16 424	14 582	12 817	11 129	9 518	7 985
	III	**12 850**	5 581	5 581	III	11 458	10 104	8 788	7 512	6 274	5 074
	V	**26 160**	5 581	5 581	IV	19 047	18 107	17 167	16 227	15 301	14 393
	VI	**26 679**	5 581	5 581							
86 111,99	I,IV	**19 966**	5 581	5 581	I	18 086	16 207	14 374	12 618	10 939	9 337
West	II	**18 283**	5 581	5 581	II	16 403	14 562	12 798	11 111	9 501	7 969
	III	**12 836**	5 581	5 581	III	11 442	10 090	8 774	7 498	6 260	5 060
	V	**26 140**	5 581	5 581	IV	19 026	18 086	17 146	16 207	15 281	14 374
	VI	**26 659**	5 581	5 581							
86 111,99	I,IV	**20 002**	5 581	5 581	I	18 122	16 242	14 408	12 650	10 970	9 367
Ost	II	**18 319**	5 581	5 581	II	16 439	14 596	12 831	11 142	9 531	7 997
	III	**12 862**	5 581	5 581	III	11 470	10 114	8 798	7 522	6 284	5 082
	V	**26 175**	5 581	5 581	IV	19 062	18 122	17 182	16 242	15 315	14 408
	VI	**26 694**	5 581	5 581							
86 147,99	I,IV	**19 980**	5 581	5 581	I	18 100	16 221	14 387	12 630	10 951	9 349
West	II	**18 297**	5 581	5 581	II	16 417	14 575	12 810	11 123	9 513	7 980
	III	**12 846**	5 581	5 581	III	11 454	10 100	8 784	7 508	6 268	5 070
	V	**26 153**	5 581	5 581	IV	19 040	18 100	17 160	16 221	15 294	14 387
	VI	**26 673**	5 581	5 581							
86 147,99	I,IV	**20 017**	5 581	5 581	I	18 137	16 258	14 422	12 664	10 983	9 380
Ost	II	**18 334**	5 581	5 581	II	16 454	14 611	12 844	11 155	9 544	8 009
	III	**12 874**	5 581	5 581	III	11 480	10 126	8 810	7 532	6 292	5 092
	V	**26 190**	5 581	5 581	IV	19 077	18 137	17 197	16 258	15 330	14 422
	VI	**26 709**	5 581	5 581							
86 183,99	I,IV	**19 994**	5 581	5 581	I	18 114	16 234	14 400	12 643	10 963	9 360
West	II	**18 310**	5 581	5 581	II	16 430	14 588	12 823	11 135	9 524	7 990
	III	**12 856**	5 581	5 581	III	11 464	10 108	8 794	7 516	6 278	5 078
	V	**26 167**	5 581	5 581	IV	19 054	18 114	17 174	16 234	15 307	14 400
	VI	**26 686**	5 581	5 581							
86 183,99	I,IV	**20 032**	5 581	5 581	I	18 152	16 273	14 437	12 678	10 997	9 392
Ost	II	**18 349**	5 581	5 581	II	16 469	14 625	12 858	11 169	9 556	8 021
	III	**12 884**	5 581	5 581	III	11 492	10 136	8 820	7 542	6 302	5 102
	V	**26 205**	5 581	5 581	IV	19 092	18 152	17 212	16 273	15 345	14 437
	VI	**26 725**	5 581	5 581							

* Zur LSt-Berechnung für privat versicherte Arbeitnehmer s. Beispiele **Vorbemerkung S. 4 f.**
** Basisvorsorgepauschale KV und PV *** Typisierter Arbeitgeberzuschuss

Lohn/ Gehalt in € bis	Steuerklasse	**Lohn-steuer***	BVSP**	TAGZ***	Steuerklasse	Bemessungsgrundlage für Kirchensteuer und Solidaritätszuschlag					
						Freibeträge für ... Kinder					
						0,5	**1,0**	1,5	**2,0**	2,5	**3,0**
86219,99 West	I,IV	**20007**	5581	5581	I	18127	16248	14413	12655	10975	9372
	II	**18324**	5581	5581	II	16444	14601	12836	11147	9536	8001
	III	**12866**	5581	5581	III	11472	10118	8802	7526	6286	5086
	V	**26181**	5581	5581	IV	19067	18127	17188	16248	15321	14413
	VI	**26700**	5581	5581							
86219,99 Ost	I,IV	**20047**	5581	5581	I	18167	16288	14451	12692	11010	9405
	II	**18364**	5581	5581	II	16484	14640	12872	11182	9569	8033
	III	**12896**	5581	5581	III	11502	10148	8830	7552	6312	5112
	V	**26221**	5581	5581	IV	19107	18167	17227	16288	15360	14451
	VI	**26740**	5581	5581							
86255,99 West	I,IV	**20021**	5581	5581	I	18141	16262	14426	12668	10987	9383
	II	**18338**	5581	5581	II	16458	14615	12848	11159	9547	8012
	III	**12876**	5581	5581	III	11484	10128	8812	7534	6296	5096
	V	**26195**	5581	5581	IV	19081	18141	17201	16262	15334	14426
	VI	**26714**	5581	5581							
86255,99 Ost	I,IV	**20062**	5581	5581	I	18182	16303	14466	12706	11023	9417
	II	**18379**	5581	5581	II	16499	14654	12886	11195	9582	8045
	III	**12908**	5581	5581	III	11514	10158	8840	7562	6322	5120
	V	**26236**	5581	5581	IV	19122	18182	17243	16303	15375	14466
	VI	**26755**	5581	5581							
86291,99 West	I,IV	**20035**	5581	5581	I	18155	16275	14439	12680	10999	9394
	II	**18351**	5581	5581	II	16471	14627	12861	11171	9558	8023
	III	**12886**	5581	5581	III	11494	10138	8822	7544	6304	5104
	V	**26208**	5581	5581	IV	19095	18155	17215	16275	15347	14439
	VI	**26727**	5581	5581							
86291,99 Ost	I,IV	**20078**	5581	5581	I	18198	16318	14480	12720	11036	9430
	II	**18394**	5581	5581	II	16514	14669	12900	11209	9594	8057
	III	**12920**	5581	5581	III	11524	10168	8852	7572	6332	5130
	V	**26251**	5581	5581	IV	19138	18198	17258	16318	15389	14480
	VI	**26770**	5581	5581							
86327,99 West	I,IV	**20049**	5581	5581	I	18169	16289	14452	12693	11011	9406
	II	**18365**	5581	5581	II	16485	14641	12873	11183	9570	8034
	III	**12896**	5581	5581	III	11504	10148	8830	7552	6314	5112
	V	**26222**	5581	5581	IV	19109	18169	17229	16289	15361	14452
	VI	**26741**	5581	5581							
86327,99 Ost	I,IV	**20093**	5581	5581	I	18213	16333	14495	12733	11049	9443
	II	**18409**	5581	5581	II	16529	14683	12914	11222	9607	8069
	III	**12930**	5581	5581	III	11536	10180	8862	7582	6342	5140
	V	**26266**	5581	5581	IV	19153	18213	17273	16333	15404	14495
	VI	**26785**	5581	5581							
86363,99 West	I,IV	**20062**	5581	5581	I	18182	16303	14466	12706	11023	9417
	II	**18379**	5581	5581	II	16499	14654	12886	11195	9582	8045
	III	**12908**	5581	5581	III	11514	10158	8840	7562	6322	5120
	V	**26236**	5581	5581	IV	19122	18182	17243	16303	15375	14466
	VI	**26755**	5581	5581							
86363,99 Ost	I,IV	**20108**	5581	5581	I	18228	16348	14509	12747	11063	9455
	II	**18424**	5581	5581	II	16544	14698	12928	11235	9620	8081
	III	**12942**	5581	5581	III	11546	10190	8872	7592	6352	5150
	V	**26281**	5581	5581	IV	19168	18228	17288	16348	15419	14509
	VI	**26800**	5581	5581							
86399,99 West	I,IV	**20076**	5581	5581	I	18196	16316	14479	12718	11035	9429
	II	**18392**	5581	5581	II	16513	14667	12899	11207	9593	8056
	III	**12918**	5581	5581	III	11524	10168	8850	7572	6332	5130
	V	**26249**	5581	5581	IV	19136	18196	17256	16316	15388	14479
	VI	**26768**	5581	5581							
86399,99 Ost	I,IV	**20123**	5581	5581	I	18243	16363	14524	12761	11076	9468
	II	**18440**	5581	5581	II	16560	14712	12942	11249	9632	8093
	III	**12954**	5581	5581	III	11558	10200	8882	7602	6362	5160
	V	**26296**	5581	5581	IV	19183	18243	17303	16363	15434	14524
	VI	**26815**	5581	5581							

* Zur LSt-Berechnung für privat versicherte Arbeitnehmer s. Beispiele **Vorbemerkung S. 4f.**
** Basisvorsorgepauschale KV und PV *** Typisierter Arbeitgeberzuschuss

Lohn/ Gehalt in € bis	Steuerklasse	Lohn- steuer*	BVSP**	TAGZ***	Steuerklasse	Bemessungsgrundlage für Kirchensteuer und Solidaritätszuschlag					
						Freibeträge für ... Kinder					
						0,5	**1,0**	1,5	**2,0**	2,5	**3,0**
86 435,99	I,IV	**20 090**	5 581	5 581	I	18 210	16 330	14 492	12 731	11 047	9 440
West	II	**18 406**	5 581	5 581	II	16 526	14 680	12 911	11 219	9 605	8 067
	III	**12 928**	5 581	5 581	III	11 534	10 176	8 860	7 580	6 340	5 138
	V	**26 263**	5 581	5 581	IV	19 150	18 210	17 270	16 330	15 401	14 492
	VI	**26 782**	5 581	5 581							
86 435,99	I,IV	**20 138**	5 581	5 581	I	18 258	16 378	14 538	12 775	11 089	9 480
Ost	II	**18 455**	5 581	5 581	II	16 575	14 727	12 956	11 262	9 645	8 105
	III	**12 964**	5 581	5 581	III	11 568	10 212	8 892	7 612	6 372	5 168
	V	**26 311**	5 581	5 581	IV	19 198	18 258	17 318	16 378	15 448	14 538
	VI	**26 830**	5 581	5 581							
86 471,99	I,IV	**20 104**	5 581	5 581	I	18 224	16 344	14 505	12 743	11 059	9 452
West	II	**18 420**	5 581	5 581	II	16 540	14 694	12 924	11 232	9 616	8 078
	III	**12 938**	5 581	5 581	III	11 544	10 188	8 870	7 590	6 350	5 146
	V	**26 277**	5 581	5 581	IV	19 164	18 224	17 284	16 344	15 415	14 505
	VI	**26 796**	5 581	5 581							
86 471,99	I,IV	**20 153**	5 581	5 581	I	18 273	16 393	14 553	12 789	11 102	9 493
Ost	II	**18 470**	5 581	5 581	II	16 590	14 741	12 970	11 275	9 658	8 118
	III	**12 976**	5 581	5 581	III	11 580	10 222	8 904	7 624	6 382	5 178
	V	**26 326**	5 581	5 581	IV	19 213	18 273	17 333	16 393	15 463	14 553
	VI	**26 846**	5 581	5 581							
86 507,99	I,IV	**20 117**	5 581	5 581	I	18 237	16 357	14 518	12 756	11 071	9 463
West	II	**18 434**	5 581	5 581	II	16 554	14 707	12 936	11 243	9 627	8 089
	III	**12 948**	5 581	5 581	III	11 554	10 196	8 878	7 598	6 358	5 156
	V	**26 290**	5 581	5 581	IV	19 177	18 237	17 297	16 357	15 428	14 518
	VI	**26 809**	5 581	5 581							
86 507,99	I,IV	**20 168**	5 581	5 581	I	18 288	16 408	14 567	12 803	11 116	9 506
Ost	II	**18 485**	5 581	5 581	II	16 605	14 756	12 984	11 288	9 670	8 130
	III	**12 988**	5 581	5 581	III	11 590	10 234	8 914	7 634	6 392	5 188
	V	**26 342**	5 581	5 581	IV	19 228	18 288	17 348	16 408	15 478	14 567
	VI	**26 861**	5 581	5 581							
86 543,99	I,IV	**20 131**	5 581	5 581	I	18 251	16 371	14 531	12 768	11 083	9 475
West	II	**18 448**	5 581	5 581	II	16 568	14 720	12 949	11 256	9 639	8 100
	III	**12 958**	5 581	5 581	III	11 564	10 206	8 888	7 608	6 366	5 164
	V	**26 304**	5 581	5 581	IV	19 191	18 251	17 311	16 371	15 442	14 531
	VI	**26 823**	5 581	5 581							
86 543,99	I,IV	**20 183**	5 581	5 581	I	18 303	16 424	14 582	12 817	11 129	9 518
Ost	II	**18 500**	5 581	5 581	II	16 620	14 771	12 998	11 302	9 683	8 142
	III	**12 998**	5 581	5 581	III	11 602	10 244	8 924	7 644	6 400	5 198
	V	**26 357**	5 581	5 581	IV	19 243	18 303	17 363	16 424	15 493	14 582
	VI	**26 876**	5 581	5 581							
86 579,99	I,IV	**20 145**	5 581	5 581	I	18 265	16 385	14 544	12 781	11 095	9 486
West	II	**18 461**	5 581	5 581	II	16 581	14 733	12 962	11 268	9 651	8 111
	III	**12 970**	5 581	5 581	III	11 574	10 216	8 898	7 618	6 376	5 172
	V	**26 318**	5 581	5 581	IV	19 205	18 265	17 325	16 385	15 455	14 544
	VI	**26 837**	5 581	5 581							
86 579,99	I,IV	**20 198**	5 581	5 581	I	18 319	16 439	14 596	12 831	11 142	9 531
Ost	II	**18 515**	5 581	5 581	II	16 635	14 785	13 012	11 315	9 696	8 154
	III	**13 010**	5 581	5 581	III	11 614	10 254	8 934	7 654	6 410	5 206
	V	**26 372**	5 581	5 581	IV	19 259	18 319	17 379	16 439	15 508	14 596
	VI	**26 891**	5 581	5 581							
86 615,99	I,IV	**20 158**	5 581	5 581	I	18 278	16 398	14 557	12 794	11 107	9 497
West	II	**18 475**	5 581	5 581	II	16 595	14 746	12 974	11 280	9 662	8 122
	III	**12 980**	5 581	5 581	III	11 584	10 226	8 906	7 626	6 384	5 182
	V	**26 331**	5 581	5 581	IV	19 218	18 278	17 338	16 398	15 468	14 557
	VI	**26 851**	5 581	5 581							
86 615,99	I,IV	**20 214**	5 581	5 581	I	18 334	16 454	14 611	12 844	11 155	9 544
Ost	II	**18 530**	5 581	5 581	II	16 650	14 800	13 025	11 328	9 709	8 166
	III	**13 022**	5 581	5 581	III	11 624	10 266	8 946	7 664	6 420	5 216
	V	**26 387**	5 581	5 581	IV	19 274	18 334	17 394	16 454	15 523	14 611
	VI	**26 906**	5 581	5 581							

* Zur LSt-Berechnung für privat versicherte Arbeitnehmer s. Beispiele **Vorbemerkung S. 4f.**
** Basisvorsorgepauschale KV und PV *** Typisierter Arbeitgeberzuschuss

Lohn/ Gehalt in € bis	Steuerklasse	Lohn-steuer*	BVSP**	TAGZ***	Steuerklasse	Bemessungsgrundlage für Kirchensteuer und Solidaritätszuschlag					
						Freibeträge für ... Kinder					
						0,5	**1,0**	1,5	**2,0**	2,5	**3,0**
86 651,99	I,IV	**20 172**	5 581	5 581	I	18 292	16 412	14 571	12 806	11 119	9 509
West	II	**18 489**	5 581	5 581	II	16 609	14 760	12 987	11 292	9 674	8 133
	III	**12 990**	5 581	5 581	III	11 594	10 236	8 916	7 636	6 394	5 190
	V	**26 345**	5 581	5 581	IV	19 232	18 292	17 352	16 412	15 482	14 571
	VI	**26 864**	5 581	5 581							
86 651,99	I,IV	**20 229**	5 581	5 581	I	18 349	16 469	14 625	12 858	11 169	9 556
Ost	II	**18 545**	5 581	5 581	II	16 665	14 814	13 039	11 342	9 721	8 178
	III	**13 032**	5 581	5 581	III	11 636	10 276	8 956	7 674	6 430	5 226
	V	**26 402**	5 581	5 581	IV	19 289	18 349	17 409	16 469	15 537	14 625
	VI	**26 921**	5 581	5 581							
86 687,99	I,IV	**20 186**	5 581	5 581	I	18 306	16 426	14 584	12 819	11 131	9 521
West	II	**18 503**	5 581	5 581	II	16 623	14 773	13 000	11 304	9 685	8 144
	III	**13 000**	5 581	5 581	III	11 604	10 246	8 926	7 646	6 402	5 198
	V	**26 359**	5 581	5 581	IV	19 246	18 306	17 366	16 426	15 495	14 584
	VI	**26 878**	5 581	5 581							
86 687,99	I,IV	**20 244**	5 581	5 581	I	18 364	16 484	14 640	12 872	11 182	9 569
Ost	II	**18 560**	5 581	5 581	II	16 681	14 829	13 053	11 355	9 734	8 190
	III	**13 044**	5 581	5 581	III	11 646	10 286	8 966	7 684	6 440	5 236
	V	**26 417**	5 581	5 581	IV	19 304	18 364	17 424	16 484	15 552	14 640
	VI	**26 936**	5 581	5 581							
86 723,99	I,IV	**20 199**	5 581	5 581	I	18 319	16 439	14 597	12 831	11 143	9 532
West	II	**18 516**	5 581	5 581	II	16 636	14 786	13 012	11 316	9 697	8 154
	III	**13 010**	5 581	5 581	III	11 614	10 256	8 936	7 654	6 412	5 208
	V	**26 373**	5 581	5 581	IV	19 259	18 319	17 379	16 439	15 509	14 597
	VI	**26 892**	5 581	5 581							
86 723,99	I,IV	**20 259**	5 581	5 581	I	18 379	16 499	14 654	12 886	11 195	9 582
Ost	II	**18 576**	5 581	5 581	II	16 696	14 843	13 067	11 368	9 747	8 202
	III	**13 056**	5 581	5 581	III	11 658	10 298	8 976	7 694	6 450	5 244
	V	**26 432**	5 581	5 581	IV	19 319	18 379	17 439	16 499	15 567	14 654
	VI	**26 951**	5 581	5 581							
86 759,99	I,IV	**20 213**	5 581	5 581	I	18 333	16 453	14 610	12 844	11 155	9 543
West	II	**18 530**	5 581	5 581	II	16 650	14 799	13 025	11 328	9 708	8 166
	III	**13 020**	5 581	5 581	III	11 624	10 264	8 944	7 664	6 420	5 216
	V	**26 386**	5 581	5 581	IV	19 273	18 333	17 393	16 453	15 522	14 610
	VI	**26 906**	5 581	5 581							
86 759,99	I,IV	**20 274**	5 581	5 581	I	18 394	16 514	14 669	12 900	11 209	9 594
Ost	II	**18 591**	5 581	5 581	II	16 711	14 858	13 081	11 382	9 760	8 214
	III	**13 068**	5 581	5 581	III	11 668	10 308	8 988	7 704	6 460	5 254
	V	**26 447**	5 581	5 581	IV	19 334	18 394	17 454	16 514	15 582	14 669
	VI	**26 967**	5 581	5 581							
86 795,99	I,IV	**20 227**	5 581	5 581	I	18 347	16 467	14 623	12 856	11 167	9 555
West	II	**18 543**	5 581	5 581	II	16 663	14 812	13 038	11 340	9 720	8 176
	III	**13 032**	5 581	5 581	III	11 634	10 274	8 954	7 672	6 428	5 224
	V	**26 400**	5 581	5 581	IV	19 287	18 347	17 407	16 467	15 535	14 623
	VI	**26 919**	5 581	5 581							
86 795,99	I,IV	**20 289**	5 581	5 581	I	18 409	16 529	14 683	12 914	11 222	9 607
Ost	II	**18 606**	5 581	5 581	II	16 726	14 873	13 095	11 395	9 772	8 226
	III	**13 078**	5 581	5 581	III	11 680	10 320	8 998	7 714	6 470	5 264
	V	**26 463**	5 581	5 581	IV	19 349	18 409	17 469	16 529	15 597	14 683
	VI	**26 982**	5 581	5 581							
86 831,99	I,IV	**20 240**	5 581	5 581	I	18 361	16 481	14 636	12 869	11 179	9 566
West	II	**18 557**	5 581	5 581	II	16 677	14 826	13 050	11 352	9 731	8 187
	III	**13 042**	5 581	5 581	III	11 644	10 284	8 964	7 682	6 438	5 234
	V	**26 414**	5 581	5 581	IV	19 301	18 361	17 421	16 481	15 549	14 636
	VI	**26 933**	5 581	5 581							
86 831,99	I,IV	**20 304**	5 581	5 581	I	18 424	16 544	14 698	12 928	11 235	9 620
Ost	II	**18 621**	5 581	5 581	II	16 741	14 887	13 109	11 409	9 785	8 239
	III	**13 090**	5 581	5 581	III	11 690	10 330	9 008	7 724	6 480	5 274
	V	**26 478**	5 581	5 581	IV	19 364	18 424	17 484	16 544	15 612	14 698
	VI	**26 997**	5 581	5 581							

* Zur LSt-Berechnung für privat versicherte Arbeitnehmer s. Beispiele **Vorbemerkung S. 4 f.**
** Basisvorsorgepauschale KV und PV *** Typisierter Arbeitgeberzuschuss

Lohn/ Gehalt in € bis	Steuerklasse	Lohn-steuer*	BVSP**	TAGZ***	Steuerklasse	Bemessungsgrundlage für Kirchensteuer und Solidaritätszuschlag – Freibeträge für ... Kinder 0,5	1,0	1,5	2,0	2,5	3,0
86867,99 West	I,IV	**20254**	5581	5581	I	18374	16495	14650	12882	11191	9578
	II	**18571**	5581	5581	II	16691	14839	13063	11364	9743	8199
	III	**13052**	5581	5581	III	11654	10294	8974	7690	6446	5242
	V	**26428**	5581	5581	IV	19314	18374	17434	16495	15563	14650
	VI	**26947**	5581	5581							
86867,99 Ost	I,IV	**20319**	5581	5581	I	18440	16560	14712	12942	11249	9632
	II	**18636**	5581	5581	II	16756	14902	13123	11422	9798	8251
	III	**13102**	5581	5581	III	11702	10340	9018	7734	6490	5282
	V	**26493**	5581	5581	IV	19379	18440	17500	16560	15626	14712
	VI	**27012**	5581	5581							
86903,99 West	I,IV	**20268**	5581	5581	I	18388	16508	14663	12894	11203	9589
	II	**18584**	5581	5581	II	16705	14852	13076	11376	9754	8209
	III	**13062**	5581	5581	III	11664	10304	8982	7700	6456	5250
	V	**26441**	5581	5581	IV	19328	18388	17448	16508	15576	14663
	VI	**26960**	5581	5581							
86903,99 Ost	I,IV	**20335**	5581	5581	I	18455	16575	14727	12956	11262	9645
	II	**18651**	5581	5581	II	16771	14916	13137	11435	9811	8263
	III	**13112**	5581	5581	III	11712	10352	9030	7744	6500	5292
	V	**26508**	5581	5581	IV	19395	18455	17515	16575	15641	14727
	VI	**27027**	5581	5581							
86939,99 West	I,IV	**20282**	5581	5581	I	18402	16522	14676	12907	11215	9601
	II	**18598**	5581	5581	II	16718	14865	13088	11389	9766	8220
	III	**13072**	5581	5581	III	11674	10314	8992	7710	6464	5260
	V	**26455**	5581	5581	IV	19342	18402	17462	16522	15589	14676
	VI	**26974**	5581	5581							
86939,99 Ost	I,IV	**20350**	5581	5581	I	18470	16590	14741	12970	11275	9658
	II	**18666**	5581	5581	II	16786	14931	13151	11449	9823	8275
	III	**13124**	5581	5581	III	11724	10362	9040	7756	6510	5302
	V	**26523**	5581	5581	IV	19410	18470	17530	16590	15656	14741
	VI	**27042**	5581	5581							
86975,99 West	I,IV	**20296**	5581	5581	I	18416	16536	14689	12920	11227	9612
	II	**18612**	5581	5581	II	16732	14879	13101	11401	9778	8232
	III	**13082**	5581	5581	III	11684	10324	9002	7718	6474	5268
	V	**26469**	5581	5581	IV	19356	18416	17476	16536	15603	14689
	VI	**26988**	5581	5581							
86975,99 Ost	I,IV	**20365**	5581	5581	I	18485	16605	14756	12984	11288	9670
	II	**18681**	5581	5581	II	16802	14946	13165	11462	9836	8287
	III	**13136**	5581	5581	III	11736	10374	9050	7766	6520	5312
	V	**26538**	5581	5581	IV	19425	18485	17545	16605	15671	14756
	VI	**27057**	5581	5581							
87011,99 West	I,IV	**20309**	5581	5581	I	18429	16549	14702	12932	11239	9624
	II	**18626**	5581	5581	II	16746	14892	13114	11413	9789	8242
	III	**13094**	5581	5581	III	11694	10334	9010	7728	6482	5276
	V	**26482**	5581	5581	IV	19369	18429	17489	16549	15616	14702
	VI	**27001**	5581	5581							
87011,99 Ost	I,IV	**20380**	5581	5581	I	18500	16620	14771	12998	11302	9683
	II	**18697**	5581	5581	II	16817	14960	13179	11475	9849	8299
	III	**13148**	5581	5581	III	11746	10384	9060	7776	6530	5322
	V	**26553**	5581	5581	IV	19440	18500	17560	16620	15686	14771
	VI	**27072**	5581	5581							
87047,99 West	I,IV	**20323**	5581	5581	I	18443	16563	14716	12945	11251	9635
	II	**18639**	5581	5581	II	16760	14905	13126	11425	9801	8253
	III	**13104**	5581	5581	III	11704	10344	9020	7738	6492	5286
	V	**26496**	5581	5581	IV	19383	18443	17503	16563	15630	14716
	VI	**27015**	5581	5581							
87047,99 Ost	I,IV	**20395**	5581	5581	I	18515	16635	14785	13012	11315	9696
	II	**18712**	5581	5581	II	16832	14975	13193	11489	9862	8311
	III	**13158**	5581	5581	III	11758	10394	9070	7786	6538	5330
	V	**26568**	5581	5581	IV	19455	18515	17575	16635	15701	14785
	VI	**27087**	5581	5581							

* Zur LSt-Berechnung für privat versicherte Arbeitnehmer s. Beispiele **Vorbemerkung S. 4 f.**
** Basisvorsorgepauschale KV und PV *** Typisierter Arbeitgeberzuschuss

Lohn/ Gehalt in € bis	Steuerklasse	**Lohn-steuer***	BVSP**	TAGZ***	Steuerklasse	Bemessungsgrundlage für Kirchensteuer und Solidaritätszuschlag – Freibeträge für ... Kinder 0,5	**1,0**	1,5	**2,0**	2,5	**3,0**
87083,99	I,IV	**20337**	5581	5581	I	18457	16577	14729	12958	11264	9647
West	II	**18653**	5581	5581	II	16773	14919	13139	11437	9812	8265
	III	**13114**	5581	5581	III	11714	10352	9030	7746	6500	5294
	V	**26510**	5581	5581	IV	19397	18457	17517	16577	15643	14729
	VI	**27029**	5581	5581							
87083,99	I,IV	**20410**	5581	5581	I	18530	16650	14800	13025	11328	9709
Ost	II	**18727**	5581	5581	II	16847	14990	13207	11502	9874	8324
	III	**13170**	5581	5581	III	11768	10406	9082	7796	6548	5340
	V	**26583**	5581	5581	IV	19470	18530	17590	16650	15716	14800
	VI	**27103**	5581	5581							
87119,99	I,IV	**20350**	5581	5581	I	18470	16590	14742	12970	11276	9658
West	II	**18667**	5581	5581	II	16787	14932	13152	11449	9824	8275
	III	**13124**	5581	5581	III	11724	10362	9040	7756	6510	5302
	V	**26523**	5581	5581	IV	19410	18470	17530	16590	15657	14742
	VI	**27043**	5581	5581							
87119,99	I,IV	**20425**	5581	5581	I	18545	16665	14814	13039	11342	9721
Ost	II	**18742**	5581	5581	II	16862	15004	13221	11516	9887	8336
	III	**13182**	5581	5581	III	11780	10416	9092	7806	6558	5350
	V	**26599**	5581	5581	IV	19485	18545	17605	16665	15731	14814
	VI	**27118**	5581	5581							
87155,99	I,IV	**20364**	5581	5581	I	18484	16604	14755	12983	11288	9670
West	II	**18681**	5581	5581	II	16801	14945	13165	11461	9835	8286
	III	**13134**	5581	5581	III	11734	10372	9050	7764	6518	5312
	V	**26537**	5581	5581	IV	19424	18484	17544	16604	15670	14755
	VI	**27056**	5581	5581							
87155,99	I,IV	**20440**	5581	5581	I	18560	16681	14829	13053	11355	9734
Ost	II	**18757**	5581	5581	II	16877	15019	13235	11529	9900	8348
	III	**13192**	5581	5581	III	11790	10428	9102	7816	6568	5360
	V	**26614**	5581	5581	IV	19500	18560	17621	16681	15746	14829
	VI	**27133**	5581	5581							
87191,99	I,IV	**20378**	5581	5581	I	18498	16618	14769	12996	11300	9681
West	II	**18694**	5581	5581	II	16815	14958	13177	11474	9847	8298
	III	**13146**	5581	5581	III	11744	10382	9058	7774	6528	5320
	V	**26551**	5581	5581	IV	19438	18498	17558	16618	15684	14769
	VI	**27070**	5581	5581							
87191,99	I,IV	**20456**	5581	5581	I	18576	16696	14843	13067	11368	9747
Ost	II	**18772**	5581	5581	II	16892	15034	13249	11543	9913	8360
	III	**13204**	5581	5581	III	11802	10438	9112	7826	6578	5370
	V	**26629**	5581	5581	IV	19516	18576	17636	16696	15760	14843
	VI	**27148**	5581	5581							
87227,99	I,IV	**20391**	5581	5581	I	18511	16631	14781	13008	11312	9693
West	II	**18708**	5581	5581	II	16828	14971	13190	11486	9858	8308
	III	**13156**	5581	5581	III	11754	10392	9068	7782	6536	5328
	V	**26565**	5581	5581	IV	19451	18511	17571	16631	15697	14781
	VI	**27084**	5581	5581							
87227,99	I,IV	**20471**	5581	5581	I	18591	16711	14858	13081	11382	9760
Ost	II	**18787**	5581	5581	II	16907	15048	13264	11556	9926	8372
	III	**13216**	5581	5581	III	11812	10448	9124	7836	6588	5378
	V	**26644**	5581	5581	IV	19531	18591	17651	16711	15775	14858
	VI	**27163**	5581	5581							
87263,99	I,IV	**20405**	5581	5581	I	18525	16645	14795	13021	11324	9704
West	II	**18722**	5581	5581	II	16842	14985	13203	11498	9870	8320
	III	**13166**	5581	5581	III	11764	10402	9078	7792	6546	5338
	V	**26578**	5581	5581	IV	19465	18525	17585	16645	15711	14795
	VI	**27098**	5581	5581							
87263,99	I,IV	**20486**	5581	5581	I	18606	16726	14873	13095	11395	9772
Ost	II	**18802**	5581	5581	II	16922	15063	13278	11569	9938	8384
	III	**13228**	5581	5581	III	11824	10460	9134	7846	6598	5388
	V	**26659**	5581	5581	IV	19546	18606	17666	16726	15790	14873
	VI	**27178**	5581	5581							

* Zur LSt-Berechnung für privat versicherte Arbeitnehmer s. Beispiele **Vorbemerkung S. 4 f.**
** Basisvorsorgepauschale KV und PV *** Typisierter Arbeitgeberzuschuss

Lohn/ Gehalt in € bis	Steuerklasse	Lohn-steuer*	BVSP**	TAGZ***	Steuerklasse	Bemessungsgrundlage für Kirchensteuer und Solidaritätszuschlag					
						Freibeträge für ... Kinder					
						0,5	**1,0**	1,5	**2,0**	2,5	**3,0**
87299,99 West	I,IV	**20419**	5581	5581	I	18539	16659	14808	13034	11336	9716
	II	**18736**	5581	5581	II	16856	14998	13216	11510	9882	8331
	III	**13176**	5581	5581	III	11774	10412	9088	7802	6554	5346
	V	**26592**	5581	5581	IV	19479	18539	17599	16659	15724	14808
	VI	**27111**	5581	5581							
87299,99 Ost	I,IV	**20501**	5581	5581	I	18621	16741	14887	13109	11409	9785
	II	**18818**	5581	5581	II	16938	15078	13292	11583	9951	8397
	III	**13238**	5581	5581	III	11836	10470	9144	7856	6608	5398
	V	**26674**	5581	5581	IV	19561	18621	17681	16741	15805	14887
	VI	**27193**	5581	5581							
87335,99 West	I,IV	**20432**	5581	5581	I	18553	16673	14821	13046	11348	9727
	II	**18749**	5581	5581	II	16869	15011	13228	11522	9893	8342
	III	**13186**	5581	5581	III	11784	10422	9096	7810	6564	5354
	V	**26606**	5581	5581	IV	19492	18553	17613	16673	15738	14821
	VI	**27125**	5581	5581							
87335,99 Ost	I,IV	**20516**	5581	5581	I	18636	16756	14902	13123	11422	9798
	II	**18833**	5581	5581	II	16953	15092	13306	11596	9964	8409
	III	**13250**	5581	5581	III	11846	10482	9154	7868	6618	5408
	V	**26689**	5581	5581	IV	19576	18636	17696	16756	15820	14902
	VI	**27208**	5581	5581							
87371,99 West	I,IV	**20446**	5581	5581	I	18566	16686	14835	13059	11360	9739
	II	**18763**	5581	5581	II	16883	15025	13241	11534	9905	8353
	III	**13198**	5581	5581	III	11796	10432	9106	7820	6572	5364
	V	**26620**	5581	5581	IV	19506	18566	17626	16686	15751	14835
	VI	**27139**	5581	5581							
87371,99 Ost	I,IV	**20531**	5581	5581	I	18651	16771	14916	13137	11435	9811
	II	**18848**	5581	5581	II	16968	15107	13320	11610	9977	8421
	III	**13262**	5581	5581	III	11858	10492	9166	7878	6628	5416
	V	**26704**	5581	5581	IV	19591	18651	17711	16771	15835	14916
	VI	**27224**	5581	5581							
87407,99 West	I,IV	**20460**	5581	5581	I	18580	16700	14848	13072	11373	9751
	II	**18777**	5581	5581	II	16897	15038	13254	11547	9917	8364
	III	**13208**	5581	5581	III	11804	10442	9116	7830	6582	5372
	V	**26633**	5581	5581	IV	19520	18580	17640	16700	15765	14848
	VI	**27153**	5581	5581							
87407,99 Ost	I,IV	**20546**	5581	5581	I	18666	16786	14931	13151	11449	9823
	II	**18863**	5581	5581	II	16983	15122	13334	11623	9990	8433
	III	**13272**	5581	5581	III	11868	10504	9176	7888	6638	5426
	V	**26720**	5581	5581	IV	19606	18666	17726	16786	15850	14931
	VI	**27239**	5581	5581							
87443,99 West	I,IV	**20474**	5581	5581	I	18594	16714	14861	13084	11384	9762
	II	**18790**	5581	5581	II	16910	15051	13266	11559	9928	8375
	III	**13218**	5581	5581	III	11814	10450	9126	7838	6590	5380
	V	**26647**	5581	5581	IV	19534	18594	17654	16714	15778	14861
	VI	**27166**	5581	5581							
87443,99 Ost	I,IV	**20561**	5581	5581	I	18681	16802	14946	13165	11462	9836
	II	**18878**	5581	5581	II	16998	15136	13348	11637	10002	8445
	III	**13284**	5581	5581	III	11880	10514	9186	7898	6648	5436
	V	**26735**	5581	5581	IV	19621	18681	17741	16802	15865	14946
	VI	**27254**	5581	5581							
87479,99 West	I,IV	**20487**	5581	5581	I	18608	16728	14874	13097	11397	9774
	II	**18804**	5581	5581	II	16924	15065	13279	11571	9940	8386
	III	**13228**	5581	5581	III	11826	10460	9136	7848	6600	5390
	V	**26661**	5581	5581	IV	19547	18608	17668	16728	15792	14874
	VI	**27180**	5581	5581							
87479,99 Ost	I,IV	**20576**	5581	5581	I	18697	16817	14960	13179	11475	9849
	II	**18893**	5581	5581	II	17013	15151	13362	11650	10015	8458
	III	**13296**	5581	5581	III	11890	10524	9198	7908	6658	5446
	V	**26750**	5581	5581	IV	19637	18697	17757	16817	15880	14960
	VI	**27269**	5581	5581							

* Zur LSt-Berechnung für privat versicherte Arbeitnehmer s. Beispiele **Vorbemerkung S. 4f.**
** Basisvorsorgepauschale KV und PV *** Typisierter Arbeitgeberzuschuss

Lohn/ Gehalt in € bis	Steuerklasse	**Lohn-steuer***	BVSP**	TAGZ***	Steuerklasse	Bemessungsgrundlage für Kirchensteuer und Solidaritätszuschlag – Freibeträge für ... Kinder 0,5	**1,0**	1,5	**2,0**	2,5	**3,0**
87 515,99	I,IV	**20 501**	5 581	5 581	I	18 621	16 741	14 888	13 110	11 409	9 785
West	II	**18 818**	5 581	5 581	II	16 938	15 078	13 292	11 583	9 952	8 397
	III	**13 238**	5 581	5 581	III	11 836	10 470	9 144	7 856	6 608	5 398
	V	**26 675**	5 581	5 581	IV	19 561	18 621	17 681	16 741	15 806	14 888
	VI	**27 194**	5 581	5 581							
87 515,99	I,IV	**20 592**	5 581	5 581	I	18 712	16 832	14 975	13 193	11 489	9 862
Ost	II	**18 908**	5 581	5 581	II	17 028	15 166	13 376	11 663	10 028	8 470
	III	**13 308**	5 581	5 581	III	11 902	10 536	9 208	7 918	6 668	5 456
	V	**26 765**	5 581	5 581	IV	19 652	18 712	17 772	16 832	15 895	14 975
	VI	**27 284**	5 581	5 581							
87 551,99	I,IV	**20 515**	5 581	5 581	I	18 635	16 755	14 901	13 122	11 421	9 797
West	II	**18 831**	5 581	5 581	II	16 951	15 091	13 304	11 595	9 963	8 408
	III	**13 248**	5 581	5 581	III	11 846	10 480	9 154	7 866	6 616	5 406
	V	**26 688**	5 581	5 581	IV	19 575	18 635	17 695	16 755	15 819	14 901
	VI	**27 207**	5 581	5 581							
87 551,99	I,IV	**20 607**	5 581	5 581	I	18 727	16 847	14 990	13 207	11 502	9 874
Ost	II	**18 923**	5 581	5 581	II	17 043	15 180	13 390	11 677	10 041	8 482
	III	**13 318**	5 581	5 581	III	11 914	10 546	9 218	7 928	6 678	5 464
	V	**26 780**	5 581	5 581	IV	19 667	18 727	17 787	16 847	15 910	14 990
	VI	**27 299**	5 581	5 581							
87 587,99	I,IV	**20 529**	5 581	5 581	I	18 649	16 769	14 914	13 135	11 433	9 808
West	II	**18 845**	5 581	5 581	II	16 965	15 105	13 317	11 607	9 975	8 419
	III	**13 260**	5 581	5 581	III	11 856	10 490	9 164	7 876	6 626	5 416
	V	**26 702**	5 581	5 581	IV	19 589	18 649	17 709	16 769	15 833	14 914
	VI	**27 221**	5 581	5 581							
87 587,99	I,IV	**20 622**	5 581	5 581	I	18 742	16 862	15 004	13 221	11 516	9 887
Ost	II	**18 938**	5 581	5 581	II	17 059	15 195	13 404	11 690	10 054	8 494
	III	**13 330**	5 581	5 581	III	11 924	10 558	9 228	7 938	6 688	5 474
	V	**26 795**	5 581	5 581	IV	19 682	18 742	17 802	16 862	15 925	15 004
	VI	**27 314**	5 581	5 581							
87 623,99	I,IV	**20 543**	5 581	5 581	I	18 663	16 783	14 928	13 149	11 446	9 821
West	II	**18 860**	5 581	5 581	II	16 980	15 119	13 331	11 621	9 987	8 431
	III	**13 270**	5 581	5 581	III	11 866	10 500	9 174	7 886	6 636	5 424
	V	**26 717**	5 581	5 581	IV	19 603	18 663	17 723	16 783	15 847	14 928
	VI	**27 236**	5 581	5 581							
87 623,99	I,IV	**20 637**	5 581	5 581	I	18 757	16 877	15 019	13 235	11 529	9 900
Ost	II	**18 954**	5 581	5 581	II	17 074	15 210	13 418	11 704	10 067	8 507
	III	**13 342**	5 581	5 581	III	11 936	10 568	9 240	7 948	6 698	5 484
	V	**26 810**	5 581	5 581	IV	19 697	18 757	17 817	16 877	15 940	15 019
	VI	**27 329**	5 581	5 581							
87 659,99	I,IV	**20 558**	5 581	5 581	I	18 679	16 799	14 943	13 163	11 459	9 834
West	II	**18 875**	5 581	5 581	II	16 995	15 133	13 345	11 634	10 000	8 443
	III	**13 282**	5 581	5 581	III	11 878	10 512	9 184	7 896	6 646	5 434
	V	**26 732**	5 581	5 581	IV	19 618	18 679	17 739	16 799	15 862	14 943
	VI	**27 251**	5 581	5 581							
87 659,99	I,IV	**20 652**	5 581	5 581	I	18 772	16 892	15 034	13 249	11 543	9 913
Ost	II	**18 969**	5 581	5 581	II	17 089	15 225	13 432	11 717	10 080	8 519
	III	**13 352**	5 581	5 581	III	11 946	10 578	9 250	7 960	6 708	5 494
	V	**26 825**	5 581	5 581	IV	19 712	18 772	17 832	16 892	15 955	15 034
	VI	**27 345**	5 581	5 581							
87 695,99	I,IV	**20 574**	5 581	5 581	I	18 694	16 814	14 958	13 177	11 473	9 846
West	II	**18 890**	5 581	5 581	II	17 010	15 148	13 359	11 647	10 013	8 455
	III	**13 294**	5 581	5 581	III	11 888	10 522	9 194	7 906	6 656	5 444
	V	**26 747**	5 581	5 581	IV	19 634	18 694	17 754	16 814	15 877	14 958
	VI	**27 266**	5 581	5 581							
87 695,99	I,IV	**20 667**	5 581	5 581	I	18 787	16 907	15 048	13 264	11 556	9 926
Ost	II	**18 984**	5 581	5 581	II	17 104	15 239	13 447	11 731	10 092	8 531
	III	**13 364**	5 581	5 581	III	11 958	10 590	9 260	7 970	6 718	5 504
	V	**26 841**	5 581	5 581	IV	19 727	18 787	17 847	16 907	15 970	15 048
	VI	**27 360**	5 581	5 581							

* Zur LSt-Berechnung für privat versicherte Arbeitnehmer s. Beispiele **Vorbemerkung S. 4 f.**
** Basisvorsorgepauschale KV und PV *** Typisierter Arbeitgeberzuschuss

Lohn/ Gehalt in € bis	Steuerklasse	Lohnsteuer*	BVSP**	TAGZ***	Steuerklasse	Bemessungsgrundlage für Kirchensteuer und Solidaritätszuschlag – Freibeträge für ... Kinder 0,5	1,0	1,5	2,0	2,5	3,0
87 731,99 West	I,IV	**20 589**	5 581	5 581	I	18 709	16 829	14 972	13 191	11 486	9 859
	II	**18 905**	5 581	5 581	II	17 025	15 163	13 373	11 661	10 026	8 468
	III	**13 304**	5 581	5 581	III	11 900	10 534	9 206	7 916	6 666	5 454
	V	**26 762**	5 581	5 581	IV	19 649	18 709	17 769	16 829	15 892	14 972
	VI	**27 281**	5 581	5 581							
87 731,99 Ost	I,IV	**20 682**	5 581	5 581	I	18 802	16 922	15 063	13 278	11 569	9 938
	II	**18 999**	5 581	5 581	II	17 119	15 254	13 461	11 744	10 105	8 543
	III	**13 376**	5 581	5 581	III	11 968	10 600	9 270	7 980	6 726	5 512
	V	**26 856**	5 581	5 581	IV	19 742	18 802	17 862	16 922	15 985	15 063
	VI	**27 375**	5 581	5 581							
87 767,99 West	I,IV	**20 604**	5 581	5 581	I	18 724	16 844	14 987	13 205	11 500	9 872
	II	**18 920**	5 581	5 581	II	17 041	15 178	13 387	11 674	10 038	8 480
	III	**13 316**	5 581	5 581	III	11 910	10 544	9 216	7 926	6 676	5 462
	V	**26 777**	5 581	5 581	IV	19 664	18 724	17 784	16 844	15 907	14 987
	VI	**27 296**	5 581	5 581							
87 767,99 Ost	I,IV	**20 697**	5 581	5 581	I	18 818	16 938	15 078	13 292	11 583	9 951
	II	**19 014**	5 581	5 581	II	17 134	15 269	13 475	11 758	10 118	8 556
	III	**13 388**	5 581	5 581	III	11 980	10 612	9 282	7 990	6 736	5 522
	V	**26 871**	5 581	5 581	IV	19 757	18 818	17 878	16 938	16 000	15 078
	VI	**27 390**	5 581	5 581							
87 803,99 West	I,IV	**20 619**	5 581	5 581	I	18 739	16 859	15 001	13 219	11 513	9 885
	II	**18 936**	5 581	5 581	II	17 056	15 192	13 401	11 688	10 051	8 492
	III	**13 328**	5 581	5 581	III	11 922	10 554	9 226	7 936	6 686	5 472
	V	**26 792**	5 581	5 581	IV	19 679	18 739	17 799	16 859	15 922	15 001
	VI	**27 311**	5 581	5 581							
87 803,99 Ost	I,IV	**20 713**	5 581	5 581	I	18 833	16 953	15 092	13 306	11 596	9 964
	II	**19 029**	5 581	5 581	II	17 149	15 284	13 489	11 771	10 131	8 568
	III	**13 398**	5 581	5 581	III	11 992	10 622	9 292	8 000	6 746	5 532
	V	**26 886**	5 581	5 581	IV	19 773	18 833	17 893	16 953	16 015	15 092
	VI	**27 405**	5 581	5 581							
87 839,99 West	I,IV	**20 634**	5 581	5 581	I	18 754	16 874	15 016	13 233	11 526	9 897
	II	**18 951**	5 581	5 581	II	17 071	15 207	13 416	11 701	10 064	8 504
	III	**13 338**	5 581	5 581	III	11 934	10 566	9 236	7 946	6 694	5 482
	V	**26 807**	5 581	5 581	IV	19 694	18 754	17 814	16 874	15 937	15 016
	VI	**27 326**	5 581	5 581							
87 839,99 Ost	I,IV	**20 728**	5 581	5 581	I	18 848	16 968	15 107	13 320	11 610	9 977
	II	**19 044**	5 581	5 581	II	17 164	15 298	13 503	11 785	10 144	8 580
	III	**13 410**	5 581	5 581	III	12 002	10 634	9 302	8 010	6 756	5 542
	V	**26 901**	5 581	5 581	IV	19 788	18 848	17 908	16 968	16 030	15 107
	VI	**27 420**	5 581	5 581							
87 875,99 West	I,IV	**20 649**	5 581	5 581	I	18 769	16 889	15 031	13 247	11 540	9 910
	II	**18 966**	5 581	5 581	II	17 086	15 222	13 430	11 715	10 077	8 516
	III	**13 350**	5 581	5 581	III	11 944	10 576	9 248	7 956	6 704	5 492
	V	**26 822**	5 581	5 581	IV	19 709	18 769	17 829	16 889	15 952	15 031
	VI	**27 342**	5 581	5 581							
87 875,99 Ost	I,IV	**20 743**	5 581	5 581	I	18 863	16 983	15 122	13 334	11 623	9 990
	II	**19 059**	5 581	5 581	II	17 180	15 313	13 517	11 798	10 157	8 592
	III	**13 422**	5 581	5 581	III	12 014	10 644	9 312	8 020	6 766	5 552
	V	**26 916**	5 581	5 581	IV	19 803	18 863	17 923	16 983	16 045	15 122
	VI	**27 435**	5 581	5 581							
87 911,99 West	I,IV	**20 664**	5 581	5 581	I	18 784	16 904	15 045	13 261	11 553	9 923
	II	**18 981**	5 581	5 581	II	17 101	15 236	13 444	11 728	10 090	8 529
	III	**13 362**	5 581	5 581	III	11 956	10 588	9 258	7 968	6 714	5 502
	V	**26 838**	5 581	5 581	IV	19 724	18 784	17 844	16 904	15 967	15 045
	VI	**27 357**	5 581	5 581							
87 911,99 Ost	I,IV	**20 758**	5 581	5 581	I	18 878	16 998	15 136	13 348	11 637	10 002
	II	**19 075**	5 581	5 581	II	17 195	15 328	13 531	11 812	10 170	8 605
	III	**13 434**	5 581	5 581	III	12 024	10 654	9 324	8 030	6 776	5 560
	V	**26 931**	5 581	5 581	IV	19 818	18 878	17 938	16 998	16 060	15 136
	VI	**27 450**	5 581	5 581							

* Zur LSt-Berechnung für privat versicherte Arbeitnehmer s. Beispiele **Vorbemerkung S. 4 f.**
** Basisvorsorgepauschale KV und PV *** Typisierter Arbeitgeberzuschuss

Lohn/ Gehalt in € bis	Steuerklasse	**Lohn-steuer***	BVSP**	TAGZ***	Steuerklasse	Bemessungsgrundlage für Kirchensteuer und Solidaritätszuschlag					
						Freibeträge für ... Kinder					
						0,5	**1,0**	1,5	**2,0**	2,5	**3,0**
87947,99	I,IV	**20679**	5581	5581	I	18799	16920	15060	13275	11567	9936
West	II	**18996**	5581	5581	II	17116	15251	13458	11742	10103	8541
	III	**13374**	5581	5581	III	11966	10598	9268	7978	6724	5510
	V	**26853**	5581	5581	IV	19739	18799	17860	16920	15982	15060
	VI	**27372**	5581	5581							
87947,99	I,IV	**20773**	5581	5581	I	18893	17013	15151	13362	11650	10015
Ost	II	**19090**	5581	5581	II	17210	15343	13545	11825	10183	8617
	III	**13444**	5581	5581	III	12036	10666	9334	8040	6786	5570
	V	**26946**	5581	5581	IV	19833	18893	17953	17013	16075	15151
	VI	**27465**	5581	5581							
87983,99	I,IV	**20695**	5581	5581	I	18815	16935	15075	13289	11580	9949
West	II	**19011**	5581	5581	II	17131	15266	13472	11755	10116	8553
	III	**13384**	5581	5581	III	11978	10610	9278	7988	6734	5520
	V	**26868**	5581	5581	IV	19755	18815	17875	16935	15997	15075
	VI	**27387**	5581	5581							
87983,99	I,IV	**20788**	5581	5581	I	18908	17028	15166	13376	11663	10028
Ost	II	**19105**	5581	5581	II	17225	15357	13560	11839	10195	8629
	III	**13456**	5581	5581	III	12048	10676	9344	8052	6796	5580
	V	**26961**	5581	5581	IV	19848	18908	17968	17028	16090	15166
	VI	**27481**	5581	5581							
88019,99	I,IV	**20710**	5581	5581	I	18830	16950	15089	13303	11594	9961
West	II	**19026**	5581	5581	II	17146	15281	13486	11769	10129	8565
	III	**13396**	5581	5581	III	11988	10620	9290	7998	6744	5530
	V	**26883**	5581	5581	IV	19770	18830	17890	16950	16012	15089
	VI	**27402**	5581	5581							
88019,99	I,IV	**20803**	5581	5581	I	18923	17043	15180	13390	11677	10041
Ost	II	**19120**	5581	5581	II	17240	15372	13574	11852	10208	8642
	III	**13468**	5581	5581	III	12058	10688	9356	8062	6806	5590
	V	**26977**	5581	5581	IV	19863	18923	17983	17043	16105	15180
	VI	**27496**	5581	5581							
88055,99	I,IV	**20725**	5581	5581	I	18845	16965	15104	13317	11607	9974
West	II	**19041**	5581	5581	II	17161	15295	13500	11782	10141	8578
	III	**13408**	5581	5581	III	12000	10630	9300	8008	6754	5540
	V	**26898**	5581	5581	IV	19785	18845	17905	16965	16027	15104
	VI	**27417**	5581	5581							
88055,99	I,IV	**20818**	5581	5581	I	18938	17059	15195	13404	11690	10054
Ost	II	**19135**	5581	5581	II	17255	15387	13588	11866	10221	8654
	III	**13480**	5581	5581	III	12070	10698	9366	8072	6816	5600
	V	**26992**	5581	5581	IV	19878	18938	17999	17059	16120	15195
	VI	**27511**	5581	5581							
88091,99	I,IV	**20740**	5581	5581	I	18860	16980	15119	13331	11621	9987
West	II	**19057**	5581	5581	II	17177	15310	13514	11796	10154	8590
	III	**13420**	5581	5581	III	12012	10642	9310	8018	6764	5550
	V	**26913**	5581	5581	IV	19800	18860	17920	16980	16042	15119
	VI	**27432**	5581	5581							
88091,99	I,IV	**20834**	5581	5581	I	18954	17074	15210	13418	11704	10067
Ost	II	**19150**	5581	5581	II	17270	15402	13602	11880	10234	8666
	III	**13490**	5581	5581	III	12080	10710	9376	8082	6826	5610
	V	**27007**	5581	5581	IV	19894	18954	18014	17074	16135	15210
	VI	**27526**	5581	5581							
88127,99	I,IV	**20755**	5581	5581	I	18875	16995	15133	13345	11634	10000
West	II	**19072**	5581	5581	II	17192	15325	13529	11809	10167	8602
	III	**13430**	5581	5581	III	12022	10652	9322	8028	6774	5558
	V	**26928**	5581	5581	IV	19815	18875	17935	16995	16057	15133
	VI	**27447**	5581	5581							
88127,99	I,IV	**20849**	5581	5581	I	18969	17089	15225	13432	11717	10080
Ost	II	**19165**	5581	5581	II	17285	15416	13616	11893	10247	8678
	III	**13502**	5581	5581	III	12092	10720	9386	8092	6836	5618
	V	**27022**	5581	5581	IV	19909	18969	18029	17089	16150	15225
	VI	**27541**	5581	5581							

* Zur LSt-Berechnung für privat versicherte Arbeitnehmer s. Beispiele **Vorbemerkung S. 4f.**
** Basisvorsorgepauschale KV und PV *** Typisierter Arbeitgeberzuschuss

Lohn/ Gehalt in € bis	Steuerklasse	Lohn-steuer*	BVSP**	TAGZ***	Steuerklasse	Bemessungsgrundlage für Kirchensteuer und Solidaritätszuschlag: Freibeträge für ... Kinder 0,5	1,0	1,5	2,0	2,5	3,0
88163,99 West	I,IV	**20770**	5581	5581	I	18890	17010	15148	13359	11647	10013
	II	**19087**	5581	5581	II	17207	15340	13543	11823	10180	8615
	III	**13442**	5581	5581	III	12034	10664	9332	8038	6784	5568
	V	**26943**	5581	5581	IV	19830	18890	17950	17010	16072	15148
	VI	**27463**	5581	5581							
88163,99 Ost	I,IV	**20864**	5581	5581	I	18984	17104	15239	13447	11731	10092
	II	**19180**	5581	5581	II	17300	15431	13630	11907	10260	8691
	III	**13514**	5581	5581	III	12104	10730	9398	8102	6846	5628
	V	**27037**	5581	5581	IV	19924	18984	18044	17104	16165	15239
	VI	**27556**	5581	5581							
88199,99 West	I,IV	**20785**	5581	5581	I	18905	17025	15163	13373	11661	10026
	II	**19102**	5581	5581	II	17222	15354	13557	11836	10193	8627
	III	**13454**	5581	5581	III	12044	10674	9342	8048	6794	5578
	V	**26959**	5581	5581	IV	19845	18905	17965	17025	16087	15163
	VI	**27478**	5581	5581							
88199,99 Ost	I,IV	**20879**	5581	5581	I	18999	17119	15254	13461	11744	10105
	II	**19196**	5581	5581	II	17316	15446	13645	11920	10273	8703
	III	**13526**	5581	5581	III	12114	10742	9408	8112	6856	5638
	V	**27052**	5581	5581	IV	19939	18999	18059	17119	16180	15254
	VI	**27571**	5581	5581							
88235,99 West	I,IV	**20800**	5581	5581	I	18920	17041	15178	13387	11674	10038
	II	**19117**	5581	5581	II	17237	15369	13571	11850	10206	8639
	III	**13466**	5581	5581	III	12056	10686	9352	8060	6804	5588
	V	**26974**	5581	5581	IV	19860	18920	17980	17041	16102	15178
	VI	**27493**	5581	5581							
88235,99 Ost	I,IV	**20894**	5581	5581	I	19014	17134	15269	13475	11758	10118
	II	**19211**	5581	5581	II	17331	15461	13659	11934	10286	8715
	III	**13536**	5581	5581	III	12126	10752	9418	8124	6866	5648
	V	**27067**	5581	5581	IV	19954	19014	18074	17134	16195	15269
	VI	**27586**	5581	5581							
88271,99 West	I,IV	**20815**	5581	5581	I	18936	17056	15192	13401	11688	10051
	II	**19132**	5581	5581	II	17252	15384	13585	11863	10219	8651
	III	**13476**	5581	5581	III	12068	10696	9364	8070	6814	5598
	V	**26989**	5581	5581	IV	19876	18936	17996	17056	16117	15192
	VI	**27508**	5581	5581							
88271,99 Ost	I,IV	**20909**	5581	5581	I	19029	17149	15284	13489	11771	10131
	II	**19226**	5581	5581	II	17346	15476	13673	11947	10299	8728
	III	**13548**	5581	5581	III	12136	10764	9430	8134	6876	5658
	V	**27082**	5581	5581	IV	19969	19029	18089	17149	16210	15284
	VI	**27602**	5581	5581							
88307,99 West	I,IV	**20831**	5581	5581	I	18951	17071	15207	13416	11701	10064
	II	**19147**	5581	5581	II	17267	15399	13599	11877	10232	8664
	III	**13488**	5581	5581	III	12078	10706	9374	8080	6824	5606
	V	**27004**	5581	5581	IV	19891	18951	18011	17071	16132	15207
	VI	**27523**	5581	5581							
88307,99 Ost	I,IV	**20924**	5581	5581	I	19044	17164	15298	13503	11785	10144
	II	**19241**	5581	5581	II	17361	15490	13687	11961	10312	8740
	III	**13560**	5581	5581	III	12148	10774	9440	8144	6886	5666
	V	**27098**	5581	5581	IV	19984	19044	18104	17164	16225	15298
	VI	**27617**	5581	5581							
88343,99 West	I,IV	**20846**	5581	5581	I	18966	17086	15222	13430	11715	10077
	II	**19162**	5581	5581	II	17282	15414	13613	11890	10245	8676
	III	**13500**	5581	5581	III	12090	10718	9384	8090	6834	5616
	V	**27019**	5581	5581	IV	19906	18966	18026	17086	16147	15222
	VI	**27538**	5581	5581							
88343,99 Ost	I,IV	**20939**	5581	5581	I	19059	17180	15313	13517	11798	10157
	II	**19256**	5581	5581	II	17376	15505	13701	11974	10325	8752
	III	**13572**	5581	5581	III	12160	10786	9450	8154	6896	5676
	V	**27113**	5581	5581	IV	19999	19059	18119	17180	16240	15313
	VI	**27632**	5581	5581							

* Zur LSt-Berechnung für privat versicherte Arbeitnehmer s. Beispiele **Vorbemerkung S. 4f.**
** Basisvorsorgepauschale KV und PV *** Typisierter Arbeitgeberzuschuss

Lohn/ Gehalt in € bis	Steuerklasse	Lohn-steuer*	BVSP**	TAGZ***	Steuerklasse	Bemessungsgrundlage für Kirchensteuer und Solidaritätszuschlag					
						Freibeträge für ... Kinder					
						0,5	**1,0**	1,5	**2,0**	2,5	**3,0**
88 379,99	I,IV	**20 861**	5 581	5 581	I	18 981	17 101	15 236	13 444	11 728	10 090
West	II	**19 177**	5 581	5 581	II	17 298	15 428	13 628	11 904	10 258	8 688
	III	**13 512**	5 581	5 581	III	12 100	10 728	9 396	8 100	6 844	5 626
	V	**27 034**	5 581	5 581	IV	19 921	18 981	18 041	17 101	16 162	15 236
	VI	**27 553**	5 581	5 581							
88 379,99	I,IV	**20 954**	5 581	5 581	I	19 075	17 195	15 328	13 531	11 812	10 170
Ost	II	**19 271**	5 581	5 581	II	17 391	15 520	13 715	11 988	10 338	8 765
	III	**13 582**	5 581	5 581	III	12 170	10 796	9 460	8 164	6 906	5 686
	V	**27 128**	5 581	5 581	IV	20 015	19 075	18 135	17 195	16 255	15 328
	VI	**27 647**	5 581	5 581							
88 415,99	I,IV	**20 876**	5 581	5 581	I	18 996	17 116	15 251	13 458	11 742	10 103
West	II	**19 193**	5 581	5 581	II	17 313	15 443	13 642	11 918	10 271	8 701
	III	**13 522**	5 581	5 581	III	12 112	10 740	9 406	8 110	6 854	5 636
	V	**27 049**	5 581	5 581	IV	19 936	18 996	18 056	17 116	16 177	15 251
	VI	**27 568**	5 581	5 581							
88 415,99	I,IV	**20 970**	5 581	5 581	I	19 090	17 210	15 343	13 545	11 825	10 183
Ost	II	**19 286**	5 581	5 581	II	17 406	15 535	13 730	12 002	10 351	8 777
	III	**13 594**	5 581	5 581	III	12 182	10 808	9 472	8 174	6 916	5 696
	V	**27 143**	5 581	5 581	IV	20 030	19 090	18 150	17 210	16 270	15 343
	VI	**27 662**	5 581	5 581							
88 451,99	I,IV	**20 891**	5 581	5 581	I	19 011	17 131	15 266	13 472	11 755	10 116
West	II	**19 208**	5 581	5 581	II	17 328	15 458	13 656	11 931	10 283	8 713
	III	**13 534**	5 581	5 581	III	12 122	10 750	9 416	8 120	6 864	5 646
	V	**27 064**	5 581	5 581	IV	19 951	19 011	18 071	17 131	16 192	15 266
	VI	**27 583**	5 581	5 581							
88 451,99	I,IV	**20 985**	5 581	5 581	I	19 105	17 225	15 357	13 560	11 839	10 195
Ost	II	**19 301**	5 581	5 581	II	17 421	15 550	13 744	12 015	10 364	8 789
	III	**13 606**	5 581	5 581	III	12 192	10 818	9 482	8 184	6 926	5 706
	V	**27 158**	5 581	5 581	IV	20 045	19 105	18 165	17 225	16 285	15 357
	VI	**27 677**	5 581	5 581							
88 487,99	I,IV	**20 906**	5 581	5 581	I	19 026	17 146	15 281	13 486	11 769	10 129
West	II	**19 223**	5 581	5 581	II	17 343	15 473	13 670	11 945	10 296	8 725
	III	**13 546**	5 581	5 581	III	12 134	10 762	9 426	8 132	6 874	5 656
	V	**27 079**	5 581	5 581	IV	19 966	19 026	18 086	17 146	16 207	15 281
	VI	**27 599**	5 581	5 581							
88 487,99	I,IV	**21 000**	5 581	5 581	I	19 120	17 240	15 372	13 574	11 852	10 208
Ost	II	**19 316**	5 581	5 581	II	17 437	15 565	13 758	12 029	10 377	8 802
	III	**13 618**	5 581	5 581	III	12 204	10 828	9 492	8 194	6 936	5 716
	V	**27 173**	5 581	5 581	IV	20 060	19 120	18 180	17 240	16 300	15 372
	VI	**27 692**	5 581	5 581							
88 523,99	I,IV	**20 921**	5 581	5 581	I	19 041	17 161	15 295	13 500	11 782	10 141
West	II	**19 238**	5 581	5 581	II	17 358	15 488	13 684	11 958	10 309	8 738
	III	**13 558**	5 581	5 581	III	12 146	10 772	9 438	8 142	6 884	5 664
	V	**27 095**	5 581	5 581	IV	19 981	19 041	18 101	17 161	16 222	15 295
	VI	**27 614**	5 581	5 581							
88 523,99	I,IV	**21 015**	5 581	5 581	I	19 135	17 255	15 387	13 588	11 866	10 221
Ost	II	**19 332**	5 581	5 581	II	17 452	15 579	13 772	12 042	10 390	8 814
	III	**13 628**	5 581	5 581	III	12 216	10 840	9 504	8 206	6 946	5 724
	V	**27 188**	5 581	5 581	IV	20 075	19 135	18 195	17 255	16 315	15 387
	VI	**27 707**	5 581	5 581							
88 559,99	I,IV	**20 936**	5 581	5 581	I	19 057	17 177	15 310	13 514	11 796	10 154
West	II	**19 253**	5 581	5 581	II	17 373	15 502	13 699	11 972	10 322	8 750
	III	**13 568**	5 581	5 581	III	12 156	10 782	9 448	8 152	6 894	5 674
	V	**27 110**	5 581	5 581	IV	19 996	19 057	18 117	17 177	16 237	15 310
	VI	**27 629**	5 581	5 581							
88 559,99	I,IV	**21 030**	5 581	5 581	I	19 150	17 270	15 402	13 602	11 880	10 234
Ost	II	**19 347**	5 581	5 581	II	17 467	15 594	13 787	12 056	10 403	8 826
	III	**13 640**	5 581	5 581	III	12 226	10 850	9 514	8 216	6 956	5 734
	V	**27 203**	5 581	5 581	IV	20 090	19 150	18 210	17 270	16 330	15 402
	VI	**27 723**	5 581	5 581							

* Zur LSt-Berechnung für privat versicherte Arbeitnehmer s. Beispiele **Vorbemerkung S. 4 f.**
** Basisvorsorgepauschale KV und PV *** Typisierter Arbeitgeberzuschuss

Lohn/ Gehalt in € bis	Steuerklasse	**Lohn-steuer***	BVSP**	TAGZ***	Steuerklasse	Bemessungsgrundlage für Kirchensteuer und Solidaritätszuschlag					
						Freibeträge für ... Kinder					
						0,5	**1,0**	1,5	**2,0**	2,5	**3,0**
88595,99	I,IV	**20952**	5581	5581	I	19072	17192	15325	13529	11809	10167
West	II	**19268**	5581	5581	II	17388	15517	13713	11985	10335	8762
	III	**13580**	5581	5581	III	12168	10794	9458	8162	6904	5684
	V	**27125**	5581	5581	IV	20012	19072	18132	17192	16252	15325
	VI	**27644**	5581	5581							
88595,99	I,IV	**21045**	5581	5581	I	19165	17285	15416	13616	11893	10247
Ost	II	**19362**	5581	5581	II	17482	15609	13801	12070	10416	8839
	III	**13652**	5581	5581	III	12238	10862	9524	8226	6966	5744
	V	**27219**	5581	5581	IV	20105	19165	18225	17285	16346	15416
	VI	**27738**	5581	5581							
88631,99	I,IV	**20967**	5581	5581	I	19087	17207	15340	13543	11823	10180
West	II	**19283**	5581	5581	II	17403	15532	13727	11999	10348	8775
	III	**13592**	5581	5581	III	12178	10804	9470	8172	6914	5694
	V	**27140**	5581	5581	IV	20027	19087	18147	17207	16267	15340
	VI	**27659**	5581	5581							
88631,99	I,IV	**21060**	5581	5581	I	19180	17300	15431	13630	11907	10260
Ost	II	**19377**	5581	5581	II	17497	15624	13815	12083	10429	8851
	III	**13664**	5581	5581	III	12248	10872	9536	8236	6976	5754
	V	**27234**	5581	5581	IV	20120	19180	18240	17300	16361	15431
	VI	**27753**	5581	5581							
88667,99	I,IV	**20982**	5581	5581	I	19102	17222	15354	13557	11836	10193
West	II	**19298**	5581	5581	II	17419	15547	13741	12013	10361	8787
	III	**13604**	5581	5581	III	12190	10816	9480	8182	6924	5704
	V	**27155**	5581	5581	IV	20042	19102	18162	17222	16282	15354
	VI	**27674**	5581	5581							
88667,99	I,IV	**21075**	5581	5581	I	19196	17316	15446	13645	11920	10273
Ost	II	**19392**	5581	5581	II	17512	15639	13829	12097	10442	8864
	III	**13676**	5581	5581	III	12260	10884	9546	8246	6986	5764
	V	**27249**	5581	5581	IV	20135	19196	18256	17316	16376	15446
	VI	**27768**	5581	5581							
88703,99	I,IV	**20997**	5581	5581	I	19117	17237	15369	13571	11850	10206
West	II	**19314**	5581	5581	II	17434	15562	13755	12026	10374	8799
	III	**13614**	5581	5581	III	12202	10826	9490	8192	6934	5714
	V	**27170**	5581	5581	IV	20057	19117	18177	17237	16297	15369
	VI	**27689**	5581	5581							
88703,99	I,IV	**21091**	5581	5581	I	19211	17331	15461	13659	11934	10286
Ost	II	**19407**	5581	5581	II	17527	15654	13844	12110	10455	8876
	III	**13686**	5581	5581	III	12272	10894	9556	8256	6996	5774
	V	**27264**	5581	5581	IV	20151	19211	18271	17331	16391	15461
	VI	**27783**	5581	5581							
88739,99	I,IV	**21012**	5581	5581	I	19132	17252	15384	13585	11863	10219
West	II	**19329**	5581	5581	II	17449	15577	13770	12040	10387	8812
	III	**13626**	5581	5581	III	12212	10838	9500	8202	6944	5722
	V	**27185**	5581	5581	IV	20072	19132	18192	17252	16312	15384
	VI	**27704**	5581	5581							
88739,99	I,IV	**21106**	5581	5581	I	19226	17346	15476	13673	11947	10299
Ost	II	**19422**	5581	5581	II	17542	15669	13858	12124	10468	8888
	III	**13698**	5581	5581	III	12282	10906	9566	8266	7006	5782
	V	**27279**	5581	5581	IV	20166	19226	18286	17346	16406	15476
	VI	**27798**	5581	5581							
88775,99	I,IV	**21027**	5581	5581	I	19147	17267	15399	13599	11877	10232
West	II	**19344**	5581	5581	II	17464	15591	13784	12053	10400	8824
	III	**13638**	5581	5581	III	12224	10848	9512	8214	6954	5732
	V	**27200**	5581	5581	IV	20087	19147	18207	17267	16327	15399
	VI	**27720**	5581	5581							
88775,99	I,IV	**21121**	5581	5581	I	19241	17361	15490	13687	11961	10312
Ost	II	**19437**	5581	5581	II	17558	15683	13872	12138	10481	8901
	III	**13710**	5581	5581	III	12294	10916	9578	8278	7016	5792
	V	**27294**	5581	5581	IV	20181	19241	18301	17361	16421	15490
	VI	**27813**	5581	5581							

* Zur LSt-Berechnung für privat versicherte Arbeitnehmer s. Beispiele **Vorbemerkung S. 4f.**
** Basisvorsorgepauschale KV und PV *** Typisierter Arbeitgeberzuschuss

Lohn/ Gehalt in € bis	Steuerklasse	Lohn- steuer*	BVSP**	TAGZ***	Steuerklasse	Bemessungsgrundlage für Kirchensteuer und Solidaritätszuschlag					
						Freibeträge für ... Kinder					
						0,5	**1,0**	1,5	**2,0**	2,5	**3,0**
88 811,99 West	I,IV	**21 042**	5 581	5 581	I	19 162	17 282	15 414	13 613	11 890	10 245
	II	**19 359**	5 581	5 581	II	17 479	15 606	13 798	12 067	10 413	8 836
	III	**13 650**	5 581	5 581	III	12 236	10 860	9 522	8 224	6 964	5 742
	V	**27 216**	5 581	5 581	IV	20 102	19 162	18 222	17 282	16 343	15 414
	VI	**27 735**	5 581	5 581							
88 811,99 Ost	I,IV	**21 136**	5 581	5 581	I	19 256	17 376	15 505	13 701	11 974	10 325
	II	**19 453**	5 581	5 581	II	17 573	15 698	13 886	12 151	10 494	8 913
	III	**13 722**	5 581	5 581	III	12 304	10 928	9 588	8 288	7 026	5 802
	V	**27 309**	5 581	5 581	IV	20 196	19 256	18 316	17 376	16 436	15 505
	VI	**27 828**	5 581	5 581							
88 847,99 West	I,IV	**21 057**	5 581	5 581	I	19 177	17 298	15 428	13 628	11 904	10 258
	II	**19 374**	5 581	5 581	II	17 494	15 621	13 812	12 081	10 426	8 849
	III	**13 660**	5 581	5 581	III	12 246	10 870	9 532	8 234	6 974	5 752
	V	**27 231**	5 581	5 581	IV	20 117	19 177	18 238	17 298	16 358	15 428
	VI	**27 750**	5 581	5 581							
88 847,99 Ost	I,IV	**21 151**	5 581	5 581	I	19 271	17 391	15 520	13 715	11 988	10 338
	II	**19 468**	5 581	5 581	II	17 588	15 713	13 901	12 165	10 507	8 926
	III	**13 732**	5 581	5 581	III	12 316	10 938	9 598	8 298	7 036	5 812
	V	**27 324**	5 581	5 581	IV	20 211	19 271	18 331	17 391	16 451	15 520
	VI	**27 843**	5 581	5 581							
88 883,99 West	I,IV	**21 073**	5 581	5 581	I	19 193	17 313	15 443	13 642	11 918	10 271
	II	**19 389**	5 581	5 581	II	17 509	15 636	13 827	12 094	10 439	8 861
	III	**13 672**	5 581	5 581	III	12 258	10 882	9 544	8 244	6 984	5 762
	V	**27 246**	5 581	5 581	IV	20 133	19 193	18 253	17 313	16 373	15 443
	VI	**27 765**	5 581	5 581							
88 883,99 Ost	I,IV	**21 166**	5 581	5 581	I	19 286	17 406	15 535	13 730	12 002	10 351
	II	**19 483**	5 581	5 581	II	17 603	15 728	13 915	12 179	10 520	8 938
	III	**13 744**	5 581	5 581	III	12 328	10 950	9 610	8 308	7 046	5 822
	V	**27 339**	5 581	5 581	IV	20 226	19 286	18 346	17 406	16 466	15 535
	VI	**27 859**	5 581	5 581							
88 919,99 West	I,IV	**21 088**	5 581	5 581	I	19 208	17 328	15 458	13 656	11 931	10 283
	II	**19 404**	5 581	5 581	II	17 524	15 651	13 841	12 108	10 452	8 874
	III	**13 684**	5 581	5 581	III	12 268	10 892	9 554	8 254	6 994	5 772
	V	**27 261**	5 581	5 581	IV	20 148	19 208	18 268	17 328	16 388	15 458
	VI	**27 780**	5 581	5 581							
88 919,99 Ost	I,IV	**21 181**	5 581	5 581	I	19 301	17 421	15 550	13 744	12 015	10 364
	II	**19 498**	5 581	5 581	II	17 618	15 743	13 929	12 192	10 533	8 950
	III	**13 756**	5 581	5 581	III	12 338	10 960	9 620	8 318	7 056	5 832
	V	**27 355**	5 581	5 581	IV	20 241	19 301	18 361	17 421	16 481	15 550
	VI	**27 874**	5 581	5 581							
88 955,99 West	I,IV	**21 103**	5 581	5 581	I	19 223	17 343	15 473	13 670	11 945	10 296
	II	**19 419**	5 581	5 581	II	17 539	15 666	13 855	12 121	10 465	8 886
	III	**13 696**	5 581	5 581	III	12 280	10 902	9 564	8 264	7 004	5 780
	V	**27 276**	5 581	5 581	IV	20 163	19 223	18 283	17 343	16 403	15 473
	VI	**27 795**	5 581	5 581							
88 955,99 Ost	I,IV	**21 196**	5 581	5 581	I	19 316	17 437	15 565	13 758	12 029	10 377
	II	**19 513**	5 581	5 581	II	17 633	15 758	13 943	12 206	10 546	8 963
	III	**13 768**	5 581	5 581	III	12 350	10 970	9 630	8 328	7 066	5 842
	V	**27 370**	5 581	5 581	IV	20 256	19 316	18 377	17 437	16 497	15 565
	VI	**27 889**	5 581	5 581							
88 991,99 West	I,IV	**21 118**	5 581	5 581	I	19 238	17 358	15 488	13 684	11 958	10 309
	II	**19 435**	5 581	5 581	II	17 555	15 681	13 869	12 135	10 478	8 898
	III	**13 708**	5 581	5 581	III	12 292	10 914	9 576	8 274	7 014	5 790
	V	**27 291**	5 581	5 581	IV	20 178	19 238	18 298	17 358	16 418	15 488
	VI	**27 810**	5 581	5 581							
88 991,99 Ost	I,IV	**21 212**	5 581	5 581	I	19 332	17 452	15 579	13 772	12 042	10 390
	II	**19 528**	5 581	5 581	II	17 648	15 773	13 958	12 220	10 559	8 975
	III	**13 778**	5 581	5 581	III	12 362	10 982	9 642	8 340	7 076	5 850
	V	**27 385**	5 581	5 581	IV	20 272	19 332	18 392	17 452	16 512	15 579
	VI	**27 904**	5 581	5 581							

* Zur LSt-Berechnung für privat versicherte Arbeitnehmer s. Beispiele **Vorbemerkung S. 4f.**
** Basisvorsorgepauschale KV und PV *** Typisierter Arbeitgeberzuschuss

Lohn/ Gehalt in € bis	Steuerklasse	Lohn-steuer*	BVSP**	TAGZ***	Steuerklasse	Bemessungsgrundlage für Kirchensteuer und Solidaritätszuschlag – Freibeträge für ... Kinder 0,5	1,0	1,5	2,0	2,5	3,0
89027,99 West	I,IV	**21133**	5581	5581	I	19253	17373	15502	13699	11972	10322
	II	**19450**	5581	5581	II	17570	15695	13884	12149	10491	8911
	III	**13718**	5581	5581	III	12302	10924	9586	8286	7024	5800
	V	**27306**	5581	5581	IV	20193	19253	18313	17373	16433	15502
	VI	**27825**	5581	5581							
89027,99 Ost	I,IV	**21227**	5581	5581	I	19347	17467	15594	13787	12056	10403
	II	**19543**	5581	5581	II	17663	15788	13972	12233	10572	8988
	III	**13790**	5581	5581	III	12372	10992	9652	8350	7086	5860
	V	**27400**	5581	5581	IV	20287	19347	18407	17467	16527	15594
	VI	**27919**	5581	5581							
89063,99 West	I,IV	**21148**	5581	5581	I	19268	17388	15517	13713	11985	10335
	II	**19465**	5581	5581	II	17585	15710	13898	12162	10504	8923
	III	**13730**	5581	5581	III	12314	10936	9596	8296	7034	5810
	V	**27321**	5581	5581	IV	20208	19268	18328	17388	16448	15517
	VI	**27841**	5581	5581							
89063,99 Ost	I,IV	**21242**	5581	5581	I	19362	17482	15609	13801	12070	10416
	II	**19558**	5581	5581	II	17678	15803	13986	12247	10585	9000
	III	**13802**	5581	5581	III	12384	11004	9662	8360	7096	5870
	V	**27415**	5581	5581	IV	20302	19362	18422	17482	16542	15609
	VI	**27934**	5581	5581							
89099,99 West	I,IV	**21163**	5581	5581	I	19283	17403	15532	13727	11999	10348
	II	**19480**	5581	5581	II	17600	15725	13912	12176	10517	8936
	III	**13742**	5581	5581	III	12324	10946	9606	8306	7044	5820
	V	**27337**	5581	5581	IV	20223	19283	18343	17403	16463	15532
	VI	**27856**	5581	5581							
89099,99 Ost	I,IV	**21257**	5581	5581	I	19377	17497	15624	13815	12083	10429
	II	**19574**	5581	5581	II	17694	15818	14001	12261	10598	9013
	III	**13814**	5581	5581	III	12394	11014	9674	8370	7106	5880
	V	**27430**	5581	5581	IV	20317	19377	18437	17497	16557	15624
	VI	**27949**	5581	5581							
89135,99 West	I,IV	**21178**	5581	5581	I	19298	17419	15547	13741	12013	10361
	II	**19495**	5581	5581	II	17615	15740	13926	12190	10530	8948
	III	**13754**	5581	5581	III	12336	10958	9618	8316	7054	5830
	V	**27352**	5581	5581	IV	20238	19298	18358	17419	16479	15547
	VI	**27871**	5581	5581							
89135,99 Ost	I,IV	**21272**	5581	5581	I	19392	17512	15639	13829	12097	10442
	II	**19589**	5581	5581	II	17709	15833	14015	12274	10611	9025
	III	**13826**	5581	5581	III	12406	11026	9684	8380	7116	5890
	V	**27445**	5581	5581	IV	20332	19392	18452	17512	16572	15639
	VI	**27964**	5581	5581							
89171,99 West	I,IV	**21193**	5581	5581	I	19314	17434	15562	13755	12026	10374
	II	**19510**	5581	5581	II	17630	15755	13941	12203	10543	8960
	III	**13764**	5581	5581	III	12348	10968	9628	8326	7064	5838
	V	**27367**	5581	5581	IV	20254	19314	18374	17434	16494	15562
	VI	**27886**	5581	5581							
89171,99 Ost	I,IV	**21287**	5581	5581	I	19407	17527	15654	13844	12110	10455
	II	**19604**	5581	5581	II	17724	15847	14029	12288	10624	9037
	III	**13836**	5581	5581	III	12418	11036	9694	8390	7126	5900
	V	**27460**	5581	5581	IV	20347	19407	18467	17527	16587	15654
	VI	**27980**	5581	5581							
89207,99 West	I,IV	**21209**	5581	5581	I	19329	17449	15577	13770	12040	10387
	II	**19525**	5581	5581	II	17645	15770	13955	12217	10556	8973
	III	**13776**	5581	5581	III	12358	10980	9638	8336	7074	5848
	V	**27382**	5581	5581	IV	20269	19329	18389	17449	16509	15577
	VI	**27901**	5581	5581							
89207,99 Ost	I,IV	**21302**	5581	5581	I	19422	17542	15669	13858	12124	10468
	II	**19619**	5581	5581	II	17739	15862	14043	12302	10637	9050
	III	**13848**	5581	5581	III	12428	11048	9706	8402	7136	5908
	V	**27476**	5581	5581	IV	20362	19422	18482	17542	16602	15669
	VI	**27995**	5581	5581							

* Zur LSt-Berechnung für privat versicherte Arbeitnehmer s. Beispiele **Vorbemerkung S. 4f.**
** Basisvorsorgepauschale KV und PV *** Typisierter Arbeitgeberzuschuss

Lohn/ Gehalt in € bis	Steuerklasse	**Lohn-steuer***	BVSP**	TAGZ***	Steuerklasse	Bemessungsgrundlage für Kirchensteuer und Solidaritätszuschlag					
						Freibeträge für ... Kinder					
						0,5	**1,0**	1,5	**2,0**	2,5	**3,0**
89 243,99	I,IV	**21 224**	5 581	5 581	I	19 344	17 464	15 591	13 784	12 053	10 400
West	II	**19 540**	5 581	5 581	II	17 660	15 785	13 969	12 231	10 569	8 985
	III	**13 788**	5 581	5 581	III	12 370	10 990	9 650	8 348	7 084	5 858
	V	**27 397**	5 581	5 581	IV	20 284	19 344	18 404	17 464	16 524	15 591
	VI	**27 916**	5 581	5 581							
89 243,99	I,IV	**21 317**	5 581	5 581	I	19 437	17 558	15 683	13 872	12 138	10 481
Ost	II	**19 634**	5 581	5 581	II	17 754	15 877	14 058	12 315	10 650	9 062
	III	**13 860**	5 581	5 581	III	12 440	11 058	9 716	8 412	7 146	5 918
	V	**27 491**	5 581	5 581	IV	20 377	19 437	18 497	17 558	16 618	15 683
	VI	**28 010**	5 581	5 581							
89 279,99	I,IV	**21 239**	5 581	5 581	I	19 359	17 479	15 606	13 798	12 067	10 413
West	II	**19 555**	5 581	5 581	II	17 676	15 800	13 983	12 244	10 582	8 998
	III	**13 800**	5 581	5 581	III	12 382	11 002	9 660	8 358	7 094	5 868
	V	**27 412**	5 581	5 581	IV	20 299	19 359	18 419	17 479	16 539	15 606
	VI	**27 931**	5 581	5 581							
89 279,99	I,IV	**21 332**	5 581	5 581	I	19 453	17 573	15 698	13 886	12 151	10 494
Ost	II	**19 649**	5 581	5 581	II	17 769	15 892	14 072	12 329	10 663	9 075
	III	**13 872**	5 581	5 581	III	12 452	11 070	9 726	8 422	7 156	5 928
	V	**27 506**	5 581	5 581	IV	20 393	19 453	18 513	17 573	16 633	15 698
	VI	**28 025**	5 581	5 581							
89 315,99	I,IV	**21 254**	5 581	5 581	I	19 374	17 494	15 621	13 812	12 081	10 426
West	II	**19 571**	5 581	5 581	II	17 691	15 815	13 998	12 258	10 595	9 010
	III	**13 812**	5 581	5 581	III	12 392	11 012	9 670	8 368	7 104	5 878
	V	**27 427**	5 581	5 581	IV	20 314	19 374	18 434	17 494	16 554	15 621
	VI	**27 946**	5 581	5 581							
89 315,99	I,IV	**21 348**	5 581	5 581	I	19 468	17 588	15 713	13 901	12 165	10 507
Ost	II	**19 664**	5 581	5 581	II	17 784	15 907	14 086	12 343	10 676	9 087
	III	**13 884**	5 581	5 581	III	12 462	11 080	9 736	8 432	7 166	5 938
	V	**27 521**	5 581	5 581	IV	20 408	19 468	18 528	17 588	16 648	15 713
	VI	**28 040**	5 581	5 581							
89 351,99	I,IV	**21 269**	5 581	5 581	I	19 389	17 509	15 636	13 827	12 094	10 439
West	II	**19 586**	5 581	5 581	II	17 706	15 830	14 012	12 272	10 609	9 023
	III	**13 822**	5 581	5 581	III	12 404	11 024	9 682	8 378	7 114	5 888
	V	**27 442**	5 581	5 581	IV	20 329	19 389	18 449	17 509	16 569	15 636
	VI	**27 961**	5 581	5 581							
89 351,99	I,IV	**21 363**	5 581	5 581	I	19 483	17 603	15 728	13 915	12 179	10 520
Ost	II	**19 679**	5 581	5 581	II	17 799	15 922	14 101	12 357	10 690	9 100
	III	**13 894**	5 581	5 581	III	12 474	11 092	9 748	8 442	7 176	5 948
	V	**27 536**	5 581	5 581	IV	20 423	19 483	18 543	17 603	16 663	15 728
	VI	**28 055**	5 581	5 581							
89 387,99	I,IV	**21 284**	5 581	5 581	I	19 404	17 524	15 651	13 841	12 108	10 452
West	II	**19 601**	5 581	5 581	II	17 721	15 845	14 026	12 285	10 622	9 035
	III	**13 834**	5 581	5 581	III	12 414	11 034	9 692	8 388	7 124	5 898
	V	**27 457**	5 581	5 581	IV	20 344	19 404	18 464	17 524	16 584	15 651
	VI	**27 977**	5 581	5 581							
89 387,99	I,IV	**21 378**	5 581	5 581	I	19 498	17 618	15 743	13 929	12 192	10 533
Ost	II	**19 694**	5 581	5 581	II	17 815	15 937	14 115	12 370	10 703	9 112
	III	**13 906**	5 581	5 581	III	12 486	11 102	9 758	8 452	7 186	5 958
	V	**27 551**	5 581	5 581	IV	20 438	19 498	18 558	17 618	16 678	15 743
	VI	**28 070**	5 581	5 581							
89 423,99	I,IV	**21 299**	5 581	5 581	I	19 419	17 539	15 666	13 855	12 121	10 465
West	II	**19 616**	5 581	5 581	II	17 736	15 859	14 041	12 299	10 635	9 047
	III	**13 846**	5 581	5 581	III	12 426	11 046	9 702	8 398	7 134	5 906
	V	**27 473**	5 581	5 581	IV	20 359	19 419	18 479	17 539	16 600	15 666
	VI	**27 992**	5 581	5 581							
89 423,99	I,IV	**21 393**	5 581	5 581	I	19 513	17 633	15 758	13 943	12 206	10 546
Ost	II	**19 710**	5 581	5 581	II	17 830	15 952	14 129	12 384	10 716	9 125
	III	**13 918**	5 581	5 581	III	12 496	11 114	9 768	8 464	7 196	5 968
	V	**27 566**	5 581	5 581	IV	20 453	19 513	18 573	17 633	16 693	15 758
	VI	**28 085**	5 581	5 581							

* Zur LSt-Berechnung für privat versicherte Arbeitnehmer s. Beispiele **Vorbemerkung S. 4 f.**
** Basisvorsorgepauschale KV und PV *** Typisierter Arbeitgeberzuschuss

Lohn/ Gehalt in € bis	Steuerklasse	Lohn-steuer*	BVSP**	TAGZ***	Steuerklasse	Bemessungsgrundlage für Kirchensteuer und Solidaritätszuschlag: Freibeträge für ... Kinder 0,5	1,0	1,5	2,0	2,5	3,0
89459,99	I,IV	**21314**	5581	5581	I	19435	17555	15681	13869	12135	10478
West	II	**19631**	5581	5581	II	17751	15874	14055	12313	10648	9060
	III	**13858**	5581	5581	III	12438	11056	9714	8410	7144	5916
	V	**27488**	5581	5581	IV	20374	19435	18495	17555	16615	15681
	VI	**28007**	5581	5581							
89459,99	I,IV	**21408**	5581	5581	I	19528	17648	15773	13958	12220	10559
Ost	II	**19725**	5581	5581	II	17845	15967	14144	12398	10729	9137
	III	**13930**	5581	5581	III	12508	11124	9780	8474	7206	5978
	V	**27581**	5581	5581	IV	20468	19528	18588	17648	16708	15773
	VI	**28101**	5581	5581							
89495,99	I,IV	**21330**	5581	5581	I	19450	17570	15695	13884	12149	10491
West	II	**19646**	5581	5581	II	17766	15889	14069	12327	10661	9072
	III	**13868**	5581	5581	III	12448	11068	9724	8420	7154	5926
	V	**27503**	5581	5581	IV	20390	19450	18510	17570	16630	15695
	VI	**28022**	5581	5581							
89495,99	I,IV	**21423**	5581	5581	I	19543	17663	15788	13972	12233	10572
Ost	II	**19740**	5581	5581	II	17860	15982	14158	12412	10742	9150
	III	**13942**	5581	5581	III	12518	11136	9790	8484	7216	5986
	V	**27597**	5581	5581	IV	20483	19543	18603	17663	16723	15788
	VI	**28116**	5581	5581							
89531,99	I,IV	**21345**	5581	5581	I	19465	17585	15710	13898	12162	10504
West	II	**19661**	5581	5581	II	17781	15904	14084	12340	10674	9085
	III	**13880**	5581	5581	III	12460	11078	9734	8430	7164	5936
	V	**27518**	5581	5581	IV	20405	19465	18525	17585	16645	15710
	VI	**28037**	5581	5581							
89531,99	I,IV	**21438**	5581	5581	I	19558	17678	15803	13986	12247	10585
Ost	II	**19755**	5581	5581	II	17875	15997	14173	12425	10755	9162
	III	**13952**	5581	5581	III	12530	11146	9800	8494	7226	5996
	V	**27612**	5581	5581	IV	20498	19558	18618	17678	16739	15803
	VI	**28131**	5581	5581							
89567,99	I,IV	**21360**	5581	5581	I	19480	17600	15725	13912	12176	10517
West	II	**19676**	5581	5581	II	17797	15919	14098	12354	10687	9097
	III	**13892**	5581	5581	III	12472	11088	9746	8440	7174	5946
	V	**27533**	5581	5581	IV	20420	19480	18540	17600	16660	15725
	VI	**28052**	5581	5581							
89567,99	I,IV	**21453**	5581	5581	I	19574	17694	15818	14001	12261	10598
Ost	II	**19770**	5581	5581	II	17890	16012	14187	12439	10768	9175
	III	**13964**	5581	5581	III	12542	11158	9812	8504	7236	6006
	V	**27627**	5581	5581	IV	20513	19574	18634	17694	16754	15818
	VI	**28146**	5581	5581							
89603,99	I,IV	**21375**	5581	5581	I	19495	17615	15740	13926	12190	10530
West	II	**19692**	5581	5581	II	17812	15934	14112	12368	10700	9110
	III	**13904**	5581	5581	III	12482	11100	9756	8450	7184	5956
	V	**27548**	5581	5581	IV	20435	19495	18555	17615	16675	15740
	VI	**28067**	5581	5581							
89603,99	I,IV	**21469**	5581	5581	I	19589	17709	15833	14015	12274	10611
Ost	II	**19785**	5581	5581	II	17905	16027	14201	12453	10781	9187
	III	**13976**	5581	5581	III	12552	11168	9822	8514	7246	6016
	V	**27642**	5581	5581	IV	20529	19589	18649	17709	16769	15833
	VI	**28161**	5581	5581							
89639,99	I,IV	**21390**	5581	5581	I	19510	17630	15755	13941	12203	10543
West	II	**19707**	5581	5581	II	17827	15949	14127	12381	10713	9122
	III	**13916**	5581	5581	III	12494	11110	9766	8460	7194	5966
	V	**27563**	5581	5581	IV	20450	19510	18570	17630	16690	15755
	VI	**28082**	5581	5581							
89639,99	I,IV	**21484**	5581	5581	I	19604	17724	15847	14029	12288	10624
Ost	II	**19800**	5581	5581	II	17920	16042	14216	12467	10795	9200
	III	**13988**	5581	5581	III	12564	11180	9832	8526	7256	6026
	V	**27657**	5581	5581	IV	20544	19604	18664	17724	16784	15847
	VI	**28176**	5581	5581							

* Zur LSt-Berechnung für privat versicherte Arbeitnehmer s. Beispiele **Vorbemerkung S. 4f.**
** Basisvorsorgepauschale KV und PV *** Typisierter Arbeitgeberzuschuss

Lohn/ Gehalt in € bis	Steuerklasse	**Lohn-steuer***	BVSP**	TAGZ***	Steuerklasse	Bemessungsgrundlage für Kirchensteuer und Solidaritätszuschlag – Freibeträge für ... Kinder 0,5	**1,0**	1,5	**2,0**	2,5	**3,0**
89 675,99	I,IV	**21 405**	5 581	5 581	I	19 525	17 645	15 770	13 955	12 217	10 556
West	II	**19 722**	5 581	5 581	II	17 842	15 964	14 141	12 395	10 726	9 135
	III	**13 926**	5 581	5 581	III	12 506	11 122	9 778	8 472	7 204	5 974
	V	**27 578**	5 581	5 581	IV	20 465	19 525	18 585	17 645	16 705	15 770
	VI	**28 098**	5 581	5 581							
89 675,99	I,IV	**21 499**	5 581	5 581	I	19 619	17 739	15 862	14 043	12 302	10 637
Ost	II	**19 815**	5 581	5 581	II	17 936	16 057	14 230	12 480	10 808	9 212
	III	**14 000**	5 581	5 581	III	12 576	11 190	9 844	8 536	7 266	6 036
	V	**27 672**	5 581	5 581	IV	20 559	19 619	18 679	17 739	16 799	15 862
	VI	**28 191**	5 581	5 581							
89 711,99	I,IV	**21 420**	5 581	5 581	I	19 540	17 660	15 785	13 969	12 231	10 569
West	II	**19 737**	5 581	5 581	II	17 857	15 979	14 155	12 409	10 739	9 147
	III	**13 938**	5 581	5 581	III	12 516	11 132	9 788	8 482	7 214	5 984
	V	**27 594**	5 581	5 581	IV	20 480	19 540	18 600	17 660	16 720	15 785
	VI	**28 113**	5 581	5 581							
89 711,99	I,IV	**21 514**	5 581	5 581	I	19 634	17 754	15 877	14 058	12 315	10 650
Ost	II	**19 831**	5 581	5 581	II	17 951	16 072	14 244	12 494	10 821	9 225
	III	**14 010**	5 581	5 581	III	12 586	11 202	9 854	8 546	7 276	6 046
	V	**27 687**	5 581	5 581	IV	20 574	19 634	18 694	17 754	16 814	15 877
	VI	**28 206**	5 581	5 581							
89 747,99	I,IV	**21 435**	5 581	5 581	I	19 555	17 676	15 800	13 983	12 244	10 582
West	II	**19 752**	5 581	5 581	II	17 872	15 994	14 170	12 423	10 753	9 160
	III	**13 950**	5 581	5 581	III	12 528	11 144	9 798	8 492	7 224	5 994
	V	**27 609**	5 581	5 581	IV	20 495	19 555	18 616	17 676	16 736	15 800
	VI	**28 128**	5 581	5 581							
89 747,99	I,IV	**21 529**	5 581	5 581	I	19 649	17 769	15 892	14 072	12 329	10 663
Ost	II	**19 846**	5 581	5 581	II	17 966	16 087	14 259	12 508	10 834	9 237
	III	**14 022**	5 581	5 581	III	12 598	11 212	9 864	8 556	7 286	6 054
	V	**27 702**	5 581	5 581	IV	20 589	19 649	18 709	17 769	16 829	15 892
	VI	**28 221**	5 581	5 581							
89 783,99	I,IV	**21 451**	5 581	5 581	I	19 571	17 691	15 815	13 998	12 258	10 595
West	II	**19 767**	5 581	5 581	II	17 887	16 009	14 184	12 436	10 766	9 172
	III	**13 962**	5 581	5 581	III	12 538	11 154	9 810	8 502	7 234	6 004
	V	**27 624**	5 581	5 581	IV	20 511	19 571	18 631	17 691	16 751	15 815
	VI	**28 143**	5 581	5 581							
89 783,99	I,IV	**21 544**	5 581	5 581	I	19 664	17 784	15 907	14 086	12 343	10 676
Ost	II	**19 861**	5 581	5 581	II	17 981	16 102	14 273	12 522	10 847	9 250
	III	**14 034**	5 581	5 581	III	12 610	11 224	9 876	8 566	7 296	6 064
	V	**27 717**	5 581	5 581	IV	20 604	19 664	18 724	17 784	16 844	15 907
	VI	**28 237**	5 581	5 581							
89 819,99	I,IV	**21 466**	5 581	5 581	I	19 586	17 706	15 830	14 012	12 272	10 609
West	II	**19 782**	5 581	5 581	II	17 902	16 024	14 199	12 450	10 779	9 185
	III	**13 974**	5 581	5 581	III	12 550	11 166	9 820	8 512	7 244	6 014
	V	**27 639**	5 581	5 581	IV	20 526	19 586	18 646	17 706	16 766	15 830
	VI	**28 158**	5 581	5 581							
89 819,99	I,IV	**21 559**	5 581	5 581	I	19 679	17 799	15 922	14 101	12 357	10 690
Ost	II	**19 876**	5 581	5 581	II	17 996	16 117	14 288	12 535	10 860	9 262
	III	**14 046**	5 581	5 581	III	12 620	11 234	9 886	8 578	7 306	6 074
	V	**27 733**	5 581	5 581	IV	20 619	19 679	18 739	17 799	16 859	15 922
	VI	**28 252**	5 581	5 581							
89 855,99	I,IV	**21 481**	5 581	5 581	I	19 601	17 721	15 845	14 026	12 285	10 622
West	II	**19 797**	5 581	5 581	II	17 917	16 039	14 213	12 464	10 792	9 197
	III	**13 984**	5 581	5 581	III	12 562	11 176	9 830	8 522	7 254	6 024
	V	**27 654**	5 581	5 581	IV	20 541	19 601	18 661	17 721	16 781	15 845
	VI	**28 173**	5 581	5 581							
89 855,99	I,IV	**21 574**	5 581	5 581	I	19 694	17 815	15 937	14 115	12 370	10 703
Ost	II	**19 891**	5 581	5 581	II	18 011	16 132	14 302	12 549	10 873	9 275
	III	**14 058**	5 581	5 581	III	12 632	11 246	9 896	8 588	7 316	6 084
	V	**27 748**	5 581	5 581	IV	20 634	19 694	18 755	17 815	16 875	15 937
	VI	**28 267**	5 581	5 581							

* Zur LSt-Berechnung für privat versicherte Arbeitnehmer s. Beispiele **Vorbemerkung S. 4 f.**

** Basisvorsorgepauschale KV und PV *** Typisierter Arbeitgeberzuschuss

Lohn/ Gehalt in € bis	Steuerklasse	Lohnsteuer*	BVSP**	TAGZ***	Steuerklasse	Bemessungsgrundlage für Kirchensteuer und Solidaritätszuschlag – Freibeträge für ... Kinder 0,5	1,0	1,5	2,0	2,5	3,0
89 891,99	I,IV	**21 496**	5 581	5 581	I	19 616	17 736	15 859	14 041	12 299	10 635
West	II	**19 813**	5 581	5 581	II	17 933	16 054	14 227	12 478	10 805	9 210
	III	**13 996**	5 581	5 581	III	12 572	11 188	9 842	8 534	7 264	6 034
	V	**27 669**	5 581	5 581	IV	20 556	19 616	18 676	17 736	16 796	15 859
	VI	**28 188**	5 581	5 581							
89 891,99	I,IV	**21 590**	5 581	5 581	I	19 710	17 830	15 952	14 129	12 384	10 716
Ost	II	**19 906**	5 581	5 581	II	18 026	16 147	14 316	12 563	10 887	9 287
	III	**14 068**	5 581	5 581	III	12 644	11 256	9 908	8 598	7 326	6 094
	V	**27 763**	5 581	5 581	IV	20 650	19 710	18 770	17 830	16 890	15 952
	VI	**28 282**	5 581	5 581							
89 927,99	I,IV	**21 511**	5 581	5 581	I	19 631	17 751	15 874	14 055	12 313	10 648
West	II	**19 828**	5 581	5 581	II	17 948	16 069	14 242	12 491	10 818	9 222
	III	**14 008**	5 581	5 581	III	12 584	11 198	9 852	8 544	7 274	6 044
	V	**27 684**	5 581	5 581	IV	20 571	19 631	18 691	17 751	16 811	15 874
	VI	**28 203**	5 581	5 581							
89 927,99	I,IV	**21 605**	5 581	5 581	I	19 725	17 845	15 967	14 144	12 398	10 729
Ost	II	**19 921**	5 581	5 581	II	18 041	16 162	14 331	12 577	10 900	9 300
	III	**14 080**	5 581	5 581	III	12 654	11 268	9 918	8 608	7 336	6 104
	V	**27 778**	5 581	5 581	IV	20 665	19 725	18 785	17 845	16 905	15 967
	VI	**28 297**	5 581	5 581							
89 963,99	I,IV	**21 526**	5 581	5 581	I	19 646	17 766	15 889	14 069	12 327	10 661
West	II	**19 843**	5 581	5 581	II	17 963	16 084	14 256	12 505	10 831	9 235
	III	**14 020**	5 581	5 581	III	12 596	11 210	9 862	8 554	7 284	6 052
	V	**27 699**	5 581	5 581	IV	20 586	19 646	18 706	17 766	16 826	15 889
	VI	**28 219**	5 581	5 581							
89 963,99	I,IV	**21 620**	5 581	5 581	I	19 740	17 860	15 982	14 158	12 412	10 742
Ost	II	**19 936**	5 581	5 581	II	18 056	16 177	14 345	12 591	10 913	9 313
	III	**14 092**	5 581	5 581	III	12 666	11 278	9 930	8 618	7 346	6 114
	V	**27 793**	5 581	5 581	IV	20 680	19 740	18 800	17 860	16 920	15 982
	VI	**28 312**	5 581	5 581							
89 999,99	I,IV	**21 541**	5 581	5 581	I	19 661	17 781	15 904	14 084	12 340	10 674
West	II	**19 858**	5 581	5 581	II	17 978	16 099	14 270	12 519	10 845	9 247
	III	**14 032**	5 581	5 581	III	12 606	11 220	9 874	8 564	7 294	6 062
	V	**27 715**	5 581	5 581	IV	20 601	19 661	18 721	17 781	16 841	15 904
	VI	**28 234**	5 581	5 581							
89 999,99	I,IV	**21 635**	5 581	5 581	I	19 755	17 875	15 997	14 173	12 425	10 755
Ost	II	**19 952**	5 581	5 581	II	18 072	16 192	14 360	12 604	10 926	9 325
	III	**14 104**	5 581	5 581	III	12 678	11 290	9 940	8 628	7 356	6 124
	V	**27 808**	5 581	5 581	IV	20 695	19 755	18 815	17 875	16 935	15 997
	VI	**28 327**	5 581	5 581							
90 035,99	I,IV	**21 556**	5 581	5 581	I	19 676	17 797	15 919	14 098	12 354	10 687
West	II	**19 873**	5 581	5 581	II	17 993	16 114	14 285	12 533	10 858	9 260
	III	**14 042**	5 581	5 581	III	12 618	11 232	9 884	8 574	7 304	6 072
	V	**27 730**	5 581	5 581	IV	20 616	19 676	18 736	17 797	16 857	15 919
	VI	**28 249**	5 581	5 581							
90 035,99	I,IV	**21 650**	5 581	5 581	I	19 770	17 890	16 012	14 187	12 439	10 768
Ost	II	**19 967**	5 581	5 581	II	18 087	16 207	14 374	12 618	10 939	9 338
	III	**14 116**	5 581	5 581	III	12 688	11 300	9 950	8 640	7 366	6 132
	V	**27 823**	5 581	5 581	IV	20 710	19 770	18 830	17 890	16 950	16 012
	VI	**28 342**	5 581	5 581							
90 071,99	I,IV	**21 571**	5 581	5 581	I	19 692	17 812	15 934	14 112	12 368	10 700
West	II	**19 888**	5 581	5 581	II	18 008	16 129	14 299	12 546	10 871	9 272
	III	**14 054**	5 581	5 581	III	12 630	11 242	9 894	8 586	7 314	6 082
	V	**27 745**	5 581	5 581	IV	20 632	19 692	18 752	17 812	16 872	15 934
	VI	**28 264**	5 581	5 581							
90 071,99	I,IV	**21 665**	5 581	5 581	I	19 785	17 905	16 027	14 201	12 453	10 781
Ost	II	**19 982**	5 581	5 581	II	18 102	16 222	14 389	12 632	10 953	9 350
	III	**14 126**	5 581	5 581	III	12 700	11 312	9 962	8 650	7 376	6 142
	V	**27 838**	5 581	5 581	IV	20 725	19 785	18 845	17 905	16 965	16 027
	VI	**28 358**	5 581	5 581							

* Zur LSt-Berechnung für privat versicherte Arbeitnehmer s. Beispiele **Vorbemerkung S. 4 f.**
** Basisvorsorgepauschale KV und PV *** Typisierter Arbeitgeberzuschuss

Lohn/ Gehalt in € bis	Steuerklasse	Lohn-steuer*	BVSP**	TAGZ***	Steuerklasse	Bemessungsgrundlage für Kirchensteuer und Solidaritätszuschlag — Freibeträge für ... Kinder 0,5	**1,0**	1,5	**2,0**	2,5	**3,0**
90 107,99	I,IV	**21 587**	5 581	5 581	I	19 707	17 827	15 949	14 127	12 381	10 713
West	II	**19 903**	5 581	5 581	II	18 023	16 144	14 314	12 560	10 884	9 285
	III	**14 066**	5 581	5 581	III	12 640	11 254	9 906	8 596	7 324	6 092
	V	**27 760**	5 581	5 581	IV	20 647	19 707	18 767	17 827	16 887	15 949
	VI	**28 279**	5 581	5 581							
90 107,99	I,IV	**21 680**	5 581	5 581	I	19 800	17 920	16 042	14 216	12 467	10 795
Ost	II	**19 997**	5 581	5 581	II	18 117	16 237	14 403	12 646	10 966	9 363
	III	**14 138**	5 581	5 581	III	12 712	11 322	9 972	8 660	7 388	6 152
	V	**27 854**	5 581	5 581	IV	20 740	19 800	18 860	17 920	16 980	16 042
	VI	**28 373**	5 581	5 581							
90 143,99	I,IV	**21 602**	5 581	5 581	I	19 722	17 842	15 964	14 141	12 395	10 726
West	II	**19 918**	5 581	5 581	II	18 038	16 159	14 328	12 574	10 897	9 298
	III	**14 078**	5 581	5 581	III	12 652	11 264	9 916	8 606	7 334	6 102
	V	**27 775**	5 581	5 581	IV	20 662	19 722	18 782	17 842	16 902	15 964
	VI	**28 294**	5 581	5 581							
90 143,99	I,IV	**21 695**	5 581	5 581	I	19 815	17 936	16 057	14 230	12 480	10 808
Ost	II	**20 012**	5 581	5 581	II	18 132	16 252	14 417	12 660	10 979	9 375
	III	**14 150**	5 581	5 581	III	12 722	11 334	9 982	8 670	7 398	6 162
	V	**27 869**	5 581	5 581	IV	20 755	19 815	18 875	17 936	16 996	16 057
	VI	**28 388**	5 581	5 581							
90 179,99	I,IV	**21 617**	5 581	5 581	I	19 737	17 857	15 979	14 155	12 409	10 739
West	II	**19 933**	5 581	5 581	II	18 054	16 174	14 342	12 588	10 910	9 310
	III	**14 090**	5 581	5 581	III	12 664	11 276	9 926	8 616	7 344	6 112
	V	**27 790**	5 581	5 581	IV	20 677	19 737	18 797	17 857	16 917	15 979
	VI	**28 309**	5 581	5 581							
90 179,99	I,IV	**21 710**	5 581	5 581	I	19 831	17 951	16 072	14 244	12 494	10 821
Ost	II	**20 027**	5 581	5 581	II	18 147	16 268	14 432	12 673	10 992	9 388
	III	**14 162**	5 581	5 581	III	12 734	11 344	9 994	8 680	7 408	6 172
	V	**27 884**	5 581	5 581	IV	20 771	19 831	18 891	17 951	17 011	16 072
	VI	**28 403**	5 581	5 581							
90 215,99	I,IV	**21 632**	5 581	5 581	I	19 752	17 872	15 994	14 170	12 423	10 753
West	II	**19 949**	5 581	5 581	II	18 069	16 189	14 357	12 602	10 924	9 323
	III	**14 100**	5 581	5 581	III	12 674	11 286	9 938	8 626	7 354	6 122
	V	**27 805**	5 581	5 581	IV	20 692	19 752	18 812	17 872	16 932	15 994
	VI	**28 324**	5 581	5 581							
90 215,99	I,IV	**21 726**	5 581	5 581	I	19 846	17 966	16 087	14 259	12 508	10 834
Ost	II	**20 042**	5 581	5 581	II	18 162	16 283	14 446	12 687	11 005	9 401
	III	**14 174**	5 581	5 581	III	12 746	11 356	10 004	8 692	7 418	6 182
	V	**27 899**	5 581	5 581	IV	20 786	19 846	18 906	17 966	17 026	16 087
	VI	**28 418**	5 581	5 581							
90 251,99	I,IV	**21 647**	5 581	5 581	I	19 767	17 887	16 009	14 184	12 436	10 766
West	II	**19 964**	5 581	5 581	II	18 084	16 204	14 371	12 615	10 937	9 335
	III	**14 112**	5 581	5 581	III	12 686	11 298	9 948	8 638	7 364	6 130
	V	**27 820**	5 581	5 581	IV	20 707	19 767	18 827	17 887	16 947	16 009
	VI	**28 339**	5 581	5 581							
90 251,99	I,IV	**21 741**	5 581	5 581	I	19 861	17 981	16 102	14 273	12 522	10 847
Ost	II	**20 057**	5 581	5 581	II	18 177	16 298	14 461	12 701	11 019	9 413
	III	**14 186**	5 581	5 581	III	12 756	11 366	10 014	8 702	7 428	6 192
	V	**27 914**	5 581	5 581	IV	20 801	19 861	18 921	17 981	17 041	16 102
	VI	**28 433**	5 581	5 581							
90 287,99	I,IV	**21 662**	5 581	5 581	I	19 782	17 902	16 024	14 199	12 450	10 779
West	II	**19 979**	5 581	5 581	II	18 099	16 219	14 386	12 629	10 950	9 348
	III	**14 124**	5 581	5 581	III	12 698	11 308	9 958	8 648	7 374	6 140
	V	**27 835**	5 581	5 581	IV	20 722	19 782	18 842	17 902	16 962	16 024
	VI	**28 355**	5 581	5 581							
90 287,99	I,IV	**21 756**	5 581	5 581	I	19 876	17 996	16 117	14 288	12 535	10 860
Ost	II	**20 072**	5 581	5 581	II	18 193	16 313	14 475	12 715	11 032	9 426
	III	**14 196**	5 581	5 581	III	12 768	11 378	10 026	8 712	7 438	6 202
	V	**27 929**	5 581	5 581	IV	20 816	19 876	18 936	17 996	17 056	16 117
	VI	**28 448**	5 581	5 581							

* Zur LSt-Berechnung für privat versicherte Arbeitnehmer s. Beispiele **Vorbemerkung S. 4f.**
** Basisvorsorgepauschale KV und PV *** Typisierter Arbeitgeberzuschuss

Lohn/ Gehalt in € bis	Steuerklasse	Lohn- steuer*	BVSP**	TAGZ***	Steuerklasse	Bemessungsgrundlage für Kirchensteuer und Solidaritätszuschlag — Freibeträge für ... Kinder 0,5	1,0	1,5	2,0	2,5	3,0
90 323,99 West	I,IV	**21 677**	5 581	5 581	I	19 797	17 917	16 039	14 213	12 464	10 792
	II	**19 994**	5 581	5 581	II	18 114	16 234	14 400	12 643	10 963	9 360
	III	**14 136**	5 581	5 581	III	12 708	11 320	9 970	8 658	7 384	6 150
	V	**27 851**	5 581	5 581	IV	20 737	19 797	18 857	17 917	16 978	16 039
	VI	**28 370**	5 581	5 581							
90 323,99 Ost	I,IV	**21 771**	5 581	5 581	I	19 891	18 011	16 132	14 302	12 549	10 873
	II	**20 088**	5 581	5 581	II	18 208	16 328	14 490	12 729	11 045	9 438
	III	**14 208**	5 581	5 581	III	12 780	11 388	10 036	8 722	7 448	6 212
	V	**27 944**	5 581	5 581	IV	20 831	19 891	18 951	18 011	17 071	16 132
	VI	**28 463**	5 581	5 581							
90 359,99 West	I,IV	**21 692**	5 581	5 581	I	19 813	17 933	16 054	14 227	12 478	10 805
	II	**20 009**	5 581	5 581	II	18 129	16 250	14 415	12 657	10 976	9 373
	III	**14 148**	5 581	5 581	III	12 720	11 330	9 980	8 668	7 394	6 160
	V	**27 866**	5 581	5 581	IV	20 752	19 813	18 873	17 933	16 993	16 054
	VI	**28 385**	5 581	5 581							
90 359,99 Ost	I,IV	**21 786**	5 581	5 581	I	19 906	18 026	16 147	14 316	12 563	10 887
	II	**20 103**	5 581	5 581	II	18 223	16 343	14 504	12 743	11 058	9 451
	III	**14 220**	5 581	5 581	III	12 790	11 400	10 046	8 732	7 458	6 222
	V	**27 959**	5 581	5 581	IV	20 846	19 906	18 966	18 026	17 086	16 147
	VI	**28 479**	5 581	5 581							
90 395,99 West	I,IV	**21 708**	5 581	5 581	I	19 828	17 948	16 069	14 242	12 491	10 818
	II	**20 024**	5 581	5 581	II	18 144	16 265	14 429	12 671	10 990	9 386
	III	**14 160**	5 581	5 581	III	12 732	11 342	9 990	8 678	7 404	6 170
	V	**27 881**	5 581	5 581	IV	20 768	19 828	18 888	17 948	17 008	16 069
	VI	**28 400**	5 581	5 581							
90 395,99 Ost	I,IV	**21 801**	5 581	5 581	I	19 921	18 041	16 162	14 331	12 577	10 900
	II	**20 118**	5 581	5 581	II	18 238	16 358	14 519	12 757	11 072	9 464
	III	**14 232**	5 581	5 581	III	12 802	11 410	10 058	8 744	7 468	6 230
	V	**27 975**	5 581	5 581	IV	20 861	19 921	18 981	18 041	17 101	16 162
	VI	**28 494**	5 581	5 581							
90 431,99 West	I,IV	**21 723**	5 581	5 581	I	19 843	17 963	16 084	14 256	12 505	10 831
	II	**20 039**	5 581	5 581	II	18 159	16 280	14 444	12 685	11 003	9 398
	III	**14 170**	5 581	5 581	III	12 742	11 352	10 002	8 690	7 416	6 180
	V	**27 896**	5 581	5 581	IV	20 783	19 843	18 903	17 963	17 023	16 084
	VI	**28 415**	5 581	5 581							
90 431,99 Ost	I,IV	**21 816**	5 581	5 581	I	19 936	18 056	16 177	14 345	12 591	10 913
	II	**20 133**	5 581	5 581	II	18 253	16 373	14 533	12 770	11 085	9 476
	III	**14 244**	5 581	5 581	III	12 814	11 422	10 068	8 754	7 478	6 240
	V	**27 990**	5 581	5 581	IV	20 876	19 936	18 996	18 056	17 117	16 177
	VI	**28 509**	5 581	5 581							
90 467,99 West	I,IV	**21 738**	5 581	5 581	I	19 858	17 978	16 099	14 270	12 519	10 845
	II	**20 054**	5 581	5 581	II	18 175	16 295	14 458	12 698	11 016	9 411
	III	**14 182**	5 581	5 581	III	12 754	11 364	10 012	8 700	7 426	6 190
	V	**27 911**	5 581	5 581	IV	20 798	19 858	18 918	17 978	17 038	16 099
	VI	**28 430**	5 581	5 581							
90 467,99 Ost	I,IV	**21 831**	5 581	5 581	I	19 952	18 072	16 192	14 360	12 604	10 926
	II	**20 148**	5 581	5 581	II	18 268	16 388	14 548	12 784	11 098	9 489
	III	**14 254**	5 581	5 581	III	12 824	11 432	10 080	8 764	7 488	6 250
	V	**28 005**	5 581	5 581	IV	20 891	19 952	19 012	18 072	17 132	16 192
	VI	**28 524**	5 581	5 581							
90 503,99 West	I,IV	**21 753**	5 581	5 581	I	19 873	17 993	16 114	14 285	12 533	10 858
	II	**20 070**	5 581	5 581	II	18 190	16 310	14 472	12 712	11 029	9 423
	III	**14 194**	5 581	5 581	III	12 766	11 374	10 024	8 710	7 436	6 200
	V	**27 926**	5 581	5 581	IV	20 813	19 873	18 933	17 993	17 053	16 114
	VI	**28 445**	5 581	5 581							
90 503,99 Ost	I,IV	**21 847**	5 581	5 581	I	19 967	18 087	16 207	14 374	12 618	10 939
	II	**20 163**	5 581	5 581	II	18 283	16 403	14 562	12 798	11 111	9 502
	III	**14 266**	5 581	5 581	III	12 836	11 444	10 090	8 774	7 498	6 260
	V	**28 020**	5 581	5 581	IV	20 907	19 967	19 027	18 087	17 147	16 207
	VI	**28 539**	5 581	5 581							

* Zur LSt-Berechnung für privat versicherte Arbeitnehmer s. Beispiele **Vorbemerkung S. 4 f.**
** Basisvorsorgepauschale KV und PV *** Typisierter Arbeitgeberzuschuss

Lohn/ Gehalt in € bis	Steuerklasse	**Lohn-steuer***	BVSP**	TAGZ***	Steuerklasse	Bemessungsgrundlage für Kirchensteuer und Solidaritätszuschlag – Freibeträge für ... Kinder 0,5	**1,0**	1,5	**2,0**	2,5	**3,0**
90539,99	I,IV	**21768**	5581	5581	I	19888	18008	16129	14299	12546	10871
West	II	**20085**	5581	5581	II	18205	16325	14487	12726	11042	9436
	III	**14206**	5581	5581	III	12776	11386	10034	8720	7446	6210
	V	**27941**	5581	5581	IV	20828	19888	18948	18008	17068	16129
	VI	**28460**	5581	5581							
90539,99	I,IV	**21862**	5581	5581	I	19982	18102	16222	14389	12632	10953
Ost	II	**20178**	5581	5581	II	18298	16418	14577	12812	11125	9514
	III	**14278**	5581	5581	III	12848	11454	10100	8786	7508	6270
	V	**28035**	5581	5581	IV	20922	19982	19042	18102	17162	16222
	VI	**28554**	5581	5581							
90575,99	I,IV	**21783**	5581	5581	I	19903	18023	16144	14314	12560	10884
West	II	**20100**	5581	5581	II	18220	16340	14501	12740	11056	9449
	III	**14218**	5581	5581	III	12788	11396	10044	8730	7456	6218
	V	**27956**	5581	5581	IV	20843	19903	18963	18023	17083	16144
	VI	**28476**	5581	5581							
90575,99	I,IV	**21877**	5581	5581	I	19997	18117	16237	14403	12646	10966
Ost	II	**20193**	5581	5581	II	18314	16434	14591	12826	11138	9527
	III	**14290**	5581	5581	III	12858	11466	10112	8796	7518	6280
	V	**28050**	5581	5581	IV	20937	19997	19057	18117	17177	16237
	VI	**28569**	5581	5581							
90611,99	I,IV	**21798**	5581	5581	I	19918	18038	16159	14328	12574	10897
West	II	**20115**	5581	5581	II	18235	16355	14516	12754	11069	9461
	III	**14230**	5581	5581	III	12800	11408	10056	8742	7466	6228
	V	**27972**	5581	5581	IV	20858	19918	18978	18038	17098	16159
	VI	**28491**	5581	5581							
90611,99	I,IV	**21892**	5581	5581	I	20012	18132	16252	14417	12660	10979
Ost	II	**20209**	5581	5581	II	18329	16449	14606	12840	11151	9539
	III	**14302**	5581	5581	III	12870	11476	10122	8806	7528	6290
	V	**28065**	5581	5581	IV	20952	20012	19072	18132	17192	16252
	VI	**28584**	5581	5581							
90647,99	I,IV	**21813**	5581	5581	I	19933	18054	16174	14342	12588	10910
West	II	**20130**	5581	5581	II	18250	16370	14530	12768	11082	9474
	III	**14240**	5581	5581	III	12810	11418	10066	8752	7476	6238
	V	**27987**	5581	5581	IV	20873	19933	18994	18054	17114	16174
	VI	**28506**	5581	5581							
90647,99	I,IV	**21907**	5581	5581	I	20027	18147	16268	14432	12673	10992
Ost	II	**20224**	5581	5581	II	18344	16464	14620	12854	11164	9552
	III	**14314**	5581	5581	III	12882	11488	10132	8816	7538	6300
	V	**28080**	5581	5581	IV	20967	20027	19087	18147	17207	16268
	VI	**28599**	5581	5581							
90683,99	I,IV	**21829**	5581	5581	I	19949	18069	16189	14357	12602	10924
West	II	**20145**	5581	5581	II	18265	16385	14545	12782	11095	9486
	III	**14252**	5581	5581	III	12822	11430	10076	8762	7486	6248
	V	**28002**	5581	5581	IV	20889	19949	19009	18069	17129	16189
	VI	**28521**	5581	5581							
90683,99	I,IV	**21922**	5581	5581	I	20042	18162	16283	14446	12687	11005
Ost	II	**20239**	5581	5581	II	18359	16479	14635	12868	11178	9565
	III	**14324**	5581	5581	III	12892	11498	10144	8826	7548	6310
	V	**28095**	5581	5581	IV	20982	20042	19102	18162	17222	16283
	VI	**28615**	5581	5581							
90719,99	I,IV	**21844**	5581	5581	I	19964	18084	16204	14371	12615	10937
West	II	**20160**	5581	5581	II	18280	16400	14559	12795	11109	9499
	III	**14264**	5581	5581	III	12834	11442	10088	8772	7496	6258
	V	**28017**	5581	5581	IV	20904	19964	19024	18084	17144	16204
	VI	**28536**	5581	5581							
90719,99	I,IV	**21937**	5581	5581	I	20057	18177	16298	14461	12701	11019
Ost	II	**20254**	5581	5581	II	18374	16494	14649	12882	11191	9577
	III	**14336**	5581	5581	III	12904	11510	10154	8838	7558	6320
	V	**28111**	5581	5581	IV	20997	20057	19117	18177	17237	16298
	VI	**28630**	5581	5581							

* Zur LSt-Berechnung für privat versicherte Arbeitnehmer s. Beispiele **Vorbemerkung S. 4 f.**
** Basisvorsorgepauschale KV und PV *** Typisierter Arbeitgeberzuschuss

Lohn/ Gehalt in € bis	Steuerklasse	Lohn-steuer*	BVSP**	TAGZ***	Steuerklasse	Bemessungsgrundlage für Kirchensteuer und Solidaritätszuschlag					
						Freibeträge für ... Kinder					
						0,5	**1,0**	1,5	**2,0**	2,5	**3,0**
90 755,99	I,IV	**21 859**	5 581	5 581	I	19 979	18 099	16 219	14 386	12 629	10 950
West	II	**20 175**	5 581	5 581	II	18 295	16 416	14 574	12 809	11 122	9 512
	III	**14 276**	5 581	5 581	III	12 844	11 452	10 098	8 782	7 506	6 268
	V	**28 032**	5 581	5 581	IV	20 919	19 979	19 039	18 099	17 159	16 219
	VI	**28 551**	5 581	5 581							
90 755,99	I,IV	**21 952**	5 581	5 581	I	20 072	18 193	16 313	14 475	12 715	11 032
Ost	II	**20 269**	5 581	5 581	II	18 389	16 509	14 664	12 895	11 204	9 590
	III	**14 348**	5 581	5 581	III	12 916	11 520	10 164	8 848	7 568	6 328
	V	**28 126**	5 581	5 581	IV	21 012	20 072	19 133	18 193	17 253	16 313
	VI	**28 645**	5 581	5 581							
90 791,99	I,IV	**21 874**	5 581	5 581	I	19 994	18 114	16 234	14 400	12 643	10 963
West	II	**20 191**	5 581	5 581	II	18 311	16 431	14 588	12 823	11 135	9 524
	III	**14 288**	5 581	5 581	III	12 856	11 464	10 108	8 794	7 516	6 278
	V	**28 047**	5 581	5 581	IV	20 934	19 994	19 054	18 114	17 174	16 234
	VI	**28 566**	5 581	5 581							
90 791,99	I,IV	**21 968**	5 581	5 581	I	20 088	18 208	16 328	14 490	12 729	11 045
Ost	II	**20 284**	5 581	5 581	II	18 404	16 524	14 678	12 909	11 217	9 603
	III	**14 360**	5 581	5 581	III	12 926	11 532	10 176	8 858	7 580	6 338
	V	**28 141**	5 581	5 581	IV	21 028	20 088	19 148	18 208	17 268	16 328
	VI	**28 660**	5 581	5 581							
90 827,99	I,IV	**21 889**	5 581	5 581	I	20 009	18 129	16 250	14 415	12 657	10 976
West	II	**20 206**	5 581	5 581	II	18 326	16 446	14 603	12 837	11 148	9 537
	III	**14 300**	5 581	5 581	III	12 868	11 474	10 120	8 804	7 526	6 288
	V	**28 062**	5 581	5 581	IV	20 949	20 009	19 069	18 129	17 189	16 250
	VI	**28 581**	5 581	5 581							
90 827,99	I,IV	**21 983**	5 581	5 581	I	20 103	18 223	16 343	14 504	12 743	11 058
Ost	II	**20 299**	5 581	5 581	II	18 419	16 539	14 693	12 923	11 231	9 615
	III	**14 372**	5 581	5 581	III	12 938	11 542	10 186	8 868	7 590	6 348
	V	**28 156**	5 581	5 581	IV	21 043	20 103	19 163	18 223	17 283	16 343
	VI	**28 675**	5 581	5 581							
90 863,99	I,IV	**21 904**	5 581	5 581	I	20 024	18 144	16 265	14 429	12 671	10 990
West	II	**20 221**	5 581	5 581	II	18 341	16 461	14 617	12 851	11 162	9 550
	III	**14 310**	5 581	5 581	III	12 878	11 486	10 130	8 814	7 536	6 298
	V	**28 077**	5 581	5 581	IV	20 964	20 024	19 084	18 144	17 204	16 265
	VI	**28 597**	5 581	5 581							
90 863,99	I,IV	**21 998**	5 581	5 581	I	20 118	18 238	16 358	14 519	12 757	11 072
Ost	II	**20 314**	5 581	5 581	II	18 434	16 555	14 707	12 937	11 244	9 628
	III	**14 384**	5 581	5 581	III	12 950	11 554	10 198	8 880	7 600	6 358
	V	**28 171**	5 581	5 581	IV	21 058	20 118	19 178	18 238	17 298	16 358
	VI	**28 690**	5 581	5 581							
90 899,99	I,IV	**21 919**	5 581	5 581	I	20 039	18 159	16 280	14 444	12 685	11 003
West	II	**20 236**	5 581	5 581	II	18 356	16 476	14 632	12 865	11 175	9 562
	III	**14 322**	5 581	5 581	III	12 890	11 496	10 142	8 824	7 546	6 308
	V	**28 093**	5 581	5 581	IV	20 979	20 039	19 099	18 159	17 219	16 280
	VI	**28 612**	5 581	5 581							
90 899,99	I,IV	**22 013**	5 581	5 581	I	20 133	18 253	16 373	14 533	12 770	11 085
Ost	II	**20 330**	5 581	5 581	II	18 450	16 570	14 722	12 951	11 257	9 641
	III	**14 396**	5 581	5 581	III	12 960	11 566	10 208	8 890	7 610	6 368
	V	**28 186**	5 581	5 581	IV	21 073	20 133	19 193	18 253	17 313	16 373
	VI	**28 705**	5 581	5 581							
90 935,99	I,IV	**21 934**	5 581	5 581	I	20 054	18 175	16 295	14 458	12 698	11 016
West	II	**20 251**	5 581	5 581	II	18 371	16 491	14 646	12 879	11 188	9 575
	III	**14 334**	5 581	5 581	III	12 902	11 508	10 152	8 834	7 556	6 316
	V	**28 108**	5 581	5 581	IV	20 994	20 054	19 114	18 175	17 235	16 295
	VI	**28 627**	5 581	5 581							
90 935,99	I,IV	**22 028**	5 581	5 581	I	20 148	18 268	16 388	14 548	12 784	11 098
Ost	II	**20 345**	5 581	5 581	II	18 465	16 585	14 737	12 965	11 271	9 654
	III	**14 406**	5 581	5 581	III	12 972	11 576	10 218	8 900	7 620	6 378
	V	**28 201**	5 581	5 581	IV	21 088	20 148	19 208	18 268	17 328	16 388
	VI	**28 720**	5 581	5 581							

* Zur LSt-Berechnung für privat versicherte Arbeitnehmer s. Beispiele **Vorbemerkung S. 4f.**
** Basisvorsorgepauschale KV und PV *** Typisierter Arbeitgeberzuschuss

Solidaritätszuschlag für Monatslohnsteuerbeträge

Steuerklasse III		Steuerklasse III		Steuerklasse III		Steuerklasse III	
Maßstabs-lohnsteuer €	Solidaritäts-zuschlag €	Maßstabs-lohnsteuer €	Solidaritäts-zuschlag €	Maßstabs-lohnsteuer €	Solidaritäts-zuschlag €	Maßstabs-lohnsteuer €	Solidaritäts-zuschlag €
2923,50	0,00	3004,16	9,55	3084,66	19,13	3165,33	28,73
2924,66	0,09	3005,33	9,69	3086,00	19,29	3166,66	28,89
2926,00	0,25	3006,66	9,85	3087,33	19,45	3167,83	29,03
2927,16	0,39	3007,83	9,99	3088,50	19,59	3169,16	29,19
2928,50	0,55	3009,16	10,15	3089,83	19,75	3170,33	29,33
2929,83	0,71	3010,33	10,29	3091,00	19,89	3171,66	29,49
2931,00	0,85	3011,66	10,45	3092,33	20,05	3173,00	29,65
2932,33	1,01	3012,83	10,59	3093,50	20,19	3174,16	29,78
2933,50	1,15	3014,16	10,74	3094,83	20,34	3175,50	29,94
2934,83	1,30	3015,50	10,90	3096,00	20,48	3176,66	30,08
2936,00	1,44	3016,66	11,04	3097,33	20,64	3178,00	30,24
2937,33	1,60	3018,00	11,20	3098,66	20,80	3179,16	30,38
2938,50	1,74	3019,16	11,34	3099,83	20,94	3180,50	30,54
2939,83	1,90	3020,50	11,50	3101,16	21,10	3181,83	30,70
2941,16	2,06	3021,66	11,64	3102,33	21,24	3183,00	30,84
2942,33	2,20	3023,00	11,80	3103,66	21,40	3184,33	30,99
2943,66	2,36	3024,33	11,95	3104,83	21,53	3185,50	31,13
2944,83	2,49	3025,50	12,09	3106,16	21,69	3186,83	31,29
2946,16	2,65	3026,83	12,25	3107,33	21,83	3188,00	31,43
2947,33	2,79	3028,00	12,39	3108,66	21,99	3189,33	31,59
2948,66	2,95	3029,33	12,55	3110,00	22,15	3190,50	31,73
2949,83	3,09	3030,50	12,69	3111,16	22,29	3191,83	31,89
2951,16	3,25	3031,83	12,85	3112,50	22,45	3193,16	32,05
2952,50	3,41	3033,00	12,99	3113,66	22,59	3194,33	32,18
2953,66	3,55	3034,33	13,14	3115,00	22,74	3195,66	32,34
2955,00	3,70	3035,66	13,30	3116,16	22,88	3196,83	32,48
2956,16	3,84	3036,83	13,44	3117,50	23,04	3198,16	32,64
2957,50	4,00	3038,16	13,60	3118,83	23,20	3199,33	32,78
2958,66	4,14	3039,33	13,74	3120,00	23,34	3200,66	32,94
2960,00	4,30	3040,66	13,90	3121,33	23,50	3201,83	33,08
2961,33	4,46	3041,83	14,04	3122,50	23,64	3203,16	33,24
2962,50	4,60	3043,16	14,20	3123,83	23,80	3204,50	33,39
2963,83	4,76	3044,33	14,33	3125,00	23,93	3205,66	33,53
2965,00	4,89	3045,66	14,49	3126,33	24,09	3207,00	33,69
2966,33	5,05	3047,00	14,65	3127,50	24,23	3208,16	33,83
2967,50	5,19	3048,16	14,79	3128,83	24,39	3209,50	33,99
2968,83	5,35	3049,50	14,95	3130,16	24,55	3210,66	34,13
2970,00	5,49	3050,66	15,09	3131,33	24,69	3212,00	34,29
2971,33	5,65	3052,00	15,25	3132,66	24,85	3213,33	34,45
2972,66	5,81	3053,16	15,39	3133,83	24,99	3214,50	34,58
2973,83	5,95	3054,50	15,54	3135,16	25,14	3215,83	34,74
2975,16	6,10	3055,83	15,70	3136,33	25,28	3217,00	34,88
2976,33	6,24	3057,00	15,84	3137,66	25,44	3218,33	35,04
2977,66	6,40	3058,33	16,00	3138,83	25,58	3219,50	35,18
2978,83	6,54	3059,50	16,14	3140,16	25,74	3220,83	35,34
2980,16	6,70	3060,83	16,30	3141,50	25,90	3222,00	35,48
2981,33	6,84	3062,00	16,44	3142,66	26,04	3223,33	35,64
2982,66	7,00	3063,33	16,60	3144,00	26,19	3224,66	35,79
2.984,00	7,15	3064,50	16,73	3145,16	26,33	3225,83	35,93
2985,16	7,29	3065,83	16,89	3146,50	26,49	3227,16	36,09
2986,50	7,45	3067,16	17,05	3147,66	26,63	3228,33	36,23
2987,66	7,59	3068,33	17,19	3149,00	26,79	3229,66	36,39
2989,00	7,75	3069,66	17,35	3150,33	26,95	3230,83	36,53
2990,16	7,89	3070,83	17,49	3151,50	27,09	3232,16	36,69
2991,50	8,05	3072,16	17,65	3152,83	27,25	3233,33	36,83
2992,83	8,21	3073,33	17,79	3154,00	27,38	3234,66	36,98
2994,00	8,34	3074,66	17,94	3155,33	27,54	3236,00	37,14
2995,33	8,50	3075,83	18,08	3156,50	27,68	3237,16	37,28
2996,50	8,64	3077,16	18,24	3157,83	27,84	3238,50	37,44
2997,83	8,80	3078,50	18,40	3159,00	27,98	3239,66	37,58
2999,00	8,94	3079,66	18,54	3160,33	28,14	3241,00	37,74
3000,33	9,10	3081,00	18,70	3161,66	28,30	3242,16	37,88
3001,50	9,24	3082,16	18,84	3162,83	28,44	3243,50	38,04
3002,83	9,40	3083,50	19,00	3164,16	28,59	3244,83	38,19

Steuerklasse III		Steuerklasse III		Steuerklasse III		Steuerklasse III	
Maßstabs-lohnsteuer €	Solidaritäts-zuschlag €	Maßstabs-lohnsteuer €	Solidaritäts-zuschlag €	Maßstabs-lohnsteuer €	Solidaritäts-zuschlag €	Maßstabs-lohnsteuer €	Solidaritäts-zuschlag €
3246,00	38,33	3331,66	48,53	3417,33	58,72	3503,00	68,92
3247,33	38,49	3333,00	48,69	3418,66	58,88	3504,33	69,07
3248,50	38,63	3334,16	48,82	3419,83	59,02	3505,50	69,21
3249,83	38,79	3335,50	48,98	3421,16	59,18	3506,83	69,37
3251,00	38,93	3336,66	49,12	3422,33	59,32	3508,16	69,53
3252,33	39,09	3338,00	49,28	3423,66	59,48	3509,33	69,67
3253,50	39,23	3339,33	49,44	3425,00	59,63	3510,66	69,83
3254,83	39,38	3340,50	49,58	3426,16	59,77	3511,83	69,97
3256,16	39,54	3341,83	49,74	3427,50	59,93	3513,16	70,13
3257,33	39,68	3343,00	49,88	3428,66	60,07	3514,33	70,26
3258,66	39,84	3344,33	50,03	3430,00	60,23	3515,66	70,42
3259,83	39,98	3345,50	50,17	3431,16	60,37	3516,83	70,56
3261,16	40,14	3346,83	50,33	3432,50	60,53	3518,16	70,72
3262,33	40,28	3348,00	50,47	3433,83	60,69	3519,50	70,88
3263,66	40,44	3349,33	50,63	3435,00	60,82	3520,66	71,02
3264,83	40,57	3350,66	50,79	3436,33	60,98	3522,00	71,18
3266,16	40,73	3351,83	50,93	3437,50	61,12	3523,16	71,32
3267,50	40,89	3353,16	51,09	3438,83	61,28	3524,50	71,47
3268,66	41,03	3354,33	51,22	3440,00	61,42	3525,66	71,61
3270,00	41,19	3355,66	51,38	3441,33	61,58	3527,00	71,77
3271,16	41,33	3356,83	51,52	3442,50	61,72	3528,33	71,93
3272,50	41,49	3358,16	51,68	3443,83	61,88	3529,50	72,07
3273,66	41,63	3359,33	51,82	3445,16	62,03	3530,83	72,23
3275,00	41,78	3360,66	51,98	3446,33	62,17	3532,00	72,37
3276,33	41,94	3362,00	52,14	3447,66	62,33	3533,33	72,53
3277,50	42,08	3363,16	52,28	3448,83	62,47	3534,50	72,66
3278,83	42,24	3364,50	52,43	3450,16	62,63	3535,83	72,82
3280,00	42,38	3365,66	52,57	3451,33	62,77	3537,00	72,96
3281,33	42,54	3367,00	52,73	3452,66	62,93	3538,33	73,12
3282,50	42,68	3368,16	52,87	3453,83	63,07	3539,66	73,28
3283,83	42,84	3369,50	53,03	3455,16	63,22	3540,83	73,42
3285,00	42,97	3370,83	53,19	3456,50	63,38	3542,16	73,58
3286,33	43,13	3372,00	53,33	3457,66	63,52	3543,33	73,72
3287,66	43,29	3373,33	53,49	3459,00	63,68	3544,66	73,87
3288,83	43,43	3374,50	53,62	3460,16	63,82	3545,83	74,01
3290,16	43,59	3375,83	53,78	3461,50	63,98	3547,16	74,17
3291,33	43,73	3377,00	53,92	3462,66	64,12	3548,33	74,31
3292,66	43,89	3378,33	54,08	3464,00	64,27	3549,66	74,47
3293,83	44,03	3379,50	54,22	3465,33	64,43	3551,00	74,63
3295,16	44,18	3380,83	54,38	3466,50	64,57	3552,16	74,77
3296,33	44,32	3382,16	54,54	3467,83	64,73	3553,50	74,93
3297,66	44,48	3383,33	54,68	3469,00	64,87	3554,66	75,06
3299,00	44,64	3384,66	54,83	3470,33	65,03	3556,00	75,22
3300,16	44,78	3385,83	54,97	3471,50	65,17	3557,16	75,36
3301,50	44,94	3387,16	55,13	3472,83	65,33	3558,50	75,52
3302,66	45,08	3388,33	55,27	3474,00	65,46	3559,83	75,68
3304,00	45,23	3389,66	55,43	3475,33	65,62	3561,00	75,82
3305,16	45,37	3390,83	55,57	3476,66	65,78	3562,33	75,98
3306,50	45,53	3392,16	55,73	3477,83	65,92	3563,50	76,12
3307,83	45,69	3393,50	55,89	3479,16	66,08	3564,83	76,27
3309,00	45,83	3394,66	56,02	3480,33	66,22	3566,00	76,41
3310,33	45,99	3396,00	56,18	3481,66	66,38	3567,33	76,57
3311,50	46,13	3397,16	56,32	3482,83	66,52	3568,50	76,71
3312,83	46,29	3398,50	56,48	3484,16	66,67	3569,83	76,87
3314,00	46,42	3399,66	56,62	3485,33	66,81	3571,16	77,03
3315,33	46,58	3401,00	56,78	3486,66	66,97	3572,33	77,17
3316,50	46,72	3402,33	56,94	3488,00	67,13	3573,66	77,33
3317,83	46,88	3403,50	57,08	3489,16	67,27	3574,83	77,46
3319,16	47,04	3404,83	57,23	3490,50	67,43	3576,16	77,62
3320,33	47,18	3406,00	57,37	3491,66	67,57	3577,33	77,76
3321,66	47,34	3407,33	57,53	3493,00	67,73	3578,66	77,92
3322,83	47,48	3408,50	57,67	3494,16	67,86	3579,83	78,06
3324,16	47,63	3409,83	57,83	3495,50	68,02	3581,16	78,22
3325,33	47,77	3411,00	57,97	3496,83	68,18	3582,50	78,38
3326,66	47,93	3412,33	58,13	3498,00	68,32	3583,66	78,52
3327,83	48,07	3413,66	58,29	3499,33	68,48	3585,00	78,67
3329,16	48,23	3414,83	58,42	3500,50	68,62	3586,16	78,81
3330,50	48,39	3416,16	58,58	3501,83	68,78	3587,50	78,97

Steuerklasse III		Steuerklasse III		Steuerklasse III		Steuerklasse III	
Maßstabs-lohnsteuer €	Solidaritäts-zuschlag €	Maßstabs-lohnsteuer €	Solidaritäts-zuschlag €	Maßstabs-lohnsteuer €	Solidaritäts-zuschlag €	Maßstabs-lohnsteuer €	Solidaritäts-zuschlag €
3588,66	79,11	3674,33	89,30	3760,16	99,52	3845,83	109,71
3590,00	79,27	3675,66	89,46	3761,33	99,66	3847,00	109,85
3591,33	79,43	3677,00	89,62	3762,66	99,82	3848,33	110,01
3592,50	79,57	3678,16	89,76	3763,83	99,96	3849,50	110,15
3593,83	79,73	3679,50	89,92	3765,16	100,11	3850,83	110,31
3595,00	79,86	3680,66	90,06	3766,33	100,25	3852,00	110,45
3596,33	80,02	3682,00	90,22	3767,66	100,41	3853,33	110,61
3597,50	80,16	3683,16	90,36	3768,83	100,55	3854,66	110,76
3598,83	80,32	3684,50	90,51	3770,16	100,71	3855,83	110,90
3600,00	80,46	3685,83	90,67	3771,50	100,87	3857,16	111,06
3601,33	80,62	3687,00	90,81	3772,66	101,01	3858,33	111,20
3602,66	80,78	3688,33	90,97	3774,00	101,16	3859,66	111,36
3603,83	80,92	3689,50	91,11	3775,16	101,30	3860,83	111,50
3605,16	81,07	3690,83	91,27	3776,50	101,46	3862,16	111,66
3606,33	81,21	3692,00	91,41	3777,66	101,60	3863,33	111,80
3607,66	81,37	3693,33	91,57	3779,00	101,76	3864,66	111,95
3608,83	81,51	3694,50	91,70	3780,33	101,92	3866,00	112,11
3610,16	81,67	3695,83	91,86	3781,50	102,06	3867,16	112,25
3611,33	81,81	3697,16	92,02	3782,83	102,22	3868,50	112,41
3612,66	81,97	3698,33	92,16	3784,00	102,35	3869,66	112,55
3614,00	82,12	3699,66	92,32	3785,33	102,51	3871,00	112,71
3615,16	82,26	3700,83	92,46	3786,50	102,65	3872,16	112,85
3616,50	82,42	3702,16	92,62	3787,83	102,81	3873,50	113,01
3617,66	82,56	3703,33	92,76	3789,00	102,95	3874,83	113,16
3619,00	82,72	3704,66	92,91	3790,33	103,11	3876,00	113,30
3620,16	82,86	3705,83	93,05	3791,66	103,27	3877,33	113,46
3621,50	83,02	3707,16	93,21	3792,83	103,41	3878,50	113,60
3622,83	83,18	3708,50	93,37	3794,16	103,56	3879,83	113,76
3624,00	83,31	3709,66	93,51	3795,33	103,70	3881,00	113,90
3625,33	83,47	3711,00	93,67	3796,66	103,86	3882,33	114,06
3626,50	83,61	3712,16	93,81	3797,83	104,00	3883,50	114,20
3627,83	83,77	3713,50	93,97	3799,16	104,16	3884,83	114,35
3629,00	83,91	3714,66	94,10	3800,33	104,30	3886,16	114,51
3630,33	84,07	3716,00	94,26	3801,66	104,46	3887,33	114,65
3631,50	84,21	3717,33	94,42	3803,00	104,62	3888,66	114,81
3632,83	84,37	3718,50	94,56	3804,16	104,75	3889,83	114,95
3634,16	84,52	3719,83	94,72	3805,50	104,91	3891,16	115,11
3635,33	84,66	3721,00	94,86	3806,66	105,05	3892,33	115,25
3636,66	84,82	3722,33	95,02	3808,00	105,21	3893,66	115,41
3637,83	84,96	3723,50	95,16	3809,16	105,35	3894,83	115,54
3639,16	85,12	3724,83	95,31	3810,50	105,51	3896,16	115,70
3640,33	85,26	3726,00	95,45	3811,83	105,67	3897,50	115,86
3641,66	85,42	3727,33	95,61	3813,00	105,81	3898,66	116,00
3642,83	85,56	3728,66	95,77	3814,33	105,96	3900,00	116,16
3644,16	85,71	3729,83	95,91	3815,50	106,10	3901,16	116,30
3645,50	85,87	3731,16	96,07	3816,83	106,26	3902,50	116,46
3646,66	86,01	3732,33	96,21	3818,00	106,40	3903,66	116,60
3648,00	86,17	3733,66	96,37	3819,33	106,56	3905,00	116,75
3649,16	86,31	3734,83	96,50	3820,50	106,70	3906,33	116,91
3650,50	86,47	3736,16	96,66	3821,83	106,86	3907,50	117,05
3651,66	86,61	3737,33	96,80	3823,16	107,02	3908,83	117,21
3653,00	86,77	3738,66	96,96	3824,33	107,15	3910,00	117,35
3654,33	86,92	3740,00	97,12	3825,66	107,31	3911,33	117,51
3655,50	87,06	3741,16	97,26	3826,83	107,45	3912,50	117,65
3656,83	87,22	3742,50	97,42	3828,16	107,61	3913,83	117,81
3658,00	87,36	3743,66	97,56	3829,33	107,75	3915,00	117,94
3659,33	87,52	3745,00	97,71	3830,66	107,91	3916,33	118,10
3660,50	87,66	3746,16	97,85	3831,83	108,05	3917,66	118,26
3661,83	87,82	3747,50	98,01	3833,16	108,21	3918,83	118,40
3663,00	87,96	3748,83	98,17	3834,50	108,36	3920,16	118,56
3664,33	88,11	3750,00	98,31	3835,66	108,50	3921,33	118,70
3665,66	88,27	3751,33	98,47	3837,00	108,66	3922,66	118,86
3666,83	88,41	3752,50	98,61	3838,16	108,80	3923,83	119,00
3668,16	88,57	3753,83	98,77	3839,50	108,96	3925,16	119,15
3669,33	88,71	3755,00	98,90	3840,66	109,10	3926,33	119,29
3670,66	88,87	3756,33	99,06	3842,00	109,26	3927,66	119,45
3671,83	89,01	3757,50	99,20	3843,33	109,42	3929,00	119,61
3673,16	89,17	3758,83	99,36	3844,50	109,55	3930,16	119,75

Steuerklasse III		Steuerklasse III		Steuerklasse III		Steuerklasse III	
Maßstabs-lohnsteuer €	Solidaritäts-zuschlag €	Maßstabs-lohnsteuer €	Solidaritäts-zuschlag €	Maßstabs-lohnsteuer €	Solidaritäts-zuschlag €	Maßstabs-lohnsteuer €	Solidaritäts-zuschlag €
3931,50	119,91	4017,16	130,10	4102,83	140,30	4188,50	150,49
3932,66	120,05	4018,33	130,24	4104,00	140,43	4189,83	150,65
3934,00	120,20	4019,66	130,40	4105,33	140,59	4191,00	150,79
3935,16	120,34	4020,83	130,54	4106,66	140,75	4192,33	150,95
3936,50	120,50	4022,16	130,70	4107,83	140,89	4193,50	151,09
3937,83	120,66	4023,50	130,86	4109,16	141,05	4194,83	151,24
3939,00	120,80	4024,66	130,99	4110,33	141,19	4196,00	151,38
3940,33	120,96	4026,00	131,15	4111,66	141,35	4197,33	151,54
3941,50	121,10	4027,16	131,29	4112,83	141,49	4198,50	151,68
3942,83	121,26	4028,50	131,45	4114,16	141,64	4199,83	151,84
3944,00	121,39	4029,66	131,59	4115,33	141,78	4201,16	152,00
3945,33	121,55	4031,00	131,75	4116,66	141,94	4202,33	152,14
3946,50	121,69	4032,33	131,91	4118,00	142,10	4203,66	152,30
3947,83	121,85	4033,50	132,05	4119,16	142,24	4204,83	152,43
3949,16	122,01	4034,83	132,20	4120,50	142,40	4206,16	152,59
3950,33	122,15	4036,00	132,34	4121,66	142,54	4207,33	152,73
3951,66	122,31	4037,33	132,50	4123,00	142,70	4208,66	152,89
3952,83	122,45	4038,50	132,64	4124,16	142,83	4209,83	153,03
3954,16	122,60	4039,83	132,80	4125,50	142,99	4211,16	153,19
3955,33	122,74	4041,00	132,94	4126,83	143,15	4212,50	153,35
3956,66	122,90	4042,33	133,10	4128,00	143,29	4213,66	153,49
3957,83	123,04	4043,66	133,26	4129,33	143,45	4215,00	153,64
3959,16	123,20	4044,83	133,39	4130,50	143,59	4216,16	153,78
3960,50	123,36	4046,16	133,55	4131,83	143,75	4217,50	153,94
3961,66	123,50	4047,33	133,69	4133,00	143,89	4218,66	154,08
3963,00	123,66	4048,66	133,85	4134,33	144,04	4220,00	154,24
3964,16	123,79	4049,83	133,99	4135,50	144,18	4221,33	154,40
3965,50	123,95	4051,16	134,15	4136,83	144,34	4222,50	154,54
3966,66	124,09	4052,33	134,29	4138,16	144,50	4223,83	154,70
3968,00	124,25	4053,66	134,45	4139,33	144,64	4225,00	154,83
3969,33	124,41	4055,00	134,60	4140,66	144,80	4226,33	154,99
3970,50	124,55	4056,16	134,74	4141,83	144,94	4227,50	155,13
3971,83	124,71	4057,50	134,90	4143,16	145,10	4228,83	155,29
3973,00	124,85	4058,66	135,04	4144,33	145,23	4230,00	155,43
3974,33	125,00	4060,00	135,20	4145,66	145,39	4231,33	155,59
3975,50	125,14	4061,16	135,34	4146,83	145,53	4232,66	155,75
3976,83	125,30	4062,50	135,50	4148,16	145,69	4233,83	155,89
3978,00	125,44	4063,83	135,66	4149,50	145,85	4235,16	156,04
3979,33	125,60	4065,00	135,79	4150,66	145,99	4236,33	156,18
3980,66	125,76	4066,33	135,95	4152,00	146,15	4237,66	156,34
3981,83	125,90	4067,50	136,09	4153,16	146,29	4238,83	156,48
3983,16	126,06	4068,83	136,25	4154,50	146,44	4240,16	156,64
3984,33	126,19	4070,00	136,39	4155,66	146,58	4241,33	156,78
3985,66	126,35	4071,33	136,55	4157,00	146,74	4242,66	156,94
3986,83	126,49	4072,50	136,69	4158,33	146,90	4244,00	157,09
3988,16	126,65	4073,83	136,85	4159,50	147,04	4245,16	157,23
3989,33	126,79	4075,16	137,00	4160,83	147,20	4246,50	157,39
3990,66	126,95	4076,33	137,14	4162,00	147,34	4247,66	157,53
3992,00	127,11	4077,66	137,30	4163,33	147,50	4249,00	157,69
3993,16	127,25	4078,83	137,44	4164,50	147,63	4250,16	157,83
3994,50	127,40	4080,16	137,60	4165,83	147,79	4251,50	157,99
3995,66	127,54	4081,33	137,74	4167,00	147,93	4252,83	158,15
3997,00	127,70	4082,66	137,90	4168,33	148,09	4254,00	158,28
3998,16	127,84	4083,83	138,04	4169,66	148,25	4255,33	158,44
3999,50	128,00	4085,16	138,19	4170,83	148,39	4256,50	158,58
4000,83	128,16	4086,50	138,35	4172,16	148,55	4257,83	158,74
4002,00	128,30	4087,66	138,49	4173,33	148,69	4259,00	158,88
4003,33	128,46	4089,00	138,65	4174,66	148,84	4260,33	159,04
4004,50	128,59	4090,16	138,79	4175,83	148,98	4261,50	159,18
4005,83	128,75	4091,50	138,95	4177,16	149,14	4262,83	159,34
4007,00	128,89	4092,66	139,09	4178,33	149,28	4264,16	159,49
4008,33	129,05	4094,00	139,24	4179,66	149,44	4265,33	159,63
4009,50	129,19	4095,33	139,40	4181,00	149,60	4266,66	159,79
4010,83	129,35	4096,50	139,54	4182,16	149,74	4267,83	159,93
4012,16	129,51	4097,83	139,70	4183,50	149,90	4269,16	160,09
4013,33	129,65	4099,00	139,84	4184,66	150,03	4270,33	160,23
4014,66	129,80	4100,33	140,00	4186,00	150,19	4271,66	160,39
4015,83	129,94	4101,50	140,14	4187,16	150,33	4272,83	160,53

Steuerklasse III		Steuerklasse III		Steuerklasse III		Steuerklasse III	
Maßstabs-lohnsteuer €	Solidaritäts-zuschlag €	Maßstabs-lohnsteuer €	Solidaritäts-zuschlag €	Maßstabs-lohnsteuer €	Solidaritäts-zuschlag €	Maßstabs-lohnsteuer €	Solidaritäts-zuschlag €
4274,16	160,68	4359,83	170,88	4445,50	181,07	4531,16	191,27
4275,50	160,84	4361,16	171,04	4446,83	181,23	4532,50	191,43
4276,66	160,98	4362,33	171,18	4448,00	181,37	4533,66	191,57
4278,00	161,14	4363,66	171,34	4449,33	181,53	4535,00	191,72
4279,16	161,28	4364,83	171,47	4450,50	181,67	4536,33	191,88
4280,50	161,44	4366,16	171,63	4451,83	181,83	4537,50	192,02
4281,66	161,58	4367,33	171,77	4453,16	181,99	4538,83	192,18
4283,00	161,74	4368,66	171,93	4454,33	182,12	4540,00	192,32
4284,33	161,89	4370,00	172,09	4455,66	182,28	4541,33	192,48
4285,50	162,03	4371,16	172,23	4456,83	182,42	4542,50	192,62
4286,83	162,19	4372,50	172,39	4458,16	182,58	4543,83	192,78
4288,00	162,33	4373,66	172,53	4459,33	182,72	4545,00	192,91
4289,33	162,49	4375,00	172,68	4460,66	182,88	4546,33	193,07
4290,50	162,63	4376,16	172,82	4461,83	183,02	4547,66	193,23
4291,83	162,79	4377,50	172,98	4463,16	183,18	4548,83	193,37
4293,00	162,93	4378,83	173,14	4464,50	183,33	4550,16	193,53
4294,33	163,08	4380,00	173,28	4465,66	183,47	4551,33	193,67
4295,66	163,24	4381,33	173,44	4467,00	183,63	4552,66	193,83
4296,83	163,38	4382,50	173,58	4468,16	183,77	4553,83	193,97
4298,16	163,54	4383,83	173,74	4469,50	183,93	4555,16	194,12
4299,33	163,68	4385,00	173,87	4470,66	184,07	4556,33	194,26
4300,66	163,84	4386,33	174,03	4472,00	184,23	4557,66	194,42
4301,83	163,98	4387,50	174,17	4473,33	184,39	4559,00	194,58
4303,16	164,14	4388,83	174,33	4474,50	184,52	4560,16	194,72
4304,33	164,27	4390,16	174,49	4475,83	184,68	4561,50	194,88
4305,66	164,43	4391,33	174,63	4477,00	184,82	4562,66	195,02
4307,00	164,59	4392,66	174,79	4478,33	184,98	4564,00	195,17
4308,16	164,73	4393,83	174,93	4479,50	185,12	4565,16	195,31
4309,50	164,89	4395,16	175,08	4480,83	185,28	4566,50	195,47
4310,66	165,03	4396,33	175,22	4482,00	185,42	4567,83	195,63
4312,00	165,19	4397,66	175,38	4483,33	185,58	4569,00	195,77
4313,16	165,33	4398,83	175,52	4484,66	185,73	4570,33	195,93
4314,50	165,48	4400,16	175,68	4485,83	185,87	4571,50	196,07
4315,83	165,64	4401,50	175,84	4487,16	186,03	4572,83	196,23
4317,00	165,78	4402,66	175,98	4488,33	186,17	4574,00	196,36
4318,33	165,94	4404,00	176,13	4489,66	186,33	4575,33	196,52
4319,50	166,08	4405,16	176,27	4490,83	186,47	4576,50	196,66
4320,83	166,24	4406,50	176,43	4492,16	186,63	4577,83	196,82
4322,00	166,38	4407,66	176,57	4493,33	186,77	4579,16	196,98
4323,33	166,54	4409,00	176,73	4494,66	186,92	4580,33	197,12
4324,50	166,67	4410,33	176,89	4496,00	187,08	4581,66	197,28
4325,83	166,83	4411,50	177,03	4497,16	187,22	4582,83	197,42
4327,16	166,99	4412,83	177,19	4498,50	187,38	4584,16	197,57
4328,33	167,13	4414,00	177,32	4499,66	187,52	4585,33	197,71
4329,66	167,29	4415,33	177,48	4501,00	187,68	4586,66	197,87
4330,83	167,43	4416,50	177,62	4502,16	187,82	4587,83	198,01
4332,16	167,59	4417,83	177,78	4503,50	187,98	4589,16	198,17
4333,33	167,73	4419,00	177,92	4504,83	188,13	4590,50	198,33
4334,66	167,88	4420,33	178,08	4506,00	188,27	4591,66	198,47
4335,83	168,02	4421,66	178,24	4507,33	188,43	4593,00	198,63
4337,16	168,18	4422,83	178,38	4508,50	188,57	4594,16	198,76
4338,50	168,34	4424,16	178,53	4509,83	188,73	4595,50	198,92
4339,66	168,48	4425,33	178,67	4511,00	188,87	4596,66	199,06
4341,00	168,64	4426,66	178,83	4512,33	189,03	4598,00	199,22
4342,16	168,78	4427,83	178,97	4513,50	189,17	4599,33	199,38
4343,50	168,94	4429,16	179,13	4514,83	189,32	4600,50	199,52
4344,66	169,07	4430,33	179,27	4516,16	189,48	4601,83	199,68
4346,00	169,23	4431,66	179,43	4517,33	189,62	4603,00	199,82
4347,33	169,39	4433,00	179,59	4518,66	189,78	4604,33	199,97
4348,50	169,53	4434,16	179,72	4519,83	189,92	4605,50	200,11
4349,83	169,69	4435,50	179,88	4521,16	190,08	4606,83	200,27
4351,00	169,83	4436,66	180,02	4522,33	190,22	4608,00	200,41
4352,33	169,99	4438,00	180,18	4523,66	190,38	4609,33	200,57
4353,50	170,13	4439,16	180,32	4524,83	190,51	4610,66	200,73
4354,83	170,28	4440,50	180,48	4526,16	190,67	4611,83	200,87
4356,00	170,42	4441,83	180,64	4527,50	190,83	4613,16	201,03
4357,33	170,58	4443,00	180,78	4528,66	190,97	4614,33	201,16
4358,66	170,74	4444,33	180,93	4530,00	191,13	4615,66	201,32

Steuerklasse III		Steuerklasse III		Steuerklasse III		Steuerklasse III	
Maßstabs-lohnsteuer €	Solidaritäts-zuschlag €	Maßstabs-lohnsteuer €	Solidaritäts-zuschlag €	Maßstabs-lohnsteuer €	Solidaritäts-zuschlag €	Maßstabs-lohnsteuer €	Solidaritäts-zuschlag €
4616,83	201,46	4702,50	211,66	4788,33	221,87	4874,00	232,06
4618,16	201,62	4703,83	211,82	4789,50	222,01	4875,16	232,20
4619,33	201,76	4705,16	211,97	4790,83	222,17	4876,50	232,36
4620,66	201,92	4706,33	212,11	4792,00	222,31	4877,66	232,50
4622,00	202,08	4707,66	212,27	4793,33	222,47	4879,00	232,66
4623,16	202,22	4708,83	212,41	4794,50	222,60	4880,16	232,80
4624,50	202,37	4710,16	212,57	4795,83	222,76	4881,50	232,96
4625,66	202,51	4711,33	212,71	4797,00	222,90	4882,83	233,12
4627,00	202,67	4712,66	212,87	4798,33	223,06	4884,00	233,25
4628,16	202,81	4713,83	213,01	4799,66	223,22	4885,33	233,41
4629,50	202,97	4715,16	213,16	4800,83	223,36	4886,50	233,55
4630,83	203,13	4716,50	213,32	4802,16	223,52	4887,83	233,71
4632,00	203,27	4717,66	213,46	4803,33	223,66	4889,00	233,85
4633,33	203,43	4719,00	213,62	4804,66	223,81	4890,33	234,01
4634,50	203,56	4720,16	213,76	4805,83	223,95	4891,50	234,15
4635,83	203,72	4721,50	213,92	4807,16	224,11	4892,83	234,31
4637,00	203,86	4722,66	214,06	4808,33	224,25	4894,16	234,46
4638,33	204,02	4724,00	214,21	4809,66	224,41	4895,33	234,60
4639,50	204,16	4725,33	214,37	4811,00	224,57	4896,66	234,76
4640,83	204,32	4726,50	214,51	4812,16	224,71	4897,83	234,90
4642,16	204,48	4727,83	214,67	4813,50	224,87	4899,16	235,06
4643,33	204,62	4729,00	214,81	4814,66	225,00	4900,33	235,20
4644,66	204,77	4730,33	214,97	4816,00	225,16	4901,66	235,36
4645,83	204,91	4731,50	215,11	4817,16	225,30	4902,83	235,50
4647,16	205,07	4732,83	215,27	4818,50	225,46	4904,16	235,65
4648,33	205,21	4734,00	215,40	4819,83	225,62	4905,50	235,81
4649,66	205,37	4735,33	215,56	4821,00	225,76	4906,66	235,95
4650,83	205,51	4736,66	215,72	4822,33	225,92	4908,00	236,11
4652,16	205,67	4737,83	215,86	4823,50	226,06	4909,16	236,25
4653,50	205,83	4739,16	216,02	4824,83	226,21	4910,50	236,41
4654,66	205,96	4740,33	216,16	4826,00	226,35	4911,66	236,55
4656,00	206,12	4741,66	216,32	4827,33	226,51	4913,00	236,71
4657,16	206,26	4742,83	216,46	4828,50	226,65	4914,33	236,86
4658,50	206,42	4744,16	216,61	4829,83	226,81	4915,50	237,00
4659,66	206,56	4745,33	216,75	4831,16	226,97	4916,83	237,16
4661,00	206,72	4746,66	216,91	4832,33	227,11	4918,00	237,30
4662,33	206,88	4748,00	217,07	4833,66	227,27	4919,33	237,46
4663,50	207,02	4749,16	217,21	4834,83	227,40	4920,50	237,60
4664,83	207,17	4750,50	217,37	4836,16	227,56	4921,83	237,76
4666,00	207,31	4751,66	217,51	4837,33	227,70	4923,00	237,90
4667,33	207,47	4753,00	217,67	4838,66	227,86	4924,33	238,05
4668,50	207,61	4754,16	217,80	4839,83	228,00	4925,66	238,21
4669,83	207,77	4755,50	217,96	4841,16	228,16	4926,83	238,35
4671,00	207,91	4756,83	218,12	4842,50	228,32	4928,16	238,51
4672,33	208,07	4758,00	218,26	4843,66	228,46	4929,33	238,65
4673,66	208,23	4759,33	218,42	4845,00	228,61	4930,66	238,81
4674,83	208,36	4760,50	218,56	4846,16	228,75	4931,83	238,95
4676,16	208,52	4761,83	218,72	4847,50	228,91	4933,16	239,11
4677,33	208,66	4763,00	218,86	4848,66	229,05	4934,33	239,24
4678,66	208,82	4764,33	219,01	4850,00	229,21	4935,66	239,40
4679,83	208,96	4765,50	219,15	4851,33	229,37	4937,00	239,56
4681,16	209,12	4766,83	219,31	4852,50	229,51	4938,16	239,70
4682,33	209,26	4768,16	219,47	4853,83	229,67	4939,50	239,86
4683,66	209,42	4769,33	219,61	4855,00	229,80	4940,66	240,00
4685,00	209,57	4770,66	219,77	4856,33	229,96	4942,00	240,16
4686,16	209,71	4771,83	219,91	4857,50	230,10	4943,16	240,30
4687,50	209,87	4773,16	220,07	4858,83	230,26	4944,50	240,45
4688,66	210,01	4774,33	220,20	4860,00	230,40	4945,83	240,61
4690,00	210,17	4775,66	220,36	4861,33	230,56	4947,00	240,75
4691,16	210,31	4776,83	220,50	4862,66	230,72	4948,33	240,91
4692,50	210,47	4778,16	220,66	4863,83	230,86	4949,50	241,05
4693,83	210,63	4779,50	220,82	4865,16	231,01	4950,83	241,21
4695,00	210,76	4780,66	220,96	4866,33	231,15	4952,00	241,35
4696,33	210,92	4782,00	221,12	4867,66	231,31	4953,33	241,51
4697,50	211,06	4783,16	221,26	4868,83	231,45	4954,50	241,64
4698,83	211,22	4784,50	221,41	4870,16	231,61	4955,83	241,80
4700,00	211,36	4785,66	221,55	4871,33	231,75	4957,16	241,96
4701,33	211,52	4787,00	221,71	4872,66	231,91	4958,33	242,10

Steuerklasse III		Steuerklasse III		Steuerklasse III		Steuerklasse III	
Maßstabs-lohnsteuer €	Solidaritäts-zuschlag €	Maßstabs-lohnsteuer €	Solidaritäts-zuschlag €	Maßstabs-lohnsteuer €	Solidaritäts-zuschlag €	Maßstabs-lohnsteuer €	Solidaritäts-zuschlag €
4959,66	242,26	5045,33	252,45	5131,00	262,65	5216,66	272,84
4960,83	242,40	5046,50	252,59	5132,16	262,79	5217,83	272,98
4962,16	242,56	5047,83	252,75	5133,50	262,95	5219,16	273,14
4963,33	242,70	5049,00	252,89	5134,83	263,10	5220,50	273,30
4964,66	242,85	5050,33	253,05	5136,00	263,24	5221,66	273,44
4965,83	242,99	5051,66	253,21	5137,33	263,40	5223,00	273,60
4967,16	243,15	5052,83	253,35	5138,50	263,54	5224,16	273,73
4968,50	243,31	5054,16	253,50	5139,83	263,70	5225,50	273,89
4969,66	243,45	5055,33	253,64	5141,00	263,84	5226,66	274,03
4971,00	243,61	5056,66	253,80	5142,33	264,00	5228,00	274,19
4972,16	243,75	5057,83	253,94	5143,50	264,14	5229,33	274,35
4973,50	243,91	5059,16	254,10	5144,83	264,29	5230,50	274,49
4974,66	244,04	5060,33	254,24	5146,16	264,45	5231,83	274,65
4976,00	244,20	5061,66	254,40	5147,33	264,59	5233,00	274,79
4977,33	244,36	5063,00	254,56	5148,66	264,75	5234,33	274,94
4978,50	244,50	5064,16	254,69	5149,83	264,89	5235,50	275,08
4979,83	244,66	5065,50	254,85	5151,16	265,05	5236,83	275,24
4981,00	244,80	5066,66	254,99	5152,33	265,19	5238,00	275,38
4982,33	244,96	5068,00	255,15	5153,66	265,35	5239,33	275,54
4983,50	245,10	5069,16	255,29	5154,83	265,48	5240,66	275,70
4984,83	245,25	5070,50	255,45	5156,16	265,64	5241,83	275,84
4986,00	245,39	5071,83	255,61	5157,50	265,80	5243,16	276,00
4987,33	245,55	5073,00	255,75	5158,66	265,94	5244,33	276,13
4988,66	245,71	5074,33	255,90	5160,00	266,10	5245,66	276,29
4989,83	245,85	5075,50	256,04	5161,16	266,24	5246,83	276,43
4991,16	246,01	5076,83	256,20	5162,50	266,40	5248,16	276,59
4992,33	246,15	5078,00	256,34	5163,66	266,54	5249,33	276,73
4993,66	246,31	5079,33	256,50	5165,00	266,69	5250,66	276,89
4994,83	246,44	5080,50	256,64	5166,33	266,85	5252,00	277,05
4996,16	246,60	5081,83	256,80	5167,50	266,99	5253,16	277,19
4997,33	246,74	5083,16	256,96	5168,83	267,15	5254,50	277,34
4998,66	246,90	5084,33	257,09	5170,00	267,29	5255,66	277,48
5000,00	247,06	5085,66	257,25	5171,33	267,45	5257,00	277,64
5001,16	247,20	5086,83	257,39	5172,50	267,59	5258,16	277,78
5002,50	247,36	5088,16	257,55	5173,83	267,75	5259,50	277,94
5003,66	247,50	5089,33	257,69	5175,00	267,88	5260,83	278,10
5005,00	247,65	5090,66	257,85	5176,33	268,04	5262,00	278,24
5006,16	247,79	5091,83	257,99	5177,66	268,20	5263,33	278,40
5007,50	247,95	5093,16	258,15	5178,83	268,34	5264,50	278,53
5008,83	248,11	5094,50	258,30	5180,16	268,50	5265,83	278,69
5010,00	248,25	5095,66	258,44	5181,33	268,64	5267,00	278,83
5011,33	248,41	5097,00	258,60	5182,66	268,80	5268,33	278,99
5012,50	248,55	5098,16	258,74	5183,83	268,94	5269,50	279,13
5013,83	248,71	5099,50	258,90	5185,16	269,09	5270,83	279,29
5015,00	248,84	5100,66	259,04	5186,33	269,23	5272,16	279,45
5016,33	249,00	5102,00	259,20	5187,66	269,39	5273,33	279,59
5017,50	249,14	5103,33	259,36	5189,00	269,55	5274,66	279,74
5018,83	249,30	5104,50	259,49	5190,16	269,69	5275,83	279,88
5020,16	249,46	5105,83	259,65	5191,50	269,85	5277,16	280,04
5021,33	249,60	5107,00	259,79	5192,66	269,99	5278,33	280,18
5022,66	249,76	5108,33	259,95	5194,00	270,14	5279,66	280,34
5023,83	249,90	5109,50	260,09	5195,16	270,28	5280,83	280,48
5025,16	250,05	5110,83	260,25	5196,50	270,44	5282,16	280,64
5026,33	250,19	5112,00	260,39	5197,83	270,60	5283,50	280,80
5027,66	250,35	5113,33	260,55	5199,00	270,74	5284,66	280,93
5028,83	250,49	5114,66	260,70	5200,33	270,90	5286,00	281,09
5030,16	250,65	5115,83	260,84	5201,50	271,04	5287,16	281,23
5031,50	250,81	5117,16	261,00	5202,83	271,20	5288,50	281,39
5032,66	250,95	5118,33	261,14	5204,00	271,33	5289,66	281,53
5034,00	251,10	5119,66	261,30	5205,33	271,49	5291,00	281,69
5035,16	251,24	5120,83	261,44	5206,50	271,63	5292,33	281,85
5036,50	251,40	5122,16	261,60	5207,83	271,79	5293,50	281,99
5037,66	251,54	5123,33	261,74	5209,16	271,95	5294,83	282,14
5039,00	251,70	5124,66	261,89	5210,33	272,09	5296,00	282,28
5040,33	251,86	5126,00	262,05	5211,66	272,25	5297,33	282,44
5041,50	252,00	5127,16	262,19	5212,83	272,39	5298,50	282,58
5042,83	252,16	5128,50	262,35	5214,16	272,54	5299,83	282,74
5044,00	252,29	5129,66	262,49	5215,33	272,68	5301,00	282,88

Steuerklasse III	
Maßstabs-lohnsteuer €	Solidaritäts-zuschlag €
5302,33	283,04
5303,66	283,20
5304,83	283,33
5306,16	283,49
5307,33	283,63
5308,66	283,79
5309,83	283,93
5311,16	284,09
5312,33	284,23
5313,66	284,39
5315,00	284,54
5316,16	284,68
5317,50	284,84
5318,66	284,98
5320,00	285,14
5321,16	285,28
5322,50	285,44
5323,83	285,60
5325,00	285,73
5326,33	285,89
5327,50	286,03
5328,83	286,19
5330,00	286,33
5331,33	286,49
5332,50	286,63
5333,83	286,79
5335,16	286,94
5336,33	287,08

Steuerklasse III	
Maßstabs-lohnsteuer €	Solidaritäts-zuschlag €
5337,66	287,24
5338,83	287,38
5340,16	287,54
5341,33	287,68
5342,66	287,84
5343,83	287,98
5345,16	288,13
5346,50	288,29
5347,66	288,43
5349,00	288,59
5350,16	288,73
5351,50	288,89
5352,66	289,03
5354,00	289,18
5355,33	289,34
5356,50	289,48
5357,83	289,64
5359,00	289,78
5360,33	289,94
5361,50	290,08
5362,83	290,24
5364,00	290,37
5365,33	290,53
5366,66	290,69
5367,83	290,83
5369,16	290,99
5370,33	291,13
5371,66	291,29

Steuerklasse III	
Maßstabs-lohnsteuer €	Solidaritäts-zuschlag €
5372,83	291,43
5374,16	291,58
5375,33	291,72
5376,66	291,88
5378,00	292,04
5379,16	292,18
5380,50	292,34
5381,66	292,48
5383,00	292,64
5384,16	292,77
5385,50	292,93
5386,83	293,09
5388,00	293,23
5389,33	293,39
5390,50	293,53
5391,83	293,69
5393,00	293,83
5394,33	293,98
5395,50	294,12
5396,83	294,28
5398,16	294,44
5399,33	294,58
5400,66	294,74
5401,83	294,88
5403,16	295,04
5404,33	295,17
5405,66	295,33
5406,83	295,47

Steuerklasse III	
Maßstabs-lohnsteuer €	Solidaritäts-zuschlag €
5408,16	295,63
5409,50	295,79
5410,66	295,93
5412,00	296,09
5413,16	296,23
5414,50	296,38
5415,66	296,52
5417,00	296,68
5418,33	296,84
5419,50	296,98
5420,83	297,14
5422,00	297,28
5423,33	297,44
5424,50	297,57
5425,83	297,73
5427,00	297,87
5428,33	298,03
5429,66	298,19
5430,83	298,33
5432,16	298,49
5433,33	298,63
5434,66	298,78
5435,83	298,92
5437,16	299,04

Steuerklasse I, II, IV, V, VI	
Maßstabs-lohnsteuer €	Solidaritäts-zuschlag €
1461,08	0,00
1462,25	0,03
1463,33	0,16
1464,50	0,30
1465,66	0,44
1466,83	0,58
1467,91	0,71
1469,08	0,85
1470,25	0,99
1471,41	1,13
1472,58	1,26
1473,66	1,39
1474,83	1,53
1476,00	1,67
1477,08	1,80
1478,25	1,94
1479,41	2,08
1480,50	2,21
1481,66	2,35
1482,83	2,48
1483,91	2,61
1485,08	2,75
1486,25	2,89
1487,41	3,03
1488,50	3,16
1489,66	3,30
1490,83	3,44
1492,00	3,57
1493,08	3,70
1494,25	3,84
1495,41	3,98
1496,50	4,11
1497,66	4,25
1498,83	4,39

Steuerklasse I, II, IV, V, VI	
Maßstabs-lohnsteuer €	Solidaritäts-zuschlag €
1499,91	4,52
1501,08	4,66
1502,25	4,79
1503,41	4,93
1504,50	5,06
1505,66	5,20
1506,83	5,34
1508,00	5,48
1509,08	5,61
1510,25	5,75
1511,41	5,89
1512,50	6,01
1513,66	6,15
1514,83	6,29
1515,91	6,42
1517,08	6,56
1518,25	6,70
1519,33	6,83
1520,50	6,97
1521,66	7,11
1522,83	7,24
1523,91	7,37
1525,08	7,51
1526,25	7,65
1527,41	7,79
1528,58	7,93
1529,66	8,06
1530,83	8,20
1532,00	8,33
1533,08	8,46
1534,25	8,60
1535,33	8,73
1536,50	8,87
1537,66	9,01

Steuerklasse I, II, IV, V, VI	
Maßstabs-lohnsteuer €	Solidaritäts-zuschlag €
1538,83	9,15
1539,91	9,28
1541,08	9,42
1542,25	9,55
1543,41	9,69
1544,50	9,82
1545,66	9,96
1546,83	10,10
1548,00	10,24
1549,08	10,37
1550,25	10,51
1551,41	10,65
1552,50	10,77
1553,66	10,91
1554,83	11,05
1555,91	11,18
1557,08	11,32
1558,25	11,46
1559,41	11,60
1560,50	11,73
1561,66	11,87
1562,83	12,00
1564,00	12,14
1565,08	12,27
1566,25	12,41
1567,41	12,55
1568,50	12,68
1569,66	12,82
1570,83	12,96
1571,91	13,09
1573,08	13,22
1574,25	13,36
1575,33	13,49
1576,50	13,63

Steuerklasse I, II, IV, V, VI	
Maßstabs-lohnsteuer €	Solidaritäts-zuschlag €
1577,66	13,77
1578,83	13,91
1579,91	14,04
1581,08	14,18
1582,25	14,31
1583,41	14,45
1584,58	14,59
1585,66	14,72
1586,83	14,86
1587,91	14,99
1589,08	15,13
1590,25	15,27
1591,33	15,40
1592,50	15,53
1593,66	15,67
1594,83	15,81
1595,91	15,94
1597,08	16,08
1598,25	16,22
1599,41	16,36
1600,50	16,49
1601,66	16,63
1602,83	16,76
1604,00	16,90
1605,08	17,03
1606,25	17,17
1607,41	17,31
1608,50	17,44
1609,66	17,58
1610,83	17,72
1611,91	17,85
1613,08	17,98
1614,25	18,12
1615,41	18,26

Steuerklasse I, II, IV, V, VI		Steuerklasse I, II, IV, V, VI		Steuerklasse I, II, IV, V, VI		Steuerklasse I, II, IV, V, VI	
Maßstabs-lohnsteuer €	Solidaritäts-zuschlag €	Maßstabs-lohnsteuer €	Solidaritäts-zuschlag €	Maßstabs-lohnsteuer €	Solidaritäts-zuschlag €	Maßstabs-lohnsteuer €	Solidaritäts-zuschlag €
1616,50	18,39	1694,25	27,64	1778,91	37,72	1864,58	47,91
1617,66	18,53	1695,41	27,78	1780,16	37,87	1865,83	48,06
1618,83	18,67	1696,50	27,91	1781,41	38,02	1867,16	48,22
1620,00	18,81	1697,66	28,05	1782,75	38,17	1868,41	48,37
1621,08	18,94	1698,83	28,19	1784,00	38,32	1869,66	48,52
1622,25	19,07	1699,91	28,32	1785,25	38,47	1870,91	48,67
1623,41	19,21	1701,08	28,46	1786,50	38,62	1872,16	48,81
1624,50	19,34	1702,25	28,59	1787,75	38,77	1873,41	48,96
1625,66	19,48	1703,33	28,72	1789,00	38,92	1874,66	49,11
1626,83	19,62	1704,58	28,87	1790,25	39,07	1875,91	49,26
1627,91	19,75	1705,83	29,02	1791,50	39,22	1877,25	49,42
1629,08	19,89	1707,08	29,17	1792,83	39,37	1878,50	49,57
1630,25	20,03	1708,33	29,32	1794,08	39,52	1879,75	49,72
1631,33	20,16	1709,66	29,48	1795,33	39,67	1881,00	49,87
1632,50	20,29	1710,91	29,63	1796,58	39,82	1882,25	50,01
1633,66	20,43	1712,16	29,77	1797,83	39,97	1883,50	50,16
1634,83	20,57	1713,41	29,92	1799,08	40,12	1884,75	50,31
1635,91	20,70	1714,66	30,07	1800,33	40,27	1886,00	50,46
1637,08	20,84	1715,91	30,22	1801,58	40,42	1887,33	50,62
1638,25	20,98	1717,16	30,37	1802,83	40,56	1888,58	50,77
1639,41	21,12	1718,41	30,52	1804,16	40,72	1889,83	50,92
1640,50	21,25	1719,75	30,68	1805,41	40,87	1891,08	51,07
1641,66	21,39	1721,00	30,83	1806,66	41,02	1892,33	51,21
1642,83	21,52	1722,25	30,97	1807,91	41,17	1893,58	51,36
1643,91	21,65	1723,50	31,12	1809,16	41,32	1894,83	51,51
1645,08	21,79	1724,75	31,27	1810,41	41,47	1896,08	51,66
1646,25	21,93	1726,00	31,42	1811,66	41,62	1897,33	51,81
1647,33	22,06	1727,25	31,57	1812,91	41,76	1898,66	51,97
1648,50	22,20	1728,50	31,72	1814,25	41,92	1899,91	52,12
1649,66	22,34	1729,83	31,88	1815,50	42,07	1901,16	52,27
1650,83	22,48	1731,08	32,03	1816,75	42,22	1902,41	52,41
1651,91	22,61	1732,33	32,17	1818,00	42,37	1903,66	52,56
1653,08	22,74	1733,58	32,32	1819,25	42,52	1904,91	52,71
1654,25	22,88	1734,83	32,47	1820,50	42,67	1906,16	52,86
1655,41	23,02	1736,08	32,62	1821,75	42,82	1907,41	53,01
1656,50	23,15	1737,33	32,77	1823,00	42,96	1908,75	53,17
1657,66	23,29	1738,58	32,92	1824,33	43,12	1910,00	53,32
1658,83	23,43	1739,83	33,07	1825,58	43,27	1911,25	53,47
1660,00	23,57	1741,16	33,23	1826,83	43,42	1912,50	53,61
1661,08	23,70	1742,41	33,37	1828,08	43,57	1913,75	53,76
1662,25	23,83	1743,66	33,52	1829,33	43,72	1915,00	53,91
1663,41	23,97	1744,91	33,67	1830,58	43,87	1916,25	54,06
1664,50	24,10	1746,16	33,82	1831,83	44,02	1917,50	54,21
1665,66	24,24	1747,41	33,97	1833,08	44,16	1918,83	54,37
1666,83	24,38	1748,66	34,12	1834,33	44,31	1920,08	54,52
1667,91	24,51	1749,91	34,27	1835,66	44,47	1921,33	54,67
1669,08	24,65	1751,25	34,43	1836,91	44,62	1922,58	54,81
1670,25	24,79	1752,50	34,57	1838,16	44,77	1923,83	54,96
1671,41	24,93	1753,75	34,72	1839,41	44,92	1925,08	55,11
1672,50	25,05	1755,00	34,87	1840,66	45,07	1926,33	55,26
1673,66	25,19	1756,25	35,02	1841,91	45,22	1927,58	55,41
1674,83	25,33	1757,50	35,17	1843,16	45,36	1928,83	55,56
1676,00	25,47	1758,75	35,32	1844,41	45,51	1930,16	55,72
1677,08	25,60	1760,00	35,47	1845,75	45,67	1931,41	55,87
1678,25	25,74	1761,33	35,63	1847,00	45,82	1932,66	56,01
1679,41	25,88	1762,58	35,77	1848,25	45,97	1933,91	56,16
1680,50	26,01	1763,83	35,92	1849,50	46,12	1935,16	56,31
1681,66	26,15	1765,08	36,07	1850,75	46,27	1936,41	56,46
1682,83	26,28	1766,33	36,22	1852,00	46,41	1937,66	56,61
1683,91	26,41	1767,58	36,37	1853,25	46,56	1938,91	56,76
1685,08	26,55	1768,83	36,52	1854,50	46,71	1940,25	56,92
1686,25	26,69	1770,08	36,67	1855,83	46,87	1941,50	57,07
1687,33	26,82	1771,33	36,82	1857,08	47,02	1942,75	57,21
1688,50	26,96	1772,66	36,97	1858,33	47,17	1944,00	57,36
1689,66	27,10	1773,91	37,12	1859,58	47,32	1945,25	57,51
1690,83	27,24	1775,16	37,27	1860,83	47,47	1946,50	57,66
1691,91	27,37	1776,41	37,42	1862,08	47,61	1947,75	57,81
1693,08	27,50	1777,66	37,57	1863,33	47,76	1949,00	57,96

Steuerklasse I, II, IV, V, VI		Steuerklasse I, II, IV, V, VI		Steuerklasse I, II, IV, V, VI		Steuerklasse I, II, IV, V, VI	
Maßstabs-lohnsteuer €	Solidaritäts-zuschlag €	Maßstabs-lohnsteuer €	Solidaritäts-zuschlag €	Maßstabs-lohnsteuer €	Solidaritäts-zuschlag €	Maßstabs-lohnsteuer €	Solidaritäts-zuschlag €
1950,33	58,12	2036,00	68,31	2121,66	78,51	2207,33	88,70
1951,58	58,27	2037,25	68,46	2122,91	78,65	2208,58	88,85
1952,83	58,41	2038,50	68,61	2124,16	78,80	2209,83	89,00
1954,08	58,56	2039,75	68,76	2125,41	78,95	2211,08	89,15
1955,33	58,71	2041,00	68,91	2126,66	79,10	2212,33	89,29
1956,58	58,86	2042,25	69,05	2127,91	79,25	2213,66	89,45
1957,83	59,01	2043,50	69,20	2129,25	79,41	2214,91	89,60
1959,08	59,16	2044,83	69,36	2130,50	79,56	2216,16	89,75
1960,33	59,31	2046,08	69,51	2131,75	79,71	2217,41	89,90
1961,66	59,47	2047,33	69,66	2133,00	79,85	2218,66	90,05
1962,91	59,61	2048,58	69,81	2134,25	80,00	2219,91	90,20
1964,16	59,76	2049,83	69,96	2135,50	80,15	2221,16	90,35
1965,41	59,91	2051,08	70,11	2136,75	80,30	2222,41	90,49
1966,66	60,06	2052,33	70,25	2138,00	80,45	2223,75	90,65
1967,91	60,21	2053,58	70,40	2139,33	80,61	2225,00	90,80
1969,16	60,36	2054,83	70,55	2140,58	80,76	2226,25	90,95
1970,41	60,51	2056,16	70,71	2141,83	80,91	2227,50	91,10
1971,75	60,67	2057,41	70,86	2143,08	81,05	2228,75	91,25
1973,00	60,81	2058,66	71,01	2144,33	81,20	2230,00	91,40
1974,25	60,96	2059,91	71,16	2145,58	81,35	2231,25	91,55
1975,50	61,11	2061,16	71,31	2146,83	81,50	2232,50	91,69
1976,75	61,26	2062,41	71,45	2148,08	81,65	2233,83	91,85
1978,00	61,41	2063,66	71,60	2149,33	81,80	2235,08	92,00
1979,25	61,56	2064,91	71,75	2150,66	81,96	2236,33	92,15
1980,50	61,71	2066,25	71,91	2151,91	82,11	2237,58	92,30
1981,83	61,87	2067,50	72,06	2153,16	82,25	2238,83	92,45
1983,08	62,01	2068,75	72,21	2154,41	82,40	2240,08	92,60
1984,33	62,16	2070,00	72,36	2155,66	82,55	2241,33	92,75
1985,58	62,31	2071,25	72,51	2156,91	82,70	2242,58	92,89
1986,83	62,46	2072,50	72,65	2158,16	82,85	2243,83	93,04
1988,08	62,61	2073,75	72,80	2159,41	83,00	2245,16	93,20
1989,33	62,76	2075,00	72,95	2160,75	83,16	2246,41	93,35
1990,58	62,91	2076,33	73,11	2162,00	83,30	2247,66	93,50
1991,83	63,06	2077,58	73,26	2163,25	83,45	2248,91	93,65
1993,16	63,21	2078,83	73,41	2164,50	83,60	2250,16	93,80
1994,41	63,36	2080,08	73,56	2165,75	83,75	2251,41	93,95
1995,66	63,51	2081,33	73,71	2167,00	83,90	2252,66	94,09
1996,91	63,66	2082,58	73,85	2168,25	84,05	2253,91	94,24
1998,16	63,81	2083,83	74,00	2169,50	84,20	2255,25	94,40
1999,41	63,96	2085,08	74,15	2170,83	84,36	2256,50	94,55
2000,66	64,11	2086,33	74,30	2172,08	84,50	2257,75	94,70
2001,91	64,26	2087,66	74,46	2173,33	84,65	2259,00	94,85
2003,25	64,41	2088,91	74,61	2174,58	84,80	2260,25	95,00
2004,50	64,56	2090,16	74,76	2175,83	84,95	2261,50	95,15
2005,75	64,71	2091,41	74,91	2177,08	85,10	2262,75	95,29
2007,00	64,86	2092,66	75,05	2178,33	85,25	2264,00	95,44
2008,25	65,01	2093,91	75,20	2179,58	85,40	2265,33	95,60
2009,50	65,16	2095,16	75,35	2180,83	85,55	2266,58	95,75
2010,75	65,31	2096,41	75,50	2182,16	85,70	2267,83	95,90
2012,00	65,45	2097,75	75,66	2183,41	85,85	2269,08	96,05
2013,33	65,61	2099,00	75,81	2184,66	86,00	2270,33	96,20
2014,58	65,76	2100,25	75,96	2185,91	86,15	2271,58	96,35
2015,83	65,91	2101,50	76,11	2187,16	86,30	2272,83	96,49
2017,08	66,06	2102,75	76,25	2188,41	86,45	2274,08	96,64
2018,33	66,21	2104,00	76,40	2189,66	86,60	2275,33	96,79
2019,58	66,36	2105,25	76,55	2190,91	86,75	2276,66	96,95
2020,83	66,51	2106,50	76,70	2192,25	86,90	2277,91	97,10
2022,08	66,65	2107,83	76,86	2193,50	87,05	2279,16	97,25
2023,33	66,80	2109,08	77,01	2194,75	87,20	2280,41	97,40
2024,66	66,96	2110,33	77,16	2196,00	87,35	2281,66	97,55
2025,91	67,11	2111,58	77,31	2197,25	87,50	2282,91	97,69
2027,16	67,26	2112,83	77,45	2198,50	87,65	2284,16	97,84
2028,41	67,41	2114,08	77,60	2199,75	87,80	2285,41	97,99
2029,66	67,56	2115,33	77,75	2201,00	87,95	2286,75	98,15
2030,91	67,71	2116,58	77,90	2202,33	88,10	2288,00	98,30
2032,16	67,85	2117,83	78,05	2203,58	88,25	2289,25	98,45
2033,41	68,00	2119,16	78,21	2204,83	88,40	2290,50	98,60
2034,75	68,16	2120,41	78,36	2206,08	88,55	2291,75	98,75

Steuerklasse I, II, IV, V, VI		Steuerklasse I, II, IV, V, VI		Steuerklasse I, II, IV, V, VI		Steuerklasse I, II, IV, V, VI	
Maßstabs-lohnsteuer €	Solidaritäts-zuschlag €	Maßstabs-lohnsteuer €	Solidaritäts-zuschlag €	Maßstabs-lohnsteuer €	Solidaritäts-zuschlag €	Maßstabs-lohnsteuer €	Solidaritäts-zuschlag €
2293,00	98,89	2378,66	109,09	2464,33	119,28	2550,08	129,49
2294,25	99,04	2379,91	109,24	2465,66	119,44	2551,33	129,64
2295,50	99,19	2381,25	109,40	2466,91	119,59	2552,58	129,78
2296,83	99,35	2382,50	109,54	2468,16	119,74	2553,83	129,93
2298,08	99,50	2383,75	109,69	2469,41	119,89	2555,08	130,08
2299,33	99,65	2385,00	109,84	2470,66	120,04	2556,33	130,23
2300,58	99,80	2386,25	109,99	2471,91	120,19	2557,58	130,38
2301,83	99,95	2387,50	110,14	2473,16	120,33	2558,83	130,53
2303,08	100,09	2388,75	110,29	2474,41	120,48	2560,16	130,69
2304,33	100,24	2390,00	110,44	2475,75	120,64	2561,41	130,84
2305,58	100,39	2391,33	110,60	2477,00	120,79	2562,66	130,98
2306,83	100,54	2392,58	110,74	2478,25	120,94	2563,91	131,13
2308,16	100,70	2393,83	110,89	2479,50	121,09	2565,16	131,28
2309,41	100,85	2395,08	111,04	2480,75	121,24	2566,41	131,43
2310,66	101,00	2396,33	111,19	2482,00	121,38	2567,66	131,58
2311,91	101,15	2397,58	111,34	2483,25	121,53	2568,91	131,73
2313,16	101,29	2398,83	111,49	2484,50	121,68	2570,25	131,89
2314,41	101,44	2400,08	111,64	2485,83	121,84	2571,50	132,04
2315,66	101,59	2401,33	111,79	2487,08	121,99	2572,75	132,18
2316,91	101,74	2402,66	111,94	2488,33	122,14	2574,00	132,33
2318,25	101,90	2403,91	112,09	2489,58	122,29	2575,25	132,48
2319,50	102,05	2405,16	112,24	2490,83	122,44	2576,50	132,63
2320,75	102,20	2406,41	112,39	2492,08	122,58	2577,75	132,78
2322,00	102,34	2407,66	112,54	2493,33	122,73	2579,00	132,93
2323,25	102,49	2408,91	112,69	2494,58	122,88	2580,33	133,09
2324,50	102,64	2410,16	112,84	2495,83	123,03	2581,58	133,24
2325,75	102,79	2411,41	112,99	2497,16	123,19	2582,83	133,38
2327,00	102,94	2412,75	113,14	2498,41	123,34	2584,08	133,53
2328,33	103,10	2414,00	113,29	2499,66	123,49	2585,33	133,68
2329,58	103,25	2415,25	113,44	2500,91	123,64	2586,58	133,83
2330,83	103,40	2416,50	113,59	2502,16	123,78	2587,83	133,98
2332,08	103,54	2417,75	113,74	2503,41	123,93	2589,08	134,13
2333,33	103,69	2419,00	113,89	2504,66	124,08	2590,33	134,28
2334,58	103,84	2420,25	114,04	2505,91	124,23	2591,66	134,44
2335,83	103,99	2421,50	114,19	2507,25	124,39	2592,91	134,58
2337,08	104,14	2422,83	114,34	2508,50	124,54	2594,16	134,73
2338,33	104,29	2424,08	114,49	2509,75	124,69	2595,41	134,88
2339,66	104,45	2425,33	114,64	2511,00	124,84	2596,66	135,03
2340,91	104,60	2426,58	114,79	2512,25	124,98	2597,91	135,18
2342,16	104,74	2427,83	114,94	2513,50	125,13	2599,16	135,33
2343,41	104,89	2429,08	115,09	2514,75	125,28	2600,41	135,48
2344,66	105,04	2430,33	115,24	2516,00	125,43	2601,75	135,64
2345,91	105,19	2431,58	115,39	2517,33	125,59	2603,00	135,78
2347,16	105,34	2432,83	115,53	2518,58	125,74	2604,25	135,93
2348,41	105,49	2434,16	115,69	2519,83	125,89	2605,50	136,08
2349,75	105,65	2435,41	115,84	2521,08	126,04	2606,75	136,23
2351,00	105,80	2436,66	115,99	2522,33	126,18	2608,00	136,38
2352,25	105,94	2437,91	116,14	2523,58	126,33	2609,25	136,53
2353,50	106,09	2439,16	116,29	2524,83	126,48	2610,50	136,68
2354,75	106,24	2440,41	116,44	2526,08	126,63	2611,83	136,84
2356,00	106,39	2441,66	116,59	2527,33	126,78	2613,08	136,98
2357,25	106,54	2442,91	116,73	2528,66	126,94	2614,33	137,13
2358,50	106,69	2444,25	116,89	2529,91	127,09	2615,58	137,28
2359,83	106,85	2445,50	117,04	2531,16	127,24	2616,83	137,43
2361,08	107,00	2446,75	117,19	2532,41	127,38	2618,08	137,58
2362,33	107,14	2448,00	117,34	2533,66	127,53	2619,33	137,73
2363,58	107,29	2449,25	117,49	2534,91	127,68	2620,58	137,88
2364,83	107,44	2450,50	117,64	2536,16	127,83	2621,83	138,03
2366,08	107,59	2451,75	117,79	2537,41	127,98	2623,16	138,18
2367,33	107,74	2453,00	117,93	2538,75	128,14	2624,41	138,33
2368,58	107,89	2454,33	118,09	2540,00	128,29	2625,66	138,48
2369,83	108,04	2455,58	118,24	2541,25	128,44	2626,91	138,63
2371,16	108,20	2456,83	118,39	2542,50	128,58	2628,16	138,78
2372,41	108,34	2458,08	118,54	2543,75	128,73	2629,41	138,93
2373,66	108,49	2459,33	118,69	2545,00	128,88	2630,66	139,08
2374,91	108,64	2460,58	118,84	2546,25	129,03	2631,91	139,23
2376,16	108,79	2461,83	118,99	2547,50	129,18	2633,25	139,38
2377,41	108,94	2463,08	119,13	2548,83	129,34	2634,50	139,53

Steuerklasse I, II, IV, V, VI		Steuerklasse I, II, IV, V, VI		Steuerklasse I, II, IV, V, VI		Steuerklasse I, II, IV, V, VI	
Maßstabs-lohnsteuer €	Solidaritäts-zuschlag €	Maßstabs-lohnsteuer €	Solidaritäts-zuschlag €	Maßstabs-lohnsteuer €	Solidaritäts-zuschlag €	Maßstabs-lohnsteuer €	Solidaritäts-zuschlag €
2635,75	139,68	2657,16	142,23	2678,58	144,78	2700,00	147,33
2637,00	139,83	2658,41	142,38	2679,83	144,93	2701,25	147,48
2638,25	139,98	2659,66	142,53	2681,08	145,08	2702,50	147,62
2639,50	140,13	2660,91	142,68	2682,33	145,22	2703,75	147,77
2640,75	140,28	2662,16	142,82	2683,58	145,37	2705,00	147,92
2642,00	140,42	2663,41	142,97	2684,83	145,52	2706,33	148,08
2643,33	140,58	2664,75	143,13	2686,16	145,68	2707,58	148,23
2644,58	140,73	2666,00	143,28	2687,41	145,83	2708,83	148,38
2645,83	140,88	2667,25	143,43	2688,66	145,98	2710,08	148,53
2647,08	141,03	2668,50	143,58	2689,91	146,13	2711,33	148,68
2648,33	141,18	2669,75	143,73	2691,16	146,28	2712,58	148,82
2649,58	141,33	2671,00	143,88	2692,41	146,42	2713,83	148,97
2650,83	141,48	2672,25	144,02	2693,66	146,57	2715,08	149,12
2652,08	141,62	2673,50	144,17	2694,91	146,72	2716,33	149,27
2653,33	141,77	2674,83	144,33	2696,25	146,88	2717,66	149,43
2654,66	141,93	2676,08	144,48	2697,50	147,03	2718,91	149,54
2655,91	142,08	2677,33	144,63	2698,75	147,18		

Lohn/ Gehalt in € bis	Steuerklasse	Lohn-steuer*	BVSP**	TAGZ***
2,99	I,IV		0,33	0,25
	II		0,33	0,25
	III		0,33	0,25
	V		0,33	0,25
	VI	**0,25**	0,33	0,25
5,99	I,IV		0,66	0,50
	II		0,66	0,50
	III		0,66	0,50
	V		0,66	0,50
	VI	**0,58**	0,66	0,50
8,99	I,IV		1,00	0,83
	II		1,00	0,83
	III		1,00	0,83
	V		1,00	0,83
	VI	**0,91**	1,00	0,83
11,99	I,IV		1,41	1,08
	II		1,41	1,08
	III		1,41	1,08
	V		1,41	1,08
	VI	**1,25**	1,41	1,08
14,99	I,IV		1,75	1,33
	II		1,75	1,33
	III		1,75	1,33
	V		1,75	1,33
	VI	**1,58**	1,75	1,33
17,99	I,IV		2,08	1,66
	II		2,08	1,66
	III		2,08	1,66
	V		2,08	1,66
	VI	**1,91**	2,08	1,66
20,99	I,IV		2,50	1,91
	II		2,50	1,91
	III		2,50	1,91
	V		2,50	1,91
	VI	**2,25**	2,50	1,91
23,99	I,IV		2,83	2,16
	II		2,83	2,16
	III		2,83	2,16
	V		2,83	2,16
	VI	**2,58**	2,83	2,16
26,99	I,IV		3,16	2,50
	II		3,16	2,50
	III		3,16	2,50
	V		3,16	2,50
	VI	**2,91**	3,16	2,50
29,99	I,IV		3,58	2,75
	II		3,58	2,75
	III		3,58	2,75
	V		3,58	2,75
	VI	**3,25**	3,58	2,75
32,99	I,IV		3,91	3,00
	II		3,91	3,00
	III		3,91	3,00
	V		3,91	3,00
	VI	**3,58**	3,91	3,00
35,99	I,IV		4,25	3,33
	II		4,25	3,33
	III		4,25	3,33
	V		4,25	3,33
	VI	**3,91**	4,25	3,33
38,99	I,IV		4,66	3,58
	II		4,66	3,58
	III		4,66	3,58
	V		4,66	3,58
	VI	**4,25**	4,66	3,58
41,99	I,IV		5,00	3,83
	II		5,00	3,83
	III		5,00	3,83
	V		5,00	3,83
	VI	**4,58**	5,00	3,83
44,99	I,IV		5,33	4,16
	II		5,33	4,16
	III		5,33	4,16
	V		5,33	4,16
	VI	**4,91**	5,33	4,16
47,99	I,IV		5,75	4,41
	II		5,75	4,41
	III		5,75	4,41
	V		5,75	4,41
	VI	**5,25**	5,75	4,41
50,99	I,IV		6,08	4,75
	II		6,08	4,75
	III		6,08	4,75
	V		6,08	4,75
	VI	**5,58**	6,08	4,75
53,99	I,IV		6,41	5,00
	II		6,41	5,00
	III		6,41	5,00
	V		6,41	5,00
	VI	**5,91**	6,41	5,00
56,99	I,IV		6,83	5,25
	II		6,83	5,25
	III		6,83	5,25
	V		6,83	5,25
	VI	**6,25**	6,83	5,25
59,99	I,IV		7,16	5,58
	II		7,16	5,58
	III		7,16	5,58
	V		7,16	5,58
	VI	**6,58**	7,16	5,58
62,99	I,IV		7,50	5,83
	II		7,50	5,83
	III		7,50	5,83
	V		7,50	5,83
	VI	**6,91**	7,50	5,83
65,99	I,IV		7,91	6,08
	II		7,91	6,08
	III		7,91	6,08
	V		7,91	6,08
	VI	**7,25**	7,91	6,08
68,99	I,IV		8,25	6,41
	II		8,25	6,41
	III		8,25	6,41
	V		8,25	6,41
	VI	**7,58**	8,25	6,41
71,99	I,IV		8,58	6,66
	II		8,58	6,66
	III		8,58	6,66
	V		8,58	6,66
	VI	**7,83**	8,58	6,66

* Zur LSt-Berechnung für privat versicherte Arbeitnehmer s. Beispiele **Vorbemerkung S. 4 f.**
** Basisvorsorgepauschale KV und PV *** Typisierter Arbeitgeberzuschuss

Lohn/ Gehalt in € bis	Steuerklasse	Lohn- steuer*	BVSP**	TAGZ***
74,99	I,IV		8,91	6,91
	II		8,91	6,91
	III		8,91	6,91
	V		8,91	6,91
	VI	**8,16**	8,91	6,91
77,99	I,IV		9,33	7,25
	II		9,33	7,25
	III		9,33	7,25
	V		9,33	7,25
	VI	**8,50**	9,33	7,25
80,99	I,IV		9,66	7,50
	II		9,66	7,50
	III		9,66	7,50
	V		9,66	7,50
	VI	**8,83**	9,66	7,50
83,99	I,IV		10,00	7,75
	II		10,00	7,75
	III		10,00	7,75
	V		10,00	7,75
	VI	**9,16**	10,00	7,75
86,99	I,IV		10,41	8,08
	II		10,41	8,08
	III		10,41	8,08
	V		10,41	8,08
	VI	**9,50**	10,41	8,08
89,99	I,IV		10,75	8,33
	II		10,75	8,33
	III		10,75	8,33
	V		10,75	8,33
	VI	**9,83**	10,75	8,33
92,99	I,IV		11,08	8,66
	II		11,08	8,66
	III		11,08	8,66
	V		11,08	8,66
	VI	**10,16**	11,08	8,66
95,99	I,IV		11,50	8,91
	II		11,50	8,91
	III		11,50	8,91
	V		11,50	8,91
	VI	**10,50**	11,50	8,91
98,99	I,IV		11,83	9,16
	II		11,83	9,16
	III		11,83	9,16
	V		11,83	9,16
	VI	**10,83**	11,83	9,16
101,99	I,IV		12,16	9,50
	II		12,16	9,50
	III		12,16	9,50
	V		12,16	9,50
	VI	**11,16**	12,16	9,50
104,99	I,IV		12,58	9,75
	II		12,58	9,75
	III		12,58	9,75
	V		12,58	9,75
	VI	**11,50**	12,58	9,75
107,99	I,IV		12,91	10,00
	II		12,91	10,00
	III		12,91	10,00
	V		12,91	10,00
	VI	**11,83**	12,91	10,00

Lohn/ Gehalt in € bis	Steuerklasse	Lohn- steuer*	BVSP**	TAGZ***
110,99	I,IV		13,25	10,33
	II		13,25	10,33
	III		13,25	10,33
	V		13,25	10,33
	VI	**12,16**	13,25	10,33
113,99	I,IV		13,66	10,58
	II		13,66	10,58
	III		13,66	10,58
	V		13,66	10,58
	VI	**12,50**	13,66	10,58
116,99	I,IV		14,00	10,83
	II		14,00	10,83
	III		14,00	10,83
	V		14,00	10,83
	VI	**12,83**	14,00	10,83
119,99	I,IV		14,33	11,16
	II		14,33	11,16
	III		14,33	11,16
	V		14,33	11,16
	VI	**13,16**	14,33	11,16
122,99	I,IV		14,75	11,41
	II		14,75	11,41
	III		14,75	11,41
	V		14,75	11,41
	VI	**13,50**	14,75	11,41
125,99	I,IV		15,08	11,66
	II		15,08	11,66
	III		15,08	11,66
	V		15,08	11,66
	VI	**13,83**	15,08	11,66
128,99	I,IV		15,41	12,00
	II		15,41	12,00
	III		15,41	12,00
	V		15,41	12,00
	VI	**14,16**	15,41	12,00
131,99	I,IV		15,83	12,25
	II		15,83	12,25
	III		15,83	12,25
	V	**0,08**	15,83	12,25
	VI	**14,50**	15,83	12,25
134,99	I,IV		16,16	12,58
	II		16,16	12,58
	III		16,16	12,58
	V	**0,41**	16,16	12,58
	VI	**14,83**	16,16	12,58
137,99	I,IV		16,50	12,83
	II		16,50	12,83
	III		16,50	12,83
	V	**0,75**	16,50	12,83
	VI	**15,16**	16,50	12,83
140,99	I,IV		16,91	13,08
	II		16,91	13,08
	III		16,91	13,08
	V	**1,08**	16,91	13,08
	VI	**15,50**	16,91	13,08
143,99	I,IV		17,25	13,41
	II		17,25	13,41
	III		17,25	13,41
	V	**1,41**	17,25	13,41
	VI	**15,83**	17,25	13,41

* Zur LSt-Berechnung für privat versicherte Arbeitnehmer s. Beispiele **Vorbemerkung S. 4 f.**
** Basisvorsorgepauschale KV und PV *** Typisierter Arbeitgeberzuschuss

Lohn/ Gehalt in € bis	Steuerklasse	Lohn-steuer*	BVSP**	TAGZ***
146,99	I,IV		17,58	13,66
	II		17,58	13,66
	III		17,58	13,66
	V	**1,75**	17,58	13,66
	VI	**16,16**	17,58	13,66
149,99	I,IV		17,91	13,91
	II		17,91	13,91
	III		17,91	13,91
	V	**2,08**	17,91	13,91
	VI	**16,50**	17,91	13,91
152,99	I,IV		18,33	14,25
	II		18,33	14,25
	III		18,33	14,25
	V	**2,33**	18,33	14,25
	VI	**16,83**	18,33	14,25
155,99	I,IV		18,66	14,50
	II		18,66	14,50
	III		18,66	14,50
	V	**2,75**	18,66	14,50
	VI	**17,16**	18,66	14,50
158,99	I,IV		19,00	14,75
	II		19,00	14,75
	III		19,00	14,75
	V	**3,00**	19,00	14,75
	VI	**17,50**	19,00	14,75
161,99	I,IV		19,41	15,08
	II		19,41	15,08
	III		19,41	15,08
	V	**3,33**	19,41	15,08
	VI	**17,75**	19,41	15,08
164,99	I,IV		19,75	15,33
	II		19,75	15,33
	III		19,75	15,33
	V	**3,66**	19,75	15,33
	VI	**18,08**	19,75	15,33
167,99	I,IV		20,08	15,58
	II		20,08	15,58
	III		20,08	15,58
	V	**4,00**	20,08	15,58
	VI	**18,41**	20,08	15,58
170,99	I,IV		20,50	15,91
	II		20,50	15,91
	III		20,50	15,91
	V	**4,33**	20,50	15,91
	VI	**18,75**	20,50	15,91
173,99	I,IV		20,83	16,16
	II		20,83	16,16
	III		20,83	16,16
	V	**4,66**	20,83	16,16
	VI	**19,08**	20,83	16,16
176,99	I,IV		21,16	16,50
	II		21,16	16,50
	III		21,16	16,50
	V	**5,00**	21,16	16,50
	VI	**19,41**	21,16	16,50
179,99	I,IV		21,58	16,75
	II		21,58	16,75
	III		21,58	16,75
	V	**5,33**	21,58	16,75
	VI	**19,75**	21,58	16,75

Lohn/ Gehalt in € bis	Steuerklasse	Lohn-steuer*	BVSP**	TAGZ***
182,99	I,IV		21,91	17,00
	II		21,91	17,00
	III		21,91	17,00
	V	**5,66**	21,91	17,00
	VI	**20,08**	21,91	17,00
185,99	I,IV		22,25	17,33
	II		22,25	17,33
	III		22,25	17,33
	V	**6,00**	22,25	17,33
	VI	**20,41**	22,25	17,33
188,99	I,IV		22,66	17,58
	II		22,66	17,58
	III		22,66	17,58
	V	**6,33**	22,66	17,58
	VI	**20,75**	22,66	17,58
191,99	I,IV		23,00	17,83
	II		23,00	17,83
	III		23,00	17,83
	V	**6,66**	23,00	17,83
	VI	**21,08**	23,00	17,83
194,99	I,IV		23,33	18,16
	II		23,33	18,16
	III		23,33	18,16
	V	**7,00**	23,33	18,16
	VI	**21,41**	23,33	18,16
197,99	I,IV		23,75	18,41
	II		23,75	18,41
	III		23,75	18,41
	V	**7,33**	23,75	18,41
	VI	**21,75**	23,75	18,41
200,99	I,IV		24,08	18,66
	II		24,08	18,66
	III		24,08	18,66
	V	**7,66**	24,08	18,66
	VI	**22,08**	24,08	18,66
203,99	I,IV		24,41	19,00
	II		24,41	19,00
	III		24,41	19,00
	V	**8,00**	24,41	19,00
	VI	**22,41**	24,41	19,00
206,99	I,IV		24,83	19,25
	II		24,83	19,25
	III		24,83	19,25
	V	**8,33**	24,83	19,25
	VI	**22,75**	24,83	19,25
209,99	I,IV		25,16	19,50
	II		25,16	19,50
	III		25,16	19,50
	V	**8,66**	25,16	19,50
	VI	**23,08**	25,16	19,50
212,99	I,IV		25,50	19,83
	II		25,50	19,83
	III		25,50	19,83
	V	**9,00**	25,50	19,83
	VI	**23,41**	25,50	19,83
215,99	I,IV		25,91	20,08
	II		25,91	20,08
	III		25,91	20,08
	V	**9,33**	25,91	20,08
	VI	**23,75**	25,91	20,08

* Zur LSt-Berechnung für privat versicherte Arbeitnehmer s. Beispiele **Vorbemerkung S. 4f.**
** Basisvorsorgepauschale KV und PV *** Typisierter Arbeitgeberzuschuss

Lohn/ Gehalt in € bis	Steuerklasse	Lohn-steuer*	BVSP**	TAGZ***
218,99	I,IV		26,25	20,41
	II		26,25	20,41
	III		26,25	20,41
	V	**9,66**	26,25	20,41
	VI	**24,08**	26,25	20,41
221,99	I,IV		26,58	20,66
	II		26,58	20,66
	III		26,58	20,66
	V	**10,00**	26,58	20,66
	VI	**24,41**	26,58	20,66
224,99	I,IV		26,91	20,91
	II		26,91	20,91
	III		26,91	20,91
	V	**10,33**	26,91	20,91
	VI	**24,75**	26,91	20,91
227,99	I,IV		27,33	21,25
	II		27,33	21,25
	III		27,33	21,25
	V	**10,66**	27,33	21,25
	VI	**25,08**	27,33	21,25
230,99	I,IV		27,66	21,50
	II		27,66	21,50
	III		27,66	21,50
	V	**11,00**	27,66	21,50
	VI	**25,41**	27,66	21,50
233,99	I,IV		28,00	21,75
	II		28,00	21,75
	III		28,00	21,75
	V	**11,33**	28,00	21,75
	VI	**25,75**	28,00	21,75
236,99	I,IV		28,41	22,08
	II		28,41	22,08
	III		28,41	22,08
	V	**11,66**	28,41	22,08
	VI	**26,08**	28,41	22,08
239,99	I,IV		28,75	22,33
	II		28,75	22,33
	III		28,75	22,33
	V	**12,00**	28,75	22,33
	VI	**26,41**	28,75	22,33
242,99	I,IV		29,08	22,58
	II		29,08	22,58
	III		29,08	22,58
	V	**12,25**	29,08	22,58
	VI	**26,75**	29,08	22,58
245,99	I,IV		29,50	22,91
	II		29,50	22,91
	III		29,50	22,91
	V	**12,66**	29,50	22,91
	VI	**27,08**	29,50	22,91
248,99	I,IV		29,83	23,16
	II		29,83	23,16
	III		29,83	23,16
	V	**12,91**	29,83	23,16
	VI	**27,41**	29,83	23,16
251,99	I,IV		30,16	23,41
	II		30,16	23,41
	III		30,16	23,41
	V	**13,25**	30,16	23,41
	VI	**27,66**	30,16	23,41
254,99	I,IV		30,58	23,75
	II		30,58	23,75
	III		30,58	23,75
	V	**13,58**	30,58	23,75
	VI	**28,00**	30,58	23,75
257,99	I,IV		30,91	24,00
	II		30,91	24,00
	III		30,91	24,00
	V	**13,91**	30,91	24,00
	VI	**28,33**	30,91	24,00
260,99	I,IV		31,25	24,33
	II		31,25	24,33
	III		31,25	24,33
	V	**14,25**	31,25	24,33
	VI	**28,66**	31,25	24,33
263,99	I,IV		31,66	24,58
	II		31,66	24,58
	III		31,66	24,58
	V	**14,58**	31,66	24,58
	VI	**29,00**	31,66	24,58
266,99	I,IV		32,00	24,83
	II		32,00	24,83
	III		32,00	24,83
	V	**14,91**	32,00	24,83
	VI	**29,33**	32,00	24,83
269,99	I,IV		32,33	25,16
	II		32,33	25,16
	III		32,33	25,16
	V	**15,25**	32,33	25,16
	VI	**29,66**	32,33	25,16
272,99	I,IV		32,75	25,41
	II		32,75	25,41
	III		32,75	25,41
	V	**15,58**	32,75	25,41
	VI	**30,00**	32,75	25,41
275,99	I,IV		33,08	25,66
	II		33,08	25,66
	III		33,08	25,66
	V	**15,91**	33,08	25,66
	VI	**30,33**	33,08	25,66
278,99	I,IV		33,41	26,00
	II		33,41	26,00
	III		33,41	26,00
	V	**16,25**	33,41	26,00
	VI	**30,66**	33,41	26,00
281,99	I,IV		33,83	26,25
	II		33,83	26,25
	III		33,83	26,25
	V	**16,58**	33,83	26,25
	VI	**31,00**	33,83	26,25
284,99	I,IV		34,16	26,50
	II		34,16	26,50
	III		34,16	26,50
	V	**16,91**	34,16	26,50
	VI	**31,33**	34,16	26,50
287,99	I,IV		34,50	26,83
	II		34,50	26,83
	III		34,50	26,83
	V	**17,25**	34,50	26,83
	VI	**31,66**	34,50	26,83

* Zur LSt-Berechnung für privat versicherte Arbeitnehmer s. Beispiele **Vorbemerkung S. 4 f.**
** Basisvorsorgepauschale KV und PV *** Typisierter Arbeitgeberzuschuss

Lohn/ Gehalt in € bis	Steuerklasse	Lohn-steuer*	BVSP**	TAGZ***
290,99	I,IV		34,91	27,08
	II		34,91	27,08
	III		34,91	27,08
	V	**17,58**	34,91	27,08
	VI	**32,00**	34,91	27,08
293,99	I,IV		35,25	27,33
	II		35,25	27,33
	III		35,25	27,33
	V	**17,91**	35,25	27,33
	VI	**32,33**	35,25	27,33
296,99	I,IV		35,58	27,66
	II		35,58	27,66
	III		35,58	27,66
	V	**18,25**	35,58	27,66
	VI	**32,66**	35,58	27,66
299,99	I,IV		35,91	27,91
	II		35,91	27,91
	III		35,91	27,91
	V	**18,58**	35,91	27,91
	VI	**33,00**	35,91	27,91
302,99	I,IV		36,33	28,25
	II		36,33	28,25
	III		36,33	28,25
	V	**18,91**	36,33	28,25
	VI	**33,33**	36,33	28,25
305,99	I,IV		36,66	28,50
	II		36,66	28,50
	III		36,66	28,50
	V	**19,25**	36,66	28,50
	VI	**33,66**	36,66	28,50
308,99	I,IV		37,00	28,75
	II		37,00	28,75
	III		37,00	28,75
	V	**19,58**	37,00	28,75
	VI	**34,00**	37,00	28,75
311,99	I,IV		37,41	29,08
	II		37,41	29,08
	III		37,41	29,08
	V	**19,91**	37,41	29,08
	VI	**34,33**	37,41	29,08
314,99	I,IV		37,75	29,33
	II		37,75	29,33
	III		37,75	29,33
	V	**20,25**	37,75	29,33
	VI	**34,66**	37,75	29,33
317,99	I,IV		38,08	29,58
	II		38,08	29,58
	III		38,08	29,58
	V	**20,58**	38,08	29,58
	VI	**35,00**	38,08	29,58
320,99	I,IV		38,50	29,91
	II		38,50	29,91
	III		38,50	29,91
	V	**20,91**	38,50	29,91
	VI	**35,33**	38,50	29,91
323,99	I,IV		38,83	30,16
	II		38,83	30,16
	III		38,83	30,16
	V	**21,25**	38,83	30,16
	VI	**35,66**	38,83	30,16

Lohn/ Gehalt in € bis	Steuerklasse	Lohn-steuer*	BVSP**	TAGZ***
326,99	I,IV		39,16	30,41
	II		39,16	30,41
	III		39,16	30,41
	V	**21,58**	39,16	30,41
	VI	**36,00**	39,16	30,41
329,99	I,IV		39,58	30,75
	II		39,58	30,75
	III		39,58	30,75
	V	**21,91**	39,58	30,75
	VI	**36,33**	39,58	30,75
332,99	I,IV		39,91	31,00
	II		39,91	31,00
	III		39,91	31,00
	V	**22,16**	39,91	31,00
	VI	**36,66**	39,91	31,00
335,99	I,IV		40,25	31,25
	II		40,25	31,25
	III		40,25	31,25
	V	**22,58**	40,25	31,25
	VI	**37,00**	40,25	31,25
338,99	I,IV		40,66	31,58
	II		40,66	31,58
	III		40,66	31,58
	V	**22,83**	40,66	31,58
	VI	**37,33**	40,66	31,58
341,99	I,IV		41,00	31,83
	II		41,00	31,83
	III		41,00	31,83
	V	**23,16**	41,00	31,83
	VI	**37,58**	41,00	31,83
344,99	I,IV		41,33	32,16
	II		41,33	32,16
	III		41,33	32,16
	V	**23,50**	41,33	32,16
	VI	**37,91**	41,33	32,16
347,99	I,IV		41,75	32,41
	II		41,75	32,41
	III		41,75	32,41
	V	**23,83**	41,75	32,41
	VI	**38,25**	41,75	32,41
350,99	I,IV		42,08	32,66
	II		42,08	32,66
	III		42,08	32,66
	V	**24,16**	42,08	32,66
	VI	**38,58**	42,08	32,66
353,99	I,IV		42,41	33,00
	II		42,41	33,00
	III		42,41	33,00
	V	**24,50**	42,41	33,00
	VI	**38,91**	42,41	33,00
356,99	I,IV		42,83	33,25
	II		42,83	33,25
	III		42,83	33,25
	V	**24,83**	42,83	33,25
	VI	**39,25**	42,83	33,25
359,99	I,IV		43,16	33,50
	II		43,16	33,50
	III		43,16	33,50
	V	**25,16**	43,16	33,50
	VI	**39,58**	43,16	33,50

* Zur LSt-Berechnung für privat versicherte Arbeitnehmer s. Beispiele **Vorbemerkung S. 4f.**
** Basisvorsorgepauschale KV und PV *** Typisierter Arbeitgeberzuschuss

Lohn/ Gehalt in € bis	Steuerklasse	Lohnsteuer*	BVSP**	TAGZ***
362,99	I,IV		43,50	33,83
	II		43,50	33,83
	III		43,50	33,83
	V	**25,50**	43,50	33,83
	VI	**39,91**	43,50	33,83
365,99	I,IV		43,91	34,08
	II		43,91	34,08
	III		43,91	34,08
	V	**25,83**	43,91	34,08
	VI	**40,25**	43,91	34,08
368,99	I,IV		44,25	34,33
	II		44,25	34,33
	III		44,25	34,33
	V	**26,16**	44,25	34,33
	VI	**40,58**	44,25	34,33
371,99	I,IV		44,58	34,66
	II		44,58	34,66
	III		44,58	34,66
	V	**26,50**	44,58	34,66
	VI	**40,91**	44,58	34,66
374,99	I,IV		44,91	34,91
	II		44,91	34,91
	III		44,91	34,91
	V	**26,83**	44,91	34,91
	VI	**41,25**	44,91	34,91
377,99	I,IV		45,33	35,16
	II		45,33	35,16
	III		45,33	35,16
	V	**27,16**	45,33	35,16
	VI	**41,58**	45,33	35,16
380,99	I,IV		45,66	35,50
	II		45,66	35,50
	III		45,66	35,50
	V	**27,50**	45,66	35,50
	VI	**41,91**	45,66	35,50
383,99	I,IV		46,00	35,75
	II		46,00	35,75
	III		46,00	35,75
	V	**27,83**	46,00	35,75
	VI	**42,25**	46,00	35,75
386,99	I,IV		46,41	36,08
	II		46,41	36,08
	III		46,41	36,08
	V	**28,16**	46,41	36,08
	VI	**42,58**	46,41	36,08
389,99	I,IV		46,75	36,33
	II		46,75	36,33
	III		46,75	36,33
	V	**28,50**	46,75	36,33
	VI	**42,91**	46,75	36,33
392,99	I,IV		47,08	36,58
	II		47,08	36,58
	III		47,08	36,58
	V	**28,83**	47,08	36,58
	VI	**43,25**	47,08	36,58
395,99	I,IV		47,50	36,91
	II		47,50	36,91
	III		47,50	36,91
	V	**29,16**	47,50	36,91
	VI	**43,58**	47,50	36,91
398,99	I,IV		47,83	37,16
	II		47,83	37,16
	III		47,83	37,16
	V	**29,50**	47,83	37,16
	VI	**43,91**	47,83	37,16
401,99	I,IV		48,16	37,41
	II		48,16	37,41
	III		48,16	37,41
	V	**29,83**	48,16	37,41
	VI	**44,25**	48,16	37,41
404,99	I,IV		48,58	37,75
	II		48,58	37,75
	III		48,58	37,75
	V	**30,16**	48,58	37,75
	VI	**44,58**	48,58	37,75
407,99	I,IV		48,91	38,00
	II		48,91	38,00
	III		48,91	38,00
	V	**30,50**	48,91	38,00
	VI	**44,91**	48,91	38,00
410,99	I,IV		49,25	38,25
	II		49,25	38,25
	III		49,25	38,25
	V	**30,83**	49,25	38,25
	VI	**45,25**	49,25	38,25
413,99	I,IV		49,66	38,58
	II		49,66	38,58
	III		49,66	38,58
	V	**31,16**	49,66	38,58
	VI	**45,58**	49,66	38,58
416,99	I,IV		50,00	38,83
	II		50,00	38,83
	III		50,00	38,83
	V	**31,50**	50,00	38,83
	VI	**45,91**	50,00	38,83
419,99	I,IV		50,33	39,08
	II		50,33	39,08
	III		50,33	39,08
	V	**31,83**	50,33	39,08
	VI	**46,25**	50,33	39,08
422,99	I,IV		50,75	39,41
	II		50,75	39,41
	III		50,75	39,41
	V	**32,08**	50,75	39,41
	VI	**46,58**	50,75	39,41
425,99	I,IV		51,08	39,66
	II		51,08	39,66
	III		51,08	39,66
	V	**32,50**	51,08	39,66
	VI	**46,91**	51,08	39,66
428,99	I,IV		51,41	40,00
	II		51,41	40,00
	III		51,41	40,00
	V	**32,75**	51,41	40,00
	VI	**47,25**	51,41	40,00
431,99	I,IV		51,83	40,25
	II		51,83	40,25
	III		51,83	40,25
	V	**33,08**	51,83	40,25
	VI	**47,50**	51,83	40,25

* Zur LSt-Berechnung für privat versicherte Arbeitnehmer s. Beispiele **Vorbemerkung S. 4 f.**
** Basisvorsorgepauschale KV und PV *** Typisierter Arbeitgeberzuschuss

Lohn/ Gehalt in € bis	Steuerklasse	**Lohn-steuer***	BVSP**	TAGZ***
434,99	I,IV		52,16	40,50
	II		52,16	40,50
	III		52,16	40,50
	V	**33,41**	52,16	40,50
	VI	**47,83**	52,16	40,50
437,99	I,IV		52,50	40,83
	II		52,50	40,83
	III		52,50	40,83
	V	**33,75**	52,50	40,83
	VI	**48,16**	52,50	40,83
440,99	I,IV		52,91	41,08
	II		52,91	41,08
	III		52,91	41,08
	V	**34,08**	52,91	41,08
	VI	**48,50**	52,91	41,08
443,99	I,IV		53,25	41,33
	II		53,25	41,33
	III		53,25	41,33
	V	**34,41**	53,25	41,33
	VI	**48,83**	53,25	41,33
446,99	I,IV		53,58	41,66
	II		53,58	41,66
	III		53,58	41,66
	V	**34,75**	53,58	41,66
	VI	**49,16**	53,58	41,66
449,99	I,IV		53,91	41,91
	II		53,91	41,91
	III		53,91	41,91
	V	**35,08**	53,91	41,91
	VI	**49,50**	53,91	41,91
452,99	I,IV		54,33	42,16
	II		54,33	42,16
	III		54,33	42,16
	V	**35,41**	54,33	42,16
	VI	**49,83**	54,33	42,16
455,99	I,IV		54,66	42,50
	II		54,66	42,50
	III		54,66	42,50
	V	**35,75**	54,66	42,50
	VI	**50,16**	54,66	42,50
458,99	I,IV		55,00	42,75
	II		55,00	42,75
	III		55,00	42,75
	V	**36,08**	55,00	42,75
	VI	**50,50**	55,00	42,75
461,99	I,IV		55,41	43,00
	II		55,41	43,00
	III		55,41	43,00
	V	**36,41**	55,41	43,00
	VI	**50,83**	55,41	43,00
464,99	I,IV		55,75	43,33
	II		55,75	43,33
	III		55,75	43,33
	V	**36,75**	55,75	43,33
	VI	**51,16**	55,75	43,33
467,99	I,IV		56,08	43,58
	II		56,08	43,58
	III		56,08	43,58
	V	**37,08**	56,08	43,58
	VI	**51,50**	56,08	43,58

Lohn/ Gehalt in € bis	Steuerklasse	**Lohn-steuer***	BVSP**	TAGZ***
470,99	I,IV		56,50	43,91
	II		56,50	43,91
	III		56,50	43,91
	V	**37,41**	56,50	43,91
	VI	**51,83**	56,50	43,91
473,99	I,IV		56,83	44,16
	II		56,83	44,16
	III		56,83	44,16
	V	**37,75**	56,83	44,16
	VI	**52,16**	56,83	44,16
476,99	I,IV		57,16	44,41
	II		57,16	44,41
	III		57,16	44,41
	V	**38,08**	57,16	44,41
	VI	**52,50**	57,16	44,41
479,99	I,IV		57,58	44,75
	II		57,58	44,75
	III		57,58	44,75
	V	**38,41**	57,58	44,75
	VI	**52,83**	57,58	44,75
482,99	I,IV		57,91	45,00
	II		57,91	45,00
	III		57,91	45,00
	V	**38,75**	57,91	45,00
	VI	**53,16**	57,91	45,00
485,99	I,IV		58,25	45,25
	II		58,25	45,25
	III		58,25	45,25
	V	**39,08**	58,25	45,25
	VI	**53,50**	58,25	45,25
488,99	I,IV		58,66	45,58
	II		58,66	45,58
	III		58,66	45,58
	V	**39,41**	58,66	45,58
	VI	**53,83**	58,66	45,58
491,99	I,IV		59,00	45,83
	II		59,00	45,83
	III		59,00	45,83
	V	**39,75**	59,00	45,83
	VI	**54,16**	59,00	45,83
494,99	I,IV		59,33	46,08
	II		59,33	46,08
	III		59,33	46,08
	V	**40,08**	59,33	46,08
	VI	**54,50**	59,33	46,08
497,99	I,IV		59,75	46,41
	II		59,75	46,41
	III		59,75	46,41
	V	**40,41**	59,75	46,41
	VI	**54,83**	59,75	46,41
500,99	I,IV		60,08	46,66
	II		60,08	46,66
	III		60,08	46,66
	V	**40,75**	60,08	46,66
	VI	**55,16**	60,08	46,66
503,99	I,IV		60,41	46,91
	II		60,41	46,91
	III		60,41	46,91
	V	**41,08**	60,41	46,91
	VI	**55,50**	60,41	46,91

* Zur LSt-Berechnung für privat versicherte Arbeitnehmer s. Beispiele **Vorbemerkung S. 4f.**
** Basisvorsorgepauschale KV und PV *** Typisierter Arbeitgeberzuschuss

Lohn/ Gehalt in € bis	Steuerklasse	Lohn-steuer*	BVSP**	TAGZ***
506,99	I,IV		60,83	47,25
	II		60,83	47,25
	III		60,83	47,25
	V	**41,41**	60,83	47,25
	VI	**55,83**	60,83	47,25
509,99	I,IV		61,16	47,50
	II		61,16	47,50
	III		61,16	47,50
	V	**41,75**	61,16	47,50
	VI	**56,16**	61,16	47,50
512,99	I,IV		61,50	47,83
	II		61,50	47,83
	III		61,50	47,83
	V	**42,00**	61,50	47,83
	VI	**56,50**	61,50	47,83
515,99	I,IV		61,91	48,08
	II		61,91	48,08
	III		61,91	48,08
	V	**42,41**	61,91	48,08
	VI	**56,83**	61,91	48,08
518,99	I,IV		62,25	48,33
	II		62,25	48,33
	III		62,25	48,33
	V	**42,66**	62,25	48,33
	VI	**57,16**	62,25	48,33
521,99	I,IV		62,58	48,66
	II		62,58	48,66
	III		62,58	48,66
	V	**43,00**	62,58	48,66
	VI	**57,41**	62,58	48,66
524,99	I,IV		62,91	48,91
	II		62,91	48,91
	III		62,91	48,91
	V	**43,33**	62,91	48,91
	VI	**57,75**	62,91	48,91
527,99	I,IV		63,33	49,16
	II		63,33	49,16
	III		63,33	49,16
	V	**43,66**	63,33	49,16
	VI	**58,08**	63,33	49,16
530,99	I,IV		63,66	49,50
	II		63,66	49,50
	III		63,66	49,50
	V	**44,00**	63,66	49,50
	VI	**58,41**	63,66	49,50
533,99	I,IV		64,00	49,75
	II		64,00	49,75
	III		64,00	49,75
	V	**44,33**	64,00	49,75
	VI	**58,75**	64,00	49,75
536,99	I,IV		64,41	50,00
	II		64,41	50,00
	III		64,41	50,00
	V	**44,66**	64,41	50,00
	VI	**59,08**	64,41	50,00
539,99	I,IV		64,75	50,33
	II		64,75	50,33
	III		64,75	50,33
	V	**45,00**	64,75	50,33
	VI	**59,41**	64,75	50,33

Lohn/ Gehalt in € bis	Steuerklasse	Lohn-steuer*	BVSP**	TAGZ***
542,99	I,IV		65,08	50,58
	II		65,08	50,58
	III		65,08	50,58
	V	**45,33**	65,08	50,58
	VI	**59,75**	65,08	50,58
545,99	I,IV		65,50	50,83
	II		65,50	50,83
	III		65,50	50,83
	V	**45,66**	65,50	50,83
	VI	**60,08**	65,50	50,83
548,99	I,IV		65,83	51,16
	II		65,83	51,16
	III		65,83	51,16
	V	**46,00**	65,83	51,16
	VI	**60,41**	65,83	51,16
551,99	I,IV		66,16	51,41
	II		66,16	51,41
	III		66,16	51,41
	V	**46,33**	66,16	51,41
	VI	**60,75**	66,16	51,41
554,99	I,IV		66,58	51,75
	II		66,58	51,75
	III		66,58	51,75
	V	**46,66**	66,58	51,75
	VI	**61,08**	66,58	51,75
557,99	I,IV		66,91	52,00
	II		66,91	52,00
	III		66,91	52,00
	V	**47,00**	66,91	52,00
	VI	**61,41**	66,91	52,00
560,99	I,IV		67,25	52,25
	II		67,25	52,25
	III		67,25	52,25
	V	**47,33**	67,25	52,25
	VI	**61,75**	67,25	52,25
563,99	I,IV		67,66	52,58
	II		67,66	52,58
	III		67,66	52,58
	V	**47,66**	67,66	52,58
	VI	**62,08**	67,66	52,58
566,99	I,IV		68,00	52,83
	II		68,00	52,83
	III		68,00	52,83
	V	**48,00**	68,00	52,83
	VI	**62,41**	68,00	52,83
569,99	I,IV		68,33	53,08
	II		68,33	53,08
	III		68,33	53,08
	V	**48,33**	68,33	53,08
	VI	**62,75**	68,33	53,08
572,99	I,IV		68,75	53,41
	II		68,75	53,41
	III		68,75	53,41
	V	**48,66**	68,75	53,41
	VI	**63,08**	68,75	53,41
575,99	I,IV		69,08	53,66
	II		69,08	53,66
	III		69,08	53,66
	V	**49,00**	69,08	53,66
	VI	**63,41**	69,08	53,66

* Zur LSt-Berechnung für privat versicherte Arbeitnehmer s. Beispiele **Vorbemerkung S. 4 f.**
** Basisvorsorgepauschale KV und PV *** Typisierter Arbeitgeberzuschuss

Lohn/ Gehalt in € bis	Steuerklasse	Lohnsteuer*	BVSP**	TAGZ***
578,99	I,IV		69,41	53,91
	II		69,41	53,91
	III		69,41	53,91
	V	**49,33**	69,41	53,91
	VI	**63,75**	69,41	53,91
581,99	I,IV		69,83	54,25
	II		69,83	54,25
	III		69,83	54,25
	V	**49,66**	69,83	54,25
	VI	**64,08**	69,83	54,25
584,99	I,IV		70,16	54,50
	II		70,16	54,50
	III		70,16	54,50
	V	**50,00**	70,16	54,50
	VI	**64,41**	70,16	54,50
587,99	I,IV		70,50	54,75
	II		70,50	54,75
	III		70,50	54,75
	V	**50,33**	70,50	54,75
	VI	**64,75**	70,50	54,75
590,99	I,IV		70,91	55,08
	II		70,91	55,08
	III		70,91	55,08
	V	**50,66**	70,91	55,08
	VI	**65,08**	70,91	55,08
593,99	I,IV		71,25	55,33
	II		71,25	55,33
	III		71,25	55,33
	V	**51,00**	71,25	55,33
	VI	**65,41**	71,25	55,33
596,99	I,IV		71,58	55,66
	II		71,58	55,66
	III		71,58	55,66
	V	**51,33**	71,58	55,66
	VI	**65,75**	71,58	55,66
599,99	I,IV		71,91	55,91
	II		71,91	55,91
	III		71,91	55,91
	V	**51,66**	71,91	55,91
	VI	**66,08**	71,91	55,91
602,99	I,IV		72,33	56,16
	II		72,33	56,16
	III		72,33	56,16
	V	**51,91**	72,33	56,16
	VI	**66,41**	72,33	56,16
605,99	I,IV		72,66	56,50
	II		72,66	56,50
	III		72,66	56,50
	V	**52,33**	72,66	56,50
	VI	**66,75**	72,66	56,50
608,99	I,IV		73,00	56,75
	II		73,00	56,75
	III		73,00	56,75
	V	**52,58**	73,00	56,75
	VI	**67,08**	73,00	56,75
611,99	I,IV		73,41	57,00
	II		73,41	57,00
	III		73,41	57,00
	V	**52,91**	73,41	57,00
	VI	**67,33**	73,41	57,00

Lohn/ Gehalt in € bis	Steuerklasse	Lohnsteuer*	BVSP**	TAGZ***
614,99	I,IV		73,75	57,33
	II		73,75	57,33
	III		73,75	57,33
	V	**53,25**	73,75	57,33
	VI	**67,66**	73,75	57,33
617,99	I,IV		74,08	57,58
	II		74,08	57,58
	III		74,08	57,58
	V	**53,58**	74,08	57,58
	VI	**68,00**	74,08	57,58
620,99	I,IV		74,50	57,83
	II		74,50	57,83
	III		74,50	57,83
	V	**53,91**	74,50	57,83
	VI	**68,33**	74,50	57,83
623,99	I,IV		74,83	58,16
	II		74,83	58,16
	III		74,83	58,16
	V	**54,25**	74,83	58,16
	VI	**68,66**	74,83	58,16
626,99	I,IV		75,16	58,41
	II		75,16	58,41
	III		75,16	58,41
	V	**54,58**	75,16	58,41
	VI	**69,00**	75,16	58,41
629,99	I,IV		75,58	58,66
	II		75,58	58,66
	III		75,58	58,66
	V	**54,91**	75,58	58,66
	VI	**69,33**	75,58	58,66
632,99	I,IV		75,91	59,00
	II		75,91	59,00
	III		75,91	59,00
	V	**55,25**	75,91	59,00
	VI	**69,66**	75,91	59,00
635,99	I,IV		76,25	59,25
	II		76,25	59,25
	III		76,25	59,25
	V	**55,58**	76,25	59,25
	VI	**70,00**	76,25	59,25
638,99	I,IV		76,66	59,58
	II		76,66	59,58
	III		76,66	59,58
	V	**55,91**	76,66	59,58
	VI	**70,33**	76,66	59,58
641,99	I,IV		77,00	59,83
	II		77,00	59,83
	III		77,00	59,83
	V	**56,25**	77,00	59,83
	VI	**70,66**	77,00	59,83
644,99	I,IV		77,33	60,08
	II		77,33	60,08
	III		77,33	60,08
	V	**56,58**	77,33	60,08
	VI	**71,00**	77,33	60,08
647,99	I,IV		77,75	60,41
	II		77,75	60,41
	III		77,75	60,41
	V	**56,91**	77,75	60,41
	VI	**71,33**	77,75	60,41

* Zur LSt-Berechnung für privat versicherte Arbeitnehmer s. Beispiele **Vorbemerkung S. 4 f.**
** Basisvorsorgepauschale KV und PV *** Typisierter Arbeitgeberzuschuss

Lohn/ Gehalt in € bis	Steuerklasse	Lohn-steuer*	BVSP**	TAGZ***
650,99	I,IV		78,08	60,66
	II		78,08	60,66
	III		78,08	60,66
	V	**57,25**	78,08	60,66
	VI	**71,66**	78,08	60,66
653,99	I,IV		78,41	60,91
	II		78,41	60,91
	III		78,41	60,91
	V	**57,58**	78,41	60,91
	VI	**72,00**	78,41	60,91
656,99	I,IV		78,83	61,25
	II		78,83	61,25
	III		78,83	61,25
	V	**57,91**	78,83	61,25
	VI	**72,33**	78,83	61,25
659,99	I,IV		79,16	61,50
	II		79,16	61,50
	III		79,16	61,50
	V	**58,25**	79,16	61,50
	VI	**72,66**	79,16	61,50
662,99	I,IV		79,50	61,75
	II		79,50	61,75
	III		79,50	61,75
	V	**58,58**	79,50	61,75
	VI	**73,00**	79,50	61,75
665,99	I,IV		79,91	62,08
	II		79,91	62,08
	III		79,91	62,08
	V	**58,91**	79,91	62,08
	VI	**73,33**	79,91	62,08
668,99	I,IV		80,25	62,33
	II		80,25	62,33
	III		80,25	62,33
	V	**59,25**	80,25	62,33
	VI	**73,66**	80,25	62,33
671,99	I,IV		80,58	62,58
	II		80,58	62,58
	III		80,58	62,58
	V	**59,58**	80,58	62,58
	VI	**74,00**	80,58	62,58
674,99	I,IV		80,91	62,91
	II		80,91	62,91
	III		80,91	62,91
	V	**59,91**	80,91	62,91
	VI	**74,33**	80,91	62,91
677,99	I,IV		81,33	63,16
	II		81,33	63,16
	III		81,33	63,16
	V	**60,25**	81,33	63,16
	VI	**74,66**	81,33	63,16
680,99	I,IV		81,66	63,50
	II		81,66	63,50
	III		81,66	63,50
	V	**60,58**	81,66	63,50
	VI	**75,00**	81,66	63,50
683,99	I,IV		82,00	63,75
	II		82,00	63,75
	III		82,00	63,75
	V	**60,91**	82,00	63,75
	VI	**75,33**	82,00	63,75

Lohn/ Gehalt in € bis	Steuerklasse	Lohn-steuer*	BVSP**	TAGZ***
686,99	I,IV		82,41	64,00
	II		82,41	64,00
	III		82,41	64,00
	V	**61,25**	82,41	64,00
	VI	**75,66**	82,41	64,00
689,99	I,IV		82,75	64,33
	II		82,75	64,33
	III		82,75	64,33
	V	**61,58**	82,75	64,33
	VI	**76,00**	82,75	64,33
692,99	I,IV		83,08	64,58
	II		83,08	64,58
	III		83,08	64,58
	V	**61,83**	83,08	64,58
	VI	**76,33**	83,08	64,58
695,99	I,IV		83,50	64,83
	II		83,50	64,83
	III		83,50	64,83
	V	**62,25**	83,50	64,83
	VI	**76,66**	83,50	64,83
698,99	I,IV		83,83	65,16
	II		83,83	65,16
	III		83,83	65,16
	V	**62,50**	83,83	65,16
	VI	**77,00**	83,83	65,16
701,99	I,IV		84,16	65,41
	II		84,16	65,41
	III		84,16	65,41
	V	**62,83**	84,16	65,41
	VI	**77,25**	84,16	65,41
704,99	I,IV		84,58	65,66
	II		84,58	65,66
	III		84,58	65,66
	V	**63,16**	84,58	65,66
	VI	**77,58**	84,58	65,66
707,99	I,IV		84,91	66,00
	II		84,91	66,00
	III		84,91	66,00
	V	**63,50**	84,91	66,00
	VI	**77,91**	84,91	66,00
710,99	I,IV		85,25	66,25
	II		85,25	66,25
	III		85,25	66,25
	V	**63,83**	85,25	66,25
	VI	**78,25**	85,25	66,25
713,99	I,IV		85,66	66,50
	II		85,66	66,50
	III		85,66	66,50
	V	**64,16**	85,66	66,50
	VI	**78,58**	85,66	66,50
716,99	I,IV		86,00	66,83
	II		86,00	66,83
	III		86,00	66,83
	V	**64,50**	86,00	66,83
	VI	**78,91**	86,00	66,83
719,99	I,IV		86,33	67,08
	II		86,33	67,08
	III		86,33	67,08
	V	**64,83**	86,33	67,08
	VI	**79,25**	86,33	67,08

* Zur LSt-Berechnung für privat versicherte Arbeitnehmer s. Beispiele **Vorbemerkung S. 4 f.**
** Basisvorsorgepauschale KV und PV *** Typisierter Arbeitgeberzuschuss

Lohn/ Gehalt in € bis	Steuerklasse	Lohn-steuer*	BVSP**	TAGZ***
722,99	I,IV		86,75	67,41
	II		86,75	67,41
	III		86,75	67,41
	V	**65,16**	86,75	67,41
	VI	**79,58**	86,75	67,41
725,99	I,IV		87,08	67,66
	II		87,08	67,66
	III		87,08	67,66
	V	**65,50**	87,08	67,66
	VI	**79,91**	87,08	67,66
728,99	I,IV		87,41	67,91
	II		87,41	67,91
	III		87,41	67,91
	V	**65,83**	87,41	67,91
	VI	**80,25**	87,41	67,91
731,99	I,IV		87,83	68,25
	II		87,83	68,25
	III		87,83	68,25
	V	**66,16**	87,83	68,25
	VI	**80,58**	87,83	68,25
734,99	I,IV		88,16	68,50
	II		88,16	68,50
	III		88,16	68,50
	V	**66,50**	88,16	68,50
	VI	**80,91**	88,16	68,50
737,99	I,IV		88,50	68,75
	II		88,50	68,75
	III		88,50	68,75
	V	**66,83**	88,50	68,75
	VI	**81,25**	88,50	68,75
740,99	I,IV		88,91	69,08
	II		88,91	69,08
	III		88,91	69,08
	V	**67,16**	88,91	69,08
	VI	**81,58**	88,91	69,08
743,99	I,IV		89,25	69,33
	II		89,25	69,33
	III		89,25	69,33
	V	**67,50**	89,25	69,33
	VI	**81,91**	89,25	69,33
746,99	I,IV		89,58	69,58
	II		89,58	69,58
	III		89,58	69,58
	V	**67,83**	89,58	69,58
	VI	**82,25**	89,58	69,58
749,99	I,IV		89,91	69,91
	II		89,91	69,91
	III		89,91	69,91
	V	**68,16**	89,91	69,91
	VI	**82,58**	89,91	69,91
752,99	I,IV		90,33	70,16
	II		90,33	70,16
	III		90,33	70,16
	V	**68,50**	90,33	70,16
	VI	**82,91**	90,33	70,16
755,99	I,IV		90,66	70,41
	II		90,66	70,41
	III		90,66	70,41
	V	**68,83**	90,66	70,41
	VI	**83,25**	90,66	70,41

Lohn/ Gehalt in € bis	Steuerklasse	Lohn-steuer*	BVSP**	TAGZ***
758,99	I,IV		91,00	70,75
	II		91,00	70,75
	III		91,00	70,75
	V	**69,16**	91,00	70,75
	VI	**83,58**	91,00	70,75
761,99	I,IV		91,41	71,00
	II		91,41	71,00
	III		91,41	71,00
	V	**69,50**	91,41	71,00
	VI	**83,91**	91,41	71,00
764,99	I,IV		91,75	71,33
	II		91,75	71,33
	III		91,75	71,33
	V	**69,83**	91,75	71,33
	VI	**84,25**	91,75	71,33
767,99	I,IV		92,08	71,58
	II		92,08	71,58
	III		92,08	71,58
	V	**70,16**	92,08	71,58
	VI	**84,58**	92,08	71,58
770,99	I,IV		92,50	71,83
	II		92,50	71,83
	III		92,50	71,83
	V	**70,50**	92,50	71,83
	VI	**84,91**	92,50	71,83
773,99	I,IV		92,83	72,16
	II		92,83	72,16
	III		92,83	72,16
	V	**70,83**	92,83	72,16
	VI	**85,25**	92,83	72,16
776,99	I,IV		93,16	72,41
	II		93,16	72,41
	III		93,16	72,41
	V	**71,16**	93,16	72,41
	VI	**85,58**	93,16	72,41
779,99	I,IV		93,58	72,66
	II		93,58	72,66
	III		93,58	72,66
	V	**71,50**	93,58	72,66
	VI	**85,91**	93,58	72,66
782,99	I,IV		93,91	73,00
	II		93,91	73,00
	III		93,91	73,00
	V	**71,75**	93,91	73,00
	VI	**86,25**	93,91	73,00
785,99	I,IV		94,25	73,25
	II		94,25	73,25
	III		94,25	73,25
	V	**72,16**	94,25	73,25
	VI	**86,58**	94,25	73,25
788,99	I,IV		94,66	73,50
	II		94,66	73,50
	III		94,66	73,50
	V	**72,41**	94,66	73,50
	VI	**86,91**	94,66	73,50
791,99	I,IV		95,00	73,83
	II		95,00	73,83
	III		95,00	73,83
	V	**72,75**	95,00	73,83
	VI	**87,16**	95,00	73,83

* Zur LSt-Berechnung für privat versicherte Arbeitnehmer s. Beispiele **Vorbemerkung S. 4 f.**

** Basisvorsorgepauschale KV und PV *** Typisierter Arbeitgeberzuschuss

Lohn/ Gehalt in € bis	Steuerklasse	Lohn-steuer*	BVSP**	TAGZ***
794,99	I,IV		95,33	74,08
	II		95,33	74,08
	III		95,33	74,08
	V	**73,08**	95,33	74,08
	VI	**87,50**	95,33	74,08
797,99	I,IV		95,75	74,33
	II		95,75	74,33
	III		95,75	74,33
	V	**73,41**	95,75	74,33
	VI	**87,83**	95,75	74,33
800,99	I,IV		96,08	74,66
	II		96,08	74,66
	III		96,08	74,66
	V	**73,75**	96,08	74,66
	VI	**88,16**	96,08	74,66
803,99	I,IV		96,41	74,91
	II		96,41	74,91
	III		96,41	74,91
	V	**74,08**	96,41	74,91
	VI	**88,50**	96,41	74,91
806,99	I,IV		96,83	75,25
	II		96,83	75,25
	III		96,83	75,25
	V	**74,41**	96,83	75,25
	VI	**88,83**	96,83	75,25
809,99	I,IV		97,16	75,50
	II		97,16	75,50
	III		97,16	75,50
	V	**74,75**	97,16	75,50
	VI	**89,16**	97,16	75,50
812,99	I,IV		97,50	75,75
	II		97,50	75,75
	III		97,50	75,75
	V	**75,08**	97,50	75,75
	VI	**89,50**	97,50	75,75
815,99	I,IV		97,91	76,08
	II		97,91	76,08
	III		97,91	76,08
	V	**75,41**	97,91	76,08
	VI	**89,83**	97,91	76,08
818,99	I,IV		98,25	76,33
	II		98,25	76,33
	III		98,25	76,33
	V	**75,75**	98,25	76,33
	VI	**90,16**	98,25	76,33
821,99	I,IV		98,58	76,58
	II		98,58	76,58
	III		98,58	76,58
	V	**76,08**	98,58	76,58
	VI	**90,50**	98,58	76,58
824,99	I,IV		98,91	76,91
	II		98,91	76,91
	III		98,91	76,91
	V	**76,41**	98,91	76,91
	VI	**90,83**	98,91	76,91
827,99	I,IV		99,33	77,16
	II		99,33	77,16
	III		99,33	77,16
	V	**76,75**	99,33	77,16
	VI	**91,16**	99,33	77,16
830,99	I,IV		99,66	77,41
	II		99,66	77,41
	III		99,66	77,41
	V	**77,08**	99,66	77,41
	VI	**91,50**	99,66	77,41
833,99	I,IV		100,00	77,75
	II		100,00	77,75
	III		100,00	77,75
	V	**77,41**	100,00	77,75
	VI	**91,83**	100,00	77,75
836,99	I,IV		100,41	78,00
	II		100,41	78,00
	III		100,41	78,00
	V	**77,75**	100,41	78,00
	VI	**92,16**	100,41	78,00
839,99	I,IV		100,75	78,25
	II		100,75	78,25
	III		100,75	78,25
	V	**78,08**	100,75	78,25
	VI	**92,50**	100,75	78,25
842,99	I,IV		101,08	78,58
	II		101,08	78,58
	III		101,08	78,58
	V	**78,41**	101,08	78,58
	VI	**92,83**	101,08	78,58
845,99	I,IV		101,50	78,83
	II		101,50	78,83
	III		101,50	78,83
	V	**78,75**	101,50	78,83
	VI	**93,16**	101,50	78,83
848,99	I,IV		101,83	79,16
	II		101,83	79,16
	III		101,83	79,16
	V	**79,08**	101,83	79,16
	VI	**93,50**	101,83	79,16
851,99	I,IV		102,16	79,41
	II		102,16	79,41
	III		102,16	79,41
	V	**79,41**	102,16	79,41
	VI	**93,83**	102,16	79,41
854,99	I,IV		102,58	79,66
	II		102,58	79,66
	III		102,58	79,66
	V	**79,75**	102,58	79,66
	VI	**94,16**	102,58	79,66
857,99	I,IV		102,91	80,00
	II		102,91	80,00
	III		102,91	80,00
	V	**80,08**	102,91	80,00
	VI	**94,50**	102,91	80,00
860,99	I,IV		103,25	80,25
	II		103,25	80,25
	III		103,25	80,25
	V	**80,41**	103,25	80,25
	VI	**94,83**	103,25	80,25
863,99	I,IV		103,66	80,50
	II		103,66	80,50
	III		103,66	80,50
	V	**80,75**	103,66	80,50
	VI	**95,16**	103,66	80,50

* Zur LSt-Berechnung für privat versicherte Arbeitnehmer s. Beispiele **Vorbemerkung S. 4 f.**
** Basisvorsorgepauschale KV und PV *** Typisierter Arbeitgeberzuschuss

Lohn/ Gehalt in € bis	Steuerklasse	Lohn-steuer*	BVSP**	TAGZ***
866,99	I,IV		104,00	80,83
	II		104,00	80,83
	III		104,00	80,83
	V	**81,08**	104,00	80,83
	VI	**95,50**	104,00	80,83
869,99	I,IV		104,33	81,08
	II		104,33	81,08
	III		104,33	81,08
	V	**81,41**	104,33	81,08
	VI	**95,83**	104,33	81,08
872,99	I,IV		104,75	81,33
	II		104,75	81,33
	III		104,75	81,33
	V	**81,66**	104,75	81,33
	VI	**96,16**	104,75	81,33
875,99	I,IV		105,08	81,66
	II		105,08	81,66
	III		105,08	81,66
	V	**82,00**	105,08	81,66
	VI	**96,41**	105,08	81,66
878,99	I,IV		105,41	81,91
	II		105,41	81,91
	III		105,41	81,91
	V	**82,33**	105,41	81,91
	VI	**96,83**	105,41	81,91
881,99	I,IV		105,83	82,16
	II		105,83	82,16
	III		105,83	82,16
	V	**82,66**	105,83	82,16
	VI	**97,08**	105,83	82,16
884,99	I,IV		106,16	82,50
	II		106,16	82,50
	III		106,16	82,50
	V	**83,00**	106,16	82,50
	VI	**97,41**	106,16	82,50
887,99	I,IV		106,50	82,75
	II		106,50	82,75
	III		106,50	82,75
	V	**83,33**	106,50	82,75
	VI	**97,75**	106,50	82,75
890,99	I,IV		106,91	83,08
	II		106,91	83,08
	III		106,91	83,08
	V	**83,66**	106,91	83,08
	VI	**98,08**	106,91	83,08
893,99	I,IV		107,25	83,33
	II		107,25	83,33
	III		107,25	83,33
	V	**84,00**	107,25	83,33
	VI	**98,41**	107,25	83,33
896,99	I,IV		107,58	83,58
	II		107,58	83,58
	III		107,58	83,58
	V	**84,33**	107,58	83,58
	VI	**98,75**	107,58	83,58
899,99	I,IV		107,91	83,91
	II		107,91	83,91
	III		107,91	83,91
	V	**84,66**	107,91	83,91
	VI	**99,08**	107,91	83,91

Lohn/ Gehalt in € bis	Steuerklasse	Lohn-steuer*	BVSP**	TAGZ***
902,99	I,IV		108,33	84,16
	II		108,33	84,16
	III		108,33	84,16
	V	**85,00**	108,33	84,16
	VI	**99,41**	108,33	84,16
905,99	I,IV		108,66	84,41
	II		108,66	84,41
	III		108,66	84,41
	V	**85,33**	108,66	84,41
	VI	**99,75**	108,66	84,41
908,99	I,IV		109,00	84,75
	II		109,00	84,75
	III		109,00	84,75
	V	**85,66**	109,00	84,75
	VI	**100,08**	109,00	84,75
911,99	I,IV		109,41	85,00
	II		109,41	85,00
	III		109,41	85,00
	V	**86,00**	109,41	85,00
	VI	**100,41**	109,41	85,00
914,99	I,IV		109,75	85,25
	II		109,75	85,25
	III		109,75	85,25
	V	**86,33**	109,75	85,25
	VI	**100,75**	109,75	85,25
917,99	I,IV		110,08	85,58
	II		110,08	85,58
	III		110,08	85,58
	V	**86,66**	110,08	85,58
	VI	**101,08**	110,08	85,58
920,99	I,IV		110,50	85,83
	II		110,50	85,83
	III		110,50	85,83
	V	**87,00**	110,50	85,83
	VI	**101,41**	110,50	85,83
923,99	I,IV		110,83	86,08
	II		110,83	86,08
	III		110,83	86,08
	V	**87,33**	110,83	86,08
	VI	**101,75**	110,83	86,08
926,99	I,IV		111,16	86,41
	II		111,16	86,41
	III		111,16	86,41
	V	**87,66**	111,16	86,41
	VI	**102,08**	111,16	86,41
929,99	I,IV		111,58	86,66
	II		111,58	86,66
	III		111,58	86,66
	V	**88,00**	111,58	86,66
	VI	**102,41**	111,58	86,66
932,99	I,IV		111,91	87,00
	II		111,91	87,00
	III		111,91	87,00
	V	**88,33**	111,91	87,00
	VI	**102,75**	111,91	87,00
935,99	I,IV		112,25	87,25
	II		112,25	87,25
	III		112,25	87,25
	V	**88,66**	112,25	87,25
	VI	**103,08**	112,25	87,25

* Zur LSt-Berechnung für privat versicherte Arbeitnehmer s. Beispiele **Vorbemerkung S. 4f.**
** Basisvorsorgepauschale KV und PV *** Typisierter Arbeitgeberzuschuss

Lohn/ Gehalt in € bis	Steuerklasse	Lohn-steuer*	BVSP**	TAGZ***
938,99	I,IV		112,66	87,50
	II		112,66	87,50
	III		112,66	87,50
	V	**89,00**	112,66	87,50
	VI	**103,41**	112,66	87,50
941,99	I,IV		113,00	87,83
	II		113,00	87,83
	III		113,00	87,83
	V	**89,33**	113,00	87,83
	VI	**103,75**	113,00	87,83
944,99	I,IV		113,33	88,08
	II		113,33	88,08
	III		113,33	88,08
	V	**89,66**	113,33	88,08
	VI	**104,08**	113,33	88,08
947,99	I,IV		113,75	88,33
	II		113,75	88,33
	III		113,75	88,33
	V	**90,00**	113,75	88,33
	VI	**104,41**	113,75	88,33
950,99	I,IV		114,08	88,66
	II		114,08	88,66
	III		114,08	88,66
	V	**90,33**	114,08	88,66
	VI	**104,75**	114,08	88,66
953,99	I,IV		114,41	88,91
	II		114,41	88,91
	III		114,41	88,91
	V	**90,66**	114,41	88,91
	VI	**105,08**	114,41	88,91
956,99	I,IV		114,83	89,16
	II		114,83	89,16
	III		114,83	89,16
	V	**91,00**	114,83	89,16
	VI	**105,41**	114,83	89,16
959,99	I,IV		115,16	89,50
	II		115,16	89,50
	III		115,16	89,50
	V	**91,33**	115,16	89,50
	VI	**105,75**	115,16	89,50
962,99	I,IV		115,50	89,75
	II		115,50	89,75
	III		115,50	89,75
	V	**91,58**	115,50	89,75
	VI	**106,08**	115,50	89,75
965,99	I,IV		115,91	90,00
	II		115,91	90,00
	III		115,91	90,00
	V	**91,91**	115,91	90,00
	VI	**106,33**	115,91	90,00
968,99	I,IV		116,25	90,33
	II		116,25	90,33
	III		116,25	90,33
	V	**92,25**	116,25	90,33
	VI	**106,75**	116,25	90,33
971,99	I,IV		116,58	90,58
	II		116,58	90,58
	III		116,58	90,58
	V	**92,58**	116,58	90,58
	VI	**107,00**	116,58	90,58
974,99	I,IV		116,91	90,91
	II		116,91	90,91
	III		116,91	90,91
	V	**92,91**	116,91	90,91
	VI	**107,33**	116,91	90,91
977,99	I,IV		117,33	91,16
	II		117,33	91,16
	III		117,33	91,16
	V	**93,25**	117,33	91,16
	VI	**107,66**	117,33	91,16
980,99	I,IV		117,66	91,41
	II		117,66	91,41
	III		117,66	91,41
	V	**93,58**	117,66	91,41
	VI	**108,00**	117,66	91,41
983,99	I,IV		118,00	91,75
	II		118,00	91,75
	III		118,00	91,75
	V	**93,91**	118,00	91,75
	VI	**108,33**	118,00	91,75
986,99	I,IV		118,41	92,00
	II		118,41	92,00
	III		118,41	92,00
	V	**94,25**	118,41	92,00
	VI	**108,66**	118,41	92,00
989,99	I,IV		118,75	92,25
	II		118,75	92,25
	III		118,75	92,25
	V	**94,58**	118,75	92,25
	VI	**109,00**	118,75	92,25
992,99	I,IV		119,08	92,58
	II		119,08	92,58
	III		119,08	92,58
	V	**94,91**	119,08	92,58
	VI	**109,33**	119,08	92,58
995,99	I,IV		119,50	92,83
	II		119,50	92,83
	III		119,50	92,83
	V	**95,25**	119,50	92,83
	VI	**109,66**	119,50	92,83
998,99	I,IV		119,83	93,08
	II		119,83	93,08
	III		119,83	93,08
	V	**95,58**	119,83	93,08
	VI	**110,00**	119,83	93,08
1001,99	I,IV		120,16	93,41
	II		120,16	93,41
	III		120,16	93,41
	V	**95,91**	120,16	93,41
	VI	**110,33**	120,16	93,41
1004,99	I,IV		120,58	93,66
	II		120,58	93,66
	III		120,58	93,66
	V	**96,25**	120,58	93,66
	VI	**110,66**	120,58	93,66
1007,99	I,IV		120,91	93,91
	II		120,91	93,91
	III		120,91	93,91
	V	**96,58**	120,91	93,91
	VI	**111,00**	120,91	93,91

* Zur LSt-Berechnung für privat versicherte Arbeitnehmer s. Beispiele **Vorbemerkung S. 4 f.**
** Basisvorsorgepauschale KV und PV *** Typisierter Arbeitgeberzuschuss

Lohn/ Gehalt in € bis	Steuerklasse	Lohn-steuer*	BVSP**	TAGZ***
1010,99	I,IV		121,25	94,25
	II		121,25	94,25
	III		121,25	94,25
	V	**96,91**	121,25	94,25
	VI	**111,33**	121,25	94,25
1013,99	I,IV		121,66	94,50
	II		121,66	94,50
	III		121,66	94,50
	V	**97,25**	121,66	94,50
	VI	**111,66**	121,66	94,50
1016,99	I,IV		122,00	94,83
	II		122,00	94,83
	III		122,00	94,83
	V	**97,58**	122,00	94,83
	VI	**112,00**	122,00	94,83
1019,99	I,IV		122,33	95,08
	II		122,33	95,08
	III		122,33	95,08
	V	**97,91**	122,33	95,08
	VI	**112,33**	122,33	95,08
1022,99	I,IV		122,75	95,33
	II		122,75	95,33
	III		122,75	95,33
	V	**98,25**	122,75	95,33
	VI	**112,66**	122,75	95,33
1025,99	I,IV		123,08	95,66
	II		123,08	95,66
	III		123,08	95,66
	V	**98,58**	123,08	95,66
	VI	**113,00**	123,08	95,66
1028,99	I,IV		123,41	95,91
	II		123,41	95,91
	III		123,41	95,91
	V	**98,91**	123,41	95,91
	VI	**113,33**	123,41	95,91
1031,99	I,IV		123,83	96,16
	II		123,83	96,16
	III		123,83	96,16
	V	**99,25**	123,83	96,16
	VI	**113,66**	123,83	96,16
1034,99	I,IV		124,16	96,50
	II		124,16	96,50
	III		124,16	96,50
	V	**99,58**	124,16	96,50
	VI	**114,00**	124,16	96,50
1037,99	I,IV		124,50	96,75
	II		124,50	96,75
	III		124,50	96,75
	V	**99,91**	124,50	96,75
	VI	**114,33**	124,50	96,75
1040,99	I,IV		124,91	97,00
	II		124,91	97,00
	III		124,91	97,00
	V	**100,25**	124,91	97,00
	VI	**114,66**	124,91	97,00
1043,99	I,IV		125,25	97,33
	II		125,25	97,33
	III		125,25	97,33
	V	**100,58**	125,25	97,33
	VI	**115,00**	125,25	97,33

Lohn/ Gehalt in € bis	Steuerklasse	Lohn-steuer*	BVSP**	TAGZ***
1046,99	I,IV		125,58	97,58
	II		125,58	97,58
	III		125,58	97,58
	V	**100,91**	125,58	97,58
	VI	**115,33**	125,58	97,58
1049,99	I,IV		125,91	97,83
	II		125,91	97,83
	III		125,91	97,83
	V	**101,25**	125,91	97,83
	VI	**115,66**	125,91	97,83
1052,99	I,IV		126,33	98,16
	II		126,33	98,16
	III		126,33	98,16
	V	**101,50**	126,33	98,16
	VI	**116,00**	126,33	98,16
1055,99	I,IV		126,66	98,41
	II		126,66	98,41
	III		126,66	98,41
	V	**101,83**	126,66	98,41
	VI	**116,25**	126,66	98,41
1058,99	I,IV		127,00	98,75
	II		127,00	98,75
	III		127,00	98,75
	V	**102,16**	127,00	98,75
	VI	**116,66**	127,00	98,75
1061,99	I,IV		127,41	99,00
	II		127,41	99,00
	III		127,41	99,00
	V	**102,50**	127,41	99,00
	VI	**116,91**	127,41	99,00
1064,99	I,IV		127,75	99,25
	II		127,75	99,25
	III		127,75	99,25
	V	**102,83**	127,75	99,25
	VI	**117,25**	127,75	99,25
1067,99	I,IV		128,08	99,58
	II		128,08	99,58
	III		128,08	99,58
	V	**103,16**	128,08	99,58
	VI	**117,58**	128,08	99,58
1070,99	I,IV		128,50	99,83
	II		128,50	99,83
	III		128,50	99,83
	V	**103,50**	128,50	99,83
	VI	**117,91**	128,50	99,83
1073,99	I,IV		128,83	100,08
	II		128,83	100,08
	III		128,83	100,08
	V	**103,83**	128,83	100,08
	VI	**118,25**	128,83	100,08
1076,99	I,IV		129,16	100,41
	II		129,16	100,41
	III		129,16	100,41
	V	**104,16**	129,16	100,41
	VI	**118,58**	129,16	100,41
1079,99	I,IV		129,58	100,66
	II		129,58	100,66
	III		129,58	100,66
	V	**104,50**	129,58	100,66
	VI	**118,91**	129,58	100,66

* Zur LSt-Berechnung für privat versicherte Arbeitnehmer s. Beispiele **Vorbemerkung S. 4 f.**
** Basisvorsorgepauschale KV und PV *** Typisierter Arbeitgeberzuschuss

Lohn/ Gehalt in € bis	Steuerklasse	Lohn- steuer*	BVSP**	TAGZ***
1 082,99	I,IV		129,91	100,91
	II		129,91	100,91
	III		129,91	100,91
	V	**104,83**	129,91	100,91
	VI	**119,25**	129,91	100,91
1 085,99	I,IV		130,25	101,25
	II		130,25	101,25
	III		130,25	101,25
	V	**105,16**	130,25	101,25
	VI	**119,58**	130,25	101,25
1 088,99	I,IV		130,66	101,50
	II		130,66	101,50
	III		130,66	101,50
	V	**105,50**	130,66	101,50
	VI	**119,91**	130,66	101,50
1 091,99	I,IV		131,00	101,75
	II		131,00	101,75
	III		131,00	101,75
	V	**105,83**	131,00	101,75
	VI	**120,25**	131,00	101,75
1 094,99	I,IV		131,33	102,08
	II		131,33	102,08
	III		131,33	102,08
	V	**106,16**	131,33	102,08
	VI	**120,58**	131,33	102,08
1 097,99	I,IV		131,75	102,33
	II		131,75	102,33
	III		131,75	102,33
	V	**106,50**	131,75	102,33
	VI	**120,91**	131,75	102,33
1 100,99	I,IV		132,08	102,66
	II		132,08	102,66
	III		132,08	102,66
	V	**106,83**	132,08	102,66
	VI	**121,25**	132,08	102,66
1 103,99	I,IV		132,41	102,91
	II		132,41	102,91
	III		132,41	102,91
	V	**107,16**	132,41	102,91
	VI	**121,58**	132,41	102,91
1 106,99	I,IV		132,83	103,16
	II		132,83	103,16
	III		132,83	103,16
	V	**107,50**	132,83	103,16
	VI	**121,91**	132,83	103,16
1 109,99	I,IV		133,16	103,50
	II		133,16	103,50
	III		133,16	103,50
	V	**107,83**	133,16	103,50
	VI	**122,25**	133,16	103,50
1 112,99	I,IV		133,50	103,75
	II		133,50	103,75
	III		133,50	103,75
	V	**108,16**	133,50	103,75
	VI	**122,58**	133,50	103,75
1 115,99	I,IV		133,91	104,00
	II		133,91	104,00
	III		133,91	104,00
	V	**108,50**	133,91	104,00
	VI	**122,91**	133,91	104,00

Lohn/ Gehalt in € bis	Steuerklasse	Lohn- steuer*	BVSP**	TAGZ***
1 118,99	I,IV		134,25	104,33
	II		134,25	104,33
	III		134,25	104,33
	V	**108,83**	134,25	104,33
	VI	**123,25**	134,25	104,33
1 121,99	I,IV		134,58	104,58
	II		134,58	104,58
	III		134,58	104,58
	V	**109,16**	134,58	104,58
	VI	**123,58**	134,58	104,58
1 124,99	I,IV		134,91	104,83
	II		134,91	104,83
	III		134,91	104,83
	V	**109,50**	134,91	104,83
	VI	**123,91**	134,91	104,83
1 127,99	I,IV		135,33	105,16
	II		135,33	105,16
	III		135,33	105,16
	V	**109,83**	135,33	105,16
	VI	**124,25**	135,33	105,16
1 130,99	I,IV		135,66	105,41
	II		135,66	105,41
	III		135,66	105,41
	V	**110,16**	135,66	105,41
	VI	**124,58**	135,66	105,41
1 133,99	I,IV		136,00	105,66
	II		136,00	105,66
	III		136,00	105,66
	V	**110,50**	136,00	105,66
	VI	**124,91**	136,00	105,66
1 136,99	I,IV		136,41	106,00
	II		136,41	106,00
	III		136,41	106,00
	V	**110,83**	136,41	106,00
	VI	**125,25**	136,41	106,00
1 139,99	I,IV		136,75	106,25
	II		136,75	106,25
	III		136,75	106,25
	V	**111,16**	136,75	106,25
	VI	**125,58**	136,75	106,25
1 142,99	I,IV		137,08	106,58
	II		137,08	106,58
	III		137,08	106,58
	V	**111,41**	137,08	106,58
	VI	**125,91**	137,08	106,58
1 145,99	I,IV		137,50	106,83
	II		137,50	106,83
	III		137,50	106,83
	V	**111,75**	137,50	106,83
	VI	**126,16**	137,50	106,83
1 148,99	I,IV		137,83	107,08
	II		137,83	107,08
	III		137,83	107,08
	V	**112,08**	137,83	107,08
	VI	**126,58**	137,83	107,08
1 151,99	I,IV		138,16	107,41
	II		138,16	107,41
	III		138,16	107,41
	V	**112,41**	138,16	107,41
	VI	**126,83**	138,16	107,41

* Zur LSt-Berechnung für privat versicherte Arbeitnehmer s. Beispiele **Vorbemerkung S. 4 f.**
** Basisvorsorgepauschale KV und PV *** Typisierter Arbeitgeberzuschuss

Lohn/ Gehalt in € bis	Steuerklasse	Lohn-steuer*	BVSP**	TAGZ***
1 154,99	I,IV		138,58	107,66
	II		138,58	107,66
	III		138,58	107,66
	V	**112,75**	138,58	107,66
	VI	**127,16**	138,58	107,66
1 157,99	I,IV		138,91	107,91
	II		138,91	107,91
	III		138,91	107,91
	V	**113,08**	138,91	107,91
	VI	**127,50**	138,91	107,91
1 160,99	I,IV		139,25	108,25
	II		139,25	108,25
	III		139,25	108,25
	V	**113,41**	139,25	108,25
	VI	**127,83**	139,25	108,25
1 163,99	I,IV		139,66	108,50
	II		139,66	108,50
	III		139,66	108,50
	V	**113,75**	139,66	108,50
	VI	**128,16**	139,66	108,50
1 166,99	I,IV		140,00	108,75
	II		140,00	108,75
	III		140,00	108,75
	V	**114,08**	140,00	108,75
	VI	**128,50**	140,00	108,75
1 169,99	I,IV		140,33	109,08
	II		140,33	109,08
	III		140,33	109,08
	V	**114,41**	140,33	109,08
	VI	**128,83**	140,33	109,08
1 172,99	I,IV		140,75	109,33
	II		140,75	109,33
	III		140,75	109,33
	V	**114,75**	140,75	109,33
	VI	**129,16**	140,75	109,33
1 175,99	I,IV		141,08	109,58
	II		141,08	109,58
	III		141,08	109,58
	V	**115,08**	141,08	109,58
	VI	**129,50**	141,08	109,58
1 178,99	I,IV		141,41	109,91
	II		141,41	109,91
	III		141,41	109,91
	V	**115,41**	141,41	109,91
	VI	**129,83**	141,41	109,91
1 181,99	I,IV		141,83	110,16
	II		141,83	110,16
	III		141,83	110,16
	V	**115,75**	141,83	110,16
	VI	**130,16**	141,83	110,16
1 184,99	I,IV		142,16	110,50
	II		142,16	110,50
	III		142,16	110,50
	V	**116,08**	142,16	110,50
	VI	**130,50**	142,16	110,50
1 187,99	I,IV		142,50	110,75
	II		142,50	110,75
	III		142,50	110,75
	V	**116,41**	142,50	110,75
	VI	**130,83**	142,50	110,75

Lohn/ Gehalt in € bis	Steuerklasse	Lohn-steuer*	BVSP**	TAGZ***
1 190,99	I,IV		142,91	111,00
	II		142,91	111,00
	III		142,91	111,00
	V	**116,75**	142,91	111,00
	VI	**131,16**	142,91	111,00
1 193,99	I,IV		143,25	111,33
	II		143,25	111,33
	III		143,25	111,33
	V	**117,08**	143,25	111,33
	VI	**131,50**	143,25	111,33
1 196,99	I,IV		143,58	111,58
	II		143,58	111,58
	III		143,58	111,58
	V	**117,41**	143,58	111,58
	VI	**131,83**	143,58	111,58
1 199,99	I,IV		143,91	111,83
	II		143,91	111,83
	III		143,91	111,83
	V	**117,75**	143,91	111,83
	VI	**132,16**	143,91	111,83
1 202,99	I,IV		144,33	112,16
	II		144,33	112,16
	III		144,33	112,16
	V	**118,08**	144,33	112,16
	VI	**132,50**	144,33	112,16
1 205,99	I,IV		144,66	112,41
	II		144,66	112,41
	III		144,66	112,41
	V	**118,41**	144,66	112,41
	VI	**132,83**	144,66	112,41
1 208,99	I,IV		145,00	112,66
	II		145,00	112,66
	III		145,00	112,66
	V	**118,75**	145,00	112,66
	VI	**133,16**	145,00	112,66
1 211,99	I,IV		145,41	113,00
	II		145,41	113,00
	III		145,41	113,00
	V	**119,08**	145,41	113,00
	VI	**133,50**	145,41	113,00
1 214,99	I,IV		145,75	113,25
	II		145,75	113,25
	III		145,75	113,25
	V	**119,41**	145,75	113,25
	VI	**133,83**	145,75	113,25
1 217,99	I,IV		146,08	113,50
	II		146,08	113,50
	III		146,08	113,50
	V	**119,75**	146,08	113,50
	VI	**134,16**	146,08	113,50
1 220,99	I,IV		146,50	113,83
	II		146,50	113,83
	III		146,50	113,83
	V	**120,08**	146,50	113,83
	VI	**134,50**	146,50	113,83
1 223,99	I,IV		146,83	114,08
	II		146,83	114,08
	III		146,83	114,08
	V	**120,41**	146,83	114,08
	VI	**134,83**	146,83	114,08

* Zur LSt-Berechnung für privat versicherte Arbeitnehmer s. Beispiele **Vorbemerkung S. 4f.**
** Basisvorsorgepauschale KV und PV *** Typisierter Arbeitgeberzuschuss

Lohn/ Gehalt in € bis	Steuerklasse	Lohn-steuer*	BVSP**	TAGZ***
1 226,99	I,IV		147,16	114,41
	II		147,16	114,41
	III		147,16	114,41
	V	**120,75**	147,16	114,41
	VI	**135,16**	147,16	114,41
1 229,99	I,IV		147,58	114,66
	II		147,58	114,66
	III		147,58	114,66
	V	**121,08**	147,58	114,66
	VI	**135,50**	147,58	114,66
1 232,99	I,IV		147,91	114,91
	II		147,91	114,91
	III		147,91	114,91
	V	**121,33**	147,91	114,91
	VI	**135,83**	147,91	114,91
1 235,99	I,IV		148,25	115,25
	II		148,25	115,25
	III		148,25	115,25
	V	**121,66**	148,25	115,25
	VI	**136,08**	148,25	115,25
1 238,99	I,IV		148,66	115,50
	II		148,66	115,50
	III		148,66	115,50
	V	**122,00**	148,66	115,50
	VI	**136,50**	148,66	115,50
1 241,99	I,IV		149,00	115,75
	II		149,00	115,75
	III		149,00	115,75
	V	**122,33**	149,00	115,75
	VI	**136,75**	149,00	115,75
1 244,99	I,IV		149,33	116,08
	II		149,33	116,08
	III		149,33	116,08
	V	**122,66**	149,33	116,08
	VI	**137,08**	149,33	116,08
1 247,99	I,IV		149,75	116,33
	II		149,75	116,33
	III		149,75	116,33
	V	**123,00**	149,75	116,33
	VI	**137,41**	149,75	116,33
1 250,99	I,IV		150,08	116,58
	II		150,08	116,58
	III		150,08	116,58
	V	**123,33**	150,08	116,58
	VI	**137,75**	150,08	116,58
1 253,99	I,IV		150,41	116,91
	II		150,41	116,91
	III		150,41	116,91
	V	**123,66**	150,41	116,91
	VI	**138,08**	150,41	116,91
1 256,99	I,IV		150,83	117,16
	II		150,83	117,16
	III		150,83	117,16
	V	**124,00**	150,83	117,16
	VI	**138,41**	150,83	117,16
1 259,99	I,IV		151,16	117,41
	II		151,16	117,41
	III		151,16	117,41
	V	**124,33**	151,16	117,41
	VI	**138,75**	151,16	117,41
1 262,99	I,IV		151,50	117,75
	II		151,50	117,75
	III		151,50	117,75
	V	**124,66**	151,50	117,75
	VI	**139,08**	151,50	117,75
1 265,99	I,IV		151,91	118,00
	II		151,91	118,00
	III		151,91	118,00
	V	**125,00**	151,91	118,00
	VI	**139,41**	151,91	118,00
1 268,99	I,IV		152,25	118,33
	II		152,25	118,33
	III		152,25	118,33
	V	**125,33**	152,25	118,33
	VI	**139,75**	152,25	118,33
1 271,99	I,IV		152,58	118,58
	II		152,58	118,58
	III		152,58	118,58
	V	**125,66**	152,58	118,58
	VI	**140,08**	152,58	118,58
1 274,99	I,IV		152,91	118,83
	II		152,91	118,83
	III		152,91	118,83
	V	**126,00**	152,91	118,83
	VI	**140,41**	152,91	118,83
1 277,99	I,IV		153,33	119,16
	II		153,33	119,16
	III		153,33	119,16
	V	**126,33**	153,33	119,16
	VI	**140,75**	153,33	119,16
1 280,99	I,IV		153,66	119,41
	II		153,66	119,41
	III		153,66	119,41
	V	**126,66**	153,66	119,41
	VI	**141,08**	153,66	119,41
1 283,99	I,IV		154,00	119,66
	II		154,00	119,66
	III		154,00	119,66
	V	**127,00**	154,00	119,66
	VI	**141,41**	154,00	119,66
1 286,99	I,IV	**0,08**	154,41	120,00
	II		154,41	120,00
	III		154,41	120,00
	V	**127,33**	154,41	120,00
	VI	**141,75**	154,41	120,00
1 289,99	I,IV	**0,41**	154,75	120,25
	II		154,75	120,25
	III		154,75	120,25
	V	**127,66**	154,75	120,25
	VI	**142,08**	154,75	120,25
1 292,99	I,IV	**0,75**	155,08	120,50
	II		155,08	120,50
	III		155,08	120,50
	V	**128,00**	155,08	120,50
	VI	**142,41**	155,08	120,50
1 295,99	I,IV	**1,08**	155,50	120,83
	II		155,50	120,83
	III		155,50	120,83
	V	**128,33**	155,50	120,83
	VI	**142,75**	155,50	120,83

* Zur LSt-Berechnung für privat versicherte Arbeitnehmer s. Beispiele **Vorbemerkung S. 4 f.**
** Basisvorsorgepauschale KV und PV *** Typisierter Arbeitgeberzuschuss

Lohn/ Gehalt in € bis	Steuerklasse	**Lohn-steuer***	BVSP**	TAGZ***
1 298,99	I,IV	**1,41**	155,83	121,08
	II		155,83	121,08
	III		155,83	121,08
	V	**128,66**	155,83	121,08
	VI	**143,08**	155,83	121,08
1 301,99	I,IV	**1,75**	156,16	121,33
	II		156,16	121,33
	III		156,16	121,33
	V	**129,00**	156,16	121,33
	VI	**143,41**	156,16	121,33
1 304,99	I,IV	**2,08**	156,58	121,66
	II		156,58	121,66
	III		156,58	121,66
	V	**129,33**	156,58	121,66
	VI	**143,75**	156,58	121,66
1 307,99	I,IV	**2,41**	156,91	121,91
	II		156,91	121,91
	III		156,91	121,91
	V	**129,66**	156,91	121,91
	VI	**144,08**	156,91	121,91
1 310,99	I,IV	**2,75**	157,25	122,25
	II		157,25	122,25
	III		157,25	122,25
	V	**130,00**	157,25	122,25
	VI	**144,41**	157,25	122,25
1 313,99	I,IV	**3,08**	157,66	122,50
	II		157,66	122,50
	III		157,66	122,50
	V	**130,33**	157,66	122,50
	VI	**144,75**	157,66	122,50
1 316,99	I,IV	**3,41**	158,00	122,75
	II		158,00	122,75
	III		158,00	122,75
	V	**130,66**	158,00	122,75
	VI	**145,08**	158,00	122,75
1 319,99	I,IV	**3,75**	158,33	123,08
	II		158,33	123,08
	III		158,33	123,08
	V	**131,00**	158,33	123,08
	VI	**145,41**	158,33	123,08
1 322,99	I,IV	**4,16**	158,33	123,33
	II		158,33	123,33
	III		158,75	123,33
	V	**131,33**	158,33	123,33
	VI	**146,00**	158,33	123,33
1 325,99	I,IV	**4,58**	158,33	123,58
	II		158,33	123,58
	III		159,08	123,58
	V	**131,75**	158,33	123,58
	VI	**147,16**	158,33	123,58
1 328,99	I,IV	**5,00**	158,33	123,91
	II		158,33	123,91
	III		159,41	123,91
	V	**132,08**	158,33	123,91
	VI	**148,25**	158,33	123,91
1 331,99	I,IV	**5,41**	158,33	124,16
	II		158,33	124,16
	III		159,83	124,16
	V	**132,50**	158,33	124,16
	VI	**149,41**	158,33	124,16
1 334,99	I,IV	**5,83**	158,33	124,41
	II		158,33	124,41
	III		160,16	124,41
	V	**132,91**	158,33	124,41
	VI	**150,58**	158,33	124,41
1 337,99	I,IV	**6,16**	158,33	124,75
	II		158,33	124,75
	III		160,50	124,75
	V	**133,25**	158,33	124,75
	VI	**151,66**	158,33	124,75
1 340,99	I,IV	**6,58**	158,33	125,00
	II		158,33	125,00
	III		160,91	125,00
	V	**133,66**	158,33	125,00
	VI	**152,83**	158,33	125,00
1 343,99	I,IV	**7,00**	158,33	125,25
	II		158,33	125,25
	III		161,25	125,25
	V	**134,00**	158,33	125,25
	VI	**154,00**	158,33	125,25
1 346,99	I,IV	**7,41**	158,33	125,58
	II		158,33	125,58
	III		161,58	125,58
	V	**134,41**	158,33	125,58
	VI	**155,16**	158,33	125,58
1 349,99	I,IV	**7,83**	158,33	125,83
	II		158,33	125,83
	III		161,91	125,83
	V	**134,75**	158,33	125,83
	VI	**156,25**	158,33	125,83
1 352,99	I,IV	**8,25**	158,33	126,16
	II		158,33	126,16
	III		162,33	126,16
	V	**135,16**	158,33	126,16
	VI	**157,41**	158,33	126,16
1 355,99	I,IV	**8,66**	158,33	126,41
	II		158,33	126,41
	III		162,66	126,41
	V	**135,50**	158,33	126,41
	VI	**158,58**	158,33	126,41
1 358,99	I,IV	**9,08**	158,33	126,66
	II		158,33	126,66
	III		163,00	126,66
	V	**135,91**	158,33	126,66
	VI	**159,75**	158,33	126,66
1 361,99	I,IV	**9,58**	158,33	127,00
	II		158,33	127,00
	III		163,41	127,00
	V	**136,33**	158,33	127,00
	VI	**160,83**	158,33	127,00
1 364,99	I,IV	**9,91**	158,33	127,25
	II		158,33	127,25
	III		163,75	127,25
	V	**136,66**	158,33	127,25
	VI	**162,00**	158,33	127,25
1 367,99	I,IV	**10,41**	158,33	127,50
	II		158,33	127,50
	III		164,08	127,50
	V	**137,08**	158,33	127,50
	VI	**163,16**	158,33	127,50

* Zur LSt-Berechnung für privat versicherte Arbeitnehmer s. Beispiele **Vorbemerkung S. 4 f.**
** Basisvorsorgepauschale KV und PV *** Typisierter Arbeitgeberzuschuss

Lohn/ Gehalt in € bis	Steuerklasse	Lohn- steuer*	BVSP**	TAGZ***
1 370,99	I,IV	**10,83**	158,33	127,83
	II		158,33	127,83
	III		164,50	127,83
	V	**137,41**	158,33	127,83
	VI	**164,25**	158,33	127,83
1 373,99	I,IV	**11,25**	158,33	128,08
	II		158,33	128,08
	III		164,83	128,08
	V	**137,83**	158,33	128,08
	VI	**165,41**	158,33	128,08
1 376,99	I,IV	**11,66**	158,33	128,33
	II		158,33	128,33
	III		165,16	128,33
	V	**138,25**	158,33	128,33
	VI	**166,58**	158,33	128,33
1 379,99	I,IV	**12,08**	158,33	128,66
	II		158,33	128,66
	III		165,58	128,66
	V	**138,58**	158,33	128,66
	VI	**167,66**	158,33	128,66
1 382,99	I,IV	**12,50**	158,33	128,91
	II		158,33	128,91
	III		165,91	128,91
	V	**139,00**	158,33	128,91
	VI	**168,83**	158,33	128,91
1 385,99	I,IV	**13,00**	158,33	129,16
	II		158,33	129,16
	III		166,25	129,16
	V	**139,33**	158,33	129,16
	VI	**170,00**	158,33	129,16
1 388,99	I,IV	**13,41**	158,33	129,50
	II		158,33	129,50
	III		166,66	129,50
	V	**139,75**	158,33	129,50
	VI	**171,16**	158,33	129,50
1 391,99	I,IV	**13,83**	158,33	129,75
	II		158,33	129,75
	III		167,00	129,75
	V	**140,08**	158,33	129,75
	VI	**172,25**	158,33	129,75
1 394,99	I,IV	**14,33**	158,33	130,08
	II		158,33	130,08
	III		167,33	130,08
	V	**140,50**	158,33	130,08
	VI	**173,41**	158,33	130,08
1 397,99	I,IV	**14,75**	158,33	130,33
	II		158,33	130,33
	III		167,75	130,33
	V	**140,83**	158,33	130,33
	VI	**174,58**	158,33	130,33
1 400,99	I,IV	**15,16**	158,33	130,58
	II		158,33	130,58
	III		168,08	130,58
	V	**141,25**	158,33	130,58
	VI	**175,75**	158,33	130,58
1 403,99	I,IV	**15,58**	158,33	130,91
	II		158,33	130,91
	III		168,41	130,91
	V	**141,66**	158,33	130,91
	VI	**176,83**	158,33	130,91

Lohn/ Gehalt in € bis	Steuerklasse	Lohn- steuer*	BVSP**	TAGZ***
1 406,99	I,IV	**16,08**	158,33	131,16
	II		158,33	131,16
	III		168,83	131,16
	V	**142,00**	158,33	131,16
	VI	**178,00**	158,33	131,16
1 409,99	I,IV	**16,50**	158,33	131,41
	II		158,33	131,41
	III		169,16	131,41
	V	**142,41**	158,33	131,41
	VI	**179,16**	158,33	131,41
1 412,99	I,IV	**17,00**	158,33	131,75
	II		158,33	131,75
	III		169,50	131,75
	V	**142,75**	158,33	131,75
	VI	**180,33**	158,33	131,75
1 415,99	I,IV	**17,41**	158,33	132,00
	II		158,33	132,00
	III		169,91	132,00
	V	**143,16**	158,33	132,00
	VI	**181,41**	158,33	132,00
1 418,99	I,IV	**17,91**	158,33	132,25
	II		158,33	132,25
	III		170,25	132,25
	V	**143,50**	158,33	132,25
	VI	**182,58**	158,33	132,25
1 421,99	I,IV	**18,33**	158,33	132,58
	II		158,33	132,58
	III		170,58	132,58
	V	**143,91**	158,33	132,58
	VI	**183,75**	158,33	132,58
1 424,99	I,IV	**18,75**	158,33	132,83
	II		158,33	132,83
	III		170,91	132,83
	V	**144,33**	158,33	132,83
	VI	**184,83**	158,33	132,83
1 427,99	I,IV	**19,25**	158,33	133,08
	II		158,33	133,08
	III		171,33	133,08
	V	**144,66**	158,33	133,08
	VI	**186,00**	158,33	133,08
1 430,99	I,IV	**19,75**	158,33	133,41
	II		158,33	133,41
	III		171,66	133,41
	V	**145,08**	158,33	133,41
	VI	**187,16**	158,33	133,41
1 433,99	I,IV	**20,16**	158,33	133,66
	II		158,33	133,66
	III		172,00	133,66
	V	**145,41**	158,33	133,66
	VI	**188,25**	158,33	133,66
1 436,99	I,IV	**20,66**	158,33	134,00
	II		158,33	134,00
	III		172,41	134,00
	V	**146,16**	158,33	134,00
	VI	**189,41**	158,33	134,00
1 439,99	I,IV	**21,08**	158,33	134,25
	II		158,33	134,25
	III		172,75	134,25
	V	**147,33**	158,33	134,25
	VI	**190,58**	158,33	134,25

* Zur LSt-Berechnung für privat versicherte Arbeitnehmer s. Beispiele **Vorbemerkung S. 4 f.**
** Basisvorsorgepauschale KV und PV *** Typisierter Arbeitgeberzuschuss

Lohn/ Gehalt in € bis	Steuerklasse	Lohnsteuer*	BVSP**	TAGZ***	Steuerklasse	Bemessungsgrundlage für Kirchensteuer und Solidaritätszuschlag – Freibeträge für ... Kinder 0,5	1,0	1,5	2,0	2,5	3,0
1 442,99	I,IV	**21,58**	158,33	134,50	I						
	II		158,33	134,50	II						
	III		173,08	134,50	III						
	V	**148,41**	158,33	134,50	IV						
	VI	**191,66**	158,33	134,50							
1 445,99	I,IV	**22,08**	158,33	134,83	I						
	II		158,33	134,83	II						
	III		173,50	134,83	III						
	V	**149,58**	158,33	134,83	IV						
	VI	**192,83**	158,33	134,83							
1 448,99	I,IV	**22,50**	158,33	135,08	I						
	II		158,33	135,08	II						
	III		173,83	135,08	III						
	V	**150,75**	158,33	135,08	IV						
	VI	**194,00**	158,33	135,08							
1 451,99	I,IV	**23,00**	158,33	135,33	I						
	II		158,33	135,33	II						
	III		174,16	135,33	III						
	V	**151,91**	158,33	135,33	IV						
	VI	**195,16**	158,33	135,33							
1 454,99	I,IV	**23,50**	158,33	135,66	I						
	II		158,33	135,66	II						
	III		174,58	135,66	III						
	V	**153,00**	158,33	135,66	IV						
	VI	**196,33**	158,33	135,66							
1 457,99	I,IV	**23,91**	158,33	135,91	I						
	II		158,33	135,91	II						
	III		174,91	135,91	III						
	V	**154,16**	158,33	135,91	IV						
	VI	**197,41**	158,33	135,91							
1 460,99	I,IV	**24,41**	158,33	136,16	I						
	II		158,33	136,16	II						
	III		175,25	136,16	III						
	V	**155,33**	158,33	136,16	IV						
	VI	**198,58**	158,33	136,16							
1 463,99	I,IV	**24,91**	158,33	136,50	I						
	II		158,33	136,50	II						
	III		175,66	136,50	III						
	V	**156,50**	158,33	136,50	IV						
	VI	**199,75**	158,33	136,50							
1 466,99	I,IV	**25,41**	158,33	136,75	I						
	II		158,33	136,75	II						
	III		176,00	136,75	III						
	V	**157,58**	158,33	136,75	IV						
	VI	**200,83**	158,33	136,75							
1 469,99	I,IV	**25,83**	158,33	137,00	I						
	II		158,33	137,00	II						
	III		176,33	137,00	III						
	V	**158,75**	158,33	137,00	IV						
	VI	**202,00**	158,33	137,00							
1 472,99	I,IV	**26,33**	158,33	137,33	I						
	II		158,33	137,33	II						
	III		176,75	137,33	III						
	V	**159,91**	158,33	137,33	IV						
	VI	**203,16**	158,33	137,33							
1 475,99	I,IV	**26,83**	158,33	137,58	I						
	II		158,33	137,58	II						
	III		177,08	137,58	III						
	V	**161,00**	158,33	137,58	IV						
	VI	**204,25**	158,33	137,58							

* Zur LSt-Berechnung für privat versicherte Arbeitnehmer s. Beispiele **Vorbemerkung S. 4 f.**
** Basisvorsorgepauschale KV und PV *** Typisierter Arbeitgeberzuschuss

Lohn/ Gehalt in € bis	Steuerklasse	Lohn-steuer*	BVSP**	TAGZ***	Steuerklasse	Bemessungsgrundlage für Kirchensteuer und Solidaritätszuschlag					
						Freibeträge für ... Kinder					
						0,5	**1,0**	1,5	**2,0**	2,5	**3,0**
1 478,99	I,IV	**27,33**	158,33	137,91	I						
	II		158,33	137,91	II						
	III		177,41	137,91	III						
	V	**162,16**	158,33	137,91	IV						
	VI	**205,41**	158,33	137,91							
1 481,99	I,IV	**27,83**	158,33	138,16	I						
	II		158,33	138,16	II						
	III		177,83	138,16	III						
	V	**163,33**	158,33	138,16	IV						
	VI	**206,58**	158,33	138,16							
1 484,99	I,IV	**28,33**	158,33	138,41	I						
	II		158,33	138,41	II						
	III		178,16	138,41	III						
	V	**164,41**	158,33	138,41	IV						
	VI	**207,66**	158,33	138,41							
1 487,99	I,IV	**28,83**	158,33	138,75	I						
	II		158,33	138,75	II						
	III		178,50	138,75	III						
	V	**165,58**	158,33	138,75	IV						
	VI	**208,83**	158,33	138,75							
1 490,99	I,IV	**29,33**	158,33	139,00	I						
	II		158,33	139,00	II						
	III		178,91	139,00	III						
	V	**166,75**	158,33	139,00	IV						
	VI	**210,00**	158,33	139,00							
1 493,99	I,IV	**29,83**	158,33	139,25	I						
	II		158,33	139,25	II						
	III		179,25	139,25	III						
	V	**167,83**	158,33	139,25	IV						
	VI	**211,16**	158,33	139,25							
1 496,99	I,IV	**30,33**	158,33	139,58	I						
	II		158,33	139,58	II						
	III		179,58	139,58	III						
	V	**169,00**	158,33	139,58	IV	0,08					
	VI	**212,25**	158,33	139,58							
1 499,99	I,IV	**30,83**	158,33	139,83	I						
	II		158,33	139,83	II						
	III		179,91	139,83	III						
	V	**170,16**	158,33	139,83	IV	0,50					
	VI	**213,41**	158,33	139,83							
1 502,99	I,IV	**31,33**	158,33	140,08	I						
	II		158,33	140,08	II						
	III		180,33	140,08	III						
	V	**171,33**	158,33	140,08	IV	0,83					
	VI	**214,58**	158,33	140,08							
1 505,99	I,IV	**31,83**	158,33	140,41	I						
	II		158,33	140,41	II						
	III		180,66	140,41	III						
	V	**172,41**	158,33	140,41	IV	1,25					
	VI	**215,75**	158,33	140,41							
1 508,99	I,IV	**32,33**	158,33	140,66	I						
	II		158,33	140,66	II						
	III		181,00	140,66	III						
	V	**173,58**	158,33	140,66	IV	1,58					
	VI	**216,83**	158,33	140,66							
1 511,99	I,IV	**32,83**	158,33	140,91	I						
	II		158,33	140,91	II						
	III		181,41	140,91	III						
	V	**174,75**	158,33	140,91	IV	2,00					
	VI	**218,00**	158,33	140,91							

* Zur LSt-Berechnung für privat versicherte Arbeitnehmer s. Beispiele **Vorbemerkung S. 4 f.**
** Basisvorsorgepauschale KV und PV *** Typisierter Arbeitgeberzuschuss

Lohn/ Gehalt in € bis	Steuerklasse	**Lohn-steuer***	BVSP**	TAGZ***	Steuerklasse	Bemessungsgrundlage für Kirchensteuer und Solidaritätszuschlag: Freibeträge für ... Kinder 0,5	**1,0**	1,5	**2,0**	2,5	**3,0**
1 514,99	I,IV	**33,33**	158,33	141,25	I						
	II		158,33	141,25	II						
	III		181,75	141,25	III						
	V	**175,91**	158,33	141,25	IV	2,41					
	VI	**219,16**	158,33	141,25							
1 517,99	I,IV	**33,83**	158,33	141,50	I						
	II		158,33	141,50	II						
	III		182,08	141,50	III						
	V	**177,00**	158,33	141,50	IV	2,75					
	VI	**220,25**	158,33	141,50							
1 520,99	I,IV	**34,33**	158,33	141,75	I						
	II		158,33	141,75	II						
	III		182,50	141,75	III						
	V	**178,16**	158,33	141,75	IV	3,16					
	VI	**221,41**	158,33	141,75							
1 523,99	I,IV	**34,91**	158,33	142,08	I						
	II		158,33	142,08	II						
	III		182,83	142,08	III						
	V	**179,33**	158,33	142,08	IV	3,58					
	VI	**222,58**	158,33	142,08							
1 526,99	I,IV	**35,41**	158,33	142,33	I						
	II		158,33	142,33	II						
	III		183,16	142,33	III						
	V	**180,41**	158,33	142,33	IV	4,00					
	VI	**223,66**	158,33	142,33							
1 529,99	I,IV	**35,91**	158,33	142,66	I						
	II		158,33	142,66	II						
	III		183,58	142,66	III						
	V	**181,58**	158,33	142,66	IV	4,33					
	VI	**224,83**	158,33	142,66							
1 532,99	I,IV	**36,41**	158,33	142,91	I						
	II		158,33	142,91	II						
	III		183,91	142,91	III						
	V	**182,75**	158,33	142,91	IV	4,75					
	VI	**226,00**	158,33	142,91							
1 535,99	I,IV	**36,91**	158,33	143,16	I						
	II		158,33	143,16	II						
	III		184,25	143,16	III						
	V	**183,83**	158,33	143,16	IV	5,16					
	VI	**227,16**	158,33	143,16							
1 538,99	I,IV	**37,50**	158,33	143,50	I						
	II		158,33	143,50	II						
	III		184,66	143,50	III						
	V	**185,00**	158,33	143,50	IV	5,58					
	VI	**228,25**	158,33	143,50							
1 541,99	I,IV	**38,00**	158,33	143,75	I						
	II		158,33	143,75	II						
	III		185,00	143,75	III						
	V	**186,16**	158,33	143,75	IV	6,00					
	VI	**229,41**	158,33	143,75							
1 544,99	I,IV	**38,50**	158,33	144,00	I						
	II		158,33	144,00	II						
	III		185,33	144,00	III						
	V	**187,33**	158,33	144,00	IV	6,41					
	VI	**230,58**	158,33	144,00							
1 547,99	I,IV	**39,08**	158,33	144,33	I						
	II		158,33	144,33	II						
	III		185,75	144,33	III						
	V	**188,41**	158,33	144,33	IV	6,83					
	VI	**231,75**	158,33	144,33							

* Zur LSt-Berechnung für privat versicherte Arbeitnehmer s. Beispiele **Vorbemerkung S. 4f.**
** Basisvorsorgepauschale KV und PV *** Typisierter Arbeitgeberzuschuss

Lohn/ Gehalt in € bis	Steuerklasse	Lohn-steuer*	BVSP**	TAGZ***	Steuerklasse	Bemessungsgrundlage für Kirchensteuer und Solidaritätszuschlag					
						Freibeträge für ... Kinder					
						0,5	**1,0**	1,5	**2,0**	2,5	**3,0**
1 550,99	I,IV	**39,58**	158,33	144,58	I						
	II		158,33	144,58	II						
	III		186,08	144,58	III						
	V	**189,58**	158,33	144,58	IV	7,25					
	VI	**232,83**	158,33	144,58							
1 553,99	I,IV	**40,16**	158,33	144,83	I						
	II		158,33	144,83	II						
	III		186,41	144,83	III						
	V	**190,75**	158,33	144,83	IV	7,66					
	VI	**234,00**	158,33	144,83							
1 556,99	I,IV	**40,66**	158,33	145,16	I						
	II		158,33	145,16	II						
	III		186,83	145,16	III						
	V	**191,91**	158,33	145,16	IV	8,08					
	VI	**235,16**	158,33	145,16							
1 559,99	I,IV	**41,25**	158,33	145,41	I						
	II		158,33	145,41	II						
	III		187,16	145,41	III						
	V	**193,00**	158,33	145,41	IV	8,50					
	VI	**236,33**	158,33	145,41							
1 562,99	I,IV	**41,75**	158,33	145,66	I						
	II		158,33	145,66	II						
	III		187,50	145,66	III						
	V	**194,16**	158,33	145,66	IV	8,91					
	VI	**237,41**	158,33	145,66							
1 565,99	I,IV	**42,25**	158,33	146,00	I						
	II		158,33	146,00	II						
	III		187,91	146,00	III						
	V	**195,33**	158,33	146,00	IV	9,33					
	VI	**238,58**	158,33	146,00							
1 568,99	I,IV	**42,83**	158,33	146,25	I						
	II		158,33	146,25	II						
	III		188,25	146,25	III						
	V	**196,50**	158,33	146,25	IV	9,75					
	VI	**239,75**	158,33	146,25							
1 571,99	I,IV	**43,33**	158,33	146,58	I						
	II		158,33	146,58	II						
	III		188,58	146,58	III						
	V	**197,58**	158,33	146,58	IV	10,16					
	VI	**240,83**	158,33	146,58							
1 574,99	I,IV	**43,91**	158,33	146,83	I						
	II		158,33	146,83	II						
	III		188,91	146,83	III						
	V	**198,75**	158,33	146,83	IV	10,58					
	VI	**242,00**	158,33	146,83							
1 577,99	I,IV	**44,41**	158,33	147,08	I						
	II		158,33	147,08	II						
	III		189,33	147,08	III						
	V	**199,83**	158,33	147,08	IV	11,00					
	VI	**243,08**	158,33	147,08							
1 580,99	I,IV	**45,00**	158,33	147,41	I						
	II		158,33	147,41	II						
	III		189,66	147,41	III						
	V	**201,00**	158,33	147,41	IV	11,41					
	VI	**244,25**	158,33	147,41							
1 583,99	I,IV	**45,58**	158,33	147,66	I						
	II		158,33	147,66	II						
	III		190,00	147,66	III						
	V	**202,16**	158,33	147,66	IV	11,83					
	VI	**245,41**	158,33	147,66							

* Zur LSt-Berechnung für privat versicherte Arbeitnehmer s. Beispiele **Vorbemerkung S. 4 f.**
** Basisvorsorgepauschale KV und PV *** Typisierter Arbeitgeberzuschuss

Lohn/ Gehalt in € bis	Steuerklasse	Lohn-steuer*	BVSP**	TAGZ***	Steuerklasse	Bemessungsgrundlage für Kirchensteuer und Solidaritätszuschlag					
						Freibeträge für ... Kinder					
						0,5	**1,0**	1,5	**2,0**	2,5	**3,0**
1 586,99	I,IV	**46,08**	158,33	147,91	I						
	II		158,33	147,91	II						
	III		190,41	147,91	III						
	V	**203,33**	158,33	147,91	IV	12,33					
	VI	**246,58**	158,33	147,91							
1 589,99	I,IV	**46,66**	158,33	148,25	I						
	II		158,33	148,25	II						
	III		190,75	148,25	III						
	V	**204,41**	158,33	148,25	IV	12,75					
	VI	**247,66**	158,33	148,25							
1 592,99	I,IV	**47,25**	158,33	148,50	I						
	II		158,33	148,50	II						
	III		191,08	148,50	III						
	V	**205,58**	158,33	148,50	IV	13,16					
	VI	**248,83**	158,33	148,50							
1 595,99	I,IV	**47,75**	158,33	148,75	I						
	II		158,33	148,75	II						
	III		191,50	148,75	III						
	V	**206,75**	158,33	148,75	IV	13,58					
	VI	**250,00**	158,33	148,75							
1 598,99	I,IV	**48,33**	158,33	149,08	I						
	II		158,33	149,08	II						
	III		191,83	149,08	III						
	V	**207,91**	158,33	149,08	IV	14,08					
	VI	**251,16**	158,33	149,08							
1 601,99	I,IV	**48,91**	158,33	149,33	I						
	II		158,33	149,33	II						
	III		192,16	149,33	III						
	V	**209,00**	158,33	149,33	IV	14,50					
	VI	**252,33**	158,33	149,33							
1 604,99	I,IV	**49,41**	158,33	149,58	I						
	II		158,33	149,58	II						
	III		192,58	149,58	III						
	V	**210,16**	158,33	149,58	IV	14,91					
	VI	**253,41**	158,33	149,58							
1 607,99	I,IV	**50,00**	158,33	149,91	I						
	II		158,33	149,91	II						
	III		192,91	149,91	III						
	V	**211,33**	158,33	149,91	IV	15,41					
	VI	**254,58**	158,33	149,91							
1 610,99	I,IV	**50,58**	158,33	150,16	I						
	II		158,33	150,16	II						
	III		193,25	150,16	III						
	V	**212,50**	158,33	150,16	IV	15,83					
	VI	**255,75**	158,33	150,16							
1 613,99	I,IV	**51,16**	158,33	150,50	I						
	II		158,33	150,50	II						
	III		193,66	150,50	III						
	V	**213,58**	158,33	150,50	IV	16,25					
	VI	**256,83**	158,33	150,50							
1 616,99	I,IV	**51,75**	158,33	150,75	I						
	II		158,33	150,75	II						
	III		194,00	150,75	III						
	V	**214,75**	158,33	150,75	IV	16,75					
	VI	**258,00**	158,33	150,75							
1 619,99	I,IV	**52,33**	158,33	151,00	I						
	II		158,33	151,00	II						
	III		194,33	151,00	III						
	V	**215,91**	158,33	151,00	IV	17,16					
	VI	**259,16**	158,33	151,00							

* Zur LSt-Berechnung für privat versicherte Arbeitnehmer s. Beispiele **Vorbemerkung S. 4f.**
** Basisvorsorgepauschale KV und PV *** Typisierter Arbeitgeberzuschuss

Lohn/ Gehalt in € bis	Steuerklasse	Lohnsteuer*	BVSP**	TAGZ***	Steuerklasse	Bemessungsgrundlage für Kirchensteuer und Solidaritätszuschlag					
						Freibeträge für ... Kinder					
						0,5	**1,0**	1,5	**2,0**	2,5	**3,0**
1 622,99	I,IV	**52,83**	158,33	151,33	I						
	II		158,33	151,33	II						
	III		194,75	151,33	III						
	V	**217,00**	158,33	151,33	IV	17,66					
	VI	**260,25**	158,33	151,33							
1 625,99	I,IV	**53,41**	158,33	151,58	I						
	II		158,33	151,58	II						
	III		195,08	151,58	III						
	V	**218,16**	158,33	151,58	IV	18,08					
	VI	**261,41**	158,33	151,58							
1 628,99	I,IV	**54,00**	158,33	151,83	I						
	II		158,33	151,83	II						
	III		195,41	151,83	III						
	V	**219,33**	158,33	151,83	IV	18,58					
	VI	**262,58**	158,33	151,83							
1 631,99	I,IV	**54,58**	158,33	152,16	I						
	II		158,33	152,16	II						
	III		195,83	152,16	III						
	V	**220,41**	158,33	152,16	IV	19,00					
	VI	**263,66**	158,33	152,16							
1 634,99	I,IV	**55,16**	158,33	152,41	I						
	II		158,33	152,41	II						
	III		196,16	152,41	III						
	V	**221,58**	158,33	152,41	IV	19,50					
	VI	**264,83**	158,33	152,41							
1 637,99	I,IV	**55,75**	158,33	152,66	I						
	II		158,33	152,66	II						
	III		196,50	152,66	III						
	V	**222,75**	158,33	152,66	IV	19,91					
	VI	**266,00**	158,33	152,66							
1 640,99	I,IV	**56,33**	158,33	153,00	I						
	II		158,33	153,00	II						
	III		196,91	153,00	III						
	V	**223,83**	158,33	153,00	IV	20,41					
	VI	**267,16**	158,33	153,00							
1 643,99	I,IV	**56,91**	158,33	153,25	I						
	II		158,33	153,25	II						
	III		197,25	153,25	III						
	V	**225,00**	158,33	153,25	IV	20,83					
	VI	**268,25**	158,33	153,25							
1 646,99	I,IV	**57,50**	158,33	153,50	I						
	II		158,33	153,50	II						
	III		197,58	153,50	III						
	V	**226,16**	158,33	153,50	IV	21,33					
	VI	**269,41**	158,33	153,50							
1 649,99	I,IV	**58,08**	158,33	153,83	I						
	II		158,33	153,83	II						
	III		197,91	153,83	III						
	V	**227,33**	158,33	153,83	IV	21,75					
	VI	**270,58**	158,33	153,83							
1 652,99	I,IV	**58,66**	158,33	154,08	I						
	II		158,33	154,08	II						
	III		198,33	154,08	III						
	V	**228,41**	158,33	154,08	IV	22,25					
	VI	**271,75**	158,33	154,08							
1 655,99	I,IV	**59,25**	158,33	154,41	I						
	II		158,33	154,41	II						
	III		198,66	154,41	III						
	V	**229,58**	158,33	154,41	IV	22,75					
	VI	**272,83**	158,33	154,41							

* Zur LSt-Berechnung für privat versicherte Arbeitnehmer s. Beispiele **Vorbemerkung S. 4 f.**
** Basisvorsorgepauschale KV und PV *** Typisierter Arbeitgeberzuschuss

Lohn/ Gehalt in € bis	Steuerklasse	Lohn-steuer*	BVSP**	TAGZ***	Steuerklasse	Bemessungsgrundlage für Kirchensteuer und Solidaritätszuschlag					
						Freibeträge für ... Kinder					
						0,5	**1,0**	1,5	**2,0**	2,5	**3,0**
1 658,99	I,IV	**59,91**	158,33	154,66	I						
	II		158,33	154,66	II						
	III		199,00	154,66	III						
	V	**230,75**	158,33	154,66	IV	23,25					
	VI	**274,00**	158,33	154,66							
1 661,99	I,IV	**60,50**	158,33	154,91	I						
	II	**0,41**	158,33	154,91	II						
	III		199,41	154,91	III						
	V	**231,91**	158,33	154,91	IV	23,66					
	VI	**275,16**	158,33	154,91							
1 664,99	I,IV	**61,08**	158,33	155,25	I						
	II	**0,75**	158,33	155,25	II						
	III		199,75	155,25	III						
	V	**233,00**	158,33	155,25	IV	24,16					
	VI	**276,25**	158,33	155,25							
1 667,99	I,IV	**61,66**	158,33	155,50	I						
	II	**1,16**	158,33	155,50	II						
	III		200,08	155,50	III						
	V	**234,16**	158,33	155,50	IV	24,66					
	VI	**277,41**	158,33	155,50							
1 670,99	I,IV	**62,25**	158,33	155,75	I						
	II	**1,50**	158,33	155,75	II						
	III		200,50	155,75	III						
	V	**235,33**	158,33	155,75	IV	25,16					
	VI	**278,58**	158,33	155,75							
1 673,99	I,IV	**62,83**	158,33	156,08	I						
	II	**1,91**	158,33	156,08	II						
	III		200,83	156,08	III						
	V	**236,41**	158,33	156,08	IV	25,58					
	VI	**279,66**	158,33	156,08							
1 676,99	I,IV	**63,50**	158,33	156,33	I						
	II	**2,33**	158,33	156,33	II						
	III		201,16	156,33	III						
	V	**237,58**	158,33	156,33	IV	26,08					
	VI	**280,83**	158,33	156,33							
1 679,99	I,IV	**64,08**	158,33	156,58	I						
	II	**2,75**	158,33	156,58	II						
	III		201,58	156,58	III						
	V	**238,75**	158,33	156,58	IV	26,58					
	VI	**282,00**	158,33	156,58							
1 682,99	I,IV	**64,66**	158,33	156,91	I						
	II	**3,08**	158,33	156,91	II						
	III		201,91	156,91	III						
	V	**239,83**	158,33	156,91	IV	27,08					
	VI	**283,16**	158,33	156,91							
1 685,99	I,IV	**65,33**	158,33	157,16	I						
	II	**3,50**	158,33	157,16	II						
	III		202,25	157,16	III						
	V	**241,00**	158,33	157,16	IV	27,58					
	VI	**284,25**	158,33	157,16							
1 688,99	I,IV	**65,91**	158,33	157,41	I						
	II	**3,91**	158,33	157,41	II						
	III		202,66	157,41	III						
	V	**242,16**	158,33	157,41	IV	28,08					
	VI	**285,41**	158,33	157,41							
1 691,99	I,IV	**66,50**	158,33	157,75	I						
	II	**4,25**	158,33	157,75	II						
	III		203,00	157,75	III						
	V	**243,33**	158,33	157,75	IV	28,50					
	VI	**286,58**	158,33	157,75							

* Zur LSt-Berechnung für privat versicherte Arbeitnehmer s. Beispiele **Vorbemerkung S. 4 f.**
** Basisvorsorgepauschale KV und PV *** Typisierter Arbeitgeberzuschuss

Lohn/ Gehalt in € bis	Steuerklasse	Lohn-steuer*	BVSP**	TAGZ***	Steuerklasse	Bemessungsgrundlage für Kirchensteuer und Solidaritätszuschlag – Freibeträge für ... Kinder 0,5	**1,0**	1,5	**2,0**	2,5	**3,0**
1 694,99	I,IV	**67,16**	158,33	158,00	I						
	II	**4,66**	158,33	158,00	II						
	III		203,33	158,00	III						
	V	**244,41**	158,33	158,00	IV	29,00					
	VI	**287,75**	158,33	158,00							
1 697,99	I,IV	**67,75**	158,33	158,33	I						
	II	**5,08**	158,33	158,33	II						
	III		203,75	158,33	III						
	V	**245,58**	158,33	158,33	IV	29,50					
	VI	**288,83**	158,33	158,33							
1 700,99	I,IV	**68,33**	158,58	158,58	I						
	II	**5,50**	158,58	158,58	II						
	III		204,08	158,58	III						
	V	**246,58**	158,58	158,58	IV	30,00					
	VI	**289,91**	158,58	158,58							
1 703,99	I,IV	**68,83**	158,83	158,83	I	0,16					
	II	**5,83**	158,83	158,83	II						
	III		204,41	158,83	III						
	V	**247,66**	158,83	158,83	IV	30,41	0,16				
	VI	**290,91**	158,83	158,83							
1 706,99	I,IV	**69,41**	159,16	159,16	I	0,50					
	II	**6,16**	159,16	159,16	II						
	III		204,83	159,16	III						
	V	**248,66**	159,16	159,16	IV	30,91	0,50				
	VI	**291,91**	159,16	159,16							
1 709,99	I,IV	**70,00**	159,41	159,41	I	0,83					
	II	**6,58**	159,41	159,41	II						
	III		205,16	159,41	III						
	V	**249,66**	159,41	159,41	IV	31,33	0,83				
	VI	**293,00**	159,41	159,41							
1 712,99	I,IV	**70,58**	159,66	159,66	I	1,16					
	II	**6,91**	159,66	159,66	II						
	III		205,50	159,66	III						
	V	**250,75**	159,66	159,66	IV	31,75	1,16				
	VI	**294,00**	159,66	159,66							
1 715,99	I,IV	**71,08**	160,00	160,00	I	1,58					
	II	**7,25**	160,00	160,00	II						
	III		205,91	160,00	III						
	V	**251,75**	160,00	160,00	IV	32,25	1,58				
	VI	**295,00**	160,00	160,00							
1 718,99	I,IV	**71,66**	160,25	160,25	I	1,91					
	II	**7,66**	160,25	160,25	II						
	III		206,25	160,25	III						
	V	**252,75**	160,25	160,25	IV	32,66	1,91				
	VI	**296,08**	160,25	160,25							
1 721,99	I,IV	**72,25**	160,50	160,50	I	2,25					
	II	**8,00**	160,50	160,50	II						
	III		206,58	160,50	III						
	V	**253,83**	160,50	160,50	IV	33,16	2,25				
	VI	**297,08**	160,50	160,50							
1 724,99	I,IV	**72,83**	160,83	160,83	I	2,58					
	II	**8,41**	160,83	160,83	II						
	III		206,91	160,83	III						
	V	**254,83**	160,83	160,83	IV	33,58	2,58				
	VI	**298,08**	160,83	160,83							
1 727,99	I,IV	**73,33**	161,08	161,08	I	2,91					
	II	**8,75**	161,08	161,08	II						
	III		207,33	161,08	III						
	V	**255,83**	161,08	161,08	IV	34,08	2,91				
	VI	**299,08**	161,08	161,08							

* Zur LSt-Berechnung für privat versicherte Arbeitnehmer s. Beispiele **Vorbemerkung S. 4 f.**
** Basisvorsorgepauschale KV und PV *** Typisierter Arbeitgeberzuschuss

Lohn/ Gehalt in € bis	Steuerklasse	Lohn-steuer*	BVSP**	TAGZ***	Steuerklasse	Bemessungsgrundlage für Kirchensteuer und Solidaritätszuschlag					
						Freibeträge für ... Kinder					
						0,5	**1,0**	1,5	**2,0**	2,5	**3,0**
1 730,99	I,IV	**73,91**	161,33	161,33	I	3,33					
	II	**9,16**	161,33	161,33	II						
	III		207,66	161,33	III						
	V	**256,91**	161,33	161,33	IV	34,50	3,33				
	VI	**300,16**	161,33	161,33							
1 733,99	I,IV	**74,50**	161,66	161,66	I	3,66					
	II	**9,58**	161,66	161,66	II						
	III		208,00	161,66	III						
	V	**257,91**	161,66	161,66	IV	35,00	3,66				
	VI	**301,16**	161,66	161,66							
1 736,99	I,IV	**75,08**	161,91	161,91	I	4,00					
	II	**9,91**	161,91	161,91	II						
	III		208,41	161,91	III						
	V	**258,91**	161,91	161,91	IV	35,41	4,00				
	VI	**302,16**	161,91	161,91							
1 739,99	I,IV	**75,66**	162,25	162,25	I	4,41					
	II	**10,33**	162,25	162,25	II						
	III		208,75	162,25	III						
	V	**259,91**	162,25	162,25	IV	35,91	4,41				
	VI	**303,25**	162,25	162,25							
1 742,99	I,IV	**76,25**	162,50	162,50	I	4,75					
	II	**10,66**	162,50	162,50	II						
	III		209,08	162,50	III						
	V	**261,00**	162,50	162,50	IV	36,41	4,75				
	VI	**304,25**	162,50	162,50							
1 745,99	I,IV	**76,83**	162,75	162,75	I	5,08					
	II	**11,08**	162,75	162,75	II						
	III		209,50	162,75	III						
	V	**262,00**	162,75	162,75	IV	36,83	5,08				
	VI	**305,25**	162,75	162,75							
1 748,99	I,IV	**77,33**	163,08	163,08	I	5,50					
	II	**11,41**	163,08	163,08	II						
	III		209,83	163,08	III						
	V	**263,00**	163,08	163,08	IV	37,33	5,50				
	VI	**306,25**	163,08	163,08							
1 751,99	I,IV	**78,00**	163,33	163,33	I	5,83					
	II	**11,83**	163,33	163,33	II						
	III		210,16	163,33	III						
	V	**264,08**	163,33	163,33	IV	37,83	5,83				
	VI	**307,33**	163,33	163,33							
1 754,99	I,IV	**78,50**	163,58	163,58	I	6,16					
	II	**12,25**	163,58	163,58	II						
	III		210,58	163,58	III						
	V	**265,08**	163,58	163,58	IV	38,25	6,16				
	VI	**308,33**	163,58	163,58							
1 757,99	I,IV	**79,08**	163,91	163,91	I	6,58					
	II	**12,58**	163,91	163,91	II						
	III		210,91	163,91	III						
	V	**266,08**	163,91	163,91	IV	38,75	6,58				
	VI	**309,33**	163,91	163,91							
1 760,99	I,IV	**79,66**	164,16	164,16	I	6,91					
	II	**13,00**	164,16	164,16	II						
	III		211,25	164,16	III						
	V	**267,16**	164,16	164,16	IV	39,25	6,91				
	VI	**310,41**	164,16	164,16							
1 763,99	I,IV	**80,25**	164,41	164,41	I	7,33					
	II	**13,41**	164,41	164,41	II						
	III		211,66	164,41	III						
	V	**268,16**	164,41	164,41	IV	39,66	7,33				
	VI	**311,41**	164,41	164,41							

* Zur LSt-Berechnung für privat versicherte Arbeitnehmer s. Beispiele **Vorbemerkung S. 4f.**
** Basisvorsorgepauschale KV und PV *** Typisierter Arbeitgeberzuschuss

Lohn/ Gehalt in € bis	Steuerklasse	Lohn-steuer*	BVSP**	TAGZ***	Steuerklasse	Bemessungsgrundlage für Kirchensteuer und Solidaritätszuschlag – Freibeträge für ... Kinder 0,5	**1,0**	1,5	**2,0**	2,5	**3,0**
1 766,99	I,IV	**80,83**	164,75	164,75	I	7,66					
	II	**13,83**	164,75	164,75	II						
	III		212,00	164,75	III						
	V	**269,16**	164,75	164,75	IV	40,16	7,66				
	VI	**312,41**	164,75	164,75							
1 769,99	I,IV	**81,50**	165,00	165,00	I	8,08					
	II	**14,16**	165,00	165,00	II						
	III		212,33	165,00	III						
	V	**270,25**	165,00	165,00	IV	40,66	8,08				
	VI	**313,50**	165,00	165,00							
1 772,99	I,IV	**82,00**	165,25	165,25	I	8,41					
	II	**14,58**	165,25	165,25	II						
	III		212,75	165,25	III						
	V	**271,25**	165,25	165,25	IV	41,16	8,41				
	VI	**314,50**	165,25	165,25							
1 775,99	I,IV	**82,58**	165,58	165,58	I	8,83					
	II	**15,00**	165,58	165,58	II						
	III		213,08	165,58	III						
	V	**272,25**	165,58	165,58	IV	41,58	8,83				
	VI	**315,50**	165,58	165,58							
1 778,99	I,IV	**83,16**	165,83	165,83	I	9,16					
	II	**15,41**	165,83	165,83	II						
	III		213,41	165,83	III						
	V	**273,25**	165,83	165,83	IV	42,08	9,16				
	VI	**316,50**	165,83	165,83							
1 781,99	I,IV	**83,83**	166,16	166,16	I	9,58					
	II	**15,75**	166,16	166,16	II						
	III		213,83	166,16	III						
	V	**274,33**	166,16	166,16	IV	42,58	9,58				
	VI	**317,58**	166,16	166,16							
1 784,99	I,IV	**84,41**	166,41	166,41	I	9,91					
	II	**16,16**	166,41	166,41	II						
	III		214,16	166,41	III						
	V	**275,33**	166,41	166,41	IV	43,08	9,91				
	VI	**318,58**	166,41	166,41							
1 787,99	I,IV	**85,00**	166,66	166,66	I	10,33					
	II	**16,58**	166,66	166,66	II						
	III		214,50	166,66	III						
	V	**276,33**	166,66	166,66	IV	43,58	10,33				
	VI	**319,58**	166,66	166,66							
1 790,99	I,IV	**85,58**	167,00	167,00	I	10,66					
	II	**17,00**	167,00	167,00	II						
	III		214,91	167,00	III						
	V	**277,41**	167,00	167,00	IV	44,08	10,66				
	VI	**320,66**	167,00	167,00							
1 793,99	I,IV	**86,16**	167,25	167,25	I	11,08					
	II	**17,41**	167,25	167,25	II						
	III		215,25	167,25	III						
	V	**278,41**	167,25	167,25	IV	44,58	11,08				
	VI	**321,66**	167,25	167,25							
1 796,99	I,IV	**86,75**	167,50	167,50	I	11,50					
	II	**17,83**	167,50	167,50	II						
	III		215,58	167,50	III						
	V	**279,41**	167,50	167,50	IV	45,00	11,50				
	VI	**322,66**	167,50	167,50							
1 799,99	I,IV	**87,33**	167,83	167,83	I	11,83					
	II	**18,25**	167,83	167,83	II						
	III		215,91	167,83	III						
	V	**280,50**	167,83	167,83	IV	45,58	11,83				
	VI	**323,75**	167,83	167,83							

* Zur LSt-Berechnung für privat versicherte Arbeitnehmer s. Beispiele **Vorbemerkung S. 4 f.**
** Basisvorsorgepauschale KV und PV *** Typisierter Arbeitgeberzuschuss

Lohn/ Gehalt in € bis	Steuerklasse	Lohn- steuer*	BVSP**	TAGZ***	Steuerklasse	Bemessungsgrundlage für Kirchensteuer und Solidaritätszuschlag					
						Freibeträge für ... Kinder					
						0,5	**1,0**	1,5	**2,0**	2,5	**3,0**
1 802,99	I,IV	**87,91**	168,08	168,08	I	12,25					
	II	**18,66**	168,08	168,08	II						
	III		216,33	168,08	III						
	V	**281,50**	168,08	168,08	IV	46,00	12,25				
	VI	**324,75**	168,08	168,08							
1 805,99	I,IV	**88,50**	168,33	168,33	I	12,66					
	II	**19,00**	168,33	168,33	II						
	III		216,66	168,33	III						
	V	**282,50**	168,33	168,33	IV	46,50	12,66				
	VI	**325,75**	168,33	168,33							
1 808,99	I,IV	**89,08**	168,66	168,66	I	13,00					
	II	**19,41**	168,66	168,66	II						
	III		217,00	168,66	III						
	V	**283,50**	168,66	168,66	IV	47,00	13,00				
	VI	**326,75**	168,66	168,66							
1 811,99	I,IV	**89,66**	168,91	168,91	I	13,41					
	II	**19,83**	168,91	168,91	II						
	III		217,41	168,91	III						
	V	**284,58**	168,91	168,91	IV	47,50	13,41				
	VI	**327,83**	168,91	168,91							
1 814,99	I,IV	**90,25**	169,16	169,16	I	13,83					
	II	**20,25**	169,16	169,16	II						
	III		217,75	169,16	III						
	V	**285,58**	169,16	169,16	IV	48,00	13,83				
	VI	**328,83**	169,16	169,16							
1 817,99	I,IV	**90,83**	169,50	169,50	I	14,16					
	II	**20,66**	169,50	169,50	II						
	III		218,08	169,50	III						
	V	**286,58**	169,50	169,50	IV	48,50	14,16				
	VI	**329,83**	169,50	169,50							
1 820,99	I,IV	**91,41**	169,75	169,75	I	14,58					
	II	**21,16**	169,75	169,75	II						
	III		218,50	169,75	III						
	V	**287,66**	169,75	169,75	IV	49,00	14,58				
	VI	**330,91**	169,75	169,75							
1 823,99	I,IV	**92,00**	170,08	170,08	I	15,00					
	II	**21,58**	170,08	170,08	II						
	III		218,83	170,08	III						
	V	**288,66**	170,08	170,08	IV	49,50	15,00				
	VI	**331,91**	170,08	170,08							
1 826,99	I,IV	**92,66**	170,33	170,33	I	15,41					
	II	**22,00**	170,33	170,33	II						
	III		219,16	170,33	III						
	V	**289,66**	170,33	170,33	IV	50,08	15,41				
	VI	**332,91**	170,33	170,33							
1 829,99	I,IV	**93,25**	170,58	170,58	I	15,75					
	II	**22,41**	170,58	170,58	II						
	III		219,58	170,58	III						
	V	**290,66**	170,58	170,58	IV	50,58	15,75				
	VI	**333,91**	170,58	170,58							
1 832,99	I,IV	**93,83**	170,91	170,91	I	16,16					
	II	**22,83**	170,91	170,91	II						
	III		219,91	170,91	III						
	V	**291,75**	170,91	170,91	IV	51,08	16,16				
	VI	**335,00**	170,91	170,91							
1 835,99	I,IV	**94,41**	171,16	171,16	I	16,58					
	II	**23,25**	171,16	171,16	II						
	III		220,25	171,16	III						
	V	**292,75**	171,16	171,16	IV	51,58	16,58				
	VI	**336,00**	171,16	171,16							

* Zur LSt-Berechnung für privat versicherte Arbeitnehmer s. Beispiele **Vorbemerkung S. 4f.**
** Basisvorsorgepauschale KV und PV *** Typisierter Arbeitgeberzuschuss

Lohn/ Gehalt in € bis	Steuerklasse	Lohn-steuer*	BVSP**	TAGZ***	Steuerklasse	Bemessungsgrundlage für Kirchensteuer und Solidaritätszuschlag – Freibeträge für ... Kinder 0,5	1,0	1,5	2,0	2,5	3,0
1 838,99	I,IV	**95,00**	171,41	171,41	I	17,00					
	II	**23,66**	171,41	171,41	II						
	III		220,66	171,41	III						
	V	**293,75**	171,41	171,41	IV	52,08	17,00				
	VI	**337,00**	171,41	171,41							
1 841,99	I,IV	**95,58**	171,75	171,75	I	17,41					
	II	**24,08**	171,75	171,75	II						
	III		221,00	171,75	III						
	V	**294,83**	171,75	171,75	IV	52,58	17,41				
	VI	**338,08**	171,75	171,75							
1 844,99	I,IV	**96,16**	172,00	172,00	I	17,83					
	II	**24,50**	172,00	172,00	II						
	III		221,33	172,00	III						
	V	**295,83**	172,00	172,00	IV	53,08	17,83				
	VI	**339,08**	172,00	172,00							
1 847,99	I,IV	**96,75**	172,25	172,25	I	18,25					
	II	**24,91**	172,25	172,25	II						
	III		221,75	172,25	III						
	V	**296,83**	172,25	172,25	IV	53,58	18,25				
	VI	**340,08**	172,25	172,25							
1 850,99	I,IV	**97,33**	172,58	172,58	I	18,66					
	II	**25,41**	172,58	172,58	II						
	III		222,08	172,58	III						
	V	**297,91**	172,58	172,58	IV	54,16	18,66				
	VI	**341,16**	172,58	172,58							
1 853,99	I,IV	**98,00**	172,83	172,83	I	19,08					
	II	**25,83**	172,83	172,83	II						
	III		222,41	172,83	III						
	V	**298,91**	172,83	172,83	IV	54,66	19,08				
	VI	**342,16**	172,83	172,83							
1 856,99	I,IV	**98,58**	173,08	173,08	I	19,50					
	II	**26,25**	173,08	173,08	II						
	III		222,83	173,08	III						
	V	**299,91**	173,08	173,08	IV	55,16	19,50				
	VI	**343,16**	173,08	173,08							
1 859,99	I,IV	**99,16**	173,41	173,41	I	19,83					
	II	**26,66**	173,41	173,41	II						
	III		223,16	173,41	III						
	V	**300,91**	173,41	173,41	IV	55,66	19,83				
	VI	**344,16**	173,41	173,41							
1 862,99	I,IV	**99,75**	173,66	173,66	I	20,33					
	II	**27,16**	173,66	173,66	II						
	III		223,50	173,66	III						
	V	**302,00**	173,66	173,66	IV	56,25	20,33				
	VI	**345,25**	173,66	173,66							
1 865,99	I,IV	**100,33**	174,00	174,00	I	20,75					
	II	**27,58**	174,00	174,00	II						
	III		223,91	174,00	III						
	V	**303,00**	174,00	174,00	IV	56,75	20,75				
	VI	**346,25**	174,00	174,00							
1 868,99	I,IV	**100,91**	174,25	174,25	I	21,16					
	II	**28,00**	174,25	174,25	II						
	III		224,25	174,25	III						
	V	**304,00**	174,25	174,25	IV	57,25	21,16				
	VI	**347,25**	174,25	174,25							
1 871,99	I,IV	**101,50**	174,50	174,50	I	21,58					
	II	**28,50**	174,50	174,50	II						
	III		224,58	174,50	III						
	V	**305,08**	174,50	174,50	IV	57,83	21,58				
	VI	**348,33**	174,50	174,50							

* Zur LSt-Berechnung für privat versicherte Arbeitnehmer s. Beispiele **Vorbemerkung S. 4 f.**
** Basisvorsorgepauschale KV und PV *** Typisierter Arbeitgeberzuschuss

Lohn/ Gehalt in € bis	Steuerklasse	Lohn-steuer*	BVSP**	TAGZ***	Steuerklasse	Bemessungsgrundlage für Kirchensteuer und Solidaritätszuschlag – Freibeträge für ... Kinder 0,5	**1,0**	1,5	**2,0**	2,5	**3,0**
1 874,99	I,IV	**102,08**	174,83	174,83	I	22,00					
	II	**28,91**	174,83	174,83	II						
	III		224,91	174,83	III						
	V	**306,08**	174,83	174,83	IV	58,33	22,00				
	VI	**349,33**	174,83	174,83							
1 877,99	I,IV	**102,75**	175,08	175,08	I	22,41					
	II	**29,33**	175,08	175,08	II						
	III		225,33	175,08	III						
	V	**307,08**	175,08	175,08	IV	58,83	22,41				
	VI	**350,33**	175,08	175,08							
1 880,99	I,IV	**103,33**	175,33	175,33	I	22,83					
	II	**29,75**	175,33	175,33	II						
	III		225,66	175,33	III						
	V	**308,08**	175,33	175,33	IV	59,41	22,83				
	VI	**351,41**	175,33	175,33							
1 883,99	I,IV	**103,91**	175,66	175,66	I	23,25					
	II	**30,25**	175,66	175,66	II						
	III		226,00	175,66	III						
	V	**309,16**	175,66	175,66	IV	59,91	23,25				
	VI	**352,41**	175,66	175,66							
1 886,99	I,IV	**104,50**	175,91	175,91	I	23,66					
	II	**30,66**	175,91	175,91	II						
	III		226,41	175,91	III						
	V	**310,16**	175,91	175,91	IV	60,50	23,66				
	VI	**353,41**	175,91	175,91							
1 889,99	I,IV	**105,08**	176,16	176,16	I	24,08					
	II	**31,16**	176,16	176,16	II						
	III		226,75	176,16	III						
	V	**311,16**	176,16	176,16	IV	61,00	24,08				
	VI	**354,41**	176,16	176,16							
1 892,99	I,IV	**105,66**	176,50	176,50	I	24,50					
	II	**31,58**	176,50	176,50	II						
	III		227,08	176,50	III						
	V	**312,25**	176,50	176,50	IV	61,58	24,50				
	VI	**355,50**	176,50	176,50							
1 895,99	I,IV	**106,33**	176,75	176,75	I	25,00					
	II	**32,08**	176,75	176,75	II						
	III		227,50	176,75	III						
	V	**313,25**	176,75	176,75	IV	62,08	25,00				
	VI	**356,50**	176,75	176,75							
1 898,99	I,IV	**106,91**	177,00	177,00	I	25,41					
	II	**32,50**	177,00	177,00	II						
	III		227,83	177,00	III						
	V	**314,25**	177,00	177,00	IV	62,58	25,41				
	VI	**357,50**	177,00	177,00							
1 901,99	I,IV	**107,50**	177,33	177,33	I	25,83					
	II	**33,00**	177,33	177,33	II						
	III		228,16	177,33	III						
	V	**315,33**	177,33	177,33	IV	63,16	25,83				
	VI	**358,58**	177,33	177,33							
1 904,99	I,IV	**108,08**	177,58	177,58	I	26,25					
	II	**33,41**	177,58	177,58	II						
	III		228,58	177,58	III						
	V	**316,33**	177,58	177,58	IV	63,66	26,25				
	VI	**359,58**	177,58	177,58							
1 907,99	I,IV	**108,66**	177,91	177,91	I	26,66					
	II	**33,91**	177,91	177,91	II						
	III		228,91	177,91	III						
	V	**317,33**	177,91	177,91	IV	64,25	26,66				
	VI	**360,58**	177,91	177,91							

* Zur LSt-Berechnung für privat versicherte Arbeitnehmer s. Beispiele **Vorbemerkung S. 4f.**
** Basisvorsorgepauschale KV und PV *** Typisierter Arbeitgeberzuschuss

Lohn/ Gehalt in € bis	Steuerklasse	Lohn- steuer*	BVSP**	TAGZ***	Steuerklasse	Bemessungsgrundlage für Kirchensteuer und Solidaritätszuschlag					
						Freibeträge für ... Kinder					
						0,5	**1,0**	1,5	**2,0**	2,5	**3,0**
1910,99	I,IV	**109,25**	178,16	178,16	I	27,16					
	II	**34,33**	178,16	178,16	II						
	III		229,25	178,16	III						
	V	**318,33**	178,16	178,16	IV	64,75	27,16				
	VI	**361,66**	178,16	178,16							
1913,99	I,IV	**109,91**	178,41	178,41	I	27,58					
	II	**34,83**	178,41	178,41	II						
	III		229,66	178,41	III						
	V	**319,41**	178,41	178,41	IV	65,33	27,58				
	VI	**362,66**	178,41	178,41							
1916,99	I,IV	**110,50**	178,75	178,75	I	28,00					
	II	**35,25**	178,75	178,75	II						
	III		230,00	178,75	III						
	V	**320,41**	178,75	178,75	IV	65,91	28,00				
	VI	**363,66**	178,75	178,75							
1919,99	I,IV	**111,08**	179,00	179,00	I	28,50					
	II	**35,75**	179,00	179,00	II						
	III		230,33	179,00	III						
	V	**321,41**	179,00	179,00	IV	66,41	28,50				
	VI	**364,75**	179,00	179,00							
1922,99	I,IV	**111,66**	179,25	179,25	I	28,91					
	II	**36,16**	179,25	179,25	II						
	III		230,75	179,25	III						
	V	**322,50**	179,25	179,25	IV	67,00	28,91				
	VI	**365,75**	179,25	179,25							
1925,99	I,IV	**112,25**	179,58	179,58	I	29,33					
	II	**36,66**	179,58	179,58	II						
	III		231,08	179,58	III						
	V	**323,50**	179,58	179,58	IV	67,58	29,33				
	VI	**366,75**	179,58	179,58							
1928,99	I,IV	**112,83**	179,83	179,83	I	29,83					
	II	**37,16**	179,83	179,83	II						
	III		231,41	179,83	III						
	V	**324,50**	179,83	179,83	IV	68,08	29,83				
	VI	**367,83**	179,83	179,83							
1931,99	I,IV	**113,50**	180,08	180,08	I	30,25					
	II	**37,58**	180,08	180,08	II						
	III		231,83	180,08	III						
	V	**325,58**	180,08	180,08	IV	68,66	30,25				
	VI	**368,83**	180,08	180,08							
1934,99	I,IV	**114,08**	180,41	180,41	I	30,66					
	II	**38,08**	180,41	180,41	II						
	III		232,16	180,41	III						
	V	**326,58**	180,41	180,41	IV	69,25	30,66	0,41			
	VI	**369,83**	180,41	180,41							
1937,99	I,IV	**114,66**	180,66	180,66	I	31,16					
	II	**38,58**	180,66	180,66	II						
	III		232,50	180,66	III						
	V	**327,58**	180,66	180,66	IV	69,75	31,16	0,75			
	VI	**370,83**	180,66	180,66							
1940,99	I,IV	**115,25**	180,91	180,91	I	31,58					
	II	**39,00**	180,91	180,91	II						
	III		232,91	180,91	III						
	V	**328,66**	180,91	180,91	IV	70,33	31,58	1,08			
	VI	**371,91**	180,91	180,91							
1943,99	I,IV	**115,91**	181,25	181,25	I	32,08					
	II	**39,50**	181,25	181,25	II						
	III		233,25	181,25	III						
	V	**329,66**	181,25	181,25	IV	70,91	32,08	1,41			
	VI	**372,91**	181,25	181,25							

* Zur LSt-Berechnung für privat versicherte Arbeitnehmer s. Beispiele **Vorbemerkung S. 4 f.**
** Basisvorsorgepauschale KV und PV *** Typisierter Arbeitgeberzuschuss

Lohn/ Gehalt in € bis	Steuerklasse	Lohn- steuer*	BVSP**	TAGZ***	Steuerklasse	Bemessungsgrundlage für Kirchensteuer und Solidaritätszuschlag					
						Freibeträge für ... Kinder					
						0,5	**1,0**	1,5	**2,0**	2,5	**3,0**
1 946,99	I,IV	**116,50**	181,50	181,50	I	32,50					
	II	**40,00**	181,50	181,50	II						
	III		233,58	181,50	III						
	V	**330,66**	181,50	181,50	IV	71,41	32,50	1,75			
	VI	**373,91**	181,50	181,50							
1 949,99	I,IV	**117,08**	181,83	181,83	I	33,00					
	II	**40,41**	181,83	181,83	II						
	III		233,91	181,83	III						
	V	**331,66**	181,83	181,83	IV	72,00	33,00	2,08			
	VI	**375,00**	181,83	181,83							
1 952,99	I,IV	**117,66**	182,08	182,08	I	33,41					
	II	**40,91**	182,08	182,08	II						
	III		234,33	182,08	III						
	V	**332,75**	182,08	182,08	IV	72,58	33,41	2,50			
	VI	**376,00**	182,08	182,08							
1 955,99	I,IV	**118,33**	182,33	182,33	I	33,91					
	II	**41,41**	182,33	182,33	II						
	III		234,66	182,33	III						
	V	**333,75**	182,33	182,33	IV	73,16	33,91	2,83			
	VI	**377,00**	182,33	182,33							
1 958,99	I,IV	**118,91**	182,66	182,66	I	34,33					
	II	**41,91**	182,66	182,66	II						
	III		235,00	182,66	III						
	V	**334,75**	182,66	182,66	IV	73,66	34,33	3,16			
	VI	**378,08**	182,66	182,66							
1 961,99	I,IV	**119,50**	182,91	182,91	I	34,83					
	II	**42,41**	182,91	182,91	II						
	III		235,41	182,91	III						
	V	**335,83**	182,91	182,91	IV	74,25	34,83	3,50			
	VI	**379,08**	182,91	182,91							
1 964,99	I,IV	**120,08**	183,16	183,16	I	35,25					
	II	**42,91**	183,16	183,16	II						
	III		235,75	183,16	III						
	V	**336,83**	183,16	183,16	IV	74,83	35,25	3,91			
	VI	**380,08**	183,16	183,16							
1 967,99	I,IV	**120,66**	183,50	183,50	I	35,75					
	II	**43,33**	183,50	183,50	II						
	III		236,08	183,50	III						
	V	**337,83**	183,50	183,50	IV	75,41	35,75	4,25			
	VI	**381,16**	183,50	183,50							
1 970,99	I,IV	**121,33**	183,75	183,75	I	36,16					
	II	**43,83**	183,75	183,75	II						
	III		236,50	183,75	III						
	V	**338,91**	183,75	183,75	IV	76,00	36,16	4,58			
	VI	**382,16**	183,75	183,75							
1 973,99	I,IV	**121,91**	184,00	184,00	I	36,66					
	II	**44,33**	184,00	184,00	II						
	III		236,83	184,00	III						
	V	**339,91**	184,00	184,00	IV	76,58	36,66	5,00			
	VI	**383,16**	184,00	184,00							
1 976,99	I,IV	**122,50**	184,33	184,33	I	37,16					
	II	**44,83**	184,33	184,33	II						
	III		237,16	184,33	III						
	V	**340,91**	184,33	184,33	IV	77,16	37,16	5,33			
	VI	**384,16**	184,33	184,33							
1 979,99	I,IV	**123,08**	184,58	184,58	I	37,58					
	II	**45,33**	184,58	184,58	II						
	III		237,58	184,58	III						
	V	**342,00**	184,58	184,58	IV	77,75	37,58	5,66			
	VI	**385,25**	184,58	184,58							

* Zur LSt-Berechnung für privat versicherte Arbeitnehmer s. Beispiele **Vorbemerkung S. 4f.**
** Basisvorsorgepauschale KV und PV *** Typisierter Arbeitgeberzuschuss

Lohn/ Gehalt in € bis	Steuerklasse	Lohn-steuer*	BVSP**	TAGZ***	Steuerklasse	Bemessungsgrundlage für Kirchensteuer und Solidaritätszuschlag					
						Freibeträge für ... Kinder					
						0,5	**1,0**	1,5	**2,0**	2,5	**3,0**
1 982,99	I,IV	**123,75**	184,83	184,83	I	38,08					
	II	**45,83**	184,83	184,83	II						
	III		237,91	184,83	III						
	V	**343,00**	184,83	184,83	IV	78,33	38,08	6,08			
	VI	**386,25**	184,83	184,83							
1 985,99	I,IV	**124,33**	185,16	185,16	I	38,58					
	II	**46,33**	185,16	185,16	II						
	III		238,25	185,16	III						
	V	**344,00**	185,16	185,16	IV	78,91	38,58	6,41			
	VI	**387,25**	185,16	185,16							
1 988,99	I,IV	**124,91**	185,41	185,41	I	39,00					
	II	**46,83**	185,41	185,41	II						
	III		238,66	185,41	III						
	V	**345,08**	185,41	185,41	IV	79,50	39,00	6,75			
	VI	**388,33**	185,41	185,41							
1 991,99	I,IV	**125,50**	185,75	185,75	I	39,50					
	II	**47,33**	185,75	185,75	II						
	III		239,00	185,75	III						
	V	**346,08**	185,75	185,75	IV	80,08	39,50	7,16			
	VI	**389,33**	185,75	185,75							
1 994,99	I,IV	**126,16**	186,00	186,00	I	40,00					
	II	**47,83**	186,00	186,00	II						
	III		239,33	186,00	III						
	V	**347,08**	186,00	186,00	IV	80,66	40,00	7,50			
	VI	**390,33**	186,00	186,00							
1 997,99	I,IV	**126,75**	186,25	186,25	I	40,50					
	II	**48,33**	186,25	186,25	II						
	III		239,75	186,25	III						
	V	**348,08**	186,25	186,25	IV	81,25	40,50	7,91			
	VI	**391,41**	186,25	186,25							
2 000,99	I,IV	**127,33**	186,58	186,58	I	40,91					
	II	**48,83**	186,58	186,58	II						
	III		240,08	186,58	III						
	V	**349,16**	186,58	186,58	IV	81,83	40,91	8,25			
	VI	**392,41**	186,58	186,58							
2 003,99	I,IV	**128,00**	186,83	186,83	I	41,41					
	II	**49,33**	186,83	186,83	II						
	III		240,41	186,83	III						
	V	**350,16**	186,83	186,83	IV	82,41	41,41	8,66			
	VI	**393,41**	186,83	186,83							
2 006,99	I,IV	**128,58**	187,08	187,08	I	41,91					
	II	**49,83**	187,08	187,08	II						
	III		240,83	187,08	III						
	V	**351,16**	187,08	187,08	IV	83,00	41,91	9,00			
	VI	**394,50**	187,08	187,08							
2 009,99	I,IV	**129,16**	187,41	187,41	I	42,41					
	II	**50,33**	187,41	187,41	II						
	III		241,16	187,41	III						
	V	**352,25**	187,41	187,41	IV	83,58	42,41	9,41			
	VI	**395,50**	187,41	187,41							
2 012,99	I,IV	**129,75**	187,66	187,66	I	42,91					
	II	**50,83**	187,66	187,66	II						
	III		241,50	187,66	III						
	V	**353,25**	187,66	187,66	IV	84,16	42,91	9,75			
	VI	**396,50**	187,66	187,66							
2 015,99	I,IV	**130,41**	187,91	187,91	I	43,41					
	II	**51,33**	187,91	187,91	II						
	III		241,91	187,91	III						
	V	**354,25**	187,91	187,91	IV	84,75	43,41	10,16			
	VI	**397,58**	187,91	187,91							

* Zur LSt-Berechnung für privat versicherte Arbeitnehmer s. Beispiele **Vorbemerkung S. 4 f.**
** Basisvorsorgepauschale KV und PV *** Typisierter Arbeitgeberzuschuss

Lohn/ Gehalt in € bis	Steuerklasse	Lohn- steuer*	BVSP**	TAGZ***	Steuerklasse	Bemessungsgrundlage für Kirchensteuer und Solidaritätszuschlag – Freibeträge für ... Kinder: 0,5	1,0	1,5	2,0	2,5	3,0
2018,99	I,IV	**131,00**	188,25	188,25	I	43,83					
	II	**51,83**	188,25	188,25	II						
	III		242,25	188,25	III						
	V	**355,33**	188,25	188,25	IV	85,33	43,83	10,58			
	VI	**398,58**	188,25	188,25							
2021,99	I,IV	**131,58**	188,50	188,50	I	44,33					
	II	**52,41**	188,50	188,50	II						
	III		242,58	188,50	III						
	V	**356,33**	188,50	188,50	IV	85,91	44,33	10,91			
	VI	**399,58**	188,50	188,50							
2024,99	I,IV	**132,25**	188,75	188,75	I	44,83					
	II	**52,91**	188,75	188,75	II						
	III		242,91	188,75	III						
	V	**357,33**	188,75	188,75	IV	86,50	44,83	11,33			
	VI	**400,58**	188,75	188,75							
2027,99	I,IV	**132,83**	189,08	189,08	I	45,33					
	II	**53,41**	189,08	189,08	II						
	III		243,33	189,08	III						
	V	**358,41**	189,08	189,08	IV	87,08	45,33	11,66			
	VI	**401,66**	189,08	189,08							
2030,99	I,IV	**133,41**	189,33	189,33	I	45,83					
	II	**53,91**	189,33	189,33	II						
	III		243,66	189,33	III						
	V	**359,41**	189,33	189,33	IV	87,66	45,83	12,08			
	VI	**402,66**	189,33	189,33							
2033,99	I,IV	**134,08**	189,66	189,66	I	46,33					
	II	**54,41**	189,66	189,66	II						
	III		244,00	189,66	III						
	V	**360,41**	189,66	189,66	IV	88,25	46,33	12,50			
	VI	**403,66**	189,66	189,66							
2036,99	I,IV	**134,66**	189,91	189,91	I	46,83					
	II	**55,00**	189,91	189,91	II						
	III		244,41	189,91	III						
	V	**361,41**	189,91	189,91	IV	88,83	46,83	12,83			
	VI	**404,75**	189,91	189,91							
2039,99	I,IV	**135,25**	190,16	190,16	I	47,33					
	II	**55,50**	190,16	190,16	II						
	III		244,75	190,16	III						
	V	**362,50**	190,16	190,16	IV	89,41	47,33	13,25			
	VI	**405,75**	190,16	190,16							
2042,99	I,IV	**135,91**	190,50	190,50	I	47,83					
	II	**56,00**	190,50	190,50	II						
	III		245,08	190,50	III						
	V	**363,50**	190,50	190,50	IV	90,00	47,83	13,66			
	VI	**406,75**	190,50	190,50							
2045,99	I,IV	**136,50**	190,75	190,75	I	48,33					
	II	**56,50**	190,75	190,75	II						
	III		245,50	190,75	III						
	V	**364,50**	190,75	190,75	IV	90,66	48,33	14,08			
	VI	**407,83**	190,75	190,75							
2048,99	I,IV	**137,08**	191,00	191,00	I	48,83					
	II	**57,08**	191,00	191,00	II						
	III		245,83	191,00	III						
	V	**365,58**	191,00	191,00	IV	91,25	48,83	14,41			
	VI	**408,83**	191,00	191,00							
2051,99	I,IV	**137,75**	191,33	191,33	I	49,33					
	II	**57,58**	191,33	191,33	II						
	III		246,16	191,33	III						
	V	**366,58**	191,33	191,33	IV	91,83	49,33	14,83			
	VI	**409,83**	191,33	191,33							

* Zur LSt-Berechnung für privat versicherte Arbeitnehmer s. Beispiele **Vorbemerkung S. 4f.**
** Basisvorsorgepauschale KV und PV *** Typisierter Arbeitgeberzuschuss

Lohn/ Gehalt in € bis	Steuerklasse	**Lohn-steuer***	BVSP**	TAGZ***	Steuerklasse	Bemessungsgrundlage für Kirchensteuer und Solidaritätszuschlag – Freibeträge für ... Kinder 0,5	**1,0**	1,5	**2,0**	2,5	**3,0**
2054,99	I,IV	**138,33**	191,58	191,58	I	49,83					
	II	**58,08**	191,58	191,58	II						
	III		246,58	191,58	III						
	V	**367,58**	191,58	191,58	IV	92,41	49,83	15,25			
	VI	**410,91**	191,58	191,58							
2057,99	I,IV	**138,91**	191,83	191,83	I	50,33					
	II	**58,66**	191,83	191,83	II						
	III		246,91	191,83	III						
	V	**368,66**	191,83	191,83	IV	93,00	50,33	15,66			
	VI	**411,91**	191,83	191,83							
2060,99	I,IV	**139,58**	192,16	192,16	I	50,83					
	II	**59,16**	192,16	192,16	II						
	III		247,25	192,16	III						
	V	**369,66**	192,16	192,16	IV	93,58	50,83	16,00			
	VI	**412,91**	192,16	192,16							
2063,99	I,IV	**140,16**	192,41	192,41	I	51,33					
	II	**59,66**	192,41	192,41	II						
	III		247,66	192,41	III						
	V	**370,66**	192,41	192,41	IV	94,16	51,33	16,41			
	VI	**413,91**	192,41	192,41							
2066,99	I,IV	**140,75**	192,66	192,66	I	51,91					
	II	**60,25**	192,66	192,66	II						
	III		248,00	192,66	III						
	V	**371,75**	192,66	192,66	IV	94,75	51,91	16,83			
	VI	**415,00**	192,66	192,66							
2069,99	I,IV	**141,41**	193,00	193,00	I	52,41					
	II	**60,75**	193,00	193,00	II						
	III		248,33	193,00	III						
	V	**372,75**	193,00	193,00	IV	95,33	52,41	17,25			
	VI	**416,00**	193,00	193,00							
2072,99	I,IV	**142,00**	193,25	193,25	I	52,91					
	II	**61,33**	193,25	193,25	II						
	III		248,75	193,25	III						
	V	**373,75**	193,25	193,25	IV	95,91	52,91	17,66			
	VI	**417,00**	193,25	193,25							
2075,99	I,IV	**142,66**	193,58	193,58	I	53,41					
	II	**61,83**	193,58	193,58	II						
	III		249,08	193,58	III						
	V	**374,83**	193,58	193,58	IV	96,58	53,41	18,08			
	VI	**418,08**	193,58	193,58							
2078,99	I,IV	**143,25**	193,83	193,83	I	53,91					
	II	**62,41**	193,83	193,83	II						
	III		249,41	193,83	III						
	V	**375,83**	193,83	193,83	IV	97,16	53,91	18,50			
	VI	**419,08**	193,83	193,83							
2081,99	I,IV	**143,83**	194,08	194,08	I	54,41					
	II	**62,91**	194,08	194,08	II						
	III		249,83	194,08	III						
	V	**376,83**	194,08	194,08	IV	97,75	54,41	18,91			
	VI	**420,08**	194,08	194,08							
2084,99	I,IV	**144,50**	194,41	194,41	I	55,00					
	II	**63,50**	194,41	194,41	II						
	III		250,00	194,41	III						
	V	**377,83**	194,41	194,41	IV	98,33	55,00	19,33			
	VI	**421,16**	194,41	194,41							
2087,99	I,IV	**145,08**	194,66	194,66	I	55,50					
	II	**64,00**	194,66	194,66	II						
	III		250,00	194,66	III						
	V	**378,91**	194,66	194,66	IV	98,91	55,50	19,75			
	VI	**422,16**	194,66	194,66							

* Zur LSt-Berechnung für privat versicherte Arbeitnehmer s. Beispiele **Vorbemerkung S. 4 f.**
** Basisvorsorgepauschale KV und PV *** Typisierter Arbeitgeberzuschuss

Lohn/ Gehalt in € bis	Steuerklasse	**Lohn-steuer***	BVSP**	TAGZ***	Steuerklasse	Bemessungsgrundlage für Kirchensteuer und Solidaritätszuschlag – Freibeträge für ... Kinder 0,5	**1,0**	1,5	**2,0**	2,5	**3,0**
2090,99	I,IV	**145,66**	194,91	194,91	I	56,00					
	II	**64,58**	194,91	194,91	II						
	III		250,00	194,91	III						
	V	**379,91**	194,91	194,91	IV	99,50	56,00	20,16			
	VI	**423,16**	194,91	194,91							
2093,99	I,IV	**146,33**	195,25	195,25	I	56,50					
	II	**65,08**	195,25	195,25	II						
	III		250,00	195,25	III						
	V	**380,91**	195,25	195,25	IV	100,08	56,50	20,58			
	VI	**424,16**	195,25	195,25							
2096,99	I,IV	**146,91**	195,50	195,50	I	57,08					
	II	**65,66**	195,50	195,50	II						
	III		250,00	195,50	III						
	V	**382,00**	195,50	195,50	IV	100,66	57,08	21,00			
	VI	**425,25**	195,50	195,50							
2099,99	I,IV	**147,50**	195,75	195,75	I	57,58					
	II	**66,16**	195,75	195,75	II						
	III		250,00	195,75	III						
	V	**383,00**	195,75	195,75	IV	101,25	57,58	21,41			
	VI	**426,25**	195,75	195,75							
2102,99	I,IV	**148,16**	196,08	196,08	I	58,08					
	II	**66,75**	196,08	196,08	II						
	III		250,00	196,08	III						
	V	**384,00**	196,08	196,08	IV	101,91	58,08	21,83			
	VI	**427,25**	196,08	196,08							
2105,99	I,IV	**148,75**	196,33	196,33	I	58,66					
	II	**67,33**	196,33	196,33	II						
	III		250,00	196,33	III						
	V	**385,08**	196,33	196,33	IV	102,50	58,66	22,25			
	VI	**428,33**	196,33	196,33							
2108,99	I,IV	**149,41**	196,58	196,58	I	59,16					
	II	**67,83**	196,58	196,58	II						
	III		250,00	196,58	III						
	V	**386,08**	196,58	196,58	IV	103,08	59,16	22,66			
	VI	**429,33**	196,58	196,58							
2111,99	I,IV	**150,00**	196,91	196,91	I	59,75					
	II	**68,41**	196,91	196,91	II						
	III		250,00	196,91	III						
	V	**387,08**	196,91	196,91	IV	103,66	59,75	23,08			
	VI	**430,33**	196,91	196,91							
2114,99	I,IV	**150,58**	197,16	197,16	I	60,25					
	II	**69,00**	197,16	197,16	II	0,25					
	III		250,00	197,16	III						
	V	**388,08**	197,16	197,16	IV	104,25	60,25	23,50			
	VI	**431,33**	197,16	197,16							
2117,99	I,IV	**151,25**	197,50	197,50	I	60,83					
	II	**69,50**	197,50	197,50	II	0,58					
	III		250,00	197,50	III						
	V	**389,16**	197,50	197,50	IV	104,83	60,83	23,91			
	VI	**432,41**	197,50	197,50							
2120,99	I,IV	**151,83**	197,75	197,75	I	61,33					
	II	**70,08**	197,75	197,75	II	0,91					
	III		250,00	197,75	III						
	V	**390,16**	197,75	197,75	IV	105,41	61,33	24,33			
	VI	**433,41**	197,75	197,75							
2123,99	I,IV	**152,50**	198,00	198,00	I	61,83					
	II	**70,66**	198,00	198,00	II	1,25					
	III		250,00	198,00	III						
	V	**391,16**	198,00	198,00	IV	106,08	61,83	24,75			
	VI	**434,41**	198,00	198,00							

* Zur LSt-Berechnung für privat versicherte Arbeitnehmer s. Beispiele **Vorbemerkung S. 4 f.**
** Basisvorsorgepauschale KV und PV *** Typisierter Arbeitgeberzuschuss

Lohn/ Gehalt in € bis	Steuerklasse	Lohn-steuer*	BVSP**	TAGZ***	Steuerklasse	Bemessungsgrundlage für Kirchensteuer und Solidaritätszuschlag					
						Freibeträge für ... Kinder					
						0,5	**1,0**	1,5	**2,0**	2,5	**3,0**
2126,99	I,IV	**153,08**	198,33	198,33	I	62,41					
	II	**71,25**	198,33	198,33	II	1,58					
	III		250,00	198,33	III						
	V	**392,25**	198,33	198,33	IV	106,66	62,41	25,25			
	VI	**435,50**	198,33	198,33							
2129,99	I,IV	**153,75**	198,58	198,58	I	62,91					
	II	**71,75**	198,58	198,58	II	2,00					
	III		250,00	198,58	III						
	V	**393,25**	198,58	198,58	IV	107,25	62,91	25,66			
	VI	**436,50**	198,58	198,58							
2132,99	I,IV	**154,33**	198,83	198,83	I	63,50					
	II	**72,33**	198,83	198,83	II	2,33					
	III		250,00	198,83	III						
	V	**394,25**	198,83	198,83	IV	107,83	63,50	26,08			
	VI	**437,50**	198,83	198,83							
2135,99	I,IV	**154,91**	199,16	199,16	I	64,00					
	II	**72,91**	199,16	199,16	II	2,66					
	III		250,00	199,16	III						
	V	**395,33**	199,16	199,16	IV	108,41	64,00	26,50			
	VI	**438,58**	199,16	199,16							
2138,99	I,IV	**155,58**	199,41	199,41	I	64,58					
	II	**73,50**	199,41	199,41	II	3,00					
	III		250,00	199,41	III						
	V	**396,33**	199,41	199,41	IV	109,08	64,58	27,00			
	VI	**439,58**	199,41	199,41							
2141,99	I,IV	**156,16**	199,66	199,66	I	65,08					
	II	**74,00**	199,66	199,66	II	3,33					
	III		250,00	199,66	III						
	V	**397,33**	199,66	199,66	IV	109,66	65,08	27,41			
	VI	**440,58**	199,66	199,66							
2144,99	I,IV	**156,83**	200,00	200,00	I	65,66					
	II	**74,58**	200,00	200,00	II	3,75					
	III		250,00	200,00	III						
	V	**398,33**	200,00	200,00	IV	110,25	65,66	27,83			
	VI	**441,58**	200,00	200,00							
2147,99	I,IV	**157,41**	200,25	200,25	I	66,25					
	II	**75,16**	200,25	200,25	II	4,08					
	III		250,00	200,25	III						
	V	**399,41**	200,25	200,25	IV	110,83	66,25	28,33			
	VI	**442,66**	200,25	200,25							
2150,99	I,IV	**158,08**	200,50	200,50	I	66,75					
	II	**75,75**	200,50	200,50	II	4,41					
	III		250,00	200,50	III						
	V	**400,41**	200,50	200,50	IV	111,41	66,75	28,75			
	VI	**443,66**	200,50	200,50							
2153,99	I,IV	**158,66**	200,83	200,83	I	67,33					
	II	**76,33**	200,83	200,83	II	4,83					
	III		250,00	200,83	III						
	V	**401,41**	200,83	200,83	IV	112,00	67,33	29,16			
	VI	**444,66**	200,83	200,83							
2156,99	I,IV	**159,33**	201,08	201,08	I	67,91					
	II	**76,91**	201,08	201,08	II	5,16					
	III		250,00	201,08	III						
	V	**402,50**	201,08	201,08	IV	112,66	67,91	29,66			
	VI	**445,75**	201,08	201,08							
2159,99	I,IV	**159,91**	201,41	201,41	I	68,41					
	II	**77,50**	201,41	201,41	II	5,50					
	III		250,00	201,41	III						
	V	**403,50**	201,41	201,41	IV	113,25	68,41	30,08			
	VI	**446,75**	201,41	201,41							

* Zur LSt-Berechnung für privat versicherte Arbeitnehmer s. Beispiele **Vorbemerkung S. 4 f.**
** Basisvorsorgepauschale KV und PV *** Typisierter Arbeitgeberzuschuss

Lohn/ Gehalt in € bis	Steuerklasse	**Lohn-steuer***	BVSP**	TAGZ***	Steuerklasse	Bemessungsgrundlage für Kirchensteuer und Solidaritätszuschlag					
						Freibeträge für ... Kinder					
						0,5	**1,0**	1,5	**2,0**	2,5	**3,0**
2162,99	I,IV	**160,50**	201,66	201,66	I	69,00	0,25				
	II	**78,08**	201,66	201,66	II	5,91					
	III		250,00	201,66	III						
	V	**404,50**	201,66	201,66	IV	113,83	69,00	30,50	0,25		
	VI	**447,75**	201,66	201,66							
2165,99	I,IV	**161,16**	201,91	201,91	I	69,58	0,58				
	II	**78,66**	201,91	201,91	II	6,25					
	III		250,00	201,91	III						
	V	**405,58**	201,91	201,91	IV	114,41	69,58	31,00	0,58		
	VI	**448,83**	201,91	201,91							
2168,99	I,IV	**161,75**	202,25	202,25	I	70,08	0,91				
	II	**79,25**	202,25	202,25	II	6,66					
	III		250,00	202,25	III						
	V	**406,58**	202,25	202,25	IV	115,08	70,08	31,41	0,91		
	VI	**449,83**	202,25	202,25							
2171,99	I,IV	**162,41**	202,50	202,50	I	70,66	1,25				
	II	**79,83**	202,50	202,50	II	7,00					
	III		250,00	202,50	III						
	V	**407,58**	202,50	202,50	IV	115,66	70,66	31,91	1,25		
	VI	**450,83**	202,50	202,50							
2174,99	I,IV	**163,00**	202,75	202,75	I	71,25	1,58				
	II	**80,41**	202,75	202,75	II	7,33					
	III		250,00	202,75	III						
	V	**408,58**	202,75	202,75	IV	116,25	71,25	32,33	1,58		
	VI	**451,83**	202,75	202,75							
2177,99	I,IV	**163,66**	203,08	203,08	I	71,83	2,00				
	II	**81,00**	203,08	203,08	II	7,75					
	III		250,00	203,08	III						
	V	**409,66**	203,08	203,08	IV	116,83	71,83	32,83	2,00		
	VI	**452,91**	203,08	203,08							
2180,99	I,IV	**164,25**	203,33	203,33	I	72,33	2,33				
	II	**81,58**	203,33	203,33	II	8,08					
	III		250,00	203,33	III						
	V	**410,66**	203,33	203,33	IV	117,41	72,33	33,25	2,33		
	VI	**453,91**	203,33	203,33							
2183,99	I,IV	**164,91**	203,58	203,58	I	72,91	2,66				
	II	**82,16**	203,58	203,58	II	8,50					
	III		250,00	203,58	III						
	V	**411,66**	203,58	203,58	IV	118,08	72,91	33,66	2,66		
	VI	**454,91**	203,58	203,58							
2186,99	I,IV	**165,50**	203,91	203,91	I	73,50	3,00				
	II	**82,75**	203,91	203,91	II	8,83					
	III		250,00	203,91	III						
	V	**412,75**	203,91	203,91	IV	118,66	73,50	34,16	3,00		
	VI	**456,00**	203,91	203,91							
2189,99	I,IV	**166,16**	204,16	204,16	I	74,08	3,41				
	II	**83,33**	204,16	204,16	II	9,25					
	III		250,00	204,16	III						
	V	**413,75**	204,16	204,16	IV	119,25	74,08	34,66	3,41		
	VI	**457,00**	204,16	204,16							
2192,99	I,IV	**166,75**	204,41	204,41	I	74,58	3,75				
	II	**83,91**	204,41	204,41	II	9,58					
	III		250,00	204,41	III						
	V	**414,75**	204,41	204,41	IV	119,83	74,58	35,08	3,75		
	VI	**458,00**	204,41	204,41							
2195,99	I,IV	**167,41**	204,75	204,75	I	75,16	4,08				
	II	**84,50**	204,75	204,75	II	10,00					
	III		250,00	204,75	III						
	V	**415,75**	204,75	204,75	IV	120,41	75,16	35,58	4,08		
	VI	**459,00**	204,75	204,75							

* Zur LSt-Berechnung für privat versicherte Arbeitnehmer s. Beispiele **Vorbemerkung S. 4f.**
** Basisvorsorgepauschale KV und PV *** Typisierter Arbeitgeberzuschuss

Lohn/ Gehalt in € bis	Steuerklasse	Lohn- steuer*	BVSP**	TAGZ***	Steuerklasse	Bemessungsgrundlage für Kirchensteuer und Solidaritätszuschlag					
						Freibeträge für ... Kinder					
						0,5	**1,0**	1,5	**2,0**	2,5	**3,0**
2198,99	I,IV	**168,00**	205,00	205,00	I	75,75	4,50				
	II	**85,08**	205,00	205,00	II	10,41					
	III		250,00	205,00	III						
	V	**416,83**	205,00	205,00	IV	121,08	75,75	36,00	4,50		
	VI	**460,08**	205,00	205,00							
2201,99	I,IV	**168,66**	205,33	205,33	I	76,33	4,83				
	II	**85,66**	205,33	205,33	II	10,75					
	III		250,00	205,33	III						
	V	**417,83**	205,33	205,33	IV	121,66	76,33	36,50	4,83		
	VI	**461,08**	205,33	205,33							
2204,99	I,IV	**169,25**	205,58	205,58	I	76,91	5,16				
	II	**86,25**	205,58	205,58	II	11,16					
	III		250,00	205,58	III						
	V	**418,83**	205,58	205,58	IV	122,25	76,91	36,91	5,16		
	VI	**462,08**	205,58	205,58							
2207,99	I,IV	**169,91**	205,83	205,83	I	77,50	5,58				
	II	**86,83**	205,83	205,83	II	11,50					
	III		250,00	205,83	III						
	V	**419,91**	205,83	205,83	IV	122,91	77,50	37,41	5,58		
	VI	**463,16**	205,83	205,83							
2210,99	I,IV	**170,50**	206,16	206,16	I	78,08	5,91				
	II	**87,41**	206,16	206,16	II	11,91					
	III		250,00	206,16	III						
	V	**420,91**	206,16	206,16	IV	123,50	78,08	37,91	5,91		
	VI	**464,16**	206,16	206,16							
2213,99	I,IV	**171,16**	206,41	206,41	I	78,66	6,25				
	II	**88,00**	206,41	206,41	II	12,33					
	III		250,00	206,41	III						
	V	**421,91**	206,41	206,41	IV	124,08	78,66	38,33	6,25		
	VI	**465,16**	206,41	206,41							
2216,99	I,IV	**171,75**	206,66	206,66	I	79,25	6,66				
	II	**88,58**	206,66	206,66	II	12,66					
	III		250,00	206,66	III						
	V	**423,00**	206,66	206,66	IV	124,66	79,25	38,83	6,66		
	VI	**466,25**	206,66	206,66							
2219,99	I,IV	**172,41**	207,00	207,00	I	79,83	7,00				
	II	**89,16**	207,00	207,00	II	13,08					
	III		250,00	207,00	III						
	V	**424,00**	207,00	207,00	IV	125,33	79,83	39,33	7,00		
	VI	**467,25**	207,00	207,00							
2222,99	I,IV	**173,00**	207,25	207,25	I	80,41	7,41				
	II	**89,75**	207,25	207,25	II	13,50					
	III		250,00	207,25	III						
	V	**425,00**	207,25	207,25	IV	125,91	80,41	39,83	7,41		
	VI	**468,25**	207,25	207,25							
2225,99	I,IV	**173,66**	207,50	207,50	I	81,00	7,75				
	II	**90,33**	207,50	207,50	II	13,83					
	III		250,00	207,50	III						
	V	**426,00**	207,50	207,50	IV	126,50	81,00	40,25	7,75		
	VI	**469,33**	207,50	207,50							
2228,99	I,IV	**174,25**	207,83	207,83	I	81,58	8,16				
	II	**91,00**	207,83	207,83	II	14,25					
	III		250,00	207,83	III						
	V	**427,08**	207,83	207,83	IV	127,16	81,58	40,75	8,16		
	VI	**470,33**	207,83	207,83							
2231,99	I,IV	**174,91**	208,08	208,08	I	82,16	8,50				
	II	**91,58**	208,08	208,08	II	14,66					
	III		250,00	208,08	III						
	V	**428,08**	208,08	208,08	IV	127,75	82,16	41,25	8,50		
	VI	**471,33**	208,08	208,08							

* Zur LSt-Berechnung für privat versicherte Arbeitnehmer s. Beispiele **Vorbemerkung S. 4f.**
** Basisvorsorgepauschale KV und PV *** Typisierter Arbeitgeberzuschuss

Lohn/ Gehalt in € bis	Steuerklasse	Lohn-steuer*	BVSP**	TAGZ***	Steuerklasse	Bemessungsgrundlage für Kirchensteuer und Solidaritätszuschlag – Freibeträge für ... Kinder 0,5	**1,0**	1,5	**2,0**	2,5	**3,0**
2234,99	I,IV	**175,50**	208,33	208,33	I	82,75	8,83				
	II	**92,16**	208,33	208,33	II	15,08					
	III		250,00	208,33	III						
	V	**429,08**	208,33	208,33	IV	128,33	82,75	41,75	8,83		
	VI	**472,33**	208,33	208,33							
2237,99	I,IV	**176,16**	208,66	208,66	I	83,33	9,25				
	II	**92,75**	208,66	208,66	II	15,50					
	III		250,00	208,66	III						
	V	**430,16**	208,66	208,66	IV	128,91	83,33	42,25	9,25		
	VI	**473,41**	208,66	208,66							
2240,99	I,IV	**176,83**	208,91	208,91	I	83,91	9,66				
	II	**93,33**	208,91	208,91	II	15,83					
	III		250,00	208,91	III						
	V	**431,16**	208,91	208,91	IV	129,58	83,91	42,66	9,66		
	VI	**474,41**	208,91	208,91							
2243,99	I,IV	**177,41**	209,25	209,25	I	84,50	10,00				
	II	**93,91**	209,25	209,25	II	16,25					
	III		250,00	209,25	III						
	V	**432,16**	209,25	209,25	IV	130,16	84,50	43,16	10,00		
	VI	**475,41**	209,25	209,25							
2246,99	I,IV	**178,00**	209,50	209,50	I	85,08	10,41				
	II	**94,50**	209,50	209,50	II	16,66					
	III		250,00	209,50	III						
	V	**433,16**	209,50	209,50	IV	130,75	85,08	43,66	10,41		
	VI	**476,50**	209,50	209,50							
2249,99	I,IV	**178,66**	209,75	209,75	I	85,66	10,75				
	II	**95,08**	209,75	209,75	II	17,08					
	III		250,00	209,75	III						
	V	**434,25**	209,75	209,75	IV	131,41	85,66	44,16	10,75		
	VI	**477,50**	209,75	209,75							
2252,99	I,IV	**179,33**	210,08	210,08	I	86,25	11,16				
	II	**95,66**	210,08	210,08	II	17,50					
	III		250,00	210,08	III						
	V	**435,25**	210,08	210,08	IV	132,00	86,25	44,66	11,16		
	VI	**478,50**	210,08	210,08							
2255,99	I,IV	**179,91**	210,33	210,33	I	86,83	11,50				
	II	**96,25**	210,33	210,33	II	17,91					
	III		250,00	210,33	III						
	V	**436,25**	210,33	210,33	IV	132,58	86,83	45,16	11,50		
	VI	**479,58**	210,33	210,33							
2258,99	I,IV	**180,58**	210,58	210,58	I	87,41	11,91				
	II	**96,91**	210,58	210,58	II	18,33					
	III		250,00	210,58	III						
	V	**437,33**	210,58	210,58	IV	133,25	87,41	45,66	11,91		
	VI	**480,58**	210,58	210,58							
2261,99	I,IV	**181,16**	210,91	210,91	I	88,00	12,33				
	II	**97,50**	210,91	210,91	II	18,75					
	III		250,00	210,91	III						
	V	**438,33**	210,91	210,91	IV	133,83	88,00	46,16	12,33		
	VI	**481,58**	210,91	210,91							
2264,99	I,IV	**181,83**	211,16	211,16	I	88,58	12,66				
	II	**98,08**	211,16	211,16	II	19,16					
	III		250,00	211,16	III						
	V	**439,33**	211,16	211,16	IV	134,41	88,58	46,66	12,66		
	VI	**482,66**	211,16	211,16							
2267,99	I,IV	**182,50**	211,41	211,41	I	89,25	13,08				
	II	**98,66**	211,41	211,41	II	19,58					
	III		250,00	211,41	III						
	V	**440,41**	211,41	211,41	IV	135,08	89,25	47,16	13,08		
	VI	**483,66**	211,41	211,41							

* Zur LSt-Berechnung für privat versicherte Arbeitnehmer s. Beispiele **Vorbemerkung S. 4 f.**
** Basisvorsorgepauschale KV und PV *** Typisierter Arbeitgeberzuschuss

Lohn/ Gehalt in € bis	Steuerklasse	Lohn-steuer*	BVSP**	TAGZ***	Steuerklasse	Bemessungsgrundlage für Kirchensteuer und Solidaritätszuschlag – Freibeträge für ... Kinder 0,5	1,0	1,5	2,0	2,5	3,0
2270,99	I,IV	**183,08**	211,75	211,75	I	89,83	13,50				
	II	**99,25**	211,75	211,75	II	20,00					
	III		250,00	211,75	III						
	V	**441,41**	211,75	211,75	IV	135,66	89,83	47,66	13,50		
	VI	**484,66**	211,75	211,75							
2273,99	I,IV	**183,75**	212,00	212,00	I	90,41	13,91				
	II	**99,83**	212,00	212,00	II	20,33					
	III		250,00	212,00	III						
	V	**442,41**	212,00	212,00	IV	136,25	90,41	48,16	13,91		
	VI	**485,66**	212,00	212,00							
2276,99	I,IV	**184,33**	212,25	212,25	I	91,00	14,25				
	II	**100,41**	212,25	212,25	II	20,75					
	III		250,00	212,25	III						
	V	**443,50**	212,25	212,25	IV	136,83	91,00	48,66	14,25		
	VI	**486,75**	212,25	212,25							
2279,99	I,IV	**185,00**	212,58	212,58	I	91,58	14,66				
	II	**101,08**	212,58	212,58	II	21,25					
	III		250,00	212,58	III						
	V	**444,50**	212,58	212,58	IV	137,50	91,58	49,16	14,66		
	VI	**487,75**	212,58	212,58							
2282,99	I,IV	**185,58**	212,83	212,83	I	92,16	15,08				
	II	**101,66**	212,83	212,83	II	21,66					
	III		250,00	212,83	III						
	V	**445,50**	212,83	212,83	IV	138,08	92,16	49,66	15,08		
	VI	**488,75**	212,83	212,83							
2285,99	I,IV	**186,25**	213,16	213,16	I	92,75	15,50				
	II	**102,25**	213,16	213,16	II	22,08					
	III		250,00	213,16	III						
	V	**446,58**	213,16	213,16	IV	138,66	92,75	50,16	15,50		
	VI	**489,83**	213,16	213,16							
2288,99	I,IV	**186,91**	213,41	213,41	I	93,33	15,91				
	II	**102,83**	213,41	213,41	II	22,50					
	III		250,00	213,41	III						
	V	**447,58**	213,41	213,41	IV	139,33	93,33	50,66	15,91		
	VI	**490,83**	213,41	213,41							
2291,99	I,IV	**187,50**	213,66	213,66	I	93,91	16,25				
	II	**103,41**	213,66	213,66	II	22,91					
	III		250,00	213,66	III						
	V	**448,58**	213,66	213,66	IV	139,91	93,91	51,16	16,25		
	VI	**491,83**	213,66	213,66							
2294,99	I,IV	**188,16**	214,00	214,00	I	94,50	16,66				
	II	**104,00**	214,00	214,00	II	23,33					
	III		250,00	214,00	III						
	V	**449,58**	214,00	214,00	IV	140,50	94,50	51,66	16,66		
	VI	**492,91**	214,00	214,00							
2297,99	I,IV	**188,75**	214,25	214,25	I	95,08	17,08				
	II	**104,58**	214,25	214,25	II	23,75					
	III		250,00	214,25	III						
	V	**450,66**	214,25	214,25	IV	141,16	95,08	52,16	17,08		
	VI	**493,91**	214,25	214,25							
2300,99	I,IV	**189,41**	214,50	214,50	I	95,75	17,50				
	II	**105,25**	214,50	214,50	II	24,16					
	III		250,00	214,50	III						
	V	**451,66**	214,50	214,50	IV	141,75	95,75	52,75	17,50		
	VI	**494,91**	214,50	214,50							
2303,99	I,IV	**190,08**	214,83	214,83	I	96,33	17,91				
	II	**105,83**	214,83	214,83	II	24,58					
	III		250,00	214,83	III						
	V	**452,66**	214,83	214,83	IV	142,33	96,33	53,25	17,91		
	VI	**496,00**	214,83	214,83							

* Zur LSt-Berechnung für privat versicherte Arbeitnehmer s. Beispiele **Vorbemerkung S. 4 f.**
** Basisvorsorgepauschale KV und PV *** Typisierter Arbeitgeberzuschuss

Lohn/ Gehalt in € bis	Steuerklasse	**Lohn-steuer***	BVSP**	TAGZ***	Steuerklasse	Bemessungsgrundlage für Kirchensteuer und Solidaritätszuschlag					
						Freibeträge für ... Kinder					
						0,5	**1,0**	1,5	**2,0**	2,5	**3,0**
2 306,99	I,IV	**190,66**	215,08	215,08	I	96,91	18,33				
	II	**106,41**	215,08	215,08	II	25,00					
	III		250,00	215,08	III						
	V	**453,75**	215,08	215,08	IV	143,00	96,91	53,75	18,33		
	VI	**497,00**	215,08	215,08							
2 309,99	I,IV	**191,33**	215,33	215,33	I	97,50	18,75				
	II	**107,00**	215,33	215,33	II	25,50					
	III		250,00	215,33	III						
	V	**454,75**	215,33	215,33	IV	143,58	97,50	54,25	18,75		
	VI	**498,00**	215,33	215,33							
2 312,99	I,IV	**192,00**	215,66	215,66	I	98,08	19,16				
	II	**107,58**	215,66	215,66	II	25,91					
	III		250,00	215,66	III						
	V	**455,75**	215,66	215,66	IV	144,25	98,08	54,75	19,16		
	VI	**498,83**	215,66	215,66							
2 315,99	I,IV	**192,58**	215,91	215,91	I	98,66	19,58				
	II	**108,16**	215,91	215,91	II	26,33					
	III		250,00	215,91	III						
	V	**456,83**	215,91	215,91	IV	144,83	98,66	55,25	19,58		
	VI	**499,83**	215,91	215,91							
2 318,99	I,IV	**193,25**	216,16	216,16	I	99,25	20,00				
	II	**108,83**	216,16	216,16	II	26,83					
	III		250,00	216,16	III						
	V	**457,83**	216,16	216,16	IV	145,41	99,25	55,83	20,00		
	VI	**500,50**	216,16	216,16							
2 321,99	I,IV	**193,83**	216,50	216,50	I	99,83	20,41				
	II	**109,41**	216,50	216,50	II	27,25					
	III		250,00	216,50	III						
	V	**458,83**	216,50	216,50	IV	146,08	99,83	56,33	20,41		
	VI	**501,50**	216,50	216,50							
2 324,99	I,IV	**194,50**	216,75	216,75	I	100,41	20,83				
	II	**110,00**	216,75	216,75	II	27,66					
	III		250,00	216,75	III						
	V	**459,91**	216,75	216,75	IV	146,66	100,41	56,83	20,83		
	VI	**502,33**	216,75	216,75							
2 327,99	I,IV	**195,16**	217,08	217,08	I	101,08	21,25				
	II	**110,58**	217,08	217,08	II	28,08					
	III		250,00	217,08	III						
	V	**460,91**	217,08	217,08	IV	147,25	101,08	57,41	21,25		
	VI	**503,16**	217,08	217,08							
2 330,99	I,IV	**195,75**	217,33	217,33	I	101,66	21,66				
	II	**111,16**	217,33	217,33	II	28,58					
	III		250,00	217,33	III						
	V	**461,91**	217,33	217,33	IV	147,91	101,66	57,91	21,66		
	VI	**504,00**	217,33	217,33							
2 333,99	I,IV	**196,41**	217,58	217,58	I	102,25	22,08				
	II	**111,75**	217,58	217,58	II	29,00					
	III		250,00	217,58	III						
	V	**462,91**	217,58	217,58	IV	148,50	102,25	58,41	22,08		
	VI	**505,00**	217,58	217,58							
2 336,99	I,IV	**197,08**	217,91	217,91	I	102,83	22,50				
	II	**112,41**	217,91	217,91	II	29,41					
	III		250,00	217,91	III						
	V	**464,00**	217,91	217,91	IV	149,16	102,83	59,00	22,50		
	VI	**505,66**	217,91	217,91							
2 339,99	I,IV	**197,66**	218,16	218,16	I	103,41	22,91				
	II	**113,00**	218,16	218,16	II	29,91					
	III		250,00	218,16	III						
	V	**465,00**	218,16	218,16	IV	149,75	103,41	59,50	22,91		
	VI	**506,66**	218,16	218,16							

* Zur LSt-Berechnung für privat versicherte Arbeitnehmer s. Beispiele **Vorbemerkung S. 4 f.**
** Basisvorsorgepauschale KV und PV *** Typisierter Arbeitgeberzuschuss

Lohn/ Gehalt in € bis	Steuerklasse	Lohn-steuer*	BVSP**	TAGZ***	Steuerklasse	Bemessungsgrundlage für Kirchensteuer und Solidaritätszuschlag – Freibeträge für ... Kinder 0,5	1,0	1,5	2,0	2,5	3,0
2 342,99	I,IV	**198,33**	218,41	218,41	I	104,00	23,33				
	II	**113,58**	218,41	218,41	II	30,33					
	III		250,00	218,41	III						
	V	**466,00**	218,41	218,41	IV	150,41	104,00	60,08	23,33		
	VI	**507,50**	218,41	218,41							
2 345,99	I,IV	**199,00**	218,75	218,75	I	104,58	23,75				
	II	**114,16**	218,75	218,75	II	30,75					
	III		250,00	218,75	III						
	V	**467,08**	218,75	218,75	IV	151,00	104,58	60,58	23,75		
	VI	**508,33**	218,75	218,75							
2 348,99	I,IV	**199,58**	219,00	219,00	I	105,25	24,16				
	II	**114,75**	219,00	219,00	II	31,25					
	III		250,00	219,00	III						
	V	**468,08**	219,00	219,00	IV	151,58	105,25	61,08	24,16		
	VI	**509,16**	219,00	219,00							
2 351,99	I,IV	**200,25**	219,25	219,25	I	105,83	24,66				
	II	**115,41**	219,25	219,25	II	31,66					
	III		250,00	219,25	III						
	V	**469,08**	219,25	219,25	IV	152,25	105,83	61,66	24,66		
	VI	**510,00**	219,25	219,25							
2 354,99	I,IV	**200,91**	219,58	219,58	I	106,41	25,08				
	II	**116,00**	219,58	219,58	II	32,16					
	III		250,00	219,58	III						
	V	**470,16**	219,58	219,58	IV	152,83	106,41	62,16	25,08		
	VI	**511,00**	219,58	219,58							
2 357,99	I,IV	**201,50**	219,83	219,83	I	107,00	25,50				
	II	**116,58**	219,83	219,83	II	32,58					
	III		250,00	219,83	III						
	V	**471,16**	219,83	219,83	IV	153,41	107,00	62,75	25,50		
	VI	**511,83**	219,83	219,83							
2 360,99	I,IV	**202,16**	220,08	220,08	I	107,58	25,91				
	II	**117,16**	220,08	220,08	II	33,08					
	III		250,00	220,08	III						
	V	**472,16**	220,08	220,08	IV	154,08	107,58	63,25	25,91		
	VI	**512,66**	220,08	220,08							
2 363,99	I,IV	**202,83**	220,41	220,41	I	108,25	26,33				
	II	**117,83**	220,41	220,41	II	33,50					
	III		250,00	220,41	III						
	V	**473,25**	220,41	220,41	IV	154,66	108,25	63,83	26,33		
	VI	**513,66**	220,41	220,41							
2 366,99	I,IV	**203,41**	220,66	220,66	I	108,83	26,83				
	II	**118,41**	220,66	220,66	II	34,00					
	III		250,00	220,66	III						
	V	**474,25**	220,66	220,66	IV	155,33	108,83	64,33	26,83		
	VI	**514,50**	220,66	220,66							
2 369,99	I,IV	**204,08**	221,00	221,00	I	109,41	27,25				
	II	**119,00**	221,00	221,00	II	34,41					
	III		250,00	221,00	III						
	V	**475,25**	221,00	221,00	IV	155,91	109,41	64,91	27,25		
	VI	**515,33**	221,00	221,00							
2 372,99	I,IV	**204,75**	221,25	221,25	I	110,00	27,66				
	II	**119,58**	221,25	221,25	II	34,91					
	III		250,00	221,25	III						
	V	**476,33**	221,25	221,25	IV	156,58	110,00	65,41	27,66		
	VI	**516,16**	221,25	221,25							
2 375,99	I,IV	**205,33**	221,50	221,50	I	110,58	28,08				
	II	**120,16**	221,50	221,50	II	35,33					
	III		250,00	221,50	III						
	V	**477,33**	221,50	221,50	IV	157,16	110,58	66,00	28,08		
	VI	**517,00**	221,50	221,50							

* Zur LSt-Berechnung für privat versicherte Arbeitnehmer s. Beispiele **Vorbemerkung S. 4 f.**
** Basisvorsorgepauschale KV und PV *** Typisierter Arbeitgeberzuschuss

Lohn/ Gehalt in € bis	Steuerklasse	Lohn-steuer*	BVSP**	TAGZ***	Steuerklasse	Bemessungsgrundlage für Kirchensteuer und Solidaritätszuschlag					
						Freibeträge für ... Kinder					
						0,5	**1,0**	1,5	**2,0**	2,5	**3,0**
2 378,99	I,IV	**206,00**	221,83	221,83	I	111,16	28,58				
	II	**120,83**	221,83	221,83	II	35,83					
	III		250,00	221,83	III						
	V	**478,33**	221,83	221,83	IV	157,83	111,16	66,58	28,58		
	VI	**517,83**	221,83	221,83							
2 381,99	I,IV	**206,66**	222,08	222,08	I	111,83	29,00				
	II	**121,41**	222,08	222,08	II	36,33					
	III		250,00	222,08	III						
	V	**479,33**	222,08	222,08	IV	158,41	111,83	67,08	29,00		
	VI	**518,83**	222,08	222,08							
2 384,99	I,IV	**207,25**	222,33	222,33	I	112,41	29,41				
	II	**122,00**	222,33	222,33	II	36,75					
	III		250,00	222,33	III						
	V	**480,41**	222,33	222,33	IV	159,08	112,41	67,66	29,41		
	VI	**519,66**	222,33	222,33							
2 387,99	I,IV	**207,91**	222,66	222,66	I	113,00	29,91				
	II	**122,58**	222,66	222,66	II	37,25					
	III		250,00	222,66	III						
	V	**481,41**	222,66	222,66	IV	159,66	113,00	68,16	29,91		
	VI	**520,50**	222,66	222,66							
2 390,99	I,IV	**208,58**	222,91	222,91	I	113,58	30,33				
	II	**123,25**	222,91	222,91	II	37,75					
	III		250,00	222,91	III						
	V	**482,41**	222,91	222,91	IV	160,33	113,58	68,75	30,33	0,08	
	VI	**521,33**	222,91	222,91							
2 393,99	I,IV	**209,25**	223,16	223,16	I	114,16	30,83				
	II	**123,83**	223,16	223,16	II	38,16					
	III		250,00	223,16	III						
	V	**483,50**	223,16	223,16	IV	160,91	114,16	69,33	30,83	0,41	
	VI	**522,33**	223,16	223,16							
2 396,99	I,IV	**209,83**	223,50	223,50	I	114,83	31,25				
	II	**124,41**	223,50	223,50	II	38,66					
	III	**0,33**	250,00	223,50	III						
	V	**484,50**	223,50	223,50	IV	161,50	114,83	69,91	31,25	0,75	
	VI	**523,16**	223,50	223,50							
2 399,99	I,IV	**210,50**	223,75	223,75	I	115,41	31,75				
	II	**125,08**	223,75	223,75	II	39,16					
	III	**0,66**	250,00	223,75	III						
	V	**485,50**	223,75	223,75	IV	162,16	115,41	70,41	31,75	1,16	
	VI	**524,00**	223,75	223,75							
2 402,99	I,IV	**211,16**	224,00	224,00	I	116,00	32,16				
	II	**125,66**	224,00	224,00	II	39,58					
	III	**1,16**	250,00	224,00	III						
	V	**486,58**	224,00	224,00	IV	162,75	116,00	71,00	32,16	1,50	
	VI	**525,00**	224,00	224,00							
2 405,99	I,IV	**211,75**	224,33	224,33	I	116,58	32,58				
	II	**126,25**	224,33	224,33	II	40,08					
	III	**1,50**	250,00	224,33	III						
	V	**487,58**	224,33	224,33	IV	163,41	116,58	71,58	32,58	1,83	
	VI	**525,66**	224,33	224,33							
2 408,99	I,IV	**212,41**	224,58	224,58	I	117,16	33,08				
	II	**126,83**	224,58	224,58	II	40,58					
	III	**1,83**	250,00	224,58	III						
	V	**488,58**	224,58	224,58	IV	164,00	117,16	72,08	33,08	2,16	
	VI	**526,66**	224,58	224,58							
2 411,99	I,IV	**213,08**	224,91	224,91	I	117,83	33,50				
	II	**127,50**	224,91	224,91	II	41,08					
	III	**2,16**	250,00	224,91	III						
	V	**489,66**	224,91	224,91	IV	164,66	117,83	72,66	33,50	2,50	
	VI	**527,66**	224,91	224,91							

* Zur LSt-Berechnung für privat versicherte Arbeitnehmer s. Beispiele **Vorbemerkung S. 4 f.**
** Basisvorsorgepauschale KV und PV *** Typisierter Arbeitgeberzuschuss

Lohn/ Gehalt in € bis	Steuerklasse	Lohn- steuer*	BVSP**	TAGZ***	Steuerklasse	Bemessungsgrundlage für Kirchensteuer und Solidaritätszuschlag					
						Freibeträge für ... Kinder					
						0,5	**1,0**	1,5	**2,0**	2,5	**3,0**
2414,99	I,IV	**213,75**	225,16	225,16	I	118,41	34,00				
	II	**128,08**	225,16	225,16	II	41,50					
	III	**2,66**	250,00	225,16	III						
	V	**490,66**	225,16	225,16	IV	165,25	118,41	73,25	34,00	2,91	
	VI	**528,33**	225,16	225,16							
2417,99	I,IV	**214,33**	225,41	225,41	I	119,00	34,41				
	II	**128,66**	225,41	225,41	II	42,00					
	III	**3,00**	250,00	225,41	III						
	V	**491,66**	225,41	225,41	IV	165,91	119,00	73,83	34,41	3,25	
	VI	**529,33**	225,41	225,41							
2420,99	I,IV	**215,00**	225,75	225,75	I	119,66	34,91				
	II	**129,33**	225,75	225,75	II	42,50					
	III	**3,33**	250,00	225,75	III						
	V	**492,66**	225,75	225,75	IV	166,50	119,66	74,41	34,91	3,58	
	VI	**530,16**	225,75	225,75							
2423,99	I,IV	**215,66**	226,00	226,00	I	120,25	35,41				
	II	**129,91**	226,00	226,00	II	43,00					
	III	**3,83**	250,00	226,00	III						
	V	**493,75**	226,00	226,00	IV	167,16	120,25	75,00	35,41	3,91	
	VI	**531,00**	226,00	226,00							
2426,99	I,IV	**216,33**	226,25	226,25	I	120,83	35,83				
	II	**130,50**	226,25	226,25	II	43,50					
	III	**4,16**	250,00	226,25	III						
	V	**494,75**	226,25	226,25	IV	167,75	120,83	75,50	35,83	4,33	
	VI	**532,00**	226,25	226,25							
2429,99	I,IV	**216,91**	226,58	226,58	I	121,41	36,33				
	II	**131,08**	226,58	226,58	II	43,91					
	III	**4,50**	250,00	226,58	III						
	V	**495,75**	226,58	226,58	IV	168,41	121,41	76,08	36,33	4,66	
	VI	**532,83**	226,58	226,58							
2432,99	I,IV	**217,58**	226,83	226,83	I	122,08	36,75				
	II	**131,75**	226,83	226,83	II	44,41					
	III	**5,00**	250,00	226,83	III						
	V	**496,83**	226,83	226,83	IV	169,00	122,08	76,66	36,75	5,00	
	VI	**533,83**	226,83	226,83							
2435,99	I,IV	**218,25**	227,08	227,08	I	122,66	37,25				
	II	**132,33**	227,08	227,08	II	44,91					
	III	**5,33**	250,00	227,08	III						
	V	**497,83**	227,08	227,08	IV	169,66	122,66	77,25	37,25	5,41	
	VI	**534,50**	227,08	227,08							
2438,99	I,IV	**218,91**	227,41	227,41	I	123,25	37,75				
	II	**132,91**	227,41	227,41	II	45,41					
	III	**5,83**	250,00	227,41	III						
	V	**498,66**	227,41	227,41	IV	170,25	123,25	77,83	37,75	5,75	
	VI	**535,50**	227,41	227,41							
2441,99	I,IV	**219,58**	227,66	227,66	I	123,83	38,16				
	II	**133,58**	227,66	227,66	II	45,91					
	III	**6,16**	250,00	227,66	III						
	V	**499,66**	227,66	227,66	IV	170,91	123,83	78,41	38,16	6,16	
	VI	**536,33**	227,66	227,66							
2444,99	I,IV	**220,16**	227,91	227,91	I	124,50	38,66				
	II	**134,16**	227,91	227,91	II	46,41					
	III	**6,50**	250,00	227,91	III						
	V	**500,33**	227,91	227,91	IV	171,50	124,50	79,00	38,66	6,50	
	VI	**537,16**	227,91	227,91							
2447,99	I,IV	**220,83**	228,25	228,25	I	125,08	39,16				
	II	**134,75**	228,25	228,25	II	46,91					
	III	**7,00**	250,00	228,25	III						
	V	**501,33**	228,25	228,25	IV	172,16	125,08	79,58	39,16	6,83	
	VI	**538,16**	228,25	228,25							

* Zur LSt-Berechnung für privat versicherte Arbeitnehmer s. Beispiele **Vorbemerkung S. 4 f.**
** Basisvorsorgepauschale KV und PV *** Typisierter Arbeitgeberzuschuss

Lohn/ Gehalt in € bis	Steuerklasse	**Lohn-steuer***	BVSP**	TAGZ***	Steuerklasse	Bemessungsgrundlage für Kirchensteuer und Solidaritätszuschlag – Freibeträge für ... Kinder: 0,5	**1,0**	1,5	**2,0**	2,5	**3,0**
2450,99	I,IV	**221,50**	228,50	228,50	I	125,66	39,58				
	II	**135,41**	228,50	228,50	II	47,41					
	III	**7,33**	250,00	228,50	III						
	V	**502,16**	228,50	228,50	IV	172,75	125,66	80,16	39,58	7,25	
	VI	**539,00**	228,50	228,50							
2453,99	I,IV	**222,16**	228,83	228,83	I	126,25	40,08				
	II	**136,00**	228,83	228,83	II	47,91					
	III	**7,66**	250,00	228,83	III						
	V	**503,00**	228,83	228,83	IV	173,41	126,25	80,75	40,08	7,58	
	VI	**540,00**	228,83	228,83							
2456,99	I,IV	**222,75**	229,08	229,08	I	126,91	40,58				
	II	**136,58**	229,08	229,08	II	48,41					
	III	**8,16**	250,00	229,08	III						
	V	**503,83**	229,08	229,08	IV	174,00	126,91	81,33	40,58	8,00	
	VI	**540,66**	229,08	229,08							
2459,99	I,IV	**223,41**	229,33	229,33	I	127,50	41,08				
	II	**137,25**	229,33	229,33	II	48,91					
	III	**8,50**	250,00	229,33	III						
	V	**504,83**	229,33	229,33	IV	174,66	127,50	81,91	41,08	8,33	
	VI	**541,66**	229,33	229,33							
2462,99	I,IV	**224,08**	229,66	229,66	I	128,08	41,58				
	II	**137,83**	229,66	229,66	II	49,41					
	III	**9,00**	250,00	229,66	III						
	V	**505,66**	229,66	229,66	IV	175,25	128,08	82,50	41,58	8,75	
	VI	**542,50**	229,66	229,66							
2465,99	I,IV	**224,75**	229,91	229,91	I	128,66	42,00				
	II	**138,41**	229,91	229,91	II	49,91					
	III	**9,33**	250,00	229,91	III						
	V	**506,50**	229,91	229,91	IV	175,91	128,66	83,08	42,00	9,08	
	VI	**543,50**	229,91	229,91							
2468,99	I,IV	**225,33**	230,16	230,16	I	129,33	42,50				
	II	**139,08**	230,16	230,16	II	50,41					
	III	**9,66**	250,00	230,16	III						
	V	**507,33**	230,16	230,16	IV	176,50	129,33	83,66	42,50	9,50	
	VI	**544,33**	230,16	230,16							
2471,99	I,IV	**226,00**	230,50	230,50	I	129,91	43,00				
	II	**139,66**	230,50	230,50	II	51,00					
	III	**10,16**	250,00	230,50	III						
	V	**508,16**	230,50	230,50	IV	177,16	129,91	84,25	43,00	9,83	
	VI	**545,16**	230,50	230,50							
2474,99	I,IV	**226,66**	230,75	230,75	I	130,50	43,50				
	II	**140,25**	230,75	230,75	II	51,50					
	III	**10,50**	250,00	230,75	III						
	V	**509,16**	230,75	230,75	IV	177,83	130,50	84,83	43,50	10,25	
	VI	**546,16**	230,75	230,75							
2477,99	I,IV	**227,33**	231,00	231,00	I	131,16	44,00				
	II	**140,91**	231,00	231,00	II	52,00					
	III	**11,00**	250,00	231,00	III						
	V	**509,83**	231,00	231,00	IV	178,41	131,16	85,41	44,00	10,58	
	VI	**547,00**	231,00	231,00							
2480,99	I,IV	**228,00**	231,33	231,33	I	131,75	44,41				
	II	**141,50**	231,33	231,33	II	52,50					
	III	**11,33**	250,00	231,33	III						
	V	**510,83**	231,33	231,33	IV	179,08	131,75	86,00	44,41	11,00	
	VI	**547,83**	231,33	231,33							
2483,99	I,IV	**228,66**	231,58	231,58	I	132,33	44,91				
	II	**142,08**	231,58	231,58	II	53,00					
	III	**11,83**	250,00	231,58	III						
	V	**511,66**	231,58	231,58	IV	179,66	132,33	86,66	44,91	11,41	
	VI	**548,66**	231,58	231,58							

* Zur LSt-Berechnung für privat versicherte Arbeitnehmer s. Beispiele **Vorbemerkung S. 4 f.**
** Basisvorsorgepauschale KV und PV *** Typisierter Arbeitgeberzuschuss

Lohn/ Gehalt in € bis	Steuerklasse	Lohn- steuer*	BVSP**	TAGZ***	Steuerklasse	Bemessungsgrundlage für Kirchensteuer und Solidaritätszuschlag					
						Freibeträge für ... Kinder					
						0,5	**1,0**	1,5	**2,0**	2,5	**3,0**
2486,99	I,IV	**229,25**	231,83	231,83	I	133,00	45,41				
	II	**142,75**	231,83	231,83	II	53,50					
	III	**12,16**	250,00	231,83	III						
	V	**512,50**	231,83	231,83	IV	180,33	133,00	87,25	45,41	11,75	
	VI	**549,66**	231,83	231,83							
2489,99	I,IV	**229,91**	232,16	232,16	I	133,58	45,91				
	II	**143,33**	232,16	232,16	II	54,00					
	III	**12,66**	250,00	232,16	III						
	V	**513,33**	232,16	232,16	IV	180,91	133,58	87,83	45,91	12,16	
	VI	**550,50**	232,16	232,16							
2492,99	I,IV	**230,58**	232,41	232,41	I	134,16	46,41				
	II	**144,00**	232,41	232,41	II	54,58					
	III	**13,00**	250,00	232,41	III						
	V	**514,16**	232,41	232,41	IV	181,58	134,16	88,41	46,41	12,58	
	VI	**551,50**	232,41	232,41							
2495,99	I,IV	**231,25**	232,75	232,75	I	134,83	46,91				
	II	**144,58**	232,75	232,75	II	55,08					
	III	**13,33**	250,00	232,75	III						
	V	**515,16**	232,75	232,75	IV	182,25	134,83	89,00	46,91	12,91	
	VI	**552,33**	232,75	232,75							
2498,99	I,IV	**231,91**	233,00	233,00	I	135,41	47,41				
	II	**145,16**	233,00	233,00	II	55,58					
	III	**13,83**	250,00	233,00	III						
	V	**516,00**	233,00	233,00	IV	182,83	135,41	89,58	47,41	13,33	
	VI	**553,16**	233,00	233,00							
2501,99	I,IV	**232,58**	233,25	233,25	I	136,00	47,91				
	II	**145,83**	233,25	233,25	II	56,16					
	III	**14,16**	250,00	233,25	III						
	V	**516,83**	233,25	233,25	IV	183,50	136,00	90,16	47,91	13,75	
	VI	**554,00**	233,25	233,25							
2504,99	I,IV	**233,16**	233,58	233,58	I	136,66	48,41				
	II	**146,41**	233,58	233,58	II	56,66					
	III	**14,66**	250,00	233,58	III						
	V	**517,83**	233,58	233,58	IV	184,08	136,66	90,75	48,41	14,16	
	VI	**555,00**	233,58	233,58							
2507,99	I,IV	**233,83**	233,83	233,83	I	137,25	48,91				
	II	**147,00**	233,83	233,83	II	57,16					
	III	**15,00**	250,00	233,83	III						
	V	**518,66**	233,83	233,83	IV	184,75	137,25	91,33	48,91	14,50	
	VI	**556,00**	233,83	233,83							
2510,99	I,IV	**234,50**	234,08	234,08	I	137,83	49,41				
	II	**147,66**	234,08	234,08	II	57,66					
	III	**15,50**	250,00	234,08	III						
	V	**519,50**	234,08	234,08	IV	185,33	137,83	91,91	49,41	14,91	
	VI	**556,83**	234,08	234,08							
2513,99	I,IV	**235,16**	234,41	234,41	I	138,50	49,91				
	II	**148,25**	234,41	234,41	II	58,25					
	III	**15,83**	250,00	234,41	III						
	V	**520,50**	234,41	234,41	IV	186,00	138,50	92,50	49,91	15,33	
	VI	**557,83**	234,41	234,41							
2516,99	I,IV	**235,83**	234,66	234,66	I	139,08	50,41				
	II	**148,91**	234,66	234,66	II	58,75					
	III	**16,33**	250,00	234,66	III						
	V	**521,16**	234,66	234,66	IV	186,66	139,08	93,08	50,41	15,75	
	VI	**558,50**	234,66	234,66							
2519,99	I,IV	**236,41**	234,91	234,91	I	139,66	51,00				
	II	**149,50**	234,91	234,91	II	59,25					
	III	**16,66**	250,00	234,91	III						
	V	**522,16**	234,91	234,91	IV	187,25	139,66	93,66	51,00	16,08	
	VI	**559,50**	234,91	234,91							

* Zur LSt-Berechnung für privat versicherte Arbeitnehmer s. Beispiele **Vorbemerkung S. 4f.**
** Basisvorsorgepauschale KV und PV *** Typisierter Arbeitgeberzuschuss

Lohn/ Gehalt in € bis	Steuerklasse	Lohn- steuer*	BVSP**	TAGZ***	Steuerklasse	Bemessungsgrundlage für Kirchensteuer und Solidaritätszuschlag					
						Freibeträge für ... Kinder					
						0,5	**1,0**	1,5	**2,0**	2,5	**3,0**
2522,99	I,IV	**237,16**	235,25	235,25	I	140,33	51,50				
	II	**150,16**	235,25	235,25	II	59,83					
	III	**17,16**	250,00	235,25	III						
	V	**523,00**	235,25	235,25	IV	187,91	140,33	94,33	51,50	16,50	
	VI	**560,33**	235,25	235,25							
2525,99	I,IV	**237,75**	235,50	235,50	I	140,91	52,00				
	II	**150,75**	235,50	235,50	II	60,33					
	III	**17,50**	250,00	235,50	III						
	V	**523,83**	235,50	235,50	IV	188,50	140,91	94,91	52,00	16,91	
	VI	**561,33**	235,50	235,50							
2528,99	I,IV	**238,41**	235,75	235,75	I	141,50	52,50				
	II	**151,33**	235,75	235,75	II	60,91					
	III	**18,00**	250,00	235,75	III						
	V	**524,83**	235,75	235,75	IV	189,16	141,50	95,50	52,50	17,33	
	VI	**562,16**	235,75	235,75							
2531,99	I,IV	**239,08**	236,08	236,08	I	142,08	53,00				
	II	**152,00**	236,08	236,08	II	61,41					
	III	**18,33**	250,00	236,08	III						
	V	**525,66**	236,08	236,08	IV	189,83	142,08	96,08	53,00	17,75	
	VI	**563,16**	236,08	236,08							
2534,99	I,IV	**239,75**	236,33	236,33	I	142,75	53,50				
	II	**152,58**	236,33	236,33	II	62,00					
	III	**18,83**	250,00	236,33	III						
	V	**526,50**	236,33	236,33	IV	190,41	142,75	96,66	53,50	18,16	
	VI	**564,00**	236,33	236,33							
2537,99	I,IV	**240,41**	236,66	236,66	I	143,33	54,08				
	II	**153,16**	236,66	236,66	II	62,50					
	III	**19,16**	250,00	236,66	III						
	V	**527,50**	236,66	236,66	IV	191,08	143,33	97,25	54,08	18,58	
	VI	**564,83**	236,66	236,66							
2540,99	I,IV	**241,08**	236,91	236,91	I	144,00	54,58				
	II	**153,83**	236,91	236,91	II	63,00					
	III	**19,66**	250,00	236,91	III						
	V	**528,16**	236,91	236,91	IV	191,66	144,00	97,83	54,58	19,00	
	VI	**565,66**	236,91	236,91							
2543,99	I,IV	**241,75**	237,16	237,16	I	144,58	55,08				
	II	**154,41**	237,16	237,16	II	63,58					
	III	**20,00**	250,00	237,16	III						
	V	**529,16**	237,16	237,16	IV	192,33	144,58	98,41	55,08	19,41	
	VI	**566,66**	237,16	237,16							
2546,99	I,IV	**242,33**	237,50	237,50	I	145,16	55,58				
	II	**155,08**	237,50	237,50	II	64,16					
	III	**20,50**	250,00	237,50	III						
	V	**530,00**	237,50	237,50	IV	193,00	145,16	99,00	55,58	19,83	
	VI	**567,50**	237,50	237,50							
2549,99	I,IV	**243,00**	237,75	237,75	I	145,83	56,16				
	II	**155,66**	237,75	237,75	II	64,66					
	III	**21,00**	250,00	237,75	III						
	V	**530,83**	237,75	237,75	IV	193,58	145,83	99,58	56,16	20,25	
	VI	**568,50**	237,75	237,75							
2552,99	I,IV	**243,66**	238,00	238,00	I	146,41	56,66				
	II	**156,33**	238,00	238,00	II	65,25					
	III	**21,33**	250,00	238,00	III						
	V	**531,66**	238,00	238,00	IV	194,25	146,41	100,25	56,66	20,66	
	VI	**569,33**	238,00	238,00							
2555,99	I,IV	**244,33**	238,33	238,33	I	147,08	57,16				
	II	**156,91**	238,33	238,33	II	65,75					
	III	**21,83**	250,00	238,33	III						
	V	**532,66**	238,33	238,33	IV	194,91	147,08	100,83	57,16	21,08	
	VI	**570,33**	238,33	238,33							

* Zur LSt-Berechnung für privat versicherte Arbeitnehmer s. Beispiele **Vorbemerkung S. 4f.**
** Basisvorsorgepauschale KV und PV *** Typisierter Arbeitgeberzuschuss

Lohn/ Gehalt in € bis	Steuerklasse	Lohn-steuer*	BVSP**	TAGZ***	Steuerklasse	Bemessungsgrundlage für Kirchensteuer und Solidaritätszuschlag – Freibeträge für ... Kinder 0,5	1,0	1,5	2,0	2,5	3,0
2558,99	I,IV	**245,00**	238,58	238,58	I	147,66	57,66				
	II	**157,50**	238,58	238,58	II	66,33					
	III	**22,16**	250,00	238,58	III						
	V	**533,50**	238,58	238,58	IV	195,50	147,66	101,41	57,66	21,50	
	VI	**571,16**	238,58	238,58							
2561,99	I,IV	**245,66**	238,83	238,83	I	148,25	58,25				
	II	**158,16**	238,83	238,83	II	66,83					
	III	**22,66**	250,00	238,83	III						
	V	**534,33**	238,83	238,83	IV	196,16	148,25	102,00	58,25	21,91	
	VI	**572,16**	238,83	238,83							
2564,99	I,IV	**246,33**	239,16	239,16	I	148,91	58,75				
	II	**158,75**	239,16	239,16	II	67,41					
	III	**23,00**	250,00	239,16	III						
	V	**535,33**	239,16	239,16	IV	196,83	148,91	102,58	58,75	22,33	
	VI	**573,00**	239,16	239,16							
2567,99	I,IV	**247,00**	239,41	239,41	I	149,50	59,33				
	II	**159,41**	239,41	239,41	II	68,00					
	III	**23,50**	250,00	239,41	III						
	V	**536,16**	239,41	239,41	IV	197,41	149,50	103,16	59,33	22,75	
	VI	**574,00**	239,41	239,41							
2570,99	I,IV	**247,58**	239,66	239,66	I	150,16	59,83				
	II	**160,00**	239,66	239,66	II	68,50					
	III	**24,00**	250,00	239,66	III						
	V	**537,00**	239,66	239,66	IV	198,08	150,16	103,75	59,83	23,16	
	VI	**574,66**	239,66	239,66							
2573,99	I,IV	**248,33**	240,00	240,00	I	150,75	60,33				
	II	**160,66**	240,00	240,00	II	69,08	0,33				
	III	**24,33**	250,00	240,00	III						
	V	**538,00**	240,00	240,00	IV	198,75	150,75	104,41	60,33	23,58	
	VI	**575,83**	240,00	240,00							
2576,99	I,IV	**248,91**	240,25	240,25	I	151,33	60,91				
	II	**161,25**	240,25	240,25	II	69,66	0,66				
	III	**24,83**	250,00	240,25	III						
	V	**538,83**	240,25	240,25	IV	199,33	151,33	105,00	60,91	24,00	
	VI	**576,66**	240,25	240,25							
2579,99	I,IV	**249,58**	240,58	240,58	I	152,00	61,41				
	II	**161,91**	240,58	240,58	II	70,16	1,00				
	III	**25,16**	250,00	240,58	III						
	V	**539,66**	240,58	240,58	IV	200,00	152,00	105,58	61,41	24,41	
	VI	**577,50**	240,58	240,58							
2582,99	I,IV	**250,25**	240,83	240,83	I	152,58	62,00				
	II	**162,50**	240,83	240,83	II	70,75	1,33				
	III	**25,66**	250,00	240,83	III						
	V	**540,50**	240,83	240,83	IV	200,66	152,58	106,16	62,00	24,91	
	VI	**578,50**	240,83	240,83							
2585,99	I,IV	**250,91**	241,08	241,08	I	153,25	62,50				
	II	**163,16**	241,08	241,08	II	71,33	1,66				
	III	**26,16**	250,00	241,08	III						
	V	**541,50**	241,08	241,08	IV	201,25	153,25	106,75	62,50	25,33	
	VI	**579,33**	241,08	241,08							
2588,99	I,IV	**251,58**	241,41	241,41	I	153,83	63,08				
	II	**163,75**	241,41	241,41	II	71,91	2,00				
	III	**26,50**	250,00	241,41	III						
	V	**542,33**	241,41	241,41	IV	201,91	153,83	107,33	63,08	25,75	
	VI	**580,16**	241,41	241,41							
2591,99	I,IV	**252,25**	241,66	241,66	I	154,41	63,58				
	II	**164,33**	241,66	241,66	II	72,41	2,41				
	III	**27,00**	250,00	241,66	III						
	V	**543,16**	241,66	241,66	IV	202,58	154,41	108,00	63,58	26,16	
	VI	**581,16**	241,66	241,66							

* Zur LSt-Berechnung für privat versicherte Arbeitnehmer s. Beispiele **Vorbemerkung S. 4 f.**
** Basisvorsorgepauschale KV und PV *** Typisierter Arbeitgeberzuschuss

Lohn/ Gehalt in € bis	Steuerklasse	Lohn- steuer*	BVSP**	TAGZ***	Steuerklasse	Bemessungsgrundlage für Kirchensteuer und Solidaritätszuschlag – Freibeträge für ... Kinder 0,5	1,0	1,5	2,0	2,5	3,0
2594,99	I,IV	252,91	241,91	241,91	I	155,08	64,16				
	II	165,00	241,91	241,91	II	73,00	2,75				
	III	27,50	250,00	241,91	III						
	V	544,00	241,91	241,91	IV	203,16	155,08	108,58	64,16	26,66	
	VI	582,00	241,91	241,91							
2597,99	I,IV	253,58	242,25	242,25	I	155,66	64,66				
	II	165,66	242,25	242,25	II	73,58	3,08				
	III	27,83	250,00	242,25	III						
	V	545,00	242,25	242,25	IV	203,83	155,66	109,16	64,66	27,08	
	VI	583,00	242,25	242,25							
2600,99	I,IV	254,25	242,50	242,50	I	156,33	65,25				
	II	166,25	242,50	242,50	II	74,16	3,41				
	III	28,33	250,00	242,50	III						
	V	546,00	242,50	242,50	IV	204,50	156,33	109,75	65,25	27,50	
	VI	583,83	242,50	242,50							
2603,99	I,IV	254,91	242,75	242,75	I	156,91	65,83				
	II	166,91	242,75	242,75	II	74,75	3,83				
	III	28,66	250,00	242,75	III						
	V	546,83	242,75	242,75	IV	205,08	156,91	110,41	65,83	27,91	
	VI	584,83	242,75	242,75							
2606,99	I,IV	255,58	243,08	243,08	I	157,58	66,33				
	II	167,50	243,08	243,08	II	75,33	4,16				
	III	29,16	250,00	243,08	III						
	V	547,66	243,08	243,08	IV	205,75	157,58	111,00	66,33	28,41	
	VI	585,66	243,08	243,08							
2609,99	I,IV	256,25	243,33	243,33	I	158,16	66,91				
	II	168,08	243,33	243,33	II	75,83	4,50				
	III	29,66	250,00	243,33	III						
	V	548,50	243,33	243,33	IV	206,41	158,16	111,58	66,91	28,83	
	VI	586,66	243,33	243,33							
2612,99	I,IV	256,91	243,58	243,58	I	158,75	67,41				
	II	168,75	243,58	243,58	II	76,41	4,91				
	III	30,00	250,00	243,58	III						
	V	549,50	243,58	243,58	IV	207,00	158,75	112,16	67,41	29,25	
	VI	587,50	243,58	243,58							
2615,99	I,IV	257,58	243,91	243,91	I	159,41	68,00				
	II	169,41	243,91	243,91	II	77,00	5,25				
	III	30,50	250,00	243,91	III						
	V	550,33	243,91	243,91	IV	207,66	159,41	112,75	68,00	29,75	
	VI	588,50	243,91	243,91							
2618,99	I,IV	258,25	244,16	244,16	I	160,00	68,58				
	II	170,00	244,16	244,16	II	77,58	5,58				
	III	31,00	250,00	244,16	III						
	V	551,33	244,16	244,16	IV	208,33	160,00	113,33	68,58	30,16	
	VI	589,33	244,16	244,16							
2621,99	I,IV	258,83	244,50	244,50	I	160,66	69,08	0,33			
	II	170,58	244,50	244,50	II	78,16	6,00				
	III	31,33	250,00	244,50	III						
	V	552,16	244,50	244,50	IV	208,91	160,66	114,00	69,08	30,58	0,33
	VI	590,33	244,50	244,50							
2624,99	I,IV	259,58	244,75	244,75	I	161,33	69,66	0,66			
	II	171,25	244,75	244,75	II	78,75	6,33				
	III	31,83	250,00	244,75	III						
	V	553,00	244,75	244,75	IV	209,58	161,33	114,58	69,66	31,08	0,66
	VI	591,33	244,75	244,75							
2627,99	I,IV	260,16	245,00	245,00	I	161,91	70,25	1,00			
	II	171,91	245,00	245,00	II	79,33	6,75				
	III	32,33	250,00	245,00	III						
	V	554,00	245,00	245,00	IV	210,25	161,91	115,16	70,25	31,50	1,00
	VI	592,16	245,00	245,00							

* Zur LSt-Berechnung für privat versicherte Arbeitnehmer s. Beispiele **Vorbemerkung S. 4 f.**
** Basisvorsorgepauschale KV und PV *** Typisierter Arbeitgeberzuschuss

Lohn/ Gehalt in € bis	Steuerklasse	**Lohn-steuer***	BVSP**	TAGZ***	Steuerklasse	Bemessungsgrundlage für Kirchensteuer und Solidaritätszuschlag – Freibeträge für ... Kinder 0,5	**1,0**	1,5	**2,0**	2,5	**3,0**
2630,99	I,IV	**260,83**	245,33	245,33	I	162,50	70,75	1,33			
	II	**172,50**	245,33	245,33	II	79,91	7,08				
	III	**32,83**	250,00	245,33	III						
	V	**554,83**	245,33	245,33	IV	210,91	162,50	115,75	70,75	32,00	1,33
	VI	**593,00**	245,33	245,33							
2633,99	I,IV	**261,58**	245,58	245,58	I	163,16	71,33	1,66			
	II	**173,16**	245,58	245,58	II	80,50	7,41				
	III	**33,16**	250,00	245,58	III						
	V	**555,83**	245,58	245,58	IV	211,58	163,16	116,41	71,33	32,41	1,66
	VI	**594,00**	245,58	245,58							
2636,99	I,IV	**262,16**	245,83	245,83	I	163,75	71,91	2,08			
	II	**173,75**	245,83	245,83	II	81,08	7,83				
	III	**33,66**	250,00	245,83	III						
	V	**556,66**	245,83	245,83	IV	212,16	163,75	117,00	71,91	32,91	2,08
	VI	**595,00**	245,83	245,83							
2639,99	I,IV	**262,83**	246,16	246,16	I	164,41	72,50	2,41			
	II	**174,41**	246,16	246,16	II	81,66	8,16				
	III	**34,16**	250,00	246,16	III						
	V	**557,50**	246,16	246,16	IV	212,83	164,41	117,58	72,50	33,33	2,41
	VI	**595,83**	246,16	246,16							
2642,99	I,IV	**263,50**	246,41	246,41	I	165,00	73,00	2,75			
	II	**175,00**	246,41	246,41	II	82,25	8,58				
	III	**34,50**	250,00	246,41	III						
	V	**558,33**	246,41	246,41	IV	213,50	165,00	118,16	73,00	33,83	2,75
	VI	**596,83**	246,41	246,41							
2645,99	I,IV	**264,16**	246,66	246,66	I	165,66	73,58	3,08			
	II	**175,66**	246,66	246,66	II	82,83	8,91				
	III	**35,00**	250,00	246,66	III						
	V	**559,33**	246,66	246,66	IV	214,08	165,66	118,75	73,58	34,25	3,08
	VI	**597,66**	246,66	246,66							
2648,99	I,IV	**264,83**	247,00	247,00	I	166,25	74,16	3,50			
	II	**176,25**	247,00	247,00	II	83,41	9,33				
	III	**35,50**	250,00	247,00	III						
	V	**560,16**	247,00	247,00	IV	214,75	166,25	119,41	74,16	34,75	3,50
	VI	**598,66**	247,00	247,00							
2651,99	I,IV	**265,50**	247,25	247,25	I	166,91	74,75	3,83			
	II	**176,91**	247,25	247,25	II	84,00	9,66				
	III	**36,00**	250,00	247,25	III						
	V	**561,16**	247,25	247,25	IV	215,41	166,91	120,00	74,75	35,16	3,83
	VI	**599,50**	247,25	247,25							
2654,99	I,IV	**266,16**	247,50	247,50	I	167,50	75,33	4,16			
	II	**177,58**	247,50	247,50	II	84,58	10,08				
	III	**36,33**	250,00	247,50	III						
	V	**562,00**	247,50	247,50	IV	216,08	167,50	120,58	75,33	35,66	4,16
	VI	**600,33**	247,50	247,50							
2657,99	I,IV	**266,83**	247,83	247,83	I	168,16	75,91	4,50			
	II	**178,16**	247,83	247,83	II	85,16	10,50				
	III	**36,83**	250,00	247,83	III						
	V	**563,00**	247,83	247,83	IV	216,66	168,16	121,16	75,91	36,16	4,50
	VI	**601,33**	247,83	247,83							
2660,99	I,IV	**267,50**	248,08	248,08	I	168,75	76,50	4,91			
	II	**178,75**	248,08	248,08	II	85,75	10,83				
	III	**37,33**	250,00	248,08	III						
	V	**563,66**	248,08	248,08	IV	217,33	168,75	121,83	76,50	36,58	4,91
	VI	**602,16**	248,08	248,08							
2663,99	I,IV	**268,16**	248,41	248,41	I	169,41	77,00	5,25			
	II	**179,41**	248,41	248,41	II	86,33	11,25				
	III	**37,66**	250,00	248,41	III						
	V	**564,66**	248,41	248,41	IV	218,00	169,41	122,41	77,00	37,08	5,25
	VI	**603,16**	248,41	248,41							

* Zur LSt-Berechnung für privat versicherte Arbeitnehmer s. Beispiele **Vorbemerkung S. 4 f.**
** Basisvorsorgepauschale KV und PV *** Typisierter Arbeitgeberzuschuss

Lohn/ Gehalt in € bis	Steuerklasse	Lohn-steuer*	BVSP**	TAGZ***	Steuerklasse	Bemessungsgrundlage für Kirchensteuer und Solidaritätszuschlag					
						Freibeträge für ... Kinder					
						0,5	**1,0**	1,5	**2,0**	2,5	**3,0**
2 666,99	I,IV	**268,83**	248,66	248,66	I	170,00	77,58	5,58			
	II	**180,08**	248,66	248,66	II	87,00	11,58				
	III	**38,16**	250,00	248,66	III						
	V	**565,50**	248,66	248,66	IV	218,66	170,00	123,00	77,58	37,50	5,58
	VI	**604,16**	248,66	248,66							
2 669,99	I,IV	**269,50**	248,91	248,91	I	170,66	78,16	6,00			
	II	**180,66**	248,91	248,91	II	87,58	12,00				
	III	**38,66**	250,00	248,91	III						
	V	**566,50**	248,91	248,91	IV	219,25	170,66	123,58	78,16	38,00	6,00
	VI	**605,16**	248,91	248,91							
2 672,99	I,IV	**270,16**	249,25	249,25	I	171,25	78,75	6,33			
	II	**181,33**	249,25	249,25	II	88,16	12,41				
	III	**39,16**	250,00	249,25	III						
	V	**567,33**	249,25	249,25	IV	219,91	171,25	124,25	78,75	38,50	6,33
	VI	**606,00**	249,25	249,25							
2 675,99	I,IV	**270,91**	249,50	249,50	I	171,91	79,33	6,75			
	II	**181,91**	249,50	249,50	II	88,75	12,75				
	III	**39,66**	250,00	249,50	III						
	V	**568,33**	249,50	249,50	IV	220,58	171,91	124,83	79,33	38,91	6,75
	VI	**606,83**	249,50	249,50							
2 678,99	I,IV	**271,50**	249,75	249,75	I	172,50	79,91	7,08			
	II	**182,58**	249,75	249,75	II	89,33	13,16				
	III	**40,00**	250,00	249,75	III						
	V	**569,16**	249,75	249,75	IV	221,25	172,50	125,41	79,91	39,41	7,08
	VI	**607,83**	249,75	249,75							
2 681,99	I,IV	**272,16**	250,08	250,08	I	173,16	80,50	7,41			
	II	**183,16**	250,08	250,08	II	89,91	13,58				
	III	**40,50**	250,08	250,08	III						
	V	**570,16**	250,08	250,08	IV	221,83	173,16	126,00	80,50	39,91	7,41
	VI	**608,66**	250,08	250,08							
2 684,99	I,IV	**272,91**	250,33	250,33	I	173,75	81,08	7,83			
	II	**183,83**	250,33	250,33	II	90,50	14,00				
	III	**41,00**	250,33	250,33	III						
	V	**571,00**	250,33	250,33	IV	222,50	173,75	126,66	81,08	40,41	7,83
	VI	**609,66**	250,33	250,33							
2 687,99	I,IV	**273,58**	250,58	250,58	I	174,41	81,66	8,16			
	II	**184,50**	250,58	250,58	II	91,08	14,33				
	III	**41,33**	250,58	250,58	III						
	V	**572,00**	250,58	250,58	IV	223,16	174,41	127,25	81,66	40,83	8,16
	VI	**610,66**	250,58	250,58							
2 690,99	I,IV	**274,25**	250,91	250,91	I	175,00	82,25	8,58			
	II	**185,08**	250,91	250,91	II	91,66	14,75				
	III	**41,83**	250,91	250,91	III						
	V	**572,83**	250,91	250,91	IV	223,83	175,00	127,83	82,25	41,33	8,58
	VI	**611,66**	250,91	250,91							
2 693,99	I,IV	**274,91**	251,16	251,16	I	175,66	82,83	8,91			
	II	**185,75**	251,16	251,16	II	92,25	15,16				
	III	**42,16**	251,16	251,16	III						
	V	**573,66**	251,16	251,16	IV	224,50	175,66	128,41	82,83	41,83	8,91
	VI	**612,50**	251,16	251,16							
2 696,99	I,IV	**275,58**	251,41	251,41	I	176,33	83,50	9,33			
	II	**186,41**	251,41	251,41	II	92,83	15,58				
	III	**42,66**	251,41	251,41	III						
	V	**574,66**	251,41	251,41	IV	225,16	176,33	129,08	83,50	42,33	9,33
	VI	**613,33**	251,41	251,41							
2 699,99	I,IV	**276,25**	251,75	251,75	I	176,91	84,08	9,75			
	II	**187,00**	251,75	251,75	II	93,41	15,91				
	III	**43,00**	251,75	251,75	III						
	V	**575,50**	251,75	251,75	IV	225,75	176,91	129,66	84,08	42,83	9,75
	VI	**614,33**	251,75	251,75							

* Zur LSt-Berechnung für privat versicherte Arbeitnehmer s. Beispiele **Vorbemerkung S. 4f.**
** Basisvorsorgepauschale KV und PV *** Typisierter Arbeitgeberzuschuss

Lohn/ Gehalt in € bis	Steuerklasse	Lohn-steuer*	BVSP**	TAGZ***	Steuerklasse	Bemessungsgrundlage für Kirchensteuer und Solidaritätszuschlag – Freibeträge für ... Kinder 0,5	1,0	1,5	2,0	2,5	3,0
2702,99	I,IV	**276,91**	252,00	252,00	I	177,58	84,58	10,08			
	II	**187,66**	252,00	252,00	II	94,00	16,33				
	III	**43,50**	252,00	252,00	III						
	V	**576,33**	252,00	252,00	IV	226,41	177,58	130,25	84,58	43,25	10,08
	VI	**615,16**	252,00	252,00							
2705,99	I,IV	**277,58**	252,33	252,33	I	178,16	85,25	10,50			
	II	**188,25**	252,33	252,33	II	94,66	16,75				
	III	**43,83**	252,33	252,33	III						
	V	**577,50**	252,33	252,33	IV	227,08	178,16	130,91	85,25	43,75	10,50
	VI	**616,33**	252,33	252,33							
2708,99	I,IV	**278,25**	252,58	252,58	I	178,83	85,83	10,83			
	II	**188,91**	252,58	252,58	II	95,25	17,16				
	III	**44,33**	252,58	252,58	III						
	V	**578,16**	252,58	252,58	IV	227,75	178,83	131,50	85,83	44,25	10,83
	VI	**617,16**	252,58	252,58							
2711,99	I,IV	**278,91**	252,83	252,83	I	179,41	86,41	11,25			
	II	**189,50**	252,83	252,83	II	95,83	17,58				
	III	**44,66**	252,83	252,83	III						
	V	**579,16**	252,83	252,83	IV	228,33	179,41	132,08	86,41	44,75	11,25
	VI	**618,16**	252,83	252,83							
2714,99	I,IV	**279,58**	253,16	253,16	I	180,08	87,00	11,58			
	II	**190,16**	253,16	253,16	II	96,41	18,00				
	III	**45,16**	253,16	253,16	III						
	V	**580,00**	253,16	253,16	IV	229,00	180,08	132,75	87,00	45,25	11,58
	VI	**619,00**	253,16	253,16							
2717,99	I,IV	**280,25**	253,41	253,41	I	180,66	87,58	12,00			
	II	**190,83**	253,41	253,41	II	97,00	18,41				
	III	**45,50**	253,41	253,41	III						
	V	**581,00**	253,41	253,41	IV	229,66	180,66	133,33	87,58	45,75	12,00
	VI	**619,83**	253,41	253,41							
2720,99	I,IV	**280,91**	253,66	253,66	I	181,33	88,16	12,41			
	II	**191,41**	253,66	253,66	II	97,58	18,83				
	III	**46,00**	253,66	253,66	III						
	V	**581,83**	253,66	253,66	IV	230,33	181,33	133,91	88,16	46,25	12,41
	VI	**620,83**	253,66	253,66							
2723,99	I,IV	**281,58**	254,00	254,00	I	181,91	88,75	12,75			
	II	**192,08**	254,00	254,00	II	98,16	19,25				
	III	**46,50**	254,00	254,00	III						
	V	**582,83**	254,00	254,00	IV	231,00	181,91	134,58	88,75	46,75	12,75
	VI	**621,66**	254,00	254,00							
2726,99	I,IV	**282,25**	254,25	254,25	I	182,58	89,33	13,16			
	II	**192,75**	254,25	254,25	II	98,83	19,66				
	III	**46,83**	254,25	254,25	III						
	V	**583,66**	254,25	254,25	IV	231,66	182,58	135,16	89,33	47,25	13,16
	VI	**622,66**	254,25	254,25							
2729,99	I,IV	**282,91**	254,50	254,50	I	183,25	89,91	13,58			
	II	**193,33**	254,50	254,50	II	99,41	20,08				
	III	**47,33**	254,50	254,50	III						
	V	**584,66**	254,50	254,50	IV	232,25	183,25	135,75	89,91	47,75	13,58
	VI	**623,66**	254,50	254,50							
2732,99	I,IV	**283,58**	254,83	254,83	I	183,83	90,50	14,00			
	II	**194,00**	254,83	254,83	II	100,00	20,41				
	III	**47,66**	254,83	254,83	III						
	V	**585,50**	254,83	254,83	IV	232,91	183,83	136,41	90,50	48,25	14,00
	VI	**624,50**	254,83	254,83							
2735,99	I,IV	**284,33**	255,08	255,08	I	184,50	91,08	14,33			
	II	**194,66**	255,08	255,08	II	100,58	20,91				
	III	**48,16**	255,08	255,08	III						
	V	**586,50**	255,08	255,08	IV	233,58	184,50	137,00	91,08	48,75	14,33
	VI	**625,66**	255,08	255,08							

* Zur LSt-Berechnung für privat versicherte Arbeitnehmer s. Beispiele **Vorbemerkung S. 4 f.**
** Basisvorsorgepauschale KV und PV *** Typisierter Arbeitgeberzuschuss

Lohn/ Gehalt in € bis	Steuerklasse	**Lohn- steuer***	BVSP**	TAGZ***	Steuerklasse	Bemessungsgrundlage für Kirchensteuer und Solidaritätszuschlag					
						Freibeträge für ... Kinder					
						0,5	**1,0**	1,5	**2,0**	2,5	**3,0**
2 738,99	I,IV	**285,00**	255,33	255,33	I	185,08	91,66	14,75			
	II	**195,25**	255,33	255,33	II	101,16	21,33				
	III	**48,50**	255,33	255,33	III						
	V	**587,33**	255,33	255,33	IV	234,25	185,08	137,58	91,66	49,25	14,75
	VI	**626,50**	255,33	255,33							
2 741,99	I,IV	**285,66**	255,66	255,66	I	185,75	92,25	15,16			
	II	**195,91**	255,66	255,66	II	101,75	21,75				
	III	**49,00**	255,66	255,66	III						
	V	**588,33**	255,66	255,66	IV	234,91	185,75	138,25	92,25	49,75	15,16
	VI	**627,50**	255,66	255,66							
2 744,99	I,IV	**286,33**	255,91	255,91	I	186,41	92,83	15,58			
	II	**196,50**	255,91	255,91	II	102,33	22,16				
	III	**49,33**	255,91	255,91	III						
	V	**589,16**	255,91	255,91	IV	235,58	186,41	138,83	92,83	50,25	15,58
	VI	**628,33**	255,91	255,91							
2 747,99	I,IV	**287,00**	256,25	256,25	I	187,00	93,50	16,00			
	II	**197,16**	256,25	256,25	II	102,91	22,58				
	III	**49,83**	256,25	256,25	III						
	V	**590,16**	256,25	256,25	IV	236,25	187,00	139,41	93,50	50,75	16,00
	VI	**629,33**	256,25	256,25							
2 750,99	I,IV	**287,66**	256,50	256,50	I	187,66	94,08	16,33			
	II	**197,83**	256,50	256,50	II	103,58	23,00				
	III	**50,33**	256,50	256,50	III						
	V	**591,00**	256,50	256,50	IV	236,83	187,66	140,08	94,08	51,25	16,33
	VI	**630,33**	256,50	256,50							
2 753,99	I,IV	**288,33**	256,75	256,75	I	188,25	94,66	16,75			
	II	**198,41**	256,75	256,75	II	104,16	23,41				
	III	**50,66**	256,75	256,75	III						
	V	**592,00**	256,75	256,75	IV	237,50	188,25	140,66	94,66	51,75	16,75
	VI	**631,16**	256,75	256,75							
2 756,99	I,IV	**289,00**	257,08	257,08	I	188,91	95,25	17,16			
	II	**199,08**	257,08	257,08	II	104,75	23,83				
	III	**51,16**	257,08	257,08	III						
	V	**593,00**	257,08	257,08	IV	238,16	188,91	141,25	95,25	52,33	17,16
	VI	**632,00**	257,08	257,08							
2 759,99	I,IV	**289,66**	257,33	257,33	I	189,58	95,83	17,58			
	II	**199,75**	257,33	257,33	II	105,33	24,25				
	III	**51,66**	257,33	257,33	III						
	V	**593,83**	257,33	257,33	IV	238,83	189,58	141,91	95,83	52,83	17,58
	VI	**633,16**	257,33	257,33							
2 762,99	I,IV	**290,41**	257,58	257,58	I	190,16	96,41	18,00			
	II	**200,33**	257,58	257,58	II	105,91	24,66				
	III	**52,00**	257,58	257,58	III						
	V	**594,66**	257,58	257,58	IV	239,50	190,16	142,50	96,41	53,33	18,00
	VI	**634,00**	257,58	257,58							
2 765,99	I,IV	**291,08**	257,91	257,91	I	190,83	97,00	18,41			
	II	**201,00**	257,91	257,91	II	106,50	25,16				
	III	**52,50**	257,91	257,91	III						
	V	**595,66**	257,91	257,91	IV	240,16	190,83	143,16	97,00	53,83	18,41
	VI	**634,83**	257,91	257,91							
2 768,99	I,IV	**291,75**	258,16	258,16	I	191,50	97,58	18,83			
	II	**201,66**	258,16	258,16	II	107,16	25,58				
	III	**52,83**	258,16	258,16	III						
	V	**596,66**	258,16	258,16	IV	240,83	191,50	143,75	97,58	54,33	18,83
	VI	**635,83**	258,16	258,16							
2 771,99	I,IV	**292,41**	258,41	258,41	I	192,08	98,16	19,25			
	II	**202,25**	258,41	258,41	II	107,75	26,00				
	III	**53,33**	258,41	258,41	III						
	V	**597,50**	258,41	258,41	IV	241,41	192,08	144,33	98,16	54,91	19,25
	VI	**636,83**	258,41	258,41							

* Zur LSt-Berechnung für privat versicherte Arbeitnehmer s. Beispiele **Vorbemerkung S. 4 f.**
** Basisvorsorgepauschale KV und PV *** Typisierter Arbeitgeberzuschuss

Lohn/ Gehalt in € bis	Steuerklasse	Lohnsteuer*	BVSP**	TAGZ***	Steuerklasse	Bemessungsgrundlage für Kirchensteuer und Solidaritätszuschlag – Freibeträge für … Kinder 0,5	**1,0**	1,5	**2,0**	2,5	**3,0**
2774,99	I,IV	**293,08**	258,75	258,75	I	192,75	98,83	19,66			
	II	**202,91**	258,75	258,75	II	108,33	26,41				
	III	**53,83**	258,75	258,75	III						
	V	**598,50**	258,75	258,75	IV	242,08	192,75	144,91	98,83	55,41	19,66
	VI	**637,83**	258,75	258,75							
2777,99	I,IV	**293,75**	259,00	259,00	I	193,33	99,41	20,08			
	II	**203,58**	259,00	259,00	II	108,91	26,91				
	III	**54,16**	259,00	259,00	III						
	V	**599,33**	259,00	259,00	IV	242,75	193,33	145,58	99,41	55,91	20,08
	VI	**638,66**	259,00	259,00							
2780,99	I,IV	**294,41**	259,25	259,25	I	194,00	100,00	20,50			
	II	**204,16**	259,25	259,25	II	109,50	27,33				
	III	**54,66**	259,25	259,25	III						
	V	**600,33**	259,25	259,25	IV	243,41	194,00	146,16	100,00	56,41	20,50
	VI	**639,66**	259,25	259,25							
2783,99	I,IV	**295,08**	259,58	259,58	I	194,66	100,58	20,91			
	II	**204,83**	259,58	259,58	II	110,08	27,75				
	III	**55,16**	259,58	259,58	III						
	V	**601,16**	259,58	259,58	IV	244,08	194,66	146,83	100,58	57,00	20,91
	VI	**640,66**	259,58	259,58							
2786,99	I,IV	**295,83**	259,83	259,83	I	195,25	101,16	21,33			
	II	**205,50**	259,83	259,83	II	110,75	28,16				
	III	**55,50**	259,83	259,83	III						
	V	**602,00**	259,83	259,83	IV	244,75	195,25	147,41	101,16	57,50	21,33
	VI	**641,50**	259,83	259,83							
2789,99	I,IV	**296,50**	260,16	260,16	I	195,91	101,75	21,75			
	II	**206,16**	260,16	260,16	II	111,33	28,66				
	III	**56,00**	260,16	260,16	III						
	V	**603,00**	260,16	260,16	IV	245,41	195,91	148,00	101,75	58,00	21,75
	VI	**642,50**	260,16	260,16							
2792,99	I,IV	**297,16**	260,41	260,41	I	196,58	102,33	22,16			
	II	**206,75**	260,41	260,41	II	111,91	29,08				
	III	**56,33**	260,41	260,41	III						
	V	**603,83**	260,41	260,41	IV	246,08	196,58	148,66	102,33	58,58	22,16
	VI	**643,50**	260,41	260,41							
2795,99	I,IV	**297,83**	260,66	260,66	I	197,16	102,91	22,58			
	II	**207,41**	260,66	260,66	II	112,50	29,50				
	III	**56,83**	260,66	260,66	III						
	V	**604,83**	260,66	260,66	IV	246,66	197,16	149,25	102,91	59,08	22,58
	VI	**644,33**	260,66	260,66							
2798,99	I,IV	**298,50**	261,00	261,00	I	197,83	103,58	23,00			
	II	**208,08**	261,00	261,00	II	113,08	30,00				
	III	**57,33**	261,00	261,00	III						
	V	**605,83**	261,00	261,00	IV	247,41	197,83	149,91	103,58	59,66	23,00
	VI	**645,50**	261,00	261,00							
2801,99	I,IV	**299,16**	261,25	261,25	I	198,50	104,16	23,41			
	II	**208,66**	261,25	261,25	II	113,75	30,41				
	III	**57,66**	261,25	261,25	III						
	V	**606,83**	261,25	261,25	IV	248,00	198,50	150,50	104,16	60,16	23,41
	VI	**646,33**	261,25	261,25							
2804,99	I,IV	**299,91**	261,50	261,50	I	199,08	104,75	23,83			
	II	**209,33**	261,50	261,50	II	114,33	30,91				
	III	**58,16**	261,50	261,50	III						
	V	**607,66**	261,50	261,50	IV	248,66	199,08	151,08	104,75	60,66	23,83
	VI	**647,16**	261,50	261,50							
2807,99	I,IV	**300,58**	261,83	261,83	I	199,75	105,33	24,25			
	II	**210,00**	261,83	261,83	II	114,91	31,33				
	III	**58,66**	261,83	261,83	III						
	V	**608,50**	261,83	261,83	IV	249,33	199,75	151,75	105,33	61,25	24,25
	VI	**648,33**	261,83	261,83							

* Zur LSt-Berechnung für privat versicherte Arbeitnehmer s. Beispiele **Vorbemerkung S. 4 f.**
** Basisvorsorgepauschale KV und PV *** Typisierter Arbeitgeberzuschuss

Lohn/ Gehalt in € bis	Steuerklasse	Lohn-steuer*	BVSP**	TAGZ***	Steuerklasse	Bemessungsgrundlage für Kirchensteuer und Solidaritätszuschlag					
						Freibeträge für ... Kinder					
						0,5	**1,0**	1,5	**2,0**	2,5	**3,0**
2810,99	I,IV	**301,25**	262,08	262,08	I	200,41	105,91	24,75			
	II	**210,66**	262,08	262,08	II	115,50	31,75				
	III	**59,16**	262,08	262,08	III						
	V	**609,50**	262,08	262,08	IV	250,00	200,41	152,33	105,91	61,75	24,75
	VI	**649,16**	262,08	262,08							
2813,99	I,IV	**301,91**	262,33	262,33	I	201,00	106,50	25,16			
	II	**211,25**	262,33	262,33	II	116,08	32,25				
	III	**59,50**	262,33	262,33	III						
	V	**610,33**	262,33	262,33	IV	250,66	201,00	153,00	106,50	62,33	25,16
	VI	**650,00**	262,33	262,33							
2816,99	I,IV	**302,58**	262,66	262,66	I	201,66	107,16	25,58			
	II	**211,91**	262,66	262,66	II	116,75	32,66				
	III	**60,00**	262,66	262,66	III						
	V	**611,50**	262,66	262,66	IV	251,33	201,66	153,58	107,16	62,83	25,58
	VI	**651,16**	262,66	262,66							
2819,99	I,IV	**303,33**	262,91	262,91	I	202,33	107,75	26,00			
	II	**212,58**	262,91	262,91	II	117,33	33,16				
	III	**60,50**	262,91	262,91	III						
	V	**612,33**	262,91	262,91	IV	252,00	202,33	154,25	107,75	63,41	26,00
	VI	**652,00**	262,91	262,91							
2822,99	I,IV	**304,00**	263,16	263,16	I	202,91	108,33	26,41			
	II	**213,16**	263,16	263,16	II	117,91	33,58				
	III	**60,83**	263,16	263,16	III	0,33					
	V	**613,33**	263,16	263,16	IV	252,66	202,91	154,83	108,33	63,91	26,41
	VI	**652,83**	263,16	263,16							
2825,99	I,IV	**304,66**	263,50	263,50	I	203,58	108,91	26,91			
	II	**213,83**	263,50	263,50	II	118,50	34,08				
	III	**61,33**	263,50	263,50	III	0,66					
	V	**614,16**	263,50	263,50	IV	253,33	203,58	155,41	108,91	64,50	26,91
	VI	**654,00**	263,50	263,50							
2828,99	I,IV	**305,33**	263,75	263,75	I	204,25	109,50	27,33			
	II	**214,50**	263,75	263,75	II	119,16	34,50				
	III	**61,83**	263,75	263,75	III	1,00					
	V	**615,00**	263,75	263,75	IV	254,00	204,25	156,08	109,50	65,00	27,33
	VI	**654,83**	263,75	263,75							
2831,99	I,IV	**306,00**	264,08	264,08	I	204,83	110,16	27,75			
	II	**215,16**	264,08	264,08	II	119,75	35,00				
	III	**62,16**	264,08	264,08	III	1,33					
	V	**616,00**	264,08	264,08	IV	254,66	204,83	156,66	110,16	65,58	27,75
	VI	**655,83**	264,08	264,08							
2834,99	I,IV	**306,66**	264,33	264,33	I	205,50	110,75	28,16			
	II	**215,75**	264,33	264,33	II	120,33	35,41				
	III	**62,66**	264,33	264,33	III	1,66					
	V	**616,83**	264,33	264,33	IV	255,33	205,50	157,33	110,75	66,08	28,16
	VI	**656,83**	264,33	264,33							
2837,99	I,IV	**307,41**	264,58	264,58	I	206,16	111,33	28,66			
	II	**216,41**	264,58	264,58	II	120,91	35,91				
	III	**63,16**	264,58	264,58	III	2,00					
	V	**618,00**	264,58	264,58	IV	256,00	206,16	157,91	111,33	66,66	28,66
	VI	**657,83**	264,58	264,58							
2840,99	I,IV	**308,08**	264,91	264,91	I	206,75	111,91	29,08			
	II	**217,08**	264,91	264,91	II	121,58	36,41				
	III	**63,50**	264,91	264,91	III	2,33					
	V	**618,83**	264,91	264,91	IV	256,66	206,75	158,58	111,91	67,25	29,08
	VI	**658,66**	264,91	264,91							
2843,99	I,IV	**308,75**	265,16	265,16	I	207,41	112,50	29,58			
	II	**217,75**	265,16	265,16	II	122,16	36,83				
	III	**64,00**	265,16	265,16	III	2,83					
	V	**619,66**	265,16	265,16	IV	257,25	207,41	159,16	112,50	67,75	29,58
	VI	**659,66**	265,16	265,16							

* Zur LSt-Berechnung für privat versicherte Arbeitnehmer s. Beispiele **Vorbemerkung S. 4f.**
** Basisvorsorgepauschale KV und PV *** Typisierter Arbeitgeberzuschuss

Lohn/ Gehalt in € bis	Steuerklasse	Lohn-steuer*	BVSP**	TAGZ***	Steuerklasse	Bemessungsgrundlage für Kirchensteuer und Solidaritätszuschlag – Freibeträge für ... Kinder 0,5	1,0	1,5	2,0	2,5	3,0
2846,99	I,IV	**309,41**	265,41	265,41	I	208,08	113,08	30,00			
	II	**218,33**	265,41	265,41	II	122,75	37,33				
	III	**64,50**	265,41	265,41	III	3,16					
	V	**620,66**	265,41	265,41	IV	257,91	208,08	159,75	113,08	68,33	30,00
	VI	**660,50**	265,41	265,41							
2849,99	I,IV	**310,16**	265,75	265,75	I	208,75	113,75	30,41			
	II	**219,00**	265,75	265,75	II	123,33	37,83				
	III	**65,00**	265,75	265,75	III	3,50					
	V	**621,66**	265,75	265,75	IV	258,58	208,75	160,41	113,75	68,91	30,41
	VI	**661,50**	265,75	265,75							
2852,99	I,IV	**310,83**	266,00	266,00	I	209,33	114,33	30,91			
	II	**219,66**	266,00	266,00	II	124,00	38,25				
	III	**65,33**	266,00	266,00	III	3,83					
	V	**622,66**	266,00	266,00	IV	259,25	209,33	161,00	114,33	69,41	30,91
	VI	**662,50**	266,00	266,00							
2855,99	I,IV	**311,50**	266,25	266,25	I	210,00	114,91	31,33			
	II	**220,33**	266,25	266,25	II	124,58	38,75				
	III	**65,83**	266,25	266,25	III	4,16					
	V	**623,50**	266,25	266,25	IV	259,91	210,00	161,66	114,91	70,00	31,33
	VI	**663,50**	266,25	266,25							
2858,99	I,IV	**312,16**	266,58	266,58	I	210,66	115,50	31,83			
	II	**221,00**	266,58	266,58	II	125,16	39,25				
	III	**66,33**	266,58	266,58	III	4,50					
	V	**624,33**	266,58	266,58	IV	260,58	210,66	162,25	115,50	70,58	31,83
	VI	**664,33**	266,58	266,58							
2861,99	I,IV	**312,83**	266,83	266,83	I	211,25	116,16	32,25			
	II	**221,58**	266,83	266,83	II	125,75	39,66				
	III	**66,83**	266,83	266,83	III	4,83					
	V	**625,33**	266,83	266,83	IV	261,25	211,25	162,91	116,16	71,08	32,25
	VI	**665,50**	266,83	266,83							
2864,99	I,IV	**313,58**	267,08	267,08	I	211,91	116,75	32,66			
	II	**222,25**	267,08	267,08	II	126,41	40,16				
	III	**67,16**	267,08	267,08	III	5,16					
	V	**626,16**	267,08	267,08	IV	261,91	211,91	163,50	116,75	71,66	32,66
	VI	**666,33**	267,08	267,08							
2867,99	I,IV	**314,25**	267,41	267,41	I	212,58	117,33	33,16			
	II	**222,91**	267,41	267,41	II	127,00	40,66				
	III	**67,66**	267,41	267,41	III	5,50					
	V	**627,33**	267,41	267,41	IV	262,58	212,58	164,16	117,33	72,25	33,16
	VI	**667,33**	267,41	267,41							
2870,99	I,IV	**314,91**	267,66	267,66	I	213,25	117,91	33,66			
	II	**223,58**	267,66	267,66	II	127,58	41,16				
	III	**68,16**	267,66	267,66	III	6,00					
	V	**628,16**	267,66	267,66	IV	263,25	213,25	164,75	117,91	72,83	33,66
	VI	**668,16**	267,66	267,66							
2873,99	I,IV	**315,58**	268,00	268,00	I	213,83	118,50	34,08			
	II	**224,16**	268,00	268,00	II	128,16	41,58				
	III	**68,66**	268,00	268,00	III	6,33					
	V	**629,00**	268,00	268,00	IV	263,91	213,83	165,41	118,50	73,41	34,08
	VI	**669,33**	268,00	268,00							
2876,99	I,IV	**316,25**	268,25	268,25	I	214,50	119,16	34,50			
	II	**224,83**	268,25	268,25	II	128,83	42,08				
	III	**69,00**	268,25	268,25	III	6,66					
	V	**630,00**	268,25	268,25	IV	264,58	214,50	166,00	119,16	73,91	34,50
	VI	**670,16**	268,25	268,25							
2879,99	I,IV	**317,00**	268,50	268,50	I	215,16	119,75	35,00			
	II	**225,50**	268,50	268,50	II	129,41	42,58				
	III	**69,50**	268,50	268,50	III	7,00					
	V	**631,00**	268,50	268,50	IV	265,25	215,16	166,66	119,75	74,50	35,00
	VI	**671,16**	268,50	268,50							

* Zur LSt-Berechnung für privat versicherte Arbeitnehmer s. Beispiele **Vorbemerkung S. 4f.**
** Basisvorsorgepauschale KV und PV *** Typisierter Arbeitgeberzuschuss

Lohn/ Gehalt in € bis	Steuerklasse	**Lohn-steuer***	BVSP**	TAGZ***	Steuerklasse	Bemessungsgrundlage für Kirchensteuer und Solidaritätszuschlag – Freibeträge für ... Kinder 0,5	**1,0**	1,5	**2,0**	2,5	**3,0**
2 882,99	I,IV	**317,66**	268,83	268,83	I	215,83	120,33	35,50			
	II	**226,16**	268,83	268,83	II	130,00	43,08				
	III	**70,00**	268,83	268,83	III	7,33					
	V	**632,00**	268,83	268,83	IV	265,91	215,83	167,25	120,33	75,08	35,50
	VI	**672,16**	268,83	268,83							
2 885,99	I,IV	**318,33**	269,08	269,08	I	216,41	120,91	35,91			
	II	**226,83**	269,08	269,08	II	130,66	43,58				
	III	**70,50**	269,08	269,08	III	7,66					
	V	**632,83**	269,08	269,08	IV	266,58	216,41	167,91	120,91	75,66	35,91
	VI	**673,00**	269,08	269,08							
2 888,99	I,IV	**319,08**	269,33	269,33	I	217,08	121,58	36,41			
	II	**227,50**	269,33	269,33	II	131,25	44,08				
	III	**71,00**	269,33	269,33	III	8,00					
	V	**633,83**	269,33	269,33	IV	267,25	217,08	168,50	121,58	76,25	36,41
	VI	**674,00**	269,33	269,33							
2 891,99	I,IV	**319,75**	269,66	269,66	I	217,75	122,16	36,91			
	II	**228,08**	269,66	269,66	II	131,83	44,58				
	III	**71,33**	269,66	269,66	III	8,33					
	V	**634,83**	269,66	269,66	IV	267,91	217,75	169,16	122,16	76,83	36,91
	VI	**675,16**	269,66	269,66							
2 894,99	I,IV	**320,41**	269,91	269,91	I	218,41	122,75	37,33			
	II	**228,75**	269,91	269,91	II	132,50	45,00				
	III	**71,83**	269,91	269,91	III	8,83					
	V	**635,66**	269,91	269,91	IV	268,58	218,41	169,75	122,75	77,41	37,33
	VI	**676,00**	269,91	269,91							
2 897,99	I,IV	**321,08**	270,16	270,16	I	219,00	123,33	37,83			
	II	**229,41**	270,16	270,16	II	133,08	45,50				
	III	**72,33**	270,16	270,16	III	9,16					
	V	**636,50**	270,16	270,16	IV	269,25	219,00	170,41	123,33	78,00	37,83
	VI	**676,83**	270,16	270,16							
2 900,99	I,IV	**321,83**	270,50	270,50	I	219,66	124,00	38,33			
	II	**230,08**	270,50	270,50	II	133,66	46,00				
	III	**72,83**	270,50	270,50	III	9,50					
	V	**637,66**	270,50	270,50	IV	269,91	219,66	171,00	124,00	78,58	38,33
	VI	**677,83**	270,50	270,50							
2 903,99	I,IV	**322,50**	270,75	270,75	I	220,33	124,58	38,75			
	II	**230,66**	270,75	270,75	II	134,33	46,50				
	III	**73,33**	270,75	270,75	III	9,83					
	V	**638,50**	270,75	270,75	IV	270,58	220,33	171,66	124,58	79,16	38,75
	VI	**679,00**	270,75	270,75							
2 906,99	I,IV	**323,16**	271,00	271,00	I	221,00	125,16	39,25			
	II	**231,33**	271,00	271,00	II	134,91	47,00				
	III	**73,66**	271,00	271,00	III	10,16					
	V	**639,50**	271,00	271,00	IV	271,25	221,00	172,25	125,16	79,66	39,25
	VI	**679,83**	271,00	271,00							
2 909,99	I,IV	**323,91**	271,33	271,33	I	221,66	125,83	39,75			
	II	**232,00**	271,33	271,33	II	135,50	47,50				
	III	**74,16**	271,33	271,33	III	10,50					
	V	**640,50**	271,33	271,33	IV	271,91	221,66	172,91	125,83	80,33	39,75
	VI	**680,83**	271,33	271,33							
2 912,99	I,IV	**324,58**	271,58	271,58	I	222,25	126,41	40,16			
	II	**232,66**	271,58	271,58	II	136,16	48,00				
	III	**74,66**	271,58	271,58	III	11,00					
	V	**641,33**	271,58	271,58	IV	272,58	222,25	173,50	126,41	80,91	40,16
	VI	**681,83**	271,58	271,58							
2 915,99	I,IV	**325,25**	271,91	271,91	I	222,91	127,00	40,66			
	II	**233,33**	271,91	271,91	II	136,75	48,50				
	III	**75,16**	271,91	271,91	III	11,33					
	V	**642,33**	271,91	271,91	IV	273,25	222,91	174,16	127,00	81,50	40,66
	VI	**682,83**	271,91	271,91							

* Zur LSt-Berechnung für privat versicherte Arbeitnehmer s. Beispiele **Vorbemerkung S. 4f.**
** Basisvorsorgepauschale KV und PV *** Typisierter Arbeitgeberzuschuss

Lohn/ Gehalt in € bis	Steuerklasse	Lohn-steuer*	BVSP**	TAGZ***	Steuerklasse	Bemessungsgrundlage für Kirchensteuer und Solidaritätszuschlag					
						Freibeträge für ... Kinder					
						0,5	**1,0**	1,5	**2,0**	2,5	**3,0**
2918,99	I,IV	**325,91**	272,16	272,16	I	223,58	127,66	41,16			
	II	**234,00**	272,16	272,16	II	137,33	49,00				
	III	**75,66**	272,16	272,16	III	11,66					
	V	**643,33**	272,16	272,16	IV	274,00	223,58	174,83	127,66	82,08	41,16
	VI	**683,66**	272,16	272,16							
2921,99	I,IV	**326,66**	272,41	272,41	I	224,25	128,25	41,66			
	II	**234,66**	272,41	272,41	II	138,00	49,50				
	III	**76,16**	272,41	272,41	III	12,00					
	V	**644,16**	272,41	272,41	IV	274,66	224,25	175,41	128,25	82,66	41,66
	VI	**684,66**	272,41	272,41							
2924,99	I,IV	**327,33**	272,75	272,75	I	224,83	128,83	42,08			
	II	**235,25**	272,75	272,75	II	138,58	50,08				
	III	**76,50**	272,75	272,75	III	12,33					
	V	**645,16**	272,75	272,75	IV	275,25	224,83	176,00	128,83	83,25	42,08
	VI	**685,66**	272,75	272,75							
2927,99	I,IV	**328,00**	273,00	273,00	I	225,50	129,41	42,58			
	II	**235,91**	273,00	273,00	II	139,16	50,58				
	III	**77,00**	273,00	273,00	III	12,83					
	V	**646,00**	273,00	273,00	IV	275,91	225,50	176,66	129,41	83,83	42,58
	VI	**686,66**	273,00	273,00							
2930,99	I,IV	**328,75**	273,25	273,25	I	226,16	130,08	43,08			
	II	**236,58**	273,25	273,25	II	139,83	51,08				
	III	**77,50**	273,25	273,25	III	13,16					
	V	**647,00**	273,25	273,25	IV	276,66	226,16	177,33	130,08	84,41	43,08
	VI	**687,66**	273,25	273,25							
2933,99	I,IV	**329,41**	273,58	273,58	I	226,83	130,66	43,58			
	II	**237,25**	273,58	273,58	II	140,41	51,58				
	III	**78,00**	273,58	273,58	III	13,50					
	V	**648,00**	273,58	273,58	IV	277,33	226,83	177,91	130,66	85,00	43,58
	VI	**688,66**	273,58	273,58							
2936,99	I,IV	**330,08**	273,83	273,83	I	227,50	131,25	44,08			
	II	**237,91**	273,83	273,83	II	141,00	52,08				
	III	**78,50**	273,83	273,83	III	13,83					
	V	**649,00**	273,83	273,83	IV	278,00	227,50	178,58	131,25	85,58	44,08
	VI	**689,50**	273,83	273,83							
2939,99	I,IV	**330,83**	274,08	274,08	I	228,08	131,91	44,58			
	II	**238,58**	274,08	274,08	II	141,66	52,58				
	III	**79,00**	274,08	274,08	III	14,33					
	V	**649,83**	274,08	274,08	IV	278,66	228,08	179,16	131,91	86,16	44,58
	VI	**690,50**	274,08	274,08							
2942,99	I,IV	**331,50**	274,41	274,41	I	228,75	132,50	45,08			
	II	**239,25**	274,41	274,41	II	142,25	53,08				
	III	**79,33**	274,41	274,41	III	14,66					
	V	**650,83**	274,41	274,41	IV	279,33	228,75	179,83	132,50	86,75	45,08
	VI	**691,50**	274,41	274,41							
2945,99	I,IV	**332,16**	274,66	274,66	I	229,41	133,08	45,58			
	II	**239,83**	274,66	274,66	II	142,83	53,58				
	III	**79,83**	274,66	274,66	III	15,00					
	V	**651,83**	274,66	274,66	IV	280,00	229,41	180,41	133,08	87,33	45,58
	VI	**692,50**	274,66	274,66							
2948,99	I,IV	**332,83**	274,91	274,91	I	230,08	133,66	46,00			
	II	**240,50**	274,91	274,91	II	143,50	54,16				
	III	**80,33**	274,91	274,91	III	15,33					
	V	**652,83**	274,91	274,91	IV	280,66	230,08	181,08	133,66	87,91	46,00
	VI	**693,50**	274,91	274,91							
2951,99	I,IV	**333,58**	275,25	275,25	I	230,75	134,33	46,58			
	II	**241,16**	275,25	275,25	II	144,08	54,66				
	III	**80,83**	275,25	275,25	III	15,66					
	V	**653,83**	275,25	275,25	IV	281,33	230,75	181,75	134,33	88,50	46,58
	VI	**694,50**	275,25	275,25							

* Zur LSt-Berechnung für privat versicherte Arbeitnehmer s. Beispiele **Vorbemerkung S. 4 f.**
** Basisvorsorgepauschale KV und PV *** Typisierter Arbeitgeberzuschuss

Lohn/ Gehalt in € bis	Steuerklasse	Lohn-steuer*	BVSP**	TAGZ***	Steuerklasse	Bemessungsgrundlage für Kirchensteuer und Solidaritätszuschlag					
						Freibeträge für ... Kinder					
						0,5	**1,0**	1,5	**2,0**	2,5	**3,0**
2954,99	I,IV	**334,25**	275,50	275,50	I	231,33	134,91	47,00			
	II	**241,83**	275,50	275,50	II	144,66	55,16				
	III	**81,33**	275,50	275,50	III	16,16					
	V	**654,66**	275,50	275,50	IV	282,00	231,33	182,33	134,91	89,08	47,00
	VI	**695,33**	275,50	275,50							
2957,99	I,IV	**334,91**	275,83	275,83	I	232,00	135,50	47,50			
	II	**242,50**	275,83	275,83	II	145,33	55,66				
	III	**81,83**	275,83	275,83	III	16,50					
	V	**655,50**	275,83	275,83	IV	282,66	232,00	183,00	135,50	89,66	47,50
	VI	**696,50**	275,83	275,83							
2960,99	I,IV	**335,66**	276,08	276,08	I	232,66	136,16	48,08			
	II	**243,16**	276,08	276,08	II	145,91	56,25				
	III	**82,33**	276,08	276,08	III	16,83					
	V	**656,66**	276,08	276,08	IV	283,33	232,66	183,58	136,16	90,25	48,08
	VI	**697,33**	276,08	276,08							
2963,99	I,IV	**336,33**	276,33	276,33	I	233,33	136,75	48,58			
	II	**243,83**	276,33	276,33	II	146,58	56,75				
	III	**82,83**	276,33	276,33	III	17,16					
	V	**657,50**	276,33	276,33	IV	284,00	233,33	184,25	136,75	90,83	48,58
	VI	**698,33**	276,33	276,33							
2966,99	I,IV	**337,00**	276,66	276,66	I	234,00	137,33	49,00			
	II	**244,41**	276,66	276,66	II	147,16	57,25				
	III	**83,16**	276,66	276,66	III	17,66					
	V	**658,33**	276,66	276,66	IV	284,66	234,00	184,83	137,33	91,41	49,00
	VI	**699,16**	276,66	276,66							
2969,99	I,IV	**337,75**	276,91	276,91	I	234,66	138,00	49,58			
	II	**245,16**	276,91	276,91	II	147,75	57,83				
	III	**83,66**	276,91	276,91	III	18,00					
	V	**659,50**	276,91	276,91	IV	285,41	234,66	185,50	138,00	92,08	49,58
	VI	**700,33**	276,91	276,91							
2972,99	I,IV	**338,41**	277,16	277,16	I	235,33	138,58	50,08			
	II	**245,75**	277,16	277,16	II	148,41	58,33				
	III	**84,16**	277,16	277,16	III	18,33					
	V	**660,33**	277,16	277,16	IV	286,08	235,33	186,16	138,58	92,66	50,08
	VI	**701,33**	277,16	277,16							
2975,99	I,IV	**339,08**	277,50	277,50	I	235,91	139,16	50,58			
	II	**246,41**	277,50	277,50	II	149,00	58,83				
	III	**84,66**	277,50	277,50	III	18,66					
	V	**661,33**	277,50	277,50	IV	286,75	235,91	186,75	139,16	93,25	50,58
	VI	**702,16**	277,50	277,50							
2978,99	I,IV	**339,83**	277,75	277,75	I	236,58	139,83	51,08			
	II	**247,08**	277,75	277,75	II	149,58	59,41				
	III	**85,16**	277,75	277,75	III	19,16					
	V	**662,33**	277,75	277,75	IV	287,41	236,58	187,41	139,83	93,83	51,08
	VI	**703,16**	277,75	277,75							
2981,99	I,IV	**340,50**	278,00	278,00	I	237,25	140,41	51,58			
	II	**247,75**	278,00	278,00	II	150,25	59,91				
	III	**85,66**	278,00	278,00	III	19,50					
	V	**663,33**	278,00	278,00	IV	288,08	237,25	188,00	140,41	94,41	51,58
	VI	**704,33**	278,00	278,00							
2984,99	I,IV	**341,25**	278,33	278,33	I	237,91	141,00	52,08			
	II	**248,41**	278,33	278,33	II	150,83	60,50				
	III	**86,16**	278,33	278,33	III	19,83					
	V	**664,16**	278,33	278,33	IV	288,75	237,91	188,66	141,00	95,00	52,08
	VI	**705,16**	278,33	278,33							
2987,99	I,IV	**341,91**	278,58	278,58	I	238,58	141,66	52,58			
	II	**249,08**	278,58	278,58	II	151,50	61,00				
	III	**86,66**	278,58	278,58	III	20,33					
	V	**665,16**	278,58	278,58	IV	289,41	238,58	189,33	141,66	95,58	52,58
	VI	**706,16**	278,58	278,58							

* Zur LSt-Berechnung für privat versicherte Arbeitnehmer s. Beispiele **Vorbemerkung S. 4 f.**
** Basisvorsorgepauschale KV und PV *** Typisierter Arbeitgeberzuschuss

Lohn/ Gehalt in € bis	Steuerklasse	Lohn-steuer*	BVSP**	TAGZ***	Steuerklasse	Bemessungsgrundlage für Kirchensteuer und Solidaritätszuschlag — Freibeträge für ... Kinder 0,5	1,0	1,5	2,0	2,5	3,0
2990,99	I,IV	**342,58**	278,83	278,83	I	239,25	142,25	53,16			
	II	**249,75**	278,83	278,83	II	152,08	61,58				
	III	**87,16**	278,83	278,83	III	20,66					
	V	**666,16**	278,83	278,83	IV	290,08	239,25	189,91	142,25	96,16	53,16
	VI	**707,16**	278,83	278,83							
2993,99	I,IV	**343,33**	279,16	279,16	I	239,91	142,91	53,66			
	II	**250,41**	279,16	279,16	II	152,75	62,08				
	III	**87,66**	279,16	279,16	III	21,00					
	V	**667,16**	279,16	279,16	IV	290,83	239,91	190,58	142,91	96,75	53,66
	VI	**708,33**	279,16	279,16							
2996,99	I,IV	**344,00**	279,41	279,41	I	240,50	143,50	54,16			
	II	**251,08**	279,41	279,41	II	153,33	62,58				
	III	**88,16**	279,41	279,41	III	21,33					
	V	**668,16**	279,41	279,41	IV	291,50	240,50	191,16	143,50	97,33	54,16
	VI	**709,16**	279,41	279,41							
2999,99	I,IV	**344,75**	279,66	279,66	I	241,16	144,08	54,66			
	II	**251,75**	279,66	279,66	II	154,00	63,16				
	III	**88,66**	279,66	279,66	III	21,83					
	V	**669,16**	279,66	279,66	IV	292,16	241,16	191,83	144,08	98,00	54,66
	VI	**710,16**	279,66	279,66							
3002,99	I,IV	**345,41**	280,00	280,00	I	241,83	144,75	55,16			
	II	**252,41**	280,00	280,00	II	154,58	63,66				
	III	**89,16**	280,00	280,00	III	22,16					
	V	**670,00**	280,00	280,00	IV	292,83	241,83	192,50	144,75	98,58	55,16
	VI	**711,16**	280,00	280,00							
3005,99	I,IV	**346,08**	280,25	280,25	I	242,50	145,33	55,75			
	II	**253,00**	280,25	280,25	II	155,16	64,25				
	III	**89,66**	280,25	280,25	III	22,50					
	V	**671,00**	280,25	280,25	IV	293,50	242,50	193,08	145,33	99,16	55,75
	VI	**712,00**	280,25	280,25							
3008,99	I,IV	**346,83**	280,58	280,58	I	243,16	145,91	56,25			
	II	**253,66**	280,58	280,58	II	155,83	64,75				
	III	**90,00**	280,58	280,58	III	23,00					
	V	**672,00**	280,58	280,58	IV	294,16	243,16	193,75	145,91	99,75	56,25
	VI	**713,16**	280,58	280,58							
3011,99	I,IV	**347,50**	280,83	280,83	I	243,83	146,58	56,75			
	II	**254,33**	280,83	280,83	II	156,41	65,33				
	III	**90,66**	280,83	280,83	III	23,33					
	V	**672,83**	280,83	280,83	IV	294,83	243,83	194,41	146,58	100,33	56,75
	VI	**714,16**	280,83	280,83							
3014,99	I,IV	**348,16**	281,08	281,08	I	244,50	147,16	57,33			
	II	**255,00**	281,08	281,08	II	157,08	65,91				
	III	**91,16**	281,08	281,08	III	23,66					
	V	**673,83**	281,08	281,08	IV	295,50	244,50	195,00	147,16	100,91	57,33
	VI	**715,00**	281,08	281,08							
3017,99	I,IV	**348,91**	281,41	281,41	I	245,16	147,75	57,83			
	II	**255,66**	281,41	281,41	II	157,66	66,41				
	III	**91,50**	281,41	281,41	III	24,16					
	V	**674,83**	281,41	281,41	IV	296,25	245,16	195,66	147,75	101,50	57,83
	VI	**716,00**	281,41	281,41							
3020,99	I,IV	**349,58**	281,66	281,66	I	245,83	148,41	58,33			
	II	**256,33**	281,66	281,66	II	158,33	67,00				
	III	**92,00**	281,66	281,66	III	24,50					
	V	**675,83**	281,66	281,66	IV	296,91	245,83	196,33	148,41	102,16	58,33
	VI	**717,00**	281,66	281,66							
3023,99	I,IV	**350,33**	281,91	281,91	I	246,41	149,00	58,91			
	II	**257,00**	281,91	281,91	II	158,91	67,58				
	III	**92,50**	281,91	281,91	III	24,83					
	V	**676,66**	281,91	281,91	IV	297,58	246,41	196,91	149,00	102,75	58,91
	VI	**718,16**	281,91	281,91							

* Zur LSt-Berechnung für privat versicherte Arbeitnehmer s. Beispiele **Vorbemerkung S. 4 f.**
** Basisvorsorgepauschale KV und PV *** Typisierter Arbeitgeberzuschuss

Lohn/ Gehalt in € bis	Steuerklasse	**Lohn-steuer***	BVSP**	TAGZ***	Steuerklasse	Bemessungsgrundlage für Kirchensteuer und Solidaritätszuschlag					
						Freibeträge für ... Kinder					
						0,5	**1,0**	1,5	**2,0**	2,5	**3,0**
3026,99	I,IV	**351,00**	282,25	282,25	I	247,08	149,66	59,41			
	II	**257,66**	282,25	282,25	II	159,50	68,08				
	III	**93,00**	282,25	282,25	III	25,33					
	V	**677,83**	282,25	282,25	IV	298,25	247,08	197,58	149,66	103,33	59,41
	VI	**719,00**	282,25	282,25							
3029,99	I,IV	**351,66**	282,50	282,50	I	247,75	150,25	59,91			
	II	**258,33**	282,50	282,50	II	160,16	68,66				
	III	**93,50**	282,50	282,50	III	25,66					
	V	**678,66**	282,50	282,50	IV	298,91	247,75	198,16	150,25	103,91	59,91
	VI	**720,00**	282,50	282,50							
3032,99	I,IV	**352,41**	282,75	282,75	I	248,41	150,91	60,50			
	II	**259,00**	282,75	282,75	II	160,75	69,25	0,41			
	III	**94,00**	282,75	282,75	III	26,00					
	V	**679,66**	282,75	282,75	IV	299,58	248,41	198,83	150,91	104,50	60,50
	VI	**721,00**	282,75	282,75							
3035,99	I,IV	**353,08**	283,08	283,08	I	249,08	151,50	61,00			
	II	**259,66**	283,08	283,08	II	161,41	69,75	0,75			
	III	**94,50**	283,08	283,08	III	26,50					
	V	**680,50**	283,08	283,08	IV	300,33	249,08	199,50	151,50	105,08	61,00
	VI	**722,00**	283,08	283,08							
3038,99	I,IV	**353,83**	283,33	283,33	I	249,75	152,08	61,58			
	II	**260,33**	283,33	283,33	II	162,00	70,33	1,08			
	III	**95,00**	283,33	283,33	III	26,83					
	V	**681,66**	283,33	283,33	IV	301,00	249,75	200,08	152,08	105,66	61,58
	VI	**723,00**	283,33	283,33							
3041,99	I,IV	**354,50**	283,58	283,58	I	250,41	152,75	62,08			
	II	**261,00**	283,58	283,58	II	162,66	70,91	1,41			
	III	**95,50**	283,58	283,58	III	27,16					
	V	**682,66**	283,58	283,58	IV	301,66	250,41	200,75	152,75	106,33	62,08
	VI	**724,00**	283,58	283,58							
3044,99	I,IV	**355,25**	283,91	283,91	I	251,08	153,33	62,66			
	II	**261,66**	283,91	283,91	II	163,25	71,41	1,75			
	III	**96,00**	283,91	283,91	III	27,66					
	V	**683,50**	283,91	283,91	IV	302,33	251,08	201,41	153,33	106,91	62,66
	VI	**725,00**	283,91	283,91							
3047,99	I,IV	**355,91**	284,16	284,16	I	251,75	154,00	63,16			
	II	**262,33**	284,16	284,16	II	163,91	72,00	2,08			
	III	**96,50**	284,16	284,16	III	28,00					
	V	**684,50**	284,16	284,16	IV	303,00	251,75	202,00	154,00	107,50	63,16
	VI	**725,83**	284,16	284,16							
3050,99	I,IV	**356,66**	284,50	284,50	I	252,41	154,58	63,75			
	II	**263,00**	284,50	284,50	II	164,50	72,58	2,50			
	III	**97,16**	284,50	284,50	III	28,50					
	V	**685,50**	284,50	284,50	IV	303,75	252,41	202,66	154,58	108,08	63,75
	VI	**727,00**	284,50	284,50							
3053,99	I,IV	**357,33**	284,75	284,75	I	253,08	155,25	64,25			
	II	**263,66**	284,75	284,75	II	165,16	73,16	2,83			
	III	**97,50**	284,75	284,75	III	28,83					
	V	**686,50**	284,75	284,75	IV	304,41	253,08	203,33	155,25	108,66	64,25
	VI	**728,00**	284,75	284,75							
3056,99	I,IV	**358,00**	285,00	285,00	I	253,75	155,83	64,83			
	II	**264,33**	285,00	285,00	II	165,75	73,66	3,16			
	III	**98,00**	285,00	285,00	III	29,16					
	V	**687,33**	285,00	285,00	IV	305,08	253,75	204,00	155,83	109,33	64,83
	VI	**729,00**	285,00	285,00							
3059,99	I,IV	**358,75**	285,33	285,33	I	254,33	156,41	65,33			
	II	**265,00**	285,33	285,33	II	166,41	74,25	3,50			
	III	**98,50**	285,33	285,33	III	29,66					
	V	**688,50**	285,33	285,33	IV	305,75	254,33	204,58	156,41	109,91	65,33
	VI	**729,83**	285,33	285,33							

* Zur LSt-Berechnung für privat versicherte Arbeitnehmer s. Beispiele **Vorbemerkung S. 4f.**
** Basisvorsorgepauschale KV und PV *** Typisierter Arbeitgeberzuschuss

Lohn/ Gehalt in € bis	Steuerklasse	Lohn-steuer*	BVSP**	TAGZ***	Steuerklasse	Bemessungsgrundlage für Kirchensteuer und Solidaritätszuschlag					
						Freibeträge für ... Kinder					
						0,5	**1,0**	1,5	**2,0**	2,5	**3,0**
3062,99	I,IV	**359,41**	285,58	285,58	I	255,08	157,08	65,91			
	II	**265,66**	285,58	285,58	II	167,00	74,83	3,91			
	III	**99,00**	285,58	285,58	III	30,00					
	V	**689,33**	285,58	285,58	IV	306,41	255,08	205,25	157,08	110,50	65,91
	VI	**730,83**	285,58	285,58							
3065,99	I,IV	**360,16**	285,83	285,83	I	255,66	157,66	66,41			
	II	**266,33**	285,83	285,83	II	167,66	75,41	4,25			
	III	**99,66**	285,83	285,83	III	30,33					
	V	**690,33**	285,83	285,83	IV	307,08	255,66	205,91	157,66	111,08	66,41
	VI	**732,00**	285,83	285,83							
3068,99	I,IV	**360,83**	286,16	286,16	I	256,33	158,33	67,00			
	II	**267,00**	286,16	286,16	II	168,25	76,00	4,58			
	III	**100,16**	286,16	286,16	III	30,83					
	V	**691,33**	286,16	286,16	IV	307,83	256,33	206,50	158,33	111,66	67,00
	VI	**733,00**	286,16	286,16							
3071,99	I,IV	**361,58**	286,41	286,41	I	257,00	158,91	67,58			
	II	**267,66**	286,41	286,41	II	168,91	76,58	5,00			
	III	**100,66**	286,41	286,41	III	31,16					
	V	**692,33**	286,41	286,41	IV	308,50	257,00	207,16	158,91	112,33	67,58
	VI	**734,00**	286,41	286,41							
3074,99	I,IV	**362,25**	286,66	286,66	I	257,66	159,58	68,08			
	II	**268,33**	286,66	286,66	II	169,50	77,16	5,33			
	III	**101,16**	286,66	286,66	III	31,66					
	V	**693,33**	286,66	286,66	IV	309,16	257,66	207,83	159,58	112,91	68,08
	VI	**735,00**	286,66	286,66							
3077,99	I,IV	**363,00**	287,00	287,00	I	258,33	160,16	68,66			
	II	**269,00**	287,00	287,00	II	170,16	77,75	5,66			
	III	**101,66**	287,00	287,00	III	32,00					
	V	**694,16**	287,00	287,00	IV	309,83	258,33	208,41	160,16	113,50	68,66
	VI	**735,83**	287,00	287,00							
3080,99	I,IV	**363,66**	287,25	287,25	I	259,00	160,75	69,25	0,41		
	II	**269,66**	287,25	287,25	II	170,75	78,33	6,08			
	III	**102,16**	287,25	287,25	III	32,33					
	V	**695,33**	287,25	287,25	IV	310,50	259,00	209,08	160,75	114,08	69,25
	VI	**737,00**	287,25	287,25							
3083,99	I,IV	**364,41**	287,50	287,50	I	259,66	161,41	69,75	0,75		
	II	**270,33**	287,50	287,50	II	171,41	78,91	6,41			
	III	**102,66**	287,50	287,50	III	32,83					
	V	**696,33**	287,50	287,50	IV	311,25	259,66	209,75	161,41	114,66	69,75
	VI	**738,00**	287,50	287,50							
3086,99	I,IV	**365,08**	287,83	287,83	I	260,33	162,00	70,33	1,08		
	II	**271,00**	287,83	287,83	II	172,00	79,50	6,75			
	III	**103,16**	287,83	287,83	III	33,16					
	V	**697,16**	287,83	287,83	IV	311,91	260,33	210,41	162,00	115,33	70,33
	VI	**739,00**	287,83	287,83							
3089,99	I,IV	**365,75**	288,08	288,08	I	261,00	162,66	70,91	1,41		
	II	**271,66**	288,08	288,08	II	172,66	80,08	7,16			
	III	**103,66**	288,08	288,08	III	33,66					
	V	**698,16**	288,08	288,08	IV	312,58	261,00	211,00	162,66	115,91	70,91
	VI	**740,00**	288,08	288,08							
3092,99	I,IV	**366,50**	288,41	288,41	I	261,66	163,25	71,50	1,75		
	II	**272,33**	288,41	288,41	II	173,25	80,66	7,50			
	III	**104,16**	288,41	288,41	III	34,00					
	V	**699,16**	288,41	288,41	IV	313,25	261,66	211,66	163,25	116,50	71,50
	VI	**741,00**	288,41	288,41							
3095,99	I,IV	**367,16**	288,66	288,66	I	262,33	163,91	72,00	2,08		
	II	**273,00**	288,66	288,66	II	173,91	81,25	7,91			
	III	**104,66**	288,66	288,66	III	34,50					
	V	**700,16**	288,66	288,66	IV	314,00	262,33	212,33	163,91	117,08	72,00
	VI	**741,83**	288,66	288,66							

* Zur LSt-Berechnung für privat versicherte Arbeitnehmer s. Beispiele **Vorbemerkung S. 4 f.**
** Basisvorsorgepauschale KV und PV *** Typisierter Arbeitgeberzuschuss

Lohn/ Gehalt in € bis	Steuerklasse	Lohn-steuer*	BVSP**	TAGZ***	Steuerklasse	Bemessungsgrundlage für Kirchensteuer und Solidaritätszuschlag – Freibeträge für ... Kinder 0,5	**1,0**	1,5	**2,0**	2,5	**3,0**
3098,99	I,IV	**367,91**	288,91	288,91	I	263,00	164,50	72,58	2,50		
	II	**273,66**	288,91	288,91	II	174,50	81,83	8,25			
	III	**105,16**	288,91	288,91	III	34,83					
	V	**701,16**	288,91	288,91	IV	314,66	263,00	212,91	164,50	117,66	72,58
	VI	**743,00**	288,91	288,91							
3101,99	I,IV	**368,66**	289,25	289,25	I	263,66	165,16	73,16	2,83		
	II	**274,33**	289,25	289,25	II	175,16	82,41	8,66			
	III	**105,66**	289,25	289,25	III	35,33					
	V	**702,00**	289,25	289,25	IV	315,33	263,66	213,58	165,16	118,33	73,16
	VI	**744,00**	289,25	289,25							
3104,99	I,IV	**369,33**	289,50	289,50	I	264,33	165,75	73,75	3,16		
	II	**275,00**	289,50	289,50	II	175,75	83,00	9,00			
	III	**106,16**	289,50	289,50	III	35,66					
	V	**703,00**	289,50	289,50	IV	316,00	264,33	214,25	165,75	118,91	73,75
	VI	**745,00**	289,50	289,50							
3107,99	I,IV	**370,00**	289,75	289,75	I	265,00	166,41	74,25	3,50		
	II	**275,66**	289,75	289,75	II	176,41	83,58	9,41			
	III	**106,83**	289,75	289,75	III	36,00					
	V	**704,16**	289,75	289,75	IV	316,75	265,00	214,91	166,41	119,50	74,25
	VI	**746,00**	289,75	289,75							
3110,99	I,IV	**370,75**	290,08	290,08	I	265,66	167,00	74,83	3,91		
	II	**276,33**	290,08	290,08	II	177,00	84,16	9,75			
	III	**107,16**	290,08	290,08	III	36,50					
	V	**705,00**	290,08	290,08	IV	317,41	265,66	215,50	167,00	120,08	74,83
	VI	**747,00**	290,08	290,08							
3113,99	I,IV	**371,50**	290,33	290,33	I	266,33	167,66	75,41	4,25		
	II	**277,00**	290,33	290,33	II	177,66	84,75	10,16			
	III	**107,83**	290,33	290,33	III	36,83					
	V	**706,00**	290,33	290,33	IV	318,08	266,33	216,16	167,66	120,75	75,41
	VI	**748,00**	290,33	290,33							
3116,99	I,IV	**372,16**	290,58	290,58	I	267,00	168,25	76,00	4,58		
	II	**277,66**	290,58	290,58	II	178,33	85,33	10,58			
	III	**108,33**	290,58	290,58	III	37,33					
	V	**707,00**	290,58	290,58	IV	318,75	267,00	216,83	168,25	121,33	76,00
	VI	**749,00**	290,58	290,58							
3119,99	I,IV	**372,83**	290,91	290,91	I	267,66	168,91	76,58	5,00		
	II	**278,33**	290,91	290,91	II	178,91	85,91	10,91			
	III	**108,83**	290,91	290,91	III	37,66					
	V	**708,00**	290,91	290,91	IV	319,50	267,66	217,50	168,91	121,91	76,58
	VI	**750,00**	290,91	290,91							
3122,99	I,IV	**373,58**	291,16	291,16	I	268,33	169,50	77,16	5,33		
	II	**279,08**	291,16	291,16	II	179,58	86,50	11,33			
	III	**109,33**	291,16	291,16	III	38,16					
	V	**709,00**	291,16	291,16	IV	320,16	268,33	218,16	169,50	122,50	77,16
	VI	**751,00**	291,16	291,16							
3125,99	I,IV	**374,33**	291,41	291,41	I	269,00	170,16	77,75	5,66		
	II	**279,75**	291,41	291,41	II	180,16	87,08	11,66			
	III	**109,83**	291,41	291,41	III	38,50					
	V	**710,00**	291,41	291,41	IV	320,83	269,00	218,75	170,16	123,16	77,75
	VI	**752,00**	291,41	291,41							
3128,99	I,IV	**375,00**	291,75	291,75	I	269,66	170,75	78,33	6,08		
	II	**280,41**	291,75	291,75	II	180,83	87,66	12,08			
	III	**110,33**	291,75	291,75	III	39,00					
	V	**710,83**	291,75	291,75	IV	321,50	269,66	219,41	170,75	123,75	78,33
	VI	**753,00**	291,75	291,75							
3131,99	I,IV	**375,66**	292,00	292,00	I	270,33	171,41	78,91	6,41		
	II	**281,08**	292,00	292,00	II	181,41	88,25	12,50			
	III	**110,83**	292,00	292,00	III	39,33					
	V	**712,00**	292,00	292,00	IV	322,25	270,33	220,08	171,41	124,33	78,91
	VI	**754,00**	292,00	292,00							

* Zur LSt-Berechnung für privat versicherte Arbeitnehmer s. Beispiele **Vorbemerkung S. 4 f.**
** Basisvorsorgepauschale KV und PV *** Typisierter Arbeitgeberzuschuss

Lohn/ Gehalt in € bis	Steuerklasse	Lohn- steuer*	BVSP**	TAGZ***	Steuerklasse	Bemessungsgrundlage für Kirchensteuer und Solidaritätszuschlag					
						Freibeträge für ... Kinder					
						0,5	**1,0**	1,5	**2,0**	2,5	**3,0**
3134,99	I,IV	**376,41**	292,33	292,33	I	271,00	172,00	79,50	6,83		
	II	**281,75**	292,33	292,33	II	182,08	88,83	12,83			
	III	**111,50**	292,33	292,33	III	39,83					
	V	**713,00**	292,33	292,33	IV	322,91	271,00	220,75	172,00	124,91	79,50
	VI	**755,00**	292,33	292,33							
3137,99	I,IV	**377,16**	292,58	292,58	I	271,66	172,66	80,08	7,16		
	II	**282,41**	292,58	292,58	II	182,66	89,41	13,25			
	III	**112,00**	292,58	292,58	III	40,16					
	V	**713,83**	292,58	292,58	IV	323,58	271,66	221,33	172,66	125,58	80,08
	VI	**756,16**	292,58	292,58							
3140,99	I,IV	**377,83**	292,83	292,83	I	272,33	173,25	80,66	7,50		
	II	**283,08**	292,83	292,83	II	183,33	90,00	13,66			
	III	**112,50**	292,83	292,83	III	40,66					
	V	**714,83**	292,83	292,83	IV	324,25	272,33	222,00	173,25	126,16	80,66
	VI	**757,16**	292,83	292,83							
3143,99	I,IV	**378,58**	293,16	293,16	I	273,00	173,91	81,25	7,91		
	II	**283,75**	293,16	293,16	II	184,00	90,66	14,08			
	III	**113,00**	293,16	293,16	III	41,00					
	V	**715,83**	293,16	293,16	IV	325,00	273,00	222,66	173,91	126,75	81,25
	VI	**758,16**	293,16	293,16							
3146,99	I,IV	**379,25**	293,41	293,41	I	273,66	174,50	81,83	8,25		
	II	**284,41**	293,41	293,41	II	184,58	91,25	14,41			
	III	**113,50**	293,41	293,41	III	41,50					
	V	**717,00**	293,41	293,41	IV	325,66	273,66	223,33	174,50	127,41	81,83
	VI	**759,16**	293,41	293,41							
3149,99	I,IV	**380,00**	293,66	293,66	I	274,33	175,16	82,41	8,66		
	II	**285,08**	293,66	293,66	II	185,25	91,83	14,83			
	III	**114,00**	293,66	293,66	III	41,83					
	V	**717,83**	293,66	293,66	IV	326,33	274,33	223,91	175,16	128,00	82,41
	VI	**760,00**	293,66	293,66							
3152,99	I,IV	**380,66**	294,00	294,00	I	275,00	175,83	83,00	9,00		
	II	**285,75**	294,00	294,00	II	185,91	92,41	15,25			
	III	**114,66**	294,00	294,00	III	42,33					
	V	**718,83**	294,00	294,00	IV	327,08	275,00	224,58	175,83	128,58	83,00
	VI	**761,16**	294,00	294,00							
3155,99	I,IV	**381,41**	294,25	294,25	I	275,66	176,41	83,58	9,41		
	II	**286,41**	294,25	294,25	II	186,50	93,00	15,66			
	III	**115,16**	294,25	294,25	III	42,66					
	V	**719,83**	294,25	294,25	IV	327,75	275,66	225,25	176,41	129,16	83,58
	VI	**762,16**	294,25	294,25							
3158,99	I,IV	**382,08**	294,50	294,50	I	276,33	177,08	84,16	9,75		
	II	**287,08**	294,50	294,50	II	187,16	93,58	16,00			
	III	**115,66**	294,50	294,50	III	43,16					
	V	**720,83**	294,50	294,50	IV	328,41	276,33	225,91	177,08	129,83	84,16
	VI	**763,16**	294,50	294,50							
3161,99	I,IV	**382,83**	294,83	294,83	I	277,00	177,66	84,75	10,16		
	II	**287,75**	294,83	294,83	II	187,75	94,16	16,41			
	III	**116,16**	294,83	294,83	III	43,50					
	V	**721,83**	294,83	294,83	IV	329,08	277,00	226,58	177,66	130,41	84,75
	VI	**764,16**	294,83	294,83							
3164,99	I,IV	**383,58**	295,08	295,08	I	277,75	178,33	85,33	10,58		
	II	**288,50**	295,08	295,08	II	188,41	94,75	16,83			
	III	**116,66**	295,08	295,08	III	44,00					
	V	**722,83**	295,08	295,08	IV	329,83	277,75	227,25	178,33	131,00	85,33
	VI	**765,16**	295,08	295,08							
3167,99	I,IV	**384,25**	295,33	295,33	I	278,41	178,91	85,91	10,91		
	II	**289,16**	295,33	295,33	II	189,00	95,33	17,25			
	III	**117,16**	295,33	295,33	III	44,33					
	V	**723,83**	295,33	295,33	IV	330,50	278,41	227,83	178,91	131,66	85,91
	VI	**766,16**	295,33	295,33							

* Zur LSt-Berechnung für privat versicherte Arbeitnehmer s. Beispiele **Vorbemerkung S. 4 f.**
** Basisvorsorgepauschale KV und PV *** Typisierter Arbeitgeberzuschuss

Lohn/ Gehalt in € bis	Steuerklasse	Lohn-steuer*	BVSP**	TAGZ***	Steuerklasse	Bemessungsgrundlage für Kirchensteuer und Solidaritätszuschlag					
						Freibeträge für ... Kinder					
						0,5	**1,0**	1,5	**2,0**	2,5	**3,0**
3170,99	I,IV	**385,00**	295,66	295,66	I	279,08	179,58	86,50	11,33		
	II	**289,83**	295,66	295,66	II	189,66	95,91	17,66			
	III	**117,66**	295,66	295,66	III	44,83					
	V	**724,66**	295,66	295,66	IV	331,16	279,08	228,50	179,58	132,25	86,50
	VI	**767,16**	295,66	295,66							
3173,99	I,IV	**385,66**	295,91	295,91	I	279,75	180,25	87,08	11,75		
	II	**290,50**	295,91	295,91	II	190,33	96,58	18,08			
	III	**118,33**	295,91	295,91	III	45,16					
	V	**725,66**	295,91	295,91	IV	331,91	279,75	229,16	180,25	132,83	87,08
	VI	**768,16**	295,91	295,91							
3176,99	I,IV	**386,41**	296,25	296,25	I	280,41	180,83	87,66	12,08		
	II	**291,16**	296,25	296,25	II	190,91	97,16	18,50			
	III	**118,83**	296,25	296,25	III	45,66					
	V	**726,83**	296,25	296,25	IV	332,58	280,41	229,83	180,83	133,50	87,66
	VI	**769,16**	296,25	296,25							
3179,99	I,IV	**387,08**	296,50	296,50	I	281,08	181,41	88,25	12,50		
	II	**291,83**	296,50	296,50	II	191,58	97,75	18,91			
	III	**119,33**	296,50	296,50	III	46,00					
	V	**727,83**	296,50	296,50	IV	333,25	281,08	230,50	181,41	134,08	88,25
	VI	**770,16**	296,50	296,50							
3182,99	I,IV	**387,83**	296,75	296,75	I	281,75	182,08	88,91	12,91		
	II	**292,58**	296,75	296,75	II	192,25	98,33	19,33			
	III	**119,83**	296,75	296,75	III	46,50					
	V	**728,83**	296,75	296,75	IV	334,00	281,75	231,16	182,08	134,66	88,91
	VI	**771,16**	296,75	296,75							
3185,99	I,IV	**388,58**	297,08	297,08	I	282,41	182,75	89,50	13,25		
	II	**293,25**	297,08	297,08	II	192,83	98,91	19,75			
	III	**120,50**	297,08	297,08	III	47,00					
	V	**729,66**	297,08	297,08	IV	334,66	282,41	231,75	182,75	135,33	89,50
	VI	**772,33**	297,08	297,08							
3188,99	I,IV	**389,25**	297,33	297,33	I	283,08	183,33	90,08	13,66		
	II	**293,91**	297,33	297,33	II	193,50	99,50	20,16			
	III	**121,00**	297,33	297,33	III	47,33					
	V	**730,83**	297,33	297,33	IV	335,33	283,08	232,41	183,33	135,91	90,08
	VI	**773,33**	297,33	297,33							
3191,99	I,IV	**390,00**	297,58	297,58	I	283,75	184,00	90,66	14,08		
	II	**294,58**	297,58	297,58	II	194,08	100,08	20,58			
	III	**121,50**	297,58	297,58	III	47,83					
	V	**731,83**	297,58	297,58	IV	336,08	283,75	233,08	184,00	136,50	90,66
	VI	**774,33**	297,58	297,58							
3194,99	I,IV	**390,66**	297,91	297,91	I	284,41	184,66	91,25	14,41		
	II	**295,25**	297,91	297,91	II	194,75	100,66	21,00			
	III	**122,00**	297,91	297,91	III	48,16					
	V	**732,83**	297,91	297,91	IV	336,75	284,41	233,75	184,66	137,16	91,25
	VI	**775,33**	297,91	297,91							
3197,99	I,IV	**391,41**	298,16	298,16	I	285,08	185,25	91,83	14,83		
	II	**295,91**	298,16	298,16	II	195,41	101,25	21,41			
	III	**122,50**	298,16	298,16	III	48,66					
	V	**733,83**	298,16	298,16	IV	337,50	285,08	234,41	185,25	137,75	91,83
	VI	**776,33**	298,16	298,16							
3200,99	I,IV	**392,08**	298,41	298,41	I	285,75	185,91	92,41	15,25		
	II	**296,58**	298,41	298,41	II	196,00	101,91	21,83			
	III	**123,16**	298,41	298,41	III	49,00					
	V	**734,66**	298,41	298,41	IV	338,16	285,75	235,00	185,91	138,33	92,41
	VI	**777,33**	298,41	298,41							
3203,99	I,IV	**392,83**	298,75	298,75	I	286,50	186,50	93,00	15,66		
	II	**297,33**	298,75	298,75	II	196,66	102,50	22,25			
	III	**123,66**	298,75	298,75	III	49,50					
	V	**735,66**	298,75	298,75	IV	338,83	286,50	235,66	186,50	139,00	93,00
	VI	**778,50**	298,75	298,75							

* Zur LSt-Berechnung für privat versicherte Arbeitnehmer s. Beispiele **Vorbemerkung S. 4 f.**
** Basisvorsorgepauschale KV und PV *** Typisierter Arbeitgeberzuschuss

Lohn/ Gehalt in € bis	Steuerklasse	Lohn-steuer*	BVSP**	TAGZ***	Steuerklasse	Bemessungsgrundlage für Kirchensteuer und Solidaritätszuschlag					
						Freibeträge für ... Kinder					
						0,5	**1,0**	1,5	**2,0**	2,5	**3,0**
3206,99	I,IV	**393,58**	299,00	299,00	I	287,16	187,16	93,58	16,08		
	II	**298,00**	299,00	299,00	II	197,33	103,08	22,66			
	III	**124,16**	299,00	299,00	III	50,00					
	V	**736,83**	299,00	299,00	IV	339,58	287,16	236,33	187,16	139,58	93,58
	VI	**779,33**	299,00	299,00							
3209,99	I,IV	**394,25**	299,25	299,25	I	287,83	187,75	94,16	16,41		
	II	**298,66**	299,25	299,25	II	197,91	103,66	23,08			
	III	**124,66**	299,25	299,25	III	50,33					
	V	**737,83**	299,25	299,25	IV	340,25	287,83	237,00	187,75	140,16	94,16
	VI	**780,33**	299,25	299,25							
3212,99	I,IV	**395,00**	299,58	299,58	I	288,50	188,41	94,75	16,83		
	II	**299,33**	299,58	299,58	II	198,58	104,25	23,50			
	III	**125,16**	299,58	299,58	III	50,83					
	V	**738,66**	299,58	299,58	IV	340,91	288,50	237,66	188,41	140,75	94,75
	VI	**781,50**	299,58	299,58							
3215,99	I,IV	**395,75**	299,83	299,83	I	289,16	189,08	95,33	17,25		
	II	**300,00**	299,83	299,83	II	199,25	104,83	23,91			
	III	**125,83**	299,83	299,83	III	51,16					
	V	**739,83**	299,83	299,83	IV	341,66	289,16	238,33	189,08	141,41	95,33
	VI	**782,66**	299,83	299,83							
3218,99	I,IV	**396,41**	300,16	300,16	I	289,83	189,66	95,91	17,66		
	II	**300,66**	300,16	300,16	II	199,83	105,41	24,33			
	III	**126,33**	300,16	300,16	III	51,66					
	V	**740,66**	300,16	300,16	IV	342,33	289,83	239,00	189,66	142,00	95,91
	VI	**783,41**	300,16	300,16							
3221,99	I,IV	**397,16**	300,41	300,41	I	290,50	190,33	96,58	18,08		
	II	**301,33**	300,41	300,41	II	200,50	106,08	24,75			
	III	**126,83**	300,41	300,41	III	52,16					
	V	**741,83**	300,41	300,41	IV	343,00	290,50	239,58	190,33	142,66	96,58
	VI	**784,41**	300,41	300,41							
3224,99	I,IV	**397,91**	300,66	300,66	I	291,25	191,00	97,16	18,50		
	II	**302,08**	300,66	300,66	II	201,16	106,66	25,25			
	III	**127,33**	300,66	300,66	III	52,50					
	V	**742,83**	300,66	300,66	IV	343,75	291,25	240,25	191,00	143,25	97,16
	VI	**785,50**	300,66	300,66							
3227,99	I,IV	**398,58**	301,00	301,00	I	291,91	191,58	97,75	18,91		
	II	**302,75**	301,00	301,00	II	201,75	107,25	25,66			
	III	**128,00**	301,00	301,00	III	53,00					
	V	**743,83**	301,00	301,00	IV	344,41	291,91	240,91	191,58	143,83	97,75
	VI	**786,50**	301,00	301,00							
3230,99	I,IV	**399,33**	301,25	301,25	I	292,58	192,25	98,33	19,33		
	II	**303,41**	301,25	301,25	II	202,41	107,83	26,08			
	III	**128,50**	301,25	301,25	III	53,33					
	V	**744,83**	301,25	301,25	IV	345,16	292,58	241,58	192,25	144,50	98,33
	VI	**787,50**	301,25	301,25							
3233,99	I,IV	**400,08**	301,50	301,50	I	293,25	192,83	98,91	19,75		
	II	**304,08**	301,50	301,50	II	203,08	108,41	26,50			
	III	**129,00**	301,50	301,50	III	53,83					
	V	**745,83**	301,50	301,50	IV	345,83	293,25	242,25	192,83	145,08	98,91
	VI	**788,58**	301,50	301,50							
3236,99	I,IV	**400,75**	301,83	301,83	I	293,91	193,50	99,50	20,16		
	II	**304,75**	301,83	301,83	II	203,66	109,08	27,00			
	III	**129,66**	301,83	301,83	III	54,33					
	V	**746,83**	301,83	301,83	IV	346,50	293,91	242,91	193,50	145,75	99,50
	VI	**789,58**	301,83	301,83							
3239,99	I,IV	**401,50**	302,08	302,08	I	294,58	194,16	100,08	20,58		
	II	**305,50**	302,08	302,08	II	204,33	109,66	27,41			
	III	**130,16**	302,08	302,08	III	54,66					
	V	**747,66**	302,08	302,08	IV	347,25	294,58	243,58	194,16	146,33	100,08
	VI	**790,58**	302,08	302,08							

* Zur LSt-Berechnung für privat versicherte Arbeitnehmer s. Beispiele **Vorbemerkung S. 4 f.**
** Basisvorsorgepauschale KV und PV *** Typisierter Arbeitgeberzuschuss

Lohn/ Gehalt in € bis	Steuerklasse	Lohn-steuer*	BVSP**	TAGZ***	Steuerklasse	Bemessungsgrundlage für Kirchensteuer und Solidaritätszuschlag – Freibeträge für ... Kinder 0,5	**1,0**	1,5	**2,0**	2,5	**3,0**
3 242,99	I,IV	**402,16**	302,33	302,33	I	295,25	194,75	100,66	21,00		
	II	**306,16**	302,33	302,33	II	205,00	110,25	27,83			
	III	**130,66**	302,33	302,33	III	55,16					
	V	**748,83**	302,33	302,33	IV	347,91	295,25	244,16	194,75	146,91	100,66
	VI	**791,66**	302,33	302,33							
3 245,99	I,IV	**402,91**	302,66	302,66	I	295,91	195,41	101,33	21,41		
	II	**306,83**	302,66	302,66	II	205,66	110,83	28,33			
	III	**131,16**	302,66	302,66	III	55,66					
	V	**749,83**	302,66	302,66	IV	348,66	295,91	244,91	195,41	147,58	101,33
	VI	**792,66**	302,66	302,66							
3 248,99	I,IV	**403,66**	302,91	302,91	I	296,66	196,08	101,91	21,83		
	II	**307,50**	302,91	302,91	II	206,25	111,41	28,75			
	III	**131,83**	302,91	302,91	III	56,00					
	V	**750,83**	302,91	302,91	IV	349,33	296,66	245,50	196,08	148,16	101,91
	VI	**793,66**	302,91	302,91							
3 251,99	I,IV	**404,33**	303,16	303,16	I	297,33	196,66	102,50	22,25		
	II	**308,16**	303,16	303,16	II	206,91	112,00	29,16			
	III	**132,33**	303,16	303,16	III	56,50					
	V	**751,83**	303,16	303,16	IV	350,00	297,33	246,16	196,66	148,75	102,50
	VI	**794,75**	303,16	303,16							
3 254,99	I,IV	**405,08**	303,50	303,50	I	298,00	197,33	103,08	22,66		
	II	**308,91**	303,50	303,50	II	207,58	112,66	29,66			
	III	**132,83**	303,50	303,50	III	57,00					
	V	**752,83**	303,50	303,50	IV	350,75	298,00	246,83	197,33	149,41	103,08
	VI	**795,75**	303,50	303,50							
3 257,99	I,IV	**405,83**	303,75	303,75	I	298,66	198,00	103,66	23,08		
	II	**309,58**	303,75	303,75	II	208,16	113,25	30,08			
	III	**133,50**	303,75	303,75	III	57,33					
	V	**753,83**	303,75	303,75	IV	351,41	298,66	247,50	198,00	150,00	103,66
	VI	**796,75**	303,75	303,75							
3 260,99	I,IV	**406,50**	304,08	304,08	I	299,33	198,58	104,25	23,50		
	II	**310,25**	304,08	304,08	II	208,83	113,83	30,50			
	III	**134,00**	304,08	304,08	III	57,83					
	V	**755,00**	304,08	304,08	IV	352,16	299,33	248,16	198,58	150,66	104,25
	VI	**797,75**	304,08	304,08							
3 263,99	I,IV	**407,25**	304,33	304,33	I	300,00	199,25	104,83	23,91		
	II	**310,91**	304,33	304,33	II	209,50	114,41	31,00			
	III	**134,50**	304,33	304,33	III	58,33					
	V	**755,83**	304,33	304,33	IV	352,83	300,00	248,83	199,25	151,25	104,83
	VI	**798,83**	304,33	304,33							
3 266,99	I,IV	**408,00**	304,58	304,58	I	300,75	199,91	105,50	24,41		
	II	**311,66**	304,58	304,58	II	210,08	115,08	31,41			
	III	**135,16**	304,58	304,58	III	58,66					
	V	**757,00**	304,58	304,58	IV	353,50	300,75	249,50	199,91	151,83	105,50
	VI	**799,83**	304,58	304,58							
3 269,99	I,IV	**408,66**	304,91	304,91	I	301,41	200,50	106,08	24,83		
	II	**312,33**	304,91	304,91	II	210,75	115,66	31,91			
	III	**135,66**	304,91	304,91	III	59,16					
	V	**757,83**	304,91	304,91	IV	354,25	301,41	250,16	200,50	152,50	106,08
	VI	**800,83**	304,91	304,91							
3 272,99	I,IV	**409,41**	305,16	305,16	I	302,08	201,16	106,66	25,25		
	II	**313,00**	305,16	305,16	II	211,41	116,25	32,33			
	III	**136,16**	305,16	305,16	III	59,66					
	V	**758,83**	305,16	305,16	IV	354,91	302,08	250,83	201,16	153,08	106,66
	VI	**801,91**	305,16	305,16							
3 275,99	I,IV	**410,16**	305,41	305,41	I	302,75	201,83	107,25	25,66		
	II	**313,66**	305,41	305,41	II	212,08	116,83	32,83			
	III	**136,66**	305,41	305,41	III	60,00					
	V	**759,83**	305,41	305,41	IV	355,66	302,75	251,50	201,83	153,75	107,25
	VI	**802,91**	305,41	305,41							

* Zur LSt-Berechnung für privat versicherte Arbeitnehmer s. Beispiele **Vorbemerkung S. 4 f.**
** Basisvorsorgepauschale KV und PV   *** Typisierter Arbeitgeberzuschuss

Lohn/ Gehalt in € bis	Steuerklasse	Lohn-steuer*	BVSP**	TAGZ***	Steuerklasse	Bemessungsgrundlage für Kirchensteuer und Solidaritätszuschlag – Freibeträge für ... Kinder 0,5	1,0	1,5	2,0	2,5	3,0
3278,99	I,IV	**410,83**	305,75	305,75	I	303,41	202,41	107,83	26,08		
	II	**314,33**	305,75	305,75	II	212,66	117,41	33,25			
	III	**137,33**	305,75	305,75	III	60,50					
	V	**760,83**	305,75	305,75	IV	356,33	303,41	252,16	202,41	154,33	107,83
	VI	**803,91**	305,75	305,75							
3281,99	I,IV	**411,58**	306,00	306,00	I	304,08	203,08	108,41	26,50		
	II	**315,08**	306,00	306,00	II	213,33	118,08	33,66			
	III	**137,83**	306,00	306,00	III	61,00	0,33				
	V	**762,00**	306,00	306,00	IV	357,08	304,08	252,75	203,08	154,91	108,41
	VI	**805,00**	306,00	306,00							
3284,99	I,IV	**412,33**	306,25	306,25	I	304,83	203,75	109,08	27,00		
	II	**315,75**	306,25	306,25	II	214,00	118,66	34,16			
	III	**138,50**	306,25	306,25	III	61,33	0,83				
	V	**763,00**	306,25	306,25	IV	357,75	304,83	253,50	203,75	155,58	109,08
	VI	**806,00**	306,25	306,25							
3287,99	I,IV	**413,08**	306,58	306,58	I	305,50	204,33	109,66	27,41		
	II	**316,41**	306,58	306,58	II	214,66	119,25	34,66			
	III	**139,00**	306,58	306,58	III	61,83	1,16				
	V	**764,00**	306,58	306,58	IV	358,50	305,50	254,08	204,33	156,16	109,66
	VI	**807,00**	306,58	306,58							
3290,99	I,IV	**413,75**	306,83	306,83	I	306,16	205,00	110,25	27,83		
	II	**317,08**	306,83	306,83	II	215,25	119,83	35,08			
	III	**139,50**	306,83	306,83	III	62,33	1,50				
	V	**765,00**	306,83	306,83	IV	359,16	306,16	254,75	205,00	156,83	110,25
	VI	**808,08**	306,83	306,83							
3293,99	I,IV	**414,50**	307,08	307,08	I	306,83	205,66	110,83	28,33		
	II	**317,75**	307,08	307,08	II	215,91	120,41	35,58			
	III	**140,16**	307,08	307,08	III	62,83	1,83				
	V	**766,00**	307,08	307,08	IV	359,83	306,83	255,41	205,66	157,41	110,83
	VI	**809,08**	307,08	307,08							
3296,99	I,IV	**415,25**	307,41	307,41	I	307,50	206,25	111,50	28,75		
	II	**318,50**	307,41	307,41	II	216,58	121,08	36,00			
	III	**140,66**	307,41	307,41	III	63,16	2,16				
	V	**767,00**	307,41	307,41	IV	360,58	307,50	256,08	206,25	158,08	111,50
	VI	**810,08**	307,41	307,41							
3299,99	I,IV	**415,91**	307,66	307,66	I	308,25	206,91	112,08	29,16		
	II	**319,16**	307,66	307,66	II	217,25	121,66	36,50			
	III	**141,16**	307,66	307,66	III	63,66	2,50				
	V	**768,00**	307,66	307,66	IV	361,25	308,25	256,75	206,91	158,66	112,08
	VI	**811,08**	307,66	307,66							
3302,99	I,IV	**416,66**	308,00	308,00	I	308,91	207,58	112,66	29,66		
	II	**319,83**	308,00	308,00	II	217,83	122,25	36,91			
	III	**141,83**	308,00	308,00	III	64,16	2,83				
	V	**769,00**	308,00	308,00	IV	362,00	308,91	257,41	207,58	159,33	112,66
	VI	**812,16**	308,00	308,00							
3305,99	I,IV	**417,41**	308,25	308,25	I	309,58	208,25	113,25	30,08		
	II	**320,58**	308,25	308,25	II	218,50	122,91	37,41			
	III	**142,33**	308,25	308,25	III	64,66	3,16				
	V	**770,00**	308,25	308,25	IV	362,66	309,58	258,08	208,25	159,91	113,25
	VI	**813,16**	308,25	308,25							
3308,99	I,IV	**418,08**	308,50	308,50	I	310,25	208,83	113,83	30,50		
	II	**321,25**	308,50	308,50	II	219,16	123,50	37,91			
	III	**142,83**	308,50	308,50	III	65,00	3,50				
	V	**771,16**	308,50	308,50	IV	363,41	310,25	258,75	208,83	160,58	113,83
	VI	**814,16**	308,50	308,50							
3311,99	I,IV	**418,83**	308,83	308,83	I	310,91	209,50	114,41	31,00		
	II	**321,91**	308,83	308,83	II	219,83	124,08	38,33			
	III	**143,50**	308,83	308,83	III	65,50	3,83				
	V	**772,16**	308,83	308,83	IV	364,08	310,91	259,41	209,50	161,16	114,41
	VI	**815,25**	308,83	308,83							

* Zur LSt-Berechnung für privat versicherte Arbeitnehmer s. Beispiele **Vorbemerkung S. 4 f.**
** Basisvorsorgepauschale KV und PV *** Typisierter Arbeitgeberzuschuss

Lohn/ Gehalt in € bis	Steuerklasse	Lohn-steuer*	BVSP**	TAGZ***	Steuerklasse	Bemessungsgrundlage für Kirchensteuer und Solidaritätszuschlag					
						Freibeträge für ... Kinder					
						0,5	**1,0**	1,5	**2,0**	2,5	**3,0**
3314,99	I,IV	**419,58**	309,08	309,08	I	311,66	210,08	115,08	31,41		
	II	**322,58**	309,08	309,08	II	220,41	124,66	38,83			
	III	**144,00**	309,08	309,08	III	66,00	4,16				
	V	**773,16**	309,08	309,08	IV	364,75	311,66	260,08	210,08	161,75	115,08
	VI	**816,25**	309,08	309,08							
3317,99	I,IV	**420,33**	309,33	309,33	I	312,33	210,75	115,66	31,91		
	II	**323,33**	309,33	309,33	II	221,08	125,33	39,33			
	III	**144,66**	309,33	309,33	III	66,33	4,50				
	V	**774,16**	309,33	309,33	IV	365,50	312,33	260,75	210,75	162,41	115,66
	VI	**817,25**	309,33	309,33							
3320,99	I,IV	**421,00**	309,66	309,66	I	313,00	211,41	116,25	32,33		
	II	**324,00**	309,66	309,66	II	221,75	125,91	39,83			
	III	**145,16**	309,66	309,66	III	66,83	5,00				
	V	**775,16**	309,66	309,66	IV	366,25	313,00	261,41	211,41	163,00	116,25
	VI	**818,33**	309,66	309,66							
3323,99	I,IV	**421,75**	309,91	309,91	I	313,66	212,08	116,83	32,83		
	II	**324,66**	309,91	309,91	II	222,41	126,50	40,25			
	III	**145,66**	309,91	309,91	III	67,33	5,33				
	V	**776,16**	309,91	309,91	IV	366,91	313,66	262,08	212,08	163,66	116,83
	VI	**819,33**	309,91	309,91							
3326,99	I,IV	**422,50**	310,16	310,16	I	314,41	212,75	117,50	33,25		
	II	**325,41**	310,16	310,16	II	223,08	127,16	40,75			
	III	**146,33**	310,16	310,16	III	67,83	5,66				
	V	**777,16**	310,16	310,16	IV	367,66	314,41	262,75	212,75	164,25	117,50
	VI	**820,33**	310,16	310,16							
3329,99	I,IV	**423,25**	310,50	310,50	I	315,08	213,33	118,08	33,75		
	II	**326,08**	310,50	310,50	II	223,66	127,75	41,25			
	III	**146,83**	310,50	310,50	III	68,33	6,00				
	V	**778,16**	310,50	310,50	IV	368,33	315,08	263,41	213,33	164,91	118,08
	VI	**821,41**	310,50	310,50							
3332,99	I,IV	**423,91**	310,75	310,75	I	315,75	214,00	118,66	34,16		
	II	**326,75**	310,75	310,75	II	224,33	128,33	41,75			
	III	**147,33**	310,75	310,75	III	68,66	6,33				
	V	**779,33**	310,75	310,75	IV	369,00	315,75	264,08	214,00	165,50	118,66
	VI	**822,41**	310,75	310,75							
3335,99	I,IV	**424,66**	311,00	311,00	I	316,41	214,66	119,25	34,66		
	II	**327,50**	311,00	311,00	II	225,00	128,91	42,25			
	III	**148,00**	311,00	311,00	III	69,16	6,66				
	V	**780,16**	311,00	311,00	IV	369,75	316,41	264,75	214,66	166,16	119,25
	VI	**823,41**	311,00	311,00							
3338,99	I,IV	**425,41**	311,33	311,33	I	317,16	215,25	119,91	35,08		
	II	**328,16**	311,33	311,33	II	225,66	129,58	42,66			
	III	**148,50**	311,33	311,33	III	69,66	7,00				
	V	**781,33**	311,33	311,33	IV	370,50	317,16	265,41	215,25	166,75	119,91
	VI	**824,50**	311,33	311,33							
3341,99	I,IV	**426,16**	311,58	311,58	I	317,83	215,91	120,50	35,58		
	II	**328,83**	311,58	311,58	II	226,25	130,16	43,16			
	III	**149,16**	311,58	311,58	III	70,16	7,33				
	V	**782,33**	311,58	311,58	IV	371,16	317,83	266,08	215,91	167,41	120,50
	VI	**825,50**	311,58	311,58							
3344,99	I,IV	**426,83**	311,91	311,91	I	318,50	216,58	121,08	36,00		
	II	**329,50**	311,91	311,91	II	226,91	130,75	43,66			
	III	**149,66**	311,91	311,91	III	70,50	7,83				
	V	**783,25**	311,91	311,91	IV	371,83	318,50	266,75	216,58	168,00	121,08
	VI	**826,50**	311,91	311,91							
3347,99	I,IV	**427,58**	312,16	312,16	I	319,16	217,25	121,66	36,50		
	II	**330,25**	312,16	312,16	II	227,58	131,41	44,16			
	III	**150,33**	312,16	312,16	III	71,00	8,16				
	V	**784,25**	312,16	312,16	IV	372,58	319,16	267,41	217,25	168,66	121,66
	VI	**827,50**	312,16	312,16							

* Zur LSt-Berechnung für privat versicherte Arbeitnehmer s. Beispiele **Vorbemerkung S. 4f.**
** Basisvorsorgepauschale KV und PV *** Typisierter Arbeitgeberzuschuss

Lohn/ Gehalt in € bis	Steuerklasse	Lohn-steuer*	BVSP**	TAGZ***	Steuerklasse	Bemessungsgrundlage für Kirchensteuer und Solidaritätszuschlag – Freibeträge für ... Kinder 0,5	1,0	1,5	2,0	2,5	3,0
3 350,99	I,IV	**428,33**	312,41	312,41	I	319,91	217,83	122,25	37,00		
	II	**330,91**	312,41	312,41	II	228,25	132,00	44,66			
	III	**150,83**	312,41	312,41	III	71,50	8,50				
	V	**785,33**	312,41	312,41	IV	373,33	319,91	268,08	217,83	169,25	122,25
	VI	**828,58**	312,41	312,41							
3 353,99	I,IV	**429,08**	312,75	312,75	I	320,58	218,50	122,91	37,41		
	II	**331,58**	312,75	312,75	II	228,91	132,58	45,16			
	III	**151,50**	312,75	312,75	III	72,00	8,83				
	V	**786,33**	312,75	312,75	IV	374,00	320,58	268,75	218,50	169,91	122,91
	VI	**829,58**	312,75	312,75							
3 356,99	I,IV	**429,83**	313,00	313,00	I	321,25	219,16	123,50	37,91		
	II	**332,33**	313,00	313,00	II	229,58	133,25	45,66			
	III	**152,00**	313,00	313,00	III	72,50	9,16				
	V	**787,33**	313,00	313,00	IV	374,75	321,25	269,41	219,16	170,50	123,50
	VI	**830,58**	313,00	313,00							
3 359,99	I,IV	**430,50**	313,25	313,25	I	321,91	219,83	124,08	38,41		
	II	**333,00**	313,25	313,25	II	230,16	133,83	46,16			
	III	**152,50**	313,25	313,25	III	72,83	9,50				
	V	**788,33**	313,25	313,25	IV	375,41	321,91	270,08	219,83	171,16	124,08
	VI	**831,66**	313,25	313,25							
3 362,99	I,IV	**431,25**	313,58	313,58	I	322,66	220,41	124,66	38,83		
	II	**333,66**	313,58	313,58	II	230,83	134,41	46,66			
	III	**153,16**	313,58	313,58	III	73,33	10,00				
	V	**789,41**	313,58	313,58	IV	376,16	322,66	270,75	220,41	171,75	124,66
	VI	**832,66**	313,58	313,58							
3 365,99	I,IV	**432,00**	313,83	313,83	I	323,33	221,08	125,33	39,33		
	II	**334,41**	313,83	313,83	II	231,50	135,08	47,16			
	III	**153,66**	313,83	313,83	III	73,83	10,33				
	V	**790,41**	313,83	313,83	IV	376,83	323,33	271,41	221,08	172,41	125,33
	VI	**833,66**	313,83	313,83							
3 368,99	I,IV	**432,75**	314,08	314,08	I	324,00	221,75	125,91	39,83		
	II	**335,08**	314,08	314,08	II	232,16	135,66	47,66			
	III	**154,33**	314,08	314,08	III	74,33	10,66				
	V	**791,41**	314,08	314,08	IV	377,58	324,00	272,08	221,75	173,00	125,91
	VI	**834,75**	314,08	314,08							
3 371,99	I,IV	**433,41**	314,41	314,41	I	324,66	222,41	126,50	40,33		
	II	**335,75**	314,41	314,41	II	232,83	136,25	48,16			
	III	**154,83**	314,41	314,41	III	74,83	11,00				
	V	**792,50**	314,41	314,41	IV	378,25	324,66	272,75	222,41	173,66	126,50
	VI	**835,75**	314,41	314,41							
3 374,99	I,IV	**434,16**	314,66	314,66	I	325,41	223,08	127,16	40,75		
	II	**336,50**	314,66	314,66	II	233,41	136,83	48,66			
	III	**155,50**	314,66	314,66	III	75,16	11,33				
	V	**793,50**	314,66	314,66	IV	379,00	325,41	273,41	223,08	174,25	127,16
	VI	**836,75**	314,66	314,66							
3 377,99	I,IV	**434,91**	314,91	314,91	I	326,08	223,75	127,75	41,25		
	II	**337,16**	314,91	314,91	II	234,08	137,50	49,16			
	III	**156,00**	314,91	314,91	III	75,66	11,66				
	V	**794,50**	314,91	314,91	IV	379,66	326,08	274,08	223,75	174,91	127,75
	VI	**837,83**	314,91	314,91							
3 380,99	I,IV	**435,66**	315,25	315,25	I	326,75	224,33	128,33	41,75		
	II	**337,83**	315,25	315,25	II	234,75	138,08	49,66			
	III	**156,66**	315,25	315,25	III	76,16	12,16				
	V	**795,58**	315,25	315,25	IV	380,41	326,75	274,75	224,33	175,58	128,33
	VI	**838,83**	315,25	315,25							
3 383,99	I,IV	**436,33**	315,50	315,50	I	327,50	225,00	128,91	42,25		
	II	**338,58**	315,50	315,50	II	235,41	138,66	50,16			
	III	**157,16**	315,50	315,50	III	76,66	12,50				
	V	**796,58**	315,50	315,50	IV	381,08	327,50	275,41	225,00	176,16	128,91
	VI	**839,83**	315,50	315,50							

* Zur LSt-Berechnung für privat versicherte Arbeitnehmer s. Beispiele **Vorbemerkung S. 4 f.**
** Basisvorsorgepauschale KV und PV *** Typisierter Arbeitgeberzuschuss

Lohn/ Gehalt in € bis	Steuerklasse	Lohn-steuer*	BVSP**	TAGZ***	Steuerklasse	Bemessungsgrundlage für Kirchensteuer und Solidaritätszuschlag					
						Freibeträge für ... Kinder					
						0,5	**1,0**	1,5	**2,0**	2,5	**3,0**
3386,99	I,IV	**437,08**	315,83	315,83	I	328,16	225,66	129,58	42,75		
	II	**339,25**	315,83	315,83	II	236,08	139,33	50,66			
	III	**157,83**	315,83	315,83	III	77,16	12,83				
	V	**797,58**	315,83	315,83	IV	381,83	328,16	276,08	225,66	176,83	129,58
	VI	**840,83**	315,83	315,83							
3389,99	I,IV	**437,83**	316,08	316,08	I	328,83	226,33	130,16	43,16		
	II	**339,91**	316,08	316,08	II	236,75	139,91	51,16			
	III	**158,33**	316,08	316,08	III	77,66	13,16				
	V	**798,66**	316,08	316,08	IV	382,58	328,83	276,75	226,33	177,41	130,16
	VI	**841,91**	316,08	316,08							
3392,99	I,IV	**438,58**	316,33	316,33	I	329,58	226,91	130,75	43,66		
	II	**340,66**	316,33	316,33	II	237,33	140,50	51,66			
	III	**159,00**	316,33	316,33	III	78,00	13,50				
	V	**799,66**	316,33	316,33	IV	383,25	329,58	277,41	226,91	178,08	130,75
	VI	**842,91**	316,33	316,33							
3395,99	I,IV	**439,33**	316,66	316,66	I	330,25	227,58	131,41	44,16		
	II	**341,33**	316,66	316,66	II	238,00	141,16	52,16			
	III	**159,50**	316,66	316,66	III	78,50	14,00				
	V	**800,66**	316,66	316,66	IV	384,00	330,25	278,08	227,58	178,66	131,41
	VI	**843,91**	316,66	316,66							
3398,99	I,IV	**440,08**	316,91	316,91	I	330,91	228,25	132,00	44,66		
	II	**342,08**	316,91	316,91	II	238,66	141,75	52,75			
	III	**160,16**	316,91	316,91	III	79,00	14,33				
	V	**801,75**	316,91	316,91	IV	384,66	330,91	278,83	228,25	179,33	132,00
	VI	**845,00**	316,91	316,91							
3401,99	I,IV	**440,75**	317,16	317,16	I	331,66	228,91	132,58	45,16		
	II	**342,75**	317,16	317,16	II	239,33	142,33	53,25			
	III	**160,66**	317,16	317,16	III	79,50	14,66				
	V	**802,75**	317,16	317,16	IV	385,41	331,66	279,50	228,91	179,91	132,58
	VI	**846,00**	317,16	317,16							
3404,99	I,IV	**441,50**	317,50	317,50	I	332,33	229,58	133,25	45,66		
	II	**343,41**	317,50	317,50	II	240,00	143,00	53,75			
	III	**161,33**	317,50	317,50	III	80,00	15,00				
	V	**803,75**	317,50	317,50	IV	386,08	332,33	280,16	229,58	180,58	133,25
	VI	**847,00**	317,50	317,50							
3407,99	I,IV	**442,25**	317,75	317,75	I	333,00	230,25	133,83	46,16		
	II	**344,16**	317,75	317,75	II	240,66	143,58	54,25			
	III	**161,83**	317,75	317,75	III	80,50	15,50				
	V	**804,75**	317,75	317,75	IV	386,83	333,00	280,83	230,25	181,25	133,83
	VI	**848,08**	317,75	317,75							
3410,99	I,IV	**443,00**	318,00	318,00	I	333,75	230,83	134,41	46,66		
	II	**344,83**	318,00	318,00	II	241,33	144,25	54,75			
	III	**162,50**	318,00	318,00	III	81,00	15,83				
	V	**805,83**	318,00	318,00	IV	387,58	333,75	281,50	230,83	181,83	134,41
	VI	**849,08**	318,00	318,00							
3413,99	I,IV	**443,75**	318,33	318,33	I	334,41	231,50	135,08	47,16		
	II	**345,50**	318,33	318,33	II	242,00	144,83	55,25			
	III	**163,00**	318,33	318,33	III	81,50	16,16				
	V	**806,83**	318,33	318,33	IV	388,25	334,41	282,16	231,50	182,50	135,08
	VI	**850,08**	318,33	318,33							
3416,99	I,IV	**444,50**	318,58	318,58	I	335,08	232,16	135,66	47,66		
	II	**346,25**	318,58	318,58	II	242,66	145,41	55,83			
	III	**163,66**	318,58	318,58	III	82,00	16,50				
	V	**807,83**	318,58	318,58	IV	389,00	335,08	282,83	232,16	183,08	135,66
	VI	**851,16**	318,58	318,58							
3419,99	I,IV	**445,25**	318,83	318,83	I	335,83	232,83	136,25	48,16		
	II	**346,91**	318,83	318,83	II	243,25	146,08	56,33			
	III	**164,16**	318,83	318,83	III	82,33	17,00				
	V	**808,91**	318,83	318,83	IV	389,66	335,83	283,50	232,83	183,75	136,25
	VI	**852,16**	318,83	318,83							

* Zur LSt-Berechnung für privat versicherte Arbeitnehmer s. Beispiele **Vorbemerkung S. 4f.**
** Basisvorsorgepauschale KV und PV *** Typisierter Arbeitgeberzuschuss

Lohn/ Gehalt in € bis	Steuerklasse	Lohn-steuer*	BVSP**	TAGZ***	Steuerklasse	Bemessungsgrundlage für Kirchensteuer und Solidaritätszuschlag					
						Freibeträge für ... Kinder					
						0,5	**1,0**	1,5	**2,0**	2,5	**3,0**
3422,99	I,IV	**445,91**	319,16	319,16	I	336,50	233,50	136,91	48,66		
	II	**347,66**	319,16	319,16	II	243,91	146,66	56,83			
	III	**164,83**	319,16	319,16	III	82,83	17,33				
	V	**809,91**	319,16	319,16	IV	390,41	336,50	284,16	233,50	184,33	136,91
	VI	**853,16**	319,16	319,16							
3425,99	I,IV	**446,66**	319,41	319,41	I	337,16	234,08	137,50	49,16		
	II	**348,33**	319,41	319,41	II	244,58	147,25	57,41			
	III	**165,33**	319,41	319,41	III	83,33	17,66				
	V	**810,91**	319,41	319,41	IV	391,08	337,16	284,83	234,08	185,00	137,50
	VI	**854,16**	319,41	319,41							
3428,99	I,IV	**447,41**	319,75	319,75	I	337,91	234,75	138,08	49,66		
	II	**349,00**	319,75	319,75	II	245,25	147,91	57,91			
	III	**166,00**	319,75	319,75	III	83,83	18,00				
	V	**812,00**	319,75	319,75	IV	391,83	337,91	285,50	234,75	185,66	138,08
	VI	**855,25**	319,75	319,75							
3431,99	I,IV	**448,16**	320,00	320,00	I	338,58	235,41	138,75	50,16		
	II	**349,75**	320,00	320,00	II	245,91	148,50	58,41			
	III	**166,50**	320,00	320,00	III	84,33	18,50				
	V	**813,00**	320,00	320,00	IV	392,58	338,58	286,16	235,41	186,25	138,75
	VI	**856,25**	320,00	320,00							
3434,99	I,IV	**448,91**	320,25	320,25	I	339,25	236,08	139,33	50,66		
	II	**350,41**	320,25	320,25	II	246,58	149,16	59,00			
	III	**167,16**	320,25	320,25	III	84,83	18,83				
	V	**814,00**	320,25	320,25	IV	393,25	339,25	286,83	236,08	186,91	139,33
	VI	**857,25**	320,25	320,25							
3437,99	I,IV	**449,66**	320,58	320,58	I	340,00	236,75	139,91	51,16		
	II	**351,16**	320,58	320,58	II	247,25	149,75	59,50			
	III	**167,66**	320,58	320,58	III	85,33	19,16				
	V	**815,08**	320,58	320,58	IV	394,00	340,00	287,58	236,75	187,58	139,91
	VI	**858,33**	320,58	320,58							
3440,99	I,IV	**450,41**	320,83	320,83	I	340,66	237,41	140,58	51,66		
	II	**351,83**	320,83	320,83	II	247,91	150,41	60,08			
	III	**168,33**	320,83	320,83	III	85,83	19,50				
	V	**816,08**	320,83	320,83	IV	394,75	340,66	288,25	237,41	188,16	140,58
	VI	**859,33**	320,83	320,83							
3443,99	I,IV	**451,08**	321,08	321,08	I	341,33	238,08	141,16	52,16		
	II	**352,50**	321,08	321,08	II	248,58	151,00	60,58			
	III	**168,83**	321,08	321,08	III	86,33	20,00				
	V	**817,08**	321,08	321,08	IV	395,41	341,33	288,91	238,08	188,83	141,16
	VI	**860,33**	321,08	321,08							
3446,99	I,IV	**451,83**	321,41	321,41	I	342,08	238,66	141,75	52,75		
	II	**353,25**	321,41	321,41	II	249,16	151,58	61,08			
	III	**169,50**	321,41	321,41	III	86,83	20,33				
	V	**818,08**	321,41	321,41	IV	396,16	342,08	289,58	238,66	189,41	141,75
	VI	**861,33**	321,41	321,41							
3449,99	I,IV	**452,58**	321,66	321,66	I	342,75	239,33	142,41	53,25		
	II	**353,91**	321,66	321,66	II	249,91	152,25	61,66			
	III	**170,16**	321,66	321,66	III	87,33	20,66				
	V	**819,16**	321,66	321,66	IV	396,91	342,75	290,25	239,33	190,08	142,41
	VI	**862,41**	321,66	321,66							
3452,99	I,IV	**453,33**	321,91	321,91	I	343,41	240,00	143,00	53,75		
	II	**354,66**	321,91	321,91	II	250,50	152,83	62,16			
	III	**170,66**	321,91	321,91	III	87,66	21,16				
	V	**820,16**	321,91	321,91	IV	397,58	343,41	290,91	240,00	190,66	143,00
	VI	**863,41**	321,91	321,91							
3455,99	I,IV	**454,08**	322,25	322,25	I	344,16	240,66	143,58	54,25		
	II	**355,33**	322,25	322,25	II	251,16	153,41	62,75			
	III	**171,33**	322,25	322,25	III	88,16	21,50				
	V	**821,16**	322,25	322,25	IV	398,33	344,16	291,58	240,66	191,33	143,58
	VI	**864,41**	322,25	322,25							

* Zur LSt-Berechnung für privat versicherte Arbeitnehmer s. Beispiele **Vorbemerkung S. 4 f.**
** Basisvorsorgepauschale KV und PV *** Typisierter Arbeitgeberzuschuss

Lohn/ Gehalt in € bis	Steuerklasse	Lohn-steuer*	BVSP**	TAGZ***	Steuerklasse	Bemessungsgrundlage für Kirchensteuer und Solidaritätszuschlag					
						Freibeträge für ... Kinder					
						0,5	**1,0**	1,5	**2,0**	2,5	**3,0**
3458,99	I,IV	**454,83**	322,50	322,50	I	344,83	241,33	144,25	54,83		
	II	**356,08**	322,50	322,50	II	251,83	154,08	63,25			
	III	**171,83**	322,50	322,50	III	88,66	21,83				
	V	**822,25**	322,50	322,50	IV	399,00	344,83	292,33	241,33	192,00	144,25
	VI	**865,50**	322,50	322,50							
3461,99	I,IV	**455,58**	322,75	322,75	I	345,58	242,00	144,83	55,33		
	II	**356,75**	322,75	322,75	II	252,50	154,66	63,83			
	III	**172,50**	322,75	322,75	III	89,16	22,16				
	V	**823,25**	322,75	322,75	IV	399,75	345,58	293,00	242,00	192,58	144,83
	VI	**866,50**	322,75	322,75							
3464,99	I,IV	**456,25**	323,08	323,08	I	346,25	242,66	145,41	55,83		
	II	**357,41**	323,08	323,08	II	253,16	155,33	64,33			
	III	**173,00**	323,08	323,08	III	89,66	22,66				
	V	**824,25**	323,08	323,08	IV	400,50	346,25	293,66	242,66	193,25	145,41
	VI	**867,50**	323,08	323,08							
3467,99	I,IV	**457,08**	323,33	323,33	I	347,00	243,33	146,08	56,33		
	II	**358,16**	323,33	323,33	II	253,83	155,91	64,91			
	III	**173,66**	323,33	323,33	III	90,16	23,00				
	V	**825,33**	323,33	323,33	IV	401,16	347,00	294,33	243,33	193,91	146,08
	VI	**868,58**	323,33	323,33							
3470,99	I,IV	**457,75**	323,66	323,66	I	347,66	244,00	146,66	56,91		
	II	**358,83**	323,66	323,66	II	254,50	156,58	65,41			
	III	**174,16**	323,66	323,66	III	90,66	23,33				
	V	**826,33**	323,66	323,66	IV	401,91	347,66	295,00	244,00	194,50	146,66
	VI	**869,58**	323,66	323,66							
3473,99	I,IV	**458,50**	323,91	323,91	I	348,33	244,58	147,33	57,41		
	II	**359,58**	323,91	323,91	II	255,16	157,16	66,00			
	III	**174,83**	323,91	323,91	III	91,16	23,83				
	V	**827,33**	323,91	323,91	IV	402,66	348,33	295,66	244,58	195,16	147,33
	VI	**870,58**	323,91	323,91							
3476,99	I,IV	**459,25**	324,16	324,16	I	349,00	245,25	147,91	57,91		
	II	**360,25**	324,16	324,16	II	255,83	157,83	66,58			
	III	**175,33**	324,16	324,16	III	91,66	24,16				
	V	**828,33**	324,16	324,16	IV	403,33	349,00	296,33	245,25	195,75	147,91
	VI	**871,58**	324,16	324,16							
3479,99	I,IV	**460,00**	324,50	324,50	I	349,75	245,91	148,58	58,50		
	II	**361,00**	324,50	324,50	II	256,50	158,41	67,08			
	III	**176,00**	324,50	324,50	III	92,16	24,50				
	V	**829,41**	324,50	324,50	IV	404,08	349,75	297,08	245,91	196,41	148,58
	VI	**872,66**	324,50	324,50							
3482,99	I,IV	**460,75**	324,75	324,75	I	350,41	246,58	149,16	59,00		
	II	**361,66**	324,75	324,75	II	257,16	159,08	67,66			
	III	**176,50**	324,75	324,75	III	92,66	25,00				
	V	**830,41**	324,75	324,75	IV	404,83	350,41	297,75	246,58	197,08	149,16
	VI	**873,66**	324,75	324,75							
3485,99	I,IV	**461,50**	325,00	325,00	I	351,16	247,25	149,75	59,50		
	II	**362,41**	325,00	325,00	II	257,83	159,66	68,16			
	III	**177,16**	325,00	325,00	III	93,16	25,33				
	V	**831,41**	325,00	325,00	IV	405,50	351,16	298,41	247,25	197,66	149,75
	VI	**874,66**	325,00	325,00							
3488,99	I,IV	**462,25**	325,33	325,33	I	351,83	247,91	150,41	60,08		
	II	**363,08**	325,33	325,33	II	258,50	160,33	68,75	0,08		
	III	**177,66**	325,33	325,33	III	93,66	25,66				
	V	**832,50**	325,33	325,33	IV	406,25	351,83	299,08	247,91	198,33	150,41
	VI	**875,75**	325,33	325,33							
3491,99	I,IV	**463,00**	325,58	325,58	I	352,58	248,58	151,00	60,58		
	II	**363,83**	325,58	325,58	II	259,16	160,91	69,33	0,41		
	III	**178,33**	325,58	325,58	III	94,16	26,16				
	V	**833,50**	325,58	325,58	IV	407,00	352,58	299,75	248,58	199,00	151,00
	VI	**876,75**	325,58	325,58							

* Zur LSt-Berechnung für privat versicherte Arbeitnehmer s. Beispiele **Vorbemerkung S. 4f.**
** Basisvorsorgepauschale KV und PV *** Typisierter Arbeitgeberzuschuss

Lohn/ Gehalt in € bis	Steuerklasse	Lohn-steuer*	BVSP**	TAGZ***	Steuerklasse	Bemessungsgrundlage für Kirchensteuer und Solidaritätszuschlag					
						Freibeträge für ... Kinder					
						0,5	**1,0**	1,5	**2,0**	2,5	**3,0**
3494,99	I,IV	**463,75**	325,83	325,83	I	353,25	249,25	151,58	61,08		
	II	**364,50**	325,83	325,83	II	259,83	161,50	69,91	0,75		
	III	**178,83**	325,83	325,83	III	94,66	26,50				
	V	**834,50**	325,83	325,83	IV	407,66	353,25	300,41	249,25	199,58	151,58
	VI	**877,75**	325,83	325,83							
3497,99	I,IV	**464,41**	326,16	326,16	I	353,91	249,91	152,25	61,66		
	II	**365,16**	326,16	326,16	II	260,41	162,16	70,41	1,16		
	III	**179,50**	326,16	326,16	III	95,16	26,83				
	V	**835,50**	326,16	326,16	IV	408,41	353,91	301,08	249,91	200,25	152,25
	VI	**878,75**	326,16	326,16							
3500,99	I,IV	**465,25**	326,41	326,41	I	354,66	250,58	152,83	62,16		
	II	**365,91**	326,41	326,41	II	261,16	162,75	71,00	1,50		
	III	**180,16**	326,41	326,41	III	95,66	27,33				
	V	**836,58**	326,41	326,41	IV	409,16	354,66	301,83	250,58	200,91	152,83
	VI	**879,83**	326,41	326,41							
3503,99	I,IV	**465,91**	326,66	326,66	I	355,33	251,16	153,50	62,75		
	II	**366,58**	326,66	326,66	II	261,83	163,41	71,58	1,83		
	III	**180,66**	326,66	326,66	III	96,16	27,66				
	V	**837,58**	326,66	326,66	IV	409,83	355,33	302,50	251,16	201,50	153,50
	VI	**880,83**	326,66	326,66							
3506,99	I,IV	**466,66**	327,00	327,00	I	356,08	251,83	154,08	63,25		
	II	**367,33**	327,00	327,00	II	262,41	164,00	72,08	2,16		
	III	**181,33**	327,00	327,00	III	96,66	28,16				
	V	**838,58**	327,00	327,00	IV	410,58	356,08	303,16	251,83	202,16	154,08
	VI	**881,83**	327,00	327,00							
3509,99	I,IV	**467,41**	327,25	327,25	I	356,75	252,50	154,75	63,83		
	II	**368,08**	327,25	327,25	II	263,16	164,66	72,66	2,50		
	III	**181,83**	327,25	327,25	III	97,16	28,50				
	V	**839,66**	327,25	327,25	IV	411,33	356,75	303,83	252,50	202,83	154,75
	VI	**882,91**	327,25	327,25							
3512,99	I,IV	**468,16**	327,58	327,58	I	357,50	253,16	155,33	64,33		
	II	**368,75**	327,58	327,58	II	263,83	165,25	73,25	2,91		
	III	**182,50**	327,58	327,58	III	97,66	28,83				
	V	**840,66**	327,58	327,58	IV	412,00	357,50	304,50	253,16	203,50	155,33
	VI	**883,91**	327,58	327,58							
3515,99	I,IV	**468,91**	327,83	327,83	I	358,16	253,83	155,91	64,91		
	II	**369,41**	327,83	327,83	II	264,41	165,91	73,83	3,25		
	III	**183,00**	327,83	327,83	III	98,16	29,33				
	V	**841,66**	327,83	327,83	IV	412,75	358,16	305,16	253,83	204,08	155,91
	VI	**884,91**	327,83	327,83							
3518,99	I,IV	**469,66**	328,08	328,08	I	358,91	254,50	156,58	65,50		
	II	**370,16**	328,08	328,08	II	265,16	166,50	74,41	3,58		
	III	**183,66**	328,08	328,08	III	98,66	29,66				
	V	**842,75**	328,08	328,08	IV	413,50	358,91	305,91	254,50	204,75	156,58
	VI	**886,00**	328,08	328,08							
3521,99	I,IV	**470,41**	328,41	328,41	I	359,58	255,16	157,16	66,00		
	II	**370,91**	328,41	328,41	II	265,83	167,16	75,00	3,91		
	III	**184,16**	328,41	328,41	III	99,16	30,00				
	V	**843,75**	328,41	328,41	IV	414,16	359,58	306,58	255,16	205,41	157,16
	VI	**887,00**	328,41	328,41							
3524,99	I,IV	**471,16**	328,66	328,66	I	360,25	255,83	157,83	66,58		
	II	**371,58**	328,66	328,66	II	266,41	167,75	75,50	4,33		
	III	**184,83**	328,66	328,66	III	99,66	30,50				
	V	**844,75**	328,66	328,66	IV	414,91	360,25	307,25	255,83	206,00	157,83
	VI	**888,00**	328,66	328,66							
3527,99	I,IV	**471,91**	328,91	328,91	I	361,00	256,50	158,41	67,08		
	II	**372,25**	328,91	328,91	II	267,08	168,41	76,08	4,66		
	III	**185,33**	328,91	328,91	III	100,16	30,83				
	V	**845,75**	328,91	328,91	IV	415,66	361,00	307,91	256,50	206,66	158,41
	VI	**889,00**	328,91	328,91							

* Zur LSt-Berechnung für privat versicherte Arbeitnehmer s. Beispiele **Vorbemerkung S. 4 f.**
** Basisvorsorgepauschale KV und PV *** Typisierter Arbeitgeberzuschuss

Lohn/ Gehalt in € bis	Steuerklasse	Lohn- steuer*	BVSP**	TAGZ***	Steuerklasse	Bemessungsgrundlage für Kirchensteuer und Solidaritätszuschlag					
						Freibeträge für ... Kinder					
						0,5	**1,0**	1,5	**2,0**	2,5	**3,0**
3530,99	I,IV	**472,66**	329,25	329,25	I	361,66	257,16	159,08	67,66		
	II	**373,00**	329,25	329,25	II	267,83	169,00	76,66	5,00		
	III	**186,00**	329,25	329,25	III	100,66	31,33				
	V	**846,83**	329,25	329,25	IV	416,41	361,66	308,66	257,16	207,33	159,08
	VI	**890,08**	329,25	329,25							
3533,99	I,IV	**473,41**	329,50	329,50	I	362,41	257,83	159,66	68,25		
	II	**373,75**	329,50	329,50	II	268,50	169,66	77,25	5,41		
	III	**186,66**	329,50	329,50	III	101,16	31,66				
	V	**847,83**	329,50	329,50	IV	417,08	362,41	309,33	257,83	207,91	159,66
	VI	**891,08**	329,50	329,50							
3536,99	I,IV	**474,16**	329,75	329,75	I	363,08	258,50	160,33	68,75	0,08	
	II	**374,41**	329,75	329,75	II	269,08	170,25	77,83	5,75		
	III	**187,16**	329,75	329,75	III	101,66	32,00				
	V	**848,83**	329,75	329,75	IV	417,83	363,08	310,00	258,50	208,58	160,33
	VI	**892,08**	329,75	329,75							
3539,99	I,IV	**474,91**	330,08	330,08	I	363,83	259,16	160,91	69,33	0,50	
	II	**375,16**	330,08	330,08	II	269,83	170,91	78,41	6,16		
	III	**187,83**	330,08	330,08	III	102,16	32,50				
	V	**849,91**	330,08	330,08	IV	418,58	363,83	310,66	259,16	209,25	160,91
	VI	**893,16**	330,08	330,08							
3542,99	I,IV	**475,66**	330,33	330,33	I	364,50	259,83	161,58	69,91	0,83	
	II	**375,83**	330,33	330,33	II	270,50	171,50	79,00	6,50		
	III	**188,33**	330,33	330,33	III	102,83	32,83				
	V	**850,91**	330,33	330,33	IV	419,25	364,50	311,33	259,83	209,91	161,58
	VI	**894,16**	330,33	330,33							
3545,99	I,IV	**476,41**	330,58	330,58	I	365,25	260,50	162,16	70,41	1,16	
	II	**376,58**	330,58	330,58	II	271,16	172,16	79,58	6,83		
	III	**189,00**	330,58	330,58	III	103,16	33,33				
	V	**851,91**	330,58	330,58	IV	420,00	365,25	312,08	260,50	210,50	162,16
	VI	**895,16**	330,58	330,58							
3548,99	I,IV	**477,16**	330,91	330,91	I	365,91	261,16	162,75	71,00	1,50	
	II	**377,25**	330,91	330,91	II	271,83	172,75	80,16	7,25		
	III	**189,50**	330,91	330,91	III	103,83	33,66				
	V	**852,91**	330,91	330,91	IV	420,75	365,91	312,75	261,16	211,16	162,75
	VI	**896,25**	330,91	330,91							
3551,99	I,IV	**477,91**	331,16	331,16	I	366,66	261,83	163,41	71,58	1,83	
	II	**378,00**	331,16	331,16	II	272,50	173,41	80,75	7,58		
	III	**190,16**	331,16	331,16	III	104,33	34,16				
	V	**854,00**	331,16	331,16	IV	421,50	366,66	313,41	261,83	211,83	163,41
	VI	**897,25**	331,16	331,16							
3554,99	I,IV	**478,66**	331,50	331,50	I	367,33	262,50	164,00	72,16	2,16	
	II	**378,66**	331,50	331,50	II	273,16	174,00	81,33	8,00		
	III	**190,66**	331,50	331,50	III	104,83	34,50				
	V	**855,00**	331,50	331,50	IV	422,16	367,33	314,08	262,50	212,41	164,00
	VI	**898,25**	331,50	331,50							
3557,99	I,IV	**479,41**	331,75	331,75	I	368,08	263,16	164,66	72,66	2,50	
	II	**379,41**	331,75	331,75	II	273,83	174,66	81,91	8,33		
	III	**191,33**	331,75	331,75	III	105,33	35,00				
	V	**856,00**	331,75	331,75	IV	422,91	368,08	314,75	263,16	213,08	164,66
	VI	**899,25**	331,75	331,75							
3560,99	I,IV	**480,16**	332,00	332,00	I	368,75	263,83	165,25	73,25	2,91	
	II	**380,08**	332,00	332,00	II	274,50	175,25	82,50	8,75		
	III	**191,83**	332,00	332,00	III	105,83	35,33				
	V	**857,08**	332,00	332,00	IV	423,66	368,75	315,50	263,83	213,75	165,25
	VI	**900,33**	332,00	332,00							
3563,99	I,IV	**480,91**	332,33	332,33	I	369,50	264,50	165,91	73,83	3,25	
	II	**380,83**	332,33	332,33	II	275,16	175,91	83,08	9,08		
	III	**192,50**	332,33	332,33	III	106,33	35,66				
	V	**858,08**	332,33	332,33	IV	424,41	369,50	316,16	264,50	214,41	165,91
	VI	**901,33**	332,33	332,33							

* Zur LSt-Berechnung für privat versicherte Arbeitnehmer s. Beispiele **Vorbemerkung S. 4 f.**
** Basisvorsorgepauschale KV und PV *** Typisierter Arbeitgeberzuschuss

Lohn/ Gehalt in € bis	Steuerklasse	Lohnsteuer*	BVSP**	TAGZ***	Steuerklasse	Bemessungsgrundlage für Kirchensteuer und Solidaritätszuschlag – Freibeträge für ... Kinder 0,5	1,0	1,5	2,0	2,5	3,0
3 566,99	I,IV	**481,66**	332,58	332,58	I	370,16	265,16	166,50	74,41	3,58	
	II	**381,50**	332,58	332,58	II	275,83	176,50	83,66	9,50		
	III	**193,16**	332,58	332,58	III	106,83	36,16				
	V	**859,08**	332,58	332,58	IV	425,08	370,16	316,83	265,16	215,00	166,50
	VI	**902,33**	332,58	332,58							
3 569,99	I,IV	**482,41**	332,83	332,83	I	370,91	265,83	167,16	75,00	4,00	
	II	**382,25**	332,83	332,83	II	276,50	177,16	84,25	9,83		
	III	**193,66**	332,83	332,83	III	107,33	36,50				
	V	**860,16**	332,83	332,83	IV	425,83	370,91	317,58	265,83	215,66	167,16
	VI	**903,41**	332,83	332,83							
3 572,99	I,IV	**483,16**	333,16	333,16	I	371,58	266,50	167,75	75,58	4,33	
	II	**383,00**	333,16	333,16	II	277,16	177,83	84,83	10,25		
	III	**194,33**	333,16	333,16	III	107,83	37,00				
	V	**861,16**	333,16	333,16	IV	426,58	371,58	318,25	266,50	216,33	167,75
	VI	**904,41**	333,16	333,16							
3 575,99	I,IV	**483,91**	333,41	333,41	I	372,33	267,16	168,41	76,16	4,66	
	II	**383,66**	333,41	333,41	II	277,83	178,41	85,41	10,58		
	III	**194,83**	333,41	333,41	III	108,33	37,33				
	V	**862,16**	333,41	333,41	IV	427,33	372,33	318,91	267,16	217,00	168,41
	VI	**905,41**	333,41	333,41							
3 578,99	I,IV	**484,66**	333,66	333,66	I	373,00	267,83	169,00	76,66	5,00	
	II	**384,41**	333,66	333,66	II	278,50	179,08	86,00	11,00		
	III	**195,50**	333,66	333,66	III	108,83	37,83				
	V	**863,16**	333,66	333,66	IV	428,00	373,00	319,58	267,83	217,58	169,00
	VI	**906,50**	333,66	333,66							
3 581,99	I,IV	**485,41**	334,00	334,00	I	373,75	268,50	169,66	77,25	5,41	
	II	**385,08**	334,00	334,00	II	279,16	179,66	86,66	11,41		
	III	**196,00**	334,00	334,00	III	109,50	38,16				
	V	**864,25**	334,00	334,00	IV	428,75	373,75	320,33	268,50	218,25	169,66
	VI	**907,50**	334,00	334,00							
3 584,99	I,IV	**486,16**	334,25	334,25	I	374,41	269,16	170,25	77,83	5,75	
	II	**385,83**	334,25	334,25	II	279,83	180,33	87,25	11,75		
	III	**196,66**	334,25	334,25	III	110,00	38,66				
	V	**865,25**	334,25	334,25	IV	429,50	374,41	321,00	269,16	218,91	170,25
	VI	**908,50**	334,25	334,25							
3 587,99	I,IV	**486,91**	334,50	334,50	I	375,16	269,83	170,91	78,41	6,16	
	II	**386,50**	334,50	334,50	II	280,50	180,91	87,83	12,16		
	III	**197,16**	334,50	334,50	III	110,50	39,00				
	V	**866,25**	334,50	334,50	IV	430,25	375,16	321,66	269,83	219,58	170,91
	VI	**909,58**	334,50	334,50							
3 590,99	I,IV	**487,66**	334,83	334,83	I	375,83	270,50	171,58	79,00	6,50	
	II	**387,25**	334,83	334,83	II	281,16	181,58	88,41	12,58		
	III	**197,83**	334,83	334,83	III	111,00	39,50				
	V	**867,33**	334,83	334,83	IV	431,00	375,83	322,41	270,50	220,25	171,58
	VI	**910,58**	334,83	334,83							
3 593,99	I,IV	**488,41**	335,08	335,08	I	376,58	271,16	172,16	79,58	6,83	
	II	**388,00**	335,08	335,08	II	281,83	182,25	89,00	12,91		
	III	**198,50**	335,08	335,08	III	111,50	39,83				
	V	**868,33**	335,08	335,08	IV	431,66	376,58	323,08	271,16	220,83	172,16
	VI	**911,58**	335,08	335,08							
3 596,99	I,IV	**489,16**	335,41	335,41	I	377,25	271,83	172,75	80,16	7,25	
	II	**388,66**	335,41	335,41	II	282,50	182,83	89,58	13,33		
	III	**199,00**	335,41	335,41	III	112,00	40,33				
	V	**869,33**	335,41	335,41	IV	432,41	377,25	323,75	271,83	221,50	172,75
	VI	**912,58**	335,41	335,41							
3 599,99	I,IV	**489,91**	335,66	335,66	I	378,00	272,50	173,41	80,75	7,58	
	II	**389,41**	335,66	335,66	II	283,25	183,50	90,16	13,75		
	III	**199,66**	335,66	335,66	III	112,50	40,66				
	V	**870,41**	335,66	335,66	IV	433,16	378,00	324,41	272,50	222,16	173,41
	VI	**913,66**	335,66	335,66							

* Zur LSt-Berechnung für privat versicherte Arbeitnehmer s. Beispiele **Vorbemerkung S. 4 f.**
** Basisvorsorgepauschale KV und PV *** Typisierter Arbeitgeberzuschuss

Lohn/ Gehalt in € bis	Steuerklasse	Lohn-steuer*	BVSP**	TAGZ***	Steuerklasse	Bemessungsgrundlage für Kirchensteuer und Solidaritätszuschlag – Freibeträge für ... Kinder 0,5	**1,0**	1,5	**2,0**	2,5	**3,0**
3602,99	I,IV	**490,66**	335,91	335,91	I	378,75	273,16	174,08	81,33	8,00	
	II	**390,08**	335,91	335,91	II	283,91	184,08	90,75	14,16		
	III	**200,16**	335,91	335,91	III	113,16	41,16				
	V	**871,41**	335,91	335,91	IV	433,91	378,75	325,16	273,16	222,83	174,08
	VI	**914,66**	335,91	335,91							
3605,99	I,IV	**491,41**	336,25	336,25	I	379,41	273,83	174,66	81,91	8,33	
	II	**390,83**	336,25	336,25	II	284,58	184,75	91,33	14,50		
	III	**200,83**	336,25	336,25	III	113,66	41,50				
	V	**872,41**	336,25	336,25	IV	434,58	379,41	325,83	273,83	223,41	174,66
	VI	**915,66**	336,25	336,25							
3608,99	I,IV	**492,16**	336,50	336,50	I	380,08	274,50	175,25	82,50	8,75	
	II	**391,50**	336,50	336,50	II	285,25	185,33	91,91	14,91		
	III	**201,33**	336,50	336,50	III	114,16	42,00				
	V	**873,50**	336,50	336,50	IV	435,33	380,08	326,50	274,50	224,08	175,25
	VI	**916,75**	336,50	336,50							
3611,99	I,IV	**492,91**	336,75	336,75	I	380,83	275,16	175,91	83,08	9,08	
	II	**392,25**	336,75	336,75	II	285,91	186,00	92,50	15,33		
	III	**202,00**	336,75	336,75	III	114,66	42,33				
	V	**874,50**	336,75	336,75	IV	436,08	380,83	327,25	275,16	224,75	175,91
	VI	**917,75**	336,75	336,75							
3614,99	I,IV	**493,66**	337,08	337,08	I	381,58	275,83	176,58	83,66	9,50	
	II	**393,00**	337,08	337,08	II	286,58	186,66	93,08	15,75		
	III	**202,50**	337,08	337,08	III	115,16	42,83				
	V	**875,50**	337,08	337,08	IV	436,83	381,58	327,91	275,83	225,41	176,58
	VI	**918,75**	337,08	337,08							
3617,99	I,IV	**494,41**	337,33	337,33	I	382,25	276,50	177,16	84,25	9,83	
	II	**393,66**	337,33	337,33	II	287,25	187,25	93,66	16,08		
	III	**203,16**	337,33	337,33	III	115,66	43,16				
	V	**876,50**	337,33	337,33	IV	437,58	382,25	328,58	276,50	226,00	177,16
	VI	**919,83**	337,33	337,33							
3620,99	I,IV	**495,25**	337,58	337,58	I	383,00	277,16	177,83	84,91	10,25	
	II	**394,41**	337,58	337,58	II	287,91	187,91	94,33	16,50		
	III	**203,83**	337,58	337,58	III	116,33	43,66				
	V	**877,58**	337,58	337,58	IV	438,33	383,00	329,25	277,16	226,66	177,83
	VI	**920,83**	337,58	337,58							
3623,99	I,IV	**496,00**	337,91	337,91	I	383,66	277,83	178,41	85,50	10,66	
	II	**395,16**	337,91	337,91	II	288,58	188,50	94,91	16,91		
	III	**204,33**	337,91	337,91	III	116,83	44,00				
	V	**878,58**	337,91	337,91	IV	439,00	383,66	330,00	277,83	227,33	178,41
	VI	**921,83**	337,91	337,91							
3626,99	I,IV	**496,75**	338,16	338,16	I	384,41	278,50	179,08	86,08	11,00	
	II	**395,83**	338,16	338,16	II	289,25	189,16	95,50	17,33		
	III	**205,00**	338,16	338,16	III	117,33	44,50				
	V	**879,58**	338,16	338,16	IV	439,75	384,41	330,66	278,50	228,00	179,08
	VI	**922,91**	338,16	338,16							
3629,99	I,IV	**497,50**	338,41	338,41	I	385,08	279,16	179,66	86,66	11,41	
	II	**396,58**	338,41	338,41	II	290,00	189,83	96,08	17,75		
	III	**205,50**	338,41	338,41	III	117,83	44,83				
	V	**880,66**	338,41	338,41	IV	440,50	385,08	331,33	279,16	228,66	179,66
	VI	**923,91**	338,41	338,41							
3632,99	I,IV	**498,25**	338,75	338,75	I	385,83	279,91	180,33	87,25	11,75	
	II	**397,33**	338,75	338,75	II	290,66	190,41	96,66	18,16		
	III	**206,16**	338,75	338,75	III	118,33	45,33				
	V	**881,66**	338,75	338,75	IV	441,25	385,83	332,08	279,91	229,33	180,33
	VI	**924,91**	338,75	338,75							
3635,99	I,IV	**499,00**	339,00	339,00	I	386,58	280,50	181,00	87,83	12,16	
	II	**398,00**	339,00	339,00	II	291,33	191,08	97,25	18,58		
	III	**206,83**	339,00	339,00	III	119,00	45,66				
	V	**882,66**	339,00	339,00	IV	442,00	386,58	332,75	280,50	229,91	181,00
	VI	**926,00**	339,00	339,00							

* Zur LSt-Berechnung für privat versicherte Arbeitnehmer s. Beispiele **Vorbemerkung S. 4 f.**
** Basisvorsorgepauschale KV und PV *** Typisierter Arbeitgeberzuschuss

Lohn/ Gehalt in € bis	Steuerklasse	Lohn-steuer*	BVSP**	TAGZ***	Steuerklasse	Bemessungsgrundlage für Kirchensteuer und Solidaritätszuschlag – Freibeträge für ... Kinder 0,5	1,0	1,5	2,0	2,5	3,0
3638,99	I,IV	**499,75**	339,33	339,33	I	387,25	281,16	181,58	88,41	12,58	
	II	**398,75**	339,33	339,33	II	292,00	191,66	97,83	19,00		
	III	**207,33**	339,33	339,33	III	119,50	46,16				
	V	**883,75**	339,33	339,33	IV	442,66	387,25	333,41	281,16	230,58	181,58
	VI	**927,00**	339,33	339,33							
3641,99	I,IV	**500,50**	339,58	339,58	I	388,00	281,91	182,25	89,00	13,00	
	II	**399,41**	339,58	339,58	II	292,66	192,33	98,41	19,41		
	III	**208,00**	339,58	339,58	III	120,00	46,66				
	V	**884,75**	339,58	339,58	IV	443,41	388,00	334,16	281,91	231,25	182,25
	VI	**928,00**	339,58	339,58							
3644,99	I,IV	**501,25**	339,83	339,83	I	388,66	282,58	182,83	89,58	13,33	
	II	**400,16**	339,83	339,83	II	293,33	193,00	99,00	19,83		
	III	**208,50**	339,83	339,83	III	120,50	47,00				
	V	**885,75**	339,83	339,83	IV	444,16	388,66	334,83	282,58	231,91	182,83
	VI	**929,00**	339,83	339,83							
3647,99	I,IV	**502,00**	340,16	340,16	I	389,41	283,25	183,50	90,16	13,75	
	II	**400,91**	340,16	340,16	II	294,00	193,58	99,58	20,25		
	III	**209,16**	340,16	340,16	III	121,00	47,50				
	V	**886,83**	340,16	340,16	IV	444,91	389,41	335,50	283,25	232,58	183,50
	VI	**930,08**	340,16	340,16							
3650,99	I,IV	**502,83**	340,41	340,41	I	390,16	283,91	184,16	90,75	14,16	
	II	**401,58**	340,41	340,41	II	294,75	194,25	100,25	20,66		
	III	**209,66**	340,41	340,41	III	121,66	47,83				
	V	**887,83**	340,41	340,41	IV	445,66	390,16	336,25	283,91	233,25	184,16
	VI	**931,08**	340,41	340,41							
3653,99	I,IV	**503,58**	340,66	340,66	I	390,83	284,58	184,75	91,33	14,50	
	II	**402,33**	340,66	340,66	II	295,41	194,91	100,83	21,08		
	III	**210,33**	340,66	340,66	III	122,16	48,33				
	V	**888,83**	340,66	340,66	IV	446,41	390,83	336,91	284,58	233,83	184,75
	VI	**932,08**	340,66	340,66							
3656,99	I,IV	**504,33**	341,00	341,00	I	391,58	285,25	185,41	91,91	14,91	
	II	**403,08**	341,00	341,00	II	296,08	195,50	101,41	21,50		
	III	**210,83**	341,00	341,00	III	122,66	48,66				
	V	**889,83**	341,00	341,00	IV	447,08	391,58	337,58	285,25	234,50	185,41
	VI	**933,16**	341,00	341,00							
3659,99	I,IV	**505,08**	341,25	341,25	I	392,25	285,91	186,00	92,50	15,33	
	II	**403,75**	341,25	341,25	II	296,75	196,16	102,00	21,91		
	III	**211,50**	341,25	341,25	III	123,16	49,16				
	V	**890,91**	341,25	341,25	IV	447,83	392,25	338,33	285,91	235,16	186,00
	VI	**934,16**	341,25	341,25							
3662,99	I,IV	**505,83**	341,50	341,50	I	393,00	286,58	186,66	93,16	15,75	
	II	**404,50**	341,50	341,50	II	297,41	196,83	102,58	22,33		
	III	**212,16**	341,50	341,50	III	123,83	49,66				
	V	**891,91**	341,50	341,50	IV	448,58	393,00	339,00	286,58	235,83	186,66
	VI	**935,16**	341,50	341,50							
3665,99	I,IV	**506,58**	341,83	341,83	I	393,75	287,25	187,25	93,75	16,16	
	II	**405,25**	341,83	341,83	II	298,08	197,41	103,16	22,75		
	III	**212,66**	341,83	341,83	III	124,33	50,00				
	V	**892,91**	341,83	341,83	IV	449,33	393,75	339,66	287,25	236,50	187,25
	VI	**936,25**	341,83	341,83							
3668,99	I,IV	**507,33**	342,08	342,08	I	394,41	287,91	187,91	94,33	16,50	
	II	**405,91**	342,08	342,08	II	298,75	198,08	103,75	23,16		
	III	**213,33**	342,08	342,08	III	124,83	50,50				
	V	**894,00**	342,08	342,08	IV	450,08	394,41	340,41	287,91	237,16	187,91
	VI	**937,25**	342,08	342,08							
3671,99	I,IV	**508,08**	342,33	342,33	I	395,16	288,66	188,58	94,91	16,91	
	II	**406,66**	342,33	342,33	II	299,50	198,75	104,41	23,58		
	III	**214,00**	342,33	342,33	III	125,33	50,83				
	V	**895,00**	342,33	342,33	IV	450,83	395,16	341,08	288,66	237,83	188,58
	VI	**938,25**	342,33	342,33							

* Zur LSt-Berechnung für privat versicherte Arbeitnehmer s. Beispiele **Vorbemerkung S. 4 f.**
** Basisvorsorgepauschale KV und PV *** Typisierter Arbeitgeberzuschuss

Lohn/ Gehalt in € bis	Steuerklasse	Lohn-steuer*	BVSP**	TAGZ***	Steuerklasse	Bemessungsgrundlage für Kirchensteuer und Solidaritätszuschlag – Freibeträge für ... Kinder 0,5	**1,0**	1,5	**2,0**	2,5	**3,0**
3674,99	I,IV	**508,83**	342,66	342,66	I	395,83	289,33	189,16	95,50	17,33	
	II	**407,41**	342,66	342,66	II	300,16	199,33	105,00	24,00		
	III	**214,50**	342,66	342,66	III	125,83	51,33				
	V	**896,00**	342,66	342,66	IV	451,58	395,83	341,75	289,33	238,41	189,16
	VI	**939,33**	342,66	342,66							
3677,99	I,IV	**509,58**	342,91	342,91	I	396,58	290,00	189,83	96,08	17,75	
	II	**408,08**	342,91	342,91	II	300,83	200,00	105,58	24,41		
	III	**215,16**	342,91	342,91	III	126,50	51,83				
	V	**897,08**	342,91	342,91	IV	452,33	396,58	342,50	290,00	239,08	189,83
	VI	**940,33**	342,91	342,91							
3680,99	I,IV	**510,33**	343,25	343,25	I	397,33	290,66	190,41	96,66	18,16	
	II	**408,83**	343,25	343,25	II	301,50	200,58	106,16	24,91		
	III	**215,66**	343,25	343,25	III	127,00	52,16				
	V	**898,08**	343,25	343,25	IV	453,00	397,33	343,16	290,66	239,75	190,41
	VI	**941,33**	343,25	343,25							
3683,99	I,IV	**511,16**	343,50	343,50	I	398,00	291,33	191,08	97,25	18,58	
	II	**409,58**	343,50	343,50	II	302,16	201,25	106,75	25,33		
	III	**216,33**	343,50	343,50	III	127,50	52,66				
	V	**899,08**	343,50	343,50	IV	453,75	398,00	343,91	291,33	240,41	191,08
	VI	**942,33**	343,50	343,50							
3686,99	I,IV	**511,91**	343,75	343,75	I	398,75	292,00	191,75	97,83	19,00	
	II	**410,25**	343,75	343,75	II	302,91	201,91	107,33	25,75		
	III	**216,83**	343,75	343,75	III	128,00	53,00				
	V	**900,16**	343,75	343,75	IV	454,50	398,75	344,58	292,00	241,08	191,75
	VI	**943,41**	343,75	343,75							
3689,99	I,IV	**512,66**	344,08	344,08	I	399,41	292,66	192,33	98,41	19,41	
	II	**411,00**	344,08	344,08	II	303,58	202,58	108,00	26,16		
	III	**217,50**	344,08	344,08	III	128,66	53,50				
	V	**901,16**	344,08	344,08	IV	455,25	399,41	345,25	292,66	241,75	192,33
	VI	**944,41**	344,08	344,08							
3692,99	I,IV	**513,41**	344,33	344,33	I	400,16	293,41	193,00	99,08	19,83	
	II	**411,75**	344,33	344,33	II	304,25	203,16	108,58	26,66		
	III	**218,16**	344,33	344,33	III	129,16	54,00				
	V	**902,16**	344,33	344,33	IV	456,00	400,16	346,00	293,41	242,41	193,00
	VI	**945,41**	344,33	344,33							
3695,99	I,IV	**514,16**	344,58	344,58	I	400,91	294,08	193,66	99,66	20,25	
	II	**412,41**	344,58	344,58	II	304,91	203,83	109,16	27,08		
	III	**218,66**	344,58	344,58	III	129,66	54,33				
	V	**903,25**	344,58	344,58	IV	456,75	400,91	346,66	294,08	243,00	193,66
	VI	**946,50**	344,58	344,58							
3698,99	I,IV	**514,91**	344,91	344,91	I	401,58	294,75	194,25	100,25	20,66	
	II	**413,16**	344,91	344,91	II	305,58	204,50	109,75	27,50		
	III	**219,33**	344,91	344,91	III	130,16	54,83				
	V	**904,25**	344,91	344,91	IV	457,50	401,58	347,33	294,75	243,66	194,25
	VI	**947,50**	344,91	344,91							
3701,99	I,IV	**515,75**	345,16	345,16	I	402,33	295,41	194,91	100,83	21,08	
	II	**413,91**	345,16	345,16	II	306,33	205,08	110,41	27,91		
	III	**219,83**	345,16	345,16	III	130,83	55,33				
	V	**905,25**	345,16	345,16	IV	458,25	402,33	348,08	295,41	244,33	194,91
	VI	**948,50**	345,16	345,16							
3704,99	I,IV	**516,50**	345,41	345,41	I	403,08	296,08	195,58	101,41	21,50	
	II	**414,66**	345,41	345,41	II	307,00	205,75	111,00	28,41		
	III	**220,50**	345,41	345,41	III	131,33	55,66				
	V	**906,25**	345,41	345,41	IV	459,00	403,08	348,75	296,08	245,00	195,58
	VI	**949,58**	345,41	345,41							
3707,99	I,IV	**517,25**	345,75	345,75	I	403,75	296,75	196,16	102,00	21,91	
	II	**415,33**	345,75	345,75	II	307,66	206,41	111,58	28,83		
	III	**221,00**	345,75	345,75	III	131,83	56,16				
	V	**907,33**	345,75	345,75	IV	459,66	403,75	349,50	296,75	245,66	196,16
	VI	**950,58**	345,75	345,75							

* Zur LSt-Berechnung für privat versicherte Arbeitnehmer s. Beispiele **Vorbemerkung S. 4f.**
** Basisvorsorgepauschale KV und PV *** Typisierter Arbeitgeberzuschuss

Lohn/ Gehalt in € bis	Steuerklasse	Lohn- steuer*	BVSP**	TAGZ***	Steuerklasse	Bemessungsgrundlage für Kirchensteuer und Solidaritätszuschlag					
						Freibeträge für ... Kinder					
						0,5	**1,0**	1,5	**2,0**	2,5	**3,0**
3710,99	I,IV	**518,00**	346,00	346,00	I	404,50	297,41	196,83	102,58	22,33	
	II	**416,08**	346,00	346,00	II	308,33	207,00	112,16	29,25		
	III	**221,66**	346,00	346,00	III	132,50	56,66				
	V	**908,33**	346,00	346,00	IV	460,41	404,50	350,16	297,41	246,33	196,83
	VI	**951,58**	346,00	346,00							
3713,99	I,IV	**518,75**	346,25	346,25	I	405,25	298,16	197,50	103,25	22,75	
	II	**416,83**	346,25	346,25	II	309,00	207,66	112,75	29,75		
	III	**222,33**	346,25	346,25	III	133,00	57,00				
	V	**909,33**	346,25	346,25	IV	461,16	405,25	350,91	298,16	247,00	197,50
	VI	**952,66**	346,25	346,25							
3716,99	I,IV	**519,50**	346,58	346,58	I	405,91	298,83	198,08	103,83	23,16	
	II	**417,50**	346,58	346,58	II	309,75	208,33	113,33	30,16		
	III	**222,83**	346,58	346,58	III	133,50	57,50				
	V	**910,41**	346,58	346,58	IV	461,91	405,91	351,58	298,83	247,66	198,08
	VI	**953,66**	346,58	346,58							
3719,99	I,IV	**520,25**	346,83	346,83	I	406,66	299,50	198,75	104,41	23,58	
	II	**418,25**	346,83	346,83	II	310,41	208,91	114,00	30,58		
	III	**223,50**	346,83	346,83	III	134,16	58,00				
	V	**911,41**	346,83	346,83	IV	462,66	406,66	352,25	299,50	248,33	198,75
	VI	**954,66**	346,83	346,83							
3722,99	I,IV	**521,08**	347,16	347,16	I	407,41	300,16	199,41	105,00	24,00	
	II	**419,00**	347,16	347,16	II	311,08	209,58	114,58	31,08		
	III	**224,16**	347,16	347,16	III	134,66	58,33				
	V	**912,41**	347,16	347,16	IV	463,41	407,41	353,00	300,16	249,00	199,41
	VI	**955,75**	347,16	347,16							
3725,99	I,IV	**521,83**	347,41	347,41	I	408,08	300,83	200,00	105,58	24,50	
	II	**419,75**	347,41	347,41	II	311,75	210,25	115,16	31,50		
	III	**224,66**	347,41	347,41	III	135,16	58,83				
	V	**913,50**	347,41	347,41	IV	464,16	408,08	353,66	300,83	249,66	200,00
	VI	**956,75**	347,41	347,41							
3728,99	I,IV	**522,58**	347,66	347,66	I	408,83	301,50	200,66	106,16	24,91	
	II	**420,41**	347,66	347,66	II	312,41	210,91	115,75	32,00		
	III	**225,33**	347,66	347,66	III	135,83	59,33				
	V	**914,50**	347,66	347,66	IV	464,91	408,83	354,41	301,50	250,25	200,66
	VI	**957,75**	347,66	347,66							
3731,99	I,IV	**523,33**	348,00	348,00	I	409,58	302,16	201,25	106,75	25,33	
	II	**421,16**	348,00	348,00	II	313,08	211,50	116,33	32,41		
	III	**225,83**	348,00	348,00	III	136,33	59,66				
	V	**915,50**	348,00	348,00	IV	465,66	409,58	355,08	302,16	250,91	201,25
	VI	**958,75**	348,00	348,00							
3734,99	I,IV	**524,16**	348,25	348,25	I	410,33	302,91	201,91	107,41	25,75	
	II	**421,91**	348,25	348,25	II	313,83	212,16	117,00	32,91		
	III	**226,50**	348,25	348,25	III	136,83	60,16				
	V	**916,58**	348,25	348,25	IV	466,41	410,33	355,83	302,91	251,58	201,91
	VI	**959,83**	348,25	348,25							
3737,99	I,IV	**524,91**	348,50	348,50	I	411,00	303,58	202,58	108,00	26,16	
	II	**422,58**	348,50	348,50	II	314,50	212,83	117,58	33,33		
	III	**227,16**	348,50	348,50	III	137,50	60,66	0,16			
	V	**917,58**	348,50	348,50	IV	467,16	411,00	356,50	303,58	252,25	202,58
	VI	**960,83**	348,50	348,50							
3740,99	I,IV	**525,66**	348,83	348,83	I	411,75	304,25	203,16	108,58	26,66	
	II	**423,33**	348,83	348,83	II	315,16	213,50	118,16	33,83		
	III	**227,66**	348,83	348,83	III	138,00	61,00	0,50			
	V	**918,58**	348,83	348,83	IV	467,91	411,75	357,16	304,25	252,91	203,16
	VI	**961,83**	348,83	348,83							
3743,99	I,IV	**526,41**	349,08	349,08	I	412,50	304,91	203,83	109,16	27,08	
	II	**424,08**	349,08	349,08	II	315,91	214,08	118,75	34,25		
	III	**228,33**	349,08	349,08	III	138,50	61,50	0,83			
	V	**919,58**	349,08	349,08	IV	468,66	412,50	357,91	304,91	253,58	203,83
	VI	**962,91**	349,08	349,08							

* Zur LSt-Berechnung für privat versicherte Arbeitnehmer s. Beispiele **Vorbemerkung S. 4 f.**
** Basisvorsorgepauschale KV und PV *** Typisierter Arbeitgeberzuschuss

Lohn/ Gehalt in € bis	Steuerklasse	Lohnsteuer*	BVSP**	TAGZ***	Steuerklasse	Bemessungsgrundlage für Kirchensteuer und Solidaritätszuschlag – Freibeträge für ... Kinder 0,5	1,0	1,5	2,0	2,5	3,0
3746,99	I,IV	**527,16**	349,33	349,33	I	413,16	305,58	204,50	109,75	27,50	
	II	**424,83**	349,33	349,33	II	316,58	214,75	119,41	34,75		
	III	**228,83**	349,33	349,33	III	139,16	62,00	1,16			
	V	**920,66**	349,33	349,33	IV	469,41	413,16	358,58	305,58	254,25	204,50
	VI	**963,91**	349,33	349,33							
3749,99	I,IV	**527,91**	349,66	349,66	I	413,91	306,33	205,08	110,41	27,91	
	II	**425,50**	349,66	349,66	II	317,25	215,41	120,00	35,16		
	III	**229,50**	349,66	349,66	III	139,66	62,33	1,50			
	V	**921,66**	349,66	349,66	IV	470,16	413,91	359,33	306,33	254,91	205,08
	VI	**964,91**	349,66	349,66							
3752,99	I,IV	**528,75**	349,91	349,91	I	414,66	307,00	205,75	111,00	28,41	
	II	**426,25**	349,91	349,91	II	317,91	216,08	120,58	35,66		
	III	**230,16**	349,91	349,91	III	140,16	62,83	1,83			
	V	**922,66**	349,91	349,91	IV	470,91	414,66	360,00	307,00	255,58	205,75
	VI	**966,00**	349,91	349,91							
3755,99	I,IV	**529,50**	350,16	350,16	I	415,33	307,66	206,41	111,58	28,83	
	II	**427,00**	350,16	350,16	II	318,66	216,66	121,16	36,16		
	III	**230,66**	350,16	350,16	III	140,83	63,33	2,16			
	V	**923,75**	350,16	350,16	IV	471,66	415,33	360,75	307,66	256,25	206,41
	VI	**967,00**	350,16	350,16							
3758,99	I,IV	**530,25**	350,50	350,50	I	416,08	308,33	207,08	112,16	29,25	
	II	**427,75**	350,50	350,50	II	319,33	217,33	121,83	36,58		
	III	**231,33**	350,50	350,50	III	141,33	63,83	2,50			
	V	**924,75**	350,50	350,50	IV	472,33	416,08	361,41	308,33	256,91	207,08
	VI	**968,00**	350,50	350,50							
3761,99	I,IV	**531,00**	350,75	350,75	I	416,83	309,00	207,66	112,75	29,75	
	II	**428,41**	350,75	350,75	II	320,00	218,00	122,41	37,08		
	III	**231,83**	350,75	350,75	III	141,83	64,16	2,83			
	V	**925,75**	350,75	350,75	IV	473,08	416,83	362,08	309,00	257,58	207,66
	VI	**969,00**	350,75	350,75							
3764,99	I,IV	**531,83**	351,08	351,08	I	417,58	309,75	208,33	113,41	30,16	
	II	**429,16**	351,08	351,08	II	320,66	218,66	123,00	37,50		
	III	**232,50**	351,08	351,08	III	142,50	64,66	3,33			
	V	**926,83**	351,08	351,08	IV	473,83	417,58	362,83	309,75	258,25	208,33
	VI	**970,08**	351,08	351,08							
3767,99	I,IV	**532,58**	351,33	351,33	I	418,25	310,41	209,00	114,00	30,66	
	II	**429,91**	351,33	351,33	II	321,41	219,25	123,58	38,00		
	III	**233,16**	351,33	351,33	III	143,00	65,16	3,66			
	V	**927,83**	351,33	351,33	IV	474,58	418,25	363,50	310,41	258,91	209,00
	VI	**971,08**	351,33	351,33							
3770,99	I,IV	**533,33**	351,58	351,58	I	419,00	311,08	209,58	114,58	31,08	
	II	**430,66**	351,58	351,58	II	322,08	219,91	124,25	38,50		
	III	**233,66**	351,58	351,58	III	143,66	65,66	4,00			
	V	**928,83**	351,58	351,58	IV	475,33	419,00	364,25	311,08	259,58	209,58
	VI	**972,08**	351,58	351,58							
3773,99	I,IV	**534,08**	351,91	351,91	I	419,75	311,75	210,25	115,16	31,50	
	II	**431,41**	351,91	351,91	II	322,75	220,58	124,83	38,91		
	III	**234,33**	351,91	351,91	III	144,16	66,00	4,33			
	V	**929,91**	351,91	351,91	IV	476,08	419,75	365,00	311,75	260,25	210,25
	VI	**973,16**	351,91	351,91							
3776,99	I,IV	**534,91**	352,16	352,16	I	420,41	312,50	210,91	115,75	32,00	
	II	**432,08**	352,16	352,16	II	323,50	221,25	125,41	39,41		
	III	**234,83**	352,16	352,16	III	144,66	66,50	4,66			
	V	**930,91**	352,16	352,16	IV	476,83	420,41	365,66	312,50	260,91	210,91
	VI	**974,16**	352,16	352,16							
3779,99	I,IV	**535,66**	352,41	352,41	I	421,16	313,16	211,58	116,41	32,41	
	II	**432,83**	352,41	352,41	II	324,16	221,83	126,00	39,91		
	III	**235,50**	352,41	352,41	III	145,33	67,00	5,00			
	V	**931,91**	352,41	352,41	IV	477,58	421,16	366,33	313,16	261,58	211,58
	VI	**975,16**	352,41	352,41							

* Zur LSt-Berechnung für privat versicherte Arbeitnehmer s. Beispiele **Vorbemerkung S. 4 f.**
** Basisvorsorgepauschale KV und PV *** Typisierter Arbeitgeberzuschuss

Lohn/ Gehalt in € bis	Steuerklasse	Lohn-steuer*	BVSP**	TAGZ***	Steuerklasse	Bemessungsgrundlage für Kirchensteuer und Solidaritätszuschlag					
						Freibeträge für ... Kinder					
						0,5	**1,0**	1,5	**2,0**	2,5	**3,0**
3782,99	I,IV	**536,41**	352,75	352,75	I	421,91	313,83	212,25	117,00	32,91	
	II	**433,58**	352,75	352,75	II	324,83	222,50	126,66	40,41		
	III	**236,16**	352,75	352,75	III	145,83	67,50	5,33			
	V	**933,00**	352,75	352,75	IV	478,33	421,91	367,08	313,83	262,25	212,25
	VI	**976,25**	352,75	352,75							
3785,99	I,IV	**537,16**	353,00	353,00	I	422,66	314,50	212,83	117,58	33,33	
	II	**434,33**	353,00	353,00	II	325,50	223,16	127,25	40,83		
	III	**236,66**	353,00	353,00	III	146,33	67,83	5,66			
	V	**934,00**	353,00	353,00	IV	479,08	422,66	367,75	314,50	262,91	212,83
	VI	**977,25**	353,00	353,00							
3788,99	I,IV	**537,91**	353,25	353,25	I	423,33	315,25	213,50	118,16	33,83	
	II	**435,08**	353,25	353,25	II	326,25	223,83	127,83	41,33		
	III	**237,33**	353,25	353,25	III	147,00	68,33	6,00			
	V	**935,00**	353,25	353,25	IV	479,83	423,33	368,50	315,25	263,58	213,50
	VI	**978,25**	353,25	353,25							
3791,99	I,IV	**538,75**	353,58	353,58	I	424,08	315,91	214,08	118,75	34,25	
	II	**435,75**	353,58	353,58	II	326,91	224,50	128,41	41,83		
	III	**237,83**	353,58	353,58	III	147,50	68,83	6,33			
	V	**936,00**	353,58	353,58	IV	480,58	424,08	369,16	315,91	264,16	214,08
	VI	**979,25**	353,58	353,58							
3794,99	I,IV	**539,50**	353,83	353,83	I	424,83	316,58	214,75	119,41	34,75	
	II	**436,50**	353,83	353,83	II	327,58	225,16	129,08	42,33		
	III	**238,50**	353,83	353,83	III	148,16	69,33	6,83			
	V	**937,08**	353,83	353,83	IV	481,33	424,83	369,91	316,58	264,91	214,75
	VI	**980,33**	353,83	353,83							
3797,99	I,IV	**540,25**	354,08	354,08	I	425,58	317,25	215,41	120,00	35,16	
	II	**437,25**	354,08	354,08	II	328,33	225,75	129,66	42,83		
	III	**239,16**	354,08	354,08	III	148,66	69,66	7,16			
	V	**938,08**	354,08	354,08	IV	482,08	425,58	370,58	317,25	265,58	215,41
	VI	**981,33**	354,08	354,08							
3800,99	I,IV	**541,00**	354,41	354,41	I	426,25	317,91	216,08	120,58	35,66	
	II	**438,00**	354,41	354,41	II	329,00	226,41	130,25	43,25		
	III	**239,66**	354,41	354,41	III	149,16	70,16	7,50			
	V	**939,08**	354,41	354,41	IV	482,83	426,25	371,33	317,91	266,16	216,08
	VI	**982,33**	354,41	354,41							
3803,99	I,IV	**541,83**	354,66	354,66	I	427,00	318,66	216,75	121,25	36,16	
	II	**438,75**	354,66	354,66	II	329,66	227,08	130,91	43,75		
	III	**240,33**	354,66	354,66	III	149,83	70,66	7,83			
	V	**940,16**	354,66	354,66	IV	483,58	427,00	372,00	318,66	266,91	216,75
	VI	**983,41**	354,66	354,66							
3806,99	I,IV	**542,58**	355,00	355,00	I	427,75	319,33	217,33	121,83	36,58	
	II	**439,41**	355,00	355,00	II	330,41	227,75	131,50	44,25		
	III	**241,00**	355,00	355,00	III	150,33	71,16	8,16			
	V	**941,16**	355,00	355,00	IV	484,33	427,75	372,75	319,33	267,58	217,33
	VI	**984,41**	355,00	355,00							
3809,99	I,IV	**543,33**	355,25	355,25	I	428,50	320,00	218,00	122,41	37,08	
	II	**440,16**	355,25	355,25	II	331,08	228,33	132,08	44,75		
	III	**241,50**	355,25	355,25	III	151,00	71,66	8,50			
	V	**942,16**	355,25	355,25	IV	485,08	428,50	373,41	320,00	268,25	218,00
	VI	**985,41**	355,25	355,25							
3812,99	I,IV	**544,08**	355,50	355,50	I	429,16	320,66	218,66	123,00	37,50	
	II	**440,91**	355,50	355,50	II	331,75	229,00	132,75	45,25		
	III	**242,16**	355,50	355,50	III	151,50	72,00	9,00			
	V	**943,16**	355,50	355,50	IV	485,83	429,16	374,16	320,66	268,83	218,66
	VI	**986,41**	355,50	355,50							
3815,99	I,IV	**544,91**	355,83	355,83	I	429,91	321,41	219,33	123,66	38,00	
	II	**441,66**	355,83	355,83	II	332,41	229,66	133,33	45,75		
	III	**242,83**	355,83	355,83	III	152,16	72,50	9,33			
	V	**944,25**	355,83	355,83	IV	486,66	429,91	374,83	321,41	269,58	219,33
	VI	**987,50**	355,83	355,83							

* Zur LSt-Berechnung für privat versicherte Arbeitnehmer s. Beispiele **Vorbemerkung S. 4 f.**
** Basisvorsorgepauschale KV und PV *** Typisierter Arbeitgeberzuschuss

Lohn/ Gehalt in € bis	Steuerklasse	Lohn-steuer*	BVSP**	TAGZ***	Steuerklasse	Bemessungsgrundlage für Kirchensteuer und Solidaritätszuschlag					
						Freibeträge für ... Kinder					
						0,5	**1,0**	1,5	**2,0**	2,5	**3,0**
3818,99	I,IV	**545,66**	356,08	356,08	I	430,66	322,08	219,91	124,25	38,50	
	II	**442,41**	356,08	356,08	II	333,16	230,33	133,91	46,25		
	III	**243,33**	356,08	356,08	III	152,66	73,00	9,66			
	V	**945,25**	356,08	356,08	IV	487,33	430,66	375,58	322,08	270,25	219,91
	VI	**988,50**	356,08	356,08							
3821,99	I,IV	**546,41**	356,33	356,33	I	431,41	322,75	220,58	124,83	38,91	
	II	**443,08**	356,33	356,33	II	333,83	231,00	134,58	46,75		
	III	**244,00**	356,33	356,33	III	153,33	73,50	10,00			
	V	**946,25**	356,33	356,33	IV	488,08	431,41	376,25	322,75	270,91	220,58
	VI	**989,50**	356,33	356,33							
3824,99	I,IV	**547,25**	356,66	356,66	I	432,16	323,50	221,25	125,41	39,41	
	II	**443,91**	356,66	356,66	II	334,58	231,66	135,16	47,25		
	III	**244,50**	356,66	356,66	III	153,83	74,00	10,33			
	V	**947,33**	356,66	356,66	IV	488,91	432,16	377,00	323,50	271,58	221,25
	VI	**990,58**	356,66	356,66							
3827,99	I,IV	**548,00**	356,91	356,91	I	432,83	324,16	221,91	126,08	39,91	
	II	**444,58**	356,91	356,91	II	335,25	232,25	135,75	47,75		
	III	**245,16**	356,91	356,91	III	154,50	74,33	10,66			
	V	**948,33**	356,91	356,91	IV	489,66	432,83	377,75	324,16	272,25	221,91
	VI	**991,58**	356,91	356,91							
3830,99	I,IV	**548,75**	357,16	357,16	I	433,58	324,83	222,50	126,66	40,41	
	II	**445,33**	357,16	357,16	II	335,91	232,91	136,41	48,25		
	III	**245,83**	357,16	357,16	III	155,00	74,83	11,16			
	V	**949,33**	357,16	357,16	IV	490,41	433,58	378,41	324,83	272,91	222,50
	VI	**992,58**	357,16	357,16							
3833,99	I,IV	**549,58**	357,50	357,50	I	434,33	325,58	223,16	127,25	40,91	
	II	**446,08**	357,50	357,50	II	336,66	233,58	137,00	48,75		
	III	**246,33**	357,50	357,50	III	155,66	75,33	11,50			
	V	**950,41**	357,50	357,50	IV	491,16	434,33	379,16	325,58	273,58	223,16
	VI	**993,66**	357,50	357,50							
3836,99	I,IV	**550,33**	357,75	357,75	I	435,08	326,25	223,83	127,83	41,33	
	II	**446,83**	357,75	357,75	II	337,33	234,25	137,58	49,25		
	III	**247,00**	357,75	357,75	III	156,16	75,83	11,83			
	V	**951,41**	357,75	357,75	IV	491,91	435,08	379,83	326,25	274,25	223,83
	VI	**994,66**	357,75	357,75							
3839,99	I,IV	**551,08**	358,00	358,00	I	435,83	326,91	224,50	128,50	41,83	
	II	**447,58**	358,00	358,00	II	338,00	234,91	138,25	49,75		
	III	**247,66**	358,00	358,00	III	156,66	76,33	12,16			
	V	**952,41**	358,00	358,00	IV	492,66	435,83	380,58	326,91	274,91	224,50
	VI	**995,66**	358,00	358,00							
3842,99	I,IV	**551,83**	358,33	358,33	I	436,50	327,58	225,16	129,08	42,33	
	II	**448,25**	358,33	358,33	II	338,66	235,58	138,83	50,25		
	III	**248,16**	358,33	358,33	III	157,33	76,66	12,50			
	V	**953,41**	358,33	358,33	IV	493,41	436,50	381,25	327,58	275,58	225,16
	VI	**996,66**	358,33	358,33							
3845,99	I,IV	**552,66**	358,58	358,58	I	437,25	328,33	225,83	129,66	42,83	
	II	**449,00**	358,58	358,58	II	339,41	236,25	139,41	50,75		
	III	**248,83**	358,58	358,58	III	157,83	77,16	13,00			
	V	**954,50**	358,58	358,58	IV	494,16	437,25	382,00	328,33	276,25	225,83
	VI	**997,75**	358,58	358,58							
3848,99	I,IV	**553,41**	358,91	358,91	I	438,00	329,00	226,41	130,33	43,33	
	II	**449,75**	358,91	358,91	II	340,08	236,83	140,08	51,25		
	III	**249,33**	358,91	358,91	III	158,50	77,66	13,33			
	V	**955,50**	358,91	358,91	IV	494,91	438,00	382,66	329,00	276,91	226,41
	VI	**998,75**	358,91	358,91							
3851,99	I,IV	**554,16**	359,16	359,16	I	438,75	329,66	227,08	130,91	43,75	
	II	**450,50**	359,16	359,16	II	340,75	237,50	140,66	51,75		
	III	**250,00**	359,16	359,16	III	159,00	78,16	13,66			
	V	**956,50**	359,16	359,16	IV	495,66	438,75	383,41	329,66	277,58	227,08
	VI	**999,75**	359,16	359,16							

* Zur LSt-Berechnung für privat versicherte Arbeitnehmer s. Beispiele **Vorbemerkung S. 4f.**
** Basisvorsorgepauschale KV und PV *** Typisierter Arbeitgeberzuschuss

Lohn/ Gehalt in € bis	Steuerklasse	Lohn-steuer*	BVSP**	TAGZ***	Steuerklasse	Bemessungsgrundlage für Kirchensteuer und Solidaritätszuschlag					
						Freibeträge für ... Kinder					
						0,5	**1,0**	1,5	**2,0**	2,5	**3,0**
3854,99	I,IV	**555,00**	359,41	359,41	I	439,50	330,41	227,75	131,50	44,25	
	II	**451,25**	359,41	359,41	II	341,50	238,16	141,25	52,33		
	III	**250,66**	359,41	359,41	III	159,66	78,66	14,00			
	V	**957,58**	359,41	359,41	IV	496,41	439,50	384,16	330,41	278,25	227,75
	VI	**1000,83**	359,41	359,41							
3857,99	I,IV	**555,75**	359,75	359,75	I	440,25	331,08	228,41	132,16	44,75	
	II	**452,00**	359,75	359,75	II	342,16	238,83	141,91	52,83		
	III	**251,16**	359,75	359,75	III	160,16	79,16	14,33			
	V	**958,58**	359,75	359,75	IV	497,16	440,25	384,83	331,08	278,91	228,41
	VI	**1001,83**	359,75	359,75							
3860,99	I,IV	**556,50**	360,00	360,00	I	440,91	331,75	229,00	132,75	45,25	
	II	**452,75**	360,00	360,00	II	342,91	239,50	142,50	53,33		
	III	**251,83**	360,00	360,00	III	160,83	79,66	14,83			
	V	**959,58**	360,00	360,00	IV	497,91	440,91	385,58	331,75	279,58	229,00
	VI	**1002,83**	360,00	360,00							
3863,99	I,IV	**557,33**	360,25	360,25	I	441,66	332,41	229,66	133,33	45,75	
	II	**453,41**	360,25	360,25	II	343,58	240,16	143,08	53,83		
	III	**252,50**	360,25	360,25	III	161,33	80,16	15,16			
	V	**960,58**	360,25	360,25	IV	498,66	441,66	386,25	332,41	280,25	229,66
	VI	**1003,83**	360,25	360,25							
3866,99	I,IV	**558,08**	360,58	360,58	I	442,41	333,16	230,33	134,00	46,25	
	II	**454,25**	360,58	360,58	II	344,25	240,83	143,75	54,33		
	III	**253,00**	360,58	360,58	III	162,00	80,66	15,50			
	V	**961,66**	360,58	360,58	IV	499,41	442,41	387,00	333,16	280,91	230,33
	VI	**1004,91**	360,58	360,58							
3869,99	I,IV	**558,83**	360,83	360,83	I	443,16	333,83	231,00	134,58	46,75	
	II	**454,91**	360,83	360,83	II	345,00	241,41	144,33	54,91		
	III	**253,66**	360,83	360,83	III	162,50	81,00	15,83			
	V	**962,66**	360,83	360,83	IV	500,16	443,16	387,66	333,83	281,58	231,00
	VI	**1005,91**	360,83	360,83							
3872,99	I,IV	**559,66**	361,08	361,08	I	443,91	334,58	231,66	135,16	47,25	
	II	**455,66**	361,08	361,08	II	345,66	242,08	144,91	55,41		
	III	**254,33**	361,08	361,08	III	163,16	81,50	16,33			
	V	**963,66**	361,08	361,08	IV	500,91	443,91	388,41	334,58	282,25	231,66
	VI	**1006,91**	361,08	361,08							
3875,99	I,IV	**560,41**	361,41	361,41	I	444,66	335,25	232,33	135,83	47,75	
	II	**456,41**	361,41	361,41	II	346,41	242,75	145,58	55,91		
	III	**254,83**	361,41	361,41	III	163,83	82,00	16,66			
	V	**964,75**	361,41	361,41	IV	501,75	444,66	389,16	335,25	283,00	232,33
	VI	**1008,00**	361,41	361,41							
3878,99	I,IV	**561,25**	361,66	361,66	I	445,33	335,91	232,91	136,41	48,25	
	II	**457,16**	361,66	361,66	II	347,08	243,41	146,16	56,41		
	III	**255,50**	361,66	361,66	III	164,33	82,50	17,00			
	V	**965,75**	361,66	361,66	IV	502,50	445,33	389,83	335,91	283,66	232,91
	VI	**1009,00**	361,66	361,66							
3881,99	I,IV	**562,00**	361,91	361,91	I	446,08	336,66	233,58	137,00	48,75	
	II	**457,91**	361,91	361,91	II	347,75	244,08	146,83	57,00		
	III	**256,00**	361,91	361,91	III	165,00	83,00	17,33			
	V	**966,75**	361,91	361,91	IV	503,25	446,08	390,58	336,66	284,33	233,58
	VI	**1010,00**	361,91	361,91							
3884,99	I,IV	**562,75**	362,25	362,25	I	446,83	337,33	234,25	137,66	49,25	
	II	**458,66**	362,25	362,25	II	348,50	244,75	147,41	57,50		
	III	**256,66**	362,25	362,25	III	165,50	83,50	17,83			
	V	**967,83**	362,25	362,25	IV	504,00	446,83	391,25	337,33	285,00	234,25
	VI	**1011,08**	362,25	362,25							
3887,99	I,IV	**563,58**	362,50	362,50	I	447,58	338,00	234,91	138,25	49,75	
	II	**459,41**	362,50	362,50	II	349,16	245,41	148,00	58,00		
	III	**257,33**	362,50	362,50	III	166,16	84,00	18,16			
	V	**968,83**	362,50	362,50	IV	504,75	447,58	392,00	338,00	285,66	234,91
	VI	**1012,08**	362,50	362,50							

* Zur LSt-Berechnung für privat versicherte Arbeitnehmer s. Beispiele **Vorbemerkung S. 4 f.**
** Basisvorsorgepauschale KV und PV *** Typisierter Arbeitgeberzuschuss

Lohn/ Gehalt in € bis	Steuerklasse	Lohn-steuer*	BVSP**	TAGZ***	Steuerklasse	Bemessungsgrundlage für Kirchensteuer und Solidaritätszuschlag – Freibeträge für ... Kinder 0,5	**1,0**	1,5	**2,0**	2,5	**3,0**
3890,99	I,IV	**564,33**	362,83	362,83	I	448,33	338,75	235,58	138,83	50,25	
	II	**460,16**	362,83	362,83	II	349,91	246,08	148,66	58,58		
	III	**257,83**	362,83	362,83	III	166,66	84,50	18,50			
	V	**969,83**	362,83	362,83	IV	505,50	448,33	392,75	338,75	286,33	235,58
	VI	**1013,08**	362,83	362,83							
3893,99	I,IV	**565,08**	363,08	363,08	I	449,00	339,41	236,25	139,41	50,75	
	II	**460,83**	363,08	363,08	II	350,58	246,66	149,25	59,08		
	III	**258,50**	363,08	363,08	III	167,16	84,83	18,83			
	V	**970,83**	363,08	363,08	IV	506,25	449,00	393,41	339,41	287,00	236,25
	VI	**1014,08**	363,08	363,08							
3896,99	I,IV	**565,91**	363,33	363,33	I	449,83	340,08	236,91	140,08	51,33	
	II	**461,66**	363,33	363,33	II	351,25	247,41	149,91	59,66		
	III	**259,16**	363,33	363,33	III	167,83	85,33	19,33			
	V	**971,91**	363,33	363,33	IV	507,08	449,83	394,16	340,08	287,66	236,91
	VI	**1015,16**	363,33	363,33							
3899,99	I,IV	**566,66**	363,66	363,66	I	450,50	340,83	237,50	140,66	51,83	
	II	**462,33**	363,66	363,66	II	352,00	248,00	150,50	60,16		
	III	**259,66**	363,66	363,66	III	168,50	85,83	19,66			
	V	**972,91**	363,66	363,66	IV	507,83	450,50	394,83	340,83	288,33	237,50
	VI	**1016,16**	363,66	363,66							
3902,99	I,IV	**567,41**	363,91	363,91	I	451,25	341,50	238,16	141,25	52,33	
	II	**463,08**	363,91	363,91	II	352,66	248,66	151,08	60,66		
	III	**260,33**	363,91	363,91	III	169,00	86,33	20,00			
	V	**973,91**	363,91	363,91	IV	508,58	451,25	395,58	341,50	289,00	238,16
	VI	**1017,16**	363,91	363,91							
3905,99	I,IV	**568,25**	364,16	364,16	I	452,00	342,25	238,83	141,91	52,83	
	II	**463,83**	364,16	364,16	II	353,41	249,33	151,75	61,25		
	III	**261,00**	364,16	364,16	III	169,66	86,83	20,33			
	V	**975,00**	364,16	364,16	IV	509,33	452,00	396,33	342,25	289,75	238,83
	VI	**1018,25**	364,16	364,16							
3908,99	I,IV	**569,00**	364,50	364,50	I	452,75	342,91	239,50	142,50	53,33	
	II	**464,58**	364,50	364,50	II	354,08	250,00	152,33	61,75		
	III	**261,50**	364,50	364,50	III	170,16	87,33	20,83			
	V	**976,00**	364,50	364,50	IV	510,08	452,75	397,00	342,91	290,41	239,50
	VI	**1019,25**	364,50	364,50							
3911,99	I,IV	**569,83**	364,75	364,75	I	453,50	343,58	240,16	143,16	53,83	
	II	**465,33**	364,75	364,75	II	354,75	250,66	153,00	62,33		
	III	**262,16**	364,75	364,75	III	170,83	87,83	21,16			
	V	**977,00**	364,75	364,75	IV	510,83	453,50	397,75	343,58	291,08	240,16
	VI	**1020,25**	364,75	364,75							
3914,99	I,IV	**570,58**	365,00	365,00	I	454,25	344,25	240,83	143,75	54,33	
	II	**466,08**	365,00	365,00	II	355,50	251,33	153,58	62,83		
	III	**262,83**	365,00	365,00	III	171,33	88,33	21,50			
	V	**978,00**	365,00	365,00	IV	511,58	454,25	398,41	344,25	291,75	240,83
	VI	**1021,33**	365,00	365,00							
3917,99	I,IV	**571,33**	365,33	365,33	I	455,00	345,00	241,50	144,33	54,91	
	II	**466,83**	365,33	365,33	II	356,16	252,00	154,25	63,41		
	III	**263,33**	365,33	365,33	III	172,00	88,83	22,00			
	V	**979,08**	365,33	365,33	IV	512,33	455,00	399,16	345,00	292,41	241,50
	VI	**1022,33**	365,33	365,33							
3920,99	I,IV	**572,16**	365,58	365,58	I	455,66	345,66	242,08	145,00	55,41	
	II	**467,58**	365,58	365,58	II	356,91	252,66	154,83	63,91		
	III	**264,00**	365,58	365,58	III	172,50	89,33	22,33			
	V	**980,08**	365,58	365,58	IV	513,08	455,66	399,91	345,66	293,08	242,08
	VI	**1023,33**	365,58	365,58							
3923,99	I,IV	**572,91**	365,83	365,83	I	456,41	346,41	242,75	145,58	55,91	
	II	**468,33**	365,83	365,83	II	357,58	253,33	155,41	64,50		
	III	**264,66**	365,83	365,83	III	173,16	89,83	22,66			
	V	**981,08**	365,83	365,83	IV	513,91	456,41	400,58	346,41	293,75	242,75
	VI	**1024,41**	365,83	365,83							

* Zur LSt-Berechnung für privat versicherte Arbeitnehmer s. Beispiele **Vorbemerkung S. 4f.**
** Basisvorsorgepauschale KV und PV *** Typisierter Arbeitgeberzuschuss

Lohn/ Gehalt in € bis	Steuerklasse	Lohn-steuer*	BVSP**	TAGZ***	Steuerklasse	Bemessungsgrundlage für Kirchensteuer und Solidaritätszuschlag					
						Freibeträge für ... Kinder					
						0,5	**1,0**	1,5	**2,0**	2,5	**3,0**
3926,99	I,IV	**573,75**	366,16	366,16	I	457,16	347,08	243,41	146,25	56,50	
	II	**469,08**	366,16	366,16	II	358,33	254,00	156,08	65,00		
	III	**265,16**	366,16	366,16	III	173,66	90,33	23,16			
	V	**982,16**	366,16	366,16	IV	514,66	457,16	401,33	347,08	294,50	243,41
	VI	**1025,41**	366,16	366,16							
3929,99	I,IV	**574,50**	366,41	366,41	I	457,91	347,83	244,08	146,83	57,00	
	II	**469,83**	366,41	366,41	II	359,00	254,66	156,66	65,58		
	III	**265,83**	366,41	366,41	III	174,33	90,83	23,50			
	V	**983,16**	366,41	366,41	IV	515,41	457,91	402,08	347,83	295,16	244,08
	VI	**1026,41**	366,41	366,41							
3932,99	I,IV	**575,25**	366,75	366,75	I	458,66	348,50	244,75	147,41	57,50	
	II	**470,58**	366,75	366,75	II	359,75	255,33	157,33	66,08		
	III	**266,50**	366,75	366,75	III	174,83	91,33	23,83			
	V	**984,16**	366,75	366,75	IV	516,16	458,66	402,75	348,50	295,83	244,75
	VI	**1027,50**	366,75	366,75							
3935,99	I,IV	**576,08**	367,00	367,00	I	459,41	349,16	245,41	148,08	58,08	
	II	**471,33**	367,00	367,00	II	360,41	256,00	157,91	66,66		
	III	**267,00**	367,00	367,00	III	175,50	91,83	24,33			
	V	**985,25**	367,00	367,00	IV	516,91	459,41	403,50	349,16	296,50	245,41
	VI	**1028,50**	367,00	367,00							
3938,99	I,IV	**576,83**	367,25	367,25	I	460,16	349,91	246,08	148,66	58,58	
	II	**472,08**	367,25	367,25	II	361,16	256,66	158,58	67,25		
	III	**267,66**	367,25	367,25	III	176,00	92,33	24,66			
	V	**986,25**	367,25	367,25	IV	517,66	460,16	404,25	349,91	297,16	246,08
	VI	**1029,50**	367,25	367,25							
3941,99	I,IV	**577,66**	367,58	367,58	I	460,91	350,58	246,75	149,25	59,08	
	II	**472,83**	367,58	367,58	II	361,83	257,25	159,16	67,75		
	III	**268,33**	367,58	367,58	III	176,66	92,83	25,00			
	V	**987,25**	367,58	367,58	IV	518,50	460,91	404,91	350,58	297,83	246,75
	VI	**1030,50**	367,58	367,58							
3944,99	I,IV	**578,41**	367,83	367,83	I	461,66	351,25	247,41	149,91	59,66	
	II	**473,58**	367,83	367,83	II	362,50	257,91	159,75	68,33		
	III	**268,83**	367,83	367,83	III	177,16	93,33	25,33			
	V	**988,33**	367,83	367,83	IV	519,25	461,66	405,66	351,25	298,50	247,41
	VI	**1031,58**	367,83	367,83							
3947,99	I,IV	**579,25**	368,08	368,08	I	462,41	352,00	248,08	150,50	60,16	
	II	**474,33**	368,08	368,08	II	363,25	258,58	160,41	68,91	0,16	
	III	**269,50**	368,08	368,08	III	177,83	93,83	25,83			
	V	**989,33**	368,08	368,08	IV	520,00	462,41	406,41	352,00	299,25	248,08
	VI	**1032,58**	368,08	368,08							
3950,99	I,IV	**580,00**	368,41	368,41	I	463,16	352,66	248,66	151,16	60,66	
	II	**475,08**	368,41	368,41	II	363,91	259,25	161,00	69,41	0,50	
	III	**270,16**	368,41	368,41	III	178,50	94,33	26,16			
	V	**990,33**	368,41	368,41	IV	520,75	463,16	407,08	352,66	299,91	248,66
	VI	**1033,58**	368,41	368,41							
3953,99	I,IV	**580,75**	368,66	368,66	I	463,83	353,41	249,33	151,75	61,25	
	II	**475,75**	368,66	368,66	II	364,66	259,91	161,66	70,00	0,83	
	III	**270,66**	368,66	368,66	III	179,00	94,83	26,66			
	V	**991,33**	368,66	368,66	IV	521,50	463,83	407,83	353,41	300,58	249,33
	VI	**1034,66**	368,66	368,66							
3956,99	I,IV	**581,58**	368,91	368,91	I	464,66	354,08	250,00	152,41	61,75	
	II	**476,58**	368,91	368,91	II	365,33	260,58	162,25	70,58	1,25	
	III	**271,33**	368,91	368,91	III	179,66	95,33	27,00			
	V	**992,41**	368,91	368,91	IV	522,33	464,66	408,58	354,08	301,25	250,00
	VI	**1035,66**	368,91	368,91							
3959,99	I,IV	**582,33**	369,25	369,25	I	465,33	354,83	250,66	153,00	62,33	
	II	**477,33**	369,25	369,25	II	366,08	261,25	162,91	71,08	1,58	
	III	**272,00**	369,25	369,25	III	180,16	95,83	27,33			
	V	**993,41**	369,25	369,25	IV	523,08	465,33	409,25	354,83	301,91	250,66
	VI	**1036,66**	369,25	369,25							

* Zur LSt-Berechnung für privat versicherte Arbeitnehmer s. Beispiele **Vorbemerkung S. 4 f.**
** Basisvorsorgepauschale KV und PV *** Typisierter Arbeitgeberzuschuss

Lohn/ Gehalt in € bis	Steuerklasse	Lohn-steuer*	BVSP**	TAGZ***	Steuerklasse	Bemessungsgrundlage für Kirchensteuer und Solidaritätszuschlag – Freibeträge für ... Kinder 0,5	**1,0**	1,5	**2,0**	2,5	**3,0**
3962,99	I,IV	**583,16**	369,50	369,50	I	466,08	355,50	251,33	153,58	62,83	
	II	**478,00**	369,50	369,50	II	366,75	261,91	163,50	71,66	1,91	
	III	**272,50**	369,50	369,50	III	180,83	96,33	27,83			
	V	**994,41**	369,50	369,50	IV	523,83	466,08	410,00	355,50	302,58	251,33
	VI	**1037,75**	369,50	369,50							
3965,99	I,IV	**583,91**	369,75	369,75	I	466,83	356,25	252,00	154,25	63,41	
	II	**478,83**	369,75	369,75	II	367,50	262,58	164,16	72,25	2,25	
	III	**273,16**	369,75	369,75	III	181,33	96,83	28,16			
	V	**995,50**	369,75	369,75	IV	524,58	466,83	410,75	356,25	303,33	252,00
	VI	**1038,75**	369,75	369,75							
3968,99	I,IV	**584,75**	370,08	370,08	I	467,58	356,91	252,66	154,83	63,91	
	II	**479,58**	370,08	370,08	II	368,16	263,25	164,75	72,83	2,58	
	III	**273,83**	370,08	370,08	III	182,00	97,33	28,66			
	V	**996,50**	370,08	370,08	IV	525,33	467,58	411,50	356,91	304,00	252,66
	VI	**1039,75**	370,08	370,08							
3971,99	I,IV	**585,50**	370,33	370,33	I	468,33	357,58	253,33	155,50	64,50	
	II	**480,25**	370,33	370,33	II	368,91	263,91	165,41	73,41	3,00	
	III	**274,33**	370,33	370,33	III	182,50	97,83	29,00			
	V	**997,50**	370,33	370,33	IV	526,08	468,33	412,16	357,58	304,66	253,33
	VI	**1040,83**	370,33	370,33							
3974,99	I,IV	**586,25**	370,66	370,66	I	469,08	358,33	254,00	156,08	65,00	
	II	**481,00**	370,66	370,66	II	369,58	264,58	166,00	73,91	3,33	
	III	**275,00**	370,66	370,66	III	183,16	98,33	29,33			
	V	**998,58**	370,66	370,66	IV	526,83	469,08	412,91	358,33	305,33	254,00
	VI	**1041,83**	370,66	370,66							
3977,99	I,IV	**587,08**	370,91	370,91	I	469,83	359,00	254,66	156,75	65,58	
	II	**481,83**	370,91	370,91	II	370,33	265,25	166,66	74,50	3,66	
	III	**275,66**	370,91	370,91	III	183,83	98,83	29,83			
	V	**999,58**	370,91	370,91	IV	527,66	469,83	413,66	359,00	306,08	254,66
	VI	**1042,83**	370,91	370,91							
3980,99	I,IV	**587,83**	371,16	371,16	I	470,58	359,75	255,33	157,33	66,16	
	II	**482,58**	371,16	371,16	II	371,00	265,91	167,25	75,08	4,00	
	III	**276,16**	371,16	371,16	III	184,33	99,33	30,16			
	V	**1000,58**	371,16	371,16	IV	528,41	470,58	414,33	359,75	306,75	255,33
	VI	**1043,83**	371,16	371,16							
3983,99	I,IV	**588,66**	371,50	371,50	I	471,33	360,41	256,00	157,91	66,66	
	II	**483,25**	371,50	371,50	II	371,75	266,58	167,91	75,66	4,41	
	III	**276,83**	371,50	371,50	III	185,00	99,83	30,50			
	V	**1001,66**	371,50	371,50	IV	529,16	471,33	415,08	360,41	307,41	256,00
	VI	**1044,91**	371,50	371,50							
3986,99	I,IV	**589,41**	371,75	371,75	I	472,08	361,16	256,66	158,58	67,25	
	II	**484,08**	371,75	371,75	II	372,41	267,25	168,50	76,25	4,75	
	III	**277,50**	371,75	371,75	III	185,50	100,33	31,00			
	V	**1002,66**	371,75	371,75	IV	530,00	472,08	415,83	361,16	308,08	256,66
	VI	**1045,91**	371,75	371,75							
3989,99	I,IV	**590,25**	372,00	372,00	I	472,83	361,83	257,33	159,16	67,75	
	II	**484,83**	372,00	372,00	II	373,16	267,91	169,16	76,83	5,08	
	III	**278,00**	372,00	372,00	III	186,16	100,83	31,33			
	V	**1003,66**	372,00	372,00	IV	530,75	472,83	416,50	361,83	308,75	257,33
	VI	**1046,91**	372,00	372,00							
3992,99	I,IV	**591,00**	372,33	372,33	I	473,58	362,58	258,00	159,83	68,33	
	II	**485,58**	372,33	372,33	II	373,83	268,58	169,75	77,41	5,50	
	III	**278,66**	372,33	372,33	III	186,66	101,33	31,83			
	V	**1004,75**	372,33	372,33	IV	531,50	473,58	417,25	362,58	309,41	258,00
	VI	**1048,00**	372,33	372,33							
3995,99	I,IV	**591,83**	372,58	372,58	I	474,33	363,25	258,58	160,41	68,91	0,16
	II	**486,25**	372,58	372,58	II	374,58	269,25	170,41	78,00	5,83	
	III	**279,16**	372,58	372,58	III	187,33	101,83	32,16			
	V	**1005,75**	372,58	372,58	IV	532,25	474,33	418,00	363,25	310,16	258,58
	VI	**1049,00**	372,58	372,58							

* Zur LSt-Berechnung für privat versicherte Arbeitnehmer s. Beispiele **Vorbemerkung S. 4 f.**
** Basisvorsorgepauschale KV und PV *** Typisierter Arbeitgeberzuschuss

Lohn/ Gehalt in € bis	Steuerklasse	Lohn-steuer*	BVSP**	TAGZ***	Steuerklasse	Bemessungsgrundlage für Kirchensteuer und Solidaritätszuschlag					
						Freibeträge für ... Kinder					
						0,5	**1,0**	1,5	**2,0**	2,5	**3,0**
3998,99	I,IV	**592,58**	372,83	372,83	I	475,08	364,00	259,33	161,08	69,41	0,50
	II	**487,08**	372,83	372,83	II	375,25	269,91	171,00	78,58	6,16	
	III	**279,83**	372,83	372,83	III	187,83	102,33	32,50			
	V	**1006,75**	372,83	372,83	IV	533,00	475,08	418,75	364,00	310,83	259,33
	VI	**1050,00**	372,83	372,83							
4001,99	I,IV	**593,41**	373,16	373,16	I	475,83	364,66	259,91	161,66	70,00	0,83
	II	**487,83**	373,16	373,16	II	376,00	270,58	171,66	79,16	6,58	
	III	**280,50**	373,16	373,16	III	188,50	102,83	33,00			
	V	**1007,75**	373,16	373,16	IV	533,83	475,83	419,41	364,66	311,50	259,91
	VI	**1051,08**	373,16	373,16							
4004,99	I,IV	**594,16**	373,41	373,41	I	476,58	365,33	260,58	162,25	70,58	1,25
	II	**488,58**	373,41	373,41	II	376,66	271,25	172,25	79,66	6,91	
	III	**281,00**	373,41	373,41	III	189,00	103,33	33,33			
	V	**1008,83**	373,41	373,41	IV	534,58	476,58	420,16	365,33	312,16	260,58
	VI	**1052,08**	373,41	373,41							
4007,99	I,IV	**595,00**	373,66	373,66	I	477,33	366,08	261,33	162,91	71,16	1,58
	II	**489,33**	373,66	373,66	II	377,41	271,91	172,91	80,33	7,33	
	III	**281,66**	373,66	373,66	III	189,66	103,83	33,83			
	V	**1009,83**	373,66	373,66	IV	535,33	477,33	420,91	366,08	312,91	261,33
	VI	**1053,08**	373,66	373,66							
4010,99	I,IV	**595,75**	374,00	374,00	I	478,08	366,83	261,91	163,58	71,66	1,91
	II	**490,08**	374,00	374,00	II	378,16	272,58	173,50	80,91	7,66	
	III	**282,33**	374,00	374,00	III	190,33	104,33	34,16			
	V	**1010,83**	374,00	374,00	IV	536,08	478,08	421,66	366,83	313,58	261,91
	VI	**1054,16**	374,00	374,00							
4013,99	I,IV	**596,58**	374,25	374,25	I	478,83	367,50	262,58	164,16	72,25	2,25
	II	**490,83**	374,25	374,25	II	378,83	273,25	174,16	81,50	8,08	
	III	**282,83**	374,25	374,25	III	190,83	104,83	34,66			
	V	**1011,91**	374,25	374,25	IV	536,83	478,83	422,33	367,50	314,25	262,58
	VI	**1055,16**	374,25	374,25							
4016,99	I,IV	**597,33**	374,58	374,58	I	479,58	368,25	263,33	164,83	72,83	2,58
	II	**491,58**	374,58	374,58	II	379,58	274,00	174,83	82,08	8,41	
	III	**283,50**	374,58	374,58	III	191,50	105,50	35,00			
	V	**1012,91**	374,58	374,58	IV	537,66	479,58	423,08	368,25	314,91	263,33
	VI	**1056,16**	374,58	374,58							
4019,99	I,IV	**598,16**	374,83	374,83	I	480,33	368,91	263,91	165,41	73,41	3,00
	II	**492,33**	374,83	374,83	II	380,25	274,66	175,41	82,66	8,83	
	III	**284,16**	374,83	374,83	III	192,00	106,00	35,50			
	V	**1013,91**	374,83	374,83	IV	538,41	480,33	423,83	368,91	315,66	263,91
	VI	**1057,25**	374,83	374,83							
4022,99	I,IV	**598,91**	375,08	375,08	I	481,08	369,58	264,58	166,00	74,00	3,33
	II	**493,08**	375,08	375,08	II	381,00	275,25	176,00	83,25	9,16	
	III	**284,66**	375,08	375,08	III	192,66	106,50	35,83			
	V	**1015,00**	375,08	375,08	IV	539,16	481,08	424,50	369,58	316,33	264,58
	VI	**1058,25**	375,08	375,08							
4025,99	I,IV	**599,75**	375,41	375,41	I	481,83	370,33	265,25	166,66	74,50	3,66
	II	**493,83**	375,41	375,41	II	381,66	275,91	176,66	83,83	9,58	
	III	**285,33**	375,41	375,41	III	193,16	107,00	36,16			
	V	**1016,00**	375,41	375,41	IV	539,91	481,83	425,25	370,33	317,00	265,25
	VI	**1059,25**	375,41	375,41							
4028,99	I,IV	**600,50**	375,66	375,66	I	482,58	371,08	265,91	167,33	75,08	4,08
	II	**494,58**	375,66	375,66	II	382,41	276,66	177,33	84,41	9,91	
	III	**286,00**	375,66	375,66	III	193,83	107,50	36,66			
	V	**1017,00**	375,66	375,66	IV	540,75	482,58	426,00	371,08	317,66	265,91
	VI	**1060,25**	375,66	375,66							
4031,99	I,IV	**601,33**	375,91	375,91	I	483,33	371,75	266,58	167,91	75,66	4,41
	II	**495,33**	375,91	375,91	II	383,08	277,33	177,91	85,00	10,33	
	III	**286,66**	375,91	375,91	III	194,33	108,00	37,00			
	V	**1018,08**	375,91	375,91	IV	541,50	483,33	426,75	371,75	318,41	266,58
	VI	**1061,33**	375,91	375,91							

* Zur LSt-Berechnung für privat versicherte Arbeitnehmer s. Beispiele **Vorbemerkung S. 4 f.**
** Basisvorsorgepauschale KV und PV *** Typisierter Arbeitgeberzuschuss

Lohn/ Gehalt in € bis	Steuerklasse	**Lohn-steuer***	BVSP**	TAGZ***	Steuerklasse	Bemessungsgrundlage für Kirchensteuer und Solidaritätszuschlag — Freibeträge für ... Kinder 0,5	**1,0**	1,5	**2,0**	2,5	**3,0**
4034,99	I,IV	**602,08**	376,25	376,25	I	484,08	372,41	267,25	168,50	76,25	4,75
	II	**496,08**	376,25	376,25	II	383,83	278,00	178,58	85,58	10,66	
	III	**287,16**	376,25	376,25	III	195,00	108,50	37,50			
	V	**1019,08**	376,25	376,25	IV	542,25	484,08	427,41	372,41	319,08	267,25
	VI	**1062,33**	376,25	376,25							
4037,99	I,IV	**602,91**	376,50	376,50	I	484,83	373,16	268,00	169,16	76,83	5,16
	II	**496,83**	376,50	376,50	II	384,58	278,66	179,16	86,16	11,08	
	III	**287,83**	376,50	376,50	III	195,66	109,00	37,83			
	V	**1020,08**	376,50	376,50	IV	543,08	484,83	428,16	373,16	319,75	268,00
	VI	**1063,33**	376,50	376,50							
4040,99	I,IV	**603,66**	376,75	376,75	I	485,58	373,91	268,58	169,75	77,41	5,50
	II	**497,58**	376,75	376,75	II	385,25	279,33	179,83	86,75	11,50	
	III	**288,50**	376,75	376,75	III	196,16	109,50	38,33			
	V	**1021,08**	376,75	376,75	IV	543,83	485,58	428,91	373,91	320,41	268,58
	VI	**1064,41**	376,75	376,75							
4043,99	I,IV	**604,50**	377,08	377,08	I	486,33	374,58	269,25	170,41	78,00	5,83
	II	**498,33**	377,08	377,08	II	386,00	280,00	180,41	87,33	11,83	
	III	**289,00**	377,08	377,08	III	196,83	110,00	38,66			
	V	**1022,16**	377,08	377,08	IV	544,58	486,33	429,66	374,58	321,16	269,25
	VI	**1065,41**	377,08	377,08							
4046,99	I,IV	**605,25**	377,33	377,33	I	487,08	375,25	269,91	171,00	78,58	6,16
	II	**499,08**	377,33	377,33	II	386,66	280,66	181,08	87,91	12,25	
	III	**289,66**	377,33	377,33	III	197,33	110,50	39,16			
	V	**1023,16**	377,33	377,33	IV	545,33	487,08	430,33	375,25	321,83	269,91
	VI	**1066,41**	377,33	377,33							
4049,99	I,IV	**606,08**	377,58	377,58	I	487,83	376,00	270,66	171,66	79,16	6,58
	II	**499,91**	377,58	377,58	II	387,41	281,33	181,75	88,50	12,66	
	III	**290,33**	377,58	377,58	III	198,00	111,16	39,50			
	V	**1024,16**	377,58	377,58	IV	546,16	487,83	431,08	376,00	322,50	270,66
	VI	**1067,50**	377,58	377,58							
4052,99	I,IV	**606,83**	377,91	377,91	I	488,58	376,75	271,25	172,25	79,75	6,91
	II	**500,66**	377,91	377,91	II	388,08	282,00	182,33	89,08	13,00	
	III	**290,83**	377,91	377,91	III	198,50	111,66	40,00			
	V	**1025,25**	377,91	377,91	IV	546,91	488,58	431,83	376,75	323,16	271,25
	VI	**1068,50**	377,91	377,91							
4055,99	I,IV	**607,66**	378,16	378,16	I	489,33	377,41	271,91	172,91	80,33	7,33
	II	**501,41**	378,16	378,16	II	388,83	282,66	183,00	89,66	13,41	
	III	**291,50**	378,16	378,16	III	199,16	112,16	40,33			
	V	**1026,25**	378,16	378,16	IV	547,66	489,33	432,58	377,41	323,91	271,91
	VI	**1069,50**	378,16	378,16							
4058,99	I,IV	**608,50**	378,50	378,50	I	490,08	378,16	272,66	173,58	80,91	7,66
	II	**502,16**	378,50	378,50	II	389,58	283,33	183,58	90,25	13,83	
	III	**292,16**	378,50	378,50	III	199,66	112,66	40,83			
	V	**1027,25**	378,50	378,50	IV	548,50	490,08	433,33	378,16	324,58	272,66
	VI	**1070,58**	378,50	378,50							
4061,99	I,IV	**609,25**	378,75	378,75	I	490,83	378,83	273,33	174,16	81,50	8,08
	II	**502,91**	378,75	378,75	II	390,25	284,00	184,25	90,83	14,25	
	III	**292,83**	378,75	378,75	III	200,33	113,16	41,16			
	V	**1028,33**	378,75	378,75	IV	549,25	490,83	434,08	378,83	325,25	273,33
	VI	**1071,58**	378,75	378,75							
4064,99	I,IV	**610,08**	379,00	379,00	I	491,58	379,58	274,00	174,83	82,08	8,41
	II	**503,66**	379,00	379,00	II	391,00	284,66	184,83	91,41	14,58	
	III	**293,33**	379,00	379,00	III	200,83	113,66	41,66			
	V	**1029,33**	379,00	379,00	IV	550,00	491,58	434,75	379,58	325,91	274,00
	VI	**1072,58**	379,00	379,00							
4067,99	I,IV	**610,83**	379,33	379,33	I	492,33	380,25	274,66	175,41	82,66	8,83
	II	**504,41**	379,33	379,33	II	391,66	285,41	185,50	92,08	15,00	
	III	**294,00**	379,33	379,33	III	201,50	114,33	42,00			
	V	**1030,33**	379,33	379,33	IV	550,83	492,33	435,50	380,25	326,66	274,66
	VI	**1073,58**	379,33	379,33							

* Zur LSt-Berechnung für privat versicherte Arbeitnehmer s. Beispiele **Vorbemerkung S. 4 f.**
** Basisvorsorgepauschale KV und PV *** Typisierter Arbeitgeberzuschuss

Lohn/ Gehalt in € bis	Steuerklasse	Lohn-steuer*	BVSP**	TAGZ***	Steuerklasse	Bemessungsgrundlage für Kirchensteuer und Solidaritätszuschlag – Freibeträge für ... Kinder 0,5	1,0	1,5	2,0	2,5	3,0
4070,99	I,IV	**611,66**	379,58	379,58	I	493,08	381,00	275,33	176,08	83,25	9,16
	II	**505,16**	379,58	379,58	II	392,41	286,08	186,16	92,66	15,41	
	III	**294,66**	379,58	379,58	III	202,16	114,83	42,50			
	V	**1031,41**	379,58	379,58	IV	551,58	493,08	436,25	381,00	327,33	275,33
	VI	**1074,66**	379,58	379,58							
4073,99	I,IV	**612,41**	379,83	379,83	I	493,83	381,66	276,00	176,66	83,83	9,58
	II	**505,91**	379,83	379,83	II	393,16	286,75	186,75	93,25	15,83	
	III	**295,16**	379,83	379,83	III	202,66	115,33	42,83			
	V	**1032,41**	379,83	379,83	IV	552,33	493,83	437,00	381,66	328,00	276,00
	VI	**1075,66**	379,83	379,83							
4076,99	I,IV	**613,25**	380,16	380,16	I	494,58	382,41	276,66	177,33	84,41	9,91
	II	**506,66**	380,16	380,16	II	393,83	287,41	187,41	93,83	16,16	
	III	**295,83**	380,16	380,16	III	203,33	115,83	43,33			
	V	**1033,41**	380,16	380,16	IV	553,08	494,58	437,66	382,41	328,75	276,66
	VI	**1076,66**	380,16	380,16							
4079,99	I,IV	**614,08**	380,41	380,41	I	495,41	383,16	277,33	177,91	85,00	10,33
	II	**507,50**	380,41	380,41	II	394,58	288,08	188,00	94,41	16,58	
	III	**296,50**	380,41	380,41	III	203,83	116,33	43,66			
	V	**1034,50**	380,41	380,41	IV	553,91	495,41	438,41	383,16	329,41	277,33
	VI	**1077,75**	380,41	380,41							
4082,99	I,IV	**614,83**	380,66	380,66	I	496,08	383,83	278,00	178,58	85,58	10,75
	II	**508,25**	380,66	380,66	II	395,25	288,75	188,66	95,00	17,00	
	III	**297,00**	380,66	380,66	III	204,50	116,83	44,16			
	V	**1035,50**	380,66	380,66	IV	554,66	496,08	439,16	383,83	330,08	278,00
	VI	**1078,75**	380,66	380,66							
4085,99	I,IV	**615,66**	381,00	381,00	I	496,83	384,58	278,66	179,16	86,16	11,08
	II	**509,00**	381,00	381,00	II	396,00	289,41	189,33	95,58	17,41	
	III	**297,66**	381,00	381,00	III	205,16	117,50	44,50			
	V	**1036,50**	381,00	381,00	IV	555,41	496,83	439,91	384,58	330,83	278,66
	VI	**1079,75**	381,00	381,00							
4088,99	I,IV	**616,41**	381,25	381,25	I	497,66	385,25	279,33	179,83	86,75	11,50
	II	**509,75**	381,25	381,25	II	396,75	290,08	189,91	96,16	17,83	
	III	**298,33**	381,25	381,25	III	205,66	118,00	45,00			
	V	**1037,50**	381,25	381,25	IV	556,25	497,66	440,66	385,25	331,50	279,33
	VI	**1080,83**	381,25	381,25							
4091,99	I,IV	**617,25**	381,50	381,50	I	498,41	386,00	280,00	180,50	87,33	11,83
	II	**510,50**	381,50	381,50	II	397,41	290,83	190,58	96,75	18,25	
	III	**298,83**	381,50	381,50	III	206,33	118,50	45,33			
	V	**1038,58**	381,50	381,50	IV	557,00	498,41	441,41	386,00	332,16	280,00
	VI	**1081,83**	381,50	381,50							
4094,99	I,IV	**618,00**	381,83	381,83	I	499,16	386,66	280,66	181,08	87,91	12,25
	II	**511,25**	381,83	381,83	II	398,16	291,50	191,16	97,33	18,66	
	III	**299,50**	381,83	381,83	III	206,83	119,00	45,83			
	V	**1039,58**	381,83	381,83	IV	557,75	499,16	442,08	386,66	332,91	280,66
	VI	**1082,83**	381,83	381,83							
4097,99	I,IV	**618,83**	382,08	382,08	I	499,91	387,41	281,33	181,75	88,50	12,66
	II	**512,00**	382,08	382,08	II	398,83	292,16	191,83	98,00	19,08	
	III	**300,16**	382,08	382,08	III	207,50	119,50	46,16			
	V	**1040,58**	382,08	382,08	IV	558,58	499,91	442,83	387,41	333,58	281,33
	VI	**1083,83**	382,08	382,08							
4100,99	I,IV	**619,66**	382,41	382,41	I	500,66	388,16	282,00	182,33	89,08	13,00
	II	**512,83**	382,41	382,41	II	399,58	292,83	192,50	98,58	19,50	
	III	**300,83**	382,41	382,41	III	208,00	120,16	46,66			
	V	**1041,66**	382,41	382,41	IV	559,33	500,66	443,58	388,16	334,25	282,00
	VI	**1084,91**	382,41	382,41							
4103,99	I,IV	**620,41**	382,66	382,66	I	501,41	388,83	282,66	183,00	89,66	13,41
	II	**513,58**	382,66	382,66	II	400,33	293,50	193,08	99,16	19,91	
	III	**301,33**	382,66	382,66	III	208,66	120,66	47,16			
	V	**1042,66**	382,66	382,66	IV	560,08	501,41	444,33	388,83	335,00	282,66
	VI	**1085,91**	382,66	382,66							

* Zur LSt-Berechnung für privat versicherte Arbeitnehmer s. Beispiele **Vorbemerkung S. 4f.**
** Basisvorsorgepauschale KV und PV *** Typisierter Arbeitgeberzuschuss

Lohn/ Gehalt in € bis	Steuerklasse	Lohn- steuer*	BVSP**	TAGZ***	Steuerklasse	Bemessungsgrundlage für Kirchensteuer und Solidaritätszuschlag – Freibeträge für ... Kinder 0,5	1,0	1,5	2,0	2,5	3,0
4106,99	I,IV	**621,25**	382,91	382,91	I	502,16	389,58	283,33	183,58	90,25	13,83
	II	**514,33**	382,91	382,91	II	401,00	294,16	193,75	99,75	20,33	
	III	**302,00**	382,91	382,91	III	209,16	121,16	47,50			
	V	**1043,66**	382,91	382,91	IV	560,91	502,16	445,08	389,58	335,66	283,33
	VI	**1086,91**	382,91	382,91							
4109,99	I,IV	**622,00**	383,25	383,25	I	502,91	390,25	284,08	184,25	90,91	14,25
	II	**515,08**	383,25	383,25	II	401,75	294,83	194,41	100,33	20,75	
	III	**302,66**	383,25	383,25	III	209,83	121,66	48,00			
	V	**1044,75**	383,25	383,25	IV	561,66	502,91	445,83	390,25	336,33	284,08
	VI	**1088,00**	383,25	383,25							
4112,99	I,IV	**622,83**	383,50	383,50	I	503,66	391,00	284,75	184,91	91,50	14,58
	II	**515,83**	383,50	383,50	II	402,50	295,50	195,00	100,91	21,16	
	III	**303,16**	383,50	383,50	III	210,50	122,16	48,33			
	V	**1045,75**	383,50	383,50	IV	562,50	503,66	446,58	391,00	337,08	284,75
	VI	**1089,00**	383,50	383,50							
4115,99	I,IV	**623,58**	383,75	383,75	I	504,41	391,66	285,41	185,50	92,08	15,00
	II	**516,58**	383,75	383,75	II	403,16	296,25	195,66	101,50	21,58	
	III	**303,83**	383,75	383,75	III	211,00	122,83	48,83			
	V	**1046,75**	383,75	383,75	IV	563,25	504,41	447,25	391,66	337,75	285,41
	VI	**1090,00**	383,75	383,75							
4118,99	I,IV	**624,41**	384,08	384,08	I	505,25	392,41	286,08	186,16	92,66	15,41
	II	**517,41**	384,08	384,08	II	403,91	296,91	196,33	102,16	22,00	
	III	**304,50**	384,08	384,08	III	211,66	123,33	49,33			
	V	**1047,83**	384,08	384,08	IV	564,00	505,25	448,00	392,41	338,50	286,08
	VI	**1091,08**	384,08	384,08							
4121,99	I,IV	**625,25**	384,33	384,33	I	506,00	393,16	286,75	186,75	93,25	15,83
	II	**518,16**	384,33	384,33	II	404,66	297,58	196,91	102,75	22,41	
	III	**305,16**	384,33	384,33	III	212,33	123,83	49,66			
	V	**1048,83**	384,33	384,33	IV	564,83	506,00	448,75	393,16	339,16	286,75
	VI	**1092,08**	384,33	384,33							
4124,99	I,IV	**626,00**	384,58	384,58	I	506,75	393,83	287,41	187,41	93,83	16,25
	II	**518,91**	384,58	384,58	II	405,33	298,25	197,58	103,33	22,83	
	III	**305,66**	384,58	384,58	III	212,83	124,33	50,16			
	V	**1049,83**	384,58	384,58	IV	565,58	506,75	449,50	393,83	339,83	287,41
	VI	**1093,08**	384,58	384,58							
4127,99	I,IV	**626,83**	384,91	384,91	I	507,50	394,58	288,08	188,00	94,41	16,58
	II	**519,66**	384,91	384,91	II	406,08	298,91	198,16	103,91	23,25	
	III	**306,33**	384,91	384,91	III	213,50	125,00	50,50			
	V	**1050,83**	384,91	384,91	IV	566,33	507,50	450,25	394,58	340,50	288,08
	VI	**1094,08**	384,91	384,91							
4130,99	I,IV	**627,66**	385,16	385,16	I	508,25	395,33	288,75	188,66	95,00	17,00
	II	**520,41**	385,16	385,16	II	406,83	299,58	198,83	104,50	23,66	
	III	**307,00**	385,16	385,16	III	214,00	125,50	51,00			
	V	**1051,91**	385,16	385,16	IV	567,16	508,25	451,00	395,33	341,25	288,75
	VI	**1095,16**	385,16	385,16							
4133,99	I,IV	**628,41**	385,41	385,41	I	509,00	396,00	289,41	189,33	95,58	17,41
	II	**521,16**	385,41	385,41	II	407,50	300,33	199,50	105,08	24,08	
	III	**307,50**	385,41	385,41	III	214,66	126,00	51,33			
	V	**1052,91**	385,41	385,41	IV	567,91	509,00	451,75	396,00	341,91	289,41
	VI	**1096,16**	385,41	385,41							
4136,99	I,IV	**629,25**	385,75	385,75	I	509,75	396,75	290,08	189,91	96,16	17,83
	II	**521,91**	385,75	385,75	II	408,25	301,00	200,08	105,66	24,50	
	III	**308,16**	385,75	385,75	III	215,16	126,50	51,83			
	V	**1053,91**	385,75	385,75	IV	568,66	509,75	452,41	396,75	342,58	290,08
	VI	**1097,16**	385,75	385,75							
4139,99	I,IV	**630,08**	386,00	386,00	I	510,58	397,50	290,83	190,58	96,83	18,25
	II	**522,75**	386,00	386,00	II	409,00	301,66	200,75	106,33	25,00	
	III	**308,83**	386,00	386,00	III	215,83	127,16	52,33			
	V	**1055,00**	386,00	386,00	IV	569,50	510,58	453,16	397,50	343,33	290,83
	VI	**1098,25**	386,00	386,00							

* Zur LSt-Berechnung für privat versicherte Arbeitnehmer s. Beispiele **Vorbemerkung S. 4 f.**
** Basisvorsorgepauschale KV und PV *** Typisierter Arbeitgeberzuschuss

Lohn/ Gehalt in € bis	Steuerklasse	Lohn-steuer*	BVSP**	TAGZ***	Steuerklasse	Bemessungsgrundlage für Kirchensteuer und Solidaritätszuschlag					
						Freibeträge für ... Kinder					
						0,5	**1,0**	1,5	**2,0**	2,5	**3,0**
4142,99	I,IV	**630,83**	386,33	386,33	I	511,33	398,16	291,50	191,25	97,41	18,66
	II	**523,50**	386,33	386,33	II	409,66	302,33	201,41	106,91	25,41	
	III	**309,33**	386,33	386,33	III	216,50	127,66	52,66			
	V	**1 056,00**	386,33	386,33	IV	570,25	511,33	453,91	398,16	344,00	291,50
	VI	**1 099,25**	386,33	386,33							
4145,99	I,IV	**631,66**	386,58	386,58	I	512,08	398,91	292,16	191,83	98,00	19,08
	II	**524,25**	386,58	386,58	II	410,41	303,00	202,00	107,50	25,83	
	III	**310,00**	386,58	386,58	III	217,00	128,16	53,16			
	V	**1 057,00**	386,58	386,58	IV	571,08	512,08	454,66	398,91	344,75	292,16
	VI	**1 100,25**	386,58	386,58							
4148,99	I,IV	**632,41**	386,83	386,83	I	512,83	399,58	292,83	192,50	98,58	19,50
	II	**525,00**	386,83	386,83	II	411,16	303,66	202,66	108,08	26,25	
	III	**310,66**	386,83	386,83	III	217,66	128,66	53,66			
	V	**1 058,00**	386,83	386,83	IV	571,83	512,83	455,41	399,58	345,41	292,83
	VI	**1 101,25**	386,83	386,83							
4151,99	I,IV	**633,25**	387,16	387,16	I	513,58	400,33	293,50	193,16	99,16	19,91
	II	**525,83**	387,16	387,16	II	411,91	304,41	203,33	108,66	26,75	
	III	**311,33**	387,16	387,16	III	218,16	129,33	54,00			
	V	**1 059,08**	387,16	387,16	IV	572,66	513,58	456,16	400,33	346,16	293,50
	VI	**1 102,33**	387,16	387,16							
4154,99	I,IV	**634,08**	387,41	387,41	I	514,33	401,08	294,16	193,75	99,75	20,33
	II	**526,58**	387,41	387,41	II	412,58	305,08	204,00	109,33	27,16	
	III	**311,83**	387,41	387,41	III	218,83	129,83	54,50			
	V	**1 060,08**	387,41	387,41	IV	573,41	514,33	456,91	401,08	346,83	294,16
	VI	**1 103,33**	387,41	387,41							
4157,99	I,IV	**634,83**	387,66	387,66	I	515,08	401,75	294,83	194,41	100,33	20,75
	II	**527,33**	387,66	387,66	II	413,33	305,75	204,58	109,91	27,58	
	III	**312,50**	387,66	387,66	III	219,33	130,33	54,83			
	V	**1 061,08**	387,66	387,66	IV	574,16	515,08	457,66	401,75	347,50	294,83
	VI	**1 104,33**	387,66	387,66							
4160,99	I,IV	**635,66**	388,00	388,00	I	515,91	402,50	295,58	195,08	101,00	21,16
	II	**528,08**	388,00	388,00	II	414,08	306,41	205,25	110,50	28,08	
	III	**313,16**	388,00	388,00	III	220,00	130,83	55,33			
	V	**1 062,16**	388,00	388,00	IV	575,00	515,91	458,41	402,50	348,25	295,58
	VI	**1 105,41**	388,00	388,00							
4163,99	I,IV	**636,50**	388,25	388,25	I	516,66	403,25	296,25	195,66	101,58	21,58
	II	**528,83**	388,25	388,25	II	414,75	307,08	205,91	111,08	28,50	
	III	**313,83**	388,25	388,25	III	220,66	131,50	55,83			
	V	**1 063,16**	388,25	388,25	IV	575,75	516,66	459,08	403,25	348,91	296,25
	VI	**1 106,41**	388,25	388,25							
4166,99	I,IV	**637,25**	388,50	388,50	I	517,41	403,91	296,91	196,33	102,16	22,00
	II	**529,66**	388,50	388,50	II	415,50	307,83	206,50	111,66	28,91	
	III	**314,33**	388,50	388,50	III	221,16	132,00	56,16			
	V	**1 064,16**	388,50	388,50	IV	576,50	517,41	459,83	403,91	349,58	296,91
	VI	**1 107,41**	388,50	388,50							
4169,99	I,IV	**638,08**	388,83	388,83	I	518,16	404,66	297,58	197,00	102,75	22,41
	II	**530,41**	388,83	388,83	II	416,25	308,50	207,16	112,33	29,41	
	III	**315,00**	388,83	388,83	III	221,83	132,50	56,66			
	V	**1 065,25**	388,83	388,83	IV	577,33	518,16	460,58	404,66	350,33	297,58
	VI	**1 108,50**	388,83	388,83							
4172,99	I,IV	**638,91**	389,08	389,08	I	518,91	405,41	298,25	197,58	103,33	22,83
	II	**531,16**	389,08	389,08	II	416,91	309,16	207,83	112,91	29,83	
	III	**315,66**	389,08	389,08	III	222,50	133,16	57,16			
	V	**1 066,25**	389,08	389,08	IV	578,08	518,91	461,33	405,41	351,00	298,25
	VI	**1 109,50**	389,08	389,08							
4175,99	I,IV	**639,66**	389,33	389,33	I	519,66	406,08	298,91	198,25	103,91	23,25
	II	**531,91**	389,33	389,33	II	417,66	309,83	208,41	113,50	30,25	
	III	**316,16**	389,33	389,33	III	223,00	133,66	57,50			
	V	**1 067,25**	389,33	389,33	IV	578,91	519,66	462,08	406,08	351,75	298,91
	VI	**1 110,50**	389,33	389,33							

* Zur LSt-Berechnung für privat versicherte Arbeitnehmer s. Beispiele **Vorbemerkung S. 4 f.**

** Basisvorsorgepauschale KV und PV *** Typisierter Arbeitgeberzuschuss

Lohn/ Gehalt in € bis	Steuerklasse	Lohn-steuer*	BVSP**	TAGZ***	Steuerklasse	Bemessungsgrundlage für Kirchensteuer und Solidaritätszuschlag					
						Freibeträge für ... Kinder					
						0,5	**1,0**	1,5	**2,0**	2,5	**3,0**
4178,99	I,IV	**640,50**	389,66	389,66	I	520,41	406,83	299,58	198,83	104,50	23,66
	II	**532,66**	389,66	389,66	II	418,41	310,50	209,08	114,08	30,66	
	III	**316,83**	389,66	389,66	III	223,66	134,16	58,00			
	V	**1 068,25**	389,66	389,66	IV	579,66	520,41	462,83	406,83	352,41	299,58
	VI	**1 111,50**	389,66	389,66							
4181,99	I,IV	**641,33**	389,91	389,91	I	521,25	407,58	300,33	199,50	105,16	24,16
	II	**533,50**	389,91	389,91	II	419,16	311,25	209,75	114,66	31,16	
	III	**317,50**	389,91	389,91	III	224,16	134,83	58,50			
	V	**1 069,33**	389,91	389,91	IV	580,50	521,25	463,58	407,58	353,16	300,33
	VI	**1 112,58**	389,91	389,91							
4184,99	I,IV	**642,16**	390,25	390,25	I	522,00	408,25	301,00	200,16	105,75	24,58
	II	**534,25**	390,25	390,25	II	419,83	311,91	210,41	115,33	31,58	
	III	**318,16**	390,25	390,25	III	224,83	135,33	58,83			
	V	**1 070,33**	390,25	390,25	IV	581,25	522,00	464,33	408,25	353,83	301,00
	VI	**1 113,58**	390,25	390,25							
4187,99	I,IV	**642,91**	390,50	390,50	I	522,75	409,00	301,66	200,75	106,33	25,00
	II	**535,00**	390,50	390,50	II	420,58	312,58	211,00	115,91	32,08	
	III	**318,66**	390,50	390,50	III	225,50	135,83	59,33			
	V	**1 071,33**	390,50	390,50	IV	582,00	522,75	465,08	409,00	354,50	301,66
	VI	**1 114,58**	390,50	390,50							
4190,99	I,IV	**643,75**	390,75	390,75	I	523,50	409,75	302,33	201,41	106,91	25,41
	II	**535,83**	390,75	390,75	II	421,33	313,25	211,66	116,50	32,50	
	III	**319,33**	390,75	390,75	III	226,00	136,50	59,83			
	V	**1 072,41**	390,75	390,75	IV	582,83	523,50	465,83	409,75	355,25	302,33
	VI	**1 115,66**	390,75	390,75							
4193,99	I,IV	**644,58**	391,08	391,08	I	524,25	410,41	303,00	202,08	107,50	25,83
	II	**536,58**	391,08	391,08	II	422,08	314,00	212,33	117,08	33,00	
	III	**320,00**	391,08	391,08	III	226,66	137,00	60,16			
	V	**1 073,41**	391,08	391,08	IV	583,58	524,25	466,58	410,41	355,91	303,00
	VI	**1 116,66**	391,08	391,08							
4196,99	I,IV	**645,33**	391,33	391,33	I	525,08	411,16	303,75	202,66	108,08	26,25
	II	**537,33**	391,33	391,33	II	422,75	314,66	212,91	117,66	33,41	
	III	**320,66**	391,33	391,33	III	227,16	137,50	60,66	0,16		
	V	**1 074,41**	391,33	391,33	IV	584,41	525,08	467,33	411,16	356,66	303,75
	VI	**1 117,66**	391,33	391,33							
4199,99	I,IV	**646,16**	391,58	391,58	I	525,83	411,91	304,41	203,33	108,75	26,75
	II	**538,08**	391,58	391,58	II	423,50	315,33	213,58	118,33	33,91	
	III	**321,16**	391,58	391,58	III	227,83	138,16	61,16	0,50		
	V	**1 075,50**	391,58	391,58	IV	585,16	525,83	468,08	411,91	357,33	304,41
	VI	**1 118,75**	391,58	391,58							
4202,99	I,IV	**647,00**	391,91	391,91	I	526,58	412,58	305,08	204,00	109,33	27,16
	II	**538,83**	391,91	391,91	II	424,25	316,00	214,25	118,91	34,33	
	III	**321,83**	391,91	391,91	III	228,33	138,66	61,66	0,83		
	V	**1 076,50**	391,91	391,91	IV	586,00	526,58	468,83	412,58	358,08	305,08
	VI	**1 119,75**	391,91	391,91							
4205,99	I,IV	**647,75**	392,16	392,16	I	527,33	413,33	305,75	204,58	109,91	27,58
	II	**539,66**	392,16	392,16	II	425,00	316,75	214,91	119,50	34,83	
	III	**322,50**	392,16	392,16	III	229,00	139,16	62,00	1,33		
	V	**1 077,50**	392,16	392,16	IV	586,75	527,33	469,50	413,33	358,75	305,75
	VI	**1 120,75**	392,16	392,16							
4208,99	I,IV	**648,58**	392,41	392,41	I	528,08	414,08	306,41	205,25	110,50	28,08
	II	**540,41**	392,41	392,41	II	425,66	317,41	215,50	120,08	35,25	
	III	**323,00**	392,41	392,41	III	229,66	139,83	62,50	1,50		
	V	**1 078,50**	392,41	392,41	IV	587,50	528,08	470,25	414,08	359,41	306,41
	VI	**1 121,75**	392,41	392,41							
4211,99	I,IV	**649,41**	392,75	392,75	I	528,91	414,83	307,16	205,91	111,08	28,50
	II	**541,16**	392,75	392,75	II	426,41	318,08	216,16	120,75	35,75	
	III	**323,66**	392,75	392,75	III	230,16	140,33	63,00	2,00		
	V	**1 079,58**	392,75	392,75	IV	588,33	528,91	471,08	414,83	360,16	307,16
	VI	**1 122,83**	392,75	392,75							

* Zur LSt-Berechnung für privat versicherte Arbeitnehmer s. Beispiele **Vorbemerkung S. 4 f.**
** Basisvorsorgepauschale KV und PV *** Typisierter Arbeitgeberzuschuss

Lohn/ Gehalt in € bis	Steuerklasse	Lohn-steuer*	BVSP**	TAGZ***	Steuerklasse	Bemessungsgrundlage für Kirchensteuer und Solidaritätszuschlag					
						Freibeträge für ... Kinder					
						0,5	**1,0**	1,5	**2,0**	2,5	**3,0**
4214,99	I,IV	**650,25**	393,00	393,00	I	529,66	415,50	307,83	206,58	111,66	28,91
	II	**541,91**	393,00	393,00	II	427,16	318,75	216,83	121,33	36,25	
	III	**324,33**	393,00	393,00	III	230,83	140,83	63,50	2,33		
	V	**1080,58**	393,00	393,00	IV	589,16	529,66	471,75	415,50	360,83	307,83
	VI	**1123,83**	393,00	393,00							
4217,99	I,IV	**651,00**	393,25	393,25	I	530,41	416,25	308,50	207,16	112,33	29,41
	II	**542,75**	393,25	393,25	II	427,83	319,50	217,50	121,91	36,66	
	III	**325,00**	393,25	393,25	III	231,33	141,50	63,83	2,66		
	V	**1081,58**	393,25	393,25	IV	589,91	530,41	472,50	416,25	361,58	308,50
	VI	**1124,83**	393,25	393,25							
4220,99	I,IV	**651,83**	393,58	393,58	I	531,16	417,00	309,16	207,83	112,91	29,83
	II	**543,50**	393,58	393,58	II	428,58	320,16	218,16	122,50	37,16	
	III	**325,50**	393,58	393,58	III	232,00	142,00	64,33	3,00		
	V	**1082,66**	393,58	393,58	IV	590,75	531,16	473,25	417,00	362,25	309,16
	VI	**1125,91**	393,58	393,58							
4223,99	I,IV	**652,66**	393,83	393,83	I	532,00	417,66	309,83	208,50	113,50	30,25
	II	**544,25**	393,83	393,83	II	429,33	320,83	218,75	123,16	37,66	
	III	**326,16**	393,83	393,83	III	232,66	142,66	64,83	3,33		
	V	**1083,66**	393,83	393,83	IV	591,50	532,00	474,00	417,66	363,00	309,83
	VI	**1126,91**	393,83	393,83							
4226,99	I,IV	**653,41**	394,16	394,16	I	532,75	418,41	310,58	209,08	114,08	30,75
	II	**545,08**	394,16	394,16	II	430,08	321,50	219,41	123,75	38,08	
	III	**326,83**	394,16	394,16	III	233,16	143,16	65,16	3,66		
	V	**1084,66**	394,16	394,16	IV	592,25	532,75	474,75	418,41	363,66	310,58
	VI	**1127,91**	394,16	394,16							
4229,99	I,IV	**654,25**	394,41	394,41	I	533,50	419,16	311,25	209,75	114,66	31,16
	II	**545,83**	394,41	394,41	II	430,83	322,25	220,08	124,33	38,58	
	III	**327,50**	394,41	394,41	III	233,83	143,66	65,66	4,00		
	V	**1085,66**	394,41	394,41	IV	593,08	533,50	475,50	419,16	364,41	311,25
	VI	**1129,00**	394,41	394,41							
4232,99	I,IV	**655,08**	394,66	394,66	I	534,25	419,91	311,91	210,41	115,33	31,66
	II	**546,58**	394,66	394,66	II	431,58	322,91	220,75	124,91	39,08	
	III	**328,00**	394,66	394,66	III	234,50	144,33	66,16	4,33		
	V	**1086,75**	394,66	394,66	IV	593,91	534,25	476,25	419,91	365,08	311,91
	VI	**1130,00**	394,66	394,66							
4235,99	I,IV	**655,91**	395,00	395,00	I	535,00	420,58	312,58	211,08	115,91	32,08
	II	**547,33**	395,00	395,00	II	432,25	323,58	221,33	125,58	39,50	
	III	**328,66**	395,00	395,00	III	235,00	144,83	66,66	4,66		
	V	**1087,75**	395,00	395,00	IV	594,66	535,00	477,00	420,58	365,83	312,58
	VI	**1131,00**	395,00	395,00							
4238,99	I,IV	**656,66**	395,25	395,25	I	535,83	421,33	313,25	211,66	116,50	32,50
	II	**548,16**	395,25	395,25	II	433,00	324,25	222,00	126,16	40,00	
	III	**329,33**	395,25	395,25	III	235,66	145,33	67,00	5,00		
	V	**1088,75**	395,25	395,25	IV	595,41	535,83	477,75	421,33	366,50	313,25
	VI	**1132,00**	395,25	395,25							
4241,99	I,IV	**657,50**	395,50	395,50	I	536,58	422,08	314,00	212,33	117,08	33,00
	II	**548,91**	395,50	395,50	II	433,75	325,00	222,66	126,75	40,50	
	III	**330,00**	395,50	395,50	III	236,33	146,00	67,50	5,50		
	V	**1089,83**	395,50	395,50	IV	596,25	536,58	478,50	422,08	367,25	314,00
	VI	**1133,08**	395,50	395,50							
4244,99	I,IV	**658,33**	395,83	395,83	I	537,33	422,83	314,66	213,00	117,75	33,41
	II	**549,66**	395,83	395,83	II	434,50	325,66	223,33	127,41	41,00	
	III	**330,50**	395,83	395,83	III	236,83	146,50	68,00	5,83		
	V	**1090,83**	395,83	395,83	IV	597,00	537,33	479,25	422,83	367,91	314,66
	VI	**1134,08**	395,83	395,83							
4247,99	I,IV	**659,16**	396,08	396,08	I	538,08	423,50	315,33	213,58	118,33	33,91
	II	**550,50**	396,08	396,08	II	435,16	326,33	223,91	128,00	41,41	
	III	**331,16**	396,08	396,08	III	237,50	147,16	68,50	6,16		
	V	**1091,83**	396,08	396,08	IV	597,83	538,08	480,00	423,50	368,66	315,33
	VI	**1135,08**	396,08	396,08							

* Zur LSt-Berechnung für privat versicherte Arbeitnehmer s. Beispiele **Vorbemerkung S. 4f.**
** Basisvorsorgepauschale KV und PV *** Typisierter Arbeitgeberzuschuss

Lohn/ Gehalt in € bis	Steuerklasse	Lohn-steuer*	BVSP**	TAGZ***	Steuerklasse	Bemessungsgrundlage für Kirchensteuer und Solidaritätszuschlag – Freibeträge für ... Kinder 0,5	**1,0**	1,5	**2,0**	2,5	**3,0**
4250,99	I,IV	**660,00**	396,33	396,33	I	538,91	424,25	316,08	214,25	118,91	34,41
	II	**551,25**	396,33	396,33	II	435,91	327,08	224,58	128,58	41,91	
	III	**331,83**	396,33	396,33	III	238,00	147,66	69,00	6,50		
	V	**1092,91**	396,33	396,33	IV	598,66	538,91	480,75	424,25	369,33	316,08
	VI	**1136,16**	396,33	396,33							
4253,99	I,IV	**660,75**	396,66	396,66	I	539,66	425,00	316,75	214,91	119,50	34,83
	II	**552,00**	396,66	396,66	II	436,66	327,75	225,25	129,16	42,41	
	III	**332,33**	396,66	396,66	III	238,66	148,16	69,33	6,83		
	V	**1093,91**	396,66	396,66	IV	599,41	539,66	481,50	425,00	370,08	316,75
	VI	**1137,16**	396,66	396,66							
4256,99	I,IV	**661,58**	396,91	396,91	I	540,41	425,66	317,41	215,58	120,16	35,33
	II	**552,83**	396,91	396,91	II	437,41	328,41	225,91	129,83	42,91	
	III	**333,00**	396,91	396,91	III	239,33	148,83	69,83	7,16		
	V	**1094,91**	396,91	396,91	IV	600,16	540,41	482,25	425,66	370,75	317,41
	VI	**1138,16**	396,91	396,91							
4259,99	I,IV	**662,41**	397,16	397,16	I	541,16	426,41	318,08	216,16	120,75	35,75
	II	**553,58**	397,16	397,16	II	438,16	329,08	226,58	130,41	43,41	
	III	**333,66**	397,16	397,16	III	239,83	149,33	70,33	7,50		
	V	**1095,91**	397,16	397,16	IV	601,00	541,16	483,00	426,41	371,50	318,08
	VI	**1139,25**	397,16	397,16							
4262,99	I,IV	**663,25**	397,50	397,50	I	542,00	427,16	318,83	216,83	121,33	36,25
	II	**554,33**	397,50	397,50	II	438,91	329,83	227,25	131,00	43,91	
	III	**334,33**	397,50	397,50	III	240,50	150,00	70,83	7,83		
	V	**1097,00**	397,50	397,50	IV	601,83	542,00	483,75	427,16	372,16	318,83
	VI	**1140,25**	397,50	397,50							
4265,99	I,IV	**664,00**	397,75	397,75	I	542,75	427,91	319,50	217,50	121,91	36,66
	II	**555,16**	397,75	397,75	II	439,58	330,50	227,83	131,66	44,33	
	III	**335,00**	397,75	397,75	III	241,00	150,50	71,16	8,33		
	V	**1098,00**	397,75	397,75	IV	602,58	542,75	484,50	427,91	372,91	319,50
	VI	**1141,25**	397,75	397,75							
4268,99	I,IV	**664,83**	398,08	398,08	I	543,50	428,58	320,16	218,16	122,50	37,16
	II	**555,91**	398,08	398,08	II	440,33	331,16	228,50	132,25	44,83	
	III	**335,50**	398,08	398,08	III	241,66	151,00	71,66	8,66		
	V	**1099,00**	398,08	398,08	IV	603,33	543,50	485,25	428,58	373,58	320,16
	VI	**1142,33**	398,08	398,08							
4271,99	I,IV	**665,66**	398,33	398,33	I	544,33	429,33	320,83	218,83	123,16	37,66
	II	**556,66**	398,33	398,33	II	441,08	331,91	229,16	132,83	45,33	
	III	**336,16**	398,33	398,33	III	242,33	151,66	72,16	9,00		
	V	**1100,08**	398,33	398,33	IV	604,16	544,33	486,00	429,33	374,33	320,83
	VI	**1143,33**	398,33	398,33							
4274,99	I,IV	**666,50**	398,58	398,58	I	545,08	430,08	321,58	219,41	123,75	38,08
	II	**557,50**	398,58	398,58	II	441,83	332,58	229,83	133,50	45,83	
	III	**336,83**	398,58	398,58	III	242,83	152,33	72,66	9,33		
	V	**1101,08**	398,58	398,58	IV	605,00	545,08	486,75	430,08	375,00	321,58
	VI	**1144,33**	398,58	398,58							
4277,99	I,IV	**667,25**	398,91	398,91	I	545,83	430,83	322,25	220,08	124,33	38,58
	II	**558,25**	398,91	398,91	II	442,58	333,25	230,50	134,08	46,33	
	III	**337,33**	398,91	398,91	III	243,50	152,83	73,00	9,66		
	V	**1102,08**	398,91	398,91	IV	605,75	545,83	487,50	430,83	375,75	322,25
	VI	**1145,33**	398,91	398,91							
4280,99	I,IV	**668,08**	399,16	399,16	I	546,58	431,58	322,91	220,75	124,91	39,08
	II	**559,00**	399,16	399,16	II	443,25	334,00	231,08	134,66	46,83	
	III	**338,00**	399,16	399,16	III	244,16	153,33	73,50	10,00		
	V	**1103,16**	399,16	399,16	IV	606,58	546,58	488,25	431,58	376,41	322,91
	VI	**1146,41**	399,16	399,16							
4283,99	I,IV	**668,91**	399,41	399,41	I	547,41	432,33	323,58	221,41	125,58	39,58
	II	**559,83**	399,41	399,41	II	444,00	334,66	231,75	135,33	47,33	
	III	**338,66**	399,41	399,41	III	244,66	154,00	74,00	10,50		
	V	**1104,16**	399,41	399,41	IV	607,33	547,41	489,00	432,33	377,16	323,58
	VI	**1147,41**	399,41	399,41							

* Zur LSt-Berechnung für privat versicherte Arbeitnehmer s. Beispiele **Vorbemerkung S. 4f.**
** Basisvorsorgepauschale KV und PV *** Typisierter Arbeitgeberzuschuss

Lohn/ Gehalt in € bis	Steuerklasse	**Lohn-steuer***	BVSP**	TAGZ***	Steuerklasse	Bemessungsgrundlage für Kirchensteuer und Solidaritätszuschlag – Freibeträge für ... Kinder 0,5	**1,0**	1,5	**2,0**	2,5	**3,0**
4 286,99	I,IV	**669,75**	399,75	399,75	I	548,16	433,00	324,33	222,00	126,16	40,00
	II	**560,58**	399,75	399,75	II	444,75	335,33	232,41	135,91	47,83	
	III	**339,33**	399,75	399,75	III	245,33	154,50	74,50	10,83		
	V	**1 105,16**	399,75	399,75	IV	608,16	548,16	489,75	433,00	377,83	324,33
	VI	**1 148,41**	399,75	399,75							
4 289,99	I,IV	**670,58**	400,00	400,00	I	548,91	433,75	325,00	222,66	126,75	40,50
	II	**561,33**	400,00	400,00	II	445,50	336,08	233,08	136,50	48,33	
	III	**340,00**	400,00	400,00	III	245,83	155,16	75,00	11,16		
	V	**1 106,25**	400,00	400,00	IV	608,91	548,91	490,50	433,75	378,58	325,00
	VI	**1 149,50**	400,00	400,00							
4 292,99	I,IV	**671,41**	400,25	400,25	I	549,75	434,50	325,66	223,33	127,41	41,00
	II	**562,16**	400,25	400,25	II	446,25	336,75	233,75	137,16	48,83	
	III	**340,50**	400,25	400,25	III	246,50	155,66	75,50	11,50		
	V	**1 107,25**	400,25	400,25	IV	609,75	549,75	491,33	434,50	379,33	325,66
	VI	**1 150,50**	400,25	400,25							
4 295,99	I,IV	**672,16**	400,58	400,58	I	550,50	435,25	326,41	224,00	128,00	41,50
	II	**562,91**	400,58	400,58	II	447,00	337,50	234,41	137,75	49,33	
	III	**341,16**	400,58	400,58	III	247,16	156,33	75,83	11,83		
	V	**1 108,25**	400,58	400,58	IV	610,50	550,50	492,08	435,25	380,00	326,41
	VI	**1 151,50**	400,58	400,58							
4 298,99	I,IV	**673,00**	400,83	400,83	I	551,25	435,91	327,08	224,58	128,58	41,91
	II	**563,66**	400,83	400,83	II	447,66	338,16	235,00	138,33	49,83	
	III	**341,83**	400,83	400,83	III	247,66	156,83	76,33	12,33		
	V	**1 109,25**	400,83	400,83	IV	611,33	551,25	492,83	435,91	380,66	327,08
	VI	**1 152,58**	400,83	400,83							
4 301,99	I,IV	**673,83**	401,08	401,08	I	552,08	436,66	327,75	225,25	129,25	42,41
	II	**564,50**	401,08	401,08	II	448,50	338,83	235,66	139,00	50,33	
	III	**342,50**	401,08	401,08	III	248,33	157,50	76,83	12,66		
	V	**1 110,33**	401,08	401,08	IV	612,16	552,08	493,58	436,66	381,41	327,75
	VI	**1 153,58**	401,08	401,08							
4 304,99	I,IV	**674,66**	401,41	401,41	I	552,83	437,41	328,50	225,91	129,83	42,91
	II	**565,25**	401,41	401,41	II	449,16	339,58	236,33	139,58	50,83	
	III	**343,00**	401,41	401,41	III	249,00	158,00	77,33	13,00		
	V	**1 111,33**	401,41	401,41	IV	612,91	552,83	494,33	437,41	382,16	328,50
	VI	**1 154,58**	401,41	401,41							
4 307,99	I,IV	**675,41**	401,66	401,66	I	553,58	438,16	329,16	226,58	130,41	43,41
	II	**566,00**	401,66	401,66	II	449,91	340,25	237,00	140,16	51,41	
	III	**343,66**	401,66	401,66	III	249,50	158,66	77,83	13,33		
	V	**1 112,33**	401,66	401,66	IV	613,75	553,58	495,08	438,16	382,83	329,16
	VI	**1 155,66**	401,66	401,66							
4 310,99	I,IV	**676,25**	402,00	402,00	I	554,33	438,91	329,83	227,25	131,00	43,91
	II	**566,83**	402,00	402,00	II	450,66	340,91	237,66	140,75	51,91	
	III	**344,33**	402,00	402,00	III	250,16	159,16	78,33	13,66		
	V	**1 113,41**	402,00	402,00	IV	614,50	554,33	495,83	438,91	383,58	329,83
	VI	**1 156,66**	402,00	402,00							
4 313,99	I,IV	**677,08**	402,25	402,25	I	555,16	439,66	330,50	227,91	131,66	44,41
	II	**567,58**	402,25	402,25	II	451,41	341,66	238,33	141,41	52,41	
	III	**345,00**	402,25	402,25	III	250,66	159,83	78,83	14,16		
	V	**1 114,41**	402,25	402,25	IV	615,33	555,16	496,58	439,66	384,25	330,50
	VI	**1 157,66**	402,25	402,25							
4 316,99	I,IV	**677,91**	402,50	402,50	I	555,91	440,33	331,25	228,50	132,25	44,83
	II	**568,41**	402,50	402,50	II	452,16	342,33	239,00	142,00	52,91	
	III	**345,50**	402,50	402,50	III	251,33	160,33	79,16	14,50		
	V	**1 115,41**	402,50	402,50	IV	616,08	555,91	497,33	440,33	385,00	331,25
	VI	**1 158,75**	402,50	402,50							
4 319,99	I,IV	**678,75**	402,83	402,83	I	556,66	441,08	331,91	229,16	132,83	45,33
	II	**569,16**	402,83	402,83	II	452,83	343,00	239,58	142,66	53,41	
	III	**346,16**	402,83	402,83	III	252,00	161,00	79,66	14,83		
	V	**1 116,50**	402,83	402,83	IV	616,91	556,66	498,08	441,08	385,66	331,91
	VI	**1 159,75**	402,83	402,83							

* Zur LSt-Berechnung für privat versicherte Arbeitnehmer s. Beispiele **Vorbemerkung S. 4 f.**
** Basisvorsorgepauschale KV und PV *** Typisierter Arbeitgeberzuschuss

Lohn/ Gehalt in € bis	Steuerklasse	Lohnsteuer*	BVSP**	TAGZ***	Steuerklasse	Bemessungsgrundlage für Kirchensteuer und Solidaritätszuschlag – Freibeträge für ... Kinder 0,5	**1,0**	1,5	**2,0**	2,5	**3,0**
4 322,99	I,IV	**679,58**	403,08	403,08	I	557,50	441,83	332,58	229,83	133,50	45,83
	II	**569,91**	403,08	403,08	II	453,66	343,75	240,25	143,25	54,00	
	III	**346,83**	403,08	403,08	III	252,50	161,50	80,16	15,16		
	V	**1 117,50**	403,08	403,08	IV	617,75	557,50	498,83	441,83	386,41	332,58
	VI	**1 160,75**	403,08	403,08							
4 325,99	I,IV	**680,41**	403,33	403,33	I	558,25	442,58	333,33	230,50	134,08	46,33
	II	**570,75**	403,33	403,33	II	454,33	344,41	240,91	143,83	54,50	
	III	**347,50**	403,33	403,33	III	253,16	162,16	80,66	15,66		
	V	**1 118,50**	403,33	403,33	IV	618,50	558,25	499,58	442,58	387,16	333,33
	VI	**1 161,75**	403,33	403,33							
4 328,99	I,IV	**681,16**	403,66	403,66	I	559,00	443,33	334,00	231,16	134,66	46,83
	II	**571,50**	403,66	403,66	II	455,08	345,16	241,58	144,50	55,00	
	III	**348,00**	403,66	403,66	III	253,83	162,66	81,16	16,00		
	V	**1 119,58**	403,66	403,66	IV	619,33	559,00	500,33	443,33	387,83	334,00
	VI	**1 162,83**	403,66	403,66							
4 331,99	I,IV	**682,00**	403,91	403,91	I	559,83	444,00	334,66	231,75	135,33	47,33
	II	**572,25**	403,91	403,91	II	455,83	345,83	242,25	145,08	55,50	
	III	**348,66**	403,91	403,91	III	254,33	163,33	81,66	16,33		
	V	**1 120,58**	403,91	403,91	IV	620,08	559,83	501,08	444,00	388,58	334,66
	VI	**1 163,83**	403,91	403,91							
4 334,99	I,IV	**682,83**	404,16	404,16	I	560,58	444,75	335,41	232,41	135,91	47,83
	II	**573,08**	404,16	404,16	II	456,58	346,50	242,91	145,75	56,00	
	III	**349,33**	404,16	404,16	III	255,00	163,83	82,16	16,66		
	V	**1 121,58**	404,16	404,16	IV	620,91	560,58	501,91	444,75	389,25	335,41
	VI	**1 164,83**	404,16	404,16							
4 337,99	I,IV	**683,66**	404,50	404,50	I	561,33	445,50	336,08	233,08	136,50	48,33
	II	**573,83**	404,50	404,50	II	457,33	347,25	243,58	146,33	56,58	
	III	**350,00**	404,50	404,50	III	255,50	164,50	82,66	17,00		
	V	**1 122,58**	404,50	404,50	IV	621,75	561,33	502,66	445,50	390,00	336,08
	VI	**1 165,91**	404,50	404,50							
4 340,99	I,IV	**684,50**	404,75	404,75	I	562,16	446,25	336,75	233,75	137,16	48,83
	II	**574,66**	404,75	404,75	II	458,08	347,91	244,16	146,91	57,08	
	III	**350,50**	404,75	404,75	III	256,16	165,00	83,16	17,50		
	V	**1 123,66**	404,75	404,75	IV	622,50	562,16	503,41	446,25	390,66	336,75
	VI	**1 166,91**	404,75	404,75							
4 343,99	I,IV	**685,33**	405,00	405,00	I	562,91	447,00	337,50	234,41	137,75	49,33
	II	**575,41**	405,00	405,00	II	458,83	348,66	244,91	147,58	57,58	
	III	**351,16**	405,00	405,00	III	256,83	165,66	83,50	17,83		
	V	**1 124,66**	405,00	405,00	IV	623,33	562,91	504,16	447,00	391,41	337,50
	VI	**1 167,91**	405,00	405,00							
4 346,99	I,IV	**686,16**	405,33	405,33	I	563,75	447,75	338,16	235,08	138,33	49,83
	II	**576,25**	405,33	405,33	II	459,58	349,33	245,50	148,16	58,16	
	III	**351,83**	405,33	405,33	III	257,33	166,16	84,00	18,16		
	V	**1 125,66**	405,33	405,33	IV	624,08	563,75	504,91	447,75	392,16	338,16
	VI	**1 169,00**	405,33	405,33							
4 349,99	I,IV	**686,91**	405,58	405,58	I	564,50	448,50	338,83	235,66	139,00	50,33
	II	**577,00**	405,58	405,58	II	460,25	350,00	246,16	148,75	58,66	
	III	**352,50**	405,58	405,58	III	258,00	166,83	84,50	18,66		
	V	**1 126,75**	405,58	405,58	IV	624,91	564,50	505,66	448,50	392,83	338,83
	VI	**1 170,00**	405,58	405,58							
4 352,99	I,IV	**687,75**	405,91	405,91	I	565,25	449,25	339,58	236,33	139,58	50,91
	II	**577,75**	405,91	405,91	II	461,08	350,75	246,83	149,41	59,16	
	III	**353,16**	405,91	405,91	III	258,66	167,33	85,00	19,00		
	V	**1 127,75**	405,91	405,91	IV	625,75	565,25	506,41	449,25	393,58	339,58
	VI	**1 171,00**	405,91	405,91							
4 355,99	I,IV	**688,58**	406,16	406,16	I	566,08	449,91	340,25	237,00	140,16	51,41
	II	**578,58**	406,16	406,16	II	461,75	351,41	247,50	150,00	59,75	
	III	**353,66**	406,16	406,16	III	259,16	168,00	85,50	19,33		
	V	**1 128,75**	406,16	406,16	IV	626,50	566,08	507,16	449,91	394,33	340,25
	VI	**1 172,08**	406,16	406,16							

* Zur LSt-Berechnung für privat versicherte Arbeitnehmer s. Beispiele **Vorbemerkung S. 4 f.**
** Basisvorsorgepauschale KV und PV *** Typisierter Arbeitgeberzuschuss

Lohn/ Gehalt in € bis	Steuerklasse	Lohn- steuer*	BVSP**	TAGZ***	Steuerklasse	Bemessungsgrundlage für Kirchensteuer und Solidaritätszuschlag					
						Freibeträge für ... Kinder					
						0,5	**1,0**	1,5	**2,0**	2,5	**3,0**
4358,99	I,IV	**689,41**	406,41	406,41	I	566,83	450,66	340,91	237,66	140,83	51,91
	II	**579,33**	406,41	406,41	II	462,50	352,16	248,16	150,66	60,25	
	III	**354,33**	406,41	406,41	III	259,83	168,50	86,00	19,66		
	V	**1129,83**	406,41	406,41	IV	627,33	566,83	507,91	450,66	395,00	340,91
	VI	**1173,08**	406,41	406,41							
4361,99	I,IV	**690,25**	406,75	406,75	I	567,58	451,41	341,66	238,33	141,41	52,41
	II	**580,08**	406,75	406,75	II	463,25	352,83	248,83	151,25	60,83	
	III	**355,00**	406,75	406,75	III	260,50	169,16	86,50	20,16		
	V	**1130,83**	406,75	406,75	IV	628,08	567,58	508,66	451,41	395,75	341,66
	VI	**1174,08**	406,75	406,75							
4364,99	I,IV	**691,08**	407,00	407,00	I	568,41	452,16	342,33	239,00	142,00	52,91
	II	**580,91**	407,00	407,00	II	464,00	353,50	249,50	151,83	61,33	
	III	**355,66**	407,00	407,00	III	261,00	169,66	87,00	20,50		
	V	**1131,83**	407,00	407,00	IV	628,91	568,41	509,50	452,16	396,50	342,33
	VI	**1175,08**	407,00	407,00							
4367,99	I,IV	**691,91**	407,25	407,25	I	569,16	452,91	343,08	239,66	142,66	53,41
	II	**581,66**	407,25	407,25	II	464,75	354,25	250,16	152,50	61,91	
	III	**356,16**	407,25	407,25	III	261,66	170,33	87,50	20,83		
	V	**1132,91**	407,25	407,25	IV	629,75	569,16	510,25	452,91	397,16	343,08
	VI	**1176,16**	407,25	407,25							
4370,99	I,IV	**692,66**	407,58	407,58	I	569,91	453,66	343,75	240,25	143,25	54,00
	II	**582,50**	407,58	407,58	II	465,50	354,91	250,83	153,08	62,41	
	III	**356,83**	407,58	407,58	III	262,33	170,83	88,00	21,16		
	V	**1133,91**	407,58	407,58	IV	630,50	569,91	511,00	453,66	397,91	343,75
	VI	**1177,16**	407,58	407,58							
4373,99	I,IV	**693,58**	407,83	407,83	I	570,75	454,41	344,41	240,91	143,91	54,50
	II	**583,33**	407,83	407,83	II	466,25	355,66	251,50	153,75	63,00	
	III	**357,50**	407,83	407,83	III	262,83	171,50	88,50	21,66		
	V	**1134,91**	407,83	407,83	IV	631,33	570,75	511,75	454,41	398,58	344,41
	VI	**1178,16**	407,83	407,83							
4376,99	I,IV	**694,33**	408,08	408,08	I	571,50	455,08	345,16	241,58	144,50	55,00
	II	**584,08**	408,08	408,08	II	467,00	356,33	252,16	154,33	63,50	
	III	**358,16**	408,08	408,08	III	263,50	172,16	89,00	22,00		
	V	**1136,00**	408,08	408,08	IV	632,16	571,50	512,50	455,08	399,33	345,16
	VI	**1179,25**	408,08	408,08							
4379,99	I,IV	**695,16**	408,41	408,41	I	572,33	455,83	345,83	242,25	145,08	55,50
	II	**584,83**	408,41	408,41	II	467,75	357,08	252,75	154,91	64,00	
	III	**358,66**	408,41	408,41	III	264,16	172,66	89,33	22,33		
	V	**1137,00**	408,41	408,41	IV	632,91	572,33	513,25	455,83	400,08	345,83
	VI	**1180,25**	408,41	408,41							
4382,99	I,IV	**696,00**	408,66	408,66	I	573,08	456,58	346,58	242,91	145,75	56,08
	II	**585,66**	408,66	408,66	II	468,50	357,75	253,50	155,58	64,58	
	III	**359,33**	408,66	408,66	III	264,66	173,33	89,83	22,83		
	V	**1138,00**	408,66	408,66	IV	633,75	573,08	514,08	456,58	400,75	346,58
	VI	**1181,25**	408,66	408,66							
4385,99	I,IV	**696,83**	408,91	408,91	I	573,91	457,33	347,25	243,58	146,33	56,58
	II	**586,41**	408,91	408,91	II	469,25	358,50	254,08	156,16	65,16	
	III	**360,00**	408,91	408,91	III	265,33	173,83	90,50	23,16		
	V	**1139,00**	408,91	408,91	IV	634,58	573,91	514,83	457,33	401,50	347,25
	VI	**1182,33**	408,91	408,91							
4388,99	I,IV	**697,66**	409,25	409,25	I	574,66	458,08	347,91	244,25	146,91	57,08
	II	**587,25**	409,25	409,25	II	470,00	359,16	254,75	156,83	65,66	
	III	**360,66**	409,25	409,25	III	266,00	174,50	90,83	23,50		
	V	**1140,08**	409,25	409,25	IV	635,33	574,66	515,58	458,08	402,25	347,91
	VI	**1183,33**	409,25	409,25							
4391,99	I,IV	**698,50**	409,50	409,50	I	575,41	458,83	348,66	244,91	147,58	57,58
	II	**588,00**	409,50	409,50	II	470,75	359,83	255,41	157,41	66,25	
	III	**361,33**	409,50	409,50	III	266,50	175,00	91,33	24,00		
	V	**1141,08**	409,50	409,50	IV	636,16	575,41	516,33	458,83	402,91	348,66
	VI	**1184,33**	409,50	409,50							

* Zur LSt-Berechnung für privat versicherte Arbeitnehmer s. Beispiele **Vorbemerkung S. 4f.**
** Basisvorsorgepauschale KV und PV *** Typisierter Arbeitgeberzuschuss

Lohn/ Gehalt in € bis	Steuerklasse	Lohn- steuer*	BVSP**	TAGZ***	Steuerklasse	Bemessungsgrundlage für Kirchensteuer und Solidaritätszuschlag					
						Freibeträge für ... Kinder					
						0,5	**1,0**	1,5	**2,0**	2,5	**3,0**
4 394,99	I,IV	**699,33**	409,83	409,83	I	576,25	459,58	349,33	245,58	148,16	58,16
	II	**588,83**	409,83	409,83	II	471,50	360,58	256,08	158,08	66,75	
	III	**362,00**	409,83	409,83	III	267,16	175,66	91,83	24,33		
	V	**1 142,08**	409,83	409,83	IV	637,00	576,25	517,08	459,58	403,66	349,33
	VI	**1 185,41**	409,83	409,83							
4 397,99	I,IV	**700,16**	410,08	410,08	I	577,00	460,33	350,08	246,16	148,83	58,66
	II	**589,58**	410,08	410,08	II	472,25	361,25	256,75	158,66	67,33	
	III	**362,50**	410,08	410,08	III	267,83	176,16	92,33	24,66		
	V	**1 143,16**	410,08	410,08	IV	637,75	577,00	517,83	460,33	404,41	350,08
	VI	**1 186,41**	410,08	410,08							
4 400,99	I,IV	**701,00**	410,33	410,33	I	577,75	461,08	350,75	246,83	149,41	59,16
	II	**590,33**	410,33	410,33	II	472,91	362,00	257,41	159,33	67,91	
	III	**363,16**	410,33	410,33	III	268,33	176,83	92,83	25,16		
	V	**1 144,16**	410,33	410,33	IV	638,58	577,75	518,58	461,08	405,08	350,75
	VI	**1 187,41**	410,33	410,33							
4 403,99	I,IV	**701,83**	410,66	410,66	I	578,58	461,83	351,41	247,50	150,00	59,75
	II	**591,16**	410,66	410,66	II	473,75	362,66	258,08	159,91	68,41	
	III	**363,83**	410,66	410,66	III	269,00	177,33	93,33	25,50		
	V	**1 145,16**	410,66	410,66	IV	639,41	578,58	519,41	461,83	405,83	351,41
	VI	**1 188,50**	410,66	410,66							
4 406,99	I,IV	**702,66**	410,91	410,91	I	579,33	462,58	352,16	248,16	150,66	60,25
	II	**592,00**	410,91	410,91	II	474,50	363,41	258,75	160,58	69,00	0,25
	III	**364,50**	410,91	410,91	III	269,66	178,00	93,83	25,83		
	V	**1 146,25**	410,91	410,91	IV	640,16	579,33	520,16	462,58	406,58	352,16
	VI	**1 189,50**	410,91	410,91							
4 409,99	I,IV	**703,41**	411,16	411,16	I	580,16	463,25	352,83	248,83	151,25	60,83
	II	**592,75**	411,16	411,16	II	475,16	364,08	259,41	161,16	69,58	0,58
	III	**365,00**	411,16	411,16	III	270,16	178,50	94,33	26,33		
	V	**1 147,25**	411,16	411,16	IV	641,00	580,16	520,91	463,25	407,25	352,83
	VI	**1 190,50**	411,16	411,16							
4 412,99	I,IV	**704,25**	411,50	411,50	I	580,91	464,00	353,50	249,50	151,83	61,33
	II	**593,50**	411,50	411,50	II	475,91	364,75	260,08	161,75	70,08	0,91
	III	**365,66**	411,50	411,50	III	270,83	179,16	94,83	26,66		
	V	**1 148,25**	411,50	411,50	IV	641,83	580,91	521,66	464,00	408,00	353,50
	VI	**1 191,50**	411,50	411,50							
4 415,99	I,IV	**705,08**	411,75	411,75	I	581,75	464,75	354,25	250,16	152,50	61,91
	II	**594,33**	411,75	411,75	II	476,75	365,50	260,75	162,41	70,66	1,25
	III	**366,33**	411,75	411,75	III	271,50	179,66	95,33	27,00		
	V	**1 149,33**	411,75	411,75	IV	642,58	581,75	522,41	464,75	408,75	354,25
	VI	**1 192,58**	411,75	411,75							
4 418,99	I,IV	**705,91**	412,00	412,00	I	582,50	465,50	354,91	250,83	153,08	62,41
	II	**595,08**	412,00	412,00	II	477,41	366,25	261,41	163,00	71,25	1,66
	III	**367,00**	412,00	412,00	III	272,00	180,33	95,83	27,50		
	V	**1 150,33**	412,00	412,00	IV	643,41	582,50	523,25	465,50	409,41	354,91
	VI	**1 193,58**	412,00	412,00							
4 421,99	I,IV	**706,75**	412,33	412,33	I	583,33	466,25	355,66	251,50	153,75	63,00
	II	**595,91**	412,33	412,33	II	478,16	366,91	262,08	163,66	71,83	2,00
	III	**367,50**	412,33	412,33	III	272,66	180,83	96,33	27,83		
	V	**1 151,33**	412,33	412,33	IV	644,25	583,33	524,00	466,25	410,16	355,66
	VI	**1 194,58**	412,33	412,33							
4 424,99	I,IV	**707,58**	412,58	412,58	I	584,08	467,00	356,33	252,16	154,33	63,50
	II	**596,75**	412,58	412,58	II	479,00	367,66	262,75	164,25	72,33	2,33
	III	**368,16**	412,58	412,58	III	273,33	181,50	96,83	28,33		
	V	**1 152,33**	412,58	412,58	IV	645,08	584,08	524,75	467,00	410,91	356,33
	VI	**1 195,66**	412,58	412,58							
4 427,99	I,IV	**708,41**	412,83	412,83	I	584,91	467,75	357,08	252,83	155,00	64,08
	II	**597,50**	412,83	412,83	II	479,66	368,33	263,41	164,91	72,91	2,66
	III	**368,83**	412,83	412,83	III	273,83	182,16	97,33	28,66		
	V	**1 153,41**	412,83	412,83	IV	645,83	584,91	525,50	467,75	411,58	357,08
	VI	**1 196,66**	412,83	412,83							

* Zur LSt-Berechnung für privat versicherte Arbeitnehmer s. Beispiele **Vorbemerkung S. 4f.**
** Basisvorsorgepauschale KV und PV *** Typisierter Arbeitgeberzuschuss

Lohn/ Gehalt in € bis	Steuerklasse	Lohn-steuer*	BVSP**	TAGZ***	Steuerklasse	Bemessungsgrundlage für Kirchensteuer und Solidaritätszuschlag – Freibeträge für ... Kinder 0,5	**1,0**	1,5	**2,0**	2,5	**3,0**
4430,99	I,IV	**709,25**	413,16	413,16	I	585,66	468,50	357,75	253,50	155,58	64,58
	II	**598,25**	413,16	413,16	II	480,41	369,00	264,08	165,50	73,50	3,00
	III	**369,50**	413,16	413,16	III	274,50	182,66	97,83	29,00		
	V	**1 154,41**	413,16	413,16	IV	646,66	585,66	526,25	468,50	412,33	357,75
	VI	**1 197,66**	413,16	413,16							
4433,99	I,IV	**710,08**	413,41	413,41	I	586,50	469,25	358,50	254,16	156,25	65,16
	II	**599,08**	413,41	413,41	II	481,25	369,75	264,75	166,16	74,08	3,41
	III	**370,16**	413,41	413,41	III	275,16	183,33	98,33	29,50		
	V	**1 155,41**	413,41	413,41	IV	647,50	586,50	527,08	469,25	413,08	358,50
	VI	**1 198,75**	413,41	413,41							
4436,99	I,IV	**710,91**	413,75	413,75	I	587,25	470,00	359,16	254,83	156,83	65,66
	II	**599,91**	413,75	413,75	II	481,91	370,50	265,41	166,75	74,66	3,75
	III	**370,83**	413,75	413,75	III	275,66	183,83	98,83	29,83		
	V	**1 156,50**	413,75	413,75	IV	648,25	587,25	527,83	470,00	413,75	359,16
	VI	**1 199,75**	413,75	413,75							
4439,99	I,IV	**711,75**	414,00	414,00	I	588,00	470,75	359,91	255,41	157,41	66,25
	II	**600,66**	414,00	414,00	II	482,66	371,16	266,08	167,41	75,16	4,08
	III	**371,33**	414,00	414,00	III	276,33	184,50	99,33	30,16		
	V	**1 157,50**	414,00	414,00	IV	649,08	588,00	528,58	470,75	414,50	359,91
	VI	**1 200,75**	414,00	414,00							
4442,99	I,IV	**712,58**	414,25	414,25	I	588,83	471,50	360,58	256,08	158,08	66,75
	II	**601,41**	414,25	414,25	II	483,41	371,83	266,75	168,00	75,75	4,50
	III	**372,00**	414,25	414,25	III	277,00	185,00	99,83	30,66		
	V	**1 158,50**	414,25	414,25	IV	649,91	588,83	529,33	471,50	415,25	360,58
	VI	**1 201,75**	414,25	414,25							
4445,99	I,IV	**713,41**	414,58	414,58	I	589,58	472,25	361,33	256,75	158,66	67,33
	II	**602,25**	414,58	414,58	II	484,25	372,58	267,41	168,66	76,33	4,83
	III	**372,66**	414,58	414,58	III	277,50	185,66	100,50	31,00		
	V	**1 159,58**	414,58	414,58	IV	650,75	589,58	530,08	472,25	416,00	361,33
	VI	**1 202,83**	414,58	414,58							
4448,99	I,IV	**714,25**	414,83	414,83	I	590,41	473,00	362,00	257,41	159,33	67,91
	II	**603,08**	414,83	414,83	II	484,91	373,33	268,08	169,25	76,91	5,16
	III	**373,33**	414,83	414,83	III	278,16	186,16	100,83	31,50		
	V	**1 160,58**	414,83	414,83	IV	651,50	590,41	530,91	473,00	416,66	362,00
	VI	**1 203,83**	414,83	414,83							
4451,99	I,IV	**715,08**	415,08	415,08	I	591,16	473,75	362,66	258,08	159,91	68,41
	II	**603,83**	415,08	415,08	II	485,66	374,00	268,75	169,91	77,50	5,58
	III	**374,00**	415,08	415,08	III	278,83	186,83	101,50	31,83		
	V	**1 161,58**	415,08	415,08	IV	652,33	591,16	531,66	473,75	417,41	362,66
	VI	**1 204,83**	415,08	415,08							
4454,99	I,IV	**715,91**	415,41	415,41	I	592,00	474,50	363,41	258,75	160,58	69,00
	II	**604,66**	415,41	415,41	II	486,50	374,75	269,41	170,50	78,08	5,91
	III	**374,50**	415,41	415,41	III	279,33	187,50	102,00	32,33		
	V	**1 162,66**	415,41	415,41	IV	653,16	592,00	532,41	474,50	418,16	363,41
	VI	**1 205,91**	415,41	415,41							
4457,99	I,IV	**716,75**	415,66	415,66	I	592,75	475,25	364,08	259,41	161,16	69,58
	II	**605,41**	415,66	415,66	II	487,25	375,41	270,08	171,16	78,66	6,25
	III	**375,16**	415,66	415,66	III	280,00	188,00	102,50	32,66		
	V	**1 163,66**	415,66	415,66	IV	653,91	592,75	533,16	475,25	418,83	364,08
	VI	**1 206,91**	415,66	415,66							
4460,99	I,IV	**717,58**	415,91	415,91	I	593,58	476,00	364,83	260,08	161,83	70,16
	II	**606,25**	415,91	415,91	II	488,00	376,16	270,75	171,75	79,25	6,66
	III	**375,83**	415,91	415,91	III	280,66	188,66	103,00	33,00		
	V	**1 164,66**	415,91	415,91	IV	654,75	593,58	533,91	476,00	419,58	364,83
	VI	**1 207,91**	415,91	415,91							
4463,99	I,IV	**718,41**	416,25	416,25	I	594,33	476,75	365,50	260,75	162,41	70,66
	II	**607,00**	416,25	416,25	II	488,66	376,83	271,41	172,41	79,83	7,00
	III	**376,50**	416,25	416,25	III	281,16	189,16	103,50	33,50		
	V	**1 165,66**	416,25	416,25	IV	655,58	594,33	534,75	476,75	420,33	365,50
	VI	**1 208,91**	416,25	416,25							

* Zur LSt-Berechnung für privat versicherte Arbeitnehmer s. Beispiele **Vorbemerkung S. 4 f.**
** Basisvorsorgepauschale KV und PV *** Typisierter Arbeitgeberzuschuss

Lohn/ Gehalt in € bis	Steuerklasse	Lohn-steuer*	BVSP**	TAGZ***	Steuerklasse	Bemessungsgrundlage für Kirchensteuer und Solidaritätszuschlag					
						Freibeträge für ... Kinder					
						0,5	**1,0**	1,5	**2,0**	2,5	**3,0**
4466,99	I,IV	**719,25**	416,50	416,50	I	595,16	477,50	366,25	261,41	163,08	71,25
	II	**607,83**	416,50	416,50	II	489,50	377,58	272,08	173,00	80,41	7,41
	III	**377,00**	416,50	416,50	III	281,83	189,83	104,00	33,83		
	V	**1166,75**	416,50	416,50	IV	656,41	595,16	535,50	477,50	421,08	366,25
	VI	**1210,00**	416,50	416,50							
4469,99	I,IV	**720,08**	416,75	416,75	I	595,91	478,25	366,91	262,08	163,66	71,83
	II	**608,58**	416,75	416,75	II	490,25	378,25	272,75	173,66	81,00	7,75
	III	**377,66**	416,75	416,75	III	282,50	190,33	104,50	34,33		
	V	**1167,75**	416,75	416,75	IV	657,16	595,91	536,25	478,25	421,75	366,91
	VI	**1211,00**	416,75	416,75							
4472,99	I,IV	**720,91**	417,08	417,08	I	596,75	479,00	367,66	262,75	164,25	72,33
	II	**609,41**	417,08	417,08	II	491,00	379,00	273,41	174,25	81,58	8,16
	III	**378,33**	417,08	417,08	III	283,00	191,00	105,00	34,66		
	V	**1168,75**	417,08	417,08	IV	658,00	596,75	537,00	479,00	422,50	367,66
	VI	**1212,00**	417,08	417,08							
4475,99	I,IV	**721,75**	417,33	417,33	I	597,50	479,75	368,33	263,41	164,91	72,91
	II	**610,25**	417,33	417,33	II	491,75	379,66	274,08	174,91	82,16	8,50
	III	**379,00**	417,33	417,33	III	283,66	191,50	105,50	35,16		
	V	**1169,83**	417,33	417,33	IV	658,83	597,50	537,83	479,75	423,25	368,33
	VI	**1213,08**	417,33	417,33							
4478,99	I,IV	**722,58**	417,66	417,66	I	598,33	480,50	369,08	264,08	165,58	73,50
	II	**611,00**	417,66	417,66	II	492,50	380,41	274,75	175,58	82,75	8,91
	III	**379,66**	417,66	417,66	III	284,33	192,16	106,00	35,50		
	V	**1170,83**	417,66	417,66	IV	659,66	598,33	538,58	480,50	424,00	369,08
	VI	**1214,08**	417,66	417,66							
4481,99	I,IV	**723,41**	417,91	417,91	I	599,08	481,25	369,75	264,75	166,16	74,08
	II	**611,75**	417,91	417,91	II	493,25	381,08	275,41	176,16	83,33	9,25
	III	**380,16**	417,91	417,91	III	284,83	192,66	106,50	35,83		
	V	**1171,83**	417,91	417,91	IV	660,41	599,08	539,33	481,25	424,66	369,75
	VI	**1215,08**	417,91	417,91							
4484,99	I,IV	**724,25**	418,16	418,16	I	599,91	482,00	370,50	265,41	166,83	74,66
	II	**612,58**	418,16	418,16	II	494,00	381,83	276,08	176,83	83,91	9,66
	III	**380,83**	418,16	418,16	III	285,50	193,33	107,00	36,33		
	V	**1172,91**	418,16	418,16	IV	661,25	599,91	540,16	482,00	425,41	370,50
	VI	**1216,16**	418,16	418,16							
4487,99	I,IV	**725,08**	418,50	418,50	I	600,66	482,75	371,16	266,08	167,41	75,25
	II	**613,41**	418,50	418,50	II	494,75	382,58	276,75	177,41	84,50	10,00
	III	**381,50**	418,50	418,50	III	286,16	194,00	107,66	36,66		
	V	**1173,91**	418,50	418,50	IV	662,08	600,66	540,91	482,75	426,16	371,16
	VI	**1217,16**	418,50	418,50							
4490,99	I,IV	**725,91**	418,75	418,75	I	601,50	483,50	371,91	266,75	168,00	75,83
	II	**614,16**	418,75	418,75	II	495,50	383,25	277,41	178,08	85,08	10,41
	III	**382,16**	418,75	418,75	III	286,66	194,50	108,16	37,16		
	V	**1174,91**	418,75	418,75	IV	662,91	601,50	541,66	483,50	426,91	371,91
	VI	**1218,16**	418,75	418,75							
4493,99	I,IV	**726,75**	419,00	419,00	I	602,25	484,25	372,58	267,41	168,66	76,33
	II	**615,00**	419,00	419,00	II	496,25	384,00	278,08	178,66	85,66	10,75
	III	**382,83**	419,00	419,00	III	287,33	195,16	108,66	37,50		
	V	**1175,91**	419,00	419,00	IV	663,66	602,25	542,41	484,25	427,58	372,58
	VI	**1219,16**	419,00	419,00							
4496,99	I,IV	**727,58**	419,33	419,33	I	603,08	485,00	373,33	268,08	169,33	76,91
	II	**615,75**	419,33	419,33	II	497,00	384,66	278,83	179,33	86,25	11,16
	III	**383,50**	419,33	419,33	III	288,00	195,66	109,16	38,00		
	V	**1177,00**	419,33	419,33	IV	664,50	603,08	543,25	485,00	428,33	373,33
	VI	**1220,25**	419,33	419,33							
4499,99	I,IV	**728,41**	419,58	419,58	I	603,83	485,75	374,00	268,75	169,91	77,50
	II	**616,58**	419,58	419,58	II	497,75	385,41	279,50	179,91	86,83	11,58
	III	**384,00**	419,58	419,58	III	288,50	196,33	109,66	38,33		
	V	**1178,00**	419,58	419,58	IV	665,33	603,83	544,00	485,75	429,08	374,00
	VI	**1221,25**	419,58	419,58							

* Zur LSt-Berechnung für privat versicherte Arbeitnehmer s. Beispiele **Vorbemerkung S. 4 f.**
** Basisvorsorgepauschale KV und PV *** Typisierter Arbeitgeberzuschuss

Lohn/ Gehalt in € bis	Steuerklasse	Lohn-steuer*	BVSP**	TAGZ***	Steuerklasse	Bemessungsgrundlage für Kirchensteuer und Solidaritätszuschlag – Freibeträge für ... Kinder 0,5	1,0	1,5	2,0	2,5	3,0
4502,99	I,IV	**729,25**	419,83	419,83	I	604,66	486,50	374,75	269,41	170,50	78,08
	II	**617,33**	419,83	419,83	II	498,50	386,08	280,16	180,58	87,41	11,91
	III	**384,66**	419,83	419,83	III	289,16	196,83	110,16	38,83		
	V	**1179,00**	419,83	419,83	IV	666,16	604,66	544,75	486,50	429,83	374,75
	VI	**1222,25**	419,83	419,83							
4505,99	I,IV	**730,08**	420,16	420,16	I	605,41	487,25	375,41	270,08	171,16	78,66
	II	**618,16**	420,16	420,16	II	499,33	386,83	280,83	181,25	88,08	12,33
	III	**385,33**	420,16	420,16	III	289,83	197,50	110,66	39,16		
	V	**1180,08**	420,16	420,16	IV	667,00	605,41	545,58	487,25	430,58	375,41
	VI	**1223,33**	420,16	420,16							
4508,99	I,IV	**730,91**	420,41	420,41	I	606,25	488,00	376,16	270,75	171,83	79,25
	II	**619,00**	420,41	420,41	II	500,08	387,58	281,50	181,83	88,66	12,75
	III	**386,00**	420,41	420,41	III	290,33	198,00	111,16	39,66		
	V	**1181,08**	420,41	420,41	IV	667,75	606,25	546,33	488,00	431,25	376,16
	VI	**1224,33**	420,41	420,41							
4511,99	I,IV	**731,75**	420,66	420,66	I	607,00	488,75	376,83	271,41	172,41	79,83
	II	**619,75**	420,66	420,66	II	500,83	388,25	282,16	182,50	89,25	13,08
	III	**386,66**	420,66	420,66	III	291,00	198,66	111,83	40,00		
	V	**1182,08**	420,66	420,66	IV	668,58	607,00	547,08	488,75	432,00	376,83
	VI	**1225,33**	420,66	420,66							
4514,99	I,IV	**732,58**	421,00	421,00	I	607,83	489,50	377,58	272,08	173,00	80,41
	II	**620,58**	421,00	421,00	II	501,58	389,00	282,83	183,08	89,83	13,50
	III	**387,16**	421,00	421,00	III	291,66	199,16	112,33	40,50		
	V	**1183,08**	421,00	421,00	IV	669,41	607,83	547,83	489,50	432,75	377,58
	VI	**1226,33**	421,00	421,00							
4517,99	I,IV	**733,41**	421,25	421,25	I	608,66	490,25	378,33	272,75	173,66	81,00
	II	**621,41**	421,25	421,25	II	502,33	389,66	283,50	183,75	90,41	13,91
	III	**387,83**	421,25	421,25	III	292,33	199,83	112,83	40,83		
	V	**1184,16**	421,25	421,25	IV	670,25	608,66	548,66	490,25	433,50	378,33
	VI	**1227,41**	421,25	421,25							
4520,99	I,IV	**734,25**	421,50	421,50	I	609,41	491,00	379,00	273,41	174,33	81,58
	II	**622,16**	421,50	421,50	II	503,08	390,41	284,16	184,33	91,00	14,33
	III	**388,50**	421,50	421,50	III	292,83	200,50	113,33	41,33		
	V	**1185,16**	421,50	421,50	IV	671,08	609,41	549,41	491,00	434,16	379,00
	VI	**1228,41**	421,50	421,50							
4523,99	I,IV	**735,08**	421,83	421,83	I	610,25	491,75	379,66	274,08	174,91	82,16
	II	**623,00**	421,83	421,83	II	503,83	391,08	284,83	185,00	91,58	14,66
	III	**389,16**	421,83	421,83	III	293,50	201,00	113,83	41,66		
	V	**1186,16**	421,83	421,83	IV	671,83	610,25	550,16	491,75	434,91	379,66
	VI	**1229,41**	421,83	421,83							
4526,99	I,IV	**736,00**	422,08	422,08	I	611,00	492,50	380,41	274,75	175,58	82,75
	II	**623,75**	422,08	422,08	II	504,58	391,83	285,50	185,66	92,16	15,08
	III	**389,83**	422,08	422,08	III	294,16	201,66	114,33	42,16		
	V	**1187,25**	422,08	422,08	IV	672,66	611,00	551,00	492,50	435,66	380,41
	VI	**1230,50**	422,08	422,08							
4529,99	I,IV	**736,83**	422,41	422,41	I	611,83	493,25	381,16	275,41	176,16	83,33
	II	**624,58**	422,41	422,41	II	505,33	392,58	286,16	186,25	92,75	15,50
	III	**390,50**	422,41	422,41	III	294,66	202,33	114,83	42,50		
	V	**1188,25**	422,41	422,41	IV	673,50	611,83	551,75	493,25	436,41	381,16
	VI	**1231,50**	422,41	422,41							
4532,99	I,IV	**737,66**	422,66	422,66	I	612,58	494,00	381,83	276,08	176,83	83,91
	II	**625,33**	422,66	422,66	II	506,08	393,25	286,83	186,91	93,33	15,91
	III	**391,00**	422,66	422,66	III	295,33	202,83	115,33	43,00		
	V	**1189,25**	422,66	422,66	IV	674,33	612,58	552,50	494,00	437,08	381,83
	VI	**1232,50**	422,66	422,66							
4535,99	I,IV	**738,50**	422,91	422,91	I	613,41	494,75	382,58	276,83	177,41	84,58
	II	**626,16**	422,91	422,91	II	506,91	394,00	287,58	187,58	93,91	16,33
	III	**391,66**	422,91	422,91	III	296,00	203,50	116,00	43,33		
	V	**1190,33**	422,91	422,91	IV	675,16	613,41	553,33	494,75	437,91	382,58
	VI	**1233,58**	422,91	422,91							

* Zur LSt-Berechnung für privat versicherte Arbeitnehmer s. Beispiele **Vorbemerkung S. 4 f.**
** Basisvorsorgepauschale KV und PV *** Typisierter Arbeitgeberzuschuss

Lohn/ Gehalt in € bis	Steuerklasse	Lohn-steuer*	BVSP**	TAGZ***	Steuerklasse	Bemessungsgrundlage für Kirchensteuer und Solidaritätszuschlag					
						Freibeträge für ... Kinder					
						0,5	**1,0**	1,5	**2,0**	2,5	**3,0**
4 538,99	I,IV	**739,33**	423,25	423,25	I	614,25	495,50	383,25	277,50	178,08	85,16
	II	**627,00**	423,25	423,25	II	507,66	394,75	288,25	188,16	94,58	16,66
	III	**392,33**	423,25	423,25	III	296,66	204,00	116,50	43,83		
	V	**1 191,33**	423,25	423,25	IV	676,00	614,25	554,08	495,50	438,58	383,25
	VI	**1 234,58**	423,25	423,25							
4 541,99	I,IV	**740,16**	423,50	423,50	I	615,00	496,25	384,00	278,16	178,66	85,66
	II	**627,75**	423,50	423,50	II	508,41	395,41	288,91	188,83	95,16	17,08
	III	**393,00**	423,50	423,50	III	297,16	204,66	117,00	44,16		
	V	**1 192,33**	423,50	423,50	IV	676,75	615,00	554,83	496,25	439,33	384,00
	VI	**1 235,58**	423,50	423,50							
4 544,99	I,IV	**741,00**	423,75	423,75	I	615,75	497,00	384,66	278,83	179,33	86,25
	II	**628,58**	423,75	423,75	II	509,16	396,16	289,58	189,41	95,75	17,50
	III	**393,66**	423,75	423,75	III	297,83	205,16	117,50	44,66		
	V	**1 193,33**	423,75	423,75	IV	677,58	615,75	555,58	497,00	440,08	384,66
	VI	**1 236,58**	423,75	423,75							
4 547,99	I,IV	**741,83**	424,08	424,08	I	616,58	497,83	385,41	279,50	180,00	86,91
	II	**629,41**	424,08	424,08	II	509,91	396,91	290,25	190,08	96,33	17,91
	III	**394,33**	424,08	424,08	III	298,50	205,83	118,16	45,00		
	V	**1 194,41**	424,08	424,08	IV	678,41	616,58	556,41	497,83	440,83	385,41
	VI	**1 237,66**	424,08	424,08							
4 550,99	I,IV	**742,66**	424,33	424,33	I	617,41	498,58	386,16	280,16	180,58	87,50
	II	**630,16**	424,33	424,33	II	510,66	397,58	290,91	190,66	96,91	18,33
	III	**394,83**	424,33	424,33	III	299,00	206,33	118,66	45,50		
	V	**1 195,41**	424,33	424,33	IV	679,25	617,41	557,16	498,58	441,50	386,16
	VI	**1 238,66**	424,33	424,33							
4 553,99	I,IV	**743,50**	424,58	424,58	I	618,16	499,33	386,83	280,83	181,25	88,08
	II	**631,00**	424,58	424,58	II	511,41	398,33	291,58	191,33	97,50	18,75
	III	**395,50**	424,58	424,58	III	299,66	207,00	119,16	46,00		
	V	**1 196,41**	424,58	424,58	IV	680,08	618,16	557,91	499,33	442,25	386,83
	VI	**1 239,66**	424,58	424,58							
4 556,99	I,IV	**744,33**	424,91	424,91	I	619,00	500,08	387,58	281,50	181,83	88,66
	II	**631,83**	424,91	424,91	II	512,25	399,00	292,33	192,00	98,08	19,16
	III	**396,16**	424,91	424,91	III	300,33	207,66	119,66	46,33		
	V	**1 197,50**	424,91	424,91	IV	680,91	619,00	558,75	500,08	443,00	387,58
	VI	**1 240,75**	424,91	424,91							
4 559,99	I,IV	**745,16**	425,16	425,16	I	619,83	500,83	388,25	282,16	182,50	89,25
	II	**632,58**	425,16	425,16	II	513,00	399,75	293,00	192,58	98,66	19,58
	III	**396,83**	425,16	425,16	III	300,83	208,16	120,16	46,83		
	V	**1 198,50**	425,16	425,16	IV	681,66	619,83	559,50	500,83	443,75	388,25
	VI	**1 241,75**	425,16	425,16							
4 562,99	I,IV	**746,00**	425,41	425,41	I	620,58	501,58	389,00	282,83	183,08	89,83
	II	**633,41**	425,41	425,41	II	513,75	400,50	293,66	193,25	99,25	20,00
	III	**397,50**	425,41	425,41	III	301,50	208,83	120,66	47,16		
	V	**1 199,50**	425,41	425,41	IV	682,50	620,58	560,25	501,58	444,50	389,00
	VI	**1 242,75**	425,41	425,41							
4 565,99	I,IV	**746,91**	425,75	425,75	I	621,41	502,33	389,75	283,50	183,75	90,41
	II	**634,25**	425,75	425,75	II	514,50	401,16	294,33	193,91	99,91	20,41
	III	**398,16**	425,75	425,75	III	302,16	209,33	121,33	47,66		
	V	**1 200,58**	425,75	425,75	IV	683,33	621,41	561,08	502,33	445,25	389,75
	VI	**1 243,83**	425,75	425,75							
4 568,99	I,IV	**747,75**	426,00	426,00	I	622,16	503,08	390,41	284,16	184,41	91,00
	II	**635,00**	426,00	426,00	II	515,25	401,91	295,00	194,50	100,50	20,83
	III	**398,66**	426,00	426,00	III	302,66	210,00	121,83	48,00		
	V	**1 201,58**	426,00	426,00	IV	684,16	622,16	561,83	503,08	446,00	390,41
	VI	**1 244,83**	426,00	426,00							
4 571,99	I,IV	**748,58**	426,33	426,33	I	623,00	503,83	391,16	284,83	185,00	91,58
	II	**635,83**	426,33	426,33	II	516,00	402,66	295,66	195,16	101,08	21,25
	III	**399,33**	426,33	426,33	III	303,33	210,66	122,33	48,50		
	V	**1 202,58**	426,33	426,33	IV	685,00	623,00	562,58	503,83	446,66	391,16
	VI	**1 245,83**	426,33	426,33							

* Zur LSt-Berechnung für privat versicherte Arbeitnehmer s. Beispiele **Vorbemerkung S. 4 f.**
** Basisvorsorgepauschale KV und PV *** Typisierter Arbeitgeberzuschuss

Lohn/ Gehalt in € bis	Steuerklasse	Lohn- steuer*	BVSP**	TAGZ***	Steuerklasse	Bemessungsgrundlage für Kirchensteuer und Solidaritätszuschlag – Freibeträge für ... Kinder 0,5	1,0	1,5	2,0	2,5	3,0
4574,99	I,IV	**749,41**	426,58	426,58	I	623,75	504,58	391,83	285,50	185,66	92,16
	II	**636,58**	426,58	426,58	II	516,75	403,33	296,33	195,75	101,66	21,66
	III	**400,00**	426,58	426,58	III	304,00	211,16	122,83	48,83		
	V	**1 203,58**	426,58	426,58	IV	685,75	623,75	563,41	504,58	447,41	391,83
	VI	**1 246,83**	426,58	426,58							
4577,99	I,IV	**750,25**	426,83	426,83	I	624,58	505,41	392,58	286,25	186,25	92,75
	II	**637,41**	426,83	426,83	II	517,58	404,08	297,08	196,41	102,25	22,08
	III	**400,66**	426,83	426,83	III	304,66	211,83	123,50	49,33		
	V	**1 204,66**	426,83	426,83	IV	686,66	624,58	564,16	505,41	448,16	392,58
	VI	**1 247,91**	426,83	426,83							
4580,99	I,IV	**751,08**	427,16	427,16	I	625,41	506,16	393,33	286,91	186,91	93,33
	II	**638,25**	427,16	427,16	II	518,33	404,83	297,75	197,08	102,83	22,50
	III	**401,33**	427,16	427,16	III	305,16	212,33	124,00	49,83		
	V	**1 205,66**	427,16	427,16	IV	687,41	625,41	565,00	506,16	448,91	393,33
	VI	**1 248,91**	427,16	427,16							
4583,99	I,IV	**751,91**	427,41	427,41	I	626,16	506,91	394,00	287,58	187,58	93,91
	II	**639,08**	427,41	427,41	II	519,08	405,50	298,41	197,66	103,41	22,91
	III	**401,83**	427,41	427,41	III	305,83	213,00	124,50	50,16		
	V	**1 206,66**	427,41	427,41	IV	688,25	626,16	565,75	506,91	449,66	394,00
	VI	**1 249,91**	427,41	427,41							
4586,99	I,IV	**752,83**	427,66	427,66	I	627,00	507,66	394,75	288,25	188,16	94,58
	II	**639,83**	427,66	427,66	II	519,83	406,25	299,08	198,33	104,08	23,33
	III	**402,50**	427,66	427,66	III	306,50	213,50	125,00	50,66		
	V	**1 207,75**	427,66	427,66	IV	689,08	627,00	566,50	507,66	450,41	394,75
	VI	**1 251,00**	427,66	427,66							
4589,99	I,IV	**753,66**	428,00	428,00	I	627,83	508,41	395,41	288,91	188,83	95,16
	II	**640,66**	428,00	428,00	II	520,58	407,00	299,75	199,00	104,66	23,75
	III	**403,16**	428,00	428,00	III	307,16	214,16	125,66	51,16		
	V	**1 208,75**	428,00	428,00	IV	689,91	627,83	567,33	508,41	451,16	395,41
	VI	**1 252,00**	428,00	428,00							
4592,99	I,IV	**754,50**	428,25	428,25	I	628,58	509,16	396,16	289,58	189,41	95,75
	II	**641,50**	428,25	428,25	II	521,33	407,66	300,41	199,58	105,25	24,16
	III	**403,83**	428,25	428,25	III	307,66	214,66	126,16	51,50		
	V	**1 209,75**	428,25	428,25	IV	690,75	628,58	568,08	509,16	451,83	396,16
	VI	**1 253,00**	428,25	428,25							
4595,99	I,IV	**755,33**	428,50	428,50	I	629,41	509,91	396,91	290,25	190,08	96,33
	II	**642,25**	428,50	428,50	II	522,08	408,41	301,08	200,25	105,83	24,66
	III	**404,50**	428,50	428,50	III	308,33	215,33	126,66	52,00		
	V	**1 210,75**	428,50	428,50	IV	691,58	629,41	568,83	509,91	452,58	396,91
	VI	**1 254,08**	428,50	428,50							
4598,99	I,IV	**756,16**	428,83	428,83	I	630,25	510,66	397,58	290,91	190,75	96,91
	II	**643,08**	428,83	428,83	II	522,91	409,16	301,83	200,91	106,41	25,08
	III	**405,16**	428,83	428,83	III	309,00	216,00	127,16	52,33		
	V	**1 211,83**	428,83	428,83	IV	692,41	630,25	569,66	510,66	453,33	397,58
	VI	**1 255,08**	428,83	428,83							
4601,99	I,IV	**757,00**	429,08	429,08	I	631,00	511,41	398,33	291,58	191,33	97,50
	II	**643,91**	429,08	429,08	II	523,66	409,83	302,50	201,50	107,00	25,50
	III	**405,66**	429,08	429,08	III	309,50	216,50	127,66	52,83		
	V	**1 212,83**	429,08	429,08	IV	693,25	631,00	570,41	511,41	454,08	398,33
	VI	**1 256,08**	429,08	429,08							
4604,99	I,IV	**757,83**	429,33	429,33	I	631,83	512,25	399,00	292,33	192,00	98,08
	II	**644,66**	429,33	429,33	II	524,41	410,58	303,16	202,16	107,58	25,91
	III	**406,33**	429,33	429,33	III	310,16	217,16	128,33	53,33		
	V	**1 213,83**	429,33	429,33	IV	694,00	631,83	571,25	512,25	454,83	399,00
	VI	**1 257,16**	429,33	429,33							
4607,99	I,IV	**758,75**	429,66	429,66	I	632,66	513,00	399,75	293,00	192,66	98,75
	II	**645,50**	429,66	429,66	II	525,16	411,33	303,83	202,83	108,25	26,41
	III	**407,00**	429,66	429,66	III	310,83	217,83	128,83	53,66		
	V	**1 214,91**	429,66	429,66	IV	694,83	632,66	572,00	513,00	455,58	399,75
	VI	**1 258,16**	429,66	429,66							

* Zur LSt-Berechnung für privat versicherte Arbeitnehmer s. Beispiele **Vorbemerkung S. 4f.**
** Basisvorsorgepauschale KV und PV *** Typisierter Arbeitgeberzuschuss

Lohn/ Gehalt in € bis	Steuerklasse	Lohn- steuer*	BVSP**	TAGZ***	Steuerklasse	Bemessungsgrundlage für Kirchensteuer und Solidaritätszuschlag					
						Freibeträge für ... Kinder					
						0,5	**1,0**	1,5	**2,0**	2,5	**3,0**
4 610,99	I,IV	**759,58**	429,91	429,91	I	633,41	513,75	400,50	293,66	193,25	99,33
	II	**646,33**	429,91	429,91	II	526,00	412,00	304,50	203,50	108,83	26,83
	III	**407,66**	429,91	429,91	III	311,33	218,33	129,33	54,16		
	V	**1 215,91**	429,91	429,91	IV	695,66	633,41	572,75	513,75	456,33	400,50
	VI	**1 259,16**	429,91	429,91							
4 613,99	I,IV	**760,41**	430,25	430,25	I	634,25	514,50	401,16	294,33	193,91	99,91
	II	**647,08**	430,25	430,25	II	526,75	412,75	305,16	204,08	109,41	27,25
	III	**408,33**	430,25	430,25	III	312,00	219,00	130,00	54,50		
	V	**1 216,91**	430,25	430,25	IV	696,50	634,25	573,58	514,50	457,08	401,16
	VI	**1 260,25**	430,25	430,25							
4 616,99	I,IV	**761,25**	430,50	430,50	I	635,08	515,25	401,91	295,00	194,58	100,50
	II	**647,91**	430,50	430,50	II	527,50	413,50	305,91	204,75	110,00	27,66
	III	**409,00**	430,50	430,50	III	312,66	219,50	130,50	55,00		
	V	**1 218,00**	430,50	430,50	IV	697,33	635,08	574,33	515,25	457,83	401,91
	VI	**1 261,25**	430,50	430,50							
4 619,99	I,IV	**762,08**	430,75	430,75	I	635,83	516,00	402,66	295,66	195,16	101,08
	II	**648,75**	430,75	430,75	II	528,25	414,16	306,58	205,41	110,58	28,16
	III	**409,66**	430,75	430,75	III	313,33	220,16	131,00	55,50		
	V	**1 219,00**	430,75	430,75	IV	698,16	635,83	575,16	516,00	458,50	402,66
	VI	**1 262,25**	430,75	430,75							
4 622,99	I,IV	**762,91**	431,08	431,08	I	636,66	516,83	403,33	296,33	195,83	101,66
	II	**649,58**	431,08	431,08	II	529,00	414,91	307,25	206,00	111,25	28,58
	III	**410,16**	431,08	431,08	III	313,83	220,83	131,66	55,83		
	V	**1 220,00**	431,08	431,08	IV	699,00	636,66	575,91	516,83	459,25	403,33
	VI	**1 263,25**	431,08	431,08							
4 625,99	I,IV	**763,75**	431,33	431,33	I	637,41	517,58	404,08	297,08	196,41	102,25
	II	**650,33**	431,33	431,33	II	529,75	415,66	307,91	206,66	111,83	29,00
	III	**410,83**	431,33	431,33	III	314,50	221,33	132,16	56,33		
	V	**1 221,08**	431,33	431,33	IV	699,83	637,41	576,66	517,58	460,00	404,08
	VI	**1 264,33**	431,33	431,33							
4 628,99	I,IV	**764,66**	431,58	431,58	I	638,25	518,33	404,83	297,75	197,08	102,83
	II	**651,16**	431,58	431,58	II	530,58	416,41	308,66	207,33	112,41	29,50
	III	**411,50**	431,58	431,58	III	315,16	222,00	132,66	56,83		
	V	**1 222,08**	431,58	431,58	IV	700,66	638,25	577,50	518,33	460,75	404,83
	VI	**1 265,33**	431,58	431,58							
4 631,99	I,IV	**765,50**	431,91	431,91	I	639,08	519,08	405,50	298,41	197,75	103,50
	II	**652,00**	431,91	431,91	II	531,33	417,08	309,33	207,91	113,00	29,91
	III	**412,16**	431,91	431,91	III	315,83	222,50	133,16	57,16		
	V	**1 223,08**	431,91	431,91	IV	701,50	639,08	578,25	519,08	461,50	405,50
	VI	**1 266,33**	431,91	431,91							
4 634,99	I,IV	**766,33**	432,16	432,16	I	639,83	519,83	406,25	299,08	198,33	104,08
	II	**652,75**	432,16	432,16	II	532,08	417,83	310,00	208,58	113,58	30,33
	III	**412,83**	432,16	432,16	III	316,33	223,16	133,83	57,66		
	V	**1 224,08**	432,16	432,16	IV	702,25	639,83	579,08	519,83	462,25	406,25
	VI	**1 267,41**	432,16	432,16							
4 637,99	I,IV	**767,16**	432,41	432,41	I	640,66	520,66	407,00	299,75	199,00	104,66
	II	**653,58**	432,41	432,41	II	532,91	418,58	310,66	209,25	114,25	30,83
	III	**413,50**	432,41	432,41	III	317,00	223,66	134,33	58,16		
	V	**1 225,16**	432,41	432,41	IV	703,16	640,66	579,83	520,66	463,00	407,00
	VI	**1 268,41**	432,41	432,41							
4 640,99	I,IV	**768,00**	432,75	432,75	I	641,50	521,41	407,66	300,41	199,66	105,25
	II	**654,41**	432,75	432,75	II	533,66	419,25	311,33	209,91	114,83	31,25
	III	**414,16**	432,75	432,75	III	317,66	224,33	134,83	58,50		
	V	**1 226,16**	432,75	432,75	IV	704,00	641,50	580,66	521,41	463,75	407,66
	VI	**1 269,41**	432,75	432,75							
4 643,99	I,IV	**768,83**	433,00	433,00	I	642,33	522,16	408,41	301,16	200,25	105,83
	II	**655,25**	433,00	433,00	II	534,41	420,00	312,08	210,50	115,41	31,75
	III	**414,66**	433,00	433,00	III	318,16	225,00	135,50	59,00		
	V	**1 227,16**	433,00	433,00	IV	704,75	642,33	581,41	522,16	464,50	408,41
	VI	**1 270,50**	433,00	433,00							

* Zur LSt-Berechnung für privat versicherte Arbeitnehmer s. Beispiele **Vorbemerkung S. 4f.**
** Basisvorsorgepauschale KV und PV *** Typisierter Arbeitgeberzuschuss

Lohn/ Gehalt in € bis	Steuerklasse	Lohn- steuer*	BVSP**	TAGZ***	Steuerklasse	Bemessungsgrundlage für Kirchensteuer und Solidaritätszuschlag – Freibeträge für ... Kinder: 0,5	1,0	1,5	2,0	2,5	3,0
4646,99	I,IV	**769,75**	433,25	433,25	I	643,08	522,91	409,16	301,83	200,91	106,41
	II	**656,00**	433,25	433,25	II	535,16	420,75	312,75	211,16	116,00	32,16
	III	**415,33**	433,25	433,25	III	318,83	225,50	136,00	59,50		
	V	**1228,25**	433,25	433,25	IV	705,58	643,08	582,16	522,91	465,25	409,16
	VI	**1271,50**	433,25	433,25							
4649,99	I,IV	**770,58**	433,58	433,58	I	643,91	523,66	409,91	302,50	201,58	107,08
	II	**656,83**	433,58	433,58	II	535,91	421,50	313,41	211,83	116,66	32,66
	III	**416,00**	433,58	433,58	III	319,50	226,16	136,50	59,83		
	V	**1229,25**	433,58	433,58	IV	706,41	643,91	583,00	523,66	466,00	409,91
	VI	**1272,50**	433,58	433,58							
4652,99	I,IV	**771,41**	433,83	433,83	I	644,75	524,41	410,58	303,16	202,16	107,66
	II	**657,66**	433,83	433,83	II	536,75	422,16	314,08	212,41	117,25	33,08
	III	**416,66**	433,83	433,83	III	320,00	226,66	137,16	60,33		
	V	**1230,25**	433,83	433,83	IV	707,25	644,75	583,75	524,41	466,75	410,58
	VI	**1273,58**	433,83	433,83							
4655,99	I,IV	**772,25**	434,16	434,16	I	645,50	525,16	411,33	303,83	202,83	108,25
	II	**658,50**	434,16	434,16	II	537,50	422,91	314,75	213,08	117,83	33,50
	III	**417,33**	434,16	434,16	III	320,66	227,33	137,66	60,83	0,33	
	V	**1231,33**	434,16	434,16	IV	708,08	645,50	584,58	525,16	467,41	411,33
	VI	**1274,58**	434,16	434,16							
4658,99	I,IV	**773,16**	434,41	434,41	I	646,33	526,00	412,08	304,58	203,50	108,83
	II	**659,33**	434,41	434,41	II	538,25	423,66	315,50	213,75	118,41	34,00
	III	**418,00**	434,41	434,41	III	321,33	228,00	138,16	61,33	0,66	
	V	**1232,33**	434,41	434,41	IV	708,91	646,33	585,33	526,00	468,25	412,08
	VI	**1275,58**	434,41	434,41							
4661,99	I,IV	**774,00**	434,66	434,66	I	647,16	526,75	412,75	305,25	204,08	109,41
	II	**660,08**	434,66	434,66	II	539,00	424,41	316,16	214,41	119,00	34,50
	III	**418,50**	434,66	434,66	III	322,00	228,50	138,83	61,66	1,00	
	V	**1233,33**	434,66	434,66	IV	709,75	647,16	586,16	526,75	468,91	412,75
	VI	**1276,58**	434,66	434,66							
4664,99	I,IV	**774,83**	435,00	435,00	I	647,91	527,50	413,50	305,91	204,75	110,00
	II	**660,91**	435,00	435,00	II	539,83	425,08	316,83	215,00	119,66	34,91
	III	**419,16**	435,00	435,00	III	322,66	229,16	139,33	62,16	1,33	
	V	**1234,41**	435,00	435,00	IV	710,58	647,91	586,91	527,50	469,66	413,50
	VI	**1277,66**	435,00	435,00							
4667,99	I,IV	**775,66**	435,25	435,25	I	648,75	528,25	414,25	306,58	205,41	110,66
	II	**661,75**	435,25	435,25	II	540,58	425,83	317,58	215,66	120,25	35,41
	III	**419,83**	435,25	435,25	III	323,16	229,83	139,83	62,66	1,66	
	V	**1235,41**	435,25	435,25	IV	711,41	648,75	587,75	528,25	470,41	414,25
	VI	**1278,66**	435,25	435,25							
4670,99	I,IV	**776,50**	435,50	435,50	I	649,58	529,08	414,91	307,25	206,08	111,25
	II	**662,58**	435,50	435,50	II	541,33	426,58	318,25	216,33	120,83	35,83
	III	**420,50**	435,50	435,50	III	323,83	230,33	140,50	63,00	2,00	
	V	**1236,41**	435,50	435,50	IV	712,25	649,58	588,50	529,08	471,16	414,91
	VI	**1279,66**	435,50	435,50							
4673,99	I,IV	**777,41**	435,83	435,83	I	650,41	529,83	415,66	307,91	206,66	111,83
	II	**663,33**	435,83	435,83	II	542,08	427,33	318,91	217,00	121,41	36,33
	III	**421,16**	435,83	435,83	III	324,50	231,00	141,00	63,50	2,33	
	V	**1237,50**	435,83	435,83	IV	713,08	650,41	589,25	529,83	471,91	415,66
	VI	**1280,75**	435,83	435,83							
4676,99	I,IV	**778,25**	436,08	436,08	I	651,16	530,58	416,41	308,66	207,33	112,41
	II	**664,16**	436,08	436,08	II	542,91	428,00	319,58	217,58	122,08	36,75
	III	**421,83**	436,08	436,08	III	325,00	231,50	141,50	64,00	2,66	
	V	**1238,50**	436,08	436,08	IV	713,91	651,16	590,08	530,58	472,66	416,41
	VI	**1281,75**	436,08	436,08							
4679,99	I,IV	**779,08**	436,33	436,33	I	652,00	531,33	417,16	309,33	208,00	113,00
	II	**665,00**	436,33	436,33	II	543,66	428,75	320,33	218,25	122,66	37,25
	III	**422,50**	436,33	436,33	III	325,66	232,16	142,16	64,33	3,00	
	V	**1239,50**	436,33	436,33	IV	714,75	652,00	590,91	531,33	473,41	417,16
	VI	**1282,75**	436,33	436,33							

* Zur LSt-Berechnung für privat versicherte Arbeitnehmer s. Beispiele **Vorbemerkung S. 4f.**
** Basisvorsorgepauschale KV und PV *** Typisierter Arbeitgeberzuschuss

Lohn/ Gehalt in € bis	Steuerklasse	Lohn-steuer*	BVSP**	TAGZ***	Steuerklasse	Bemessungsgrundlage für Kirchensteuer und Solidaritätszuschlag – Freibeträge für ... Kinder 0,5	**1,0**	1,5	**2,0**	2,5	**3,0**
4682,99	I,IV	**779,91**	436,66	436,66	I	652,83	532,08	417,83	310,00	208,58	113,66
	II	**665,83**	436,66	436,66	II	544,41	429,50	321,00	218,91	123,25	37,75
	III	**423,16**	436,66	436,66	III	326,33	232,83	142,66	64,83	3,33	
	V	**1240,50**	436,66	436,66	IV	715,58	652,83	591,66	532,08	474,16	417,83
	VI	**1283,83**	436,66	436,66							
4685,99	I,IV	**780,75**	436,91	436,91	I	653,58	532,91	418,58	310,66	209,25	114,25
	II	**666,58**	436,91	436,91	II	545,16	430,25	321,66	219,58	123,83	38,16
	III	**423,66**	436,91	436,91	III	327,00	233,33	143,16	65,33	3,66	
	V	**1241,58**	436,91	436,91	IV	716,41	653,58	592,41	532,91	474,91	418,58
	VI	**1284,83**	436,91	436,91							
4688,99	I,IV	**781,66**	437,16	437,16	I	654,41	533,66	419,33	311,41	209,91	114,83
	II	**667,41**	437,16	437,16	II	546,00	431,00	322,41	220,25	124,50	38,66
	III	**424,33**	437,16	437,16	III	327,50	234,00	143,83	65,83	4,16	
	V	**1242,58**	437,16	437,16	IV	717,25	654,41	593,25	533,66	475,66	419,33
	VI	**1285,83**	437,16	437,16							
4691,99	I,IV	**782,50**	437,50	437,50	I	655,25	534,41	420,00	312,08	210,50	115,41
	II	**668,25**	437,50	437,50	II	546,75	431,66	323,08	220,83	125,08	39,16
	III	**425,00**	437,50	437,50	III	328,16	234,50	144,33	66,33	4,50	
	V	**1243,58**	437,50	437,50	IV	718,08	655,25	594,00	534,41	476,41	420,00
	VI	**1286,91**	437,50	437,50							
4694,99	I,IV	**783,33**	437,75	437,75	I	656,08	535,16	420,75	312,75	211,16	116,00
	II	**669,08**	437,75	437,75	II	547,50	432,41	323,75	221,50	125,66	39,58
	III	**425,66**	437,75	437,75	III	328,83	235,16	145,00	66,66	4,83	
	V	**1244,66**	437,75	437,75	IV	718,91	656,08	594,83	535,16	477,16	420,75
	VI	**1287,91**	437,75	437,75							
4697,99	I,IV	**784,16**	438,08	438,08	I	656,83	535,91	421,50	313,41	211,83	116,66
	II	**669,83**	438,08	438,08	II	548,33	433,16	324,41	222,16	126,25	40,08
	III	**426,33**	438,08	438,08	III	329,50	235,83	145,50	67,16	5,16	
	V	**1245,66**	438,08	438,08	IV	719,75	656,83	595,58	535,91	477,91	421,50
	VI	**1288,91**	438,08	438,08							
4700,99	I,IV	**785,08**	438,33	438,33	I	657,66	536,75	422,25	314,16	212,50	117,25
	II	**670,75**	438,33	438,33	II	549,08	433,91	325,16	222,83	126,91	40,58
	III	**427,00**	438,33	438,33	III	330,00	236,33	146,16	67,66	5,50	
	V	**1246,66**	438,33	438,33	IV	720,58	657,66	596,41	536,75	478,66	422,25
	VI	**1290,00**	438,33	438,33							
4703,99	I,IV	**785,91**	438,58	438,58	I	658,50	537,50	422,91	314,83	213,08	117,83
	II	**671,50**	438,58	438,58	II	549,83	434,58	325,83	223,41	127,50	41,08
	III	**427,66**	438,58	438,58	III	330,66	237,00	146,66	68,00	5,83	
	V	**1247,75**	438,58	438,58	IV	721,41	658,50	597,16	537,50	479,41	422,91
	VI	**1291,00**	438,58	438,58							
4706,99	I,IV	**786,75**	438,91	438,91	I	659,33	538,25	423,66	315,50	213,75	118,41
	II	**672,33**	438,91	438,91	II	550,58	435,33	326,50	224,08	128,08	41,58
	III	**428,16**	438,91	438,91	III	331,33	237,50	147,16	68,50	6,16	
	V	**1248,75**	438,91	438,91	IV	722,25	659,33	598,00	538,25	480,16	423,66
	VI	**1292,00**	438,91	438,91							
4709,99	I,IV	**787,66**	439,16	439,16	I	660,16	539,08	424,41	316,16	214,41	119,08
	II	**673,16**	439,16	439,16	II	551,41	436,08	327,25	224,75	128,75	42,00
	III	**428,83**	439,16	439,16	III	332,00	238,16	147,83	69,00	6,50	
	V	**1249,75**	439,16	439,16	IV	723,08	660,16	598,83	539,08	480,91	424,41
	VI	**1293,00**	439,16	439,16							
4712,99	I,IV	**788,50**	439,41	439,41	I	660,91	539,83	425,16	316,91	215,08	119,66
	II	**674,00**	439,41	439,41	II	552,16	436,83	327,91	225,41	129,33	42,50
	III	**429,50**	439,41	439,41	III	332,50	238,83	148,33	69,50	7,00	
	V	**1250,83**	439,41	439,41	IV	723,91	660,91	599,58	539,83	481,66	425,16
	VI	**1294,08**	439,41	439,41							
4715,99	I,IV	**789,33**	439,75	439,75	I	661,75	540,58	425,83	317,58	215,66	120,25
	II	**674,75**	439,75	439,75	II	552,91	437,58	328,58	226,00	129,91	43,00
	III	**430,16**	439,75	439,75	III	333,16	239,33	149,00	70,00	7,33	
	V	**1251,83**	439,75	439,75	IV	724,75	661,75	600,33	540,58	482,41	425,83
	VI	**1295,08**	439,75	439,75							

* Zur LSt-Berechnung für privat versicherte Arbeitnehmer s. Beispiele **Vorbemerkung S. 4 f.**
** Basisvorsorgepauschale KV und PV *** Typisierter Arbeitgeberzuschuss

Lohn/ Gehalt in € bis	Steuerklasse	Lohn-steuer*	BVSP**	TAGZ***	Steuerklasse	Bemessungsgrundlage für Kirchensteuer und Solidaritätszuschlag – Freibeträge für ... Kinder 0,5	1,0	1,5	2,0	2,5	3,0
4718,99	I,IV	**790,25**	440,00	440,00	I	662,58	541,41	426,58	318,25	216,33	120,83
	II	**675,66**	440,00	440,00	II	553,75	438,33	329,25	226,66	130,58	43,50
	III	**430,83**	440,00	440,00	III	333,83	240,00	149,50	70,33	7,66	
	V	**1 252,83**	440,00	440,00	IV	725,58	662,58	601,16	541,41	483,16	426,58
	VI	**1 296,08**	440,00	440,00							
4721,99	I,IV	**791,08**	440,25	440,25	I	663,41	542,16	427,33	318,91	217,00	121,50
	II	**676,41**	440,25	440,25	II	554,50	439,00	330,00	227,33	131,16	44,00
	III	**431,50**	440,25	440,25	III	334,33	240,50	150,00	70,83	8,00	
	V	**1 253,83**	440,25	440,25	IV	726,41	663,41	602,00	542,16	483,91	427,33
	VI	**1 297,16**	440,25	440,25							
4724,99	I,IV	**791,91**	440,58	440,58	I	664,16	542,91	428,08	319,58	217,66	122,08
	II	**677,25**	440,58	440,58	II	555,25	439,75	330,66	228,00	131,75	44,50
	III	**432,16**	440,58	440,58	III	335,00	241,16	150,66	71,33	8,33	
	V	**1 254,91**	440,58	440,58	IV	727,25	664,16	602,75	542,91	484,66	428,08
	VI	**1 298,16**	440,58	440,58							
4727,99	I,IV	**792,75**	440,83	440,83	I	665,00	543,66	428,75	320,33	218,25	122,66
	II	**678,08**	440,83	440,83	II	556,08	440,50	331,33	228,66	132,33	44,91
	III	**432,66**	440,83	440,83	III	335,66	241,83	151,16	71,83	8,66	
	V	**1 255,91**	440,83	440,83	IV	728,08	665,00	603,50	543,66	485,41	428,75
	VI	**1 299,16**	440,83	440,83							
4730,99	I,IV	**793,66**	441,08	441,08	I	665,83	544,50	429,50	321,00	218,91	123,25
	II	**678,91**	441,08	441,08	II	556,83	441,25	332,08	229,33	133,00	45,50
	III	**433,33**	441,08	441,08	III	336,33	242,33	151,83	72,33	9,00	
	V	**1 256,91**	441,08	441,08	IV	728,91	665,83	604,33	544,50	486,16	429,50
	VI	**1 300,25**	441,08	441,08							
4733,99	I,IV	**794,50**	441,41	441,41	I	666,66	545,25	430,25	321,66	219,58	123,91
	II	**679,75**	441,41	441,41	II	557,58	442,00	332,75	229,91	133,58	45,91
	III	**434,00**	441,41	441,41	III	337,00	243,00	152,33	72,66	9,50	
	V	**1 258,00**	441,41	441,41	IV	729,75	666,66	605,16	545,25	486,91	430,25
	VI	**1 301,25**	441,41	441,41							
4736,99	I,IV	**795,33**	441,66	441,66	I	667,41	546,00	431,00	322,41	220,25	124,50
	II	**680,50**	441,66	441,66	II	558,41	442,66	333,41	230,58	134,16	46,41
	III	**434,66**	441,66	441,66	III	337,50	243,66	153,00	73,16	9,83	
	V	**1 259,00**	441,66	441,66	IV	730,58	667,41	605,91	546,00	487,66	431,00
	VI	**1 302,25**	441,66	441,66							
4739,99	I,IV	**796,25**	442,00	442,00	I	668,25	546,75	431,75	323,08	220,91	125,08
	II	**681,33**	442,00	442,00	II	559,16	443,41	334,16	231,25	134,83	46,91
	III	**435,33**	442,00	442,00	III	338,16	244,16	153,50	73,66	10,16	
	V	**1 260,00**	442,00	442,00	IV	731,41	668,25	606,75	546,75	488,41	431,75
	VI	**1 303,33**	442,00	442,00							
4742,99	I,IV	**797,08**	442,25	442,25	I	669,08	547,58	432,41	323,75	221,50	125,66
	II	**682,16**	442,25	442,25	II	560,00	444,16	334,83	231,91	135,41	47,41
	III	**436,00**	442,25	442,25	III	338,83	244,83	154,16	74,16	10,50	
	V	**1 261,08**	442,25	442,25	IV	732,25	669,08	607,50	547,58	489,16	432,41
	VI	**1 304,33**	442,25	442,25							
4745,99	I,IV	**797,91**	442,50	442,50	I	669,91	548,33	433,16	324,41	222,16	126,33
	II	**683,00**	442,50	442,50	II	560,75	444,91	335,50	232,58	136,00	47,91
	III	**436,66**	442,50	442,50	III	339,33	245,33	154,66	74,66	10,83	
	V	**1 262,08**	442,50	442,50	IV	733,08	669,91	608,33	548,33	489,91	433,16
	VI	**1 305,33**	442,50	442,50							
4748,99	I,IV	**798,75**	442,83	442,83	I	670,75	549,08	433,91	325,16	222,83	126,91
	II	**683,83**	442,83	442,83	II	561,50	445,66	336,16	233,16	136,66	48,41
	III	**437,33**	442,83	442,83	III	340,00	246,00	155,16	75,00	11,16	
	V	**1 263,08**	442,83	442,83	IV	733,91	670,75	609,08	549,08	490,66	433,91
	VI	**1 306,33**	442,83	442,83							
4751,99	I,IV	**799,66**	443,08	443,08	I	671,58	549,91	434,66	325,83	223,50	127,50
	II	**684,66**	443,08	443,08	II	562,33	446,41	336,91	233,83	137,25	48,91
	III	**438,00**	443,08	443,08	III	340,66	246,66	155,83	75,50	11,66	
	V	**1 264,16**	443,08	443,08	IV	734,83	671,58	609,91	549,91	491,50	434,66
	VI	**1 307,41**	443,08	443,08							

* Zur LSt-Berechnung für privat versicherte Arbeitnehmer s. Beispiele **Vorbemerkung S. 4 f.**
** Basisvorsorgepauschale KV und PV *** Typisierter Arbeitgeberzuschuss

Lohn/ Gehalt in € bis	Steuerklasse	Lohn-steuer*	BVSP**	TAGZ***	Steuerklasse	Bemessungsgrundlage für Kirchensteuer und Solidaritätszuschlag – Freibeträge für ... Kinder 0,5	**1,0**	1,5	**2,0**	2,5	**3,0**
4754,99	I,IV	**800,50**	443,33	443,33	I	672,33	550,66	435,33	326,50	224,08	128,08
	II	**685,41**	443,33	443,33	II	563,08	447,08	337,58	234,50	137,83	49,41
	III	**438,50**	443,33	443,33	III	341,33	247,16	156,33	76,00	12,00	
	V	**1265,16**	443,33	443,33	IV	735,58	672,33	610,66	550,66	492,16	435,33
	VI	**1308,41**	443,33	443,33							
4757,99	I,IV	**801,33**	443,66	443,66	I	673,16	551,41	436,08	327,25	224,75	128,75
	II	**686,25**	443,66	443,66	II	563,83	447,83	338,33	235,16	138,50	49,91
	III	**439,16**	443,66	443,66	III	342,00	247,83	157,00	76,50	12,33	
	V	**1266,16**	443,66	443,66	IV	736,41	673,16	611,50	551,41	492,91	436,08
	VI	**1309,41**	443,66	443,66							
4760,99	I,IV	**802,25**	443,91	443,91	I	674,00	552,25	436,83	327,91	225,41	129,33
	II	**687,08**	443,91	443,91	II	564,66	448,58	339,00	235,83	139,08	50,50
	III	**439,83**	443,91	443,91	III	342,50	248,50	157,50	77,00	12,66	
	V	**1267,25**	443,91	443,91	IV	737,33	674,00	612,33	552,25	493,75	436,83
	VI	**1310,50**	443,91	443,91							
4763,99	I,IV	**803,08**	444,16	444,16	I	674,83	553,00	437,58	328,58	226,08	129,91
	II	**687,91**	444,16	444,16	II	565,41	449,33	339,66	236,50	139,66	51,00
	III	**440,50**	444,16	444,16	III	343,16	249,00	158,16	77,50	13,00	
	V	**1268,25**	444,16	444,16	IV	738,16	674,83	613,08	553,00	494,50	437,58
	VI	**1311,50**	444,16	444,16							
4766,99	I,IV	**803,91**	444,50	444,50	I	675,66	553,75	438,33	329,25	226,66	130,58
	II	**688,75**	444,50	444,50	II	566,16	450,08	340,41	237,16	140,33	51,50
	III	**441,16**	444,50	444,50	III	343,83	249,66	158,66	77,83	13,50	
	V	**1269,25**	444,50	444,50	IV	739,00	675,66	613,91	553,75	495,25	438,33
	VI	**1312,50**	444,50	444,50							
4769,99	I,IV	**804,83**	444,75	444,75	I	676,50	554,58	439,08	330,00	227,33	131,16
	II	**689,58**	444,75	444,75	II	567,00	450,83	341,08	237,83	140,91	52,00
	III	**441,83**	444,75	444,75	III	344,50	250,33	159,33	78,33	13,83	
	V	**1270,25**	444,75	444,75	IV	739,83	676,50	614,66	554,58	496,00	439,08
	VI	**1313,58**	444,75	444,75							
4772,99	I,IV	**805,66**	445,00	445,00	I	677,25	555,33	439,75	330,66	228,00	131,75
	II	**690,41**	445,00	445,00	II	567,75	451,58	341,75	238,41	141,50	52,50
	III	**442,50**	445,00	445,00	III	345,00	250,83	159,83	78,83	14,16	
	V	**1271,33**	445,00	445,00	IV	740,66	677,25	615,50	555,33	496,75	439,75
	VI	**1314,58**	445,00	445,00							
4775,99	I,IV	**806,50**	445,33	445,33	I	678,08	556,08	440,50	331,33	228,66	132,41
	II	**691,25**	445,33	445,33	II	568,50	452,33	342,50	239,08	142,16	53,00
	III	**443,16**	445,33	445,33	III	345,66	251,50	160,50	79,33	14,50	
	V	**1272,33**	445,33	445,33	IV	741,50	678,08	616,25	556,08	497,50	440,50
	VI	**1315,58**	445,33	445,33							
4778,99	I,IV	**807,33**	445,58	445,58	I	678,91	556,83	441,25	332,08	229,33	133,00
	II	**692,00**	445,58	445,58	II	569,33	453,00	343,16	239,75	142,75	53,50
	III	**443,66**	445,58	445,58	III	346,33	252,00	161,00	79,83	14,83	
	V	**1273,33**	445,58	445,58	IV	742,33	678,91	617,08	556,83	498,25	441,25
	VI	**1316,58**	445,58	445,58							
4781,99	I,IV	**808,25**	445,91	445,91	I	679,75	557,66	442,00	332,75	230,00	133,58
	II	**692,83**	445,91	445,91	II	570,08	453,75	343,91	240,41	143,41	54,08
	III	**444,33**	445,91	445,91	III	347,00	252,66	161,66	80,33	15,33	
	V	**1274,41**	445,91	445,91	IV	743,16	679,75	617,91	557,66	499,00	442,00
	VI	**1317,66**	445,91	445,91							
4784,99	I,IV	**809,08**	446,16	446,16	I	680,58	558,41	442,75	333,41	230,58	134,25
	II	**693,66**	446,16	446,16	II	570,91	454,50	344,58	241,08	144,00	54,58
	III	**445,00**	446,16	446,16	III	347,50	253,33	162,16	80,83	15,66	
	V	**1275,41**	446,16	446,16	IV	744,00	680,58	618,66	558,41	499,75	442,75
	VI	**1318,66**	446,16	446,16							
4787,99	I,IV	**810,00**	446,41	446,41	I	681,33	559,16	443,41	334,16	231,25	134,83
	II	**694,50**	446,41	446,41	II	571,66	455,25	345,25	241,75	144,58	55,08
	III	**445,66**	446,41	446,41	III	348,16	253,83	162,83	81,16	16,00	
	V	**1276,41**	446,41	446,41	IV	744,83	681,33	619,50	559,16	500,50	443,41
	VI	**1319,66**	446,41	446,41							

* Zur LSt-Berechnung für privat versicherte Arbeitnehmer s. Beispiele **Vorbemerkung S. 4f.**
** Basisvorsorgepauschale KV und PV *** Typisierter Arbeitgeberzuschuss

Lohn/ Gehalt in € bis	Steuerklasse	Lohn- steuer*	BVSP**	TAGZ***	Steuerklasse	Bemessungsgrundlage für Kirchensteuer und Solidaritätszuschlag – Freibeträge für ... Kinder 0,5	1,0	1,5	2,0	2,5	3,0
4790,99	I,IV	**810,83**	446,75	446,75	I	682,16	560,00	444,16	334,83	231,91	135,41
	II	**695,33**	446,75	446,75	II	572,50	456,00	346,00	242,41	145,25	55,66
	III	**446,33**	446,75	446,75	III	348,83	254,50	163,33	81,66	16,33	
	V	**1 277,50**	446,75	446,75	IV	745,75	682,16	620,25	560,00	501,33	444,16
	VI	**1 320,75**	446,75	446,75							
4793,99	I,IV	**811,66**	447,00	447,00	I	683,00	560,75	444,91	335,50	232,58	136,08
	II	**696,16**	447,00	447,00	II	573,25	456,75	346,66	243,00	145,83	56,16
	III	**447,00**	447,00	447,00	III	349,50	255,16	164,00	82,16	16,83	
	V	**1 278,50**	447,00	447,00	IV	746,58	683,00	621,08	560,75	502,08	444,91
	VI	**1 321,75**	447,00	447,00							
4796,99	I,IV	**812,58**	447,25	447,25	I	683,83	561,50	445,66	336,25	233,25	136,66
	II	**697,00**	447,25	447,25	II	574,00	457,50	347,33	243,66	146,41	56,66
	III	**447,66**	447,25	447,25	III	350,00	255,66	164,50	82,66	17,16	
	V	**1 279,50**	447,25	447,25	IV	747,41	683,83	621,83	561,50	502,83	445,66
	VI	**1 322,75**	447,25	447,25							
4799,99	I,IV	**813,41**	447,58	447,58	I	684,66	562,33	446,41	336,91	233,91	137,25
	II	**697,83**	447,58	447,58	II	574,83	458,25	348,08	244,33	147,08	57,16
	III	**448,33**	447,58	447,58	III	350,66	256,33	165,16	83,16	17,50	
	V	**1 280,58**	447,58	447,58	IV	748,25	684,66	622,66	562,33	503,58	446,41
	VI	**1 323,83**	447,58	447,58							
4802,99	I,IV	**814,33**	447,83	447,83	I	685,50	563,08	447,16	337,66	234,50	137,91
	II	**698,66**	447,83	447,83	II	575,58	459,00	348,75	245,00	147,66	57,75
	III	**449,00**	447,83	447,83	III	351,33	257,00	165,83	83,66	18,00	
	V	**1 281,58**	447,83	447,83	IV	749,08	685,50	623,50	563,08	504,33	447,16
	VI	**1 324,83**	447,83	447,83							
4805,99	I,IV	**815,16**	448,08	448,08	I	686,33	563,83	447,91	338,33	235,16	138,50
	II	**699,50**	448,08	448,08	II	576,33	459,66	349,50	245,66	148,33	58,25
	III	**449,66**	448,08	448,08	III	352,00	257,50	166,33	84,16	18,33	
	V	**1 282,58**	448,08	448,08	IV	749,91	686,33	624,25	563,83	505,08	447,91
	VI	**1 325,83**	448,08	448,08							
4808,99	I,IV	**816,00**	448,41	448,41	I	687,08	564,66	448,58	339,00	235,83	139,08
	II	**700,25**	448,41	448,41	II	577,16	460,41	350,16	246,33	148,91	58,75
	III	**450,33**	448,41	448,41	III	352,66	258,16	167,00	84,66	18,66	
	V	**1 283,58**	448,41	448,41	IV	750,75	687,08	625,08	564,66	505,83	448,58
	VI	**1 326,83**	448,41	448,41							
4811,99	I,IV	**816,91**	448,66	448,66	I	687,91	565,41	449,33	339,75	236,50	139,75
	II	**701,16**	448,66	448,66	II	577,91	461,16	350,91	247,00	149,50	59,33
	III	**451,00**	448,66	448,66	III	353,16	258,83	167,50	85,16	19,00	
	V	**1 284,66**	448,66	448,66	IV	751,58	687,91	625,91	565,41	506,58	449,33
	VI	**1 327,91**	448,66	448,66							
4814,99	I,IV	**817,75**	448,91	448,91	I	688,75	566,25	450,08	340,41	237,16	140,33
	II	**701,91**	448,91	448,91	II	578,75	461,91	351,58	247,66	150,16	59,83
	III	**451,50**	448,91	448,91	III	353,83	259,33	168,16	85,66	19,50	
	V	**1 285,66**	448,91	448,91	IV	752,41	688,75	626,66	566,25	507,33	450,08
	VI	**1 328,91**	448,91	448,91							
4817,99	I,IV	**818,58**	449,25	449,25	I	689,58	567,00	450,83	341,08	237,83	140,91
	II	**702,75**	449,25	449,25	II	579,50	462,66	352,25	248,33	150,75	60,33
	III	**452,16**	449,25	449,25	III	354,50	260,00	168,66	86,16	19,83	
	V	**1 286,66**	449,25	449,25	IV	753,25	689,58	627,50	567,00	508,08	450,83
	VI	**1 329,91**	449,25	449,25							
4820,99	I,IV	**819,50**	449,50	449,50	I	690,41	567,75	451,58	341,83	238,50	141,58
	II	**703,58**	449,50	449,50	II	580,33	463,41	353,00	249,00	151,41	60,91
	III	**452,83**	449,50	449,50	III	355,16	260,66	169,33	86,66	20,16	
	V	**1 287,75**	449,50	449,50	IV	754,16	690,41	628,33	567,75	508,91	451,58
	VI	**1 331,00**	449,50	449,50							
4823,99	I,IV	**820,33**	449,83	449,83	I	691,25	568,58	452,33	342,50	239,08	142,16
	II	**704,41**	449,83	449,83	II	581,08	464,16	353,66	249,66	152,00	61,41
	III	**453,50**	449,83	449,83	III	355,66	261,16	169,83	87,00	20,50	
	V	**1 288,75**	449,83	449,83	IV	755,00	691,25	629,08	568,58	509,66	452,33
	VI	**1 332,00**	449,83	449,83							

* Zur LSt-Berechnung für privat versicherte Arbeitnehmer s. Beispiele **Vorbemerkung S. 4f.**
** Basisvorsorgepauschale KV und PV *** Typisierter Arbeitgeberzuschuss

Lohn/ Gehalt in € bis	Steuerklasse	**Lohn-steuer***	BVSP**	TAGZ***	Steuerklasse	Bemessungsgrundlage für Kirchensteuer und Solidaritätszuschlag – Freibeträge für ... Kinder 0,5	**1,0**	1,5	**2,0**	2,5	**3,0**
4 826,99	I,IV	**821,16**	450,08	450,08	I	692,08	569,33	453,08	343,16	239,75	142,75
	II	**705,25**	450,08	450,08	II	581,83	464,91	354,41	250,25	152,58	62,00
	III	**454,16**	450,08	450,08	III	356,33	261,83	170,50	87,50	21,00	
	V	**1 289,75**	450,08	450,08	IV	755,83	692,08	629,91	569,33	510,41	453,08
	VI	**1 333,00**	450,08	450,08							
4 829,99	I,IV	**822,08**	450,33	450,33	I	692,83	570,08	453,75	343,91	240,41	143,41
	II	**706,08**	450,33	450,33	II	582,66	465,66	355,08	250,91	153,25	62,50
	III	**454,83**	450,33	450,33	III	357,00	262,33	171,00	88,00	21,33	
	V	**1 290,75**	450,33	450,33	IV	756,66	692,83	630,66	570,08	511,16	453,75
	VI	**1 334,00**	450,33	450,33							
4 832,99	I,IV	**822,91**	450,66	450,66	I	693,75	570,91	454,58	344,58	241,08	144,00
	II	**706,91**	450,66	450,66	II	583,41	466,41	355,83	251,58	153,83	63,08
	III	**455,50**	450,66	450,66	III	357,66	263,00	171,66	88,50	21,66	
	V	**1 291,83**	450,66	450,66	IV	757,50	693,75	631,50	570,91	511,91	454,58
	VI	**1 335,08**	450,66	450,66							
4 835,99	I,IV	**823,83**	450,91	450,91	I	694,50	571,66	455,25	345,33	241,75	144,58
	II	**707,75**	450,91	450,91	II	584,25	467,16	356,50	252,25	154,50	63,58
	III	**456,16**	450,91	450,91	III	358,33	263,66	172,16	89,00	22,16	
	V	**1 292,83**	450,91	450,91	IV	758,33	694,50	632,33	571,66	512,66	455,25
	VI	**1 336,08**	450,91	450,91							
4 838,99	I,IV	**824,66**	451,16	451,16	I	695,33	572,50	456,00	346,00	242,41	145,25
	II	**708,58**	451,16	451,16	II	585,00	467,91	357,16	252,91	155,08	64,16
	III	**456,66**	451,16	451,16	III	358,83	264,16	172,83	89,50	22,50	
	V	**1 293,83**	451,16	451,16	IV	759,16	695,33	633,08	572,50	513,41	456,00
	VI	**1 337,08**	451,16	451,16							
4 841,99	I,IV	**825,58**	451,50	451,50	I	696,16	573,25	456,75	346,66	243,08	145,83
	II	**709,41**	451,50	451,50	II	585,83	468,66	357,91	253,58	155,75	64,75
	III	**457,33**	451,50	451,50	III	359,50	264,83	173,33	90,00	22,83	
	V	**1 294,91**	451,50	451,50	IV	760,08	696,16	633,91	573,25	514,25	456,75
	VI	**1 338,16**	451,50	451,50							
4 844,99	I,IV	**826,41**	451,75	451,75	I	697,00	574,08	457,50	347,41	243,75	146,50
	II	**710,25**	451,75	451,75	II	586,58	469,41	358,58	254,25	156,33	65,25
	III	**458,00**	451,75	451,75	III	360,16	265,50	174,00	90,50	23,33	
	V	**1 295,91**	451,75	451,75	IV	760,91	697,00	634,75	574,08	515,00	457,50
	VI	**1 339,16**	451,75	451,75							
4 847,99	I,IV	**827,25**	452,00	452,00	I	697,83	574,83	458,25	348,08	244,33	147,08
	II	**711,08**	452,00	452,00	II	587,41	470,16	359,33	254,91	156,91	65,83
	III	**458,66**	452,00	452,00	III	360,83	266,00	174,50	91,00	23,66	
	V	**1 296,91**	452,00	452,00	IV	761,75	697,83	635,50	574,83	515,75	458,25
	VI	**1 340,16**	452,00	452,00							
4 850,99	I,IV	**828,16**	452,33	452,33	I	698,66	575,58	459,00	348,83	245,00	147,66
	II	**711,91**	452,33	452,33	II	588,16	470,91	360,00	255,58	157,58	66,33
	III	**459,33**	452,33	452,33	III	361,33	266,66	175,16	91,50	24,00	
	V	**1 298,00**	452,33	452,33	IV	762,58	698,66	636,33	575,58	516,50	459,00
	VI	**1 341,25**	452,33	452,33							
4 853,99	I,IV	**829,00**	452,58	452,58	I	699,50	576,41	459,75	349,50	245,66	148,33
	II	**712,75**	452,58	452,58	II	589,00	471,66	360,75	256,25	158,16	66,91
	III	**460,00**	452,58	452,58	III	362,00	267,33	175,83	92,00	24,50	
	V	**1 299,00**	452,58	452,58	IV	763,41	699,50	637,16	576,41	517,25	459,75
	VI	**1 342,25**	452,58	452,58							
4 856,99	I,IV	**829,91**	452,83	452,83	I	700,33	577,16	460,50	350,16	246,33	148,91
	II	**713,58**	452,83	452,83	II	589,75	472,33	361,41	256,91	158,83	67,41
	III	**460,66**	452,83	452,83	III	362,66	267,83	176,33	92,50	24,83	
	V	**1 300,00**	452,83	452,83	IV	764,33	700,33	637,91	577,16	518,00	460,50
	VI	**1 343,25**	452,83	452,83							
4 859,99	I,IV	**830,75**	453,16	453,16	I	701,16	577,91	461,16	350,91	247,00	149,50
	II	**714,41**	453,16	453,16	II	590,50	473,08	362,08	257,58	159,41	68,00
	III	**461,33**	453,16	453,16	III	363,33	268,50	176,83	93,00	25,16	
	V	**1 301,00**	453,16	453,16	IV	765,16	701,16	638,75	577,91	518,75	461,16
	VI	**1 344,25**	453,16	453,16							

* Zur LSt-Berechnung für privat versicherte Arbeitnehmer s. Beispiele **Vorbemerkung S. 4 f.**
** Basisvorsorgepauschale KV und PV *** Typisierter Arbeitgeberzuschuss

Lohn/ Gehalt in € bis	Steuerklasse	Lohn-steuer*	BVSP**	TAGZ***	Steuerklasse	Bemessungsgrundlage für Kirchensteuer und Solidaritätszuschlag					
						Freibeträge für ... Kinder					
						0,5	**1,0**	1,5	**2,0**	2,5	**3,0**
4862,99	I,IV	**831,66**	453,41	453,41	I	702,00	578,75	462,00	351,58	247,66	150,16
	II	**715,25**	453,41	453,41	II	591,33	473,83	362,83	258,25	160,08	68,58
	III	**462,00**	453,41	453,41	III	364,00	269,16	177,50	93,50	25,66	
	V	**1302,08**	453,41	453,41	IV	766,00	702,00	639,58	578,75	519,58	462,00
	VI	**1345,33**	453,41	453,41							
4865,99	I,IV	**832,50**	453,75	453,75	I	702,83	579,50	462,66	352,33	248,33	150,75
	II	**716,08**	453,75	453,75	II	592,08	474,58	363,50	258,91	160,66	69,08
	III	**462,66**	453,75	453,75	III	364,50	269,66	178,00	94,00	26,00	
	V	**1303,08**	453,75	453,75	IV	766,83	702,83	640,33	579,50	520,33	462,66
	VI	**1346,33**	453,75	453,75							
4868,99	I,IV	**833,33**	454,00	454,00	I	703,58	580,33	463,41	353,00	249,00	151,41
	II	**716,91**	454,00	454,00	II	592,91	475,33	364,25	259,58	161,33	69,66
	III	**463,33**	454,00	454,00	III	365,16	270,33	178,66	94,50	26,33	
	V	**1304,08**	454,00	454,00	IV	767,66	703,58	641,16	580,33	521,08	463,41
	VI	**1347,33**	454,00	454,00							
4871,99	I,IV	**834,25**	454,25	454,25	I	704,50	581,08	464,16	353,66	249,66	152,00
	II	**717,75**	454,25	454,25	II	593,75	476,08	365,00	260,25	161,91	70,25
	III	**464,00**	454,25	454,25	III	365,83	271,00	179,33	95,00	26,83	
	V	**1305,16**	454,25	454,25	IV	768,58	704,50	642,00	581,08	521,83	464,16
	VI	**1348,41**	454,25	454,25							
4874,99	I,IV	**835,08**	454,58	454,58	I	705,25	581,91	464,91	354,41	250,33	152,66
	II	**718,58**	454,58	454,58	II	594,50	476,83	365,66	260,91	162,58	70,83
	III	**464,50**	454,58	454,58	III	366,50	271,50	179,83	95,50	27,16	
	V	**1306,16**	454,58	454,58	IV	769,41	705,25	642,75	581,91	522,58	464,91
	VI	**1349,41**	454,58	454,58							
4877,99	I,IV	**836,00**	454,83	454,83	I	706,08	582,66	465,66	355,08	250,91	153,25
	II	**719,41**	454,83	454,83	II	595,25	477,58	366,33	261,58	163,16	71,33
	III	**465,16**	454,83	454,83	III	367,16	272,16	180,50	96,00	27,50	
	V	**1307,16**	454,83	454,83	IV	770,25	706,08	643,58	582,66	523,33	465,66
	VI	**1350,41**	454,83	454,83							
4880,99	I,IV	**836,83**	455,08	455,08	I	706,91	583,41	466,41	355,83	251,58	153,83
	II	**720,25**	455,08	455,08	II	596,08	478,33	367,08	262,16	163,75	71,91
	III	**465,83**	455,08	455,08	III	367,66	272,83	181,00	96,50	28,00	
	V	**1308,16**	455,08	455,08	IV	771,08	706,91	644,41	583,41	524,16	466,41
	VI	**1351,41**	455,08	455,08							
4883,99	I,IV	**837,75**	455,41	455,41	I	707,75	584,25	467,16	356,50	252,25	154,50
	II	**721,08**	455,41	455,41	II	596,83	479,08	367,75	262,91	164,41	72,50
	III	**466,50**	455,41	455,41	III	368,33	273,33	181,66	97,00	28,33	
	V	**1309,25**	455,41	455,41	IV	771,91	707,75	645,25	584,25	524,91	467,16
	VI	**1352,50**	455,41	455,41							
4886,99	I,IV	**838,58**	455,66	455,66	I	708,58	585,00	467,91	357,25	252,91	155,08
	II	**721,91**	455,66	455,66	II	597,66	479,83	368,50	263,58	165,00	73,08
	III	**467,16**	455,66	455,66	III	369,00	274,00	182,16	97,50	28,66	
	V	**1310,25**	455,66	455,66	IV	772,75	708,58	646,00	585,00	525,66	467,91
	VI	**1353,50**	455,66	455,66							
4889,99	I,IV	**839,41**	455,91	455,91	I	709,41	585,83	468,66	357,91	253,58	155,75
	II	**722,75**	455,91	455,91	II	598,41	480,58	369,16	264,16	165,66	73,58
	III	**467,83**	455,91	455,91	III	369,66	274,66	182,83	98,00	29,16	
	V	**1311,25**	455,91	455,91	IV	773,66	709,41	646,83	585,83	526,41	468,66
	VI	**1354,50**	455,91	455,91							
4892,99	I,IV	**840,33**	456,25	456,25	I	710,25	586,66	469,41	358,66	254,25	156,33
	II	**723,58**	456,25	456,25	II	599,25	481,33	369,91	264,91	166,25	74,16
	III	**468,50**	456,25	456,25	III	370,16	275,16	183,33	98,50	29,50	
	V	**1312,33**	456,25	456,25	IV	774,50	710,25	647,66	586,66	527,25	469,41
	VI	**1355,58**	456,25	456,25							
4895,99	I,IV	**841,25**	456,50	456,50	I	711,08	587,41	470,16	359,33	254,91	157,00
	II	**724,41**	456,50	456,50	II	600,00	482,08	370,58	265,58	166,91	74,75
	III	**469,16**	456,50	456,50	III	370,83	275,83	184,00	99,00	30,00	
	V	**1313,33**	456,50	456,50	IV	775,33	711,08	648,41	587,41	528,00	470,16
	VI	**1356,58**	456,50	456,50							

* Zur LSt-Berechnung für privat versicherte Arbeitnehmer s. Beispiele **Vorbemerkung S. 4f.**
** Basisvorsorgepauschale KV und PV *** Typisierter Arbeitgeberzuschuss

Lohn/ Gehalt in € bis	Steuerklasse	**Lohn-steuer***	BVSP**	TAGZ***	Steuerklasse	Bemessungsgrundlage für Kirchensteuer und Solidaritätszuschlag — Freibeträge für ... Kinder 0,5	**1,0**	1,5	**2,0**	2,5	**3,0**
4898,99	I,IV	**842,08**	456,75	456,75	I	711,91	588,16	470,91	360,00	255,58	157,58
	II	**725,25**	456,75	456,75	II	600,83	482,83	371,33	266,16	167,50	75,33
	III	**469,83**	456,75	456,75	III	371,50	276,50	184,50	99,50	30,33	
	V	**1314,33**	456,75	456,75	IV	776,16	711,91	649,25	588,16	528,75	470,91
	VI	**1357,58**	456,75	456,75							
4901,99	I,IV	**843,00**	457,08	457,08	I	712,75	589,00	471,66	360,75	256,25	158,25
	II	**726,08**	457,08	457,08	II	601,66	483,58	372,00	266,91	168,16	75,91
	III	**470,50**	457,08	457,08	III	372,16	277,00	185,16	100,00	30,66	
	V	**1315,41**	457,08	457,08	IV	777,08	712,75	650,08	589,00	529,50	471,66
	VI	**1358,66**	457,08	457,08							
4904,99	I,IV	**843,83**	457,33	457,33	I	713,58	589,75	472,41	361,41	256,91	158,83
	II	**726,91**	457,33	457,33	II	602,41	484,33	372,75	267,58	168,75	76,50
	III	**471,16**	457,33	457,33	III	372,83	277,66	185,83	100,50	31,16	
	V	**1316,41**	457,33	457,33	IV	777,91	713,58	650,91	589,75	530,25	472,41
	VI	**1359,66**	457,33	457,33							
4907,99	I,IV	**844,66**	457,66	457,66	I	714,41	590,58	473,16	362,16	257,58	159,41
	II	**727,75**	457,66	457,66	II	603,16	485,08	373,41	268,25	169,41	77,08
	III	**471,83**	457,66	457,66	III	373,33	278,33	186,33	101,00	31,50	
	V	**1317,41**	457,66	457,66	IV	778,75	714,41	651,66	590,58	531,08	473,16
	VI	**1360,66**	457,66	457,66							
4910,99	I,IV	**845,58**	457,91	457,91	I	715,25	591,33	473,83	362,83	258,25	160,08
	II	**728,58**	457,91	457,91	II	604,00	485,83	374,16	268,83	170,00	77,58
	III	**472,50**	457,91	457,91	III	374,00	278,83	187,00	101,50	32,00	
	V	**1318,41**	457,91	457,91	IV	779,58	715,25	652,50	591,33	531,83	473,83
	VI	**1361,75**	457,91	457,91							
4913,99	I,IV	**846,50**	458,16	458,16	I	716,08	592,16	474,66	363,58	258,91	160,66
	II	**729,41**	458,16	458,16	II	604,83	486,66	374,83	269,58	170,66	78,25
	III	**473,16**	458,16	458,16	III	374,66	279,50	187,50	102,00	32,33	
	V	**1319,50**	458,16	458,16	IV	780,50	716,08	653,33	592,16	532,58	474,66
	VI	**1362,75**	458,16	458,16							
4916,99	I,IV	**847,33**	458,50	458,50	I	716,91	592,91	475,41	364,25	259,58	161,33
	II	**730,25**	458,50	458,50	II	605,58	487,33	375,58	270,25	171,25	78,75
	III	**473,66**	458,50	458,50	III	375,33	280,16	188,16	102,50	32,66	
	V	**1320,50**	458,50	458,50	IV	781,33	716,91	654,08	592,91	533,33	475,41
	VI	**1363,75**	458,50	458,50							
4919,99	I,IV	**848,16**	458,75	458,75	I	717,75	593,75	476,08	365,00	260,25	161,91
	II	**731,08**	458,75	458,75	II	606,41	488,08	376,25	270,91	171,91	79,33
	III	**474,33**	458,75	458,75	III	376,00	280,66	188,66	103,00	33,16	
	V	**1321,50**	458,75	458,75	IV	782,16	717,75	654,91	593,75	534,08	476,08
	VI	**1364,75**	458,75	458,75							
4922,99	I,IV	**849,08**	459,00	459,00	I	718,58	594,50	476,91	365,66	260,91	162,58
	II	**731,91**	459,00	459,00	II	607,16	488,91	377,00	271,58	172,58	80,00
	III	**475,00**	459,00	459,00	III	376,66	281,33	189,33	103,66	33,50	
	V	**1322,58**	459,00	459,00	IV	783,00	718,58	655,75	594,50	534,91	476,91
	VI	**1365,83**	459,00	459,00							
4925,99	I,IV	**849,91**	459,33	459,33	I	719,41	595,33	477,66	366,41	261,58	163,16
	II	**732,75**	459,33	459,33	II	608,00	489,66	377,75	272,25	173,16	80,58
	III	**475,66**	459,33	459,33	III	377,16	282,00	189,83	104,16	34,00	
	V	**1323,58**	459,33	459,33	IV	783,91	719,41	656,58	595,33	535,66	477,66
	VI	**1366,83**	459,33	459,33							
4928,99	I,IV	**850,83**	459,58	459,58	I	720,25	596,08	478,33	367,08	262,25	163,83
	II	**733,58**	459,58	459,58	II	608,75	490,41	378,41	272,91	173,75	81,08
	III	**476,33**	459,58	459,58	III	377,83	282,50	190,50	104,66	34,33	
	V	**1324,58**	459,58	459,58	IV	784,75	720,25	657,33	596,08	536,41	478,33
	VI	**1367,83**	459,58	459,58							
4931,99	I,IV	**851,66**	459,83	459,83	I	721,08	596,83	479,08	367,75	262,91	164,41
	II	**734,41**	459,83	459,83	II	609,58	491,08	379,08	273,58	174,41	81,66
	III	**477,00**	459,83	459,83	III	378,50	283,16	191,00	105,16	34,83	
	V	**1325,58**	459,83	459,83	IV	785,58	721,08	658,16	596,83	537,16	479,08
	VI	**1368,91**	459,83	459,83							

* Zur LSt-Berechnung für privat versicherte Arbeitnehmer s. Beispiele **Vorbemerkung S. 4f.**
** Basisvorsorgepauschale KV und PV *** Typisierter Arbeitgeberzuschuss

Lohn/ Gehalt in € bis	Steuerklasse	Lohn- steuer*	BVSP**	TAGZ***	Steuerklasse	Bemessungsgrundlage für Kirchensteuer und Solidaritätszuschlag					
						Freibeträge für ... Kinder					
						0,5	**1,0**	1,5	**2,0**	2,5	**3,0**
4 934,99	I,IV	**852,58**	460,16	460,16	I	721,91	597,66	479,91	368,50	263,58	165,08
	II	**735,25**	460,16	460,16	II	610,33	491,91	379,83	274,25	175,08	82,33
	III	**477,66**	460,16	460,16	III	379,16	283,83	191,66	105,66	35,16	
	V	**1 326,66**	460,16	460,16	IV	786,41	721,91	659,00	597,66	538,00	479,91
	VI	**1 369,91**	460,16	460,16							
4 937,99	I,IV	**853,41**	460,41	460,41	I	722,75	598,50	480,58	369,25	264,25	165,66
	II	**736,08**	460,41	460,41	II	611,16	492,66	380,58	274,91	175,66	82,91
	III	**478,33**	460,41	460,41	III	379,83	284,33	192,33	106,16	35,66	
	V	**1 327,66**	460,41	460,41	IV	787,33	722,75	659,83	598,50	538,75	480,58
	VI	**1 370,91**	460,41	460,41							
4 940,99	I,IV	**854,33**	460,66	460,66	I	723,58	599,25	481,33	369,91	264,91	166,25
	II	**736,91**	460,66	460,66	II	611,91	493,41	381,25	275,58	176,33	83,50
	III	**479,00**	460,66	460,66	III	380,33	285,00	192,83	106,66	36,00	
	V	**1 328,66**	460,66	460,66	IV	788,16	723,58	660,58	599,25	539,50	481,33
	VI	**1 372,00**	460,66	460,66							
4 943,99	I,IV	**855,25**	461,00	461,00	I	724,41	600,08	482,16	370,66	265,58	166,91
	II	**737,83**	461,00	461,00	II	612,75	494,16	382,00	276,25	176,91	84,08
	III	**479,66**	461,00	461,00	III	381,00	285,66	193,50	107,16	36,33	
	V	**1 329,75**	461,00	461,00	IV	789,00	724,41	661,41	600,08	540,33	482,16
	VI	**1 373,00**	461,00	461,00							
4 946,99	I,IV	**856,08**	461,25	461,25	I	725,25	600,83	482,91	371,33	266,25	167,58
	II	**738,66**	461,25	461,25	II	613,58	494,91	382,66	276,91	177,58	84,66
	III	**480,33**	461,25	461,25	III	381,66	286,33	194,00	107,66	36,83	
	V	**1 330,75**	461,25	461,25	IV	789,83	725,25	662,25	600,83	541,08	482,91
	VI	**1 374,00**	461,25	461,25							
4 949,99	I,IV	**856,91**	461,58	461,58	I	726,08	601,66	483,58	372,00	266,91	168,16
	II	**739,50**	461,58	461,58	II	614,33	495,66	383,41	277,58	178,16	85,25
	III	**481,00**	461,58	461,58	III	382,33	286,83	194,66	108,16	37,16	
	V	**1 331,75**	461,58	461,58	IV	790,75	726,08	663,08	601,66	541,83	483,58
	VI	**1 375,08**	461,58	461,58							
4 952,99	I,IV	**857,83**	461,83	461,83	I	726,91	602,41	484,41	372,75	267,58	168,83
	II	**740,33**	461,83	461,83	II	615,16	496,41	384,16	278,25	178,83	85,83
	III	**481,66**	461,83	461,83	III	383,00	287,50	195,16	108,66	37,66	
	V	**1 332,83**	461,83	461,83	IV	791,58	726,91	663,91	602,41	542,58	484,41
	VI	**1 376,08**	461,83	461,83							
4 955,99	I,IV	**858,75**	462,08	462,08	I	727,75	603,25	485,16	373,50	268,25	169,41
	II	**741,16**	462,08	462,08	II	615,91	497,16	384,83	278,91	179,41	86,41
	III	**482,33**	462,08	462,08	III	383,50	288,16	195,83	109,33	38,00	
	V	**1 333,83**	462,08	462,08	IV	792,41	727,75	664,66	603,25	543,41	485,16
	VI	**1 377,08**	462,08	462,08							
4 958,99	I,IV	**859,58**	462,41	462,41	I	728,58	604,00	485,91	374,16	268,91	170,08
	II	**742,00**	462,41	462,41	II	616,75	497,91	385,58	279,58	180,08	87,00
	III	**482,83**	462,41	462,41	III	384,16	288,66	196,33	109,83	38,50	
	V	**1 334,83**	462,41	462,41	IV	793,25	728,58	665,50	604,00	544,16	485,91
	VI	**1 378,08**	462,41	462,41							
4 961,99	I,IV	**860,50**	462,66	462,66	I	729,41	604,83	486,66	374,83	269,58	170,66
	II	**742,83**	462,66	462,66	II	617,50	498,66	386,25	280,25	180,66	87,58
	III	**483,50**	462,66	462,66	III	384,83	289,33	197,00	110,33	38,83	
	V	**1 335,91**	462,66	462,66	IV	794,16	729,41	666,33	604,83	544,91	486,66
	VI	**1 379,16**	462,66	462,66							
4 964,99	I,IV	**861,33**	462,91	462,91	I	730,25	605,58	487,41	375,58	270,25	171,33
	II	**743,66**	462,91	462,91	II	618,33	499,41	387,00	280,91	181,33	88,16
	III	**484,16**	462,91	462,91	III	385,50	290,00	197,66	110,83	39,33	
	V	**1 336,91**	462,91	462,91	IV	795,00	730,25	667,16	605,58	545,66	487,41
	VI	**1 380,16**	462,91	462,91							
4 967,99	I,IV	**862,25**	463,25	463,25	I	731,08	606,41	488,16	376,33	270,91	171,91
	II	**744,50**	463,25	463,25	II	619,16	500,16	387,66	281,58	182,00	88,75
	III	**484,83**	463,25	463,25	III	386,16	290,50	198,16	111,33	39,66	
	V	**1 337,91**	463,25	463,25	IV	795,83	731,08	667,91	606,41	546,50	488,16
	VI	**1 381,16**	463,25	463,25							

* Zur LSt-Berechnung für privat versicherte Arbeitnehmer s. Beispiele **Vorbemerkung S. 4 f.**
** Basisvorsorgepauschale KV und PV *** Typisierter Arbeitgeberzuschuss

Lohn/Gehalt in € bis	Steuerklasse	Lohnsteuer*	BVSP**	TAGZ***	Steuerklasse	Bemessungsgrundlage für Kirchensteuer und Solidaritätszuschlag – Freibeträge für ... Kinder 0,5	1,0	1,5	2,0	2,5	3,0
4970,99	I,IV	**863,08**	463,50	463,50	I	731,91	607,16	488,91	377,00	271,58	172,58
	II	**745,33**	463,50	463,50	II	619,91	500,91	388,41	282,25	182,58	89,33
	III	**485,50**	463,50	463,50	III	386,66	291,16	198,83	111,83	40,16	
	V	**1339,00**	463,50	463,50	IV	796,75	731,91	668,75	607,16	547,25	488,91
	VI	**1382,25**	463,50	463,50							
4973,99	I,IV	**864,00**	463,75	463,75	I	732,75	608,00	489,66	377,75	272,25	173,16
	II	**746,25**	463,75	463,75	II	620,75	501,75	389,16	283,00	183,25	89,91
	III	**486,16**	463,75	463,75	III	387,33	291,83	199,33	112,33	40,50	
	V	**1340,00**	463,75	463,75	IV	797,58	732,75	669,58	608,00	548,00	489,66
	VI	**1383,25**	463,75	463,75							
4976,99	I,IV	**864,83**	464,08	464,08	I	733,58	608,83	490,41	378,41	272,91	173,83
	II	**747,08**	464,08	464,08	II	621,58	502,50	389,83	283,66	183,83	90,50
	III	**486,83**	464,08	464,08	III	388,00	292,33	200,00	112,83	41,00	
	V	**1341,00**	464,08	464,08	IV	798,41	733,58	670,41	608,83	548,83	490,41
	VI	**1384,25**	464,08	464,08							
4979,99	I,IV	**865,75**	464,33	464,33	I	734,41	609,58	491,16	379,16	273,58	174,41
	II	**747,91**	464,33	464,33	II	622,33	503,25	390,58	284,33	184,50	91,08
	III	**487,50**	464,33	464,33	III	388,66	293,00	200,66	113,50	41,33	
	V	**1342,00**	464,33	464,33	IV	799,33	734,41	671,25	609,58	549,58	491,16
	VI	**1385,33**	464,33	464,33							
4982,99	I,IV	**866,66**	464,58	464,58	I	735,33	610,41	491,91	379,91	274,25	175,08
	II	**748,75**	464,58	464,58	II	623,16	504,00	391,25	285,00	185,16	91,75
	III	**488,16**	464,58	464,58	III	389,33	293,66	201,16	114,00	41,83	
	V	**1343,08**	464,58	464,58	IV	800,16	735,33	672,08	610,41	550,33	491,91
	VI	**1386,33**	464,58	464,58							
4985,99	I,IV	**867,50**	464,91	464,91	I	736,16	611,16	492,66	380,58	274,91	175,66
	II	**749,58**	464,91	464,91	II	623,91	504,75	392,00	285,66	185,75	92,33
	III	**488,83**	464,91	464,91	III	390,00	294,16	201,83	114,50	42,16	
	V	**1344,08**	464,91	464,91	IV	801,00	736,16	672,83	611,16	551,16	492,66
	VI	**1387,33**	464,91	464,91							
4988,99	I,IV	**868,41**	465,08	465,08	I	737,00	612,00	493,50	381,33	275,66	176,33
	II	**750,50**	465,08	465,08	II	624,83	505,58	392,75	286,41	186,41	92,91
	III	**489,50**	465,08	465,08	III	390,66	294,83	202,33	115,00	42,66	
	V	**1345,16**	465,08	465,08	IV	801,91	737,00	673,75	612,00	551,91	493,50
	VI	**1388,41**	465,08	465,08							
4991,99	I,IV	**869,41**	465,08	465,08	I	737,91	612,91	494,33	382,08	276,33	177,08
	II	**751,41**	465,08	465,08	II	625,66	506,41	393,58	287,08	187,16	93,58
	III	**490,33**	465,08	465,08	III	391,33	295,50	203,00	115,66	43,16	
	V	**1346,33**	465,08	465,08	IV	802,83	737,91	674,58	612,91	552,83	494,33
	VI	**1389,58**	465,08	465,08							
4994,99	I,IV	**870,41**	465,08	465,08	I	738,91	613,83	495,16	382,91	277,08	177,75
	II	**752,33**	465,08	465,08	II	626,58	507,25	394,33	287,91	187,83	94,25
	III	**491,00**	465,08	465,08	III	392,00	296,33	203,66	116,16	43,50	
	V	**1347,50**	465,08	465,08	IV	803,83	738,91	675,50	613,83	553,66	495,16
	VI	**1390,75**	465,08	465,08							
4997,99	I,IV	**871,41**	465,08	465,08	I	739,83	614,66	496,00	383,75	277,91	178,50
	II	**753,25**	465,08	465,08	II	627,50	508,08	395,16	288,66	188,58	94,91
	III	**491,66**	465,08	465,08	III	392,66	297,00	204,33	116,83	44,00	
	V	**1348,58**	465,08	465,08	IV	804,83	739,83	676,50	614,66	554,58	496,00
	VI	**1391,91**	465,08	465,08							
5000,99	I,IV	**872,33**	465,08	465,08	I	740,75	615,58	496,83	384,50	278,58	179,16
	II	**754,25**	465,08	465,08	II	628,33	508,91	395,91	289,41	189,25	95,58
	III	**492,50**	465,08	465,08	III	393,50	297,66	205,00	117,33	44,50	
	V	**1349,75**	465,08	465,08	IV	805,75	740,75	677,33	615,58	555,41	496,83
	VI	**1393,00**	465,08	465,08							
5003,99	I,IV	**873,33**	465,08	465,08	I	741,66	616,50	497,66	385,33	279,33	179,83
	II	**755,16**	465,08	465,08	II	629,25	509,83	396,75	290,16	190,00	96,25
	III	**493,16**	465,08	465,08	III	394,16	298,33	205,66	118,00	45,00	
	V	**1350,91**	465,08	465,08	IV	806,75	741,66	678,25	616,50	556,25	497,66
	VI	**1394,16**	465,08	465,08							

* Zur LSt-Berechnung für privat versicherte Arbeitnehmer s. Beispiele **Vorbemerkung S. 4 f.**
** Basisvorsorgepauschale KV und PV *** Typisierter Arbeitgeberzuschuss

Lohn/ Gehalt in € bis	Steuerklasse	Lohn-steuer*	BVSP**	TAGZ***	Steuerklasse	Bemessungsgrundlage für Kirchensteuer und Solidaritätszuschlag – Freibeträge für ... Kinder 0,5	1,0	1,5	2,0	2,5	3,0
5006,99	I,IV	**874,33**	465,08	465,08	I	742,66	617,33	498,50	386,08	280,16	180,58
	II	**756,08**	465,08	465,08	II	630,16	510,66	397,58	290,91	190,66	96,91
	III	**494,00**	465,08	465,08	III	394,83	299,00	206,33	118,66	45,50	
	V	**1352,08**	465,08	465,08	IV	807,66	742,66	679,16	617,33	557,16	498,50
	VI	**1395,33**	465,08	465,08							
5009,99	I,IV	**875,33**	465,08	465,08	I	743,58	618,25	499,33	386,91	280,83	181,25
	II	**757,00**	465,08	465,08	II	631,08	511,50	398,33	291,66	191,41	97,50
	III	**494,66**	465,08	465,08	III	395,50	299,66	207,00	119,16	46,00	
	V	**1353,16**	465,08	465,08	IV	808,66	743,58	680,08	618,25	558,00	499,33
	VI	**1396,41**	465,08	465,08							
5012,99	I,IV	**876,33**	465,08	465,08	I	744,50	619,16	500,16	387,66	281,58	182,00
	II	**758,00**	465,08	465,08	II	631,91	512,33	399,16	292,41	192,08	98,16
	III	**495,33**	465,08	465,08	III	396,33	300,33	207,66	119,83	46,50	
	V	**1354,33**	465,08	465,08	IV	809,58	744,50	681,00	619,16	558,83	500,16
	VI	**1397,58**	465,08	465,08							
5015,99	I,IV	**877,33**	465,08	465,08	I	745,50	620,08	501,08	388,50	282,41	182,66
	II	**758,91**	465,08	465,08	II	632,83	513,16	400,00	293,16	192,83	98,83
	III	**496,16**	465,08	465,08	III	397,00	301,16	208,33	120,33	46,83	
	V	**1355,50**	465,08	465,08	IV	810,58	745,50	681,91	620,08	559,75	501,08
	VI	**1398,75**	465,08	465,08							
5018,99	I,IV	**878,25**	465,08	465,08	I	746,41	620,91	501,91	389,25	283,08	183,41
	II	**759,83**	465,08	465,08	II	633,75	514,00	400,75	293,91	193,50	99,50
	III	**496,83**	465,08	465,08	III	397,66	301,83	209,00	121,00	47,33	
	V	**1356,58**	465,08	465,08	IV	811,50	746,41	682,83	620,91	560,58	501,91
	VI	**1399,83**	465,08	465,08							
5021,99	I,IV	**879,25**	465,08	465,08	I	747,33	621,83	502,75	390,08	283,83	184,08
	II	**760,83**	465,08	465,08	II	634,66	514,91	401,58	294,66	194,25	100,16
	III	**497,66**	465,08	465,08	III	398,33	302,50	209,66	121,50	47,83	
	V	**1357,75**	465,08	465,08	IV	812,50	747,33	683,75	621,83	561,50	502,75
	VI	**1401,00**	465,08	465,08							
5024,99	I,IV	**880,25**	465,08	465,08	I	748,25	622,75	503,58	390,91	284,66	184,83
	II	**761,75**	465,08	465,08	II	635,58	515,75	402,41	295,41	194,91	100,83
	III	**498,33**	465,08	465,08	III	399,16	303,16	210,33	122,16	48,33	
	V	**1358,91**	465,08	465,08	IV	813,50	748,25	684,66	622,75	562,33	503,58
	VI	**1402,16**	465,08	465,08							
5027,99	I,IV	**881,25**	465,08	465,08	I	749,16	623,58	504,41	391,66	285,33	185,50
	II	**762,66**	465,08	465,08	II	636,41	516,58	403,16	296,16	195,66	101,50
	III	**499,00**	465,08	465,08	III	399,83	303,83	211,00	122,83	48,83	
	V	**1360,00**	465,08	465,08	IV	814,41	749,16	685,58	623,58	563,16	504,41
	VI	**1403,25**	465,08	465,08							
5030,99	I,IV	**882,25**	465,08	465,08	I	750,16	624,50	505,25	392,50	286,16	186,16
	II	**763,66**	465,08	465,08	II	637,33	517,41	404,00	296,91	196,33	102,16
	III	**499,83**	465,08	465,08	III	400,50	304,50	211,66	123,33	49,33	
	V	**1361,16**	465,08	465,08	IV	815,41	750,16	686,50	624,50	564,08	505,25
	VI	**1404,41**	465,08	465,08							
5033,99	I,IV	**883,25**	465,08	465,08	I	751,08	625,41	506,16	393,33	286,91	186,91
	II	**764,58**	465,08	465,08	II	638,25	518,33	404,83	297,75	197,08	102,83
	III	**500,50**	465,08	465,08	III	401,33	305,16	212,33	124,00	49,83	
	V	**1362,33**	465,08	465,08	IV	816,33	751,08	687,41	625,41	565,00	506,16
	VI	**1405,58**	465,08	465,08							
5036,99	I,IV	**884,16**	465,08	465,08	I	752,00	626,25	507,00	394,08	287,66	187,58
	II	**765,50**	465,08	465,08	II	639,08	519,16	405,58	298,50	197,75	103,50
	III	**501,33**	465,08	465,08	III	402,00	305,83	213,00	124,50	50,33	
	V	**1363,50**	465,08	465,08	IV	817,33	752,00	688,33	626,25	565,83	507,00
	VI	**1406,75**	465,08	465,08							
5039,99	I,IV	**885,16**	465,08	465,08	I	753,00	627,16	507,83	394,91	288,41	188,33
	II	**766,50**	465,08	465,08	II	640,00	520,00	406,41	299,25	198,50	104,16
	III	**502,00**	465,08	465,08	III	402,66	306,50	213,66	125,16	50,66	
	V	**1364,58**	465,08	465,08	IV	818,25	753,00	689,25	627,16	566,66	507,83
	VI	**1407,83**	465,08	465,08							

* Zur LSt-Berechnung für privat versicherte Arbeitnehmer s. Beispiele **Vorbemerkung S. 4f.**
** Basisvorsorgepauschale KV und PV *** Typisierter Arbeitgeberzuschuss

Lohn/ Gehalt in € bis	Steuerklasse	Lohn-steuer*	BVSP**	TAGZ***	Steuerklasse	Bemessungsgrundlage für Kirchensteuer und Solidaritätszuschlag					
						Freibeträge für ... Kinder					
						0,5	**1,0**	1,5	**2,0**	2,5	**3,0**
5042,99	I,IV	**886,16**	465,08	465,08	I	753,91	628,08	508,66	395,66	289,16	189,00
	II	**767,41**	465,08	465,08	II	640,91	520,83	407,25	300,00	199,16	104,83
	III	**502,83**	465,08	465,08	III	403,50	307,33	214,33	125,83	51,16	
	V	**1365,75**	465,08	465,08	IV	819,25	753,91	690,16	628,08	567,58	508,66
	VI	**1409,00**	465,08	465,08							
5045,99	I,IV	**887,16**	465,08	465,08	I	754,83	629,00	509,50	396,50	289,91	189,75
	II	**768,41**	465,08	465,08	II	641,83	521,66	408,00	300,75	199,91	105,50
	III	**503,50**	465,08	465,08	III	404,16	308,00	215,00	126,33	51,66	
	V	**1366,91**	465,08	465,08	IV	820,16	754,83	691,08	629,00	568,41	509,50
	VI	**1410,16**	465,08	465,08							
5048,99	I,IV	**888,16**	465,08	465,08	I	755,83	629,83	510,33	397,33	290,66	190,41
	II	**769,33**	465,08	465,08	II	642,75	522,58	408,83	301,50	200,58	106,16
	III	**504,16**	465,08	465,08	III	404,83	308,66	215,66	127,00	52,16	
	V	**1368,08**	465,08	465,08	IV	821,16	755,83	692,00	629,83	569,33	510,33
	VI	**1411,33**	465,08	465,08							
5051,99	I,IV	**889,16**	465,08	465,08	I	756,75	630,75	511,16	398,08	291,41	191,16
	II	**770,25**	465,08	465,08	II	643,58	523,41	409,58	302,25	201,33	106,83
	III	**505,00**	465,08	465,08	III	405,50	309,33	216,33	127,50	52,66	
	V	**1369,16**	465,08	465,08	IV	822,08	756,75	692,91	630,75	570,16	511,16
	VI	**1412,41**	465,08	465,08							
5054,99	I,IV	**890,16**	465,08	465,08	I	757,66	631,66	512,08	398,91	292,16	191,83
	II	**771,25**	465,08	465,08	II	644,50	524,25	410,41	303,00	202,00	107,50
	III	**505,66**	465,08	465,08	III	406,33	310,00	217,00	128,16	53,16	
	V	**1370,33**	465,08	465,08	IV	823,08	757,66	693,83	631,66	571,08	512,08
	VI	**1413,58**	465,08	465,08							
5057,99	I,IV	**891,16**	465,08	465,08	I	758,66	632,58	512,91	399,66	292,91	192,58
	II	**772,16**	465,08	465,08	II	645,41	525,08	411,25	303,75	202,75	108,16
	III	**506,50**	465,08	465,08	III	407,00	310,66	217,66	128,83	53,66	
	V	**1371,50**	465,08	465,08	IV	824,08	758,66	694,75	632,58	571,91	512,91
	VI	**1414,75**	465,08	465,08							
5060,99	I,IV	**892,08**	465,08	465,08	I	759,58	633,41	513,75	400,50	293,66	193,25
	II	**773,08**	465,08	465,08	II	646,33	526,00	412,00	304,50	203,50	108,83
	III	**507,16**	465,08	465,08	III	407,66	311,33	218,33	129,33	54,16	
	V	**1372,58**	465,08	465,08	IV	825,00	759,58	695,66	633,41	572,75	513,75
	VI	**1415,83**	465,08	465,08							
5063,99	I,IV	**893,08**	465,08	465,08	I	760,50	634,33	514,58	401,33	294,41	194,00
	II	**774,08**	465,08	465,08	II	647,25	526,83	412,83	305,33	204,16	109,50
	III	**508,00**	465,08	465,08	III	408,33	312,16	219,00	130,00	54,66	
	V	**1373,75**	465,08	465,08	IV	826,00	760,50	696,58	634,33	573,66	514,58
	VI	**1417,00**	465,08	465,08							
5066,99	I,IV	**894,08**	465,08	465,08	I	761,50	635,25	515,50	402,08	295,16	194,66
	II	**775,00**	465,08	465,08	II	648,16	527,66	413,66	306,08	204,91	110,16
	III	**508,66**	465,08	465,08	III	409,16	312,83	219,66	130,66	55,16	
	V	**1374,91**	465,08	465,08	IV	827,00	761,50	697,58	635,25	574,58	515,50
	VI	**1418,16**	465,08	465,08							
5069,99	I,IV	**895,08**	465,08	465,08	I	762,41	636,16	516,33	402,91	295,91	195,41
	II	**776,00**	465,08	465,08	II	649,00	528,50	414,41	306,83	205,58	110,83
	III	**509,33**	465,08	465,08	III	409,83	313,50	220,33	131,16	55,66	
	V	**1376,00**	465,08	465,08	IV	827,91	762,41	698,41	636,16	575,41	516,33
	VI	**1419,25**	465,08	465,08							
5072,99	I,IV	**896,08**	465,08	465,08	I	763,33	637,00	517,16	403,75	296,66	196,08
	II	**776,91**	465,08	465,08	II	649,91	529,41	415,25	307,58	206,33	111,50
	III	**510,16**	465,08	465,08	III	410,50	314,16	221,00	131,83	56,16	
	V	**1377,16**	465,08	465,08	IV	828,91	763,33	699,41	637,00	576,25	517,16
	VI	**1420,41**	465,08	465,08							
5075,99	I,IV	**897,08**	465,08	465,08	I	764,33	637,91	518,00	404,50	297,50	196,83
	II	**777,91**	465,08	465,08	II	650,83	530,25	416,08	308,33	207,08	112,16
	III	**510,83**	465,08	465,08	III	411,33	314,83	221,66	132,50	56,66	
	V	**1378,33**	465,08	465,08	IV	829,91	764,33	700,33	637,91	577,16	518,00
	VI	**1421,58**	465,08	465,08							

* Zur LSt-Berechnung für privat versicherte Arbeitnehmer s. Beispiele **Vorbemerkung S. 4 f.**
** Basisvorsorgepauschale KV und PV —*** Typisierter Arbeitgeberzuschuss

Lohn/ Gehalt in € bis	Steuerklasse	Lohn-steuer*	BVSP**	TAGZ***	Steuerklasse	Bemessungsgrundlage für Kirchensteuer und Solidaritätszuschlag Freibeträge für ... Kinder 0,5	1,0	1,5	2,0	2,5	3,0
5 078,99	I,IV	**898,08**	465,08	465,08	I	765,25	638,83	518,83	405,33	298,16	197,50
	II	**778,83**	465,08	465,08	II	651,75	531,08	416,91	309,08	207,75	112,83
	III	**511,50**	465,08	465,08	III	412,00	315,50	222,33	133,00	57,00	
	V	**1 379,41**	465,08	465,08	IV	830,83	765,25	701,25	638,83	578,00	518,83
	VI	**1 422,75**	465,08	465,08							
5 081,99	I,IV	**899,08**	465,08	465,08	I	766,16	639,75	519,75	406,16	299,00	198,25
	II	**779,75**	465,08	465,08	II	652,66	532,00	417,66	309,83	208,50	113,50
	III	**512,33**	465,08	465,08	III	412,66	316,33	223,00	133,66	57,66	
	V	**1 380,58**	465,08	465,08	IV	831,83	766,16	702,16	639,75	578,91	519,75
	VI	**1 423,83**	465,08	465,08							
5 084,99	I,IV	**900,08**	465,08	465,08	I	767,16	640,66	520,58	406,91	299,75	199,00
	II	**780,75**	465,08	465,08	II	653,58	532,83	418,50	310,66	209,16	114,16
	III	**513,00**	465,08	465,08	III	413,33	317,00	223,66	134,33	58,00	
	V	**1 381,75**	465,08	465,08	IV	832,83	767,16	703,08	640,66	579,83	520,58
	VI	**1 425,00**	465,08	465,08							
5 087,99	I,IV	**901,00**	465,08	465,08	I	768,08	641,50	521,41	407,75	300,50	199,66
	II	**781,66**	465,08	465,08	II	654,41	533,66	419,33	311,41	209,91	114,83
	III	**513,83**	465,08	465,08	III	414,16	317,66	224,33	134,83	58,50	
	V	**1 382,91**	465,08	465,08	IV	833,75	768,08	704,00	641,50	580,66	521,41
	VI	**1 426,16**	465,08	465,08							
5 090,99	I,IV	**902,00**	465,08	465,08	I	769,00	642,41	522,25	408,58	301,25	200,41
	II	**782,66**	465,08	465,08	II	655,33	534,50	420,16	312,16	210,66	115,50
	III	**514,50**	465,08	465,08	III	414,83	318,33	225,00	135,50	59,16	
	V	**1 384,00**	465,08	465,08	IV	834,75	769,00	704,91	642,41	581,58	522,25
	VI	**1 427,33**	465,08	465,08							
5 093,99	I,IV	**903,08**	465,08	465,08	I	770,00	643,33	523,16	409,33	302,00	201,08
	II	**783,58**	465,08	465,08	II	656,25	535,41	420,91	312,91	211,33	116,16
	III	**515,33**	465,08	465,08	III	415,50	319,00	225,66	136,16	59,50	
	V	**1 385,16**	465,08	465,08	IV	835,66	770,00	705,83	643,33	582,41	523,16
	VI	**1 428,41**	465,08	465,08							
5 096,99	I,IV	**904,00**	465,08	465,08	I	770,91	644,25	524,00	410,16	302,75	201,83
	II	**784,50**	465,08	465,08	II	657,16	536,25	421,75	313,66	212,08	116,83
	III	**516,00**	465,08	465,08	III	416,16	319,66	226,33	136,66	60,00	
	V	**1 386,33**	465,08	465,08	IV	836,66	770,91	706,75	644,25	583,33	524,00
	VI	**1 429,58**	465,08	465,08							
5 099,99	I,IV	**905,00**	465,08	465,08	I	771,83	645,16	524,83	411,00	303,50	202,50
	II	**785,50**	465,08	465,08	II	658,08	537,08	422,58	314,50	212,75	117,50
	III	**516,83**	465,08	465,08	III	417,00	320,50	227,00	137,33	60,66	0,16
	V	**1 387,50**	465,08	465,08	IV	837,66	771,83	707,66	645,16	584,16	524,83
	VI	**1 430,75**	465,08	465,08							
5 102,99	I,IV	**906,00**	465,08	465,08	I	772,83	646,08	525,66	411,75	304,33	203,25
	II	**786,41**	465,08	465,08	II	659,00	538,00	423,41	315,25	213,50	118,25
	III	**517,50**	465,08	465,08	III	417,66	321,16	227,66	138,00	61,00	0,50
	V	**1 388,58**	465,08	465,08	IV	838,58	772,83	708,66	646,08	585,08	525,66
	VI	**1 431,91**	465,08	465,08							
5 105,99	I,IV	**907,00**	465,08	465,08	I	773,75	646,91	526,50	412,58	305,08	203,91
	II	**787,41**	465,08	465,08	II	659,91	538,83	424,16	316,00	214,25	118,83
	III	**518,16**	465,08	465,08	III	418,33	321,83	228,33	138,66	61,50	0,83
	V	**1 389,75**	465,08	465,08	IV	839,58	773,75	709,50	646,91	585,91	526,50
	VI	**1 433,00**	465,08	465,08							
5 108,99	I,IV	**908,00**	465,08	465,08	I	774,75	647,83	527,41	413,41	305,83	204,66
	II	**788,33**	465,08	465,08	II	660,83	539,66	425,00	316,75	214,91	119,58
	III	**519,00**	465,08	465,08	III	419,16	322,50	229,00	139,33	62,16	1,33
	V	**1 390,91**	465,08	465,08	IV	840,58	774,75	710,50	647,83	586,83	527,41
	VI	**1 434,16**	465,08	465,08							
5 111,99	I,IV	**909,00**	465,08	465,08	I	775,66	648,75	528,25	414,16	306,58	205,41
	II	**789,33**	465,08	465,08	II	661,75	540,58	425,83	317,50	215,66	120,25
	III	**519,66**	465,08	465,08	III	419,83	323,16	229,66	139,83	62,66	1,66
	V	**1 392,08**	465,08	465,08	IV	841,50	775,66	711,41	648,75	587,66	528,25
	VI	**1 435,33**	465,08	465,08							

* Zur LSt-Berechnung für privat versicherte Arbeitnehmer s. Beispiele **Vorbemerkung S. 4 f.**
** Basisvorsorgepauschale KV und PV *** Typisierter Arbeitgeberzuschuss

Lohn/ Gehalt in € bis	Steuerklasse	Lohn-steuer*	BVSP**	TAGZ***	Steuerklasse	Bemessungsgrundlage für Kirchensteuer und Solidaritätszuschlag – Freibeträge für ... Kinder 0,5	**1,0**	1,5	**2,0**	2,5	**3,0**
5 114,99	I,IV	**910,00**	465,08	465,08	I	776,58	649,66	529,08	415,00	307,33	206,08
	II	**790,25**	465,08	465,08	II	662,58	541,41	426,66	318,25	216,33	120,91
	III	**520,50**	465,08	465,08	III	420,50	323,83	230,33	140,50	63,00	2,00
	V	**1 393,16**	465,08	465,08	IV	842,50	776,58	712,33	649,66	588,58	529,08
	VI	**1 436,41**	465,08	465,08							
5 117,99	I,IV	**911,00**	465,08	465,08	I	777,58	650,58	530,00	415,83	308,08	206,83
	II	**791,25**	465,08	465,08	II	663,50	542,25	427,41	319,08	217,08	121,58
	III	**521,16**	465,08	465,08	III	421,33	324,50	231,00	141,16	63,66	2,50
	V	**1 394,33**	465,08	465,08	IV	843,50	777,58	713,25	650,58	589,41	530,00
	VI	**1 437,58**	465,08	465,08							
5 120,99	I,IV	**912,00**	465,08	465,08	I	778,50	651,41	530,83	416,58	308,83	207,50
	II	**792,16**	465,08	465,08	II	664,41	543,08	428,25	319,83	217,83	122,25
	III	**522,00**	465,08	465,08	III	422,00	325,33	231,66	141,66	64,16	2,83
	V	**1 395,41**	465,08	465,08	IV	844,41	778,50	714,16	651,41	590,33	530,83
	VI	**1 438,75**	465,08	465,08							
5 123,99	I,IV	**913,00**	465,08	465,08	I	779,41	652,33	531,66	417,41	309,58	208,25
	II	**793,08**	465,08	465,08	II	665,33	544,00	429,08	320,58	218,50	122,91
	III	**522,66**	465,08	465,08	III	422,66	326,00	232,33	142,33	64,66	3,16
	V	**1 396,58**	465,08	465,08	IV	845,41	779,41	715,08	652,33	591,16	531,66
	VI	**1 439,83**	465,08	465,08							
5 126,99	I,IV	**914,00**	465,08	465,08	I	780,41	653,25	532,50	418,25	310,41	208,91
	II	**794,08**	465,08	465,08	II	666,25	544,83	429,91	321,33	219,25	123,58
	III	**523,50**	465,08	465,08	III	423,50	326,66	233,16	143,00	65,16	3,66
	V	**1 397,75**	465,08	465,08	IV	846,41	780,41	716,00	653,25	592,08	532,50
	VI	**1 441,00**	465,08	465,08							
5 129,99	I,IV	**915,00**	465,08	465,08	I	781,33	654,16	533,41	419,00	311,16	209,66
	II	**795,00**	465,08	465,08	II	667,16	545,66	430,66	322,08	220,00	124,25
	III	**524,16**	465,08	465,08	III	424,16	327,33	233,66	143,66	65,66	4,00
	V	**1 398,91**	465,08	465,08	IV	847,33	781,33	716,91	654,16	592,91	533,41
	VI	**1 442,16**	465,08	465,08							
5 132,99	I,IV	**916,00**	465,08	465,08	I	782,33	655,08	534,25	419,83	311,91	210,41
	II	**796,00**	465,08	465,08	II	668,08	546,58	431,50	322,91	220,66	124,91
	III	**524,83**	465,08	465,08	III	424,83	328,00	234,33	144,16	66,16	4,33
	V	**1 400,00**	465,08	465,08	IV	848,33	782,33	717,91	655,08	593,83	534,25
	VI	**1 443,33**	465,08	465,08							
5 135,99	I,IV	**917,00**	465,08	465,08	I	783,25	656,00	535,08	420,66	312,66	211,08
	II	**796,91**	465,08	465,08	II	669,00	547,41	432,33	323,66	221,41	125,58
	III	**525,66**	465,08	465,08	III	425,66	328,66	235,16	144,83	66,66	4,83
	V	**1 401,16**	465,08	465,08	IV	849,33	783,25	718,83	656,00	594,75	535,08
	VI	**1 444,41**	465,08	465,08							
5 138,99	I,IV	**918,00**	465,08	465,08	I	784,16	656,83	535,91	421,50	313,41	211,83
	II	**797,91**	465,08	465,08	II	669,83	548,33	433,16	324,41	222,16	126,25
	III	**526,33**	465,08	465,08	III	426,33	329,50	235,83	145,50	67,16	5,16
	V	**1 402,33**	465,08	465,08	IV	850,25	784,16	719,75	656,83	595,58	535,91
	VI	**1 445,58**	465,08	465,08							
5 141,99	I,IV	**919,00**	465,08	465,08	I	785,16	657,75	536,83	422,33	314,16	212,50
	II	**798,83**	465,08	465,08	II	670,83	549,16	434,00	325,16	222,83	127,00
	III	**527,16**	465,08	465,08	III	427,00	330,16	236,50	146,16	67,66	5,50
	V	**1 403,50**	465,08	465,08	IV	851,25	785,16	720,66	657,75	596,50	536,83
	VI	**1 446,75**	465,08	465,08							
5 144,99	I,IV	**920,00**	465,08	465,08	I	786,16	658,66	537,66	423,08	315,00	213,25
	II	**799,83**	465,08	465,08	II	671,75	550,00	434,83	326,00	223,58	127,66
	III	**527,83**	465,08	465,08	III	427,83	330,83	237,16	146,83	68,16	6,00
	V	**1 404,58**	465,08	465,08	IV	852,25	786,16	721,58	658,66	597,41	537,66
	VI	**1 447,91**	465,08	465,08							
5 147,99	I,IV	**921,00**	465,08	465,08	I	787,08	659,58	538,50	423,91	315,75	214,00
	II	**800,75**	465,08	465,08	II	672,58	550,91	435,58	326,75	224,33	128,33
	III	**528,66**	465,08	465,08	III	428,50	331,50	237,83	147,33	68,66	6,33
	V	**1 405,75**	465,08	465,08	IV	853,25	787,08	722,50	659,58	598,25	538,50
	VI	**1 449,00**	465,08	465,08							

* Zur LSt-Berechnung für privat versicherte Arbeitnehmer s. Beispiele **Vorbemerkung S. 4 f.**
** Basisvorsorgepauschale KV und PV *** Typisierter Arbeitgeberzuschuss

Lohn/ Gehalt in € bis	Steuerklasse	Lohn-steuer*	BVSP**	TAGZ***	Steuerklasse	Bemessungsgrundlage für Kirchensteuer und Solidaritätszuschlag					
						Freibeträge für ... Kinder					
						0,5	**1,0**	1,5	**2,0**	2,5	**3,0**
5150,99	I,IV	**922,00**	465,08	465,08	I	788,00	660,50	539,41	424,75	316,50	214,66
	II	**801,75**	465,08	465,08	II	673,50	551,75	436,41	327,50	225,00	129,00
	III	**529,33**	465,08	465,08	III	429,16	332,16	238,50	148,00	69,16	6,66
	V	**1406,91**	465,08	465,08	IV	854,16	788,00	723,41	660,50	599,16	539,41
	VI	**1450,16**	465,08	465,08							
5153,99	I,IV	**923,00**	465,08	465,08	I	789,00	661,41	540,25	425,58	317,25	215,41
	II	**802,66**	465,08	465,08	II	674,41	552,66	437,25	328,33	225,75	129,66
	III	**530,16**	465,08	465,08	III	430,00	333,00	239,16	148,66	69,66	7,16
	V	**1408,08**	465,08	465,08	IV	855,16	789,00	724,41	661,41	600,00	540,25
	VI	**1451,33**	465,08	465,08							
5156,99	I,IV	**924,00**	465,08	465,08	I	789,91	662,33	541,08	426,33	318,00	216,16
	II	**803,66**	465,08	465,08	II	675,33	553,50	438,08	329,08	226,50	130,33
	III	**530,83**	465,08	465,08	III	430,66	333,66	239,83	149,33	70,33	7,50
	V	**1409,16**	465,08	465,08	IV	856,16	789,91	725,33	662,33	600,91	541,08
	VI	**1452,41**	465,08	465,08							
5159,99	I,IV	**925,00**	465,08	465,08	I	790,91	663,25	542,00	427,16	318,83	216,83
	II	**804,58**	465,08	465,08	II	676,25	554,33	438,91	329,83	227,25	131,00
	III	**531,66**	465,08	465,08	III	431,33	334,33	240,50	150,00	70,83	7,83
	V	**1410,33**	465,08	465,08	IV	857,16	790,91	726,25	663,25	601,83	542,00
	VI	**1453,58**	465,08	465,08							
5162,99	I,IV	**926,00**	465,08	465,08	I	791,83	664,16	542,83	428,00	319,58	217,58
	II	**805,58**	465,08	465,08	II	677,16	555,25	439,66	330,58	227,91	131,75
	III	**532,33**	465,08	465,08	III	432,00	335,00	241,16	150,66	71,33	8,33
	V	**1411,50**	465,08	465,08	IV	858,08	791,83	727,16	664,16	602,66	542,83
	VI	**1454,75**	465,08	465,08							
5165,99	I,IV	**927,00**	465,08	465,08	I	792,75	665,00	543,66	428,83	320,33	218,25
	II	**806,50**	465,08	465,08	II	678,08	556,08	440,50	331,33	228,66	132,41
	III	**533,16**	465,08	465,08	III	432,83	335,66	241,83	151,16	71,83	8,66
	V	**1412,58**	465,08	465,08	IV	859,08	792,75	728,08	665,00	603,58	543,66
	VI	**1455,83**	465,08	465,08							
5168,99	I,IV	**928,00**	465,08	465,08	I	793,75	665,91	544,58	429,58	321,08	219,00
	II	**807,50**	465,08	465,08	II	679,00	557,00	441,33	332,16	229,41	133,08
	III	**533,83**	465,08	465,08	III	433,50	336,33	242,50	151,83	72,33	9,16
	V	**1413,75**	465,08	465,08	IV	860,08	793,75	729,08	665,91	604,41	544,58
	VI	**1457,00**	465,08	465,08							
5171,99	I,IV	**929,00**	465,08	465,08	I	794,75	666,83	545,41	430,41	321,91	219,75
	II	**808,50**	465,08	465,08	II	679,91	557,83	442,16	332,91	230,16	133,75
	III	**534,66**	465,08	465,08	III	434,16	337,16	243,16	152,50	72,83	9,50
	V	**1414,91**	465,08	465,08	IV	861,08	794,75	730,00	666,83	605,33	545,41
	VI	**1458,16**	465,08	465,08							
5174,99	I,IV	**930,00**	465,08	465,08	I	795,66	667,75	546,25	431,25	322,66	220,41
	II	**809,41**	465,08	465,08	II	680,83	558,66	443,00	333,66	230,83	134,41
	III	**535,33**	465,08	465,08	III	435,00	337,83	243,83	153,16	73,33	10,00
	V	**1416,00**	465,08	465,08	IV	862,00	795,66	730,91	667,75	606,25	546,25
	VI	**1459,25**	465,08	465,08							
5177,99	I,IV	**931,00**	465,08	465,08	I	796,66	668,66	547,16	432,08	323,41	221,16
	II	**810,41**	465,08	465,08	II	681,75	559,58	443,83	334,50	231,58	135,08
	III	**536,00**	465,08	465,08	III	435,66	338,50	244,50	153,83	73,83	10,33
	V	**1417,16**	465,08	465,08	IV	863,00	796,66	731,83	668,66	607,08	547,16
	VI	**1460,41**	465,08	465,08							
5180,99	I,IV	**932,00**	465,08	465,08	I	797,58	669,58	548,00	432,91	324,16	221,91
	II	**811,33**	465,08	465,08	II	682,66	560,41	444,66	335,25	232,33	135,83
	III	**536,83**	465,08	465,08	III	436,33	339,16	245,16	154,50	74,50	10,66
	V	**1418,33**	465,08	465,08	IV	864,00	797,58	732,75	669,58	608,00	548,00
	VI	**1461,58**	465,08	465,08							
5183,99	I,IV	**933,00**	465,08	465,08	I	798,50	670,50	548,91	433,66	324,91	222,58
	II	**812,25**	465,08	465,08	II	683,58	561,25	445,41	336,00	233,00	136,50
	III	**537,50**	465,08	465,08	III	437,16	339,83	245,83	155,16	75,00	11,16
	V	**1419,50**	465,08	465,08	IV	865,00	798,50	733,66	670,50	608,91	548,91
	VI	**1462,75**	465,08	465,08							

* Zur LSt-Berechnung für privat versicherte Arbeitnehmer s. Beispiele **Vorbemerkung S. 4f.**
** Basisvorsorgepauschale KV und PV *** Typisierter Arbeitgeberzuschuss

Lohn/ Gehalt in € bis	Steuerklasse	**Lohn-steuer***	BVSP**	TAGZ***	Steuerklasse	Bemessungsgrundlage für Kirchensteuer und Solidaritätszuschlag – Freibeträge für ... Kinder 0,5	**1,0**	1,5	**2,0**	2,5	**3,0**
5186,99	I,IV	**934,00**	465,08	465,08	I	799,50	671,41	549,75	434,50	325,75	223,33
	II	**813,25**	465,08	465,08	II	684,50	562,16	446,25	336,83	233,75	137,16
	III	**538,33**	465,08	465,08	III	437,83	340,50	246,50	155,66	75,50	11,50
	V	**1420,58**	465,08	465,08	IV	865,91	799,50	734,66	671,41	609,75	549,75
	VI	**1463,83**	465,08	465,08							
5189,99	I,IV	**935,00**	465,08	465,08	I	800,41	672,33	550,58	435,33	326,50	224,08
	II	**814,16**	465,08	465,08	II	685,41	563,00	447,08	337,58	234,50	137,83
	III	**539,00**	465,08	465,08	III	438,50	341,16	247,16	156,33	76,00	12,00
	V	**1421,75**	465,08	465,08	IV	866,91	800,41	735,58	672,33	610,66	550,58
	VI	**1465,00**	465,08	465,08							
5192,99	I,IV	**936,00**	465,08	465,08	I	801,41	673,25	551,50	436,16	327,25	224,83
	II	**815,16**	465,08	465,08	II	686,33	563,91	447,91	338,33	235,16	138,50
	III	**539,83**	465,08	465,08	III	439,33	342,00	247,83	157,00	76,50	12,33
	V	**1422,91**	465,08	465,08	IV	867,91	801,41	736,50	673,25	611,58	551,50
	VI	**1466,16**	465,08	465,08							
5195,99	I,IV	**937,00**	465,08	465,08	I	802,41	674,16	552,33	437,00	328,00	225,50
	II	**816,16**	465,08	465,08	II	687,25	564,75	448,75	339,08	235,91	139,16
	III	**540,50**	465,08	465,08	III	440,00	342,66	248,50	157,66	77,00	12,83
	V	**1424,08**	465,08	465,08	IV	868,91	802,41	737,41	674,16	612,41	552,33
	VI	**1467,33**	465,08	465,08							
5198,99	I,IV	**938,00**	465,08	465,08	I	803,33	675,00	553,16	437,75	328,75	226,25
	II	**817,08**	465,08	465,08	II	688,16	565,66	449,58	339,91	236,66	139,83
	III	**541,33**	465,08	465,08	III	440,66	343,33	249,16	158,33	77,50	13,16
	V	**1425,16**	465,08	465,08	IV	869,83	803,33	738,33	675,00	613,33	553,16
	VI	**1468,41**	465,08	465,08							
5201,99	I,IV	**939,00**	465,08	465,08	I	804,25	676,00	554,08	438,58	329,58	227,00
	II	**818,08**	465,08	465,08	II	689,08	566,50	450,41	340,66	237,41	140,58
	III	**542,00**	465,08	465,08	III	441,50	344,00	249,83	159,00	78,16	13,66
	V	**1426,33**	465,08	465,08	IV	870,83	804,25	739,33	676,00	614,25	554,08
	VI	**1469,58**	465,08	465,08							
5204,99	I,IV	**940,08**	465,08	465,08	I	805,25	676,91	554,91	439,41	330,33	227,66
	II	**819,08**	465,08	465,08	II	690,00	567,41	451,16	341,41	238,16	141,25
	III	**542,83**	465,08	465,08	III	442,16	344,83	250,50	159,66	78,66	14,00
	V	**1427,50**	465,08	465,08	IV	871,83	805,25	740,25	676,91	615,08	554,91
	VI	**1470,75**	465,08	465,08							
5207,99	I,IV	**941,08**	465,08	465,08	I	806,16	677,75	555,75	440,25	331,08	228,41
	II	**820,00**	465,08	465,08	II	690,91	568,25	452,00	342,25	238,83	141,91
	III	**543,50**	465,08	465,08	III	442,83	345,50	251,16	160,16	79,16	14,33
	V	**1428,58**	465,08	465,08	IV	872,83	806,16	741,16	677,75	616,00	555,75
	VI	**1471,83**	465,08	465,08							
5210,99	I,IV	**942,08**	465,08	465,08	I	807,16	678,66	556,66	441,08	331,91	229,16
	II	**821,00**	465,08	465,08	II	691,83	569,16	452,83	343,00	239,58	142,58
	III	**544,33**	465,08	465,08	III	443,66	346,16	252,00	161,00	79,66	14,83
	V	**1429,75**	465,08	465,08	IV	873,83	807,16	742,16	678,66	616,91	556,66
	VI	**1473,00**	465,08	465,08							
5213,99	I,IV	**943,08**	465,08	465,08	I	808,16	679,58	557,58	441,91	332,66	229,91
	II	**821,91**	465,08	465,08	II	692,75	570,00	453,66	343,75	240,33	143,33
	III	**545,00**	465,08	465,08	III	444,33	346,83	252,66	161,50	80,16	15,16
	V	**1430,91**	465,08	465,08	IV	874,83	808,16	743,08	679,58	617,75	557,58
	VI	**1474,16**	465,08	465,08							
5216,99	I,IV	**944,08**	465,08	465,08	I	809,08	680,50	558,41	442,66	333,41	230,58
	II	**822,91**	465,08	465,08	II	693,66	570,83	454,50	344,58	241,08	144,00
	III	**545,66**	465,08	465,08	III	445,00	347,50	253,33	162,16	80,83	15,66
	V	**1432,00**	465,08	465,08	IV	875,75	809,08	744,00	680,50	618,66	558,41
	VI	**1475,25**	465,08	465,08							
5219,99	I,IV	**945,08**	465,08	465,08	I	810,08	681,41	559,25	443,50	334,25	231,33
	II	**823,83**	465,08	465,08	II	694,58	571,75	455,33	345,33	241,75	144,66
	III	**546,50**	465,08	465,08	III	445,83	348,33	254,00	162,83	81,33	16,00
	V	**1433,16**	465,08	465,08	IV	876,75	810,08	744,91	681,41	619,58	559,25
	VI	**1476,41**	465,08	465,08							

* Zur LSt-Berechnung für privat versicherte Arbeitnehmer s. Beispiele **Vorbemerkung S. 4f.**
** Basisvorsorgepauschale KV und PV *** Typisierter Arbeitgeberzuschuss

Lohn/ Gehalt in € bis	Steuerklasse	Lohn- steuer*	BVSP**	TAGZ***	Steuerklasse	Bemessungsgrundlage für Kirchensteuer und Solidaritätszuschlag – Freibeträge für ... Kinder 0,5	1,0	1,5	2,0	2,5	3,0
5 222,99	I,IV	**946,08**	465,08	465,08	I	811,00	682,33	560,16	444,33	335,00	232,08
	II	**824,83**	465,08	465,08	II	695,50	572,66	456,16	346,16	242,50	145,33
	III	**547,16**	465,08	465,08	III	446,50	349,00	254,66	163,50	81,83	16,50
	V	**1 434,33**	465,08	465,08	IV	877,75	811,00	745,91	682,33	620,41	560,16
	VI	**1 477,58**	465,08	465,08							
5 225,99	I,IV	**947,08**	465,08	465,08	I	812,00	683,25	561,00	445,16	335,75	232,75
	II	**825,83**	465,08	465,08	II	696,41	573,50	457,00	346,91	243,25	146,00
	III	**548,00**	465,08	465,08	III	447,16	349,66	255,33	164,16	82,33	16,83
	V	**1 435,41**	465,08	465,08	IV	878,75	812,00	746,83	683,25	621,33	561,00
	VI	**1 478,75**	465,08	465,08							
5 228,99	I,IV	**948,08**	465,08	465,08	I	812,91	684,16	561,91	446,00	336,50	233,50
	II	**826,75**	465,08	465,08	II	697,33	574,33	457,83	347,66	244,00	146,75
	III	**548,83**	465,08	465,08	III	448,00	350,33	256,00	164,83	83,00	17,33
	V	**1 436,58**	465,08	465,08	IV	879,75	812,91	747,75	684,16	622,25	561,91
	VI	**1 479,83**	465,08	465,08							
5 231,99	I,IV	**949,16**	465,08	465,08	I	813,91	685,08	562,75	446,83	337,33	234,25
	II	**827,75**	465,08	465,08	II	698,25	575,25	458,66	348,50	244,75	147,41
	III	**549,50**	465,08	465,08	III	448,66	351,00	256,66	165,50	83,50	17,66
	V	**1 437,75**	465,08	465,08	IV	880,75	813,91	748,75	685,08	623,16	562,75
	VI	**1 481,00**	465,08	465,08							
5 234,99	I,IV	**950,16**	465,08	465,08	I	814,83	686,00	563,58	447,66	338,08	235,00
	II	**828,66**	465,08	465,08	II	699,16	576,08	459,41	349,25	245,41	148,08
	III	**550,16**	465,08	465,08	III	449,33	351,66	257,33	166,16	84,00	18,16
	V	**1 438,91**	465,08	465,08	IV	881,66	814,83	749,66	686,00	624,00	563,58
	VI	**1 482,16**	465,08	465,08							
5 237,99	I,IV	**951,16**	465,08	465,08	I	815,83	686,91	564,50	448,50	338,83	235,66
	II	**829,66**	465,08	465,08	II	700,08	577,00	460,25	350,00	246,16	148,75
	III	**551,00**	465,08	465,08	III	450,16	352,50	258,00	166,83	84,50	18,66
	V	**1 440,00**	465,08	465,08	IV	882,66	815,83	750,58	686,91	624,91	564,50
	VI	**1 483,33**	465,08	465,08							
5 240,99	I,IV	**952,16**	465,08	465,08	I	816,83	687,83	565,33	449,25	339,66	236,41
	II	**830,66**	465,08	465,08	II	701,08	577,83	461,16	350,83	246,91	149,50
	III	**551,66**	465,08	465,08	III	450,83	353,16	258,66	167,50	85,00	19,00
	V	**1 441,16**	465,08	465,08	IV	883,66	816,83	751,50	687,83	625,83	565,33
	VI	**1 484,41**	465,08	465,08							
5 243,99	I,IV	**953,16**	465,08	465,08	I	817,75	688,75	566,25	450,08	340,41	237,16
	II	**831,58**	465,08	465,08	II	701,91	578,75	461,91	351,58	247,66	150,16
	III	**552,50**	465,08	465,08	III	451,50	353,83	259,33	168,16	85,66	19,50
	V	**1 442,33**	465,08	465,08	IV	884,66	817,75	752,41	688,75	626,66	566,25
	VI	**1 485,58**	465,08	465,08							
5 246,99	I,IV	**954,16**	465,08	465,08	I	818,75	689,66	567,08	450,91	341,16	237,91
	II	**832,58**	465,08	465,08	II	702,91	579,58	462,75	352,33	248,41	150,83
	III	**553,16**	465,08	465,08	III	452,33	354,50	260,00	168,83	86,16	19,83
	V	**1 443,50**	465,08	465,08	IV	885,66	818,75	753,41	689,66	627,58	567,08
	VI	**1 486,75**	465,08	465,08							
5 249,99	I,IV	**955,16**	465,08	465,08	I	819,66	690,58	568,00	451,75	342,00	238,66
	II	**833,58**	465,08	465,08	II	703,83	580,50	463,58	353,16	249,16	151,50
	III	**554,00**	465,08	465,08	III	453,00	355,33	260,66	169,33	86,66	20,33
	V	**1 444,58**	465,08	465,08	IV	886,66	819,66	754,33	690,58	628,50	568,00
	VI	**1 487,91**	465,08	465,08							
5 252,99	I,IV	**956,16**	465,08	465,08	I	820,66	691,50	568,83	452,58	342,75	239,33
	II	**834,50**	465,08	465,08	II	704,75	581,33	464,41	353,91	249,83	152,25
	III	**554,66**	465,08	465,08	III	453,66	356,00	261,33	170,00	87,16	20,66
	V	**1 445,75**	465,08	465,08	IV	887,58	820,66	755,25	691,50	629,33	568,83
	VI	**1 489,00**	465,08	465,08							
5 255,99	I,IV	**957,25**	465,08	465,08	I	821,58	692,41	569,75	453,41	343,50	240,08
	II	**835,50**	465,08	465,08	II	705,66	582,25	465,25	354,75	250,58	152,91
	III	**555,50**	465,08	465,08	III	454,50	356,66	262,16	170,66	87,83	21,16
	V	**1 446,91**	465,08	465,08	IV	888,58	821,58	756,25	692,41	630,25	569,75
	VI	**1 490,16**	465,08	465,08							

* Zur LSt-Berechnung für privat versicherte Arbeitnehmer s. Beispiele **Vorbemerkung S. 4 f.**
** Basisvorsorgepauschale KV und PV *** Typisierter Arbeitgeberzuschuss

Lohn/ Gehalt in € bis	Steuerklasse	Lohn-steuer*	BVSP**	TAGZ***	Steuerklasse	Bemessungsgrundlage für Kirchensteuer und Solidaritätszuschlag					
						Freibeträge für ... Kinder					
						0,5	**1,0**	1,5	**2,0**	2,5	**3,0**
5 258,99	I,IV	**958,25**	465,08	465,08	I	822,58	693,33	570,58	454,25	344,25	240,83
	II	**836,41**	465,08	465,08	II	706,58	583,08	466,08	355,50	251,33	153,58
	III	**556,16**	465,08	465,08	III	455,16	357,33	262,83	171,33	88,33	21,50
	V	**1 448,00**	465,08	465,08	IV	889,58	822,58	757,16	693,33	631,16	570,58
	VI	**1 491,25**	465,08	465,08							
5 261,99	I,IV	**959,25**	465,08	465,08	I	823,58	694,25	571,41	455,08	345,08	241,50
	II	**837,41**	465,08	465,08	II	707,50	584,00	466,91	356,25	252,08	154,25
	III	**557,00**	465,08	465,08	III	455,83	358,00	263,50	172,00	88,83	22,00
	V	**1 449,16**	465,08	465,08	IV	890,58	823,58	758,08	694,25	632,08	571,41
	VI	**1 492,41**	465,08	465,08							
5 264,99	I,IV	**960,25**	465,08	465,08	I	824,50	695,25	572,33	455,91	345,83	242,25
	II	**838,41**	465,08	465,08	II	708,41	584,91	467,75	357,08	252,83	155,00
	III	**557,66**	465,08	465,08	III	456,66	358,83	264,16	172,66	89,50	22,50
	V	**1 450,33**	465,08	465,08	IV	891,58	824,50	759,08	695,25	633,00	572,33
	VI	**1 493,58**	465,08	465,08							
5 267,99	I,IV	**961,25**	465,08	465,08	I	825,50	696,08	573,16	456,66	346,66	243,00
	II	**839,33**	465,08	465,08	II	709,33	585,75	468,58	357,83	253,50	155,66
	III	**558,50**	465,08	465,08	III	457,33	359,50	264,83	173,33	90,00	22,83
	V	**1 451,41**	465,08	465,08	IV	892,58	825,50	760,00	696,08	633,83	573,16
	VI	**1 494,75**	465,08	465,08							
5 270,99	I,IV	**962,25**	465,08	465,08	I	826,41	697,08	574,08	457,50	347,41	243,75
	II	**840,33**	465,08	465,08	II	710,25	586,66	469,41	358,66	254,25	156,33
	III	**559,16**	465,08	465,08	III	458,00	360,16	265,50	174,00	90,50	23,33
	V	**1 452,58**	465,08	465,08	IV	893,58	826,41	760,91	697,08	634,75	574,08
	VI	**1 495,83**	465,08	465,08							
5 273,99	I,IV	**963,33**	465,08	465,08	I	827,41	698,00	574,91	458,33	348,16	244,50
	II	**841,33**	465,08	465,08	II	711,16	587,50	470,25	359,41	255,00	157,08
	III	**560,00**	465,08	465,08	III	458,83	360,83	266,16	174,66	91,16	23,66
	V	**1 453,75**	465,08	465,08	IV	894,58	827,41	761,91	698,00	635,66	574,91
	VI	**1 497,00**	465,08	465,08							
5 276,99	I,IV	**964,33**	465,08	465,08	I	828,33	698,91	575,83	459,16	349,00	245,16
	II	**842,25**	465,08	465,08	II	712,08	588,41	471,08	360,16	255,75	157,75
	III	**560,66**	465,08	465,08	III	459,50	361,50	266,83	175,33	91,66	24,16
	V	**1 454,91**	465,08	465,08	IV	895,50	828,33	762,83	698,91	636,50	575,83
	VI	**1 498,16**	465,08	465,08							
5 279,99	I,IV	**965,33**	465,08	465,08	I	829,33	699,83	576,66	460,00	349,75	245,91
	II	**843,25**	465,08	465,08	II	713,08	589,25	471,91	361,00	256,50	158,41
	III	**561,50**	465,08	465,08	III	460,33	362,33	267,50	176,00	92,16	24,50
	V	**1 456,00**	465,08	465,08	IV	896,50	829,33	763,75	699,83	637,41	576,66
	VI	**1 499,33**	465,08	465,08							
5 282,99	I,IV	**966,33**	465,08	465,08	I	830,33	700,75	577,58	460,83	350,58	246,66
	II	**844,25**	465,08	465,08	II	714,00	590,16	472,75	361,75	257,25	159,16
	III	**562,16**	465,08	465,08	III	461,00	363,00	268,16	176,66	92,83	25,00
	V	**1 457,16**	465,08	465,08	IV	897,50	830,33	764,75	700,75	638,33	577,58
	VI	**1 500,41**	465,08	465,08							
5 285,99	I,IV	**967,33**	465,08	465,08	I	831,25	701,66	578,41	461,66	351,33	247,41
	II	**845,16**	465,08	465,08	II	714,91	591,00	473,58	362,58	258,00	159,83
	III	**563,00**	465,08	465,08	III	461,66	363,66	268,83	177,33	93,33	25,50
	V	**1 458,33**	465,08	465,08	IV	898,50	831,25	765,66	701,66	639,25	578,41
	VI	**1 501,58**	465,08	465,08							
5 288,99	I,IV	**968,41**	465,08	465,08	I	832,25	702,58	579,33	462,50	352,08	248,16
	II	**846,16**	465,08	465,08	II	715,83	591,91	474,41	363,33	258,75	160,50
	III	**563,66**	465,08	465,08	III	462,50	364,33	269,50	178,00	93,83	25,83
	V	**1 459,50**	465,08	465,08	IV	899,50	832,25	766,58	702,58	640,16	579,33
	VI	**1 502,75**	465,08	465,08							
5 291,99	I,IV	**969,41**	465,08	465,08	I	833,25	703,50	580,16	463,33	352,91	248,91
	II	**847,16**	465,08	465,08	II	716,75	592,83	475,25	364,16	259,41	161,16
	III	**564,50**	465,08	465,08	III	463,16	365,16	270,33	178,66	94,33	26,33
	V	**1 460,58**	465,08	465,08	IV	900,50	833,25	767,58	703,50	641,08	580,16
	VI	**1 503,91**	465,08	465,08							

* Zur LSt-Berechnung für privat versicherte Arbeitnehmer s. Beispiele **Vorbemerkung S. 4 f.**
** Basisvorsorgepauschale KV und PV *** Typisierter Arbeitgeberzuschuss

Lohn/ Gehalt in € bis	Steuerklasse	Lohn-steuer*	BVSP**	TAGZ***	Steuerklasse	Bemessungsgrundlage für Kirchensteuer und Solidaritätszuschlag – Freibeträge für ... Kinder 0,5	1,0	1,5	2,0	2,5	3,0
5294,99	I,IV	**970,41**	465,08	465,08	I	834,16	704,41	581,08	464,16	353,66	249,58
	II	**848,16**	465,08	465,08	II	717,66	593,66	476,08	364,91	260,16	161,91
	III	**565,16**	465,08	465,08	III	463,83	365,83	271,00	179,16	95,00	26,83
	V	**1461,75**	465,08	465,08	IV	901,50	834,16	768,50	704,41	641,91	581,08
	VI	**1505,00**	465,08	465,08							
5297,99	I,IV	**971,41**	465,08	465,08	I	835,16	705,33	581,91	465,00	354,41	250,33
	II	**849,08**	465,08	465,08	II	718,58	594,58	476,91	365,66	260,91	162,58
	III	**566,00**	465,08	465,08	III	464,66	366,50	271,66	179,83	95,50	27,16
	V	**1462,91**	465,08	465,08	IV	902,50	835,16	769,41	705,33	642,83	581,91
	VI	**1506,16**	465,08	465,08							
5300,99	I,IV	**972,41**	465,08	465,08	I	836,16	706,25	582,83	465,83	355,25	251,08
	II	**850,08**	465,08	465,08	II	719,58	595,41	477,75	366,50	261,66	163,25
	III	**566,66**	465,08	465,08	III	465,33	367,16	272,33	180,50	96,16	27,66
	V	**1464,08**	465,08	465,08	IV	903,50	836,16	770,41	706,25	643,75	582,83
	VI	**1507,33**	465,08	465,08							
5303,99	I,IV	**973,41**	465,08	465,08	I	837,08	707,16	583,66	466,66	356,00	251,83
	II	**851,08**	465,08	465,08	II	720,50	596,33	478,58	367,25	262,41	164,00
	III	**567,50**	465,08	465,08	III	466,16	367,83	273,00	181,16	96,66	28,00
	V	**1465,16**	465,08	465,08	IV	904,50	837,08	771,33	707,16	644,66	583,66
	VI	**1508,41**	465,08	465,08							
5306,99	I,IV	**974,50**	465,08	465,08	I	838,08	708,08	584,58	467,50	356,83	252,58
	II	**852,08**	465,08	465,08	II	721,41	597,16	479,41	368,08	263,16	164,66
	III	**568,16**	465,08	465,08	III	466,83	368,66	273,66	181,83	97,16	28,50
	V	**1466,33**	465,08	465,08	IV	905,50	838,08	772,33	708,08	645,58	584,58
	VI	**1509,58**	465,08	465,08							
5309,99	I,IV	**975,50**	465,08	465,08	I	839,08	709,08	585,50	468,33	357,58	253,33
	II	**853,00**	465,08	465,08	II	722,33	598,08	480,25	368,83	263,91	165,33
	III	**569,00**	465,08	465,08	III	467,50	369,33	274,33	182,50	97,83	29,00
	V	**1467,50**	465,08	465,08	IV	906,50	839,08	773,25	709,08	646,41	585,50
	VI	**1510,75**	465,08	465,08							
5312,99	I,IV	**976,50**	465,08	465,08	I	840,00	710,00	586,33	469,16	358,33	254,00
	II	**854,00**	465,08	465,08	II	723,25	598,91	481,08	369,66	264,66	166,08
	III	**569,66**	465,08	465,08	III	468,33	370,00	275,00	183,16	98,33	29,33
	V	**1468,58**	465,08	465,08	IV	907,50	840,00	774,16	710,00	647,33	586,33
	VI	**1511,83**	465,08	465,08							
5315,99	I,IV	**977,50**	465,08	465,08	I	841,00	710,91	587,25	470,00	359,16	254,75
	II	**855,00**	465,08	465,08	II	724,16	599,83	481,91	370,41	265,41	166,75
	III	**570,50**	465,08	465,08	III	469,00	370,66	275,66	183,83	98,83	29,83
	V	**1469,75**	465,08	465,08	IV	908,50	841,00	775,16	710,91	648,25	587,25
	VI	**1513,00**	465,08	465,08							
5318,99	I,IV	**978,50**	465,08	465,08	I	841,91	711,83	588,08	470,75	359,91	255,50
	II	**855,91**	465,08	465,08	II	725,08	600,75	482,75	371,25	266,08	167,41
	III	**571,16**	465,08	465,08	III	469,66	371,33	276,33	184,50	99,50	30,33
	V	**1470,83**	465,08	465,08	IV	909,41	841,91	776,08	711,83	649,16	588,08
	VI	**1514,16**	465,08	465,08							
5321,99	I,IV	**979,58**	465,08	465,08	I	842,91	712,75	589,00	471,66	360,75	256,25
	II	**856,91**	465,08	465,08	II	726,08	601,58	483,58	372,00	266,83	168,16
	III	**572,00**	465,08	465,08	III	470,50	372,16	277,00	185,16	100,00	30,66
	V	**1472,00**	465,08	465,08	IV	910,41	842,91	777,00	712,75	650,08	589,00
	VI	**1515,25**	465,08	465,08							
5324,99	I,IV	**980,58**	465,08	465,08	I	843,91	713,66	589,83	472,50	361,50	257,00
	II	**857,91**	465,08	465,08	II	727,00	602,50	484,41	372,83	267,58	168,83
	III	**572,66**	465,08	465,08	III	471,16	372,83	277,66	185,83	100,50	31,16
	V	**1473,16**	465,08	465,08	IV	911,50	843,91	778,00	713,66	651,00	589,83
	VI	**1516,41**	465,08	465,08							
5327,99	I,IV	**981,58**	465,08	465,08	I	844,91	714,58	590,75	473,25	362,25	257,75
	II	**858,83**	465,08	465,08	II	727,91	603,33	485,25	373,58	268,33	169,50
	III	**573,50**	465,08	465,08	III	471,83	373,50	278,33	186,50	101,16	31,66
	V	**1474,33**	465,08	465,08	IV	912,41	844,91	778,91	714,58	651,83	590,75
	VI	**1517,58**	465,08	465,08							

* Zur LSt-Berechnung für privat versicherte Arbeitnehmer s. Beispiele **Vorbemerkung S. 4f.**
** Basisvorsorgepauschale KV und PV   *** Typisierter Arbeitgeberzuschuss

Lohn/ Gehalt in € bis	Steuerklasse	Lohn-steuer*	BVSP**	TAGZ***	Steuerklasse	Bemessungsgrundlage für Kirchensteuer und Solidaritätszuschlag – Freibeträge für … Kinder 0,5	**1,0**	1,5	**2,0**	2,5	**3,0**
5 330,99	I,IV	**982,66**	465,08	465,08	I	845,83	715,50	591,58	474,16	363,08	258,50
	II	**859,83**	465,08	465,08	II	728,83	604,25	486,08	374,41	269,08	170,25
	III	**574,16**	465,08	465,08	III	472,66	374,33	279,16	187,16	101,66	32,00
	V	**1 475,50**	465,08	465,08	IV	913,41	845,83	779,91	715,50	652,75	591,58
	VI	**1 518,75**	465,08	465,08							
5 333,99	I,IV	**983,66**	465,08	465,08	I	846,83	716,41	592,50	475,00	363,83	259,25
	II	**860,83**	465,08	465,08	II	729,75	605,16	487,00	375,16	269,83	170,91
	III	**575,00**	465,08	465,08	III	473,33	375,00	279,83	187,83	102,33	32,50
	V	**1 476,58**	465,08	465,08	IV	914,41	846,83	780,83	716,41	653,66	592,50
	VI	**1 519,83**	465,08	465,08							
5 336,99	I,IV	**984,66**	465,08	465,08	I	847,83	717,33	593,33	475,75	364,66	259,91
	II	**861,83**	465,08	465,08	II	730,66	606,00	487,75	376,00	270,58	171,66
	III	**575,66**	465,08	465,08	III	474,00	375,66	280,50	188,50	102,83	33,00
	V	**1 477,75**	465,08	465,08	IV	915,41	847,83	781,75	717,33	654,58	593,33
	VI	**1 521,00**	465,08	465,08							
5 339,99	I,IV	**985,66**	465,08	465,08	I	848,75	718,33	594,25	476,66	365,41	260,66
	II	**862,83**	465,08	465,08	II	731,66	606,91	488,66	376,75	271,33	172,33
	III	**576,50**	465,08	465,08	III	474,83	376,33	281,16	189,16	103,50	33,50
	V	**1 478,91**	465,08	465,08	IV	916,41	848,75	782,75	718,33	655,50	594,25
	VI	**1 522,16**	465,08	465,08							
5 342,99	I,IV	**986,75**	465,08	465,08	I	849,75	719,25	595,16	477,50	366,25	261,41
	II	**863,83**	465,08	465,08	II	732,58	607,83	489,50	377,58	272,08	173,00
	III	**577,16**	465,08	465,08	III	475,50	377,00	281,83	189,83	104,00	33,83
	V	**1 480,08**	465,08	465,08	IV	917,41	849,75	783,66	719,25	656,41	595,16
	VI	**1 523,33**	465,08	465,08							
5 345,99	I,IV	**987,75**	465,08	465,08	I	850,75	720,16	596,00	478,33	367,00	262,16
	II	**864,75**	465,08	465,08	II	733,50	608,66	490,33	378,33	272,83	173,75
	III	**578,00**	465,08	465,08	III	476,33	377,83	282,50	190,50	104,50	34,33
	V	**1 481,16**	465,08	465,08	IV	918,41	850,75	784,66	720,16	657,25	596,00
	VI	**1 524,41**	465,08	465,08							
5 348,99	I,IV	**988,75**	465,08	465,08	I	851,75	721,08	596,91	479,16	367,83	262,91
	II	**865,75**	465,08	465,08	II	734,41	609,58	491,16	379,16	273,58	174,41
	III	**578,83**	465,08	465,08	III	477,00	378,50	283,16	191,16	105,16	34,83
	V	**1 482,33**	465,08	465,08	IV	919,41	851,75	785,58	721,08	658,16	596,91
	VI	**1 525,58**	465,08	465,08							
5 351,99	I,IV	**989,83**	465,08	465,08	I	852,66	722,00	597,83	480,00	368,58	263,66
	II	**866,75**	465,08	465,08	II	735,41	610,50	492,00	379,91	274,33	175,16
	III	**579,50**	465,08	465,08	III	477,66	379,16	283,83	191,83	105,66	35,16
	V	**1 483,50**	465,08	465,08	IV	920,41	852,66	786,58	722,00	659,08	597,83
	VI	**1 526,75**	465,08	465,08							
5 354,99	I,IV	**990,83**	465,08	465,08	I	853,66	722,91	598,66	480,83	369,41	264,41
	II	**867,66**	465,08	465,08	II	736,33	611,33	492,83	380,75	275,08	175,83
	III	**580,16**	465,08	465,08	III	478,50	379,83	284,50	192,33	106,33	35,66
	V	**1 484,58**	465,08	465,08	IV	921,41	853,66	787,50	722,91	660,00	598,66
	VI	**1 527,83**	465,08	465,08							
5 357,99	I,IV	**991,83**	465,08	465,08	I	854,66	723,91	599,58	481,66	370,16	265,16
	II	**868,66**	465,08	465,08	II	737,25	612,25	493,66	381,50	275,83	176,50
	III	**581,00**	465,08	465,08	III	479,16	380,66	285,33	193,16	106,83	36,16
	V	**1 485,75**	465,08	465,08	IV	922,41	854,66	788,50	723,91	660,91	599,58
	VI	**1 529,00**	465,08	465,08							
5 360,99	I,IV	**992,91**	465,08	465,08	I	855,66	724,83	600,41	482,50	371,00	265,91
	II	**869,66**	465,08	465,08	II	738,16	613,16	494,50	382,33	276,58	177,25
	III	**581,83**	465,08	465,08	III	480,00	381,33	286,00	193,66	107,50	36,66
	V	**1 486,91**	465,08	465,08	IV	923,41	855,66	789,41	724,83	661,83	600,41
	VI	**1 530,16**	465,08	465,08							
5 363,99	I,IV	**993,91**	465,08	465,08	I	856,58	725,75	601,33	483,33	371,75	266,58
	II	**870,66**	465,08	465,08	II	739,08	614,00	495,33	383,08	277,33	177,91
	III	**582,50**	465,08	465,08	III	480,66	382,00	286,66	194,33	108,00	37,00
	V	**1 488,00**	465,08	465,08	IV	924,41	856,58	790,33	725,75	662,75	601,33
	VI	**1 531,25**	465,08	465,08							

* Zur LSt-Berechnung für privat versicherte Arbeitnehmer s. Beispiele **Vorbemerkung S. 4f.**
** Basisvorsorgepauschale KV und PV *** Typisierter Arbeitgeberzuschuss

Lohn/ Gehalt in € bis	Steuerklasse	Lohn- steuer*	BVSP**	TAGZ***	Steuerklasse	Bemessungsgrundlage für Kirchensteuer und Solidaritätszuschlag					
						Freibeträge für ... Kinder					
						0,5	**1,0**	1,5	**2,0**	2,5	**3,0**
5 366,99	I,IV	**994,91**	465,08	465,08	I	857,58	726,66	602,16	484,16	372,58	267,33
	II	**871,66**	465,08	465,08	II	740,08	614,91	496,16	383,91	278,08	178,66
	III	**583,33**	465,08	465,08	III	481,50	382,83	287,33	195,00	108,66	37,50
	V	**1 489,16**	465,08	465,08	IV	925,41	857,58	791,33	726,66	663,66	602,16
	VI	**1 532,41**	465,08	465,08							
5 369,99	I,IV	**995,91**	465,08	465,08	I	858,58	727,58	603,08	485,00	373,33	268,08
	II	**872,66**	465,08	465,08	II	741,00	615,83	497,08	384,75	278,83	179,33
	III	**584,00**	465,08	465,08	III	482,16	383,50	288,00	195,66	109,16	38,00
	V	**1 490,33**	465,08	465,08	IV	926,50	858,58	792,33	727,58	664,58	603,08
	VI	**1 533,58**	465,08	465,08							
5 372,99	I,IV	**997,00**	465,08	465,08	I	859,50	728,50	604,00	485,83	374,08	268,83
	II	**873,58**	465,08	465,08	II	741,91	616,66	497,91	385,50	279,58	180,00
	III	**584,83**	465,08	465,08	III	482,83	384,16	288,66	196,33	109,66	38,50
	V	**1 491,41**	465,08	465,08	IV	927,41	859,50	793,25	728,50	665,41	604,00
	VI	**1 534,75**	465,08	465,08							
5 375,99	I,IV	**998,00**	465,08	465,08	I	860,50	729,50	604,83	486,66	374,91	269,58
	II	**874,58**	465,08	465,08	II	742,91	617,58	498,75	386,33	280,33	180,75
	III	**585,50**	465,08	465,08	III	483,66	384,83	289,33	197,00	110,33	38,83
	V	**1 492,58**	465,08	465,08	IV	928,41	860,50	794,16	729,50	666,33	604,83
	VI	**1 535,83**	465,08	465,08							
5 378,99	I,IV	**999,00**	465,08	465,08	I	861,50	730,41	605,75	487,50	375,75	270,33
	II	**875,58**	465,08	465,08	II	743,83	618,50	499,58	387,08	281,08	181,41
	III	**586,33**	465,08	465,08	III	484,33	385,50	290,00	197,66	110,83	39,33
	V	**1 493,75**	465,08	465,08	IV	929,50	861,50	795,16	730,41	667,25	605,75
	VI	**1 537,00**	465,08	465,08							
5 381,99	I,IV	**1 000,00**	465,08	465,08	I	862,50	731,33	606,58	488,33	376,50	271,08
	II	**876,58**	465,08	465,08	II	744,75	619,33	500,41	387,91	281,83	182,16
	III	**587,00**	465,08	465,08	III	485,00	386,33	290,66	198,33	111,50	39,83
	V	**1 494,91**	465,08	465,08	IV	930,41	862,50	796,08	731,33	668,16	606,58
	VI	**1 538,16**	465,08	465,08							
5 384,99	I,IV	**1 001,08**	465,08	465,08	I	863,50	732,25	607,50	489,16	377,33	271,83
	II	**877,58**	465,08	465,08	II	745,66	620,25	501,25	388,66	282,58	182,83
	III	**587,83**	465,08	465,08	III	485,83	387,00	291,50	199,00	112,00	40,33
	V	**1 496,00**	465,08	465,08	IV	931,50	863,50	797,08	732,25	669,08	607,50
	VI	**1 539,33**	465,08	465,08							
5 387,99	I,IV	**1 002,08**	465,08	465,08	I	864,41	733,16	608,41	490,00	378,08	272,58
	II	**878,50**	465,08	465,08	II	746,58	621,16	502,08	389,50	283,33	183,58
	III	**588,50**	465,08	465,08	III	486,50	387,66	292,16	199,66	112,66	40,66
	V	**1 497,16**	465,08	465,08	IV	932,41	864,41	798,00	733,16	670,00	608,41
	VI	**1 540,41**	465,08	465,08							
5 390,99	I,IV	**1 003,16**	465,08	465,08	I	865,41	734,16	609,25	490,83	378,91	273,33
	II	**879,50**	465,08	465,08	II	747,58	622,00	502,91	390,25	284,08	184,25
	III	**589,33**	465,08	465,08	III	487,16	388,33	292,83	200,33	113,16	41,16
	V	**1 498,33**	465,08	465,08	IV	933,50	865,41	799,00	734,16	670,91	609,25
	VI	**1 541,58**	465,08	465,08							
5 393,99	I,IV	**1 004,16**	465,08	465,08	I	866,41	735,08	610,16	491,75	379,66	274,08
	II	**880,50**	465,08	465,08	II	748,50	622,91	503,83	391,08	284,83	185,00
	III	**590,16**	465,08	465,08	III	488,00	389,16	293,50	201,00	113,83	41,66
	V	**1 499,50**	465,08	465,08	IV	934,50	866,41	799,91	735,08	671,83	610,16
	VI	**1 542,75**	465,08	465,08							
5 396,99	I,IV	**1 005,16**	465,08	465,08	I	867,33	736,00	611,08	492,50	380,50	274,83
	II	**881,50**	465,08	465,08	II	749,41	623,83	504,66	391,91	285,58	185,66
	III	**590,83**	465,08	465,08	III	488,66	389,83	294,16	201,66	114,33	42,16
	V	**1 500,58**	465,08	465,08	IV	935,50	867,33	800,91	736,00	672,75	611,08
	VI	**1 543,83**	465,08	465,08							
5 399,99	I,IV	**1 006,25**	465,08	465,08	I	868,33	736,91	611,91	493,41	381,25	275,58
	II	**882,50**	465,08	465,08	II	750,41	624,75	505,50	392,66	286,33	186,41
	III	**591,66**	465,08	465,08	III	489,50	390,50	294,83	202,33	115,00	42,66
	V	**1 501,75**	465,08	465,08	IV	936,50	868,33	801,83	736,91	673,66	611,91
	VI	**1 545,00**	465,08	465,08							

* Zur LSt-Berechnung für privat versicherte Arbeitnehmer s. Beispiele **Vorbemerkung S. 4 f.**
** Basisvorsorgepauschale KV und PV *** Typisierter Arbeitgeberzuschuss

Lohn/ Gehalt in € bis	Steuerklasse	Lohn- steuer*	BVSP**	TAGZ***	Steuerklasse	Bemessungsgrundlage für Kirchensteuer und Solidaritätszuschlag					
						Freibeträge für ... Kinder					
						0,5	**1,0**	1,5	**2,0**	2,5	**3,0**
5402,99	I,IV	**1007,25**	465,08	465,08	I	869,33	737,91	612,83	494,25	382,08	276,33
	II	**883,50**	465,08	465,08	II	751,33	625,58	506,33	393,50	287,08	187,08
	III	**592,33**	465,08	465,08	III	490,16	391,33	295,50	203,00	115,66	43,16
	V	**1502,91**	465,08	465,08	IV	937,50	869,33	802,83	737,91	674,58	612,83
	VI	**1546,16**	465,08	465,08							
5405,99	I,IV	**1008,25**	465,08	465,08	I	870,33	738,83	613,75	495,08	382,83	277,08
	II	**884,41**	465,08	465,08	II	752,25	626,50	507,16	394,25	287,83	187,75
	III	**593,16**	465,08	465,08	III	491,00	392,00	296,16	203,66	116,16	43,50
	V	**1504,00**	465,08	465,08	IV	938,50	870,33	803,75	738,83	675,41	613,75
	VI	**1547,25**	465,08	465,08							
5408,99	I,IV	**1009,33**	465,08	465,08	I	871,33	739,75	614,58	495,91	383,66	277,83
	II	**885,41**	465,08	465,08	II	753,16	627,41	508,00	395,08	288,58	188,50
	III	**593,83**	465,08	465,08	III	491,66	392,66	296,83	204,33	116,66	44,00
	V	**1505,16**	465,08	465,08	IV	939,50	871,33	804,75	739,75	676,41	614,58
	VI	**1548,41**	465,08	465,08							
5411,99	I,IV	**1010,33**	465,08	465,08	I	872,33	740,66	615,50	496,75	384,41	278,58
	II	**886,41**	465,08	465,08	II	754,16	628,33	508,91	395,91	289,33	189,25
	III	**594,66**	465,08	465,08	III	492,33	393,33	297,66	205,00	117,33	44,50
	V	**1506,33**	465,08	465,08	IV	940,50	872,33	805,66	740,66	677,33	615,50
	VI	**1549,58**	465,08	465,08							
5414,99	I,IV	**1011,33**	465,08	465,08	I	873,25	741,58	616,41	497,58	385,25	279,33
	II	**887,41**	465,08	465,08	II	755,08	629,16	509,75	396,66	290,08	189,91
	III	**595,33**	465,08	465,08	III	493,16	394,16	298,33	205,66	118,00	45,00
	V	**1507,41**	465,08	465,08	IV	941,50	873,25	806,66	741,58	678,16	616,41
	VI	**1550,75**	465,08	465,08							
5417,99	I,IV	**1012,41**	465,08	465,08	I	874,25	742,58	617,25	498,41	386,00	280,08
	II	**888,41**	465,08	465,08	II	756,00	630,08	510,58	397,50	290,83	190,58
	III	**596,16**	465,08	465,08	III	493,83	394,83	299,00	206,33	118,50	45,50
	V	**1508,58**	465,08	465,08	IV	942,50	874,25	807,58	742,58	679,08	617,25
	VI	**1551,83**	465,08	465,08							
5420,99	I,IV	**1013,41**	465,08	465,08	I	875,25	743,50	618,16	499,33	386,83	280,83
	II	**889,41**	465,08	465,08	II	757,00	631,00	511,41	398,33	291,58	191,33
	III	**597,00**	465,08	465,08	III	494,66	395,50	299,66	207,00	119,16	46,00
	V	**1509,75**	465,08	465,08	IV	943,58	875,25	808,58	743,50	680,08	618,16
	VI	**1553,00**	465,08	465,08							
5423,99	I,IV	**1014,41**	465,08	465,08	I	876,25	744,41	619,08	500,16	387,58	281,58
	II	**890,33**	465,08	465,08	II	757,91	631,83	512,25	399,08	292,33	192,00
	III	**597,66**	465,08	465,08	III	495,33	396,16	300,33	207,66	119,66	46,33
	V	**1510,91**	465,08	465,08	IV	944,50	876,25	809,50	744,41	680,91	619,08
	VI	**1554,16**	465,08	465,08							
5426,99	I,IV	**1015,50**	465,08	465,08	I	877,25	745,41	620,00	501,00	388,41	282,33
	II	**891,41**	465,08	465,08	II	758,83	632,75	513,08	399,91	293,08	192,75
	III	**598,33**	465,08	465,08	III	496,00	397,00	301,00	208,33	120,33	46,83
	V	**1512,00**	465,08	465,08	IV	945,58	877,25	810,50	745,41	681,83	620,00
	VI	**1555,33**	465,08	465,08							
5429,99	I,IV	**1016,50**	465,08	465,08	I	878,25	746,33	620,83	501,83	389,25	283,08
	II	**892,41**	465,08	465,08	II	759,83	633,66	514,00	400,75	293,83	193,50
	III	**599,16**	465,08	465,08	III	496,83	397,66	301,66	209,00	121,00	47,33
	V	**1513,16**	465,08	465,08	IV	946,58	878,25	811,50	746,33	682,75	620,83
	VI	**1556,41**	465,08	465,08							
5432,99	I,IV	**1017,58**	465,08	465,08	I	879,16	747,25	621,75	502,66	390,00	283,83
	II	**893,33**	465,08	465,08	II	760,75	634,58	514,83	401,50	294,58	194,16
	III	**600,00**	465,08	465,08	III	497,50	398,33	302,33	209,66	121,50	47,83
	V	**1514,33**	465,08	465,08	IV	947,58	879,16	812,41	747,25	683,66	621,75
	VI	**1557,58**	465,08	465,08							
5435,99	I,IV	**1018,58**	465,08	465,08	I	880,16	748,16	622,66	503,50	390,83	284,58
	II	**894,33**	465,08	465,08	II	761,66	635,50	515,66	402,33	295,33	194,83
	III	**600,66**	465,08	465,08	III	498,33	399,00	303,00	210,33	122,16	48,33
	V	**1515,50**	465,08	465,08	IV	948,58	880,16	813,41	748,16	684,58	622,66
	VI	**1558,75**	465,08	465,08							

* Zur LSt-Berechnung für privat versicherte Arbeitnehmer s. Beispiele **Vorbemerkung S. 4 f.**
** Basisvorsorgepauschale KV und PV *** Typisierter Arbeitgeberzuschuss

Lohn/ Gehalt in € bis	Steuerklasse	Lohn-steuer*	BVSP**	TAGZ***	Steuerklasse	Bemessungsgrundlage für Kirchensteuer und Solidaritätszuschlag – Freibeträge für ... Kinder 0,5	1,0	1,5	2,0	2,5	3,0
5438,99	I,IV	**1019,66**	465,08	465,08	I	881,16	749,16	623,58	504,33	391,66	285,33
	II	**895,33**	465,08	465,08	II	762,66	636,33	516,50	403,08	296,16	195,58
	III	**601,50**	465,08	465,08	III	499,00	399,83	303,83	211,00	122,66	48,83
	V	**1516,58**	465,08	465,08	IV	949,58	881,16	814,33	749,16	685,50	623,58
	VI	**1559,91**	465,08	465,08							
5441,99	I,IV	**1020,66**	465,08	465,08	I	882,16	750,08	624,41	505,16	392,41	286,08
	II	**896,33**	465,08	465,08	II	763,58	637,25	517,33	403,91	296,91	196,25
	III	**602,16**	465,08	465,08	III	499,83	400,50	304,50	211,66	123,33	49,33
	V	**1517,75**	465,08	465,08	IV	950,58	882,16	815,33	750,08	686,41	624,41
	VI	**1561,00**	465,08	465,08							
5444,99	I,IV	**1021,66**	465,08	465,08	I	883,16	751,00	625,33	506,08	393,25	286,83
	II	**897,33**	465,08	465,08	II	764,50	638,16	518,25	404,75	297,66	197,00
	III	**603,00**	465,08	465,08	III	500,50	401,16	305,16	212,33	123,83	49,66
	V	**1518,91**	465,08	465,08	IV	951,58	883,16	816,25	751,00	687,33	625,33
	VI	**1562,16**	465,08	465,08							
5447,99	I,IV	**1022,75**	465,08	465,08	I	884,16	752,00	626,25	506,91	394,00	287,58
	II	**898,33**	465,08	465,08	II	765,50	639,08	519,08	405,50	298,41	197,75
	III	**603,83**	465,08	465,08	III	501,16	402,00	305,83	213,00	124,50	50,16
	V	**1520,08**	465,08	465,08	IV	952,66	884,16	817,25	752,00	688,25	626,25
	VI	**1563,33**	465,08	465,08							
5450,99	I,IV	**1023,75**	465,08	465,08	I	885,08	752,91	627,08	507,75	394,83	288,33
	II	**899,33**	465,08	465,08	II	766,41	639,91	519,91	406,33	299,16	198,41
	III	**604,50**	465,08	465,08	III	502,00	402,66	306,50	213,66	125,16	50,66
	V	**1521,16**	465,08	465,08	IV	953,66	885,08	818,16	752,91	689,16	627,08
	VI	**1564,41**	465,08	465,08							
5453,99	I,IV	**1024,83**	465,08	465,08	I	886,08	753,83	628,00	508,58	395,66	289,08
	II	**900,33**	465,08	465,08	II	767,33	640,83	520,75	407,16	299,91	199,16
	III	**605,16**	465,08	465,08	III	502,66	403,33	307,16	214,33	125,66	51,16
	V	**1522,33**	465,08	465,08	IV	954,66	886,08	819,16	753,83	690,08	628,00
	VI	**1565,58**	465,08	465,08							
5456,99	I,IV	**1025,83**	465,08	465,08	I	887,08	754,75	628,91	509,41	396,41	289,83
	II	**901,25**	465,08	465,08	II	768,33	641,75	521,58	407,91	300,66	199,83
	III	**606,00**	465,08	465,08	III	503,33	404,00	307,83	215,00	126,33	51,66
	V	**1523,41**	465,08	465,08	IV	955,66	887,08	820,08	754,75	691,00	628,91
	VI	**1566,66**	465,08	465,08							
5459,99	I,IV	**1026,83**	465,08	465,08	I	888,08	755,75	629,75	510,25	397,25	290,58
	II	**902,25**	465,08	465,08	II	769,25	642,66	522,50	408,75	301,41	200,58
	III	**606,83**	465,08	465,08	III	504,16	404,83	308,66	215,66	127,00	52,16
	V	**1524,58**	465,08	465,08	IV	956,66	888,08	821,08	755,75	691,91	629,75
	VI	**1567,83**	465,08	465,08							
5462,99	I,IV	**1027,91**	465,08	465,08	I	889,08	756,66	630,66	511,16	398,00	291,33
	II	**903,25**	465,08	465,08	II	770,16	643,58	523,33	409,58	302,16	201,25
	III	**607,50**	465,08	465,08	III	504,83	405,50	309,33	216,33	127,50	52,66
	V	**1525,75**	465,08	465,08	IV	957,66	889,08	822,08	756,66	692,83	630,66
	VI	**1569,00**	465,08	465,08							
5465,99	I,IV	**1028,91**	465,08	465,08	I	890,00	757,58	631,58	512,00	398,83	292,08
	II	**904,25**	465,08	465,08	II	771,16	644,41	524,16	410,33	302,91	202,00
	III	**608,33**	465,08	465,08	III	505,66	406,16	310,00	217,00	128,16	53,16
	V	**1526,83**	465,08	465,08	IV	958,66	890,00	823,00	757,58	693,75	631,58
	VI	**1570,16**	465,08	465,08							
5468,99	I,IV	**1030,00**	465,08	465,08	I	891,00	758,58	632,50	512,83	399,66	292,83
	II	**905,25**	465,08	465,08	II	772,08	645,33	525,08	411,16	303,75	202,66
	III	**609,00**	465,08	465,08	III	506,33	407,00	310,66	217,66	128,66	53,66
	V	**1528,00**	465,08	465,08	IV	959,66	891,00	824,00	758,58	694,66	632,50
	VI	**1571,25**	465,08	465,08							
5471,99	I,IV	**1031,00**	465,08	465,08	I	892,08	759,50	633,41	513,66	400,41	293,58
	II	**906,25**	465,08	465,08	II	773,08	646,25	525,91	412,00	304,50	203,41
	III	**609,83**	465,08	465,08	III	507,16	407,66	311,33	218,33	129,33	54,16
	V	**1529,16**	465,08	465,08	IV	960,75	892,08	825,00	759,50	695,66	633,41
	VI	**1572,41**	465,08	465,08							

* Zur LSt-Berechnung für privat versicherte Arbeitnehmer s. Beispiele **Vorbemerkung S. 4 f.**
** Basisvorsorgepauschale KV und PV *** Typisierter Arbeitgeberzuschuss

Lohn/ Gehalt in € bis	Steuerklasse	Lohn-steuer*	BVSP**	TAGZ***	Steuerklasse	Bemessungsgrundlage für Kirchensteuer und Solidaritätszuschlag					
						Freibeträge für ... Kinder					
						0,5	**1,0**	1,5	**2,0**	2,5	**3,0**
5474,99	I,IV	**1032,00**	465,08	465,08	I	893,00	760,41	634,25	514,50	401,25	294,33
	II	**907,25**	465,08	465,08	II	774,00	647,16	526,75	412,75	305,25	204,08
	III	**610,50**	465,08	465,08	III	507,83	408,33	312,00	219,00	130,00	54,50
	V	**1530,33**	465,08	465,08	IV	961,75	893,00	825,91	760,41	696,50	634,25
	VI	**1573,58**	465,08	465,08							
5477,99	I,IV	**1033,08**	465,08	465,08	I	894,00	761,33	635,16	515,41	402,00	295,08
	II	**908,25**	465,08	465,08	II	774,91	648,08	527,58	413,58	306,00	204,83
	III	**611,33**	465,08	465,08	III	508,66	409,00	312,66	219,66	130,50	55,16
	V	**1531,50**	465,08	465,08	IV	962,75	894,00	826,91	761,33	697,50	635,16
	VI	**1574,75**	465,08	465,08							
5480,99	I,IV	**1034,16**	465,08	465,08	I	895,00	762,33	636,08	516,25	402,83	295,91
	II	**909,25**	465,08	465,08	II	775,91	649,00	528,50	414,41	306,75	205,58
	III	**612,16**	465,08	465,08	III	509,33	409,83	313,50	220,33	131,16	55,50
	V	**1532,58**	465,08	465,08	IV	963,75	895,00	827,83	762,33	698,41	636,08
	VI	**1575,83**	465,08	465,08							
5483,99	I,IV	**1035,16**	465,08	465,08	I	896,00	763,25	636,91	517,08	403,66	296,66
	II	**910,25**	465,08	465,08	II	776,83	649,83	529,33	415,16	307,50	206,25
	III	**612,83**	465,08	465,08	III	510,00	410,50	314,16	221,00	131,83	56,00
	V	**1533,75**	465,08	465,08	IV	964,75	896,00	828,83	763,25	699,33	636,91
	VI	**1577,00**	465,08	465,08							
5486,99	I,IV	**1036,16**	465,08	465,08	I	897,00	764,25	637,83	517,91	404,41	297,41
	II	**911,25**	465,08	465,08	II	777,75	650,75	530,16	416,00	308,25	207,00
	III	**613,66**	465,08	465,08	III	510,83	411,16	314,83	221,66	132,33	56,50
	V	**1534,91**	465,08	465,08	IV	965,83	897,00	829,83	764,25	700,25	637,83
	VI	**1578,16**	465,08	465,08							
5489,99	I,IV	**1037,25**	465,08	465,08	I	898,00	765,16	638,75	518,83	405,25	298,16
	II	**912,25**	465,08	465,08	II	778,75	651,66	531,08	416,83	309,08	207,66
	III	**614,33**	465,08	465,08	III	511,50	411,83	315,50	222,33	133,00	57,00
	V	**1536,08**	465,08	465,08	IV	966,83	898,00	830,75	765,16	701,16	638,75
	VI	**1579,33**	465,08	465,08							
5492,99	I,IV	**1038,25**	465,08	465,08	I	899,00	766,08	639,66	519,66	406,08	298,91
	II	**913,25**	465,08	465,08	II	779,66	652,58	531,91	417,66	309,83	208,41
	III	**615,16**	465,08	465,08	III	512,33	412,66	316,16	223,00	133,66	57,50
	V	**1537,16**	465,08	465,08	IV	967,83	899,00	831,75	766,08	702,08	639,66
	VI	**1580,41**	465,08	465,08							
5495,99	I,IV	**1039,33**	465,08	465,08	I	900,00	767,08	640,58	520,50	406,83	299,66
	II	**914,25**	465,08	465,08	II	780,66	653,50	532,75	418,41	310,58	209,16
	III	**615,83**	465,08	465,08	III	513,00	413,33	316,83	223,66	134,33	58,00
	V	**1538,33**	465,08	465,08	IV	968,83	900,00	832,66	767,08	703,00	640,58
	VI	**1581,58**	465,08	465,08							
5498,99	I,IV	**1040,33**	465,08	465,08	I	901,00	768,00	641,50	521,33	407,66	300,41
	II	**915,25**	465,08	465,08	II	781,58	654,41	533,58	419,25	311,33	209,83
	III	**616,66**	465,08	465,08	III	513,83	414,00	317,50	224,33	134,83	58,50
	V	**1539,50**	465,08	465,08	IV	969,83	901,00	833,66	768,00	703,91	641,50
	VI	**1582,75**	465,08	465,08							
5501,99	I,IV	**1041,41**	465,08	465,08	I	901,91	768,91	642,33	522,16	408,50	301,16
	II	**916,25**	465,08	465,08	II	782,50	655,25	534,41	420,08	312,08	210,58
	III	**617,33**	465,08	465,08	III	514,50	414,83	318,33	225,00	135,50	59,00
	V	**1540,58**	465,08	465,08	IV	970,83	901,91	834,66	768,91	704,83	642,33
	VI	**1583,83**	465,08	465,08							
5504,99	I,IV	**1042,41**	465,08	465,08	I	902,91	769,91	643,25	523,08	409,25	301,91
	II	**917,25**	465,08	465,08	II	783,50	656,16	535,33	420,91	312,83	211,25
	III	**618,16**	465,08	465,08	III	515,16	415,50	319,00	225,66	136,16	59,50
	V	**1541,75**	465,08	465,08	IV	971,91	902,91	835,58	769,91	705,75	643,25
	VI	**1585,00**	465,08	465,08							
5507,99	I,IV	**1043,50**	465,08	465,08	I	903,91	770,83	644,16	523,91	410,08	302,75
	II	**918,25**	465,08	465,08	II	784,50	657,08	536,16	421,66	313,66	212,00
	III	**619,00**	465,08	465,08	III	516,00	416,16	319,66	226,33	136,66	60,00
	V	**1542,91**	465,08	465,08	IV	972,91	903,91	836,58	770,83	706,66	644,16
	VI	**1586,16**	465,08	465,08							

* Zur LSt-Berechnung für privat versicherte Arbeitnehmer s. Beispiele **Vorbemerkung S. 4f.**
** Basisvorsorgepauschale KV und PV *** Typisierter Arbeitgeberzuschuss

Lohn/ Gehalt in € bis	Steuerklasse	Lohnsteuer*	BVSP**	TAGZ***	Steuerklasse	Bemessungsgrundlage für Kirchensteuer und Solidaritätszuschlag — Freibeträge für ... Kinder 0,5	1,0	1,5	2,0	2,5	3,0
5 510,99	I,IV	**1 044,50**	465,08	465,08	I	904,91	771,75	645,08	524,75	410,91	303,41
	II	**919,25**	465,08	465,08	II	785,41	658,00	537,00	422,50	314,41	212,75
	III	**619,66**	465,08	465,08	III	516,66	416,83	320,33	227,00	137,33	60,50
	V	**1 544,00**	465,08	465,08	IV	973,91	904,91	837,58	771,75	707,58	645,08
	VI	**1 587,25**	465,08	465,08							
5 513,99	I,IV	**1 045,58**	465,08	465,08	I	905,91	772,75	646,00	525,58	411,66	304,25
	II	**920,25**	465,08	465,08	II	786,33	658,91	537,91	423,33	315,16	213,41
	III	**620,50**	465,08	465,08	III	517,50	417,66	321,00	227,66	138,00	61,00
	V	**1 545,16**	465,08	465,08	IV	974,91	905,91	838,50	772,75	708,58	646,00
	VI	**1 588,41**	465,08	465,08							
5 516,99	I,IV	**1 046,58**	465,08	465,08	I	906,91	773,66	646,83	526,50	412,50	305,00
	II	**921,25**	465,08	465,08	II	787,33	659,83	538,75	424,16	315,91	214,16
	III	**621,16**	465,08	465,08	III	518,16	418,33	321,66	228,33	138,50	61,50
	V	**1 546,33**	465,08	465,08	IV	976,00	906,91	839,50	773,66	709,50	646,83
	VI	**1 589,58**	465,08	465,08							
5 519,99	I,IV	**1 047,66**	465,08	465,08	I	907,91	774,58	647,75	527,33	413,33	305,75
	II	**922,25**	465,08	465,08	II	788,25	660,75	539,58	424,91	316,66	214,83
	III	**622,00**	465,08	465,08	III	518,83	419,00	322,33	229,00	139,16	62,00
	V	**1 547,41**	465,08	465,08	IV	977,00	907,91	840,50	774,58	710,41	647,75
	VI	**1 590,75**	465,08	465,08							
5 522,99	I,IV	**1 048,66**	465,08	465,08	I	908,91	775,58	648,66	528,16	414,16	306,50
	II	**923,25**	465,08	465,08	II	789,25	661,66	540,50	425,75	317,50	215,58
	III	**622,83**	465,08	465,08	III	519,66	419,83	323,16	229,66	139,83	62,50
	V	**1 548,58**	465,08	465,08	IV	978,00	908,91	841,41	775,58	711,33	648,66
	VI	**1 591,83**	465,08	465,08							
5 525,99	I,IV	**1 049,75**	465,08	465,08	I	909,91	776,50	649,58	529,00	414,91	307,25
	II	**924,25**	465,08	465,08	II	790,16	662,50	541,33	426,58	318,25	216,33
	III	**623,50**	465,08	465,08	III	520,33	420,50	323,83	230,33	140,50	63,00
	V	**1 549,75**	465,08	465,08	IV	979,00	909,91	842,41	776,50	712,25	649,58
	VI	**1 593,00**	465,08	465,08							
5 528,99	I,IV	**1 050,75**	465,08	465,08	I	910,91	777,50	650,50	529,91	415,75	308,00
	II	**925,25**	465,08	465,08	II	791,08	663,41	542,16	427,41	319,00	217,00
	III	**624,33**	465,08	465,08	III	521,16	421,16	324,50	231,00	141,00	63,50
	V	**1 550,91**	465,08	465,08	IV	980,00	910,91	843,41	777,50	713,16	650,50
	VI	**1 594,16**	465,08	465,08							
5 531,99	I,IV	**1 051,83**	465,08	465,08	I	911,91	778,41	651,41	530,75	416,58	308,83
	II	**926,25**	465,08	465,08	II	792,08	664,33	543,08	428,16	319,75	217,75
	III	**625,00**	465,08	465,08	III	521,83	422,00	325,16	231,66	141,66	64,00
	V	**1 552,00**	465,08	465,08	IV	981,08	911,91	844,33	778,41	714,08	651,41
	VI	**1 595,33**	465,08	465,08							
5 534,99	I,IV	**1 052,83**	465,08	465,08	I	912,91	779,33	652,25	531,58	417,33	309,58
	II	**927,25**	465,08	465,08	II	793,00	665,25	543,91	429,00	320,50	218,50
	III	**625,83**	465,08	465,08	III	522,66	422,66	325,83	232,33	142,33	64,50
	V	**1 553,16**	465,08	465,08	IV	982,08	912,91	845,33	779,33	715,00	652,25
	VI	**1 596,41**	465,08	465,08							
5 537,99	I,IV	**1 053,91**	465,08	465,08	I	913,91	780,33	653,16	532,50	418,16	310,33
	II	**928,25**	465,08	465,08	II	794,00	666,16	544,75	429,83	321,33	219,16
	III	**626,50**	465,08	465,08	III	523,33	423,33	326,50	233,00	143,00	65,00
	V	**1 554,33**	465,08	465,08	IV	983,08	913,91	846,33	780,33	715,91	653,16
	VI	**1 597,58**	465,08	465,08							
5 540,99	I,IV	**1 055,00**	465,08	465,08	I	914,91	781,25	654,08	533,33	419,00	311,08
	II	**929,25**	465,08	465,08	II	794,91	667,08	545,66	430,66	322,08	219,91
	III	**627,33**	465,08	465,08	III	524,16	424,16	327,33	233,66	143,66	65,66
	V	**1 555,50**	465,08	465,08	IV	984,16	914,91	847,33	781,25	716,91	654,08
	VI	**1 598,75**	465,08	465,08							
5 543,99	I,IV	**1 056,00**	465,08	465,08	I	915,91	782,25	655,00	534,16	419,75	311,83
	II	**930,25**	465,08	465,08	II	795,91	668,00	546,50	431,41	322,83	220,66
	III	**628,16**	465,08	465,08	III	524,83	424,83	328,00	234,33	144,16	66,16
	V	**1 556,58**	465,08	465,08	IV	985,16	915,91	848,25	782,25	717,83	655,00
	VI	**1 599,83**	465,08	465,08							

* Zur LSt-Berechnung für privat versicherte Arbeitnehmer s. Beispiele **Vorbemerkung S. 4 f.**
** Basisvorsorgepauschale KV und PV *** Typisierter Arbeitgeberzuschuss

Lohn/ Gehalt in € bis	Steuerklasse	Lohn-steuer*	BVSP**	TAGZ***	Steuerklasse	Bemessungsgrundlage für Kirchensteuer und Solidaritätszuschlag					
						Freibeträge für ... Kinder					
						0,5	**1,0**	1,5	**2,0**	2,5	**3,0**
5 546,99	I,IV	**1 057,08**	465,08	465,08	I	916,91	783,16	655,91	535,00	420,58	312,58
	II	**931,25**	465,08	465,08	II	796,83	668,91	547,33	432,25	323,58	221,33
	III	**628,83**	465,08	465,08	III	525,66	425,50	328,66	235,00	144,83	66,66
	V	**1 557,75**	465,08	465,08	IV	986,16	916,91	849,25	783,16	718,75	655,91
	VI	**1 601,00**	465,08	465,08							
5 549,99	I,IV	**1 058,08**	465,08	465,08	I	917,91	784,16	656,83	535,91	421,41	313,41
	II	**932,25**	465,08	465,08	II	797,83	669,83	548,25	433,08	324,41	222,08
	III	**629,66**	465,08	465,08	III	526,33	426,33	329,33	235,66	145,50	67,16
	V	**1 558,91**	465,08	465,08	IV	987,16	917,91	850,25	784,16	719,66	656,83
	VI	**1 602,16**	465,08	465,08							
5 552,99	I,IV	**1 059,16**	465,08	465,08	I	918,91	785,08	657,66	536,75	422,25	314,16
	II	**933,25**	465,08	465,08	II	798,75	670,75	549,08	433,91	325,16	222,83
	III	**630,50**	465,08	465,08	III	527,16	427,00	330,00	236,33	146,16	67,66
	V	**1 560,00**	465,08	465,08	IV	988,16	918,91	851,16	785,08	720,58	657,66
	VI	**1 603,25**	465,08	465,08							
5 555,99	I,IV	**1 060,16**	465,08	465,08	I	919,91	786,00	658,58	537,58	423,08	314,91
	II	**934,25**	465,08	465,08	II	799,75	671,66	550,00	434,75	325,91	223,50
	III	**631,16**	465,08	465,08	III	527,83	427,66	330,66	237,00	146,66	68,16
	V	**1 561,16**	465,08	465,08	IV	989,25	919,91	852,16	786,00	721,50	658,58
	VI	**1 604,41**	465,08	465,08							
5 558,99	I,IV	**1 061,25**	465,08	465,08	I	920,91	787,00	659,50	538,50	423,83	315,66
	II	**935,25**	465,08	465,08	II	800,66	672,58	550,83	435,58	326,66	224,25
	III	**632,00**	465,08	465,08	III	528,66	428,50	331,50	237,66	147,33	68,66
	V	**1 562,33**	465,08	465,08	IV	990,25	920,91	853,16	787,00	722,50	659,50
	VI	**1 605,58**	465,08	465,08							
5 561,99	I,IV	**1 062,25**	465,08	465,08	I	921,91	787,91	660,41	539,33	424,66	316,41
	II	**936,25**	465,08	465,08	II	801,66	673,41	551,66	436,33	327,41	225,00
	III	**632,66**	465,08	465,08	III	529,33	429,16	332,16	238,33	148,00	69,16
	V	**1 563,41**	465,08	465,08	IV	991,25	921,91	854,08	787,91	723,33	660,41
	VI	**1 606,75**	465,08	465,08							
5 564,99	I,IV	**1 063,33**	465,08	465,08	I	922,91	788,91	661,33	540,16	425,50	317,16
	II	**937,25**	465,08	465,08	II	802,58	674,33	552,58	437,16	328,25	225,66
	III	**633,50**	465,08	465,08	III	530,00	429,83	332,83	239,00	148,66	69,66
	V	**1 564,58**	465,08	465,08	IV	992,33	922,91	855,08	788,91	724,33	661,33
	VI	**1 607,83**	465,08	465,08							
5 567,99	I,IV	**1 064,41**	465,08	465,08	I	923,91	789,83	662,25	541,08	426,33	318,00
	II	**938,33**	465,08	465,08	II	803,58	675,25	553,41	438,00	329,00	226,41
	III	**634,33**	465,08	465,08	III	530,83	430,50	333,50	239,83	149,33	70,16
	V	**1 565,75**	465,08	465,08	IV	993,33	923,91	856,08	789,83	725,25	662,25
	VI	**1 609,00**	465,08	465,08							
5 570,99	I,IV	**1 065,41**	465,08	465,08	I	924,91	790,83	663,16	541,91	427,08	318,75
	II	**939,25**	465,08	465,08	II	804,50	676,16	554,25	438,83	329,75	227,16
	III	**635,00**	465,08	465,08	III	531,50	431,33	334,16	240,33	149,83	70,66
	V	**1 566,91**	465,08	465,08	IV	994,33	924,91	857,08	790,83	726,16	663,16
	VI	**1 610,16**	465,08	465,08							
5 573,99	I,IV	**1 066,50**	465,08	465,08	I	925,91	791,75	664,08	542,75	427,91	319,50
	II	**940,33**	465,08	465,08	II	805,50	677,08	555,16	439,66	330,50	227,91
	III	**635,83**	465,08	465,08	III	532,33	432,00	335,00	241,00	150,50	71,16
	V	**1 568,00**	465,08	465,08	IV	995,41	925,91	858,00	791,75	727,08	664,08
	VI	**1 611,33**	465,08	465,08							
5 576,99	I,IV	**1 067,50**	465,08	465,08	I	926,91	792,75	665,00	543,66	428,75	320,25
	II	**941,33**	465,08	465,08	II	806,50	678,00	556,00	440,50	331,33	228,58
	III	**636,50**	465,08	465,08	III	533,00	432,66	335,66	241,83	151,16	71,83
	V	**1 569,16**	465,08	465,08	IV	996,41	926,91	859,00	792,75	728,08	665,00
	VI	**1 612,41**	465,08	465,08							
5 579,99	I,IV	**1 068,58**	465,08	465,08	I	927,91	793,66	665,83	544,50	429,58	321,00
	II	**942,33**	465,08	465,08	II	807,41	678,91	556,91	441,25	332,08	229,33
	III	**637,33**	465,08	465,08	III	533,83	433,50	336,33	242,50	151,83	72,33
	V	**1 570,33**	465,08	465,08	IV	997,41	927,91	860,00	793,66	729,00	665,83
	VI	**1 613,58**	465,08	465,08							

* Zur LSt-Berechnung für privat versicherte Arbeitnehmer s. Beispiele **Vorbemerkung S. 4 f.**
** Basisvorsorgepauschale KV und PV *** Typisierter Arbeitgeberzuschuss

Lohn/ Gehalt in € bis	Steuerklasse	Lohn-steuer*	BVSP**	TAGZ***	Steuerklasse	Bemessungsgrundlage für Kirchensteuer und Solidaritätszuschlag					
						Freibeträge für ... Kinder					
						0,5	**1,0**	1,5	**2,0**	2,5	**3,0**
5582,99	I,IV	**1069,66**	465,08	465,08	I	928,91	794,66	666,75	545,33	430,33	321,83
	II	**943,33**	465,08	465,08	II	808,33	679,83	557,75	442,08	332,83	230,08
	III	**638,00**	465,08	465,08	III	534,50	434,16	337,00	243,16	152,50	72,83
	V	**1571,50**	465,08	465,08	IV	998,50	928,91	861,00	794,66	729,91	666,75
	VI	**1614,75**	465,08	465,08							
5585,99	I,IV	**1070,66**	465,08	465,08	I	929,91	795,58	667,66	546,25	431,16	322,58
	II	**944,33**	465,08	465,08	II	809,33	680,75	558,66	442,91	333,66	230,83
	III	**638,83**	465,08	465,08	III	535,33	434,83	337,66	243,83	153,16	73,33
	V	**1572,58**	465,08	465,08	IV	999,50	929,91	862,00	795,58	730,83	667,66
	VI	**1615,91**	465,08	465,08							
5588,99	I,IV	**1071,75**	465,08	465,08	I	930,91	796,50	668,58	547,08	432,00	323,33
	II	**945,33**	465,08	465,08	II	810,25	681,66	559,50	443,75	334,41	231,50
	III	**639,66**	465,08	465,08	III	536,00	435,66	338,50	244,50	153,66	73,83
	V	**1573,75**	465,08	465,08	IV	1000,50	930,91	862,91	796,50	731,75	668,58
	VI	**1617,00**	465,08	465,08							
5591,99	I,IV	**1072,75**	465,08	465,08	I	931,91	797,50	669,50	547,91	432,83	324,08
	II	**946,33**	465,08	465,08	II	811,25	682,58	560,33	444,58	335,16	232,25
	III	**640,33**	465,08	465,08	III	536,66	436,33	339,16	245,16	154,33	74,33
	V	**1574,91**	465,08	465,08	IV	1001,58	931,91	863,91	797,50	732,66	669,50
	VI	**1618,16**	465,08	465,08							
5594,99	I,IV	**1073,83**	465,08	465,08	I	932,91	798,41	670,41	548,83	433,58	324,83
	II	**947,33**	465,08	465,08	II	812,16	683,50	561,25	445,33	335,91	232,91
	III	**641,16**	465,08	465,08	III	537,50	437,00	339,83	245,83	155,00	74,83
	V	**1576,00**	465,08	465,08	IV	1002,58	932,91	864,83	798,41	733,58	670,41
	VI	**1619,25**	465,08	465,08							
5597,99	I,IV	**1074,91**	465,08	465,08	I	933,91	799,41	671,33	549,66	434,41	325,66
	II	**948,33**	465,08	465,08	II	813,16	684,41	562,08	446,16	336,75	233,66
	III	**642,00**	465,08	465,08	III	538,16	437,83	340,50	246,50	155,66	75,50
	V	**1577,16**	465,08	465,08	IV	1003,58	933,91	865,83	799,41	734,58	671,33
	VI	**1620,41**	465,08	465,08							
5600,99	I,IV	**1075,91**	465,08	465,08	I	934,91	800,41	672,25	550,58	435,25	326,41
	II	**949,41**	465,08	465,08	II	814,16	685,33	563,00	447,00	337,50	234,41
	III	**642,66**	465,08	465,08	III	539,00	438,50	341,16	247,16	156,33	76,00
	V	**1578,33**	465,08	465,08	IV	1004,66	934,91	866,83	800,41	735,50	672,25
	VI	**1621,58**	465,08	465,08							
5603,99	I,IV	**1077,00**	465,08	465,08	I	935,91	801,33	673,16	551,41	436,08	327,16
	II	**950,33**	465,08	465,08	II	815,08	686,25	563,83	447,83	338,25	235,16
	III	**643,50**	465,08	465,08	III	539,66	439,16	341,83	247,83	157,00	76,50
	V	**1579,41**	465,08	465,08	IV	1005,66	935,91	867,83	801,33	736,41	673,16
	VI	**1622,66**	465,08	465,08							
5606,99	I,IV	**1078,00**	465,08	465,08	I	936,91	802,25	674,08	552,25	436,91	328,00
	II	**951,41**	465,08	465,08	II	816,08	687,16	564,66	448,66	339,08	235,91
	III	**644,16**	465,08	465,08	III	540,50	440,00	342,66	248,50	157,66	77,00
	V	**1580,58**	465,08	465,08	IV	1006,66	936,91	868,83	802,25	737,33	674,08
	VI	**1623,83**	465,08	465,08							
5609,99	I,IV	**1079,08**	465,08	465,08	I	938,00	803,25	675,00	553,16	437,75	328,75
	II	**952,41**	465,08	465,08	II	817,00	688,08	565,58	449,50	339,83	236,58
	III	**645,00**	465,08	465,08	III	541,16	440,66	343,33	249,16	158,33	77,50
	V	**1581,75**	465,08	465,08	IV	1007,75	938,00	869,83	803,25	738,33	675,00
	VI	**1625,00**	465,08	465,08							
5612,99	I,IV	**1080,16**	465,08	465,08	I	938,91	804,16	675,91	554,00	438,50	329,50
	II	**953,41**	465,08	465,08	II	818,00	689,00	566,41	450,33	340,58	237,33
	III	**645,66**	465,08	465,08	III	542,00	441,33	344,00	249,83	158,83	78,00
	V	**1582,83**	465,08	465,08	IV	1008,75	938,91	870,75	804,16	739,25	675,91
	VI	**1626,16**	465,08	465,08							
5615,99	I,IV	**1081,16**	465,08	465,08	I	940,00	805,16	676,83	554,83	439,33	330,25
	II	**954,41**	465,08	465,08	II	819,00	689,91	567,33	451,16	341,41	238,08
	III	**646,50**	465,08	465,08	III	542,66	442,16	344,66	250,50	159,50	78,66
	V	**1584,00**	465,08	465,08	IV	1009,75	940,00	871,75	805,16	740,16	676,83
	VI	**1627,25**	465,08	465,08							

* Zur LSt-Berechnung für privat versicherte Arbeitnehmer s. Beispiele **Vorbemerkung S. 4 f.**
** Basisvorsorgepauschale KV und PV *** Typisierter Arbeitgeberzuschuss

Lohn/ Gehalt in € bis	Steuerklasse	Lohn-steuer*	BVSP**	TAGZ***	Steuerklasse	Bemessungsgrundlage für Kirchensteuer und Solidaritätszuschlag					
						Freibeträge für ... Kinder					
						0,5	**1,0**	1,5	**2,0**	2,5	**3,0**
5 618,99	I,IV	**1 082,25**	465,08	465,08	I	941,00	806,16	677,75	555,75	440,16	331,08
	II	**955,41**	465,08	465,08	II	819,91	690,83	568,16	452,00	342,16	238,83
	III	**647,33**	465,08	465,08	III	543,50	442,83	345,33	251,16	160,16	79,16
	V	**1 585,16**	465,08	465,08	IV	1 010,83	941,00	872,75	806,16	741,16	677,75
	VI	**1 628,41**	465,08	465,08							
5 621,99	I,IV	**1 083,33**	465,08	465,08	I	942,00	807,08	678,58	556,58	441,00	331,83
	II	**956,41**	465,08	465,08	II	820,91	691,75	569,08	452,75	342,91	239,50
	III	**648,00**	465,08	465,08	III	544,16	443,50	346,00	251,83	160,83	79,66
	V	**1 586,33**	465,08	465,08	IV	1 011,83	942,00	873,75	807,08	742,08	678,58
	VI	**1 629,58**	465,08	465,08							
5 624,99	I,IV	**1 084,33**	465,08	465,08	I	943,00	808,08	679,50	557,50	441,83	332,58
	II	**957,50**	465,08	465,08	II	821,83	692,66	569,91	453,58	343,75	240,25
	III	**648,83**	465,08	465,08	III	545,00	444,33	346,83	252,50	161,50	80,16
	V	**1 587,50**	465,08	465,08	IV	1 012,83	943,00	874,75	808,08	743,00	679,50
	VI	**1 630,75**	465,08	465,08							
5 627,99	I,IV	**1 085,41**	465,08	465,08	I	944,00	809,00	680,50	558,33	442,66	333,41
	II	**958,50**	465,08	465,08	II	822,83	693,58	570,83	454,41	344,50	241,00
	III	**649,66**	465,08	465,08	III	545,66	445,00	347,50	253,16	162,16	80,66
	V	**1 588,58**	465,08	465,08	IV	1 013,91	944,00	875,75	809,00	743,91	680,50
	VI	**1 631,83**	465,08	465,08							
5 630,99	I,IV	**1 086,50**	465,08	465,08	I	945,00	810,00	681,33	559,16	443,41	334,16
	II	**959,50**	465,08	465,08	II	823,75	694,50	571,66	455,25	345,25	241,75
	III	**650,33**	465,08	465,08	III	546,50	445,66	348,16	253,83	162,83	81,16
	V	**1 589,75**	465,08	465,08	IV	1 014,91	945,00	876,66	810,00	744,83	681,33
	VI	**1 633,00**	465,08	465,08							
5 633,99	I,IV	**1 087,50**	465,08	465,08	I	946,00	810,91	682,25	560,08	444,25	334,91
	II	**960,50**	465,08	465,08	II	824,75	695,41	572,58	456,08	346,08	242,41
	III	**651,16**	465,08	465,08	III	547,16	446,50	348,83	254,66	163,50	81,83
	V	**1 590,91**	465,08	465,08	IV	1 016,00	946,00	877,66	810,91	745,83	682,25
	VI	**1 634,16**	465,08	465,08							
5 636,99	I,IV	**1 088,58**	465,08	465,08	I	947,00	811,91	683,25	560,91	445,08	335,66
	II	**961,50**	465,08	465,08	II	825,75	696,33	573,41	456,91	346,83	243,16
	III	**651,83**	465,08	465,08	III	548,00	447,16	349,66	255,33	164,16	82,33
	V	**1 592,08**	465,08	465,08	IV	1 017,00	947,00	878,66	811,91	746,75	683,25
	VI	**1 635,33**	465,08	465,08							
5 639,99	I,IV	**1 089,66**	465,08	465,08	I	948,00	812,83	684,08	561,83	445,91	336,50
	II	**962,50**	465,08	465,08	II	826,66	697,25	574,25	457,75	347,58	243,91
	III	**652,66**	465,08	465,08	III	548,66	447,83	350,33	255,83	164,83	82,83
	V	**1 593,16**	465,08	465,08	IV	1 018,00	948,00	879,66	812,83	747,66	684,08
	VI	**1 636,41**	465,08	465,08							
5 642,99	I,IV	**1 090,66**	465,08	465,08	I	949,08	813,83	685,00	562,66	446,75	337,25
	II	**963,58**	465,08	465,08	II	827,66	698,16	575,16	458,58	348,41	244,66
	III	**653,50**	465,08	465,08	III	549,50	448,66	351,00	256,66	165,50	83,33
	V	**1 594,33**	465,08	465,08	IV	1 019,08	949,08	880,66	813,83	748,58	685,00
	VI	**1 637,58**	465,08	465,08							
5 645,99	I,IV	**1 091,75**	465,08	465,08	I	950,08	814,83	686,00	563,58	447,58	338,00
	II	**964,58**	465,08	465,08	II	828,66	699,16	576,08	459,41	349,16	245,41
	III	**654,16**	465,08	465,08	III	550,16	449,33	351,66	257,33	166,16	84,00
	V	**1 595,50**	465,08	465,08	IV	1 020,08	950,08	881,66	814,83	749,58	686,00
	VI	**1 638,75**	465,08	465,08							
5 648,99	I,IV	**1 092,83**	465,08	465,08	I	951,08	815,75	686,83	564,41	448,41	338,83
	II	**965,58**	465,08	465,08	II	829,58	700,00	576,91	460,25	349,91	246,08
	III	**655,00**	465,08	465,08	III	550,83	450,00	352,33	258,00	166,66	84,50
	V	**1 596,58**	465,08	465,08	IV	1 021,08	951,08	882,58	815,75	750,50	686,83
	VI	**1 639,83**	465,08	465,08							
5 651,99	I,IV	**1 093,83**	465,08	465,08	I	952,08	816,75	687,75	565,25	449,25	339,58
	II	**966,58**	465,08	465,08	II	830,58	701,00	577,75	461,08	350,75	246,83
	III	**655,83**	465,08	465,08	III	551,66	450,83	353,16	258,66	167,33	85,00
	V	**1 597,75**	465,08	465,08	IV	1 022,16	952,08	883,58	816,75	751,41	687,75
	VI	**1 641,00**	465,08	465,08							

* Zur LSt-Berechnung für privat versicherte Arbeitnehmer s. Beispiele **Vorbemerkung S. 4 f.**
** Basisvorsorgepauschale KV und PV *** Typisierter Arbeitgeberzuschuss

Lohn/ Gehalt in € bis	Steuerklasse	Lohnsteuer*	BVSP**	TAGZ***	Steuerklasse	Bemessungsgrundlage für Kirchensteuer und Solidaritätszuschlag – Freibeträge für ... Kinder 0,5	1,0	1,5	2,0	2,5	3,0
5654,99	I,IV	**1094,91**	465,08	465,08	I	953,08	817,66	688,75	566,16	450,08	340,33
	II	**967,66**	465,08	465,08	II	831,58	701,91	578,66	461,91	351,50	247,58
	III	**656,50**	465,08	465,08	III	552,33	451,50	353,83	259,33	168,00	85,50
	V	**1598,91**	465,08	465,08	IV	1023,25	953,08	884,58	817,66	752,41	688,75
	VI	**1642,16**	465,08	465,08							
5657,99	I,IV	**1096,00**	465,08	465,08	I	954,08	818,66	689,58	567,00	450,83	341,08
	II	**968,58**	465,08	465,08	II	832,50	702,83	579,50	462,66	352,33	248,33
	III	**657,33**	465,08	465,08	III	553,16	452,16	354,50	260,00	168,66	86,16
	V	**1600,00**	465,08	465,08	IV	1024,25	954,08	885,58	818,66	753,33	689,58
	VI	**1643,25**	465,08	465,08							
5660,99	I,IV	**1097,08**	465,08	465,08	I	955,08	819,58	690,50	567,91	451,66	341,91
	II	**969,66**	465,08	465,08	II	833,50	703,75	580,41	463,50	353,08	249,08
	III	**658,16**	465,08	465,08	III	554,00	453,00	355,16	260,66	169,33	86,66
	V	**1601,16**	465,08	465,08	IV	1025,25	955,08	886,58	819,58	754,25	690,50
	VI	**1644,41**	465,08	465,08							
5663,99	I,IV	**1098,08**	465,08	465,08	I	956,08	820,58	691,41	568,75	452,50	342,66
	II	**970,66**	465,08	465,08	II	834,41	704,66	581,25	464,33	353,83	249,75
	III	**658,83**	465,08	465,08	III	554,66	453,66	355,83	261,33	170,00	87,16
	V	**1602,33**	465,08	465,08	IV	1026,25	956,08	887,50	820,58	755,16	691,41
	VI	**1645,58**	465,08	465,08							
5666,99	I,IV	**1099,16**	465,08	465,08	I	957,16	821,50	692,33	569,66	453,33	343,41
	II	**971,66**	465,08	465,08	II	835,41	705,58	582,16	465,16	354,66	250,50
	III	**659,66**	465,08	465,08	III	555,33	454,33	356,66	262,00	170,66	87,66
	V	**1603,41**	465,08	465,08	IV	1027,33	957,16	888,50	821,50	756,16	692,33
	VI	**1646,75**	465,08	465,08							
5669,99	I,IV	**1100,25**	465,08	465,08	I	958,16	822,50	693,33	570,50	454,16	344,25
	II	**972,66**	465,08	465,08	II	836,41	706,50	583,08	466,00	355,41	251,25
	III	**660,50**	465,08	465,08	III	556,16	455,16	357,33	262,66	171,33	88,33
	V	**1604,58**	465,08	465,08	IV	1028,41	958,16	889,50	822,50	757,08	693,33
	VI	**1647,83**	465,08	465,08							
5672,99	I,IV	**1101,25**	465,08	465,08	I	959,16	823,41	694,16	571,33	455,00	345,00
	II	**973,66**	465,08	465,08	II	837,33	707,41	583,91	466,83	356,16	252,00
	III	**661,16**	465,08	465,08	III	556,83	455,83	358,00	263,33	172,00	88,83
	V	**1605,75**	465,08	465,08	IV	1029,41	959,16	890,50	823,41	758,00	694,16
	VI	**1649,00**	465,08	465,08							
5675,99	I,IV	**1102,33**	465,08	465,08	I	960,16	824,41	695,16	572,25	455,83	345,83
	II	**974,75**	465,08	465,08	II	838,33	708,33	584,83	467,66	357,00	252,75
	III	**662,00**	465,08	465,08	III	557,66	456,50	358,66	264,00	172,66	89,33
	V	**1606,91**	465,08	465,08	IV	1030,41	960,16	891,50	824,41	759,00	695,16
	VI	**1650,16**	465,08	465,08							
5678,99	I,IV	**1103,41**	465,08	465,08	I	961,16	825,41	696,08	573,16	456,66	346,58
	II	**975,75**	465,08	465,08	II	839,33	709,25	585,66	468,50	357,75	253,50
	III	**662,66**	465,08	465,08	III	558,50	457,33	359,50	264,83	173,33	90,00
	V	**1608,00**	465,08	465,08	IV	1031,50	961,16	892,50	825,41	759,91	696,08
	VI	**1651,33**	465,08	465,08							
5681,99	I,IV	**1104,41**	465,08	465,08	I	962,16	826,33	696,91	574,00	457,41	347,33
	II	**976,75**	465,08	465,08	II	840,25	710,16	586,58	469,33	358,58	254,16
	III	**663,50**	465,08	465,08	III	559,16	458,00	360,16	265,50	174,00	90,50
	V	**1609,16**	465,08	465,08	IV	1032,50	962,16	893,50	826,33	760,83	696,91
	VI	**1652,41**	465,08	465,08							
5684,99	I,IV	**1105,50**	465,08	465,08	I	963,25	827,33	697,91	574,83	458,25	348,16
	II	**977,75**	465,08	465,08	II	841,25	711,08	587,41	470,16	359,33	254,91
	III	**664,33**	465,08	465,08	III	559,83	458,66	360,83	266,16	174,66	91,00
	V	**1610,33**	465,08	465,08	IV	1033,58	963,25	894,50	827,33	761,83	697,91
	VI	**1653,58**	465,08	465,08							
5687,99	I,IV	**1106,58**	465,08	465,08	I	964,25	828,33	698,83	575,75	459,08	348,91
	II	**978,83**	465,08	465,08	II	842,25	712,08	588,33	471,00	360,16	255,66
	III	**665,00**	465,08	465,08	III	560,66	459,50	361,50	266,83	175,33	91,66
	V	**1611,50**	465,08	465,08	IV	1034,58	964,25	895,50	828,33	762,75	698,83
	VI	**1654,75**	465,08	465,08							

* Zur LSt-Berechnung für privat versicherte Arbeitnehmer s. Beispiele **Vorbemerkung S. 4f.**
** Basisvorsorgepauschale KV und PV *** Typisierter Arbeitgeberzuschuss

Lohn/ Gehalt in € bis	Steuerklasse	Lohnsteuer*	BVSP**	TAGZ***	Steuerklasse	Bemessungsgrundlage für Kirchensteuer und Solidaritätszuschlag – Freibeträge für ... Kinder 0,5	1,0	1,5	2,0	2,5	3,0
5690,99	I,IV	**1107,66**	465,08	465,08	I	965,25	829,25	699,75	576,58	459,91	349,66
	II	**979,83**	465,08	465,08	II	843,16	713,00	589,16	471,83	360,91	256,41
	III	**665,83**	465,08	465,08	III	561,33	460,16	362,16	267,50	175,83	92,16
	V	**1612,58**	465,08	465,08	IV	1035,66	965,25	896,41	829,25	763,66	699,75
	VI	**1655,83**	465,08	465,08							
5693,99	I,IV	**1108,66**	465,08	465,08	I	966,25	830,25	700,66	577,50	460,75	350,50
	II	**980,83**	465,08	465,08	II	844,16	713,91	590,08	472,66	361,66	257,16
	III	**666,50**	465,08	465,08	III	562,16	461,00	362,83	268,16	176,50	92,66
	V	**1613,75**	465,08	465,08	IV	1036,66	966,25	897,41	830,25	764,66	700,66
	VI	**1657,00**	465,08	465,08							
5696,99	I,IV	**1109,75**	465,08	465,08	I	967,25	831,25	701,58	578,41	461,58	351,25
	II	**981,91**	465,08	465,08	II	845,16	714,83	591,00	473,50	362,50	257,91
	III	**667,33**	465,08	465,08	III	563,00	461,66	363,66	268,83	177,16	93,33
	V	**1614,91**	465,08	465,08	IV	1037,75	967,25	898,41	831,25	765,58	701,58
	VI	**1658,16**	465,08	465,08							
5699,99	I,IV	**1110,83**	465,08	465,08	I	968,25	832,16	702,50	579,25	462,41	352,00
	II	**982,91**	465,08	465,08	II	846,08	715,75	591,83	474,33	363,25	258,66
	III	**668,16**	465,08	465,08	III	563,66	462,33	364,33	269,50	177,83	93,83
	V	**1616,00**	465,08	465,08	IV	1038,75	968,25	899,41	832,16	766,50	702,50
	VI	**1659,25**	465,08	465,08							
5702,99	I,IV	**1111,91**	465,08	465,08	I	969,33	833,16	703,41	580,08	463,25	352,83
	II	**983,91**	465,08	465,08	II	847,08	716,66	592,75	475,16	364,08	259,41
	III	**668,83**	465,08	465,08	III	564,33	463,16	365,00	270,16	178,50	94,33
	V	**1617,16**	465,08	465,08	IV	1039,83	969,33	900,41	833,16	767,50	703,41
	VI	**1660,41**	465,08	465,08							
5705,99	I,IV	**1113,00**	465,08	465,08	I	970,33	834,16	704,33	581,00	464,08	353,58
	II	**984,91**	465,08	465,08	II	848,08	717,58	593,58	476,00	364,83	260,16
	III	**669,66**	465,08	465,08	III	565,16	463,83	365,83	270,83	179,16	95,00
	V	**1618,33**	465,08	465,08	IV	1040,83	970,33	901,41	834,16	768,41	704,33
	VI	**1661,58**	465,08	465,08							
5708,99	I,IV	**1114,00**	465,08	465,08	I	971,33	835,08	705,25	581,83	464,91	354,41
	II	**985,91**	465,08	465,08	II	849,00	718,50	594,50	476,83	365,66	260,83
	III	**670,50**	465,08	465,08	III	565,83	464,50	366,50	271,50	179,83	95,50
	V	**1619,41**	465,08	465,08	IV	1041,83	971,33	902,41	835,08	769,33	705,25
	VI	**1662,75**	465,08	465,08							
5711,99	I,IV	**1115,08**	465,08	465,08	I	972,33	836,08	706,16	582,75	465,75	355,16
	II	**987,00**	465,08	465,08	II	850,00	719,50	595,33	477,66	366,41	261,58
	III	**671,16**	465,08	465,08	III	566,66	465,33	367,16	272,16	180,50	96,00
	V	**1620,58**	465,08	465,08	IV	1042,91	972,33	903,41	836,08	770,33	706,16
	VI	**1663,83**	465,08	465,08							
5714,99	I,IV	**1116,16**	465,08	465,08	I	973,41	837,08	707,16	583,66	466,58	356,00
	II	**988,00**	465,08	465,08	II	851,00	720,41	596,25	478,50	367,25	262,33
	III	**672,00**	465,08	465,08	III	567,50	466,00	367,83	273,00	181,16	96,66
	V	**1621,75**	465,08	465,08	IV	1044,00	973,41	904,41	837,08	771,25	707,16
	VI	**1665,00**	465,08	465,08							
5717,99	I,IV	**1117,25**	465,08	465,08	I	974,41	838,00	708,00	584,50	467,41	356,75
	II	**989,00**	465,08	465,08	II	851,91	721,33	597,08	479,33	368,00	263,08
	III	**672,83**	465,08	465,08	III	568,16	466,83	368,50	273,66	181,83	97,16
	V	**1622,91**	465,08	465,08	IV	1045,00	974,41	905,41	838,00	772,25	708,00
	VI	**1666,16**	465,08	465,08							
5720,99	I,IV	**1118,25**	465,08	465,08	I	975,41	839,00	709,00	585,41	468,25	357,50
	II	**990,08**	465,08	465,08	II	852,91	722,25	598,00	480,16	368,83	263,83
	III	**673,50**	465,08	465,08	III	568,83	467,50	369,33	274,33	182,50	97,66
	V	**1624,00**	465,08	465,08	IV	1046,08	975,41	906,41	839,00	773,16	709,00
	VI	**1667,33**	465,08	465,08							
5723,99	I,IV	**1119,33**	465,08	465,08	I	976,41	840,00	709,91	586,25	469,08	358,33
	II	**991,08**	465,08	465,08	II	853,91	723,16	598,91	481,00	369,58	264,58
	III	**674,33**	465,08	465,08	III	569,66	468,16	370,00	275,00	183,16	98,33
	V	**1625,16**	465,08	465,08	IV	1047,08	976,41	907,41	840,00	774,16	709,91
	VI	**1668,41**	465,08	465,08							

* Zur LSt-Berechnung für privat versicherte Arbeitnehmer s. Beispiele **Vorbemerkung S. 4 f.**
** Basisvorsorgepauschale KV und PV *** Typisierter Arbeitgeberzuschuss

Lohn/ Gehalt in € bis	Steuerklasse	Lohn-steuer*	BVSP**	TAGZ***	Steuerklasse	Bemessungsgrundlage für Kirchensteuer und Solidaritätszuschlag – Freibeträge für ... Kinder 0,5	**1,0**	1,5	**2,0**	2,5	**3,0**
5726,99	I,IV	**1120,41**	465,08	465,08	I	977,41	840,91	710,83	587,16	469,91	359,08
	II	**992,08**	465,08	465,08	II	854,91	724,08	599,75	481,83	370,33	265,33
	III	**675,16**	465,08	465,08	III	570,50	469,00	370,66	275,66	183,83	98,83
	V	**1626,33**	465,08	465,08	IV	1048,16	977,41	908,41	840,91	775,08	710,83
	VI	**1669,58**	465,08	465,08							
5729,99	I,IV	**1121,50**	465,08	465,08	I	978,50	841,91	711,75	588,00	470,75	359,91
	II	**993,16**	465,08	465,08	II	855,91	725,08	600,66	482,66	371,16	266,08
	III	**675,83**	465,08	465,08	III	571,16	469,66	371,33	276,33	184,50	99,33
	V	**1627,50**	465,08	465,08	IV	1049,16	978,50	909,41	841,91	776,00	711,75
	VI	**1670,75**	465,08	465,08							
5732,99	I,IV	**1122,50**	465,08	465,08	I	979,50	842,83	712,66	588,91	471,58	360,66
	II	**994,16**	465,08	465,08	II	856,83	726,00	601,50	483,50	371,91	266,83
	III	**676,66**	465,08	465,08	III	571,83	470,33	372,00	277,00	185,16	100,00
	V	**1628,58**	465,08	465,08	IV	1050,16	979,50	910,33	842,83	776,91	712,66
	VI	**1671,83**	465,08	465,08							
5735,99	I,IV	**1123,58**	465,08	465,08	I	980,50	843,83	713,58	589,75	472,41	361,41
	II	**995,16**	465,08	465,08	II	857,83	726,91	602,41	484,33	372,75	267,58
	III	**677,50**	465,08	465,08	III	572,66	471,16	372,83	277,66	185,83	100,50
	V	**1629,75**	465,08	465,08	IV	1051,25	980,50	911,33	843,83	777,91	713,58
	VI	**1673,00**	465,08	465,08							
5738,99	I,IV	**1124,66**	465,08	465,08	I	981,50	844,83	714,50	590,66	473,25	362,25
	II	**996,16**	465,08	465,08	II	858,83	727,83	603,33	485,25	373,50	268,33
	III	**678,16**	465,08	465,08	III	573,33	471,83	373,50	278,33	186,50	101,16
	V	**1630,91**	465,08	465,08	IV	1052,33	981,50	912,41	844,83	778,83	714,50
	VI	**1674,16**	465,08	465,08							
5741,99	I,IV	**1125,75**	465,08	465,08	I	982,50	845,75	715,41	591,50	474,08	363,00
	II	**997,25**	465,08	465,08	II	859,75	728,75	604,16	486,00	374,33	269,00
	III	**679,00**	465,08	465,08	III	574,16	472,50	374,16	279,00	187,00	101,66
	V	**1632,00**	465,08	465,08	IV	1053,33	982,50	913,33	845,75	779,83	715,41
	VI	**1675,25**	465,08	465,08							
5744,99	I,IV	**1126,83**	465,08	465,08	I	983,58	846,75	716,33	592,41	474,91	363,83
	II	**998,25**	465,08	465,08	II	860,75	729,66	605,08	486,91	375,08	269,75
	III	**679,83**	465,08	465,08	III	575,00	473,33	374,83	279,66	187,83	102,16
	V	**1633,16**	465,08	465,08	IV	1054,41	983,58	914,33	846,75	780,75	716,33
	VI	**1676,41**	465,08	465,08							
5747,99	I,IV	**1127,91**	465,08	465,08	I	984,58	847,75	717,33	593,33	475,75	364,58
	II	**999,25**	465,08	465,08	II	861,75	730,66	606,00	487,75	375,91	270,50
	III	**680,50**	465,08	465,08	III	575,66	474,00	375,66	280,33	188,33	102,83
	V	**1634,33**	465,08	465,08	IV	1055,41	984,58	915,33	847,75	781,75	717,33
	VI	**1677,58**	465,08	465,08							
5750,99	I,IV	**1128,91**	465,08	465,08	I	985,58	848,66	718,25	594,16	476,58	365,33
	II	**1000,33**	465,08	465,08	II	862,75	731,58	606,83	488,58	376,66	271,25
	III	**681,33**	465,08	465,08	III	576,33	474,66	376,33	281,00	189,00	103,33
	V	**1635,41**	465,08	465,08	IV	1056,50	985,58	916,33	848,66	782,66	718,25
	VI	**1678,66**	465,08	465,08							
5753,99	I,IV	**1130,00**	465,08	465,08	I	986,66	849,66	719,16	595,08	477,41	366,16
	II	**1001,33**	465,08	465,08	II	863,66	732,50	607,75	489,41	377,50	272,00
	III	**682,16**	465,08	465,08	III	577,16	475,50	377,00	281,83	189,66	104,00
	V	**1636,58**	465,08	465,08	IV	1057,50	986,66	917,33	849,66	783,58	719,16
	VI	**1679,83**	465,08	465,08							
5756,99	I,IV	**1131,08**	465,08	465,08	I	987,66	850,66	720,08	595,91	478,25	367,00
	II	**1002,33**	465,08	465,08	II	864,66	733,41	608,66	490,25	378,33	272,75
	III	**682,83**	465,08	465,08	III	578,00	476,16	377,66	282,50	190,33	104,50
	V	**1637,75**	465,08	465,08	IV	1058,58	987,66	918,33	850,66	784,58	720,08
	VI	**1681,00**	465,08	465,08							
5759,99	I,IV	**1132,16**	465,08	465,08	I	988,66	851,66	721,00	596,83	479,08	367,75
	II	**1003,41**	465,08	465,08	II	865,66	734,33	609,50	491,08	379,08	273,50
	III	**683,66**	465,08	465,08	III	578,66	477,00	378,50	283,16	191,00	105,00
	V	**1638,83**	465,08	465,08	IV	1059,58	988,66	919,33	851,66	785,50	721,00
	VI	**1682,16**	465,08	465,08							

* Zur LSt-Berechnung für privat versicherte Arbeitnehmer s. Beispiele **Vorbemerkung S. 4f.**
** Basisvorsorgepauschale KV und PV *** Typisierter Arbeitgeberzuschuss

Lohn/ Gehalt in € bis	Steuerklasse	Lohn-steuer*	BVSP**	TAGZ***	Steuerklasse	Bemessungsgrundlage für Kirchensteuer und Solidaritätszuschlag – Freibeträge für ... Kinder 0,5	**1,0**	1,5	**2,0**	2,5	**3,0**
5762,99	I,IV	**1133,25**	465,08	465,08	I	989,75	852,58	721,91	597,75	479,91	368,50
	II	**1004,41**	465,08	465,08	II	866,66	735,33	610,41	491,91	379,91	274,25
	III	**684,50**	465,08	465,08	III	579,50	477,66	379,16	283,83	191,66	105,66
	V	**1640,00**	465,08	465,08	IV	1060,66	989,75	920,33	852,58	786,50	721,91
	VI	**1683,25**	465,08	465,08							
5765,99	I,IV	**1134,33**	465,08	465,08	I	990,75	853,58	722,91	598,58	480,75	369,33
	II	**1005,41**	465,08	465,08	II	867,66	736,25	611,33	492,75	380,66	275,00
	III	**685,16**	465,08	465,08	III	580,16	478,50	379,83	284,50	192,33	106,16
	V	**1641,16**	465,08	465,08	IV	1061,75	990,75	921,33	853,58	787,41	722,91
	VI	**1684,41**	465,08	465,08							
5768,99	I,IV	**1135,33**	465,08	465,08	I	991,75	854,58	723,83	599,50	481,58	370,08
	II	**1006,50**	465,08	465,08	II	868,58	737,16	612,16	493,58	381,41	275,75
	III	**686,00**	465,08	465,08	III	581,00	479,16	380,50	285,16	193,00	106,83
	V	**1642,33**	465,08	465,08	IV	1062,75	991,75	922,33	854,58	788,33	723,83
	VI	**1685,58**	465,08	465,08							
5771,99	I,IV	**1136,41**	465,08	465,08	I	992,75	855,58	724,75	600,33	482,41	370,91
	II	**1007,50**	465,08	465,08	II	869,58	738,08	613,08	494,41	382,25	276,50
	III	**686,83**	465,08	465,08	III	581,66	479,83	381,33	285,83	193,66	107,33
	V	**1643,50**	465,08	465,08	IV	1063,83	992,75	923,33	855,58	789,33	724,75
	VI	**1686,75**	465,08	465,08							
5774,99	I,IV	**1137,50**	465,08	465,08	I	993,83	856,50	725,66	601,25	483,25	371,66
	II	**1008,58**	465,08	465,08	II	870,58	739,08	614,00	495,33	383,08	277,25
	III	**687,50**	465,08	465,08	III	582,50	480,66	382,00	286,50	194,33	108,00
	V	**1644,58**	465,08	465,08	IV	1064,83	993,83	924,33	856,50	790,33	725,66
	VI	**1687,83**	465,08	465,08							
5777,99	I,IV	**1138,58**	465,08	465,08	I	994,83	857,50	726,58	602,08	484,08	372,50
	II	**1009,58**	465,08	465,08	II	871,58	740,00	614,83	496,08	383,83	278,00
	III	**688,33**	465,08	465,08	III	583,16	481,33	382,66	287,16	195,00	108,50
	V	**1645,75**	465,08	465,08	IV	1065,91	994,83	925,33	857,50	791,25	726,58
	VI	**1689,00**	465,08	465,08							
5780,99	I,IV	**1139,66**	465,08	465,08	I	995,83	858,50	727,50	603,00	484,91	373,25
	II	**1010,58**	465,08	465,08	II	872,58	740,91	615,75	497,00	384,66	278,75
	III	**689,16**	465,08	465,08	III	584,00	482,16	383,33	288,00	195,66	109,16
	V	**1646,91**	465,08	465,08	IV	1067,00	995,83	926,33	858,50	792,16	727,50
	VI	**1690,16**	465,08	465,08							
5783,99	I,IV	**1140,75**	465,08	465,08	I	996,91	859,50	728,50	603,91	485,75	374,08
	II	**1011,66**	465,08	465,08	II	873,50	741,83	616,66	497,83	385,41	279,50
	III	**689,83**	465,08	465,08	III	584,66	482,83	384,16	288,66	196,33	109,66
	V	**1648,08**	465,08	465,08	IV	1068,00	996,91	927,41	859,50	793,16	728,50
	VI	**1691,33**	465,08	465,08							
5786,99	I,IV	**1141,83**	465,08	465,08	I	997,91	860,41	729,41	604,75	486,58	374,83
	II	**1012,66**	465,08	465,08	II	874,50	742,75	617,50	498,66	386,25	280,25
	III	**690,66**	465,08	465,08	III	585,50	483,50	384,83	289,33	197,00	110,33
	V	**1649,16**	465,08	465,08	IV	1069,08	997,91	928,33	860,41	794,08	729,41
	VI	**1692,41**	465,08	465,08							
5789,99	I,IV	**1142,91**	465,08	465,08	I	998,91	861,41	730,33	605,66	487,41	375,66
	II	**1013,66**	465,08	465,08	II	875,50	743,75	618,41	499,50	387,00	281,00
	III	**691,50**	465,08	465,08	III	586,33	484,33	385,50	290,00	197,66	110,83
	V	**1650,33**	465,08	465,08	IV	1070,08	998,91	929,41	861,41	795,08	730,33
	VI	**1693,58**	465,08	465,08							
5792,99	I,IV	**1144,00**	465,08	465,08	I	1000,00	862,41	731,25	606,58	488,33	376,41
	II	**1014,75**	465,08	465,08	II	876,50	744,66	619,33	500,33	387,83	281,75
	III	**692,16**	465,08	465,08	III	587,00	485,00	386,16	290,66	198,33	111,50
	V	**1651,50**	465,08	465,08	IV	1071,16	1000,00	930,41	862,41	796,00	731,25
	VI	**1694,75**	465,08	465,08							
5795,99	I,IV	**1145,00**	465,08	465,08	I	1001,00	863,33	732,16	607,41	489,08	377,25
	II	**1015,75**	465,08	465,08	II	877,50	745,58	620,16	501,16	388,66	282,50
	III	**693,00**	465,08	465,08	III	587,66	485,66	387,00	291,33	199,00	112,00
	V	**1652,58**	465,08	465,08	IV	1072,16	1001,00	931,41	863,33	797,00	732,16
	VI	**1695,83**	465,08	465,08							

* Zur LSt-Berechnung für privat versicherte Arbeitnehmer s. Beispiele **Vorbemerkung S. 4f.**
** Basisvorsorgepauschale KV und PV *** Typisierter Arbeitgeberzuschuss

Lohn/ Gehalt in € bis	Steuerklasse	Lohn- steuer*	BVSP**	TAGZ***	Steuerklasse	Bemessungsgrundlage für Kirchensteuer und Solidaritätszuschlag					
						Freibeträge für ... Kinder					
						0,5	**1,0**	1,5	**2,0**	2,5	**3,0**
5798,99	I,IV	**1146,08**	465,08	465,08	I	1002,00	864,33	733,16	608,33	490,00	378,00
	II	**1016,75**	465,08	465,08	II	878,41	746,58	621,08	502,08	389,41	283,25
	III	**693,83**	465,08	465,08	III	588,50	486,50	387,66	292,00	199,66	112,66
	V	**1653,75**	465,08	465,08	IV	1073,25	1002,00	932,41	864,33	797,91	733,16
	VI	**1697,00**	465,08	465,08							
5801,99	I,IV	**1147,16**	465,08	465,08	I	1003,00	865,33	734,08	609,16	490,75	378,83
	II	**1017,83**	465,08	465,08	II	879,41	747,50	621,91	502,83	390,25	284,00
	III	**694,50**	465,08	465,08	III	589,33	487,16	388,33	292,66	200,33	113,16
	V	**1654,83**	465,08	465,08	IV	1074,33	1003,00	933,33	865,33	798,91	734,08
	VI	**1698,16**	465,08	465,08							
5804,99	I,IV	**1148,25**	465,08	465,08	I	1004,08	866,33	735,00	610,08	491,66	379,58
	II	**1018,83**	465,08	465,08	II	880,41	748,41	622,83	503,75	391,00	284,75
	III	**695,33**	465,08	465,08	III	590,00	488,00	389,00	293,33	201,00	113,83
	V	**1656,00**	465,08	465,08	IV	1075,33	1004,08	934,41	866,33	799,83	735,00
	VI	**1699,25**	465,08	465,08							
5807,99	I,IV	**1149,33**	465,08	465,08	I	1005,08	867,33	735,91	611,00	492,50	380,41
	II	**1019,91**	465,08	465,08	II	881,41	749,33	623,75	504,58	391,83	285,50
	III	**696,16**	465,08	465,08	III	590,83	488,66	389,83	294,16	201,66	114,33
	V	**1657,16**	465,08	465,08	IV	1076,41	1005,08	935,41	867,33	800,83	735,91
	VI	**1700,41**	465,08	465,08							
5810,99	I,IV	**1150,41**	465,08	465,08	I	1006,08	868,25	736,83	611,83	493,33	381,16
	II	**1020,91**	465,08	465,08	II	882,41	750,33	624,66	505,41	392,58	286,25
	III	**696,83**	465,08	465,08	III	591,50	489,33	390,50	294,83	202,33	115,00
	V	**1658,33**	465,08	465,08	IV	1077,41	1006,08	936,41	868,25	801,75	736,83
	VI	**1701,58**	465,08	465,08							
5813,99	I,IV	**1151,50**	465,08	465,08	I	1007,16	869,25	737,83	612,75	494,16	382,00
	II	**1021,91**	465,08	465,08	II	883,41	751,25	625,50	506,25	393,41	287,00
	III	**697,66**	465,08	465,08	III	592,33	490,16	391,16	295,50	203,00	115,50
	V	**1659,41**	465,08	465,08	IV	1078,50	1007,16	937,41	869,25	802,75	737,83
	VI	**1702,75**	465,08	465,08							
5816,99	I,IV	**1152,58**	465,08	465,08	I	1008,16	870,25	738,75	613,66	495,00	382,83
	II	**1023,00**	465,08	465,08	II	884,41	752,16	626,41	507,08	394,25	287,75
	III	**698,50**	465,08	465,08	III	593,00	490,83	392,00	296,16	203,66	116,16
	V	**1660,58**	465,08	465,08	IV	1079,58	1008,16	938,41	870,25	803,66	738,75
	VI	**1703,83**	465,08	465,08							
5819,99	I,IV	**1153,66**	465,08	465,08	I	1009,16	871,25	739,66	614,50	495,83	383,58
	II	**1024,00**	465,08	465,08	II	885,33	753,08	627,33	507,91	395,00	288,50
	III	**699,16**	465,08	465,08	III	593,83	491,66	392,66	296,83	204,33	116,66
	V	**1661,75**	465,08	465,08	IV	1080,58	1009,16	939,41	871,25	804,66	739,66
	VI	**1705,00**	465,08	465,08							
5822,99	I,IV	**1154,75**	465,08	465,08	I	1010,25	872,25	740,58	615,41	496,66	384,41
	II	**1025,08**	465,08	465,08	II	886,33	754,08	628,25	508,83	395,83	289,25
	III	**700,00**	465,08	465,08	III	594,50	492,33	393,33	297,50	205,00	117,33
	V	**1662,91**	465,08	465,08	IV	1081,66	1010,25	940,41	872,25	805,58	740,58
	VI	**1706,16**	465,08	465,08							
5825,99	I,IV	**1155,83**	465,08	465,08	I	1011,25	873,16	741,58	616,33	497,58	385,16
	II	**1026,08**	465,08	465,08	II	887,33	755,00	629,16	509,66	396,66	290,00
	III	**700,83**	465,08	465,08	III	595,33	493,16	394,00	298,16	205,66	117,83
	V	**1664,00**	465,08	465,08	IV	1082,75	1011,25	941,41	873,16	806,58	741,58
	VI	**1707,33**	465,08	465,08							
5828,99	I,IV	**1156,83**	465,08	465,08	I	1012,33	874,16	742,50	617,16	498,33	386,00
	II	**1027,08**	465,08	465,08	II	888,33	755,91	630,00	510,50	397,41	290,75
	III	**701,50**	465,08	465,08	III	596,00	493,83	394,66	298,83	206,33	118,50
	V	**1665,16**	465,08	465,08	IV	1083,75	1012,33	942,41	874,16	807,50	742,50
	VI	**1708,41**	465,08	465,08							
5831,99	I,IV	**1157,91**	465,08	465,08	I	1013,33	875,16	743,41	618,08	499,25	386,75
	II	**1028,16**	465,08	465,08	II	889,33	756,91	630,91	511,33	398,25	291,50
	III	**702,33**	465,08	465,08	III	596,83	494,50	395,50	299,50	207,00	119,00
	V	**1666,33**	465,08	465,08	IV	1084,83	1013,33	943,41	875,16	808,50	743,41
	VI	**1709,58**	465,08	465,08							

* Zur LSt-Berechnung für privat versicherte Arbeitnehmer s. Beispiele **Vorbemerkung S. 4f.**
** Basisvorsorgepauschale KV und PV *** Typisierter Arbeitgeberzuschuss

Lohn/ Gehalt in € bis	Steuerklasse	Lohn-steuer*	BVSP**	TAGZ***	Steuerklasse	Bemessungsgrundlage für Kirchensteuer und Solidaritätszuschlag					
						Freibeträge für ... Kinder					
						0,5	**1,0**	1,5	**2,0**	2,5	**3,0**
5834,99	I,IV	**1159,00**	465,08	465,08	I	1014,41	876,16	744,33	619,00	500,08	387,58
	II	**1029,25**	465,08	465,08	II	890,33	757,83	631,83	512,25	399,00	292,33
	III	**703,16**	465,08	465,08	III	597,66	495,33	396,16	300,33	207,66	119,66
	V	**1667,50**	465,08	465,08	IV	1085,91	1014,41	944,50	876,16	809,50	744,33
	VI	**1710,75**	465,08	465,08							
5837,99	I,IV	**1160,08**	465,08	465,08	I	1015,41	877,16	745,25	619,91	500,91	388,33
	II	**1030,25**	465,08	465,08	II	891,25	758,75	632,66	513,08	399,83	293,00
	III	**704,00**	465,08	465,08	III	598,33	496,00	396,83	301,00	208,33	120,33
	V	**1668,58**	465,08	465,08	IV	1086,91	1015,41	945,50	877,16	810,41	745,25
	VI	**1711,83**	465,08	465,08							
5840,99	I,IV	**1161,16**	465,08	465,08	I	1016,41	878,08	746,25	620,75	501,75	389,16
	II	**1031,25**	465,08	465,08	II	892,25	759,75	633,58	513,91	400,66	293,83
	III	**704,66**	465,08	465,08	III	599,16	496,66	397,50	301,66	209,00	120,83
	V	**1669,75**	465,08	465,08	IV	1088,00	1016,41	946,50	878,08	811,41	746,25
	VI	**1713,00**	465,08	465,08							
5843,99	I,IV	**1162,25**	465,08	465,08	I	1017,50	879,08	747,16	621,66	502,58	390,00
	II	**1032,33**	465,08	465,08	II	893,25	760,66	634,50	514,75	401,41	294,58
	III	**705,50**	465,08	465,08	III	599,83	497,50	398,33	302,33	209,66	121,50
	V	**1670,91**	465,08	465,08	IV	1089,08	1017,50	947,50	879,08	812,33	747,16
	VI	**1714,16**	465,08	465,08							
5846,99	I,IV	**1163,33**	465,08	465,08	I	1018,50	880,08	748,08	622,58	503,41	390,75
	II	**1033,33**	465,08	465,08	II	894,25	761,58	635,41	515,58	402,25	295,33
	III	**706,33**	465,08	465,08	III	600,66	498,16	399,00	303,00	210,33	122,00
	V	**1672,00**	465,08	465,08	IV	1090,08	1018,50	948,50	880,08	813,33	748,08
	VI	**1715,25**	465,08	465,08							
5849,99	I,IV	**1164,41**	465,08	465,08	I	1019,50	881,08	749,08	623,50	504,33	391,58
	II	**1034,41**	465,08	465,08	II	895,25	762,58	636,25	516,41	403,08	296,08
	III	**707,00**	465,08	465,08	III	601,33	499,00	399,66	303,66	210,83	122,66
	V	**1673,16**	465,08	465,08	IV	1091,16	1019,50	949,50	881,08	814,25	749,08
	VI	**1716,41**	465,08	465,08							
5852,99	I,IV	**1165,50**	465,08	465,08	I	1020,58	882,08	750,00	624,33	505,16	392,33
	II	**1035,41**	465,08	465,08	II	896,25	763,50	637,16	517,33	403,83	296,83
	III	**707,83**	465,08	465,08	III	602,16	499,66	400,50	304,50	211,66	123,33
	V	**1674,33**	465,08	465,08	IV	1092,25	1020,58	950,50	882,08	815,25	750,00
	VI	**1717,58**	465,08	465,08							
5855,99	I,IV	**1166,58**	465,08	465,08	I	1021,58	883,08	750,91	625,25	506,00	393,16
	II	**1036,41**	465,08	465,08	II	897,25	764,41	638,08	518,16	404,66	297,58
	III	**708,66**	465,08	465,08	III	602,83	500,50	401,16	305,16	212,33	123,83
	V	**1675,41**	465,08	465,08	IV	1093,25	1021,58	951,50	883,08	816,16	750,91
	VI	**1718,75**	465,08	465,08							
5858,99	I,IV	**1167,66**	465,08	465,08	I	1022,66	884,08	751,91	626,16	506,83	394,00
	II	**1037,50**	465,08	465,08	II	898,25	765,41	639,00	519,00	405,50	298,33
	III	**709,33**	465,08	465,08	III	603,66	501,16	401,83	305,83	212,83	124,50
	V	**1676,58**	465,08	465,08	IV	1094,33	1022,66	952,50	884,08	817,16	751,91
	VI	**1719,83**	465,08	465,08							
5861,99	I,IV	**1168,75**	465,08	465,08	I	1023,66	885,08	752,83	627,08	507,66	394,75
	II	**1038,58**	465,08	465,08	II	899,25	766,33	639,91	519,83	406,25	299,08
	III	**710,16**	465,08	465,08	III	604,50	501,83	402,66	306,50	213,66	125,00
	V	**1677,75**	465,08	465,08	IV	1095,41	1023,66	953,58	885,08	818,16	752,83
	VI	**1721,00**	465,08	465,08							
5864,99	I,IV	**1169,83**	465,08	465,08	I	1024,66	886,00	753,75	627,91	508,50	395,58
	II	**1039,58**	465,08	465,08	II	900,25	767,25	640,75	520,66	407,08	299,83
	III	**711,00**	465,08	465,08	III	605,16	502,66	403,33	307,16	214,33	125,66
	V	**1678,91**	465,08	465,08	IV	1096,50	1024,66	954,58	886,00	819,08	753,75
	VI	**1722,16**	465,08	465,08							
5867,99	I,IV	**1170,91**	465,08	465,08	I	1025,75	887,00	754,66	628,83	509,41	396,33
	II	**1040,66**	465,08	465,08	II	901,25	768,25	641,66	521,58	407,91	300,58
	III	**711,66**	465,08	465,08	III	606,00	503,33	404,00	307,83	214,83	126,33
	V	**1680,00**	465,08	465,08	IV	1097,50	1025,75	955,58	887,00	820,08	754,66
	VI	**1723,33**	465,08	465,08							

* Zur LSt-Berechnung für privat versicherte Arbeitnehmer s. Beispiele **Vorbemerkung S. 4f.**
** Basisvorsorgepauschale KV und PV *** Typisierter Arbeitgeberzuschuss

Lohn/ Gehalt in € bis	Steuerklasse	Lohn- steuer*	BVSP**	TAGZ***	Steuerklasse	Bemessungsgrundlage für Kirchensteuer und Solidaritätszuschlag					
						Freibeträge für ... Kinder					
						0,5	**1,0**	1,5	**2,0**	2,5	**3,0**
5 870,99	I,IV	**1 172,00**	465,08	465,08	I	1 026,75	888,00	755,66	629,66	510,25	397,16
	II	**1 041,66**	465,08	465,08	II	902,16	769,16	642,58	522,41	408,66	301,33
	III	**712,50**	465,08	465,08	III	606,66	504,00	404,66	308,50	215,50	126,83
	V	**1 681,16**	465,08	465,08	IV	1 098,58	1 026,75	956,58	888,00	821,00	755,66
	VI	**1 724,41**	465,08	465,08							
5 873,99	I,IV	**1 173,08**	465,08	465,08	I	1 027,83	889,00	756,58	630,58	511,08	397,91
	II	**1 042,66**	465,08	465,08	II	903,16	770,08	643,50	523,25	409,50	302,16
	III	**713,33**	465,08	465,08	III	607,50	504,83	405,50	309,16	216,33	127,50
	V	**1 682,33**	465,08	465,08	IV	1 099,66	1 027,83	957,58	889,00	822,00	756,58
	VI	**1 725,58**	465,08	465,08							
5 876,99	I,IV	**1 174,16**	465,08	465,08	I	1 028,83	890,00	757,50	631,50	511,91	398,75
	II	**1 043,75**	465,08	465,08	II	904,16	771,08	644,41	524,16	410,33	302,91
	III	**714,16**	465,08	465,08	III	608,16	505,50	406,16	309,83	216,83	128,00
	V	**1 683,50**	465,08	465,08	IV	1 100,75	1 028,83	958,58	890,00	822,91	757,50
	VI	**1 726,75**	465,08	465,08							
5 879,99	I,IV	**1 175,25**	465,08	465,08	I	1 029,91	890,91	758,41	632,41	512,75	399,58
	II	**1 044,75**	465,08	465,08	II	905,16	772,00	645,25	525,00	411,08	303,66
	III	**714,83**	465,08	465,08	III	609,00	506,33	406,83	310,66	217,50	128,66
	V	**1 684,58**	465,08	465,08	IV	1 101,75	1 029,91	959,58	890,91	823,91	758,41
	VI	**1 727,83**	465,08	465,08							
5 882,99	I,IV	**1 176,33**	465,08	465,08	I	1 030,91	891,91	759,41	633,33	513,58	400,33
	II	**1 045,83**	465,08	465,08	II	906,16	773,00	646,16	525,83	411,91	304,41
	III	**715,66**	465,08	465,08	III	609,83	507,00	407,50	311,33	218,33	129,33
	V	**1 685,75**	465,08	465,08	IV	1 102,83	1 030,91	960,66	891,91	824,91	759,41
	VI	**1 729,00**	465,08	465,08							
5 885,99	I,IV	**1 177,41**	465,08	465,08	I	1 032,00	892,91	760,33	634,16	514,50	401,16
	II	**1 046,91**	465,08	465,08	II	907,16	773,91	647,08	526,66	412,75	305,16
	III	**716,50**	465,08	465,08	III	610,50	507,83	408,33	312,00	218,83	129,83
	V	**1 686,91**	465,08	465,08	IV	1 103,91	1 032,00	961,66	892,91	825,83	760,33
	VI	**1 730,16**	465,08	465,08							
5 888,99	I,IV	**1 178,50**	465,08	465,08	I	1 033,00	893,91	761,25	635,08	515,33	402,00
	II	**1 047,91**	465,08	465,08	II	908,16	774,83	648,00	527,50	413,50	305,91
	III	**717,16**	465,08	465,08	III	611,16	508,50	409,00	312,66	219,50	130,50
	V	**1 688,00**	465,08	465,08	IV	1 104,91	1 033,00	962,66	893,91	826,83	761,25
	VI	**1 731,25**	465,08	465,08							
5 891,99	I,IV	**1 179,58**	465,08	465,08	I	1 034,00	894,91	762,25	636,00	516,16	402,75
	II	**1 048,91**	465,08	465,08	II	909,16	775,83	648,91	528,41	414,33	306,66
	III	**718,00**	465,08	465,08	III	612,00	509,33	409,66	313,33	220,33	131,16
	V	**1 689,16**	465,08	465,08	IV	1 106,00	1 034,00	963,66	894,91	827,75	762,25
	VI	**1 732,41**	465,08	465,08							
5 894,99	I,IV	**1 180,66**	465,08	465,08	I	1 035,08	895,91	763,16	636,91	517,00	403,58
	II	**1 050,00**	465,08	465,08	II	910,16	776,75	649,83	529,25	415,16	307,50
	III	**718,83**	465,08	465,08	III	612,83	510,00	410,50	314,00	220,83	131,66
	V	**1 690,33**	465,08	465,08	IV	1 107,08	1 035,08	964,66	895,91	828,75	763,16
	VI	**1 733,58**	465,08	465,08							
5 897,99	I,IV	**1 181,75**	465,08	465,08	I	1 036,08	896,91	764,08	637,75	517,83	404,41
	II	**1 051,00**	465,08	465,08	II	911,16	777,66	650,66	530,08	415,91	308,25
	III	**719,50**	465,08	465,08	III	613,50	510,66	411,16	314,66	221,50	132,33
	V	**1 691,41**	465,08	465,08	IV	1 108,08	1 036,08	965,66	896,91	829,66	764,08
	VI	**1 734,66**	465,08	465,08							
5 900,99	I,IV	**1 182,83**	465,08	465,08	I	1 037,16	897,91	765,08	638,66	518,75	405,16
	II	**1 052,08**	465,08	465,08	II	912,16	778,66	651,58	531,00	416,75	309,00
	III	**720,33**	465,08	465,08	III	614,33	511,50	411,83	315,50	222,33	133,00
	V	**1 692,58**	465,08	465,08	IV	1 109,16	1 037,16	966,75	897,91	830,66	765,08
	VI	**1 735,83**	465,08	465,08							
5 903,99	I,IV	**1 183,91**	465,08	465,08	I	1 038,16	898,91	766,00	639,58	519,58	406,00
	II	**1 053,16**	465,08	465,08	II	913,16	779,66	652,50	531,83	417,58	309,75
	III	**721,16**	465,08	465,08	III	615,00	512,16	412,50	316,16	223,00	133,50
	V	**1 693,75**	465,08	465,08	IV	1 110,25	1 038,16	967,75	898,91	831,66	766,00
	VI	**1 737,00**	465,08	465,08							

* Zur LSt-Berechnung für privat versicherte Arbeitnehmer s. Beispiele **Vorbemerkung S. 4 f.**
** Basisvorsorgepauschale KV und PV *** Typisierter Arbeitgeberzuschuss

Lohn/ Gehalt in € bis	Steuerklasse	**Lohn-steuer***	BVSP**	TAGZ***	Steuerklasse	Bemessungsgrundlage für Kirchensteuer und Solidaritätszuschlag					
						Freibeträge für ... Kinder					
						0,5	**1,0**	1,5	**2,0**	2,5	**3,0**
5 906,99	I,IV	**1 185,00**	465,08	465,08	I	1 039,25	899,91	767,00	640,50	520,41	406,83
	II	**1 054,16**	465,08	465,08	II	914,16	780,58	653,41	532,66	418,33	310,50
	III	**722,00**	465,08	465,08	III	615,83	513,00	413,33	316,83	223,50	134,16
	V	**1 694,83**	465,08	465,08	IV	1 111,33	1 039,25	968,75	899,91	832,58	767,00
	VI	**1 738,16**	465,08	465,08							
5 909,99	I,IV	**1 186,08**	465,08	465,08	I	1 040,25	900,91	767,91	641,41	521,25	407,58
	II	**1 055,25**	465,08	465,08	II	915,16	781,50	654,33	533,50	419,16	311,25
	III	**722,66**	465,08	465,08	III	616,66	513,66	414,00	317,50	224,33	134,83
	V	**1 696,00**	465,08	465,08	IV	1 112,41	1 040,25	969,75	900,91	833,58	767,91
	VI	**1 739,25**	465,08	465,08							
5 912,99	I,IV	**1 187,16**	465,08	465,08	I	1 041,33	901,91	768,83	642,33	522,16	408,41
	II	**1 056,25**	465,08	465,08	II	916,16	782,50	655,25	534,41	420,00	312,08
	III	**723,50**	465,08	465,08	III	617,33	514,50	414,66	318,16	225,00	135,50
	V	**1 697,16**	465,08	465,08	IV	1 113,50	1 041,33	970,83	901,91	834,58	768,83
	VI	**1 740,41**	465,08	465,08							
5 915,99	I,IV	**1 188,25**	465,08	465,08	I	1 042,33	902,83	769,83	643,16	523,00	409,25
	II	**1 057,33**	465,08	465,08	II	917,16	783,41	656,08	535,25	420,83	312,83
	III	**724,33**	465,08	465,08	III	618,16	515,16	415,33	318,83	225,50	136,00
	V	**1 698,33**	465,08	465,08	IV	1 114,50	1 042,33	971,83	902,83	835,50	769,83
	VI	**1 741,58**	465,08	465,08							
5 918,99	I,IV	**1 189,33**	465,08	465,08	I	1 043,41	903,83	770,75	644,08	523,83	410,00
	II	**1 058,33**	465,08	465,08	II	918,16	784,41	657,00	536,08	421,66	313,58
	III	**725,16**	465,08	465,08	III	618,83	516,00	416,16	319,66	226,33	136,66
	V	**1 699,50**	465,08	465,08	IV	1 115,58	1 043,41	972,83	903,83	836,50	770,75
	VI	**1 742,75**	465,08	465,08							
5 921,99	I,IV	**1 190,50**	465,08	465,08	I	1 044,41	904,83	771,75	645,00	524,66	410,83
	II	**1 059,41**	465,08	465,08	II	919,16	785,33	657,91	537,00	422,41	314,33
	III	**725,83**	465,08	465,08	III	619,66	516,66	416,83	320,33	227,00	137,33
	V	**1 700,58**	465,08	465,08	IV	1 116,66	1 044,41	973,83	904,83	837,50	771,75
	VI	**1 743,83**	465,08	465,08							
5 924,99	I,IV	**1 191,50**	465,08	465,08	I	1 045,50	905,83	772,66	645,91	525,50	411,66
	II	**1 060,41**	465,08	465,08	II	920,16	786,25	658,83	537,83	423,25	315,08
	III	**726,66**	465,08	465,08	III	620,33	517,33	417,50	321,00	227,66	137,83
	V	**1 701,75**	465,08	465,08	IV	1 117,66	1 045,50	974,83	905,83	838,41	772,66
	VI	**1 745,00**	465,08	465,08							
5 927,99	I,IV	**1 192,66**	465,08	465,08	I	1 046,50	906,83	773,58	646,75	526,41	412,41
	II	**1 061,50**	465,08	465,08	II	921,16	787,25	659,75	538,66	424,08	315,83
	III	**727,50**	465,08	465,08	III	621,16	518,16	418,33	321,66	228,33	138,50
	V	**1 702,91**	465,08	465,08	IV	1 118,75	1 046,50	975,91	906,83	839,41	773,58
	VI	**1 746,16**	465,08	465,08							
5 930,99	I,IV	**1 193,75**	465,08	465,08	I	1 047,58	907,83	774,58	647,66	527,25	413,25
	II	**1 062,58**	465,08	465,08	II	922,16	788,16	660,66	539,58	424,91	316,66
	III	**728,16**	465,08	465,08	III	622,00	518,83	419,00	322,33	229,00	139,16
	V	**1 704,08**	465,08	465,08	IV	1 119,83	1 047,58	976,91	907,83	840,41	774,58
	VI	**1 747,33**	465,08	465,08							
5 933,99	I,IV	**1 194,83**	465,08	465,08	I	1 048,58	908,83	775,50	648,58	528,08	414,08
	II	**1 063,58**	465,08	465,08	II	923,16	789,16	661,58	540,41	425,66	317,41
	III	**729,00**	465,08	465,08	III	622,66	519,66	419,66	323,00	229,66	139,83
	V	**1 705,16**	465,08	465,08	IV	1 120,91	1 048,58	977,91	908,83	841,33	775,50
	VI	**1 748,41**	465,08	465,08							
5 936,99	I,IV	**1 195,91**	465,08	465,08	I	1 049,66	909,83	776,41	649,50	529,00	414,91
	II	**1 064,66**	465,08	465,08	II	924,16	790,08	662,50	541,25	426,50	318,16
	III	**729,83**	465,08	465,08	III	623,50	520,33	420,50	323,83	230,33	140,33
	V	**1 706,33**	465,08	465,08	IV	1 122,00	1 049,66	978,91	909,83	842,33	776,41
	VI	**1 749,58**	465,08	465,08							
5 939,99	I,IV	**1 197,00**	465,08	465,08	I	1 050,66	910,83	777,41	650,41	529,83	415,66
	II	**1 065,66**	465,08	465,08	II	925,16	791,00	663,33	542,08	427,33	318,91
	III	**730,66**	465,08	465,08	III	624,16	521,16	421,16	324,50	231,00	141,00
	V	**1 707,41**	465,08	465,08	IV	1 123,00	1 050,66	979,91	910,83	843,33	777,41
	VI	**1 750,66**	465,08	465,08							

* Zur LSt-Berechnung für privat versicherte Arbeitnehmer s. Beispiele **Vorbemerkung S. 4 f.**
** Basisvorsorgepauschale KV und PV *** Typisierter Arbeitgeberzuschuss

Lohn/ Gehalt in € bis	Steuerklasse	Lohn-steuer*	BVSP**	TAGZ***	Steuerklasse	Bemessungsgrundlage für Kirchensteuer und Solidaritätszuschlag					
						Freibeträge für ... Kinder					
						0,5	**1,0**	1,5	**2,0**	2,5	**3,0**
5 942,99	I,IV	**1 198,08**	465,08	465,08	I	1 051,75	911,83	778,33	651,33	530,66	416,50
	II	**1 066,75**	465,08	465,08	II	926,16	792,00	664,25	543,00	428,08	319,66
	III	**731,33**	465,08	465,08	III	625,00	521,83	421,83	325,16	231,66	141,66
	V	**1 708,58**	465,08	465,08	IV	1 124,08	1 051,75	981,00	911,83	844,25	778,33
	VI	**1 751,83**	465,08	465,08							
5 945,99	I,IV	**1 199,16**	465,08	465,08	I	1 052,83	912,83	779,33	652,16	531,50	417,33
	II	**1 067,83**	465,08	465,08	II	927,16	793,00	665,16	543,83	428,91	320,50
	III	**732,16**	465,08	465,08	III	625,83	522,66	422,66	325,83	232,33	142,33
	V	**1 709,75**	465,08	465,08	IV	1 125,16	1 052,83	982,00	912,83	845,25	779,33
	VI	**1 753,00**	465,08	465,08							
5 948,99	I,IV	**1 200,25**	465,08	465,08	I	1 053,83	913,83	780,25	653,08	532,41	418,08
	II	**1 068,83**	465,08	465,08	II	928,16	793,91	666,08	544,66	429,75	321,25
	III	**733,00**	465,08	465,08	III	626,50	523,33	423,33	326,50	233,00	142,83
	V	**1 710,83**	465,08	465,08	IV	1 126,25	1 053,83	983,00	913,83	846,25	780,25
	VI	**1 754,16**	465,08	465,08							
5 951,99	I,IV	**1 201,33**	465,08	465,08	I	1 054,83	914,83	781,16	654,00	533,25	418,91
	II	**1 069,91**	465,08	465,08	II	929,16	794,83	667,00	545,58	430,58	322,00
	III	**733,66**	465,08	465,08	III	627,33	524,00	424,00	327,16	233,66	143,50
	V	**1 712,00**	465,08	465,08	IV	1 127,33	1 054,83	984,08	914,83	847,16	781,16
	VI	**1 755,25**	465,08	465,08							
5 954,99	I,IV	**1 202,50**	465,08	465,08	I	1 055,91	915,83	782,16	654,91	534,08	419,75
	II	**1 070,91**	465,08	465,08	II	930,16	795,83	667,91	546,41	431,41	322,75
	III	**734,50**	465,08	465,08	III	628,00	524,83	424,83	328,00	234,33	144,16
	V	**1 713,16**	465,08	465,08	IV	1 128,41	1 055,91	985,08	915,83	848,16	782,16
	VI	**1 756,41**	465,08	465,08							
5 957,99	I,IV	**1 203,50**	465,08	465,08	I	1 056,91	916,83	783,08	655,83	534,91	420,50
	II	**1 072,00**	465,08	465,08	II	931,16	796,75	668,83	547,25	432,16	323,50
	III	**735,33**	465,08	465,08	III	628,83	525,50	425,50	328,66	235,00	144,83
	V	**1 714,33**	465,08	465,08	IV	1 129,41	1 056,91	986,08	916,83	849,16	783,08
	VI	**1 757,58**	465,08	465,08							
5 960,99	I,IV	**1 204,66**	465,08	465,08	I	1 058,00	917,83	784,08	656,75	535,83	421,33
	II	**1 073,00**	465,08	465,08	II	932,16	797,75	669,75	548,16	433,00	324,33
	III	**736,16**	465,08	465,08	III	629,50	526,33	426,16	329,33	235,66	145,33
	V	**1 715,41**	465,08	465,08	IV	1 130,50	1 058,00	987,08	917,83	850,16	784,08
	VI	**1 758,75**	465,08	465,08							
5 963,99	I,IV	**1 205,75**	465,08	465,08	I	1 059,08	918,83	785,00	657,66	536,66	422,16
	II	**1 074,08**	465,08	465,08	II	933,16	798,66	670,66	549,00	433,83	325,08
	III	**737,00**	465,08	465,08	III	630,33	527,00	427,00	330,00	236,33	146,00
	V	**1 716,58**	465,08	465,08	IV	1 131,58	1 059,08	988,16	918,83	851,08	785,00
	VI	**1 759,83**	465,08	465,08							
5 966,99	I,IV	**1 206,83**	465,08	465,08	I	1 060,08	919,83	785,91	658,50	537,50	423,00
	II	**1 075,16**	465,08	465,08	II	934,16	799,66	671,58	549,91	434,66	325,83
	III	**737,66**	465,08	465,08	III	631,16	527,83	427,66	330,66	237,00	146,66
	V	**1 717,75**	465,08	465,08	IV	1 132,66	1 060,08	989,16	919,83	852,08	785,91
	VI	**1 761,00**	465,08	465,08							
5 969,99	I,IV	**1 207,91**	465,08	465,08	I	1 061,16	920,83	786,91	659,41	538,41	423,75
	II	**1 076,16**	465,08	465,08	II	935,16	800,58	672,50	550,75	435,50	326,58
	III	**738,50**	465,08	465,08	III	631,83	528,50	428,33	331,33	237,66	147,33
	V	**1 718,91**	465,08	465,08	IV	1 133,75	1 061,16	990,16	920,83	853,08	786,91
	VI	**1 762,16**	465,08	465,08							
5 972,99	I,IV	**1 209,00**	465,08	465,08	I	1 062,25	921,83	787,91	660,33	539,25	424,58
	II	**1 077,25**	465,08	465,08	II	936,16	801,58	673,41	551,66	436,33	327,41
	III	**739,33**	465,08	465,08	III	632,66	529,33	429,16	332,16	238,33	148,00
	V	**1 720,00**	465,08	465,08	IV	1 134,83	1 062,25	991,25	921,83	854,08	787,91
	VI	**1 763,33**	465,08	465,08							
5 975,99	I,IV	**1 210,08**	465,08	465,08	I	1 063,25	922,83	788,83	661,25	540,08	425,41
	II	**1 078,25**	465,08	465,08	II	937,16	802,50	674,25	552,50	437,08	328,16
	III	**740,00**	465,08	465,08	III	633,50	530,00	429,83	332,83	239,00	148,50
	V	**1 721,16**	465,08	465,08	IV	1 135,83	1 063,25	992,25	922,83	855,00	788,83
	VI	**1 764,41**	465,08	465,08							

* Zur LSt-Berechnung für privat versicherte Arbeitnehmer s. Beispiele **Vorbemerkung S. 4 f.**
** Basisvorsorgepauschale KV und PV *** Typisierter Arbeitgeberzuschuss

Lohn/ Gehalt in € bis	Steuerklasse	Lohn- steuer*	BVSP**	TAGZ***	Steuerklasse	Bemessungsgrundlage für Kirchensteuer und Solidaritätszuschlag					
						Freibeträge für ... Kinder					
						0,5	**1,0**	1,5	**2,0**	2,5	**3,0**
5978,99	I,IV	**1211,16**	465,08	465,08	I	1064,33	923,83	789,75	662,16	541,00	426,25
	II	**1079,33**	465,08	465,08	II	938,16	803,50	675,16	553,33	437,91	328,91
	III	**740,83**	465,08	465,08	III	634,16	530,66	430,50	333,50	239,66	149,16
	V	**1722,33**	465,08	465,08	IV	1136,91	1064,33	993,25	923,83	856,00	789,75
	VI	**1765,58**	465,08	465,08							
5981,99	I,IV	**1212,33**	465,08	465,08	I	1065,33	924,83	790,75	663,08	541,83	427,08
	II	**1080,41**	465,08	465,08	II	939,25	804,50	676,16	554,25	438,75	329,75
	III	**741,66**	465,08	465,08	III	635,00	531,50	431,16	334,16	240,33	149,83
	V	**1723,50**	465,08	465,08	IV	1138,00	1065,33	994,25	924,83	857,00	790,75
	VI	**1766,75**	465,08	465,08							
5984,99	I,IV	**1213,41**	465,08	465,08	I	1066,41	925,83	791,66	664,00	542,66	427,83
	II	**1081,41**	465,08	465,08	II	940,25	805,41	677,00	555,08	439,58	330,50
	III	**742,50**	465,08	465,08	III	635,66	532,16	432,00	334,83	241,00	150,50
	V	**1724,58**	465,08	465,08	IV	1139,08	1066,41	995,33	925,83	857,91	791,66
	VI	**1767,83**	465,08	465,08							
5987,99	I,IV	**1214,50**	465,08	465,08	I	1067,41	926,83	792,66	664,91	543,58	428,66
	II	**1082,50**	465,08	465,08	II	941,25	806,33	677,91	555,91	440,41	331,25
	III	**743,16**	465,08	465,08	III	636,50	533,00	432,66	335,50	241,66	151,16
	V	**1725,75**	465,08	465,08	IV	1140,16	1067,41	996,33	926,83	858,91	792,66
	VI	**1769,00**	465,08	465,08							
5990,99	I,IV	**1215,58**	465,08	465,08	I	1068,50	927,83	793,58	665,83	544,41	429,50
	II	**1083,58**	465,08	465,08	II	942,25	807,33	678,83	556,83	441,25	332,00
	III	**744,00**	465,08	465,08	III	637,33	533,66	433,33	336,33	242,33	151,83
	V	**1726,91**	465,08	465,08	IV	1141,25	1068,50	997,33	927,83	859,91	793,58
	VI	**1770,16**	465,08	465,08							
5993,99	I,IV	**1216,66**	465,08	465,08	I	1069,50	928,83	794,58	666,66	545,25	430,33
	II	**1084,58**	465,08	465,08	II	943,25	808,25	679,75	557,66	442,00	332,75
	III	**744,83**	465,08	465,08	III	638,00	534,50	434,16	337,00	243,00	152,33
	V	**1728,00**	465,08	465,08	IV	1142,33	1069,50	998,41	928,83	860,91	794,58
	VI	**1771,25**	465,08	465,08							
5996,99	I,IV	**1217,75**	465,08	465,08	I	1070,58	929,83	795,50	667,58	546,16	431,08
	II	**1085,66**	465,08	465,08	II	944,25	809,25	680,66	558,58	442,83	333,58
	III	**745,50**	465,08	465,08	III	638,83	535,16	434,83	337,66	243,66	153,00
	V	**1729,16**	465,08	465,08	IV	1143,41	1070,58	999,41	929,83	861,83	795,50
	VI	**1772,41**	465,08	465,08							
5999,99	I,IV	**1218,91**	465,08	465,08	I	1071,66	930,83	796,50	668,50	547,00	431,91
	II	**1086,75**	465,08	465,08	II	945,25	810,25	681,58	559,41	443,66	334,33
	III	**746,33**	465,08	465,08	III	639,50	536,00	435,50	338,33	244,33	153,66
	V	**1730,33**	465,08	465,08	IV	1144,50	1071,66	1000,41	930,83	862,83	796,50
	VI	**1773,58**	465,08	465,08							
6002,99	I,IV	**1220,00**	465,08	465,08	I	1072,66	931,83	797,41	669,41	547,83	432,75
	II	**1087,75**	465,08	465,08	II	946,25	811,16	682,50	560,25	444,50	335,08
	III	**747,16**	465,08	465,08	III	640,33	536,66	436,33	339,00	245,00	154,33
	V	**1731,41**	465,08	465,08	IV	1145,50	1072,66	1001,41	931,83	863,83	797,41
	VI	**1774,75**	465,08	465,08							
6005,99	I,IV	**1221,08**	465,08	465,08	I	1073,75	932,83	798,41	670,33	548,75	433,58
	II	**1088,83**	465,08	465,08	II	947,25	812,16	683,41	561,16	445,33	335,91
	III	**748,00**	465,08	465,08	III	641,00	537,50	437,00	339,83	245,66	155,00
	V	**1732,58**	465,08	465,08	IV	1146,58	1073,75	1002,50	932,83	864,83	798,41
	VI	**1775,83**	465,08	465,08							
6008,99	I,IV	**1222,16**	465,08	465,08	I	1074,75	933,83	799,33	671,25	549,58	434,33
	II	**1089,91**	465,08	465,08	II	948,25	813,08	684,33	562,00	446,08	336,66
	III	**748,66**	465,08	465,08	III	641,83	538,16	437,66	340,50	246,33	155,66
	V	**1733,75**	465,08	465,08	IV	1147,66	1074,75	1003,50	933,83	865,75	799,33
	VI	**1777,00**	465,08	465,08							
6011,99	I,IV	**1223,25**	465,08	465,08	I	1075,83	934,83	800,25	672,16	550,50	435,16
	II	**1090,91**	465,08	465,08	II	949,33	814,08	685,25	562,91	446,91	337,41
	III	**749,50**	465,08	465,08	III	642,66	539,00	438,50	341,16	247,16	156,33
	V	**1734,91**	465,08	465,08	IV	1148,75	1075,83	1004,58	934,83	866,75	800,25
	VI	**1778,16**	465,08	465,08							

* Zur LSt-Berechnung für privat versicherte Arbeitnehmer s. Beispiele **Vorbemerkung S. 4 f.**
** Basisvorsorgepauschale KV und PV *** Typisierter Arbeitgeberzuschuss

Lohn/ Gehalt in € bis	Steuerklasse	Lohnsteuer*	BVSP**	TAGZ***	Steuerklasse	Bemessungsgrundlage für Kirchensteuer und Solidaritätszuschlag – Freibeträge für ... Kinder 0,5	1,0	1,5	2,0	2,5	3,0
6014,99	I,IV	**1224,33**	465,08	465,08	I	1076,91	935,83	801,25	673,08	551,33	436,00
	II	**1092,00**	465,08	465,08	II	950,33	815,00	686,16	563,75	447,75	338,25
	III	**750,33**	465,08	465,08	III	643,33	539,66	439,16	341,83	247,83	156,83
	V	**1736,00**	465,08	465,08	IV	1149,83	1076,91	1005,58	935,83	867,75	801,25
	VI	**1779,33**	465,08	465,08							
6017,99	I,IV	**1225,41**	465,08	465,08	I	1077,91	936,83	802,16	674,00	552,16	436,83
	II	**1093,08**	465,08	465,08	II	951,33	816,00	687,08	564,58	448,58	339,00
	III	**751,16**	465,08	465,08	III	644,16	540,33	439,83	342,50	248,50	157,50
	V	**1737,16**	465,08	465,08	IV	1150,91	1077,91	1006,58	936,83	868,75	802,16
	VI	**1780,41**	465,08	465,08							
6020,99	I,IV	**1226,58**	465,08	465,08	I	1079,00	937,83	803,16	674,91	553,08	437,66
	II	**1094,16**	465,08	465,08	II	952,33	816,91	688,00	565,50	449,41	339,75
	III	**752,00**	465,08	465,08	III	645,00	541,16	440,66	343,33	249,16	158,16
	V	**1738,33**	465,08	465,08	IV	1152,00	1079,00	1007,66	937,83	869,75	803,16
	VI	**1781,58**	465,08	465,08							
6023,99	I,IV	**1227,66**	465,08	465,08	I	1080,08	938,91	804,16	675,83	553,91	438,50
	II	**1095,16**	465,08	465,08	II	953,33	817,91	688,91	566,41	450,25	340,58
	III	**752,66**	465,08	465,08	III	645,66	541,83	441,33	344,00	249,83	158,83
	V	**1739,50**	465,08	465,08	IV	1153,08	1080,08	1008,66	938,91	870,75	804,16
	VI	**1782,75**	465,08	465,08							
6026,99	I,IV	**1228,75**	465,08	465,08	I	1081,08	939,83	805,08	676,75	554,75	439,25
	II	**1096,25**	465,08	465,08	II	954,33	818,83	689,83	567,25	451,08	341,33
	III	**753,50**	465,08	465,08	III	646,50	542,66	442,00	344,66	250,50	159,50
	V	**1740,58**	465,08	465,08	IV	1154,08	1081,08	1009,66	939,83	871,66	805,08
	VI	**1783,83**	465,08	465,08							
6029,99	I,IV	**1229,83**	465,08	465,08	I	1082,16	940,91	806,08	677,66	555,66	440,08
	II	**1097,33**	465,08	465,08	II	955,33	819,83	690,75	568,08	451,91	342,08
	III	**754,33**	465,08	465,08	III	647,16	543,33	442,83	345,33	251,16	160,16
	V	**1741,75**	465,08	465,08	IV	1155,25	1082,16	1010,75	940,91	872,66	806,08
	VI	**1785,00**	465,08	465,08							
6032,99	I,IV	**1231,00**	465,08	465,08	I	1083,25	941,91	807,00	678,58	556,50	440,91
	II	**1098,41**	465,08	465,08	II	956,41	820,83	691,66	569,00	452,75	342,91
	III	**755,16**	465,08	465,08	III	648,00	544,16	443,50	346,00	251,83	160,83
	V	**1742,91**	465,08	465,08	IV	1156,33	1083,25	1011,75	941,91	873,66	807,00
	VI	**1786,16**	465,08	465,08							
6035,99	I,IV	**1232,08**	465,08	465,08	I	1084,25	942,91	808,00	679,41	557,41	441,75
	II	**1099,41**	465,08	465,08	II	957,41	821,75	692,58	569,83	453,50	343,66
	III	**755,83**	465,08	465,08	III	648,83	544,83	444,16	346,66	252,50	161,50
	V	**1744,00**	465,08	465,08	IV	1157,33	1084,25	1012,75	942,91	874,58	808,00
	VI	**1787,25**	465,08	465,08							
6038,99	I,IV	**1233,16**	465,08	465,08	I	1085,33	943,91	808,91	680,41	558,25	442,58
	II	**1100,50**	465,08	465,08	II	958,41	822,75	693,50	570,75	454,33	344,41
	III	**756,66**	465,08	465,08	III	649,50	545,66	445,00	347,50	253,16	162,16
	V	**1745,16**	465,08	465,08	IV	1158,41	1085,33	1013,83	943,91	875,58	808,91
	VI	**1788,41**	465,08	465,08							
6041,99	I,IV	**1234,25**	465,08	465,08	I	1086,41	944,91	809,91	681,33	559,16	443,41
	II	**1101,58**	465,08	465,08	II	959,41	823,75	694,41	571,58	455,16	345,25
	III	**757,50**	465,08	465,08	III	650,33	546,33	445,66	348,16	253,83	162,83
	V	**1746,33**	465,08	465,08	IV	1159,50	1086,41	1014,83	944,91	876,58	809,91
	VI	**1789,58**	465,08	465,08							
6044,99	I,IV	**1235,33**	465,08	465,08	I	1087,41	945,91	810,83	682,16	560,00	444,16
	II	**1102,58**	465,08	465,08	II	960,41	824,66	695,33	572,50	456,00	346,00
	III	**758,16**	465,08	465,08	III	651,00	547,16	446,33	348,83	254,50	163,33
	V	**1747,41**	465,08	465,08	IV	1160,58	1087,41	1015,83	945,91	877,58	810,83
	VI	**1790,66**	465,08	465,08							
6047,99	I,IV	**1236,50**	465,08	465,08	I	1088,50	946,91	811,83	683,16	560,83	445,00
	II	**1103,66**	465,08	465,08	II	961,41	825,66	696,25	573,33	456,83	346,75
	III	**759,00**	465,08	465,08	III	651,83	547,83	447,16	349,50	255,16	164,00
	V	**1748,58**	465,08	465,08	IV	1161,66	1088,50	1016,91	946,91	878,58	811,83
	VI	**1791,83**	465,08	465,08							

* Zur LSt-Berechnung für privat versicherte Arbeitnehmer s. Beispiele **Vorbemerkung S. 4f.**
** Basisvorsorgepauschale KV und PV *** Typisierter Arbeitgeberzuschuss

Lohn/ Gehalt in € bis	Steuerklasse	Lohn-steuer*	BVSP**	TAGZ***	Steuerklasse	Bemessungsgrundlage für Kirchensteuer und Solidaritätszuschlag – Freibeträge für ... Kinder 0,5	1,0	1,5	2,0	2,5	3,0
6050,99	I,IV	**1237,58**	465,08	465,08	I	1089,58	948,00	812,75	684,08	561,75	445,83
	II	**1104,75**	465,08	465,08	II	962,50	826,58	697,25	574,25	457,66	347,58
	III	**759,83**	465,08	465,08	III	652,66	548,66	447,83	350,16	255,83	164,66
	V	**1749,75**	465,08	465,08	IV	1162,75	1089,58	1018,00	948,00	879,58	812,75
	VI	**1793,00**	465,08	465,08							
6053,99	I,IV	**1238,66**	465,08	465,08	I	1090,58	948,91	813,75	684,91	562,58	446,66
	II	**1105,75**	465,08	465,08	II	963,50	827,58	698,08	575,08	458,50	348,33
	III	**760,66**	465,08	465,08	III	653,33	549,33	448,50	351,00	256,50	165,33
	V	**1750,83**	465,08	465,08	IV	1163,83	1090,58	1019,00	948,91	880,50	813,75
	VI	**1794,16**	465,08	465,08							
6056,99	I,IV	**1239,83**	465,08	465,08	I	1091,66	950,00	814,75	685,91	563,50	447,50
	II	**1106,83**	465,08	465,08	II	964,50	828,58	699,08	576,00	459,33	349,08
	III	**761,50**	465,08	465,08	III	654,16	550,16	449,33	351,66	257,16	166,00
	V	**1752,00**	465,08	465,08	IV	1164,91	1091,66	1020,00	950,00	881,50	814,75
	VI	**1795,25**	465,08	465,08							
6059,99	I,IV	**1240,91**	465,08	465,08	I	1092,75	951,00	815,66	686,83	564,33	448,33
	II	**1107,91**	465,08	465,08	II	965,50	829,50	700,00	576,83	460,16	349,91
	III	**762,16**	465,08	465,08	III	655,00	550,83	450,00	352,33	257,83	166,66
	V	**1753,16**	465,08	465,08	IV	1166,00	1092,75	1021,08	951,00	882,50	815,66
	VI	**1796,41**	465,08	465,08							
6062,99	I,IV	**1242,00**	465,08	465,08	I	1093,75	952,00	816,66	687,66	565,16	449,16
	II	**1109,00**	465,08	465,08	II	966,50	830,50	700,91	577,75	461,00	350,66
	III	**763,00**	465,08	465,08	III	655,66	551,66	450,66	353,00	258,50	167,33
	V	**1754,33**	465,08	465,08	IV	1167,08	1093,75	1022,08	952,00	883,50	816,66
	VI	**1797,58**	465,08	465,08							
6065,99	I,IV	**1243,08**	465,08	465,08	I	1094,83	953,00	817,58	688,66	566,08	450,00
	II	**1110,08**	465,08	465,08	II	967,50	831,41	701,83	578,58	461,83	351,41
	III	**763,83**	465,08	465,08	III	656,50	552,33	451,50	353,83	259,33	168,00
	V	**1755,50**	465,08	465,08	IV	1168,16	1094,83	1023,08	953,00	884,50	817,58
	VI	**1798,75**	465,08	465,08							
6068,99	I,IV	**1244,16**	465,08	465,08	I	1095,91	954,00	818,58	689,50	566,91	450,75
	II	**1111,08**	465,08	465,08	II	968,50	832,41	702,75	579,41	462,58	352,25
	III	**764,66**	465,08	465,08	III	657,33	553,16	452,16	354,50	260,00	168,66
	V	**1756,58**	465,08	465,08	IV	1169,25	1095,91	1024,16	954,00	885,50	818,58
	VI	**1799,83**	465,08	465,08							
6071,99	I,IV	**1245,33**	465,08	465,08	I	1096,91	955,00	819,50	690,41	567,83	451,58
	II	**1112,16**	465,08	465,08	II	969,58	833,41	703,66	580,33	463,50	353,00
	III	**765,33**	465,08	465,08	III	658,00	553,83	452,83	355,16	260,66	169,33
	V	**1757,75**	465,08	465,08	IV	1170,33	1096,91	1025,16	955,00	886,50	819,50
	VI	**1801,00**	465,08	465,08							
6074,99	I,IV	**1246,41**	465,08	465,08	I	1098,00	956,08	820,50	691,41	568,66	452,41
	II	**1113,25**	465,08	465,08	II	970,58	834,33	704,58	581,25	464,33	353,83
	III	**766,16**	465,08	465,08	III	658,83	554,66	453,66	355,83	261,33	170,00
	V	**1758,91**	465,08	465,08	IV	1171,41	1098,00	1026,25	956,08	887,50	820,50
	VI	**1802,16**	465,08	465,08							
6077,99	I,IV	**1247,50**	465,08	465,08	I	1099,08	957,00	821,41	692,25	569,58	453,25
	II	**1114,25**	465,08	465,08	II	971,58	835,33	705,50	582,08	465,08	354,58
	III	**767,00**	465,08	465,08	III	659,50	555,33	454,33	356,50	262,00	170,66
	V	**1760,00**	465,08	465,08	IV	1172,50	1099,08	1027,25	957,00	888,41	821,41
	VI	**1803,25**	465,08	465,08							
6080,99	I,IV	**1248,66**	465,08	465,08	I	1100,16	958,08	822,41	693,25	570,41	454,08
	II	**1115,33**	465,08	465,08	II	972,58	836,33	706,41	583,00	465,91	355,33
	III	**767,83**	465,08	465,08	III	660,33	556,00	455,00	357,16	262,66	171,33
	V	**1761,16**	465,08	465,08	IV	1173,58	1100,16	1028,25	958,08	889,41	822,41
	VI	**1804,41**	465,08	465,08							
6083,99	I,IV	**1249,75**	465,08	465,08	I	1101,16	959,08	823,41	694,16	571,33	454,91
	II	**1116,41**	465,08	465,08	II	973,66	837,25	707,33	583,83	466,75	356,16
	III	**768,66**	465,08	465,08	III	661,16	556,83	455,83	358,00	263,33	172,00
	V	**1762,33**	465,08	465,08	IV	1174,66	1101,16	1029,33	959,08	890,41	823,41
	VI	**1805,58**	465,08	465,08							

* Zur LSt-Berechnung für privat versicherte Arbeitnehmer s. Beispiele **Vorbemerkung S. 4f.**
** Basisvorsorgepauschale KV und PV *** Typisierter Arbeitgeberzuschuss

Lohn/ Gehalt in € bis	Steuerklasse	Lohn- steuer*	BVSP**	TAGZ***	Steuerklasse	Bemessungsgrundlage für Kirchensteuer und Solidaritätszuschlag					
						Freibeträge für ... Kinder					
						0,5	**1,0**	1,5	**2,0**	2,5	**3,0**
6086,99	I,IV	**1250,83**	465,08	465,08	I	1102,25	960,08	824,33	695,00	572,16	455,75
	II	**1117,50**	465,08	465,08	II	974,66	838,25	708,25	584,75	467,58	356,91
	III	**769,33**	465,08	465,08	III	661,83	557,66	456,50	358,66	264,00	172,50
	V	**1763,41**	465,08	465,08	IV	1175,75	1102,25	1030,33	960,08	891,41	824,33
	VI	**1806,66**	465,08	465,08							
6089,99	I,IV	**1251,91**	465,08	465,08	I	1103,33	961,08	825,33	696,00	573,08	456,58
	II	**1118,58**	465,08	465,08	II	975,66	839,25	709,16	585,58	468,41	357,75
	III	**770,16**	465,08	465,08	III	662,66	558,33	457,16	359,33	264,66	173,16
	V	**1764,58**	465,08	465,08	IV	1176,83	1103,33	1031,41	961,08	892,41	825,33
	VI	**1807,83**	465,08	465,08							
6092,99	I,IV	**1253,08**	465,08	465,08	I	1104,41	962,08	826,33	696,91	573,91	457,41
	II	**1119,66**	465,08	465,08	II	976,66	840,16	710,16	586,50	469,25	358,50
	III	**771,00**	465,08	465,08	III	663,50	559,16	458,00	360,00	265,33	173,83
	V	**1765,75**	465,08	465,08	IV	1177,91	1104,41	1032,41	962,08	893,41	826,33
	VI	**1809,00**	465,08	465,08							
6095,99	I,IV	**1254,16**	465,08	465,08	I	1105,41	963,08	827,25	697,83	574,83	458,25
	II	**1120,66**	465,08	465,08	II	977,66	841,16	711,00	587,33	470,08	359,25
	III	**771,83**	465,08	465,08	III	664,16	559,83	458,66	360,83	266,00	174,50
	V	**1766,83**	465,08	465,08	IV	1179,00	1105,41	1033,50	963,08	894,41	827,25
	VI	**1810,16**	465,08	465,08							
6098,99	I,IV	**1255,25**	465,08	465,08	I	1106,50	964,16	828,25	698,75	575,66	459,08
	II	**1121,75**	465,08	465,08	II	978,75	842,16	712,00	588,25	470,91	360,08
	III	**772,50**	465,08	465,08	III	665,00	560,50	459,33	361,50	266,66	175,16
	V	**1768,00**	465,08	465,08	IV	1180,08	1106,50	1034,50	964,16	895,41	828,25
	VI	**1811,25**	465,08	465,08							
6101,99	I,IV	**1256,41**	465,08	465,08	I	1107,58	965,16	829,16	699,66	576,58	459,91
	II	**1122,83**	465,08	465,08	II	979,75	843,08	712,91	589,16	471,75	360,83
	III	**773,33**	465,08	465,08	III	665,83	561,33	460,16	362,16	267,50	175,83
	V	**1769,16**	465,08	465,08	IV	1181,16	1107,58	1035,58	965,16	896,41	829,16
	VI	**1812,41**	465,08	465,08							
6104,99	I,IV	**1257,50**	465,08	465,08	I	1108,58	966,16	830,16	700,58	577,41	460,66
	II	**1123,91**	465,08	465,08	II	980,75	844,08	713,83	590,00	472,58	361,66
	III	**774,16**	465,08	465,08	III	666,50	562,16	460,83	362,83	268,16	176,50
	V	**1770,33**	465,08	465,08	IV	1182,25	1108,58	1036,58	966,16	897,33	830,16
	VI	**1813,58**	465,08	465,08							
6107,99	I,IV	**1258,58**	465,08	465,08	I	1109,66	967,16	831,16	701,50	578,33	461,50
	II	**1124,91**	465,08	465,08	II	981,75	845,08	714,75	590,91	473,41	362,41
	III	**775,00**	465,08	465,08	III	667,33	562,83	461,66	363,50	268,83	177,16
	V	**1771,41**	465,08	465,08	IV	1183,33	1109,66	1037,66	967,16	898,33	831,16
	VI	**1814,75**	465,08	465,08							
6110,99	I,IV	**1259,75**	465,08	465,08	I	1110,75	968,25	832,08	702,41	579,16	462,33
	II	**1126,00**	465,08	465,08	II	982,83	846,00	715,66	591,75	474,25	363,25
	III	**775,83**	465,08	465,08	III	668,16	563,66	462,33	364,33	269,50	177,83
	V	**1772,58**	465,08	465,08	IV	1184,41	1110,75	1038,66	968,25	899,33	832,08
	VI	**1815,83**	465,08	465,08							
6113,99	I,IV	**1260,83**	465,08	465,08	I	1111,83	969,25	833,08	703,33	580,08	463,16
	II	**1127,08**	465,08	465,08	II	983,83	847,00	716,58	592,66	475,08	364,00
	III	**776,50**	465,08	465,08	III	668,83	564,33	463,00	365,00	270,16	178,50
	V	**1773,75**	465,08	465,08	IV	1185,50	1111,83	1039,66	969,25	900,33	833,08
	VI	**1817,00**	465,08	465,08							
6116,99	I,IV	**1261,91**	465,08	465,08	I	1112,91	970,25	834,00	704,25	580,91	464,00
	II	**1128,16**	465,08	465,08	II	984,83	848,00	717,50	593,50	475,91	364,75
	III	**777,33**	465,08	465,08	III	669,66	565,00	463,83	365,66	270,83	179,16
	V	**1774,91**	465,08	465,08	IV	1186,58	1112,91	1040,75	970,25	901,33	834,00
	VI	**1818,16**	465,08	465,08							
6119,99	I,IV	**1263,08**	465,08	465,08	I	1113,91	971,25	835,00	705,16	581,83	464,83
	II	**1129,25**	465,08	465,08	II	985,91	849,00	718,50	594,41	476,75	365,58
	III	**778,16**	465,08	465,08	III	670,33	565,83	464,50	366,33	271,50	179,83
	V	**1776,00**	465,08	465,08	IV	1187,66	1113,91	1041,83	971,25	902,33	835,00
	VI	**1819,33**	465,08	465,08							

* Zur LSt-Berechnung für privat versicherte Arbeitnehmer s. Beispiele **Vorbemerkung S. 4 f.**
** Basisvorsorgepauschale KV und PV *** Typisierter Arbeitgeberzuschuss

Lohn/ Gehalt in € bis	Steuerklasse	Lohnsteuer*	BVSP**	TAGZ***	Steuerklasse	Bemessungsgrundlage für Kirchensteuer und Solidaritätszuschlag					
						Freibeträge für ... Kinder					
						0,5	**1,0**	1,5	**2,0**	2,5	**3,0**
6122,99	I,IV	**1264,16**	465,08	465,08	I	1115,00	972,25	836,00	706,08	582,66	465,66
	II	**1130,25**	465,08	465,08	II	986,91	849,91	719,41	595,25	477,58	366,33
	III	**779,00**	465,08	465,08	III	671,16	566,66	465,16	367,16	272,16	180,50
	V	**1777,16**	465,08	465,08	IV	1188,75	1115,00	1042,83	972,25	903,33	836,00
	VI	**1820,41**	465,08	465,08							
6125,99	I,IV	**1265,25**	465,08	465,08	I	1116,08	973,33	836,91	707,08	583,58	466,50
	II	**1131,33**	465,08	465,08	II	987,91	850,91	720,33	596,16	478,41	367,16
	III	**779,66**	465,08	465,08	III	672,00	567,33	466,00	367,83	272,83	181,16
	V	**1778,33**	465,08	465,08	IV	1189,83	1116,08	1043,91	973,33	904,33	836,91
	VI	**1821,58**	465,08	465,08							
6128,99	I,IV	**1266,41**	465,08	465,08	I	1117,16	974,33	837,91	708,00	584,41	467,33
	II	**1132,41**	465,08	465,08	II	989,00	851,91	721,25	597,08	479,33	367,91
	III	**780,50**	465,08	465,08	III	672,66	568,16	466,66	368,50	273,50	181,83
	V	**1779,50**	465,08	465,08	IV	1191,00	1117,16	1044,91	974,33	905,33	837,91
	VI	**1822,75**	465,08	465,08							
6131,99	I,IV	**1267,50**	465,08	465,08	I	1118,16	975,33	838,91	708,91	585,33	468,16
	II	**1133,50**	465,08	465,08	II	990,00	852,83	722,16	597,91	480,08	368,75
	III	**781,33**	465,08	465,08	III	673,50	568,83	467,50	369,16	274,16	182,50
	V	**1780,58**	465,08	465,08	IV	1192,00	1118,16	1045,91	975,33	906,33	838,91
	VI	**1823,83**	465,08	465,08							
6134,99	I,IV	**1268,58**	465,08	465,08	I	1119,25	976,33	839,83	709,83	586,16	469,00
	II	**1134,58**	465,08	465,08	II	991,00	853,83	723,08	598,83	480,91	369,50
	III	**782,16**	465,08	465,08	III	674,33	569,66	468,16	369,83	274,83	183,00
	V	**1781,75**	465,08	465,08	IV	1193,16	1119,25	1047,00	976,33	907,33	839,83
	VI	**1825,00**	465,08	465,08							
6137,99	I,IV	**1269,66**	465,08	465,08	I	1120,33	977,33	840,83	710,75	587,08	469,83
	II	**1135,66**	465,08	465,08	II	992,00	854,83	724,00	599,66	481,75	370,33
	III	**783,00**	465,08	465,08	III	675,00	570,33	468,83	370,66	275,50	183,66
	V	**1782,83**	465,08	465,08	IV	1194,16	1120,33	1048,00	977,33	908,25	840,83
	VI	**1826,08**	465,08	465,08							
6140,99	I,IV	**1270,83**	465,08	465,08	I	1121,41	978,41	841,83	711,66	587,91	470,66
	II	**1136,75**	465,08	465,08	II	993,00	855,75	725,00	600,58	482,58	371,08
	III	**783,83**	465,08	465,08	III	675,83	571,16	469,66	371,33	276,33	184,33
	V	**1784,00**	465,08	465,08	IV	1195,33	1121,41	1049,08	978,41	909,25	841,83
	VI	**1827,25**	465,08	465,08							
6143,99	I,IV	**1271,91**	465,08	465,08	I	1122,50	979,41	842,75	712,58	588,83	471,50
	II	**1137,83**	465,08	465,08	II	994,08	856,75	725,91	601,50	483,50	371,91
	III	**784,50**	465,08	465,08	III	676,66	571,83	470,33	372,00	277,00	185,00
	V	**1785,16**	465,08	465,08	IV	1196,41	1122,50	1050,16	979,41	910,33	842,75
	VI	**1828,41**	465,08	465,08							
6146,99	I,IV	**1273,08**	465,08	465,08	I	1123,50	980,41	843,75	713,50	589,66	472,33
	II	**1138,83**	465,08	465,08	II	995,08	857,75	726,83	602,33	484,25	372,66
	III	**785,33**	465,08	465,08	III	677,33	572,66	471,00	372,66	277,66	185,66
	V	**1786,33**	465,08	465,08	IV	1197,50	1123,50	1051,16	980,41	911,25	843,75
	VI	**1829,58**	465,08	465,08							
6149,99	I,IV	**1274,16**	465,08	465,08	I	1124,58	981,41	844,75	714,41	590,58	473,16
	II	**1139,91**	465,08	465,08	II	996,08	858,75	727,75	603,25	485,16	373,50
	III	**786,16**	465,08	465,08	III	678,16	573,33	471,83	373,50	278,33	186,33
	V	**1787,41**	465,08	465,08	IV	1198,58	1124,58	1052,25	981,41	912,25	844,75
	VI	**1830,75**	465,08	465,08							
6152,99	I,IV	**1275,33**	465,08	465,08	I	1125,66	982,50	845,75	715,41	591,50	474,00
	II	**1141,00**	465,08	465,08	II	997,16	859,75	728,66	604,16	486,00	374,25
	III	**787,00**	465,08	465,08	III	678,83	574,16	472,50	374,16	279,00	187,00
	V	**1788,58**	465,08	465,08	IV	1199,66	1125,66	1053,25	982,50	913,25	845,75
	VI	**1831,83**	465,08	465,08							
6155,99	I,IV	**1276,41**	465,08	465,08	I	1126,75	983,50	846,66	716,25	592,33	474,83
	II	**1142,08**	465,08	465,08	II	998,16	860,66	729,58	605,00	486,83	375,08
	III	**787,66**	465,08	465,08	III	679,66	574,83	473,16	374,83	279,66	187,66
	V	**1789,75**	465,08	465,08	IV	1200,75	1126,75	1054,33	983,50	914,25	846,66
	VI	**1833,00**	465,08	465,08							

* Zur LSt-Berechnung für privat versicherte Arbeitnehmer s. Beispiele **Vorbemerkung S. 4 f.**
** Basisvorsorgepauschale KV und PV *** Typisierter Arbeitgeberzuschuss

Lohn/ Gehalt in € bis	Steuerklasse	Lohn- steuer*	BVSP**	TAGZ***	Steuerklasse	Bemessungsgrundlage für Kirchensteuer und Solidaritätszuschlag					
						Freibeträge für ... Kinder					
						0,5	**1,0**	1,5	**2,0**	2,5	**3,0**
6158,99	I,IV	**1277,50**	465,08	465,08	I	1127,83	984,50	847,66	717,25	593,25	475,66
	II	**1143,16**	465,08	465,08	II	999,16	861,66	730,58	605,91	487,66	375,83
	III	**788,50**	465,08	465,08	III	680,50	575,66	474,00	375,50	280,33	188,33
	V	**1790,91**	465,08	465,08	IV	1201,83	1127,83	1055,33	984,50	915,25	847,66
	VI	**1834,16**	465,08	465,08							
6161,99	I,IV	**1278,66**	465,08	465,08	I	1128,91	985,58	848,66	718,16	594,08	476,50
	II	**1144,25**	465,08	465,08	II	1000,25	862,66	731,50	606,75	488,50	376,66
	III	**789,33**	465,08	465,08	III	681,16	576,33	474,66	376,33	281,00	189,00
	V	**1792,00**	465,08	465,08	IV	1203,00	1128,91	1056,41	985,58	916,25	848,66
	VI	**1835,33**	465,08	465,08							
6164,99	I,IV	**1279,75**	465,08	465,08	I	1129,91	986,58	849,58	719,08	595,00	477,33
	II	**1145,33**	465,08	465,08	II	1001,25	863,58	732,41	607,66	489,33	377,41
	III	**790,16**	465,08	465,08	III	682,00	577,16	475,50	377,00	281,66	189,66
	V	**1793,16**	465,08	465,08	IV	1204,00	1129,91	1057,41	986,58	917,25	849,58
	VI	**1836,41**	465,08	465,08							
6167,99	I,IV	**1280,83**	465,08	465,08	I	1131,00	987,58	850,58	720,00	595,83	478,16
	II	**1146,41**	465,08	465,08	II	1002,25	864,58	733,33	608,58	490,16	378,25
	III	**791,00**	465,08	465,08	III	682,83	577,83	476,16	377,66	282,33	190,33
	V	**1794,33**	465,08	465,08	IV	1205,16	1131,00	1058,50	987,58	918,25	850,58
	VI	**1837,58**	465,08	465,08							
6170,99	I,IV	**1282,00**	465,08	465,08	I	1132,08	988,58	851,58	720,91	596,75	479,00
	II	**1147,50**	465,08	465,08	II	1003,33	865,58	734,33	609,41	491,00	379,00
	III	**791,66**	465,08	465,08	III	683,50	578,66	476,83	378,33	283,00	191,00
	V	**1795,50**	465,08	465,08	IV	1206,25	1132,08	1059,58	988,58	919,25	851,58
	VI	**1838,75**	465,08	465,08							
6173,99	I,IV	**1283,08**	465,08	465,08	I	1133,16	989,58	852,50	721,83	597,66	479,83
	II	**1148,50**	465,08	465,08	II	1004,33	866,58	735,25	610,33	491,83	379,83
	III	**792,50**	465,08	465,08	III	684,33	579,33	477,66	379,00	283,66	191,66
	V	**1796,58**	465,08	465,08	IV	1207,33	1133,16	1060,58	989,58	920,25	852,50
	VI	**1839,83**	465,08	465,08							
6176,99	I,IV	**1284,25**	465,08	465,08	I	1134,25	990,66	853,50	722,83	598,50	480,66
	II	**1149,58**	465,08	465,08	II	1005,33	867,58	736,16	611,25	492,66	380,58
	III	**793,33**	465,08	465,08	III	685,16	580,16	478,33	379,83	284,50	192,33
	V	**1797,75**	465,08	465,08	IV	1208,41	1134,25	1061,66	990,66	921,25	853,50
	VI	**1841,00**	465,08	465,08							
6179,99	I,IV	**1285,33**	465,08	465,08	I	1135,33	991,66	854,50	723,75	599,41	481,50
	II	**1150,66**	465,08	465,08	II	1006,41	868,58	737,08	612,08	493,58	381,41
	III	**794,16**	465,08	465,08	III	685,83	580,83	479,16	380,50	285,16	193,00
	V	**1798,91**	465,08	465,08	IV	1209,50	1135,33	1062,66	991,66	922,25	854,50
	VI	**1842,16**	465,08	465,08							
6182,99	I,IV	**1286,41**	465,08	465,08	I	1136,33	992,66	855,41	724,66	600,25	482,33
	II	**1151,75**	465,08	465,08	II	1007,41	869,50	738,00	613,00	494,33	382,16
	III	**795,00**	465,08	465,08	III	686,66	581,66	479,83	381,16	285,83	193,66
	V	**1800,00**	465,08	465,08	IV	1210,58	1136,33	1063,75	992,66	923,25	855,41
	VI	**1843,25**	465,08	465,08							
6185,99	I,IV	**1287,58**	465,08	465,08	I	1137,41	993,75	856,41	725,58	601,16	483,16
	II	**1152,83**	465,08	465,08	II	1008,41	870,50	739,00	613,91	495,25	383,00
	III	**795,83**	465,08	465,08	III	687,50	582,50	480,50	382,00	286,50	194,33
	V	**1801,16**	465,08	465,08	IV	1211,66	1137,41	1064,75	993,75	924,25	856,41
	VI	**1844,41**	465,08	465,08							
6188,99	I,IV	**1288,75**	465,08	465,08	I	1138,50	994,75	857,41	726,50	602,08	484,00
	II	**1153,91**	465,08	465,08	II	1009,50	871,50	739,91	614,75	496,08	383,83
	III	**796,50**	465,08	465,08	III	688,16	583,16	481,33	382,66	287,16	195,00
	V	**1802,33**	465,08	465,08	IV	1212,83	1138,50	1065,83	994,75	925,33	857,41
	VI	**1845,58**	465,08	465,08							
6191,99	I,IV	**1289,83**	465,08	465,08	I	1139,58	995,75	858,41	727,41	602,91	484,83
	II	**1155,00**	465,08	465,08	II	1010,50	872,41	740,83	615,66	496,91	384,58
	III	**797,33**	465,08	465,08	III	689,00	583,83	482,00	383,33	287,83	195,66
	V	**1803,41**	465,08	465,08	IV	1213,91	1139,58	1066,83	995,75	926,25	858,41
	VI	**1846,66**	465,08	465,08							

* Zur LSt-Berechnung für privat versicherte Arbeitnehmer s. Beispiele **Vorbemerkung S. 4 f.**
** Basisvorsorgepauschale KV und PV *** Typisierter Arbeitgeberzuschuss

Lohn/ Gehalt in € bis	Steuerklasse	Lohnsteuer*	BVSP**	TAGZ***	Steuerklasse	Bemessungsgrundlage für Kirchensteuer und Solidaritätszuschlag – Freibeträge für ... Kinder 0,5	**1,0**	1,5	**2,0**	2,5	**3,0**
6194,99	I,IV	**1290,91**	465,08	465,08	I	1140,66	996,83	859,41	728,41	603,83	485,66
	II	**1156,08**	465,08	465,08	II	1011,58	873,41	741,75	616,58	497,75	385,41
	III	**798,16**	465,08	465,08	III	689,83	584,66	482,83	384,00	288,50	196,33
	V	**1804,58**	465,08	465,08	IV	1215,00	1140,66	1067,91	996,83	927,25	859,41
	VI	**1847,83**	465,08	465,08							
6197,99	I,IV	**1292,08**	465,08	465,08	I	1141,75	997,83	860,33	729,33	604,75	486,58
	II	**1157,16**	465,08	465,08	II	1012,58	874,41	742,75	617,41	498,58	386,16
	III	**799,00**	465,08	465,08	III	690,66	585,50	483,50	384,66	289,16	197,00
	V	**1805,75**	465,08	465,08	IV	1216,08	1141,75	1069,00	997,83	928,33	860,33
	VI	**1849,00**	465,08	465,08							
6200,99	I,IV	**1293,16**	465,08	465,08	I	1142,83	998,83	861,33	730,25	605,58	487,33
	II	**1158,25**	465,08	465,08	II	1013,58	875,41	743,66	618,33	499,41	387,00
	III	**799,66**	465,08	465,08	III	691,33	586,16	484,16	385,50	289,83	197,66
	V	**1806,83**	465,08	465,08	IV	1217,16	1142,83	1070,00	998,83	929,25	861,33
	VI	**1850,16**	465,08	465,08							
6203,99	I,IV	**1294,33**	465,08	465,08	I	1143,91	999,91	862,33	731,16	606,50	488,25
	II	**1159,33**	465,08	465,08	II	1014,66	876,41	744,58	619,25	500,25	387,75
	III	**800,50**	465,08	465,08	III	692,16	587,00	485,00	386,16	290,66	198,33
	V	**1808,00**	465,08	465,08	IV	1218,25	1143,91	1071,08	999,91	930,33	862,33
	VI	**1851,25**	465,08	465,08							
6206,99	I,IV	**1295,41**	465,08	465,08	I	1144,91	1000,91	863,25	732,08	607,33	489,00
	II	**1160,33**	465,08	465,08	II	1015,66	877,33	745,50	620,08	501,08	388,58
	III	**801,33**	465,08	465,08	III	693,00	587,66	485,66	386,83	291,33	199,00
	V	**1809,16**	465,08	465,08	IV	1219,33	1144,91	1072,08	1000,91	931,25	863,25
	VI	**1852,41**	465,08	465,08							
6209,99	I,IV	**1296,50**	465,08	465,08	I	1146,00	1001,91	864,25	733,08	608,25	489,91
	II	**1161,41**	465,08	465,08	II	1016,66	878,33	746,50	621,00	502,00	389,33
	III	**802,16**	465,08	465,08	III	693,66	588,50	486,33	387,50	292,00	199,50
	V	**1810,33**	465,08	465,08	IV	1220,50	1146,00	1073,16	1001,91	932,33	864,25
	VI	**1853,58**	465,08	465,08							
6212,99	I,IV	**1297,66**	465,08	465,08	I	1147,08	1003,00	865,25	734,00	609,16	490,75
	II	**1162,58**	465,08	465,08	II	1017,75	879,33	747,41	621,91	502,83	390,16
	III	**803,00**	465,08	465,08	III	694,50	589,16	487,16	388,33	292,66	200,33
	V	**1811,50**	465,08	465,08	IV	1221,58	1147,08	1074,25	1003,00	933,33	865,25
	VI	**1854,75**	465,08	465,08							
6215,99	I,IV	**1298,75**	465,08	465,08	I	1148,16	1004,00	866,25	734,91	610,00	491,58
	II	**1163,58**	465,08	465,08	II	1018,75	880,33	748,33	622,75	503,66	390,91
	III	**803,83**	465,08	465,08	III	695,33	590,00	487,83	389,00	293,33	200,83
	V	**1812,58**	465,08	465,08	IV	1222,66	1148,16	1075,25	1004,00	934,33	866,25
	VI	**1855,83**	465,08	465,08							
6218,99	I,IV	**1299,91**	465,08	465,08	I	1149,25	1005,00	867,25	735,83	610,91	492,41
	II	**1164,66**	465,08	465,08	II	1019,83	881,33	749,25	623,66	504,50	391,75
	III	**804,50**	465,08	465,08	III	696,00	590,66	488,66	389,66	294,00	201,50
	V	**1813,75**	465,08	465,08	IV	1223,75	1149,25	1076,33	1005,00	935,33	867,25
	VI	**1857,00**	465,08	465,08							
6221,99	I,IV	**1301,00**	465,08	465,08	I	1150,33	1006,08	868,25	736,83	611,83	493,25
	II	**1165,75**	465,08	465,08	II	1020,83	882,33	750,25	624,58	505,33	392,58
	III	**805,33**	465,08	465,08	III	696,83	591,50	489,33	390,50	294,66	202,33
	V	**1814,91**	465,08	465,08	IV	1224,91	1150,33	1077,41	1006,08	936,33	868,25
	VI	**1858,16**	465,08	465,08							
6224,99	I,IV	**1302,16**	465,08	465,08	I	1151,41	1007,08	869,16	737,75	612,66	494,08
	II	**1166,83**	465,08	465,08	II	1021,83	883,25	751,16	625,41	506,16	393,33
	III	**806,16**	465,08	465,08	III	697,66	592,16	490,00	391,16	295,33	202,83
	V	**1816,00**	465,08	465,08	IV	1225,91	1151,41	1078,41	1007,08	937,33	869,16
	VI	**1859,25**	465,08	465,08							
6227,99	I,IV	**1303,25**	465,08	465,08	I	1152,50	1008,08	870,16	738,66	613,58	494,91
	II	**1167,91**	465,08	465,08	II	1022,91	884,25	752,08	626,33	507,08	394,16
	III	**807,00**	465,08	465,08	III	698,33	593,00	490,83	391,83	296,00	203,50
	V	**1817,16**	465,08	465,08	IV	1227,08	1152,50	1079,50	1008,08	938,33	870,16
	VI	**1860,41**	465,08	465,08							

* Zur LSt-Berechnung für privat versicherte Arbeitnehmer s. Beispiele **Vorbemerkung S. 4 f.**
** Basisvorsorgepauschale KV und PV *** Typisierter Arbeitgeberzuschuss

Lohn/ Gehalt in € bis	Steuerklasse	Lohn- steuer*	BVSP**	TAGZ***	Steuerklasse	Bemessungsgrundlage für Kirchensteuer und Solidaritätszuschlag					
						Freibeträge für ... Kinder					
						0,5	**1,0**	1,5	**2,0**	2,5	**3,0**
6 230,99	I,IV	**1 304,41**	465,08	465,08	I	1 153,58	1 009,16	871,16	739,58	614,50	495,75
	II	**1 169,00**	465,08	465,08	II	1 023,91	885,25	753,08	627,25	507,91	395,00
	III	**807,83**	465,08	465,08	III	699,16	593,83	491,50	392,50	296,83	204,16
	V	**1 818,33**	465,08	465,08	IV	1 228,16	1 153,58	1 080,58	1 009,16	939,33	871,16
	VI	**1 861,58**	465,08	465,08							
6 233,99	I,IV	**1 305,50**	465,08	465,08	I	1 154,58	1 010,16	872,08	740,50	615,33	496,58
	II	**1 170,08**	465,08	465,08	II	1 024,91	886,25	754,00	628,16	508,75	395,75
	III	**808,66**	465,08	465,08	III	700,00	594,50	492,33	393,33	297,50	204,83
	V	**1 819,41**	465,08	465,08	IV	1 229,25	1 154,58	1 081,58	1 010,16	940,33	872,08
	VI	**1 862,66**	465,08	465,08							
6 236,99	I,IV	**1 306,66**	465,08	465,08	I	1 155,66	1 011,16	873,08	741,50	616,25	497,50
	II	**1 171,16**	465,08	465,08	II	1 026,00	887,25	754,91	629,08	509,58	396,58
	III	**809,33**	465,08	465,08	III	700,66	595,16	493,00	394,00	298,16	205,50
	V	**1 820,58**	465,08	465,08	IV	1 230,33	1 155,66	1 082,66	1 011,16	941,33	873,08
	VI	**1 863,83**	465,08	465,08							
6 239,99	I,IV	**1 307,75**	465,08	465,08	I	1 156,83	1 012,25	874,08	742,41	617,16	498,33
	II	**1 172,25**	465,08	465,08	II	1 027,08	888,25	755,91	629,91	510,41	397,33
	III	**810,16**	465,08	465,08	III	701,50	596,00	493,83	394,66	298,83	206,16
	V	**1 821,75**	465,08	465,08	IV	1 231,50	1 156,83	1 083,75	1 012,25	942,33	874,08
	VI	**1 865,00**	465,08	465,08							
6 242,99	I,IV	**1 308,91**	465,08	465,08	I	1 157,83	1 013,25	875,08	743,33	618,00	499,16
	II	**1 173,33**	465,08	465,08	II	1 028,08	889,25	756,83	630,83	511,25	398,16
	III	**811,00**	465,08	465,08	III	702,33	596,83	494,50	395,33	299,50	206,83
	V	**1 822,83**	465,08	465,08	IV	1 232,58	1 157,83	1 084,75	1 013,25	943,33	875,08
	VI	**1 866,16**	465,08	465,08							
6 245,99	I,IV	**1 310,00**	465,08	465,08	I	1 158,91	1 014,25	876,08	744,25	618,91	500,00
	II	**1 174,41**	465,08	465,08	II	1 029,08	890,25	757,75	631,75	512,16	399,00
	III	**811,83**	465,08	465,08	III	703,00	597,50	495,16	396,16	300,16	207,50
	V	**1 824,00**	465,08	465,08	IV	1 233,66	1 158,91	1 085,83	1 014,25	944,41	876,08
	VI	**1 867,25**	465,08	465,08							
6 248,99	I,IV	**1 311,16**	465,08	465,08	I	1 160,00	1 015,33	877,08	745,25	619,83	500,83
	II	**1 175,50**	465,08	465,08	II	1 030,16	891,25	758,75	632,66	513,00	399,75
	III	**812,66**	465,08	465,08	III	703,83	598,33	496,00	396,83	301,00	208,16
	V	**1 825,16**	465,08	465,08	IV	1 234,83	1 160,00	1 086,91	1 015,33	945,41	877,08
	VI	**1 868,41**	465,08	465,08							
6 251,99	I,IV	**1 312,25**	465,08	465,08	I	1 161,08	1 016,33	878,00	746,16	620,66	501,66
	II	**1 176,58**	465,08	465,08	II	1 031,16	892,16	759,66	633,50	513,83	400,58
	III	**813,50**	465,08	465,08	III	704,66	599,00	496,66	397,50	301,66	208,83
	V	**1 826,33**	465,08	465,08	IV	1 235,83	1 161,08	1 087,91	1 016,33	946,41	878,00
	VI	**1 869,58**	465,08	465,08							
6 254,99	I,IV	**1 313,41**	465,08	465,08	I	1 162,16	1 017,41	879,00	747,08	621,58	502,50
	II	**1 177,66**	465,08	465,08	II	1 032,25	893,16	760,58	634,41	514,66	401,33
	III	**814,16**	465,08	465,08	III	705,33	599,83	497,33	398,16	302,33	209,50
	V	**1 827,41**	465,08	465,08	IV	1 237,00	1 162,16	1 089,00	1 017,41	947,41	879,00
	VI	**1 870,75**	465,08	465,08							
6 257,99	I,IV	**1 314,50**	465,08	465,08	I	1 163,25	1 018,41	880,00	748,08	622,50	503,41
	II	**1 178,75**	465,08	465,08	II	1 033,25	894,16	761,58	635,33	515,50	402,16
	III	**815,00**	465,08	465,08	III	706,16	600,66	498,16	399,00	303,00	210,16
	V	**1 828,58**	465,08	465,08	IV	1 238,08	1 163,25	1 090,08	1 018,41	948,41	880,00
	VI	**1 871,83**	465,08	465,08							
6 260,99	I,IV	**1 315,66**	465,08	465,08	I	1 164,33	1 019,41	881,00	749,00	623,41	504,25
	II	**1 179,83**	465,08	465,08	II	1 034,33	895,16	762,50	636,25	516,41	403,00
	III	**815,83**	465,08	465,08	III	707,00	601,33	498,83	399,66	303,66	210,83
	V	**1 829,75**	465,08	465,08	IV	1 239,16	1 164,33	1 091,08	1 019,41	949,41	881,00
	VI	**1 873,00**	465,08	465,08							
6 263,99	I,IV	**1 316,75**	465,08	465,08	I	1 165,41	1 020,50	882,00	749,91	624,25	505,08
	II	**1 180,91**	465,08	465,08	II	1 035,33	896,16	763,41	637,08	517,25	403,75
	III	**816,66**	465,08	465,08	III	707,83	602,00	499,66	400,33	304,33	211,50
	V	**1 830,91**	465,08	465,08	IV	1 240,33	1 165,41	1 092,16	1 020,50	950,41	882,00
	VI	**1 874,16**	465,08	465,08							

* Zur LSt-Berechnung für privat versicherte Arbeitnehmer s. Beispiele **Vorbemerkung S. 4 f.**
** Basisvorsorgepauschale KV und PV *** Typisierter Arbeitgeberzuschuss

Lohn/ Gehalt in € bis	Steuerklasse	Lohn-steuer*	BVSP**	TAGZ***	Steuerklasse	Bemessungsgrundlage für Kirchensteuer und Solidaritätszuschlag					
						Freibeträge für ... Kinder					
						0,5	**1,0**	1,5	**2,0**	2,5	**3,0**
6266,99	I,IV	**1317,91**	465,08	465,08	I	1166,50	1021,50	883,00	750,83	625,16	505,91
	II	**1182,08**	465,08	465,08	II	1036,41	897,16	764,41	638,00	518,08	404,58
	III	**817,50**	465,08	465,08	III	708,50	602,83	500,33	401,16	305,00	212,16
	V	**1832,00**	465,08	465,08	IV	1241,41	1166,50	1093,25	1021,50	951,41	883,00
	VI	**1875,33**	465,08	465,08							
6269,99	I,IV	**1319,00**	465,08	465,08	I	1167,58	1022,58	883,91	751,83	626,08	506,75
	II	**1183,08**	465,08	465,08	II	1037,41	898,16	765,33	638,91	518,91	405,41
	III	**818,33**	465,08	465,08	III	709,33	603,66	501,16	401,83	305,66	212,83
	V	**1833,16**	465,08	465,08	IV	1242,50	1167,58	1094,25	1022,58	952,41	883,91
	VI	**1876,41**	465,08	465,08							
6272,99	I,IV	**1320,16**	465,08	465,08	I	1168,66	1023,58	884,91	752,75	627,00	507,58
	II	**1184,16**	465,08	465,08	II	1038,50	899,16	766,25	639,83	519,75	406,16
	III	**819,00**	465,08	465,08	III	710,16	604,33	501,83	402,50	306,33	213,50
	V	**1834,33**	465,08	465,08	IV	1243,58	1168,66	1095,33	1023,58	953,50	884,91
	VI	**1877,58**	465,08	465,08							
6275,99	I,IV	**1321,25**	465,08	465,08	I	1169,75	1024,58	885,91	753,66	627,83	508,41
	II	**1185,25**	465,08	465,08	II	1039,50	900,08	767,16	640,66	520,66	407,00
	III	**819,83**	465,08	465,08	III	710,83	605,16	502,50	403,16	307,16	214,16
	V	**1835,41**	465,08	465,08	IV	1244,66	1169,75	1096,33	1024,58	954,50	885,91
	VI	**1878,66**	465,08	465,08							
6278,99	I,IV	**1322,41**	465,08	465,08	I	1170,83	1025,66	886,91	754,58	628,75	509,33
	II	**1186,33**	465,08	465,08	II	1040,50	901,16	768,16	641,58	521,50	407,83
	III	**820,66**	465,08	465,08	III	711,66	605,83	503,33	404,00	307,83	214,83
	V	**1836,58**	465,08	465,08	IV	1245,83	1170,83	1097,41	1025,66	955,50	886,91
	VI	**1879,83**	465,08	465,08							
6281,99	I,IV	**1323,58**	465,08	465,08	I	1171,91	1026,66	887,91	755,58	629,66	510,16
	II	**1187,50**	465,08	465,08	II	1041,58	902,16	769,08	642,50	522,33	408,58
	III	**821,50**	465,08	465,08	III	712,50	606,66	504,00	404,66	308,50	215,50
	V	**1837,75**	465,08	465,08	IV	1246,91	1171,91	1098,50	1026,66	956,50	887,91
	VI	**1881,00**	465,08	465,08							
6284,99	I,IV	**1324,66**	465,08	465,08	I	1173,00	1027,75	888,91	756,50	630,50	511,00
	II	**1188,50**	465,08	465,08	II	1042,58	903,08	770,00	643,41	523,16	409,41
	III	**822,33**	465,08	465,08	III	713,16	607,33	504,83	405,33	309,16	216,16
	V	**1838,83**	465,08	465,08	IV	1248,00	1173,00	1099,58	1027,75	957,50	888,91
	VI	**1882,08**	465,08	465,08							
6287,99	I,IV	**1325,83**	465,08	465,08	I	1174,08	1028,75	889,91	757,41	631,41	511,83
	II	**1189,66**	465,08	465,08	II	1043,66	904,08	771,00	644,33	524,08	410,25
	III	**823,16**	465,08	465,08	III	714,00	608,16	505,50	406,16	309,83	216,83
	V	**1840,00**	465,08	465,08	IV	1249,16	1174,08	1100,58	1028,75	958,50	889,91
	VI	**1883,25**	465,08	465,08							
6290,99	I,IV	**1326,91**	465,08	465,08	I	1175,16	1029,83	890,91	758,41	632,33	512,66
	II	**1190,75**	465,08	465,08	II	1044,75	905,08	771,91	645,25	524,91	411,00
	III	**823,83**	465,08	465,08	III	714,83	609,00	506,16	406,83	310,50	217,50
	V	**1841,16**	465,08	465,08	IV	1250,25	1175,16	1101,66	1029,83	959,58	890,91
	VI	**1884,41**	465,08	465,08							
6293,99	I,IV	**1328,08**	465,08	465,08	I	1176,25	1030,83	891,83	759,33	633,25	513,50
	II	**1191,83**	465,08	465,08	II	1045,75	906,08	772,91	646,08	525,75	411,83
	III	**824,66**	465,08	465,08	III	715,50	609,66	507,00	407,50	311,16	218,16
	V	**1842,33**	465,08	465,08	IV	1251,33	1176,25	1102,75	1030,83	960,50	891,83
	VI	**1885,58**	465,08	465,08							
6296,99	I,IV	**1329,16**	465,08	465,08	I	1177,33	1031,91	892,83	760,25	634,08	514,41
	II	**1192,91**	465,08	465,08	II	1046,75	907,08	773,83	647,00	526,58	412,66
	III	**825,50**	465,08	465,08	III	716,33	610,50	507,66	408,16	312,00	218,83
	V	**1843,41**	465,08	465,08	IV	1252,50	1177,33	1103,83	1031,91	961,58	892,83
	VI	**1886,75**	465,08	465,08							
6299,99	I,IV	**1330,33**	465,08	465,08	I	1178,41	1032,91	893,83	761,25	635,00	515,25
	II	**1194,00**	465,08	465,08	II	1047,83	908,08	774,83	647,91	527,50	413,50
	III	**826,33**	465,08	465,08	III	717,16	611,16	508,50	409,00	312,66	219,50
	V	**1844,58**	465,08	465,08	IV	1253,58	1178,41	1104,83	1032,91	962,58	893,83
	VI	**1887,83**	465,08	465,08							

* Zur LSt-Berechnung für privat versicherte Arbeitnehmer s. Beispiele **Vorbemerkung S. 4 f.**
** Basisvorsorgepauschale KV und PV *** Typisierter Arbeitgeberzuschuss

Lohn/ Gehalt in € bis	Steuerklasse	Lohn-steuer*	BVSP**	TAGZ***	Steuerklasse	Bemessungsgrundlage für Kirchensteuer und Solidaritätszuschlag – Freibeträge für ... Kinder 0,5	1,0	1,5	2,0	2,5	3,0
6 302,99	I,IV	**1 331,41**	465,08	465,08	I	1 179,50	1 033,91	894,83	762,16	635,91	516,08
	II	**1 195,08**	465,08	465,08	II	1 048,83	909,08	775,75	648,83	528,33	414,25
	III	**827,16**	465,08	465,08	III	718,00	612,00	509,16	409,66	313,33	220,16
	V	**1 845,75**	465,08	465,08	IV	1 254,66	1 179,50	1 105,91	1 033,91	963,58	894,83
	VI	**1 889,00**	465,08	465,08							
6 305,99	I,IV	**1 332,58**	465,08	465,08	I	1 180,58	1 035,00	895,83	763,08	636,83	516,91
	II	**1 196,16**	465,08	465,08	II	1 049,91	910,08	776,66	649,75	529,16	415,08
	III	**828,00**	465,08	465,08	III	718,66	612,66	510,00	410,33	314,00	220,83
	V	**1 846,91**	465,08	465,08	IV	1 255,75	1 180,58	1 107,00	1 035,00	964,58	895,83
	VI	**1 890,16**	465,08	465,08							
6 308,99	I,IV	**1 333,75**	465,08	465,08	I	1 181,66	1 036,08	896,83	764,08	637,75	517,83
	II	**1 197,25**	465,08	465,08	II	1 051,00	911,08	777,66	650,66	530,08	415,91
	III	**828,83**	465,08	465,08	III	719,50	613,50	510,66	411,00	314,66	221,50
	V	**1 848,00**	465,08	465,08	IV	1 256,91	1 181,66	1 108,08	1 036,08	965,66	896,83
	VI	**1 891,33**	465,08	465,08							
6 311,99	I,IV	**1 334,83**	465,08	465,08	I	1 182,75	1 037,08	897,83	765,00	638,58	518,66
	II	**1 198,33**	465,08	465,08	II	1 052,00	912,08	778,58	651,50	530,91	416,66
	III	**829,50**	465,08	465,08	III	720,33	614,16	511,33	411,83	315,33	222,16
	V	**1 849,16**	465,08	465,08	IV	1 258,00	1 182,75	1 109,08	1 037,08	966,66	897,83
	VI	**1 892,41**	465,08	465,08							
6 314,99	I,IV	**1 336,00**	465,08	465,08	I	1 183,83	1 038,08	898,83	765,91	639,50	519,50
	II	**1 199,41**	465,08	465,08	II	1 053,08	913,08	779,50	652,41	531,75	417,50
	III	**830,33**	465,08	465,08	III	721,16	615,00	512,16	412,50	316,16	222,83
	V	**1 850,33**	465,08	465,08	IV	1 259,08	1 183,83	1 110,16	1 038,08	967,66	898,83
	VI	**1 893,58**	465,08	465,08							
6 317,99	I,IV	**1 337,16**	465,08	465,08	I	1 184,91	1 039,16	899,83	766,91	640,41	520,33
	II	**1 200,58**	465,08	465,08	II	1 054,08	914,08	780,50	653,33	532,58	418,33
	III	**831,16**	465,08	465,08	III	721,83	615,83	512,83	413,16	316,83	223,50
	V	**1 851,50**	465,08	465,08	IV	1 260,25	1 184,91	1 111,25	1 039,16	968,66	899,83
	VI	**1 894,75**	465,08	465,08							
6 320,99	I,IV	**1 338,25**	465,08	465,08	I	1 186,00	1 040,16	900,75	767,83	641,33	521,16
	II	**1 201,58**	465,08	465,08	II	1 055,16	915,08	781,41	654,25	533,41	419,08
	III	**832,00**	465,08	465,08	III	722,66	616,50	513,66	414,00	317,50	224,16
	V	**1 852,58**	465,08	465,08	IV	1 261,33	1 186,00	1 112,25	1 040,16	969,66	900,75
	VI	**1 895,83**	465,08	465,08							
6 323,99	I,IV	**1 339,41**	465,08	465,08	I	1 187,08	1 041,25	901,83	768,75	642,25	522,08
	II	**1 202,75**	465,08	465,08	II	1 056,16	916,08	782,41	655,16	534,33	419,91
	III	**832,83**	465,08	465,08	III	723,50	617,33	514,33	414,66	318,16	224,83
	V	**1 853,75**	465,08	465,08	IV	1 262,41	1 187,08	1 113,33	1 041,25	970,75	901,83
	VI	**1 897,00**	465,08	465,08							
6 326,99	I,IV	**1 340,58**	465,08	465,08	I	1 188,16	1 042,25	902,83	769,75	643,08	522,91
	II	**1 203,83**	465,08	465,08	II	1 057,25	917,08	783,33	656,08	535,16	420,75
	III	**833,66**	465,08	465,08	III	724,16	618,00	515,16	415,33	318,83	225,50
	V	**1 854,91**	465,08	465,08	IV	1 263,58	1 188,16	1 114,41	1 042,25	971,75	902,83
	VI	**1 898,16**	465,08	465,08							
6 329,99	I,IV	**1 341,66**	465,08	465,08	I	1 189,25	1 043,33	903,75	770,66	644,00	523,75
	II	**1 204,91**	465,08	465,08	II	1 058,25	918,08	784,25	656,91	536,00	421,58
	III	**834,33**	465,08	465,08	III	725,00	618,83	515,83	416,00	319,50	226,16
	V	**1 856,00**	465,08	465,08	IV	1 264,66	1 189,25	1 115,50	1 043,33	972,75	903,75
	VI	**1 899,25**	465,08	465,08							
6 332,99	I,IV	**1 342,83**	465,08	465,08	I	1 190,33	1 044,33	904,75	771,66	644,91	524,58
	II	**1 206,00**	465,08	465,08	II	1 059,33	919,08	785,25	657,83	536,91	422,33
	III	**835,33**	465,08	465,08	III	725,83	619,66	516,66	416,83	320,16	226,83
	V	**1 857,16**	465,08	465,08	IV	1 265,75	1 190,33	1 116,58	1 044,33	973,75	904,75
	VI	**1 900,41**	465,08	465,08							
6 335,99	I,IV	**1 344,00**	465,08	465,08	I	1 191,50	1 045,41	905,75	772,58	645,83	525,50
	II	**1 207,08**	465,08	465,08	II	1 060,41	920,08	786,25	658,75	537,75	423,16
	III	**836,00**	465,08	465,08	III	726,66	620,33	517,33	417,50	321,00	227,50
	V	**1 858,33**	465,08	465,08	IV	1 266,91	1 191,50	1 117,66	1 045,41	974,83	905,75
	VI	**1 901,58**	465,08	465,08							

* Zur LSt-Berechnung für privat versicherte Arbeitnehmer s. Beispiele **Vorbemerkung S. 4 f.**
** Basisvorsorgepauschale KV und PV *** Typisierter Arbeitgeberzuschuss

Lohn/ Gehalt in € bis	Steuerklasse	Lohn-steuer*	BVSP**	TAGZ***	Steuerklasse	Bemessungsgrundlage für Kirchensteuer und Solidaritätszuschlag					
						Freibeträge für ... Kinder					
						0,5	**1,0**	1,5	**2,0**	2,5	**3,0**
6 338,99	I,IV	**1 345,08**	465,08	465,08	I	1 192,50	1 046,41	906,75	773,50	646,66	526,33
	II	**1 208,16**	465,08	465,08	II	1 061,41	921,08	787,16	659,66	538,58	424,00
	III	**836,83**	465,08	465,08	III	727,33	621,16	518,00	418,16	321,66	228,16
	V	**1 859,41**	465,08	465,08	IV	1 268,00	1 192,50	1 118,66	1 046,41	975,83	906,75
	VI	**1 902,66**	465,08	465,08							
6 341,99	I,IV	**1 346,25**	465,08	465,08	I	1 193,66	1 047,50	907,75	774,50	647,58	527,16
	II	**1 209,25**	465,08	465,08	II	1 062,50	922,08	788,08	660,58	539,50	424,83
	III	**837,66**	465,08	465,08	III	728,16	621,83	518,83	419,00	322,33	228,83
	V	**1 860,58**	465,08	465,08	IV	1 269,16	1 193,66	1 119,75	1 047,50	976,83	907,75
	VI	**1 903,83**	465,08	465,08							
6 344,99	I,IV	**1 347,33**	465,08	465,08	I	1 194,66	1 048,50	908,75	775,41	648,50	528,00
	II	**1 210,33**	465,08	465,08	II	1 063,50	923,08	789,08	661,50	540,33	425,58
	III	**838,50**	465,08	465,08	III	729,00	622,66	519,50	419,66	323,00	229,50
	V	**1 861,75**	465,08	465,08	IV	1 270,25	1 194,66	1 120,83	1 048,50	977,83	908,75
	VI	**1 905,00**	465,08	465,08							
6 347,99	I,IV	**1 348,50**	465,08	465,08	I	1 195,83	1 049,58	909,75	776,33	649,41	528,91
	II	**1 211,50**	465,08	465,08	II	1 064,58	924,08	790,00	662,41	541,16	426,41
	III	**839,33**	465,08	465,08	III	729,66	623,33	520,33	420,33	323,66	230,16
	V	**1 862,83**	465,08	465,08	IV	1 271,33	1 195,83	1 121,91	1 049,58	978,83	909,75
	VI	**1 906,16**	465,08	465,08							
6 350,99	I,IV	**1 349,66**	465,08	465,08	I	1 196,91	1 050,58	910,75	777,33	650,33	529,75
	II	**1 212,58**	465,08	465,08	II	1 065,58	925,08	791,00	663,33	542,08	427,25
	III	**840,16**	465,08	465,08	III	730,50	624,16	521,00	421,16	324,33	230,83
	V	**1 864,00**	465,08	465,08	IV	1 272,50	1 196,91	1 123,00	1 050,58	979,91	910,75
	VI	**1 907,25**	465,08	465,08							
6 353,99	I,IV	**1 350,75**	465,08	465,08	I	1 198,00	1 051,66	911,75	778,25	651,25	530,58
	II	**1 213,66**	465,08	465,08	II	1 066,66	926,08	791,91	664,16	542,91	428,08
	III	**840,83**	465,08	465,08	III	731,33	625,00	521,83	421,83	325,16	231,50
	V	**1 865,16**	465,08	465,08	IV	1 273,58	1 198,00	1 124,00	1 051,66	980,91	911,75
	VI	**1 908,41**	465,08	465,08							
6 356,99	I,IV	**1 351,91**	465,08	465,08	I	1 199,08	1 052,66	912,75	779,25	652,08	531,50
	II	**1 214,75**	465,08	465,08	II	1 067,66	927,08	792,91	665,08	543,75	428,83
	III	**841,66**	465,08	465,08	III	732,16	625,66	522,50	422,50	325,83	232,16
	V	**1 866,33**	465,08	465,08	IV	1 274,66	1 199,08	1 125,08	1 052,66	981,91	912,75
	VI	**1 909,58**	465,08	465,08							
6 359,99	I,IV	**1 353,08**	465,08	465,08	I	1 200,16	1 053,75	913,75	780,16	653,00	532,33
	II	**1 215,83**	465,08	465,08	II	1 068,75	928,08	793,83	666,00	544,66	429,66
	III	**842,50**	465,08	465,08	III	732,83	626,50	523,33	423,33	326,50	233,00
	V	**1 867,50**	465,08	465,08	IV	1 275,83	1 200,16	1 126,16	1 053,75	982,91	913,75
	VI	**1 910,75**	465,08	465,08							
6 362,99	I,IV	**1 354,16**	465,08	465,08	I	1 201,25	1 054,75	914,75	781,08	653,91	533,16
	II	**1 216,91**	465,08	465,08	II	1 069,75	929,08	794,75	666,91	545,50	430,50
	III	**843,33**	465,08	465,08	III	733,66	627,16	524,00	424,00	327,16	233,66
	V	**1 868,58**	465,08	465,08	IV	1 276,91	1 201,25	1 127,25	1 054,75	983,91	914,75
	VI	**1 911,83**	465,08	465,08							
6 365,99	I,IV	**1 355,33**	465,08	465,08	I	1 202,33	1 055,83	915,75	782,08	654,83	534,00
	II	**1 218,08**	465,08	465,08	II	1 070,83	930,08	795,75	667,83	546,33	431,33
	III	**844,16**	465,08	465,08	III	734,50	628,00	524,66	424,66	327,83	234,16
	V	**1 869,75**	465,08	465,08	IV	1 278,00	1 202,33	1 128,33	1 055,83	985,00	915,75
	VI	**1 913,00**	465,08	465,08							
6 368,99	I,IV	**1 356,50**	465,08	465,08	I	1 203,50	1 056,91	916,75	783,00	655,75	534,91
	II	**1 219,16**	465,08	465,08	II	1 071,91	931,08	796,75	668,75	547,25	432,16
	III	**845,00**	465,08	465,08	III	735,33	628,83	525,50	425,50	328,50	235,00
	V	**1 870,91**	465,08	465,08	IV	1 279,16	1 203,50	1 129,33	1 056,91	986,00	916,75
	VI	**1 914,16**	465,08	465,08							
6 371,99	I,IV	**1 357,58**	465,08	465,08	I	1 204,50	1 057,91	917,75	784,00	656,66	535,75
	II	**1 220,25**	465,08	465,08	II	1 072,91	932,08	797,66	669,66	548,08	432,91
	III	**845,83**	465,08	465,08	III	736,00	629,50	526,16	426,16	329,33	235,66
	V	**1 872,00**	465,08	465,08	IV	1 280,25	1 204,50	1 130,41	1 057,91	987,00	917,75
	VI	**1 915,25**	465,08	465,08							

* Zur LSt-Berechnung für privat versicherte Arbeitnehmer s. Beispiele **Vorbemerkung S. 4 f.**
** Basisvorsorgepauschale KV und PV *** Typisierter Arbeitgeberzuschuss

Lohn/ Gehalt in € bis	Steuerklasse	Lohn-steuer*	BVSP**	TAGZ***	Steuerklasse	Bemessungsgrundlage für Kirchensteuer und Solidaritätszuschlag					
						Freibeträge für ... Kinder					
						0,5	**1,0**	1,5	**2,0**	2,5	**3,0**
6 374,99	I,IV	**1 358,75**	465,08	465,08	I	1 205,66	1 059,00	918,75	784,91	657,58	536,58
	II	**1 221,33**	465,08	465,08	II	1 074,00	933,08	798,58	670,58	548,91	433,75
	III	**846,50**	465,08	465,08	III	736,83	630,33	527,00	426,83	330,00	236,33
	V	**1 873,16**	465,08	465,08	IV	1 281,41	1 205,66	1 131,50	1 059,00	988,08	918,75
	VI	**1 916,41**	465,08	465,08							
6 377,99	I,IV	**1 359,91**	465,08	465,08	I	1 206,75	1 060,00	919,75	785,91	658,50	537,50
	II	**1 222,41**	465,08	465,08	II	1 075,08	934,08	799,58	671,50	549,83	434,58
	III	**847,50**	465,08	465,08	III	737,66	631,00	527,66	427,66	330,66	237,00
	V	**1 874,33**	465,08	465,08	IV	1 282,50	1 206,75	1 132,58	1 060,00	989,08	919,75
	VI	**1 917,58**	465,08	465,08							
6 380,99	I,IV	**1 361,00**	465,08	465,08	I	1 207,83	1 061,08	920,75	786,83	659,33	538,33
	II	**1 223,50**	465,08	465,08	II	1 076,08	935,08	800,50	672,41	550,66	435,41
	III	**848,16**	465,08	465,08	III	738,50	631,83	528,50	428,33	331,33	237,66
	V	**1 875,41**	465,08	465,08	IV	1 283,58	1 207,83	1 133,66	1 061,08	990,08	920,75
	VI	**1 918,66**	465,08	465,08							
6 383,99	I,IV	**1 362,16**	465,08	465,08	I	1 208,91	1 062,08	921,75	787,75	660,25	539,16
	II	**1 224,66**	465,08	465,08	II	1 077,16	936,08	801,50	673,33	551,58	436,25
	III	**849,00**	465,08	465,08	III	739,16	632,50	529,16	429,00	332,00	238,33
	V	**1 876,58**	465,08	465,08	IV	1 284,75	1 208,91	1 134,75	1 062,08	991,08	921,75
	VI	**1 919,83**	465,08	465,08							
6 386,99	I,IV	**1 363,33**	465,08	465,08	I	1 210,00	1 063,16	922,75	788,75	661,16	540,08
	II	**1 225,75**	465,08	465,08	II	1 078,25	937,16	802,50	674,25	552,41	437,08
	III	**849,83**	465,08	465,08	III	740,00	633,33	530,00	429,66	332,83	239,00
	V	**1 877,75**	465,08	465,08	IV	1 285,83	1 210,00	1 135,83	1 063,16	992,16	922,75
	VI	**1 921,00**	465,08	465,08							
6 389,99	I,IV	**1 364,41**	465,08	465,08	I	1 211,08	1 064,16	923,75	789,66	662,08	540,91
	II	**1 226,83**	465,08	465,08	II	1 079,25	938,08	803,41	675,08	553,25	437,83
	III	**850,66**	465,08	465,08	III	740,83	634,16	530,66	430,50	333,50	239,66
	V	**1 878,83**	465,08	465,08	IV	1 287,00	1 211,08	1 136,83	1 064,16	993,16	923,75
	VI	**1 922,16**	465,08	465,08							
6 392,99	I,IV	**1 365,58**	465,08	465,08	I	1 212,25	1 065,25	924,75	790,66	663,00	541,75
	II	**1 227,91**	465,08	465,08	II	1 080,33	939,16	804,33	676,08	554,16	438,66
	III	**851,50**	465,08	465,08	III	741,50	634,83	531,33	431,16	334,16	240,33
	V	**1 880,00**	465,08	465,08	IV	1 288,08	1 212,25	1 137,91	1 065,25	994,16	924,75
	VI	**1 923,25**	465,08	465,08							
6 395,99	I,IV	**1 366,75**	465,08	465,08	I	1 213,33	1 066,33	925,75	791,58	663,91	542,66
	II	**1 229,08**	465,08	465,08	II	1 081,41	940,16	805,33	677,00	555,00	439,50
	III	**852,33**	465,08	465,08	III	742,33	635,66	532,16	431,83	334,83	241,00
	V	**1 881,16**	465,08	465,08	IV	1 289,25	1 213,33	1 139,00	1 066,33	995,25	925,75
	VI	**1 924,41**	465,08	465,08							
6 398,99	I,IV	**1 367,83**	465,08	465,08	I	1 214,41	1 067,33	926,75	792,58	664,83	543,50
	II	**1 230,16**	465,08	465,08	II	1 082,41	941,16	806,25	677,83	555,83	440,33
	III	**853,16**	465,08	465,08	III	743,16	636,50	532,83	432,66	335,50	241,66
	V	**1 882,33**	465,08	465,08	IV	1 290,33	1 214,41	1 140,08	1 067,33	996,25	926,75
	VI	**1 925,58**	465,08	465,08							
6 401,99	I,IV	**1 369,00**	465,08	465,08	I	1 215,50	1 068,41	927,75	793,50	665,75	544,33
	II	**1 231,25**	465,08	465,08	II	1 083,50	942,16	807,25	678,75	556,75	441,16
	III	**853,83**	465,08	465,08	III	744,00	637,16	533,66	433,33	336,16	242,33
	V	**1 883,41**	465,08	465,08	IV	1 291,41	1 215,50	1 141,16	1 068,41	997,25	927,75
	VI	**1 926,75**	465,08	465,08							
6 404,99	I,IV	**1 370,16**	465,08	465,08	I	1 216,58	1 069,50	928,75	794,50	666,66	545,25
	II	**1 232,33**	465,08	465,08	II	1 084,58	943,16	808,25	679,75	557,58	442,00
	III	**854,83**	465,08	465,08	III	744,83	638,00	534,33	434,00	337,00	243,00
	V	**1 884,58**	465,08	465,08	IV	1 292,58	1 216,58	1 142,25	1 069,50	998,33	928,75
	VI	**1 927,83**	465,08	465,08							
6 407,99	I,IV	**1 371,25**	465,08	465,08	I	1 217,66	1 070,50	929,75	795,41	667,50	546,08
	II	**1 233,41**	465,08	465,08	II	1 085,58	944,16	809,16	680,58	558,50	442,75
	III	**855,50**	465,08	465,08	III	745,50	638,66	535,16	434,83	337,66	243,66
	V	**1 885,75**	465,08	465,08	IV	1 293,66	1 217,66	1 143,25	1 070,50	999,33	929,75
	VI	**1 929,00**	465,08	465,08							

* Zur LSt-Berechnung für privat versicherte Arbeitnehmer s. Beispiele **Vorbemerkung S. 4 f.**
** Basisvorsorgepauschale KV und PV *** Typisierter Arbeitgeberzuschuss

Lohn/ Gehalt in € bis	Steuerklasse	Lohnsteuer*	BVSP**	TAGZ***	Steuerklasse	Bemessungsgrundlage für Kirchensteuer und Solidaritätszuschlag – Freibeträge für ... Kinder 0,5	1,0	1,5	2,0	2,5	3,0
6410,99	I,IV	**1372,41**	465,08	465,08	I	1218,75	1071,58	930,75	796,41	668,41	546,91
	II	**1234,58**	465,08	465,08	II	1086,66	945,16	810,16	681,50	559,33	443,58
	III	**856,33**	465,08	465,08	III	746,33	639,50	535,83	435,50	338,33	244,33
	V	**1886,91**	465,08	465,08	IV	1294,83	1218,75	1144,33	1071,58	1000,33	930,75
	VI	**1930,16**	465,08	465,08							
6413,99	I,IV	**1373,58**	465,08	465,08	I	1219,83	1072,58	931,75	797,33	669,33	547,83
	II	**1235,66**	465,08	465,08	II	1087,66	946,16	811,08	682,41	560,16	444,41
	III	**857,16**	465,08	465,08	III	747,00	640,16	536,66	436,16	339,00	245,00
	V	**1888,00**	465,08	465,08	IV	1295,91	1219,83	1145,41	1072,58	1001,33	931,75
	VI	**1931,25**	465,08	465,08							
6416,99	I,IV	**1374,75**	465,08	465,08	I	1221,00	1073,66	932,75	798,33	670,25	548,66
	II	**1236,75**	465,08	465,08	II	1088,75	947,16	812,08	683,33	561,08	445,25
	III	**858,00**	465,08	465,08	III	747,83	641,00	537,33	437,00	339,66	245,66
	V	**1889,16**	465,08	465,08	IV	1297,08	1221,00	1146,50	1073,66	1002,41	932,75
	VI	**1932,41**	465,08	465,08							
6419,99	I,IV	**1375,83**	465,08	465,08	I	1222,08	1074,75	933,75	799,25	671,16	549,50
	II	**1237,83**	465,08	465,08	II	1089,83	948,25	813,00	684,25	561,91	446,08
	III	**858,83**	465,08	465,08	III	748,66	641,83	538,16	437,66	340,33	246,33
	V	**1890,33**	465,08	465,08	IV	1298,16	1222,08	1147,58	1074,75	1003,41	933,75
	VI	**1933,58**	465,08	465,08							
6422,99	I,IV	**1377,00**	465,08	465,08	I	1223,16	1075,75	934,75	800,16	672,08	550,41
	II	**1238,91**	465,08	465,08	II	1090,83	949,16	814,00	685,16	562,83	446,83
	III	**859,66**	465,08	465,08	III	749,50	642,50	538,83	438,33	341,00	247,00
	V	**1891,41**	465,08	465,08	IV	1299,25	1223,16	1148,66	1075,75	1004,41	934,75
	VI	**1934,66**	465,08	465,08							
6425,99	I,IV	**1378,16**	465,08	465,08	I	1224,25	1076,83	935,75	801,16	673,00	551,25
	II	**1240,08**	465,08	465,08	II	1091,91	950,25	814,91	686,08	563,66	447,66
	III	**860,50**	465,08	465,08	III	750,33	643,33	539,66	439,16	341,83	247,66
	V	**1892,58**	465,08	465,08	IV	1300,41	1224,25	1149,75	1076,83	1005,50	935,75
	VI	**1935,83**	465,08	465,08							
6428,99	I,IV	**1379,33**	465,08	465,08	I	1225,41	1077,83	936,75	802,16	673,91	552,16
	II	**1241,16**	465,08	465,08	II	1093,00	951,25	815,91	687,00	564,58	448,50
	III	**861,16**	465,08	465,08	III	751,00	644,16	540,33	439,83	342,50	248,33
	V	**1893,75**	465,08	465,08	IV	1301,58	1225,41	1150,83	1077,83	1006,50	936,75
	VI	**1937,00**	465,08	465,08							
6431,99	I,IV	**1380,41**	465,08	465,08	I	1226,50	1078,91	937,75	803,08	674,83	553,00
	II	**1242,25**	465,08	465,08	II	1094,00	952,25	816,83	687,91	565,41	449,33
	III	**862,00**	465,08	465,08	III	751,83	644,83	541,00	440,50	343,16	249,00
	V	**1894,83**	465,08	465,08	IV	1302,66	1226,50	1151,91	1078,91	1007,50	937,75
	VI	**1938,08**	465,08	465,08							
6434,99	I,IV	**1381,58**	465,08	465,08	I	1227,58	1080,00	938,83	804,08	675,75	553,83
	II	**1243,41**	465,08	465,08	II	1095,08	953,25	817,83	688,83	566,33	450,16
	III	**862,83**	465,08	465,08	III	752,66	645,66	541,83	441,33	343,83	249,66
	V	**1896,00**	465,08	465,08	IV	1303,75	1227,58	1153,00	1080,00	1008,58	938,83
	VI	**1939,25**	465,08	465,08							
6437,99	I,IV	**1382,75**	465,08	465,08	I	1228,66	1081,00	939,83	805,00	676,66	554,75
	II	**1244,50**	465,08	465,08	II	1096,16	954,25	818,83	689,75	567,16	451,00
	III	**863,66**	465,08	465,08	III	753,50	646,33	542,50	442,00	344,50	250,33
	V	**1897,16**	465,08	465,08	IV	1304,91	1228,66	1154,08	1081,00	1009,58	939,83
	VI	**1940,41**	465,08	465,08							
6440,99	I,IV	**1383,83**	465,08	465,08	I	1229,75	1082,08	940,83	806,00	677,58	555,58
	II	**1245,58**	465,08	465,08	II	1097,16	955,25	819,75	690,66	568,00	451,83
	III	**864,50**	465,08	465,08	III	754,16	647,16	543,33	442,66	345,33	251,00
	V	**1898,33**	465,08	465,08	IV	1306,00	1229,75	1155,08	1082,08	1010,66	940,83
	VI	**1941,58**	465,08	465,08							
6443,99	I,IV	**1385,00**	465,08	465,08	I	1230,91	1083,16	941,83	806,91	678,50	556,41
	II	**1246,66**	465,08	465,08	II	1098,25	956,25	820,75	691,58	568,91	452,66
	III	**865,33**	465,08	465,08	III	755,00	648,00	544,16	443,50	346,00	251,83
	V	**1899,41**	465,08	465,08	IV	1307,16	1230,91	1156,16	1083,16	1011,66	941,83
	VI	**1942,75**	465,08	465,08							

* Zur LSt-Berechnung für privat versicherte Arbeitnehmer s. Beispiele **Vorbemerkung S. 4f.**
** Basisvorsorgepauschale KV und PV *** Typisierter Arbeitgeberzuschuss

Lohn/ Gehalt in € bis	Steuerklasse	Lohn- steuer*	BVSP**	TAGZ***	Steuerklasse	Bemessungsgrundlage für Kirchensteuer und Solidaritätszuschlag – Freibeträge für ... Kinder 0,5	1,0	1,5	2,0	2,5	3,0
6446,99	I,IV	**1386,16**	465,08	465,08	I	1232,00	1084,16	942,83	807,91	679,41	557,33
	II	**1247,83**	465,08	465,08	II	1099,33	957,33	821,75	692,50	569,83	453,50
	III	**866,16**	465,08	465,08	III	755,83	648,66	544,83	444,16	346,66	252,50
	V	**1900,58**	465,08	465,08	IV	1308,33	1232,00	1157,25	1084,16	1012,75	942,83
	VI	**1943,83**	465,08	465,08							
6449,99	I,IV	**1387,25**	465,08	465,08	I	1233,08	1085,25	943,83	808,83	680,33	558,16
	II	**1248,91**	465,08	465,08	II	1100,41	958,33	822,66	693,41	570,66	454,25
	III	**867,00**	465,08	465,08	III	756,66	649,50	545,50	444,83	347,33	253,16
	V	**1901,75**	465,08	465,08	IV	1309,41	1233,08	1158,33	1085,25	1013,75	943,83
	VI	**1945,00**	465,08	465,08							
6452,99	I,IV	**1388,41**	465,08	465,08	I	1234,16	1086,33	944,83	809,83	681,25	559,08
	II	**1250,00**	465,08	465,08	II	1101,50	959,33	823,66	694,33	571,50	455,08
	III	**867,83**	465,08	465,08	III	757,50	650,33	546,33	445,66	348,16	253,83
	V	**1902,91**	465,08	465,08	IV	1310,50	1234,16	1159,41	1086,33	1014,75	944,83
	VI	**1946,16**	465,08	465,08							
6455,99	I,IV	**1389,58**	465,08	465,08	I	1235,33	1087,33	945,83	810,75	682,16	559,91
	II	**1251,16**	465,08	465,08	II	1102,50	960,33	824,58	695,33	572,41	456,00
	III	**868,66**	465,08	465,08	III	758,16	651,00	547,00	446,33	348,83	254,50
	V	**1904,00**	465,08	465,08	IV	1311,66	1235,33	1160,50	1087,33	1015,83	945,83
	VI	**1947,33**	465,08	465,08							
6458,99	I,IV	**1390,75**	465,08	465,08	I	1236,41	1088,41	946,83	811,75	683,08	560,75
	II	**1252,25**	465,08	465,08	II	1103,58	961,33	825,58	696,16	573,25	456,75
	III	**869,33**	465,08	465,08	III	759,00	651,83	547,83	447,00	349,50	255,16
	V	**1905,16**	465,08	465,08	IV	1312,75	1236,41	1161,58	1088,41	1016,83	946,83
	VI	**1948,41**	465,08	465,08							
6461,99	I,IV	**1391,83**	465,08	465,08	I	1237,50	1089,50	947,83	812,66	684,00	561,66
	II	**1253,33**	465,08	465,08	II	1104,66	962,33	826,50	697,16	574,16	457,58
	III	**870,16**	465,08	465,08	III	759,83	652,50	548,50	447,83	350,16	255,83
	V	**1906,33**	465,08	465,08	IV	1313,91	1237,50	1162,66	1089,50	1017,83	947,83
	VI	**1949,58**	465,08	465,08							
6464,99	I,IV	**1393,00**	465,08	465,08	I	1238,58	1090,50	948,91	813,66	684,91	562,50
	II	**1254,50**	465,08	465,08	II	1105,75	963,41	827,50	698,08	575,00	458,41
	III	**871,00**	465,08	465,08	III	760,50	653,33	549,33	448,50	350,83	256,50
	V	**1907,50**	465,08	465,08	IV	1315,08	1238,58	1163,75	1090,50	1018,91	948,91
	VI	**1950,75**	465,08	465,08							
6467,99	I,IV	**1394,16**	465,08	465,08	I	1239,66	1091,58	949,91	814,58	685,75	563,41
	II	**1255,58**	465,08	465,08	II	1106,75	964,41	828,50	699,00	575,91	459,25
	III	**871,83**	465,08	465,08	III	761,33	654,16	550,00	449,16	351,50	257,16
	V	**1908,58**	465,08	465,08	IV	1316,16	1239,66	1164,83	1091,58	1019,91	949,91
	VI	**1951,83**	465,08	465,08							
6470,99	I,IV	**1395,33**	465,08	465,08	I	1240,83	1092,66	950,91	815,58	686,75	564,25
	II	**1256,66**	465,08	465,08	II	1107,83	965,41	829,41	699,91	576,75	460,08
	III	**872,66**	465,08	465,08	III	762,16	654,83	550,83	450,00	352,33	257,83
	V	**1909,75**	465,08	465,08	IV	1317,33	1240,83	1165,91	1092,66	1021,00	950,91
	VI	**1953,00**	465,08	465,08							
6473,99	I,IV	**1396,41**	465,08	465,08	I	1241,91	1093,66	951,91	816,58	687,66	565,16
	II	**1257,83**	465,08	465,08	II	1108,91	966,41	830,41	700,83	577,66	460,91
	III	**873,50**	465,08	465,08	III	763,00	655,66	551,50	450,66	353,00	258,50
	V	**1910,91**	465,08	465,08	IV	1318,41	1241,91	1167,00	1093,66	1022,00	951,91
	VI	**1954,16**	465,08	465,08							
6476,99	I,IV	**1397,58**	465,08	465,08	I	1243,00	1094,75	952,91	817,50	688,58	566,00
	II	**1258,91**	465,08	465,08	II	1109,91	967,41	831,33	701,75	578,50	461,75
	III	**874,33**	465,08	465,08	III	763,66	656,33	552,33	451,33	353,66	259,16
	V	**1912,00**	465,08	465,08	IV	1319,58	1243,00	1168,08	1094,75	1023,00	952,91
	VI	**1955,25**	465,08	465,08							
6479,99	I,IV	**1398,75**	465,08	465,08	I	1244,08	1095,83	953,91	818,50	689,50	566,91
	II	**1260,00**	465,08	465,08	II	1111,00	968,50	832,33	702,66	579,41	462,58
	III	**875,16**	465,08	465,08	III	764,50	657,16	553,00	452,16	354,33	259,83
	V	**1913,16**	465,08	465,08	IV	1320,66	1244,08	1169,16	1095,83	1024,08	953,91
	VI	**1956,41**	465,08	465,08							

* Zur LSt-Berechnung für privat versicherte Arbeitnehmer s. Beispiele **Vorbemerkung S. 4 f.**
** Basisvorsorgepauschale KV und PV *** Typisierter Arbeitgeberzuschuss

Lohn/ Gehalt in € bis	Steuerklasse	Lohn-steuer*	BVSP**	TAGZ***	Steuerklasse	Bemessungsgrundlage für Kirchensteuer und Solidaritätszuschlag					
						Freibeträge für ... Kinder					
						0,5	**1,0**	1,5	**2,0**	2,5	**3,0**
6482,99	I,IV	**1399,83**	465,08	465,08	I	1245,16	1096,83	954,91	819,41	690,33	567,75
	II	**1261,08**	465,08	465,08	II	1112,08	969,50	833,33	703,58	580,25	463,41
	III	**876,00**	465,08	465,08	III	765,33	658,00	553,83	452,83	355,16	260,50
	V	**1914,25**	465,08	465,08	IV	1321,83	1245,16	1170,25	1096,83	1025,08	954,91
	VI	**1957,58**	465,08	465,08							
6485,99	I,IV	**1401,00**	465,08	465,08	I	1246,33	1097,91	955,91	820,41	691,33	568,58
	II	**1262,25**	465,08	465,08	II	1113,16	970,50	834,25	704,50	581,16	464,25
	III	**876,83**	465,08	465,08	III	766,16	658,66	554,50	453,50	355,83	261,16
	V	**1915,41**	465,08	465,08	IV	1322,91	1246,33	1171,33	1097,91	1026,16	955,91
	VI	**1958,66**	465,08	465,08							
6488,99	I,IV	**1402,16**	465,08	465,08	I	1247,41	1099,00	957,00	821,41	692,25	569,50
	II	**1263,33**	465,08	465,08	II	1114,25	971,50	835,25	705,41	582,00	465,08
	III	**877,66**	465,08	465,08	III	767,00	659,50	555,33	454,33	356,50	262,00
	V	**1916,58**	465,08	465,08	IV	1324,08	1247,41	1172,41	1099,00	1027,16	957,00
	VI	**1959,83**	465,08	465,08							
6491,99	I,IV	**1403,25**	465,08	465,08	I	1248,50	1100,00	958,00	822,33	693,16	570,33
	II	**1264,41**	465,08	465,08	II	1115,25	972,50	836,25	706,33	582,91	465,83
	III	**878,33**	465,08	465,08	III	767,66	660,33	556,00	455,00	357,16	262,66
	V	**1917,75**	465,08	465,08	IV	1325,16	1248,50	1173,50	1100,00	1028,16	958,00
	VI	**1961,00**	465,08	465,08							
6494,99	I,IV	**1404,41**	465,08	465,08	I	1249,66	1101,08	959,00	823,33	694,08	571,25
	II	**1265,58**	465,08	465,08	II	1116,33	973,58	837,16	707,25	583,75	466,75
	III	**879,16**	465,08	465,08	III	768,50	661,00	556,83	455,66	357,83	263,33
	V	**1918,83**	465,08	465,08	IV	1326,33	1249,66	1174,58	1101,08	1029,25	959,00
	VI	**1962,16**	465,08	465,08							
6497,99	I,IV	**1405,58**	465,08	465,08	I	1250,75	1102,16	960,00	824,25	695,00	572,08
	II	**1266,66**	465,08	465,08	II	1117,41	974,58	838,16	708,16	584,66	467,58
	III	**880,00**	465,08	465,08	III	769,33	661,83	557,50	456,50	358,66	264,00
	V	**1920,00**	465,08	465,08	IV	1327,50	1250,75	1175,66	1102,16	1030,25	960,00
	VI	**1963,25**	465,08	465,08							
6500,99	I,IV	**1406,66**	465,08	465,08	I	1251,83	1103,25	961,00	825,25	695,91	573,00
	II	**1267,75**	465,08	465,08	II	1118,41	975,58	839,16	709,08	585,50	468,33
	III	**880,83**	465,08	465,08	III	770,16	662,66	558,33	457,16	359,33	264,66
	V	**1921,16**	465,08	465,08	IV	1328,58	1251,83	1176,75	1103,25	1031,33	961,00
	VI	**1964,41**	465,08	465,08							
6503,99	I,IV	**1407,83**	465,08	465,08	I	1253,00	1104,25	962,00	826,25	696,83	573,83
	II	**1268,91**	465,08	465,08	II	1119,50	976,58	840,08	710,08	586,41	469,16
	III	**881,66**	465,08	465,08	III	770,83	663,33	559,00	457,83	360,00	265,33
	V	**1922,33**	465,08	465,08	IV	1329,75	1253,00	1177,83	1104,25	1032,33	962,00
	VI	**1965,58**	465,08	465,08							
6506,99	I,IV	**1409,00**	465,08	465,08	I	1254,08	1105,33	963,08	827,16	697,75	574,75
	II	**1270,00**	465,08	465,08	II	1120,58	977,66	841,08	711,00	587,33	470,08
	III	**882,50**	465,08	465,08	III	771,66	664,16	559,83	458,66	360,66	266,00
	V	**1923,50**	465,08	465,08	IV	1330,83	1254,08	1178,91	1105,33	1033,41	963,08
	VI	**1966,75**	465,08	465,08							
6509,99	I,IV	**1410,16**	465,08	465,08	I	1255,16	1106,41	964,08	828,16	698,66	575,58
	II	**1271,08**	465,08	465,08	II	1121,66	978,66	842,08	711,91	588,16	470,83
	III	**883,33**	465,08	465,08	III	772,50	664,83	560,50	459,33	361,33	266,66
	V	**1924,58**	465,08	465,08	IV	1332,00	1255,16	1180,00	1106,41	1034,41	964,08
	VI	**1967,83**	465,08	465,08							
6512,99	I,IV	**1411,33**	465,08	465,08	I	1256,33	1107,50	965,08	829,08	699,58	576,50
	II	**1272,25**	465,08	465,08	II	1122,75	979,66	843,00	712,83	589,08	471,66
	III	**884,16**	465,08	465,08	III	773,33	665,66	561,33	460,00	362,16	267,33
	V	**1925,75**	465,08	465,08	IV	1333,08	1256,33	1181,08	1107,50	1035,50	965,08
	VI	**1969,00**	465,08	465,08							
6515,99	I,IV	**1412,41**	465,08	465,08	I	1257,41	1108,58	966,08	830,08	700,50	577,33
	II	**1273,33**	465,08	465,08	II	1123,83	980,66	844,00	713,75	589,91	472,58
	III	**885,00**	465,08	465,08	III	774,16	666,50	562,00	460,83	362,83	268,00
	V	**1926,91**	465,08	465,08	IV	1334,25	1257,41	1182,16	1108,58	1036,50	966,08
	VI	**1970,16**	465,08	465,08							

* Zur LSt-Berechnung für privat versicherte Arbeitnehmer s. Beispiele **Vorbemerkung S. 4f.**
** Basisvorsorgepauschale KV und PV *** Typisierter Arbeitgeberzuschuss

Lohn/ Gehalt in € bis	Steuerklasse	Lohn-steuer*	BVSP**	TAGZ***	Steuerklasse	Bemessungsgrundlage für Kirchensteuer und Solidaritätszuschlag – Freibeträge für ... Kinder 0,5	1,0	1,5	2,0	2,5	3,0
6518,99	I,IV	**1413,58**	465,08	465,08	I	1258,50	1109,58	967,08	831,08	701,41	578,25
	II	**1274,41**	465,08	465,08	II	1124,83	981,66	845,00	714,66	590,83	473,33
	III	**885,83**	465,08	465,08	III	774,83	667,16	562,83	461,50	363,50	268,66
	V	**1928,00**	465,08	465,08	IV	1335,41	1258,50	1183,25	1109,58	1037,50	967,08
	VI	**1971,25**	465,08	465,08							
6521,99	I,IV	**1414,75**	465,08	465,08	I	1259,66	1110,66	968,16	832,00	702,33	579,08
	II	**1275,58**	465,08	465,08	II	1125,91	982,75	845,91	715,58	591,66	474,16
	III	**886,66**	465,08	465,08	III	775,66	668,00	563,50	462,33	364,16	269,33
	V	**1929,16**	465,08	465,08	IV	1336,50	1259,66	1184,33	1110,66	1038,58	968,16
	VI	**1972,41**	465,08	465,08							
6524,99	I,IV	**1415,91**	465,08	465,08	I	1260,75	1111,75	969,16	833,00	703,25	580,00
	II	**1276,66**	465,08	465,08	II	1127,00	983,75	846,91	716,58	592,58	475,08
	III	**887,50**	465,08	465,08	III	776,50	668,83	564,33	463,00	365,00	270,16
	V	**1930,33**	465,08	465,08	IV	1337,66	1260,75	1185,41	1111,75	1039,66	969,16
	VI	**1973,58**	465,08	465,08							
6527,99	I,IV	**1417,00**	465,08	465,08	I	1261,83	1112,75	970,16	833,91	704,16	580,83
	II	**1277,83**	465,08	465,08	II	1128,08	984,75	847,91	717,41	593,41	475,83
	III	**888,33**	465,08	465,08	III	777,33	669,50	565,00	463,66	365,66	270,83
	V	**1931,41**	465,08	465,08	IV	1338,75	1261,83	1186,50	1112,75	1040,66	970,16
	VI	**1974,66**	465,08	465,08							
6530,99	I,IV	**1418,16**	465,08	465,08	I	1263,00	1113,83	971,16	834,91	705,08	581,75
	II	**1278,91**	465,08	465,08	II	1129,16	985,83	848,91	718,41	594,33	476,75
	III	**889,00**	465,08	465,08	III	778,00	670,33	565,83	464,50	366,33	271,50
	V	**1932,58**	465,08	465,08	IV	1339,91	1263,00	1187,58	1113,83	1041,75	971,16
	VI	**1975,83**	465,08	465,08							
6533,99	I,IV	**1419,33**	465,08	465,08	I	1264,08	1114,91	972,16	835,91	706,08	582,58
	II	**1280,08**	465,08	465,08	II	1130,25	986,83	849,83	719,33	595,25	477,58
	III	**890,00**	465,08	465,08	III	778,83	671,16	566,50	465,16	367,00	272,16
	V	**1933,75**	465,08	465,08	IV	1341,08	1264,08	1188,66	1114,91	1042,75	972,16
	VI	**1977,00**	465,08	465,08							
6536,99	I,IV	**1420,41**	465,08	465,08	I	1265,16	1116,00	973,16	836,83	706,91	583,50
	II	**1281,16**	465,08	465,08	II	1131,25	987,83	850,83	720,25	596,08	478,33
	III	**890,66**	465,08	465,08	III	779,66	671,83	567,33	465,83	367,66	272,83
	V	**1934,83**	465,08	465,08	IV	1342,16	1265,16	1189,75	1116,00	1043,75	973,16
	VI	**1978,16**	465,08	465,08							
6539,99	I,IV	**1421,58**	465,08	465,08	I	1266,33	1117,08	974,25	837,83	707,91	584,33
	II	**1282,25**	465,08	465,08	II	1132,33	988,83	851,83	721,16	597,00	479,25
	III	**891,50**	465,08	465,08	III	780,50	672,66	568,00	466,66	368,50	273,50
	V	**1936,00**	465,08	465,08	IV	1343,33	1266,33	1190,83	1117,08	1044,83	974,25
	VI	**1979,25**	465,08	465,08							
6542,99	I,IV	**1422,75**	465,08	465,08	I	1267,41	1118,16	975,25	838,83	708,83	585,25
	II	**1283,41**	465,08	465,08	II	1133,41	989,91	852,83	722,08	597,83	480,08
	III	**892,33**	465,08	465,08	III	781,33	673,50	568,83	467,33	369,16	274,16
	V	**1937,16**	465,08	465,08	IV	1344,50	1267,41	1192,00	1118,16	1045,91	975,25
	VI	**1980,41**	465,08	465,08							
6545,99	I,IV	**1423,83**	465,08	465,08	I	1268,50	1119,16	976,25	839,75	709,75	586,08
	II	**1284,50**	465,08	465,08	II	1134,50	990,91	853,75	723,00	598,75	480,91
	III	**893,16**	465,08	465,08	III	782,16	674,16	569,50	468,16	369,83	274,83
	V	**1938,33**	465,08	465,08	IV	1345,58	1268,50	1193,00	1119,16	1046,91	976,25
	VI	**1981,58**	465,08	465,08							
6548,99	I,IV	**1425,00**	465,08	465,08	I	1269,66	1120,25	977,25	840,75	710,66	587,00
	II	**1285,66**	465,08	465,08	II	1135,58	991,91	854,75	724,00	599,66	481,75
	III	**894,00**	465,08	465,08	III	782,83	675,00	570,33	468,83	370,50	275,50
	V	**1939,41**	465,08	465,08	IV	1346,75	1269,66	1194,16	1120,25	1048,00	977,25
	VI	**1982,75**	465,08	465,08							
6551,99	I,IV	**1426,16**	465,08	465,08	I	1270,75	1121,33	978,25	841,75	711,58	587,83
	II	**1286,75**	465,08	465,08	II	1136,58	992,91	855,66	724,91	600,50	482,58
	III	**894,83**	465,08	465,08	III	783,66	675,66	571,00	469,50	371,16	276,16
	V	**1940,58**	465,08	465,08	IV	1347,83	1270,75	1195,16	1121,33	1049,00	978,25
	VI	**1983,83**	465,08	465,08							

* Zur LSt-Berechnung für privat versicherte Arbeitnehmer s. Beispiele **Vorbemerkung S. 4f.**
** Basisvorsorgepauschale KV und PV   *** Typisierter Arbeitgeberzuschuss

Lohn/ Gehalt in € bis	Steuerklasse	Lohnsteuer*	BVSP**	TAGZ***	Steuerklasse	Bemessungsgrundlage für Kirchensteuer und Solidaritätszuschlag					
						Freibeträge für ... Kinder					
						0,5	**1,0**	1,5	**2,0**	2,5	**3,0**
6554,99	I,IV	**1427,25**	465,08	465,08	I	1271,83	1122,33	979,33	842,66	712,50	588,75
	II	**1287,83**	465,08	465,08	II	1137,66	994,00	856,66	725,83	601,41	483,41
	III	**895,66**	465,08	465,08	III	784,50	676,50	571,83	470,33	372,00	276,83
	V	**1941,75**	465,08	465,08	IV	1349,00	1271,83	1196,33	1122,33	1050,08	979,33
	VI	**1985,00**	465,08	465,08							
6557,99	I,IV	**1428,41**	465,08	465,08	I	1273,00	1123,41	980,33	843,66	713,41	589,66
	II	**1289,00**	465,08	465,08	II	1138,75	995,00	857,66	726,75	602,25	484,25
	III	**896,50**	465,08	465,08	III	785,33	677,33	572,50	471,00	372,66	277,50
	V	**1942,91**	465,08	465,08	IV	1350,16	1273,00	1197,41	1123,41	1051,08	980,33
	VI	**1986,16**	465,08	465,08							
6560,99	I,IV	**1429,58**	465,08	465,08	I	1274,08	1124,50	981,33	844,66	714,33	590,50
	II	**1290,08**	465,08	465,08	II	1139,83	996,00	858,66	727,66	603,16	485,08
	III	**897,33**	465,08	465,08	III	786,00	678,00	573,33	471,66	373,33	278,16
	V	**1944,00**	465,08	465,08	IV	1351,25	1274,08	1198,50	1124,50	1052,08	981,33
	VI	**1987,25**	465,08	465,08							
6563,99	I,IV	**1430,75**	465,08	465,08	I	1275,16	1125,58	982,41	845,58	715,33	591,41
	II	**1291,25**	465,08	465,08	II	1140,91	997,08	859,58	728,58	604,08	485,91
	III	**898,16**	465,08	465,08	III	786,83	678,83	574,00	472,50	374,16	279,00
	V	**1945,16**	465,08	465,08	IV	1352,41	1275,16	1199,58	1125,58	1053,16	982,41
	VI	**1988,41**	465,08	465,08							
6566,99	I,IV	**1431,83**	465,08	465,08	I	1276,33	1126,66	983,41	846,58	716,25	592,25
	II	**1292,33**	465,08	465,08	II	1142,00	998,08	860,58	729,58	604,91	486,75
	III	**899,00**	465,08	465,08	III	787,66	679,66	574,83	473,16	374,83	279,66
	V	**1946,33**	465,08	465,08	IV	1353,58	1276,33	1200,66	1126,66	1054,25	983,41
	VI	**1989,58**	465,08	465,08							
6569,99	I,IV	**1433,00**	465,08	465,08	I	1277,41	1127,66	984,41	847,58	717,16	593,16
	II	**1293,41**	465,08	465,08	II	1143,08	999,08	861,58	730,50	605,83	487,58
	III	**899,66**	465,08	465,08	III	788,50	680,33	575,50	473,83	375,50	280,33
	V	**1947,41**	465,08	465,08	IV	1354,66	1277,41	1201,75	1127,66	1055,25	984,41
	VI	**1990,66**	465,08	465,08							
6572,99	I,IV	**1434,16**	465,08	465,08	I	1278,58	1128,75	985,41	848,58	718,08	594,00
	II	**1294,58**	465,08	465,08	II	1144,16	1000,16	862,58	731,41	606,66	488,41
	III	**900,66**	465,08	465,08	III	789,33	681,16	576,33	474,66	376,16	281,00
	V	**1948,58**	465,08	465,08	IV	1355,83	1278,58	1202,83	1128,75	1056,33	985,41
	VI	**1991,83**	465,08	465,08							
6575,99	I,IV	**1435,33**	465,08	465,08	I	1279,66	1129,83	986,50	849,50	719,00	594,91
	II	**1295,75**	465,08	465,08	II	1145,25	1001,16	863,58	732,33	607,58	489,25
	III	**901,33**	465,08	465,08	III	790,00	682,00	577,00	475,33	376,83	281,66
	V	**1949,75**	465,08	465,08	IV	1357,00	1279,66	1204,00	1129,83	1057,33	986,50
	VI	**1993,00**	465,08	465,08							
6578,99	I,IV	**1436,41**	465,08	465,08	I	1280,75	1130,91	987,50	850,50	719,91	595,83
	II	**1296,83**	465,08	465,08	II	1146,25	1002,16	864,50	733,25	608,50	490,08
	III	**902,16**	465,08	465,08	III	790,83	682,66	577,83	476,16	377,66	282,33
	V	**1950,83**	465,08	465,08	IV	1358,08	1280,75	1205,00	1130,91	1058,41	987,50
	VI	**1994,08**	465,08	465,08							
6581,99	I,IV	**1437,58**	465,08	465,08	I	1281,91	1132,00	988,50	851,50	720,83	596,66
	II	**1297,91**	465,08	465,08	II	1147,33	1003,25	865,50	734,25	609,33	490,91
	III	**903,00**	465,08	465,08	III	791,66	683,50	578,50	476,83	378,33	283,00
	V	**1952,00**	465,08	465,08	IV	1359,25	1281,91	1206,16	1132,00	1059,41	988,50
	VI	**1995,25**	465,08	465,08							
6584,99	I,IV	**1438,75**	465,08	465,08	I	1283,00	1133,08	989,58	852,50	721,83	597,58
	II	**1299,08**	465,08	465,08	II	1148,41	1004,25	866,50	735,16	610,25	491,83
	III	**903,83**	465,08	465,08	III	792,50	684,33	579,33	477,50	379,00	283,66
	V	**1953,16**	465,08	465,08	IV	1360,41	1283,00	1207,25	1133,08	1060,50	989,58
	VI	**1996,41**	465,08	465,08							
6587,99	I,IV	**1439,83**	465,08	465,08	I	1284,08	1134,08	990,58	853,41	722,75	598,41
	II	**1300,16**	465,08	465,08	II	1149,50	1005,25	867,50	736,08	611,16	492,58
	III	**904,66**	465,08	465,08	III	793,33	685,00	580,00	478,33	379,66	284,33
	V	**1954,33**	465,08	465,08	IV	1361,50	1284,08	1208,33	1134,08	1061,50	990,58
	VI	**1997,58**	465,08	465,08							

* Zur LSt-Berechnung für privat versicherte Arbeitnehmer s. Beispiele **Vorbemerkung S. 4f.**
** Basisvorsorgepauschale KV und PV *** Typisierter Arbeitgeberzuschuss

Lohn/ Gehalt in € bis	Steuerklasse	Lohn-steuer*	BVSP**	TAGZ***	Steuerklasse	Bemessungsgrundlage für Kirchensteuer und Solidaritätszuschlag					
						Freibeträge für ... Kinder					
						0,5	**1,0**	1,5	**2,0**	2,5	**3,0**
6590,99	I,IV	**1441,00**	465,08	465,08	I	1285,25	1135,16	991,58	854,41	723,66	599,33
	II	**1301,33**	465,08	465,08	II	1150,58	1006,33	868,41	737,00	612,00	493,50
	III	**905,50**	465,08	465,08	III	794,16	685,83	580,83	479,00	380,50	285,16
	V	**1955,41**	465,08	465,08	IV	1362,66	1285,25	1209,41	1135,16	1062,58	991,58
	VI	**1998,75**	465,08	465,08							
6593,99	I,IV	**1442,16**	465,08	465,08	I	1286,41	1136,25	992,66	855,41	724,58	600,25
	II	**1302,41**	465,08	465,08	II	1151,66	1007,33	869,41	738,00	612,91	494,33
	III	**906,33**	465,08	465,08	III	794,83	686,66	581,66	479,83	381,16	285,83
	V	**1956,58**	465,08	465,08	IV	1363,83	1286,41	1210,50	1136,25	1063,66	992,66
	VI	**1999,83**	465,08	465,08							
6596,99	I,IV	**1443,25**	465,08	465,08	I	1287,50	1137,33	993,66	856,33	725,50	601,08
	II	**1303,58**	465,08	465,08	II	1152,75	1008,33	870,41	738,91	613,83	495,16
	III	**907,16**	465,08	465,08	III	795,66	687,33	582,33	480,50	381,83	286,50
	V	**1957,75**	465,08	465,08	IV	1365,00	1287,50	1211,58	1137,33	1064,66	993,66
	VI	**2001,00**	465,08	465,08							
6599,99	I,IV	**1444,41**	465,08	465,08	I	1288,58	1138,41	994,66	857,33	726,41	602,00
	II	**1304,66**	465,08	465,08	II	1153,83	1009,41	871,41	739,83	614,66	496,00
	III	**908,00**	465,08	465,08	III	796,50	688,16	583,16	481,16	382,50	287,16
	V	**1958,91**	465,08	465,08	IV	1366,08	1288,58	1212,75	1138,41	1065,75	994,66
	VI	**2002,16**	465,08	465,08							
6602,99	I,IV	**1445,58**	465,08	465,08	I	1289,75	1139,50	995,66	858,33	727,41	602,91
	II	**1305,83**	465,08	465,08	II	1154,91	1010,41	872,41	740,75	615,58	496,83
	III	**908,83**	465,08	465,08	III	797,33	689,00	583,83	482,00	383,33	287,83
	V	**1960,00**	465,08	465,08	IV	1367,25	1289,75	1213,83	1139,50	1066,83	995,66
	VI	**2003,33**	465,08	465,08							
6605,99	I,IV	**1446,75**	465,08	465,08	I	1290,83	1140,58	996,75	859,33	728,33	603,75
	II	**1306,91**	465,08	465,08	II	1156,00	1011,41	873,33	741,66	616,50	497,66
	III	**909,66**	465,08	465,08	III	798,00	689,66	584,66	482,66	384,00	288,50
	V	**1961,16**	465,08	465,08	IV	1368,41	1290,83	1214,91	1140,58	1067,83	996,75
	VI	**2004,41**	465,08	465,08							
6608,99	I,IV	**1447,83**	465,08	465,08	I	1292,00	1141,66	997,75	860,25	729,25	604,66
	II	**1308,08**	465,08	465,08	II	1157,08	1012,50	874,33	742,66	617,33	498,50
	III	**910,50**	465,08	465,08	III	798,83	690,50	585,33	483,50	384,66	289,16
	V	**1962,33**	465,08	465,08	IV	1369,50	1292,00	1216,00	1141,66	1068,91	997,75
	VI	**2005,58**	465,08	465,08							
6611,99	I,IV	**1449,00**	465,08	465,08	I	1293,08	1142,75	998,75	861,25	730,16	605,50
	II	**1309,16**	465,08	465,08	II	1158,16	1013,50	875,33	743,58	618,25	499,41
	III	**911,33**	465,08	465,08	III	799,66	691,33	586,16	484,16	385,33	289,83
	V	**1963,50**	465,08	465,08	IV	1370,66	1293,08	1217,08	1142,75	1069,91	998,75
	VI	**2006,75**	465,08	465,08							
6614,99	I,IV	**1450,16**	465,08	465,08	I	1294,16	1143,75	999,75	862,25	731,08	606,41
	II	**1310,33**	465,08	465,08	II	1159,16	1014,58	876,33	744,50	619,16	500,16
	III	**912,16**	465,08	465,08	III	800,50	692,00	586,83	484,83	386,16	290,50
	V	**1964,58**	465,08	465,08	IV	1371,83	1294,16	1218,16	1143,75	1071,00	999,75
	VI	**2007,83**	465,08	465,08							
6617,99	I,IV	**1451,33**	465,08	465,08	I	1295,33	1144,83	1000,83	863,25	732,08	607,33
	II	**1311,41**	465,08	465,08	II	1160,33	1015,58	877,33	745,50	620,08	501,08
	III	**913,00**	465,08	465,08	III	801,33	692,83	587,66	485,66	386,83	291,16
	V	**1965,75**	465,08	465,08	IV	1373,00	1295,33	1219,33	1144,83	1072,08	1000,83
	VI	**2009,00**	465,08	465,08							
6620,99	I,IV	**1452,41**	465,08	465,08	I	1296,41	1145,91	1001,83	864,16	733,00	608,16
	II	**1312,50**	465,08	465,08	II	1161,33	1016,58	878,25	746,41	620,91	501,91
	III	**913,83**	465,08	465,08	III	802,16	693,66	588,33	486,33	387,50	292,00
	V	**1966,83**	465,08	465,08	IV	1374,08	1296,41	1220,33	1145,91	1073,08	1001,83
	VI	**2010,08**	465,08	465,08							
6623,99	I,IV	**1453,58**	465,08	465,08	I	1297,58	1147,00	1002,83	865,16	733,91	609,08
	II	**1313,66**	465,08	465,08	II	1162,41	1017,66	879,25	747,33	621,83	502,75
	III	**914,66**	465,08	465,08	III	802,83	694,33	589,16	487,00	388,16	292,66
	V	**1968,00**	465,08	465,08	IV	1375,25	1297,58	1221,50	1147,00	1074,16	1002,83
	VI	**2011,25**	465,08	465,08							

* Zur LSt-Berechnung für privat versicherte Arbeitnehmer s. Beispiele **Vorbemerkung S. 4 f.**
** Basisvorsorgepauschale KV und PV *** Typisierter Arbeitgeberzuschuss

Lohn/ Gehalt in € bis	Steuerklasse	Lohn- steuer*	BVSP**	TAGZ***	Steuerklasse	Bemessungsgrundlage für Kirchensteuer und Solidaritätszuschlag – Freibeträge für ... Kinder 0,5	**1,0**	1,5	**2,0**	2,5	**3,0**
6626,99	I,IV	**1454,75**	465,08	465,08	I	1298,66	1148,08	1003,91	866,16	734,83	610,00
	II	**1314,83**	465,08	465,08	II	1163,50	1018,66	880,25	748,25	622,75	503,58
	III	**915,50**	465,08	465,08	III	803,66	695,16	589,83	487,83	389,00	293,33
	V	**1969,16**	465,08	465,08	IV	1376,41	1298,66	1222,58	1148,08	1075,16	1003,91
	VI	**2012,41**	465,08	465,08							
6629,99	I,IV	**1455,83**	465,08	465,08	I	1299,83	1149,16	1004,91	867,16	735,75	610,83
	II	**1315,91**	465,08	465,08	II	1164,58	1019,66	881,25	749,16	623,58	504,41
	III	**916,33**	465,08	465,08	III	804,50	696,00	590,66	488,50	389,66	294,00
	V	**1970,25**	465,08	465,08	IV	1377,50	1299,83	1223,66	1149,16	1076,25	1004,91
	VI	**2013,58**	465,08	465,08							
6632,99	I,IV	**1457,00**	465,08	465,08	I	1300,91	1150,25	1006,00	868,08	736,75	611,75
	II	**1317,08**	465,08	465,08	II	1165,66	1020,75	882,25	750,16	624,50	505,25
	III	**917,00**	465,08	465,08	III	805,33	696,66	591,33	489,33	390,33	294,66
	V	**1971,41**	465,08	465,08	IV	1378,66	1300,91	1224,75	1150,25	1077,33	1006,00
	VI	**2014,66**	465,08	465,08							
6635,99	I,IV	**1458,16**	465,08	465,08	I	1302,08	1151,33	1007,00	869,08	737,66	612,66
	II	**1318,16**	465,08	465,08	II	1166,75	1021,75	883,25	751,08	625,41	506,16
	III	**918,00**	465,08	465,08	III	806,16	697,50	592,16	490,00	391,16	295,33
	V	**1972,58**	465,08	465,08	IV	1379,83	1302,08	1225,91	1151,33	1078,33	1007,00
	VI	**2015,83**	465,08	465,08							
6638,99	I,IV	**1459,25**	465,08	465,08	I	1303,16	1152,33	1008,00	870,08	738,58	613,50
	II	**1319,33**	465,08	465,08	II	1167,83	1022,83	884,16	752,00	626,25	507,00
	III	**918,83**	465,08	465,08	III	807,00	698,33	593,00	490,83	391,83	296,00
	V	**1973,75**	465,08	465,08	IV	1380,91	1303,16	1227,00	1152,33	1079,41	1008,00
	VI	**2017,00**	465,08	465,08							
6641,99	I,IV	**1460,41**	465,08	465,08	I	1304,33	1153,50	1009,08	871,08	739,50	614,41
	II	**1320,41**	465,08	465,08	II	1168,91	1023,83	885,16	753,00	627,16	507,83
	III	**919,50**	465,08	465,08	III	807,66	699,16	593,66	491,50	392,50	296,66
	V	**1974,83**	465,08	465,08	IV	1382,08	1304,33	1228,08	1153,50	1080,41	1009,08
	VI	**2018,16**	465,08	465,08							
6644,99	I,IV	**1461,58**	465,08	465,08	I	1305,41	1154,58	1010,08	872,08	740,50	615,33
	II	**1321,58**	465,08	465,08	II	1170,00	1024,91	886,16	753,91	628,08	508,66
	III	**920,50**	465,08	465,08	III	808,50	699,83	594,50	492,16	393,16	297,50
	V	**1976,00**	465,08	465,08	IV	1383,25	1305,41	1229,16	1154,58	1081,50	1010,08
	VI	**2019,25**	465,08	465,08							
6647,99	I,IV	**1462,66**	465,08	465,08	I	1306,58	1155,58	1011,08	873,00	741,41	616,16
	II	**1322,66**	465,08	465,08	II	1171,08	1025,91	887,16	754,83	629,00	509,50
	III	**921,16**	465,08	465,08	III	809,33	700,66	595,16	493,00	394,00	298,16
	V	**1977,16**	465,08	465,08	IV	1384,41	1306,58	1230,25	1155,58	1082,58	1011,08
	VI	**2020,41**	465,08	465,08							
6650,99	I,IV	**1463,83**	465,08	465,08	I	1307,66	1156,66	1012,16	874,00	742,33	617,08
	II	**1323,83**	465,08	465,08	II	1172,16	1026,91	888,16	755,83	629,83	510,33
	III	**922,00**	465,08	465,08	III	810,16	701,50	596,00	493,66	394,66	298,83
	V	**1978,33**	465,08	465,08	IV	1385,50	1307,66	1231,41	1156,66	1083,58	1012,16
	VI	**2021,58**	465,08	465,08							
6653,99	I,IV	**1465,00**	465,08	465,08	I	1308,83	1157,75	1013,16	875,00	743,25	618,00
	II	**1325,00**	465,08	465,08	II	1173,25	1028,00	889,16	756,75	630,75	511,25
	III	**922,83**	465,08	465,08	III	811,00	702,16	596,66	494,50	395,33	299,50
	V	**1979,50**	465,08	465,08	IV	1386,66	1308,83	1232,50	1157,75	1084,66	1013,16
	VI	**2022,75**	465,08	465,08							
6656,99	I,IV	**1466,16**	465,08	465,08	I	1309,91	1158,83	1014,16	876,00	744,16	618,83
	II	**1326,08**	465,08	465,08	II	1174,33	1029,00	890,16	757,66	631,66	512,08
	III	**923,66**	465,08	465,08	III	811,83	703,00	597,50	495,16	396,00	300,16
	V	**1980,58**	465,08	465,08	IV	1387,83	1309,91	1233,58	1158,83	1085,75	1014,16
	VI	**2023,83**	465,08	465,08							
6659,99	I,IV	**1467,33**	465,08	465,08	I	1311,08	1159,91	1015,25	877,00	745,16	619,75
	II	**1327,25**	465,08	465,08	II	1175,41	1030,08	891,16	758,66	632,58	512,91
	III	**924,50**	465,08	465,08	III	812,50	703,83	598,16	495,83	396,83	300,83
	V	**1981,75**	465,08	465,08	IV	1389,00	1311,08	1234,66	1159,91	1086,75	1015,25
	VI	**2025,00**	465,08	465,08							

* Zur LSt-Berechnung für privat versicherte Arbeitnehmer s. Beispiele **Vorbemerkung S. 4 f.**
** Basisvorsorgepauschale KV und PV *** Typisierter Arbeitgeberzuschuss

Lohn/ Gehalt in € bis	Steuerklasse	Lohn-steuer*	BVSP**	TAGZ***	Steuerklasse	Bemessungsgrundlage für Kirchensteuer und Solidaritätszuschlag					
						Freibeträge für ... Kinder					
						0,5	**1,0**	1,5	**2,0**	2,5	**3,0**
6662,99	I,IV	**1468,41**	465,08	465,08	I	1312,16	1161,00	1016,25	878,00	746,08	620,66
	II	**1328,33**	465,08	465,08	II	1176,50	1031,08	892,16	759,58	633,50	513,75
	III	**925,33**	465,08	465,08	III	813,33	704,66	599,00	496,66	397,50	301,50
	V	**1982,91**	465,08	465,08	IV	1390,08	1312,16	1235,83	1161,00	1087,83	1016,25
	VI	**2026,16**	465,08	465,08							
6665,99	I,IV	**1469,58**	465,08	465,08	I	1313,33	1162,08	1017,33	878,91	747,00	621,50
	II	**1329,50**	465,08	465,08	II	1177,58	1032,16	893,08	760,50	634,33	514,58
	III	**926,16**	465,08	465,08	III	814,16	705,33	599,83	497,33	398,16	302,16
	V	**1984,00**	465,08	465,08	IV	1391,25	1313,33	1236,91	1162,08	1088,91	1017,33
	VI	**2027,25**	465,08	465,08							
6668,99	I,IV	**1470,75**	465,08	465,08	I	1314,41	1163,16	1018,33	879,91	748,00	622,41
	II	**1330,58**	465,08	465,08	II	1178,66	1033,16	894,08	761,50	635,25	515,50
	III	**927,00**	465,08	465,08	III	815,00	706,16	600,50	498,16	398,83	302,83
	V	**1985,16**	465,08	465,08	IV	1392,41	1314,41	1238,00	1163,16	1089,91	1018,33
	VI	**2028,41**	465,08	465,08							
6671,99	I,IV	**1471,91**	465,08	465,08	I	1315,58	1164,25	1019,41	880,91	748,91	623,33
	II	**1331,75**	465,08	465,08	II	1179,75	1034,25	895,08	762,41	636,16	516,33
	III	**927,83**	465,08	465,08	III	815,83	707,00	601,33	498,83	399,66	303,66
	V	**1986,33**	465,08	465,08	IV	1393,58	1315,58	1239,08	1164,25	1091,00	1019,41
	VI	**2029,58**	465,08	465,08							
6674,99	I,IV	**1473,00**	465,08	465,08	I	1316,66	1165,33	1020,41	881,91	749,83	624,16
	II	**1332,91**	465,08	465,08	II	1180,83	1035,25	896,08	763,33	637,00	517,16
	III	**928,66**	465,08	465,08	III	816,66	707,66	602,00	499,50	400,33	304,33
	V	**1987,41**	465,08	465,08	IV	1394,66	1316,66	1240,16	1165,33	1092,08	1020,41
	VI	**2030,66**	465,08	465,08							
6677,99	I,IV	**1474,16**	465,08	465,08	I	1317,83	1166,41	1021,41	882,91	750,75	625,08
	II	**1334,00**	465,08	465,08	II	1181,91	1036,33	897,08	764,33	637,91	518,00
	III	**929,50**	465,08	465,08	III	817,33	708,50	602,83	500,33	401,00	305,00
	V	**1988,58**	465,08	465,08	IV	1395,83	1317,83	1241,33	1166,41	1093,08	1021,41
	VI	**2031,83**	465,08	465,08							
6680,99	I,IV	**1475,33**	465,08	465,08	I	1319,00	1167,50	1022,50	883,91	751,75	626,00
	II	**1335,16**	465,08	465,08	II	1183,08	1037,33	898,08	765,25	638,83	518,91
	III	**930,33**	465,08	465,08	III	818,16	709,33	603,50	501,00	401,83	305,66
	V	**1989,75**	465,08	465,08	IV	1397,00	1319,00	1242,41	1167,50	1094,16	1022,50
	VI	**2033,00**	465,08	465,08							
6683,99	I,IV	**1476,41**	465,08	465,08	I	1320,08	1168,58	1023,50	884,83	752,66	626,91
	II	**1336,25**	465,08	465,08	II	1184,08	1038,33	899,08	766,16	639,75	519,75
	III	**931,16**	465,08	465,08	III	819,00	710,00	604,33	501,83	402,50	306,33
	V	**1990,83**	465,08	465,08	IV	1398,08	1320,08	1243,50	1168,58	1095,25	1023,50
	VI	**2034,16**	465,08	465,08							
6686,99	I,IV	**1477,58**	465,08	465,08	I	1321,16	1169,66	1024,58	885,83	753,58	627,75
	II	**1337,41**	465,08	465,08	II	1185,16	1039,41	900,08	767,16	640,66	520,58
	III	**932,00**	465,08	465,08	III	819,83	710,83	605,00	502,50	403,16	307,00
	V	**1992,00**	465,08	465,08	IV	1399,25	1321,16	1244,66	1169,66	1096,33	1024,58
	VI	**2035,25**	465,08	465,08							
6689,99	I,IV	**1478,66**	465,08	465,08	I	1322,33	1170,75	1025,58	886,83	754,50	628,66
	II	**1338,50**	465,08	465,08	II	1186,25	1040,41	901,00	768,08	641,50	521,41
	III	**932,83**	465,08	465,08	III	820,66	711,66	605,83	503,16	403,83	307,66
	V	**1993,16**	465,08	465,08	IV	1400,33	1322,33	1245,75	1170,75	1097,33	1025,58
	VI	**2036,41**	465,08	465,08							
6692,99	I,IV	**1479,83**	465,08	465,08	I	1323,41	1171,83	1026,58	887,83	755,50	629,58
	II	**1339,66**	465,08	465,08	II	1187,33	1041,50	902,00	769,00	642,41	522,25
	III	**933,66**	465,08	465,08	III	821,50	712,33	606,66	504,00	404,66	308,50
	V	**1994,33**	465,08	465,08	IV	1401,50	1323,41	1246,83	1171,83	1098,41	1026,58
	VI	**2037,58**	465,08	465,08							
6695,99	I,IV	**1481,00**	465,08	465,08	I	1324,58	1172,91	1027,66	888,83	756,41	630,50
	II	**1340,83**	465,08	465,08	II	1188,50	1042,50	903,08	770,00	643,33	523,16
	III	**934,50**	465,08	465,08	III	822,16	713,16	607,33	504,66	405,33	309,16
	V	**1995,41**	465,08	465,08	IV	1402,66	1324,58	1247,91	1172,91	1099,50	1027,66
	VI	**2038,75**	465,08	465,08							

* Zur LSt-Berechnung für privat versicherte Arbeitnehmer s. Beispiele **Vorbemerkung S. 4f.**
** Basisvorsorgepauschale KV und PV *** Typisierter Arbeitgeberzuschuss

Lohn/ Gehalt in € bis	Steuerklasse	Lohn-steuer*	BVSP**	TAGZ***	Steuerklasse	Bemessungsgrundlage für Kirchensteuer und Solidaritätszuschlag – Freibeträge für ... Kinder 0,5	1,0	1,5	2,0	2,5	3,0
6698,99	I,IV	**1482,16**	465,08	465,08	I	1325,66	1174,00	1028,66	889,83	757,33	631,33
	II	**1341,91**	465,08	465,08	II	1189,50	1043,58	904,00	770,91	644,25	524,00
	III	**935,33**	465,08	465,08	III	823,00	714,00	608,00	505,50	406,00	309,83
	V	**1996,58**	465,08	465,08	IV	1403,83	1325,66	1249,00	1174,00	1100,50	1028,66
	VI	**2039,83**	465,08	465,08							
6701,99	I,IV	**1483,25**	465,08	465,08	I	1326,83	1175,08	1029,75	890,83	758,33	632,25
	II	**1343,08**	465,08	465,08	II	1190,66	1044,58	905,00	771,83	645,16	524,83
	III	**936,16**	465,08	465,08	III	823,83	714,83	608,83	506,16	406,66	310,50
	V	**1997,75**	465,08	465,08	IV	1404,91	1326,83	1250,16	1175,08	1101,58	1029,75
	VI	**2041,00**	465,08	465,08							
6704,99	I,IV	**1484,41**	465,08	465,08	I	1328,00	1176,16	1030,75	891,83	759,25	633,16
	II	**1344,25**	465,08	465,08	II	1191,75	1045,66	906,00	772,83	646,08	525,66
	III	**937,00**	465,08	465,08	III	824,66	715,50	609,66	507,00	407,50	311,16
	V	**1998,91**	465,08	465,08	IV	1406,08	1328,00	1251,25	1176,16	1102,66	1030,75
	VI	**2042,16**	465,08	465,08							
6707,99	I,IV	**1485,58**	465,08	465,08	I	1329,08	1177,25	1031,75	892,75	760,16	634,00
	II	**1345,33**	465,08	465,08	II	1192,83	1046,66	907,00	773,75	646,91	526,50
	III	**937,83**	465,08	465,08	III	825,50	716,33	610,33	507,66	408,16	311,83
	V	**2000,00**	465,08	465,08	IV	1407,25	1329,08	1252,33	1177,25	1103,66	1031,75
	VI	**2043,25**	465,08	465,08							
6710,99	I,IV	**1486,75**	465,08	465,08	I	1330,25	1178,33	1032,83	893,75	761,16	634,91
	II	**1346,50**	465,08	465,08	II	1193,91	1047,75	908,00	774,75	647,83	527,41
	III	**938,66**	465,08	465,08	III	826,33	717,16	611,16	508,33	408,83	312,50
	V	**2001,16**	465,08	465,08	IV	1408,41	1330,25	1253,50	1178,33	1104,75	1032,83
	VI	**2044,41**	465,08	465,08							
6713,99	I,IV	**1487,83**	465,08	465,08	I	1331,41	1179,41	1033,91	894,75	762,08	635,83
	II	**1347,66**	465,08	465,08	II	1195,00	1048,83	909,00	775,66	648,75	528,25
	III	**939,50**	465,08	465,08	III	827,00	717,83	611,83	509,16	409,66	313,33
	V	**2002,33**	465,08	465,08	IV	1409,58	1331,41	1254,58	1179,41	1105,83	1033,91
	VI	**2045,58**	465,08	465,08							
6716,99	I,IV	**1489,00**	465,08	465,08	I	1332,50	1180,50	1034,91	895,75	763,00	636,75
	II	**1348,75**	465,08	465,08	II	1196,08	1049,83	910,00	776,58	649,66	529,08
	III	**940,33**	465,08	465,08	III	827,83	718,66	612,66	509,83	410,33	314,00
	V	**2003,41**	465,08	465,08	IV	1410,66	1332,50	1255,66	1180,50	1106,91	1034,91
	VI	**2046,66**	465,08	465,08							
6719,99	I,IV	**1490,16**	465,08	465,08	I	1333,66	1181,58	1035,91	896,75	764,00	637,66
	II	**1349,91**	465,08	465,08	II	1197,16	1050,83	911,00	777,58	650,58	530,00
	III	**941,16**	465,08	465,08	III	828,66	719,50	613,50	510,66	411,00	314,66
	V	**2004,58**	465,08	465,08	IV	1411,83	1333,66	1256,83	1181,58	1108,00	1035,91
	VI	**2047,83**	465,08	465,08							
6722,99	I,IV	**1491,33**	465,08	465,08	I	1334,75	1182,66	1037,00	897,75	764,91	638,58
	II	**1351,08**	465,08	465,08	II	1198,25	1051,91	912,00	778,50	651,50	530,83
	III	**942,00**	465,08	465,08	III	829,50	720,16	614,16	511,33	411,66	315,33
	V	**2005,75**	465,08	465,08	IV	1413,00	1334,75	1257,91	1182,66	1109,00	1037,00
	VI	**2049,00**	465,08	465,08							
6725,99	I,IV	**1492,41**	465,08	465,08	I	1335,91	1183,75	1038,00	898,75	765,83	639,41
	II	**1352,16**	465,08	465,08	II	1199,33	1052,91	913,00	779,41	652,33	531,66
	III	**942,83**	465,08	465,08	III	830,33	721,00	615,00	512,00	412,50	316,00
	V	**2006,83**	465,08	465,08	IV	1414,08	1335,91	1259,00	1183,75	1110,08	1038,00
	VI	**2050,08**	465,08	465,08							
6728,99	I,IV	**1493,58**	465,08	465,08	I	1337,08	1184,83	1039,08	899,75	766,83	640,33
	II	**1353,33**	465,08	465,08	II	1200,41	1054,00	914,00	780,41	653,25	532,50
	III	**943,66**	465,08	465,08	III	831,16	721,83	615,66	512,83	413,16	316,66
	V	**2008,00**	465,08	465,08	IV	1415,25	1337,08	1260,16	1184,83	1111,16	1039,08
	VI	**2051,25**	465,08	465,08							
6731,99	I,IV	**1494,75**	465,08	465,08	I	1338,16	1185,91	1040,08	900,75	767,75	641,25
	II	**1354,50**	465,08	465,08	II	1201,58	1055,08	915,00	781,33	654,16	533,41
	III	**944,50**	465,08	465,08	III	832,00	722,66	616,50	513,50	413,83	317,33
	V	**2009,16**	465,08	465,08	IV	1416,41	1338,16	1261,25	1185,91	1112,25	1040,08
	VI	**2052,41**	465,08	465,08							

* Zur LSt-Berechnung für privat versicherte Arbeitnehmer s. Beispiele **Vorbemerkung S. 4 f.**
** Basisvorsorgepauschale KV und PV *** Typisierter Arbeitgeberzuschuss

Lohn/ Gehalt in € bis	Steuerklasse	Lohn-steuer*	BVSP**	TAGZ***	Steuerklasse	Bemessungsgrundlage für Kirchensteuer und Solidaritätszuschlag – Freibeträge für ... Kinder 0,5	**1,0**	1,5	**2,0**	2,5	**3,0**
6734,99	I,IV	**1495,83**	465,08	465,08	I	1339,33	1187,00	1041,16	901,66	768,66	642,16
	II	**1355,58**	465,08	465,08	II	1202,66	1056,08	916,00	782,33	655,08	534,25
	III	**945,33**	465,08	465,08	III	832,66	723,33	617,16	514,33	414,50	318,16
	V	**2010,33**	465,08	465,08	IV	1417,50	1339,33	1262,33	1187,00	1113,25	1041,16
	VI	**2053,58**	465,08	465,08							
6737,99	I,IV	**1497,00**	465,08	465,08	I	1340,41	1188,08	1042,16	902,66	769,66	643,00
	II	**1356,75**	465,08	465,08	II	1203,75	1057,16	917,00	783,25	656,00	535,08
	III	**946,16**	465,08	465,08	III	833,50	724,16	618,00	515,00	415,33	318,83
	V	**2011,41**	465,08	465,08	IV	1418,66	1340,41	1263,50	1188,08	1114,33	1042,16
	VI	**2054,75**	465,08	465,08							
6740,99	I,IV	**1498,16**	465,08	465,08	I	1341,58	1189,16	1043,25	903,75	770,58	643,91
	II	**1357,91**	465,08	465,08	II	1204,83	1058,16	918,00	784,25	656,91	536,00
	III	**947,00**	465,08	465,08	III	834,33	725,00	618,83	515,83	416,00	319,50
	V	**2012,58**	465,08	465,08	IV	1419,83	1341,58	1264,58	1189,16	1115,41	1043,25
	VI	**2055,83**	465,08	465,08							
6743,99	I,IV	**1499,25**	465,08	465,08	I	1342,66	1190,25	1044,25	904,66	771,58	644,83
	II	**1359,00**	465,08	465,08	II	1205,91	1059,25	919,00	785,16	657,75	536,83
	III	**947,83**	465,08	465,08	III	835,16	725,66	619,50	516,50	416,66	320,16
	V	**2013,75**	465,08	465,08	IV	1420,91	1342,66	1265,66	1190,25	1116,50	1044,25
	VI	**2057,00**	465,08	465,08							
6746,99	I,IV	**1500,41**	465,08	465,08	I	1343,83	1191,33	1045,33	905,66	772,50	645,75
	II	**1360,16**	465,08	465,08	II	1207,00	1060,25	920,00	786,16	658,66	537,66
	III	**948,66**	465,08	465,08	III	836,00	726,50	620,33	517,33	417,50	320,83
	V	**2014,91**	465,08	465,08	IV	1422,08	1343,83	1266,83	1191,33	1117,50	1045,33
	VI	**2058,16**	465,08	465,08							
6749,99	I,IV	**1501,58**	465,08	465,08	I	1345,00	1192,50	1046,33	906,66	773,50	646,66
	II	**1361,33**	465,08	465,08	II	1208,08	1061,33	921,00	787,08	659,58	538,58
	III	**949,50**	465,08	465,08	III	836,83	727,33	621,00	518,00	418,16	321,50
	V	**2016,00**	465,08	465,08	IV	1423,25	1345,00	1267,91	1192,50	1118,58	1046,33
	VI	**2059,33**	465,08	465,08							
6752,99	I,IV	**1502,75**	465,08	465,08	I	1346,08	1193,50	1047,41	907,66	774,41	647,50
	II	**1362,41**	465,08	465,08	II	1209,16	1062,33	922,00	788,00	660,50	539,41
	III	**950,33**	465,08	465,08	III	837,66	728,16	621,83	518,66	418,83	322,16
	V	**2017,16**	465,08	465,08	IV	1424,41	1346,08	1269,00	1193,50	1119,66	1047,41
	VI	**2060,41**	465,08	465,08							
6755,99	I,IV	**1503,83**	465,08	465,08	I	1347,25	1194,66	1048,41	908,66	775,33	648,41
	II	**1363,58**	465,08	465,08	II	1210,33	1063,41	923,00	789,00	661,41	540,25
	III	**951,16**	465,08	465,08	III	838,50	728,83	622,66	519,50	419,66	323,00
	V	**2018,33**	465,08	465,08	IV	1425,50	1347,25	1270,16	1194,66	1120,75	1048,41
	VI	**2061,58**	465,08	465,08							
6758,99	I,IV	**1505,00**	465,08	465,08	I	1348,41	1195,66	1049,50	909,66	776,25	649,33
	II	**1364,75**	465,08	465,08	II	1211,33	1064,41	924,00	789,91	662,33	541,08
	III	**952,00**	465,08	465,08	III	839,16	729,66	623,33	520,16	420,33	323,66
	V	**2019,41**	465,08	465,08	IV	1426,66	1348,41	1271,25	1195,66	1121,75	1049,50
	VI	**2062,66**	465,08	465,08							
6761,99	I,IV	**1506,16**	465,08	465,08	I	1349,50	1196,83	1050,50	910,66	777,25	650,25
	II	**1365,83**	465,08	465,08	II	1212,50	1065,50	925,00	790,91	663,25	542,00
	III	**952,83**	465,08	465,08	III	840,00	730,50	624,16	521,00	421,00	324,33
	V	**2020,58**	465,08	465,08	IV	1427,83	1349,50	1272,33	1196,83	1122,83	1050,50
	VI	**2063,83**	465,08	465,08							
6764,99	I,IV	**1507,33**	465,08	465,08	I	1350,66	1197,91	1051,58	911,66	778,16	651,16
	II	**1367,00**	465,08	465,08	II	1213,58	1066,58	926,00	791,83	664,16	542,83
	III	**953,66**	465,08	465,08	III	840,83	731,33	624,83	521,66	421,83	325,00
	V	**2021,75**	465,08	465,08	IV	1429,00	1350,66	1273,50	1197,91	1123,91	1051,58
	VI	**2065,00**	465,08	465,08							
6767,99	I,IV	**1508,41**	465,08	465,08	I	1351,83	1199,00	1052,58	912,66	779,16	652,00
	II	**1368,16**	465,08	465,08	II	1214,66	1067,58	927,00	792,75	665,00	543,66
	III	**954,50**	465,08	465,08	III	841,66	732,00	625,66	522,50	422,50	325,66
	V	**2022,83**	465,08	465,08	IV	1430,08	1351,83	1274,58	1199,00	1125,00	1052,58
	VI	**2066,08**	465,08	465,08							

* Zur LSt-Berechnung für privat versicherte Arbeitnehmer s. Beispiele **Vorbemerkung S. 4f.**
** Basisvorsorgepauschale KV und PV *** Typisierter Arbeitgeberzuschuss

Lohn/ Gehalt in € bis	Steuerklasse	Lohn-steuer*	BVSP**	TAGZ***	Steuerklasse	Bemessungsgrundlage für Kirchensteuer und Solidaritätszuschlag – Freibeträge für ... Kinder 0,5	**1,0**	1,5	**2,0**	2,5	**3,0**
6770,99	I,IV	**1509,58**	465,08	465,08	I	1352,91	1200,08	1053,66	913,66	780,08	652,91
	II	**1369,33**	465,08	465,08	II	1215,75	1068,66	928,00	793,75	665,91	544,58
	III	**955,33**	465,08	465,08	III	842,50	732,83	626,33	523,16	423,16	326,33
	V	**2024,00**	465,08	465,08	IV	1431,25	1352,91	1275,75	1200,08	1126,08	1053,66
	VI	**2067,25**	465,08	465,08							
6773,99	I,IV	**1510,75**	465,08	465,08	I	1354,08	1201,16	1054,75	914,66	781,08	653,83
	II	**1370,41**	465,08	465,08	II	1216,83	1069,75	929,00	794,75	666,83	545,41
	III	**956,16**	465,08	465,08	III	843,33	733,66	627,16	524,00	424,00	327,16
	V	**2025,16**	465,08	465,08	IV	1432,41	1354,08	1276,83	1201,16	1127,16	1054,75
	VI	**2068,41**	465,08	465,08							
6776,99	I,IV	**1511,83**	465,08	465,08	I	1355,25	1202,25	1055,75	915,66	782,00	654,75
	II	**1371,58**	465,08	465,08	II	1217,91	1070,75	930,00	795,66	667,75	546,25
	III	**957,00**	465,08	465,08	III	844,16	734,33	628,00	524,66	424,66	327,83
	V	**2026,25**	465,08	465,08	IV	1433,50	1355,25	1277,91	1202,25	1128,16	1055,75
	VI	**2069,58**	465,08	465,08							
6779,99	I,IV	**1513,00**	465,08	465,08	I	1356,33	1203,33	1056,83	916,66	782,91	655,66
	II	**1372,75**	465,08	465,08	II	1219,08	1071,83	931,00	796,66	668,66	547,16
	III	**957,83**	465,08	465,08	III	844,83	735,16	628,66	525,33	425,33	328,50
	V	**2027,41**	465,08	465,08	IV	1434,66	1356,33	1279,08	1203,33	1129,25	1056,83
	VI	**2070,66**	465,08	465,08							
6782,99	I,IV	**1514,16**	465,08	465,08	I	1357,50	1204,50	1057,83	917,66	783,91	656,58
	II	**1373,91**	465,08	465,08	II	1220,16	1072,91	932,00	797,58	669,58	548,00
	III	**958,66**	465,08	465,08	III	845,66	736,00	629,50	526,16	426,16	329,16
	V	**2028,58**	465,08	465,08	IV	1435,83	1357,50	1280,16	1204,50	1130,33	1057,83
	VI	**2071,83**	465,08	465,08							
6785,99	I,IV	**1515,25**	465,08	465,08	I	1358,66	1205,50	1058,91	918,66	784,83	657,50
	II	**1375,00**	465,08	465,08	II	1221,25	1073,91	933,00	798,50	670,50	548,91
	III	**959,50**	465,08	465,08	III	846,50	736,83	630,16	526,83	426,83	329,83
	V	**2029,75**	465,08	465,08	IV	1436,91	1358,66	1281,25	1205,50	1131,41	1058,91
	VI	**2073,00**	465,08	465,08							
6788,99	I,IV	**1516,41**	465,08	465,08	I	1359,75	1206,66	1059,91	919,66	785,83	658,41
	II	**1376,16**	465,08	465,08	II	1222,33	1075,00	934,00	799,50	671,41	549,75
	III	**960,33**	465,08	465,08	III	847,33	737,50	631,00	527,66	427,50	330,50
	V	**2030,83**	465,08	465,08	IV	1438,08	1359,75	1282,41	1206,66	1132,50	1059,91
	VI	**2074,16**	465,08	465,08							
6791,99	I,IV	**1517,58**	465,08	465,08	I	1360,91	1207,75	1061,00	920,66	786,75	659,33
	II	**1377,33**	465,08	465,08	II	1223,50	1076,00	935,00	800,50	672,33	550,58
	III	**961,16**	465,08	465,08	III	848,16	738,33	631,83	528,33	428,16	331,33
	V	**2032,00**	465,08	465,08	IV	1439,25	1360,91	1283,50	1207,75	1133,58	1061,00
	VI	**2075,25**	465,08	465,08							
6794,99	I,IV	**1518,66**	465,08	465,08	I	1362,08	1208,83	1062,00	921,66	787,66	660,16
	II	**1378,41**	465,08	465,08	II	1224,58	1077,08	936,00	801,41	673,25	551,50
	III	**962,00**	465,08	465,08	III	849,00	739,16	632,50	529,16	429,00	332,00
	V	**2033,16**	465,08	465,08	IV	1440,41	1362,08	1284,66	1208,83	1134,58	1062,00
	VI	**2076,41**	465,08	465,08							
6797,99	I,IV	**1519,83**	465,08	465,08	I	1363,25	1209,91	1063,08	922,66	788,66	661,08
	II	**1379,58**	465,08	465,08	II	1225,66	1078,16	937,00	802,41	674,16	552,33
	III	**962,83**	465,08	465,08	III	849,83	740,00	633,33	529,83	429,66	332,66
	V	**2034,33**	465,08	465,08	IV	1441,50	1363,25	1285,75	1209,91	1135,66	1063,08
	VI	**2077,58**	465,08	465,08							
6800,99	I,IV	**1521,00**	465,08	465,08	I	1364,33	1211,00	1064,16	923,66	789,66	662,00
	II	**1380,75**	465,08	465,08	II	1226,75	1079,16	938,08	803,33	675,08	553,25
	III	**963,66**	465,08	465,08	III	850,66	740,66	634,00	530,66	430,33	333,33
	V	**2035,50**	465,08	465,08	IV	1442,66	1364,33	1286,91	1211,00	1136,75	1064,16
	VI	**2078,75**	465,08	465,08							
6803,99	I,IV	**1522,16**	465,08	465,08	I	1365,50	1212,08	1065,16	924,66	790,58	662,91
	II	**1381,83**	465,08	465,08	II	1227,83	1080,25	939,00	804,25	676,00	554,08
	III	**964,50**	465,08	465,08	III	851,33	741,50	634,83	531,33	431,16	334,00
	V	**2036,58**	465,08	465,08	IV	1443,83	1365,50	1288,00	1212,08	1137,83	1065,16
	VI	**2079,83**	465,08	465,08							

* Zur LSt-Berechnung für privat versicherte Arbeitnehmer s. Beispiele **Vorbemerkung S. 4 f.**
** Basisvorsorgepauschale KV und PV *** Typisierter Arbeitgeberzuschuss

Lohn/ Gehalt in € bis	Steuerklasse	Lohn-steuer*	BVSP**	TAGZ***	Steuerklasse	Bemessungsgrundlage für Kirchensteuer und Solidaritätszuschlag – Freibeträge für ... Kinder 0,5	1,0	1,5	2,0	2,5	3,0
6806,99	I,IV	**1523,33**	465,08	465,08	I	1366,66	1213,25	1066,25	925,66	791,50	663,83
	II	**1383,00**	465,08	465,08	II	1228,91	1081,25	940,08	805,25	676,91	554,91
	III	**965,33**	465,08	465,08	III	852,16	742,33	635,50	532,16	431,83	334,83
	V	**2037,75**	465,08	465,08	IV	1445,00	1366,66	1289,08	1213,25	1138,91	1066,25
	VI	**2081,00**	465,08	465,08							
6809,99	I,IV	**1524,41**	465,08	465,08	I	1367,75	1214,33	1067,25	926,66	792,50	664,75
	II	**1384,16**	465,08	465,08	II	1230,08	1082,33	941,08	806,25	677,83	555,83
	III	**966,16**	465,08	465,08	III	853,00	743,16	636,33	532,83	432,50	335,50
	V	**2038,91**	465,08	465,08	IV	1446,08	1367,75	1290,25	1214,33	1140,00	1067,25
	VI	**2082,16**	465,08	465,08							
6812,99	I,IV	**1525,58**	465,08	465,08	I	1368,91	1215,41	1068,33	927,66	793,41	665,66
	II	**1385,25**	465,08	465,08	II	1231,16	1083,41	942,08	807,16	678,66	556,66
	III	**967,00**	465,08	465,08	III	853,83	743,83	637,16	533,66	433,33	336,16
	V	**2040,00**	465,08	465,08	IV	1447,25	1368,91	1291,33	1215,41	1141,08	1068,33
	VI	**2083,25**	465,08	465,08							
6815,99	I,IV	**1526,75**	465,08	465,08	I	1370,08	1216,50	1069,33	928,66	794,41	666,58
	II	**1386,41**	465,08	465,08	II	1232,25	1084,41	943,08	808,16	679,58	557,58
	III	**967,83**	465,08	465,08	III	854,66	744,66	637,83	534,33	434,00	336,83
	V	**2041,16**	465,08	465,08	IV	1448,41	1370,08	1292,50	1216,50	1142,16	1069,33
	VI	**2084,41**	465,08	465,08							
6818,99	I,IV	**1527,83**	465,08	465,08	I	1371,16	1217,58	1070,41	929,66	795,33	667,41
	II	**1387,58**	465,08	465,08	II	1233,33	1085,50	944,08	809,08	680,50	558,41
	III	**968,66**	465,08	465,08	III	855,50	745,50	638,66	535,00	434,66	337,50
	V	**2042,25**	465,08	465,08	IV	1449,50	1371,16	1293,58	1217,58	1143,16	1070,41
	VI	**2085,58**	465,08	465,08							
6821,99	I,IV	**1529,00**	465,08	465,08	I	1372,33	1218,66	1071,50	930,66	796,33	668,33
	II	**1388,75**	465,08	465,08	II	1234,41	1086,58	945,08	810,08	681,41	559,25
	III	**969,50**	465,08	465,08	III	856,33	746,33	639,50	535,83	435,50	338,33
	V	**2043,41**	465,08	465,08	IV	1450,66	1372,33	1294,75	1218,66	1144,25	1071,50
	VI	**2086,66**	465,08	465,08							
6824,99	I,IV	**1530,16**	465,08	465,08	I	1373,50	1219,83	1072,50	931,66	797,25	669,25
	II	**1389,83**	465,08	465,08	II	1235,58	1087,58	946,08	811,00	682,33	560,16
	III	**970,33**	465,08	465,08	III	857,16	747,00	640,16	536,50	436,16	339,00
	V	**2044,58**	465,08	465,08	IV	1451,83	1373,50	1295,83	1219,83	1145,33	1072,50
	VI	**2087,83**	465,08	465,08							
6827,99	I,IV	**1531,25**	465,08	465,08	I	1374,58	1220,83	1073,58	932,66	798,25	670,16
	II	**1391,00**	465,08	465,08	II	1236,66	1088,66	947,08	812,00	683,25	561,00
	III	**971,16**	465,08	465,08	III	857,83	747,83	641,00	537,33	436,83	339,66
	V	**2045,75**	465,08	465,08	IV	1452,91	1374,58	1296,91	1220,83	1146,41	1073,58
	VI	**2089,00**	465,08	465,08							
6830,99	I,IV	**1532,41**	465,08	465,08	I	1375,75	1222,00	1074,58	933,66	799,16	671,08
	II	**1392,16**	465,08	465,08	II	1237,75	1089,75	948,08	812,91	684,16	561,91
	III	**972,00**	465,08	465,08	III	858,66	748,66	641,66	538,00	437,66	340,33
	V	**2046,83**	465,08	465,08	IV	1454,08	1375,75	1298,08	1222,00	1147,50	1074,58
	VI	**2090,16**	465,08	465,08							
6833,99	I,IV	**1533,58**	465,08	465,08	I	1376,91	1223,08	1075,66	934,66	800,16	672,00
	II	**1393,33**	465,08	465,08	II	1238,91	1090,83	949,16	813,91	685,08	562,75
	III	**972,83**	465,08	465,08	III	859,50	749,33	642,50	538,83	438,33	341,00
	V	**2048,00**	465,08	465,08	IV	1455,25	1376,91	1299,25	1223,08	1148,58	1075,66
	VI	**2091,25**	465,08	465,08							
6836,99	I,IV	**1534,66**	465,08	465,08	I	1378,08	1224,16	1076,75	935,66	801,08	672,91
	II	**1394,41**	465,08	465,08	II	1240,00	1091,83	950,16	814,83	686,00	563,58
	III	**973,66**	465,08	465,08	III	860,33	750,16	643,16	539,50	439,00	341,66
	V	**2049,16**	465,08	465,08	IV	1456,33	1378,08	1300,33	1224,16	1149,66	1076,75
	VI	**2092,41**	465,08	465,08							
6839,99	I,IV	**1535,83**	465,08	465,08	I	1379,16	1225,25	1077,75	936,66	802,08	673,83
	II	**1395,58**	465,08	465,08	II	1241,08	1092,91	951,16	815,83	686,91	564,50
	III	**974,66**	465,08	465,08	III	861,16	751,00	644,00	540,33	439,83	342,50
	V	**2050,33**	465,08	465,08	IV	1457,50	1379,16	1301,41	1225,25	1150,75	1077,75
	VI	**2093,58**	465,08	465,08							

* Zur LSt-Berechnung für privat versicherte Arbeitnehmer s. Beispiele **Vorbemerkung S. 4 f.**
** Basisvorsorgepauschale KV und PV *** Typisierter Arbeitgeberzuschuss

Lohn/ Gehalt in € bis	Steuerklasse	Lohn-steuer*	BVSP**	TAGZ***	Steuerklasse	Bemessungsgrundlage für Kirchensteuer und Solidaritätszuschlag					
						Freibeträge für ... Kinder					
						0,5	**1,0**	1,5	**2,0**	2,5	**3,0**
6 842,99	I,IV	**1 537,00**	465,08	465,08	I	1 380,33	1 226,41	1 078,83	937,75	803,00	674,75
	II	**1 396,75**	465,08	465,08	II	1 242,16	1 094,00	952,16	816,83	687,83	565,33
	III	**975,33**	465,08	465,08	III	862,00	751,83	644,83	541,00	440,50	343,16
	V	**2 051,41**	465,08	465,08	IV	1 458,66	1 380,33	1 302,58	1 226,41	1 151,83	1 078,83
	VI	**2 094,75**	465,08	465,08							
6 845,99	I,IV	**1 538,16**	465,08	465,08	I	1 381,50	1 227,50	1 079,83	938,66	804,00	675,66
	II	**1 397,83**	465,08	465,08	II	1 243,25	1 095,00	953,16	817,75	688,75	566,25
	III	**976,16**	465,08	465,08	III	862,83	752,50	645,50	541,83	441,16	343,83
	V	**2 052,58**	465,08	465,08	IV	1 459,83	1 381,50	1 303,66	1 227,50	1 152,83	1 079,83
	VI	**2 095,83**	465,08	465,08							
6 848,99	I,IV	**1 539,25**	465,08	465,08	I	1 382,66	1 228,58	1 080,91	939,75	804,91	676,58
	II	**1 399,00**	465,08	465,08	II	1 244,41	1 096,08	954,16	818,75	689,66	567,08
	III	**977,16**	465,08	465,08	III	863,66	753,33	646,33	542,50	442,00	344,50
	V	**2 053,75**	465,08	465,08	IV	1 460,91	1 382,66	1 304,83	1 228,58	1 153,91	1 080,91
	VI	**2 097,00**	465,08	465,08							
6 851,99	I,IV	**1 540,41**	465,08	465,08	I	1 383,75	1 229,66	1 082,00	940,75	805,91	677,50
	II	**1 400,16**	465,08	465,08	II	1 245,50	1 097,16	955,16	819,66	690,58	568,00
	III	**978,00**	465,08	465,08	III	864,50	754,16	647,16	543,33	442,66	345,16
	V	**2 054,91**	465,08	465,08	IV	1 462,08	1 383,75	1 305,91	1 229,66	1 155,08	1 082,00
	VI	**2 098,16**	465,08	465,08							
6 854,99	I,IV	**1 541,58**	465,08	465,08	I	1 384,91	1 230,75	1 083,00	941,75	806,83	678,41
	II	**1 401,25**	465,08	465,08	II	1 246,58	1 098,16	956,16	820,66	691,50	568,83
	III	**978,83**	465,08	465,08	III	865,16	755,00	647,83	544,00	443,33	345,83
	V	**2 056,00**	465,08	465,08	IV	1 463,25	1 384,91	1 307,08	1 230,75	1 156,08	1 083,00
	VI	**2 099,25**	465,08	465,08							
6 857,99	I,IV	**1 542,75**	465,08	465,08	I	1 386,08	1 231,91	1 084,08	942,75	807,83	679,33
	II	**1 402,41**	465,08	465,08	II	1 247,75	1 099,25	957,25	821,58	692,41	569,75
	III	**979,66**	465,08	465,08	III	866,16	755,83	648,66	544,83	444,16	346,66
	V	**2 057,16**	465,08	465,08	IV	1 464,41	1 386,08	1 308,16	1 231,91	1 157,16	1 084,08
	VI	**2 100,41**	465,08	465,08							
6 860,99	I,IV	**1 543,83**	465,08	465,08	I	1 387,25	1 233,00	1 085,16	943,75	808,75	680,25
	II	**1 403,58**	465,08	465,08	II	1 248,83	1 100,33	958,25	822,58	693,41	570,58
	III	**980,50**	465,08	465,08	III	866,83	756,50	649,33	545,50	444,83	347,33
	V	**2 058,33**	465,08	465,08	IV	1 465,58	1 387,25	1 309,33	1 233,00	1 158,25	1 085,16
	VI	**2 101,58**	465,08	465,08							
6 863,99	I,IV	**1 545,00**	465,08	465,08	I	1 388,33	1 234,08	1 086,16	944,75	809,75	681,16
	II	**1 404,75**	465,08	465,08	II	1 249,91	1 101,33	959,25	823,58	694,25	571,41
	III	**981,33**	465,08	465,08	III	867,66	757,33	650,16	546,16	445,50	348,00
	V	**2 059,41**	465,08	465,08	IV	1 466,66	1 388,33	1 310,41	1 234,08	1 159,33	1 086,16
	VI	**2 102,66**	465,08	465,08							
6 866,99	I,IV	**1 546,16**	465,08	465,08	I	1 389,50	1 235,16	1 087,25	945,75	810,66	682,08
	II	**1 405,83**	465,08	465,08	II	1 251,00	1 102,41	960,25	824,50	695,25	572,33
	III	**982,16**	465,08	465,08	III	868,50	758,16	651,00	547,00	446,33	348,66
	V	**2 060,58**	465,08	465,08	IV	1 467,83	1 389,50	1 311,58	1 235,16	1 160,41	1 087,25
	VI	**2 103,83**	465,08	465,08							
6 869,99	I,IV	**1 547,33**	465,08	465,08	I	1 390,66	1 236,33	1 088,33	946,75	811,66	683,00
	II	**1 407,00**	465,08	465,08	II	1 252,16	1 103,50	961,25	825,50	696,16	573,25
	III	**983,00**	465,08	465,08	III	869,33	759,00	651,66	547,66	447,00	349,50
	V	**2 061,75**	465,08	465,08	IV	1 469,00	1 390,66	1 312,75	1 236,33	1 161,50	1 088,33
	VI	**2 105,00**	465,08	465,08							
6 872,99	I,IV	**1 548,41**	465,08	465,08	I	1 391,75	1 237,41	1 089,33	947,75	812,58	683,91
	II	**1 408,16**	465,08	465,08	II	1 253,25	1 104,58	962,25	826,41	697,08	574,08
	III	**983,83**	465,08	465,08	III	870,16	759,66	652,50	548,50	447,66	350,16
	V	**2 062,83**	465,08	465,08	IV	1 470,08	1 391,75	1 313,83	1 237,41	1 162,58	1 089,33
	VI	**2 106,08**	465,08	465,08							
6 875,99	I,IV	**1 549,58**	465,08	465,08	I	1 392,91	1 238,50	1 090,41	948,83	813,58	684,83
	II	**1 409,33**	465,08	465,08	II	1 254,33	1 105,58	963,33	827,41	698,00	574,91
	III	**984,66**	465,08	465,08	III	871,00	760,50	653,33	549,33	448,50	350,83
	V	**2 064,00**	465,08	465,08	IV	1 471,25	1 392,91	1 314,91	1 238,50	1 163,66	1 090,41
	VI	**2 107,25**	465,08	465,08							

* Zur LSt-Berechnung für privat versicherte Arbeitnehmer s. Beispiele **Vorbemerkung S. 4 f.**
** Basisvorsorgepauschale KV und PV *** Typisierter Arbeitgeberzuschuss

Lohn/ Gehalt in € bis	Steuerklasse	Lohn-steuer*	BVSP**	TAGZ***	Steuerklasse	Bemessungsgrundlage für Kirchensteuer und Solidaritätszuschlag					
						Freibeträge für ... Kinder					
						0,5	**1,0**	1,5	**2,0**	2,5	**3,0**
6878,99	I,IV	**1550,75**	465,08	465,08	I	1394,08	1239,58	1091,50	949,83	814,58	685,75
	II	**1410,41**	465,08	465,08	II	1255,50	1106,66	964,33	828,41	698,91	575,83
	III	**985,50**	465,08	465,08	III	871,83	761,33	654,00	550,00	449,16	351,50
	V	**2065,16**	465,08	465,08	IV	1472,41	1394,08	1316,08	1239,58	1164,75	1091,50
	VI	**2108,41**	465,08	465,08							
6881,99	I,IV	**1551,83**	465,08	465,08	I	1395,16	1240,66	1092,50	950,83	815,50	686,66
	II	**1411,58**	465,08	465,08	II	1256,58	1107,75	965,33	829,33	699,83	576,66
	III	**986,33**	465,08	465,08	III	872,66	762,16	654,83	550,66	449,83	352,16
	V	**2066,33**	465,08	465,08	IV	1473,50	1395,16	1317,16	1240,66	1165,83	1092,50
	VI	**2109,58**	465,08	465,08							
6884,99	I,IV	**1553,00**	465,08	465,08	I	1396,33	1241,83	1093,58	951,83	816,50	687,58
	II	**1412,75**	465,08	465,08	II	1257,66	1108,83	966,33	830,33	700,75	577,58
	III	**987,16**	465,08	465,08	III	873,50	762,83	655,66	551,50	450,66	353,00
	V	**2067,41**	465,08	465,08	IV	1474,66	1396,33	1318,33	1241,83	1166,91	1093,58
	VI	**2110,75**	465,08	465,08							
6887,99	I,IV	**1554,16**	465,08	465,08	I	1397,50	1242,91	1094,66	952,83	817,41	688,50
	II	**1413,83**	465,08	465,08	II	1258,75	1109,83	967,33	831,25	701,66	578,41
	III	**988,00**	465,08	465,08	III	874,16	763,66	656,33	552,16	451,33	353,66
	V	**2068,58**	465,08	465,08	IV	1475,83	1397,50	1319,41	1242,91	1168,00	1094,66
	VI	**2111,83**	465,08	465,08							
6890,99	I,IV	**1555,25**	465,08	465,08	I	1398,58	1244,00	1095,75	953,83	818,41	689,41
	II	**1415,00**	465,08	465,08	II	1259,91	1110,91	968,41	832,25	702,58	579,33
	III	**988,83**	465,08	465,08	III	875,00	764,50	657,16	553,00	452,00	354,33
	V	**2069,75**	465,08	465,08	IV	1476,91	1398,58	1320,58	1244,00	1169,08	1095,75
	VI	**2113,00**	465,08	465,08							
6893,99	I,IV	**1556,41**	465,08	465,08	I	1399,75	1245,16	1096,75	954,83	819,33	690,33
	II	**1416,16**	465,08	465,08	II	1261,00	1112,00	969,41	833,25	703,50	580,16
	III	**989,66**	465,08	465,08	III	875,83	765,33	657,83	553,66	452,83	355,00
	V	**2070,91**	465,08	465,08	IV	1478,08	1399,75	1321,75	1245,16	1170,16	1096,75
	VI	**2114,16**	465,08	465,08							
6896,99	I,IV	**1557,58**	465,08	465,08	I	1400,91	1246,25	1097,83	955,83	820,33	691,25
	II	**1417,25**	465,08	465,08	II	1262,08	1113,00	970,41	834,16	704,41	581,08
	III	**990,50**	465,08	465,08	III	876,66	766,00	658,66	554,50	453,50	355,66
	V	**2072,00**	465,08	465,08	IV	1479,25	1400,91	1322,83	1246,25	1171,25	1097,83
	VI	**2115,25**	465,08	465,08							
6899,99	I,IV	**1558,75**	465,08	465,08	I	1402,08	1247,33	1098,91	956,91	821,33	692,16
	II	**1418,41**	465,08	465,08	II	1263,25	1114,08	971,41	835,16	705,33	581,91
	III	**991,33**	465,08	465,08	III	877,50	766,83	659,50	555,16	454,16	356,50
	V	**2073,16**	465,08	465,08	IV	1480,41	1402,08	1324,00	1247,33	1172,33	1098,91
	VI	**2116,41**	465,08	465,08							
6902,99	I,IV	**1559,83**	465,08	465,08	I	1403,16	1248,50	1100,00	957,91	822,25	693,08
	II	**1419,58**	465,08	465,08	II	1264,33	1115,16	972,41	836,16	706,25	582,83
	III	**992,16**	465,08	465,08	III	878,33	767,66	660,16	556,00	455,00	357,16
	V	**2074,33**	465,08	465,08	IV	1481,50	1403,16	1325,08	1248,50	1173,41	1100,00
	VI	**2117,58**	465,08	465,08							
6905,99	I,IV	**1561,00**	465,08	465,08	I	1404,33	1249,58	1101,00	958,91	823,25	694,00
	II	**1420,66**	465,08	465,08	II	1265,41	1116,25	973,41	837,08	707,16	583,66
	III	**993,00**	465,08	465,08	III	879,16	768,50	661,00	556,66	455,66	357,83
	V	**2075,41**	465,08	465,08	IV	1482,66	1404,33	1326,25	1249,58	1174,50	1101,00
	VI	**2118,66**	465,08	465,08							
6908,99	I,IV	**1562,16**	465,08	465,08	I	1405,50	1250,66	1102,08	959,91	824,16	694,91
	II	**1421,83**	465,08	465,08	II	1266,58	1117,33	974,50	838,08	708,08	584,58
	III	**993,83**	465,08	465,08	III	880,00	769,16	661,66	557,50	456,33	358,50
	V	**2076,58**	465,08	465,08	IV	1483,83	1405,50	1327,33	1250,66	1175,58	1102,08
	VI	**2119,83**	465,08	465,08							
6911,99	I,IV	**1563,33**	465,08	465,08	I	1406,66	1251,75	1103,16	960,91	825,16	695,83
	II	**1423,00**	465,08	465,08	II	1267,66	1118,41	975,50	839,08	709,08	585,50
	III	**994,83**	465,08	465,08	III	880,83	770,00	662,50	558,16	457,16	359,33
	V	**2077,75**	465,08	465,08	IV	1485,00	1406,66	1328,50	1251,75	1176,66	1103,16
	VI	**2121,00**	465,08	465,08							

* Zur LSt-Berechnung für privat versicherte Arbeitnehmer s. Beispiele **Vorbemerkung S. 4 f.**
** Basisvorsorgepauschale KV und PV *** Typisierter Arbeitgeberzuschuss

Lohn/ Gehalt in € bis	Steuerklasse	Lohnsteuer*	BVSP**	TAGZ***	Steuerklasse	Bemessungsgrundlage für Kirchensteuer und Solidaritätszuschlag – Freibeträge für ... Kinder 0,5	**1,0**	1,5	**2,0**	2,5	**3,0**
6914,99	I,IV	**1564,41**	465,08	465,08	I	1407,75	1252,83	1104,16	961,91	826,08	696,75
	II	**1424,16**	465,08	465,08	II	1268,75	1119,41	976,50	840,00	710,00	586,33
	III	**995,66**	465,08	465,08	III	881,66	770,83	663,33	559,00	457,83	360,00
	V	**2078,83**	465,08	465,08	IV	1486,08	1407,75	1329,58	1252,83	1177,75	1104,16
	VI	**2122,08**	465,08	465,08							
6917,99	I,IV	**1565,58**	465,08	465,08	I	1408,91	1254,00	1105,25	963,00	827,08	697,66
	II	**1425,33**	465,08	465,08	II	1269,91	1120,50	977,50	841,00	710,91	587,25
	III	**996,50**	465,08	465,08	III	882,50	771,66	664,00	559,66	458,50	360,66
	V	**2080,00**	465,08	465,08	IV	1487,25	1408,91	1330,75	1254,00	1178,83	1105,25
	VI	**2123,25**	465,08	465,08							
6920,99	I,IV	**1566,75**	465,08	465,08	I	1410,08	1255,08	1106,33	964,00	828,08	698,58
	II	**1426,41**	465,08	465,08	II	1271,00	1121,58	978,58	842,00	711,83	588,08
	III	**997,33**	465,08	465,08	III	883,33	772,50	664,83	560,50	459,33	361,33
	V	**2081,16**	465,08	465,08	IV	1488,41	1410,08	1331,91	1255,08	1179,91	1106,33
	VI	**2124,41**	465,08	465,08							
6923,99	I,IV	**1567,83**	465,08	465,08	I	1411,16	1256,16	1107,33	965,00	829,00	699,50
	II	**1427,58**	465,08	465,08	II	1272,16	1122,66	979,58	842,91	712,75	589,00
	III	**998,16**	465,08	465,08	III	884,16	773,16	665,66	561,16	460,00	362,00
	V	**2082,25**	465,08	465,08	IV	1489,50	1411,16	1333,00	1256,16	1181,00	1107,33
	VI	**2125,58**	465,08	465,08							
6926,99	I,IV	**1569,00**	465,08	465,08	I	1412,33	1257,33	1108,41	966,00	830,00	700,41
	II	**1428,75**	465,08	465,08	II	1273,25	1123,75	980,58	843,91	713,66	589,83
	III	**999,00**	465,08	465,08	III	884,83	774,00	666,33	562,00	460,66	362,66
	V	**2083,41**	465,08	465,08	IV	1490,66	1412,33	1334,16	1257,33	1182,08	1108,41
	VI	**2126,66**	465,08	465,08							
6929,99	I,IV	**1570,16**	465,08	465,08	I	1413,50	1258,41	1109,50	967,00	831,00	701,33
	II	**1429,91**	465,08	465,08	II	1274,41	1124,75	981,66	844,91	714,58	590,75
	III	**999,83**	465,08	465,08	III	885,66	774,83	667,16	562,66	461,50	363,50
	V	**2084,58**	465,08	465,08	IV	1491,83	1413,50	1335,33	1258,41	1183,16	1109,50
	VI	**2127,83**	465,08	465,08							
6932,99	I,IV	**1571,25**	465,08	465,08	I	1414,58	1259,50	1110,58	968,00	831,91	702,25
	II	**1431,00**	465,08	465,08	II	1275,50	1125,83	982,66	845,83	715,50	591,58
	III	**1000,66**	465,08	465,08	III	886,50	775,66	668,00	563,50	462,16	364,16
	V	**2085,75**	465,08	465,08	IV	1492,91	1414,58	1336,41	1259,50	1184,25	1110,58
	VI	**2129,00**	465,08	465,08							
6935,99	I,IV	**1572,41**	465,08	465,08	I	1415,75	1260,66	1111,66	969,08	832,91	703,16
	II	**1432,16**	465,08	465,08	II	1276,58	1126,91	983,66	846,83	716,41	592,50
	III	**1001,50**	465,08	465,08	III	887,33	776,50	668,66	564,16	463,00	364,83
	V	**2086,83**	465,08	465,08	IV	1494,08	1415,75	1337,58	1260,66	1185,33	1111,66
	VI	**2130,16**	465,08	465,08							
6938,99	I,IV	**1573,58**	465,08	465,08	I	1416,91	1261,75	1112,75	970,08	833,91	704,16
	II	**1433,33**	465,08	465,08	II	1277,75	1128,00	984,66	847,83	717,41	593,41
	III	**1002,33**	465,08	465,08	III	888,16	777,33	669,50	565,00	463,66	365,66
	V	**2088,00**	465,08	465,08	IV	1495,25	1416,91	1338,75	1261,75	1186,41	1112,75
	VI	**2131,25**	465,08	465,08							
6941,99	I,IV	**1574,66**	465,08	465,08	I	1418,08	1262,83	1113,75	971,08	834,83	705,00
	II	**1434,41**	465,08	465,08	II	1278,83	1129,08	985,66	848,75	718,33	594,25
	III	**1003,16**	465,08	465,08	III	889,00	778,00	670,33	565,66	464,33	366,33
	V	**2089,16**	465,08	465,08	IV	1496,41	1418,08	1339,83	1262,83	1187,50	1113,75
	VI	**2132,41**	465,08	465,08							
6944,99	I,IV	**1575,83**	465,08	465,08	I	1419,16	1264,00	1114,83	972,08	835,83	706,00
	II	**1435,58**	465,08	465,08	II	1279,91	1130,16	986,75	849,75	719,25	595,16
	III	**1004,00**	465,08	465,08	III	889,83	778,83	671,00	566,50	465,16	367,00
	V	**2090,33**	465,08	465,08	IV	1497,50	1419,16	1341,00	1264,00	1188,58	1114,83
	VI	**2133,58**	465,08	465,08							
6947,99	I,IV	**1577,00**	465,08	465,08	I	1420,33	1265,08	1115,91	973,16	836,83	706,91
	II	**1436,75**	465,08	465,08	II	1281,08	1131,16	987,75	850,75	720,16	596,00
	III	**1004,83**	465,08	465,08	III	890,66	779,66	671,83	567,16	465,83	367,66
	V	**2091,50**	465,08	465,08	IV	1498,66	1420,33	1342,08	1265,08	1189,66	1115,91
	VI	**2134,75**	465,08	465,08							

* Zur LSt-Berechnung für privat versicherte Arbeitnehmer s. Beispiele **Vorbemerkung S. 4 f.**
** Basisvorsorgepauschale KV und PV *** Typisierter Arbeitgeberzuschuss

Lohn/ Gehalt in € bis	Steuerklasse	Lohn-steuer*	BVSP**	TAGZ***	Steuerklasse	Bemessungsgrundlage für Kirchensteuer und Solidaritätszuschlag – Freibeträge für ... Kinder 0,5	1,0	1,5	2,0	2,5	3,0
6950,99	I,IV	**1578,16**	465,08	465,08	I	1421,50	1266,16	1116,91	974,16	837,75	707,83
	II	**1437,83**	465,08	465,08	II	1282,16	1132,25	988,75	851,75	721,08	596,91
	III	**1005,66**	465,08	465,08	III	891,50	780,50	672,66	568,00	466,50	368,33
	V	**2092,58**	465,08	465,08	IV	1499,83	1421,50	1343,25	1266,16	1190,75	1116,91
	VI	**2135,83**	465,08	465,08							
6953,99	I,IV	**1579,33**	465,08	465,08	I	1422,66	1267,33	1118,00	975,16	838,75	708,75
	II	**1439,00**	465,08	465,08	II	1283,33	1133,33	989,83	852,66	722,00	597,83
	III	**1006,50**	465,08	465,08	III	892,33	781,16	673,33	568,66	467,33	369,00
	V	**2093,75**	465,08	465,08	IV	1501,00	1422,66	1344,41	1267,33	1191,83	1118,00
	VI	**2137,00**	465,08	465,08							
6956,99	I,IV	**1580,41**	465,08	465,08	I	1423,75	1268,41	1119,08	976,16	839,66	709,66
	II	**1440,16**	465,08	465,08	II	1284,41	1134,41	990,83	853,66	722,91	598,66
	III	**1007,33**	465,08	465,08	III	893,16	782,00	674,16	569,50	468,00	369,83
	V	**2094,83**	465,08	465,08	IV	1502,08	1423,75	1345,50	1268,41	1192,91	1119,08
	VI	**2138,08**	465,08	465,08							
6959,99	I,IV	**1581,58**	465,08	465,08	I	1424,91	1269,50	1120,16	977,16	840,66	710,58
	II	**1441,25**	465,08	465,08	II	1285,50	1135,50	991,83	854,66	723,91	599,58
	III	**1008,33**	465,08	465,08	III	894,00	782,83	675,00	570,16	468,83	370,50
	V	**2096,00**	465,08	465,08	IV	1503,25	1424,91	1346,66	1269,50	1194,00	1120,16
	VI	**2139,25**	465,08	465,08							
6962,99	I,IV	**1582,75**	465,08	465,08	I	1426,08	1270,66	1121,25	978,25	841,66	711,50
	II	**1442,41**	465,08	465,08	II	1286,66	1136,58	992,91	855,66	724,83	600,41
	III	**1009,16**	465,08	465,08	III	894,83	783,66	675,66	571,00	469,50	371,16
	V	**2097,16**	465,08	465,08	IV	1504,41	1426,08	1347,75	1270,66	1195,16	1121,25
	VI	**2140,41**	465,08	465,08							
6965,99	I,IV	**1583,83**	465,08	465,08	I	1427,16	1271,75	1122,25	979,25	842,58	712,41
	II	**1443,58**	465,08	465,08	II	1287,75	1137,58	993,91	856,58	725,75	601,33
	III	**1010,00**	465,08	465,08	III	895,50	784,33	676,50	571,66	470,16	371,83
	V	**2098,25**	465,08	465,08	IV	1505,50	1427,16	1348,91	1271,75	1196,25	1122,25
	VI	**2141,58**	465,08	465,08							
6968,99	I,IV	**1585,00**	465,08	465,08	I	1428,33	1272,91	1123,33	980,25	843,58	713,33
	II	**1444,75**	465,08	465,08	II	1288,91	1138,66	994,91	857,58	726,66	602,16
	III	**1010,83**	465,08	465,08	III	896,33	785,16	677,33	572,50	471,00	372,66
	V	**2099,41**	465,08	465,08	IV	1506,66	1428,33	1350,08	1272,91	1197,33	1123,33
	VI	**2142,66**	465,08	465,08							
6971,99	I,IV	**1586,16**	465,08	465,08	I	1429,50	1274,00	1124,41	981,25	844,58	714,33
	II	**1445,83**	465,08	465,08	II	1290,00	1139,75	995,91	858,58	727,58	603,08
	III	**1011,66**	465,08	465,08	III	897,16	786,00	678,00	573,16	471,66	373,33
	V	**2100,58**	465,08	465,08	IV	1507,83	1429,50	1351,16	1274,00	1198,41	1124,41
	VI	**2143,83**	465,08	465,08							
6974,99	I,IV	**1587,25**	465,08	465,08	I	1430,58	1275,08	1125,50	982,25	845,50	715,16
	II	**1447,00**	465,08	465,08	II	1291,08	1140,83	997,00	859,50	728,50	604,00
	III	**1012,50**	465,08	465,08	III	898,00	786,83	678,83	574,00	472,33	374,00
	V	**2101,75**	465,08	465,08	IV	1508,91	1430,58	1352,33	1275,08	1199,50	1125,50
	VI	**2145,00**	465,08	465,08							
6977,99	I,IV	**1588,41**	465,08	465,08	I	1431,75	1276,25	1126,58	983,33	846,50	716,16
	II	**1448,16**	465,08	465,08	II	1292,25	1141,91	998,00	860,50	729,50	604,83
	III	**1013,33**	465,08	465,08	III	898,83	787,66	679,50	574,83	473,16	374,66
	V	**2102,83**	465,08	465,08	IV	1510,08	1431,75	1353,50	1276,25	1200,58	1126,58
	VI	**2146,16**	465,08	465,08							
6980,99	I,IV	**1589,58**	465,08	465,08	I	1432,91	1277,33	1127,66	984,33	847,50	717,08
	II	**1449,33**	465,08	465,08	II	1293,41	1143,00	999,00	861,50	730,41	605,75
	III	**1014,16**	465,08	465,08	III	899,66	788,33	680,33	575,50	473,83	375,50
	V	**2104,00**	465,08	465,08	IV	1511,25	1432,91	1354,58	1277,33	1201,66	1127,66
	VI	**2147,25**	465,08	465,08							
6983,99	I,IV	**1590,66**	465,08	465,08	I	1434,08	1278,41	1128,66	985,33	848,50	718,00
	II	**1450,41**	465,08	465,08	II	1294,50	1144,08	1000,00	862,50	731,33	606,58
	III	**1015,00**	465,08	465,08	III	900,50	789,16	681,16	576,16	474,50	376,16
	V	**2105,16**	465,08	465,08	IV	1512,33	1434,08	1355,75	1278,41	1202,75	1128,66
	VI	**2148,41**	465,08	465,08							

* Zur LSt-Berechnung für privat versicherte Arbeitnehmer s. Beispiele **Vorbemerkung S. 4 f.**
** Basisvorsorgepauschale KV und PV *** Typisierter Arbeitgeberzuschuss

Lohn/ Gehalt in € bis	Steuerklasse	**Lohn-steuer***	BVSP**	TAGZ***	Steuerklasse	Bemessungsgrundlage für Kirchensteuer und Solidaritätszuschlag – Freibeträge für ... Kinder 0,5	**1,0**	1,5	**2,0**	2,5	**3,0**
6986,99	I,IV	**1591,83**	465,08	465,08	I	1435,16	1279,58	1129,75	986,41	849,41	718,91
	II	**1451,58**	465,08	465,08	II	1295,58	1145,16	1001,08	863,50	732,25	607,50
	III	**1015,83**	465,08	465,08	III	901,33	790,00	681,83	577,00	475,33	376,83
	V	**2106,33**	465,08	465,08	IV	1513,50	1435,16	1356,91	1279,58	1203,83	1129,75
	VI	**2149,58**	465,08	465,08							
6989,99	I,IV	**1593,00**	465,08	465,08	I	1436,33	1280,66	1130,83	987,41	850,41	719,83
	II	**1452,75**	465,08	465,08	II	1296,75	1146,25	1002,08	864,41	733,25	608,41
	III	**1016,66**	465,08	465,08	III	902,16	790,83	682,66	577,83	476,00	377,50
	V	**2107,41**	465,08	465,08	IV	1514,66	1436,33	1358,00	1280,66	1205,00	1130,83
	VI	**2150,75**	465,08	465,08							
6992,99	I,IV	**1594,16**	465,08	465,08	I	1437,50	1281,83	1131,91	988,41	851,41	720,75
	II	**1453,83**	465,08	465,08	II	1297,83	1147,25	1003,16	865,41	734,16	609,25
	III	**1017,50**	465,08	465,08	III	903,00	791,66	683,50	578,50	476,83	378,16
	V	**2108,58**	465,08	465,08	IV	1515,83	1437,50	1359,16	1281,83	1206,00	1131,91
	VI	**2151,83**	465,08	465,08							
6995,99	I,IV	**1595,25**	465,08	465,08	I	1438,66	1282,91	1133,00	989,50	852,33	721,75
	II	**1455,00**	465,08	465,08	II	1299,00	1148,33	1004,16	866,41	735,08	610,16
	III	**1018,50**	465,08	465,08	III	903,83	792,50	684,16	579,33	477,50	379,00
	V	**2109,75**	465,08	465,08	IV	1516,91	1438,66	1360,33	1282,91	1207,16	1133,00
	VI	**2153,00**	465,08	465,08							
6998,99	I,IV	**1596,41**	465,08	465,08	I	1439,75	1284,08	1134,08	990,50	853,33	722,66
	II	**1456,16**	465,08	465,08	II	1300,08	1149,41	1005,16	867,41	736,00	611,08
	III	**1019,33**	465,08	465,08	III	904,66	793,16	685,00	580,00	478,16	379,66
	V	**2110,91**	465,08	465,08	IV	1518,08	1439,75	1361,50	1284,08	1208,25	1134,08
	VI	**2154,16**	465,08	465,08							
7001,99	I,IV	**1597,58**	465,08	465,08	I	1440,91	1285,16	1135,08	991,50	854,33	723,58
	II	**1457,25**	465,08	465,08	II	1301,16	1150,50	1006,25	868,33	736,91	611,91
	III	**1020,16**	465,08	465,08	III	905,50	794,00	685,83	580,83	479,00	380,33
	V	**2112,00**	465,08	465,08	IV	1519,25	1440,91	1362,58	1285,16	1209,33	1135,08
	VI	**2155,25**	465,08	465,08							
7004,99	I,IV	**1598,75**	465,08	465,08	I	1442,08	1286,25	1136,16	992,50	855,33	724,50
	II	**1458,41**	465,08	465,08	II	1302,33	1151,58	1007,25	869,33	737,91	612,83
	III	**1021,00**	465,08	465,08	III	906,33	794,83	686,50	581,50	479,66	381,16
	V	**2113,16**	465,08	465,08	IV	1520,41	1442,08	1363,75	1286,25	1210,41	1136,16
	VI	**2156,41**	465,08	465,08							
7007,99	I,IV	**1599,83**	465,08	465,08	I	1443,25	1287,41	1137,25	993,58	856,33	725,41
	II	**1459,58**	465,08	465,08	II	1303,50	1152,66	1008,33	870,33	738,83	613,75
	III	**1021,83**	465,08	465,08	III	907,16	795,66	687,33	582,33	480,50	381,83
	V	**2114,33**	465,08	465,08	IV	1521,58	1443,25	1364,91	1287,41	1211,50	1137,25
	VI	**2157,58**	465,08	465,08							
7010,99	I,IV	**1601,00**	465,08	465,08	I	1444,33	1288,50	1138,33	994,58	857,25	726,33
	II	**1460,75**	465,08	465,08	II	1304,58	1153,75	1009,33	871,33	739,75	614,58
	III	**1022,66**	465,08	465,08	III	908,00	796,33	688,16	583,00	481,16	382,50
	V	**2115,41**	465,08	465,08	IV	1522,66	1444,33	1366,00	1288,50	1212,58	1138,33
	VI	**2158,66**	465,08	465,08							
7013,99	I,IV	**1602,16**	465,08	465,08	I	1445,50	1289,66	1139,41	995,58	858,25	727,33
	II	**1461,83**	465,08	465,08	II	1305,75	1154,83	1010,33	872,33	740,66	615,50
	III	**1023,50**	465,08	465,08	III	908,83	797,16	688,83	583,83	481,83	383,16
	V	**2116,58**	465,08	465,08	IV	1523,83	1445,50	1367,16	1289,66	1213,75	1139,41
	VI	**2159,83**	465,08	465,08							
7016,99	I,IV	**1603,33**	465,08	465,08	I	1446,66	1290,75	1140,50	996,66	859,25	728,25
	II	**1463,00**	465,08	465,08	II	1306,83	1155,91	1011,41	873,33	741,66	616,41
	III	**1024,33**	465,08	465,08	III	909,66	798,00	689,66	584,50	482,66	384,00
	V	**2117,75**	465,08	465,08	IV	1525,00	1446,66	1368,33	1290,75	1214,83	1140,50
	VI	**2161,00**	465,08	465,08							
7019,99	I,IV	**1604,41**	465,08	465,08	I	1447,75	1291,83	1141,58	997,66	860,16	729,16
	II	**1464,16**	465,08	465,08	II	1307,91	1157,00	1012,41	874,25	742,58	617,25
	III	**1025,16**	465,08	465,08	III	910,33	798,83	690,50	585,33	483,33	384,66
	V	**2118,83**	465,08	465,08	IV	1526,08	1447,75	1369,41	1291,83	1215,91	1141,58
	VI	**2162,08**	465,08	465,08							

* Zur LSt-Berechnung für privat versicherte Arbeitnehmer s. Beispiele **Vorbemerkung S. 4f.**
** Basisvorsorgepauschale KV und PV *** Typisierter Arbeitgeberzuschuss

Lohn/ Gehalt in € bis	Steuerklasse	Lohn-steuer*	BVSP**	TAGZ***	Steuerklasse	Bemessungsgrundlage für Kirchensteuer und Solidaritätszuschlag – Freibeträge für ... Kinder 0,5	1,0	1,5	2,0	2,5	3,0
7022,99	I,IV	**1605,58**	465,08	465,08	I	1448,91	1293,00	1142,66	998,66	861,16	730,08
	II	**1465,33**	465,08	465,08	II	1309,08	1158,08	1013,41	875,25	743,50	618,16
	III	**1026,16**	465,08	465,08	III	911,33	799,66	691,33	586,00	484,16	385,33
	V	**2120,00**	465,08	465,08	IV	1527,25	1448,91	1370,58	1293,00	1217,00	1142,66
	VI	**2163,25**	465,08	465,08							
7025,99	I,IV	**1606,66**	465,08	465,08	I	1450,00	1294,08	1143,66	999,66	862,16	731,00
	II	**1466,41**	465,08	465,08	II	1310,16	1159,08	1014,41	876,25	744,41	619,08
	III	**1027,00**	465,08	465,08	III	912,00	800,50	692,00	586,83	484,83	386,00
	V	**2121,16**	465,08	465,08	IV	1528,33	1450,00	1371,66	1294,08	1218,08	1143,66
	VI	**2164,41**	465,08	465,08							
7028,99	I,IV	**1607,83**	465,08	465,08	I	1451,16	1295,25	1144,75	1000,75	863,16	732,00
	II	**1467,58**	465,08	465,08	II	1311,33	1160,16	1015,50	877,25	745,41	620,00
	III	**1027,83**	465,08	465,08	III	912,83	801,16	692,83	587,50	485,50	386,66
	V	**2122,33**	465,08	465,08	IV	1529,50	1451,16	1372,83	1295,25	1219,16	1144,75
	VI	**2165,58**	465,08	465,08							
7031,99	I,IV	**1609,00**	465,08	465,08	I	1452,33	1296,33	1145,83	1001,75	864,08	732,91
	II	**1468,75**	465,08	465,08	II	1312,50	1161,25	1016,50	878,25	746,33	620,83
	III	**1028,66**	465,08	465,08	III	913,66	802,00	693,66	588,33	486,33	387,50
	V	**2123,41**	465,08	465,08	IV	1530,66	1452,33	1374,00	1296,33	1220,33	1145,83
	VI	**2166,75**	465,08	465,08							
7034,99	I,IV	**1610,16**	465,08	465,08	I	1453,50	1297,50	1146,91	1002,75	865,08	733,83
	II	**1469,83**	465,08	465,08	II	1313,58	1162,33	1017,58	879,16	747,25	621,75
	III	**1029,50**	465,08	465,08	III	914,50	802,83	694,33	589,00	487,00	388,16
	V	**2124,58**	465,08	465,08	IV	1531,83	1453,50	1375,16	1297,50	1221,41	1146,91
	VI	**2167,83**	465,08	465,08							
7037,99	I,IV	**1611,25**	465,08	465,08	I	1454,58	1298,58	1148,00	1003,83	866,08	734,75
	II	**1471,00**	465,08	465,08	II	1314,75	1163,41	1018,58	880,16	748,16	622,66
	III	**1030,33**	465,08	465,08	III	915,33	803,66	695,16	589,83	487,66	388,83
	V	**2125,75**	465,08	465,08	IV	1532,91	1454,58	1376,33	1298,58	1222,50	1148,00
	VI	**2169,00**	465,08	465,08							
7040,99	I,IV	**1612,41**	465,08	465,08	I	1455,75	1299,75	1149,08	1004,83	867,08	735,75
	II	**1472,16**	465,08	465,08	II	1315,83	1164,50	1019,66	881,16	749,16	623,58
	III	**1031,16**	465,08	465,08	III	916,16	804,50	696,00	590,66	488,50	389,66
	V	**2126,91**	465,08	465,08	IV	1534,08	1455,75	1377,41	1299,75	1223,58	1149,08
	VI	**2170,16**	465,08	465,08							
7043,99	I,IV	**1613,58**	465,08	465,08	I	1456,91	1300,83	1150,16	1005,83	868,00	736,66
	II	**1473,25**	465,08	465,08	II	1316,91	1165,58	1020,66	882,16	750,08	624,41
	III	**1032,00**	465,08	465,08	III	917,00	805,33	696,66	591,33	489,16	390,33
	V	**2128,00**	465,08	465,08	IV	1535,25	1456,91	1378,58	1300,83	1224,66	1150,16
	VI	**2171,25**	465,08	465,08							
7046,99	I,IV	**1614,75**	465,08	465,08	I	1458,08	1302,00	1151,25	1006,91	869,00	737,58
	II	**1474,41**	465,08	465,08	II	1318,08	1166,66	1021,66	883,16	751,00	625,33
	III	**1032,83**	465,08	465,08	III	917,83	806,00	697,50	592,16	490,00	391,00
	V	**2129,16**	465,08	465,08	IV	1536,41	1458,08	1379,75	1302,00	1225,75	1151,25
	VI	**2172,41**	465,08	465,08							
7049,99	I,IV	**1615,83**	465,08	465,08	I	1459,16	1303,08	1152,33	1007,91	870,00	738,50
	II	**1475,58**	465,08	465,08	II	1319,25	1167,75	1022,75	884,16	752,00	626,25
	III	**1033,66**	465,08	465,08	III	918,66	806,83	698,33	592,83	490,66	391,66
	V	**2130,33**	465,08	465,08	IV	1537,50	1459,16	1380,91	1303,08	1226,91	1152,33
	VI	**2173,58**	465,08	465,08							
7052,99	I,IV	**1617,00**	465,08	465,08	I	1460,33	1304,16	1153,33	1008,91	871,00	739,41
	II	**1476,66**	465,08	465,08	II	1320,33	1168,83	1023,75	885,08	752,91	627,08
	III	**1034,50**	465,08	465,08	III	919,50	807,66	699,00	593,66	491,50	392,50
	V	**2131,41**	465,08	465,08	IV	1538,66	1460,33	1382,00	1304,16	1228,00	1153,33
	VI	**2174,66**	465,08	465,08							
7055,99	I,IV	**1618,16**	465,08	465,08	I	1461,50	1305,33	1154,41	1010,00	872,00	740,41
	II	**1477,83**	465,08	465,08	II	1321,50	1169,91	1024,83	886,08	753,83	628,00
	III	**1035,33**	465,08	465,08	III	920,33	808,50	699,83	594,33	492,16	393,16
	V	**2132,58**	465,08	465,08	IV	1539,83	1461,50	1383,16	1305,33	1229,08	1154,41
	VI	**2175,83**	465,08	465,08							

* Zur LSt-Berechnung für privat versicherte Arbeitnehmer s. Beispiele **Vorbemerkung S. 4 f.**
** Basisvorsorgepauschale KV und PV *** Typisierter Arbeitgeberzuschuss

Lohn/ Gehalt in € bis	Steuerklasse	Lohn-steuer*	BVSP**	TAGZ***	Steuerklasse	Bemessungsgrundlage für Kirchensteuer und Solidaritätszuschlag – Freibeträge für ... Kinder 0,5	1,0	1,5	2,0	2,5	3,0
7058,99	I,IV	**1619,33**	465,08	465,08	I	1462,66	1306,50	1155,50	1011,00	873,00	741,33
	II	**1479,00**	465,08	465,08	II	1322,66	1171,00	1025,83	887,08	754,75	628,91
	III	**1036,33**	465,08	465,08	III	921,16	809,33	700,66	595,16	492,83	393,83
	V	**2133,75**	465,08	465,08	IV	1541,00	1462,66	1384,33	1306,50	1230,16	1155,50
	VI	**2177,00**	465,08	465,08							
7061,99	I,IV	**1620,41**	465,08	465,08	I	1463,75	1307,58	1156,58	1012,08	873,91	742,25
	II	**1480,16**	465,08	465,08	II	1323,75	1172,08	1026,83	888,08	755,75	629,75
	III	**1037,16**	465,08	465,08	III	922,00	810,00	701,33	595,83	493,66	394,50
	V	**2134,83**	465,08	465,08	IV	1542,08	1463,75	1385,41	1307,58	1231,25	1156,58
	VI	**2178,08**	465,08	465,08							
7064,99	I,IV	**1621,58**	465,08	465,08	I	1464,91	1308,75	1157,66	1013,08	874,91	743,16
	II	**1481,33**	465,08	465,08	II	1324,83	1173,16	1027,91	889,08	756,66	630,66
	III	**1038,00**	465,08	465,08	III	922,83	810,83	702,16	596,66	494,33	395,33
	V	**2136,00**	465,08	465,08	IV	1543,25	1464,91	1386,58	1308,75	1232,41	1157,66
	VI	**2179,25**	465,08	465,08							
7067,99	I,IV	**1622,75**	465,08	465,08	I	1466,08	1309,83	1158,75	1014,16	875,91	744,16
	II	**1482,41**	465,08	465,08	II	1326,00	1174,25	1028,91	890,08	757,58	631,58
	III	**1038,83**	465,08	465,08	III	923,66	811,66	703,00	597,50	495,16	396,00
	V	**2137,16**	465,08	465,08	IV	1544,41	1466,08	1387,75	1309,83	1233,50	1158,75
	VI	**2180,41**	465,08	465,08							
7070,99	I,IV	**1623,83**	465,08	465,08	I	1467,16	1310,91	1159,83	1015,16	876,91	745,08
	II	**1483,58**	465,08	465,08	II	1327,16	1175,33	1030,00	891,00	758,58	632,50
	III	**1039,66**	465,08	465,08	III	924,50	812,50	703,66	598,16	495,83	396,66
	V	**2138,25**	465,08	465,08	IV	1545,50	1467,16	1388,83	1310,91	1234,58	1159,83
	VI	**2181,58**	465,08	465,08							
7073,99	I,IV	**1625,00**	465,08	465,08	I	1468,33	1312,08	1160,91	1016,16	877,91	746,00
	II	**1484,75**	465,08	465,08	II	1328,25	1176,41	1031,00	892,08	759,50	633,41
	III	**1040,50**	465,08	465,08	III	925,33	813,33	704,50	598,83	496,50	397,33
	V	**2139,41**	465,08	465,08	IV	1546,66	1468,33	1390,00	1312,08	1235,66	1160,91
	VI	**2182,66**	465,08	465,08							
7076,99	I,IV	**1626,16**	465,08	465,08	I	1469,50	1313,25	1162,00	1017,25	878,91	746,91
	II	**1485,91**	465,08	465,08	II	1329,41	1177,50	1032,08	893,08	760,41	634,25
	III	**1041,33**	465,08	465,08	III	926,16	814,16	705,33	599,66	497,33	398,16
	V	**2140,58**	465,08	465,08	IV	1547,83	1469,50	1391,16	1313,25	1236,83	1162,00
	VI	**2183,83**	465,08	465,08							
7079,99	I,IV	**1627,25**	465,08	465,08	I	1470,58	1314,33	1163,08	1018,25	879,83	747,91
	II	**1487,00**	465,08	465,08	II	1330,50	1178,58	1033,08	894,00	761,33	635,16
	III	**1042,16**	465,08	465,08	III	927,00	814,83	706,00	600,50	498,00	398,83
	V	**2141,75**	465,08	465,08	IV	1548,91	1470,58	1392,25	1314,33	1237,91	1163,08
	VI	**2185,00**	465,08	465,08							
7082,99	I,IV	**1628,41**	465,08	465,08	I	1471,75	1315,50	1164,16	1019,25	880,83	748,83
	II	**1488,16**	465,08	465,08	II	1331,66	1179,66	1034,16	895,00	762,33	636,08
	III	**1043,00**	465,08	465,08	III	927,83	815,66	706,83	601,16	498,83	399,50
	V	**2142,83**	465,08	465,08	IV	1550,08	1471,75	1393,41	1315,50	1239,00	1164,16
	VI	**2186,16**	465,08	465,08							
7085,99	I,IV	**1629,58**	465,08	465,08	I	1472,91	1316,58	1165,25	1020,33	881,83	749,75
	II	**1489,33**	465,08	465,08	II	1332,83	1180,75	1035,16	896,00	763,25	637,00
	III	**1044,00**	465,08	465,08	III	928,66	816,50	707,66	602,00	499,50	400,33
	V	**2144,00**	465,08	465,08	IV	1551,25	1472,91	1394,58	1316,58	1240,16	1165,25
	VI	**2187,25**	465,08	465,08							
7088,99	I,IV	**1630,66**	465,08	465,08	I	1474,08	1317,75	1166,33	1021,33	882,83	750,66
	II	**1490,41**	465,08	465,08	II	1333,91	1181,83	1036,16	897,00	764,25	637,83
	III	**1044,83**	465,08	465,08	III	929,50	817,33	708,50	602,66	500,16	401,00
	V	**2145,16**	465,08	465,08	IV	1552,41	1474,08	1395,75	1317,75	1241,25	1166,33
	VI	**2188,41**	465,08	465,08							
7091,99	I,IV	**1631,83**	465,08	465,08	I	1475,16	1318,83	1167,41	1022,41	883,83	751,66
	II	**1491,58**	465,08	465,08	II	1335,08	1182,91	1037,25	898,00	765,16	638,75
	III	**1045,66**	465,08	465,08	III	930,33	818,16	709,16	603,50	501,00	401,66
	V	**2146,33**	465,08	465,08	IV	1553,50	1475,16	1396,83	1318,83	1242,33	1167,41
	VI	**2189,58**	465,08	465,08							

* Zur LSt-Berechnung für privat versicherte Arbeitnehmer s. Beispiele **Vorbemerkung S. 4f.**
** Basisvorsorgepauschale KV und PV *** Typisierter Arbeitgeberzuschuss

Lohn/ Gehalt in € bis	Steuerklasse	Lohn-steuer*	BVSP**	TAGZ***	Steuerklasse	Bemessungsgrundlage für Kirchensteuer und Solidaritätszuschlag – Freibeträge für ... Kinder 0,5	1,0	1,5	2,0	2,5	3,0
7094,99	I,IV	**1633,00**	465,08	465,08	I	1476,33	1320,00	1168,50	1023,41	884,75	752,58
West	II	**1492,66**	465,08	465,08	II	1336,16	1184,00	1038,25	899,00	766,08	639,66
	III	**1046,50**	465,08	465,08	III	931,16	818,83	710,00	604,16	501,66	402,33
	V	**2147,41**	465,08	465,08	IV	1554,66	1476,33	1398,00	1320,00	1243,41	1168,50
	VI	**2190,66**	465,08	465,08							
7094,99	I,IV	**1633,00**	465,08	465,08	I	1476,33	1320,00	1168,50	1023,41	884,75	752,58
Ost	II	**1492,66**	465,08	465,08	II	1336,16	1184,00	1038,25	899,00	766,08	639,66
	III	**1046,50**	465,08	465,08	III	931,16	818,83	710,00	604,16	501,66	402,33
	V	**2147,41**	465,08	465,08	IV	1554,66	1476,33	1398,00	1320,00	1243,41	1168,50
	VI	**2190,66**	465,08	465,08							
7097,99	I,IV	**1634,16**	465,08	465,08	I	1477,50	1321,08	1169,58	1024,41	885,75	753,50
West	II	**1493,83**	465,08	465,08	II	1337,33	1185,08	1039,33	900,00	767,08	640,58
	III	**1047,33**	465,08	465,08	III	932,00	819,83	710,83	605,00	502,50	403,16
	V	**2148,58**	465,08	465,08	IV	1555,83	1477,50	1399,16	1321,08	1244,50	1169,58
	VI	**2191,83**	465,08	465,08							
7097,99	I,IV	**1634,16**	465,08	465,08	I	1477,50	1321,08	1169,58	1024,41	885,75	753,50
Ost	II	**1493,83**	465,08	465,08	II	1337,33	1185,08	1039,33	900,00	767,08	640,58
	III	**1047,33**	465,08	465,08	III	932,00	819,83	710,83	605,00	502,50	403,16
	V	**2148,58**	465,08	465,08	IV	1555,83	1477,50	1399,16	1321,08	1244,50	1169,58
	VI	**2191,83**	465,08	465,08							
7100,99	I,IV	**1635,33**	465,08	465,08	I	1478,66	1322,25	1170,66	1025,50	886,75	754,50
West	II	**1495,00**	465,08	465,08	II	1338,50	1186,16	1040,33	901,00	768,00	641,50
	III	**1048,16**	465,08	465,08	III	932,83	820,50	711,50	605,83	503,16	403,83
	V	**2149,75**	465,08	465,08	IV	1557,00	1478,66	1400,33	1322,25	1245,66	1170,66
	VI	**2193,00**	465,08	465,08							
7100,99	I,IV	**1635,33**	465,08	465,08	I	1478,66	1322,25	1170,66	1025,50	886,83	754,50
Ost	II	**1495,08**	465,08	465,08	II	1338,50	1186,25	1040,41	901,00	768,00	641,50
	III	**1048,33**	465,08	465,08	III	932,83	820,66	711,66	605,83	503,16	403,83
	V	**2149,75**	465,08	465,08	IV	1557,00	1478,66	1400,33	1322,25	1245,66	1170,66
	VI	**2193,00**	465,08	465,08							
7103,99	I,IV	**1636,41**	465,08	465,08	I	1479,75	1323,33	1171,75	1026,50	887,75	755,41
West	II	**1496,16**	465,08	465,08	II	1339,58	1187,25	1041,41	901,91	768,91	642,33
	III	**1049,00**	465,08	465,08	III	933,50	821,33	712,33	606,50	503,83	404,50
	V	**2150,83**	465,08	465,08	IV	1558,08	1479,75	1401,41	1323,33	1246,75	1171,75
	VI	**2194,08**	465,08	465,08							
7103,99	I,IV	**1636,58**	465,08	465,08	I	1479,91	1323,50	1171,91	1026,66	887,91	755,50
Ost	II	**1496,33**	465,08	465,08	II	1339,75	1187,41	1041,58	902,08	769,08	642,50
	III	**1049,16**	465,08	465,08	III	933,66	821,50	712,50	606,66	504,00	404,66
	V	**2151,00**	465,08	465,08	IV	1558,25	1479,91	1401,58	1323,50	1246,91	1171,91
	VI	**2194,25**	465,08	465,08							
7106,99	I,IV	**1637,58**	465,08	465,08	I	1480,91	1324,50	1172,83	1027,58	888,75	756,33
West	II	**1497,25**	465,08	465,08	II	1340,75	1188,33	1042,41	902,91	769,91	643,25
	III	**1050,00**	465,08	465,08	III	934,50	822,16	713,16	607,33	504,66	405,33
	V	**2152,00**	465,08	465,08	IV	1559,25	1480,91	1402,58	1324,50	1247,83	1172,83
	VI	**2195,25**	465,08	465,08							
7106,99	I,IV	**1637,83**	465,08	465,08	I	1481,16	1324,75	1173,08	1027,83	889,00	756,58
Ost	II	**1497,58**	465,08	465,08	II	1341,00	1188,66	1042,66	903,16	770,08	643,50
	III	**1050,16**	465,08	465,08	III	934,66	822,33	713,33	607,50	504,83	405,50
	V	**2152,25**	465,08	465,08	IV	1559,50	1481,16	1402,83	1324,75	1248,08	1173,08
	VI	**2195,58**	465,08	465,08							
7109,99	I,IV	**1638,75**	465,08	465,08	I	1482,08	1325,66	1173,91	1028,58	889,75	757,33
West	II	**1498,41**	465,08	465,08	II	1341,83	1189,50	1043,50	903,91	770,83	644,16
	III	**1050,83**	465,08	465,08	III	935,33	823,00	713,83	608,00	505,33	406,00
	V	**2153,16**	465,08	465,08	IV	1560,41	1482,08	1403,75	1325,66	1249,00	1173,91
	VI	**2196,41**	465,08	465,08							
7109,99	I,IV	**1639,08**	465,08	465,08	I	1482,41	1326,00	1174,25	1028,91	890,08	757,58
Ost	II	**1498,83**	465,08	465,08	II	1342,25	1189,83	1043,83	904,33	771,16	644,50
	III	**1051,00**	465,08	465,08	III	935,50	823,33	714,16	608,33	505,66	406,16
	V	**2153,58**	465,08	465,08	IV	1560,75	1482,41	1404,08	1326,00	1249,33	1174,25
	VI	**2196,83**	465,08	465,08							

* Zur LSt-Berechnung für privat versicherte Arbeitnehmer s. Beispiele **Vorbemerkung S. 4 f.**
** Basisvorsorgepauschale KV und PV *** Typisierter Arbeitgeberzuschuss

Lohn/ Gehalt in € bis	Steuerklasse	Lohn-steuer*	BVSP**	TAGZ***	Steuerklasse	Bemessungsgrundlage für Kirchensteuer und Solidaritätszuschlag					
						Freibeträge für ... Kinder					
						0,5	**1,0**	1,5	**2,0**	2,5	**3,0**
7112,99 West	I,IV	**1639,83**	465,08	465,08	I	1483,16	1326,75	1175,00	1029,58	890,66	758,25
	II	**1499,58**	465,08	465,08	II	1343,00	1190,50	1044,50	904,91	771,75	645,08
	III	**1051,66**	465,08	465,08	III	936,00	823,83	714,66	608,83	506,16	406,66
	V	**2154,25**	465,08	465,08	IV	1561,50	1483,16	1404,83	1326,75	1250,08	1175,00
	VI	**2197,58**	465,08	465,08							
7112,99 Ost	I,IV	**1640,33**	465,08	465,08	I	1483,66	1327,25	1175,50	1030,08	891,16	758,66
	II	**1500,08**	465,08	465,08	II	1343,50	1191,00	1045,00	905,41	772,25	645,50
	III	**1052,00**	465,08	465,08	III	936,50	824,16	715,00	609,16	506,50	407,00
	V	**2154,83**	465,08	465,08	IV	1562,00	1483,66	1405,41	1327,25	1250,58	1175,50
	VI	**2198,08**	465,08	465,08							
7115,99 West	I,IV	**1641,00**	465,08	465,08	I	1484,33	1327,91	1176,08	1030,66	891,75	759,16
	II	**1500,75**	465,08	465,08	II	1344,16	1191,66	1045,58	905,91	772,75	646,00
	III	**1052,50**	465,08	465,08	III	937,00	824,66	715,50	609,50	506,83	407,33
	V	**2155,41**	465,08	465,08	IV	1562,66	1484,33	1406,00	1327,91	1251,16	1176,08
	VI	**2198,66**	465,08	465,08							
7115,99 Ost	I,IV	**1641,66**	465,08	465,08	I	1485,00	1328,50	1176,66	1031,25	892,25	759,66
	II	**1501,33**	465,08	465,08	II	1344,75	1192,25	1046,16	906,50	773,25	646,41
	III	**1053,00**	465,08	465,08	III	937,33	825,00	715,83	610,00	507,33	407,83
	V	**2156,08**	465,08	465,08	IV	1563,33	1485,00	1406,66	1328,50	1251,75	1176,66
	VI	**2199,33**	465,08	465,08							
7118,99 West	I,IV	**1642,16**	465,08	465,08	I	1485,50	1329,00	1177,16	1031,75	892,75	760,16
	II	**1501,83**	465,08	465,08	II	1345,25	1192,75	1046,58	906,91	773,66	646,83
	III	**1053,33**	465,08	465,08	III	937,83	825,33	716,16	610,33	507,66	408,16
	V	**2156,58**	465,08	465,08	IV	1563,83	1485,50	1407,16	1329,00	1252,25	1177,16
	VI	**2199,83**	465,08	465,08							
7118,99 Ost	I,IV	**1642,91**	465,08	465,08	I	1486,25	1329,75	1177,83	1032,41	893,33	760,75
	II	**1502,58**	465,08	465,08	II	1346,00	1193,41	1047,33	907,58	774,33	647,41
	III	**1053,83**	465,08	465,08	III	938,33	826,00	716,83	610,83	508,16	408,50
	V	**2157,33**	465,08	465,08	IV	1564,58	1486,25	1407,91	1329,75	1253,00	1177,83
	VI	**2200,58**	465,08	465,08							
7121,99 West	I,IV	**1643,25**	465,08	465,08	I	1486,58	1330,16	1178,25	1032,75	893,66	761,08
	II	**1503,00**	465,08	465,08	II	1346,41	1193,83	1047,66	907,91	774,58	647,75
	III	**1054,16**	465,08	465,08	III	938,50	826,16	717,00	611,00	508,33	408,83
	V	**2157,75**	465,08	465,08	IV	1564,91	1486,58	1408,25	1330,16	1253,41	1178,25
	VI	**2201,00**	465,08	465,08							
7121,99 Ost	I,IV	**1644,16**	465,08	465,08	I	1487,50	1331,00	1179,08	1033,50	894,41	761,75
	II	**1503,83**	465,08	465,08	II	1347,25	1194,66	1048,41	908,66	775,33	648,41
	III	**1054,83**	465,08	465,08	III	939,16	826,83	717,66	611,66	508,83	409,33
	V	**2158,58**	465,08	465,08	IV	1565,83	1487,50	1409,16	1331,00	1254,25	1179,08
	VI	**2201,83**	465,08	465,08							
7124,99 West	I,IV	**1644,41**	465,08	465,08	I	1487,75	1331,25	1179,33	1033,75	894,66	762,00
	II	**1504,16**	465,08	465,08	II	1347,58	1194,91	1048,66	908,91	775,58	648,66
	III	**1055,00**	465,08	465,08	III	939,50	827,00	717,83	611,83	509,16	409,50
	V	**2158,83**	465,08	465,08	IV	1566,08	1487,75	1409,41	1331,25	1254,50	1179,33
	VI	**2202,16**	465,08	465,08							
7124,99 Ost	I,IV	**1645,41**	465,08	465,08	I	1488,75	1332,25	1180,25	1034,66	895,50	762,83
	II	**1505,16**	465,08	465,08	II	1348,50	1195,83	1049,58	909,75	776,41	649,41
	III	**1055,83**	465,08	465,08	III	940,16	827,66	718,50	612,50	509,66	410,16
	V	**2159,83**	465,08	465,08	IV	1567,08	1488,75	1410,41	1332,25	1255,41	1180,25
	VI	**2203,08**	465,08	465,08							
7127,99 West	I,IV	**1645,58**	465,08	465,08	I	1488,91	1332,41	1180,41	1034,83	895,66	763,00
	II	**1505,33**	465,08	465,08	II	1348,66	1196,00	1049,75	909,91	776,50	649,58
	III	**1055,83**	465,08	465,08	III	940,33	827,83	718,66	612,66	509,83	410,16
	V	**2160,00**	465,08	465,08	IV	1567,25	1488,91	1410,58	1332,41	1255,58	1180,41
	VI	**2203,25**	465,08	465,08							
7127,99 Ost	I,IV	**1646,66**	465,08	465,08	I	1490,00	1333,50	1181,41	1035,83	896,66	763,83
	II	**1506,41**	465,08	465,08	II	1349,75	1197,08	1050,75	910,91	777,41	650,41
	III	**1056,66**	465,08	465,08	III	941,00	828,66	719,33	613,33	510,50	411,00
	V	**2161,08**	465,08	465,08	IV	1568,33	1490,00	1411,66	1333,50	1256,66	1181,41
	VI	**2204,33**	465,08	465,08							

* Zur LSt-Berechnung für privat versicherte Arbeitnehmer s. Beispiele **Vorbemerkung S. 4 f.**
** Basisvorsorgepauschale KV und PV *** Typisierter Arbeitgeberzuschuss

Lohn/ Gehalt in € bis	Steuerklasse	Lohn-steuer*	BVSP**	TAGZ***	Steuerklasse	Bemessungsgrundlage für Kirchensteuer und Solidaritätszuschlag					
						Freibeträge für ... Kinder					
						0,5	**1,0**	1,5	**2,0**	2,5	**3,0**
7130,99	I,IV	**1646,66**	465,08	465,08	I	1490,08	1333,50	1181,50	1035,83	896,66	763,91
West	II	**1506,41**	465,08	465,08	II	1349,83	1197,08	1050,75	910,91	777,50	650,50
	III	**1056,66**	465,08	465,08	III	941,00	828,66	719,33	613,33	510,50	411,00
	V	**2161,16**	465,08	465,08	IV	1568,33	1490,08	1411,75	1333,50	1256,66	1181,50
	VI	**2204,41**	465,08	465,08							
7130,99	I,IV	**1647,91**	465,08	465,08	I	1491,25	1334,75	1182,66	1037,00	897,75	764,91
Ost	II	**1507,66**	465,08	465,08	II	1351,00	1198,25	1051,91	912,00	778,50	651,41
	III	**1057,66**	465,08	465,08	III	942,00	829,50	720,16	614,16	511,33	411,66
	V	**2162,33**	465,08	465,08	IV	1569,58	1491,25	1412,91	1334,75	1257,91	1182,66
	VI	**2205,66**	465,08	465,08							
7133,99	I,IV	**1647,83**	465,08	465,08	I	1491,16	1334,66	1182,58	1036,91	897,66	764,83
West	II	**1507,58**	465,08	465,08	II	1350,91	1198,16	1051,83	911,91	778,41	651,41
	III	**1057,66**	465,08	465,08	III	942,00	829,50	720,16	614,16	511,33	411,66
	V	**2162,33**	465,08	465,08	IV	1569,50	1491,16	1412,83	1334,66	1257,83	1182,58
	VI	**2205,58**	465,08	465,08							
7133,99	I,IV	**1649,16**	465,08	465,08	I	1492,50	1336,00	1183,83	1038,08	898,83	765,91
Ost	II	**1508,91**	465,08	465,08	II	1352,25	1199,41	1053,08	913,08	779,50	652,41
	III	**1058,66**	465,08	465,08	III	942,83	830,33	721,16	615,00	512,16	412,50
	V	**2163,66**	465,08	465,08	IV	1570,83	1492,50	1414,16	1336,00	1259,08	1183,83
	VI	**2206,91**	465,08	465,08							
7136,99	I,IV	**1649,00**	465,08	465,08	I	1492,33	1335,83	1183,66	1037,91	898,66	765,83
West	II	**1508,75**	465,08	465,08	II	1352,08	1199,25	1052,91	912,91	779,41	652,25
	III	**1058,50**	465,08	465,08	III	942,66	830,16	721,00	614,83	512,00	412,33
	V	**2163,41**	465,08	465,08	IV	1570,66	1492,33	1414,00	1335,83	1258,91	1183,66
	VI	**2206,75**	465,08	465,08							
7136,99	I,IV	**1650,41**	465,08	465,08	I	1493,75	1337,25	1185,00	1039,25	899,91	767,00
Ost	II	**1510,16**	465,08	465,08	II	1353,50	1200,66	1054,16	914,16	780,58	653,41
	III	**1059,50**	465,08	465,08	III	943,83	831,33	722,00	615,83	513,00	413,33
	V	**2164,91**	465,08	465,08	IV	1572,08	1493,75	1415,41	1337,25	1260,33	1185,00
	VI	**2208,16**	465,08	465,08							
7139,99	I,IV	**1650,16**	465,08	465,08	I	1493,50	1336,91	1184,75	1039,00	899,66	766,75
West	II	**1509,83**	465,08	465,08	II	1353,25	1200,33	1053,91	913,91	780,33	653,16
	III	**1059,33**	465,08	465,08	III	943,50	831,00	721,66	615,66	512,83	413,16
	V	**2164,58**	465,08	465,08	IV	1571,83	1493,50	1415,16	1336,91	1260,00	1184,75
	VI	**2207,83**	465,08	465,08							
7139,99	I,IV	**1651,66**	465,08	465,08	I	1495,08	1338,50	1186,25	1040,41	901,00	768,00
Ost	II	**1511,41**	465,08	465,08	II	1354,83	1201,83	1055,33	915,25	781,66	654,41
	III	**1060,50**	465,08	465,08	III	944,66	832,16	722,83	616,66	513,83	414,16
	V	**2166,16**	465,08	465,08	IV	1573,41	1495,08	1416,75	1338,50	1261,58	1186,25
	VI	**2209,41**	465,08	465,08							
7142,99	I,IV	**1651,25**	465,08	465,08	I	1494,66	1338,08	1185,83	1040,00	900,66	767,66
West	II	**1511,00**	465,08	465,08	II	1354,33	1201,41	1055,00	914,91	781,25	654,08
	III	**1060,16**	465,08	465,08	III	944,50	831,83	722,50	616,50	513,50	413,83
	V	**2165,75**	465,08	465,08	IV	1572,91	1494,66	1416,33	1338,08	1261,16	1185,83
	VI	**2209,00**	465,08	465,08							
7142,99	I,IV	**1653,00**	465,08	465,08	I	1496,33	1339,75	1187,41	1041,58	902,08	769,08
Ost	II	**1512,66**	465,08	465,08	II	1356,08	1203,08	1056,50	916,41	782,66	655,41
	III	**1061,50**	465,08	465,08	III	945,66	833,00	723,66	617,50	514,66	414,83
	V	**2167,41**	465,08	465,08	IV	1574,66	1496,33	1418,00	1339,75	1262,75	1187,41
	VI	**2210,66**	465,08	465,08							
7145,99	I,IV	**1652,41**	465,08	465,08	I	1495,75	1339,25	1186,91	1041,08	901,66	768,66
West	II	**1512,16**	465,08	465,08	II	1355,50	1202,58	1056,00	915,91	782,25	655,00
	III	**1061,00**	465,08	465,08	III	945,16	832,66	723,33	617,16	514,16	414,50
	V	**2166,91**	465,08	465,08	IV	1574,08	1495,75	1417,41	1339,25	1262,25	1186,91
	VI	**2210,16**	465,08	465,08							
7145,99	I,IV	**1654,25**	465,08	465,08	I	1497,58	1341,00	1188,66	1042,66	903,16	770,08
Ost	II	**1513,91**	465,08	465,08	II	1357,33	1204,25	1057,66	917,50	783,75	656,41
	III	**1062,33**	465,08	465,08	III	946,50	834,00	724,50	618,33	515,50	415,66
	V	**2168,66**	465,08	465,08	IV	1575,91	1497,58	1419,25	1341,00	1264,00	1188,66
	VI	**2211,91**	465,08	465,08							

* Zur LSt-Berechnung für privat versicherte Arbeitnehmer s. Beispiele **Vorbemerkung S. 4f.**
** Basisvorsorgepauschale KV und PV *** Typisierter Arbeitgeberzuschuss

Lohn/ Gehalt in € bis	Steuerklasse	Lohn-steuer*	BVSP**	TAGZ***	Steuerklasse	Bemessungsgrundlage für Kirchensteuer und Solidaritätszuschlag					
						Freibeträge für ... Kinder					
						0,5	**1,0**	1,5	**2,0**	2,5	**3,0**
7148,99	I,IV	**1653,58**	465,08	465,08	I	1496,91	1340,33	1188,00	1042,08	902,58	769,58
West	II	**1513,25**	465,08	465,08	II	1356,66	1203,66	1057,08	916,91	783,16	655,91
	III	**1061,83**	465,08	465,08	III	946,00	833,50	724,16	618,00	515,00	415,16
	V	**2168,00**	465,08	465,08	IV	1575,25	1496,91	1418,58	1340,33	1263,33	1188,00
	VI	**2211,25**	465,08	465,08							
7148,99	I,IV	**1655,50**	465,08	465,08	I	1498,83	1342,25	1189,83	1043,83	904,33	771,16
Ost	II	**1515,16**	465,08	465,08	II	1358,58	1205,50	1058,83	918,58	784,75	657,41
	III	**1063,33**	465,08	465,08	III	947,50	834,83	725,50	619,16	516,16	416,50
	V	**2169,91**	465,08	465,08	IV	1577,16	1498,83	1420,50	1342,25	1265,25	1189,83
	VI	**2213,16**	465,08	465,08							
7151,99	I,IV	**1654,75**	465,08	465,08	I	1498,08	1341,50	1189,08	1043,16	903,58	770,50
West	II	**1514,41**	465,08	465,08	II	1357,83	1204,75	1058,08	917,91	784,16	656,83
	III	**1062,83**	465,08	465,08	III	947,00	834,33	724,83	618,66	515,66	416,00
	V	**2169,16**	465,08	465,08	IV	1576,41	1498,08	1419,75	1341,50	1264,50	1189,08
	VI	**2212,41**	465,08	465,08							
7151,99	I,IV	**1656,75**	465,08	465,08	I	1500,08	1343,50	1191,00	1045,00	905,41	772,25
Ost	II	**1516,50**	465,08	465,08	II	1359,83	1206,66	1060,00	919,66	785,83	658,41
	III	**1064,33**	465,08	465,08	III	948,33	835,66	726,33	620,00	517,00	417,33
	V	**2171,16**	465,08	465,08	IV	1578,41	1500,08	1421,75	1343,50	1266,50	1191,00
	VI	**2214,41**	465,08	465,08							
7154,99	I,IV	**1655,83**	465,08	465,08	I	1499,25	1342,66	1190,16	1044,16	904,66	771,50
West	II	**1515,58**	465,08	465,08	II	1358,91	1205,83	1059,16	918,91	785,08	657,75
	III	**1063,66**	465,08	465,08	III	947,66	835,16	725,66	619,50	516,50	416,66
	V	**2170,33**	465,08	465,08	IV	1577,58	1499,25	1420,91	1342,66	1265,58	1190,16
	VI	**2213,58**	465,08	465,08							
7154,99	I,IV	**1658,00**	465,08	465,08	I	1501,33	1344,75	1192,25	1046,16	906,50	773,25
Ost	II	**1517,75**	465,08	465,08	II	1361,08	1207,91	1061,08	920,75	786,91	659,41
	III	**1065,16**	465,08	465,08	III	949,33	836,66	727,16	620,83	517,83	418,00
	V	**2172,41**	465,08	465,08	IV	1579,66	1501,33	1423,00	1344,75	1267,66	1192,25
	VI	**2215,75**	465,08	465,08							
7157,99	I,IV	**1657,00**	465,08	465,08	I	1500,33	1343,75	1191,25	1045,25	905,58	772,41
West	II	**1516,75**	465,08	465,08	II	1360,08	1206,91	1060,16	919,91	786,00	658,58
	III	**1064,50**	465,08	465,08	III	948,50	835,83	726,50	620,16	517,16	417,33
	V	**2171,41**	465,08	465,08	IV	1578,66	1500,33	1422,00	1343,75	1266,66	1191,25
	VI	**2214,66**	465,08	465,08							
7157,99	I,IV	**1659,25**	465,08	465,08	I	1502,58	1346,00	1193,41	1047,33	907,58	774,33
Ost	II	**1519,00**	465,08	465,08	II	1362,33	1209,08	1062,25	921,91	787,91	660,41
	III	**1066,16**	465,08	465,08	III	950,16	837,50	728,00	621,83	518,66	418,83
	V	**2173,75**	465,08	465,08	IV	1580,91	1502,58	1424,25	1346,00	1268,91	1193,41
	VI	**2217,00**	465,08	465,08							
7160,99	I,IV	**1658,16**	465,08	465,08	I	1501,50	1344,91	1192,33	1046,25	906,58	773,33
West	II	**1517,83**	465,08	465,08	II	1361,25	1208,00	1061,25	920,91	787,00	659,50
	III	**1065,33**	465,08	465,08	III	949,50	836,66	727,33	621,00	518,00	418,16
	V	**2172,58**	465,08	465,08	IV	1579,83	1501,50	1423,16	1344,91	1267,83	1192,33
	VI	**2215,83**	465,08	465,08							
7160,99	I,IV	**1660,50**	465,08	465,08	I	1503,83	1347,25	1194,66	1048,41	908,66	775,33
Ost	II	**1520,25**	465,08	465,08	II	1363,58	1210,33	1063,41	923,00	789,00	661,41
	III	**1067,16**	465,08	465,08	III	951,16	838,50	728,83	622,66	519,50	419,66
	V	**2175,00**	465,08	465,08	IV	1582,16	1503,83	1425,50	1347,25	1270,16	1194,66
	VI	**2218,25**	465,08	465,08							
7163,99	I,IV	**1659,25**	465,08	465,08	I	1502,58	1346,00	1193,41	1047,33	907,58	774,33
West	II	**1519,00**	465,08	465,08	II	1362,33	1209,08	1062,25	921,91	787,91	660,41
	III	**1066,16**	465,08	465,08	III	950,16	837,50	728,00	621,83	518,66	418,83
	V	**2173,75**	465,08	465,08	IV	1580,91	1502,58	1424,25	1346,00	1268,91	1193,41
	VI	**2217,00**	465,08	465,08							
7163,99	I,IV	**1661,75**	465,08	465,08	I	1505,16	1348,50	1195,83	1049,58	909,75	776,41
Ost	II	**1521,50**	465,08	465,08	II	1364,83	1211,50	1064,58	924,08	790,00	662,41
	III	**1068,00**	465,08	465,08	III	952,16	839,33	729,83	623,50	520,33	420,50
	V	**2176,25**	465,08	465,08	IV	1583,41	1505,16	1426,83	1348,50	1271,41	1195,83
	VI	**2219,50**	465,08	465,08							

* Zur LSt-Berechnung für privat versicherte Arbeitnehmer s. Beispiele **Vorbemerkung S. 4f.**
** Basisvorsorgepauschale KV und PV *** Typisierter Arbeitgeberzuschuss

Lohn/ Gehalt in € bis	Steuerklasse	Lohn-steuer*	BVSP**	TAGZ***	Steuerklasse	Bemessungsgrundlage für Kirchensteuer und Solidaritätszuschlag – Freibeträge für ... Kinder 0,5	1,0	1,5	2,0	2,5	3,0
7166,99 West	I,IV	**1660,41**	465,08	465,08	I	1503,75	1347,16	1194,50	1048,33	908,58	775,25
	II	**1520,16**	465,08	465,08	II	1363,50	1210,16	1063,33	922,91	788,91	661,33
	III	**1067,00**	465,08	465,08	III	951,00	838,33	728,83	622,50	519,33	419,50
	V	**2174,83**	465,08	465,08	IV	1582,08	1503,75	1425,41	1347,16	1270,08	1194,50
	VI	**2218,08**	465,08	465,08							
7166,99 Ost	I,IV	**1663,08**	465,08	465,08	I	1506,41	1349,75	1197,08	1050,75	910,91	777,41
	II	**1522,75**	465,08	465,08	II	1366,08	1212,75	1065,75	925,16	791,08	663,41
	III	**1069,00**	465,08	465,08	III	953,00	840,16	730,66	624,33	521,16	421,16
	V	**2177,50**	465,08	465,08	IV	1584,75	1506,41	1428,08	1349,75	1272,58	1197,08
	VI	**2220,75**	465,08	465,08							
7169,99 West	I,IV	**1661,58**	465,08	465,08	I	1504,91	1348,33	1195,66	1049,41	909,58	776,25
	II	**1521,33**	465,08	465,08	II	1364,66	1211,33	1064,41	923,91	789,83	662,25
	III	**1067,83**	465,08	465,08	III	952,00	839,16	729,66	623,33	520,16	420,33
	V	**2176,00**	465,08	465,08	IV	1583,25	1504,91	1426,58	1348,33	1271,16	1195,66
	VI	**2219,25**	465,08	465,08							
7169,99 Ost	I,IV	**1664,33**	465,08	465,08	I	1507,66	1351,00	1198,25	1051,91	912,00	778,50
	II	**1524,00**	465,08	465,08	II	1367,33	1213,91	1066,91	926,33	792,16	664,41
	III	**1070,00**	465,08	465,08	III	954,00	841,16	731,50	625,16	522,00	422,00
	V	**2178,75**	465,08	465,08	IV	1586,00	1507,66	1429,33	1351,00	1273,83	1198,25
	VI	**2222,00**	465,08	465,08							
7172,99 West	I,IV	**1662,66**	465,08	465,08	I	1506,00	1349,41	1196,75	1050,41	910,58	777,16
	II	**1522,41**	465,08	465,08	II	1365,75	1212,41	1065,41	924,91	790,83	663,16
	III	**1068,83**	465,08	465,08	III	952,83	840,00	730,33	624,00	520,83	421,00
	V	**2177,16**	465,08	465,08	IV	1584,33	1506,00	1427,66	1349,41	1272,25	1196,75
	VI	**2220,41**	465,08	465,08							
7172,99 Ost	I,IV	**1665,58**	465,08	465,08	I	1508,91	1352,25	1199,41	1053,08	913,08	779,50
	II	**1525,25**	465,08	465,08	II	1368,66	1215,16	1068,08	927,41	793,16	665,41
	III	**1070,83**	465,08	465,08	III	954,83	842,00	732,33	626,00	522,83	422,83
	V	**2180,00**	465,08	465,08	IV	1587,25	1508,91	1430,58	1352,25	1275,08	1199,41
	VI	**2223,25**	465,08	465,08							
7175,99 West	I,IV	**1663,83**	465,08	465,08	I	1507,16	1350,58	1197,83	1051,50	911,58	778,08
	II	**1523,58**	465,08	465,08	II	1366,91	1213,50	1066,50	925,91	791,75	664,08
	III	**1069,66**	465,08	465,08	III	953,50	840,83	731,16	624,83	521,66	421,66
	V	**2178,33**	465,08	465,08	IV	1585,50	1507,16	1428,83	1350,58	1273,41	1197,83
	VI	**2221,58**	465,08	465,08							
7175,99 Ost	I,IV	**1666,83**	465,08	465,08	I	1510,16	1353,50	1200,66	1054,16	914,16	780,58
	II	**1526,58**	465,08	465,08	II	1369,91	1216,33	1069,25	928,50	794,25	666,41
	III	**1071,83**	465,08	465,08	III	955,83	842,83	733,16	626,83	523,66	423,50
	V	**2181,25**	465,08	465,08	IV	1588,50	1510,16	1431,83	1353,50	1276,25	1200,66
	VI	**2224,50**	465,08	465,08							
7178,99 West	I,IV	**1665,00**	465,08	465,08	I	1508,33	1351,75	1198,91	1052,50	912,58	779,08
	II	**1524,75**	465,08	465,08	II	1368,08	1214,58	1067,50	926,91	792,75	665,00
	III	**1070,50**	465,08	465,08	III	954,50	841,66	732,00	625,66	522,33	422,50
	V	**2179,41**	465,08	465,08	IV	1586,66	1508,33	1430,00	1351,75	1274,50	1198,91
	VI	**2222,75**	465,08	465,08							
7178,99 Ost	I,IV	**1668,08**	465,08	465,08	I	1511,41	1354,83	1201,83	1055,33	915,25	781,66
	II	**1527,83**	465,08	465,08	II	1371,16	1217,58	1070,33	929,58	795,33	667,41
	III	**1072,83**	465,08	465,08	III	956,66	843,83	734,16	627,66	524,33	424,33
	V	**2182,50**	465,08	465,08	IV	1589,75	1511,41	1433,08	1354,83	1277,50	1201,83
	VI	**2225,75**	465,08	465,08							
7181,99 West	I,IV	**1666,16**	465,08	465,08	I	1509,50	1352,83	1200,00	1053,58	913,58	780,00
	II	**1525,83**	465,08	465,08	II	1369,16	1215,66	1068,58	927,91	793,66	665,83
	III	**1071,33**	465,08	465,08	III	955,33	842,33	732,83	626,33	523,16	423,16
	V	**2180,58**	465,08	465,08	IV	1587,83	1509,50	1431,16	1352,83	1275,58	1200,00
	VI	**2223,83**	465,08	465,08							
7181,99 Ost	I,IV	**1669,33**	465,08	465,08	I	1512,66	1356,08	1203,08	1056,50	916,41	782,66
	II	**1529,08**	465,08	465,08	II	1372,41	1218,75	1071,50	930,75	796,33	668,41
	III	**1073,66**	465,08	465,08	III	957,66	844,66	735,00	628,50	525,16	425,16
	V	**2183,75**	465,08	465,08	IV	1591,00	1512,66	1434,33	1356,08	1278,75	1203,08
	VI	**2227,08**	465,08	465,08							

* Zur LSt-Berechnung für privat versicherte Arbeitnehmer s. Beispiele **Vorbemerkung S. 4f.**
** Basisvorsorgepauschale KV und PV *** Typisierter Arbeitgeberzuschuss

Lohn/ Gehalt in € bis	Steuerklasse	Lohn-steuer*	BVSP**	TAGZ***	Steuerklasse	Bemessungsgrundlage für Kirchensteuer und Solidaritätszuschlag					
						Freibeträge für ... Kinder					
						0,5	**1,0**	1,5	**2,0**	2,5	**3,0**
7184,99	I,IV	**1667,25**	465,08	465,08	I	1510,58	1354,00	1201,08	1054,58	914,58	781,00
West	II	**1527,00**	465,08	465,08	II	1370,33	1216,75	1069,66	928,91	794,66	666,75
	III	**1072,16**	465,08	465,08	III	956,00	843,16	733,50	627,16	523,83	423,83
	V	**2181,75**	465,08	465,08	IV	1588,91	1510,58	1432,33	1354,00	1276,75	1201,08
	VI	**2225,00**	465,08	465,08							
7184,99	I,IV	**1670,58**	465,08	465,08	I	1513,91	1357,33	1204,25	1057,66	917,50	783,75
Ost	II	**1530,33**	465,08	465,08	II	1373,66	1220,00	1072,66	931,83	797,41	669,41
	III	**1074,66**	465,08	465,08	III	958,50	845,66	735,83	629,33	526,00	426,00
	V	**2185,08**	465,08	465,08	IV	1592,25	1513,91	1435,58	1357,33	1280,00	1204,25
	VI	**2228,33**	465,08	465,08							
7187,99	I,IV	**1668,41**	465,08	465,08	I	1511,75	1355,16	1202,16	1055,66	915,58	781,91
West	II	**1528,16**	465,08	465,08	II	1371,50	1217,91	1070,66	929,91	795,58	667,66
	III	**1073,00**	465,08	465,08	III	957,00	844,00	734,33	627,83	524,66	424,66
	V	**2182,91**	465,08	465,08	IV	1590,08	1511,75	1433,41	1355,16	1277,83	1202,16
	VI	**2226,16**	465,08	465,08							
7187,99	I,IV	**1671,83**	465,08	465,08	I	1515,16	1358,58	1205,50	1058,83	918,58	784,75
Ost	II	**1531,58**	465,08	465,08	II	1374,91	1221,16	1073,83	932,91	798,50	670,41
	III	**1075,66**	465,08	465,08	III	959,50	846,50	736,66	630,16	526,83	426,66
	V	**2186,33**	465,08	465,08	IV	1593,50	1515,16	1436,91	1358,58	1281,25	1205,50
	VI	**2229,58**	465,08	465,08							
7190,99	I,IV	**1669,58**	465,08	465,08	I	1512,91	1356,25	1203,25	1056,66	916,58	782,83
West	II	**1529,25**	465,08	465,08	II	1372,58	1218,91	1071,75	930,91	796,50	668,58
	III	**1073,83**	465,08	465,08	III	957,83	844,83	735,16	628,66	525,33	425,33
	V	**2184,00**	465,08	465,08	IV	1591,25	1512,91	1434,58	1356,25	1278,91	1203,25
	VI	**2227,25**	465,08	465,08							
7190,99	I,IV	**1673,16**	465,08	465,08	I	1516,50	1359,83	1206,66	1060,00	919,66	785,83
Ost	II	**1532,83**	465,08	465,08	II	1376,16	1222,41	1075,00	934,08	799,50	671,41
	III	**1076,66**	465,08	465,08	III	960,33	847,33	737,66	631,00	527,66	427,50
	V	**2187,58**	465,08	465,08	IV	1594,83	1516,50	1438,16	1359,83	1282,41	1206,66
	VI	**2230,83**	465,08	465,08							
7193,99	I,IV	**1670,75**	465,08	465,08	I	1514,08	1357,41	1204,33	1057,75	917,58	783,83
West	II	**1530,41**	465,08	465,08	II	1373,75	1220,08	1072,75	931,91	797,50	669,50
	III	**1074,66**	465,08	465,08	III	958,66	845,66	735,83	629,33	526,16	426,00
	V	**2185,16**	465,08	465,08	IV	1592,41	1514,08	1435,75	1357,41	1280,08	1204,33
	VI	**2228,41**	465,08	465,08							
7193,99	I,IV	**1674,41**	465,08	465,08	I	1517,75	1361,08	1207,91	1061,08	920,75	786,91
Ost	II	**1534,08**	465,08	465,08	II	1377,41	1223,58	1076,16	935,16	800,58	672,41
	III	**1077,50**	465,08	465,08	III	961,33	848,33	738,50	631,83	528,50	428,33
	V	**2188,83**	465,08	465,08	IV	1596,08	1517,75	1439,41	1361,08	1283,66	1207,91
	VI	**2232,08**	465,08	465,08							
7196,99	I,IV	**1671,83**	465,08	465,08	I	1515,16	1358,58	1205,50	1058,83	918,58	784,75
West	II	**1531,58**	465,08	465,08	II	1374,91	1221,16	1073,83	932,91	798,50	670,41
	III	**1075,66**	465,08	465,08	III	959,50	846,50	736,66	630,16	526,83	426,66
	V	**2186,33**	465,08	465,08	IV	1593,50	1515,16	1436,91	1358,58	1281,25	1205,50
	VI	**2229,58**	465,08	465,08							
7196,99	I,IV	**1675,66**	465,08	465,08	I	1519,00	1362,33	1209,08	1062,25	921,91	787,91
Ost	II	**1535,33**	465,08	465,08	II	1378,66	1224,83	1077,33	936,25	801,66	673,41
	III	**1078,50**	465,08	465,08	III	962,16	849,16	739,33	632,66	529,33	429,16
	V	**2190,08**	465,08	465,08	IV	1597,33	1519,00	1440,66	1362,33	1284,91	1209,08
	VI	**2233,33**	465,08	465,08							
7199,99	I,IV	**1673,00**	465,08	465,08	I	1516,33	1359,66	1206,58	1059,83	919,58	785,75
West	II	**1532,66**	465,08	465,08	II	1376,08	1222,25	1074,91	933,91	799,41	671,33
	III	**1076,50**	465,08	465,08	III	960,33	847,33	737,50	631,00	527,66	427,50
	V	**2187,41**	465,08	465,08	IV	1594,66	1516,33	1438,00	1359,66	1282,33	1206,58
	VI	**2230,66**	465,08	465,08							
7199,99	I,IV	**1676,91**	465,08	465,08	I	1520,25	1363,58	1210,33	1063,41	923,00	789,00
Ost	II	**1536,66**	465,08	465,08	II	1380,00	1226,00	1078,50	937,41	802,66	674,41
	III	**1079,50**	465,08	465,08	III	963,16	850,00	740,16	633,50	530,16	430,00
	V	**2191,33**	465,08	465,08	IV	1598,58	1520,25	1441,91	1363,58	1286,16	1210,33
	VI	**2234,58**	465,08	465,08							

* Zur LSt-Berechnung für privat versicherte Arbeitnehmer s. Beispiele **Vorbemerkung S. 4f.**
** Basisvorsorgepauschale KV und PV *** Typisierter Arbeitgeberzuschuss

Lohn/ Gehalt in € bis	Steuerklasse	Lohn-steuer*	BVSP**	TAGZ***	Steuerklasse	Bemessungsgrundlage für Kirchensteuer und Solidaritätszuschlag					
						Freibeträge für ... Kinder					
						0,5	**1,0**	1,5	**2,0**	2,5	**3,0**
7 202,99	I,IV	**1 674,16**	465,08	465,08	I	1 517,50	1 360,83	1 207,66	1 060,91	920,58	786,66
West	II	**1 533,83**	465,08	465,08	II	1 377,16	1 223,33	1 075,91	934,91	800,41	672,25
	III	**1 077,33**	465,08	465,08	III	961,16	848,00	738,33	631,66	528,33	428,16
	V	**2 188,58**	465,08	465,08	IV	1 595,83	1 517,50	1 439,16	1 360,83	1 283,41	1 207,66
	VI	**2 231,83**	465,08	465,08							
7 202,99	I,IV	**1 678,16**	465,08	465,08	I	1 521,50	1 364,83	1 211,50	1 064,58	924,08	790,00
Ost	II	**1 537,91**	465,08	465,08	II	1 381,25	1 227,25	1 079,66	938,50	803,75	675,41
	III	**1 080,33**	465,08	465,08	III	964,00	851,00	741,00	634,33	531,00	430,66
	V	**2 192,58**	465,08	465,08	IV	1 599,83	1 521,50	1 443,16	1 364,83	1 287,33	1 211,50
	VI	**2 235,83**	465,08	465,08							
7 205,99	I,IV	**1 675,33**	465,08	465,08	I	1 518,66	1 362,00	1 208,75	1 061,91	921,58	787,66
West	II	**1 535,00**	465,08	465,08	II	1 378,33	1 224,50	1 077,00	936,00	801,33	673,16
	III	**1 078,16**	465,08	465,08	III	962,00	849,00	739,16	632,50	529,16	428,83
	V	**2 189,75**	465,08	465,08	IV	1 597,00	1 518,66	1 440,33	1 362,00	1 284,58	1 208,75
	VI	**2 233,00**	465,08	465,08							
7 205,99	I,IV	**1 679,41**	465,08	465,08	I	1 522,75	1 366,08	1 212,75	1 065,75	925,16	791,08
Ost	II	**1 539,16**	465,08	465,08	II	1 382,50	1 228,41	1 080,83	939,58	804,83	676,50
	III	**1 081,33**	465,08	465,08	III	965,00	851,83	742,00	635,33	531,83	431,50
	V	**2 193,83**	465,08	465,08	IV	1 601,08	1 522,75	1 444,41	1 366,08	1 288,58	1 212,75
	VI	**2 237,16**	465,08	465,08							
7 208,99	I,IV	**1 676,41**	465,08	465,08	I	1 519,75	1 363,08	1 209,83	1 063,00	922,58	788,58
West	II	**1 536,16**	465,08	465,08	II	1 379,50	1 225,58	1 078,00	936,91	802,25	674,08
	III	**1 079,00**	465,08	465,08	III	962,83	849,66	739,83	633,16	529,83	429,66
	V	**2 190,83**	465,08	465,08	IV	1 598,08	1 519,75	1 441,41	1 363,08	1 285,66	1 209,83
	VI	**2 234,08**	465,08	465,08							
7 208,99	I,IV	**1 680,66**	465,08	465,08	I	1 524,00	1 367,33	1 213,91	1 066,91	926,33	792,16
Ost	II	**1 540,41**	465,08	465,08	II	1 383,75	1 229,66	1 082,00	940,66	805,83	677,50
	III	**1 082,33**	465,08	465,08	III	965,83	852,83	742,83	636,16	532,66	432,33
	V	**2 195,16**	465,08	465,08	IV	1 602,33	1 524,00	1 445,66	1 367,33	1 289,83	1 213,91
	VI	**2 238,41**	465,08	465,08							
7 211,99	I,IV	**1 677,58**	465,08	465,08	I	1 520,91	1 364,25	1 210,91	1 064,00	923,58	789,58
West	II	**1 537,33**	465,08	465,08	II	1 380,66	1 226,66	1 079,08	938,00	803,25	675,00
	III	**1 079,83**	465,08	465,08	III	963,66	850,50	740,66	634,00	530,50	430,33
	V	**2 192,00**	465,08	465,08	IV	1 599,25	1 520,91	1 442,58	1 364,25	1 286,83	1 210,91
	VI	**2 235,25**	465,08	465,08							
7 211,99	I,IV	**1 681,91**	465,08	465,08	I	1 525,25	1 368,66	1 215,16	1 068,08	927,41	793,16
Ost	II	**1 541,66**	465,08	465,08	II	1 385,00	1 230,91	1 083,16	941,83	806,91	678,50
	III	**1 083,16**	465,08	465,08	III	966,83	853,66	743,66	637,00	533,33	433,16
	V	**2 196,41**	465,08	465,08	IV	1 603,58	1 525,25	1 446,91	1 368,66	1 291,08	1 215,16
	VI	**2 239,66**	465,08	465,08							
7 214,99	I,IV	**1 678,75**	465,08	465,08	I	1 522,08	1 365,41	1 212,00	1 065,08	924,58	790,50
West	II	**1 538,41**	465,08	465,08	II	1 381,75	1 227,75	1 080,16	939,00	804,25	675,91
	III	**1 080,83**	465,08	465,08	III	964,50	851,33	741,50	634,83	531,33	431,00
	V	**2 193,16**	465,08	465,08	IV	1 600,41	1 522,08	1 443,75	1 365,41	1 287,91	1 212,00
	VI	**2 236,41**	465,08	465,08							
7 214,99	I,IV	**1 683,16**	465,08	465,08	I	1 526,58	1 369,91	1 216,33	1 069,25	928,50	794,25
Ost	II	**1 542,91**	465,08	465,08	II	1 386,25	1 232,08	1 084,33	942,91	808,00	679,50
	III	**1 084,16**	465,08	465,08	III	967,83	854,50	744,50	637,83	534,16	433,83
	V	**2 197,66**	465,08	465,08	IV	1 604,91	1 526,58	1 448,25	1 369,91	1 292,33	1 216,33
	VI	**2 240,91**	465,08	465,08							
7 217,99	I,IV	**1 679,83**	465,08	465,08	I	1 523,16	1 366,50	1 213,08	1 066,16	925,58	791,41
West	II	**1 539,58**	465,08	465,08	II	1 382,91	1 228,83	1 081,16	940,00	805,16	676,83
	III	**1 081,66**	465,08	465,08	III	965,33	852,16	742,16	635,50	532,00	431,83
	V	**2 194,25**	465,08	465,08	IV	1 601,50	1 523,16	1 444,83	1 366,50	1 289,00	1 213,08
	VI	**2 237,58**	465,08	465,08							
7 217,99	I,IV	**1 684,50**	465,08	465,08	I	1 527,83	1 371,16	1 217,58	1 070,33	929,58	795,33
Ost	II	**1 544,16**	465,08	465,08	II	1 387,50	1 233,33	1 085,41	944,00	809,08	680,50
	III	**1 085,16**	465,08	465,08	III	968,66	855,50	745,50	638,66	535,00	434,66
	V	**2 198,91**	465,08	465,08	IV	1 606,16	1 527,83	1 449,50	1 371,16	1 293,58	1 217,58
	VI	**2 242,16**	465,08	465,08							

* Zur LSt-Berechnung für privat versicherte Arbeitnehmer s. Beispiele **Vorbemerkung S. 4f.**
** Basisvorsorgepauschale KV und PV *** Typisierter Arbeitgeberzuschuss

Lohn/ Gehalt in € bis	Steuerklasse	Lohn-steuer*	BVSP**	TAGZ***	Steuerklasse	Bemessungsgrundlage für Kirchensteuer und Solidaritätszuschlag – Freibeträge für ... Kinder 0,5	**1,0**	1,5	**2,0**	2,5	**3,0**
7 220,99 West	I,IV	**1 681,00**	465,08	465,08	I	1 524,33	1 367,66	1 214,25	1 067,16	926,58	792,41
	II	**1 540,75**	465,08	465,08	II	1 384,08	1 230,00	1 082,25	941,00	806,16	677,75
	III	**1 082,50**	465,08	465,08	III	966,16	853,00	743,00	636,33	532,83	432,50
	V	**2 195,41**	465,08	465,08	IV	1 602,66	1 524,33	1 446,00	1 367,66	1 290,16	1 214,25
	VI	**2 238,66**	465,08	465,08							
7 220,99 Ost	I,IV	**1 685,75**	465,08	465,08	I	1 529,08	1 372,41	1 218,75	1 071,50	930,75	796,33
	II	**1 545,41**	465,08	465,08	II	1 388,75	1 234,50	1 086,58	945,16	810,08	681,50
	III	**1 086,00**	465,08	465,08	III	969,66	856,33	746,33	639,50	535,83	435,50
	V	**2 200,16**	465,08	465,08	IV	1 607,41	1 529,08	1 450,75	1 372,41	1 294,75	1 218,75
	VI	**2 243,41**	465,08	465,08							
7 223,99 West	I,IV	**1 682,16**	465,08	465,08	I	1 525,50	1 368,83	1 215,33	1 068,25	927,58	793,41
	II	**1 541,91**	465,08	465,08	II	1 385,25	1 231,08	1 083,33	942,00	807,08	678,66
	III	**1 083,33**	465,08	465,08	III	967,00	853,83	743,83	637,16	533,50	433,16
	V	**2 196,58**	465,08	465,08	IV	1 603,83	1 525,50	1 447,16	1 368,83	1 291,25	1 215,33
	VI	**2 239,83**	465,08	465,08							
7 223,99 Ost	I,IV	**1 687,00**	465,08	465,08	I	1 530,33	1 373,66	1 220,00	1 072,66	931,83	797,41
	II	**1 546,66**	465,08	465,08	II	1 390,08	1 235,75	1 087,75	946,25	811,16	682,50
	III	**1 087,00**	465,08	465,08	III	970,50	857,16	747,16	640,33	536,66	436,33
	V	**2 201,41**	465,08	465,08	IV	1 608,66	1 530,33	1 452,00	1 373,66	1 296,00	1 220,00
	VI	**2 244,66**	465,08	465,08							
7 226,99 West	I,IV	**1 683,25**	465,08	465,08	I	1 526,58	1 369,91	1 216,41	1 069,25	928,58	794,33
	II	**1 543,00**	465,08	465,08	II	1 386,33	1 232,16	1 084,33	943,00	808,08	679,50
	III	**1 084,16**	465,08	465,08	III	967,83	854,66	744,66	637,83	534,33	434,00
	V	**2 197,75**	465,08	465,08	IV	1 604,91	1 526,58	1 448,25	1 369,91	1 292,41	1 216,41
	VI	**2 241,00**	465,08	465,08							
7 226,99 Ost	I,IV	**1 688,25**	465,08	465,08	I	1 531,58	1 374,91	1 221,16	1 073,83	932,91	798,50
	II	**1 548,00**	465,08	465,08	II	1 391,33	1 236,91	1 088,91	947,33	812,25	683,50
	III	**1 088,00**	465,08	465,08	III	971,50	858,16	748,00	641,16	537,50	437,00
	V	**2 202,66**	465,08	465,08	IV	1 609,91	1 531,58	1 453,25	1 374,91	1 297,25	1 221,16
	VI	**2 245,91**	465,08	465,08							
7 229,99 West	I,IV	**1 684,41**	465,08	465,08	I	1 527,75	1 371,08	1 217,50	1 070,33	929,58	795,25
	II	**1 544,16**	465,08	465,08	II	1 387,50	1 233,25	1 085,41	944,00	809,00	680,50
	III	**1 085,00**	465,08	465,08	III	968,66	855,33	745,33	638,66	535,00	434,66
	V	**2 198,83**	465,08	465,08	IV	1 606,08	1 527,75	1 449,41	1 371,08	1 293,50	1 217,50
	VI	**2 242,16**	465,08	465,08							
7 229,99 Ost	I,IV	**1 689,50**	465,08	465,08	I	1 532,83	1 376,16	1 222,41	1 075,00	934,08	799,50
	II	**1 549,25**	465,08	465,08	II	1 392,58	1 238,16	1 090,08	948,50	813,33	684,50
	III	**1 089,00**	465,08	465,08	III	972,33	859,00	749,00	642,00	538,33	437,83
	V	**2 203,91**	465,08	465,08	IV	1 611,16	1 532,83	1 454,50	1 376,16	1 298,50	1 222,41
	VI	**2 247,25**	465,08	465,08							
7 232,99 West	I,IV	**1 685,58**	465,08	465,08	I	1 528,91	1 372,25	1 218,58	1 071,33	930,58	796,25
	II	**1 545,25**	465,08	465,08	II	1 388,58	1 234,33	1 086,50	945,00	810,00	681,33
	III	**1 086,00**	465,08	465,08	III	969,50	856,16	746,16	639,33	535,66	435,33
	V	**2 200,00**	465,08	465,08	IV	1 607,25	1 528,91	1 450,58	1 372,25	1 294,58	1 218,58
	VI	**2 243,25**	465,08	465,08							
7 232,99 Ost	I,IV	**1 690,75**	465,08	465,08	I	1 534,08	1 377,41	1 223,58	1 076,16	935,16	800,58
	II	**1 550,50**	465,08	465,08	II	1 393,83	1 239,41	1 091,25	949,58	814,33	685,50
	III	**1 089,83**	465,08	465,08	III	973,33	860,00	749,83	642,83	539,16	438,66
	V	**2 205,25**	465,08	465,08	IV	1 612,41	1 534,08	1 455,75	1 377,41	1 299,75	1 223,58
	VI	**2 248,50**	465,08	465,08							
7 235,99 West	I,IV	**1 686,66**	465,08	465,08	I	1 530,08	1 373,41	1 219,66	1 072,41	931,58	797,16
	II	**1 546,41**	465,08	465,08	II	1 389,75	1 235,50	1 087,50	946,00	810,91	682,25
	III	**1 086,83**	465,08	465,08	III	970,33	857,00	747,00	640,16	536,50	436,16
	V	**2 201,16**	465,08	465,08	IV	1 608,41	1 530,08	1 451,75	1 373,41	1 295,75	1 219,66
	VI	**2 244,41**	465,08	465,08							
7 235,99 Ost	I,IV	**1 692,00**	465,08	465,08	I	1 535,33	1 378,66	1 224,83	1 077,33	936,25	801,66
	II	**1 551,75**	465,08	465,08	II	1 395,08	1 240,58	1 092,41	950,75	815,41	686,58
	III	**1 090,83**	465,08	465,08	III	974,16	860,83	750,66	643,66	540,00	439,50
	V	**2 206,50**	465,08	465,08	IV	1 613,66	1 535,33	1 457,00	1 378,66	1 301,00	1 224,83
	VI	**2 249,75**	465,08	465,08							

* Zur LSt-Berechnung für privat versicherte Arbeitnehmer s. Beispiele **Vorbemerkung S. 4 f.**
** Basisvorsorgepauschale KV und PV *** Typisierter Arbeitgeberzuschuss

Lohn/ Gehalt in € bis	Steuerklasse	Lohn- steuer*	BVSP**	TAGZ***	Steuerklasse	Bemessungsgrundlage für Kirchensteuer und Solidaritätszuschlag					
						Freibeträge für ... Kinder					
						0,5	**1,0**	1,5	**2,0**	2,5	**3,0**
7 238,99	I,IV	**1 687,83**	465,08	465,08	I	1 531,16	1 374,58	1 220,83	1 073,50	932,58	798,16
West	II	**1 547,58**	465,08	465,08	II	1 390,91	1 236,58	1 088,58	947,00	811,91	683,25
	III	**1 087,66**	465,08	465,08	III	971,16	857,83	747,83	640,83	537,16	436,83
	V	**2 202,33**	465,08	465,08	IV	1 609,50	1 531,16	1 452,83	1 374,58	1 296,91	1 220,83
	VI	**2 245,58**	465,08	465,08							
7 238,99	I,IV	**1 693,25**	465,08	465,08	I	1 536,66	1 380,00	1 226,00	1 078,50	937,41	802,66
Ost	II	**1 553,00**	465,08	465,08	II	1 396,33	1 241,83	1 093,58	951,83	816,50	687,58
	III	**1 091,83**	465,08	465,08	III	975,16	861,66	751,50	644,50	540,83	440,16
	V	**2 207,75**	465,08	465,08	IV	1 614,91	1 536,66	1 458,33	1 380,00	1 302,16	1 226,00
	VI	**2 251,00**	465,08	465,08							
7 241,99	I,IV	**1 689,00**	465,08	465,08	I	1 532,33	1 375,66	1 221,91	1 074,50	933,58	799,08
West	II	**1 548,66**	465,08	465,08	II	1 392,08	1 237,66	1 089,66	948,00	812,83	684,08
	III	**1 088,50**	465,08	465,08	III	972,00	858,66	748,50	641,66	538,00	437,50
	V	**2 203,41**	465,08	465,08	IV	1 610,66	1 532,33	1 454,00	1 375,66	1 298,00	1 221,91
	VI	**2 246,66**	465,08	465,08							
7 241,99	I,IV	**1 694,58**	465,08	465,08	I	1 537,91	1 381,25	1 227,25	1 079,66	938,50	803,75
Ost	II	**1 554,25**	465,08	465,08	II	1 397,58	1 243,00	1 094,75	952,91	817,58	688,58
	III	**1 092,66**	465,08	465,08	III	976,00	862,66	752,50	645,33	541,66	441,00
	V	**2 209,00**	465,08	465,08	IV	1 616,25	1 537,91	1 459,58	1 381,25	1 303,41	1 227,25
	VI	**2 252,25**	465,08	465,08							
7 244,99	I,IV	**1 690,16**	465,08	465,08	I	1 533,50	1 376,83	1 223,00	1 075,58	934,58	800,08
West	II	**1 549,83**	465,08	465,08	II	1 393,16	1 238,75	1 090,66	949,08	813,83	685,00
	III	**1 089,33**	465,08	465,08	III	972,83	859,50	749,33	642,50	538,66	438,33
	V	**2 204,58**	465,08	465,08	IV	1 611,83	1 533,50	1 455,16	1 376,83	1 299,08	1 223,00
	VI	**2 247,83**	465,08	465,08							
7 244,99	I,IV	**1 695,83**	465,08	465,08	I	1 539,16	1 382,50	1 228,41	1 080,83	939,58	804,83
Ost	II	**1 555,50**	465,08	465,08	II	1 398,83	1 244,25	1 095,91	954,08	818,58	689,58
	III	**1 093,66**	465,08	465,08	III	977,00	863,50	753,33	646,33	542,50	441,83
	V	**2 210,25**	465,08	465,08	IV	1 617,50	1 539,16	1 460,83	1 382,50	1 304,66	1 228,41
	VI	**2 253,50**	465,08	465,08							
7 247,99	I,IV	**1 691,33**	465,08	465,08	I	1 534,66	1 378,00	1 224,08	1 076,66	935,58	801,00
West	II	**1 551,00**	465,08	465,08	II	1 394,33	1 239,91	1 091,75	950,08	814,83	686,00
	III	**1 090,16**	465,08	465,08	III	973,66	860,33	750,16	643,16	539,50	439,00
	V	**2 205,75**	465,08	465,08	IV	1 613,00	1 534,66	1 456,33	1 378,00	1 300,25	1 224,08
	VI	**2 249,00**	465,08	465,08							
7 247,99	I,IV	**1 697,08**	465,08	465,08	I	1 540,41	1 383,75	1 229,66	1 082,00	940,66	805,83
Ost	II	**1 556,75**	465,08	465,08	II	1 400,16	1 245,50	1 097,08	955,16	819,66	690,58
	III	**1 094,66**	465,08	465,08	III	978,00	864,50	754,16	647,16	543,33	442,66
	V	**2 211,50**	465,08	465,08	IV	1 618,75	1 540,41	1 462,08	1 383,75	1 305,91	1 229,66
	VI	**2 254,75**	465,08	465,08							
7 250,99	I,IV	**1 692,41**	465,08	465,08	I	1 535,75	1 379,08	1 225,16	1 077,66	936,58	802,00
West	II	**1 552,16**	465,08	465,08	II	1 395,50	1 241,00	1 092,83	951,08	815,75	686,83
	III	**1 091,16**	465,08	465,08	III	974,50	861,16	750,83	644,00	540,16	439,66
	V	**2 206,83**	465,08	465,08	IV	1 614,08	1 535,75	1 457,41	1 379,08	1 301,33	1 225,16
	VI	**2 250,08**	465,08	465,08							
7 250,99	I,IV	**1 698,33**	465,08	465,08	I	1 541,66	1 385,00	1 230,91	1 083,16	941,83	806,91
Ost	II	**1 558,08**	465,08	465,08	II	1 401,41	1 246,66	1 098,25	956,25	820,75	691,58
	III	**1 095,66**	465,08	465,08	III	978,83	865,33	755,00	648,00	544,16	443,50
	V	**2 212,75**	465,08	465,08	IV	1 620,00	1 541,66	1 463,33	1 385,00	1 307,16	1 230,91
	VI	**2 256,00**	465,08	465,08							
7 253,99	I,IV	**1 693,58**	465,08	465,08	I	1 536,91	1 380,25	1 226,33	1 078,75	937,58	802,91
West	II	**1 553,25**	465,08	465,08	II	1 396,66	1 242,08	1 093,83	952,08	816,75	687,75
	III	**1 092,00**	465,08	465,08	III	975,33	862,00	751,66	644,83	541,00	440,50
	V	**2 208,00**	465,08	465,08	IV	1 615,25	1 536,91	1 458,58	1 380,25	1 302,50	1 226,33
	VI	**2 251,25**	465,08	465,08							
7 253,99	I,IV	**1 699,58**	465,08	465,08	I	1 542,91	1 386,25	1 232,08	1 084,33	942,91	808,00
Ost	II	**1 559,33**	465,08	465,08	II	1 402,66	1 247,91	1 099,41	957,41	821,83	692,58
	III	**1 096,50**	465,08	465,08	III	979,83	866,16	755,83	648,83	544,83	444,16
	V	**2 214,00**	465,08	465,08	IV	1 621,25	1 542,91	1 464,58	1 386,25	1 308,41	1 232,08
	VI	**2 257,25**	465,08	465,08							

* Zur LSt-Berechnung für privat versicherte Arbeitnehmer s. Beispiele **Vorbemerkung S. 4 f.**
** Basisvorsorgepauschale KV und PV *** Typisierter Arbeitgeberzuschuss

Lohn/ Gehalt in € bis	Steuerklasse	**Lohn-steuer***	BVSP**	TAGZ***	Steuerklasse	Bemessungsgrundlage für Kirchensteuer und Solidaritätszuschlag – Freibeträge für ... Kinder					
						0,5	**1,0**	1,5	**2,0**	2,5	**3,0**
7 256,99 West	I,IV	**1 694,75**	465,08	465,08	I	1 538,08	1 381,41	1 227,41	1 079,83	938,66	803,91
	II	**1 554,41**	465,08	465,08	II	1 397,75	1 243,25	1 094,91	953,08	817,66	688,75
	III	**1 092,83**	465,08	465,08	III	976,16	862,66	752,50	645,50	541,66	441,16
	V	**2 209,16**	465,08	465,08	IV	1 616,41	1 538,08	1 459,75	1 381,41	1 303,58	1 227,41
	VI	**2 252,41**	465,08	465,08							
7 256,99 Ost	I,IV	**1 700,83**	465,08	465,08	I	1 544,16	1 387,50	1 233,33	1 085,41	944,00	809,08
	II	**1 560,58**	465,08	465,08	II	1 403,91	1 249,16	1 100,58	958,50	822,83	693,66
	III	**1 097,50**	465,08	465,08	III	980,66	867,16	756,83	649,66	545,66	445,00
	V	**2 215,25**	465,08	465,08	IV	1 622,50	1 544,16	1 465,83	1 387,50	1 309,66	1 233,33
	VI	**2 258,58**	465,08	465,08							
7 259,99 West	I,IV	**1 695,83**	465,08	465,08	I	1 539,16	1 382,50	1 228,50	1 080,83	939,66	804,83
	II	**1 555,58**	465,08	465,08	II	1 398,91	1 244,33	1 096,00	954,08	818,66	689,58
	III	**1 093,66**	465,08	465,08	III	977,00	863,50	753,33	646,33	542,50	441,83
	V	**2 210,25**	465,08	465,08	IV	1 617,50	1 539,16	1 460,83	1 382,50	1 304,75	1 228,50
	VI	**2 253,58**	465,08	465,08							
7 259,99 Ost	I,IV	**1 702,08**	465,08	465,08	I	1 545,41	1 388,75	1 234,50	1 086,58	945,16	810,08
	II	**1 561,83**	465,08	465,08	II	1 405,16	1 250,33	1 101,75	959,66	823,91	694,66
	III	**1 098,50**	465,08	465,08	III	981,66	868,00	757,66	650,50	546,50	445,83
	V	**2 216,58**	465,08	465,08	IV	1 623,75	1 545,41	1 467,08	1 388,75	1 310,91	1 234,50
	VI	**2 259,83**	465,08	465,08							
7 262,99 West	I,IV	**1 697,00**	465,08	465,08	I	1 540,33	1 383,66	1 229,58	1 081,91	940,66	805,83
	II	**1 556,75**	465,08	465,08	II	1 400,08	1 245,41	1 097,08	955,08	819,58	690,50
	III	**1 094,50**	465,08	465,08	III	977,83	864,33	754,16	647,00	543,16	442,66
	V	**2 211,41**	465,08	465,08	IV	1 618,66	1 540,33	1 462,00	1 383,66	1 305,83	1 229,58
	VI	**2 254,66**	465,08	465,08							
7 262,99 Ost	I,IV	**1 703,33**	465,08	465,08	I	1 546,66	1 390,08	1 235,75	1 087,75	946,25	811,16
	II	**1 563,08**	465,08	465,08	II	1 406,41	1 251,58	1 102,91	960,75	825,00	695,66
	III	**1 099,33**	465,08	465,08	III	982,50	869,00	758,50	651,33	547,33	446,66
	V	**2 217,83**	465,08	465,08	IV	1 625,00	1 546,66	1 468,41	1 390,08	1 312,16	1 235,75
	VI	**2 261,08**	465,08	465,08							
7 265,99 West	I,IV	**1 698,16**	465,08	465,08	I	1 541,50	1 384,83	1 230,75	1 083,00	941,66	806,75
	II	**1 557,83**	465,08	465,08	II	1 401,25	1 246,50	1 098,08	956,16	820,58	691,50
	III	**1 095,50**	465,08	465,08	III	978,66	865,16	754,83	647,83	544,00	443,33
	V	**2 212,58**	465,08	465,08	IV	1 619,83	1 541,50	1 463,16	1 384,83	1 307,00	1 230,75
	VI	**2 255,83**	465,08	465,08							
7 265,99 Ost	I,IV	**1 704,66**	465,08	465,08	I	1 548,00	1 391,33	1 236,91	1 088,91	947,33	812,25
	II	**1 564,33**	465,08	465,08	II	1 407,66	1 252,83	1 104,08	961,91	826,08	696,66
	III	**1 100,33**	465,08	465,08	III	983,50	869,83	759,33	652,16	548,16	447,50
	V	**2 219,08**	465,08	465,08	IV	1 626,33	1 548,00	1 469,66	1 391,33	1 313,33	1 236,91
	VI	**2 262,33**	465,08	465,08							
7 268,99 West	I,IV	**1 699,25**	465,08	465,08	I	1 542,58	1 385,91	1 231,75	1 084,00	942,66	807,75
	II	**1 559,00**	465,08	465,08	II	1 402,33	1 247,58	1 099,16	957,16	821,50	692,33
	III	**1 096,33**	465,08	465,08	III	979,50	866,00	755,66	648,50	544,66	444,00
	V	**2 213,75**	465,08	465,08	IV	1 620,91	1 542,58	1 464,25	1 385,91	1 308,08	1 231,75
	VI	**2 257,00**	465,08	465,08							
7 268,99 Ost	I,IV	**1 705,91**	465,08	465,08	I	1 549,25	1 392,58	1 238,16	1 090,08	948,50	813,33
	II	**1 565,58**	465,08	465,08	II	1 408,91	1 254,00	1 105,33	963,00	827,16	697,66
	III	**1 101,33**	465,08	465,08	III	984,33	870,66	760,33	653,00	549,00	448,16
	V	**2 220,33**	465,08	465,08	IV	1 627,58	1 549,25	1 470,91	1 392,58	1 314,58	1 238,16
	VI	**2 263,58**	465,08	465,08							
7 271,99 West	I,IV	**1 700,41**	465,08	465,08	I	1 543,75	1 387,08	1 232,91	1 085,08	943,66	808,66
	II	**1 560,16**	465,08	465,08	II	1 403,50	1 248,75	1 100,25	958,16	822,50	693,33
	III	**1 097,16**	465,08	465,08	III	980,33	866,83	756,50	649,33	545,50	444,83
	V	**2 214,83**	465,08	465,08	IV	1 622,08	1 543,75	1 465,41	1 387,08	1 309,25	1 232,91
	VI	**2 258,16**	465,08	465,08							
7 271,99 Ost	I,IV	**1 707,16**	465,08	465,08	I	1 550,50	1 393,83	1 239,41	1 091,25	949,58	814,33
	II	**1 566,83**	465,08	465,08	II	1 410,16	1 255,25	1 106,50	964,08	828,16	698,66
	III	**1 102,33**	465,08	465,08	III	985,33	871,66	761,16	653,83	549,83	449,00
	V	**2 221,58**	465,08	465,08	IV	1 628,83	1 550,50	1 472,16	1 393,83	1 315,83	1 239,41
	VI	**2 264,83**	465,08	465,08							

* Zur LSt-Berechnung für privat versicherte Arbeitnehmer s. Beispiele **Vorbemerkung S. 4f.**
** Basisvorsorgepauschale KV und PV *** Typisierter Arbeitgeberzuschuss

Lohn/ Gehalt in € bis	Steuerklasse	Lohn- steuer*	BVSP**	TAGZ***	Steuerklasse	Bemessungsgrundlage für Kirchensteuer und Solidaritätszuschlag: Freibeträge für ... Kinder 0,5	1,0	1,5	2,0	2,5	3,0
7 274,99	I,IV	**1 701,58**	465,08	465,08	I	1 544,91	1 388,25	1 234,00	1 086,16	944,66	809,66
West	II	**1 561,33**	465,08	465,08	II	1 404,66	1 249,83	1 101,33	959,16	823,50	694,25
	III	**1 098,00**	465,08	465,08	III	981,16	867,66	757,33	650,16	546,16	445,50
	V	**2 216,00**	465,08	465,08	IV	1 623,25	1 544,91	1 466,58	1 388,25	1 310,33	1 234,00
	VI	**2 259,25**	465,08	465,08							
7 274,99	I,IV	**1 708,41**	465,08	465,08	I	1 551,75	1 395,08	1 240,58	1 092,41	950,75	815,41
Ost	II	**1 568,16**	465,08	465,08	II	1 411,50	1 256,50	1 107,66	965,25	829,25	699,75
	III	**1 103,16**	465,08	465,08	III	986,33	872,50	762,00	654,66	550,66	449,83
	V	**2 222,83**	465,08	465,08	IV	1 630,08	1 551,75	1 473,41	1 395,08	1 317,08	1 240,58
	VI	**2 266,08**	465,08	465,08							
7 277,99	I,IV	**1 702,66**	465,08	465,08	I	1 546,08	1 389,41	1 235,08	1 087,16	945,66	810,58
West	II	**1 562,41**	465,08	465,08	II	1 405,75	1 250,91	1 102,33	960,16	824,41	695,16
	III	**1 098,83**	465,08	465,08	III	982,00	868,50	758,00	650,83	547,00	446,16
	V	**2 217,16**	465,08	465,08	IV	1 624,33	1 546,08	1 467,75	1 389,41	1 311,50	1 235,08
	VI	**2 260,41**	465,08	465,08							
7 277,99	I,IV	**1 709,66**	465,08	465,08	I	1 553,00	1 396,33	1 241,83	1 093,58	951,83	816,50
Ost	II	**1 569,41**	465,08	465,08	II	1 412,75	1 257,66	1 108,83	966,33	830,33	700,75
	III	**1 104,16**	465,08	465,08	III	987,16	873,50	762,83	655,66	551,50	450,66
	V	**2 224,08**	465,08	465,08	IV	1 631,33	1 553,00	1 474,66	1 396,33	1 318,33	1 241,83
	VI	**2 267,33**	465,08	465,08							
7 280,99	I,IV	**1 703,83**	465,08	465,08	I	1 547,16	1 390,50	1 236,25	1 088,25	946,66	811,58
West	II	**1 563,58**	465,08	465,08	II	1 406,91	1 252,08	1 103,41	961,16	825,41	696,08
	III	**1 099,83**	465,08	465,08	III	983,00	869,33	758,83	651,66	547,66	447,00
	V	**2 218,33**	465,08	465,08	IV	1 625,50	1 547,16	1 468,83	1 390,50	1 312,58	1 236,25
	VI	**2 261,58**	465,08	465,08							
7 280,99	I,IV	**1 710,91**	465,08	465,08	I	1 554,25	1 397,58	1 243,00	1 094,75	952,91	817,58
Ost	II	**1 570,66**	465,08	465,08	II	1 414,00	1 258,91	1 110,00	967,50	831,41	701,75
	III	**1 105,16**	465,08	465,08	III	988,16	874,33	763,83	656,50	552,33	451,33
	V	**2 225,33**	465,08	465,08	IV	1 632,58	1 554,25	1 475,91	1 397,58	1 319,58	1 243,00
	VI	**2 268,66**	465,08	465,08							
7 283,99	I,IV	**1 705,00**	465,08	465,08	I	1 548,33	1 391,66	1 237,33	1 089,33	947,75	812,58
West	II	**1 564,75**	465,08	465,08	II	1 408,08	1 253,16	1 104,50	962,25	826,41	697,00
	III	**1 100,66**	465,08	465,08	III	983,66	870,16	759,66	652,50	548,50	447,66
	V	**2 219,41**	465,08	465,08	IV	1 626,66	1 548,33	1 470,00	1 391,66	1 313,75	1 237,33
	VI	**2 262,75**	465,08	465,08							
7 283,99	I,IV	**1 712,16**	465,08	465,08	I	1 555,50	1 398,83	1 244,25	1 095,91	954,08	818,58
Ost	II	**1 571,91**	465,08	465,08	II	1 415,25	1 260,16	1 111,16	968,58	832,50	702,75
	III	**1 106,00**	465,08	465,08	III	989,00	875,33	764,66	657,33	553,16	452,16
	V	**2 226,66**	465,08	465,08	IV	1 633,83	1 555,50	1 477,16	1 398,83	1 320,83	1 244,25
	VI	**2 269,91**	465,08	465,08							
7 286,99	I,IV	**1 706,16**	465,08	465,08	I	1 549,50	1 392,83	1 238,41	1 090,33	948,66	813,50
West	II	**1 565,83**	465,08	465,08	II	1 409,16	1 254,25	1 105,50	963,25	827,33	697,91
	III	**1 101,50**	465,08	465,08	III	984,50	870,83	760,50	653,16	549,16	448,33
	V	**2 220,58**	465,08	465,08	IV	1 627,83	1 549,50	1 471,16	1 392,83	1 314,83	1 238,41
	VI	**2 263,83**	465,08	465,08							
7 286,99	I,IV	**1 713,41**	465,08	465,08	I	1 556,75	1 400,16	1 245,50	1 097,08	955,16	819,66
Ost	II	**1 573,16**	465,08	465,08	II	1 416,50	1 261,33	1 112,33	969,75	833,50	703,75
	III	**1 107,00**	465,08	465,08	III	990,00	876,16	765,50	658,16	554,00	453,00
	V	**2 227,91**	465,08	465,08	IV	1 635,08	1 556,75	1 478,41	1 400,16	1 322,08	1 245,50
	VI	**2 271,16**	465,08	465,08							
7 289,99	I,IV	**1 707,25**	465,08	465,08	I	1 550,66	1 394,00	1 239,50	1 091,41	949,75	814,50
West	II	**1 567,00**	465,08	465,08	II	1 410,33	1 255,41	1 106,58	964,25	828,33	698,83
	III	**1 102,33**	465,08	465,08	III	985,50	871,66	761,33	654,00	550,00	449,16
	V	**2 221,75**	465,08	465,08	IV	1 628,91	1 550,66	1 472,33	1 394,00	1 316,00	1 239,50
	VI	**2 265,00**	465,08	465,08							
7 289,99	I,IV	**1 714,66**	465,08	465,08	I	1 558,08	1 401,41	1 246,66	1 098,25	956,25	820,75
Ost	II	**1 574,41**	465,08	465,08	II	1 417,75	1 262,58	1 113,50	970,83	834,58	704,83
	III	**1 108,00**	465,08	465,08	III	990,83	877,00	766,50	659,00	554,83	453,83
	V	**2 229,16**	465,08	465,08	IV	1 636,41	1 558,08	1 479,75	1 401,41	1 323,33	1 246,66
	VI	**2 272,41**	465,08	465,08							

* Zur LSt-Berechnung für privat versicherte Arbeitnehmer s. Beispiele **Vorbemerkung S. 4 f.**
** Basisvorsorgepauschale KV und PV *** Typisierter Arbeitgeberzuschuss

Lohn/ Gehalt in € bis	Steuerklasse	Lohn-steuer*	BVSP**	TAGZ***	Steuerklasse	Bemessungsgrundlage für Kirchensteuer und Solidaritätszuschlag					
						Freibeträge für ... Kinder					
						0,5	**1,0**	1,5	**2,0**	2,5	**3,0**
7 292,99	I,IV	**1 708,41**	465,08	465,08	I	1 551,75	1 395,08	1 240,66	1 092,50	950,75	815,41
West	II	**1 568,16**	465,08	465,08	II	1 411,50	1 256,50	1 107,66	965,25	829,33	699,75
	III	**1 103,16**	465,08	465,08	III	986,33	872,50	762,00	654,66	550,66	449,83
	V	**2 222,91**	465,08	465,08	IV	1 630,08	1 551,75	1 473,41	1 395,08	1 317,16	1 240,66
	VI	**2 266,16**	465,08	465,08							
7 292,99	I,IV	**1 716,00**	465,08	465,08	I	1 559,33	1 402,66	1 247,91	1 099,41	957,41	821,83
Ost	II	**1 575,66**	465,08	465,08	II	1 419,00	1 263,83	1 114,66	971,91	835,66	705,83
	III	**1 109,00**	465,08	465,08	III	991,83	878,00	767,33	659,83	555,66	454,66
	V	**2 230,41**	465,08	465,08	IV	1 637,66	1 559,33	1 481,00	1 402,66	1 324,58	1 247,91
	VI	**2 273,66**	465,08	465,08							
7 295,99	I,IV	**1 709,58**	465,08	465,08	I	1 552,91	1 396,25	1 241,75	1 093,50	951,75	816,41
West	II	**1 569,25**	465,08	465,08	II	1 412,58	1 257,58	1 108,66	966,25	830,25	700,66
	III	**1 104,00**	465,08	465,08	III	987,16	873,33	762,83	655,50	551,33	450,50
	V	**2 224,00**	465,08	465,08	IV	1 631,25	1 552,91	1 474,58	1 396,25	1 318,25	1 241,75
	VI	**2 267,25**	465,08	465,08							
7 295,99	I,IV	**1 717,25**	465,08	465,08	I	1 560,58	1 403,91	1 249,16	1 100,58	958,50	822,83
Ost	II	**1 576,91**	465,08	465,08	II	1 420,25	1 265,00	1 115,83	973,08	836,75	706,83
	III	**1 109,83**	465,08	465,08	III	992,83	878,83	768,16	660,66	556,50	455,33
	V	**2 231,66**	465,08	465,08	IV	1 638,91	1 560,58	1 482,25	1 403,91	1 325,83	1 249,16
	VI	**2 274,91**	465,08	465,08							
7 298,99	I,IV	**1 710,75**	465,08	465,08	I	1 554,08	1 397,41	1 242,83	1 094,58	952,75	817,33
West	II	**1 570,41**	465,08	465,08	II	1 413,75	1 258,75	1 109,75	967,25	831,25	701,58
	III	**1 105,00**	465,08	465,08	III	988,00	874,16	763,66	656,33	552,16	451,33
	V	**2 225,16**	465,08	465,08	IV	1 632,41	1 554,08	1 475,75	1 397,41	1 319,41	1 242,83
	VI	**2 268,41**	465,08	465,08							
7 298,99	I,IV	**1 718,50**	465,08	465,08	I	1 561,83	1 405,16	1 250,33	1 101,75	959,66	823,91
Ost	II	**1 578,16**	465,08	465,08	II	1 421,58	1 266,25	1 117,00	974,16	837,83	707,83
	III	**1 110,83**	465,08	465,08	III	993,66	879,83	769,00	661,50	557,33	456,16
	V	**2 232,91**	465,08	465,08	IV	1 640,16	1 561,83	1 483,50	1 405,16	1 327,08	1 250,33
	VI	**2 276,16**	465,08	465,08							
7 301,99	I,IV	**1 711,91**	465,08	465,08	I	1 555,25	1 398,58	1 244,00	1 095,75	953,83	818,41
West	II	**1 571,66**	465,08	465,08	II	1 415,00	1 259,91	1 110,91	968,41	832,25	702,58
	III	**1 105,83**	465,08	465,08	III	988,83	875,00	764,50	657,16	553,00	452,00
	V	**2 226,41**	465,08	465,08	IV	1 633,58	1 555,25	1 476,91	1 398,58	1 320,58	1 244,00
	VI	**2 269,66**	465,08	465,08							
7 301,99	I,IV	**1 719,75**	465,08	465,08	I	1 563,08	1 406,41	1 251,58	1 102,91	960,75	825,00
Ost	II	**1 579,50**	465,08	465,08	II	1 422,83	1 267,50	1 118,16	975,33	838,91	708,91
	III	**1 111,83**	465,08	465,08	III	994,66	880,66	770,00	662,33	558,16	457,00
	V	**2 234,16**	465,08	465,08	IV	1 641,41	1 563,08	1 484,75	1 406,41	1 328,33	1 251,58
	VI	**2 277,41**	465,08	465,08							
7 304,99	I,IV	**1 713,16**	465,08	465,08	I	1 556,58	1 399,91	1 245,25	1 096,91	954,91	819,50
West	II	**1 572,91**	465,08	465,08	II	1 416,25	1 261,08	1 112,08	969,50	833,33	703,58
	III	**1 106,83**	465,08	465,08	III	989,83	876,00	765,33	658,00	553,83	452,83
	V	**2 227,66**	465,08	465,08	IV	1 634,83	1 556,58	1 478,25	1 399,91	1 321,83	1 245,25
	VI	**2 270,91**	465,08	465,08							
7 304,99	I,IV	**1 721,00**	465,08	465,08	I	1 564,33	1 407,66	1 252,83	1 104,08	961,91	826,08
Ost	II	**1 580,75**	465,08	465,08	II	1 424,08	1 268,75	1 119,33	976,41	840,00	709,91
	III	**1 112,66**	465,08	465,08	III	995,50	881,50	770,83	663,33	559,00	457,83
	V	**2 235,41**	465,08	465,08	IV	1 642,66	1 564,33	1 486,00	1 407,66	1 329,58	1 252,83
	VI	**2 278,75**	465,08	465,08							
7 307,99	I,IV	**1 714,50**	465,08	465,08	I	1 557,83	1 401,16	1 246,50	1 098,08	956,08	820,50
West	II	**1 574,16**	465,08	465,08	II	1 417,50	1 262,33	1 113,25	970,58	834,41	704,58
	III	**1 107,83**	465,08	465,08	III	990,66	876,83	766,16	658,83	554,66	453,66
	V	**2 228,91**	465,08	465,08	IV	1 636,16	1 557,83	1 479,50	1 401,16	1 323,08	1 246,50
	VI	**2 272,16**	465,08	465,08							
7 307,99	I,IV	**1 722,25**	465,08	465,08	I	1 565,58	1 408,91	1 254,00	1 105,33	963,00	827,16
Ost	II	**1 582,00**	465,08	465,08	II	1 425,33	1 269,91	1 120,58	977,58	841,00	710,91
	III	**1 113,66**	465,08	465,08	III	996,50	882,50	771,66	664,16	559,83	458,66
	V	**2 236,75**	465,08	465,08	IV	1 643,91	1 565,58	1 487,25	1 408,91	1 330,83	1 254,00
	VI	**2 280,00**	465,08	465,08							

* Zur LSt-Berechnung für privat versicherte Arbeitnehmer s. Beispiele **Vorbemerkung S. 4 f.**
** Basisvorsorgepauschale KV und PV *** Typisierter Arbeitgeberzuschuss

Lohn/ Gehalt in € bis	Steuerklasse	Lohn-steuer*	BVSP**	TAGZ***	Steuerklasse	Bemessungsgrundlage für Kirchensteuer und Solidaritätszuschlag					
						Freibeträge für ... Kinder					
						0,5	**1,0**	1,5	**2,0**	2,5	**3,0**
7 310,99 West	I,IV	**1 715,75**	465,08	465,08	I	1 559,08	1 402,41	1 247,66	1 099,25	957,16	821,58
	II	**1 575,41**	465,08	465,08	II	1 418,75	1 263,58	1 114,41	971,75	835,50	705,66
	III	**1 108,66**	465,08	465,08	III	991,66	877,83	767,16	659,66	555,50	454,50
	V	**2 230,16**	465,08	465,08	IV	1 637,41	1 559,08	1 480,75	1 402,41	1 324,33	1 247,66
	VI	**2 273,41**	465,08	465,08							
7 310,99 Ost	I,IV	**1 723,50**	465,08	465,08	I	1 566,83	1 410,16	1 255,25	1 106,50	964,08	828,16
	II	**1 583,25**	465,08	465,08	II	1 426,58	1 271,16	1 121,75	978,66	842,08	711,91
	III	**1 114,66**	465,08	465,08	III	997,33	883,33	772,50	665,00	560,50	459,33
	V	**2 238,00**	465,08	465,08	IV	1 645,16	1 566,83	1 488,50	1 410,16	1 332,08	1 255,25
	VI	**2 281,25**	465,08	465,08							
7 313,99 West	I,IV	**1 717,00**	465,08	465,08	I	1 560,33	1 403,66	1 248,91	1 100,41	958,33	822,66
	II	**1 576,66**	465,08	465,08	II	1 420,08	1 264,83	1 115,58	972,83	836,50	706,66
	III	**1 109,66**	465,08	465,08	III	992,50	878,66	768,00	660,50	556,33	455,16
	V	**2 231,41**	465,08	465,08	IV	1 638,66	1 560,33	1 482,00	1 403,66	1 325,58	1 248,91
	VI	**2 274,66**	465,08	465,08							
7 313,99 Ost	I,IV	**1 724,75**	465,08	465,08	I	1 568,16	1 411,50	1 256,50	1 107,66	965,25	829,25
	II	**1 584,50**	465,08	465,08	II	1 427,83	1 272,41	1 122,91	979,83	843,16	713,00
	III	**1 115,66**	465,08	465,08	III	998,33	884,33	773,50	665,83	561,33	460,16
	V	**2 239,25**	465,08	465,08	IV	1 646,41	1 568,16	1 489,83	1 411,50	1 333,33	1 256,50
	VI	**2 282,50**	465,08	465,08							
7 316,99 West	I,IV	**1 718,25**	465,08	465,08	I	1 561,58	1 404,91	1 250,08	1 101,58	959,41	823,75
	II	**1 578,00**	465,08	465,08	II	1 421,33	1 266,00	1 116,75	974,00	837,58	707,66
	III	**1 110,66**	465,08	465,08	III	993,50	879,50	768,83	661,33	557,16	456,00
	V	**2 232,66**	465,08	465,08	IV	1 639,91	1 561,58	1 483,25	1 404,91	1 326,83	1 250,08
	VI	**2 275,91**	465,08	465,08							
7 316,99 Ost	I,IV	**1 726,08**	465,08	465,08	I	1 569,41	1 412,75	1 257,66	1 108,83	966,33	830,33
	II	**1 585,75**	465,08	465,08	II	1 429,08	1 273,66	1 124,08	980,91	844,25	714,00
	III	**1 116,50**	465,08	465,08	III	999,33	885,16	774,33	666,66	562,16	461,00
	V	**2 240,50**	465,08	465,08	IV	1 647,75	1 569,41	1 491,08	1 412,75	1 334,58	1 257,66
	VI	**2 283,75**	465,08	465,08							
7 319,99 West	I,IV	**1 719,50**	465,08	465,08	I	1 562,83	1 406,16	1 251,33	1 102,75	960,50	824,75
	II	**1 579,25**	465,08	465,08	II	1 422,58	1 267,25	1 118,00	975,08	838,66	708,66
	III	**1 111,50**	465,08	465,08	III	994,50	880,50	769,66	662,16	557,83	456,83
	V	**2 233,91**	465,08	465,08	IV	1 641,16	1 562,83	1 484,50	1 406,16	1 328,08	1 251,33
	VI	**2 277,16**	465,08	465,08							
7 319,99 Ost	I,IV	**1 727,33**	465,08	465,08	I	1 570,66	1 414,00	1 258,91	1 110,00	967,50	831,41
	II	**1 587,00**	465,08	465,08	II	1 430,33	1 274,83	1 125,25	982,08	845,33	715,00
	III	**1 117,50**	465,08	465,08	III	1 000,16	886,16	775,16	667,50	563,00	461,83
	V	**2 241,75**	465,08	465,08	IV	1 649,00	1 570,66	1 492,33	1 414,00	1 335,83	1 258,91
	VI	**2 285,00**	465,08	465,08							
7 322,99 West	I,IV	**1 720,75**	465,08	465,08	I	1 564,08	1 407,41	1 252,58	1 103,91	961,66	825,83
	II	**1 580,50**	465,08	465,08	II	1 423,83	1 268,50	1 119,16	976,25	839,75	709,66
	III	**1 112,50**	465,08	465,08	III	995,33	881,33	770,66	663,00	558,66	457,66
	V	**2 235,16**	465,08	465,08	IV	1 642,41	1 564,08	1 485,75	1 407,41	1 329,33	1 252,58
	VI	**2 278,50**	465,08	465,08							
7 322,99 Ost	I,IV	**1 728,58**	465,08	465,08	I	1 571,91	1 415,25	1 260,16	1 111,16	968,58	832,50
	II	**1 588,25**	465,08	465,08	II	1 431,66	1 276,08	1 126,41	983,16	846,41	716,00
	III	**1 118,50**	465,08	465,08	III	1 001,16	887,00	776,00	668,33	563,83	462,66
	V	**2 243,00**	465,08	465,08	IV	1 650,25	1 571,91	1 493,58	1 415,25	1 337,08	1 260,16
	VI	**2 286,25**	465,08	465,08							
7 325,99 West	I,IV	**1 722,00**	465,08	465,08	I	1 565,33	1 408,66	1 253,75	1 105,08	962,75	826,91
	II	**1 581,75**	465,08	465,08	II	1 425,08	1 269,66	1 120,33	977,33	840,83	710,75
	III	**1 113,50**	465,08	465,08	III	996,33	882,33	771,50	664,00	559,50	458,50
	V	**2 236,50**	465,08	465,08	IV	1 643,66	1 565,33	1 487,00	1 408,66	1 330,58	1 253,75
	VI	**2 279,75**	465,08	465,08							
7 325,99 Ost	I,IV	**1 729,83**	465,08	465,08	I	1 573,16	1 416,50	1 261,33	1 112,33	969,75	833,50
	II	**1 589,58**	465,08	465,08	II	1 432,91	1 277,33	1 127,58	984,33	847,50	717,08
	III	**1 119,50**	465,08	465,08	III	1 002,00	887,83	777,00	669,16	564,66	463,33
	V	**2 244,25**	465,08	465,08	IV	1 651,50	1 573,16	1 494,83	1 416,50	1 338,33	1 261,33
	VI	**2 287,50**	465,08	465,08							

* Zur LSt-Berechnung für privat versicherte Arbeitnehmer s. Beispiele **Vorbemerkung S. 4 f.**
** Basisvorsorgepauschale KV und PV *** Typisierter Arbeitgeberzuschuss

Lohn/ Gehalt in € bis	Steuerklasse	**Lohn-steuer***	BVSP**	TAGZ***	Steuerklasse	Bemessungsgrundlage für Kirchensteuer und Solidaritätszuschlag – Freibeträge für … Kinder 0,5	**1,0**	1,5	**2,0**	2,5	**3,0**
7 328,99	I,IV	**1 723,25**	465,08	465,08	I	1 566,58	1 410,00	1 255,00	1 106,25	963,91	828,00
West	II	**1 583,00**	465,08	465,08	II	1 426,33	1 270,91	1 121,50	978,50	841,91	711,75
	III	**1 114,50**	465,08	465,08	III	997,16	883,16	772,33	664,83	560,33	459,16
	V	**2 237,75**	465,08	465,08	IV	1 644,91	1 566,58	1 488,33	1 410,00	1 331,83	1 255,00
	VI	**2 281,00**	465,08	465,08							
7 328,99	I,IV	**1 731,08**	465,08	465,08	I	1 574,41	1 417,75	1 262,58	1 113,50	970,83	834,58
Ost	II	**1 590,83**	465,08	465,08	II	1 434,16	1 278,58	1 128,75	985,41	848,58	718,08
	III	**1 120,33**	465,08	465,08	III	1 003,00	888,83	777,83	670,00	565,50	464,16
	V	**2 245,50**	465,08	465,08	IV	1 652,75	1 574,41	1 496,08	1 417,75	1 339,58	1 262,58
	VI	**2 288,75**	465,08	465,08							
7 331,99	I,IV	**1 724,58**	465,08	465,08	I	1 567,91	1 411,25	1 256,25	1 107,41	965,00	829,08
West	II	**1 584,25**	465,08	465,08	II	1 427,58	1 272,16	1 122,66	979,58	843,00	712,75
	III	**1 115,33**	465,08	465,08	III	998,16	884,16	773,16	665,66	561,16	460,00
	V	**2 239,00**	465,08	465,08	IV	1 646,25	1 567,91	1 489,58	1 411,25	1 333,08	1 256,25
	VI	**2 282,25**	465,08	465,08							
7 331,99	I,IV	**1 732,33**	465,08	465,08	I	1 575,66	1 419,00	1 263,83	1 114,66	971,91	835,66
Ost	II	**1 592,08**	465,08	465,08	II	1 435,41	1 279,75	1 130,00	986,58	849,58	719,08
	III	**1 121,33**	465,08	465,08	III	1 004,00	889,66	778,66	671,00	566,33	465,00
	V	**2 246,75**	465,08	465,08	IV	1 654,00	1 575,66	1 497,33	1 419,00	1 340,83	1 263,83
	VI	**2 290,08**	465,08	465,08							
7 334,99	I,IV	**1 725,83**	465,08	465,08	I	1 569,16	1 412,50	1 257,41	1 108,58	966,16	830,08
West	II	**1 585,50**	465,08	465,08	II	1 428,83	1 273,41	1 123,83	980,75	844,08	713,75
	III	**1 116,33**	465,08	465,08	III	999,00	885,00	774,16	666,50	562,00	460,83
	V	**2 240,25**	465,08	465,08	IV	1 647,50	1 569,16	1 490,83	1 412,50	1 334,33	1 257,41
	VI	**2 283,50**	465,08	465,08							
7 334,99	I,IV	**1 733,58**	465,08	465,08	I	1 576,91	1 420,25	1 265,00	1 115,83	973,08	836,75
Ost	II	**1 593,33**	465,08	465,08	II	1 436,66	1 281,00	1 131,16	987,66	850,66	720,16
	III	**1 122,33**	465,08	465,08	III	1 004,83	890,66	779,66	671,83	567,16	465,83
	V	**2 248,08**	465,08	465,08	IV	1 655,25	1 576,91	1 498,58	1 420,25	1 342,08	1 265,00
	VI	**2 291,33**	465,08	465,08							
7 337,99	I,IV	**1 727,08**	465,08	465,08	I	1 570,41	1 413,75	1 258,66	1 109,75	967,25	831,16
West	II	**1 586,75**	465,08	465,08	II	1 430,08	1 274,58	1 125,00	981,83	845,08	714,83
	III	**1 117,33**	465,08	465,08	III	1 000,00	885,83	775,00	667,33	562,83	461,66
	V	**2 241,50**	465,08	465,08	IV	1 648,75	1 570,41	1 492,08	1 413,75	1 335,58	1 258,66
	VI	**2 284,75**	465,08	465,08							
7 337,99	I,IV	**1 734,83**	465,08	465,08	I	1 578,16	1 421,58	1 266,25	1 117,00	974,16	837,83
Ost	II	**1 594,58**	465,08	465,08	II	1 437,91	1 282,25	1 132,33	988,83	851,75	721,16
	III	**1 123,33**	465,08	465,08	III	1 005,83	891,50	780,50	672,66	568,00	466,66
	V	**2 249,33**	465,08	465,08	IV	1 656,50	1 578,16	1 499,91	1 421,58	1 343,33	1 266,25
	VI	**2 292,58**	465,08	465,08							
7 340,99	I,IV	**1 728,33**	465,08	465,08	I	1 571,66	1 415,00	1 259,91	1 110,91	968,41	832,25
West	II	**1 588,08**	465,08	465,08	II	1 431,41	1 275,83	1 126,16	983,00	846,16	715,83
	III	**1 118,33**	465,08	465,08	III	1 001,00	886,83	775,83	668,16	563,66	462,50
	V	**2 242,75**	465,08	465,08	IV	1 650,00	1 571,66	1 493,33	1 415,00	1 336,83	1 259,91
	VI	**2 286,00**	465,08	465,08							
7 340,99	I,IV	**1 736,16**	465,08	465,08	I	1 579,50	1 422,83	1 267,50	1 118,16	975,33	838,91
Ost	II	**1 595,83**	465,08	465,08	II	1 439,16	1 283,50	1 133,50	990,00	852,83	722,16
	III	**1 124,16**	465,08	465,08	III	1 006,66	892,50	781,33	673,50	568,83	467,50
	V	**2 250,58**	465,08	465,08	IV	1 657,83	1 579,50	1 501,16	1 422,83	1 344,58	1 267,50
	VI	**2 293,83**	465,08	465,08							
7 343,99	I,IV	**1 729,58**	465,08	465,08	I	1 572,91	1 416,25	1 261,08	1 112,08	969,50	833,33
West	II	**1 589,33**	465,08	465,08	II	1 432,66	1 277,08	1 127,41	984,08	847,25	716,83
	III	**1 119,16**	465,08	465,08	III	1 001,83	887,66	776,83	669,00	564,50	463,16
	V	**2 244,00**	465,08	465,08	IV	1 651,25	1 572,91	1 494,58	1 416,25	1 338,08	1 261,08
	VI	**2 287,25**	465,08	465,08							
7 343,99	I,IV	**1 737,41**	465,08	465,08	I	1 580,75	1 424,08	1 268,75	1 119,33	976,41	840,00
Ost	II	**1 597,08**	465,08	465,08	II	1 440,41	1 284,66	1 134,66	991,08	853,91	723,16
	III	**1 125,16**	465,08	465,08	III	1 007,66	893,33	782,16	674,33	569,66	468,16
	V	**2 251,83**	465,08	465,08	IV	1 659,08	1 580,75	1 502,41	1 424,08	1 345,83	1 268,75
	VI	**2 295,08**	465,08	465,08							

* Zur LSt-Berechnung für privat versicherte Arbeitnehmer s. Beispiele **Vorbemerkung S. 4f.**
** Basisvorsorgepauschale KV und PV *** Typisierter Arbeitgeberzuschuss

Lohn/ Gehalt in € bis	Steuerklasse	Lohn-steuer*	BVSP**	TAGZ***	Steuerklasse	Bemessungsgrundlage für Kirchensteuer und Solidaritätszuschlag					
						Freibeträge für ... Kinder					
						0,5	**1,0**	1,5	**2,0**	2,5	**3,0**
7 346,99	I,IV	**1 730,83**	465,08	465,08	I	1 574,16	1 417,50	1 262,33	1 113,25	970,58	834,41
West	II	**1 590,58**	465,08	465,08	II	1 433,91	1 278,33	1 128,58	985,25	848,33	717,91
	III	**1 120,16**	465,08	465,08	III	1 002,83	888,66	777,66	669,83	565,33	464,00
	V	**2 245,25**	465,08	465,08	IV	1 652,50	1 574,16	1 495,83	1 417,50	1 339,33	1 262,33
	VI	**2 288,58**	465,08	465,08							
7 346,99	I,IV	**1 738,66**	465,08	465,08	I	1 582,00	1 425,33	1 269,91	1 120,58	977,58	841,00
Ost	II	**1 598,33**	465,08	465,08	II	1 441,66	1 285,91	1 135,83	992,25	855,00	724,25
	III	**1 126,16**	465,08	465,08	III	1 008,66	894,16	783,16	675,16	570,50	469,00
	V	**2 253,08**	465,08	465,08	IV	1 660,33	1 582,00	1 503,66	1 425,33	1 347,08	1 269,91
	VI	**2 296,33**	465,08	465,08							
7 349,99	I,IV	**1 732,08**	465,08	465,08	I	1 575,41	1 418,75	1 263,58	1 114,41	971,75	835,50
West	II	**1 591,83**	465,08	465,08	II	1 435,16	1 279,50	1 129,75	986,33	849,41	718,91
	III	**1 121,16**	465,08	465,08	III	1 003,66	889,50	778,50	670,66	566,16	464,83
	V	**2 246,58**	465,08	465,08	IV	1 653,75	1 575,41	1 497,08	1 418,75	1 340,58	1 263,58
	VI	**2 289,83**	465,08	465,08							
7 349,99	I,IV	**1 739,91**	465,08	465,08	I	1 583,25	1 426,58	1 271,16	1 121,75	978,66	842,08
Ost	II	**1 599,66**	465,08	465,08	II	1 443,00	1 287,16	1 137,08	993,33	856,08	725,25
	III	**1 127,16**	465,08	465,08	III	1 009,50	895,16	784,00	676,00	571,33	469,83
	V	**2 254,33**	465,08	465,08	IV	1 661,58	1 583,25	1 504,91	1 426,58	1 348,33	1 271,16
	VI	**2 297,58**	465,08	465,08							
7 352,99	I,IV	**1 733,33**	465,08	465,08	I	1 576,66	1 420,08	1 264,83	1 115,58	972,83	836,50
West	II	**1 593,08**	465,08	465,08	II	1 436,41	1 280,75	1 130,91	987,50	850,50	719,91
	III	**1 122,16**	465,08	465,08	III	1 004,66	890,50	779,33	671,66	567,00	465,66
	V	**2 247,83**	465,08	465,08	IV	1 655,00	1 576,66	1 498,33	1 420,08	1 341,83	1 264,83
	VI	**2 291,08**	465,08	465,08							
7 352,99	I,IV	**1 741,16**	465,08	465,08	I	1 584,50	1 427,83	1 272,41	1 122,91	979,83	843,16
Ost	II	**1 600,91**	465,08	465,08	II	1 444,25	1 288,41	1 138,25	994,50	857,16	726,25
	III	**1 128,00**	465,08	465,08	III	1 010,50	896,00	784,83	677,00	572,16	470,66
	V	**2 255,58**	465,08	465,08	IV	1 662,83	1 584,50	1 506,16	1 427,83	1 349,58	1 272,41
	VI	**2 298,83**	465,08	465,08							
7 355,99	I,IV	**1 734,58**	465,08	465,08	I	1 578,00	1 421,33	1 266,00	1 116,75	974,00	837,58
West	II	**1 594,33**	465,08	465,08	II	1 437,66	1 282,00	1 132,08	988,58	851,58	720,91
	III	**1 123,00**	465,08	465,08	III	1 005,66	891,33	780,33	672,50	567,83	466,50
	V	**2 249,08**	465,08	465,08	IV	1 656,33	1 578,00	1 499,66	1 421,33	1 343,08	1 266,00
	VI	**2 292,33**	465,08	465,08							
7 355,99	I,IV	**1 742,41**	465,08	465,08	I	1 585,75	1 429,08	1 273,66	1 124,08	980,91	844,25
Ost	II	**1 602,16**	465,08	465,08	II	1 445,50	1 289,66	1 139,41	995,58	858,25	727,33
	III	**1 129,00**	465,08	465,08	III	1 011,33	897,00	785,83	677,83	573,00	471,50
	V	**2 256,83**	465,08	465,08	IV	1 664,08	1 585,75	1 507,41	1 429,08	1 350,83	1 273,66
	VI	**2 300,16**	465,08	465,08							
7 358,99	I,IV	**1 735,91**	465,08	465,08	I	1 579,25	1 422,58	1 267,25	1 118,00	975,08	838,66
West	II	**1 595,58**	465,08	465,08	II	1 438,91	1 283,25	1 133,25	989,75	852,66	722,00
	III	**1 124,00**	465,08	465,08	III	1 006,50	892,16	781,16	673,33	568,66	467,16
	V	**2 250,33**	465,08	465,08	IV	1 657,58	1 579,25	1 500,91	1 422,58	1 344,33	1 267,25
	VI	**2 293,58**	465,08	465,08							
7 358,99	I,IV	**1 743,66**	465,08	465,08	I	1 587,00	1 430,33	1 274,83	1 125,25	982,08	845,33
Ost	II	**1 603,41**	465,08	465,08	II	1 446,75	1 290,83	1 140,58	996,75	859,33	728,33
	III	**1 130,00**	465,08	465,08	III	1 012,33	897,83	786,66	678,66	573,83	472,16
	V	**2 258,16**	465,08	465,08	IV	1 665,33	1 587,00	1 508,66	1 430,33	1 352,08	1 274,83
	VI	**2 301,41**	465,08	465,08							
7 361,99	I,IV	**1 737,16**	465,08	465,08	I	1 580,50	1 423,83	1 268,50	1 119,16	976,25	839,75
West	II	**1 596,83**	465,08	465,08	II	1 440,16	1 284,50	1 134,41	990,83	853,75	723,00
	III	**1 125,00**	465,08	465,08	III	1 007,50	893,16	782,00	674,16	569,50	468,00
	V	**2 251,58**	465,08	465,08	IV	1 658,83	1 580,50	1 502,16	1 423,83	1 345,58	1 268,50
	VI	**2 294,83**	465,08	465,08							
7 361,99	I,IV	**1 744,91**	465,08	465,08	I	1 588,25	1 431,66	1 276,08	1 126,41	983,16	846,41
Ost	II	**1 604,66**	465,08	465,08	II	1 448,00	1 292,08	1 141,75	997,83	860,41	729,33
	III	**1 131,00**	465,08	465,08	III	1 013,33	898,83	787,50	679,50	574,66	473,00
	V	**2 259,41**	465,08	465,08	IV	1 666,58	1 588,25	1 509,91	1 431,66	1 353,33	1 276,08
	VI	**2 302,66**	465,08	465,08							

* Zur LSt-Berechnung für privat versicherte Arbeitnehmer s. Beispiele **Vorbemerkung S. 4 f.**
** Basisvorsorgepauschale KV und PV *** Typisierter Arbeitgeberzuschuss

Lohn/ Gehalt in € bis	Steuerklasse	**Lohn-steuer***	BVSP**	TAGZ***	Steuerklasse	Bemessungsgrundlage für Kirchensteuer und Solidaritätszuschlag – Freibeträge für ... Kinder 0,5	**1,0**	1,5	**2,0**	2,5	**3,0**
7 364,99	I,IV	**1 738,41**	465,08	465,08	I	1 581,75	1 425,08	1 269,66	1 120,33	977,33	840,83
West	II	**1 598,08**	465,08	465,08	II	1 441,50	1 285,66	1 135,66	992,00	854,83	724,00
	III	**1 126,00**	465,08	465,08	III	1 008,33	894,00	783,00	675,00	570,33	468,83
	V	**2 252,83**	465,08	465,08	IV	1 660,08	1 581,75	1 503,41	1 425,08	1 346,83	1 269,66
	VI	**2 296,08**	465,08	465,08							
7 364,99	I,IV	**1 746,16**	465,08	465,08	I	1 589,58	1 432,91	1 277,33	1 127,58	984,33	847,50
Ost	II	**1 605,91**	465,08	465,08	II	1 449,25	1 293,33	1 142,91	999,00	861,50	730,41
	III	**1 131,83**	465,08	465,08	III	1 014,16	899,66	788,33	680,33	575,50	473,83
	V	**2 260,66**	465,08	465,08	IV	1 667,91	1 589,58	1 511,25	1 432,91	1 354,58	1 277,33
	VI	**2 303,91**	465,08	465,08							
7 367,99	I,IV	**1 739,66**	465,08	465,08	I	1 583,00	1 426,33	1 270,91	1 121,50	978,50	841,91
West	II	**1 599,41**	465,08	465,08	II	1 442,75	1 286,91	1 136,83	993,16	855,91	725,08
	III	**1 126,83**	465,08	465,08	III	1 009,33	895,00	783,83	675,83	571,16	469,66
	V	**2 254,08**	465,08	465,08	IV	1 661,33	1 583,00	1 504,66	1 426,33	1 348,08	1 270,91
	VI	**2 297,33**	465,08	465,08							
7 367,99	I,IV	**1 747,50**	465,08	465,08	I	1 590,83	1 434,16	1 278,58	1 128,75	985,41	848,58
Ost	II	**1 607,16**	465,08	465,08	II	1 450,50	1 294,58	1 144,16	1 000,16	862,58	731,41
	III	**1 132,83**	465,08	465,08	III	1 015,16	900,66	789,33	681,16	576,33	474,66
	V	**2 261,91**	465,08	465,08	IV	1 669,16	1 590,83	1 512,50	1 434,16	1 355,83	1 278,58
	VI	**2 305,16**	465,08	465,08							
7 370,99	I,IV	**1 740,91**	465,08	465,08	I	1 584,25	1 427,58	1 272,16	1 122,66	979,58	843,00
West	II	**1 600,66**	465,08	465,08	II	1 444,00	1 288,16	1 138,00	994,25	856,91	726,08
	III	**1 127,83**	465,08	465,08	III	1 010,16	895,83	784,66	676,66	572,00	470,50
	V	**2 255,33**	465,08	465,08	IV	1 662,58	1 584,25	1 505,91	1 427,58	1 349,33	1 272,16
	VI	**2 298,58**	465,08	465,08							
7 370,99	I,IV	**1 748,75**	465,08	465,08	I	1 592,08	1 435,41	1 279,75	1 130,00	986,58	849,58
Ost	II	**1 608,41**	465,08	465,08	II	1 451,75	1 295,83	1 145,33	1 001,25	863,66	732,41
	III	**1 133,83**	465,08	465,08	III	1 016,00	901,50	790,16	682,00	577,16	475,50
	V	**2 263,16**	465,08	465,08	IV	1 670,41	1 592,08	1 513,75	1 435,41	1 357,08	1 279,75
	VI	**2 306,41**	465,08	465,08							
7 373,99	I,IV	**1 742,16**	465,08	465,08	I	1 585,50	1 428,83	1 273,41	1 123,83	980,75	844,08
West	II	**1 601,91**	465,08	465,08	II	1 445,25	1 289,41	1 139,16	995,41	858,00	727,08
	III	**1 128,83**	465,08	465,08	III	1 011,16	896,83	785,50	677,66	572,83	471,33
	V	**2 256,58**	465,08	465,08	IV	1 663,83	1 585,50	1 507,16	1 428,83	1 350,58	1 273,41
	VI	**2 299,91**	465,08	465,08							
7 373,99	I,IV	**1 750,00**	465,08	465,08	I	1 593,33	1 436,66	1 281,00	1 131,16	987,66	850,66
Ost	II	**1 609,66**	465,08	465,08	II	1 453,08	1 297,08	1 146,50	1 002,41	864,75	733,50
	III	**1 134,83**	465,08	465,08	III	1 017,00	902,33	791,00	682,83	578,00	476,33
	V	**2 264,41**	465,08	465,08	IV	1 671,66	1 593,33	1 515,00	1 436,66	1 358,33	1 281,00
	VI	**2 307,66**	465,08	465,08							
7 376,99	I,IV	**1 743,41**	465,08	465,08	I	1 586,75	1 430,08	1 274,58	1 125,00	981,83	845,08
West	II	**1 603,16**	465,08	465,08	II	1 446,50	1 290,66	1 140,33	996,50	859,08	728,16
	III	**1 129,83**	465,08	465,08	III	1 012,16	897,66	786,50	678,50	573,66	472,00
	V	**2 257,91**	465,08	465,08	IV	1 665,08	1 586,75	1 508,41	1 430,08	1 351,83	1 274,58
	VI	**2 301,16**	465,08	465,08							
7 376,99	I,IV	**1 751,25**	465,08	465,08	I	1 594,58	1 437,91	1 282,25	1 132,33	988,83	851,75
Ost	II	**1 611,00**	465,08	465,08	II	1 454,33	1 298,25	1 147,66	1 003,50	865,83	734,50
	III	**1 135,66**	465,08	465,08	III	1 018,00	903,33	792,00	683,83	578,83	477,00
	V	**2 265,66**	465,08	465,08	IV	1 672,91	1 594,58	1 516,25	1 437,91	1 359,58	1 282,25
	VI	**2 308,91**	465,08	465,08							
7 379,99	I,IV	**1 744,66**	465,08	465,08	I	1 588,08	1 431,41	1 275,83	1 126,16	983,00	846,16
West	II	**1 604,41**	465,08	465,08	II	1 447,75	1 291,83	1 141,58	997,66	860,16	729,16
	III	**1 130,66**	465,08	465,08	III	1 013,00	898,50	787,33	679,33	574,50	472,83
	V	**2 259,16**	465,08	465,08	IV	1 666,33	1 588,08	1 509,75	1 431,41	1 353,08	1 275,83
	VI	**2 302,41**	465,08	465,08							
7 379,99	I,IV	**1 752,50**	465,08	465,08	I	1 595,83	1 439,16	1 283,50	1 133,50	990,00	852,83
Ost	II	**1 612,25**	465,08	465,08	II	1 455,58	1 299,50	1 148,91	1 004,66	866,91	735,50
	III	**1 136,66**	465,08	465,08	III	1 018,83	904,16	792,83	684,66	579,66	477,83
	V	**2 266,91**	465,08	465,08	IV	1 674,16	1 595,83	1 517,50	1 439,16	1 360,83	1 283,50
	VI	**2 310,25**	465,08	465,08							

* Zur LSt-Berechnung für privat versicherte Arbeitnehmer s. Beispiele **Vorbemerkung S. 4 f.**
** Basisvorsorgepauschale KV und PV *** Typisierter Arbeitgeberzuschuss

Lohn/ Gehalt in € bis	Steuerklasse	Lohn- steuer*	BVSP**	TAGZ***	Steuerklasse	Bemessungsgrundlage für Kirchensteuer und Solidaritätszuschlag – Freibeträge für ... Kinder 0,5	1,0	1,5	2,0	2,5	3,0
7 382,99 West	I,IV	**1 746,00**	465,08	465,08	I	1 589,33	1 432,66	1 277,08	1 127,41	984,08	847,25
	II	**1 605,66**	465,08	465,08	II	1 449,00	1 293,08	1 142,75	998,75	861,25	730,16
	III	**1 131,66**	465,08	465,08	III	1 014,00	899,50	788,16	680,16	575,33	473,66
	V	**2 260,41**	465,08	465,08	IV	1 667,66	1 589,33	1 511,00	1 432,66	1 354,33	1 277,08
	VI	**2 303,66**	465,08	465,08							
7 382,99 Ost	I,IV	**1 753,75**	465,08	465,08	I	1 597,08	1 440,41	1 284,66	1 134,66	991,08	853,91
	II	**1 613,50**	465,08	465,08	II	1 456,83	1 300,75	1 150,08	1 005,83	868,00	736,58
	III	**1 137,66**	465,08	465,08	III	1 019,83	905,16	793,66	685,50	580,50	478,66
	V	**2 268,25**	465,08	465,08	IV	1 675,41	1 597,08	1 518,75	1 440,41	1 362,16	1 284,66
	VI	**2 311,50**	465,08	465,08							
7 385,99 West	I,IV	**1 747,25**	465,08	465,08	I	1 590,58	1 433,91	1 278,33	1 128,58	985,25	848,33
	II	**1 606,91**	465,08	465,08	II	1 450,25	1 294,33	1 143,91	999,91	862,33	731,25
	III	**1 132,66**	465,08	465,08	III	1 014,83	900,33	789,16	681,00	576,16	474,50
	V	**2 261,66**	465,08	465,08	IV	1 668,91	1 590,58	1 512,25	1 433,91	1 355,58	1 278,33
	VI	**2 304,91**	465,08	465,08							
7 385,99 Ost	I,IV	**1 755,00**	465,08	465,08	I	1 598,33	1 441,66	1 285,91	1 135,83	992,25	855,00
	II	**1 614,75**	465,08	465,08	II	1 458,08	1 302,00	1 151,25	1 006,91	869,08	737,58
	III	**1 138,66**	465,08	465,08	III	1 020,66	906,00	794,66	686,33	581,33	479,50
	V	**2 269,50**	465,08	465,08	IV	1 676,66	1 598,33	1 520,00	1 441,66	1 363,41	1 285,91
	VI	**2 312,75**	465,08	465,08							
7 388,99 West	I,IV	**1 748,50**	465,08	465,08	I	1 591,83	1 435,16	1 279,50	1 129,75	986,33	849,41
	II	**1 608,16**	465,08	465,08	II	1 451,58	1 295,58	1 145,08	1 001,08	863,41	732,25
	III	**1 133,66**	465,08	465,08	III	1 015,83	901,33	790,00	681,83	577,00	475,33
	V	**2 262,91**	465,08	465,08	IV	1 670,16	1 591,83	1 513,50	1 435,16	1 356,83	1 279,50
	VI	**2 306,16**	465,08	465,08							
7 388,99 Ost	I,IV	**1 756,25**	465,08	465,08	I	1 599,66	1 443,00	1 287,16	1 137,08	993,33	856,08
	II	**1 616,00**	465,08	465,08	II	1 459,33	1 303,25	1 152,41	1 008,08	870,16	738,66
	III	**1 139,66**	465,08	465,08	III	1 021,66	907,00	795,50	687,16	582,16	480,33
	V	**2 270,75**	465,08	465,08	IV	1 677,91	1 599,66	1 521,33	1 443,00	1 364,66	1 287,16
	VI	**2 314,00**	465,08	465,08							
7 391,99 West	I,IV	**1 749,75**	465,08	465,08	I	1 593,08	1 436,41	1 280,75	1 130,91	987,50	850,50
	II	**1 609,50**	465,08	465,08	II	1 452,83	1 296,83	1 146,25	1 002,16	864,50	733,25
	III	**1 134,50**	465,08	465,08	III	1 016,83	902,16	790,83	682,66	577,83	476,16
	V	**2 264,16**	465,08	465,08	IV	1 671,41	1 593,08	1 514,75	1 436,41	1 358,08	1 280,75
	VI	**2 307,41**	465,08	465,08							
7 391,99 Ost	I,IV	**1 757,58**	465,08	465,08	I	1 600,91	1 444,25	1 288,41	1 138,25	994,50	857,16
	II	**1 617,25**	465,08	465,08	II	1 460,58	1 304,50	1 153,66	1 009,16	871,25	739,66
	III	**1 140,50**	465,08	465,08	III	1 022,66	907,83	796,33	688,00	583,00	481,16
	V	**2 272,00**	465,08	465,08	IV	1 679,25	1 600,91	1 522,58	1 444,25	1 365,91	1 288,41
	VI	**2 315,25**	465,08	465,08							
7 394,99 West	I,IV	**1 751,00**	465,08	465,08	I	1 594,33	1 437,66	1 282,00	1 132,08	988,58	851,58
	II	**1 610,75**	465,08	465,08	II	1 454,08	1 298,08	1 147,50	1 003,33	865,58	734,33
	III	**1 135,50**	465,08	465,08	III	1 017,66	903,16	791,66	683,50	578,66	476,83
	V	**2 265,41**	465,08	465,08	IV	1 672,66	1 594,33	1 516,00	1 437,66	1 359,33	1 282,00
	VI	**2 308,66**	465,08	465,08							
7 394,99 Ost	I,IV	**1 758,83**	465,08	465,08	I	1 602,16	1 445,50	1 289,66	1 139,41	995,58	858,25
	II	**1 618,50**	465,08	465,08	II	1 461,83	1 305,75	1 154,83	1 010,33	872,33	740,66
	III	**1 141,50**	465,08	465,08	III	1 023,50	908,83	797,16	688,83	583,83	481,83
	V	**2 273,25**	465,08	465,08	IV	1 680,50	1 602,16	1 523,83	1 445,50	1 367,16	1 289,66
	VI	**2 316,50**	465,08	465,08							
7 397,99 West	I,IV	**1 752,25**	465,08	465,08	I	1 595,58	1 438,91	1 283,25	1 133,25	989,75	852,66
	II	**1 612,00**	465,08	465,08	II	1 455,33	1 299,25	1 148,66	1 004,41	866,66	735,33
	III	**1 136,50**	465,08	465,08	III	1 018,66	904,00	792,66	684,50	579,50	477,66
	V	**2 266,66**	465,08	465,08	IV	1 673,91	1 595,58	1 517,25	1 438,91	1 360,58	1 283,25
	VI	**2 310,00**	465,08	465,08							
7 397,99 Ost	I,IV	**1 760,08**	465,08	465,08	I	1 603,41	1 446,75	1 290,83	1 140,58	996,75	859,33
	II	**1 619,75**	465,08	465,08	II	1 463,16	1 306,91	1 156,00	1 011,50	873,41	741,75
	III	**1 142,50**	465,08	465,08	III	1 024,50	909,66	798,16	689,83	584,66	482,66
	V	**2 274,50**	465,08	465,08	IV	1 681,75	1 603,41	1 525,08	1 446,75	1 368,41	1 290,83
	VI	**2 317,75**	465,08	465,08							

* Zur LSt-Berechnung für privat versicherte Arbeitnehmer s. Beispiele **Vorbemerkung S. 4f.**
** Basisvorsorgepauschale KV und PV *** Typisierter Arbeitgeberzuschuss

Lohn/ Gehalt in € bis	Steuerklasse	Lohn-steuer*	BVSP**	TAGZ***	Steuerklasse	Bemessungsgrundlage für Kirchensteuer und Solidaritätszuschlag – Freibeträge für ... Kinder 0,5	1,0	1,5	2,0	2,5	3,0
7 400,99 West	I,IV	**1 753,50**	465,08	465,08	I	1 596,83	1 440,16	1 284,50	1 134,41	990,83	853,75
	II	**1 613,25**	465,08	465,08	II	1 456,58	1 300,50	1 149,83	1 005,58	867,75	736,33
	III	**1 137,50**	465,08	465,08	III	1 019,66	905,00	793,50	685,33	580,33	478,50
	V	**2 268,00**	465,08	465,08	IV	1 675,16	1 596,83	1 518,50	1 440,16	1 361,91	1 284,50
	VI	**2 311,25**	465,08	465,08							
7 400,99 Ost	I,IV	**1 761,33**	465,08	465,08	I	1 604,66	1 448,00	1 292,08	1 141,75	997,83	860,41
	II	**1 621,08**	465,08	465,08	II	1 464,41	1 308,16	1 157,16	1 012,58	874,50	742,75
	III	**1 143,50**	465,08	465,08	III	1 025,33	910,66	799,00	690,66	585,50	483,50
	V	**2 275,75**	465,08	465,08	IV	1 683,00	1 604,66	1 526,33	1 448,00	1 369,66	1 292,08
	VI	**2 319,00**	465,08	465,08							
7 403,99 West	I,IV	**1 754,75**	465,08	465,08	I	1 598,08	1 441,50	1 285,66	1 135,66	992,00	854,83
	II	**1 614,50**	465,08	465,08	II	1 457,83	1 301,75	1 151,00	1 006,75	868,83	737,41
	III	**1 138,33**	465,08	465,08	III	1 020,50	905,83	794,33	686,16	581,16	479,33
	V	**2 269,25**	465,08	465,08	IV	1 676,41	1 598,08	1 519,83	1 441,50	1 363,16	1 285,66
	VI	**2 312,50**	465,08	465,08							
7 403,99 Ost	I,IV	**1 762,58**	465,08	465,08	I	1 605,91	1 449,25	1 293,33	1 142,91	999,00	861,50
	II	**1 622,33**	465,08	465,08	II	1 465,66	1 309,41	1 158,41	1 013,75	875,58	743,83
	III	**1 144,33**	465,08	465,08	III	1 026,33	911,50	799,83	691,50	586,33	484,33
	V	**2 277,00**	465,08	465,08	IV	1 684,25	1 605,91	1 527,58	1 449,25	1 370,91	1 293,33
	VI	**2 320,25**	465,08	465,08							
7 406,99 West	I,IV	**1 756,08**	465,08	465,08	I	1 599,41	1 442,75	1 286,91	1 136,83	993,16	855,91
	II	**1 615,75**	465,08	465,08	II	1 459,08	1 303,00	1 152,25	1 007,83	869,91	738,41
	III	**1 139,33**	465,08	465,08	III	1 021,50	906,83	795,33	687,00	582,00	480,16
	V	**2 270,50**	465,08	465,08	IV	1 677,75	1 599,41	1 521,08	1 442,75	1 364,41	1 286,91
	VI	**2 313,75**	465,08	465,08							
7 406,99 Ost	I,IV	**1 763,83**	465,08	465,08	I	1 607,16	1 450,50	1 294,58	1 144,16	1 000,16	862,58
	II	**1 623,58**	465,08	465,08	II	1 466,91	1 310,66	1 159,58	1 014,91	876,66	744,83
	III	**1 145,33**	465,08	465,08	III	1 027,33	912,50	800,83	692,33	587,16	485,16
	V	**2 278,25**	465,08	465,08	IV	1 685,50	1 607,16	1 528,83	1 450,50	1 372,16	1 294,58
	VI	**2 321,58**	465,08	465,08							
7 409,99 West	I,IV	**1 757,33**	465,08	465,08	I	1 600,66	1 444,00	1 288,16	1 138,00	994,25	856,91
	II	**1 617,00**	465,08	465,08	II	1 460,33	1 304,25	1 153,41	1 009,00	871,00	739,50
	III	**1 140,33**	465,08	465,08	III	1 022,33	907,66	796,16	687,83	582,83	481,00
	V	**2 271,75**	465,08	465,08	IV	1 679,00	1 600,66	1 522,33	1 444,00	1 365,66	1 288,16
	VI	**2 315,00**	465,08	465,08							
7 409,99 Ost	I,IV	**1 765,08**	465,08	465,08	I	1 608,41	1 451,75	1 295,83	1 145,33	1 001,25	863,66
	II	**1 624,83**	465,08	465,08	II	1 468,16	1 311,91	1 160,75	1 016,00	877,75	745,83
	III	**1 146,33**	465,08	465,08	III	1 028,16	913,33	801,66	693,16	588,00	486,00
	V	**2 279,58**	465,08	465,08	IV	1 686,75	1 608,41	1 530,08	1 451,75	1 373,41	1 295,83
	VI	**2 322,83**	465,08	465,08							
7 412,99 West	I,IV	**1 758,58**	465,08	465,08	I	1 601,91	1 445,25	1 289,41	1 139,16	995,41	858,00
	II	**1 618,25**	465,08	465,08	II	1 461,58	1 305,50	1 154,58	1 010,08	872,08	740,50
	III	**1 141,33**	465,08	465,08	III	1 023,33	908,50	797,00	688,66	583,66	481,66
	V	**2 273,00**	465,08	465,08	IV	1 680,25	1 601,91	1 523,58	1 445,25	1 366,91	1 289,41
	VI	**2 316,25**	465,08	465,08							
7 412,99 Ost	I,IV	**1 766,33**	465,08	465,08	I	1 609,66	1 453,08	1 297,08	1 146,50	1 002,41	864,75
	II	**1 626,08**	465,08	465,08	II	1 469,41	1 313,16	1 161,91	1 017,16	878,83	746,91
	III	**1 147,33**	465,08	465,08	III	1 029,16	914,16	802,50	694,00	588,83	486,83
	V	**2 280,83**	465,08	465,08	IV	1 688,00	1 609,66	1 531,41	1 453,08	1 374,75	1 297,08
	VI	**2 324,08**	465,08	465,08							
7 415,99 West	I,IV	**1 759,83**	465,08	465,08	I	1 603,16	1 446,50	1 290,66	1 140,33	996,50	859,08
	II	**1 619,58**	465,08	465,08	II	1 462,91	1 306,75	1 155,75	1 011,25	873,16	741,50
	III	**1 142,33**	465,08	465,08	III	1 024,33	909,50	798,00	689,50	584,50	482,50
	V	**2 274,25**	465,08	465,08	IV	1 681,50	1 603,16	1 524,83	1 446,50	1 368,16	1 290,66
	VI	**2 317,50**	465,08	465,08							
7 415,99 Ost	I,IV	**1 767,66**	465,08	465,08	I	1 611,00	1 454,33	1 298,25	1 147,66	1 003,50	865,83
	II	**1 627,33**	465,08	465,08	II	1 470,66	1 314,41	1 163,16	1 018,33	879,91	747,91
	III	**1 148,16**	465,08	465,08	III	1 030,16	915,16	803,50	695,00	589,66	487,50
	V	**2 282,08**	465,08	465,08	IV	1 689,33	1 611,00	1 532,66	1 454,33	1 376,00	1 298,25
	VI	**2 325,33**	465,08	465,08							

* Zur LSt-Berechnung für privat versicherte Arbeitnehmer s. Beispiele **Vorbemerkung S. 4 f.**
** Basisvorsorgepauschale KV und PV *** Typisierter Arbeitgeberzuschuss

Lohn/ Gehalt in € bis	Steuerklasse	Lohn-steuer*	BVSP**	TAGZ***	Steuerklasse	Bemessungsgrundlage für Kirchensteuer und Solidaritätszuschlag					
						Freibeträge für ... Kinder					
						0,5	**1,0**	1,5	**2,0**	2,5	**3,0**
7418,99	I,IV	**1761,08**	465,08	465,08	I	1604,41	1447,75	1291,83	1141,58	997,66	860,16
West	II	**1620,83**	465,08	465,08	II	1464,16	1307,91	1157,00	1012,41	874,25	742,58
	III	**1143,16**	465,08	465,08	III	1025,16	910,33	798,83	690,50	585,33	483,33
	V	**2275,50**	465,08	465,08	IV	1682,75	1604,41	1526,08	1447,75	1369,41	1291,83
	VI	**2318,75**	465,08	465,08							
7418,99	I,IV	**1768,91**	465,08	465,08	I	1612,25	1455,58	1299,50	1148,91	1004,66	866,91
Ost	II	**1628,58**	465,08	465,08	II	1471,91	1315,66	1164,33	1019,41	881,00	749,00
	III	**1149,16**	465,08	465,08	III	1031,00	916,00	804,33	695,83	590,50	488,33
	V	**2283,33**	465,08	465,08	IV	1690,58	1612,25	1533,91	1455,58	1377,25	1299,50
	VI	**2326,58**	465,08	465,08							
7421,99	I,IV	**1762,33**	465,08	465,08	I	1605,66	1449,00	1293,08	1142,75	998,75	861,25
West	II	**1622,08**	465,08	465,08	II	1465,41	1309,16	1158,16	1013,50	875,33	743,58
	III	**1144,16**	465,08	465,08	III	1026,16	911,33	799,66	691,33	586,16	484,16
	V	**2276,75**	465,08	465,08	IV	1684,00	1605,66	1527,33	1449,00	1370,66	1293,08
	VI	**2320,08**	465,08	465,08							
7421,99	I,IV	**1770,16**	465,08	465,08	I	1613,50	1456,83	1300,75	1150,08	1005,83	868,00
Ost	II	**1629,83**	465,08	465,08	II	1473,16	1316,91	1165,50	1020,58	882,08	750,00
	III	**1150,16**	465,08	465,08	III	1032,00	917,00	805,16	696,66	591,33	489,16
	V	**2284,58**	465,08	465,08	IV	1691,83	1613,50	1535,16	1456,83	1378,50	1300,75
	VI	**2327,83**	465,08	465,08							
7424,99	I,IV	**1763,58**	465,08	465,08	I	1606,91	1450,25	1294,33	1143,91	999,91	862,33
West	II	**1623,33**	465,08	465,08	II	1466,66	1310,41	1159,33	1014,66	876,41	744,66
	III	**1145,16**	465,08	465,08	III	1027,00	912,16	800,50	692,16	587,00	485,00
	V	**2278,08**	465,08	465,08	IV	1685,25	1606,91	1528,58	1450,25	1371,91	1294,33
	VI	**2321,33**	465,08	465,08							
7424,99	I,IV	**1771,41**	465,08	465,08	I	1614,75	1458,08	1302,00	1151,25	1006,91	869,08
Ost	II	**1631,16**	465,08	465,08	II	1474,50	1318,16	1166,75	1021,75	883,16	751,08
	III	**1151,16**	465,08	465,08	III	1032,83	917,83	806,16	697,50	592,16	490,00
	V	**2285,83**	465,08	465,08	IV	1693,08	1614,75	1536,41	1458,08	1379,75	1302,00
	VI	**2329,08**	465,08	465,08							
7427,99	I,IV	**1764,83**	465,08	465,08	I	1608,16	1451,58	1295,58	1145,08	1001,08	863,41
West	II	**1624,58**	465,08	465,08	II	1467,91	1311,66	1160,50	1015,83	877,50	745,66
	III	**1146,16**	465,08	465,08	III	1028,00	913,16	801,50	693,00	587,83	485,83
	V	**2279,33**	465,08	465,08	IV	1686,50	1608,16	1529,83	1451,58	1373,25	1295,58
	VI	**2322,58**	465,08	465,08							
7427,99	I,IV	**1772,66**	465,08	465,08	I	1616,00	1459,33	1303,25	1152,41	1008,08	870,16
Ost	II	**1632,41**	465,08	465,08	II	1475,75	1319,41	1167,91	1022,83	884,25	752,08
	III	**1152,16**	465,08	465,08	III	1033,83	918,83	807,00	698,33	593,00	490,83
	V	**2287,08**	465,08	465,08	IV	1694,33	1616,00	1537,66	1459,33	1381,00	1303,25
	VI	**2330,33**	465,08	465,08							
7430,99	I,IV	**1766,08**	465,08	465,08	I	1609,50	1452,83	1296,83	1146,25	1002,16	864,50
West	II	**1625,83**	465,08	465,08	II	1469,16	1312,91	1161,75	1016,91	878,58	746,66
	III	**1147,00**	465,08	465,08	III	1029,00	914,00	802,33	693,83	588,66	486,50
	V	**2280,58**	465,08	465,08	IV	1687,83	1609,50	1531,16	1452,83	1374,50	1296,83
	VI	**2323,83**	465,08	465,08							
7430,99	I,IV	**1773,91**	465,08	465,08	I	1617,25	1460,58	1304,50	1153,66	1009,16	871,25
Ost	II	**1633,66**	465,08	465,08	II	1477,00	1320,58	1169,08	1024,00	885,33	753,08
	III	**1153,00**	465,08	465,08	III	1034,83	919,66	807,83	699,16	593,83	491,66
	V	**2288,33**	465,08	465,08	IV	1695,58	1617,25	1538,91	1460,58	1382,25	1304,50
	VI	**2331,66**	465,08	465,08							
7433,99	I,IV	**1767,41**	465,08	465,08	I	1610,75	1454,08	1298,08	1147,50	1003,33	865,58
West	II	**1627,08**	465,08	465,08	II	1470,41	1314,16	1162,91	1018,08	879,66	747,75
	III	**1148,00**	465,08	465,08	III	1029,83	915,00	803,16	694,66	589,50	487,33
	V	**2281,83**	465,08	465,08	IV	1689,08	1610,75	1532,41	1454,08	1375,75	1298,08
	VI	**2325,08**	465,08	465,08							
7433,99	I,IV	**1775,16**	465,08	465,08	I	1618,50	1461,83	1305,75	1154,83	1010,33	872,33
Ost	II	**1634,91**	465,08	465,08	II	1478,25	1321,83	1170,25	1025,16	886,41	754,16
	III	**1154,00**	465,08	465,08	III	1035,66	920,66	808,83	700,16	594,66	492,33
	V	**2289,66**	465,08	465,08	IV	1696,83	1618,50	1540,16	1461,83	1383,50	1305,75
	VI	**2332,91**	465,08	465,08							

* Zur LSt-Berechnung für privat versicherte Arbeitnehmer s. Beispiele **Vorbemerkung S. 4 f.**
** Basisvorsorgepauschale KV und PV *** Typisierter Arbeitgeberzuschuss

Lohn/ Gehalt in € bis	Steuerklasse	Lohn-steuer*	BVSP**	TAGZ***	Steuerklasse	Bemessungsgrundlage für Kirchensteuer und Solidaritätszuschlag					
						Freibeträge für ... Kinder					
						0,5	**1,0**	1,5	**2,0**	2,5	**3,0**
7 436,99	I,IV	**1 768,66**	465,08	465,08	I	1 612,00	1 455,33	1 299,25	1 148,66	1 004,41	866,66
West	II	**1 628,33**	465,08	465,08	II	1 471,66	1 315,41	1 164,08	1 019,25	880,75	748,75
	III	**1 149,00**	465,08	465,08	III	1 030,83	915,83	804,16	695,66	590,33	488,16
	V	**2 283,08**	465,08	465,08	IV	1 690,33	1 612,00	1 533,66	1 455,33	1 377,00	1 299,25
	VI	**2 326,33**	465,08	465,08							
7 436,99	I,IV	**1 776,41**	465,08	465,08	I	1 619,75	1 463,16	1 306,91	1 156,00	1 011,50	873,41
Ost	II	**1 636,16**	465,08	465,08	II	1 479,50	1 323,08	1 171,50	1 026,25	887,50	755,16
	III	**1 155,00**	465,08	465,08	III	1 036,66	921,50	809,66	701,00	595,50	493,16
	V	**2 290,91**	465,08	465,08	IV	1 698,08	1 619,75	1 541,41	1 463,16	1 384,83	1 306,91
	VI	**2 334,16**	465,08	465,08							
7 439,99	I,IV	**1 769,91**	465,08	465,08	I	1 613,25	1 456,58	1 300,50	1 149,83	1 005,58	867,75
West	II	**1 629,58**	465,08	465,08	II	1 473,00	1 316,66	1 165,25	1 020,33	881,83	749,83
	III	**1 150,00**	465,08	465,08	III	1 031,83	916,83	805,00	696,50	591,16	489,00
	V	**2 284,33**	465,08	465,08	IV	1 691,58	1 613,25	1 534,91	1 456,58	1 378,25	1 300,50
	VI	**2 327,58**	465,08	465,08							
7 439,99	I,IV	**1 777,66**	465,08	465,08	I	1 621,08	1 464,41	1 308,16	1 157,16	1 012,58	874,50
Ost	II	**1 637,41**	465,08	465,08	II	1 480,75	1 324,33	1 172,66	1 027,41	888,58	756,25
	III	**1 156,00**	465,08	465,08	III	1 037,66	922,50	810,50	701,83	596,33	494,00
	V	**2 292,16**	465,08	465,08	IV	1 699,41	1 621,08	1 542,75	1 464,41	1 386,08	1 308,16
	VI	**2 335,41**	465,08	465,08							
7 442,99	I,IV	**1 771,16**	465,08	465,08	I	1 614,50	1 457,83	1 301,75	1 151,00	1 006,75	868,83
West	II	**1 630,91**	465,08	465,08	II	1 474,25	1 317,91	1 166,50	1 021,50	882,91	750,83
	III	**1 151,00**	465,08	465,08	III	1 032,66	917,66	805,83	697,33	592,00	489,83
	V	**2 285,58**	465,08	465,08	IV	1 692,83	1 614,50	1 536,16	1 457,83	1 379,50	1 301,75
	VI	**2 328,83**	465,08	465,08							
7 442,99	I,IV	**1 779,00**	465,08	465,08	I	1 622,33	1 465,66	1 309,41	1 158,41	1 013,75	875,58
Ost	II	**1 638,66**	465,08	465,08	II	1 482,00	1 325,58	1 173,83	1 028,58	889,66	757,25
	III	**1 157,00**	465,08	465,08	III	1 038,50	923,33	811,33	702,66	597,16	494,83
	V	**2 293,41**	465,08	465,08	IV	1 700,66	1 622,33	1 544,00	1 465,66	1 387,33	1 309,41
	VI	**2 336,66**	465,08	465,08							
7 445,99	I,IV	**1 772,41**	465,08	465,08	I	1 615,75	1 459,08	1 303,00	1 152,25	1 007,83	869,91
West	II	**1 632,16**	465,08	465,08	II	1 475,50	1 319,16	1 167,66	1 022,66	884,08	751,91
	III	**1 151,83**	465,08	465,08	III	1 033,66	918,66	806,83	698,16	592,83	490,66
	V	**2 286,83**	465,08	465,08	IV	1 694,08	1 615,75	1 537,41	1 459,08	1 380,75	1 303,00
	VI	**2 330,08**	465,08	465,08							
7 445,99	I,IV	**1 780,25**	465,08	465,08	I	1 623,58	1 466,91	1 310,66	1 159,58	1 014,91	876,66
Ost	II	**1 639,91**	465,08	465,08	II	1 483,25	1 326,83	1 175,08	1 029,75	890,83	758,33
	III	**1 157,83**	465,08	465,08	III	1 039,50	924,33	812,33	703,50	598,00	495,66
	V	**2 294,66**	465,08	465,08	IV	1 701,91	1 623,58	1 545,25	1 466,91	1 388,58	1 310,66
	VI	**2 337,91**	465,08	465,08							
7 448,99	I,IV	**1 773,66**	465,08	465,08	I	1 617,00	1 460,33	1 304,25	1 153,41	1 009,00	871,00
West	II	**1 633,41**	465,08	465,08	II	1 476,75	1 320,41	1 168,83	1 023,75	885,16	752,91
	III	**1 152,83**	465,08	465,08	III	1 034,50	919,50	807,66	699,00	593,66	491,50
	V	**2 288,08**	465,08	465,08	IV	1 695,33	1 617,00	1 538,66	1 460,33	1 382,00	1 304,25
	VI	**2 331,41**	465,08	465,08							
7 448,99	I,IV	**1 781,50**	465,08	465,08	I	1 624,83	1 468,16	1 311,91	1 160,75	1 016,00	877,75
Ost	II	**1 641,16**	465,08	465,08	II	1 484,58	1 328,08	1 176,25	1 030,83	891,91	759,33
	III	**1 158,83**	465,08	465,08	III	1 040,50	925,16	813,16	704,33	598,83	496,50
	V	**2 295,91**	465,08	465,08	IV	1 703,16	1 624,83	1 546,50	1 468,16	1 389,83	1 311,91
	VI	**2 339,16**	465,08	465,08							
7 451,99	I,IV	**1 774,91**	465,08	465,08	I	1 618,25	1 461,58	1 305,50	1 154,58	1 010,08	872,08
West	II	**1 634,66**	465,08	465,08	II	1 478,00	1 321,58	1 170,08	1 024,91	886,25	753,91
	III	**1 153,83**	465,08	465,08	III	1 035,50	920,50	808,50	699,83	594,50	492,16
	V	**2 289,41**	465,08	465,08	IV	1 696,58	1 618,25	1 539,91	1 461,58	1 383,33	1 305,50
	VI	**2 332,66**	465,08	465,08							
7 451,99	I,IV	**1 782,75**	465,08	465,08	I	1 626,08	1 469,41	1 313,16	1 161,91	1 017,16	878,83
Ost	II	**1 642,50**	465,08	465,08	II	1 485,83	1 329,33	1 177,41	1 032,00	893,00	760,41
	III	**1 159,83**	465,08	465,08	III	1 041,33	926,16	814,00	705,33	599,66	497,33
	V	**2 297,16**	465,08	465,08	IV	1 704,41	1 626,08	1 547,75	1 469,41	1 391,08	1 313,16
	VI	**2 340,41**	465,08	465,08							

* Zur LSt-Berechnung für privat versicherte Arbeitnehmer s. Beispiele **Vorbemerkung S. 4 f.**
** Basisvorsorgepauschale KV und PV *** Typisierter Arbeitgeberzuschuss

Lohn/ Gehalt in € bis	Steuerklasse	Lohn-steuer*	BVSP**	TAGZ***	Steuerklasse	Bemessungsgrundlage für Kirchensteuer und Solidaritätszuschlag					
						Freibeträge für ... Kinder					
						0,5	**1,0**	1,5	**2,0**	2,5	**3,0**
7454,99	I,IV	**1776,16**	465,08	465,08	I	1619,58	1462,91	1306,75	1155,75	1011,25	873,16
West	II	**1635,91**	465,08	465,08	II	1479,25	1322,83	1171,25	1026,08	887,33	755,00
	III	**1154,83**	465,08	465,08	III	1036,50	921,33	809,50	700,83	595,33	493,00
	V	**2290,66**	465,08	465,08	IV	1697,83	1619,58	1541,25	1462,91	1384,58	1306,75
	VI	**2333,91**	465,08	465,08							
7454,99	I,IV	**1784,00**	465,08	465,08	I	1627,33	1470,66	1314,41	1163,16	1018,33	879,91
Ost	II	**1643,75**	465,08	465,08	II	1487,08	1330,58	1178,66	1033,16	894,08	761,41
	III	**1160,83**	465,08	465,08	III	1042,33	927,00	815,00	706,16	600,50	498,16
	V	**2298,41**	465,08	465,08	IV	1705,66	1627,33	1549,00	1470,66	1392,33	1314,41
	VI	**2341,75**	465,08	465,08							
7457,99	I,IV	**1777,50**	465,08	465,08	I	1620,83	1464,16	1307,91	1157,00	1012,41	874,25
West	II	**1637,16**	465,08	465,08	II	1480,50	1324,08	1172,41	1027,25	888,41	756,00
	III	**1155,66**	465,08	465,08	III	1037,33	922,33	810,33	701,66	596,16	493,83
	V	**2291,91**	465,08	465,08	IV	1699,16	1620,83	1542,50	1464,16	1385,83	1307,91
	VI	**2335,16**	465,08	465,08							
7457,99	I,IV	**1785,25**	465,08	465,08	I	1628,58	1471,91	1315,66	1164,33	1019,41	881,00
Ost	II	**1645,00**	465,08	465,08	II	1488,33	1331,83	1179,83	1034,33	895,16	762,50
	III	**1161,83**	465,08	465,08	III	1043,16	928,00	815,83	707,00	601,33	498,83
	V	**2299,75**	465,08	465,08	IV	1706,91	1628,58	1550,25	1471,91	1393,58	1315,66
	VI	**2343,00**	465,08	465,08							
7460,99	I,IV	**1778,75**	465,08	465,08	I	1622,08	1465,41	1309,16	1158,16	1013,50	875,33
West	II	**1638,41**	465,08	465,08	II	1481,75	1325,33	1173,66	1028,33	889,50	757,08
	III	**1156,66**	465,08	465,08	III	1038,33	923,16	811,16	702,50	597,00	494,66
	V	**2293,16**	465,08	465,08	IV	1700,41	1622,08	1543,75	1465,41	1387,08	1309,16
	VI	**2336,41**	465,08	465,08							
7460,99	I,IV	**1786,50**	465,08	465,08	I	1629,83	1473,16	1316,91	1165,50	1020,58	882,08
Ost	II	**1646,25**	465,08	465,08	II	1489,58	1333,08	1181,08	1035,41	896,25	763,50
	III	**1162,66**	465,08	465,08	III	1044,16	928,83	816,66	707,83	602,16	499,66
	V	**2301,00**	465,08	465,08	IV	1708,16	1629,83	1551,50	1473,16	1394,91	1316,91
	VI	**2344,25**	465,08	465,08							
7463,99	I,IV	**1780,00**	465,08	465,08	I	1623,33	1466,66	1310,41	1159,33	1014,66	876,41
West	II	**1639,66**	465,08	465,08	II	1483,08	1326,58	1174,83	1029,50	890,58	758,08
	III	**1157,66**	465,08	465,08	III	1039,33	924,00	812,16	703,33	597,83	495,50
	V	**2294,41**	465,08	465,08	IV	1701,66	1623,33	1545,00	1466,66	1388,33	1310,41
	VI	**2337,66**	465,08	465,08							
7463,99	I,IV	**1787,75**	465,08	465,08	I	1631,16	1474,50	1318,16	1166,75	1021,75	883,16
Ost	II	**1647,50**	465,08	465,08	II	1490,83	1334,33	1182,25	1036,58	897,33	764,58
	III	**1163,66**	465,08	465,08	III	1045,16	929,83	817,66	708,66	603,00	500,50
	V	**2302,25**	465,08	465,08	IV	1709,41	1631,16	1552,83	1474,50	1396,16	1318,16
	VI	**2345,50**	465,08	465,08							
7466,99	I,IV	**1781,25**	465,08	465,08	I	1624,58	1467,91	1311,66	1160,50	1015,83	877,50
West	II	**1641,00**	465,08	465,08	II	1484,33	1327,83	1176,00	1030,66	891,66	759,16
	III	**1158,66**	465,08	465,08	III	1040,16	925,00	813,00	704,16	598,66	496,33
	V	**2295,66**	465,08	465,08	IV	1702,91	1624,58	1546,25	1467,91	1389,58	1311,66
	VI	**2338,91**	465,08	465,08							
7466,99	I,IV	**1789,08**	465,08	465,08	I	1632,41	1475,75	1319,41	1167,91	1022,83	884,25
Ost	II	**1648,75**	465,08	465,08	II	1492,08	1335,58	1183,41	1037,75	898,41	765,58
	III	**1164,66**	465,08	465,08	III	1046,00	930,66	818,50	709,50	603,83	501,33
	V	**2303,50**	465,08	465,08	IV	1710,75	1632,41	1554,08	1475,75	1397,41	1319,41
	VI	**2346,75**	465,08	465,08							
7469,99	I,IV	**1782,50**	465,08	465,08	I	1625,83	1469,16	1312,91	1161,75	1016,91	878,58
West	II	**1642,25**	465,08	465,08	II	1485,58	1329,08	1177,25	1031,75	892,75	760,16
	III	**1159,66**	465,08	465,08	III	1041,16	925,83	813,83	705,00	599,50	497,16
	V	**2296,91**	465,08	465,08	IV	1704,16	1625,83	1547,50	1469,16	1390,83	1312,91
	VI	**2340,16**	465,08	465,08							
7469,99	I,IV	**1790,33**	465,08	465,08	I	1633,66	1477,00	1320,58	1169,08	1024,00	885,33
Ost	II	**1650,00**	465,08	465,08	II	1493,33	1336,83	1184,66	1038,91	899,58	766,66
	III	**1165,66**	465,08	465,08	III	1047,00	931,66	819,33	710,50	604,66	502,16
	V	**2304,75**	465,08	465,08	IV	1712,00	1633,66	1555,33	1477,00	1398,66	1320,58
	VI	**2348,00**	465,08	465,08							

* Zur LSt-Berechnung für privat versicherte Arbeitnehmer s. Beispiele **Vorbemerkung S. 4 f.**
** Basisvorsorgepauschale KV und PV *** Typisierter Arbeitgeberzuschuss

Lohn/ Gehalt in € bis	Steuerklasse	Lohnsteuer*	BVSP**	TAGZ***	Steuerklasse	Bemessungsgrundlage für Kirchensteuer und Solidaritätszuschlag – Freibeträge für ... Kinder 0,5	**1,0**	1,5	**2,0**	2,5	**3,0**
7472,99 West	I,IV	**1783,75**	465,08	465,08	I	1627,08	1470,41	1314,16	1162,91	1018,08	879,66
	II	**1643,50**	465,08	465,08	II	1486,83	1330,33	1178,41	1032,91	893,83	761,25
	III	**1160,50**	465,08	465,08	III	1042,16	926,83	814,83	706,00	600,33	497,83
	V	**2298,16**	465,08	465,08	IV	1705,41	1627,08	1548,75	1470,41	1392,08	1314,16
	VI	**2341,50**	465,08	465,08							
7472,99 Ost	I,IV	**1791,58**	465,08	465,08	I	1634,91	1478,25	1321,83	1170,25	1025,16	886,41
	II	**1651,25**	465,08	465,08	II	1494,66	1338,08	1185,83	1040,00	900,66	767,66
	III	**1166,66**	465,08	465,08	III	1048,00	932,50	820,33	711,33	605,50	503,00
	V	**2306,00**	465,08	465,08	IV	1713,25	1634,91	1556,58	1478,25	1399,91	1321,83
	VI	**2349,25**	465,08	465,08							
7475,99 West	I,IV	**1785,00**	465,08	465,08	I	1628,33	1471,66	1315,41	1164,08	1019,25	880,75
	II	**1644,75**	465,08	465,08	II	1488,08	1331,58	1179,58	1034,08	894,91	762,25
	III	**1161,50**	465,08	465,08	III	1043,00	927,66	815,66	706,83	601,16	498,66
	V	**2299,50**	465,08	465,08	IV	1706,66	1628,33	1550,00	1471,66	1393,33	1315,41
	VI	**2342,75**	465,08	465,08							
7475,99 Ost	I,IV	**1792,83**	465,08	465,08	I	1636,16	1479,50	1323,08	1171,50	1026,25	887,50
	II	**1652,58**	465,08	465,08	II	1495,91	1339,33	1187,00	1041,16	901,75	768,75
	III	**1167,50**	465,08	465,08	III	1048,83	933,50	821,16	712,16	606,33	503,83
	V	**2307,25**	465,08	465,08	IV	1714,50	1636,16	1557,83	1479,50	1401,16	1323,08
	VI	**2350,50**	465,08	465,08							
7478,99 West	I,IV	**1786,25**	465,08	465,08	I	1629,58	1473,00	1316,66	1165,25	1020,33	881,83
	II	**1646,00**	465,08	465,08	II	1489,33	1332,83	1180,83	1035,25	896,08	763,33
	III	**1162,50**	465,08	465,08	III	1044,00	928,66	816,50	707,66	602,00	499,50
	V	**2300,75**	465,08	465,08	IV	1707,91	1629,58	1551,33	1473,00	1394,66	1316,66
	VI	**2344,00**	465,08	465,08							
7478,99 Ost	I,IV	**1794,08**	465,08	465,08	I	1637,41	1480,75	1324,33	1172,66	1027,41	888,58
	II	**1653,83**	465,08	465,08	II	1497,16	1340,58	1188,25	1042,33	902,83	769,75
	III	**1168,50**	465,08	465,08	III	1049,83	934,33	822,00	713,00	607,16	504,50
	V	**2308,50**	465,08	465,08	IV	1715,75	1637,41	1559,08	1480,75	1402,41	1324,33
	VI	**2351,75**	465,08	465,08							
7481,99 West	I,IV	**1787,58**	465,08	465,08	I	1630,91	1474,25	1317,91	1166,50	1021,50	882,91
	II	**1647,25**	465,08	465,08	II	1490,58	1334,08	1182,00	1036,33	897,16	764,33
	III	**1163,50**	465,08	465,08	III	1044,83	929,50	817,50	708,50	602,83	500,33
	V	**2302,00**	465,08	465,08	IV	1709,25	1630,91	1552,58	1474,25	1395,91	1317,91
	VI	**2345,25**	465,08	465,08							
7481,99 Ost	I,IV	**1795,33**	465,08	465,08	I	1638,66	1482,00	1325,58	1173,83	1028,58	889,66
	II	**1655,08**	465,08	465,08	II	1498,41	1341,83	1189,41	1043,50	903,91	770,83
	III	**1169,50**	465,08	465,08	III	1050,83	935,33	823,00	713,83	608,00	505,33
	V	**2309,75**	465,08	465,08	IV	1717,00	1638,66	1560,33	1482,00	1403,66	1325,58
	VI	**2353,08**	465,08	465,08							
7484,99 West	I,IV	**1788,83**	465,08	465,08	I	1632,16	1475,50	1319,16	1167,66	1022,66	884,08
	II	**1648,50**	465,08	465,08	II	1491,83	1335,33	1183,25	1037,50	898,25	765,41
	III	**1164,50**	465,08	465,08	III	1045,83	930,50	818,33	709,33	603,66	501,16
	V	**2303,25**	465,08	465,08	IV	1710,50	1632,16	1553,83	1475,50	1397,16	1319,16
	VI	**2346,50**	465,08	465,08							
7484,99 Ost	I,IV	**1796,58**	465,08	465,08	I	1639,91	1483,25	1326,83	1175,08	1029,75	890,83
	II	**1656,33**	465,08	465,08	II	1499,66	1343,08	1190,66	1044,58	905,00	771,83
	III	**1170,50**	465,08	465,08	III	1051,66	936,16	823,83	714,83	608,83	506,16
	V	**2311,08**	465,08	465,08	IV	1718,25	1639,91	1561,58	1483,25	1404,91	1326,83
	VI	**2354,33**	465,08	465,08							
7487,99 West	I,IV	**1790,08**	465,08	465,08	I	1633,41	1476,75	1320,41	1168,83	1023,75	885,16
	II	**1649,75**	465,08	465,08	II	1493,08	1336,58	1184,41	1038,66	899,33	766,41
	III	**1165,33**	465,08	465,08	III	1046,83	931,33	819,16	710,16	604,50	502,00
	V	**2304,50**	465,08	465,08	IV	1711,75	1633,41	1555,08	1476,75	1398,41	1320,41
	VI	**2347,75**	465,08	465,08							
7487,99 Ost	I,IV	**1797,83**	465,08	465,08	I	1641,16	1484,58	1328,08	1176,25	1030,83	891,91
	II	**1657,58**	465,08	465,08	II	1500,91	1344,33	1191,83	1045,75	906,08	772,91
	III	**1171,50**	465,08	465,08	III	1052,66	937,16	824,66	715,66	609,66	507,00
	V	**2312,33**	465,08	465,08	IV	1719,50	1641,16	1562,91	1484,58	1406,25	1328,08
	VI	**2355,58**	465,08	465,08							

* Zur LSt-Berechnung für privat versicherte Arbeitnehmer s. Beispiele **Vorbemerkung S. 4 f.**
** Basisvorsorgepauschale KV und PV *** Typisierter Arbeitgeberzuschuss

Lohn/ Gehalt in € bis	Steuerklasse	Lohn- steuer*	BVSP**	TAGZ***	Steuerklasse	Bemessungsgrundlage für Kirchensteuer und Solidaritätszuschlag					
						Freibeträge für ... Kinder					
						0,5	**1,0**	1,5	**2,0**	2,5	**3,0**
7 490,99	I,IV	**1 791,33**	465,08	465,08	I	1 634,66	1 478,00	1 321,58	1 170,08	1 024,91	886,25
West	II	**1 651,08**	465,08	465,08	II	1 494,41	1 337,83	1 185,58	1 039,83	900,41	767,50
	III	**1 166,33**	465,08	465,08	III	1 047,66	932,33	820,16	711,16	605,33	502,83
	V	**2 305,75**	465,08	465,08	IV	1 713,00	1 634,66	1 556,33	1 478,00	1 399,66	1 321,58
	VI	**2 349,00**	465,08	465,08							
7 490,99	I,IV	**1 799,16**	465,08	465,08	I	1 642,50	1 485,83	1 329,33	1 177,41	1 032,00	893,00
Ost	II	**1 658,83**	465,08	465,08	II	1 502,16	1 345,58	1 193,00	1 046,91	907,25	773,91
	III	**1 172,33**	465,08	465,08	III	1 053,66	938,00	825,66	716,50	610,50	507,83
	V	**2 313,58**	465,08	465,08	IV	1 720,83	1 642,50	1 564,16	1 485,83	1 407,50	1 329,33
	VI	**2 356,83**	465,08	465,08							
7 493,99	I,IV	**1 792,58**	465,08	465,08	I	1 635,91	1 479,25	1 322,83	1 171,25	1 026,08	887,33
West	II	**1 652,33**	465,08	465,08	II	1 495,66	1 339,08	1 186,83	1 040,91	901,50	768,50
	III	**1 167,33**	465,08	465,08	III	1 048,66	933,16	821,00	712,00	606,16	503,66
	V	**2 307,00**	465,08	465,08	IV	1 714,25	1 635,91	1 557,58	1 479,25	1 400,91	1 322,83
	VI	**2 350,25**	465,08	465,08							
7 493,99	I,IV	**1 800,41**	465,08	465,08	I	1 643,75	1 487,08	1 330,58	1 178,66	1 033,16	894,08
Ost	II	**1 660,08**	465,08	465,08	II	1 503,41	1 346,83	1 194,25	1 048,08	908,33	775,00
	III	**1 173,33**	465,08	465,08	III	1 054,50	939,00	826,50	717,33	611,33	508,66
	V	**2 314,83**	465,08	465,08	IV	1 722,08	1 643,75	1 565,41	1 487,08	1 408,75	1 330,58
	VI	**2 358,08**	465,08	465,08							
7 496,99	I,IV	**1 793,83**	465,08	465,08	I	1 637,16	1 480,50	1 324,08	1 172,41	1 027,25	888,41
West	II	**1 653,58**	465,08	465,08	II	1 496,91	1 340,33	1 188,00	1 042,08	902,58	769,58
	III	**1 168,33**	465,08	465,08	III	1 049,66	934,16	821,83	712,83	607,00	504,33
	V	**2 308,25**	465,08	465,08	IV	1 715,50	1 637,16	1 558,83	1 480,50	1 402,16	1 324,08
	VI	**2 351,58**	465,08	465,08							
7 496,99	I,IV	**1 801,66**	465,08	465,08	I	1 645,00	1 488,33	1 331,83	1 179,83	1 034,33	895,16
Ost	II	**1 661,33**	465,08	465,08	II	1 504,66	1 348,08	1 195,41	1 049,25	909,41	776,08
	III	**1 174,33**	465,08	465,08	III	1 055,50	939,83	827,50	718,16	612,16	509,50
	V	**2 316,08**	465,08	465,08	IV	1 723,33	1 645,00	1 566,66	1 488,33	1 410,00	1 331,83
	VI	**2 359,33**	465,08	465,08							
7 499,99	I,IV	**1 795,08**	465,08	465,08	I	1 638,41	1 481,75	1 325,33	1 173,66	1 028,33	889,50
West	II	**1 654,83**	465,08	465,08	II	1 498,16	1 341,58	1 189,16	1 043,25	903,75	770,58
	III	**1 169,33**	465,08	465,08	III	1 050,50	935,00	822,83	713,66	607,83	505,16
	V	**2 309,58**	465,08	465,08	IV	1 716,75	1 638,41	1 560,08	1 481,75	1 403,41	1 325,33
	VI	**2 352,83**	465,08	465,08							
7 499,99	I,IV	**1 802,91**	465,08	465,08	I	1 646,25	1 489,58	1 333,08	1 181,08	1 035,41	896,25
Ost	II	**1 662,66**	465,08	465,08	II	1 506,00	1 349,33	1 196,66	1 050,33	910,50	777,08
	III	**1 175,33**	465,08	465,08	III	1 056,50	940,83	828,33	719,00	613,00	510,33
	V	**2 317,33**	465,08	465,08	IV	1 724,58	1 646,25	1 567,91	1 489,58	1 411,25	1 333,08
	VI	**2 360,58**	465,08	465,08							
7 502,99	I,IV	**1 796,33**	465,08	465,08	I	1 639,66	1 483,08	1 326,58	1 174,83	1 029,50	890,58
West	II	**1 656,08**	465,08	465,08	II	1 499,41	1 342,83	1 190,41	1 044,41	904,83	771,66
	III	**1 170,16**	465,08	465,08	III	1 051,50	936,00	823,66	714,50	608,66	506,00
	V	**2 310,83**	465,08	465,08	IV	1 718,00	1 639,66	1 561,33	1 483,08	1 404,75	1 326,58
	VI	**2 354,08**	465,08	465,08							
7 502,99	I,IV	**1 804,16**	465,08	465,08	I	1 647,50	1 490,83	1 334,33	1 182,25	1 036,58	897,33
Ost	II	**1 663,91**	465,08	465,08	II	1 507,25	1 350,58	1 197,83	1 051,50	911,58	778,16
	III	**1 176,33**	465,08	465,08	III	1 057,33	941,66	829,16	720,00	613,83	511,00
	V	**2 318,58**	465,08	465,08	IV	1 725,83	1 647,50	1 569,16	1 490,83	1 412,50	1 334,33
	VI	**2 361,83**	465,08	465,08							
7 505,99	I,IV	**1 797,58**	465,08	465,08	I	1 641,00	1 484,33	1 327,83	1 176,00	1 030,66	891,66
West	II	**1 657,33**	465,08	465,08	II	1 500,66	1 344,08	1 191,58	1 045,50	905,91	772,66
	III	**1 171,16**	465,08	465,08	III	1 052,50	936,83	824,50	715,50	609,50	506,83
	V	**2 312,08**	465,08	465,08	IV	1 719,33	1 641,00	1 562,66	1 484,33	1 406,00	1 327,83
	VI	**2 355,33**	465,08	465,08							
7 505,99	I,IV	**1 805,41**	465,08	465,08	I	1 648,75	1 492,08	1 335,58	1 183,41	1 037,75	898,41
Ost	II	**1 665,16**	465,08	465,08	II	1 508,50	1 351,83	1 199,08	1 052,66	912,75	779,16
	III	**1 177,16**	465,08	465,08	III	1 058,33	942,66	830,16	720,83	614,66	511,83
	V	**2 319,83**	465,08	465,08	IV	1 727,08	1 648,75	1 570,41	1 492,08	1 413,75	1 335,58
	VI	**2 363,16**	465,08	465,08							

* Zur LSt-Berechnung für privat versicherte Arbeitnehmer s. Beispiele **Vorbemerkung S. 4 f.**
** Basisvorsorgepauschale KV und PV *** Typisierter Arbeitgeberzuschuss

Lohn/ Gehalt in € bis	Steuerklasse	Lohn-steuer*	BVSP**	TAGZ***	Steuerklasse	Bemessungsgrundlage für Kirchensteuer und Solidaritätszuschlag – Freibeträge für ... Kinder 0,5	**1,0**	1,5	**2,0**	2,5	**3,0**
7 508,99 West	I,IV	**1 798,91**	465,08	465,08	I	1 642,25	1 485,58	1 329,08	1 177,25	1 031,75	892,75
	II	**1 658,58**	465,08	465,08	II	1 501,91	1 345,33	1 192,83	1 046,66	907,00	773,75
	III	**1 172,16**	465,08	465,08	III	1 053,33	937,83	825,50	716,33	610,33	507,66
	V	**2 313,33**	465,08	465,08	IV	1 720,58	1 642,25	1 563,91	1 485,58	1 407,25	1 329,08
	VI	**2 356,58**	465,08	465,08							
7 508,99 Ost	I,IV	**1 806,66**	465,08	465,08	I	1 650,00	1 493,33	1 336,83	1 184,66	1 038,91	899,58
	II	**1 666,41**	465,08	465,08	II	1 509,75	1 353,08	1 200,25	1 053,83	913,83	780,25
	III	**1 178,16**	465,08	465,08	III	1 059,33	943,50	831,00	721,66	615,66	512,66
	V	**2 321,16**	465,08	465,08	IV	1 728,33	1 650,00	1 571,66	1 493,33	1 415,00	1 336,83
	VI	**2 364,41**	465,08	465,08							
7 511,99 West	I,IV	**1 800,16**	465,08	465,08	I	1 643,50	1 486,83	1 330,33	1 178,41	1 032,91	893,83
	II	**1 659,83**	465,08	465,08	II	1 503,16	1 346,58	1 194,00	1 047,83	908,08	774,83
	III	**1 173,16**	465,08	465,08	III	1 054,33	938,66	826,33	717,16	611,16	508,50
	V	**2 314,58**	465,08	465,08	IV	1 721,83	1 643,50	1 565,16	1 486,83	1 408,50	1 330,33
	VI	**2 357,83**	465,08	465,08							
7 511,99 Ost	I,IV	**1 807,91**	465,08	465,08	I	1 651,25	1 494,66	1 338,08	1 185,83	1 040,00	900,66
	II	**1 667,66**	465,08	465,08	II	1 511,00	1 354,33	1 201,41	1 055,00	914,91	781,25
	III	**1 179,16**	465,08	465,08	III	1 060,16	944,50	831,83	722,50	616,50	513,50
	V	**2 322,41**	465,08	465,08	IV	1 729,58	1 651,25	1 572,91	1 494,66	1 416,33	1 338,08
	VI	**2 365,66**	465,08	465,08							
7 514,99 West	I,IV	**1 801,41**	465,08	465,08	I	1 644,75	1 488,08	1 331,58	1 179,58	1 034,08	894,91
	II	**1 661,08**	465,08	465,08	II	1 504,50	1 347,83	1 195,16	1 049,00	909,16	775,83
	III	**1 174,16**	465,08	465,08	III	1 055,33	939,66	827,16	718,00	612,00	509,33
	V	**2 315,83**	465,08	465,08	IV	1 723,08	1 644,75	1 566,41	1 488,08	1 409,75	1 331,58
	VI	**2 359,08**	465,08	465,08							
7 514,99 Ost	I,IV	**1 809,16**	465,08	465,08	I	1 652,58	1 495,91	1 339,33	1 187,00	1 041,16	901,75
	II	**1 668,91**	465,08	465,08	II	1 512,25	1 355,66	1 202,66	1 056,08	916,00	782,33
	III	**1 180,16**	465,08	465,08	III	1 061,16	945,33	832,83	723,33	617,33	514,33
	V	**2 323,66**	465,08	465,08	IV	1 730,91	1 652,58	1 574,25	1 495,91	1 417,58	1 339,33
	VI	**2 366,91**	465,08	465,08							
7 517,99 West	I,IV	**1 802,66**	465,08	465,08	I	1 646,00	1 489,33	1 332,83	1 180,83	1 035,25	896,08
	II	**1 662,41**	465,08	465,08	II	1 505,75	1 349,08	1 196,41	1 050,16	910,33	776,91
	III	**1 175,00**	465,08	465,08	III	1 056,16	940,50	828,16	718,83	612,83	510,16
	V	**2 317,08**	465,08	465,08	IV	1 724,33	1 646,00	1 567,66	1 489,33	1 411,00	1 332,83
	VI	**2 360,33**	465,08	465,08							
7 517,99 Ost	I,IV	**1 810,50**	465,08	465,08	I	1 653,83	1 497,16	1 340,58	1 188,25	1 042,33	902,83
	II	**1 670,16**	465,08	465,08	II	1 513,50	1 356,91	1 203,83	1 057,25	917,08	783,41
	III	**1 181,16**	465,08	465,08	III	1 062,16	946,33	833,66	724,33	618,16	515,16
	V	**2 324,91**	465,08	465,08	IV	1 732,16	1 653,83	1 575,50	1 497,16	1 418,83	1 340,58
	VI	**2 368,16**	465,08	465,08							
7 520,99 West	I,IV	**1 803,91**	465,08	465,08	I	1 647,25	1 490,58	1 334,08	1 182,00	1 036,33	897,16
	II	**1 663,66**	465,08	465,08	II	1 507,00	1 350,33	1 197,58	1 051,25	911,41	777,91
	III	**1 176,00**	465,08	465,08	III	1 057,16	941,50	829,00	719,83	613,66	510,83
	V	**2 318,33**	465,08	465,08	IV	1 725,58	1 647,25	1 568,91	1 490,58	1 412,25	1 334,08
	VI	**2 361,58**	465,08	465,08							
7 520,99 Ost	I,IV	**1 811,75**	465,08	465,08	I	1 655,08	1 498,41	1 341,83	1 189,41	1 043,50	903,91
	II	**1 671,41**	465,08	465,08	II	1 514,75	1 358,16	1 205,08	1 058,41	918,25	784,41
	III	**1 182,16**	465,08	465,08	III	1 063,00	947,16	834,50	725,16	619,00	516,00
	V	**2 326,16**	465,08	465,08	IV	1 733,41	1 655,08	1 576,75	1 498,41	1 420,08	1 341,83
	VI	**2 369,41**	465,08	465,08							
7 523,99 West	I,IV	**1 805,16**	465,08	465,08	I	1 648,50	1 491,83	1 335,33	1 183,25	1 037,50	898,25
	II	**1 664,91**	465,08	465,08	II	1 508,25	1 351,58	1 198,83	1 052,41	912,50	779,00
	III	**1 177,00**	465,08	465,08	III	1 058,16	942,33	829,83	720,66	614,50	511,66
	V	**2 319,58**	465,08	465,08	IV	1 726,83	1 648,50	1 570,16	1 491,83	1 413,50	1 335,33
	VI	**2 362,91**	465,08	465,08							
7 523,99 Ost	I,IV	**1 813,00**	465,08	465,08	I	1 656,33	1 499,66	1 343,08	1 190,66	1 044,58	905,00
	II	**1 672,66**	465,08	465,08	II	1 516,08	1 359,41	1 206,25	1 059,58	919,33	785,50
	III	**1 183,00**	465,08	465,08	III	1 064,00	948,16	835,50	726,00	619,83	516,83
	V	**2 327,41**	465,08	465,08	IV	1 734,66	1 656,33	1 578,00	1 499,66	1 421,33	1 343,08
	VI	**2 370,66**	465,08	465,08							

* Zur LSt-Berechnung für privat versicherte Arbeitnehmer s. Beispiele **Vorbemerkung S. 4 f.**
** Basisvorsorgepauschale KV und PV *** Typisierter Arbeitgeberzuschuss

Lohn/ Gehalt in € bis	Steuerklasse	Lohn-steuer*	BVSP**	TAGZ***	Steuerklasse	Bemessungsgrundlage für Kirchensteuer und Solidaritätszuschlag					
						Freibeträge für ... Kinder					
						0,5	**1,0**	1,5	**2,0**	2,5	**3,0**
7 526,99	I,IV	**1 806,41**	465,08	465,08	I	1 649,75	1 493,08	1 336,58	1 184,41	1 038,66	899,33
West	II	**1 666,16**	465,08	465,08	II	1 509,50	1 352,83	1 200,00	1 053,58	913,58	780,00
	III	**1 178,00**	465,08	465,08	III	1 059,00	943,33	830,83	721,50	615,33	512,50
	V	**2 320,91**	465,08	465,08	IV	1 728,08	1 649,75	1 571,41	1 493,08	1 414,83	1 336,58
	VI	**2 364,16**	465,08	465,08							
7 526,99	I,IV	**1 814,25**	465,08	465,08	I	1 657,58	1 500,91	1 344,33	1 191,83	1 045,75	906,08
Ost	II	**1 674,00**	465,08	465,08	II	1 517,33	1 360,66	1 207,50	1 060,75	920,41	786,50
	III	**1 184,00**	465,08	465,08	III	1 065,00	949,00	836,33	726,83	620,66	517,66
	V	**2 328,66**	465,08	465,08	IV	1 735,91	1 657,58	1 579,25	1 500,91	1 422,58	1 344,33
	VI	**2 371,91**	465,08	465,08							
7 529,99	I,IV	**1 807,66**	465,08	465,08	I	1 651,08	1 494,41	1 337,83	1 185,58	1 039,83	900,41
West	II	**1 667,41**	465,08	465,08	II	1 510,75	1 354,16	1 201,25	1 054,75	914,66	781,08
	III	**1 179,00**	465,08	465,08	III	1 060,00	944,16	831,66	722,33	616,16	513,33
	V	**2 322,16**	465,08	465,08	IV	1 729,33	1 651,08	1 572,75	1 494,41	1 416,08	1 337,83
	VI	**2 365,41**	465,08	465,08							
7 529,99	I,IV	**1 815,50**	465,08	465,08	I	1 658,83	1 502,16	1 345,58	1 193,00	1 046,91	907,25
Ost	II	**1 675,25**	465,08	465,08	II	1 518,58	1 361,91	1 208,66	1 061,91	921,50	787,58
	III	**1 185,00**	465,08	465,08	III	1 065,83	950,00	837,16	727,66	621,50	518,50
	V	**2 329,91**	465,08	465,08	IV	1 737,16	1 658,83	1 580,50	1 502,16	1 423,83	1 345,58
	VI	**2 373,25**	465,08	465,08							
7 532,99	I,IV	**1 809,00**	465,08	465,08	I	1 652,33	1 495,66	1 339,08	1 186,83	1 040,91	901,50
West	II	**1 668,66**	465,08	465,08	II	1 512,00	1 355,41	1 202,41	1 055,91	915,83	782,16
	III	**1 180,00**	465,08	465,08	III	1 061,00	945,16	832,50	723,16	617,00	514,16
	V	**2 323,41**	465,08	465,08	IV	1 730,66	1 652,33	1 574,00	1 495,66	1 417,33	1 339,08
	VI	**2 366,66**	465,08	465,08							
7 532,99	I,IV	**1 816,75**	465,08	465,08	I	1 660,08	1 503,41	1 346,83	1 194,25	1 048,08	908,33
Ost	II	**1 676,50**	465,08	465,08	II	1 519,83	1 363,16	1 209,91	1 063,08	922,66	788,66
	III	**1 186,00**	465,08	465,08	III	1 066,83	950,83	838,16	728,66	622,33	519,16
	V	**2 331,25**	465,08	465,08	IV	1 738,41	1 660,08	1 581,75	1 503,41	1 425,08	1 346,83
	VI	**2 374,50**	465,08	465,08							
7 535,99	I,IV	**1 810,25**	465,08	465,08	I	1 653,58	1 496,91	1 340,33	1 188,00	1 042,08	902,58
West	II	**1 669,91**	465,08	465,08	II	1 513,25	1 356,66	1 203,66	1 057,08	916,91	783,16
	III	**1 180,83**	465,08	465,08	III	1 061,83	946,00	833,50	724,16	618,00	515,00
	V	**2 324,66**	465,08	465,08	IV	1 731,91	1 653,58	1 575,25	1 496,91	1 418,58	1 340,33
	VI	**2 367,91**	465,08	465,08							
7 535,99	I,IV	**1 818,00**	465,08	465,08	I	1 661,33	1 504,66	1 348,08	1 195,41	1 049,25	909,41
Ost	II	**1 677,75**	465,08	465,08	II	1 521,08	1 364,41	1 211,08	1 064,16	923,75	789,66
	III	**1 187,00**	465,08	465,08	III	1 067,83	951,83	839,00	729,50	623,16	520,00
	V	**2 332,50**	465,08	465,08	IV	1 739,66	1 661,33	1 583,00	1 504,66	1 426,41	1 348,08
	VI	**2 375,75**	465,08	465,08							
7 538,99	I,IV	**1 811,50**	465,08	465,08	I	1 654,83	1 498,16	1 341,58	1 189,16	1 043,25	903,75
West	II	**1 671,16**	465,08	465,08	II	1 514,58	1 357,91	1 204,83	1 058,16	918,00	784,25
	III	**1 181,83**	465,08	465,08	III	1 062,83	947,00	834,33	725,00	618,83	515,83
	V	**2 325,91**	465,08	465,08	IV	1 733,16	1 654,83	1 576,50	1 498,16	1 419,83	1 341,58
	VI	**2 369,16**	465,08	465,08							
7 538,99	I,IV	**1 819,25**	465,08	465,08	I	1 662,66	1 506,00	1 349,33	1 196,66	1 050,33	910,50
Ost	II	**1 679,00**	465,08	465,08	II	1 522,33	1 365,66	1 212,33	1 065,33	924,83	790,75
	III	**1 187,83**	465,08	465,08	III	1 068,66	952,66	840,00	730,33	624,00	520,83
	V	**2 333,75**	465,08	465,08	IV	1 740,91	1 662,66	1 584,33	1 506,00	1 427,66	1 349,33
	VI	**2 377,00**	465,08	465,08							
7 541,99	I,IV	**1 812,75**	465,08	465,08	I	1 656,08	1 499,41	1 342,83	1 190,41	1 044,41	904,83
West	II	**1 672,50**	465,08	465,08	II	1 515,83	1 359,16	1 206,00	1 059,33	919,08	785,25
	III	**1 182,83**	465,08	465,08	III	1 063,83	947,83	835,33	725,83	619,66	516,66
	V	**2 327,16**	465,08	465,08	IV	1 734,41	1 656,08	1 577,75	1 499,41	1 421,08	1 342,83
	VI	**2 370,41**	465,08	465,08							
7 541,99	I,IV	**1 820,58**	465,08	465,08	I	1 663,91	1 507,25	1 350,58	1 197,83	1 051,50	911,58
Ost	II	**1 680,25**	465,08	465,08	II	1 523,58	1 366,91	1 213,50	1 066,50	925,91	791,83
	III	**1 188,83**	465,08	465,08	III	1 069,66	953,66	840,83	731,16	624,83	521,66
	V	**2 335,00**	465,08	465,08	IV	1 742,25	1 663,91	1 585,58	1 507,25	1 428,91	1 350,58
	VI	**2 378,25**	465,08	465,08							

* Zur LSt-Berechnung für privat versicherte Arbeitnehmer s. Beispiele **Vorbemerkung S. 4 f.**
** Basisvorsorgepauschale KV und PV *** Typisierter Arbeitgeberzuschuss

Lohn/ Gehalt in € bis	Steuerklasse	Lohn-steuer*	BVSP**	TAGZ***	Steuerklasse	Bemessungsgrundlage für Kirchensteuer und Solidaritätszuschlag – Freibeträge für ... Kinder 0,5	**1,0**	1,5	**2,0**	2,5	**3,0**
7 544,99	I,IV	**1 814,00**	465,08	465,08	I	1 657,33	1 500,66	1 344,08	1 191,58	1 045,50	905,91
West	II	**1 673,75**	465,08	465,08	II	1 517,08	1 360,41	1 207,25	1 060,50	920,16	786,33
	III	**1 183,83**	465,08	465,08	III	1 064,66	948,83	836,16	726,66	620,50	517,50
	V	**2 328,41**	465,08	465,08	IV	1 735,66	1 657,33	1 579,00	1 500,66	1 422,33	1 344,08
	VI	**2 371,66**	465,08	465,08							
7 544,99	I,IV	**1 821,83**	465,08	465,08	I	1 665,16	1 508,50	1 351,83	1 199,08	1 052,66	912,75
Ost	II	**1 681,50**	465,08	465,08	II	1 524,83	1 368,16	1 214,75	1 067,66	927,08	792,83
	III	**1 189,83**	465,08	465,08	III	1 070,66	954,50	841,66	732,16	625,66	522,50
	V	**2 336,25**	465,08	465,08	IV	1 743,50	1 665,16	1 586,83	1 508,50	1 430,16	1 351,83
	VI	**2 379,50**	465,08	465,08							
7 547,99	I,IV	**1 815,25**	465,08	465,08	I	1 658,58	1 501,91	1 345,33	1 192,83	1 046,66	907,00
West	II	**1 675,00**	465,08	465,08	II	1 518,33	1 361,66	1 208,41	1 061,66	921,33	787,41
	III	**1 184,83**	465,08	465,08	III	1 065,66	949,66	837,00	727,50	621,33	518,16
	V	**2 329,66**	465,08	465,08	IV	1 736,91	1 658,58	1 580,25	1 501,91	1 423,58	1 345,33
	VI	**2 373,00**	465,08	465,08							
7 547,99	I,IV	**1 823,08**	465,08	465,08	I	1 666,41	1 509,75	1 353,08	1 200,25	1 053,83	913,83
Ost	II	**1 682,75**	465,08	465,08	II	1 526,16	1 369,50	1 215,91	1 068,83	928,16	793,91
	III	**1 190,83**	465,08	465,08	III	1 071,50	955,50	842,66	733,00	626,50	523,33
	V	**2 337,50**	465,08	465,08	IV	1 744,75	1 666,41	1 588,08	1 509,75	1 431,41	1 353,08
	VI	**2 380,75**	465,08	465,08							
7 550,99	I,IV	**1 816,50**	465,08	465,08	I	1 659,83	1 503,16	1 346,58	1 194,00	1 047,83	908,08
West	II	**1 676,25**	465,08	465,08	II	1 519,58	1 362,91	1 209,66	1 062,83	922,41	788,41
	III	**1 185,83**	465,08	465,08	III	1 066,66	950,66	838,00	728,50	622,16	519,00
	V	**2 331,00**	465,08	465,08	IV	1 738,16	1 659,83	1 581,50	1 503,16	1 424,83	1 346,58
	VI	**2 374,25**	465,08	465,08							
7 550,99	I,IV	**1 824,33**	465,08	465,08	I	1 667,66	1 511,00	1 354,33	1 201,41	1 055,00	914,91
Ost	II	**1 684,08**	465,08	465,08	II	1 527,41	1 370,75	1 217,16	1 070,00	929,25	794,91
	III	**1 191,83**	465,08	465,08	III	1 072,50	956,33	843,50	733,83	627,33	524,16
	V	**2 338,75**	465,08	465,08	IV	1 746,00	1 667,66	1 589,33	1 511,00	1 432,66	1 354,33
	VI	**2 382,00**	465,08	465,08							
7 553,99	I,IV	**1 817,75**	465,08	465,08	I	1 661,08	1 504,50	1 347,83	1 195,16	1 049,00	909,16
West	II	**1 677,50**	465,08	465,08	II	1 520,83	1 364,16	1 210,83	1 064,00	923,50	789,50
	III	**1 186,66**	465,08	465,08	III	1 067,50	951,50	838,83	729,33	623,00	519,83
	V	**2 332,25**	465,08	465,08	IV	1 739,41	1 661,08	1 582,83	1 504,50	1 426,16	1 347,83
	VI	**2 375,50**	465,08	465,08							
7 553,99	I,IV	**1 825,58**	465,08	465,08	I	1 668,91	1 512,25	1 355,66	1 202,66	1 056,08	916,00
Ost	II	**1 685,33**	465,08	465,08	II	1 528,66	1 372,00	1 218,33	1 071,16	930,33	796,00
	III	**1 192,83**	465,08	465,08	III	1 073,50	957,33	844,33	734,66	628,16	525,00
	V	**2 340,00**	465,08	465,08	IV	1 747,25	1 668,91	1 590,58	1 512,25	1 433,91	1 355,66
	VI	**2 383,25**	465,08	465,08							
7 556,99	I,IV	**1 819,08**	465,08	465,08	I	1 662,41	1 505,75	1 349,08	1 196,41	1 050,16	910,33
West	II	**1 678,75**	465,08	465,08	II	1 522,08	1 365,41	1 212,08	1 065,16	924,58	790,50
	III	**1 187,66**	465,08	465,08	III	1 068,50	952,50	839,66	730,16	623,83	520,66
	V	**2 333,50**	465,08	465,08	IV	1 740,75	1 662,41	1 584,08	1 505,75	1 427,41	1 349,08
	VI	**2 376,75**	465,08	465,08							
7 556,99	I,IV	**1 826,83**	465,08	465,08	I	1 670,16	1 513,50	1 356,91	1 203,83	1 057,25	917,08
Ost	II	**1 686,58**	465,08	465,08	II	1 529,91	1 373,25	1 219,58	1 072,33	931,50	797,08
	III	**1 193,66**	465,08	465,08	III	1 074,33	958,16	845,33	735,50	629,00	525,83
	V	**2 341,25**	465,08	465,08	IV	1 748,50	1 670,16	1 591,83	1 513,50	1 435,16	1 356,91
	VI	**2 384,58**	465,08	465,08							
7 559,99	I,IV	**1 820,33**	465,08	465,08	I	1 663,66	1 507,00	1 350,33	1 197,58	1 051,25	911,41
West	II	**1 680,00**	465,08	465,08	II	1 523,33	1 366,66	1 213,25	1 066,25	925,75	791,58
	III	**1 188,66**	465,08	465,08	III	1 069,50	953,50	840,66	731,00	624,66	521,50
	V	**2 334,75**	465,08	465,08	IV	1 742,00	1 663,66	1 585,33	1 507,00	1 428,66	1 350,33
	VI	**2 378,00**	465,08	465,08							
7 559,99	I,IV	**1 828,08**	465,08	465,08	I	1 671,41	1 514,75	1 358,16	1 205,08	1 058,41	918,25
Ost	II	**1 687,83**	465,08	465,08	II	1 531,16	1 374,50	1 220,75	1 073,50	932,58	798,08
	III	**1 194,66**	465,08	465,08	III	1 075,33	959,16	846,16	736,50	629,83	526,66
	V	**2 342,58**	465,08	465,08	IV	1 749,75	1 671,41	1 593,08	1 514,75	1 436,41	1 358,16
	VI	**2 385,83**	465,08	465,08							

* Zur LSt-Berechnung für privat versicherte Arbeitnehmer s. Beispiele **Vorbemerkung S. 4 f.**
** Basisvorsorgepauschale KV und PV *** Typisierter Arbeitgeberzuschuss

Lohn/ Gehalt in € bis	Steuerklasse	Lohn-steuer*	BVSP**	TAGZ***	Steuerklasse	Bemessungsgrundlage für Kirchensteuer und Solidaritätszuschlag					
						Freibeträge für ... Kinder					
						0,5	**1,0**	1,5	**2,0**	2,5	**3,0**
7 562,99	I,IV	**1 821,58**	465,08	465,08	I	1 664,91	1 508,25	1 351,58	1 198,83	1 052,41	912,50
West	II	**1 681,25**	465,08	465,08	II	1 524,58	1 368,00	1 214,50	1 067,41	926,83	792,66
	III	**1 189,66**	465,08	465,08	III	1 070,33	954,33	841,50	731,83	625,50	522,33
	V	**2 336,00**	465,08	465,08	IV	1 743,25	1 664,91	1 586,58	1 508,25	1 429,91	1 351,58
	VI	**2 379,25**	465,08	465,08							
7 562,99	I,IV	**1 829,33**	465,08	465,08	I	1 672,66	1 516,08	1 359,41	1 206,25	1 059,58	919,33
Ost	II	**1 689,08**	465,08	465,08	II	1 532,41	1 375,75	1 222,00	1 074,58	933,66	799,16
	III	**1 195,66**	465,08	465,08	III	1 076,33	960,00	847,00	737,33	630,66	527,33
	V	**2 343,83**	465,08	465,08	IV	1 751,00	1 672,66	1 594,41	1 516,08	1 437,75	1 359,41
	VI	**2 387,08**	465,08	465,08							
7 565,99	I,IV	**1 822,83**	465,08	465,08	I	1 666,16	1 509,50	1 352,83	1 200,00	1 053,58	913,58
West	II	**1 682,58**	465,08	465,08	II	1 525,91	1 369,25	1 215,66	1 068,58	927,91	793,66
	III	**1 190,66**	465,08	465,08	III	1 071,33	955,33	842,33	732,83	626,33	523,16
	V	**2 337,25**	465,08	465,08	IV	1 744,50	1 666,16	1 587,83	1 509,50	1 431,16	1 352,83
	VI	**2 380,50**	465,08	465,08							
7 565,99	I,IV	**1 830,66**	465,08	465,08	I	1 674,00	1 517,33	1 360,66	1 207,50	1 060,75	920,41
Ost	II	**1 690,33**	465,08	465,08	II	1 533,66	1 377,00	1 223,16	1 075,75	934,75	800,25
	III	**1 196,66**	465,08	465,08	III	1 077,16	961,00	848,00	738,16	631,66	528,16
	V	**2 345,08**	465,08	465,08	IV	1 752,33	1 674,00	1 595,66	1 517,33	1 439,00	1 360,66
	VI	**2 388,33**	465,08	465,08							
7 568,99	I,IV	**1 824,08**	465,08	465,08	I	1 667,41	1 510,75	1 354,16	1 201,25	1 054,75	914,66
West	II	**1 683,83**	465,08	465,08	II	1 527,16	1 370,50	1 216,91	1 069,75	929,00	794,75
	III	**1 191,66**	465,08	465,08	III	1 072,33	956,16	843,33	733,66	627,16	524,00
	V	**2 338,50**	465,08	465,08	IV	1 745,75	1 667,41	1 589,08	1 510,75	1 432,41	1 354,16
	VI	**2 381,75**	465,08	465,08							
7 568,99	I,IV	**1 831,91**	465,08	465,08	I	1 675,25	1 518,58	1 361,91	1 208,66	1 061,91	921,50
Ost	II	**1 691,58**	465,08	465,08	II	1 534,91	1 378,25	1 224,41	1 076,91	935,91	801,25
	III	**1 197,66**	465,08	465,08	III	1 078,16	961,83	848,83	739,00	632,50	529,00
	V	**2 346,33**	465,08	465,08	IV	1 753,58	1 675,25	1 596,91	1 518,58	1 440,25	1 361,91
	VI	**2 389,58**	465,08	465,08							
7 571,99	I,IV	**1 825,33**	465,08	465,08	I	1 668,66	1 512,00	1 355,41	1 202,41	1 055,91	915,83
West	II	**1 685,08**	465,08	465,08	II	1 528,41	1 371,75	1 218,08	1 070,91	930,16	795,83
	III	**1 192,50**	465,08	465,08	III	1 073,16	957,16	844,16	734,50	628,00	524,83
	V	**2 339,75**	465,08	465,08	IV	1 747,00	1 668,66	1 590,33	1 512,00	1 433,66	1 355,41
	VI	**2 383,08**	465,08	465,08							
7 571,99	I,IV	**1 833,16**	465,08	465,08	I	1 676,50	1 519,83	1 363,16	1 209,91	1 063,08	922,66
Ost	II	**1 692,83**	465,08	465,08	II	1 536,16	1 379,58	1 225,58	1 078,08	937,00	802,33
	III	**1 198,66**	465,08	465,08	III	1 079,16	962,83	849,83	740,00	633,33	529,83
	V	**2 347,58**	465,08	465,08	IV	1 754,83	1 676,50	1 598,16	1 519,83	1 441,50	1 363,16
	VI	**2 390,83**	465,08	465,08							
7 574,99	I,IV	**1 826,58**	465,08	465,08	I	1 669,91	1 513,25	1 356,66	1 203,66	1 057,08	916,91
West	II	**1 686,33**	465,08	465,08	II	1 529,66	1 373,00	1 219,33	1 072,08	931,25	796,83
	III	**1 193,50**	465,08	465,08	III	1 074,16	958,00	845,16	735,33	628,83	525,66
	V	**2 341,08**	465,08	465,08	IV	1 748,25	1 669,91	1 591,58	1 513,25	1 434,91	1 356,66
	VI	**2 384,33**	465,08	465,08							
7 574,99	I,IV	**1 834,41**	465,08	465,08	I	1 677,75	1 521,08	1 364,41	1 211,08	1 064,16	923,75
Ost	II	**1 694,16**	465,08	465,08	II	1 537,50	1 380,83	1 226,83	1 079,25	938,08	803,41
	III	**1 199,66**	465,08	465,08	III	1 080,00	963,83	850,66	740,83	634,16	530,66
	V	**2 348,83**	465,08	465,08	IV	1 756,08	1 677,75	1 599,41	1 521,08	1 442,75	1 364,41
	VI	**2 392,08**	465,08	465,08							
7 577,99	I,IV	**1 827,83**	465,08	465,08	I	1 671,16	1 514,58	1 357,91	1 204,83	1 058,16	918,00
West	II	**1 687,58**	465,08	465,08	II	1 530,91	1 374,25	1 220,50	1 073,25	932,33	797,91
	III	**1 194,50**	465,08	465,08	III	1 075,16	959,00	846,00	736,16	629,66	526,33
	V	**2 342,33**	465,08	465,08	IV	1 749,50	1 671,16	1 592,83	1 514,58	1 436,25	1 357,91
	VI	**2 385,58**	465,08	465,08							
7 577,99	I,IV	**1 835,66**	465,08	465,08	I	1 679,00	1 522,33	1 365,66	1 212,33	1 065,33	924,83
Ost	II	**1 695,41**	465,08	465,08	II	1 538,75	1 382,08	1 228,08	1 080,41	939,25	804,50
	III	**1 200,50**	465,08	465,08	III	1 081,00	964,66	851,50	741,66	635,00	531,50
	V	**2 350,08**	465,08	465,08	IV	1 757,33	1 679,00	1 600,66	1 522,33	1 444,00	1 365,66
	VI	**2 393,33**	465,08	465,08							

* Zur LSt-Berechnung für privat versicherte Arbeitnehmer s. Beispiele **Vorbemerkung S. 4 f.**
** Basisvorsorgepauschale KV und PV *** Typisierter Arbeitgeberzuschuss

Lohn/ Gehalt in € bis	Steuerklasse	Lohn-steuer*	BVSP**	TAGZ***	Steuerklasse	Bemessungsgrundlage für Kirchensteuer und Solidaritätszuschlag – Freibeträge für ... Kinder 0,5	1,0	1,5	2,0	2,5	3,0
7580,99	I,IV	**1829,08**	465,08	465,08	I	1672,50	1515,83	1359,16	1206,00	1059,33	919,08
West	II	**1688,83**	465,08	465,08	II	1532,16	1375,50	1221,75	1074,41	933,50	799,00
	III	**1195,50**	465,08	465,08	III	1076,00	959,83	846,83	737,16	630,50	527,16
	V	**2343,58**	465,08	465,08	IV	1750,83	1672,50	1594,16	1515,83	1437,50	1359,16
	VI	**2386,83**	465,08	465,08							
7580,99	I,IV	**1836,91**	465,08	465,08	I	1680,25	1523,58	1366,91	1213,50	1066,50	925,91
Ost	II	**1696,66**	465,08	465,08	II	1540,00	1383,33	1229,25	1081,58	940,33	805,50
	III	**1201,50**	465,08	465,08	III	1082,00	965,66	852,50	742,50	635,83	532,33
	V	**2351,33**	465,08	465,08	IV	1758,58	1680,25	1601,91	1523,58	1445,25	1366,91
	VI	**2394,66**	465,08	465,08							
7583,99	I,IV	**1830,41**	465,08	465,08	I	1673,75	1517,08	1360,41	1207,25	1060,50	920,16
West	II	**1690,08**	465,08	465,08	II	1533,41	1376,75	1223,00	1075,58	934,58	800,00
	III	**1196,50**	465,08	465,08	III	1077,00	960,83	847,83	738,00	631,33	528,00
	V	**2344,83**	465,08	465,08	IV	1752,08	1673,75	1595,41	1517,08	1438,75	1360,41
	VI	**2388,08**	465,08	465,08							
7583,99	I,IV	**1838,16**	465,08	465,08	I	1681,50	1524,83	1368,16	1214,75	1067,66	927,08
Ost	II	**1697,91**	465,08	465,08	II	1541,25	1384,58	1230,50	1082,75	941,41	806,58
	III	**1202,50**	465,08	465,08	III	1082,83	966,50	853,33	743,33	636,66	533,16
	V	**2352,66**	465,08	465,08	IV	1759,83	1681,50	1603,16	1524,83	1446,50	1368,16
	VI	**2395,91**	465,08	465,08							
7586,99	I,IV	**1831,66**	465,08	465,08	I	1675,00	1518,33	1361,66	1208,41	1061,66	921,33
West	II	**1691,33**	465,08	465,08	II	1534,66	1378,08	1224,16	1076,75	935,66	801,08
	III	**1197,50**	465,08	465,08	III	1078,00	961,66	848,66	738,83	632,16	528,83
	V	**2346,08**	465,08	465,08	IV	1753,33	1675,00	1596,66	1518,33	1440,00	1361,66
	VI	**2389,33**	465,08	465,08							
7586,99	I,IV	**1839,41**	465,08	465,08	I	1682,75	1526,16	1369,50	1215,91	1068,83	928,16
Ost	II	**1699,16**	465,08	465,08	II	1542,50	1385,83	1231,66	1083,91	942,58	807,66
	III	**1203,50**	465,08	465,08	III	1083,83	967,50	854,33	744,33	637,50	534,00
	V	**2353,91**	465,08	465,08	IV	1761,08	1682,75	1604,41	1526,16	1447,83	1369,50
	VI	**2397,16**	465,08	465,08							
7589,99	I,IV	**1832,91**	465,08	465,08	I	1676,25	1519,58	1362,91	1209,66	1062,83	922,41
West	II	**1692,58**	465,08	465,08	II	1536,00	1379,33	1225,41	1077,83	936,75	802,16
	III	**1198,33**	465,08	465,08	III	1078,83	962,66	849,50	739,66	633,16	529,66
	V	**2347,33**	465,08	465,08	IV	1754,58	1676,25	1597,91	1519,58	1441,25	1362,91
	VI	**2390,58**	465,08	465,08							
7589,99	I,IV	**1840,66**	465,08	465,08	I	1684,08	1527,41	1370,75	1217,16	1070,00	929,25
Ost	II	**1700,41**	465,08	465,08	II	1543,75	1387,08	1232,91	1085,08	943,66	808,66
	III	**1204,50**	465,08	465,08	III	1084,83	968,33	855,16	745,16	638,33	534,83
	V	**2355,16**	465,08	465,08	IV	1762,41	1684,08	1605,75	1527,41	1449,08	1370,75
	VI	**2398,41**	465,08	465,08							
7592,99	I,IV	**1834,16**	465,08	465,08	I	1677,50	1520,83	1364,16	1210,83	1064,00	923,50
West	II	**1693,91**	465,08	465,08	II	1537,25	1380,58	1226,58	1079,00	937,91	803,16
	III	**1199,33**	465,08	465,08	III	1079,83	963,50	850,50	740,66	634,00	530,50
	V	**2348,58**	465,08	465,08	IV	1755,83	1677,50	1599,16	1520,83	1442,50	1364,16
	VI	**2391,83**	465,08	465,08							
7592,99	I,IV	**1842,00**	465,08	465,08	I	1685,33	1528,66	1372,00	1218,33	1071,16	930,33
Ost	II	**1701,66**	465,08	465,08	II	1545,00	1388,33	1234,08	1086,25	944,75	809,75
	III	**1205,50**	465,08	465,08	III	1085,83	969,33	856,00	746,00	639,16	535,66
	V	**2356,41**	465,08	465,08	IV	1763,66	1685,33	1607,00	1528,66	1450,33	1372,00
	VI	**2399,66**	465,08	465,08							
7595,99	I,IV	**1835,41**	465,08	465,08	I	1678,75	1522,08	1365,41	1212,08	1065,16	924,58
West	II	**1695,16**	465,08	465,08	II	1538,50	1381,83	1227,83	1080,16	939,00	804,25
	III	**1200,33**	465,08	465,08	III	1080,83	964,50	851,33	741,50	634,83	531,33
	V	**2349,83**	465,08	465,08	IV	1757,08	1678,75	1600,41	1522,08	1443,75	1365,41
	VI	**2393,08**	465,08	465,08							
7595,99	I,IV	**1843,25**	465,08	465,08	I	1686,58	1529,91	1373,25	1219,58	1072,33	931,50
Ost	II	**1702,91**	465,08	465,08	II	1546,25	1389,66	1235,33	1087,41	945,91	810,83
	III	**1206,33**	465,08	465,08	III	1086,66	970,16	857,00	746,83	640,00	536,50
	V	**2357,66**	465,08	465,08	IV	1764,91	1686,58	1608,25	1529,91	1451,58	1373,25
	VI	**2400,91**	465,08	465,08							

* Zur LSt-Berechnung für privat versicherte Arbeitnehmer s. Beispiele **Vorbemerkung S. 4 f.**
** Basisvorsorgepauschale KV und PV *** Typisierter Arbeitgeberzuschuss

Lohn/ Gehalt in € bis	Steuerklasse	Lohn-steuer*	BVSP**	TAGZ***	Steuerklasse	Bemessungsgrundlage für Kirchensteuer und Solidaritätszuschlag					
						Freibeträge für ... Kinder					
						0,5	**1,0**	1,5	**2,0**	2,5	**3,0**
7598,99	I,IV	**1836,66**	465,08	465,08	I	1680,00	1523,33	1366,66	1213,25	1066,25	925,75
West	II	**1696,41**	465,08	465,08	II	1539,75	1383,08	1229,00	1081,33	940,08	805,33
	III	**1201,33**	465,08	465,08	III	1081,83	965,33	852,33	742,33	635,66	532,16
	V	**2351,08**	465,08	465,08	IV	1758,33	1680,00	1601,66	1523,33	1445,00	1366,66
	VI	**2394,41**	465,08	465,08							
7598,99	I,IV	**1844,50**	465,08	465,08	I	1687,83	1531,16	1374,50	1220,75	1073,50	932,58
Ost	II	**1704,16**	465,08	465,08	II	1547,58	1390,91	1236,58	1088,58	947,00	811,91
	III	**1207,33**	465,08	465,08	III	1087,66	971,16	857,83	747,83	640,83	537,16
	V	**2358,91**	465,08	465,08	IV	1766,16	1687,83	1609,50	1531,16	1452,83	1374,50
	VI	**2402,16**	465,08	465,08							
7601,99	I,IV	**1837,91**	465,08	465,08	I	1681,25	1524,58	1368,00	1214,50	1067,41	926,83
West	II	**1697,66**	465,08	465,08	II	1541,00	1384,33	1230,25	1082,50	941,25	806,33
	III	**1202,33**	465,08	465,08	III	1082,66	966,33	853,16	743,16	636,50	533,00
	V	**2352,41**	465,08	465,08	IV	1759,58	1681,25	1602,91	1524,58	1446,33	1368,00
	VI	**2395,66**	465,08	465,08							
7601,99	I,IV	**1845,75**	465,08	465,08	I	1689,08	1532,41	1375,75	1222,00	1074,58	933,66
Ost	II	**1705,50**	465,08	465,08	II	1548,83	1392,16	1237,75	1089,75	948,08	812,91
	III	**1208,33**	465,08	465,08	III	1088,66	972,00	858,66	748,66	641,66	538,00
	V	**2360,16**	465,08	465,08	IV	1767,41	1689,08	1610,75	1532,41	1454,08	1375,75
	VI	**2403,41**	465,08	465,08							
7604,99	I,IV	**1839,16**	465,08	465,08	I	1682,58	1525,91	1369,25	1215,66	1068,58	927,91
West	II	**1698,91**	465,08	465,08	II	1542,25	1385,58	1231,41	1083,66	942,33	807,41
	III	**1203,33**	465,08	465,08	III	1083,66	967,16	854,00	744,00	637,33	533,83
	V	**2353,66**	465,08	465,08	IV	1760,83	1682,58	1604,25	1525,91	1447,58	1369,25
	VI	**2396,91**	465,08	465,08							
7604,99	I,IV	**1847,00**	465,08	465,08	I	1690,33	1533,66	1377,00	1223,16	1075,75	934,75
Ost	II	**1706,75**	465,08	465,08	II	1550,08	1393,41	1239,00	1090,91	949,25	814,00
	III	**1209,33**	465,08	465,08	III	1089,50	973,00	859,66	749,50	642,66	538,83
	V	**2361,41**	465,08	465,08	IV	1768,66	1690,33	1612,00	1533,66	1455,33	1377,00
	VI	**2404,75**	465,08	465,08							
7607,99	I,IV	**1840,50**	465,08	465,08	I	1683,83	1527,16	1370,50	1216,91	1069,75	929,00
West	II	**1700,16**	465,08	465,08	II	1543,50	1386,83	1232,66	1084,83	943,41	808,50
	III	**1204,16**	465,08	465,08	III	1084,66	968,16	855,00	745,00	638,16	534,66
	V	**2354,91**	465,08	465,08	IV	1762,16	1683,83	1605,50	1527,16	1448,83	1370,50
	VI	**2398,16**	465,08	465,08							
7607,99	I,IV	**1848,25**	465,08	465,08	I	1691,58	1534,91	1378,25	1224,41	1076,91	935,91
Ost	II	**1708,00**	465,08	465,08	II	1551,33	1394,66	1240,16	1092,08	950,33	815,08
	III	**1210,33**	465,08	465,08	III	1090,50	974,00	860,50	750,33	643,50	539,66
	V	**2362,75**	465,08	465,08	IV	1769,91	1691,58	1613,25	1534,91	1456,58	1378,25
	VI	**2406,00**	465,08	465,08							
7610,99	I,IV	**1841,75**	465,08	465,08	I	1685,08	1528,41	1371,75	1218,08	1070,91	930,16
West	II	**1701,41**	465,08	465,08	II	1544,75	1388,08	1233,91	1086,00	944,58	809,58
	III	**1205,16**	465,08	465,08	III	1085,50	969,16	855,83	745,83	639,00	535,33
	V	**2356,16**	465,08	465,08	IV	1763,41	1685,08	1606,75	1528,41	1450,08	1371,75
	VI	**2399,41**	465,08	465,08							
7610,99	I,IV	**1849,50**	465,08	465,08	I	1692,83	1536,16	1379,58	1225,58	1078,08	937,00
Ost	II	**1709,25**	465,08	465,08	II	1552,58	1395,91	1241,41	1093,25	951,41	816,08
	III	**1211,33**	465,08	465,08	III	1091,50	974,83	861,50	751,33	644,33	540,50
	V	**2364,00**	465,08	465,08	IV	1771,16	1692,83	1614,50	1536,16	1457,91	1379,58
	VI	**2407,25**	465,08	465,08							
7613,99	I,IV	**1843,00**	465,08	465,08	I	1686,33	1529,66	1373,00	1219,33	1072,08	931,25
West	II	**1702,66**	465,08	465,08	II	1546,08	1389,41	1235,08	1087,16	945,66	810,58
	III	**1206,16**	465,08	465,08	III	1086,50	970,00	856,66	746,66	639,83	536,16
	V	**2357,41**	465,08	465,08	IV	1764,66	1686,33	1608,00	1529,66	1451,33	1373,00
	VI	**2400,66**	465,08	465,08							
7613,99	I,IV	**1850,75**	465,08	465,08	I	1694,16	1537,50	1380,83	1226,83	1079,25	938,08
Ost	II	**1710,50**	465,08	465,08	II	1553,83	1397,16	1242,66	1094,41	952,58	817,16
	III	**1212,33**	465,08	465,08	III	1092,33	975,83	862,33	752,16	645,16	541,33
	V	**2365,25**	465,08	465,08	IV	1772,41	1694,16	1615,83	1537,50	1459,16	1380,83
	VI	**2408,50**	465,08	465,08							

* Zur LSt-Berechnung für privat versicherte Arbeitnehmer s. Beispiele **Vorbemerkung S. 4 f.**
** Basisvorsorgepauschale KV und PV *** Typisierter Arbeitgeberzuschuss

Lohn/ Gehalt in € bis	Steuerklasse	**Lohn-steuer***	BVSP**	TAGZ***	Steuerklasse	Bemessungsgrundlage für Kirchensteuer und Solidaritätszuschlag					
						Freibeträge für ... Kinder					
						0,5	**1,0**	1,5	**2,0**	2,5	**3,0**
7616,99	I,IV	**1844,25**	465,08	465,08	I	1687,58	1530,91	1374,25	1220,50	1073,25	932,33
West	II	**1704,00**	465,08	465,08	II	1547,33	1390,66	1236,33	1088,33	946,75	811,66
	III	**1207,16**	465,08	465,08	III	1087,50	971,00	857,66	747,50	640,66	537,00
	V	**2358,66**	465,08	465,08	IV	1765,91	1687,58	1609,25	1530,91	1452,58	1374,25
	VI	**2401,91**	465,08	465,08							
7616,99	I,IV	**1852,08**	465,08	465,08	I	1695,41	1538,75	1382,08	1228,08	1080,41	939,25
Ost	II	**1711,75**	465,08	465,08	II	1555,08	1398,41	1243,83	1095,58	953,66	818,25
	III	**1213,16**	465,08	465,08	III	1093,33	976,66	863,16	753,00	646,00	542,16
	V	**2366,50**	465,08	465,08	IV	1773,75	1695,41	1617,08	1538,75	1460,41	1382,08
	VI	**2409,75**	465,08	465,08							
7619,99	I,IV	**1845,50**	465,08	465,08	I	1688,83	1532,16	1375,50	1221,75	1074,41	933,50
West	II	**1705,25**	465,08	465,08	II	1548,58	1391,91	1237,50	1089,50	947,91	812,75
	III	**1208,16**	465,08	465,08	III	1088,33	971,83	858,50	748,50	641,50	537,83
	V	**2359,91**	465,08	465,08	IV	1767,16	1688,83	1610,50	1532,16	1453,83	1375,50
	VI	**2403,16**	465,08	465,08							
7619,99	I,IV	**1853,33**	465,08	465,08	I	1696,66	1540,00	1383,33	1229,25	1081,58	940,33
Ost	II	**1713,00**	465,08	465,08	II	1556,33	1399,66	1245,08	1096,75	954,83	819,33
	III	**1214,16**	465,08	465,08	III	1094,33	977,66	864,16	753,83	646,83	543,00
	V	**2367,75**	465,08	465,08	IV	1775,00	1696,66	1618,33	1540,00	1461,66	1383,33
	VI	**2411,00**	465,08	465,08							
7622,99	I,IV	**1846,75**	465,08	465,08	I	1690,08	1533,41	1376,75	1223,00	1075,58	934,58
West	II	**1706,50**	465,08	465,08	II	1549,83	1393,16	1238,75	1090,66	949,00	813,83
	III	**1209,16**	465,08	465,08	III	1089,33	972,83	859,50	749,33	642,33	538,66
	V	**2361,16**	465,08	465,08	IV	1768,41	1690,08	1611,75	1533,41	1455,08	1376,75
	VI	**2404,50**	465,08	465,08							
7622,99	I,IV	**1854,58**	465,08	465,08	I	1697,91	1541,25	1384,58	1230,50	1082,75	941,41
Ost	II	**1714,25**	465,08	465,08	II	1557,66	1401,00	1246,25	1097,91	955,91	820,41
	III	**1215,16**	465,08	465,08	III	1095,33	978,50	865,00	754,66	647,66	543,83
	V	**2369,00**	465,08	465,08	IV	1776,25	1697,91	1619,58	1541,25	1462,91	1384,58
	VI	**2412,25**	465,08	465,08							
7625,99	I,IV	**1848,00**	465,08	465,08	I	1691,33	1534,66	1378,08	1224,16	1076,75	935,66
West	II	**1707,75**	465,08	465,08	II	1551,08	1394,41	1240,00	1091,83	950,16	814,83
	III	**1210,16**	465,08	465,08	III	1090,33	973,66	860,33	750,16	643,16	539,50
	V	**2362,50**	465,08	465,08	IV	1769,66	1691,33	1613,00	1534,66	1456,33	1378,08
	VI	**2405,75**	465,08	465,08							
7625,99	I,IV	**1855,83**	465,08	465,08	I	1699,16	1542,50	1385,83	1231,66	1083,91	942,58
Ost	II	**1715,58**	465,08	465,08	II	1558,91	1402,25	1247,50	1099,08	957,00	821,41
	III	**1216,16**	465,08	465,08	III	1096,16	979,50	866,00	755,66	648,50	544,66
	V	**2370,25**	465,08	465,08	IV	1777,50	1699,16	1620,83	1542,50	1464,16	1385,83
	VI	**2413,50**	465,08	465,08							
7628,99	I,IV	**1849,25**	465,08	465,08	I	1692,58	1536,00	1379,33	1225,41	1077,83	936,75
West	II	**1709,00**	465,08	465,08	II	1552,33	1395,66	1241,16	1093,00	951,25	815,91
	III	**1211,00**	465,08	465,08	III	1091,16	974,66	861,16	751,00	644,16	540,33
	V	**2363,75**	465,08	465,08	IV	1770,91	1692,58	1614,33	1536,00	1457,66	1379,33
	VI	**2407,00**	465,08	465,08							
7628,99	I,IV	**1857,08**	465,08	465,08	I	1700,41	1543,75	1387,08	1232,91	1085,08	943,66
Ost	II	**1716,83**	465,08	465,08	II	1560,16	1403,50	1248,75	1100,25	958,16	822,50
	III	**1217,16**	465,08	465,08	III	1097,16	980,33	866,83	756,50	649,33	545,50
	V	**2371,50**	465,08	465,08	IV	1778,75	1700,41	1622,08	1543,75	1465,41	1387,08
	VI	**2414,75**	465,08	465,08							
7631,99	I,IV	**1850,58**	465,08	465,08	I	1693,91	1537,25	1380,58	1226,58	1079,00	937,91
West	II	**1710,25**	465,08	465,08	II	1553,58	1396,91	1242,41	1094,16	952,33	817,00
	III	**1212,00**	465,08	465,08	III	1092,16	975,50	862,16	752,00	645,00	541,16
	V	**2365,00**	465,08	465,08	IV	1772,25	1693,91	1615,58	1537,25	1458,91	1380,58
	VI	**2408,25**	465,08	465,08							
7631,99	I,IV	**1858,33**	465,08	465,08	I	1701,66	1545,00	1388,33	1234,08	1086,25	944,75
Ost	II	**1718,08**	465,08	465,08	II	1561,41	1404,75	1249,91	1101,41	959,25	823,58
	III	**1218,16**	465,08	465,08	III	1098,16	981,33	867,66	757,33	650,16	546,33
	V	**2372,75**	465,08	465,08	IV	1780,00	1701,66	1623,33	1545,00	1466,66	1388,33
	VI	**2416,08**	465,08	465,08							

* Zur LSt-Berechnung für privat versicherte Arbeitnehmer s. Beispiele **Vorbemerkung S. 4f.**
** Basisvorsorgepauschale KV und PV *** Typisierter Arbeitgeberzuschuss

Lohn/ Gehalt in € bis	Steuerklasse	Lohn- steuer*	BVSP**	TAGZ***	Steuerklasse	Bemessungsgrundlage für Kirchensteuer und Solidaritätszuschlag – Freibeträge für ... Kinder 0,5	1,0	1,5	2,0	2,5	3,0
7634,99 West	I,IV	**1851,83**	465,08	465,08	I	1695,16	1538,50	1381,83	1227,83	1080,16	939,00
	II	**1711,50**	465,08	465,08	II	1554,83	1398,16	1243,58	1095,33	953,50	818,08
	III	**1213,00**	465,08	465,08	III	1093,16	976,50	863,00	752,83	645,83	542,00
	V	**2366,25**	465,08	465,08	IV	1773,50	1695,16	1616,83	1538,50	1460,16	1381,83
	VI	**2409,50**	465,08	465,08							
7634,99 Ost	I,IV	**1859,58**	465,08	465,08	I	1702,91	1546,25	1389,66	1235,33	1087,41	945,91
	II	**1719,33**	465,08	465,08	II	1562,66	1406,00	1251,16	1102,58	960,41	824,66
	III	**1219,16**	465,08	465,08	III	1099,00	982,16	868,66	758,16	651,00	547,16
	V	**2374,08**	465,08	465,08	IV	1781,25	1702,91	1624,58	1546,25	1467,91	1389,66
	VI	**2417,33**	465,08	465,08							
7637,99 West	I,IV	**1853,08**	465,08	465,08	I	1696,41	1539,75	1383,08	1229,00	1081,33	940,08
	II	**1712,75**	465,08	465,08	II	1556,08	1399,50	1244,83	1096,50	954,58	819,08
	III	**1214,00**	465,08	465,08	III	1094,16	977,33	864,00	753,66	646,66	542,83
	V	**2367,50**	465,08	465,08	IV	1774,75	1696,41	1618,08	1539,75	1461,41	1383,08
	VI	**2410,75**	465,08	465,08							
7637,99 Ost	I,IV	**1860,83**	465,08	465,08	I	1704,16	1547,58	1390,91	1236,58	1088,58	947,00
	II	**1720,58**	465,08	465,08	II	1563,91	1407,25	1252,41	1103,75	961,50	825,66
	III	**1220,16**	465,08	465,08	III	1100,00	983,16	869,50	759,16	651,83	548,00
	V	**2375,33**	465,08	465,08	IV	1782,50	1704,16	1625,91	1547,58	1469,25	1390,91
	VI	**2418,58**	465,08	465,08							
7640,99 West	I,IV	**1854,33**	465,08	465,08	I	1697,66	1541,00	1384,33	1230,25	1082,50	941,25
	II	**1714,08**	465,08	465,08	II	1557,41	1400,75	1246,08	1097,66	955,66	820,16
	III	**1215,00**	465,08	465,08	III	1095,00	978,33	864,83	754,50	647,50	543,66
	V	**2368,75**	465,08	465,08	IV	1776,00	1697,66	1619,33	1541,00	1462,66	1384,33
	VI	**2412,00**	465,08	465,08							
7640,99 Ost	I,IV	**1862,16**	465,08	465,08	I	1705,50	1548,83	1392,16	1237,75	1089,75	948,08
	II	**1721,83**	465,08	465,08	II	1565,16	1408,50	1253,58	1104,91	962,58	826,75
	III	**1221,00**	465,08	465,08	III	1101,00	984,16	870,50	760,00	652,83	548,83
	V	**2376,58**	465,08	465,08	IV	1783,83	1705,50	1627,16	1548,83	1470,50	1392,16
	VI	**2419,83**	465,08	465,08							
7643,99 West	I,IV	**1855,58**	465,08	465,08	I	1698,91	1542,25	1385,58	1231,41	1083,66	942,33
	II	**1715,33**	465,08	465,08	II	1558,66	1402,00	1247,25	1098,83	956,83	821,25
	III	**1216,00**	465,08	465,08	III	1096,00	979,33	865,66	755,50	648,33	544,50
	V	**2370,00**	465,08	465,08	IV	1777,25	1698,91	1620,58	1542,25	1463,91	1385,58
	VI	**2413,25**	465,08	465,08							
7643,99 Ost	I,IV	**1863,41**	465,08	465,08	I	1706,75	1550,08	1393,41	1239,00	1090,91	949,25
	II	**1723,08**	465,08	465,08	II	1566,41	1409,75	1254,83	1106,08	963,75	827,83
	III	**1222,00**	465,08	465,08	III	1102,00	985,00	871,33	760,83	653,66	549,50
	V	**2377,83**	465,08	465,08	IV	1785,08	1706,75	1628,41	1550,08	1471,75	1393,41
	VI	**2421,08**	465,08	465,08							
7646,99 West	I,IV	**1856,83**	465,08	465,08	I	1700,16	1543,50	1386,83	1232,66	1084,83	943,41
	II	**1716,58**	465,08	465,08	II	1559,91	1403,25	1248,50	1100,00	957,91	822,33
	III	**1217,00**	465,08	465,08	III	1097,00	980,16	866,66	756,33	649,16	545,33
	V	**2371,25**	465,08	465,08	IV	1778,50	1700,16	1621,83	1543,50	1465,16	1386,83
	VI	**2414,58**	465,08	465,08							
7646,99 Ost	I,IV	**1864,66**	465,08	465,08	I	1708,00	1551,33	1394,66	1240,16	1092,08	950,33
	II	**1724,33**	465,08	465,08	II	1567,66	1411,08	1256,08	1107,25	964,83	828,91
	III	**1223,00**	465,08	465,08	III	1102,83	986,00	872,16	761,66	654,50	550,33
	V	**2379,08**	465,08	465,08	IV	1786,33	1708,00	1629,66	1551,33	1473,00	1394,66
	VI	**2422,33**	465,08	465,08							
7649,99 West	I,IV	**1858,08**	465,08	465,08	I	1701,41	1544,75	1388,08	1233,91	1086,00	944,58
	II	**1717,83**	465,08	465,08	II	1561,16	1404,50	1249,75	1101,16	959,08	823,33
	III	**1218,00**	465,08	465,08	III	1097,83	981,16	867,50	757,16	650,00	546,16
	V	**2372,58**	465,08	465,08	IV	1779,75	1701,41	1623,08	1544,75	1466,41	1388,08
	VI	**2415,83**	465,08	465,08							
7649,99 Ost	I,IV	**1865,91**	465,08	465,08	I	1709,25	1552,58	1395,91	1241,41	1093,25	951,41
	II	**1725,66**	465,08	465,08	II	1569,00	1412,33	1257,25	1108,41	966,00	830,00
	III	**1224,00**	465,08	465,08	III	1103,83	986,83	873,16	762,66	655,33	551,16
	V	**2380,33**	465,08	465,08	IV	1787,58	1709,25	1630,91	1552,58	1474,25	1395,91
	VI	**2423,58**	465,08	465,08							

* Zur LSt-Berechnung für privat versicherte Arbeitnehmer s. Beispiele **Vorbemerkung S. 4 f.**
** Basisvorsorgepauschale KV und PV *** Typisierter Arbeitgeberzuschuss

Lohn/ Gehalt in € bis	Steuerklasse	**Lohn-steuer***	BVSP**	TAGZ***	Steuerklasse	Bemessungsgrundlage für Kirchensteuer und Solidaritätszuschlag — Freibeträge für ... Kinder 0,5	**1,0**	1,5	**2,0**	2,5	**3,0**
7 652,99 West	I,IV	**1 859,33**	465,08	465,08	I	1 702,66	1 546,08	1 389,41	1 235,08	1 087,16	945,66
	II	**1 719,08**	465,08	465,08	II	1 562,41	1 405,75	1 250,91	1 102,33	960,16	824,41
	III	**1 218,83**	465,08	465,08	III	1 098,83	982,00	868,50	758,00	650,83	547,00
	V	**2 373,83**	465,08	465,08	IV	1 781,00	1 702,66	1 624,33	1 546,08	1 467,75	1 389,41
	VI	**2 417,08**	465,08	465,08							
7 652,99 Ost	I,IV	**1 867,16**	465,08	465,08	I	1 710,50	1 553,83	1 397,16	1 242,66	1 094,41	952,58
	II	**1 726,91**	465,08	465,08	II	1 570,25	1 413,58	1 258,50	1 109,58	967,08	831,08
	III	**1 225,00**	465,08	465,08	III	1 104,83	987,83	874,00	763,50	656,16	552,00
	V	**2 381,58**	465,08	465,08	IV	1 788,83	1 710,50	1 632,16	1 553,83	1 475,50	1 397,16
	VI	**2 424,83**	465,08	465,08							
7 655,99 West	I,IV	**1 860,58**	465,08	465,08	I	1 704,00	1 547,33	1 390,66	1 236,33	1 088,33	946,75
	II	**1 720,33**	465,08	465,08	II	1 563,66	1 407,00	1 252,16	1 103,50	961,25	825,50
	III	**1 219,83**	465,08	465,08	III	1 099,83	983,00	869,33	759,00	651,66	547,66
	V	**2 375,08**	465,08	465,08	IV	1 782,33	1 704,00	1 625,66	1 547,33	1 469,00	1 390,66
	VI	**2 418,33**	465,08	465,08							
7 655,99 Ost	I,IV	**1 868,41**	465,08	465,08	I	1 711,75	1 555,08	1 398,41	1 243,83	1 095,58	953,66
	II	**1 728,16**	465,08	465,08	II	1 571,50	1 414,83	1 259,75	1 110,75	968,25	832,08
	III	**1 226,00**	465,08	465,08	III	1 105,66	988,66	875,00	764,33	657,00	552,83
	V	**2 382,83**	465,08	465,08	IV	1 790,08	1 711,75	1 633,41	1 555,08	1 476,75	1 398,41
	VI	**2 426,16**	465,08	465,08							
7 658,99 West	I,IV	**1 861,91**	465,08	465,08	I	1 705,25	1 548,58	1 391,91	1 237,50	1 089,50	947,91
	II	**1 721,58**	465,08	465,08	II	1 564,91	1 408,25	1 253,41	1 104,66	962,41	826,58
	III	**1 220,83**	465,08	465,08	III	1 100,83	983,83	870,16	759,83	652,50	548,50
	V	**2 376,33**	465,08	465,08	IV	1 783,58	1 705,25	1 626,91	1 548,58	1 470,25	1 391,91
	VI	**2 419,58**	465,08	465,08							
7 658,99 Ost	I,IV	**1 869,66**	465,08	465,08	I	1 713,00	1 556,33	1 399,66	1 245,08	1 096,75	954,83
	II	**1 729,41**	465,08	465,08	II	1 572,75	1 416,08	1 260,91	1 111,91	969,33	833,16
	III	**1 227,00**	465,08	465,08	III	1 106,66	989,66	875,83	765,33	657,83	553,66
	V	**2 384,16**	465,08	465,08	IV	1 791,33	1 713,00	1 634,66	1 556,33	1 478,00	1 399,66
	VI	**2 427,41**	465,08	465,08							
7 661,99 West	I,IV	**1 863,16**	465,08	465,08	I	1 706,50	1 549,83	1 393,16	1 238,75	1 090,66	949,00
	II	**1 722,83**	465,08	465,08	II	1 566,16	1 409,58	1 254,58	1 105,83	963,50	827,66
	III	**1 221,83**	465,08	465,08	III	1 101,66	984,83	871,16	760,66	653,50	549,33
	V	**2 377,58**	465,08	465,08	IV	1 784,83	1 706,50	1 628,16	1 549,83	1 471,50	1 393,16
	VI	**2 420,83**	465,08	465,08							
7 661,99 Ost	I,IV	**1 870,91**	465,08	465,08	I	1 714,25	1 557,66	1 401,00	1 246,25	1 097,91	955,91
	II	**1 730,66**	465,08	465,08	II	1 574,00	1 417,33	1 262,16	1 113,08	970,50	834,25
	III	**1 228,00**	465,08	465,08	III	1 107,66	990,66	876,83	766,16	658,66	554,50
	V	**2 385,41**	465,08	465,08	IV	1 792,58	1 714,25	1 635,91	1 557,66	1 479,33	1 401,00
	VI	**2 428,66**	465,08	465,08							
7 664,99 West	I,IV	**1 864,41**	465,08	465,08	I	1 707,75	1 551,08	1 394,41	1 240,00	1 091,83	950,16
	II	**1 724,08**	465,08	465,08	II	1 567,50	1 410,83	1 255,83	1 107,00	964,66	828,66
	III	**1 222,83**	465,08	465,08	III	1 102,66	985,83	872,00	761,50	654,33	550,16
	V	**2 378,83**	465,08	465,08	IV	1 786,08	1 707,75	1 629,41	1 551,08	1 472,75	1 394,41
	VI	**2 422,08**	465,08	465,08							
7 664,99 Ost	I,IV	**1 872,16**	465,08	465,08	I	1 715,58	1 558,91	1 402,25	1 247,50	1 099,08	957,00
	II	**1 731,91**	465,08	465,08	II	1 575,25	1 418,58	1 263,41	1 114,25	971,58	835,33
	III	**1 228,83**	465,08	465,08	III	1 108,66	991,50	877,66	767,00	659,50	555,33
	V	**2 386,66**	465,08	465,08	IV	1 793,91	1 715,58	1 637,25	1 558,91	1 480,58	1 402,25
	VI	**2 429,91**	465,08	465,08							
7 667,99 West	I,IV	**1 865,66**	465,08	465,08	I	1 709,00	1 552,33	1 395,66	1 241,16	1 093,00	951,25
	II	**1 725,41**	465,08	465,08	II	1 568,75	1 412,08	1 257,08	1 108,16	965,75	829,75
	III	**1 223,83**	465,08	465,08	III	1 103,66	986,66	873,00	762,50	655,16	551,00
	V	**2 380,08**	465,08	465,08	IV	1 787,33	1 709,00	1 630,66	1 552,33	1 474,00	1 395,66
	VI	**2 423,33**	465,08	465,08							
7 667,99 Ost	I,IV	**1 873,50**	465,08	465,08	I	1 716,83	1 560,16	1 403,50	1 248,75	1 100,25	958,16
	II	**1 733,16**	465,08	465,08	II	1 576,50	1 419,83	1 264,66	1 115,41	972,66	836,41
	III	**1 229,83**	465,08	465,08	III	1 109,50	992,50	878,50	767,83	660,50	556,16
	V	**2 387,91**	465,08	465,08	IV	1 795,16	1 716,83	1 638,50	1 560,16	1 481,83	1 403,50
	VI	**2 431,16**	465,08	465,08							

* Zur LSt-Berechnung für privat versicherte Arbeitnehmer s. Beispiele **Vorbemerkung S. 4 f.**
** Basisvorsorgepauschale KV und PV *** Typisierter Arbeitgeberzuschuss

Lohn/ Gehalt in € bis	Steuerklasse	Lohn- steuer*	BVSP**	TAGZ***	Steuerklasse	Bemessungsgrundlage für Kirchensteuer und Solidaritätszuschlag – Freibeträge für ... Kinder 0,5	1,0	1,5	2,0	2,5	3,0
7670,99 West	I,IV	**1866,91**	465,08	465,08	I	1710,25	1553,58	1396,91	1242,41	1094,16	952,33
	II	**1726,66**	465,08	465,08	II	1570,00	1413,33	1258,25	1109,33	966,91	830,83
	III	**1224,83**	465,08	465,08	III	1104,50	987,66	873,83	763,33	656,00	551,83
	V	**2381,33**	465,08	465,08	IV	1788,58	1710,25	1631,91	1553,58	1475,25	1396,91
	VI	**2424,58**	465,08	465,08							
7670,99 Ost	I,IV	**1874,75**	465,08	465,08	I	1718,08	1561,41	1404,75	1249,91	1101,41	959,25
	II	**1734,41**	465,08	465,08	II	1577,75	1421,16	1265,83	1116,66	973,83	837,50
	III	**1230,83**	465,08	465,08	III	1110,50	993,33	879,50	768,83	661,33	557,00
	V	**2389,16**	465,08	465,08	IV	1796,41	1718,08	1639,75	1561,41	1483,08	1404,75
	VI	**2432,41**	465,08	465,08							
7673,99 West	I,IV	**1868,16**	465,08	465,08	I	1711,50	1554,83	1398,16	1243,58	1095,33	953,50
	II	**1727,91**	465,08	465,08	II	1571,25	1414,58	1259,50	1110,50	968,00	831,91
	III	**1225,83**	465,08	465,08	III	1105,50	988,50	874,83	764,16	656,83	552,66
	V	**2382,58**	465,08	465,08	IV	1789,83	1711,50	1633,16	1554,83	1476,50	1398,16
	VI	**2425,91**	465,08	465,08							
7673,99 Ost	I,IV	**1876,00**	465,08	465,08	I	1719,33	1562,66	1406,00	1251,16	1102,58	960,41
	II	**1735,66**	465,08	465,08	II	1579,08	1422,41	1267,08	1117,83	974,91	838,50
	III	**1231,83**	465,08	465,08	III	1111,50	994,33	880,33	769,66	662,16	557,83
	V	**2390,41**	465,08	465,08	IV	1797,66	1719,33	1641,00	1562,66	1484,33	1406,00
	VI	**2433,66**	465,08	465,08							
7676,99 West	I,IV	**1869,41**	465,08	465,08	I	1712,75	1556,08	1399,50	1244,83	1096,50	954,58
	II	**1729,16**	465,08	465,08	II	1572,50	1415,83	1260,75	1111,66	969,08	833,00
	III	**1226,66**	465,08	465,08	III	1106,50	989,50	875,66	765,00	657,66	553,50
	V	**2383,91**	465,08	465,08	IV	1791,08	1712,75	1634,41	1556,08	1477,83	1399,50
	VI	**2427,16**	465,08	465,08							
7676,99 Ost	I,IV	**1877,25**	465,08	465,08	I	1720,58	1563,91	1407,25	1252,41	1103,75	961,50
	II	**1737,00**	465,08	465,08	II	1580,33	1423,66	1268,33	1119,00	976,08	839,58
	III	**1232,83**	465,08	465,08	III	1112,50	995,16	881,33	770,50	663,00	558,66
	V	**2391,66**	465,08	465,08	IV	1798,91	1720,58	1642,25	1563,91	1485,58	1407,25
	VI	**2434,91**	465,08	465,08							
7679,99 West	I,IV	**1870,66**	465,08	465,08	I	1714,08	1557,41	1400,75	1246,08	1097,66	955,66
	II	**1730,41**	465,08	465,08	II	1573,75	1417,08	1261,91	1112,91	970,25	834,00
	III	**1227,66**	465,08	465,08	III	1107,50	990,33	876,50	766,00	658,50	554,33
	V	**2385,16**	465,08	465,08	IV	1792,33	1714,08	1635,75	1557,41	1479,08	1400,75
	VI	**2428,41**	465,08	465,08							
7679,99 Ost	I,IV	**1878,50**	465,08	465,08	I	1721,83	1565,16	1408,50	1253,58	1104,91	962,58
	II	**1738,25**	465,08	465,08	II	1581,58	1424,91	1269,50	1120,16	977,16	840,66
	III	**1233,83**	465,08	465,08	III	1113,33	996,16	882,16	771,33	663,83	559,50
	V	**2392,91**	465,08	465,08	IV	1800,16	1721,83	1643,50	1565,16	1486,83	1408,50
	VI	**2436,25**	465,08	465,08							
7682,99 West	I,IV	**1872,00**	465,08	465,08	I	1715,33	1558,66	1402,00	1247,25	1098,83	956,83
	II	**1731,66**	465,08	465,08	II	1575,00	1418,33	1263,16	1114,08	971,33	835,08
	III	**1228,66**	465,08	465,08	III	1108,33	991,33	877,50	766,83	659,33	555,16
	V	**2386,41**	465,08	465,08	IV	1793,66	1715,33	1637,00	1558,66	1480,33	1402,00
	VI	**2429,66**	465,08	465,08							
7682,99 Ost	I,IV	**1879,75**	465,08	465,08	I	1723,08	1566,41	1409,75	1254,83	1106,08	963,75
	II	**1739,50**	465,08	465,08	II	1582,83	1426,16	1270,75	1121,33	978,33	841,75
	III	**1234,83**	465,08	465,08	III	1114,33	997,16	883,00	772,33	664,66	560,33
	V	**2394,25**	465,08	465,08	IV	1801,41	1723,08	1644,75	1566,41	1488,08	1409,75
	VI	**2437,50**	465,08	465,08							
7685,99 West	I,IV	**1873,25**	465,08	465,08	I	1716,58	1559,91	1403,25	1248,50	1100,00	957,91
	II	**1732,91**	465,08	465,08	II	1576,25	1419,58	1264,41	1115,25	972,50	836,16
	III	**1229,66**	465,08	465,08	III	1109,33	992,16	878,33	767,66	660,16	556,00
	V	**2387,66**	465,08	465,08	IV	1794,91	1716,58	1638,25	1559,91	1481,58	1403,25
	VI	**2430,91**	465,08	465,08							
7685,99 Ost	I,IV	**1881,00**	465,08	465,08	I	1724,33	1567,66	1411,08	1256,08	1107,25	964,83
	II	**1740,75**	465,08	465,08	II	1584,08	1427,41	1272,00	1122,50	979,41	842,83
	III	**1235,83**	465,08	465,08	III	1115,33	998,00	884,00	773,16	665,50	561,16
	V	**2395,50**	465,08	465,08	IV	1802,66	1724,33	1646,00	1567,66	1489,41	1411,08
	VI	**2438,75**	465,08	465,08							

* Zur LSt-Berechnung für privat versicherte Arbeitnehmer s. Beispiele **Vorbemerkung S. 4f.**
** Basisvorsorgepauschale KV und PV *** Typisierter Arbeitgeberzuschuss

Lohn/ Gehalt in € bis	Steuerklasse	**Lohnsteuer***	BVSP**	TAGZ***	Steuerklasse	Bemessungsgrundlage für Kirchensteuer und Solidaritätszuschlag – Freibeträge für ... Kinder 0,5	**1,0**	1,5	**2,0**	2,5	**3,0**
7688,99	I,IV	**1874,50**	465,08	465,08	I	1717,83	1561,16	1404,50	1249,75	1101,16	959,08
West	II	**1734,16**	465,08	465,08	II	1577,58	1420,91	1265,58	1116,41	973,58	837,25
	III	**1230,66**	465,08	465,08	III	1110,33	993,16	879,33	768,50	661,00	556,83
	V	**2388,91**	465,08	465,08	IV	1796,16	1717,83	1639,50	1561,16	1482,83	1404,50
	VI	**2432,16**	465,08	465,08							
7688,99	I,IV	**1882,25**	465,08	465,08	I	1725,66	1569,00	1412,33	1257,25	1108,41	966,00
Ost	II	**1742,00**	465,08	465,08	II	1585,33	1428,66	1273,25	1123,66	980,58	843,91
	III	**1236,83**	465,08	465,08	III	1116,33	999,00	884,83	774,00	666,33	562,00
	V	**2396,75**	465,08	465,08	IV	1803,91	1725,66	1647,33	1569,00	1490,66	1412,33
	VI	**2440,00**	465,08	465,08							
7691,99	I,IV	**1875,75**	465,08	465,08	I	1719,08	1562,41	1405,75	1250,91	1102,33	960,16
West	II	**1735,50**	465,08	465,08	II	1578,83	1422,16	1266,83	1117,58	974,75	838,33
	III	**1231,66**	465,08	465,08	III	1111,33	994,16	880,16	769,50	662,00	557,66
	V	**2390,16**	465,08	465,08	IV	1797,41	1719,08	1640,75	1562,41	1484,08	1405,75
	VI	**2433,41**	465,08	465,08							
7691,99	I,IV	**1883,58**	465,08	465,08	I	1726,91	1570,25	1413,58	1258,50	1109,58	967,08
Ost	II	**1743,25**	465,08	465,08	II	1586,58	1429,91	1274,41	1124,83	981,66	845,00
	III	**1237,66**	465,08	465,08	III	1117,16	999,83	885,83	774,83	667,16	562,83
	V	**2398,00**	465,08	465,08	IV	1805,25	1726,91	1648,58	1570,25	1491,91	1413,58
	VI	**2441,25**	465,08	465,08							
7694,99	I,IV	**1877,00**	465,08	465,08	I	1720,33	1563,66	1407,00	1252,16	1103,50	961,25
West	II	**1736,75**	465,08	465,08	II	1580,08	1423,41	1268,08	1118,75	975,83	839,41
	III	**1232,66**	465,08	465,08	III	1112,16	995,00	881,00	770,33	662,83	558,50
	V	**2391,41**	465,08	465,08	IV	1798,66	1720,33	1642,00	1563,66	1485,33	1407,00
	VI	**2434,66**	465,08	465,08							
7694,99	I,IV	**1884,83**	465,08	465,08	I	1728,16	1571,50	1414,83	1259,75	1110,75	968,25
Ost	II	**1744,50**	465,08	465,08	II	1587,83	1431,16	1275,66	1126,00	982,83	846,00
	III	**1238,66**	465,08	465,08	III	1118,16	1000,83	886,66	775,83	668,16	563,66
	V	**2399,25**	465,08	465,08	IV	1806,50	1728,16	1649,83	1571,50	1493,16	1414,83
	VI	**2442,50**	465,08	465,08							
7697,99	I,IV	**1878,25**	465,08	465,08	I	1721,58	1564,91	1408,25	1253,41	1104,66	962,41
West	II	**1738,00**	465,08	465,08	II	1581,33	1424,66	1269,33	1119,91	977,00	840,50
	III	**1233,66**	465,08	465,08	III	1113,16	996,00	882,00	771,16	663,66	559,33
	V	**2392,66**	465,08	465,08	IV	1799,91	1721,58	1643,25	1564,91	1486,58	1408,25
	VI	**2436,00**	465,08	465,08							
7697,99	I,IV	**1886,08**	465,08	465,08	I	1729,41	1572,75	1416,08	1260,91	1111,91	969,33
Ost	II	**1745,75**	465,08	465,08	II	1589,16	1432,50	1276,91	1127,25	983,91	847,08
	III	**1239,66**	465,08	465,08	III	1119,16	1001,83	887,66	776,66	669,00	564,50
	V	**2400,50**	465,08	465,08	IV	1807,75	1729,41	1651,08	1572,75	1494,41	1416,08
	VI	**2443,75**	465,08	465,08							
7700,99	I,IV	**1879,50**	465,08	465,08	I	1722,83	1566,16	1409,58	1254,58	1105,83	963,50
West	II	**1739,25**	465,08	465,08	II	1582,58	1425,91	1270,50	1121,08	978,08	841,50
	III	**1234,50**	465,08	465,08	III	1114,16	996,83	882,83	772,00	664,50	560,16
	V	**2394,00**	465,08	465,08	IV	1801,16	1722,83	1644,50	1566,16	1487,83	1409,58
	VI	**2437,25**	465,08	465,08							
7700,99	I,IV	**1887,33**	465,08	465,08	I	1730,66	1574,00	1417,33	1262,16	1113,08	970,50
Ost	II	**1747,08**	465,08	465,08	II	1590,41	1433,75	1278,16	1128,41	985,08	848,16
	III	**1240,66**	465,08	465,08	III	1120,00	1002,66	888,50	777,50	669,83	565,33
	V	**2401,75**	465,08	465,08	IV	1809,00	1730,66	1652,33	1574,00	1495,66	1417,33
	VI	**2445,00**	465,08	465,08							
7703,99	I,IV	**1880,75**	465,08	465,08	I	1724,08	1567,50	1410,83	1255,83	1107,00	964,66
West	II	**1740,50**	465,08	465,08	II	1583,83	1427,16	1271,75	1122,25	979,25	842,58
	III	**1235,50**	465,08	465,08	III	1115,16	997,83	883,83	773,00	665,33	561,00
	V	**2395,25**	465,08	465,08	IV	1802,41	1724,08	1645,83	1567,50	1489,16	1410,83
	VI	**2438,50**	465,08	465,08							
7703,99	I,IV	**1888,58**	465,08	465,08	I	1731,91	1575,25	1418,58	1263,41	1114,25	971,58
Ost	II	**1748,33**	465,08	465,08	II	1591,66	1435,00	1279,33	1129,58	986,16	849,25
	III	**1241,66**	465,08	465,08	III	1121,00	1003,66	889,33	778,50	670,66	566,16
	V	**2403,00**	465,08	465,08	IV	1810,25	1731,91	1653,58	1575,25	1496,91	1418,58
	VI	**2446,25**	465,08	465,08							

* Zur LSt-Berechnung für privat versicherte Arbeitnehmer s. Beispiele **Vorbemerkung S. 4f.**
** Basisvorsorgepauschale KV und PV *** Typisierter Arbeitgeberzuschuss

Lohn/ Gehalt in € bis	Steuerklasse	Lohn-steuer*	BVSP**	TAGZ***	Steuerklasse	Bemessungsgrundlage für Kirchensteuer und Solidaritätszuschlag – Freibeträge für ... Kinder 0,5	1,0	1,5	2,0	2,5	3,0
7706,99 West	I,IV	**1882,08**	465,08	465,08	I	1725,41	1568,75	1412,08	1257,08	1108,16	965,75
	II	**1741,75**	465,08	465,08	II	1585,08	1428,41	1273,00	1123,41	980,33	843,66
	III	**1236,50**	465,08	465,08	III	1116,00	998,83	884,66	773,83	666,16	561,83
	V	**2396,50**	465,08	465,08	IV	1803,75	1725,41	1647,08	1568,75	1490,41	1412,08
	VI	**2439,75**	465,08	465,08							
7706,99 Ost	I,IV	**1889,83**	465,08	465,08	I	1733,16	1576,50	1419,83	1264,66	1115,41	972,66
	II	**1749,58**	465,08	465,08	II	1592,91	1436,25	1280,58	1130,75	987,33	850,33
	III	**1242,66**	465,08	465,08	III	1122,00	1004,50	890,33	779,33	671,50	567,00
	V	**2404,25**	465,08	465,08	IV	1811,50	1733,16	1654,83	1576,50	1498,16	1419,83
	VI	**2447,58**	465,08	465,08							
7709,99 West	I,IV	**1883,33**	465,08	465,08	I	1726,66	1570,00	1413,33	1258,25	1109,33	966,91
	II	**1743,00**	465,08	465,08	II	1586,33	1429,66	1274,25	1124,66	981,50	844,75
	III	**1237,50**	465,08	465,08	III	1117,00	999,66	885,66	774,66	667,00	562,66
	V	**2397,75**	465,08	465,08	IV	1805,00	1726,66	1648,33	1570,00	1491,66	1413,33
	VI	**2441,00**	465,08	465,08							
7709,99 Ost	I,IV	**1891,08**	465,08	465,08	I	1734,41	1577,75	1421,16	1265,83	1116,66	973,83
	II	**1750,83**	465,08	465,08	II	1594,16	1437,50	1281,83	1131,91	988,41	851,41
	III	**1243,66**	465,08	465,08	III	1123,00	1005,50	891,16	780,16	672,33	567,66
	V	**2405,58**	465,08	465,08	IV	1812,75	1734,41	1656,08	1577,75	1499,41	1421,16
	VI	**2448,83**	465,08	465,08							
7712,99 West	I,IV	**1884,58**	465,08	465,08	I	1727,91	1571,25	1414,58	1259,50	1110,50	968,00
	II	**1744,25**	465,08	465,08	II	1587,58	1431,00	1275,41	1125,83	982,58	845,83
	III	**1238,50**	465,08	465,08	III	1118,00	1000,66	886,50	775,66	667,83	563,50
	V	**2399,00**	465,08	465,08	IV	1806,25	1727,91	1649,58	1571,25	1492,91	1414,58
	VI	**2442,25**	465,08	465,08							
7712,99 Ost	I,IV	**1892,33**	465,08	465,08	I	1735,66	1579,08	1422,41	1267,08	1117,83	974,91
	II	**1752,08**	465,08	465,08	II	1595,41	1438,75	1283,08	1133,08	989,58	852,50
	III	**1244,66**	465,08	465,08	III	1123,83	1006,33	892,16	781,00	673,16	568,50
	V	**2406,83**	465,08	465,08	IV	1814,00	1735,66	1657,41	1579,08	1500,75	1422,41
	VI	**2450,08**	465,08	465,08							
7715,99 West	I,IV	**1885,83**	465,08	465,08	I	1729,16	1572,50	1415,83	1260,75	1111,66	969,08
	II	**1745,58**	465,08	465,08	II	1588,91	1432,25	1276,66	1127,00	983,75	846,91
	III	**1239,50**	465,08	465,08	III	1118,83	1001,50	887,33	776,50	668,83	564,33
	V	**2400,25**	465,08	465,08	IV	1807,50	1729,16	1650,83	1572,50	1494,16	1415,83
	VI	**2443,50**	465,08	465,08							
7715,99 Ost	I,IV	**1893,66**	465,08	465,08	I	1737,00	1580,33	1423,66	1268,33	1119,00	976,08
	II	**1753,33**	465,08	465,08	II	1596,66	1440,00	1284,33	1134,25	990,75	853,58
	III	**1245,66**	465,08	465,08	III	1124,83	1007,33	893,00	782,00	674,00	569,33
	V	**2408,08**	465,08	465,08	IV	1815,33	1737,00	1658,66	1580,33	1502,00	1423,66
	VI	**2451,33**	465,08	465,08							
7718,99 West	I,IV	**1887,08**	465,08	465,08	I	1730,41	1573,75	1417,08	1261,91	1112,91	970,25
	II	**1746,83**	465,08	465,08	II	1590,16	1433,50	1277,91	1128,16	984,83	848,00
	III	**1240,50**	465,08	465,08	III	1119,83	1002,50	888,33	777,33	669,66	565,00
	V	**2401,50**	465,08	465,08	IV	1808,75	1730,41	1652,08	1573,75	1495,41	1417,08
	VI	**2444,75**	465,08	465,08							
7718,99 Ost	I,IV	**1894,91**	465,08	465,08	I	1738,25	1581,58	1424,91	1269,50	1120,16	977,16
	II	**1754,58**	465,08	465,08	II	1597,91	1441,25	1285,50	1135,50	991,83	854,66
	III	**1246,66**	465,08	465,08	III	1125,83	1008,33	894,00	782,83	675,00	570,16
	V	**2409,33**	465,08	465,08	IV	1816,58	1738,25	1659,91	1581,58	1503,25	1424,91
	VI	**2452,58**	465,08	465,08							
7721,99 West	I,IV	**1888,33**	465,08	465,08	I	1731,66	1575,00	1418,33	1263,16	1114,08	971,33
	II	**1748,08**	465,08	465,08	II	1591,41	1434,75	1279,16	1129,33	986,00	849,08
	III	**1241,50**	465,08	465,08	III	1120,83	1003,33	889,16	778,16	670,50	565,83
	V	**2402,75**	465,08	465,08	IV	1810,00	1731,66	1653,33	1575,00	1496,66	1418,33
	VI	**2446,08**	465,08	465,08							
7721,99 Ost	I,IV	**1896,16**	465,08	465,08	I	1739,50	1582,83	1426,16	1270,75	1121,33	978,33
	II	**1755,83**	465,08	465,08	II	1599,16	1442,58	1286,75	1136,66	993,00	855,75
	III	**1247,50**	465,08	465,08	III	1126,83	1009,16	894,83	783,66	675,83	571,00
	V	**2410,58**	465,08	465,08	IV	1817,83	1739,50	1661,16	1582,83	1504,50	1426,16
	VI	**2453,83**	465,08	465,08							

* Zur LSt-Berechnung für privat versicherte Arbeitnehmer s. Beispiele **Vorbemerkung S. 4f.**
** Basisvorsorgepauschale KV und PV *** Typisierter Arbeitgeberzuschuss

Lohn/ Gehalt in € bis	Steuerklasse	Lohn-steuer*	BVSP**	TAGZ***	Steuerklasse	Bemessungsgrundlage für Kirchensteuer und Solidaritätszuschlag – Freibeträge für ... Kinder 0,5	1,0	1,5	2,0	2,5	3,0
7724,99	I,IV	**1889,58**	465,08	465,08	I	1732,91	1576,25	1419,58	1264,41	1115,25	972,50
West	II	**1749,33**	465,08	465,08	II	1592,66	1436,00	1280,33	1130,50	987,08	850,16
	III	**1242,50**	465,08	465,08	III	1121,83	1004,33	890,16	779,16	671,33	566,66
	V	**2404,08**	465,08	465,08	IV	1811,25	1732,91	1654,58	1576,25	1497,91	1419,58
	VI	**2447,33**	465,08	465,08							
7724,99	I,IV	**1897,41**	465,08	465,08	I	1740,75	1584,08	1427,41	1272,00	1122,50	979,41
Ost	II	**1757,16**	465,08	465,08	II	1600,50	1443,83	1288,00	1137,83	994,08	856,83
	III	**1248,50**	465,08	465,08	III	1127,66	1010,16	895,83	784,66	676,66	571,83
	V	**2411,83**	465,08	465,08	IV	1819,08	1740,75	1662,41	1584,08	1505,75	1427,41
	VI	**2455,08**	465,08	465,08							
7727,99	I,IV	**1890,83**	465,08	465,08	I	1734,16	1577,58	1420,91	1265,58	1116,41	973,58
West	II	**1750,58**	465,08	465,08	II	1593,91	1437,25	1281,58	1131,66	988,25	851,16
	III	**1243,50**	465,08	465,08	III	1122,66	1005,33	891,00	780,00	672,16	567,50
	V	**2405,33**	465,08	465,08	IV	1812,50	1734,16	1655,83	1577,58	1499,25	1420,91
	VI	**2448,58**	465,08	465,08							
7727,99	I,IV	**1898,66**	465,08	465,08	I	1742,00	1585,33	1428,66	1273,25	1123,66	980,58
Ost	II	**1758,41**	465,08	465,08	II	1601,75	1445,08	1289,25	1139,00	995,25	857,91
	III	**1249,50**	465,08	465,08	III	1128,66	1011,00	896,66	785,50	677,50	572,66
	V	**2413,08**	465,08	465,08	IV	1820,33	1742,00	1663,66	1585,33	1507,00	1428,66
	VI	**2456,33**	465,08	465,08							
7730,99	I,IV	**1892,08**	465,08	465,08	I	1735,50	1578,83	1422,16	1266,83	1117,58	974,75
West	II	**1751,83**	465,08	465,08	II	1595,16	1438,50	1282,83	1132,91	989,33	852,25
	III	**1244,33**	465,08	465,08	III	1123,66	1006,16	892,00	780,83	673,00	568,33
	V	**2406,58**	465,08	465,08	IV	1813,83	1735,50	1657,16	1578,83	1500,50	1422,16
	VI	**2449,83**	465,08	465,08							
7730,99	I,IV	**1899,91**	465,08	465,08	I	1743,25	1586,58	1429,91	1274,41	1124,83	981,66
Ost	II	**1759,66**	465,08	465,08	II	1603,00	1446,33	1290,50	1140,16	996,33	859,00
	III	**1250,50**	465,08	465,08	III	1129,66	1012,00	897,50	786,33	678,33	573,50
	V	**2414,33**	465,08	465,08	IV	1821,58	1743,25	1664,91	1586,58	1508,25	1429,91
	VI	**2457,66**	465,08	465,08							
7733,99	I,IV	**1893,41**	465,08	465,08	I	1736,75	1580,08	1423,41	1268,08	1118,75	975,83
West	II	**1753,08**	465,08	465,08	II	1596,41	1439,75	1284,08	1134,08	990,50	853,33
	III	**1245,33**	465,08	465,08	III	1124,66	1007,16	892,83	781,66	673,83	569,16
	V	**2407,83**	465,08	465,08	IV	1815,08	1736,75	1658,41	1580,08	1501,75	1423,41
	VI	**2451,08**	465,08	465,08							
7733,99	I,IV	**1901,16**	465,08	465,08	I	1744,50	1587,83	1431,16	1275,66	1126,00	982,83
Ost	II	**1760,91**	465,08	465,08	II	1604,25	1447,58	1291,66	1141,41	997,50	860,00
	III	**1251,50**	465,08	465,08	III	1130,66	1013,00	898,50	787,16	679,16	574,33
	V	**2415,66**	465,08	465,08	IV	1822,83	1744,50	1666,16	1587,83	1509,50	1431,16
	VI	**2458,91**	465,08	465,08							
7736,99	I,IV	**1894,66**	465,08	465,08	I	1738,00	1581,33	1424,66	1269,33	1119,91	977,00
West	II	**1754,33**	465,08	465,08	II	1597,66	1441,08	1285,25	1135,25	991,58	854,41
	III	**1246,33**	465,08	465,08	III	1125,66	1008,00	893,66	782,66	674,66	570,00
	V	**2409,08**	465,08	465,08	IV	1816,33	1738,00	1659,66	1581,33	1503,00	1424,66
	VI	**2452,33**	465,08	465,08							
7736,99	I,IV	**1902,41**	465,08	465,08	I	1745,75	1589,16	1432,50	1276,91	1127,25	983,91
Ost	II	**1762,16**	465,08	465,08	II	1605,50	1448,83	1292,91	1142,58	998,66	861,08
	III	**1252,50**	465,08	465,08	III	1131,50	1013,83	899,33	788,16	680,00	575,16
	V	**2416,91**	465,08	465,08	IV	1824,08	1745,75	1667,41	1589,16	1510,83	1432,50
	VI	**2460,16**	465,08	465,08							
7739,99	I,IV	**1895,91**	465,08	465,08	I	1739,25	1582,58	1425,91	1270,50	1121,08	978,08
West	II	**1755,58**	465,08	465,08	II	1599,00	1442,33	1286,50	1136,41	992,75	855,50
	III	**1247,33**	465,08	465,08	III	1126,50	1009,00	894,66	783,50	675,66	570,83
	V	**2410,33**	465,08	465,08	IV	1817,58	1739,25	1660,91	1582,58	1504,25	1425,91
	VI	**2453,58**	465,08	465,08							
7739,99	I,IV	**1903,66**	465,08	465,08	I	1747,08	1590,41	1433,75	1278,16	1128,41	985,08
Ost	II	**1763,41**	465,08	465,08	II	1606,75	1450,08	1294,16	1143,75	999,75	862,16
	III	**1253,50**	465,08	465,08	III	1132,50	1014,83	900,33	789,00	680,83	576,00
	V	**2418,16**	465,08	465,08	IV	1825,41	1747,08	1668,75	1590,41	1512,08	1433,75
	VI	**2461,41**	465,08	465,08							

* Zur LSt-Berechnung für privat versicherte Arbeitnehmer s. Beispiele **Vorbemerkung S. 4f.**
** Basisvorsorgepauschale KV und PV *** Typisierter Arbeitgeberzuschuss

Lohn/ Gehalt in € bis	Steuerklasse	Lohn-steuer*	BVSP**	TAGZ***	Steuerklasse	Bemessungsgrundlage für Kirchensteuer und Solidaritätszuschlag – Freibeträge für ... Kinder 0,5	1,0	1,5	2,0	2,5	3,0
7742,99	I,IV	**1897,16**	465,08	465,08	I	1740,50	1583,83	1427,16	1271,75	1122,25	979,25
West	II	**1756,91**	465,08	465,08	II	1600,25	1443,58	1287,75	1137,58	993,91	856,58
	III	**1248,33**	465,08	465,08	III	1127,50	1010,00	895,50	784,33	676,50	571,66
	V	**2411,58**	465,08	465,08	IV	1818,83	1740,50	1662,16	1583,83	1505,50	1427,16
	VI	**2454,83**	465,08	465,08							
7742,99	I,IV	**1905,00**	465,08	465,08	I	1748,33	1591,66	1435,00	1279,33	1129,58	986,16
Ost	II	**1764,66**	465,08	465,08	II	1608,00	1451,33	1295,41	1144,91	1000,91	863,25
	III	**1254,50**	465,08	465,08	III	1133,50	1015,66	901,16	789,83	681,83	576,83
	V	**2419,41**	465,08	465,08	IV	1826,66	1748,33	1670,00	1591,66	1513,33	1435,00
	VI	**2462,66**	465,08	465,08							
7745,99	I,IV	**1898,41**	465,08	465,08	I	1741,75	1585,08	1428,41	1273,00	1123,41	980,33
West	II	**1758,16**	465,08	465,08	II	1601,50	1444,83	1289,00	1138,75	995,00	857,66
	III	**1249,33**	465,08	465,08	III	1128,50	1010,83	896,50	785,33	677,33	572,50
	V	**2412,83**	465,08	465,08	IV	1820,08	1741,75	1663,41	1585,08	1506,75	1428,41
	VI	**2456,08**	465,08	465,08							
7745,99	I,IV	**1906,25**	465,08	465,08	I	1749,58	1592,91	1436,25	1280,58	1130,75	987,33
Ost	II	**1765,91**	465,08	465,08	II	1609,25	1452,66	1296,66	1146,08	1002,00	864,33
	III	**1255,50**	465,08	465,08	III	1134,50	1016,66	902,16	790,83	682,66	577,66
	V	**2420,66**	465,08	465,08	IV	1827,91	1749,58	1671,25	1592,91	1514,58	1436,25
	VI	**2463,91**	465,08	465,08							
7748,99	I,IV	**1899,66**	465,08	465,08	I	1743,00	1586,33	1429,66	1274,25	1124,66	981,50
West	II	**1759,41**	465,08	465,08	II	1602,75	1446,08	1290,25	1140,00	996,16	858,75
	III	**1250,33**	465,08	465,08	III	1129,50	1011,83	897,33	786,16	678,16	573,33
	V	**2414,08**	465,08	465,08	IV	1821,33	1743,00	1664,66	1586,33	1508,00	1429,66
	VI	**2457,41**	465,08	465,08							
7748,99	I,IV	**1907,50**	465,08	465,08	I	1750,83	1594,16	1437,50	1281,83	1131,91	988,41
Ost	II	**1767,16**	465,08	465,08	II	1610,58	1453,91	1297,83	1147,33	1003,16	865,41
	III	**1256,50**	465,08	465,08	III	1135,50	1017,66	903,00	791,66	683,50	578,50
	V	**2421,91**	465,08	465,08	IV	1829,16	1750,83	1672,50	1594,16	1515,83	1437,50
	VI	**2465,16**	465,08	465,08							
7751,99	I,IV	**1900,91**	465,08	465,08	I	1744,25	1587,58	1431,00	1275,41	1125,83	982,58
West	II	**1760,66**	465,08	465,08	II	1604,00	1447,33	1291,41	1141,16	997,25	859,83
	III	**1251,33**	465,08	465,08	III	1130,33	1012,66	898,33	787,00	679,00	574,16
	V	**2415,41**	465,08	465,08	IV	1822,58	1744,25	1665,91	1587,58	1509,33	1431,00
	VI	**2458,66**	465,08	465,08							
7751,99	I,IV	**1908,75**	465,08	465,08	I	1752,08	1595,41	1438,75	1283,08	1133,08	989,58
Ost	II	**1768,50**	465,08	465,08	II	1611,83	1455,16	1299,08	1148,50	1004,25	866,50
	III	**1257,50**	465,08	465,08	III	1136,33	1018,50	904,00	792,50	684,33	579,33
	V	**2423,16**	465,08	465,08	IV	1830,41	1752,08	1673,75	1595,41	1517,08	1438,75
	VI	**2466,41**	465,08	465,08							
7754,99	I,IV	**1902,16**	465,08	465,08	I	1745,58	1588,91	1432,25	1276,66	1127,00	983,75
West	II	**1761,91**	465,08	465,08	II	1605,25	1448,58	1292,66	1142,33	998,41	860,91
	III	**1252,33**	465,08	465,08	III	1131,33	1013,66	899,16	788,00	679,83	575,00
	V	**2416,66**	465,08	465,08	IV	1823,83	1745,58	1667,25	1588,91	1510,58	1432,25
	VI	**2459,91**	465,08	465,08							
7754,99	I,IV	**1910,00**	465,08	465,08	I	1753,33	1596,66	1440,00	1284,33	1134,25	990,75
Ost	II	**1769,75**	465,08	465,08	II	1613,08	1456,41	1300,33	1149,66	1005,41	867,58
	III	**1258,50**	465,08	465,08	III	1137,33	1019,50	904,83	793,33	685,16	580,16
	V	**2424,41**	465,08	465,08	IV	1831,66	1753,33	1675,00	1596,66	1518,33	1440,00
	VI	**2467,75**	465,08	465,08							
7757,99	I,IV	**1903,50**	465,08	465,08	I	1746,83	1590,16	1433,50	1277,91	1128,16	984,83
West	II	**1763,16**	465,08	465,08	II	1606,50	1449,83	1293,91	1143,50	999,50	862,00
	III	**1253,33**	465,08	465,08	III	1132,33	1014,66	900,16	788,83	680,66	575,83
	V	**2417,91**	465,08	465,08	IV	1825,16	1746,83	1668,50	1590,16	1511,83	1433,50
	VI	**2461,16**	465,08	465,08							
7757,99	I,IV	**1911,25**	465,08	465,08	I	1754,58	1597,91	1441,25	1285,50	1135,50	991,83
Ost	II	**1771,00**	465,08	465,08	II	1614,33	1457,66	1301,58	1150,83	1006,58	868,66
	III	**1259,33**	465,08	465,08	III	1138,33	1020,50	905,66	794,33	686,00	581,00
	V	**2425,75**	465,08	465,08	IV	1832,91	1754,58	1676,25	1597,91	1519,58	1441,25
	VI	**2469,00**	465,08	465,08							

* Zur LSt-Berechnung für privat versicherte Arbeitnehmer s. Beispiele **Vorbemerkung S. 4f.**
** Basisvorsorgepauschale KV und PV *** Typisierter Arbeitgeberzuschuss

Lohn/ Gehalt in € bis	Steuerklasse	Lohn-steuer*	BVSP**	TAGZ***	Steuerklasse	Bemessungsgrundlage für Kirchensteuer und Solidaritätszuschlag					
						Freibeträge für ... Kinder					
						0,5	**1,0**	1,5	**2,0**	2,5	**3,0**
7 760,99 West	I,IV	**1 904,75**	465,08	465,08	I	1 748,08	1 591,41	1 434,75	1 279,16	1 129,33	986,00
	II	**1 764,41**	465,08	465,08	II	1 607,75	1 451,08	1 295,16	1 144,66	1 000,66	863,08
	III	**1 254,33**	465,08	465,08	III	1 133,33	1 015,50	901,00	789,66	681,50	576,66
	V	**2 419,16**	465,08	465,08	IV	1 826,41	1 748,08	1 669,75	1 591,41	1 513,08	1 434,75
	VI	**2 462,41**	465,08	465,08							
7 760,99 Ost	I,IV	**1 912,50**	465,08	465,08	I	1 755,83	1 599,16	1 442,58	1 286,75	1 136,66	993,00
	II	**1 772,25**	465,08	465,08	II	1 615,58	1 458,91	1 302,83	1 152,08	1 007,66	869,75
	III	**1 260,33**	465,08	465,08	III	1 139,33	1 021,33	906,66	795,16	686,83	581,83
	V	**2 427,00**	465,08	465,08	IV	1 834,16	1 755,83	1 677,50	1 599,16	1 520,91	1 442,58
	VI	**2 470,25**	465,08	465,08							
7 763,99 West	I,IV	**1 906,00**	465,08	465,08	I	1 749,33	1 592,66	1 436,00	1 280,33	1 130,50	987,08
	II	**1 765,66**	465,08	465,08	II	1 609,08	1 452,41	1 296,41	1 145,91	1 001,83	864,16
	III	**1 255,16**	465,08	465,08	III	1 134,16	1 016,50	901,83	790,50	682,50	577,50
	V	**2 420,41**	465,08	465,08	IV	1 827,66	1 749,33	1 671,00	1 592,66	1 514,33	1 436,00
	VI	**2 463,66**	465,08	465,08							
7 763,99 Ost	I,IV	**1 913,75**	465,08	465,08	I	1 757,16	1 600,50	1 443,83	1 288,00	1 137,83	994,08
	II	**1 773,50**	465,08	465,08	II	1 616,83	1 460,16	1 304,08	1 153,25	1 008,83	870,83
	III	**1 261,33**	465,08	465,08	III	1 140,16	1 022,33	907,50	796,00	687,83	582,66
	V	**2 428,25**	465,08	465,08	IV	1 835,41	1 757,16	1 678,83	1 600,50	1 522,16	1 443,83
	VI	**2 471,50**	465,08	465,08							
7 766,99 West	I,IV	**1 907,25**	465,08	465,08	I	1 750,58	1 593,91	1 437,25	1 281,58	1 131,66	988,25
	II	**1 767,00**	465,08	465,08	II	1 610,33	1 453,66	1 297,66	1 147,08	1 002,91	865,25
	III	**1 256,16**	465,08	465,08	III	1 135,16	1 017,33	902,83	791,50	683,33	578,33
	V	**2 421,66**	465,08	465,08	IV	1 828,91	1 750,58	1 672,25	1 593,91	1 515,58	1 437,25
	VI	**2 464,91**	465,08	465,08							
7 766,99 Ost	I,IV	**1 915,08**	465,08	465,08	I	1 758,41	1 601,75	1 445,08	1 289,25	1 139,00	995,25
	II	**1 774,75**	465,08	465,08	II	1 618,08	1 461,41	1 305,33	1 154,41	1 010,00	871,91
	III	**1 262,33**	465,08	465,08	III	1 141,16	1 023,16	908,50	797,00	688,66	583,50
	V	**2 429,50**	465,08	465,08	IV	1 836,75	1 758,41	1 680,08	1 601,75	1 523,41	1 445,08
	VI	**2 472,75**	465,08	465,08							
7 769,99 West	I,IV	**1 908,50**	465,08	465,08	I	1 751,83	1 595,16	1 438,50	1 282,83	1 132,91	989,33
	II	**1 768,25**	465,08	465,08	II	1 611,58	1 454,91	1 298,83	1 148,25	1 004,08	866,33
	III	**1 257,16**	465,08	465,08	III	1 136,16	1 018,33	903,66	792,33	684,16	579,16
	V	**2 422,91**	465,08	465,08	IV	1 830,16	1 751,83	1 673,50	1 595,16	1 516,83	1 438,50
	VI	**2 466,16**	465,08	465,08							
7 769,99 Ost	I,IV	**1 916,33**	465,08	465,08	I	1 759,66	1 603,00	1 446,33	1 290,50	1 140,16	996,33
	II	**1 776,00**	465,08	465,08	II	1 619,33	1 462,66	1 306,58	1 155,58	1 011,08	873,00
	III	**1 263,33**	465,08	465,08	III	1 142,16	1 024,16	909,33	797,83	689,50	584,33
	V	**2 430,75**	465,08	465,08	IV	1 838,00	1 759,66	1 681,33	1 603,00	1 524,66	1 446,33
	VI	**2 474,00**	465,08	465,08							
7 772,99 West	I,IV	**1 909,75**	465,08	465,08	I	1 753,08	1 596,41	1 439,75	1 284,08	1 134,08	990,50
	II	**1 769,50**	465,08	465,08	II	1 612,83	1 456,16	1 300,08	1 149,41	1 005,16	867,41
	III	**1 258,16**	465,08	465,08	III	1 137,16	1 019,33	904,66	793,16	685,00	580,00
	V	**2 424,16**	465,08	465,08	IV	1 831,41	1 753,08	1 674,75	1 596,41	1 518,08	1 439,75
	VI	**2 467,50**	465,08	465,08							
7 772,99 Ost	I,IV	**1 917,58**	465,08	465,08	I	1 760,91	1 604,25	1 447,58	1 291,66	1 141,41	997,50
	II	**1 777,25**	465,08	465,08	II	1 620,66	1 464,00	1 307,75	1 156,83	1 012,25	874,08
	III	**1 264,33**	465,08	465,08	III	1 143,16	1 025,16	910,33	798,66	690,33	585,16
	V	**2 432,00**	465,08	465,08	IV	1 839,25	1 760,91	1 682,58	1 604,25	1 525,91	1 447,58
	VI	**2 475,25**	465,08	465,08							
7 775,99 West	I,IV	**1 911,00**	465,08	465,08	I	1 754,33	1 597,66	1 441,08	1 285,25	1 135,25	991,58
	II	**1 770,75**	465,08	465,08	II	1 614,08	1 457,41	1 301,33	1 150,66	1 006,33	868,50
	III	**1 259,16**	465,08	465,08	III	1 138,16	1 020,16	905,50	794,16	685,83	580,83
	V	**2 425,50**	465,08	465,08	IV	1 832,66	1 754,33	1 676,00	1 597,66	1 519,33	1 441,08
	VI	**2 468,75**	465,08	465,08							
7 775,99 Ost	I,IV	**1 918,83**	465,08	465,08	I	1 762,16	1 605,50	1 448,83	1 292,91	1 142,58	998,66
	II	**1 778,58**	465,08	465,08	II	1 621,91	1 465,25	1 309,00	1 158,00	1 013,41	875,16
	III	**1 265,33**	465,08	465,08	III	1 144,00	1 026,00	911,16	799,66	691,16	586,00
	V	**2 433,25**	465,08	465,08	IV	1 840,50	1 762,16	1 683,83	1 605,50	1 527,16	1 448,83
	VI	**2 476,50**	465,08	465,08							

* Zur LSt-Berechnung für privat versicherte Arbeitnehmer s. Beispiele **Vorbemerkung S. 4 f.**
** Basisvorsorgepauschale KV und PV *** Typisierter Arbeitgeberzuschuss

Lohn/ Gehalt in € bis	Steuerklasse	Lohn- steuer*	BVSP**	TAGZ***	Steuerklasse	Bemessungsgrundlage für Kirchensteuer und Solidaritätszuschlag					
						Freibeträge für ... Kinder					
						0,5	**1,0**	1,5	**2,0**	2,5	**3,0**
7778,99	I,IV	**1912,25**	465,08	465,08	I	1755,58	1599,00	1442,33	1286,50	1136,41	992,75
West	II	**1772,00**	465,08	465,08	II	1615,33	1458,66	1302,58	1151,83	1007,50	869,58
	III	**1260,16**	465,08	465,08	III	1139,00	1021,16	906,50	795,00	686,66	581,66
	V	**2426,75**	465,08	465,08	IV	1833,91	1755,58	1677,33	1599,00	1520,66	1442,33
	VI	**2470,00**	465,08	465,08							
7778,99	I,IV	**1920,08**	465,08	465,08	I	1763,41	1606,75	1450,08	1294,16	1143,75	999,75
Ost	II	**1779,83**	465,08	465,08	II	1623,16	1466,50	1310,25	1159,16	1014,50	876,25
	III	**1266,33**	465,08	465,08	III	1145,00	1027,00	912,16	800,50	692,00	586,83
	V	**2434,50**	465,08	465,08	IV	1841,75	1763,41	1685,08	1606,75	1528,41	1450,08
	VI	**2477,75**	465,08	465,08							
7781,99	I,IV	**1913,58**	465,08	465,08	I	1756,91	1600,25	1443,58	1287,75	1137,58	993,91
West	II	**1773,25**	465,08	465,08	II	1616,58	1459,91	1303,83	1153,00	1008,58	870,66
	III	**1261,16**	465,08	465,08	III	1140,00	1022,00	907,33	795,83	687,50	582,50
	V	**2428,00**	465,08	465,08	IV	1835,25	1756,91	1678,58	1600,25	1521,91	1443,58
	VI	**2471,25**	465,08	465,08							
7781,99	I,IV	**1921,33**	465,08	465,08	I	1764,66	1608,00	1451,33	1295,41	1144,91	1000,91
Ost	II	**1781,08**	465,08	465,08	II	1624,41	1467,75	1311,50	1160,33	1015,66	877,33
	III	**1267,33**	465,08	465,08	III	1146,00	1027,83	913,00	801,33	693,00	587,66
	V	**2435,75**	465,08	465,08	IV	1843,00	1764,66	1686,33	1608,00	1529,66	1451,33
	VI	**2479,08**	465,08	465,08							
7784,99	I,IV	**1914,83**	465,08	465,08	I	1758,16	1601,50	1444,83	1289,00	1138,75	995,00
West	II	**1774,50**	465,08	465,08	II	1617,83	1461,16	1305,08	1154,16	1009,75	871,75
	III	**1262,16**	465,08	465,08	III	1141,00	1023,00	908,33	796,66	688,50	583,33
	V	**2429,25**	465,08	465,08	IV	1836,50	1758,16	1679,83	1601,50	1523,16	1444,83
	VI	**2472,50**	465,08	465,08							
7784,99	I,IV	**1922,58**	465,08	465,08	I	1765,91	1609,25	1452,66	1296,66	1146,08	1002,00
Ost	II	**1782,33**	465,08	465,08	II	1625,66	1469,00	1312,75	1161,58	1016,75	878,41
	III	**1268,33**	465,08	465,08	III	1147,00	1028,83	914,00	802,33	693,83	588,50
	V	**2437,08**	465,08	465,08	IV	1844,25	1765,91	1687,58	1609,25	1530,91	1452,66
	VI	**2480,33**	465,08	465,08							
7787,99	I,IV	**1916,08**	465,08	465,08	I	1759,41	1602,75	1446,08	1290,25	1140,00	996,16
West	II	**1775,75**	465,08	465,08	II	1619,08	1462,50	1306,33	1155,41	1010,91	872,83
	III	**1263,16**	465,08	465,08	III	1142,00	1024,00	909,16	797,66	689,33	584,16
	V	**2430,50**	465,08	465,08	IV	1837,75	1759,41	1681,08	1602,75	1524,41	1446,08
	VI	**2473,75**	465,08	465,08							
7787,99	I,IV	**1923,83**	465,08	465,08	I	1767,16	1610,58	1453,91	1297,83	1147,33	1003,16
Ost	II	**1783,58**	465,08	465,08	II	1626,91	1470,25	1314,00	1162,75	1017,91	879,58
	III	**1269,33**	465,08	465,08	III	1148,00	1029,83	914,83	803,16	694,66	589,33
	V	**2438,33**	465,08	465,08	IV	1845,50	1767,16	1688,91	1610,58	1532,25	1453,91
	VI	**2481,58**	465,08	465,08							
7790,99	I,IV	**1917,33**	465,08	465,08	I	1760,66	1604,00	1447,33	1291,41	1141,16	997,25
West	II	**1777,08**	465,08	465,08	II	1620,41	1463,75	1307,50	1156,58	1012,00	873,91
	III	**1264,16**	465,08	465,08	III	1142,83	1024,83	910,16	798,50	690,16	585,00
	V	**2431,75**	465,08	465,08	IV	1839,00	1760,66	1682,33	1604,00	1525,66	1447,33
	VI	**2475,00**	465,08	465,08							
7790,99	I,IV	**1925,16**	465,08	465,08	I	1768,50	1611,83	1455,16	1299,08	1148,50	1004,25
Ost	II	**1784,83**	465,08	465,08	II	1628,16	1471,50	1315,25	1163,91	1019,08	880,66
	III	**1270,33**	465,08	465,08	III	1148,83	1030,66	915,83	804,00	695,50	590,16
	V	**2439,58**	465,08	465,08	IV	1846,83	1768,50	1690,16	1611,83	1533,50	1455,16
	VI	**2482,83**	465,08	465,08							
7793,99	I,IV	**1918,58**	465,08	465,08	I	1761,91	1605,25	1448,58	1292,66	1142,33	998,41
West	II	**1778,33**	465,08	465,08	II	1621,66	1465,00	1308,75	1157,75	1013,16	875,00
	III	**1265,16**	465,08	465,08	III	1143,83	1025,83	911,00	799,33	691,00	585,83
	V	**2433,00**	465,08	465,08	IV	1840,25	1761,91	1683,58	1605,25	1526,91	1448,58
	VI	**2476,25**	465,08	465,08							
7793,99	I,IV	**1926,41**	465,08	465,08	I	1769,75	1613,08	1456,41	1300,33	1149,66	1005,41
Ost	II	**1786,08**	465,08	465,08	II	1629,41	1472,75	1316,50	1165,08	1020,16	881,75
	III	**1271,33**	465,08	465,08	III	1149,83	1031,66	916,66	804,83	696,33	591,00
	V	**2440,83**	465,08	465,08	IV	1848,08	1769,75	1691,41	1613,08	1534,75	1456,41
	VI	**2484,08**	465,08	465,08							

* Zur LSt-Berechnung für privat versicherte Arbeitnehmer s. Beispiele **Vorbemerkung S. 4 f.**
** Basisvorsorgepauschale KV und PV *** Typisierter Arbeitgeberzuschuss

Lohn/ Gehalt in € bis	Steuerklasse	**Lohn-steuer***	BVSP**	TAGZ***	Steuerklasse	Bemessungsgrundlage für Kirchensteuer und Solidaritätszuschlag					
						Freibeträge für ... Kinder					
						0,5	**1,0**	1,5	**2,0**	2,5	**3,0**
7796,99	I,IV	**1919,83**	465,08	465,08	I	1763,16	1606,50	1449,83	1293,91	1143,50	999,50
West	II	**1779,58**	465,08	465,08	II	1622,91	1466,25	1310,00	1158,91	1014,25	876,08
	III	**1266,16**	465,08	465,08	III	1144,83	1026,83	912,00	800,33	691,83	586,66
	V	**2434,25**	465,08	465,08	IV	1841,50	1763,16	1684,83	1606,50	1528,16	1449,83
	VI	**2477,58**	465,08	465,08							
7796,99	I,IV	**1927,66**	465,08	465,08	I	1771,00	1614,33	1457,66	1301,58	1150,83	1006,58
Ost	II	**1787,33**	465,08	465,08	II	1630,66	1474,08	1317,75	1166,33	1021,33	882,83
	III	**1272,33**	465,08	465,08	III	1150,83	1032,66	917,66	805,83	697,16	591,83
	V	**2442,08**	465,08	465,08	IV	1849,33	1771,00	1692,66	1614,33	1536,00	1457,66
	VI	**2485,33**	465,08	465,08							
7799,99	I,IV	**1921,08**	465,08	465,08	I	1764,41	1607,75	1451,08	1295,16	1144,66	1000,66
West	II	**1780,83**	465,08	465,08	II	1624,16	1467,50	1311,25	1160,16	1015,41	877,16
	III	**1267,16**	465,08	465,08	III	1145,83	1027,66	912,83	801,16	692,66	587,50
	V	**2435,58**	465,08	465,08	IV	1842,75	1764,41	1686,08	1607,75	1529,41	1451,08
	VI	**2478,83**	465,08	465,08							
7799,99	I,IV	**1928,91**	465,08	465,08	I	1772,25	1615,58	1458,91	1302,83	1152,08	1007,66
Ost	II	**1788,66**	465,08	465,08	II	1632,00	1475,33	1319,00	1167,50	1022,50	883,91
	III	**1273,16**	465,08	465,08	III	1151,83	1033,50	918,50	806,66	698,00	592,66
	V	**2443,33**	465,08	465,08	IV	1850,58	1772,25	1693,91	1615,58	1537,25	1458,91
	VI	**2486,58**	465,08	465,08							
7802,99	I,IV	**1922,33**	465,08	465,08	I	1765,66	1609,08	1452,41	1296,41	1145,91	1001,83
West	II	**1782,08**	465,08	465,08	II	1625,41	1468,75	1312,50	1161,33	1016,58	878,25
	III	**1268,00**	465,08	465,08	III	1146,66	1028,66	913,66	802,00	693,66	588,33
	V	**2436,83**	465,08	465,08	IV	1844,00	1765,66	1687,33	1609,08	1530,75	1452,41
	VI	**2480,08**	465,08	465,08							
7802,99	I,IV	**1930,16**	465,08	465,08	I	1773,50	1616,83	1460,16	1304,08	1153,25	1008,83
Ost	II	**1789,91**	465,08	465,08	II	1633,25	1476,58	1320,16	1168,66	1023,66	885,00
	III	**1274,16**	465,08	465,08	III	1152,66	1034,50	919,33	807,50	699,00	593,50
	V	**2444,58**	465,08	465,08	IV	1851,83	1773,50	1695,16	1616,83	1538,50	1460,16
	VI	**2487,83**	465,08	465,08							
7805,99	I,IV	**1923,58**	465,08	465,08	I	1767,00	1610,33	1453,66	1297,66	1147,08	1002,91
West	II	**1783,33**	465,08	465,08	II	1626,66	1470,00	1313,75	1162,50	1017,66	879,33
	III	**1269,00**	465,08	465,08	III	1147,66	1029,50	914,66	803,00	694,50	589,16
	V	**2438,08**	465,08	465,08	IV	1845,33	1767,00	1688,66	1610,33	1532,00	1453,66
	VI	**2481,33**	465,08	465,08							
7805,99	I,IV	**1931,41**	465,08	465,08	I	1774,75	1618,08	1461,41	1305,33	1154,41	1010,00
Ost	II	**1791,16**	465,08	465,08	II	1634,50	1477,83	1321,41	1169,91	1024,75	886,08
	III	**1275,16**	465,08	465,08	III	1153,66	1035,33	920,33	808,50	699,83	594,33
	V	**2445,83**	465,08	465,08	IV	1853,08	1774,75	1696,41	1618,08	1539,75	1461,41
	VI	**2489,16**	465,08	465,08							
7808,99	I,IV	**1924,91**	465,08	465,08	I	1768,25	1611,58	1454,91	1298,83	1148,25	1004,08
West	II	**1784,58**	465,08	465,08	II	1627,91	1471,25	1315,00	1163,66	1018,83	880,41
	III	**1270,00**	465,08	465,08	III	1148,66	1030,50	915,50	803,83	695,33	590,00
	V	**2439,33**	465,08	465,08	IV	1846,58	1768,25	1689,91	1611,58	1533,25	1454,91
	VI	**2482,58**	465,08	465,08							
7808,99	I,IV	**1932,66**	465,08	465,08	I	1776,00	1619,33	1462,66	1306,58	1155,58	1011,08
Ost	II	**1792,41**	465,08	465,08	II	1635,75	1479,08	1322,66	1171,08	1025,91	887,16
	III	**1276,16**	465,08	465,08	III	1154,66	1036,33	921,16	809,33	700,66	595,16
	V	**2447,16**	465,08	465,08	IV	1854,33	1776,00	1697,66	1619,33	1541,00	1462,66
	VI	**2490,41**	465,08	465,08							
7811,99	I,IV	**1926,16**	465,08	465,08	I	1769,50	1612,83	1456,16	1300,08	1149,41	1005,16
West	II	**1785,83**	465,08	465,08	II	1629,16	1472,58	1316,25	1164,91	1020,00	881,50
	III	**1271,00**	465,08	465,08	III	1149,66	1031,50	916,50	804,66	696,16	590,83
	V	**2440,58**	465,08	465,08	IV	1847,83	1769,50	1691,16	1612,83	1534,50	1456,16
	VI	**2483,83**	465,08	465,08							
7811,99	I,IV	**1933,91**	465,08	465,08	I	1777,25	1620,66	1464,00	1307,75	1156,83	1012,25
Ost	II	**1793,66**	465,08	465,08	II	1637,00	1480,33	1323,91	1172,25	1027,08	888,25
	III	**1277,16**	465,08	465,08	III	1155,66	1037,33	922,16	810,16	701,50	596,00
	V	**2448,41**	465,08	465,08	IV	1855,58	1777,25	1698,91	1620,66	1542,33	1464,00
	VI	**2491,66**	465,08	465,08							

* Zur LSt-Berechnung für privat versicherte Arbeitnehmer s. Beispiele **Vorbemerkung S. 4f.**
** Basisvorsorgepauschale KV und PV *** Typisierter Arbeitgeberzuschuss

Lohn/ Gehalt in € bis	Steuerklasse	Lohn-steuer*	BVSP**	TAGZ***	Steuerklasse	Bemessungsgrundlage für Kirchensteuer und Solidaritätszuschlag					
						Freibeträge für ... Kinder					
						0,5	**1,0**	1,5	**2,0**	2,5	**3,0**
7814,99	I,IV	**1927,41**	465,08	465,08	I	1770,75	1614,08	1457,41	1301,33	1150,66	1006,33
West	II	**1787,08**	465,08	465,08	II	1630,50	1473,83	1317,50	1166,08	1021,08	882,58
	III	**1272,00**	465,08	465,08	III	1150,66	1032,33	917,33	805,66	697,00	591,66
	V	**2441,83**	465,08	465,08	IV	1849,08	1770,75	1692,41	1614,08	1535,75	1457,41
	VI	**2485,08**	465,08	465,08							
7814,99	I,IV	**1935,16**	465,08	465,08	I	1778,58	1621,91	1465,25	1309,00	1158,00	1013,41
Ost	II	**1794,91**	465,08	465,08	II	1638,25	1481,58	1325,16	1173,50	1028,16	889,33
	III	**1278,16**	465,08	465,08	III	1156,66	1038,16	923,00	811,16	702,33	596,83
	V	**2449,66**	465,08	465,08	IV	1856,91	1778,58	1700,25	1621,91	1543,58	1465,25
	VI	**2492,91**	465,08	465,08							
7817,99	I,IV	**1928,66**	465,08	465,08	I	1772,00	1615,33	1458,66	1302,58	1151,83	1007,50
West	II	**1788,41**	465,08	465,08	II	1631,75	1475,08	1318,75	1167,25	1022,25	883,66
	III	**1273,00**	465,08	465,08	III	1151,50	1033,33	918,33	806,50	697,83	592,50
	V	**2443,08**	465,08	465,08	IV	1850,33	1772,00	1693,66	1615,33	1537,00	1458,66
	VI	**2486,33**	465,08	465,08							
7817,99	I,IV	**1936,50**	465,08	465,08	I	1779,83	1623,16	1466,50	1310,25	1159,16	1014,50
Ost	II	**1796,16**	465,08	465,08	II	1639,50	1482,83	1326,41	1174,66	1029,33	890,41
	III	**1279,16**	465,08	465,08	III	1157,50	1039,16	924,00	812,00	703,16	597,66
	V	**2450,91**	465,08	465,08	IV	1858,16	1779,83	1701,50	1623,16	1544,83	1466,50
	VI	**2494,16**	465,08	465,08							
7820,99	I,IV	**1929,91**	465,08	465,08	I	1773,25	1616,58	1459,91	1303,83	1153,00	1008,58
West	II	**1789,66**	465,08	465,08	II	1633,00	1476,33	1320,00	1168,50	1023,41	884,75
	III	**1274,00**	465,08	465,08	III	1152,50	1034,33	919,16	807,33	698,83	593,33
	V	**2444,33**	465,08	465,08	IV	1851,58	1773,25	1694,91	1616,58	1538,25	1459,91
	VI	**2487,58**	465,08	465,08							
7820,99	I,IV	**1937,75**	465,08	465,08	I	1781,08	1624,41	1467,75	1311,50	1160,33	1015,66
Ost	II	**1797,41**	465,08	465,08	II	1640,75	1484,16	1327,66	1175,83	1030,50	891,50
	III	**1280,16**	465,08	465,08	III	1158,50	1040,16	924,83	812,83	704,16	598,50
	V	**2452,16**	465,08	465,08	IV	1859,41	1781,08	1702,75	1624,41	1546,08	1467,75
	VI	**2495,41**	465,08	465,08							
7823,99	I,IV	**1931,16**	465,08	465,08	I	1774,50	1617,83	1461,16	1305,08	1154,16	1009,75
West	II	**1790,91**	465,08	465,08	II	1634,25	1477,58	1321,16	1169,66	1024,58	885,83
	III	**1275,00**	465,08	465,08	III	1153,50	1035,16	920,16	808,33	699,66	594,16
	V	**2445,58**	465,08	465,08	IV	1852,83	1774,50	1696,16	1617,83	1539,50	1461,16
	VI	**2488,91**	465,08	465,08							
7823,99	I,IV	**1939,00**	465,08	465,08	I	1782,33	1625,66	1469,00	1312,75	1161,58	1016,75
Ost	II	**1798,66**	465,08	465,08	II	1642,08	1485,41	1328,91	1177,08	1031,58	892,58
	III	**1281,16**	465,08	465,08	III	1159,50	1041,00	925,83	813,83	705,00	599,33
	V	**2453,41**	465,08	465,08	IV	1860,66	1782,33	1704,00	1625,66	1547,33	1469,00
	VI	**2496,66**	465,08	465,08							
7826,99	I,IV	**1932,41**	465,08	465,08	I	1775,75	1619,08	1462,50	1306,33	1155,41	1010,91
West	II	**1792,16**	465,08	465,08	II	1635,50	1478,83	1322,41	1170,83	1025,66	886,91
	III	**1276,00**	465,08	465,08	III	1154,50	1036,16	921,00	809,16	700,50	595,00
	V	**2446,91**	465,08	465,08	IV	1854,08	1775,75	1697,41	1619,08	1540,83	1462,50
	VI	**2490,16**	465,08	465,08							
7826,99	I,IV	**1940,25**	465,08	465,08	I	1783,58	1626,91	1470,25	1314,00	1162,75	1017,91
Ost	II	**1800,00**	465,08	465,08	II	1643,33	1486,66	1330,16	1178,25	1032,75	893,75
	III	**1282,16**	465,08	465,08	III	1160,50	1042,00	926,66	814,66	705,83	600,16
	V	**2454,66**	465,08	465,08	IV	1861,91	1783,58	1705,25	1626,91	1548,58	1470,25
	VI	**2497,91**	465,08	465,08							
7829,99	I,IV	**1933,66**	465,08	465,08	I	1777,08	1620,41	1463,75	1307,50	1156,58	1012,00
West	II	**1793,41**	465,08	465,08	II	1636,75	1480,08	1323,66	1172,08	1026,83	888,00
	III	**1277,00**	465,08	465,08	III	1155,50	1037,00	922,00	810,00	701,33	595,83
	V	**2448,16**	465,08	465,08	IV	1855,33	1777,08	1698,75	1620,41	1542,08	1463,75
	VI	**2491,41**	465,08	465,08							
7829,99	I,IV	**1941,50**	465,08	465,08	I	1784,83	1628,16	1471,50	1315,25	1163,91	1019,08
Ost	II	**1801,25**	465,08	465,08	II	1644,58	1487,91	1331,41	1179,41	1033,91	894,83
	III	**1283,16**	465,08	465,08	III	1161,50	1043,00	927,66	815,50	706,66	601,00
	V	**2455,91**	465,08	465,08	IV	1863,16	1784,83	1706,50	1628,16	1549,83	1471,50
	VI	**2499,25**	465,08	465,08							

* Zur LSt-Berechnung für privat versicherte Arbeitnehmer s. Beispiele **Vorbemerkung S. 4f.**
** Basisvorsorgepauschale KV und PV *** Typisierter Arbeitgeberzuschuss

Lohn/ Gehalt in € bis	Steuerklasse	Lohn- steuer*	BVSP**	TAGZ***	Steuerklasse	Bemessungsgrundlage für Kirchensteuer und Solidaritätszuschlag – Freibeträge für ... Kinder 0,5	**1,0**	1,5	**2,0**	2,5	**3,0**
7832,99	I,IV	**1935,00**	465,08	465,08	I	1778,33	1621,66	1465,00	1308,75	1157,75	1013,16
West	II	**1794,66**	465,08	465,08	II	1638,00	1481,33	1324,91	1173,25	1028,00	889,16
	III	**1278,00**	465,08	465,08	III	1156,33	1038,00	922,83	811,00	702,16	596,66
	V	**2449,41**	465,08	465,08	IV	1856,66	1778,33	1700,00	1621,66	1543,33	1465,00
	VI	**2492,66**	465,08	465,08							
7832,99	I,IV	**1942,75**	465,08	465,08	I	1786,08	1629,41	1472,75	1316,50	1165,08	1020,16
Ost	II	**1802,50**	465,08	465,08	II	1645,83	1489,16	1332,66	1180,66	1035,08	895,91
	III	**1284,16**	465,08	465,08	III	1162,33	1043,83	928,50	816,50	707,50	601,83
	V	**2457,25**	465,08	465,08	IV	1864,41	1786,08	1707,75	1629,41	1551,08	1472,75
	VI	**2500,50**	465,08	465,08							
7835,99	I,IV	**1936,25**	465,08	465,08	I	1779,58	1622,91	1466,25	1310,00	1158,91	1014,25
West	II	**1795,91**	465,08	465,08	II	1639,25	1482,58	1326,16	1174,41	1029,08	890,25
	III	**1279,00**	465,08	465,08	III	1157,33	1039,00	923,83	811,83	703,00	597,50
	V	**2450,66**	465,08	465,08	IV	1857,91	1779,58	1701,25	1622,91	1544,58	1466,25
	VI	**2493,91**	465,08	465,08							
7835,99	I,IV	**1944,00**	465,08	465,08	I	1787,33	1630,66	1474,08	1317,75	1166,33	1021,33
Ost	II	**1803,75**	465,08	465,08	II	1647,08	1490,41	1333,91	1181,83	1036,16	897,00
	III	**1285,16**	465,08	465,08	III	1163,33	1044,83	929,50	817,33	708,50	602,66
	V	**2458,50**	465,08	465,08	IV	1865,66	1787,33	1709,00	1630,66	1552,41	1474,08
	VI	**2501,75**	465,08	465,08							
7838,99	I,IV	**1937,50**	465,08	465,08	I	1780,83	1624,16	1467,50	1311,25	1160,16	1015,41
West	II	**1797,16**	465,08	465,08	II	1640,58	1483,91	1327,41	1175,66	1030,25	891,33
	III	**1280,00**	465,08	465,08	III	1158,33	1039,83	924,66	812,66	704,00	598,33
	V	**2451,91**	465,08	465,08	IV	1859,16	1780,83	1702,50	1624,16	1545,83	1467,50
	VI	**2495,16**	465,08	465,08							
7838,99	I,IV	**1945,25**	465,08	465,08	I	1788,66	1632,00	1475,33	1319,00	1167,50	1022,50
Ost	II	**1805,00**	465,08	465,08	II	1648,33	1491,66	1335,16	1183,08	1037,33	898,08
	III	**1286,16**	465,08	465,08	III	1164,33	1045,66	930,33	818,16	709,33	603,50
	V	**2459,75**	465,08	465,08	IV	1866,91	1788,66	1710,33	1632,00	1553,66	1475,33
	VI	**2503,00**	465,08	465,08							
7841,99	I,IV	**1938,75**	465,08	465,08	I	1782,08	1625,41	1468,75	1312,50	1161,33	1016,58
West	II	**1798,50**	465,08	465,08	II	1641,83	1485,16	1328,66	1176,83	1031,41	892,41
	III	**1281,00**	465,08	465,08	III	1159,33	1040,83	925,66	813,66	704,83	599,16
	V	**2453,16**	465,08	465,08	IV	1860,41	1782,08	1703,75	1625,41	1547,08	1468,75
	VI	**2496,41**	465,08	465,08							
7841,99	I,IV	**1946,58**	465,08	465,08	I	1789,91	1633,25	1476,58	1320,16	1168,66	1023,66
Ost	II	**1806,25**	465,08	465,08	II	1649,58	1492,91	1336,41	1184,25	1038,50	899,16
	III	**1287,16**	465,08	465,08	III	1165,33	1046,66	931,33	819,16	710,16	604,33
	V	**2461,00**	465,08	465,08	IV	1868,25	1789,91	1711,58	1633,25	1554,91	1476,58
	VI	**2504,25**	465,08	465,08							
7844,99	I,IV	**1940,00**	465,08	465,08	I	1783,33	1626,66	1470,00	1313,75	1162,50	1017,66
West	II	**1799,75**	465,08	465,08	II	1643,08	1486,41	1329,91	1178,00	1032,58	893,50
	III	**1282,00**	465,08	465,08	III	1160,16	1041,83	926,50	814,50	705,66	600,00
	V	**2454,41**	465,08	465,08	IV	1861,66	1783,33	1705,00	1626,66	1548,33	1470,00
	VI	**2497,66**	465,08	465,08							
7844,99	I,IV	**1947,83**	465,08	465,08	I	1791,16	1634,50	1477,83	1321,41	1169,91	1024,75
Ost	II	**1807,50**	465,08	465,08	II	1650,83	1494,16	1337,66	1185,41	1039,66	900,25
	III	**1288,16**	465,08	465,08	III	1166,33	1047,66	932,16	820,00	711,00	605,16
	V	**2462,25**	465,08	465,08	IV	1869,50	1791,16	1712,83	1634,50	1556,16	1477,83
	VI	**2505,50**	465,08	465,08							
7847,99	I,IV	**1941,25**	465,08	465,08	I	1784,58	1627,91	1471,25	1315,00	1163,66	1018,83
West	II	**1801,00**	465,08	465,08	II	1644,33	1487,66	1331,16	1179,25	1033,66	894,58
	III	**1283,00**	465,08	465,08	III	1161,16	1042,66	927,50	815,33	706,50	600,83
	V	**2455,66**	465,08	465,08	IV	1862,91	1784,58	1706,25	1627,91	1549,58	1471,25
	VI	**2499,00**	465,08	465,08							
7847,99	I,IV	**1949,08**	465,08	465,08	I	1792,41	1635,75	1479,08	1322,66	1171,08	1025,91
Ost	II	**1808,75**	465,08	465,08	II	1652,16	1495,50	1338,91	1186,66	1040,75	901,33
	III	**1289,16**	465,08	465,08	III	1167,16	1048,50	933,16	820,83	711,83	606,00
	V	**2463,50**	465,08	465,08	IV	1870,75	1792,41	1714,08	1635,75	1557,41	1479,08
	VI	**2506,75**	465,08	465,08							

* Zur LSt-Berechnung für privat versicherte Arbeitnehmer s. Beispiele **Vorbemerkung S. 4f.**
** Basisvorsorgepauschale KV und PV *** Typisierter Arbeitgeberzuschuss

Lohn/ Gehalt in € bis	Steuerklasse	Lohnsteuer*	BVSP**	TAGZ***	Steuerklasse	Bemessungsgrundlage für Kirchensteuer und Solidaritätszuschlag – Freibeträge für ... Kinder 0,5	1,0	1,5	2,0	2,5	3,0
7850,99 West	I,IV	**1942,50**	465,08	465,08	I	1785,83	1629,16	1472,58	1316,25	1164,91	1020,00
	II	**1802,25**	465,08	465,08	II	1645,58	1488,91	1332,41	1180,41	1034,83	895,66
	III	**1284,00**	465,08	465,08	III	1162,16	1043,66	928,33	816,16	707,33	601,66
	V	**2457,00**	465,08	465,08	IV	1864,16	1785,83	1707,50	1629,16	1550,83	1472,58
	VI	**2500,25**	465,08	465,08							
7850,99 Ost	I,IV	**1950,33**	465,08	465,08	I	1793,66	1637,00	1480,33	1323,91	1172,25	1027,08
	II	**1810,08**	465,08	465,08	II	1653,41	1496,75	1340,16	1187,83	1041,91	902,50
	III	**1290,16**	465,08	465,08	III	1168,16	1049,50	934,00	821,83	712,66	606,83
	V	**2464,75**	465,08	465,08	IV	1872,00	1793,66	1715,33	1637,00	1558,66	1480,33
	VI	**2508,00**	465,08	465,08							
7853,99 West	I,IV	**1943,75**	465,08	465,08	I	1787,08	1630,50	1473,83	1317,50	1166,08	1021,08
	II	**1803,50**	465,08	465,08	II	1646,83	1490,16	1333,66	1181,58	1036,00	896,75
	III	**1284,83**	465,08	465,08	III	1163,16	1044,66	929,33	817,16	708,16	602,50
	V	**2458,25**	465,08	465,08	IV	1865,41	1787,08	1708,83	1630,50	1552,16	1473,83
	VI	**2501,50**	465,08	465,08							
7853,99 Ost	I,IV	**1951,58**	465,08	465,08	I	1794,91	1638,25	1481,58	1325,16	1173,50	1028,16
	II	**1811,33**	465,08	465,08	II	1654,66	1498,00	1341,41	1189,00	1043,08	903,58
	III	**1291,16**	465,08	465,08	III	1169,16	1050,50	935,00	822,66	713,66	607,83
	V	**2466,00**	465,08	465,08	IV	1873,25	1794,91	1716,58	1638,25	1559,91	1481,58
	VI	**2509,25**	465,08	465,08							
7856,99 West	I,IV	**1945,08**	465,08	465,08	I	1788,41	1631,75	1475,08	1318,75	1167,25	1022,25
	II	**1804,75**	465,08	465,08	II	1648,08	1491,41	1334,91	1182,83	1037,16	897,83
	III	**1285,83**	465,08	465,08	III	1164,16	1045,50	930,16	818,00	709,16	603,33
	V	**2459,50**	465,08	465,08	IV	1866,75	1788,41	1710,08	1631,75	1553,41	1475,08
	VI	**2502,75**	465,08	465,08							
7856,99 Ost	I,IV	**1952,83**	465,08	465,08	I	1796,16	1639,50	1482,83	1326,41	1174,66	1029,33
	II	**1812,58**	465,08	465,08	II	1655,91	1499,25	1342,66	1190,25	1044,25	904,66
	III	**1292,16**	465,08	465,08	III	1170,16	1051,33	935,83	823,50	714,50	608,66
	V	**2467,25**	465,08	465,08	IV	1874,50	1796,16	1717,83	1639,50	1561,16	1482,83
	VI	**2510,58**	465,08	465,08							
7859,99 West	I,IV	**1946,33**	465,08	465,08	I	1789,66	1633,00	1476,33	1320,00	1168,50	1023,41
	II	**1806,00**	465,08	465,08	II	1649,33	1492,66	1336,16	1184,00	1038,25	899,00
	III	**1286,83**	465,08	465,08	III	1165,00	1046,50	931,16	818,83	710,00	604,16
	V	**2460,75**	465,08	465,08	IV	1868,00	1789,66	1711,33	1633,00	1554,66	1476,33
	VI	**2504,00**	465,08	465,08							
7859,99 Ost	I,IV	**1954,08**	465,08	465,08	I	1797,41	1640,75	1484,16	1327,66	1175,83	1030,50
	II	**1813,83**	465,08	465,08	II	1657,16	1500,50	1343,91	1191,41	1045,41	905,75
	III	**1293,00**	465,08	465,08	III	1171,16	1052,33	936,83	824,50	715,33	609,50
	V	**2468,58**	465,08	465,08	IV	1875,75	1797,41	1719,08	1640,75	1562,41	1484,16
	VI	**2511,83**	465,08	465,08							
7862,99 West	I,IV	**1947,58**	465,08	465,08	I	1790,91	1634,25	1477,58	1321,16	1169,66	1024,58
	II	**1807,25**	465,08	465,08	II	1650,58	1494,00	1337,41	1185,16	1039,41	900,08
	III	**1287,83**	465,08	465,08	III	1166,00	1047,50	932,00	819,83	710,83	605,00
	V	**2462,00**	465,08	465,08	IV	1869,25	1790,91	1712,58	1634,25	1555,91	1477,58
	VI	**2505,25**	465,08	465,08							
7862,99 Ost	I,IV	**1955,33**	465,08	465,08	I	1798,66	1642,08	1485,41	1328,91	1177,08	1031,58
	II	**1815,08**	465,08	465,08	II	1658,41	1501,75	1345,16	1192,66	1046,50	906,83
	III	**1294,00**	465,08	465,08	III	1172,00	1053,33	937,66	825,33	716,16	610,33
	V	**2469,83**	465,08	465,08	IV	1877,00	1798,66	1720,41	1642,08	1563,75	1485,41
	VI	**2513,08**	465,08	465,08							
7865,99 West	I,IV	**1948,83**	465,08	465,08	I	1792,16	1635,50	1478,83	1322,41	1170,83	1025,66
	II	**1808,58**	465,08	465,08	II	1651,91	1495,25	1338,66	1186,41	1040,58	901,16
	III	**1288,83**	465,08	465,08	III	1167,00	1048,33	933,00	820,66	711,66	605,83
	V	**2463,25**	465,08	465,08	IV	1870,50	1792,16	1713,83	1635,50	1557,16	1478,83
	VI	**2506,50**	465,08	465,08							
7865,99 Ost	I,IV	**1956,66**	465,08	465,08	I	1800,00	1643,33	1486,66	1330,16	1178,25	1032,75
	II	**1816,33**	465,08	465,08	II	1659,66	1503,00	1346,41	1193,83	1047,66	907,91
	III	**1295,00**	465,08	465,08	III	1173,00	1054,16	938,66	826,16	717,00	611,16
	V	**2471,08**	465,08	465,08	IV	1878,33	1800,00	1721,66	1643,33	1565,00	1486,66
	VI	**2514,33**	465,08	465,08							

* Zur LSt-Berechnung für privat versicherte Arbeitnehmer s. Beispiele **Vorbemerkung S. 4 f.**
** Basisvorsorgepauschale KV und PV *** Typisierter Arbeitgeberzuschuss

Lohn/ Gehalt in € bis	Steuerklasse	**Lohn-steuer***	BVSP**	TAGZ***	Steuerklasse	Bemessungsgrundlage für Kirchensteuer und Solidaritätszuschlag – Freibeträge für ... Kinder 0,5	**1,0**	1,5	**2,0**	2,5	**3,0**
7 868,99 West	I,IV	**1 950,08**	465,08	465,08	I	1 793,41	1 636,75	1 480,08	1 323,66	1 172,08	1 026,83
	II	**1 809,83**	465,08	465,08	II	1 653,16	1 496,50	1 339,91	1 187,58	1 041,75	902,25
	III	**1 289,83**	465,08	465,08	III	1 168,00	1 049,33	933,83	821,66	712,50	606,66
	V	**2 464,50**	465,08	465,08	IV	1 871,75	1 793,41	1 715,08	1 636,75	1 558,41	1 480,08
	VI	**2 507,75**	465,08	465,08							
7 868,99 Ost	I,IV	**1 957,91**	465,08	465,08	I	1 801,25	1 644,58	1 487,91	1 331,41	1 179,41	1 033,91
	II	**1 817,58**	465,08	465,08	II	1 660,91	1 504,25	1 347,66	1 195,00	1 048,83	909,08
	III	**1 296,00**	465,08	465,08	III	1 174,00	1 055,16	939,50	827,16	718,00	612,00
	V	**2 472,33**	465,08	465,08	IV	1 879,58	1 801,25	1 722,91	1 644,58	1 566,25	1 487,91
	VI	**2 515,58**	465,08	465,08							
7 871,99 West	I,IV	**1 951,33**	465,08	465,08	I	1 794,66	1 638,00	1 481,33	1 324,91	1 173,25	1 028,00
	II	**1 811,08**	465,08	465,08	II	1 654,41	1 497,75	1 341,16	1 188,83	1 042,83	903,33
	III	**1 290,83**	465,08	465,08	III	1 169,00	1 050,16	934,83	822,50	713,33	607,50
	V	**2 465,75**	465,08	465,08	IV	1 873,00	1 794,66	1 716,33	1 638,00	1 559,66	1 481,33
	VI	**2 509,08**	465,08	465,08							
7 871,99 Ost	I,IV	**1 959,16**	465,08	465,08	I	1 802,50	1 645,83	1 489,16	1 332,66	1 180,66	1 035,08
	II	**1 818,83**	465,08	465,08	II	1 662,16	1 505,58	1 348,91	1 196,25	1 050,00	910,16
	III	**1 297,00**	465,08	465,08	III	1 175,00	1 056,16	940,50	828,00	718,83	612,83
	V	**2 473,58**	465,08	465,08	IV	1 880,83	1 802,50	1 724,16	1 645,83	1 567,50	1 489,16
	VI	**2 516,83**	465,08	465,08							
7 874,99 West	I,IV	**1 952,58**	465,08	465,08	I	1 795,91	1 639,25	1 482,58	1 326,16	1 174,41	1 029,08
	II	**1 812,33**	465,08	465,08	II	1 655,66	1 499,00	1 342,41	1 190,00	1 044,00	904,41
	III	**1 291,83**	465,08	465,08	III	1 170,00	1 051,16	935,66	823,33	714,33	608,33
	V	**2 467,08**	465,08	465,08	IV	1 874,25	1 795,91	1 717,58	1 639,25	1 560,91	1 482,58
	VI	**2 510,33**	465,08	465,08							
7 874,99 Ost	I,IV	**1 960,41**	465,08	465,08	I	1 803,75	1 647,08	1 490,41	1 333,91	1 181,83	1 036,16
	II	**1 820,16**	465,08	465,08	II	1 663,50	1 506,83	1 350,16	1 197,41	1 051,16	911,25
	III	**1 298,00**	465,08	465,08	III	1 176,00	1 057,00	941,33	828,83	719,66	613,66
	V	**2 474,83**	465,08	465,08	IV	1 882,08	1 803,75	1 725,41	1 647,08	1 568,75	1 490,41
	VI	**2 518,08**	465,08	465,08							
7 877,99 West	I,IV	**1 953,83**	465,08	465,08	I	1 797,16	1 640,58	1 483,91	1 327,41	1 175,66	1 030,25
	II	**1 813,58**	465,08	465,08	II	1 656,91	1 500,25	1 343,66	1 191,16	1 045,16	905,50
	III	**1 292,83**	465,08	465,08	III	1 170,83	1 052,16	936,50	824,33	715,16	609,16
	V	**2 468,33**	465,08	465,08	IV	1 875,50	1 797,16	1 718,83	1 640,58	1 562,25	1 483,91
	VI	**2 511,58**	465,08	465,08							
7 877,99 Ost	I,IV	**1 961,66**	465,08	465,08	I	1 805,00	1 648,33	1 491,66	1 335,16	1 183,08	1 037,33
	II	**1 821,41**	465,08	465,08	II	1 664,75	1 508,08	1 351,41	1 198,66	1 052,25	912,33
	III	**1 299,00**	465,08	465,08	III	1 176,83	1 058,00	942,33	829,83	720,50	614,50
	V	**2 476,08**	465,08	465,08	IV	1 883,33	1 805,00	1 726,66	1 648,33	1 570,00	1 491,66
	VI	**2 519,33**	465,08	465,08							
7 880,99 West	I,IV	**1 955,08**	465,08	465,08	I	1 798,50	1 641,83	1 485,16	1 328,66	1 176,83	1 031,41
	II	**1 814,83**	465,08	465,08	II	1 658,16	1 501,50	1 344,91	1 192,41	1 046,33	906,66
	III	**1 293,83**	465,08	465,08	III	1 171,83	1 053,00	937,50	825,16	716,00	610,16
	V	**2 469,58**	465,08	465,08	IV	1 876,83	1 798,50	1 720,16	1 641,83	1 563,50	1 485,16
	VI	**2 512,83**	465,08	465,08							
7 880,99 Ost	I,IV	**1 962,91**	465,08	465,08	I	1 806,25	1 649,58	1 492,91	1 336,41	1 184,25	1 038,50
	II	**1 822,66**	465,08	465,08	II	1 666,00	1 509,33	1 352,66	1 199,83	1 053,41	913,41
	III	**1 300,00**	465,08	465,08	III	1 177,83	1 059,00	943,16	830,66	721,33	615,33
	V	**2 477,33**	465,08	465,08	IV	1 884,58	1 806,25	1 727,91	1 649,58	1 571,25	1 492,91
	VI	**2 520,66**	465,08	465,08							
7 883,99 West	I,IV	**1 956,41**	465,08	465,08	I	1 799,75	1 643,08	1 486,41	1 329,91	1 178,00	1 032,58
	II	**1 816,08**	465,08	465,08	II	1 659,41	1 502,75	1 346,16	1 193,58	1 047,41	907,75
	III	**1 294,83**	465,08	465,08	III	1 172,83	1 054,00	938,33	826,00	716,83	611,00
	V	**2 470,83**	465,08	465,08	IV	1 878,08	1 799,75	1 721,41	1 643,08	1 564,75	1 486,41
	VI	**2 514,08**	465,08	465,08							
7 883,99 Ost	I,IV	**1 964,16**	465,08	465,08	I	1 807,50	1 650,83	1 494,16	1 337,66	1 185,41	1 039,66
	II	**1 823,91**	465,08	465,08	II	1 667,25	1 510,58	1 353,91	1 201,08	1 054,58	914,58
	III	**1 301,00**	465,08	465,08	III	1 178,83	1 059,83	944,16	831,66	722,33	616,16
	V	**2 478,66**	465,08	465,08	IV	1 885,83	1 807,50	1 729,16	1 650,83	1 572,50	1 494,16
	VI	**2 521,91**	465,08	465,08							

* Zur LSt-Berechnung für privat versicherte Arbeitnehmer s. Beispiele **Vorbemerkung S. 4f.**
** Basisvorsorgepauschale KV und PV *** Typisierter Arbeitgeberzuschuss

Lohn/ Gehalt in € bis	Steuerklasse	Lohn-steuer*	BVSP**	TAGZ***	Steuerklasse	Bemessungsgrundlage für Kirchensteuer und Solidaritätszuschlag					
						Freibeträge für ... Kinder					
						0,5	**1,0**	1,5	**2,0**	2,5	**3,0**
7 886,99 West	I,IV	**1 957,66**	465,08	465,08	I	1 801,00	1 644,33	1 487,66	1 331,16	1 179,25	1 033,66
	II	**1 817,33**	465,08	465,08	II	1 660,66	1 504,08	1 347,41	1 194,83	1 048,58	908,83
	III	**1 295,83**	465,08	465,08	III	1 173,83	1 055,00	939,33	827,00	717,66	611,83
	V	**2 472,08**	465,08	465,08	IV	1 879,33	1 801,00	1 722,66	1 644,33	1 566,00	1 487,66
	VI	**2 515,33**	465,08	465,08							
7 886,99 Ost	I,IV	**1 965,41**	465,08	465,08	I	1 808,75	1 652,16	1 495,50	1 338,91	1 186,66	1 040,75
	II	**1 825,16**	465,08	465,08	II	1 668,50	1 511,83	1 355,25	1 202,25	1 055,75	915,66
	III	**1 302,00**	465,08	465,08	III	1 179,83	1 060,83	945,00	832,50	723,16	617,00
	V	**2 479,91**	465,08	465,08	IV	1 887,08	1 808,75	1 730,41	1 652,16	1 573,83	1 495,50
	VI	**2 523,16**	465,08	465,08							
7 889,99 West	I,IV	**1 958,91**	465,08	465,08	I	1 802,25	1 645,58	1 488,91	1 332,41	1 180,41	1 034,83
	II	**1 818,58**	465,08	465,08	II	1 662,00	1 505,33	1 348,66	1 196,00	1 049,75	909,91
	III	**1 296,83**	465,08	465,08	III	1 174,83	1 055,83	940,33	827,83	718,66	612,66
	V	**2 473,33**	465,08	465,08	IV	1 880,58	1 802,25	1 723,91	1 645,58	1 567,25	1 488,91
	VI	**2 516,58**	465,08	465,08							
7 889,99 Ost	I,IV	**1 966,66**	465,08	465,08	I	1 810,08	1 653,41	1 496,75	1 340,16	1 187,83	1 041,91
	II	**1 826,41**	465,08	465,08	II	1 669,75	1 513,08	1 356,50	1 203,50	1 056,91	916,75
	III	**1 303,00**	465,08	465,08	III	1 180,83	1 061,83	946,00	833,33	724,00	617,83
	V	**2 481,16**	465,08	465,08	IV	1 888,41	1 810,08	1 731,75	1 653,41	1 575,08	1 496,75
	VI	**2 524,41**	465,08	465,08							
7 892,99 West	I,IV	**1 960,16**	465,08	465,08	I	1 803,50	1 646,83	1 490,16	1 333,66	1 181,58	1 036,00
	II	**1 819,91**	465,08	465,08	II	1 663,25	1 506,58	1 349,91	1 197,25	1 050,91	911,00
	III	**1 297,83**	465,08	465,08	III	1 175,66	1 056,83	941,16	828,66	719,50	613,50
	V	**2 474,58**	465,08	465,08	IV	1 881,83	1 803,50	1 725,16	1 646,83	1 568,50	1 490,16
	VI	**2 517,83**	465,08	465,08							
7 892,99 Ost	I,IV	**1 968,00**	465,08	465,08	I	1 811,33	1 654,66	1 498,00	1 341,41	1 189,00	1 043,08
	II	**1 827,66**	465,08	465,08	II	1 671,00	1 514,33	1 357,75	1 204,66	1 058,08	917,83
	III	**1 304,00**	465,08	465,08	III	1 181,83	1 062,66	946,83	834,33	724,83	618,66
	V	**2 482,41**	465,08	465,08	IV	1 889,66	1 811,33	1 733,00	1 654,66	1 576,33	1 498,00
	VI	**2 525,66**	465,08	465,08							
7 895,99 West	I,IV	**1 961,41**	465,08	465,08	I	1 804,75	1 648,08	1 491,41	1 334,91	1 182,83	1 037,16
	II	**1 821,16**	465,08	465,08	II	1 664,50	1 507,83	1 351,16	1 198,41	1 052,08	912,16
	III	**1 298,83**	465,08	465,08	III	1 176,66	1 057,83	942,16	829,66	720,33	614,33
	V	**2 475,83**	465,08	465,08	IV	1 883,08	1 804,75	1 726,41	1 648,08	1 569,75	1 491,41
	VI	**2 519,08**	465,08	465,08							
7 895,99 Ost	I,IV	**1 969,25**	465,08	465,08	I	1 812,58	1 655,91	1 499,25	1 342,66	1 190,25	1 044,25
	II	**1 828,91**	465,08	465,08	II	1 672,25	1 515,66	1 359,00	1 205,83	1 059,16	918,91
	III	**1 305,00**	465,08	465,08	III	1 182,66	1 063,66	947,83	835,16	725,66	619,50
	V	**2 483,66**	465,08	465,08	IV	1 890,91	1 812,58	1 734,25	1 655,91	1 577,58	1 499,25
	VI	**2 526,91**	465,08	465,08							
7 898,99 West	I,IV	**1 962,66**	465,08	465,08	I	1 806,00	1 649,33	1 492,66	1 336,16	1 184,00	1 038,25
	II	**1 822,41**	465,08	465,08	II	1 665,75	1 509,08	1 352,41	1 199,58	1 053,16	913,25
	III	**1 299,83**	465,08	465,08	III	1 177,66	1 058,66	943,00	830,50	721,16	615,16
	V	**2 477,08**	465,08	465,08	IV	1 884,33	1 806,00	1 727,66	1 649,33	1 571,00	1 492,66
	VI	**2 520,41**	465,08	465,08							
7 898,99 Ost	I,IV	**1 970,50**	465,08	465,08	I	1 813,83	1 657,16	1 500,50	1 343,91	1 191,41	1 045,41
	II	**1 830,16**	465,08	465,08	II	1 673,58	1 516,91	1 360,25	1 207,08	1 060,33	920,08
	III	**1 306,00**	465,08	465,08	III	1 183,66	1 064,66	948,66	836,00	726,66	620,33
	V	**2 484,91**	465,08	465,08	IV	1 892,16	1 813,83	1 735,50	1 657,16	1 578,83	1 500,50
	VI	**2 528,16**	465,08	465,08							
7 901,99 West	I,IV	**1 963,91**	465,08	465,08	I	1 807,25	1 650,58	1 494,00	1 337,41	1 185,16	1 039,41
	II	**1 823,66**	465,08	465,08	II	1 667,00	1 510,33	1 353,75	1 200,83	1 054,33	914,33
	III	**1 300,83**	465,08	465,08	III	1 178,66	1 059,66	944,00	831,33	722,00	616,00
	V	**2 478,41**	465,08	465,08	IV	1 885,58	1 807,25	1 728,91	1 650,58	1 572,33	1 494,00
	VI	**2 521,66**	465,08	465,08							
7 901,99 Ost	I,IV	**1 971,75**	465,08	465,08	I	1 815,08	1 658,41	1 501,75	1 345,16	1 192,66	1 046,50
	II	**1 831,50**	465,08	465,08	II	1 674,83	1 518,16	1 361,50	1 208,25	1 061,50	921,16
	III	**1 307,00**	465,08	465,08	III	1 184,66	1 065,50	949,66	837,00	727,50	621,16
	V	**2 486,16**	465,08	465,08	IV	1 893,41	1 815,08	1 736,75	1 658,41	1 580,08	1 501,75
	VI	**2 529,41**	465,08	465,08							

* Zur LSt-Berechnung für privat versicherte Arbeitnehmer s. Beispiele **Vorbemerkung S. 4 f.**
** Basisvorsorgepauschale KV und PV *** Typisierter Arbeitgeberzuschuss

Lohn/ Gehalt in € bis	Steuerklasse	**Lohn-steuer***	BVSP**	TAGZ***	Steuerklasse	Bemessungsgrundlage für Kirchensteuer und Solidaritätszuschlag – Freibeträge für ... Kinder 0,5	**1,0**	1,5	**2,0**	2,5	**3,0**
7904,99 West	I,IV	**1965,16**	465,08	465,08	I	1808,58	1651,91	1495,25	1338,66	1186,41	1040,58
	II	**1824,91**	465,08	465,08	II	1668,25	1511,58	1355,00	1202,00	1055,50	915,41
	III	**1301,83**	465,08	465,08	III	1179,66	1060,66	944,83	832,33	723,00	616,83
	V	**2479,66**	465,08	465,08	IV	1886,83	1808,58	1730,25	1651,91	1573,58	1495,25
	VI	**2522,91**	465,08	465,08							
7904,99 Ost	I,IV	**1973,00**	465,08	465,08	I	1816,33	1659,66	1503,00	1346,41	1193,83	1047,66
	II	**1832,75**	465,08	465,08	II	1676,08	1519,41	1362,75	1209,50	1062,66	922,25
	III	**1308,00**	465,08	465,08	III	1185,66	1066,50	950,50	837,83	728,33	622,00
	V	**2487,41**	465,08	465,08	IV	1894,66	1816,33	1738,00	1659,66	1581,33	1503,00
	VI	**2530,75**	465,08	465,08							
7907,99 West	I,IV	**1966,50**	465,08	465,08	I	1809,83	1653,16	1496,50	1339,91	1187,58	1041,75
	II	**1826,16**	465,08	465,08	II	1669,50	1512,83	1356,25	1203,25	1056,66	916,50
	III	**1302,83**	465,08	465,08	III	1180,50	1061,50	945,83	833,16	723,83	617,66
	V	**2480,91**	465,08	465,08	IV	1888,16	1809,83	1731,50	1653,16	1574,83	1496,50
	VI	**2524,16**	465,08	465,08							
7907,99 Ost	I,IV	**1974,25**	465,08	465,08	I	1817,58	1660,91	1504,25	1347,66	1195,00	1048,83
	II	**1834,00**	465,08	465,08	II	1677,33	1520,66	1364,00	1210,66	1063,83	923,33
	III	**1309,00**	465,08	465,08	III	1186,66	1067,50	951,50	838,66	729,16	622,83
	V	**2488,75**	465,08	465,08	IV	1895,91	1817,58	1739,25	1660,91	1582,58	1504,25
	VI	**2532,00**	465,08	465,08							
7910,99 West	I,IV	**1967,75**	465,08	465,08	I	1811,08	1654,41	1497,75	1341,16	1188,83	1042,83
	II	**1827,41**	465,08	465,08	II	1670,75	1514,08	1357,50	1204,41	1057,83	917,66
	III	**1303,83**	465,08	465,08	III	1181,50	1062,50	946,66	834,00	724,66	618,50
	V	**2482,16**	465,08	465,08	IV	1889,41	1811,08	1732,75	1654,41	1576,08	1497,75
	VI	**2525,41**	465,08	465,08							
7910,99 Ost	I,IV	**1975,50**	465,08	465,08	I	1818,83	1662,16	1505,58	1348,91	1196,25	1050,00
	II	**1835,25**	465,08	465,08	II	1678,58	1521,91	1365,25	1211,91	1065,00	924,50
	III	**1310,00**	465,08	465,08	III	1187,66	1068,33	952,33	839,66	730,00	623,66
	V	**2490,00**	465,08	465,08	IV	1897,16	1818,83	1740,50	1662,16	1583,91	1505,58
	VI	**2533,25**	465,08	465,08							
7913,99 West	I,IV	**1969,00**	465,08	465,08	I	1812,33	1655,66	1499,00	1342,41	1190,00	1044,00
	II	**1828,66**	465,08	465,08	II	1672,08	1515,41	1358,75	1205,66	1059,00	918,75
	III	**1304,83**	465,08	465,08	III	1182,50	1063,50	947,66	835,00	725,50	619,33
	V	**2483,41**	465,08	465,08	IV	1890,66	1812,33	1734,00	1655,66	1577,33	1499,00
	VI	**2526,66**	465,08	465,08							
7913,99 Ost	I,IV	**1976,75**	465,08	465,08	I	1820,16	1663,50	1506,83	1350,16	1197,41	1051,16
	II	**1836,50**	465,08	465,08	II	1679,83	1523,16	1366,50	1213,08	1066,16	925,58
	III	**1311,00**	465,08	465,08	III	1188,50	1069,33	953,33	840,50	731,00	624,50
	V	**2491,25**	465,08	465,08	IV	1898,41	1820,16	1741,83	1663,50	1585,16	1506,83
	VI	**2534,50**	465,08	465,08							
7916,99 West	I,IV	**1970,25**	465,08	465,08	I	1813,58	1656,91	1500,25	1343,66	1191,16	1045,16
	II	**1830,00**	465,08	465,08	II	1673,33	1516,66	1360,00	1206,83	1060,16	919,83
	III	**1305,83**	465,08	465,08	III	1183,50	1064,33	948,50	835,83	726,33	620,16
	V	**2484,66**	465,08	465,08	IV	1891,91	1813,58	1735,25	1656,91	1578,58	1500,25
	VI	**2527,91**	465,08	465,08							
7916,99 Ost	I,IV	**1978,08**	465,08	465,08	I	1821,41	1664,75	1508,08	1351,41	1198,66	1052,25
	II	**1837,75**	465,08	465,08	II	1681,08	1524,41	1367,75	1214,33	1067,25	926,66
	III	**1312,00**	465,08	465,08	III	1189,50	1070,33	954,16	841,33	731,83	625,33
	V	**2492,50**	465,08	465,08	IV	1899,75	1821,41	1743,08	1664,75	1586,41	1508,08
	VI	**2535,75**	465,08	465,08							
7919,99 West	I,IV	**1971,50**	465,08	465,08	I	1814,83	1658,16	1501,50	1344,91	1192,41	1046,33
	II	**1831,25**	465,08	465,08	II	1674,58	1517,91	1361,25	1208,08	1061,25	920,91
	III	**1306,83**	465,08	465,08	III	1184,50	1065,33	949,50	836,66	727,33	621,00
	V	**2485,91**	465,08	465,08	IV	1893,16	1814,83	1736,50	1658,16	1579,83	1501,50
	VI	**2529,16**	465,08	465,08							
7919,99 Ost	I,IV	**1979,33**	465,08	465,08	I	1822,66	1666,00	1509,33	1352,66	1199,83	1053,41
	II	**1839,00**	465,08	465,08	II	1682,33	1525,66	1369,08	1215,50	1068,41	927,75
	III	**1313,00**	465,08	465,08	III	1190,50	1071,16	955,16	842,33	732,66	626,16
	V	**2493,75**	465,08	465,08	IV	1901,00	1822,66	1744,33	1666,00	1587,66	1509,33
	VI	**2537,00**	465,08	465,08							

* Zur LSt-Berechnung für privat versicherte Arbeitnehmer s. Beispiele **Vorbemerkung S. 4f.**
** Basisvorsorgepauschale KV und PV *** Typisierter Arbeitgeberzuschuss

Lohn/ Gehalt in € bis	Steuerklasse	Lohn-steuer*	BVSP**	TAGZ***	Steuerklasse	Bemessungsgrundlage für Kirchensteuer und Solidaritätszuschlag – Freibeträge für … Kinder 0,5	1,0	1,5	2,0	2,5	3,0
7922,99	I,IV	**1972,75**	465,08	465,08	I	1816,08	1659,41	1502,75	1346,16	1193,58	1047,41
West	II	**1832,50**	465,08	465,08	II	1675,83	1519,16	1362,50	1209,25	1062,41	922,08
	III	**1307,83**	465,08	465,08	III	1185,50	1066,33	950,33	837,66	728,16	621,83
	V	**2487,16**	465,08	465,08	IV	1894,41	1816,08	1737,75	1659,41	1581,08	1502,75
	VI	**2530,50**	465,08	465,08							
7922,99	I,IV	**1980,58**	465,08	465,08	I	1823,91	1667,25	1510,58	1353,91	1201,08	1054,58
Ost	II	**1840,25**	465,08	465,08	II	1683,66	1527,00	1370,33	1216,75	1069,58	928,91
	III	**1314,00**	465,08	465,08	III	1191,50	1072,16	956,00	843,16	733,50	627,16
	V	**2495,00**	465,08	465,08	IV	1902,25	1823,91	1745,58	1667,25	1588,91	1510,58
	VI	**2538,25**	465,08	465,08							
7925,99	I,IV	**1974,00**	465,08	465,08	I	1817,33	1660,66	1504,08	1347,41	1194,83	1048,58
West	II	**1833,75**	465,08	465,08	II	1677,08	1520,41	1363,75	1210,50	1063,58	923,16
	III	**1308,83**	465,08	465,08	III	1186,33	1067,16	951,33	838,50	729,00	622,66
	V	**2488,50**	465,08	465,08	IV	1895,66	1817,33	1739,00	1660,66	1582,33	1504,08
	VI	**2531,75**	465,08	465,08							
7925,99	I,IV	**1981,83**	465,08	465,08	I	1825,16	1668,50	1511,83	1355,25	1202,25	1055,75
Ost	II	**1841,58**	465,08	465,08	II	1684,91	1528,25	1371,58	1217,91	1070,75	930,00
	III	**1315,00**	465,08	465,08	III	1192,50	1073,16	957,00	844,16	734,33	628,00
	V	**2496,25**	465,08	465,08	IV	1903,50	1825,16	1746,83	1668,50	1590,16	1511,83
	VI	**2539,50**	465,08	465,08							
7928,99	I,IV	**1975,25**	465,08	465,08	I	1818,58	1662,00	1505,33	1348,66	1196,00	1049,75
West	II	**1835,00**	465,08	465,08	II	1678,33	1521,66	1365,00	1211,66	1064,75	924,25
	III	**1309,83**	465,08	465,08	III	1187,33	1068,16	952,16	839,50	729,83	623,50
	V	**2489,75**	465,08	465,08	IV	1896,91	1818,58	1740,33	1662,00	1583,66	1505,33
	VI	**2533,00**	465,08	465,08							
7928,99	I,IV	**1983,08**	465,08	465,08	I	1826,41	1669,75	1513,08	1356,50	1203,50	1056,91
Ost	II	**1842,83**	465,08	465,08	II	1686,16	1529,50	1372,83	1219,16	1071,91	931,08
	III	**1316,00**	465,08	465,08	III	1193,50	1074,00	958,00	845,00	735,33	628,83
	V	**2497,50**	465,08	465,08	IV	1904,75	1826,41	1748,08	1669,75	1591,41	1513,08
	VI	**2540,75**	465,08	465,08							
7931,99	I,IV	**1976,58**	465,08	465,08	I	1819,91	1663,25	1506,58	1349,91	1197,25	1050,91
West	II	**1836,25**	465,08	465,08	II	1679,58	1522,91	1366,25	1212,91	1065,91	925,33
	III	**1310,83**	465,08	465,08	III	1188,33	1069,16	953,16	840,33	730,66	624,33
	V	**2491,00**	465,08	465,08	IV	1898,25	1819,91	1741,58	1663,25	1584,91	1506,58
	VI	**2534,25**	465,08	465,08							
7931,99	I,IV	**1984,33**	465,08	465,08	I	1827,66	1671,00	1514,33	1357,75	1204,66	1058,08
Ost	II	**1844,08**	465,08	465,08	II	1687,41	1530,75	1374,08	1220,33	1073,08	932,16
	III	**1317,00**	465,08	465,08	III	1194,33	1075,00	958,83	845,83	736,16	629,66
	V	**2498,75**	465,08	465,08	IV	1906,00	1827,66	1749,33	1671,00	1592,66	1514,33
	VI	**2542,08**	465,08	465,08							
7934,99	I,IV	**1977,83**	465,08	465,08	I	1821,16	1664,50	1507,83	1351,16	1198,41	1052,08
West	II	**1837,50**	465,08	465,08	II	1680,83	1524,16	1367,58	1214,08	1067,08	926,50
	III	**1311,83**	465,08	465,08	III	1189,33	1070,00	954,00	841,16	731,66	625,16
	V	**2492,25**	465,08	465,08	IV	1899,50	1821,16	1742,83	1664,50	1586,16	1507,83
	VI	**2535,50**	465,08	465,08							
7934,99	I,IV	**1985,58**	465,08	465,08	I	1828,91	1672,25	1515,66	1359,00	1205,83	1059,16
Ost	II	**1845,33**	465,08	465,08	II	1688,66	1532,00	1375,33	1221,58	1074,25	933,33
	III	**1318,00**	465,08	465,08	III	1195,33	1076,00	959,83	846,83	737,00	630,50
	V	**2500,08**	465,08	465,08	IV	1907,25	1828,91	1750,58	1672,25	1593,91	1515,66
	VI	**2543,33**	465,08	465,08							
7937,99	I,IV	**1979,08**	465,08	465,08	I	1822,41	1665,75	1509,08	1352,41	1199,58	1053,16
West	II	**1838,75**	465,08	465,08	II	1682,08	1525,50	1368,83	1215,33	1068,25	927,58
	III	**1312,83**	465,08	465,08	III	1190,33	1071,00	955,00	842,16	732,50	626,00
	V	**2493,50**	465,08	465,08	IV	1900,75	1822,41	1744,08	1665,75	1587,41	1509,08
	VI	**2536,75**	465,08	465,08							
7937,99	I,IV	**1986,83**	465,08	465,08	I	1830,16	1673,58	1516,91	1360,25	1207,08	1060,33
Ost	II	**1846,58**	465,08	465,08	II	1689,91	1533,25	1376,58	1222,83	1075,41	934,41
	III	**1319,00**	465,08	465,08	III	1196,33	1076,83	960,66	847,66	737,83	631,33
	V	**2501,33**	465,08	465,08	IV	1908,50	1830,16	1751,91	1673,58	1595,25	1516,91
	VI	**2544,58**	465,08	465,08							

* Zur LSt-Berechnung für privat versicherte Arbeitnehmer s. Beispiele **Vorbemerkung S. 4f.**
** Basisvorsorgepauschale KV und PV *** Typisierter Arbeitgeberzuschuss

Lohn/ Gehalt in € bis	Steuerklasse	Lohnsteuer*	BVSP**	TAGZ***	Steuerklasse	Bemessungsgrundlage für Kirchensteuer und Solidaritätszuschlag					
						Freibeträge für ... Kinder					
						0,5	**1,0**	1,5	**2,0**	2,5	**3,0**
7 940,99	I,IV	**1 980,33**	465,08	465,08	I	1 823,66	1 667,00	1 510,33	1 353,75	1 200,83	1 054,33
West	II	**1 840,08**	465,08	465,08	II	1 683,41	1 526,75	1 370,08	1 216,50	1 069,33	928,66
	III	**1 313,83**	465,08	465,08	III	1 191,33	1 072,00	955,83	843,00	733,33	626,83
	V	**2 494,75**	465,08	465,08	IV	1 902,00	1 823,66	1 745,33	1 667,00	1 588,66	1 510,33
	VI	**2 538,00**	465,08	465,08							
7 940,99	I,IV	**1 988,16**	465,08	465,08	I	1 831,50	1 674,83	1 518,16	1 361,50	1 208,25	1 061,50
Ost	II	**1 847,83**	465,08	465,08	II	1 691,16	1 534,50	1 377,83	1 224,00	1 076,58	935,50
	III	**1 320,00**	465,08	465,08	III	1 197,33	1 077,83	961,66	848,50	738,83	632,16
	V	**2 502,58**	465,08	465,08	IV	1 909,83	1 831,50	1 753,16	1 674,83	1 596,50	1 518,16
	VI	**2 545,83**	465,08	465,08							
7 943,99	I,IV	**1 981,58**	465,08	465,08	I	1 824,91	1 668,25	1 511,58	1 355,00	1 202,00	1 055,50
West	II	**1 841,33**	465,08	465,08	II	1 684,66	1 528,00	1 371,33	1 217,75	1 070,50	929,75
	III	**1 314,83**	465,08	465,08	III	1 192,16	1 072,83	956,83	843,83	734,16	627,66
	V	**2 496,00**	465,08	465,08	IV	1 903,25	1 824,91	1 746,58	1 668,25	1 589,91	1 511,58
	VI	**2 539,25**	465,08	465,08							
7 943,99	I,IV	**1 989,41**	465,08	465,08	I	1 832,75	1 676,08	1 519,41	1 362,75	1 209,50	1 062,66
Ost	II	**1 849,08**	465,08	465,08	II	1 692,41	1 535,75	1 379,16	1 225,25	1 077,75	936,66
	III	**1 321,00**	465,08	465,08	III	1 198,33	1 078,83	962,50	849,50	739,66	633,00
	V	**2 503,83**	465,08	465,08	IV	1 911,08	1 832,75	1 754,41	1 676,08	1 597,75	1 519,41
	VI	**2 547,08**	465,08	465,08							
7 946,99	I,IV	**1 982,83**	465,08	465,08	I	1 826,16	1 669,50	1 512,83	1 356,25	1 203,25	1 056,66
West	II	**1 842,58**	465,08	465,08	II	1 685,91	1 529,25	1 372,58	1 218,91	1 071,66	930,91
	III	**1 315,83**	465,08	465,08	III	1 193,16	1 073,83	957,66	844,83	735,16	628,66
	V	**2 497,25**	465,08	465,08	IV	1 904,50	1 826,16	1 747,83	1 669,50	1 591,16	1 512,83
	VI	**2 540,58**	465,08	465,08							
7 946,99	I,IV	**1 990,66**	465,08	465,08	I	1 834,00	1 677,33	1 520,66	1 364,00	1 210,66	1 063,83
Ost	II	**1 850,33**	465,08	465,08	II	1 693,66	1 537,08	1 380,41	1 226,41	1 078,83	937,75
	III	**1 322,00**	465,08	465,08	III	1 199,33	1 079,66	963,50	850,33	740,50	633,83
	V	**2 505,08**	465,08	465,08	IV	1 912,33	1 834,00	1 755,66	1 677,33	1 599,00	1 520,66
	VI	**2 548,33**	465,08	465,08							
7 949,99	I,IV	**1 984,08**	465,08	465,08	I	1 827,41	1 670,75	1 514,08	1 357,50	1 204,41	1 057,83
West	II	**1 843,83**	465,08	465,08	II	1 687,16	1 530,50	1 373,83	1 220,16	1 072,83	932,00
	III	**1 316,83**	465,08	465,08	III	1 194,16	1 074,83	958,66	845,66	736,00	629,50
	V	**2 498,58**	465,08	465,08	IV	1 905,75	1 827,41	1 749,08	1 670,75	1 592,41	1 514,08
	VI	**2 541,83**	465,08	465,08							
7 949,99	I,IV	**1 991,91**	465,08	465,08	I	1 835,25	1 678,58	1 521,91	1 365,25	1 211,91	1 065,00
Ost	II	**1 851,66**	465,08	465,08	II	1 695,00	1 538,33	1 381,66	1 227,66	1 080,00	938,83
	III	**1 323,00**	465,08	465,08	III	1 200,16	1 080,66	964,33	851,33	741,33	634,66
	V	**2 506,33**	465,08	465,08	IV	1 913,58	1 835,25	1 756,91	1 678,58	1 600,25	1 521,91
	VI	**2 549,58**	465,08	465,08							
7 952,99	I,IV	**1 985,33**	465,08	465,08	I	1 828,66	1 672,08	1 515,41	1 358,75	1 205,66	1 059,00
West	II	**1 845,08**	465,08	465,08	II	1 688,41	1 531,75	1 375,08	1 221,33	1 074,00	933,08
	III	**1 317,83**	465,08	465,08	III	1 195,16	1 075,66	959,50	846,50	736,83	630,33
	V	**2 499,83**	465,08	465,08	IV	1 907,00	1 828,66	1 750,33	1 672,08	1 593,75	1 515,41
	VI	**2 543,08**	465,08	465,08							
7 952,99	I,IV	**1 993,16**	465,08	465,08	I	1 836,50	1 679,83	1 523,16	1 366,50	1 213,08	1 066,16
Ost	II	**1 852,91**	465,08	465,08	II	1 696,25	1 539,58	1 382,91	1 228,83	1 081,16	940,00
	III	**1 324,00**	465,08	465,08	III	1 201,16	1 081,66	965,33	852,16	742,16	635,50
	V	**2 507,58**	465,08	465,08	IV	1 914,83	1 836,50	1 758,16	1 679,83	1 601,50	1 523,16
	VI	**2 550,83**	465,08	465,08							
7 955,99	I,IV	**1 986,58**	465,08	465,08	I	1 830,00	1 673,33	1 516,66	1 360,00	1 206,83	1 060,16
West	II	**1 846,33**	465,08	465,08	II	1 689,66	1 533,00	1 376,33	1 222,58	1 075,16	934,16
	III	**1 318,83**	465,08	465,08	III	1 196,16	1 076,66	960,50	847,50	737,66	631,16
	V	**2 501,08**	465,08	465,08	IV	1 908,33	1 830,00	1 751,66	1 673,33	1 595,00	1 516,66
	VI	**2 544,33**	465,08	465,08							
7 955,99	I,IV	**1 994,41**	465,08	465,08	I	1 837,75	1 681,08	1 524,41	1 367,75	1 214,33	1 067,25
Ost	II	**1 854,16**	465,08	465,08	II	1 697,50	1 540,83	1 384,16	1 230,08	1 082,33	941,08
	III	**1 325,00**	465,08	465,08	III	1 202,16	1 082,66	966,16	853,00	743,16	636,33
	V	**2 508,83**	465,08	465,08	IV	1 916,08	1 837,75	1 759,41	1 681,08	1 602,75	1 524,41
	VI	**2 552,16**	465,08	465,08							

* Zur LSt-Berechnung für privat versicherte Arbeitnehmer s. Beispiele **Vorbemerkung S. 4 f.**
** Basisvorsorgepauschale KV und PV *** Typisierter Arbeitgeberzuschuss

Lohn/ Gehalt in € bis	Steuerklasse	Lohn-steuer*	BVSP**	TAGZ***	Steuerklasse	Bemessungsgrundlage für Kirchensteuer und Solidaritätszuschlag					
						Freibeträge für ... Kinder					
						0,5	**1,0**	1,5	**2,0**	2,5	**3,0**
7958,99 West	I,IV	**1987,91**	465,08	465,08	I	1831,25	1674,58	1517,91	1361,25	1208,08	1061,25
	II	**1847,58**	465,08	465,08	II	1690,91	1534,25	1377,58	1223,75	1076,33	935,33
	III	**1319,83**	465,08	465,08	III	1197,16	1077,66	961,33	848,33	738,50	632,00
	V	**2502,33**	465,08	465,08	IV	1909,58	1831,25	1752,91	1674,58	1596,25	1517,91
	VI	**2545,58**	465,08	465,08							
7958,99 Ost	I,IV	**1995,66**	465,08	465,08	I	1839,00	1682,33	1525,66	1369,08	1215,50	1068,41
	II	**1855,41**	465,08	465,08	II	1698,75	1542,08	1385,41	1231,25	1083,50	942,16
	III	**1326,00**	465,08	465,08	III	1203,16	1083,50	967,16	854,00	744,00	637,16
	V	**2510,16**	465,08	465,08	IV	1917,33	1839,00	1760,66	1682,33	1604,00	1525,66
	VI	**2553,41**	465,08	465,08							
7961,99 West	I,IV	**1989,16**	465,08	465,08	I	1832,50	1675,83	1519,16	1362,50	1209,25	1062,41
	II	**1848,83**	465,08	465,08	II	1692,16	1535,58	1378,91	1225,00	1077,50	936,41
	III	**1320,83**	465,08	465,08	III	1198,00	1078,66	962,33	849,33	739,50	632,83
	V	**2503,58**	465,08	465,08	IV	1910,83	1832,50	1754,16	1675,83	1597,50	1519,16
	VI	**2546,83**	465,08	465,08							
7961,99 Ost	I,IV	**1996,91**	465,08	465,08	I	1840,25	1683,66	1527,00	1370,33	1216,75	1069,58
	II	**1856,66**	465,08	465,08	II	1700,00	1543,33	1386,66	1232,50	1084,66	943,33
	III	**1327,00**	465,08	465,08	III	1204,16	1084,50	968,00	854,83	744,83	638,00
	V	**2511,41**	465,08	465,08	IV	1918,58	1840,25	1761,91	1683,66	1605,33	1527,00
	VI	**2554,66**	465,08	465,08							
7964,99 West	I,IV	**1990,41**	465,08	465,08	I	1833,75	1677,08	1520,41	1363,75	1210,50	1063,58
	II	**1850,08**	465,08	465,08	II	1693,50	1536,83	1380,16	1226,16	1078,66	937,50
	III	**1321,83**	465,08	465,08	III	1199,00	1079,50	963,16	850,16	740,33	633,66
	V	**2504,83**	465,08	465,08	IV	1912,08	1833,75	1755,41	1677,08	1598,75	1520,41
	VI	**2548,08**	465,08	465,08							
7964,99 Ost	I,IV	**1998,16**	465,08	465,08	I	1841,58	1684,91	1528,25	1371,58	1217,91	1070,75
	II	**1857,91**	465,08	465,08	II	1701,25	1544,58	1387,91	1233,75	1085,83	944,41
	III	**1328,00**	465,08	465,08	III	1205,16	1085,50	969,00	855,66	745,66	639,00
	V	**2512,66**	465,08	465,08	IV	1919,91	1841,58	1763,25	1684,91	1606,58	1528,25
	VI	**2555,91**	465,08	465,08							
7967,99 West	I,IV	**1991,66**	465,08	465,08	I	1835,00	1678,33	1521,66	1365,00	1211,66	1064,75
	II	**1851,41**	465,08	465,08	II	1694,75	1538,08	1381,41	1227,41	1079,83	938,66
	III	**1322,83**	465,08	465,08	III	1200,00	1080,50	964,16	851,00	741,16	634,50
	V	**2506,08**	465,08	465,08	IV	1913,33	1835,00	1756,66	1678,33	1600,00	1521,66
	VI	**2549,33**	465,08	465,08							
7967,99 Ost	I,IV	**1999,50**	465,08	465,08	I	1842,83	1686,16	1529,50	1372,83	1219,16	1071,91
	II	**1859,16**	465,08	465,08	II	1702,50	1545,83	1389,16	1234,91	1087,00	945,50
	III	**1329,00**	465,08	465,08	III	1206,16	1086,33	969,83	856,66	746,66	639,83
	V	**2513,91**	465,08	465,08	IV	1921,16	1842,83	1764,50	1686,16	1607,83	1529,50
	VI	**2557,16**	465,08	465,08							
7970,99 West	I,IV	**1992,91**	465,08	465,08	I	1836,25	1679,58	1522,91	1366,25	1212,91	1065,91
	II	**1852,66**	465,08	465,08	II	1696,00	1539,33	1382,66	1228,58	1081,00	939,75
	III	**1323,83**	465,08	465,08	III	1201,00	1081,50	965,16	852,00	742,00	635,33
	V	**2507,33**	465,08	465,08	IV	1914,58	1836,25	1757,91	1679,58	1601,25	1522,91
	VI	**2550,58**	465,08	465,08							
7970,99 Ost	I,IV	**2000,75**	465,08	465,08	I	1844,08	1687,41	1530,75	1374,08	1220,33	1073,08
	II	**1860,41**	465,08	465,08	II	1703,75	1547,16	1390,50	1236,16	1088,16	946,66
	III	**1330,00**	465,08	465,08	III	1207,00	1087,33	970,83	857,50	747,50	640,66
	V	**2515,16**	465,08	465,08	IV	1922,41	1844,08	1765,75	1687,41	1609,08	1530,75
	VI	**2558,41**	465,08	465,08							
7973,99 West	I,IV	**1994,16**	465,08	465,08	I	1837,50	1680,83	1524,16	1367,58	1214,08	1067,08
	II	**1853,91**	465,08	465,08	II	1697,25	1540,58	1383,91	1229,83	1082,16	940,83
	III	**1324,83**	465,08	465,08	III	1202,00	1082,33	966,00	852,83	743,00	636,16
	V	**2508,58**	465,08	465,08	IV	1915,83	1837,50	1759,16	1680,83	1602,50	1524,16
	VI	**2551,91**	465,08	465,08							
7973,99 Ost	I,IV	**2002,00**	465,08	465,08	I	1845,33	1688,66	1532,00	1375,33	1221,58	1074,25
	II	**1861,66**	465,08	465,08	II	1705,08	1548,41	1391,75	1237,33	1089,33	947,75
	III	**1331,00**	465,08	465,08	III	1208,00	1088,33	971,83	858,50	748,33	641,50
	V	**2516,41**	465,08	465,08	IV	1923,66	1845,33	1767,00	1688,66	1610,33	1532,00
	VI	**2559,66**	465,08	465,08							

* Zur LSt-Berechnung für privat versicherte Arbeitnehmer s. Beispiele **Vorbemerkung S. 4 f.**
** Basisvorsorgepauschale KV und PV *** Typisierter Arbeitgeberzuschuss

Lohn/ Gehalt in € bis	Steuerklasse	Lohn-steuer*	BVSP**	TAGZ***	Steuerklasse	Bemessungsgrundlage für Kirchensteuer und Solidaritätszuschlag					
						Freibeträge für ... Kinder					
						0,5	**1,0**	1,5	**2,0**	2,5	**3,0**
7 976,99	I,IV	**1 995,41**	465,08	465,08	I	1 838,75	1 682,08	1 525,50	1 368,83	1 215,33	1 068,25
West	II	**1 855,16**	465,08	465,08	II	1 698,50	1 541,83	1 385,16	1 231,08	1 083,33	942,00
	III	**1 325,83**	465,08	465,08	III	1 203,00	1 083,33	967,00	853,83	743,83	637,00
	V	**2 509,91**	465,08	465,08	IV	1 917,08	1 838,75	1 760,41	1 682,08	1 603,83	1 525,50
	VI	**2 553,16**	465,08	465,08							
7 976,99	I,IV	**2 003,25**	465,08	465,08	I	1 846,58	1 689,91	1 533,25	1 376,58	1 222,83	1 075,41
Ost	II	**1 863,00**	465,08	465,08	II	1 706,33	1 549,66	1 393,00	1 238,58	1 090,50	948,83
	III	**1 332,00**	465,08	465,08	III	1 209,00	1 089,16	972,66	859,33	749,16	642,33
	V	**2 517,66**	465,08	465,08	IV	1 924,91	1 846,58	1 768,25	1 689,91	1 611,58	1 533,25
	VI	**2 560,91**	465,08	465,08							
7 979,99	I,IV	**1 996,66**	465,08	465,08	I	1 840,08	1 683,41	1 526,75	1 370,08	1 216,50	1 069,33
West	II	**1 856,41**	465,08	465,08	II	1 699,75	1 543,08	1 386,41	1 232,25	1 084,41	943,08
	III	**1 326,83**	465,08	465,08	III	1 204,00	1 084,33	967,83	854,66	744,66	637,83
	V	**2 511,16**	465,08	465,08	IV	1 918,33	1 840,08	1 761,75	1 683,41	1 605,08	1 526,75
	VI	**2 554,41**	465,08	465,08							
7 979,99	I,IV	**2 004,50**	465,08	465,08	I	1 847,83	1 691,16	1 534,50	1 377,83	1 224,00	1 076,58
Ost	II	**1 864,25**	465,08	465,08	II	1 707,58	1 550,91	1 394,25	1 239,83	1 091,66	950,00
	III	**1 333,00**	465,08	465,08	III	1 210,00	1 090,16	973,66	860,16	750,16	643,16
	V	**2 518,91**	465,08	465,08	IV	1 926,16	1 847,83	1 769,50	1 691,16	1 612,83	1 534,50
	VI	**2 562,25**	465,08	465,08							
7 982,99	I,IV	**1 998,00**	465,08	465,08	I	1 841,33	1 684,66	1 528,00	1 371,33	1 217,75	1 070,50
West	II	**1 857,66**	465,08	465,08	II	1 701,00	1 544,33	1 387,66	1 233,50	1 085,58	944,16
	III	**1 327,83**	465,08	465,08	III	1 204,83	1 085,16	968,83	855,50	745,50	638,66
	V	**2 512,41**	465,08	465,08	IV	1 919,66	1 841,33	1 763,00	1 684,66	1 606,33	1 528,00
	VI	**2 555,66**	465,08	465,08							
7 982,99	I,IV	**2 005,75**	465,08	465,08	I	1 849,08	1 692,41	1 535,75	1 379,16	1 225,25	1 077,75
Ost	II	**1 865,50**	465,08	465,08	II	1 708,83	1 552,16	1 395,50	1 241,00	1 092,83	951,08
	III	**1 334,00**	465,08	465,08	III	1 211,00	1 091,16	974,50	861,16	751,00	644,00
	V	**2 520,25**	465,08	465,08	IV	1 927,41	1 849,08	1 770,75	1 692,41	1 614,08	1 535,75
	VI	**2 563,50**	465,08	465,08							
7 985,99	I,IV	**1 999,25**	465,08	465,08	I	1 842,58	1 685,91	1 529,25	1 372,58	1 218,91	1 071,66
West	II	**1 858,91**	465,08	465,08	II	1 702,25	1 545,58	1 389,00	1 234,66	1 086,75	945,33
	III	**1 328,83**	465,08	465,08	III	1 205,83	1 086,16	969,66	856,50	746,33	639,50
	V	**2 513,66**	465,08	465,08	IV	1 920,91	1 842,58	1 764,25	1 685,91	1 607,58	1 529,25
	VI	**2 556,91**	465,08	465,08							
7 985,99	I,IV	**2 007,00**	465,08	465,08	I	1 850,33	1 693,66	1 537,08	1 380,41	1 226,41	1 078,83
Ost	II	**1 866,75**	465,08	465,08	II	1 710,08	1 553,41	1 396,75	1 242,25	1 094,00	952,16
	III	**1 335,00**	465,08	465,08	III	1 212,00	1 092,16	975,50	862,00	751,83	644,83
	V	**2 521,50**	465,08	465,08	IV	1 928,66	1 850,33	1 772,00	1 693,66	1 615,41	1 537,08
	VI	**2 564,75**	465,08	465,08							
7 988,99	I,IV	**2 000,50**	465,08	465,08	I	1 843,83	1 687,16	1 530,50	1 373,83	1 220,16	1 072,83
West	II	**1 860,16**	465,08	465,08	II	1 703,58	1 546,91	1 390,25	1 235,91	1 087,91	946,41
	III	**1 329,83**	465,08	465,08	III	1 206,83	1 087,16	970,66	857,33	747,33	640,50
	V	**2 514,91**	465,08	465,08	IV	1 922,16	1 843,83	1 765,50	1 687,16	1 608,83	1 530,50
	VI	**2 558,16**	465,08	465,08							
7 988,99	I,IV	**2 008,25**	465,08	465,08	I	1 851,66	1 695,00	1 538,33	1 381,66	1 227,66	1 080,00
Ost	II	**1 868,00**	465,08	465,08	II	1 711,33	1 554,66	1 398,00	1 243,41	1 095,16	953,33
	III	**1 336,00**	465,08	465,08	III	1 213,00	1 093,00	976,33	863,00	752,66	645,66
	V	**2 522,75**	465,08	465,08	IV	1 929,91	1 851,66	1 773,33	1 695,00	1 616,66	1 538,33
	VI	**2 566,00**	465,08	465,08							
7 991,99	I,IV	**2 001,75**	465,08	465,08	I	1 845,08	1 688,41	1 531,75	1 375,08	1 221,33	1 074,00
West	II	**1 861,50**	465,08	465,08	II	1 704,83	1 548,16	1 391,50	1 237,08	1 089,08	947,50
	III	**1 330,83**	465,08	465,08	III	1 207,83	1 088,00	971,50	858,16	748,16	641,33
	V	**2 516,16**	465,08	465,08	IV	1 923,41	1 845,08	1 766,75	1 688,41	1 610,08	1 531,75
	VI	**2 559,41**	465,08	465,08							
7 991,99	I,IV	**2 009,58**	465,08	465,08	I	1 852,91	1 696,25	1 539,58	1 382,91	1 228,83	1 081,16
Ost	II	**1 869,25**	465,08	465,08	II	1 712,58	1 555,91	1 399,25	1 244,66	1 096,33	954,41
	III	**1 337,00**	465,08	465,08	III	1 213,83	1 094,00	977,33	863,83	753,50	646,50
	V	**2 524,00**	465,08	465,08	IV	1 931,25	1 852,91	1 774,58	1 696,25	1 617,91	1 539,58
	VI	**2 567,25**	465,08	465,08							

* Zur LSt-Berechnung für privat versicherte Arbeitnehmer s. Beispiele **Vorbemerkung S. 4 f.**
** Basisvorsorgepauschale KV und PV *** Typisierter Arbeitgeberzuschuss

Lohn/ Gehalt in € bis	Steuerklasse	Lohn-steuer*	BVSP**	TAGZ***	Steuerklasse	Bemessungsgrundlage für Kirchensteuer und Solidaritätszuschlag					
						Freibeträge für ... Kinder					
						0,5	**1,0**	1,5	**2,0**	2,5	**3,0**
7994,99	I,IV	**2003,00**	465,08	465,08	I	1846,33	1689,66	1533,00	1376,33	1222,58	1075,16
West	II	**1862,75**	465,08	465,08	II	1706,08	1549,41	1392,75	1238,33	1090,25	948,66
	III	**1331,83**	465,08	465,08	III	1208,83	1089,00	972,50	859,16	749,00	642,16
	V	**2517,41**	465,08	465,08	IV	1924,66	1846,33	1768,00	1689,66	1611,33	1533,00
	VI	**2560,66**	465,08	465,08							
7994,99	I,IV	**2010,83**	465,08	465,08	I	1854,16	1697,50	1540,83	1384,16	1230,08	1082,33
Ost	II	**1870,50**	465,08	465,08	II	1713,83	1557,16	1400,58	1245,91	1097,50	955,58
	III	**1338,00**	465,08	465,08	III	1214,83	1095,00	978,16	864,66	754,50	647,33
	V	**2525,25**	465,08	465,08	IV	1932,50	1854,16	1775,83	1697,50	1619,16	1540,83
	VI	**2568,50**	465,08	465,08							
7997,99	I,IV	**2004,25**	465,08	465,08	I	1847,58	1690,91	1534,25	1377,58	1223,75	1076,33
West	II	**1864,00**	465,08	465,08	II	1707,33	1550,66	1394,00	1239,58	1091,41	949,75
	III	**1332,83**	465,08	465,08	III	1209,83	1090,00	973,33	860,00	749,83	643,00
	V	**2518,66**	465,08	465,08	IV	1925,91	1847,58	1769,25	1690,91	1612,58	1534,25
	VI	**2562,00**	465,08	465,08							
7997,99	I,IV	**2012,08**	465,08	465,08	I	1855,41	1698,75	1542,08	1385,41	1231,25	1083,50
Ost	II	**1871,75**	465,08	465,08	II	1715,16	1558,50	1401,83	1247,08	1098,66	956,66
	III	**1339,00**	465,08	465,08	III	1215,83	1095,83	979,16	865,66	755,33	648,16
	V	**2526,50**	465,08	465,08	IV	1933,75	1855,41	1777,08	1698,75	1620,41	1542,08
	VI	**2569,75**	465,08	465,08							
8000,99	I,IV	**2005,50**	465,08	465,08	I	1848,83	1692,16	1535,58	1378,91	1225,00	1077,50
West	II	**1865,25**	465,08	465,08	II	1708,58	1551,91	1395,25	1240,75	1092,58	950,83
	III	**1333,83**	465,08	465,08	III	1210,83	1091,00	974,33	861,00	750,83	643,83
	V	**2520,00**	465,08	465,08	IV	1927,16	1848,83	1770,50	1692,16	1613,83	1535,58
	VI	**2563,25**	465,08	465,08							
8000,99	I,IV	**2013,33**	465,08	465,08	I	1856,66	1700,00	1543,33	1386,66	1232,50	1084,66
Ost	II	**1873,08**	465,08	465,08	II	1716,41	1559,75	1403,08	1248,33	1099,83	957,75
	III	**1340,00**	465,08	465,08	III	1216,83	1096,83	980,16	866,50	756,16	649,16
	V	**2527,75**	465,08	465,08	IV	1935,00	1856,66	1778,33	1700,00	1621,66	1543,33
	VI	**2571,00**	465,08	465,08							
8003,99	I,IV	**2006,75**	465,08	465,08	I	1850,08	1693,50	1536,83	1380,16	1226,16	1078,66
West	II	**1866,50**	465,08	465,08	II	1709,83	1553,16	1396,50	1242,00	1093,75	952,00
	III	**1334,83**	465,08	465,08	III	1211,66	1091,83	975,33	861,83	751,66	644,66
	V	**2521,25**	465,08	465,08	IV	1928,41	1850,08	1771,83	1693,50	1615,16	1536,83
	VI	**2564,50**	465,08	465,08							
8003,99	I,IV	**2014,58**	465,08	465,08	I	1857,91	1701,25	1544,58	1387,91	1233,75	1085,83
Ost	II	**1874,33**	465,08	465,08	II	1717,66	1561,00	1404,33	1249,58	1101,00	958,91
	III	**1341,00**	465,08	465,08	III	1217,83	1097,83	981,00	867,50	757,00	650,00
	V	**2529,00**	465,08	465,08	IV	1936,25	1857,91	1779,58	1701,25	1622,91	1544,58
	VI	**2572,25**	465,08	465,08							
8006,99	I,IV	**2008,08**	465,08	465,08	I	1851,41	1694,75	1538,08	1381,41	1227,41	1079,83
West	II	**1867,75**	465,08	465,08	II	1711,08	1554,41	1397,75	1243,25	1094,91	953,08
	III	**1335,83**	465,08	465,08	III	1212,66	1092,83	976,16	862,66	752,50	645,50
	V	**2522,50**	465,08	465,08	IV	1929,75	1851,41	1773,08	1694,75	1616,41	1538,08
	VI	**2565,75**	465,08	465,08							
8006,99	I,IV	**2015,83**	465,08	465,08	I	1859,16	1702,50	1545,83	1389,16	1234,91	1087,00
Ost	II	**1875,58**	465,08	465,08	II	1718,91	1562,25	1405,58	1250,75	1102,16	960,00
	III	**1342,00**	465,08	465,08	III	1218,83	1098,83	982,00	868,33	758,00	650,83
	V	**2530,25**	465,08	465,08	IV	1937,50	1859,16	1780,83	1702,50	1624,16	1545,83
	VI	**2573,58**	465,08	465,08							
8009,99	I,IV	**2009,33**	465,08	465,08	I	1852,66	1696,00	1539,33	1382,66	1228,58	1081,00
West	II	**1869,00**	465,08	465,08	II	1712,33	1555,66	1399,08	1244,41	1096,08	954,25
	III	**1336,83**	465,08	465,08	III	1213,66	1093,83	977,16	863,66	753,33	646,33
	V	**2523,75**	465,08	465,08	IV	1931,00	1852,66	1774,33	1696,00	1617,66	1539,33
	VI	**2567,00**	465,08	465,08							
8009,99	I,IV	**2017,08**	465,08	465,08	I	1860,41	1703,75	1547,16	1390,50	1236,16	1088,16
Ost	II	**1876,83**	465,08	465,08	II	1720,16	1563,50	1406,83	1252,00	1103,33	961,16
	III	**1343,00**	465,08	465,08	III	1219,83	1099,66	982,83	869,16	758,83	651,66
	V	**2531,58**	465,08	465,08	IV	1938,75	1860,41	1782,08	1703,75	1625,41	1547,16
	VI	**2574,83**	465,08	465,08							

* Zur LSt-Berechnung für privat versicherte Arbeitnehmer s. Beispiele **Vorbemerkung S. 4 f.**
** Basisvorsorgepauschale KV und PV *** Typisierter Arbeitgeberzuschuss

Lohn/ Gehalt in € bis	Steuerklasse	Lohn- steuer*	BVSP**	TAGZ***	Steuerklasse	Bemessungsgrundlage für Kirchensteuer und Solidaritätszuschlag					
						Freibeträge für ... Kinder					
						0,5	**1,0**	1,5	**2,0**	2,5	**3,0**
8012,99	I,IV	**2010,58**	465,08	465,08	I	1853,91	1697,25	1540,58	1383,91	1229,83	1082,16
West	II	**1870,25**	465,08	465,08	II	1713,58	1557,00	1400,33	1245,66	1097,25	955,33
	III	**1337,83**	465,08	465,08	III	1214,66	1094,66	978,00	864,50	754,33	647,16
	V	**2525,00**	465,08	465,08	IV	1932,25	1853,91	1775,58	1697,25	1618,91	1540,58
	VI	**2568,25**	465,08	465,08							
8012,99	I,IV	**2018,33**	465,08	465,08	I	1861,66	1705,08	1548,41	1391,75	1237,33	1089,33
Ost	II	**1878,08**	465,08	465,08	II	1721,41	1564,75	1408,08	1253,16	1104,50	962,25
	III	**1344,00**	465,08	465,08	III	1220,66	1100,66	983,83	870,16	759,66	652,50
	V	**2532,83**	465,08	465,08	IV	1940,00	1861,66	1783,41	1705,08	1626,75	1548,41
	VI	**2576,08**	465,08	465,08							
8015,99	I,IV	**2011,83**	465,08	465,08	I	1855,16	1698,50	1541,83	1385,16	1231,08	1083,33
West	II	**1871,58**	465,08	465,08	II	1714,91	1558,25	1401,58	1246,83	1098,41	956,41
	III	**1338,83**	465,08	465,08	III	1215,66	1095,66	979,00	865,50	755,16	648,00
	V	**2526,25**	465,08	465,08	IV	1933,50	1855,16	1776,83	1698,50	1620,16	1541,83
	VI	**2569,50**	465,08	465,08							
8015,99	I,IV	**2019,66**	465,08	465,08	I	1863,00	1706,33	1549,66	1393,00	1238,58	1090,50
Ost	II	**1879,33**	465,08	465,08	II	1722,66	1566,00	1409,33	1254,41	1105,66	963,33
	III	**1345,00**	465,08	465,08	III	1221,66	1101,66	984,66	871,00	760,50	653,33
	V	**2534,08**	465,08	465,08	IV	1941,33	1863,00	1784,66	1706,33	1628,00	1549,66
	VI	**2577,33**	465,08	465,08							
8018,99	I,IV	**2013,08**	465,08	465,08	I	1856,41	1699,75	1543,08	1386,41	1232,25	1084,41
West	II	**1872,83**	465,08	465,08	II	1716,16	1559,50	1402,83	1248,08	1099,58	957,58
	III	**1339,83**	465,08	465,08	III	1216,66	1096,66	979,83	866,33	756,00	648,83
	V	**2527,50**	465,08	465,08	IV	1934,75	1856,41	1778,08	1699,75	1621,41	1543,08
	VI	**2570,75**	465,08	465,08							
8018,99	I,IV	**2020,91**	465,08	465,08	I	1864,25	1707,58	1550,91	1394,25	1239,83	1091,66
Ost	II	**1880,58**	465,08	465,08	II	1723,91	1567,25	1410,66	1255,66	1106,83	964,50
	III	**1346,00**	465,08	465,08	III	1222,66	1102,50	985,66	872,00	761,50	654,16
	V	**2535,33**	465,08	465,08	IV	1942,58	1864,25	1785,91	1707,58	1629,25	1550,91
	VI	**2578,58**	465,08	465,08							
8021,99	I,IV	**2014,33**	465,08	465,08	I	1857,66	1701,00	1544,33	1387,66	1233,50	1085,58
West	II	**1874,08**	465,08	465,08	II	1717,41	1560,75	1404,08	1249,33	1100,75	958,66
	III	**1340,83**	465,08	465,08	III	1217,66	1097,66	980,83	867,16	756,83	649,66
	V	**2528,75**	465,08	465,08	IV	1936,00	1857,66	1779,33	1701,00	1622,66	1544,33
	VI	**2572,08**	465,08	465,08							
8021,99	I,IV	**2022,16**	465,08	465,08	I	1865,50	1708,83	1552,16	1395,50	1241,00	1092,83
Ost	II	**1881,83**	465,08	465,08	II	1725,16	1568,58	1411,91	1256,83	1108,00	965,58
	III	**1347,00**	465,08	465,08	III	1223,66	1103,50	986,50	872,83	762,33	655,00
	V	**2536,58**	465,08	465,08	IV	1943,83	1865,50	1787,16	1708,83	1630,50	1552,16
	VI	**2579,83**	465,08	465,08							
8024,99	I,IV	**2015,58**	465,08	465,08	I	1858,91	1702,25	1545,58	1389,00	1234,66	1086,75
West	II	**1875,33**	465,08	465,08	II	1718,66	1562,00	1405,33	1250,50	1101,91	959,83
	III	**1341,83**	465,08	465,08	III	1218,50	1098,50	981,66	868,16	757,83	650,66
	V	**2530,08**	465,08	465,08	IV	1937,25	1858,91	1780,58	1702,25	1623,91	1545,58
	VI	**2573,33**	465,08	465,08							
8024,99	I,IV	**2023,41**	465,08	465,08	I	1866,75	1710,08	1553,41	1396,75	1242,25	1094,00
Ost	II	**1883,16**	465,08	465,08	II	1726,50	1569,83	1413,16	1258,08	1109,16	966,75
	III	**1348,00**	465,08	465,08	III	1224,66	1104,50	987,50	873,66	763,16	655,83
	V	**2537,83**	465,08	465,08	IV	1945,08	1866,75	1788,41	1710,08	1631,75	1553,41
	VI	**2581,08**	465,08	465,08							
8027,99	I,IV	**2016,83**	465,08	465,08	I	1860,16	1703,58	1546,91	1390,25	1235,91	1087,91
West	II	**1876,58**	465,08	465,08	II	1719,91	1563,25	1406,58	1251,75	1103,08	960,91
	III	**1342,83**	465,08	465,08	III	1219,50	1099,50	982,66	869,00	758,66	651,50
	V	**2531,33**	465,08	465,08	IV	1938,50	1860,16	1781,83	1703,58	1625,25	1546,91
	VI	**2574,58**	465,08	465,08							
8027,99	I,IV	**2024,66**	465,08	465,08	I	1868,00	1711,33	1554,66	1398,00	1243,41	1095,16
Ost	II	**1884,41**	465,08	465,08	II	1727,75	1571,08	1414,41	1259,33	1110,33	967,83
	III	**1349,00**	465,08	465,08	III	1225,66	1105,50	988,50	874,66	764,16	656,66
	V	**2539,08**	465,08	465,08	IV	1946,33	1868,00	1789,66	1711,33	1633,00	1554,66
	VI	**2582,33**	465,08	465,08							

* Zur LSt-Berechnung für privat versicherte Arbeitnehmer s. Beispiele **Vorbemerkung S. 4 f.**
** Basisvorsorgepauschale KV und PV *** Typisierter Arbeitgeberzuschuss

Lohn/ Gehalt in € bis	Steuerklasse	Lohn-steuer*	BVSP**	TAGZ***	Steuerklasse	Bemessungsgrundlage für Kirchensteuer und Solidaritätszuschlag					
						Freibeträge für ... Kinder					
						0,5	**1,0**	1,5	**2,0**	2,5	**3,0**
8030,99	I,IV	**2018,08**	465,08	465,08	I	1 861,50	1 704,83	1 548,16	1 391,50	1 237,08	1 089,08
West	II	**1877,83**	465,08	465,08	II	1 721,16	1 564,50	1 407,83	1 253,00	1 104,25	962,00
	III	**1343,83**	465,08	465,08	III	1 220,50	1 100,50	983,66	870,00	759,50	652,33
	V	**2532,58**	465,08	465,08	IV	1 939,83	1 861,50	1 783,16	1 704,83	1 626,50	1 548,16
	VI	**2575,83**	465,08	465,08							
8030,99	I,IV	**2025,91**	465,08	465,08	I	1 869,25	1 712,58	1 555,91	1 399,25	1 244,66	1 096,33
Ost	II	**1885,66**	465,08	465,08	II	1 729,00	1 572,33	1 415,66	1 260,58	1 111,50	969,00
	III	**1350,00**	465,08	465,08	III	1 226,66	1 106,33	989,33	875,50	765,00	657,50
	V	**2540,33**	465,08	465,08	IV	1 947,58	1 869,25	1 790,91	1 712,58	1 634,25	1 555,91
	VI	**2583,66**	465,08	465,08							
8033,99	I,IV	**2019,41**	465,08	465,08	I	1 862,75	1 706,08	1 549,41	1 392,75	1 238,33	1 090,25
West	II	**1879,08**	465,08	465,08	II	1 722,41	1 565,75	1 409,08	1 254,16	1 105,41	963,16
	III	**1344,83**	465,08	465,08	III	1 221,50	1 101,33	984,50	870,83	760,33	653,16
	V	**2533,83**	465,08	465,08	IV	1 941,08	1 862,75	1 784,41	1 706,08	1 627,75	1 549,41
	VI	**2577,08**	465,08	465,08							
8033,99	I,IV	**2027,16**	465,08	465,08	I	1 870,50	1 713,83	1 557,16	1 400,58	1 245,91	1 097,50
Ost	II	**1886,91**	465,08	465,08	II	1 730,25	1 573,58	1 416,91	1 261,75	1 112,75	970,08
	III	**1351,00**	465,08	465,08	III	1 227,66	1 107,33	990,33	876,50	765,83	658,50
	V	**2541,66**	465,08	465,08	IV	1 948,83	1 870,50	1 792,16	1 713,83	1 635,50	1 557,16
	VI	**2584,91**	465,08	465,08							
8036,99	I,IV	**2020,66**	465,08	465,08	I	1 864,00	1 707,33	1 550,66	1 394,00	1 239,58	1 091,41
West	II	**1880,33**	465,08	465,08	II	1 723,66	1 567,08	1 410,41	1 255,41	1 106,66	964,25
	III	**1345,83**	465,08	465,08	III	1 222,50	1 102,33	985,50	871,66	761,33	654,00
	V	**2535,08**	465,08	465,08	IV	1 942,33	1 864,00	1 785,66	1 707,33	1 629,00	1 550,66
	VI	**2578,33**	465,08	465,08							
8036,99	I,IV	**2028,41**	465,08	465,08	I	1 871,75	1 715,16	1 558,50	1 401,83	1 247,08	1 098,66
Ost	II	**1888,16**	465,08	465,08	II	1 731,50	1 574,83	1 418,16	1 263,00	1 113,91	971,25
	III	**1352,16**	465,08	465,08	III	1 228,50	1 108,33	991,16	877,33	766,66	659,33
	V	**2542,91**	465,08	465,08	IV	1 950,08	1 871,75	1 793,41	1 715,16	1 636,83	1 558,50
	VI	**2586,16**	465,08	465,08							
8039,99	I,IV	**2021,91**	465,08	465,08	I	1 865,25	1 708,58	1 551,91	1 395,25	1 240,75	1 092,58
West	II	**1881,58**	465,08	465,08	II	1 725,00	1 568,33	1 411,66	1 256,66	1 107,83	965,41
	III	**1346,83**	465,08	465,08	III	1 223,50	1 103,33	986,33	872,66	762,16	654,83
	V	**2536,33**	465,08	465,08	IV	1 943,58	1 865,25	1 786,91	1 708,58	1 630,25	1 551,91
	VI	**2579,58**	465,08	465,08							
8039,99	I,IV	**2029,66**	465,08	465,08	I	1 873,08	1 716,41	1 559,75	1 403,08	1 248,33	1 099,83
Ost	II	**1889,41**	465,08	465,08	II	1 732,75	1 576,08	1 419,41	1 264,25	1 115,08	972,33
	III	**1353,16**	465,08	465,08	III	1 229,50	1 109,16	992,16	878,33	767,66	660,16
	V	**2544,16**	465,08	465,08	IV	1 951,41	1 873,08	1 794,75	1 716,41	1 638,08	1 559,75
	VI	**2587,41**	465,08	465,08							
8042,99	I,IV	**2023,16**	465,08	465,08	I	1 866,50	1 709,83	1 553,16	1 396,50	1 242,00	1 093,75
West	II	**1882,91**	465,08	465,08	II	1 726,25	1 569,58	1 412,91	1 257,83	1 109,00	966,50
	III	**1347,83**	465,08	465,08	III	1 224,50	1 104,33	987,33	873,50	763,00	655,66
	V	**2537,58**	465,08	465,08	IV	1 944,83	1 866,50	1 788,16	1 709,83	1 631,50	1 553,16
	VI	**2580,83**	465,08	465,08							
8042,99	I,IV	**2031,00**	465,08	465,08	I	1 874,33	1 717,66	1 561,00	1 404,33	1 249,58	1 101,00
Ost	II	**1890,66**	465,08	465,08	II	1 734,00	1 577,33	1 420,66	1 265,41	1 116,25	973,41
	III	**1354,16**	465,08	465,08	III	1 230,50	1 110,16	993,00	879,16	768,50	661,00
	V	**2545,41**	465,08	465,08	IV	1 952,66	1 874,33	1 796,00	1 717,66	1 639,33	1 561,00
	VI	**2588,66**	465,08	465,08							
8045,99	I,IV	**2024,41**	465,08	465,08	I	1 867,75	1 711,08	1 554,41	1 397,75	1 243,25	1 094,91
West	II	**1884,16**	465,08	465,08	II	1 727,50	1 570,83	1 414,16	1 259,08	1 110,16	967,66
	III	**1348,83**	465,08	465,08	III	1 225,50	1 105,16	988,16	874,50	763,83	656,50
	V	**2538,83**	465,08	465,08	IV	1 946,08	1 867,75	1 789,41	1 711,08	1 632,75	1 554,41
	VI	**2582,08**	465,08	465,08							
8045,99	I,IV	**2032,25**	465,08	465,08	I	1 875,58	1 718,91	1 562,25	1 405,58	1 250,75	1 102,16
Ost	II	**1891,91**	465,08	465,08	II	1 735,25	1 578,66	1 422,00	1 266,66	1 117,41	974,58
	III	**1355,16**	465,08	465,08	III	1 231,50	1 111,16	994,00	880,00	769,33	661,83
	V	**2546,66**	465,08	465,08	IV	1 953,91	1 875,58	1 797,25	1 718,91	1 640,58	1 562,25
	VI	**2589,91**	465,08	465,08							

* Zur LSt-Berechnung für privat versicherte Arbeitnehmer s. Beispiele **Vorbemerkung S. 4 f.**
** Basisvorsorgepauschale KV und PV *** Typisierter Arbeitgeberzuschuss

Lohn/ Gehalt in € bis	Steuerklasse	Lohn-steuer*	BVSP**	TAGZ***	Steuerklasse	Bemessungsgrundlage für Kirchensteuer und Solidaritätszuschlag – Freibeträge für … Kinder 0,5	1,0	1,5	2,0	2,5	3,0
8048,99 West	I,IV	**2025,66**	465,08	465,08	I	1869,00	1712,33	1555,66	1399,08	1244,41	1096,08
	II	**1885,41**	465,08	465,08	II	1728,75	1572,08	1415,41	1260,33	1111,33	968,75
	III	**1349,83**	465,08	465,08	III	1226,33	1106,16	989,16	875,33	764,83	657,33
	V	**2540,08**	465,08	465,08	IV	1947,33	1869,00	1790,66	1712,33	1634,00	1555,66
	VI	**2583,41**	465,08	465,08							
8048,99 Ost	I,IV	**2033,50**	465,08	465,08	I	1876,83	1720,16	1563,50	1406,83	1252,00	1103,33
	II	**1893,16**	465,08	465,08	II	1736,58	1579,91	1423,25	1267,91	1118,58	975,66
	III	**1356,16**	465,08	465,08	III	1232,50	1112,16	995,00	881,00	770,16	662,66
	V	**2547,91**	465,08	465,08	IV	1955,16	1876,83	1798,50	1720,16	1641,83	1563,50
	VI	**2591,16**	465,08	465,08							
8051,99 West	I,IV	**2026,91**	465,08	465,08	I	1870,25	1713,58	1557,00	1400,33	1245,66	1097,25
	II	**1886,66**	465,08	465,08	II	1730,00	1573,33	1416,66	1261,50	1112,50	969,83
	III	**1350,83**	465,08	465,08	III	1227,33	1107,16	990,00	876,33	765,66	658,16
	V	**2541,41**	465,08	465,08	IV	1948,58	1870,25	1791,91	1713,58	1635,33	1557,00
	VI	**2584,66**	465,08	465,08							
8051,99 Ost	I,IV	**2034,75**	465,08	465,08	I	1878,08	1721,41	1564,75	1408,08	1253,16	1104,50
	II	**1894,50**	465,08	465,08	II	1737,83	1581,16	1424,50	1269,16	1119,75	976,83
	III	**1357,16**	465,08	465,08	III	1233,50	1113,00	995,83	881,83	771,16	663,50
	V	**2549,16**	465,08	465,08	IV	1956,41	1878,08	1799,75	1721,41	1643,08	1564,75
	VI	**2592,41**	465,08	465,08							
8054,99 West	I,IV	**2028,16**	465,08	465,08	I	1871,58	1714,91	1558,25	1401,58	1246,83	1098,41
	II	**1887,91**	465,08	465,08	II	1731,25	1574,58	1417,91	1262,75	1113,66	971,00
	III	**1351,83**	465,08	465,08	III	1228,33	1108,00	991,00	877,16	766,50	659,16
	V	**2542,66**	465,08	465,08	IV	1949,83	1871,58	1793,25	1714,91	1636,58	1558,25
	VI	**2585,91**	465,08	465,08							
8054,99 Ost	I,IV	**2036,00**	465,08	465,08	I	1879,33	1722,66	1566,00	1409,33	1254,41	1105,66
	II	**1895,75**	465,08	465,08	II	1739,08	1582,41	1425,75	1270,33	1120,91	977,91
	III	**1358,16**	465,08	465,08	III	1234,50	1114,00	996,83	882,83	772,00	664,33
	V	**2550,41**	465,08	465,08	IV	1957,66	1879,33	1801,00	1722,66	1644,33	1566,00
	VI	**2593,75**	465,08	465,08							
8057,99 West	I,IV	**2029,50**	465,08	465,08	I	1872,83	1716,16	1559,50	1402,83	1248,08	1099,58
	II	**1889,16**	465,08	465,08	II	1732,50	1575,83	1419,16	1264,00	1114,83	972,08
	III	**1352,83**	465,08	465,08	III	1229,33	1109,00	992,00	878,00	767,33	660,00
	V	**2543,91**	465,08	465,08	IV	1951,16	1872,83	1794,50	1716,16	1637,83	1559,50
	VI	**2587,16**	465,08	465,08							
8057,99 Ost	I,IV	**2037,25**	465,08	465,08	I	1880,58	1723,91	1567,25	1410,66	1255,66	1106,83
	II	**1897,00**	465,08	465,08	II	1740,33	1583,66	1427,00	1271,58	1122,08	979,08
	III	**1359,16**	465,08	465,08	III	1235,50	1115,00	997,66	883,66	772,83	665,16
	V	**2551,75**	465,08	465,08	IV	1958,91	1880,58	1802,25	1723,91	1645,58	1567,25
	VI	**2595,00**	465,08	465,08							
8060,99 West	I,IV	**2030,75**	465,08	465,08	I	1874,08	1717,41	1560,75	1404,08	1249,33	1100,75
	II	**1890,41**	465,08	465,08	II	1733,75	1577,08	1420,50	1265,16	1116,00	973,25
	III	**1353,83**	465,08	465,08	III	1230,33	1110,00	992,83	879,00	768,33	660,83
	V	**2545,16**	465,08	465,08	IV	1952,41	1874,08	1795,75	1717,41	1639,08	1560,75
	VI	**2588,41**	465,08	465,08							
8060,99 Ost	I,IV	**2038,50**	465,08	465,08	I	1881,83	1725,16	1568,58	1411,91	1256,83	1108,00
	II	**1898,25**	465,08	465,08	II	1741,58	1584,91	1428,25	1272,83	1123,25	980,16
	III	**1360,16**	465,08	465,08	III	1236,50	1116,00	998,66	884,66	773,66	666,16
	V	**2553,00**	465,08	465,08	IV	1960,16	1881,83	1803,50	1725,16	1646,91	1568,58
	VI	**2596,25**	465,08	465,08							
8063,99 West	I,IV	**2032,00**	465,08	465,08	I	1875,33	1718,66	1562,00	1405,33	1250,50	1101,91
	II	**1891,66**	465,08	465,08	II	1735,08	1578,41	1421,75	1266,41	1117,16	974,33
	III	**1354,83**	465,08	465,08	III	1231,33	1111,00	993,83	879,83	769,16	661,66
	V	**2546,41**	465,08	465,08	IV	1953,66	1875,33	1797,00	1718,66	1640,33	1562,00
	VI	**2589,66**	465,08	465,08							
8063,99 Ost	I,IV	**2039,75**	465,08	465,08	I	1883,16	1726,50	1569,83	1413,16	1258,08	1109,16
	II	**1899,50**	465,08	465,08	II	1742,83	1586,16	1429,50	1274,00	1124,50	981,33
	III	**1361,16**	465,08	465,08	III	1237,33	1116,83	999,66	885,50	774,66	667,00
	V	**2554,25**	465,08	465,08	IV	1961,41	1883,16	1804,83	1726,50	1648,16	1569,83
	VI	**2597,50**	465,08	465,08							

* Zur LSt-Berechnung für privat versicherte Arbeitnehmer s. Beispiele **Vorbemerkung S. 4f.**
** Basisvorsorgepauschale KV und PV *** Typisierter Arbeitgeberzuschuss

Lohn/ Gehalt in € bis	Steuerklasse	Lohn- steuer*	BVSP**	TAGZ***	Steuerklasse	Bemessungsgrundlage für Kirchensteuer und Solidaritätszuschlag					
						Freibeträge für ... Kinder					
						0,5	**1,0**	1,5	**2,0**	2,5	**3,0**
8066,99 West	I,IV	**2033,25**	465,08	465,08	I	1876,58	1719,91	1563,25	1406,58	1251,75	1103,08
	II	**1893,00**	465,08	465,08	II	1736,33	1579,66	1423,00	1267,66	1118,33	975,50
	III	**1355,83**	465,08	465,08	III	1232,33	1111,83	994,66	880,83	770,00	662,50
	V	**2547,66**	465,08	465,08	IV	1954,91	1876,58	1798,25	1719,91	1641,58	1563,25
	VI	**2590,91**	465,08	465,08							
8066,99 Ost	I,IV	**2041,08**	465,08	465,08	I	1884,41	1727,75	1571,08	1414,41	1259,33	1110,33
	II	**1900,75**	465,08	465,08	II	1744,08	1587,41	1430,75	1275,25	1125,66	982,41
	III	**1362,16**	465,08	465,08	III	1238,33	1117,83	1000,50	886,33	775,50	667,83
	V	**2555,50**	465,08	465,08	IV	1962,75	1884,41	1806,08	1727,75	1649,41	1571,08
	VI	**2598,75**	465,08	465,08							
8069,99 West	I,IV	**2034,50**	465,08	465,08	I	1877,83	1721,16	1564,50	1407,83	1253,00	1104,25
	II	**1894,25**	465,08	465,08	II	1737,58	1580,91	1424,25	1268,91	1119,50	976,58
	III	**1356,83**	465,08	465,08	III	1233,33	1112,83	995,66	881,66	770,83	663,33
	V	**2548,91**	465,08	465,08	IV	1956,16	1877,83	1799,50	1721,16	1642,83	1564,50
	VI	**2592,16**	465,08	465,08							
8069,99 Ost	I,IV	**2042,33**	465,08	465,08	I	1885,66	1729,00	1572,33	1415,66	1260,58	1111,50
	II	**1902,00**	465,08	465,08	II	1745,33	1588,66	1432,08	1276,50	1126,83	983,58
	III	**1363,16**	465,08	465,08	III	1239,33	1118,83	1001,50	887,33	776,33	668,66
	V	**2556,75**	465,08	465,08	IV	1964,00	1885,66	1807,33	1729,00	1650,66	1572,33
	VI	**2600,00**	465,08	465,08							
8072,99 West	I,IV	**2035,75**	465,08	465,08	I	1879,08	1722,41	1565,75	1409,08	1254,16	1105,41
	II	**1895,50**	465,08	465,08	II	1738,83	1582,16	1425,50	1270,08	1120,66	977,75
	III	**1357,83**	465,08	465,08	III	1234,33	1113,83	996,66	882,50	771,83	664,16
	V	**2550,16**	465,08	465,08	IV	1957,41	1879,08	1800,75	1722,41	1644,08	1565,75
	VI	**2593,50**	465,08	465,08							
8072,99 Ost	I,IV	**2043,58**	465,08	465,08	I	1886,91	1730,25	1573,58	1416,91	1261,75	1112,75
	II	**1903,25**	465,08	465,08	II	1746,66	1590,00	1433,33	1277,75	1128,00	984,66
	III	**1364,16**	465,08	465,08	III	1240,33	1119,83	1002,33	888,16	777,33	669,50
	V	**2558,00**	465,08	465,08	IV	1965,25	1886,91	1808,58	1730,25	1651,91	1573,58
	VI	**2601,25**	465,08	465,08							
8075,99 West	I,IV	**2037,00**	465,08	465,08	I	1880,33	1723,66	1567,08	1410,41	1255,41	1106,66
	II	**1896,75**	465,08	465,08	II	1740,08	1583,41	1426,75	1271,33	1121,91	978,83
	III	**1358,83**	465,08	465,08	III	1235,16	1114,83	997,50	883,50	772,66	665,00
	V	**2551,50**	465,08	465,08	IV	1958,66	1880,33	1802,00	1723,66	1645,33	1567,08
	VI	**2594,75**	465,08	465,08							
8075,99 Ost	I,IV	**2044,83**	465,08	465,08	I	1888,16	1731,50	1574,83	1418,16	1263,00	1113,91
	II	**1904,58**	465,08	465,08	II	1747,91	1591,25	1434,58	1278,91	1129,16	985,83
	III	**1365,16**	465,08	465,08	III	1241,33	1120,66	1003,33	889,16	778,16	670,33
	V	**2559,25**	465,08	465,08	IV	1966,50	1888,16	1809,83	1731,50	1653,16	1574,83
	VI	**2602,50**	465,08	465,08							
8078,99 West	I,IV	**2038,25**	465,08	465,08	I	1881,58	1725,00	1568,33	1411,66	1256,66	1107,83
	II	**1898,00**	465,08	465,08	II	1741,33	1584,66	1428,00	1272,58	1123,08	980,00
	III	**1360,00**	465,08	465,08	III	1236,16	1115,66	998,50	884,33	773,50	665,83
	V	**2552,75**	465,08	465,08	IV	1959,91	1881,58	1803,33	1725,00	1646,66	1568,33
	VI	**2596,00**	465,08	465,08							
8078,99 Ost	I,IV	**2046,08**	465,08	465,08	I	1889,41	1732,75	1576,08	1419,41	1264,25	1115,08
	II	**1905,83**	465,08	465,08	II	1749,16	1592,50	1435,83	1280,16	1130,33	986,91
	III	**1366,16**	465,08	465,08	III	1242,33	1121,66	1004,16	890,00	779,00	671,16
	V	**2560,50**	465,08	465,08	IV	1967,75	1889,41	1811,08	1732,75	1654,41	1576,08
	VI	**2603,75**	465,08	465,08							
8081,99 West	I,IV	**2039,58**	465,08	465,08	I	1882,91	1726,25	1569,58	1412,91	1257,83	1109,00
	II	**1899,25**	465,08	465,08	II	1742,58	1585,91	1429,25	1273,83	1124,25	981,08
	III	**1361,00**	465,08	465,08	III	1237,16	1116,66	999,33	885,33	774,50	666,83
	V	**2554,00**	465,08	465,08	IV	1961,25	1882,91	1804,58	1726,25	1647,91	1569,58
	VI	**2597,25**	465,08	465,08							
8081,99 Ost	I,IV	**2047,33**	465,08	465,08	I	1890,66	1734,00	1577,33	1420,66	1265,41	1116,25
	II	**1907,08**	465,08	465,08	II	1750,41	1593,75	1437,08	1281,41	1131,50	988,08
	III	**1367,16**	465,08	465,08	III	1243,33	1122,66	1005,16	891,00	779,83	672,00
	V	**2561,75**	465,08	465,08	IV	1969,00	1890,66	1812,33	1734,00	1655,66	1577,33
	VI	**2605,08**	465,08	465,08							

* Zur LSt-Berechnung für privat versicherte Arbeitnehmer s. Beispiele **Vorbemerkung S. 4 f.**
** Basisvorsorgepauschale KV und PV *** Typisierter Arbeitgeberzuschuss

Lohn/ Gehalt in € bis	Steuerklasse	Lohn- steuer*	BVSP**	TAGZ***	Steuerklasse	Bemessungsgrundlage für Kirchensteuer und Solidaritätszuschlag – Freibeträge für ... Kinder 0,5	1,0	1,5	2,0	2,5	3,0
8084,99	I,IV	**2040,83**	465,08	465,08	I	1884,16	1727,50	1570,83	1414,16	1259,08	1110,16
West	II	**1900,50**	465,08	465,08	II	1743,83	1587,16	1430,58	1275,00	1125,41	982,25
	III	**1362,00**	465,08	465,08	III	1238,16	1117,66	1000,33	886,16	775,33	667,66
	V	**2555,25**	465,08	465,08	IV	1962,50	1884,16	1805,83	1727,50	1649,16	1570,83
	VI	**2598,50**	465,08	465,08							
8084,99	I,IV	**2048,58**	465,08	465,08	I	1891,91	1735,25	1578,66	1422,00	1266,66	1117,41
Ost	II	**1908,33**	465,08	465,08	II	1751,66	1595,00	1438,33	1282,66	1132,75	989,25
	III	**1368,16**	465,08	465,08	III	1244,33	1123,66	1006,16	891,83	780,83	673,00
	V	**2563,08**	465,08	465,08	IV	1970,25	1891,91	1813,58	1735,25	1656,91	1578,66
	VI	**2606,33**	465,08	465,08							
8087,99	I,IV	**2042,08**	465,08	465,08	I	1885,41	1728,75	1572,08	1415,41	1260,33	1111,33
West	II	**1901,75**	465,08	465,08	II	1745,08	1588,50	1431,83	1276,25	1126,58	983,33
	III	**1363,00**	465,08	465,08	III	1239,16	1118,66	1001,16	887,16	776,16	668,50
	V	**2556,50**	465,08	465,08	IV	1963,75	1885,41	1807,08	1728,75	1650,41	1572,08
	VI	**2599,75**	465,08	465,08							
8087,99	I,IV	**2049,83**	465,08	465,08	I	1893,16	1736,58	1579,91	1423,25	1267,91	1118,58
Ost	II	**1909,58**	465,08	465,08	II	1752,91	1596,25	1439,58	1283,91	1133,91	990,33
	III	**1369,16**	465,08	465,08	III	1245,33	1124,50	1007,00	892,66	781,66	673,83
	V	**2564,33**	465,08	465,08	IV	1971,50	1893,16	1814,91	1736,58	1658,25	1579,91
	VI	**2607,58**	465,08	465,08							
8090,99	I,IV	**2043,33**	465,08	465,08	I	1886,66	1730,00	1573,33	1416,66	1261,50	1112,50
West	II	**1903,08**	465,08	465,08	II	1746,41	1589,75	1433,08	1277,50	1127,75	984,50
	III	**1364,00**	465,08	465,08	III	1240,16	1119,50	1002,16	888,00	777,00	669,33
	V	**2557,75**	465,08	465,08	IV	1965,00	1886,66	1808,33	1730,00	1651,66	1573,33
	VI	**2601,00**	465,08	465,08							
8090,99	I,IV	**2051,16**	465,08	465,08	I	1894,50	1737,83	1581,16	1424,50	1269,16	1119,75
Ost	II	**1910,83**	465,08	465,08	II	1754,16	1597,50	1440,83	1285,08	1135,08	991,50
	III	**1370,16**	465,08	465,08	III	1246,33	1125,50	1008,00	893,66	782,50	674,66
	V	**2565,58**	465,08	465,08	IV	1972,83	1894,50	1816,16	1737,83	1659,50	1581,16
	VI	**2608,83**	465,08	465,08							
8093,99	I,IV	**2044,58**	465,08	465,08	I	1887,91	1731,25	1574,58	1417,91	1262,75	1113,66
West	II	**1904,33**	465,08	465,08	II	1747,66	1591,00	1434,33	1278,75	1128,91	985,58
	III	**1365,00**	465,08	465,08	III	1241,16	1120,50	1003,16	888,83	778,00	670,16
	V	**2559,00**	465,08	465,08	IV	1966,25	1887,91	1809,58	1731,25	1652,91	1574,58
	VI	**2602,25**	465,08	465,08							
8093,99	I,IV	**2052,41**	465,08	465,08	I	1895,75	1739,08	1582,41	1425,75	1270,33	1120,91
Ost	II	**1912,08**	465,08	465,08	II	1755,41	1598,75	1442,16	1286,33	1136,25	992,58
	III	**1371,16**	465,08	465,08	III	1247,16	1126,50	1008,83	894,50	783,33	675,50
	V	**2566,83**	465,08	465,08	IV	1974,08	1895,75	1817,41	1739,08	1660,75	1582,41
	VI	**2610,08**	465,08	465,08							
8096,99	I,IV	**2045,83**	465,08	465,08	I	1889,16	1732,50	1575,83	1419,16	1264,00	1114,83
West	II	**1905,58**	465,08	465,08	II	1748,91	1592,25	1435,58	1279,91	1130,16	986,75
	III	**1366,00**	465,08	465,08	III	1242,16	1121,50	1004,00	889,83	778,83	671,00
	V	**2560,25**	465,08	465,08	IV	1967,50	1889,16	1810,83	1732,50	1654,16	1575,83
	VI	**2603,58**	465,08	465,08							
8096,99	I,IV	**2053,66**	465,08	465,08	I	1897,00	1740,33	1583,66	1427,00	1271,58	1122,08
Ost	II	**1913,33**	465,08	465,08	II	1756,66	1600,08	1443,41	1287,58	1137,41	993,75
	III	**1372,33**	465,08	465,08	III	1248,16	1127,50	1009,83	895,50	784,33	676,33
	V	**2568,08**	465,08	465,08	IV	1975,33	1897,00	1818,66	1740,33	1662,00	1583,66
	VI	**2611,33**	465,08	465,08							
8099,99	I,IV	**2047,08**	465,08	465,08	I	1890,41	1733,75	1577,08	1420,50	1265,16	1116,00
West	II	**1906,83**	465,08	465,08	II	1750,16	1593,50	1436,83	1281,16	1131,33	987,83
	III	**1367,00**	465,08	465,08	III	1243,16	1122,50	1005,00	890,66	779,66	671,83
	V	**2561,58**	465,08	465,08	IV	1968,75	1890,41	1812,08	1733,75	1655,41	1577,08
	VI	**2604,83**	465,08	465,08							
8099,99	I,IV	**2054,91**	465,08	465,08	I	1898,25	1741,58	1584,91	1428,25	1272,83	1123,25
Ost	II	**1914,66**	465,08	465,08	II	1758,00	1601,33	1444,66	1288,83	1138,58	994,83
	III	**1373,33**	465,08	465,08	III	1249,16	1128,33	1010,83	896,33	785,16	677,16
	V	**2569,33**	465,08	465,08	IV	1976,58	1898,25	1819,91	1741,58	1663,25	1584,91
	VI	**2612,58**	465,08	465,08							

* Zur LSt-Berechnung für privat versicherte Arbeitnehmer s. Beispiele **Vorbemerkung S. 4 f.**
** Basisvorsorgepauschale KV und PV *** Typisierter Arbeitgeberzuschuss

Lohn/ Gehalt in € bis	Steuerklasse	Lohn-steuer*	BVSP**	TAGZ***	Steuerklasse	Bemessungsgrundlage für Kirchensteuer und Solidaritätszuschlag – Freibeträge für ... Kinder 0,5	1,0	1,5	2,0	2,5	3,0
8102,99 West	I,IV	**2048,33**	465,08	465,08	I	1 891,66	1 735,08	1 578,41	1 421,75	1 266,41	1 117,16
	II	**1 908,08**	465,08	465,08	II	1 751,41	1 594,75	1 438,08	1 282,41	1 132,50	989,00
	III	**1 368,00**	465,08	465,08	III	1 244,00	1 123,33	1 005,83	891,66	780,50	672,66
	V	**2562,83**	465,08	465,08	IV	1 970,00	1 891,66	1 813,33	1 735,08	1 656,75	1 578,41
	VI	**2606,08**	465,08	465,08							
8102,99 Ost	I,IV	**2056,16**	465,08	465,08	I	1 899,50	1 742,83	1 586,16	1 429,50	1 274,00	1 124,50
	II	**1 915,91**	465,08	465,08	II	1 759,25	1 602,58	1 445,91	1 290,08	1 139,83	996,00
	III	**1 374,33**	465,08	465,08	III	1 250,16	1 129,33	1 011,66	897,33	786,00	678,00
	V	**2570,58**	465,08	465,08	IV	1 977,83	1 899,50	1 821,16	1 742,83	1 664,50	1 586,16
	VI	**2613,83**	465,08	465,08							
8105,99 West	I,IV	**2049,58**	465,08	465,08	I	1 893,00	1 736,33	1 579,66	1 423,00	1 267,66	1 118,33
	II	**1 909,33**	465,08	465,08	II	1 752,66	1 596,00	1 439,33	1 283,66	1 133,66	990,08
	III	**1 369,00**	465,08	465,08	III	1 245,00	1 124,33	1 006,83	892,50	781,50	673,66
	V	**2564,08**	465,08	465,08	IV	1 971,33	1 893,00	1 814,66	1 736,33	1 658,00	1 579,66
	VI	**2607,33**	465,08	465,08							
8105,99 Ost	I,IV	**2057,41**	465,08	465,08	I	1 900,75	1 744,08	1 587,41	1 430,75	1 275,25	1 125,66
	II	**1 917,16**	465,08	465,08	II	1 760,50	1 603,83	1 447,16	1 291,25	1 141,00	997,08
	III	**1 375,33**	465,08	465,08	III	1 251,16	1 130,33	1 012,66	898,16	787,00	678,83
	V	**2571,83**	465,08	465,08	IV	1 979,08	1 900,75	1 822,41	1 744,08	1 665,75	1 587,41
	VI	**2615,16**	465,08	465,08							
8108,99 West	I,IV	**2050,91**	465,08	465,08	I	1 894,25	1 737,58	1 580,91	1 424,25	1 268,91	1 119,50
	II	**1 910,58**	465,08	465,08	II	1 753,91	1 597,25	1 440,58	1 284,83	1 134,83	991,25
	III	**1 370,00**	465,08	465,08	III	1 246,00	1 125,33	1 007,83	893,50	782,33	674,50
	V	**2565,33**	465,08	465,08	IV	1 972,58	1 894,25	1 815,91	1 737,58	1 659,25	1 580,91
	VI	**2608,58**	465,08	465,08							
8108,99 Ost	I,IV	**2058,66**	465,08	465,08	I	1 902,00	1 745,33	1 588,66	1 432,08	1 276,50	1 126,83
	II	**1 918,41**	465,08	465,08	II	1 761,75	1 605,08	1 448,41	1 292,50	1 142,16	998,25
	III	**1 376,33**	465,08	465,08	III	1 252,16	1 131,33	1 013,50	899,16	787,83	679,83
	V	**2573,16**	465,08	465,08	IV	1 980,33	1 902,00	1 823,66	1 745,33	1 667,00	1 588,66
	VI	**2616,41**	465,08	465,08							
8111,99 West	I,IV	**2052,16**	465,08	465,08	I	1 895,50	1 738,83	1 582,16	1 425,50	1 270,08	1 120,66
	II	**1 911,83**	465,08	465,08	II	1 755,16	1 598,58	1 441,91	1 286,08	1 136,00	992,41
	III	**1 371,00**	465,08	465,08	III	1 247,00	1 126,33	1 008,66	894,33	783,16	675,33
	V	**2566,58**	465,08	465,08	IV	1 973,83	1 895,50	1 817,16	1 738,83	1 660,50	1 582,16
	VI	**2609,83**	465,08	465,08							
8111,99 Ost	I,IV	**2059,91**	465,08	465,08	I	1 903,25	1 746,66	1 590,00	1 433,33	1 277,75	1 128,00
	II	**1 919,66**	465,08	465,08	II	1 763,00	1 606,33	1 449,66	1 293,75	1 143,33	999,41
	III	**1 377,33**	465,08	465,08	III	1 253,16	1 132,16	1 014,50	900,00	788,66	680,66
	V	**2574,41**	465,08	465,08	IV	1 981,58	1 903,25	1 824,91	1 746,66	1 668,33	1 590,00
	VI	**2617,66**	465,08	465,08							
8114,99 West	I,IV	**2053,41**	465,08	465,08	I	1 896,75	1 740,08	1 583,41	1 426,75	1 271,33	1 121,91
	II	**1 913,08**	465,08	465,08	II	1 756,50	1 599,83	1 443,16	1 287,33	1 137,16	993,50
	III	**1 372,00**	465,08	465,08	III	1 248,00	1 127,16	1 009,66	895,33	784,16	676,16
	V	**2567,83**	465,08	465,08	IV	1 975,08	1 896,75	1 818,41	1 740,08	1 661,75	1 583,41
	VI	**2611,08**	465,08	465,08							
8114,99 Ost	I,IV	**2061,16**	465,08	465,08	I	1 904,58	1 747,91	1 591,25	1 434,58	1 278,91	1 129,16
	II	**1 920,91**	465,08	465,08	II	1 764,25	1 607,58	1 450,91	1 295,00	1 144,50	1 000,50
	III	**1 378,33**	465,08	465,08	III	1 254,16	1 133,16	1 015,50	900,83	789,66	681,50
	V	**2575,66**	465,08	465,08	IV	1 982,91	1 904,58	1 826,25	1 747,91	1 669,58	1 591,25
	VI	**2618,91**	465,08	465,08							
8117,99 West	I,IV	**2054,66**	465,08	465,08	I	1 898,00	1 741,33	1 584,66	1 428,00	1 272,58	1 123,08
	II	**1 914,41**	465,08	465,08	II	1 757,75	1 601,08	1 444,41	1 288,58	1 138,41	994,66
	III	**1 373,00**	465,08	465,08	III	1 249,00	1 128,16	1 010,50	896,16	785,00	677,00
	V	**2569,08**	465,08	465,08	IV	1 976,33	1 898,00	1 819,66	1 741,33	1 663,00	1 584,66
	VI	**2612,33**	465,08	465,08							
8117,99 Ost	I,IV	**2062,50**	465,08	465,08	I	1 905,83	1 749,16	1 592,50	1 435,83	1 280,16	1 130,33
	II	**1 922,16**	465,08	465,08	II	1 765,50	1 608,83	1 452,16	1 296,25	1 145,75	1 001,66
	III	**1 379,33**	465,08	465,08	III	1 255,16	1 134,16	1 016,33	901,83	790,50	682,33
	V	**2576,91**	465,08	465,08	IV	1 984,16	1 905,83	1 827,50	1 749,16	1 670,83	1 592,50
	VI	**2620,16**	465,08	465,08							

* Zur LSt-Berechnung für privat versicherte Arbeitnehmer s. Beispiele **Vorbemerkung S. 4f.**
** Basisvorsorgepauschale KV und PV *** Typisierter Arbeitgeberzuschuss

Lohn/ Gehalt in € bis	Steuerklasse	Lohn- steuer*	BVSP**	TAGZ***	Steuerklasse	Bemessungsgrundlage für Kirchensteuer und Solidaritätszuschlag					
						Freibeträge für ... Kinder					
						0,5	**1,0**	1,5	**2,0**	2,5	**3,0**
8120,99 West	I,IV	**2055,91**	465,08	465,08	I	1899,25	1742,58	1585,91	1429,25	1273,83	1124,25
	II	**1915,66**	465,08	465,08	II	1759,00	1602,33	1445,66	1289,83	1139,58	995,75
	III	**1374,00**	465,08	465,08	III	1250,00	1129,16	1011,50	897,00	785,83	677,83
	V	**2570,33**	465,08	465,08	IV	1977,58	1899,25	1820,91	1742,58	1664,25	1585,91
	VI	**2613,58**	465,08	465,08							
8120,99 Ost	I,IV	**2063,75**	465,08	465,08	I	1907,08	1750,41	1593,75	1437,08	1281,41	1131,50
	II	**1923,41**	465,08	465,08	II	1766,75	1610,16	1453,50	1297,50	1146,91	1002,75
	III	**1380,33**	465,08	465,08	III	1256,16	1135,16	1017,33	902,66	791,33	683,16
	V	**2578,16**	465,08	465,08	IV	1985,41	1907,08	1828,75	1750,41	1672,08	1593,75
	VI	**2621,41**	465,08	465,08							
8123,99 West	I,IV	**2057,16**	465,08	465,08	I	1900,50	1743,83	1587,16	1430,58	1275,00	1125,41
	II	**1916,91**	465,08	465,08	II	1760,25	1603,58	1446,91	1291,08	1140,75	996,91
	III	**1375,00**	465,08	465,08	III	1251,00	1130,16	1012,50	898,00	786,66	678,66
	V	**2571,58**	465,08	465,08	IV	1978,83	1900,50	1822,16	1743,83	1665,50	1587,16
	VI	**2614,91**	465,08	465,08							
8123,99 Ost	I,IV	**2065,00**	465,08	465,08	I	1908,33	1751,66	1595,00	1438,33	1282,66	1132,75
	II	**1924,66**	465,08	465,08	II	1768,08	1611,41	1454,75	1298,66	1148,08	1003,91
	III	**1381,33**	465,08	465,08	III	1257,16	1136,00	1018,16	903,66	792,16	684,00
	V	**2579,41**	465,08	465,08	IV	1986,66	1908,33	1830,00	1751,66	1673,33	1595,00
	VI	**2622,66**	465,08	465,08							
8126,99 West	I,IV	**2058,41**	465,08	465,08	I	1901,75	1745,08	1588,50	1431,83	1276,25	1126,58
	II	**1918,16**	465,08	465,08	II	1761,50	1604,83	1448,16	1292,25	1141,91	998,00
	III	**1376,00**	465,08	465,08	III	1252,00	1131,00	1013,33	898,83	787,66	679,50
	V	**2572,91**	465,08	465,08	IV	1980,08	1901,75	1823,41	1745,08	1666,83	1588,50
	VI	**2616,16**	465,08	465,08							
8126,99 Ost	I,IV	**2066,25**	465,08	465,08	I	1909,58	1752,91	1596,25	1439,58	1283,91	1133,91
	II	**1926,00**	465,08	465,08	II	1769,33	1612,66	1456,00	1299,91	1149,25	1005,08
	III	**1382,33**	465,08	465,08	III	1258,16	1137,00	1019,16	904,50	793,16	684,83
	V	**2580,66**	465,08	465,08	IV	1987,91	1909,58	1831,25	1752,91	1674,58	1596,25
	VI	**2623,91**	465,08	465,08							
8129,99 West	I,IV	**2059,66**	465,08	465,08	I	1903,08	1746,41	1589,75	1433,08	1277,50	1127,75
	II	**1919,41**	465,08	465,08	II	1762,75	1606,08	1449,41	1293,50	1143,08	999,16
	III	**1377,16**	465,08	465,08	III	1253,00	1132,00	1014,33	899,83	788,50	680,50
	V	**2574,16**	465,08	465,08	IV	1981,33	1903,08	1824,75	1746,41	1668,08	1589,75
	VI	**2617,41**	465,08	465,08							
8129,99 Ost	I,IV	**2067,50**	465,08	465,08	I	1910,83	1754,16	1597,50	1440,83	1285,08	1135,08
	II	**1927,25**	465,08	465,08	II	1770,58	1613,91	1457,25	1301,16	1150,50	1006,16
	III	**1383,33**	465,08	465,08	III	1259,00	1138,00	1020,16	905,50	794,00	685,83
	V	**2581,91**	465,08	465,08	IV	1989,16	1910,83	1832,50	1754,16	1675,83	1597,50
	VI	**2625,25**	465,08	465,08							
8132,99 West	I,IV	**2061,00**	465,08	465,08	I	1904,33	1747,66	1591,00	1434,33	1278,75	1128,91
	II	**1920,66**	465,08	465,08	II	1764,00	1607,33	1450,66	1294,75	1144,33	1000,33
	III	**1378,16**	465,08	465,08	III	1254,00	1133,00	1015,16	900,66	789,33	681,33
	V	**2575,41**	465,08	465,08	IV	1982,66	1904,33	1826,00	1747,66	1669,33	1591,00
	VI	**2618,66**	465,08	465,08							
8132,99 Ost	I,IV	**2068,75**	465,08	465,08	I	1912,08	1755,41	1598,75	1442,16	1286,33	1136,25
	II	**1928,50**	465,08	465,08	II	1771,83	1615,16	1458,50	1302,41	1151,66	1007,33
	III	**1384,33**	465,08	465,08	III	1260,00	1139,00	1021,00	906,33	794,83	686,66
	V	**2583,25**	465,08	465,08	IV	1990,41	1912,08	1833,75	1755,41	1677,08	1598,75
	VI	**2626,50**	465,08	465,08							
8135,99 West	I,IV	**2062,25**	465,08	465,08	I	1905,58	1748,91	1592,25	1435,58	1279,91	1130,16
	II	**1921,91**	465,08	465,08	II	1765,25	1608,58	1452,00	1296,00	1145,50	1001,41
	III	**1379,16**	465,08	465,08	III	1254,83	1134,00	1016,16	901,66	790,33	682,16
	V	**2576,66**	465,08	465,08	IV	1983,91	1905,58	1827,25	1748,91	1670,58	1592,25
	VI	**2619,91**	465,08	465,08							
8135,99 Ost	I,IV	**2070,00**	465,08	465,08	I	1913,33	1756,66	1600,08	1443,41	1287,58	1137,41
	II	**1929,75**	465,08	465,08	II	1773,08	1616,41	1459,75	1303,66	1152,83	1008,41
	III	**1385,33**	465,08	465,08	III	1261,00	1139,83	1022,00	907,33	795,83	687,50
	V	**2584,50**	465,08	465,08	IV	1991,66	1913,33	1835,00	1756,66	1678,41	1600,08
	VI	**2627,75**	465,08	465,08							

* Zur LSt-Berechnung für privat versicherte Arbeitnehmer s. Beispiele **Vorbemerkung S. 4f.**
** Basisvorsorgepauschale KV und PV *** Typisierter Arbeitgeberzuschuss

Lohn/ Gehalt in € bis	Steuerklasse	Lohnsteuer*	BVSP**	TAGZ***	Steuerklasse	Bemessungsgrundlage für Kirchensteuer und Solidaritätszuschlag – Freibeträge für ... Kinder 0,5	1,0	1,5	2,0	2,5	3,0
8138,99	I,IV	**2063,50**	465,08	465,08	I	1906,83	1750,16	1593,50	1436,83	1281,16	1131,33
West	II	**1923,16**	465,08	465,08	II	1766,58	1609,91	1453,25	1297,25	1146,66	1002,58
	III	**1380,16**	465,08	465,08	III	1255,83	1134,83	1017,16	902,50	791,16	683,00
	V	**2577,91**	465,08	465,08	IV	1985,16	1906,83	1828,50	1750,16	1671,83	1593,50
	VI	**2621,16**	465,08	465,08							
8138,99	I,IV	**2071,25**	465,08	465,08	I	1914,66	1758,00	1601,33	1444,66	1288,83	1138,58
Ost	II	**1931,00**	465,08	465,08	II	1774,33	1617,66	1461,00	1304,91	1154,00	1009,58
	III	**1386,50**	465,08	465,08	III	1262,00	1140,83	1022,83	908,16	796,66	688,33
	V	**2585,75**	465,08	465,08	IV	1992,91	1914,66	1836,33	1758,00	1679,66	1601,33
	VI	**2629,00**	465,08	465,08							
8141,99	I,IV	**2064,75**	465,08	465,08	I	1908,08	1751,41	1594,75	1438,08	1282,41	1132,50
West	II	**1924,50**	465,08	465,08	II	1767,83	1611,16	1454,50	1298,41	1147,83	1003,66
	III	**1381,16**	465,08	465,08	III	1256,83	1135,83	1018,00	903,50	792,00	683,83
	V	**2579,16**	465,08	465,08	IV	1986,41	1908,08	1829,75	1751,41	1673,08	1594,75
	VI	**2622,41**	465,08	465,08							
8141,99	I,IV	**2072,58**	465,08	465,08	I	1915,91	1759,25	1602,58	1445,91	1290,08	1139,83
Ost	II	**1932,25**	465,08	465,08	II	1775,58	1618,91	1462,25	1306,16	1155,25	1010,75
	III	**1387,50**	465,08	465,08	III	1263,00	1141,83	1023,83	909,16	797,50	689,16
	V	**2587,00**	465,08	465,08	IV	1994,25	1915,91	1837,58	1759,25	1680,91	1602,58
	VI	**2630,25**	465,08	465,08							
8144,99	I,IV	**2066,00**	465,08	465,08	I	1909,33	1752,66	1596,00	1439,33	1283,66	1133,66
West	II	**1925,75**	465,08	465,08	II	1769,08	1612,41	1455,75	1299,66	1149,08	1004,83
	III	**1382,16**	465,08	465,08	III	1257,83	1136,83	1019,00	904,33	793,00	684,66
	V	**2580,41**	465,08	465,08	IV	1987,66	1909,33	1831,00	1752,66	1674,33	1596,00
	VI	**2623,66**	465,08	465,08							
8144,99	I,IV	**2073,83**	465,08	465,08	I	1917,16	1760,50	1603,83	1447,16	1291,25	1141,00
Ost	II	**1933,50**	465,08	465,08	II	1776,83	1620,16	1463,58	1307,33	1156,41	1011,83
	III	**1388,50**	465,08	465,08	III	1264,00	1142,83	1024,83	910,00	798,50	690,00
	V	**2588,25**	465,08	465,08	IV	1995,50	1917,16	1838,83	1760,50	1682,16	1603,83
	VI	**2631,50**	465,08	465,08							
8147,99	I,IV	**2067,25**	465,08	465,08	I	1910,58	1753,91	1597,25	1440,58	1284,83	1134,83
West	II	**1927,00**	465,08	465,08	II	1770,33	1613,66	1457,00	1300,91	1150,25	1006,00
	III	**1383,16**	465,08	465,08	III	1258,83	1137,83	1019,83	905,16	793,83	685,50
	V	**2581,66**	465,08	465,08	IV	1988,91	1910,58	1832,25	1753,91	1675,58	1597,25
	VI	**2625,00**	465,08	465,08							
8147,99	I,IV	**2075,08**	465,08	465,08	I	1918,41	1761,75	1605,08	1448,41	1292,50	1142,16
Ost	II	**1934,75**	465,08	465,08	II	1778,16	1621,50	1464,83	1308,58	1157,58	1013,00
	III	**1389,50**	465,08	465,08	III	1265,00	1143,83	1025,66	910,83	799,33	691,00
	V	**2589,50**	465,08	465,08	IV	1996,75	1918,41	1840,08	1761,75	1683,41	1605,08
	VI	**2632,75**	465,08	465,08							
8150,99	I,IV	**2068,50**	465,08	465,08	I	1911,83	1755,16	1598,58	1441,91	1286,08	1136,00
West	II	**1928,25**	465,08	465,08	II	1771,58	1614,91	1458,25	1302,16	1151,41	1007,08
	III	**1384,16**	465,08	465,08	III	1259,83	1138,66	1020,83	906,16	794,66	686,50
	V	**2583,00**	465,08	465,08	IV	1990,16	1911,83	1833,50	1755,16	1676,83	1598,58
	VI	**2626,25**	465,08	465,08							
8150,99	I,IV	**2076,33**	465,08	465,08	I	1919,66	1763,00	1606,33	1449,66	1293,75	1143,33
Ost	II	**1936,08**	465,08	465,08	II	1779,41	1622,75	1466,08	1309,83	1158,75	1014,16
	III	**1390,50**	465,08	465,08	III	1266,00	1144,66	1026,66	911,83	800,16	691,83
	V	**2590,75**	465,08	465,08	IV	1998,00	1919,66	1841,33	1763,00	1684,66	1606,33
	VI	**2634,00**	465,08	465,08							
8153,99	I,IV	**2069,75**	465,08	465,08	I	1913,08	1756,50	1599,83	1443,16	1287,33	1137,16
West	II	**1929,50**	465,08	465,08	II	1772,83	1616,16	1459,50	1303,41	1152,58	1008,25
	III	**1385,16**	465,08	465,08	III	1260,83	1139,66	1021,83	907,00	795,50	687,33
	V	**2584,25**	465,08	465,08	IV	1991,41	1913,08	1834,83	1756,50	1678,16	1599,83
	VI	**2627,50**	465,08	465,08							
8153,99	I,IV	**2077,58**	465,08	465,08	I	1920,91	1764,25	1607,58	1450,91	1295,00	1144,50
Ost	II	**1937,33**	465,08	465,08	II	1780,66	1624,00	1467,33	1311,08	1160,00	1015,25
	III	**1391,50**	465,08	465,08	III	1267,00	1145,66	1027,66	912,66	801,00	692,66
	V	**2592,00**	465,08	465,08	IV	1999,25	1920,91	1842,58	1764,25	1685,91	1607,58
	VI	**2635,25**	465,08	465,08							

* Zur LSt-Berechnung für privat versicherte Arbeitnehmer s. Beispiele **Vorbemerkung S. 4 f.**
** Basisvorsorgepauschale KV und PV *** Typisierter Arbeitgeberzuschuss

Lohn/ Gehalt in € bis	Steuerklasse	Lohn- steuer*	BVSP**	TAGZ***	Steuerklasse	Bemessungsgrundlage für Kirchensteuer und Solidaritätszuschlag					
						Freibeträge für ... Kinder					
						0,5	**1,0**	1,5	**2,0**	2,5	**3,0**
8156,99	I,IV	**2071,08**	465,08	465,08	I	1914,41	1757,75	1601,08	1444,41	1288,58	1138,41
West	II	**1930,75**	465,08	465,08	II	1774,08	1617,41	1460,75	1304,66	1153,83	1009,33
	III	**1386,16**	465,08	465,08	III	1261,83	1140,66	1022,66	908,00	796,50	688,16
	V	**2585,50**	465,08	465,08	IV	1992,75	1914,41	1836,08	1757,75	1679,41	1601,08
	VI	**2628,75**	465,08	465,08							
8156,99	I,IV	**2078,83**	465,08	465,08	I	1922,16	1765,50	1608,83	1452,16	1296,25	1145,75
Ost	II	**1938,58**	465,08	465,08	II	1781,91	1625,25	1468,58	1312,33	1161,16	1016,41
	III	**1392,50**	465,08	465,08	III	1268,00	1146,66	1028,50	913,66	802,00	693,50
	V	**2593,25**	465,08	465,08	IV	2000,50	1922,16	1843,83	1765,50	1687,16	1608,83
	VI	**2636,58**	465,08	465,08							
8159,99	I,IV	**2072,33**	465,08	465,08	I	1915,66	1759,00	1602,33	1445,66	1289,83	1139,58
West	II	**1932,00**	465,08	465,08	II	1775,33	1618,66	1462,08	1305,91	1155,00	1010,50
	III	**1387,16**	465,08	465,08	III	1262,83	1141,66	1023,66	908,83	797,33	689,00
	V	**2586,75**	465,08	465,08	IV	1994,00	1915,66	1837,33	1759,00	1680,66	1602,33
	VI	**2630,00**	465,08	465,08							
8159,99	I,IV	**2080,08**	465,08	465,08	I	1923,41	1766,75	1610,16	1453,50	1297,50	1146,91
Ost	II	**1939,83**	465,08	465,08	II	1783,16	1626,50	1469,83	1313,58	1162,33	1017,58
	III	**1393,50**	465,08	465,08	III	1269,00	1147,66	1029,50	914,50	802,83	694,33
	V	**2594,58**	465,08	465,08	IV	2001,75	1923,41	1845,08	1766,75	1688,41	1610,16
	VI	**2637,83**	465,08	465,08							
8162,99	I,IV	**2073,58**	465,08	465,08	I	1916,91	1760,25	1603,58	1446,91	1291,08	1140,75
West	II	**1933,25**	465,08	465,08	II	1776,58	1620,00	1463,33	1307,16	1156,16	1011,66
	III	**1388,16**	465,08	465,08	III	1263,83	1142,50	1024,50	909,83	798,16	689,83
	V	**2588,00**	465,08	465,08	IV	1995,25	1916,91	1838,58	1760,25	1681,91	1603,58
	VI	**2631,25**	465,08	465,08							
8162,99	I,IV	**2081,33**	465,08	465,08	I	1924,66	1768,08	1611,41	1454,75	1298,66	1148,08
Ost	II	**1941,08**	465,08	465,08	II	1784,41	1627,75	1471,08	1314,83	1163,50	1018,66
	III	**1394,50**	465,08	465,08	III	1270,00	1148,50	1030,33	915,50	803,66	695,16
	V	**2595,83**	465,08	465,08	IV	2003,00	1924,66	1846,41	1768,08	1689,75	1611,41
	VI	**2639,08**	465,08	465,08							
8165,99	I,IV	**2074,83**	465,08	465,08	I	1918,16	1761,50	1604,83	1448,16	1292,25	1141,91
West	II	**1934,58**	465,08	465,08	II	1777,91	1621,25	1464,58	1308,33	1157,33	1012,75
	III	**1389,16**	465,08	465,08	III	1264,83	1143,50	1025,50	910,66	799,16	690,66
	V	**2589,25**	465,08	465,08	IV	1996,50	1918,16	1839,83	1761,50	1683,16	1604,83
	VI	**2632,50**	465,08	465,08							
8165,99	I,IV	**2082,66**	465,08	465,08	I	1926,00	1769,33	1612,66	1456,00	1299,91	1149,25
Ost	II	**1942,33**	465,08	465,08	II	1785,66	1629,00	1472,33	1316,08	1164,75	1019,83
	III	**1395,50**	465,08	465,08	III	1271,00	1149,50	1031,33	916,33	804,66	696,00
	V	**2597,08**	465,08	465,08	IV	2004,33	1926,00	1847,66	1769,33	1691,00	1612,66
	VI	**2640,33**	465,08	465,08							
8168,99	I,IV	**2076,08**	465,08	465,08	I	1919,41	1762,75	1606,08	1449,41	1293,50	1143,08
West	II	**1935,83**	465,08	465,08	II	1779,16	1622,50	1465,83	1309,58	1158,58	1013,91
	III	**1390,33**	465,08	465,08	III	1265,83	1144,50	1026,50	911,66	800,00	691,66
	V	**2590,50**	465,08	465,08	IV	1997,75	1919,41	1841,08	1762,75	1684,41	1606,08
	VI	**2633,75**	465,08	465,08							
8168,99	I,IV	**2083,91**	465,08	465,08	I	1927,25	1770,58	1613,91	1457,25	1301,16	1150,50
Ost	II	**1943,58**	465,08	465,08	II	1786,91	1630,25	1473,66	1317,33	1165,91	1021,00
	III	**1396,50**	465,08	465,08	III	1272,00	1150,50	1032,33	917,33	805,50	697,00
	V	**2598,33**	465,08	465,08	IV	2005,58	1927,25	1848,91	1770,58	1692,25	1613,91
	VI	**2641,58**	465,08	465,08							
8171,99	I,IV	**2077,33**	465,08	465,08	I	1920,66	1764,00	1607,33	1450,66	1294,75	1144,33
West	II	**1937,08**	465,08	465,08	II	1780,41	1623,75	1467,08	1310,83	1159,75	1015,08
	III	**1391,33**	465,08	465,08	III	1266,83	1145,50	1027,33	912,50	800,83	692,50
	V	**2591,75**	465,08	465,08	IV	1999,00	1920,66	1842,33	1764,00	1685,66	1607,33
	VI	**2635,08**	465,08	465,08							
8171,99	I,IV	**2085,16**	465,08	465,08	I	1928,50	1771,83	1615,16	1458,50	1302,41	1151,66
Ost	II	**1944,83**	465,08	465,08	II	1788,16	1631,58	1474,91	1318,58	1167,08	1022,08
	III	**1397,50**	465,08	465,08	III	1272,83	1151,50	1033,16	918,16	806,33	697,83
	V	**2599,58**	465,08	465,08	IV	2006,83	1928,50	1850,16	1771,83	1693,50	1615,16
	VI	**2642,83**	465,08	465,08							

* Zur LSt-Berechnung für privat versicherte Arbeitnehmer s. Beispiele **Vorbemerkung S. 4f.**
** Basisvorsorgepauschale KV und PV *** Typisierter Arbeitgeberzuschuss

Lohn/ Gehalt in € bis	Steuerklasse	Lohn-steuer*	BVSP**	TAGZ***	Steuerklasse	Bemessungsgrundlage für Kirchensteuer und Solidaritätszuschlag – Freibeträge für ... Kinder 0,5	1,0	1,5	2,0	2,5	3,0
8174,99 West	I,IV	**2078,58**	465,08	465,08	I	1921,91	1765,25	1608,58	1452,00	1296,00	1145,50
	II	**1938,33**	465,08	465,08	II	1781,66	1625,00	1468,33	1312,08	1160,91	1016,16
	III	**1392,33**	465,08	465,08	III	1267,66	1146,50	1028,33	913,50	801,83	693,33
	V	**2593,08**	465,08	465,08	IV	2000,25	1921,91	1843,58	1765,25	1686,91	1608,58
	VI	**2636,33**	465,08	465,08							
8174,99 Ost	I,IV	**2086,41**	465,08	465,08	I	1929,75	1773,08	1616,41	1459,75	1303,66	1152,83
	II	**1946,16**	465,08	465,08	II	1789,50	1632,83	1476,16	1319,75	1168,33	1023,25
	III	**1398,66**	465,08	465,08	III	1273,83	1152,50	1034,16	919,16	807,33	698,66
	V	**2600,83**	465,08	465,08	IV	2008,08	1929,75	1851,41	1773,08	1694,75	1616,41
	VI	**2644,08**	465,08	465,08							
8177,99 West	I,IV	**2079,83**	465,08	465,08	I	1923,16	1766,58	1609,91	1453,25	1297,25	1146,66
	II	**1939,58**	465,08	465,08	II	1782,91	1626,25	1469,58	1313,33	1162,08	1017,33
	III	**1393,33**	465,08	465,08	III	1268,66	1147,33	1029,33	914,33	802,66	694,16
	V	**2594,33**	465,08	465,08	IV	2001,50	1923,16	1844,83	1766,58	1688,25	1609,91
	VI	**2637,58**	465,08	465,08							
8177,99 Ost	I,IV	**2087,66**	465,08	465,08	I	1931,00	1774,33	1617,66	1461,00	1304,91	1154,00
	II	**1947,41**	465,08	465,08	II	1790,75	1634,08	1477,41	1321,00	1169,50	1024,41
	III	**1399,66**	465,08	465,08	III	1274,83	1153,33	1035,16	920,00	808,16	699,50
	V	**2602,08**	465,08	465,08	IV	2009,33	1931,00	1852,66	1774,33	1696,00	1617,66
	VI	**2645,33**	465,08	465,08							
8180,99 West	I,IV	**2081,08**	465,08	465,08	I	1924,50	1767,83	1611,16	1454,50	1298,41	1147,83
	II	**1940,83**	465,08	465,08	II	1784,16	1627,50	1470,83	1314,58	1163,33	1018,50
	III	**1394,33**	465,08	465,08	III	1269,66	1148,33	1030,16	915,33	803,50	695,00
	V	**2595,58**	465,08	465,08	IV	2002,83	1924,50	1846,16	1767,83	1689,50	1611,16
	VI	**2638,83**	465,08	465,08							
8180,99 Ost	I,IV	**2088,91**	465,08	465,08	I	1932,25	1775,58	1618,91	1462,25	1306,16	1155,25
	II	**1948,66**	465,08	465,08	II	1792,00	1635,33	1478,66	1322,25	1170,66	1025,50
	III	**1400,66**	465,08	465,08	III	1275,83	1154,33	1036,00	921,00	809,00	700,33
	V	**2603,33**	465,08	465,08	IV	2010,58	1932,25	1853,91	1775,58	1697,25	1618,91
	VI	**2646,66**	465,08	465,08							
8183,99 West	I,IV	**2082,41**	465,08	465,08	I	1925,75	1769,08	1612,41	1455,75	1299,66	1149,08
	II	**1942,08**	465,08	465,08	II	1785,41	1628,75	1472,08	1315,83	1164,50	1019,58
	III	**1395,33**	465,08	465,08	III	1270,66	1149,33	1031,16	916,16	804,50	695,83
	V	**2596,83**	465,08	465,08	IV	2004,08	1925,75	1847,41	1769,08	1690,75	1612,41
	VI	**2640,08**	465,08	465,08							
8183,99 Ost	I,IV	**2090,16**	465,08	465,08	I	1933,50	1776,83	1620,16	1463,58	1307,33	1156,41
	II	**1949,91**	465,08	465,08	II	1793,25	1636,58	1479,91	1323,50	1171,91	1026,66
	III	**1401,66**	465,08	465,08	III	1276,83	1155,33	1037,00	921,83	810,00	701,16
	V	**2604,66**	465,08	465,08	IV	2011,83	1933,50	1855,16	1776,83	1698,50	1620,16
	VI	**2647,91**	465,08	465,08							
8186,99 West	I,IV	**2083,66**	465,08	465,08	I	1927,00	1770,33	1613,66	1457,00	1300,91	1150,25
	II	**1943,33**	465,08	465,08	II	1786,66	1630,08	1473,41	1317,08	1165,66	1020,75
	III	**1396,33**	465,08	465,08	III	1271,66	1150,33	1032,00	917,00	805,33	696,66
	V	**2598,08**	465,08	465,08	IV	2005,33	1927,00	1848,66	1770,33	1692,00	1613,66
	VI	**2641,33**	465,08	465,08							
8186,99 Ost	I,IV	**2091,41**	465,08	465,08	I	1934,75	1778,16	1621,50	1464,83	1308,58	1157,58
	II	**1951,16**	465,08	465,08	II	1794,50	1637,83	1481,16	1324,75	1173,08	1027,83
	III	**1402,66**	465,08	465,08	III	1277,83	1156,33	1037,83	922,83	810,83	702,16
	V	**2605,91**	465,08	465,08	IV	2013,08	1934,75	1856,41	1778,16	1699,83	1621,50
	VI	**2649,16**	465,08	465,08							
8189,99 West	I,IV	**2084,91**	465,08	465,08	I	1928,25	1771,58	1614,91	1458,25	1302,16	1151,41
	II	**1944,58**	465,08	465,08	II	1788,00	1631,33	1474,66	1318,33	1166,91	1021,91
	III	**1397,33**	465,08	465,08	III	1272,66	1151,16	1033,00	918,00	806,16	697,66
	V	**2599,33**	465,08	465,08	IV	2006,58	1928,25	1849,91	1771,58	1693,25	1614,91
	VI	**2642,58**	465,08	465,08							
8189,99 Ost	I,IV	**2092,66**	465,08	465,08	I	1936,08	1779,41	1622,75	1466,08	1309,83	1158,75
	II	**1952,41**	465,08	465,08	II	1795,75	1639,08	1482,41	1326,00	1174,25	1028,91
	III	**1403,66**	465,08	465,08	III	1278,83	1157,16	1038,83	923,66	811,66	703,00
	V	**2607,16**	465,08	465,08	IV	2014,41	1936,08	1857,75	1779,41	1701,08	1622,75
	VI	**2650,41**	465,08	465,08							

* Zur LSt-Berechnung für privat versicherte Arbeitnehmer s. Beispiele **Vorbemerkung S. 4f.**
** Basisvorsorgepauschale KV und PV *** Typisierter Arbeitgeberzuschuss

Lohn/ Gehalt in € bis	Steuerklasse	Lohn- steuer*	BVSP**	TAGZ***	Steuerklasse	Bemessungsgrundlage für Kirchensteuer und Solidaritätszuschlag					
						Freibeträge für ... Kinder					
						0,5	**1,0**	1,5	**2,0**	2,5	**3,0**
8192,99 West	I,IV	**2086,16**	465,08	465,08	I	1929,50	1772,83	1616,16	1459,50	1303,41	1152,58
	II	**1945,91**	465,08	465,08	II	1789,25	1632,58	1475,91	1319,58	1168,08	1023,00
	III	**1398,33**	465,08	465,08	III	1273,66	1152,16	1034,00	918,83	807,00	698,50
	V	**2600,58**	465,08	465,08	IV	2007,83	1929,50	1851,16	1772,83	1694,50	1616,16
	VI	**2643,83**	465,08	465,08							
8192,99 Ost	I,IV	**2094,00**	465,08	465,08	I	1937,33	1780,66	1624,00	1467,33	1311,08	1160,00
	II	**1953,66**	465,08	465,08	II	1797,00	1640,33	1483,66	1327,25	1175,50	1030,08
	III	**1404,66**	465,08	465,08	III	1279,83	1158,16	1039,83	924,66	812,66	703,83
	V	**2608,41**	465,08	465,08	IV	2015,66	1937,33	1859,00	1780,66	1702,33	1624,00
	VI	**2651,66**	465,08	465,08							
8195,99 West	I,IV	**2087,41**	465,08	465,08	I	1930,75	1774,08	1617,41	1460,75	1304,66	1153,83
	II	**1947,16**	465,08	465,08	II	1790,50	1633,83	1477,16	1320,83	1169,25	1024,16
	III	**1399,33**	465,08	465,08	III	1274,66	1153,16	1034,83	919,83	808,00	699,33
	V	**2601,83**	465,08	465,08	IV	2009,08	1930,75	1852,41	1774,08	1695,75	1617,41
	VI	**2645,08**	465,08	465,08							
8195,99 Ost	I,IV	**2095,25**	465,08	465,08	I	1938,58	1781,91	1625,25	1468,58	1312,33	1161,16
	II	**1954,91**	465,08	465,08	II	1798,25	1641,66	1485,00	1328,50	1176,66	1031,25
	III	**1405,66**	465,08	465,08	III	1280,83	1159,16	1040,66	925,50	813,50	704,66
	V	**2609,66**	465,08	465,08	IV	2016,91	1938,58	1860,25	1781,91	1703,58	1625,25
	VI	**2652,91**	465,08	465,08							
8198,99 West	I,IV	**2088,66**	465,08	465,08	I	1932,00	1775,33	1618,66	1462,08	1305,91	1155,00
	II	**1948,41**	465,08	465,08	II	1791,75	1635,08	1478,41	1322,00	1170,41	1025,33
	III	**1400,33**	465,08	465,08	III	1275,66	1154,16	1035,83	920,66	808,83	700,16
	V	**2603,08**	465,08	465,08	IV	2010,33	1932,00	1853,66	1775,33	1697,00	1618,66
	VI	**2646,41**	465,08	465,08							
8198,99 Ost	I,IV	**2096,50**	465,08	465,08	I	1939,83	1783,16	1626,50	1469,83	1313,58	1162,33
	II	**1956,16**	465,08	465,08	II	1799,58	1642,91	1486,25	1329,75	1177,83	1032,41
	III	**1406,66**	465,08	465,08	III	1281,83	1160,16	1041,66	926,33	814,33	705,50
	V	**2610,91**	465,08	465,08	IV	2018,16	1939,83	1861,50	1783,16	1704,83	1626,50
	VI	**2654,16**	465,08	465,08							
8201,99 West	I,IV	**2089,91**	465,08	465,08	I	1933,25	1776,58	1620,00	1463,33	1307,16	1156,16
	II	**1949,66**	465,08	465,08	II	1793,00	1636,33	1479,66	1323,25	1171,66	1026,41
	III	**1401,50**	465,08	465,08	III	1276,66	1155,16	1036,83	921,66	809,66	701,00
	V	**2604,41**	465,08	465,08	IV	2011,58	1933,25	1854,91	1776,58	1698,33	1620,00
	VI	**2647,66**	465,08	465,08							
8201,99 Ost	I,IV	**2097,75**	465,08	465,08	I	1941,08	1784,41	1627,75	1471,08	1314,83	1163,50
	II	**1957,50**	465,08	465,08	II	1800,83	1644,16	1487,50	1331,00	1179,08	1033,50
	III	**1407,66**	465,08	465,08	III	1282,83	1161,16	1042,66	927,33	815,33	706,33
	V	**2612,16**	465,08	465,08	IV	2019,41	1941,08	1862,75	1784,41	1706,08	1627,75
	VI	**2655,41**	465,08	465,08							
8204,99 West	I,IV	**2091,16**	465,08	465,08	I	1934,58	1777,91	1621,25	1464,58	1308,33	1157,33
	II	**1950,91**	465,08	465,08	II	1794,25	1637,58	1480,91	1324,50	1172,83	1027,58
	III	**1402,50**	465,08	465,08	III	1277,66	1156,00	1037,66	922,50	810,66	701,83
	V	**2605,66**	465,08	465,08	IV	2012,83	1934,58	1856,25	1777,91	1699,58	1621,25
	VI	**2648,91**	465,08	465,08							
8204,99 Ost	I,IV	**2099,00**	465,08	465,08	I	1942,33	1785,66	1629,00	1472,33	1316,08	1164,75
	II	**1958,75**	465,08	465,08	II	1802,08	1645,41	1488,75	1332,25	1180,25	1034,66
	III	**1408,83**	465,08	465,08	III	1283,83	1162,00	1043,50	928,16	816,16	707,33
	V	**2613,41**	465,08	465,08	IV	2020,66	1942,33	1864,00	1785,66	1707,33	1629,00
	VI	**2656,75**	465,08	465,08							
8207,99 West	I,IV	**2092,50**	465,08	465,08	I	1935,83	1779,16	1622,50	1465,83	1309,58	1158,58
	II	**1952,16**	465,08	465,08	II	1795,50	1638,83	1482,16	1325,75	1174,00	1028,75
	III	**1403,50**	465,08	465,08	III	1278,66	1157,00	1038,66	923,50	811,50	702,83
	V	**2606,91**	465,08	465,08	IV	2014,16	1935,83	1857,50	1779,16	1700,83	1622,50
	VI	**2650,16**	465,08	465,08							
8207,99 Ost	I,IV	**2100,25**	465,08	465,08	I	1943,58	1786,91	1630,25	1473,66	1317,33	1165,91
	II	**1960,00**	465,08	465,08	II	1803,33	1646,66	1490,00	1333,50	1181,41	1035,83
	III	**1409,83**	465,08	465,08	III	1284,83	1163,00	1044,50	929,16	817,00	708,16
	V	**2614,75**	465,08	465,08	IV	2021,91	1943,58	1865,25	1786,91	1708,58	1630,25
	VI	**2658,00**	465,08	465,08							

* Zur LSt-Berechnung für privat versicherte Arbeitnehmer s. Beispiele **Vorbemerkung S. 4f.**
** Basisvorsorgepauschale KV und PV *** Typisierter Arbeitgeberzuschuss

Lohn/ Gehalt in € bis	Steuerklasse	Lohn-steuer*	BVSP**	TAGZ***	Steuerklasse	Bemessungsgrundlage für Kirchensteuer und Solidaritätszuschlag – Freibeträge für ... Kinder 0,5	**1,0**	1,5	**2,0**	2,5	**3,0**
8210,99	I,IV	**2093,75**	465,08	465,08	I	1937,08	1780,41	1623,75	1467,08	1310,83	1159,75
West	II	**1953,41**	465,08	465,08	II	1796,75	1640,08	1483,50	1327,00	1175,25	1029,91
	III	**1404,50**	465,08	465,08	III	1279,66	1158,00	1039,50	924,33	812,33	703,66
	V	**2608,16**	465,08	465,08	IV	2015,41	1937,08	1858,75	1780,41	1702,08	1623,75
	VI	**2651,41**	465,08	465,08							
8210,99	I,IV	**2101,50**	465,08	465,08	I	1944,83	1788,16	1631,58	1474,91	1318,58	1167,08
Ost	II	**1961,25**	465,08	465,08	II	1804,58	1647,91	1491,25	1334,75	1182,66	1037,00
	III	**1410,83**	465,08	465,08	III	1285,83	1164,00	1045,50	930,00	818,00	709,00
	V	**2616,00**	465,08	465,08	IV	2023,16	1944,83	1866,50	1788,16	1709,91	1631,58
	VI	**2659,25**	465,08	465,08							
8213,99	I,IV	**2095,00**	465,08	465,08	I	1938,33	1781,66	1625,00	1468,33	1312,08	1160,91
West	II	**1954,66**	465,08	465,08	II	1798,08	1641,41	1484,75	1328,25	1176,41	1031,00
	III	**1405,50**	465,08	465,08	III	1280,66	1159,00	1040,50	925,33	813,33	704,50
	V	**2609,41**	465,08	465,08	IV	2016,66	1938,33	1860,00	1781,66	1703,33	1625,00
	VI	**2652,66**	465,08	465,08							
8213,99	I,IV	**2102,75**	465,08	465,08	I	1946,16	1789,50	1632,83	1476,16	1319,75	1168,33
Ost	II	**1962,50**	465,08	465,08	II	1805,83	1649,16	1492,50	1336,00	1183,83	1038,08
	III	**1411,83**	465,08	465,08	III	1286,83	1165,00	1046,33	931,00	818,83	709,83
	V	**2617,25**	465,08	465,08	IV	2024,41	1946,16	1867,83	1789,50	1711,16	1632,83
	VI	**2660,50**	465,08	465,08							
8216,99	I,IV	**2096,25**	465,08	465,08	I	1939,58	1782,91	1626,25	1469,58	1313,33	1162,08
West	II	**1956,00**	465,08	465,08	II	1799,33	1642,66	1486,00	1329,50	1177,58	1032,16
	III	**1406,50**	465,08	465,08	III	1281,66	1160,00	1041,50	926,16	814,16	705,33
	V	**2610,66**	465,08	465,08	IV	2017,91	1939,58	1861,25	1782,91	1704,58	1626,25
	VI	**2653,91**	465,08	465,08							
8216,99	I,IV	**2104,08**	465,08	465,08	I	1947,41	1790,75	1634,08	1477,41	1321,00	1169,50
Ost	II	**1963,75**	465,08	465,08	II	1807,08	1650,41	1493,75	1337,25	1185,00	1039,25
	III	**1412,83**	465,08	465,08	III	1287,83	1166,00	1047,33	931,83	819,66	710,66
	V	**2618,50**	465,08	465,08	IV	2025,75	1947,41	1869,08	1790,75	1712,41	1634,08
	VI	**2661,75**	465,08	465,08							
8219,99	I,IV	**2097,50**	465,08	465,08	I	1940,83	1784,16	1627,50	1470,83	1314,58	1163,33
West	II	**1957,25**	465,08	465,08	II	1800,58	1643,91	1487,25	1330,75	1178,83	1033,33
	III	**1407,50**	465,08	465,08	III	1282,66	1160,83	1042,33	927,16	815,00	706,16
	V	**2611,91**	465,08	465,08	IV	2019,16	1940,83	1862,50	1784,16	1705,83	1627,50
	VI	**2655,16**	465,08	465,08							
8219,99	I,IV	**2105,33**	465,08	465,08	I	1948,66	1792,00	1635,33	1478,66	1322,25	1170,66
Ost	II	**1965,00**	465,08	465,08	II	1808,33	1651,66	1495,08	1338,50	1186,25	1040,41
	III	**1413,83**	465,08	465,08	III	1288,83	1166,83	1048,33	932,83	820,66	711,66
	V	**2619,75**	465,08	465,08	IV	2027,00	1948,66	1870,33	1792,00	1713,66	1635,33
	VI	**2663,00**	465,08	465,08							
8222,99	I,IV	**2098,75**	465,08	465,08	I	1942,08	1785,41	1628,75	1472,08	1315,83	1164,50
West	II	**1958,50**	465,08	465,08	II	1801,83	1645,16	1488,50	1332,00	1180,00	1034,41
	III	**1408,50**	465,08	465,08	III	1283,66	1161,83	1043,33	928,00	816,00	707,00
	V	**2613,16**	465,08	465,08	IV	2020,41	1942,08	1863,75	1785,41	1707,08	1628,75
	VI	**2656,50**	465,08	465,08							
8222,99	I,IV	**2106,58**	465,08	465,08	I	1949,91	1793,25	1636,58	1479,91	1323,50	1171,91
Ost	II	**1966,25**	465,08	465,08	II	1809,66	1653,00	1496,33	1339,75	1187,41	1041,58
	III	**1414,83**	465,08	465,08	III	1289,83	1167,83	1049,16	933,66	821,50	712,50
	V	**2621,00**	465,08	465,08	IV	2028,25	1949,91	1871,58	1793,25	1714,91	1636,58
	VI	**2664,25**	465,08	465,08							
8225,99	I,IV	**2100,00**	465,08	465,08	I	1943,33	1786,66	1630,08	1473,41	1317,08	1165,66
West	II	**1959,75**	465,08	465,08	II	1803,08	1646,41	1489,75	1333,25	1181,25	1035,58
	III	**1409,50**	465,08	465,08	III	1284,66	1162,83	1044,33	929,00	816,83	708,00
	V	**2614,50**	465,08	465,08	IV	2021,66	1943,33	1865,00	1786,66	1708,33	1630,08
	VI	**2657,75**	465,08	465,08							
8225,99	I,IV	**2107,83**	465,08	465,08	I	1951,16	1794,50	1637,83	1481,16	1324,75	1173,08
Ost	II	**1967,58**	465,08	465,08	II	1810,91	1654,25	1497,58	1341,00	1188,66	1042,66
	III	**1415,83**	465,08	465,08	III	1290,83	1168,83	1050,16	934,66	822,33	713,33
	V	**2622,25**	465,08	465,08	IV	2029,50	1951,16	1872,83	1794,50	1716,16	1637,83
	VI	**2665,50**	465,08	465,08							

* Zur LSt-Berechnung für privat versicherte Arbeitnehmer s. Beispiele **Vorbemerkung S. 4f.**
** Basisvorsorgepauschale KV und PV *** Typisierter Arbeitgeberzuschuss

Lohn/ Gehalt in € bis	Steuerklasse	Lohn-steuer*	BVSP**	TAGZ***	Steuerklasse	Bemessungsgrundlage für Kirchensteuer und Solidaritätszuschlag – Freibeträge für ... Kinder 0,5	**1,0**	1,5	**2,0**	2,5	**3,0**
8228,99	I,IV	**2101,25**	465,08	465,08	I	1944,58	1788,00	1631,33	1474,66	1318,33	1166,91
West	II	**1961,00**	465,08	465,08	II	1804,33	1647,66	1491,00	1334,50	1182,41	1036,75
	III	**1410,50**	465,08	465,08	III	1285,50	1163,83	1045,16	929,83	817,66	708,83
	V	**2615,75**	465,08	465,08	IV	2022,91	1944,58	1866,33	1788,00	1709,66	1631,33
	VI	**2659,00**	465,08	465,08							
8228,99	I,IV	**2109,08**	465,08	465,08	I	1952,41	1795,75	1639,08	1482,41	1326,00	1174,25
Ost	II	**1968,83**	465,08	465,08	II	1812,16	1655,50	1498,83	1342,25	1189,83	1043,83
	III	**1416,83**	465,08	465,08	III	1291,83	1169,83	1051,00	935,50	823,33	714,16
	V	**2623,50**	465,08	465,08	IV	2030,75	1952,41	1874,08	1795,75	1717,41	1639,08
	VI	**2666,75**	465,08	465,08							
8231,99	I,IV	**2102,58**	465,08	465,08	I	1945,91	1789,25	1632,58	1475,91	1319,58	1168,08
West	II	**1962,25**	465,08	465,08	II	1805,58	1648,91	1492,25	1335,75	1183,58	1037,91
	III	**1411,66**	465,08	465,08	III	1286,50	1164,83	1046,16	930,83	818,66	709,66
	V	**2617,00**	465,08	465,08	IV	2024,25	1945,91	1867,58	1789,25	1710,91	1632,58
	VI	**2660,25**	465,08	465,08							
8231,99	I,IV	**2110,33**	465,08	465,08	I	1953,66	1797,00	1640,33	1483,66	1327,25	1175,50
Ost	II	**1970,08**	465,08	465,08	II	1813,41	1656,75	1500,08	1343,50	1191,00	1045,00
	III	**1418,00**	465,08	465,08	III	1292,66	1170,83	1052,00	936,50	824,16	715,00
	V	**2624,75**	465,08	465,08	IV	2032,00	1953,66	1875,33	1797,00	1718,66	1640,33
	VI	**2668,08**	465,08	465,08							
8234,99	I,IV	**2103,83**	465,08	465,08	I	1947,16	1790,50	1633,83	1477,16	1320,83	1169,25
West	II	**1963,50**	465,08	465,08	II	1806,83	1650,16	1493,58	1337,00	1184,83	1039,00
	III	**1412,66**	465,08	465,08	III	1287,50	1165,66	1047,16	931,66	819,50	710,50
	V	**2618,25**	465,08	465,08	IV	2025,50	1947,16	1868,83	1790,50	1712,16	1633,83
	VI	**2661,50**	465,08	465,08							
8234,99	I,IV	**2111,58**	465,08	465,08	I	1954,91	1798,25	1641,66	1485,00	1328,50	1176,66
Ost	II	**1971,33**	465,08	465,08	II	1814,66	1658,00	1501,33	1344,75	1192,25	1046,16
	III	**1419,00**	465,08	465,08	III	1293,66	1171,66	1053,00	937,33	825,00	715,83
	V	**2626,08**	465,08	465,08	IV	2033,25	1954,91	1876,58	1798,25	1719,91	1641,66
	VI	**2669,33**	465,08	465,08							
8237,99	I,IV	**2105,08**	465,08	465,08	I	1948,41	1791,75	1635,08	1478,41	1322,00	1170,41
West	II	**1964,75**	465,08	465,08	II	1808,08	1651,50	1494,83	1338,25	1186,00	1040,16
	III	**1413,66**	465,08	465,08	III	1288,50	1166,66	1048,00	932,66	820,33	711,33
	V	**2619,50**	465,08	465,08	IV	2026,75	1948,41	1870,08	1791,75	1713,41	1635,08
	VI	**2662,75**	465,08	465,08							
8237,99	I,IV	**2112,83**	465,08	465,08	I	1956,16	1799,58	1642,91	1486,25	1329,75	1177,83
Ost	II	**1972,58**	465,08	465,08	II	1815,91	1659,25	1502,58	1346,00	1193,41	1047,33
	III	**1420,00**	465,08	465,08	III	1294,66	1172,66	1053,83	938,33	826,00	716,83
	V	**2627,33**	465,08	465,08	IV	2034,50	1956,16	1877,91	1799,58	1721,25	1642,91
	VI	**2670,58**	465,08	465,08							
8240,99	I,IV	**2106,33**	465,08	465,08	I	1949,66	1793,00	1636,33	1479,66	1323,25	1171,66
West	II	**1966,08**	465,08	465,08	II	1809,41	1652,75	1496,08	1339,50	1187,16	1041,33
	III	**1414,66**	465,08	465,08	III	1289,50	1167,66	1049,00	933,50	821,33	712,33
	V	**2620,75**	465,08	465,08	IV	2028,00	1949,66	1871,33	1793,00	1714,66	1636,33
	VI	**2664,00**	465,08	465,08							
8240,99	I,IV	**2114,16**	465,08	465,08	I	1957,50	1800,83	1644,16	1487,50	1331,00	1179,08
Ost	II	**1973,83**	465,08	465,08	II	1817,16	1660,50	1503,83	1347,25	1194,66	1048,41
	III	**1421,00**	465,08	465,08	III	1295,66	1173,66	1054,83	939,16	826,83	717,66
	V	**2628,58**	465,08	465,08	IV	2035,83	1957,50	1879,16	1800,83	1722,50	1644,16
	VI	**2671,83**	465,08	465,08							
8243,99	I,IV	**2107,58**	465,08	465,08	I	1950,91	1794,25	1637,58	1480,91	1324,50	1172,83
West	II	**1967,33**	465,08	465,08	II	1810,66	1654,00	1497,33	1340,75	1188,41	1042,50
	III	**1415,66**	465,08	465,08	III	1290,50	1168,66	1050,00	934,50	822,16	713,16
	V	**2622,00**	465,08	465,08	IV	2029,25	1950,91	1872,58	1794,25	1715,91	1637,58
	VI	**2665,25**	465,08	465,08							
8243,99	I,IV	**2115,41**	465,08	465,08	I	1958,75	1802,08	1645,41	1488,75	1332,25	1180,25
Ost	II	**1975,08**	465,08	465,08	II	1818,41	1661,75	1505,16	1348,50	1195,83	1049,58
	III	**1422,00**	465,08	465,08	III	1296,66	1174,66	1055,83	940,16	827,66	718,50
	V	**2629,83**	465,08	465,08	IV	2037,08	1958,75	1880,41	1802,08	1723,75	1645,41
	VI	**2673,08**	465,08	465,08							

* Zur LSt-Berechnung für privat versicherte Arbeitnehmer s. Beispiele **Vorbemerkung S. 4f.**
** Basisvorsorgepauschale KV und PV *** Typisierter Arbeitgeberzuschuss

Lohn/ Gehalt in € bis	Steuerklasse	**Lohn-steuer***	BVSP**	TAGZ***	Steuerklasse	Bemessungsgrundlage für Kirchensteuer und Solidaritätszuschlag – Freibeträge für ... Kinder 0,5	**1,0**	1,5	**2,0**	2,5	**3,0**
8246,99	I,IV	**2108,83**	465,08	465,08	I	1952,16	1795,50	1638,83	1482,16	1325,75	1174,00
West	II	**1968,58**	465,08	465,08	II	1811,91	1655,25	1498,58	1342,00	1189,58	1043,66
	III	**1416,66**	465,08	465,08	III	1291,50	1169,66	1050,83	935,33	823,00	714,00
	V	**2623,25**	465,08	465,08	IV	2030,50	1952,16	1873,83	1795,50	1717,16	1638,83
	VI	**2666,58**	465,08	465,08							
8246,99	I,IV	**2116,66**	465,08	465,08	I	1960,00	1803,33	1646,66	1490,00	1333,50	1181,41
Ost	II	**1976,33**	465,08	465,08	II	1819,66	1663,08	1506,41	1349,75	1197,08	1050,75
	III	**1423,00**	465,08	465,08	III	1297,66	1175,66	1056,66	941,00	828,66	719,33
	V	**2631,08**	465,08	465,08	IV	2038,33	1960,00	1881,66	1803,33	1725,00	1646,66
	VI	**2674,33**	465,08	465,08							
8249,99	I,IV	**2110,08**	465,08	465,08	I	1953,41	1796,75	1640,08	1483,50	1327,00	1175,25
West	II	**1969,83**	465,08	465,08	II	1813,16	1656,50	1499,83	1343,25	1190,83	1044,75
	III	**1417,66**	465,08	465,08	III	1292,50	1170,50	1051,83	936,33	824,00	714,83
	V	**2624,58**	465,08	465,08	IV	2031,75	1953,41	1875,08	1796,75	1718,41	1640,08
	VI	**2667,83**	465,08	465,08							
8249,99	I,IV	**2117,91**	465,08	465,08	I	1961,25	1804,58	1647,91	1491,25	1334,75	1182,66
Ost	II	**1977,66**	465,08	465,08	II	1821,00	1664,33	1507,66	1351,00	1198,25	1051,91
	III	**1424,00**	465,08	465,08	III	1298,66	1176,66	1057,66	942,00	829,50	720,16
	V	**2632,33**	465,08	465,08	IV	2039,58	1961,25	1882,91	1804,58	1726,25	1647,91
	VI	**2675,58**	465,08	465,08							
8252,99	I,IV	**2111,33**	465,08	465,08	I	1954,66	1798,08	1641,41	1484,75	1328,25	1176,41
West	II	**1971,08**	465,08	465,08	II	1814,41	1657,75	1501,08	1344,50	1192,00	1045,91
	III	**1418,66**	465,08	465,08	III	1293,50	1171,50	1052,83	937,16	824,83	715,66
	V	**2625,83**	465,08	465,08	IV	2033,00	1954,66	1876,33	1798,08	1719,75	1641,41
	VI	**2669,08**	465,08	465,08							
8252,99	I,IV	**2119,16**	465,08	465,08	I	1962,50	1805,83	1649,16	1492,50	1336,00	1183,83
Ost	II	**1978,91**	465,08	465,08	II	1822,25	1665,58	1508,91	1352,25	1199,41	1053,08
	III	**1425,00**	465,08	465,08	III	1299,66	1177,50	1058,66	942,83	830,33	721,16
	V	**2633,58**	465,08	465,08	IV	2040,83	1962,50	1884,16	1805,83	1727,50	1649,16
	VI	**2676,83**	465,08	465,08							
8255,99	I,IV	**2112,58**	465,08	465,08	I	1956,00	1799,33	1642,66	1486,00	1329,50	1177,58
West	II	**1972,33**	465,08	465,08	II	1815,66	1659,00	1502,33	1345,75	1193,16	1047,08
	III	**1419,66**	465,08	465,08	III	1294,50	1172,50	1053,66	938,16	825,66	716,66
	V	**2627,08**	465,08	465,08	IV	2034,33	1956,00	1877,66	1799,33	1721,00	1642,66
	VI	**2670,33**	465,08	465,08							
8255,99	I,IV	**2120,41**	465,08	465,08	I	1963,75	1807,08	1650,41	1493,75	1337,25	1185,00
Ost	II	**1980,16**	465,08	465,08	II	1823,50	1666,83	1510,16	1353,50	1200,66	1054,16
	III	**1426,16**	465,08	465,08	III	1300,66	1178,50	1059,50	943,83	831,33	722,00
	V	**2634,83**	465,08	465,08	IV	2042,08	1963,75	1885,41	1807,08	1728,75	1650,41
	VI	**2678,16**	465,08	465,08							
8258,99	I,IV	**2113,91**	465,08	465,08	I	1957,25	1800,58	1643,91	1487,25	1330,75	1178,83
West	II	**1973,58**	465,08	465,08	II	1816,91	1660,25	1503,58	1347,00	1194,41	1048,25
	III	**1420,83**	465,08	465,08	III	1295,50	1173,50	1054,66	939,00	826,66	717,50
	V	**2628,33**	465,08	465,08	IV	2035,58	1957,25	1878,91	1800,58	1722,25	1643,91
	VI	**2671,58**	465,08	465,08							
8258,99	I,IV	**2121,66**	465,08	465,08	I	1965,00	1808,33	1651,66	1495,08	1338,50	1186,25
Ost	II	**1981,41**	465,08	465,08	II	1824,75	1668,08	1511,41	1354,83	1201,83	1055,33
	III	**1427,16**	465,08	465,08	III	1301,66	1179,50	1060,50	944,66	832,16	722,83
	V	**2636,16**	465,08	465,08	IV	2043,33	1965,00	1886,66	1808,33	1730,00	1651,66
	VI	**2679,41**	465,08	465,08							
8261,99	I,IV	**2115,16**	465,08	465,08	I	1958,50	1801,83	1645,16	1488,50	1332,00	1180,00
West	II	**1974,83**	465,08	465,08	II	1818,16	1661,58	1504,91	1348,25	1195,58	1049,33
	III	**1421,83**	465,08	465,08	III	1296,50	1174,50	1055,50	940,00	827,50	718,33
	V	**2629,58**	465,08	465,08	IV	2036,83	1958,50	1880,16	1801,83	1723,50	1645,16
	VI	**2672,83**	465,08	465,08							
8261,99	I,IV	**2122,91**	465,08	465,08	I	1966,25	1809,66	1653,00	1496,33	1339,75	1187,41
Ost	II	**1982,66**	465,08	465,08	II	1826,00	1669,33	1512,66	1356,08	1203,08	1056,50
	III	**1428,16**	465,08	465,08	III	1302,66	1180,50	1061,50	945,66	833,00	723,66
	V	**2637,41**	465,08	465,08	IV	2044,58	1966,25	1887,91	1809,66	1731,33	1653,00
	VI	**2680,66**	465,08	465,08							

* Zur LSt-Berechnung für privat versicherte Arbeitnehmer s. Beispiele **Vorbemerkung S. 4 f.**
** Basisvorsorgepauschale KV und PV *** Typisierter Arbeitgeberzuschuss

Lohn/ Gehalt in € bis	Steuerklasse	Lohn-steuer*	BVSP**	TAGZ***	Steuerklasse	Bemessungsgrundlage für Kirchensteuer und Solidaritätszuschlag – Freibeträge für ... Kinder 0,5	**1,0**	1,5	**2,0**	2,5	**3,0**
8264,99	I,IV	**2116,41**	465,08	465,08	I	1959,75	1803,08	1646,41	1489,75	1333,25	1181,25
West	II	**1976,08**	465,08	465,08	II	1819,50	1662,83	1506,16	1349,50	1196,83	1050,50
	III	**1422,83**	465,08	465,08	III	1297,50	1175,33	1056,50	940,83	828,33	719,16
	V	**2630,83**	465,08	465,08	IV	2038,08	1959,75	1881,41	1803,08	1724,75	1646,41
	VI	**2674,08**	465,08	465,08							
8264,99	I,IV	**2124,16**	465,08	465,08	I	1967,58	1810,91	1654,25	1497,58	1341,00	1188,66
Ost	II	**1983,91**	465,08	465,08	II	1827,25	1670,58	1513,91	1357,33	1204,25	1057,66
	III	**1429,16**	465,08	465,08	III	1303,66	1181,50	1062,33	946,50	834,00	724,50
	V	**2638,66**	465,08	465,08	IV	2045,91	1967,58	1889,25	1810,91	1732,58	1654,25
	VI	**2681,91**	465,08	465,08							
8267,99	I,IV	**2117,66**	465,08	465,08	I	1961,00	1804,33	1647,66	1491,00	1334,50	1182,41
West	II	**1977,41**	465,08	465,08	II	1820,75	1664,08	1507,41	1350,75	1198,00	1051,66
	III	**1423,83**	465,08	465,08	III	1298,50	1176,33	1057,50	941,83	829,33	720,00
	V	**2632,08**	465,08	465,08	IV	2039,33	1961,00	1882,66	1804,33	1726,00	1647,66
	VI	**2675,33**	465,08	465,08							
8267,99	I,IV	**2125,50**	465,08	465,08	I	1968,83	1812,16	1655,50	1498,83	1342,25	1189,83
Ost	II	**1985,16**	465,08	465,08	II	1828,50	1671,83	1515,16	1358,58	1205,50	1058,83
	III	**1430,16**	465,08	465,08	III	1304,66	1182,33	1063,33	947,50	834,83	725,50
	V	**2639,91**	465,08	465,08	IV	2047,16	1968,83	1890,50	1812,16	1733,83	1655,50
	VI	**2683,16**	465,08	465,08							
8270,99	I,IV	**2118,91**	465,08	465,08	I	1962,25	1805,58	1648,91	1492,25	1335,75	1183,58
West	II	**1978,66**	465,08	465,08	II	1822,00	1665,33	1508,66	1352,00	1199,25	1052,83
	III	**1424,83**	465,08	465,08	III	1299,50	1177,33	1058,33	942,66	830,16	720,83
	V	**2633,33**	465,08	465,08	IV	2040,58	1962,25	1883,91	1805,58	1727,25	1648,91
	VI	**2676,58**	465,08	465,08							
8270,99	I,IV	**2126,75**	465,08	465,08	I	1970,08	1813,41	1656,75	1500,08	1343,50	1191,00
Ost	II	**1986,41**	465,08	465,08	II	1829,75	1673,16	1516,50	1359,83	1206,66	1060,00
	III	**1431,16**	465,08	465,08	III	1305,66	1183,33	1064,33	948,33	835,66	726,33
	V	**2641,16**	465,08	465,08	IV	2048,41	1970,08	1891,75	1813,41	1735,08	1656,75
	VI	**2684,41**	465,08	465,08							
8273,99	I,IV	**2120,16**	465,08	465,08	I	1963,50	1806,83	1650,16	1493,58	1337,00	1184,83
West	II	**1979,91**	465,08	465,08	II	1823,25	1666,58	1509,91	1353,33	1200,41	1054,00
	III	**1425,83**	465,08	465,08	III	1300,50	1178,33	1059,33	943,66	831,16	721,83
	V	**2634,58**	465,08	465,08	IV	2041,83	1963,50	1885,16	1806,83	1728,50	1650,16
	VI	**2677,91**	465,08	465,08							
8273,99	I,IV	**2128,00**	465,08	465,08	I	1971,33	1814,66	1658,00	1501,33	1344,75	1192,25
Ost	II	**1987,66**	465,08	465,08	II	1831,08	1674,41	1517,75	1361,08	1207,91	1061,08
	III	**1432,16**	465,08	465,08	III	1306,66	1184,33	1065,16	949,33	836,66	727,16
	V	**2642,41**	465,08	465,08	IV	2049,66	1971,33	1893,00	1814,66	1736,33	1658,00
	VI	**2685,66**	465,08	465,08							
8276,99	I,IV	**2121,41**	465,08	465,08	I	1964,75	1808,08	1651,50	1494,83	1338,25	1186,00
West	II	**1981,16**	465,08	465,08	II	1824,50	1667,83	1511,16	1354,58	1201,58	1055,16
	III	**1426,83**	465,08	465,08	III	1301,50	1179,33	1060,33	944,50	832,00	722,66
	V	**2635,91**	465,08	465,08	IV	2043,08	1964,75	1886,41	1808,08	1729,83	1651,50
	VI	**2679,16**	465,08	465,08							
8276,99	I,IV	**2129,25**	465,08	465,08	I	1972,58	1815,91	1659,25	1502,58	1346,00	1193,41
Ost	II	**1989,00**	465,08	465,08	II	1832,33	1675,66	1519,00	1362,33	1209,08	1062,25
	III	**1433,33**	465,08	465,08	III	1307,66	1185,33	1066,16	950,16	837,50	728,00
	V	**2643,66**	465,08	465,08	IV	2050,91	1972,58	1894,25	1815,91	1737,58	1659,25
	VI	**2686,91**	465,08	465,08							
8279,99	I,IV	**2122,66**	465,08	465,08	I	1966,08	1809,41	1652,75	1496,08	1339,50	1187,16
West	II	**1982,41**	465,08	465,08	II	1825,75	1669,08	1512,41	1355,83	1202,83	1056,25
	III	**1428,00**	465,08	465,08	III	1302,50	1180,33	1061,16	945,50	832,83	723,50
	V	**2637,16**	465,08	465,08	IV	2044,33	1966,08	1887,75	1809,41	1731,08	1652,75
	VI	**2680,41**	465,08	465,08							
8279,99	I,IV	**2130,50**	465,08	465,08	I	1973,83	1817,16	1660,50	1503,83	1347,25	1194,66
Ost	II	**1990,25**	465,08	465,08	II	1833,58	1676,91	1520,25	1363,58	1210,33	1063,41
	III	**1434,33**	465,08	465,08	III	1308,66	1186,33	1067,16	951,16	838,50	728,83
	V	**2644,91**	465,08	465,08	IV	2052,16	1973,83	1895,50	1817,16	1738,83	1660,50
	VI	**2688,25**	465,08	465,08							

* Zur LSt-Berechnung für privat versicherte Arbeitnehmer s. Beispiele **Vorbemerkung S. 4 f.**
** Basisvorsorgepauschale KV und PV *** Typisierter Arbeitgeberzuschuss

Lohn/ Gehalt in € bis	Steuerklasse	Lohn-steuer*	BVSP**	TAGZ***	Steuerklasse	Bemessungsgrundlage für Kirchensteuer und Solidaritätszuschlag – Freibeträge für ... Kinder 0,5	1,0	1,5	2,0	2,5	3,0
8282,99 West	I,IV	**2124,00**	465,08	465,08	I	1967,33	1810,66	1654,00	1497,33	1340,75	1188,41
	II	**1983,66**	465,08	465,08	II	1827,00	1670,33	1513,66	1357,08	1204,00	1057,41
	III	**1429,00**	465,08	465,08	III	1303,50	1181,16	1062,16	946,33	833,83	724,33
	V	**2638,41**	465,08	465,08	IV	2045,66	1967,33	1889,00	1810,66	1732,33	1654,00
	VI	**2681,66**	465,08	465,08							
8282,99 Ost	I,IV	**2131,75**	465,08	465,08	I	1975,08	1818,41	1661,75	1505,16	1348,50	1195,83
	II	**1991,50**	465,08	465,08	II	1834,83	1678,16	1521,50	1364,83	1211,50	1064,58
	III	**1435,33**	465,08	465,08	III	1309,66	1187,33	1068,00	952,16	839,33	729,83
	V	**2646,25**	465,08	465,08	IV	2053,41	1975,08	1896,75	1818,41	1740,08	1661,75
	VI	**2689,50**	465,08	465,08							
8285,99 West	I,IV	**2125,25**	465,08	465,08	I	1968,58	1811,91	1655,25	1498,58	1342,00	1189,58
	II	**1984,91**	465,08	465,08	II	1828,25	1671,58	1515,00	1358,33	1205,25	1058,58
	III	**1430,00**	465,08	465,08	III	1304,50	1182,16	1063,16	947,33	834,66	725,16
	V	**2639,66**	465,08	465,08	IV	2046,91	1968,58	1890,25	1811,91	1733,58	1655,25
	VI	**2682,91**	465,08	465,08							
8285,99 Ost	I,IV	**2133,00**	465,08	465,08	I	1976,33	1819,66	1663,08	1506,41	1349,75	1197,08
	II	**1992,75**	465,08	465,08	II	1836,08	1679,41	1522,75	1366,08	1212,75	1065,75
	III	**1436,33**	465,08	465,08	III	1310,66	1188,16	1069,00	953,00	840,16	730,66
	V	**2647,50**	465,08	465,08	IV	2054,66	1976,33	1898,00	1819,66	1741,41	1663,08
	VI	**2690,75**	465,08	465,08							
8288,99 West	I,IV	**2126,50**	465,08	465,08	I	1969,83	1813,16	1656,50	1499,83	1343,25	1190,83
	II	**1986,16**	465,08	465,08	II	1829,58	1672,91	1516,25	1359,58	1206,41	1059,75
	III	**1431,00**	465,08	465,08	III	1305,50	1183,16	1064,00	948,16	835,50	726,16
	V	**2640,91**	465,08	465,08	IV	2048,16	1969,83	1891,50	1813,16	1734,83	1656,50
	VI	**2684,16**	465,08	465,08							
8288,99 Ost	I,IV	**2134,25**	465,08	465,08	I	1977,66	1821,00	1664,33	1507,66	1351,00	1198,25
	II	**1994,00**	465,08	465,08	II	1837,33	1680,66	1524,00	1367,33	1213,91	1066,91
	III	**1437,33**	465,08	465,08	III	1311,66	1189,16	1070,00	954,00	841,16	731,50
	V	**2648,75**	465,08	465,08	IV	2055,91	1977,66	1899,33	1821,00	1742,66	1664,33
	VI	**2692,00**	465,08	465,08							
8291,99 West	I,IV	**2127,75**	465,08	465,08	I	1971,08	1814,41	1657,75	1501,08	1344,50	1192,00
	II	**1987,50**	465,08	465,08	II	1830,83	1674,16	1517,50	1360,83	1207,66	1060,91
	III	**1432,00**	465,08	465,08	III	1306,50	1184,16	1065,00	949,16	836,50	727,00
	V	**2642,16**	465,08	465,08	IV	2049,41	1971,08	1892,75	1814,41	1736,08	1657,75
	VI	**2685,41**	465,08	465,08							
8291,99 Ost	I,IV	**2135,58**	465,08	465,08	I	1978,91	1822,25	1665,58	1508,91	1352,25	1199,41
	II	**1995,25**	465,08	465,08	II	1838,58	1681,91	1525,25	1368,66	1215,16	1068,08
	III	**1438,33**	465,08	465,08	III	1312,66	1190,16	1070,83	954,83	842,00	732,33
	V	**2650,00**	465,08	465,08	IV	2057,25	1978,91	1900,58	1822,25	1743,91	1665,58
	VI	**2693,25**	465,08	465,08							
8294,99 West	I,IV	**2129,00**	465,08	465,08	I	1972,33	1815,66	1659,00	1502,33	1345,75	1193,16
	II	**1988,75**	465,08	465,08	II	1832,08	1675,41	1518,75	1362,08	1208,83	1062,08
	III	**1433,00**	465,08	465,08	III	1307,50	1185,16	1066,00	950,00	837,33	727,83
	V	**2643,41**	465,08	465,08	IV	2050,66	1972,33	1894,00	1815,66	1737,33	1659,00
	VI	**2686,66**	465,08	465,08							
8294,99 Ost	I,IV	**2136,83**	465,08	465,08	I	1980,16	1823,50	1666,83	1510,16	1353,50	1200,66
	II	**1996,50**	465,08	465,08	II	1839,83	1683,16	1526,58	1369,91	1216,33	1069,25
	III	**1439,33**	465,08	465,08	III	1313,66	1191,16	1071,83	955,83	842,83	733,16
	V	**2651,25**	465,08	465,08	IV	2058,50	1980,16	1901,83	1823,50	1745,16	1666,83
	VI	**2694,50**	465,08	465,08							
8297,99 West	I,IV	**2130,25**	465,08	465,08	I	1973,58	1816,91	1660,25	1503,58	1347,00	1194,41
	II	**1990,00**	465,08	465,08	II	1833,33	1676,66	1520,00	1363,33	1210,08	1063,16
	III	**1434,00**	465,08	465,08	III	1308,50	1186,00	1066,83	951,00	838,16	728,66
	V	**2644,66**	465,08	465,08	IV	2051,91	1973,58	1895,25	1816,91	1738,58	1660,25
	VI	**2688,00**	465,08	465,08							
8297,99 Ost	I,IV	**2138,08**	465,08	465,08	I	1981,41	1824,75	1668,08	1511,41	1354,83	1201,83
	II	**1997,75**	465,08	465,08	II	1841,16	1684,50	1527,83	1371,16	1217,58	1070,33
	III	**1440,50**	465,08	465,08	III	1314,66	1192,16	1072,83	956,66	843,83	734,16
	V	**2652,50**	465,08	465,08	IV	2059,75	1981,41	1903,08	1824,75	1746,41	1668,08
	VI	**2695,75**	465,08	465,08							

* Zur LSt-Berechnung für privat versicherte Arbeitnehmer s. Beispiele **Vorbemerkung S. 4f.**
** Basisvorsorgepauschale KV und PV *** Typisierter Arbeitgeberzuschuss

Lohn/ Gehalt in € bis	Steuerklasse	**Lohn-steuer***	BVSP**	TAGZ***	Steuerklasse	Bemessungsgrundlage für Kirchensteuer und Solidaritätszuschlag					
						Freibeträge für ... Kinder					
						0,5	**1,0**	1,5	**2,0**	2,5	**3,0**
8 300,99	I,IV	**2 131,50**	465,08	465,08	I	1 974,83	1 818,16	1 661,58	1 504,91	1 348,25	1 195,58
West	II	**1 991,25**	465,08	465,08	II	1 834,58	1 677,91	1 521,25	1 364,58	1 211,25	1 064,33
	III	**1 435,00**	465,08	465,08	III	1 309,50	1 187,00	1 067,83	951,83	839,16	729,50
	V	**2 646,00**	465,08	465,08	IV	2 053,16	1 974,83	1 896,50	1 818,16	1 739,83	1 661,58
	VI	**2 689,25**	465,08	465,08							
8 300,99	I,IV	**2 139,33**	465,08	465,08	I	1 982,66	1 826,00	1 669,33	1 512,66	1 356,08	1 203,08
Ost	II	**1 999,08**	465,08	465,08	II	1 842,41	1 685,75	1 529,08	1 372,41	1 218,75	1 071,50
	III	**1 441,50**	465,08	465,08	III	1 315,66	1 193,16	1 073,66	957,66	844,66	735,00
	V	**2 653,75**	465,08	465,08	IV	2 061,00	1 982,66	1 904,33	1 826,00	1 747,66	1 669,33
	VI	**2 697,00**	465,08	465,08							
8 303,99	I,IV	**2 132,75**	465,08	465,08	I	1 976,08	1 819,50	1 662,83	1 506,16	1 349,50	1 196,83
West	II	**1 992,50**	465,08	465,08	II	1 835,83	1 679,16	1 522,50	1 365,83	1 212,50	1 065,50
	III	**1 436,16**	465,08	465,08	III	1 310,50	1 188,00	1 068,83	952,83	840,00	730,50
	V	**2 647,25**	465,08	465,08	IV	2 054,41	1 976,08	1 897,83	1 819,50	1 741,16	1 662,83
	VI	**2 690,50**	465,08	465,08							
8 303,99	I,IV	**2 140,58**	465,08	465,08	I	1 983,91	1 827,25	1 670,58	1 513,91	1 357,33	1 204,25
Ost	II	**2 000,33**	465,08	465,08	II	1 843,66	1 687,00	1 530,33	1 373,66	1 220,00	1 072,66
	III	**1 442,50**	465,08	465,08	III	1 316,66	1 194,00	1 074,66	958,50	845,66	735,83
	V	**2 655,00**	465,08	465,08	IV	2 062,25	1 983,91	1 905,58	1 827,25	1 748,91	1 670,58
	VI	**2 698,25**	465,08	465,08							
8 306,99	I,IV	**2 134,08**	465,08	465,08	I	1 977,41	1 820,75	1 664,08	1 507,41	1 350,75	1 198,00
West	II	**1 993,75**	465,08	465,08	II	1 837,08	1 680,41	1 523,75	1 367,16	1 213,66	1 066,66
	III	**1 437,16**	465,08	465,08	III	1 311,50	1 189,00	1 069,83	953,66	840,83	731,33
	V	**2 648,50**	465,08	465,08	IV	2 055,75	1 977,41	1 899,08	1 820,75	1 742,41	1 664,08
	VI	**2 691,75**	465,08	465,08							
8 306,99	I,IV	**2 141,83**	465,08	465,08	I	1 985,16	1 828,50	1 671,83	1 515,16	1 358,58	1 205,50
Ost	II	**2 001,58**	465,08	465,08	II	1 844,91	1 688,25	1 531,58	1 374,91	1 221,16	1 073,83
	III	**1 443,50**	465,08	465,08	III	1 317,66	1 195,00	1 075,66	959,50	846,50	736,66
	V	**2 656,25**	465,08	465,08	IV	2 063,50	1 985,16	1 906,83	1 828,50	1 750,16	1 671,83
	VI	**2 699,58**	465,08	465,08							
8 309,99	I,IV	**2 135,33**	465,08	465,08	I	1 978,66	1 822,00	1 665,33	1 508,66	1 352,00	1 199,25
West	II	**1 995,00**	465,08	465,08	II	1 838,33	1 681,66	1 525,08	1 368,41	1 214,91	1 067,83
	III	**1 438,16**	465,08	465,08	III	1 312,50	1 190,00	1 070,66	954,66	841,83	732,16
	V	**2 649,75**	465,08	465,08	IV	2 057,00	1 978,66	1 900,33	1 822,00	1 743,66	1 665,33
	VI	**2 693,00**	465,08	465,08							
8 309,99	I,IV	**2 143,08**	465,08	465,08	I	1 986,41	1 829,75	1 673,16	1 516,50	1 359,83	1 206,66
Ost	II	**2 002,83**	465,08	465,08	II	1 846,16	1 689,50	1 532,83	1 376,16	1 222,41	1 075,00
	III	**1 444,50**	465,08	465,08	III	1 318,66	1 196,00	1 076,66	960,33	847,33	737,66
	V	**2 657,58**	465,08	465,08	IV	2 064,75	1 986,41	1 908,08	1 829,75	1 751,41	1 673,16
	VI	**2 700,83**	465,08	465,08							
8 312,99	I,IV	**2 136,58**	465,08	465,08	I	1 979,91	1 823,25	1 666,58	1 509,91	1 353,33	1 200,41
West	II	**1 996,25**	465,08	465,08	II	1 839,58	1 683,00	1 526,33	1 369,66	1 216,08	1 069,00
	III	**1 439,16**	465,08	465,08	III	1 313,50	1 191,00	1 071,66	955,50	842,66	733,00
	V	**2 651,00**	465,08	465,08	IV	2 058,25	1 979,91	1 901,58	1 823,25	1 744,91	1 666,58
	VI	**2 694,25**	465,08	465,08							
8 312,99	I,IV	**2 144,33**	465,08	465,08	I	1 987,66	1 831,08	1 674,41	1 517,75	1 361,08	1 207,91
Ost	II	**2 004,08**	465,08	465,08	II	1 847,41	1 690,75	1 534,08	1 377,41	1 223,58	1 076,16
	III	**1 445,50**	465,08	465,08	III	1 319,66	1 197,00	1 077,50	961,33	848,33	738,50
	V	**2 658,83**	465,08	465,08	IV	2 066,00	1 987,66	1 909,41	1 831,08	1 752,75	1 674,41
	VI	**2 702,08**	465,08	465,08							
8 315,99	I,IV	**2 137,83**	465,08	465,08	I	1 981,16	1 824,50	1 667,83	1 511,16	1 354,58	1 201,58
West	II	**1 997,58**	465,08	465,08	II	1 840,91	1 684,25	1 527,58	1 370,91	1 217,33	1 070,16
	III	**1 440,16**	465,08	465,08	III	1 314,50	1 191,83	1 072,66	956,50	843,66	734,00
	V	**2 652,25**	465,08	465,08	IV	2 059,50	1 981,16	1 902,83	1 824,50	1 746,16	1 667,83
	VI	**2 695,50**	465,08	465,08							
8 315,99	I,IV	**2 145,66**	465,08	465,08	I	1 989,00	1 832,33	1 675,66	1 519,00	1 362,33	1 209,08
Ost	II	**2 005,33**	465,08	465,08	II	1 848,66	1 692,00	1 535,33	1 378,66	1 224,83	1 077,33
	III	**1 446,50**	465,08	465,08	III	1 320,66	1 198,00	1 078,50	962,16	849,16	739,33
	V	**2 660,08**	465,08	465,08	IV	2 067,33	1 989,00	1 910,66	1 832,33	1 754,00	1 675,66
	VI	**2 703,33**	465,08	465,08							

* Zur LSt-Berechnung für privat versicherte Arbeitnehmer s. Beispiele **Vorbemerkung S. 4 f.**

** Basisvorsorgepauschale KV und PV *** Typisierter Arbeitgeberzuschuss

Lohn/ Gehalt in € bis	Steuerklasse	Lohnsteuer*	BVSP**	TAGZ***	Steuerklasse	Bemessungsgrundlage für Kirchensteuer und Solidaritätszuschlag – Freibeträge für ... Kinder 0,5	1,0	1,5	2,0	2,5	3,0
8318,99	I,IV	**2139,08**	465,08	465,08	I	1982,41	1825,75	1669,08	1512,41	1355,83	1202,83
West	II	**1998,83**	465,08	465,08	II	1842,16	1685,50	1528,83	1372,16	1218,50	1071,33
	III	**1441,16**	465,08	465,08	III	1315,50	1192,83	1073,50	957,33	844,50	734,83
	V	**2653,50**	465,08	465,08	IV	2060,75	1982,41	1904,08	1825,75	1747,41	1669,08
	VI	**2696,75**	465,08	465,08							
8318,99	I,IV	**2146,91**	465,08	465,08	I	1990,25	1833,58	1676,91	1520,25	1363,58	1210,33
Ost	II	**2006,58**	465,08	465,08	II	1849,91	1693,25	1536,66	1380,00	1226,00	1078,50
	III	**1447,66**	465,08	465,08	III	1321,66	1199,00	1079,50	963,16	850,00	740,16
	V	**2661,33**	465,08	465,08	IV	2068,58	1990,25	1911,91	1833,58	1755,25	1676,91
	VI	**2704,58**	465,08	465,08							
8321,99	I,IV	**2140,33**	465,08	465,08	I	1983,66	1827,00	1670,33	1513,66	1357,08	1204,00
West	II	**2000,08**	465,08	465,08	II	1843,41	1686,75	1530,08	1373,41	1219,75	1072,50
	III	**1442,16**	465,08	465,08	III	1316,50	1193,83	1074,50	958,33	845,33	735,66
	V	**2654,75**	465,08	465,08	IV	2062,00	1983,66	1905,33	1827,00	1748,66	1670,33
	VI	**2698,08**	465,08	465,08							
8321,99	I,IV	**2148,16**	465,08	465,08	I	1991,50	1834,83	1678,16	1521,50	1364,83	1211,50
Ost	II	**2007,83**	465,08	465,08	II	1851,16	1694,58	1537,91	1381,25	1227,25	1079,66
	III	**1448,66**	465,08	465,08	III	1322,66	1199,83	1080,33	964,00	851,00	741,00
	V	**2662,58**	465,08	465,08	IV	2069,83	1991,50	1913,16	1834,83	1756,50	1678,16
	VI	**2705,83**	465,08	465,08							
8324,99	I,IV	**2141,58**	465,08	465,08	I	1984,91	1828,25	1671,58	1515,00	1358,33	1205,25
West	II	**2001,33**	465,08	465,08	II	1844,66	1688,00	1531,33	1374,66	1220,91	1073,58
	III	**1443,33**	465,08	465,08	III	1317,50	1194,83	1075,50	959,33	846,33	736,50
	V	**2656,08**	465,08	465,08	IV	2063,25	1984,91	1906,58	1828,25	1749,91	1671,58
	VI	**2699,33**	465,08	465,08							
8324,99	I,IV	**2149,41**	465,08	465,08	I	1992,75	1836,08	1679,41	1522,75	1366,08	1212,75
Ost	II	**2009,16**	465,08	465,08	II	1852,50	1695,83	1539,16	1382,50	1228,41	1080,83
	III	**1449,66**	465,08	465,08	III	1323,66	1200,83	1081,33	965,00	851,83	742,00
	V	**2663,83**	465,08	465,08	IV	2071,08	1992,75	1914,41	1836,08	1757,75	1679,41
	VI	**2707,08**	465,08	465,08							
8327,99	I,IV	**2142,83**	465,08	465,08	I	1986,16	1829,58	1672,91	1516,25	1359,58	1206,41
West	II	**2002,58**	465,08	465,08	II	1845,91	1689,25	1532,58	1375,91	1222,16	1074,75
	III	**1444,33**	465,08	465,08	III	1318,50	1195,83	1076,33	960,16	847,16	737,33
	V	**2657,33**	465,08	465,08	IV	2064,50	1986,16	1907,83	1829,58	1751,25	1672,91
	VI	**2700,58**	465,08	465,08							
8327,99	I,IV	**2150,66**	465,08	465,08	I	1994,00	1837,33	1680,66	1524,00	1367,33	1213,91
Ost	II	**2010,41**	465,08	465,08	II	1853,75	1697,08	1540,41	1383,75	1229,66	1082,00
	III	**1450,66**	465,08	465,08	III	1324,66	1201,83	1082,33	965,83	852,83	742,83
	V	**2665,08**	465,08	465,08	IV	2072,33	1994,00	1915,66	1837,33	1759,00	1680,66
	VI	**2708,33**	465,08	465,08							
8330,99	I,IV	**2144,08**	465,08	465,08	I	1987,50	1830,83	1674,16	1517,50	1360,83	1207,66
West	II	**2003,83**	465,08	465,08	II	1847,16	1690,50	1533,83	1377,16	1223,33	1075,91
	III	**1445,33**	465,08	465,08	III	1319,50	1196,83	1077,33	961,16	848,00	738,33
	V	**2658,58**	465,08	465,08	IV	2065,83	1987,50	1909,16	1830,83	1752,50	1674,16
	VI	**2701,83**	465,08	465,08							
8330,99	I,IV	**2151,91**	465,08	465,08	I	1995,25	1838,58	1681,91	1525,25	1368,66	1215,16
Ost	II	**2011,66**	465,08	465,08	II	1855,00	1698,33	1541,66	1385,00	1230,91	1083,16
	III	**1451,66**	465,08	465,08	III	1325,66	1202,83	1083,16	966,83	853,66	743,66
	V	**2666,33**	465,08	465,08	IV	2073,58	1995,25	1916,91	1838,58	1760,25	1681,91
	VI	**2709,66**	465,08	465,08							
8333,99	I,IV	**2145,41**	465,08	465,08	I	1988,75	1832,08	1675,41	1518,75	1362,08	1208,83
West	II	**2005,08**	465,08	465,08	II	1848,41	1691,75	1535,08	1378,50	1224,58	1077,08
	III	**1446,33**	465,08	465,08	III	1320,50	1197,66	1078,33	962,00	849,00	739,16
	V	**2659,83**	465,08	465,08	IV	2067,08	1988,75	1910,41	1832,08	1753,75	1675,41
	VI	**2703,08**	465,08	465,08							
8333,99	I,IV	**2153,16**	465,08	465,08	I	1996,50	1839,83	1683,16	1526,58	1369,91	1216,33
Ost	II	**2012,91**	465,08	465,08	II	1856,25	1699,58	1542,91	1386,25	1232,08	1084,33
	III	**1452,66**	465,08	465,08	III	1326,66	1203,83	1084,16	967,83	854,50	744,50
	V	**2667,66**	465,08	465,08	IV	2074,83	1996,50	1918,16	1839,83	1761,50	1683,16
	VI	**2710,91**	465,08	465,08							

* Zur LSt-Berechnung für privat versicherte Arbeitnehmer s. Beispiele **Vorbemerkung S. 4f.**
** Basisvorsorgepauschale KV und PV *** Typisierter Arbeitgeberzuschuss

Lohn/ Gehalt in € bis	Steuerklasse	Lohn-steuer*	BVSP**	TAGZ***	Steuerklasse	Bemessungsgrundlage für Kirchensteuer und Solidaritätszuschlag – Freibeträge für ... Kinder 0,5	**1,0**	1,5	**2,0**	2,5	**3,0**
8 336,99 West	I,IV	**2 146,66**	465,08	465,08	I	1 990,00	1 833,33	1 676,66	1 520,00	1 363,33	1 210,08
	II	**2 006,33**	465,08	465,08	II	1 849,66	1 693,08	1 536,41	1 379,75	1 225,75	1 078,25
	III	**1 447,33**	465,08	465,08	III	1 321,50	1 198,66	1 079,16	963,00	849,83	740,00
	V	**2 661,08**	465,08	465,08	IV	2 068,33	1 990,00	1 911,66	1 833,33	1 755,00	1 676,66
	VI	**2 704,33**	465,08	465,08							
8 336,99 Ost	I,IV	**2 154,41**	465,08	465,08	I	1 997,75	1 841,16	1 684,50	1 527,83	1 371,16	1 217,58
	II	**2 014,16**	465,08	465,08	II	1 857,50	1 700,83	1 544,16	1 387,50	1 233,33	1 085,41
	III	**1 453,83**	465,08	465,08	III	1 327,66	1 204,83	1 085,16	968,66	855,50	745,50
	V	**2 668,91**	465,08	465,08	IV	2 076,08	1 997,75	1 919,41	1 841,16	1 762,83	1 684,50
	VI	**2 712,16**	465,08	465,08							
8 339,99 West	I,IV	**2 147,91**	465,08	465,08	I	1 991,25	1 834,58	1 677,91	1 521,25	1 364,58	1 211,25
	II	**2 007,58**	465,08	465,08	II	1 851,00	1 694,33	1 537,66	1 381,00	1 227,00	1 079,41
	III	**1 448,33**	465,08	465,08	III	1 322,50	1 199,66	1 080,16	963,83	850,83	740,83
	V	**2 662,33**	465,08	465,08	IV	2 069,58	1 991,25	1 912,91	1 834,58	1 756,25	1 677,91
	VI	**2 705,58**	465,08	465,08							
8 339,99 Ost	I,IV	**2 155,66**	465,08	465,08	I	1 999,08	1 842,41	1 685,75	1 529,08	1 372,41	1 218,75
	II	**2 015,41**	465,08	465,08	II	1 858,75	1 702,08	1 545,41	1 388,75	1 234,50	1 086,58
	III	**1 454,83**	465,08	465,08	III	1 328,66	1 205,83	1 086,00	969,66	856,33	746,33
	V	**2 670,16**	465,08	465,08	IV	2 077,41	1 999,08	1 920,75	1 842,41	1 764,08	1 685,75
	VI	**2 713,41**	465,08	465,08							
8 342,99 West	I,IV	**2 149,16**	465,08	465,08	I	1 992,50	1 835,83	1 679,16	1 522,50	1 365,83	1 212,50
	II	**2 008,91**	465,08	465,08	II	1 852,25	1 695,58	1 538,91	1 382,25	1 228,25	1 080,58
	III	**1 449,50**	465,08	465,08	III	1 323,50	1 200,66	1 081,16	964,83	851,66	741,83
	V	**2 663,58**	465,08	465,08	IV	2 070,83	1 992,50	1 914,16	1 835,83	1 757,50	1 679,16
	VI	**2 706,83**	465,08	465,08							
8 342,99 Ost	I,IV	**2 157,00**	465,08	465,08	I	2 000,33	1 843,66	1 687,00	1 530,33	1 373,66	1 220,00
	II	**2 016,66**	465,08	465,08	II	1 860,00	1 703,33	1 546,66	1 390,08	1 235,75	1 087,75
	III	**1 455,83**	465,08	465,08	III	1 329,66	1 206,66	1 087,00	970,50	857,16	747,16
	V	**2 671,41**	465,08	465,08	IV	2 078,66	2 000,33	1 922,00	1 843,66	1 765,33	1 687,00
	VI	**2 714,66**	465,08	465,08							
8 345,99 West	I,IV	**2 150,41**	465,08	465,08	I	1 993,75	1 837,08	1 680,41	1 523,75	1 367,16	1 213,66
	II	**2 010,16**	465,08	465,08	II	1 853,50	1 696,83	1 540,16	1 383,50	1 229,41	1 081,75
	III	**1 450,50**	465,08	465,08	III	1 324,50	1 201,66	1 082,00	965,66	852,50	742,66
	V	**2 664,83**	465,08	465,08	IV	2 072,08	1 993,75	1 915,41	1 837,08	1 758,75	1 680,41
	VI	**2 708,08**	465,08	465,08							
8 345,99 Ost	I,IV	**2 158,25**	465,08	465,08	I	2 001,58	1 844,91	1 688,25	1 531,58	1 374,91	1 221,16
	II	**2 017,91**	465,08	465,08	II	1 861,25	1 704,66	1 548,00	1 391,33	1 236,91	1 088,91
	III	**1 456,83**	465,08	465,08	III	1 330,66	1 207,66	1 088,00	971,50	858,16	748,00
	V	**2 672,66**	465,08	465,08	IV	2 079,91	2 001,58	1 923,25	1 844,91	1 766,58	1 688,25
	VI	**2 715,91**	465,08	465,08							
8 348,99 West	I,IV	**2 151,66**	465,08	465,08	I	1 995,00	1 838,33	1 681,66	1 525,08	1 368,41	1 214,91
	II	**2 011,41**	465,08	465,08	II	1 854,75	1 698,08	1 541,41	1 384,75	1 230,66	1 082,91
	III	**1 451,50**	465,08	465,08	III	1 325,50	1 202,66	1 083,00	966,66	853,50	743,50
	V	**2 666,08**	465,08	465,08	IV	2 073,33	1 995,00	1 916,66	1 838,33	1 760,00	1 681,66
	VI	**2 709,41**	465,08	465,08							
8 348,99 Ost	I,IV	**2 159,50**	465,08	465,08	I	2 002,83	1 846,16	1 689,50	1 532,83	1 376,16	1 222,41
	II	**2 019,16**	465,08	465,08	II	1 862,58	1 705,91	1 549,25	1 392,58	1 238,16	1 090,08
	III	**1 457,83**	465,08	465,08	III	1 331,66	1 208,66	1 089,00	972,33	859,00	749,00
	V	**2 673,91**	465,08	465,08	IV	2 081,16	2 002,83	1 924,50	1 846,16	1 767,83	1 689,50
	VI	**2 717,16**	465,08	465,08							
8 351,99 West	I,IV	**2 152,91**	465,08	465,08	I	1 996,25	1 839,58	1 683,00	1 526,33	1 369,66	1 216,08
	II	**2 012,66**	465,08	465,08	II	1 856,00	1 699,33	1 542,66	1 386,00	1 231,83	1 084,08
	III	**1 452,50**	465,08	465,08	III	1 326,50	1 203,66	1 084,00	967,50	854,33	744,33
	V	**2 667,41**	465,08	465,08	IV	2 074,58	1 996,25	1 917,91	1 839,58	1 761,33	1 683,00
	VI	**2 710,66**	465,08	465,08							
8 351,99 Ost	I,IV	**2 160,75**	465,08	465,08	I	2 004,08	1 847,41	1 690,75	1 534,08	1 377,41	1 223,58
	II	**2 020,50**	465,08	465,08	II	1 863,83	1 707,16	1 550,50	1 393,83	1 239,41	1 091,25
	III	**1 458,83**	465,08	465,08	III	1 332,66	1 209,66	1 089,83	973,33	860,00	749,83
	V	**2 675,16**	465,08	465,08	IV	2 082,41	2 004,08	1 925,75	1 847,41	1 769,08	1 690,75
	VI	**2 718,41**	465,08	465,08							

* Zur LSt-Berechnung für privat versicherte Arbeitnehmer s. Beispiele **Vorbemerkung S. 4 f.**
** Basisvorsorgepauschale KV und PV *** Typisierter Arbeitgeberzuschuss

Lohn/ Gehalt in € bis	Steuerklasse	Lohn-steuer*	BVSP**	TAGZ***	Steuerklasse	Bemessungsgrundlage für Kirchensteuer und Solidaritätszuschlag – Freibeträge für ... Kinder 0,5	**1,0**	1,5	**2,0**	2,5	**3,0**
8354,99 West	I,IV	**2154,16**	465,08	465,08	I	1997,58	1840,91	1684,25	1527,58	1370,91	1217,33
	II	**2013,91**	465,08	465,08	II	1857,25	1700,58	1543,91	1387,25	1233,08	1085,25
	III	**1453,50**	465,08	465,08	III	1327,50	1204,50	1084,83	968,50	855,33	745,16
	V	**2668,66**	465,08	465,08	IV	2075,83	1997,58	1919,25	1840,91	1762,58	1684,25
	VI	**2711,91**	465,08	465,08							
8354,99 Ost	I,IV	**2162,00**	465,08	465,08	I	2005,33	1848,66	1692,00	1535,33	1378,66	1224,83
	II	**2021,75**	465,08	465,08	II	1865,08	1708,41	1551,75	1395,08	1240,58	1092,41
	III	**1460,00**	465,08	465,08	III	1333,66	1210,66	1090,83	974,16	860,83	750,66
	V	**2676,41**	465,08	465,08	IV	2083,66	2005,33	1927,00	1848,66	1770,33	1692,00
	VI	**2719,75**	465,08	465,08							
8357,99 West	I,IV	**2155,50**	465,08	465,08	I	1998,83	1842,16	1685,50	1528,83	1372,16	1218,50
	II	**2015,16**	465,08	465,08	II	1858,50	1701,83	1545,16	1388,58	1234,25	1086,41
	III	**1454,50**	465,08	465,08	III	1328,50	1205,50	1085,83	969,33	856,16	746,16
	V	**2669,91**	465,08	465,08	IV	2077,16	1998,83	1920,50	1842,16	1763,83	1685,50
	VI	**2713,16**	465,08	465,08							
8357,99 Ost	I,IV	**2163,25**	465,08	465,08	I	2006,58	1849,91	1693,25	1536,66	1380,00	1226,00
	II	**2023,00**	465,08	465,08	II	1866,33	1709,66	1553,00	1396,33	1241,83	1093,58
	III	**1461,00**	465,08	465,08	III	1334,66	1211,66	1091,83	975,16	861,66	751,50
	V	**2677,75**	465,08	465,08	IV	2084,91	2006,58	1928,25	1849,91	1771,58	1693,25
	VI	**2721,00**	465,08	465,08							
8360,99 West	I,IV	**2156,75**	465,08	465,08	I	2000,08	1843,41	1686,75	1530,08	1373,41	1219,75
	II	**2016,41**	465,08	465,08	II	1859,75	1703,08	1546,50	1389,83	1235,50	1087,58
	III	**1455,50**	465,08	465,08	III	1329,50	1206,50	1086,83	970,33	857,00	747,00
	V	**2671,16**	465,08	465,08	IV	2078,41	2000,08	1921,75	1843,41	1765,08	1686,75
	VI	**2714,41**	465,08	465,08							
8360,99 Ost	I,IV	**2164,50**	465,08	465,08	I	2007,83	1851,16	1694,58	1537,91	1381,25	1227,25
	II	**2024,25**	465,08	465,08	II	1867,58	1710,91	1554,25	1397,58	1243,00	1094,75
	III	**1462,00**	465,08	465,08	III	1335,66	1212,66	1092,66	976,00	862,66	752,50
	V	**2679,00**	465,08	465,08	IV	2086,16	2007,83	1929,50	1851,16	1772,91	1694,58
	VI	**2722,25**	465,08	465,08							
8363,99 West	I,IV	**2158,00**	465,08	465,08	I	2001,33	1844,66	1688,00	1531,33	1374,66	1220,91
	II	**2017,66**	465,08	465,08	II	1861,08	1704,41	1547,75	1391,08	1236,75	1088,75
	III	**1456,66**	465,08	465,08	III	1330,50	1207,50	1087,83	971,16	858,00	747,83
	V	**2672,41**	465,08	465,08	IV	2079,66	2001,33	1923,00	1844,66	1766,33	1688,00
	VI	**2715,66**	465,08	465,08							
8363,99 Ost	I,IV	**2165,75**	465,08	465,08	I	2009,16	1852,50	1695,83	1539,16	1382,50	1228,41
	II	**2025,50**	465,08	465,08	II	1868,83	1712,16	1555,50	1398,83	1244,25	1095,91
	III	**1463,00**	465,08	465,08	III	1336,66	1213,50	1093,66	977,00	863,50	753,33
	V	**2680,25**	465,08	465,08	IV	2087,41	2009,16	1930,83	1852,50	1774,16	1695,83
	VI	**2723,50**	465,08	465,08							
8366,99 West	I,IV	**2159,25**	465,08	465,08	I	2002,58	1845,91	1689,25	1532,58	1375,91	1222,16
	II	**2019,00**	465,08	465,08	II	1862,33	1705,66	1549,00	1392,33	1237,91	1089,91
	III	**1457,66**	465,08	465,08	III	1331,50	1208,50	1088,66	972,16	858,83	748,66
	V	**2673,66**	465,08	465,08	IV	2080,91	2002,58	1924,25	1845,91	1767,58	1689,25
	VI	**2716,91**	465,08	465,08							
8366,99 Ost	I,IV	**2167,08**	465,08	465,08	I	2010,41	1853,75	1697,08	1540,41	1383,75	1229,66
	II	**2026,75**	465,08	465,08	II	1870,08	1713,41	1556,75	1400,16	1245,50	1097,08
	III	**1464,00**	465,08	465,08	III	1337,66	1214,50	1094,66	978,00	864,50	754,16
	V	**2681,50**	465,08	465,08	IV	2088,75	2010,41	1932,08	1853,75	1775,41	1697,08
	VI	**2724,75**	465,08	465,08							
8369,99 West	I,IV	**2160,50**	465,08	465,08	I	2003,83	1847,16	1690,50	1533,83	1377,16	1223,33
	II	**2020,25**	465,08	465,08	II	1863,58	1706,91	1550,25	1393,58	1239,16	1091,08
	III	**1458,66**	465,08	465,08	III	1332,50	1209,50	1089,66	973,16	859,66	749,66
	V	**2674,91**	465,08	465,08	IV	2082,16	2003,83	1925,50	1847,16	1768,83	1690,50
	VI	**2718,16**	465,08	465,08							
8369,99 Ost	I,IV	**2168,33**	465,08	465,08	I	2011,66	1855,00	1698,33	1541,66	1385,00	1230,91
	II	**2028,00**	465,08	465,08	II	1871,33	1714,66	1558,08	1401,41	1246,66	1098,25
	III	**1465,00**	465,08	465,08	III	1338,66	1215,50	1095,66	978,83	865,33	755,00
	V	**2682,75**	465,08	465,08	IV	2090,00	2011,66	1933,33	1855,00	1776,66	1698,33
	VI	**2726,00**	465,08	465,08							

* Zur LSt-Berechnung für privat versicherte Arbeitnehmer s. Beispiele **Vorbemerkung S. 4 f.**
** Basisvorsorgepauschale KV und PV   *** Typisierter Arbeitgeberzuschuss

Lohn/ Gehalt in € bis	Steuerklasse	Lohnsteuer*	BVSP**	TAGZ***	Steuerklasse	Bemessungsgrundlage für Kirchensteuer und Solidaritätszuschlag – Freibeträge für ... Kinder 0,5	**1,0**	1,5	**2,0**	2,5	**3,0**
8 372,99 West	I,IV	**2 161,75**	465,08	465,08	I	2 005,08	1 848,41	1 691,75	1 535,08	1 378,50	1 224,58
	II	**2 021,50**	465,08	465,08	II	1 864,83	1 708,16	1 551,50	1 394,83	1 240,33	1 092,25
	III	**1 459,66**	465,08	465,08	III	1 333,50	1 210,50	1 090,66	974,00	860,66	750,50
	V	**2 676,16**	465,08	465,08	IV	2 083,41	2 005,08	1 926,75	1 848,41	1 770,08	1 691,75
	VI	**2 719,50**	465,08	465,08							
8 372,99 Ost	I,IV	**2 169,58**	465,08	465,08	I	2 012,91	1 856,25	1 699,58	1 542,91	1 386,25	1 232,08
	II	**2 029,25**	465,08	465,08	II	1 872,66	1 716,00	1 559,33	1 402,66	1 247,91	1 099,41
	III	**1 466,16**	465,08	465,08	III	1 339,66	1 216,50	1 096,50	979,83	866,16	755,83
	V	**2 684,00**	465,08	465,08	IV	2 091,25	2 012,91	1 934,58	1 856,25	1 777,91	1 699,58
	VI	**2 727,25**	465,08	465,08							
8 375,99 West	I,IV	**2 163,00**	465,08	465,08	I	2 006,33	1 849,66	1 693,08	1 536,41	1 379,75	1 225,75
	II	**2 022,75**	465,08	465,08	II	1 866,08	1 709,41	1 552,75	1 396,08	1 241,58	1 093,41
	III	**1 460,66**	465,08	465,08	III	1 334,50	1 211,33	1 091,50	975,00	861,50	751,33
	V	**2 677,50**	465,08	465,08	IV	2 084,66	2 006,33	1 928,00	1 849,66	1 771,33	1 693,08
	VI	**2 720,75**	465,08	465,08							
8 375,99 Ost	I,IV	**2 170,83**	465,08	465,08	I	2 014,16	1 857,50	1 700,83	1 544,16	1 387,50	1 233,33
	II	**2 030,58**	465,08	465,08	II	1 873,91	1 717,25	1 560,58	1 403,91	1 249,16	1 100,58
	III	**1 467,16**	465,08	465,08	III	1 340,66	1 217,50	1 097,50	980,66	867,16	756,83
	V	**2 685,25**	465,08	465,08	IV	2 092,50	2 014,16	1 935,83	1 857,50	1 779,16	1 700,83
	VI	**2 728,50**	465,08	465,08							
8 378,99 West	I,IV	**2 164,25**	465,08	465,08	I	2 007,58	1 851,00	1 694,33	1 537,66	1 381,00	1 227,00
	II	**2 024,00**	465,08	465,08	II	1 867,33	1 710,66	1 554,00	1 397,33	1 242,83	1 094,58
	III	**1 461,83**	465,08	465,08	III	1 335,50	1 212,33	1 092,50	975,83	862,50	752,16
	V	**2 678,75**	465,08	465,08	IV	2 085,91	2 007,58	1 929,33	1 851,00	1 772,66	1 694,33
	VI	**2 722,00**	465,08	465,08							
8 378,99 Ost	I,IV	**2 172,08**	465,08	465,08	I	2 015,41	1 858,75	1 702,08	1 545,41	1 388,75	1 234,50
	II	**2 031,83**	465,08	465,08	II	1 875,16	1 718,50	1 561,83	1 405,16	1 250,33	1 101,75
	III	**1 468,16**	465,08	465,08	III	1 341,66	1 218,50	1 098,50	981,66	868,00	757,66
	V	**2 686,50**	465,08	465,08	IV	2 093,75	2 015,41	1 937,08	1 858,75	1 780,41	1 702,08
	VI	**2 729,75**	465,08	465,08							
8 381,99 West	I,IV	**2 165,58**	465,08	465,08	I	2 008,91	1 852,25	1 695,58	1 538,91	1 382,25	1 228,25
	II	**2 025,25**	465,08	465,08	II	1 868,58	1 711,91	1 555,25	1 398,58	1 244,00	1 095,75
	III	**1 462,83**	465,08	465,08	III	1 336,50	1 213,33	1 093,50	976,83	863,33	753,16
	V	**2 680,00**	465,08	465,08	IV	2 087,25	2 008,91	1 930,58	1 852,25	1 773,91	1 695,58
	VI	**2 723,25**	465,08	465,08							
8 381,99 Ost	I,IV	**2 173,33**	465,08	465,08	I	2 016,66	1 860,00	1 703,33	1 546,66	1 390,08	1 235,75
	II	**2 033,08**	465,08	465,08	II	1 876,41	1 719,75	1 563,08	1 406,41	1 251,58	1 102,91
	III	**1 469,16**	465,08	465,08	III	1 342,66	1 219,50	1 099,33	982,50	869,00	758,50
	V	**2 687,75**	465,08	465,08	IV	2 095,00	2 016,66	1 938,33	1 860,00	1 781,66	1 703,33
	VI	**2 731,08**	465,08	465,08							
8 384,99 West	I,IV	**2 166,83**	465,08	465,08	I	2 010,16	1 853,50	1 696,83	1 540,16	1 383,50	1 229,41
	II	**2 026,50**	465,08	465,08	II	1 869,83	1 713,16	1 556,58	1 399,91	1 245,25	1 096,91
	III	**1 463,83**	465,08	465,08	III	1 337,50	1 214,33	1 094,50	977,66	864,16	754,00
	V	**2 681,25**	465,08	465,08	IV	2 088,50	2 010,16	1 931,83	1 853,50	1 775,16	1 696,83
	VI	**2 724,50**	465,08	465,08							
8 384,99 Ost	I,IV	**2 174,58**	465,08	465,08	I	2 017,91	1 861,25	1 704,66	1 548,00	1 391,33	1 236,91
	II	**2 034,33**	465,08	465,08	II	1 877,66	1 721,00	1 564,33	1 407,66	1 252,83	1 104,08
	III	**1 470,16**	465,08	465,08	III	1 343,66	1 220,50	1 100,33	983,50	869,83	759,33
	V	**2 689,08**	465,08	465,08	IV	2 096,25	2 017,91	1 939,58	1 861,25	1 782,91	1 704,66
	VI	**2 732,33**	465,08	465,08							
8 387,99 West	I,IV	**2 168,08**	465,08	465,08	I	2 011,41	1 854,75	1 698,08	1 541,41	1 384,75	1 230,66
	II	**2 027,75**	465,08	465,08	II	1 871,08	1 714,50	1 557,83	1 401,16	1 246,50	1 098,08
	III	**1 464,83**	465,08	465,08	III	1 338,50	1 215,33	1 095,33	978,66	865,16	754,83
	V	**2 682,50**	465,08	465,08	IV	2 089,75	2 011,41	1 933,08	1 854,75	1 776,41	1 698,08
	VI	**2 725,75**	465,08	465,08							
8 387,99 Ost	I,IV	**2 175,83**	465,08	465,08	I	2 019,16	1 862,58	1 705,91	1 549,25	1 392,58	1 238,16
	II	**2 035,58**	465,08	465,08	II	1 878,91	1 722,25	1 565,58	1 408,91	1 254,00	1 105,33
	III	**1 471,16**	465,08	465,08	III	1 344,66	1 221,33	1 101,33	984,33	870,66	760,33
	V	**2 690,33**	465,08	465,08	IV	2 097,50	2 019,16	1 940,91	1 862,58	1 784,25	1 705,91
	VI	**2 733,58**	465,08	465,08							

* Zur LSt-Berechnung für privat versicherte Arbeitnehmer s. Beispiele **Vorbemerkung S. 4 f.**
** Basisvorsorgepauschale KV und PV *** Typisierter Arbeitgeberzuschuss

Lohn/ Gehalt in € bis	Steuerklasse	Lohn-steuer*	BVSP**	TAGZ***	Steuerklasse	Bemessungsgrundlage für Kirchensteuer und Solidaritätszuschlag Freibeträge für ... Kinder 0,5	1,0	1,5	2,0	2,5	3,0
8 390,99	I,IV	**2 169,33**	465,08	465,08	I	2 012,66	1 856,00	1 699,33	1 542,66	1 386,00	1 231,83
West	II	**2 029,08**	465,08	465,08	II	1 872,41	1 715,75	1 559,08	1 402,41	1 247,66	1 099,25
	III	**1 465,83**	465,08	465,08	III	1 339,50	1 216,33	1 096,33	979,50	866,00	755,66
	V	**2 683,75**	465,08	465,08	IV	2 091,00	2 012,66	1 934,33	1 856,00	1 777,66	1 699,33
	VI	**2 727,00**	465,08	465,08							
8 390,99	I,IV	**2 177,16**	465,08	465,08	I	2 020,50	1 863,83	1 707,16	1 550,50	1 393,83	1 239,41
Ost	II	**2 036,83**	465,08	465,08	II	1 880,16	1 723,50	1 566,83	1 410,16	1 255,25	1 106,50
	III	**1 472,33**	465,08	465,08	III	1 345,66	1 222,33	1 102,33	985,33	871,66	761,16
	V	**2 691,58**	465,08	465,08	IV	2 098,83	2 020,50	1 942,16	1 863,83	1 785,50	1 707,16
	VI	**2 734,83**	465,08	465,08							
8 393,99	I,IV	**2 170,58**	465,08	465,08	I	2 013,91	1 857,25	1 700,58	1 543,91	1 387,25	1 233,08
West	II	**2 030,33**	465,08	465,08	II	1 873,66	1 717,00	1 560,33	1 403,66	1 248,91	1 100,41
	III	**1 466,83**	465,08	465,08	III	1 340,50	1 217,33	1 097,33	980,50	867,00	756,66
	V	**2 685,00**	465,08	465,08	IV	2 092,25	2 013,91	1 935,58	1 857,25	1 778,91	1 700,58
	VI	**2 728,25**	465,08	465,08							
8 393,99	I,IV	**2 178,41**	465,08	465,08	I	2 021,75	1 865,08	1 708,41	1 551,75	1 395,08	1 240,58
Ost	II	**2 038,08**	465,08	465,08	II	1 881,41	1 724,75	1 568,16	1 411,50	1 256,50	1 107,66
	III	**1 473,33**	465,08	465,08	III	1 346,66	1 223,33	1 103,16	986,33	872,50	762,00
	V	**2 692,83**	465,08	465,08	IV	2 100,08	2 021,75	1 943,41	1 865,08	1 786,75	1 708,41
	VI	**2 736,08**	465,08	465,08							
8 396,99	I,IV	**2 171,83**	465,08	465,08	I	2 015,16	1 858,50	1 701,83	1 545,16	1 388,58	1 234,25
West	II	**2 031,58**	465,08	465,08	II	1 874,91	1 718,25	1 561,58	1 404,91	1 250,08	1 101,58
	III	**1 468,00**	465,08	465,08	III	1 341,50	1 218,16	1 098,16	981,50	867,83	757,50
	V	**2 686,25**	465,08	465,08	IV	2 093,50	2 015,16	1 936,83	1 858,50	1 780,16	1 701,83
	VI	**2 729,58**	465,08	465,08							
8 396,99	I,IV	**2 179,66**	465,08	465,08	I	2 023,00	1 866,33	1 709,66	1 553,00	1 396,33	1 241,83
Ost	II	**2 039,33**	465,08	465,08	II	1 882,66	1 726,08	1 569,41	1 412,75	1 257,66	1 108,83
	III	**1 474,33**	465,08	465,08	III	1 347,66	1 224,33	1 104,16	987,16	873,50	762,83
	V	**2 694,08**	465,08	465,08	IV	2 101,33	2 023,00	1 944,66	1 866,33	1 788,00	1 709,66
	VI	**2 737,33**	465,08	465,08							
8 399,99	I,IV	**2 173,08**	465,08	465,08	I	2 016,41	1 859,75	1 703,08	1 546,50	1 389,83	1 235,50
West	II	**2 032,83**	465,08	465,08	II	1 876,16	1 719,50	1 562,83	1 406,16	1 251,33	1 102,75
	III	**1 469,00**	465,08	465,08	III	1 342,50	1 219,16	1 099,16	982,33	868,66	758,33
	V	**2 687,58**	465,08	465,08	IV	2 094,75	2 016,41	1 938,08	1 859,75	1 781,41	1 703,08
	VI	**2 730,83**	465,08	465,08							
8 399,99	I,IV	**2 180,91**	465,08	465,08	I	2 024,25	1 867,58	1 710,91	1 554,25	1 397,58	1 243,00
Ost	II	**2 040,66**	465,08	465,08	II	1 884,00	1 727,33	1 570,66	1 414,00	1 258,91	1 110,00
	III	**1 475,33**	465,08	465,08	III	1 348,66	1 225,33	1 105,16	988,16	874,33	763,83
	V	**2 695,33**	465,08	465,08	IV	2 102,58	2 024,25	1 945,91	1 867,58	1 789,25	1 710,91
	VI	**2 738,58**	465,08	465,08							
8 402,99	I,IV	**2 174,33**	465,08	465,08	I	2 017,66	1 861,08	1 704,41	1 547,75	1 391,08	1 236,75
West	II	**2 034,08**	465,08	465,08	II	1 877,41	1 720,75	1 564,08	1 407,41	1 252,58	1 103,91
	III	**1 470,00**	465,08	465,08	III	1 343,50	1 220,16	1 100,16	983,33	869,66	759,16
	V	**2 688,83**	465,08	465,08	IV	2 096,00	2 017,66	1 939,33	1 861,08	1 782,75	1 704,41
	VI	**2 732,08**	465,08	465,08							
8 402,99	I,IV	**2 182,16**	465,08	465,08	I	2 025,50	1 868,83	1 712,16	1 555,50	1 398,83	1 244,25
Ost	II	**2 041,91**	465,08	465,08	II	1 885,25	1 728,58	1 571,91	1 415,25	1 260,16	1 111,16
	III	**1 476,33**	465,08	465,08	III	1 349,66	1 226,33	1 106,00	989,00	875,33	764,66
	V	**2 696,58**	465,08	465,08	IV	2 103,83	2 025,50	1 947,16	1 868,83	1 790,50	1 712,16
	VI	**2 739,83**	465,08	465,08							
8 405,99	I,IV	**2 175,58**	465,08	465,08	I	2 019,00	1 862,33	1 705,66	1 549,00	1 392,33	1 237,91
West	II	**2 035,33**	465,08	465,08	II	1 878,66	1 722,00	1 565,33	1 408,66	1 253,75	1 105,08
	III	**1 471,00**	465,08	465,08	III	1 344,50	1 221,16	1 101,16	984,16	870,50	760,16
	V	**2 690,08**	465,08	465,08	IV	2 097,33	2 019,00	1 940,66	1 862,33	1 784,00	1 705,66
	VI	**2 733,33**	465,08	465,08							
8 405,99	I,IV	**2 183,41**	465,08	465,08	I	2 026,75	1 870,08	1 713,41	1 556,75	1 400,16	1 245,50
Ost	II	**2 043,16**	465,08	465,08	II	1 886,50	1 729,83	1 573,16	1 416,50	1 261,33	1 112,33
	III	**1 477,50**	465,08	465,08	III	1 350,66	1 227,33	1 107,00	990,00	876,16	765,50
	V	**2 697,83**	465,08	465,08	IV	2 105,08	2 026,75	1 948,41	1 870,08	1 791,75	1 713,41
	VI	**2 741,16**	465,08	465,08							

* Zur LSt-Berechnung für privat versicherte Arbeitnehmer s. Beispiele **Vorbemerkung S. 4 f.**
** Basisvorsorgepauschale KV und PV *** Typisierter Arbeitgeberzuschuss

Lohn/ Gehalt in € bis	Steuerklasse	Lohn-steuer*	BVSP**	TAGZ***	Steuerklasse	Bemessungsgrundlage für Kirchensteuer und Solidaritätszuschlag					
						Freibeträge für ... Kinder					
						0,5	**1,0**	1,5	**2,0**	2,5	**3,0**
8408,99 West	I,IV	**2176,91**	465,08	465,08	I	2020,25	1863,58	1706,91	1550,25	1393,58	1239,16
	II	**2036,58**	465,08	465,08	II	1879,91	1723,25	1566,58	1410,00	1255,00	1106,25
	III	**1472,00**	465,08	465,08	III	1345,50	1222,16	1102,00	985,16	871,50	761,00
	V	**2691,33**	465,08	465,08	IV	2098,58	2020,25	1941,91	1863,58	1785,25	1706,91
	VI	**2734,58**	465,08	465,08							
8408,99 Ost	I,IV	**2184,66**	465,08	465,08	I	2028,00	1871,33	1714,66	1558,08	1401,41	1246,66
	II	**2044,41**	465,08	465,08	II	1887,75	1731,08	1574,41	1417,75	1262,58	1113,50
	III	**1478,50**	465,08	465,08	III	1351,83	1228,33	1108,00	990,83	877,00	766,50
	V	**2699,16**	465,08	465,08	IV	2106,33	2028,00	1949,66	1871,33	1793,00	1714,66
	VI	**2742,41**	465,08	465,08							
8411,99 West	I,IV	**2178,16**	465,08	465,08	I	2021,50	1864,83	1708,16	1551,50	1394,83	1240,33
	II	**2037,83**	465,08	465,08	II	1881,16	1724,58	1567,91	1411,25	1256,25	1107,41
	III	**1473,00**	465,08	465,08	III	1346,50	1223,16	1103,00	986,00	872,33	761,83
	V	**2692,58**	465,08	465,08	IV	2099,83	2021,50	1943,16	1864,83	1786,50	1708,16
	VI	**2735,83**	465,08	465,08							
8411,99 Ost	I,IV	**2185,91**	465,08	465,08	I	2029,25	1872,66	1716,00	1559,33	1402,66	1247,91
	II	**2045,66**	465,08	465,08	II	1889,00	1732,33	1575,66	1419,00	1263,83	1114,66
	III	**1479,50**	465,08	465,08	III	1352,83	1229,16	1109,00	991,83	878,00	767,33
	V	**2700,41**	465,08	465,08	IV	2107,58	2029,25	1950,91	1872,66	1794,33	1716,00
	VI	**2743,66**	465,08	465,08							
8414,99 West	I,IV	**2179,41**	465,08	465,08	I	2022,75	1866,08	1709,41	1552,75	1396,08	1241,58
	II	**2039,08**	465,08	465,08	II	1882,50	1725,83	1569,16	1412,50	1257,41	1108,58
	III	**1474,16**	465,08	465,08	III	1347,50	1224,16	1104,00	987,00	873,16	762,66
	V	**2693,83**	465,08	465,08	IV	2101,08	2022,75	1944,41	1866,08	1787,75	1709,41
	VI	**2737,08**	465,08	465,08							
8414,99 Ost	I,IV	**2187,16**	465,08	465,08	I	2030,58	1873,91	1717,25	1560,58	1403,91	1249,16
	II	**2046,91**	465,08	465,08	II	1890,25	1733,58	1576,91	1420,25	1265,00	1115,83
	III	**1480,50**	465,08	465,08	III	1353,83	1230,16	1109,83	992,83	878,83	768,16
	V	**2701,66**	465,08	465,08	IV	2108,91	2030,58	1952,25	1873,91	1795,58	1717,25
	VI	**2744,91**	465,08	465,08							
8417,99 West	I,IV	**2180,66**	465,08	465,08	I	2024,00	1867,33	1710,66	1554,00	1397,33	1242,83
	II	**2040,41**	465,08	465,08	II	1883,75	1727,08	1570,41	1413,75	1258,66	1109,75
	III	**1475,16**	465,08	465,08	III	1348,50	1225,16	1104,83	988,00	874,16	763,66
	V	**2695,08**	465,08	465,08	IV	2102,33	2024,00	1945,66	1867,33	1789,00	1710,66
	VI	**2738,33**	465,08	465,08							
8417,99 Ost	I,IV	**2188,50**	465,08	465,08	I	2031,83	1875,16	1718,50	1561,83	1405,16	1250,33
	II	**2048,16**	465,08	465,08	II	1891,50	1734,83	1578,16	1421,58	1266,25	1117,00
	III	**1481,50**	465,08	465,08	III	1354,83	1231,16	1110,83	993,66	879,83	769,00
	V	**2702,91**	465,08	465,08	IV	2110,16	2031,83	1953,50	1875,16	1796,83	1718,50
	VI	**2746,16**	465,08	465,08							
8420,99 West	I,IV	**2181,91**	465,08	465,08	I	2025,25	1868,58	1711,91	1555,25	1398,58	1244,00
	II	**2041,66**	465,08	465,08	II	1885,00	1728,33	1571,66	1415,00	1259,91	1110,91
	III	**1476,16**	465,08	465,08	III	1349,50	1226,00	1105,83	988,83	875,00	764,50
	V	**2696,33**	465,08	465,08	IV	2103,58	2025,25	1946,91	1868,58	1790,25	1711,91
	VI	**2739,58**	465,08	465,08							
8420,99 Ost	I,IV	**2189,75**	465,08	465,08	I	2033,08	1876,41	1719,75	1563,08	1406,41	1251,58
	II	**2049,41**	465,08	465,08	II	1892,75	1736,16	1579,50	1422,83	1267,50	1118,16
	III	**1482,66**	465,08	465,08	III	1355,83	1232,16	1111,83	994,66	880,66	770,00
	V	**2704,16**	465,08	465,08	IV	2111,41	2033,08	1954,75	1876,41	1798,08	1719,75
	VI	**2747,41**	465,08	465,08							
8423,99 West	I,IV	**2183,16**	465,08	465,08	I	2026,50	1869,83	1713,16	1556,58	1399,91	1245,25
	II	**2042,91**	465,08	465,08	II	1886,25	1729,58	1572,91	1416,25	1261,08	1112,08
	III	**1477,16**	465,08	465,08	III	1350,50	1227,00	1106,83	989,83	876,00	765,33
	V	**2697,58**	465,08	465,08	IV	2104,83	2026,50	1948,16	1869,83	1791,50	1713,16
	VI	**2740,91**	465,08	465,08							
8423,99 Ost	I,IV	**2191,00**	465,08	465,08	I	2034,33	1877,66	1721,00	1564,33	1407,66	1252,83
	II	**2050,66**	465,08	465,08	II	1894,08	1737,41	1580,75	1424,08	1268,75	1119,33
	III	**1483,66**	465,08	465,08	III	1356,83	1233,16	1112,66	995,50	881,50	770,83
	V	**2705,41**	465,08	465,08	IV	2112,66	2034,33	1956,00	1877,66	1799,33	1721,00
	VI	**2748,66**	465,08	465,08							

* Zur LSt-Berechnung für privat versicherte Arbeitnehmer s. Beispiele **Vorbemerkung S. 4f.**
** Basisvorsorgepauschale KV und PV *** Typisierter Arbeitgeberzuschuss

Lohn/ Gehalt in € bis	Steuerklasse	Lohn-steuer*	BVSP**	TAGZ***	Steuerklasse	Bemessungsgrundlage für Kirchensteuer und Solidaritätszuschlag					
						Freibeträge für ... Kinder					
						0,5	**1,0**	1,5	**2,0**	2,5	**3,0**
8426,99	I,IV	**2184,41**	465,08	465,08	I	2027,75	1871,08	1714,50	1557,83	1401,16	1246,50
West	II	**2044,16**	465,08	465,08	II	1887,50	1730,83	1574,16	1417,50	1262,33	1113,25
	III	**1478,16**	465,08	465,08	III	1351,50	1228,00	1107,83	990,66	876,83	766,16
	V	**2698,91**	465,08	465,08	IV	2106,08	2027,75	1949,41	1871,08	1792,83	1714,50
	VI	**2742,16**	465,08	465,08							
8426,99	I,IV	**2192,25**	465,08	465,08	I	2035,58	1878,91	1722,25	1565,58	1408,91	1254,00
Ost	II	**2052,00**	465,08	465,08	II	1895,33	1738,66	1582,00	1425,33	1269,91	1120,58
	III	**1484,66**	465,08	465,08	III	1357,83	1234,16	1113,66	996,50	882,50	771,66
	V	**2706,66**	465,08	465,08	IV	2113,91	2035,58	1957,25	1878,91	1800,58	1722,25
	VI	**2749,91**	465,08	465,08							
8429,99	I,IV	**2185,66**	465,08	465,08	I	2029,08	1872,41	1715,75	1559,08	1402,41	1247,66
West	II	**2045,41**	465,08	465,08	II	1888,75	1732,08	1575,41	1418,75	1263,58	1114,41
	III	**1479,33**	465,08	465,08	III	1352,50	1229,00	1108,66	991,66	877,83	767,16
	V	**2700,16**	465,08	465,08	IV	2107,33	2029,08	1950,75	1872,41	1794,08	1715,75
	VI	**2743,41**	465,08	465,08							
8429,99	I,IV	**2193,50**	465,08	465,08	I	2036,83	1880,16	1723,50	1566,83	1410,16	1255,25
Ost	II	**2053,25**	465,08	465,08	II	1896,58	1739,91	1583,25	1426,58	1271,16	1121,75
	III	**1485,66**	465,08	465,08	III	1358,83	1235,16	1114,66	997,33	883,33	772,50
	V	**2707,91**	465,08	465,08	IV	2115,16	2036,83	1958,50	1880,16	1801,83	1723,50
	VI	**2751,25**	465,08	465,08							
8432,99	I,IV	**2187,00**	465,08	465,08	I	2030,33	1873,66	1717,00	1560,33	1403,66	1248,91
West	II	**2046,66**	465,08	465,08	II	1890,00	1733,33	1576,66	1420,08	1264,83	1115,58
	III	**1480,33**	465,08	465,08	III	1353,50	1230,00	1109,66	992,50	878,66	768,00
	V	**2701,41**	465,08	465,08	IV	2108,66	2030,33	1952,00	1873,66	1795,33	1717,00
	VI	**2744,66**	465,08	465,08							
8432,99	I,IV	**2194,75**	465,08	465,08	I	2038,08	1881,41	1724,75	1568,16	1411,50	1256,50
Ost	II	**2054,50**	465,08	465,08	II	1897,83	1741,16	1584,50	1427,83	1272,41	1122,91
	III	**1486,66**	465,08	465,08	III	1359,83	1236,16	1115,66	998,33	884,33	773,50
	V	**2709,25**	465,08	465,08	IV	2116,41	2038,08	1959,75	1881,41	1803,08	1724,75
	VI	**2752,50**	465,08	465,08							
8435,99	I,IV	**2188,25**	465,08	465,08	I	2031,58	1874,91	1718,25	1561,58	1404,91	1250,08
West	II	**2047,91**	465,08	465,08	II	1891,25	1734,58	1578,00	1421,33	1266,00	1116,75
	III	**1481,33**	465,08	465,08	III	1354,50	1231,00	1110,66	993,50	879,50	768,83
	V	**2702,66**	465,08	465,08	IV	2109,91	2031,58	1953,25	1874,91	1796,58	1718,25
	VI	**2745,91**	465,08	465,08							
8435,99	I,IV	**2196,00**	465,08	465,08	I	2039,33	1882,66	1726,08	1569,41	1412,75	1257,66
Ost	II	**2055,75**	465,08	465,08	II	1899,08	1742,41	1585,75	1429,08	1273,66	1124,08
	III	**1487,83**	465,08	465,08	III	1360,83	1237,16	1116,50	999,33	885,16	774,33
	V	**2710,50**	465,08	465,08	IV	2117,66	2039,33	1961,00	1882,66	1804,41	1726,08
	VI	**2753,75**	465,08	465,08							
8438,99	I,IV	**2189,50**	465,08	465,08	I	2032,83	1876,16	1719,50	1562,83	1406,16	1251,33
West	II	**2049,16**	465,08	465,08	II	1892,58	1735,91	1579,25	1422,58	1267,25	1118,00
	III	**1482,33**	465,08	465,08	III	1355,50	1232,00	1111,50	994,50	880,50	769,66
	V	**2703,91**	465,08	465,08	IV	2111,16	2032,83	1954,50	1876,16	1797,83	1719,50
	VI	**2747,16**	465,08	465,08							
8438,99	I,IV	**2197,25**	465,08	465,08	I	2040,66	1884,00	1727,33	1570,66	1414,00	1258,91
Ost	II	**2057,00**	465,08	465,08	II	1900,33	1743,66	1587,00	1430,33	1274,83	1125,25
	III	**1488,83**	465,08	465,08	III	1361,83	1238,00	1117,50	1000,16	886,16	775,16
	V	**2711,75**	465,08	465,08	IV	2118,91	2040,66	1962,33	1884,00	1805,66	1727,33
	VI	**2755,00**	465,08	465,08							
8441,99	I,IV	**2190,75**	465,08	465,08	I	2034,08	1877,41	1720,75	1564,08	1407,41	1252,58
West	II	**2050,50**	465,08	465,08	II	1893,83	1737,16	1580,50	1423,83	1268,50	1119,16
	III	**1483,33**	465,08	465,08	III	1356,50	1233,00	1112,50	995,33	881,33	770,66
	V	**2705,16**	465,08	465,08	IV	2112,41	2034,08	1955,75	1877,41	1799,08	1720,75
	VI	**2748,41**	465,08	465,08							
8441,99	I,IV	**2198,58**	465,08	465,08	I	2041,91	1885,25	1728,58	1571,91	1415,25	1260,16
Ost	II	**2058,25**	465,08	465,08	II	1901,58	1744,91	1588,25	1431,66	1276,08	1126,41
	III	**1489,83**	465,08	465,08	III	1362,83	1239,00	1118,50	1001,16	887,00	776,00
	V	**2713,00**	465,08	465,08	IV	2120,25	2041,91	1963,58	1885,25	1806,91	1728,58
	VI	**2756,25**	465,08	465,08							

* Zur LSt-Berechnung für privat versicherte Arbeitnehmer s. Beispiele **Vorbemerkung S. 4 f.**
** Basisvorsorgepauschale KV und PV *** Typisierter Arbeitgeberzuschuss

Lohn/ Gehalt in € bis	Steuerklasse	Lohn-steuer*	BVSP**	TAGZ***	Steuerklasse	Bemessungsgrundlage für Kirchensteuer und Solidaritätszuschlag					
						Freibeträge für ... Kinder					
						0,5	**1,0**	1,5	**2,0**	2,5	**3,0**
8 444,99	I,IV	**2 192,00**	465,08	465,08	I	2 035,33	1 878,66	1 722,00	1 565,33	1 408,66	1 253,75
West	II	**2 051,75**	465,08	465,08	II	1 895,08	1 738,41	1 581,75	1 425,08	1 269,66	1 120,33
	III	**1 484,50**	465,08	465,08	III	1 357,50	1 234,00	1 113,50	996,33	882,33	771,50
	V	**2 706,41**	465,08	465,08	IV	2 113,66	2 035,33	1 957,00	1 878,66	1 800,33	1 722,00
	VI	**2 749,66**	465,08	465,08							
8 444,99	I,IV	**2 199,83**	465,08	465,08	I	2 043,16	1 886,50	1 729,83	1 573,16	1 416,50	1 261,33
Ost	II	**2 059,50**	465,08	465,08	II	1 902,83	1 746,16	1 589,58	1 432,91	1 277,33	1 127,58
	III	**1 490,83**	465,08	465,08	III	1 363,83	1 240,00	1 119,50	1 002,00	887,83	777,00
	V	**2 714,25**	465,08	465,08	IV	2 121,50	2 043,16	1 964,83	1 886,50	1 808,16	1 729,83
	VI	**2 757,50**	465,08	465,08							
8 447,99	I,IV	**2 193,25**	465,08	465,08	I	2 036,58	1 879,91	1 723,25	1 566,58	1 410,00	1 255,00
West	II	**2 053,00**	465,08	465,08	II	1 896,33	1 739,66	1 583,00	1 426,33	1 270,91	1 121,50
	III	**1 485,50**	465,08	465,08	III	1 358,50	1 234,83	1 114,50	997,16	883,16	772,33
	V	**2 707,66**	465,08	465,08	IV	2 114,91	2 036,58	1 958,25	1 879,91	1 801,58	1 723,25
	VI	**2 751,00**	465,08	465,08							
8 447,99	I,IV	**2 201,08**	465,08	465,08	I	2 044,41	1 887,75	1 731,08	1 574,41	1 417,75	1 262,58
Ost	II	**2 060,75**	465,08	465,08	II	1 904,16	1 747,50	1 590,83	1 434,16	1 278,58	1 128,75
	III	**1 491,83**	465,08	465,08	III	1 364,83	1 241,00	1 120,33	1 003,00	888,83	777,83
	V	**2 715,50**	465,08	465,08	IV	2 122,75	2 044,41	1 966,08	1 887,75	1 809,41	1 731,08
	VI	**2 758,75**	465,08	465,08							
8 450,99	I,IV	**2 194,50**	465,08	465,08	I	2 037,83	1 881,16	1 724,58	1 567,91	1 411,25	1 256,25
West	II	**2 054,25**	465,08	465,08	II	1 897,58	1 740,91	1 584,25	1 427,58	1 272,16	1 122,66
	III	**1 486,50**	465,08	465,08	III	1 359,66	1 235,83	1 115,33	998,16	884,16	773,16
	V	**2 709,00**	465,08	465,08	IV	2 116,16	2 037,83	1 959,50	1 881,16	1 802,83	1 724,58
	VI	**2 752,25**	465,08	465,08							
8 450,99	I,IV	**2 202,33**	465,08	465,08	I	2 045,66	1 889,00	1 732,33	1 575,66	1 419,00	1 263,83
Ost	II	**2 062,08**	465,08	465,08	II	1 905,41	1 748,75	1 592,08	1 435,41	1 279,75	1 130,00
	III	**1 493,00**	465,08	465,08	III	1 365,83	1 242,00	1 121,33	1 004,00	889,66	778,66
	V	**2 716,75**	465,08	465,08	IV	2 124,00	2 045,66	1 967,33	1 889,00	1 810,66	1 732,33
	VI	**2 760,00**	465,08	465,08							
8 453,99	I,IV	**2 195,75**	465,08	465,08	I	2 039,08	1 882,50	1 725,83	1 569,16	1 412,50	1 257,41
West	II	**2 055,50**	465,08	465,08	II	1 898,83	1 742,16	1 585,50	1 428,83	1 273,41	1 123,83
	III	**1 487,50**	465,08	465,08	III	1 360,66	1 236,83	1 116,33	999,00	885,00	774,16
	V	**2 710,25**	465,08	465,08	IV	2 117,41	2 039,08	1 960,83	1 882,50	1 804,16	1 725,83
	VI	**2 753,50**	465,08	465,08							
8 453,99	I,IV	**2 203,58**	465,08	465,08	I	2 046,91	1 890,25	1 733,58	1 576,91	1 420,25	1 265,00
Ost	II	**2 063,33**	465,08	465,08	II	1 906,66	1 750,00	1 593,33	1 436,66	1 281,00	1 131,16
	III	**1 494,00**	465,08	465,08	III	1 366,83	1 243,00	1 122,33	1 004,83	890,66	779,66
	V	**2 718,00**	465,08	465,08	IV	2 125,25	2 046,91	1 968,58	1 890,25	1 811,91	1 733,58
	VI	**2 761,25**	465,08	465,08							
8 456,99	I,IV	**2 197,08**	465,08	465,08	I	2 040,41	1 883,75	1 727,08	1 570,41	1 413,75	1 258,66
West	II	**2 056,75**	465,08	465,08	II	1 900,08	1 743,41	1 586,75	1 430,08	1 274,58	1 125,00
	III	**1 488,50**	465,08	465,08	III	1 361,66	1 237,83	1 117,33	1 000,00	885,83	775,00
	V	**2 711,50**	465,08	465,08	IV	2 118,75	2 040,41	1 962,08	1 883,75	1 805,41	1 727,08
	VI	**2 754,75**	465,08	465,08							
8 456,99	I,IV	**2 204,83**	465,08	465,08	I	2 048,16	1 891,50	1 734,83	1 578,16	1 421,58	1 266,25
Ost	II	**2 064,58**	465,08	465,08	II	1 907,91	1 751,25	1 594,58	1 437,91	1 282,25	1 132,33
	III	**1 495,00**	465,08	465,08	III	1 367,83	1 244,00	1 123,33	1 005,83	891,50	780,50
	V	**2 719,25**	465,08	465,08	IV	2 126,50	2 048,16	1 969,83	1 891,50	1 813,16	1 734,83
	VI	**2 762,58**	465,08	465,08							
8 459,99	I,IV	**2 198,33**	465,08	465,08	I	2 041,66	1 885,00	1 728,33	1 571,66	1 415,00	1 259,91
West	II	**2 058,00**	465,08	465,08	II	1 901,33	1 744,66	1 588,08	1 431,41	1 275,83	1 126,16
	III	**1 489,66**	465,08	465,08	III	1 362,66	1 238,83	1 118,33	1 001,00	886,83	775,83
	V	**2 712,75**	465,08	465,08	IV	2 120,00	2 041,66	1 963,33	1 885,00	1 806,66	1 728,33
	VI	**2 756,00**	465,08	465,08							
8 459,99	I,IV	**2 206,08**	465,08	465,08	I	2 049,41	1 892,75	1 736,16	1 579,50	1 422,83	1 267,50
Ost	II	**2 065,83**	465,08	465,08	II	1 909,16	1 752,50	1 595,83	1 439,16	1 283,50	1 133,50
	III	**1 496,00**	465,08	465,08	III	1 368,83	1 245,00	1 124,16	1 006,66	892,50	781,33
	V	**2 720,58**	465,08	465,08	IV	2 127,75	2 049,41	1 971,08	1 892,75	1 814,41	1 736,16
	VI	**2 763,83**	465,08	465,08							

* Zur LSt-Berechnung für privat versicherte Arbeitnehmer s. Beispiele **Vorbemerkung S. 4f.**
** Basisvorsorgepauschale KV und PV *** Typisierter Arbeitgeberzuschuss

Lohn/ Gehalt in € bis	Steuerklasse	Lohn- steuer*	BVSP**	TAGZ***	Steuerklasse	Bemessungsgrundlage für Kirchensteuer und Solidaritätszuschlag					
						Freibeträge für ... Kinder					
						0,5	**1,0**	1,5	**2,0**	2,5	**3,0**
8462,99	I,IV	**2199,58**	465,08	465,08	I	2042,91	1886,25	1729,58	1572,91	1416,25	1261,08
West	II	**2059,25**	465,08	465,08	II	1902,58	1746,00	1589,33	1432,66	1277,08	1127,41
	III	**1490,66**	465,08	465,08	III	1363,66	1239,83	1119,16	1001,83	887,66	776,83
	V	**2714,00**	465,08	465,08	IV	2121,25	2042,91	1964,58	1886,25	1807,91	1729,58
	VI	**2757,25**	465,08	465,08							
8462,99	I,IV	**2207,33**	465,08	465,08	I	2050,66	1894,08	1737,41	1580,75	1424,08	1268,75
Ost	II	**2067,08**	465,08	465,08	II	1910,41	1753,75	1597,08	1440,41	1284,66	1134,66
	III	**1497,00**	465,08	465,08	III	1369,83	1246,00	1125,16	1007,66	893,33	782,16
	V	**2721,83**	465,08	465,08	IV	2129,00	2050,66	1972,41	1894,08	1815,75	1737,41
	VI	**2765,08**	465,08	465,08							
8465,99	I,IV	**2200,83**	465,08	465,08	I	2044,16	1887,50	1730,83	1574,16	1417,50	1262,33
West	II	**2060,58**	465,08	465,08	II	1903,91	1747,25	1590,58	1433,91	1278,33	1128,58
	III	**1491,66**	465,08	465,08	III	1364,66	1240,83	1120,16	1002,83	888,66	777,66
	V	**2715,25**	465,08	465,08	IV	2122,50	2044,16	1965,83	1887,50	1809,16	1730,83
	VI	**2758,50**	465,08	465,08							
8465,99	I,IV	**2208,66**	465,08	465,08	I	2052,00	1895,33	1738,66	1582,00	1425,33	1269,91
Ost	II	**2068,33**	465,08	465,08	II	1911,66	1755,00	1598,33	1441,66	1285,91	1135,83
	III	**1498,16**	465,08	465,08	III	1370,83	1247,00	1126,16	1008,66	894,16	783,16
	V	**2723,08**	465,08	465,08	IV	2130,33	2052,00	1973,66	1895,33	1817,00	1738,66
	VI	**2766,33**	465,08	465,08							
8468,99	I,IV	**2202,08**	465,08	465,08	I	2045,41	1888,75	1732,08	1575,41	1418,75	1263,58
West	II	**2061,83**	465,08	465,08	II	1905,16	1748,50	1591,83	1435,16	1279,50	1129,75
	III	**1492,66**	465,08	465,08	III	1365,66	1241,83	1121,16	1003,66	889,50	778,50
	V	**2716,50**	465,08	465,08	IV	2123,75	2045,41	1967,08	1888,75	1810,41	1732,08
	VI	**2759,75**	465,08	465,08							
8468,99	I,IV	**2209,91**	465,08	465,08	I	2053,25	1896,58	1739,91	1583,25	1426,58	1271,16
Ost	II	**2069,58**	465,08	465,08	II	1912,91	1756,25	1599,66	1443,00	1287,16	1137,08
	III	**1499,16**	465,08	465,08	III	1372,00	1247,83	1127,16	1009,50	895,16	784,00
	V	**2724,33**	465,08	465,08	IV	2131,58	2053,25	1974,91	1896,58	1818,25	1739,91
	VI	**2767,58**	465,08	465,08							
8471,99	I,IV	**2203,33**	465,08	465,08	I	2046,66	1890,00	1733,33	1576,66	1420,08	1264,83
West	II	**2063,08**	465,08	465,08	II	1906,41	1749,75	1593,08	1436,41	1280,75	1130,91
	III	**1493,66**	465,08	465,08	III	1366,66	1242,83	1122,16	1004,66	890,50	779,33
	V	**2717,75**	465,08	465,08	IV	2125,00	2046,66	1968,33	1890,00	1811,66	1733,33
	VI	**2761,08**	465,08	465,08							
8471,99	I,IV	**2211,16**	465,08	465,08	I	2054,50	1897,83	1741,16	1584,50	1427,83	1272,41
Ost	II	**2070,83**	465,08	465,08	II	1914,16	1757,58	1600,91	1444,25	1288,41	1138,25
	III	**1500,16**	465,08	465,08	III	1373,00	1248,83	1128,00	1010,50	896,00	784,83
	V	**2725,58**	465,08	465,08	IV	2132,83	2054,50	1976,16	1897,83	1819,50	1741,16
	VI	**2768,83**	465,08	465,08							
8474,99	I,IV	**2204,58**	465,08	465,08	I	2047,91	1891,25	1734,58	1578,00	1421,33	1266,00
West	II	**2064,33**	465,08	465,08	II	1907,66	1751,00	1594,33	1437,66	1282,00	1132,08
	III	**1494,83**	465,08	465,08	III	1367,66	1243,66	1123,00	1005,66	891,33	780,33
	V	**2719,08**	465,08	465,08	IV	2126,25	2047,91	1969,58	1891,25	1812,91	1734,58
	VI	**2762,33**	465,08	465,08							
8474,99	I,IV	**2212,41**	465,08	465,08	I	2055,75	1899,08	1742,41	1585,75	1429,08	1273,66
Ost	II	**2072,16**	465,08	465,08	II	1915,50	1758,83	1602,16	1445,50	1289,66	1139,41
	III	**1501,16**	465,08	465,08	III	1374,00	1249,83	1129,00	1011,33	897,00	785,83
	V	**2726,83**	465,08	465,08	IV	2134,08	2055,75	1977,41	1899,08	1820,75	1742,41
	VI	**2770,08**	465,08	465,08							
8477,99	I,IV	**2205,83**	465,08	465,08	I	2049,16	1892,58	1735,91	1579,25	1422,58	1267,25
West	II	**2065,58**	465,08	465,08	II	1908,91	1752,25	1595,58	1438,91	1283,25	1133,25
	III	**1495,83**	465,08	465,08	III	1368,66	1244,66	1124,00	1006,50	892,16	781,16
	V	**2720,33**	465,08	465,08	IV	2127,50	2049,16	1970,83	1892,58	1814,25	1735,91
	VI	**2763,58**	465,08	465,08							
8477,99	I,IV	**2213,66**	465,08	465,08	I	2057,00	1900,33	1743,66	1587,00	1430,33	1274,83
Ost	II	**2073,41**	465,08	465,08	II	1916,75	1760,08	1603,41	1446,75	1290,83	1140,58
	III	**1502,33**	465,08	465,08	III	1375,00	1250,83	1130,00	1012,33	897,83	786,66
	V	**2728,08**	465,08	465,08	IV	2135,33	2057,00	1978,66	1900,33	1822,00	1743,66
	VI	**2771,33**	465,08	465,08							

* Zur LSt-Berechnung für privat versicherte Arbeitnehmer s. Beispiele **Vorbemerkung S. 4f.**
** Basisvorsorgepauschale KV und PV *** Typisierter Arbeitgeberzuschuss

Lohn/ Gehalt in € bis	Steuerklasse	Lohn-steuer*	BVSP**	TAGZ***	Steuerklasse	Bemessungsgrundlage für Kirchensteuer und Solidaritätszuschlag					
						Freibeträge für ... Kinder					
						0,5	**1,0**	1,5	**2,0**	2,5	**3,0**
8480,99	I,IV	**2207,08**	465,08	465,08	I	2050,50	1893,83	1737,16	1580,50	1423,83	1268,50
West	II	**2066,83**	465,08	465,08	II	1910,16	1753,50	1596,83	1440,16	1284,50	1134,41
	III	**1496,83**	465,08	465,08	III	1369,66	1245,66	1125,00	1007,50	893,16	782,00
	V	**2721,58**	465,08	465,08	IV	2128,83	2050,50	1972,16	1893,83	1815,50	1737,16
	VI	**2764,83**	465,08	465,08							
8480,99	I,IV	**2214,91**	465,08	465,08	I	2058,25	1901,58	1744,91	1588,25	1431,66	1276,08
Ost	II	**2074,66**	465,08	465,08	II	1918,00	1761,33	1604,66	1448,00	1292,08	1141,75
	III	**1503,33**	465,08	465,08	III	1376,00	1251,83	1131,00	1013,33	898,83	787,50
	V	**2729,33**	465,08	465,08	IV	2136,58	2058,25	1979,91	1901,58	1823,25	1744,91
	VI	**2772,66**	465,08	465,08							
8483,99	I,IV	**2208,41**	465,08	465,08	I	2051,75	1895,08	1738,41	1581,75	1425,08	1269,66
West	II	**2068,08**	465,08	465,08	II	1911,41	1754,75	1598,08	1441,50	1285,66	1135,66
	III	**1497,83**	465,08	465,08	III	1370,66	1246,66	1126,00	1008,33	894,00	783,00
	V	**2722,83**	465,08	465,08	IV	2130,08	2051,75	1973,41	1895,08	1816,75	1738,41
	VI	**2766,08**	465,08	465,08							
8483,99	I,IV	**2216,16**	465,08	465,08	I	2059,50	1902,83	1746,16	1589,58	1432,91	1277,33
Ost	II	**2075,91**	465,08	465,08	II	1919,25	1762,58	1605,91	1449,25	1293,33	1142,91
	III	**1504,33**	465,08	465,08	III	1377,00	1252,83	1131,83	1014,16	899,66	788,33
	V	**2730,66**	465,08	465,08	IV	2137,83	2059,50	1981,16	1902,83	1824,50	1746,16
	VI	**2773,91**	465,08	465,08							
8486,99	I,IV	**2209,66**	465,08	465,08	I	2053,00	1896,33	1739,66	1583,00	1426,33	1270,91
West	II	**2069,33**	465,08	465,08	II	1912,66	1756,08	1599,41	1442,75	1286,91	1136,83
	III	**1499,00**	465,08	465,08	III	1371,66	1247,66	1126,83	1009,33	895,00	783,83
	V	**2724,08**	465,08	465,08	IV	2131,33	2053,00	1974,66	1896,33	1818,00	1739,66
	VI	**2767,33**	465,08	465,08							
8486,99	I,IV	**2217,41**	465,08	465,08	I	2060,75	1904,16	1747,50	1590,83	1434,16	1278,58
Ost	II	**2077,16**	465,08	465,08	II	1920,50	1763,83	1607,16	1450,50	1294,58	1144,16
	III	**1505,33**	465,08	465,08	III	1378,00	1253,83	1132,83	1015,16	900,66	789,33
	V	**2731,91**	465,08	465,08	IV	2139,08	2060,75	1982,41	1904,16	1825,83	1747,50
	VI	**2775,16**	465,08	465,08							
8489,99	I,IV	**2210,91**	465,08	465,08	I	2054,25	1897,58	1740,91	1584,25	1427,58	1272,16
West	II	**2070,58**	465,08	465,08	II	1914,00	1757,33	1600,66	1444,00	1288,16	1138,00
	III	**1500,00**	465,08	465,08	III	1372,66	1248,66	1127,83	1010,16	895,83	784,66
	V	**2725,33**	465,08	465,08	IV	2132,58	2054,25	1975,91	1897,58	1819,25	1740,91
	VI	**2768,58**	465,08	465,08							
8489,99	I,IV	**2218,66**	465,08	465,08	I	2062,08	1905,41	1748,75	1592,08	1435,41	1279,75
Ost	II	**2078,41**	465,08	465,08	II	1921,75	1765,08	1608,41	1451,75	1295,83	1145,33
	III	**1506,33**	465,08	465,08	III	1379,00	1254,83	1133,83	1016,00	901,50	790,16
	V	**2733,16**	465,08	465,08	IV	2140,41	2062,08	1983,75	1905,41	1827,08	1748,75
	VI	**2776,41**	465,08	465,08							
8492,99	I,IV	**2212,16**	465,08	465,08	I	2055,50	1898,83	1742,16	1585,50	1428,83	1273,41
West	II	**2071,91**	465,08	465,08	II	1915,25	1758,58	1601,91	1445,25	1289,41	1139,16
	III	**1501,00**	465,08	465,08	III	1373,66	1249,66	1128,83	1011,16	896,83	785,50
	V	**2726,58**	465,08	465,08	IV	2133,83	2055,50	1977,16	1898,83	1820,50	1742,16
	VI	**2769,83**	465,08	465,08							
8492,99	I,IV	**2220,00**	465,08	465,08	I	2063,33	1906,66	1750,00	1593,33	1436,66	1281,00
Ost	II	**2079,66**	465,08	465,08	II	1923,00	1766,33	1609,66	1453,08	1297,08	1146,50
	III	**1507,50**	465,08	465,08	III	1380,00	1255,83	1134,83	1017,00	902,33	791,00
	V	**2734,41**	465,08	465,08	IV	2141,66	2063,33	1985,00	1906,66	1828,33	1750,00
	VI	**2777,66**	465,08	465,08							
8495,99	I,IV	**2213,41**	465,08	465,08	I	2056,75	1900,08	1743,41	1586,75	1430,08	1274,58
West	II	**2073,16**	465,08	465,08	II	1916,50	1759,83	1603,16	1446,50	1290,66	1140,33
	III	**1502,00**	465,08	465,08	III	1374,66	1250,66	1129,83	1012,16	897,66	786,50
	V	**2727,83**	465,08	465,08	IV	2135,08	2056,75	1978,41	1900,08	1821,75	1743,41
	VI	**2771,08**	465,08	465,08							
8495,99	I,IV	**2221,25**	465,08	465,08	I	2064,58	1907,91	1751,25	1594,58	1437,91	1282,25
Ost	II	**2080,91**	465,08	465,08	II	1924,25	1767,66	1611,00	1454,33	1298,25	1147,66
	III	**1508,50**	465,08	465,08	III	1381,00	1256,83	1135,66	1018,00	903,33	792,00
	V	**2735,66**	465,08	465,08	IV	2142,91	2064,58	1986,25	1907,91	1829,58	1751,25
	VI	**2778,91**	465,08	465,08							

* Zur LSt-Berechnung für privat versicherte Arbeitnehmer s. Beispiele **Vorbemerkung S. 4 f.**
** Basisvorsorgepauschale KV und PV *** Typisierter Arbeitgeberzuschuss

Lohn/ Gehalt in € bis	Steuerklasse	Lohn-steuer*	BVSP**	TAGZ***	Steuerklasse	Bemessungsgrundlage für Kirchensteuer und Solidaritätszuschlag					
						Freibeträge für ... Kinder					
						0,5	**1,0**	1,5	**2,0**	2,5	**3,0**
8 498,99	I,IV	**2 214,66**	465,08	465,08	I	2 058,00	1 901,33	1 744,66	1 588,08	1 431,41	1 275,83
West	II	**2 074,41**	465,08	465,08	II	1 917,75	1 761,08	1 604,41	1 447,75	1 291,83	1 141,58
	III	**1 503,00**	465,08	465,08	III	1 375,66	1 251,66	1 130,66	1 013,00	898,50	787,33
	V	**2 729,08**	465,08	465,08	IV	2 136,33	2 058,00	1 979,66	1 901,33	1 823,00	1 744,66
	VI	**2 772,41**	465,08	465,08							
8 498,99	I,IV	**2 222,50**	465,08	465,08	I	2 065,83	1 909,16	1 752,50	1 595,83	1 439,16	1 283,50
Ost	II	**2 082,16**	465,08	465,08	II	1 925,58	1 768,91	1 612,25	1 455,58	1 299,50	1 148,91
	III	**1 509,50**	465,08	465,08	III	1 382,00	1 257,83	1 136,66	1 018,83	904,16	792,83
	V	**2 736,91**	465,08	465,08	IV	2 144,16	2 065,83	1 987,50	1 909,16	1 830,83	1 752,50
	VI	**2 780,16**	465,08	465,08							
8 501,99	I,IV	**2 215,91**	465,08	465,08	I	2 059,25	1 902,58	1 746,00	1 589,33	1 432,66	1 277,08
West	II	**2 075,66**	465,08	465,08	II	1 919,00	1 762,33	1 605,66	1 449,00	1 293,08	1 142,75
	III	**1 504,16**	465,08	465,08	III	1 376,66	1 252,66	1 131,66	1 014,00	899,50	788,16
	V	**2 730,41**	465,08	465,08	IV	2 137,58	2 059,25	1 980,91	1 902,58	1 824,33	1 746,00
	VI	**2 773,66**	465,08	465,08							
8 501,99	I,IV	**2 223,75**	465,08	465,08	I	2 067,08	1 910,41	1 753,75	1 597,08	1 440,41	1 284,66
Ost	II	**2 083,50**	465,08	465,08	II	1 926,83	1 770,16	1 613,50	1 456,83	1 300,75	1 150,08
	III	**1 510,50**	465,08	465,08	III	1 383,00	1 258,66	1 137,66	1 019,83	905,16	793,66
	V	**2 738,16**	465,08	465,08	IV	2 145,41	2 067,08	1 988,75	1 910,41	1 832,08	1 753,75
	VI	**2 781,41**	465,08	465,08							
8 504,99	I,IV	**2 217,16**	465,08	465,08	I	2 060,58	1 903,91	1 747,25	1 590,58	1 433,91	1 278,33
West	II	**2 076,91**	465,08	465,08	II	1 920,25	1 763,58	1 606,91	1 450,25	1 294,33	1 143,91
	III	**1 505,16**	465,08	465,08	III	1 377,83	1 253,66	1 132,66	1 014,83	900,33	789,16
	V	**2 731,66**	465,08	465,08	IV	2 138,83	2 060,58	1 982,25	1 903,91	1 825,58	1 747,25
	VI	**2 774,91**	465,08	465,08							
8 504,99	I,IV	**2 225,00**	465,08	465,08	I	2 068,33	1 911,66	1 755,00	1 598,33	1 441,66	1 285,91
Ost	II	**2 084,75**	465,08	465,08	II	1 928,08	1 771,41	1 614,75	1 458,08	1 302,00	1 151,25
	III	**1 511,66**	465,08	465,08	III	1 384,00	1 259,66	1 138,66	1 020,66	906,00	794,66
	V	**2 739,41**	465,08	465,08	IV	2 146,66	2 068,33	1 990,00	1 911,66	1 833,33	1 755,00
	VI	**2 782,75**	465,08	465,08							
8 507,99	I,IV	**2 218,50**	465,08	465,08	I	2 061,83	1 905,16	1 748,50	1 591,83	1 435,16	1 279,50
West	II	**2 078,16**	465,08	465,08	II	1 921,50	1 764,83	1 608,16	1 451,58	1 295,58	1 145,08
	III	**1 506,16**	465,08	465,08	III	1 378,83	1 254,50	1 133,66	1 015,83	901,33	790,00
	V	**2 732,91**	465,08	465,08	IV	2 140,16	2 061,83	1 983,50	1 905,16	1 826,83	1 748,50
	VI	**2 776,16**	465,08	465,08							
8 507,99	I,IV	**2 226,25**	465,08	465,08	I	2 069,58	1 912,91	1 756,25	1 599,66	1 443,00	1 287,16
Ost	II	**2 086,00**	465,08	465,08	II	1 929,33	1 772,66	1 616,00	1 459,33	1 303,25	1 152,41
	III	**1 512,66**	465,08	465,08	III	1 385,00	1 260,66	1 139,66	1 021,66	907,00	795,50
	V	**2 740,75**	465,08	465,08	IV	2 147,91	2 069,58	1 991,25	1 912,91	1 834,58	1 756,25
	VI	**2 784,00**	465,08	465,08							
8 510,99	I,IV	**2 219,75**	465,08	465,08	I	2 063,08	1 906,41	1 749,75	1 593,08	1 436,41	1 280,75
West	II	**2 079,41**	465,08	465,08	II	1 922,75	1 766,08	1 609,50	1 452,83	1 296,83	1 146,25
	III	**1 507,16**	465,08	465,08	III	1 379,83	1 255,50	1 134,50	1 016,83	902,16	790,83
	V	**2 734,16**	465,08	465,08	IV	2 141,41	2 063,08	1 984,75	1 906,41	1 828,08	1 749,75
	VI	**2 777,41**	465,08	465,08							
8 510,99	I,IV	**2 227,50**	465,08	465,08	I	2 070,83	1 914,16	1 757,58	1 600,91	1 444,25	1 288,41
Ost	II	**2 087,25**	465,08	465,08	II	1 930,58	1 773,91	1 617,25	1 460,58	1 304,50	1 153,66
	III	**1 513,66**	465,08	465,08	III	1 386,16	1 261,66	1 140,50	1 022,66	907,83	796,33
	V	**2 742,00**	465,08	465,08	IV	2 149,16	2 070,83	1 992,50	1 914,16	1 835,91	1 757,58
	VI	**2 785,25**	465,08	465,08							
8 513,99	I,IV	**2 221,00**	465,08	465,08	I	2 064,33	1 907,66	1 751,00	1 594,33	1 437,66	1 282,00
West	II	**2 080,66**	465,08	465,08	II	1 924,08	1 767,41	1 610,75	1 454,08	1 298,08	1 147,50
	III	**1 508,33**	465,08	465,08	III	1 380,83	1 256,50	1 135,50	1 017,66	903,16	791,66
	V	**2 735,41**	465,08	465,08	IV	2 142,66	2 064,33	1 986,00	1 907,66	1 829,33	1 751,00
	VI	**2 778,66**	465,08	465,08							
8 513,99	I,IV	**2 228,75**	465,08	465,08	I	2 072,16	1 915,50	1 758,83	1 602,16	1 445,50	1 289,66
Ost	II	**2 088,50**	465,08	465,08	II	1 931,83	1 775,16	1 618,50	1 461,83	1 305,75	1 154,83
	III	**1 514,66**	465,08	465,08	III	1 387,16	1 262,66	1 141,50	1 023,50	908,83	797,16
	V	**2 743,25**	465,08	465,08	IV	2 150,41	2 072,16	1 993,83	1 915,50	1 837,16	1 758,83
	VI	**2 786,50**	465,08	465,08							

* Zur LSt-Berechnung für privat versicherte Arbeitnehmer s. Beispiele **Vorbemerkung S. 4 f.**
** Basisvorsorgepauschale KV und PV *** Typisierter Arbeitgeberzuschuss

Lohn/ Gehalt in € bis	Steuerklasse	**Lohn-steuer***	BVSP**	TAGZ***	Steuerklasse	Bemessungsgrundlage für Kirchensteuer und Solidaritätszuschlag – Freibeträge für ... Kinder 0,5	**1,0**	1,5	**2,0**	2,5	**3,0**
8516,99 West	I,IV	**2222,25**	465,08	465,08	I	2065,58	1908,91	1752,25	1595,58	1438,91	1283,25
	II	**2082,00**	465,08	465,08	II	1925,33	1768,66	1612,00	1455,33	1299,25	1148,66
	III	**1509,33**	465,08	465,08	III	1381,83	1257,50	1136,50	1018,66	904,00	792,66
	V	**2736,66**	465,08	465,08	IV	2143,91	2065,58	1987,25	1908,91	1830,58	1752,25
	VI	**2779,91**	465,08	465,08							
8516,99 Ost	I,IV	**2230,08**	465,08	465,08	I	2073,41	1916,75	1760,08	1603,41	1446,75	1290,83
	II	**2089,75**	465,08	465,08	II	1933,08	1776,41	1619,75	1463,16	1306,91	1156,00
	III	**1515,83**	465,08	465,08	III	1388,16	1263,66	1142,50	1024,50	909,66	798,16
	V	**2744,50**	465,08	465,08	IV	2151,75	2073,41	1995,08	1916,75	1838,41	1760,08
	VI	**2787,75**	465,08	465,08							
8519,99 West	I,IV	**2223,50**	465,08	465,08	I	2066,83	1910,16	1753,50	1596,83	1440,16	1284,50
	II	**2083,25**	465,08	465,08	II	1926,58	1769,91	1613,25	1456,58	1300,50	1149,83
	III	**1510,33**	465,08	465,08	III	1382,83	1258,50	1137,50	1019,66	905,00	793,50
	V	**2737,91**	465,08	465,08	IV	2145,16	2066,83	1988,50	1910,16	1831,83	1753,50
	VI	**2781,16**	465,08	465,08							
8519,99 Ost	I,IV	**2231,33**	465,08	465,08	I	2074,66	1918,00	1761,33	1604,66	1448,00	1292,08
	II	**2091,00**	465,08	465,08	II	1934,33	1777,66	1621,08	1464,41	1308,16	1157,16
	III	**1516,83**	465,08	465,08	III	1389,16	1264,66	1143,50	1025,33	910,66	799,00
	V	**2745,75**	465,08	465,08	IV	2153,00	2074,66	1996,33	1918,00	1839,66	1761,33
	VI	**2789,00**	465,08	465,08							
8522,99 West	I,IV	**2224,75**	465,08	465,08	I	2068,08	1911,41	1754,75	1598,08	1441,50	1285,66
	II	**2084,50**	465,08	465,08	II	1927,83	1771,16	1614,50	1457,83	1301,75	1151,00
	III	**1511,33**	465,08	465,08	III	1383,83	1259,50	1138,33	1020,50	905,83	794,33
	V	**2739,16**	465,08	465,08	IV	2146,41	2068,08	1989,75	1911,41	1833,08	1754,75
	VI	**2782,50**	465,08	465,08							
8522,99 Ost	I,IV	**2232,58**	465,08	465,08	I	2075,91	1919,25	1762,58	1605,91	1449,25	1293,33
	II	**2092,25**	465,08	465,08	II	1935,66	1779,00	1622,33	1465,66	1309,41	1158,41
	III	**1517,83**	465,08	465,08	III	1390,16	1265,66	1144,33	1026,33	911,50	799,83
	V	**2747,00**	465,08	465,08	IV	2154,25	2075,91	1997,58	1919,25	1840,91	1762,58
	VI	**2790,25**	465,08	465,08							
8525,99 West	I,IV	**2226,00**	465,08	465,08	I	2069,33	1912,66	1756,08	1599,41	1442,75	1286,91
	II	**2085,75**	465,08	465,08	II	1929,08	1772,41	1615,75	1459,08	1303,00	1152,25
	III	**1512,33**	465,08	465,08	III	1384,83	1260,50	1139,33	1021,50	906,83	795,33
	V	**2740,50**	465,08	465,08	IV	2147,66	2069,33	1991,00	1912,66	1834,33	1756,08
	VI	**2783,75**	465,08	465,08							
8525,99 Ost	I,IV	**2233,83**	465,08	465,08	I	2077,16	1920,50	1763,83	1607,16	1450,50	1294,58
	II	**2093,58**	465,08	465,08	II	1936,91	1780,25	1623,58	1466,91	1310,66	1159,58
	III	**1518,83**	465,08	465,08	III	1391,16	1266,66	1145,33	1027,33	912,50	800,83
	V	**2748,25**	465,08	465,08	IV	2155,50	2077,16	1998,83	1920,50	1842,16	1763,83
	VI	**2791,50**	465,08	465,08							
8528,99 West	I,IV	**2227,25**	465,08	465,08	I	2070,58	1914,00	1757,33	1600,66	1444,00	1288,16
	II	**2087,00**	465,08	465,08	II	1930,33	1773,66	1617,00	1460,33	1304,25	1153,41
	III	**1513,50**	465,08	465,08	III	1385,83	1261,50	1140,33	1022,33	907,66	796,16
	V	**2741,75**	465,08	465,08	IV	2148,91	2070,58	1992,33	1914,00	1835,66	1757,33
	VI	**2785,00**	465,08	465,08							
8528,99 Ost	I,IV	**2235,08**	465,08	465,08	I	2078,41	1921,75	1765,08	1608,41	1451,75	1295,83
	II	**2094,83**	465,08	465,08	II	1938,16	1781,50	1624,83	1468,16	1311,91	1160,75
	III	**1519,83**	465,08	465,08	III	1392,16	1267,66	1146,33	1028,16	913,33	801,66
	V	**2749,50**	465,08	465,08	IV	2156,75	2078,41	2000,08	1921,75	1843,41	1765,08
	VI	**2792,75**	465,08	465,08							
8531,99 West	I,IV	**2228,58**	465,08	465,08	I	2071,91	1915,25	1758,58	1601,91	1445,25	1289,41
	II	**2088,25**	465,08	465,08	II	1931,58	1774,91	1618,25	1461,58	1305,50	1154,58
	III	**1514,50**	465,08	465,08	III	1386,83	1262,50	1141,33	1023,33	908,50	797,00
	V	**2743,00**	465,08	465,08	IV	2150,25	2071,91	1993,58	1915,25	1836,91	1758,58
	VI	**2786,25**	465,08	465,08							
8531,99 Ost	I,IV	**2236,33**	465,08	465,08	I	2079,66	1923,00	1766,33	1609,66	1453,08	1297,08
	II	**2096,08**	465,08	465,08	II	1939,41	1782,75	1626,08	1469,41	1313,16	1161,91
	III	**1521,00**	465,08	465,08	III	1393,16	1268,66	1147,33	1029,16	914,16	802,50
	V	**2750,75**	465,08	465,08	IV	2158,00	2079,66	2001,33	1923,00	1844,66	1766,33
	VI	**2794,08**	465,08	465,08							

* Zur LSt-Berechnung für privat versicherte Arbeitnehmer s. Beispiele **Vorbemerkung S. 4 f.**
** Basisvorsorgepauschale KV und PV *** Typisierter Arbeitgeberzuschuss

Lohn/ Gehalt in € bis	Steuerklasse	Lohn- steuer*	BVSP**	TAGZ***	Steuerklasse	Bemessungsgrundlage für Kirchensteuer und Solidaritätszuschlag					
						Freibeträge für ... Kinder					
						0,5	**1,0**	1,5	**2,0**	2,5	**3,0**
8534,99	I,IV	**2229,83**	465,08	465,08	I	2073,16	1916,50	1759,83	1603,16	1446,50	1290,66
West	II	**2089,50**	465,08	465,08	II	1932,83	1776,16	1619,58	1462,91	1306,75	1155,75
	III	**1515,50**	465,08	465,08	III	1387,83	1263,50	1142,33	1024,33	909,50	798,00
	V	**2744,25**	465,08	465,08	IV	2151,50	2073,16	1994,83	1916,50	1838,16	1759,83
	VI	**2787,50**	465,08	465,08							
8534,99	I,IV	**2237,58**	465,08	465,08	I	2080,91	1924,25	1767,66	1611,00	1454,33	1298,25
Ost	II	**2097,33**	465,08	465,08	II	1940,66	1784,00	1627,33	1470,66	1314,41	1163,16
	III	**1522,00**	465,08	465,08	III	1394,16	1269,66	1148,16	1030,16	915,16	803,50
	V	**2752,08**	465,08	465,08	IV	2159,25	2080,91	2002,58	1924,25	1845,91	1767,66
	VI	**2795,33**	465,08	465,08							
8537,99	I,IV	**2231,08**	465,08	465,08	I	2074,41	1917,75	1761,08	1604,41	1447,75	1291,83
West	II	**2090,75**	465,08	465,08	II	1934,08	1777,50	1620,83	1464,16	1307,91	1157,00
	III	**1516,50**	465,08	465,08	III	1388,83	1264,50	1143,16	1025,16	910,33	798,83
	V	**2745,50**	465,08	465,08	IV	2152,75	2074,41	1996,08	1917,75	1839,41	1761,08
	VI	**2788,75**	465,08	465,08							
8537,99	I,IV	**2238,83**	465,08	465,08	I	2082,16	1925,58	1768,91	1612,25	1455,58	1299,50
Ost	II	**2098,58**	465,08	465,08	II	1941,91	1785,25	1628,58	1471,91	1315,66	1164,33
	III	**1523,00**	465,08	465,08	III	1395,16	1270,66	1149,16	1031,00	916,00	804,33
	V	**2753,33**	465,08	465,08	IV	2160,50	2082,16	2003,91	1925,58	1847,25	1768,91
	VI	**2796,58**	465,08	465,08							
8540,99	I,IV	**2232,33**	465,08	465,08	I	2075,66	1919,00	1762,33	1605,66	1449,00	1293,08
West	II	**2092,08**	465,08	465,08	II	1935,41	1778,75	1622,08	1465,41	1309,16	1158,16
	III	**1517,66**	465,08	465,08	III	1389,83	1265,50	1144,16	1026,16	911,33	799,66
	V	**2746,75**	465,08	465,08	IV	2154,00	2075,66	1997,33	1919,00	1840,66	1762,33
	VI	**2790,00**	465,08	465,08							
8540,99	I,IV	**2240,16**	465,08	465,08	I	2083,50	1926,83	1770,16	1613,50	1456,83	1300,75
Ost	II	**2099,83**	465,08	465,08	II	1943,16	1786,50	1629,83	1473,16	1316,91	1165,50
	III	**1524,00**	465,08	465,08	III	1396,16	1271,66	1150,16	1032,00	917,00	805,16
	V	**2754,58**	465,08	465,08	IV	2161,83	2083,50	2005,16	1926,83	1848,50	1770,16
	VI	**2797,83**	465,08	465,08							
8543,99	I,IV	**2233,58**	465,08	465,08	I	2076,91	1920,25	1763,58	1606,91	1450,25	1294,33
West	II	**2093,33**	465,08	465,08	II	1936,66	1780,00	1623,33	1466,66	1310,41	1159,33
	III	**1518,66**	465,08	465,08	III	1391,00	1266,50	1145,16	1027,00	912,16	800,50
	V	**2748,00**	465,08	465,08	IV	2155,25	2076,91	1998,58	1920,25	1841,91	1763,58
	VI	**2791,25**	465,08	465,08							
8543,99	I,IV	**2241,41**	465,08	465,08	I	2084,75	1928,08	1771,41	1614,75	1458,08	1302,00
Ost	II	**2101,08**	465,08	465,08	II	1944,41	1787,75	1631,16	1474,50	1318,16	1166,75
	III	**1525,16**	465,08	465,08	III	1397,16	1272,50	1151,16	1032,83	917,83	806,16
	V	**2755,83**	465,08	465,08	IV	2163,08	2084,75	2006,41	1928,08	1849,75	1771,41
	VI	**2799,08**	465,08	465,08							
8546,99	I,IV	**2234,83**	465,08	465,08	I	2078,16	1921,50	1764,83	1608,16	1451,58	1295,58
West	II	**2094,58**	465,08	465,08	II	1937,91	1781,25	1624,58	1467,91	1311,66	1160,50
	III	**1519,66**	465,08	465,08	III	1392,00	1267,33	1146,16	1028,00	913,16	801,50
	V	**2749,25**	465,08	465,08	IV	2156,50	2078,16	1999,83	1921,50	1843,16	1764,83
	VI	**2792,58**	465,08	465,08							
8546,99	I,IV	**2242,66**	465,08	465,08	I	2086,00	1929,33	1772,66	1616,00	1459,33	1303,25
Ost	II	**2102,33**	465,08	465,08	II	1945,66	1789,08	1632,41	1475,75	1319,41	1167,91
	III	**1526,16**	465,08	465,08	III	1398,33	1273,50	1152,16	1033,83	918,83	807,00
	V	**2757,08**	465,08	465,08	IV	2164,33	2086,00	2007,66	1929,33	1851,00	1772,66
	VI	**2800,33**	465,08	465,08							
8549,99	I,IV	**2236,08**	465,08	465,08	I	2079,41	1922,75	1766,08	1609,50	1452,83	1296,83
West	II	**2095,83**	465,08	465,08	II	1939,16	1782,50	1625,83	1469,16	1312,91	1161,75
	III	**1520,66**	465,08	465,08	III	1393,00	1268,33	1147,00	1029,00	914,00	802,33
	V	**2750,58**	465,08	465,08	IV	2157,75	2079,41	2001,08	1922,75	1844,41	1766,08
	VI	**2793,83**	465,08	465,08							
8549,99	I,IV	**2243,91**	465,08	465,08	I	2087,25	1930,58	1773,91	1617,25	1460,58	1304,50
Ost	II	**2103,66**	465,08	465,08	II	1947,00	1790,33	1633,66	1477,00	1320,58	1169,08
	III	**1527,16**	465,08	465,08	III	1399,33	1274,50	1153,00	1034,83	919,66	807,83
	V	**2758,33**	465,08	465,08	IV	2165,58	2087,25	2008,91	1930,58	1852,25	1773,91
	VI	**2801,58**	465,08	465,08							

* Zur LSt-Berechnung für privat versicherte Arbeitnehmer s. Beispiele **Vorbemerkung S. 4 f.**
** Basisvorsorgepauschale KV und PV *** Typisierter Arbeitgeberzuschuss